ALEXANDRA DAVID-NÉEL

Grand Tibet et Vaste Chine

Récits et Aventures

Au pays des brigands gentilshommes
Voyage d'une Parisienne à Lhassa
Sous des nuées d'orage
A l'ouest barbare de la vaste Chine
Le Vieux Tibet face à la Chine nouvelle

LE GRAND LIVRE DU MOIS

AVERTISSEMENT DE L'ÉDITEUR

La transcription des noms propres de lieux chinois et tibétains soulève des difficultés que l'auteur elle-même n'a pas cherché à résoudre. Nous avons pris le parti de respecter ses choix, même si ceux-ci divergent parfois d'une œuvre à l'autre.

ISBN : 2-7028-2099-9

SOMMAIRE

Préface de Marie-Madeleine Peyronnet 11

PREMIER VOYAGE

1921-1926

Au pays des brigands gentilshommes 13

Voyage d'une Parisienne à Lhassa 277

DEUXIÈME VOYAGE

1937-1946

Sous des nuées d'orage 529

A l'ouest barbare de la vaste Chine 745

Le Vieux Tibet face à la Chine nouvelle 961

Annexes 1111

Articles d'Alexandra David-Néel sur les relations sino-tibétaines

1. En Asie, la question du Tibet, *Mercure de France,* 1er juin 1920 1115
2. Paroles prononcées à la radio de Tchengtu, le 1er juin 1938 *(inédit)* 1122

Notice biographique. — Alexandra David-Néel écrivain, orientaliste, exploratrice 1129

La Fondation Alexandra David-Néel 1139

Ouvrages d'Alexandra David-Néel 1140

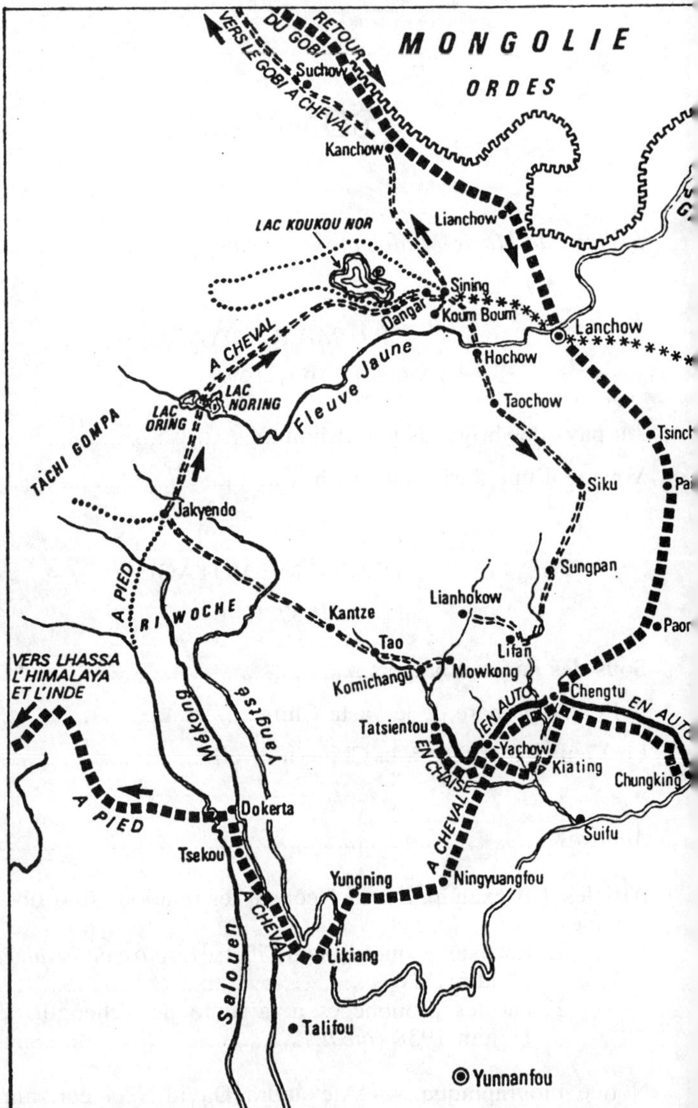
MONGOLIE
ORDES
RETOUR DU GOBI
VERS LE GOBI A CHEVAL
Suchow
Kanchow
Lianchow
LAC KOUKOU NOR
Sining
Dangar
Koum Boum
Lanchow
Hochow
Taochow
A CHEVAL
Fleuve Jaune
LAC NORING
LAC ORING
TACHI GOMPA
Tsinch
Pai
Siku
Jakyendo
Sungpan
A PIED
RI WOCHE
Kantze
Lianhokow
Paor
Tao
Lifan
VERS LHASSA L'HIMALAYA ET L'INDE
Komichangu
Mowkong
Chengtu
EN AUTO
Tatsientou
EN CHAISE
Yachow
Kiating
Chungking
Mékong
Yangtsé
A PIED
Dokerta
Suifu
Tsekou
A CHEVAL
Yungning
Ningyuangfou
Likiang
Salouen
Talifou
Yunnanfou

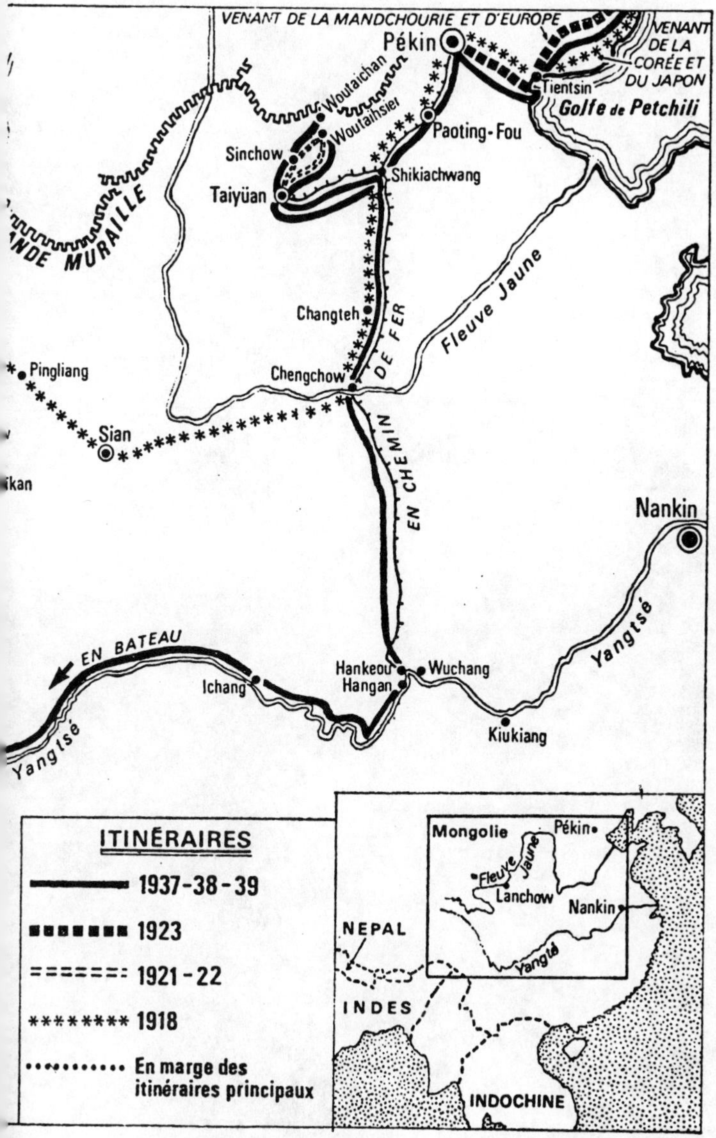

VENANT DE LA MANDCHOURIE ET D'EUROPE
VENANT DE LA CORÉE ET DU JAPON
Pékin
Tientsin
Golfe de Petchili
Woutaichan
Woutaihsien
Paoting-Fou
Sinchow
Taiyüan
Shikiachwang
NDE MURAILLE
Changteh
Fleuve Jaune
DE FER
Chengchow
Pingliang
Sian
EN CHEMIN
Nankin
Yangtsé
EN BATEAU
Ichang
Hankeou
Hangan
Wuchang
Kiukiang
Yangtsé
ITINÉRAIRES
1937-38-39
1923
1921-22
1918
En marge des itinéraires principaux
Mongolie
Pékin
Fleuve Jaune
Lanchow
Nankin
Yangtsé
NEPAL
INDES
INDOCHINE

PRÉFACE

« A vrai dire, j'ai le mal du pays pour un pays qui n'est pas le mien. Les steppes, les solitudes, les neiges éternelles et le grand ciel clair de "là-haut" me hantent ! Les heures difficiles, la faim, le froid, le vent qui me tailladait la figure, me laissait les lèvres tuméfiées, énormes, sanglantes, les camps dans la neige, dormant dans la boue glacée, et les haltes parmi la population crasseuse jusqu'à l'invraisemblance, la cupidité des villageois, tout cela importait peu, ces misères passaient vite et l'on restait perpétuellement immergé dans le silence où seul le vent chantait, dans les solitudes presque vides même de vie végétale, les chaos de roches fantastiques, les pics vertigineux et les horizons de lumière aveuglante. Pays qui semble appartenir à un autre monde, pays de titans ou de dieux. Je reste ensorcelée. »

Ainsi s'exprime Alexandra David-Néel dans une lettre à son mari, quelques mois avant d'entreprendre un projet fou qui allait la rendre célèbre dans le monde entier. Partie en 1911 pour un voyage d'étude en Inde censé durer dix-huit mois, l'intrépide exploratrice devait rester treize ans en Extrême-Orient, après avoir parcouru, au début des années vingt, des milliers de kilomètres le long de la frontière sino-tibétaine puis au Tibet, à dos de mule, de yack ou à pied, par des chemins souvent inexplorés, dans les contrées himalayennes encore mystérieuses. On sait qu'elle entreprendra une expérience similaire entre 1937 et 1946.

On trouvera pour la première fois, en un seul volume intitulé *Grand Tibet et Vaste Chine,* l'essentiel des écrits d'Alexandra David-Néel sur ces deux pays qui ont le plus marqué sa vie :

Au pays des brigands gentilhommes et *Voyage d'une Parisienne à Lhassa,* qui forment une première partie, sont parmi les récits les plus connus d'Alexandra David-Néel. Ils concernent la période comprise entre 1921 et 1924 et relatent notamment sa première incroyable tentative pour parvenir, à pied et déguisée en mendiante, à Lhassa, la ville sainte qu'aucune Occidentale n'a encore explorée.

Sous des nuées d'orage, A l'ouest barbare de la vaste Chine et *Le Vieux Tibet face à la Chine nouvelle* relatent les pérégrinations de l'exploratrice entre 1937 et 1946 dans les mêmes régions, alors qu'elle est surprise par la Seconde Guerre mondiale et qu'elle retrouve ces régions en proie aux souffrances, à la misère et aux horreurs des affrontements sino-japonais.

Depuis, l'occupation chinoise a tout changé dans cette immense contrée. C'est donc le Tibet tel qu'il était « avant », que nous allons retrouver tout au long de ces pages évocatrices et souvent humoristiques. L'intrépide voyageuse a, il est vrai, un art tout particulier pour décrire les paysages – déserts sablonneux, jungles luxuriantes, solitudes glacées, humbles cahutes, hameaux vétustes ou gompas fabuleuses – mais surtout ces « paysages humains » qu'elle sait rendre si vivants et qui, mêlés à ses observations sur les philosophies et les religions de l'autre bout du monde, constituent un témoignage unique auquel, à un demi-siècle de distance, on ne cesse de se référer.

Marie-Madeleine Peyronnet
de la Fondation Alexandra David-Néel

PREMIER VOYAGE

1921-1926

Alexandra David-Néel et le lama Yongden, son fils adoptif, en 1920 au Tibet.

AU PAYS DES BRIGANDS GENTILSHOMMES

Kanzé en août 1921 : Alexandra entourée des chefs du pays de Hor.

INTRODUCTION

> *« Il n'est pas déshonorant de mourir en poursuivant un but même futile, ce qui l'est, c'est de se laisser vaincre et d'accepter sa défaite. »*
>
> Alexandra DAVID-NÉEL

Au pays des brigands gentilshommes fait partie d'une série de quatre volumes [1] qui relatent les pérégrinations d'Alexandra David-Néel au Tibet, de 1921 à 1924 et de 1937 à 1946, bien avant que ce pays ne soit sinisé. Cette première partie débute le 5 février 1921.

Depuis l'occupation chinoise, en 1950, tout a changé dans cette immense contrée rayée de notre planète en tant que pays indépendant. Les Tibétains restés sur leurs hauts plateaux se sont « adaptés au modernisme » introduit par les Chinois, tout comme ceux qui, ayant suivi S. S. le XIVe dalaï-lama en exil, ont évolué au point de dire : « Même si nous retournons au Tibet très bientôt nous savons que ce ne sera plus comme avant. »

C'est donc ce Tibet, tel qu'il était « avant », que nous allons retrouver tout au long de ces pages évocatrices et souvent humoristiques. L'intrépide voyageuse a, il est vrai, un art tout particulier pour décrire les paysages — déserts sablonneux, jungles luxuriantes, solitudes herbeuses ou humbles cahutes, hameaux vétustes, gompas fabuleuses — sans parler de ces « paysages humains » qu'elle sait rendre si vivants... Tout ce qu'elle décrit, elle l'a vu, elle l'a vécu. Au cours de dix années elle a parcouru des milliers de kilomètres à dos de mule, de yak, et le plus souvent à pied, pour faire ce qu'aucun Occidental n'avait fait avant elle, et ne fera après elle. Aussi ses études ethniques, philosophiques et religieuses constituent-elles un témoignage exceptionnel auquel on devra toujours se référer.

Ceux qui ont aimé le *Voyage d'une Parisienne à Lhassa* qui relate la réalisation d'un projet fou (traverser le Tibet à pied et en mendiant et vivre deux mois dans la capitale de ce pays resté si longtemps mystérieux) apprendront, en lisant ce récit, les innombrables difficultés auxquelles Alexandra David-Néel s'est heurtée avant de fran-

---

1. *Au pays des brigands gentilshommes.* 2. *Sous des nuées d'orage.* 3. *A l'ouest barbare de la vaste chine.* 4. *Le Vieux Tibet face à la Chine nouvelle* (comprenant quelques chapitres de *Quarante siècles d'expansion chinoise*).

chir la frontière si bien gardée ou plutôt la « barrière politique » qui en interdisait l'accès.

« Mais, tous comptes faits, dit-elle, le bilan du présent voyage n'a rien d'attristant. J'ai parcouru une grande étendue de pays presque inconnue, j'y ai vu, entendu et appris maintes choses. »

C'est tout cela que le lecteur va découvrir au pays des brigands gentilshommes.

Quant à ceux qui ont connu Alexandra David-Néel à travers son *Journal de voyage* (lettres à son mari) ils auront, peut-être, à certains passages, l'impression du « déjà lu ». Il n'y a pourtant pas double emploi, la correspondance est, tout simplement, complémentaire du présent livre, voire de toute l'œuvre. D'ailleurs, ces milliers de lettres écrites au jour le jour permettent aux lecteurs de situer dans le temps les pérégrinations de celle qu'on a surnommée « la femme aux semelles de vent ». Alexandra David-Néel ne se préoccupe pas, pour sa part, du temps qui passe, persuadée qu'elle ne fait que passer ou, plus précisément, voulant à tout prix franchir cette frontière interdite, se battant et se débattant pour y parvenir, elle ignore souvent tout au long de ces difficiles chemins le jour et la date...

A cette époque, sans doute pensait-elle déjà ce dont elle était convaincue dans les dernières années de sa longue vie : « Qu'est-ce que cela veut dire, la date, l'âge, le jour, la nuit ! Ce ne sont que des mots... »

Marie-Madeleine PEYRONNET
de la Fondation Alexandra David-Néel

AVANT-PROPOS

L'idée de faire du reportage ou de raconter, autrement, les péripéties de mes voyages ne m'est jamais venue au cours de mes longues pérégrinations en Asie. Je comptais simplement publier les résultats des recherches concernant les religions et les philosophies orientales, qui en étaient le but. Cependant, dès mon retour en France une vive curiosité s'est éveillée autour de moi, et j'ai été pressée de faire connaître ce qu'a été ma vie dans les pays peu ou point connus que j'ai parcourus, les aventures qui m'y sont survenues et les gens que j'y ai fréquentés.

Ma randonnée de la Chine à l'Inde, effectuée à pied, traversant, déguisée en pèlerine mendiante, des régions inexplorées du Tibet, retenait particulièrement l'attention ; aussi, bien qu'il eût été logique de suivre l'ordre chronologique en publiant mes relations de voyage, j'ai dû céder aux désirs qui m'étaient exprimés et narrer tout d'abord comment j'ai été à Lhassa. C'était commencer par la fin.

Tout intéressante qu'ait été cette pittoresque promenade d'une durée de huit mois, celles effectuées dans des conditions différentes, au cours des années précédentes, lui sont égales en intérêt par la diversité des territoires traversés, des populations rencontrées et des incidents survenus.

L'on trouvera, ici, le récit du premier voyage que j'ai entrepris vers Lhassa. Il conduit le lecteur du monastère de Koum-Boum à Jakyendo, au Tibet oriental, à travers le pays des Gyarongpas et diverses autres régions de l'extrême ouest de la Chine, habitées par des tribus à peu près indépendantes et très peu connues par les Chinois eux-mêmes.

Comme dans les livres précédents les noms tibétains ont été transcrits phonétiquement. Leur orthographe a, dans certains cas, été donnée en note. Quant au terme Tibet, j'en ai supprimé l'*h* que j'avais conservé jusqu'ici pour me conformer à l'orthographe la plus souvent employée en français. Cependant rien ne justifie celle-ci et, m'appuyant sur l'avis du savant orientaliste Sylvain Lévi, j'ai remplacé Thibet par Tibet.

A ce sujet je redirai ce que j'ai déjà indiqué ailleurs : Tibet n'est pas un mot tibétain. Les habitants du pays que nous dénommons Tibet appellent leur patrie *Peu youl* (Bod yul), eux-mêmes s'intitulent *Peupas* (Bodpa) et leur langage est appelé *Peuké* (Bod skad).

CHAPITRE PREMIER

Ce matin-là un soleil radieux illuminait le ciel bleu et faisait rutiler la terre jaune desséchée par le gel hivernal. C'était au début de février, la neige demeurait encore entassée dans les allées étroites du grand monastère de Koum-Boum et couvrait les sommets voisins, mais les routes étaient toutes enveloppées d'une lumière printanière. Elles chantaient comme savent chanter les routes, par tous leurs cailloux et par tous leurs brins d'herbe, d'allègres chansons invitant au départ.

Les mules chargées des bagages, parées de pompons rouges, faisaient impatiemment tinter les sonnettes suspendues à leur cou... Je partais. L'aventure que j'allais courir devait dépasser en difficulté toutes celles qui l'avaient précédée et j'en goûtais par avance la griserie joyeuse. Des regrets jetaient pourtant sur mon départ une ombre de mélancolie.

J'aurais volontiers laissé tous mes jours s'écouler dans le calme berceur de la cité monastique où je venais de passer deux années et huit mois. Elle était si paisible ma maisonnette ornée de fresques naïves, blottie au fond d'un cloître minuscule dans le palais somptueux du lama Pegyai Tulkou ! Je m'étais accoutumée à y contempler de mon balcon les toits dorés des temples et, par-delà, les montagnes herbeuses où paissaient gravement des yaks poilus et les grands chameaux amenés par les caravanes mongoles. J'aimais y écouter, le soir, l'harmonie grave des musiques sacrées quand les lamas donnaient, sur la haute terrasse du grand hall, des sérénades aux dieux. J'y aimais bien plus encore la sérénité des heures passées à suivre la pensée des anciens sages bouddhistes dans les livres sortis à mon intention de bibliothèques scellées où ils sommeillaient enveloppés de chatoyant brocart jaune. On était bien là pour étudier, pour méditer ; l'esprit y savourait, jusqu'à s'en enivrer, la volupté subtile de l'isolement et du silence.

Pourtant, je quittais Koum-Boum. Pour m'y établir définitivement j'aurais dû devenir membre du monastère et mon sexe me l'interdisait et puis, je m'étais promis d'entrer à Lhassa, la ville interdite. Comment aurais-je pu rester ?...

La coutume tibétaine veut que lors de son départ, un hôte de marque soit accompagné sur sa route, jusqu'à une grande distance, par ceux chez qui il a logé. L'intendant et les *trapas* [1] du lama Pegyai

1. Tous les religieux lamaïstes du clergé inférieur sont dénommés *trapas* (élèves). Les dignitaires ecclésiastiques ont seuls droit au titre de *lama* (écrit blama = supé-

désiraient s'y conformer et m'escorter pendant plusieurs kilomètres, mais j'insistai pour qu'ils se dispensent de cette fatigue inutile et les congédiai près d'un petit pont marquant la limite de la cité monastique. Là, nous échangeâmes de bons souhaits et les habituelles écharpes de compliments [1] puis ma caravane se mit en marche.

Mon fils adoptif, le lama Yongden [2], et moi nous la suivons à pied jusqu'au sommet de la dernière colline d'où l'on peut apercevoir le monastère. Il nous reste un rite à accomplir. Entre des pierres, parmi la neige, nous plantons et allumons quelques bâtons d'encens en l'honneur de Tsong Khapa, le fondateur de la secte des Gélougspas, né à l'endroit où Koum-Boum à été construit pour glorifier sa mémoire.

De là, tandis que la légère fumée odorante s'élève devant nous, nous contemplons une dernière fois la vision rayonnante de l'immense monastère avec ses nombreuses maisons blanches, ses palais rouges et ses multiples « logis de dieux [3] » coiffés de toits d'or. Mes serviteurs se prosternent, Yongden se découvre et je m'incline, tous émus, silencieux, écoutant monter en nous les voix diverses de nos espoirs et de nos craintes. Confiance joyeuse et angoissantes appréhensions, pour des raisons différentes se mêlent et se combattent dans le cœur de chacun de nous. Partir pour un voyage lointain, en ces régions de l'Asie tient toujours de l'aventure.

Enfin, je fais volte-face, rompant le charme qui nous retenait ; les autres me suivent, nous descendons la piste sur l'autre versant de la montagne. Quelques pas et Koum-Boum est hors de vue...

Le voyage que je projetais consistait à atteindre Lhassa en suivant un long itinéraire contournant tout le nord-est du Tibet. Il s'agissait de gagner la route des caravanes allant de Tatchienlou (à l'extrémité du Szetchouan) à la capitale du Tibet et, pour y parvenir, de traverser du nord au sud la région frontière officiellement comprise dans le territoire chinois, mais habitée par des tribus d'origine tibétaine indépendantes, en fait, de Pékin comme de Lhassa et ne reconnaissant que leurs chefs locaux.

Partant de Koum-Boum il eût été plus simple et plus rapide de suivre à travers les Tchang-Thang [4], l'une des pistes parcourues par

---

rieur). Cependant, par courtoisie, l'on appelle souvent *lama* des moines particulièrement honorables, âgés ou érudits. Je suis cette coutume dans le présent livre en dénommant « lama » tous ceux à qui j'aurais donné ce titre en leur parlant.

1. Les *kadas* (kha btags) : écharpes que l'on présente et reçoit à tous propos comme témoignage de respect, de politesse, de bienvenue, etc.

2. Le lama Yongden, bien connu des lecteurs de *Voyage d'une Parisienne à Lhassa* et de *Parmi les mystiques et les magiciens du Tibet* est un jeune Tibétain lettré qui m'a accompagné dans mes voyages et est devenu mon fils adoptif.

3. *Lha Kang,* « habitation d'un dieu », est le nom que les Tibétains donnent aux temples.

4. Écrit « byang thang ». Littéralement les « plateaux septentrionaux ». D'immenses solitudes herbeuses traversées par des chaînes de montagnes qui occupent tout le nord du Tibet.

les caravanes venant du nord. La limite de ces vastes solitudes touche Dangar, une petite ville-frontière située à deux journées de marche de Koum-Boum. Le voyage effectué de cette façon n'eût demandé qu'une dizaine de semaines, trois mois au maximum, mais des raisons sérieuses m'empêchaient de m'aventurer dans cette direction.

J'avais déjà séjourné à plusieurs reprises dans la région qu'il m'aurait fallu traverser — celle du lac Bleu (le Koukou nor). J'étais bien connue des pasteurs qui y campent et rencontrée par ceux-ci, j'aurais essuyé mille questions de leur part concernant le but de mon nouveau voyage. Or, un strict incognito était la condition essentielle de la réussite de mes plans ; il me fallait donc suivre des routes où je risquais peu de trouver des gens m'ayant déjà vue.

Je n'ai rien du tempérament de Don Quichotte et je ne cherche jamais à attirer les aventures ; cependant celles-ci ne se firent pas attendre. Le jour même de notre départ, nous faillîmes nous battre avec les conducteurs d'une caravane mongole.

Entre Lousart et Sining, dans un de ces inénarrables chemins chinois encaissés entre des murailles de terre hautes de quatre à cinq mètres et tout juste assez larges pour laisser passer une charrette, nous nous heurtâmes à un convoi de chameaux.

Il avait été convenu qu'à tour de rôle, un des domestiques suivrait, à pied, les mules portant les bagages. Cinq cavaliers seulement moi comprise se trouvaient donc pourvus de montures. Cependant, pour éviter à l'un des hommes (tous étaient *trapas)* la mortification très sensible à un Tibétain, de quitter le monastère à pied tandis que ses compagnons étaient montés, j'avais prêté ma grande mule noire à l'un d'eux et je voyageais dans une voiture chinoise, la classique charrette sans ressorts (la tchiao tze) de la Chine septentrionale qui, faute de routes, ne dépasse pas Sining et Koum-Boum, au seuil des grandes solitudes du Tibet.

C'était ce véhicule qui obstruait la route, en face d'une centaine de chameaux chargés de marchandises. Arrêtées dans leur progrès, poussées par celles qui poursuivaient leur marche machinale en queue de leur longue procession, les grosses bêtes se pressaient en criant dans l'étroit couloir.

A ce moment, je me délassais en marchant sur la crête d'une des murailles bordant la route. Du haut de cet observatoire, la situation m'apparaissait nettement. Impossibilité complète de passer en se croisant ; soit la charrette, soit les chameaux devaient reculer, et il s'agissait, dans les deux directions, de s'en aller à reculons sur une longueur d'environ un kilomètre.

La coutume veut qu'avant de s'engager dans les défilés de ce genre, les charretiers ou les conducteurs de bêtes poussent des cris pour informer de leur arrivée ceux qui pourraient y entrer à l'extrémité opposée. Nous n'avions pas entendu les Mongols nous héler et quant à mes hommes, je crois qu'ils avaient également omis de s'annoncer. La faute était égale sans doute, mais en Orient, c'est là ce qui importe le moins. Ce qu'il convient de sauvegarder avant tout, c'est le prestige. Tout plutôt que le « perdre la face », pensent les Chinois et les Tibétains. Mes garçons partageaient cette façon de voir, et sous peine de déchoir dans leur estime, ce qui pouvait avoir des conséquences sérieuses dans les pérégrinations aventureuses que je me proposais d'effectuer, il fallait me conformer à leur opinion. Dans le cas présent, la « face » exigeait le recul des chameaux et le progrès triomphant de ma charrette.

— « Reculez ! » dit Yongden au Mongol qui marchait en tête et se trouvait, présentement, aplati entre mes cavaliers et ses animaux qui se bousculaient.

— « Reculez ! » firent en écho mes serviteurs.

Deux autres conducteurs accoururent sur la crête qui dominait le couloir.

— « Impossible ! » s'exclama l'un d'eux, « nous avons plus de cent bêtes et vous n'avez qu'une seule charrette. Quant à vos mules il leur est facile de faire volte-face. »

Je continuais à contempler les choses de haut.

Évidemment, le brave homme avait raison. La logique, le bon sens et le sentiment s'accordaient : c'était à notre charrette de reculer... Mais il y avait « la face » et contre elle, logique, bon sens et sentiment étaient, en ce pays, de mesquines personnes. Que je cédasse et j'en paierais la lourde pénalité un jour de véritable danger où j'aurais besoin que mes hommes aient toute confiance en moi et montrent de la fermeté. Quel rapport cela pouvait-il avoir avec le recul d'une charrette dans un chemin encaissé ? Aucun, évidemment, mais je ne pouvais pas changer la mentalité de mes compagnons de route.

— « Reculez ! » répondit Yongden aux objurgations du Mongol.

— « Reculez ! » firent les autres, en écho.

La discussion s'échauffa, on en vint aux injures, aux menaces. Les chameaux ajoutaient leurs cris discordants au tumulte ; les mules effrayées essayaient de se cabrer et ne le pouvant, faute d'espace, s'entre-mordaient... Cette scène de confusion au fond d'un ravin ne manquait pas de pittoresque.

Un Mongol épaula son fusil. Les choses s'envenimaient. Mais, maintenant, l'eussé-je voulu, cette ébauche de menace ne me permettait plus de céder.

— « Nous aussi, nous avons des fusils », ripostèrent mes gens, accoutumés à la vie des *Tchang-Tchang*, où les escarmouches sont fréquentes et ils saisirent les armes qu'ils portaient à la bretelle.

Allaient-ils s'entre-tuer ?...

Probablement les Mongols pensèrent-ils que pour montrer une telle obstination, les gens bien vêtus et bien montés que nous étions devaient occuper un rang distingué dans l'échelle sociale et que blesser ou tuer l'un d'eux entraînerait des suites graves pour le meurtrier. Ils se décidèrent à reculer.

Les volumineux et lents chameaux attachés par le nez et par la queue les uns aux autres, en files de huit ou dix animaux, se prêtaient mal à cet exercice. Tandis que leurs conducteurs s'occupaient d'eux, je me laissai glisser de mon observatoire, réintégrai la charrette cause de tout le trouble et, le couloir devenu libre, je le traversai jusqu'au bout d'un air digne. La « face » était sauve.

Cependant, je n'avais pas le cœur assez « mandarin » pour jouir de ma victoire sans remords. Accrochant au passage les regards des chameliers qui me suivaient des yeux, je leur fis signe, montrai ostensiblement deux dollars chinois et, passant la main sous les rideaux qui entouraient mon véhicule, je laissai tomber les deux larges pièces de monnaie. Les Mongols avaient compris mon geste, ils allaient ramasser l'argent après mon passage et loueraient ma charité. Mes gens n'avaient rien vu... la « face » demeurait sauve !

Le voyage débuta par des ennuis. Une somme d'argent que je comptais trouver à Sining — ayant fait le nécessaire pour qu'elle y fût à ma disposition — parut s'être volatilisée d'incompréhensible façon et tandis qu'à l'occasion du Nouvel An chinois mes serviteurs festoyaient gaiement, se livrant à des bombances de Gargantua, je me demandais, très angoissée, ce qui allait advenir de moi et de mon voyage si je me trouvais sans ressources. Heureusement, après quelques jours de pénible incertitude, l'argent se retrouva de manière aussi mystérieuse qu'il avait disparu. Je me hâtai de me mettre en route.

Trois ans plus tôt, venant de Pékin, j'avais suivi, pour me rendre à Sining, la route carrossable qui relie cette ville à Lantchou, la capitale du Kansou. Voyageant maintenant à cheval, je voulus suivre le sentier plus pittoresque qui longe la rivière de Sining. Mal entretenu — probablement pas du tout entretenu — consistant surtout en escaliers étroits construits en pierres branlantes et côtoyant le vide, celui-ci fut dur à mes pauvres mules fortement chargées. Par l'effet des continuelles secousses causées par les inégalités du terrain, leurs selles de bois à la mode chinoise, bien que posées sur d'épaisses couvertures, les blessèrent profondément. Ce fut une nouvelle cause de soucis. Ces plaies au dos des bêtes sont longues à guérir et je me voyais déjà immobilisée après quelques jours de marche.

Lorsque l'on voyage très lentement, s'accordant de nombreuses heures de repos dans les villages, les occasions de causer avec les indigènes abondent. Savoir profiter de ces bavardages familiers, y glaner au passage des détails typiques sur les mœurs et la pensée des indigènes, est un art que tout voyageur devrait cultiver soigneusement.

Entre Sining et Lantchou ce furent, parmi d'autres gens, deux « chrétiens » chinois qui apportèrent leur tribut à mes notes de route. L'histoire du premier était banale. Sous des formes à peine différentes, elle se répète continuellement d'un bout à l'autre de l'Asie.

Le fils d'un paysan à qui j'achetais des vivres me raconta qu'il *avait été* chrétien. De son plein gré, à l'âge adulte, il avait reçu le baptême. Par la suite il s'était probablement montré particulièrement zélé, flattant agréablement les pieuses espérances de l'excellent missionnaire dont il était l'ouaille. Bref, quelques années après sa conversion, celui-ci l'avait institué son représentant pour une certaine étendue de territoire avec mandat de prêcher dans les villages et de baptiser les convertis qui ne pouvaient se rendre au siège de la mission. Survint la Grande Guerre et ses suites désastreuses pour le budget des étrangers résidant en Orient. Le cours du dollar chinois montant de façon fantastique, beaucoup d'œuvres missionnaires non essentielles durent être sacrifiées. Les services rendus par l'homme qui me parlait ne parurent sans doute pas assez importants pour justifier le maintien du salaire qu'il touchait, ou bien s'illusionnant sur l'ardeur de sa foi, le chef de la mission s'imagina peut-être qu'il continuerait gratuitement son apostolique labeur. C'était là se bercer de vains rêves.

— « J'ai patienté », me disait le paysan, « je croyais que le *chine fou* [1] finirait par régler l'arriéré de mes appointements, mais l'argent n'est pas venu... Alors, j'ai cessé de prêcher... Je ne suis plus chrétien. »

Certes, l'histoire était absolument banale, son sel consistait dans le sérieux de celui qui me la racontait, dans l'air parfaitement digne avec lequel il déclarait qu'il avait « attendu » avant de se « déchristianiser », afin de laisser au *chine fou*, son débiteur, le temps de régler l'arriéré de ses émoluments. La certitude qu'il montrait d'avoir agi avec une correction absolue, de s'être conduit en parfait « gentleman », d'avoir rempli tout son devoir et même un peu plus que son strict devoir, était d'un comique irrésistible. Mais j'étais seule à le percevoir. Le père de l'ex-chrétien resté fidèle aux dieux taoïstes et les paysans ses voisins hochaient gravement la tête en gens qui appréciaient la délicatesse et l'esprit pratique qui s'alliaient si heureusement chez leur compatriote.

Le second « chrétien » était d'un type bien différent et son histoire sortait de l'ordinaire.

Il me croyait tibétaine, ce qui me permit de jouer l'ignorante lorsqu'il se déclara chrétien et de lui demander en quoi consistait sa religion.

— « C'est la religion de Issou (Jésus) », me dit-il.

— « Ah ! Et qui est cet Issou ? »

1. Prêtre.

— « C'est un "grand homme"[1]. Il habite Nienpai. »

La nouvelle était inattendue, mais pourtant susceptible d'explication. Le nigaud qui me la donnait sous cette forme pouvait être un catholique faisant allusion à la présence sacramentelle de Jésus dans la chapelle de la mission, ou bien appartenir à l'une des églises protestantes qui, à cette époque, prédisaient au Kansou le retour imminent du Christ. Sur ce dernier thème les humbles fidèles des campagnes avaient pu broder de façon fantaisiste.

Ayant interrogé le bonhomme au sujet de sa confession, j'appris qu'il était T'ien-dou-tan, c'est-à-dire catholique, et il ajouta qu'il avait vu de ses yeux vu « Issou » à Nienpai. Puis, pour me convaincre de sa véracité, il se mit à me décrire le Seigneur : un homme de haute taille, d'âge moyen, dont les cheveux n'étaient pas noirs, qui avait des yeux bleus...

Au portrait qu'il en traçait, je reconnaissais peu à peu un aimable missionnaire de ma connaissance.

Ses innocents paroissiens l'avaient simplement déifié.

Mon expédition qui avait débuté par des ennuis fut, dès les premières semaines, attristée par la maladie et par la mort de deux jolis jeunes chiens nés chez moi, à Koum-Boum, que j'avais emmenés pour être d'affectueux compagnons de voyage et garder mon camp pendant la nuit.

Peu après avoir quitté Sining, l'un de ceux-ci, un griffon de race mongole, manifesta soudainement des symptômes inquiétants ressemblant à ceux de la rage. Il cherchait à s'enfuir, ne pouvait plus avaler, paraissait effrayé à la vue des aliments qu'on lui présentait, secouait la tête et aboyait avec une voix singulière.

Je me demande si jamais un romancier a tenté de dépeindre les sentiments de quelqu'un voyageant avec un animal suspect d'être enragé. J'en doute, la chose paraîtrait invraisemblable. En Occident, le sort d'un tel chien est vite réglé. Mais nous étions en Asie ; ceux qui m'entouraient étaient bouddhistes et moines, aucun d'eux n'aurait voulu commettre le crime de tuer le pauvret et, en ce qui me concerne, jamais je ne l'aurais commandé. Il n'y avait qu'à prendre des précautions.

On mit donc le petit griffon dans un panier, on le chargea sur une mule et nous continuâmes notre route.

Arrivé à Lantchou, le chien finit par mourir après une longue agonie. Son frère tomba malade à son tour. Sa mort fut plus navrante encore. Il m'était extrêmement attaché et il se sentit mourir avec une lucidité tout humaine. Pendant deux jours il demeura blotti contre moi, refusant de s'éloigner. Il se dressait, appuyant ses pattes sur

1. L'expression polie chinoise *ta jen*, prononcée *ta rêne* au Kansou, qui signifie un homme distingué.

mes genoux et me regardait longuement dans les yeux, posant parfois son petit nez noir contre ma joue.

Que voulait-il me dire ?... « Je vais partir » ou bien « Je voudrais rester, garde-moi ! ».

Comprit-il mon impuissance, chercha-t-il secours ailleurs ? Il alla à l'écurie, s'arrêta auprès de chacune de mes mules, sembla les implorer et les bonnes bêtes qui le connaissaient bien, baissaient la tête pour le flairer et se remuaient avec précaution pour ne pas heurter le tout petit malade qui trébuchait, sans force, dans la paille, entre leurs grandes jambes.

Ce fut la fin. Je ne pus le garder, pas plus que je n'avais pu retenir son frère.

Un soir où la lune était voilée par le brouillard, nous allâmes furtivement l'enterrer au pied d'une colline, à la lisière d'un cimetière chinois. Le respect attaché à ce sol devait assurer au pauvret une dissolution paisible et le faire échapper au couteau du « fourreur » indigène qui écorche les cadavres de chiens pour en vendre la peau.

Sentimentalité ridicule. Ce n'étaient que des bêtes ! penseront certains.

Vue bien superficielle que celle-là. Qu'importe la valeur plus ou moins grande, selon notre évaluation humaine, des êtres qui disparaissent. Ce qui compte et s'impose à la pensée comme une cruelle énigme, c'est le fait de la disparition. La Mort était passée, elle venait d'immobiliser une activité joyeuse, d'éteindre une flamme intelligente, de transformer en une chose inerte, que la corruption allait bientôt dissoudre, cela qui avait senti, pensé, aimé. Son mystère terrible se rappelait à moi et projetait une ombre angoissante sur mon expédition.

Je ne m'attardai pas à Lantchou. J'avais visité cette ville en détail y ayant fait un séjour prolongé, trois ans plus tôt, en arrivant de Pékin.

Bâtie sur le bord du fleuve Jaune, la capitale du Kansou est la plus importante cité du nord-ouest de la Chine. Pour trouver son égale il faut aller jusqu'à la lointaine Tihwa-fou (Ouroumtchi) au Sinkiang (le Turkestan chinois) et ce pays de turcomans musulmans n'est plus, à proprement parler, la Chine.

Sans doute, de nombreuses villes chinoises sont plus riches que Lantchou en monuments artistiques. Sous ce rapport, cette dernière est fort dénuée, mais son aspect ouvert, ses nombreuses rues larges et aérées plaisent au voyageur occidental. Il s'y sent plus à son aise, moins en Chine faut-il peut-être dire, qu'à Tchéngtou l'opulente capitale du Szetchouan ou en d'autres grandes cités de la « République du Milieu ».

La population du Kansou diffère aussi beaucoup de celle de la côte ou des provinces du Sud. Elle n'a rien du Chinois de petite taille, mangeur de riz que beaucoup d'étrangers croient représenter le type invariable de tous les habitants de la vaste Chine. Les hommes du Kansou sont généralement grands, bien faits, blancs plutôt que jaunes et souvent beaux de visage. Le pain et les pâtes : nouilles ou macaroni, forment la base de leur alimentation ; le riz n'y figure qu'accessoirement. En général, la vie au Kansou est plus libre, moins étroitement liée par les rites et les coutumes qu'elle ne l'est dans les provinces centrales ; l'on y sent l'influence de races étrangères. Les purs Chinois, qui ne s'y trompent pas, montrent souvent un certain dédain pour ces compatriotes des frontières dans lesquels ils ne reconnaissent pas leur sang et, parfois, les traitent de sauvages, une épithète fort peu justifiée.

Situé à environ 2 800 kilomètres de Pékin et non desservi par le chemin de fer [1], Lantchou échappe aisément au contrôle du gouvernement central. Il en a probablement toujours été ainsi et il est douteux que le pouvoir administratif, ayant actuellement son siège à Nankin, réussisse mieux que ses prédécesseurs à se faire obéir dans le lointain Kansou. Quoi qu'il en puisse être, les notables de Lantchou ont su, plus d'une fois, démontrer de façon catégorique leur indépendance vis-à-vis du gouvernement chinois.

Je ne citerai qu'un cas qui se produisit tandis que je résidais dans cette région.

L'avènement au pouvoir d'un nouveau parti politique avait, alors, eu pour conséquence la révocation du gouverneur du Kansou qui appartenait au parti vaincu. Sans offrir aucune résistance, celui-ci avait quitté son siège et était retourné dans son pays natal jouir en paix des fruits de son administration.

D'après les habitants de Lantchou, ces fruits évidents se présentaient sous la forme d'un convoi de mules chargées de lingots d'or.

Pour remplacer le gouverneur sortant, les autorités de Pékin avaient nommé un musulman. De là, grand émoi au Kansou où Chinois et disciples du Prophète vivent sur le pied de guerre. Les véhémentes récriminations de la population parvinrent à Pékin. Pour apaiser les esprits, le général musulman fut pourvu d'un autre poste et un de ses collègues chinois désigné pour se rendre à Lantchou. Mais voici que le nouvel élu se trouvait être un de ces éminents chefs de bandes qui, sous l'habit militaire, se livraient, en grand, au pillage des régions où ils résidaient. Il commença par déclarer qu'il licencierait les troupes recrutées par son prédécesseur et amènerait avec lui, pour les remplacer, ses propres soldats, vingt mille mercenaires à sa solde [2].

---

1. Une ligne de chemin de fer a été projetée bien avant la Grande Guerre, mais les travaux ont été arrêtés près de Honan, un embranchement de la ligne Pékin-Hankéou, et n'ont pas été repris. La partie du trajet à effectuer en charrette, depuis le terminus du rail, demande, à l'allure ordinaire, de vingt-huit à trente jours.

2. Je rapporte ici ce qui se disait à Lantchou.

Du coup, les commerçants du Kansou virent leurs boutiques pillées, les paysans leur récoltes volées ou saccagées, et tous ruinés par cette soldatesque étrangère tout animée encore par de récents exploits dans le pays où son maître venait de régner.

Un général commandant à Pigliang — une ville de l'est du Kansou — vit alors poindre « son heure ». Il fit cause commune avec les notables et le peuple effrayés et résuma ses intentions dans une déclaration lapidaire : « S'il a des soldats, j'en ai aussi. Qu'il vienne et je saurai le recevoir ! » L'élu de Pékin crut sans doute imprudent d'affronter les « braves »[1] de Pigliang ; bien que sa nomination demeurât officielle, il ne parut pas au Kansou.

Le général « sauveur » quittant alors Pigliang s'installa à Lantchou, chaleureusement accueilli par les habitants et sans plus se soucier des décrets de Pékin, il y établit, de concert avec le préfet civil, une sorte de duumvirat qui devait régir la province. Par la suite, ayant décidément conquis l'estime de la population, il se nomma lui-même seul gouverneur du Kansou et, dès lors, comme son prédécesseur, il put régner en souverain à peu près absolu, n'ayant à craindre que la défection des troupes mercenaires sur lesquelles s'appuyait son autorité.

Toutefois, à l'époque où je m'arrêtai à Lantchou il s'en fallait de beaucoup que, malgré le titre qu'il portait, l'autorité du gouverneur du Kansou s'étendît sur toute cette province. En fait, le sud de celle-ci se trouvait aux mains d'un autre général tandis qu'à Sining régnait un troisième général, le musulman Ma. Le premier s'était rendu tout à fait indépendant. Il avait frappé une monnaie différente de celle ayant cours dans la capitale provinciale et la totalité des impôts perçus sur le territoire conquis par lui entrait dans ses caisses. Quant à Ma, sans être hostile au gouverneur, il ne se considérait en aucune façon comme son subordonné. Chacun de ces chefs entretenait, aux frais de la population, une petite armée de « braves ». Périodiquement, les généraux emmenaient leurs troupes razzier les régions voisines de leurs fiefs, une façon d'acquitter le salaire des soldats généralement peu régulièrement payés. Il en était alors ainsi dans toute la Chine.

Au moment où nous voulions quitter Lantchou pour continuer notre route vers le grand monastère de Lhabrang Tachikyil, les musulmans recommençaient à s'agiter et les Chinois craignaient un soulèvement pareil à celui qui avait ensanglanté le Kansou une vingtaine d'années auparavant.

Ce dernier avait été marqué, jusqu'après sa répression, par des incidents tragiques des plus extraordinaires. L'un d'eux s'était produit près de Kweité à l'occasion de l'exécution, sur la berge d'une rivière, d'un grand nombre de chefs et de notables musulmans.

---

1. Titre par lequel les soldats chinois se désignent volontiers.

Plusieurs centaines de curieux, tous Chinois, s'étaient massés sur un pont pour voir tomber les têtes de leurs ennemis. Or, tandis que les bourreaux faisaient leur œuvre au bord de l'eau, le pont surchargé se rompit et les spectateurs furent précipités dans la rivière dont le courant rapide les entraîna. Très peu purent se sauver.

Le soulèvement que l'on redoutait devait en effet se produire, mais beaucoup plus tard, dix années environ après mon départ du Kansou. Les rares nouvelles qui parvinrent alors jusqu'à moi le montraient aussi fertile en incidents dramatiques que celui qui l'avait précédé. Cette fois, une épidémie de choléra l'avait accompagné et l'on racontait entre autres horreurs que les musulmans assiégés dans leur citadelle d'Hojo et décimés par le fléau jetaient par-dessus les remparts, dans le camp des assiégeants chinois, les cadavres de leurs morts dont ils ne savaient comment se débarrasser.

Pour aller à Lhabrang Tachikyil j'avais le choix entre plusieurs routes, mais les musulmans occupaient si vivement l'attention publique que ma curiosité s'était éveillée à leur sujet et j'avais choisi celle de ces routes qui passaient par Hojo, la citadelle de l'islamisme au Kansou.

Afin de ne pas attirer l'attention et de réduire mes frais de route, j'avais décidé de voyager de la façon la plus modeste. — Du moins elle me paraissait telle à cette époque ; je devais en connaître, plus tard, une autre bien plus modeste encore : celle du pèlerin mendiant. — Je n'avais donc acheté qu'un cheval et sept mules, comptant louer, en cours de route, les bêtes supplémentaires nécessaires pour transporter les bagages. De plus, j'avais aussi calculé le poids de ces derniers de manière à ce qu'en cas de besoin, les domestiques allant à pied, six mules puissent porter tous mes colis. Si les circonstances nous obligeaient à nous charger d'une plus grande quantité de vivres, nous le pouvions encore en employant le cheval que montait Yongden et la grande mule noire que je m'étais réservée. Étant tous bons marcheurs, cette perspective ne nous effrayait pas.

J'eus, dès Lantchou, à me féliciter de ma prévoyance. Tous les muletiers refusaient d'aller à Hojo craignant de s'y voir voler leurs bêtes ou d'être eux-mêmes maltraités par les musulmans. On me dépeignait le voyage comme dangereux et l'on m'exhortait à passer par une autre route. Mais je me laisse rarement détourner d'accomplir ce que j'ai projeté et, à la fin, je trouvai un homme qui consentit à me louer trois mules et à m'accompagner jusqu'à la ville redoutée.

La route ne manquait pas d'intérêt, nous traversâmes le Tao en bac et entrâmes ensuite dans une région de montagnes arides au sol d'un blanc crayeux où la réverbération était aveuglante.

La mauvaise chance continuait à nous poursuivre. Peu après le passage de la rivière, Yongden fut pris d'une violente attaque de fièvre. Je lui administrai de la quinine qui ne produisit que très peu d'effet. Il insista pourtant pour continuer le voyage sans arrêt et bien qu'il eût passé une mauvaise nuit, nous nous mîmes en route de bon matin, comme d'ordinaire. Après avoir vaillamment résisté jusque vers le soir, il défaillit soudainement. Nos garçons eurent à peine le temps de le descendre de son cheval pour lui éviter une chute ; il s'affaissa sur le bord du chemin.

Nous n'étions pas loin d'un village, mais il n'y existait pas d'auberge. Voyant notre embarras, un vieil « akon »[1] attaché à la mosquée locale, nous offrit l'hospitalité. Sa minuscule demeure se composait d'une unique chambre, d'une cuisine et d'une écurie prenant jour sur une cour que bordait, du côté opposé, le mur de la petite mosquée.

Ce brave homme se retira avec sa femme dans la cuisine et m'abandonna sa chambre pour y installer le malade. Celui-ci n'était qu'à demi conscient, il délirait un peu et les mots incohérents qu'il prononçait dénotaient que des souvenirs de son pays surgissaient dans son cerveau.

Celui de mes domestiques qui faisait fonction de cuisinier alluma du feu dans un coin de la cour et y prépara le souper. Ceci afin de ne pas contaminer la cuisine de nos hôtes en y introduisant la viande d'une bête qui n'avait pas été tuée selon le rite musulman. J'avais d'ailleurs bien eu soin de les informer que nous n'avions pas de porc parmi nos provisions.

Puis la soupe étant prête, je m'assis aussi dans la cour pour manger.

Autour de moi, tout était badigeonné au lait de chaux : la maisonnette, les murs de l'enclos, la mosquée et sa petite tour. Nulle figure magique imprimée sur papier rouge ou jaune n'ornait la porte, nul autel des ancêtres, nulle statue de déité ne s'apercevait à l'intérieur. Un esprit très différent de celui qui enveloppe les villages chinois émanait de toutes choses. Le jour baissa. Très digne en sa longue robe, notre vieil hôte monta à son humble minaret et, d'une voix menue mais ferme, proclama l'unité d'Allah et convia les fidèles à la prière. Puis, au ciel encore clair, un mince croissant de lune parut au-dessus d'un haut cyprès et l'Islam s'imposa, souverain ; bien que sur le sol de la Chine, on se sentait loin d'elle.

Le lendemain Yongden insista encore une fois pour partir. Rien ne pouvait être meilleur pour sa guérison, disait-il, que de quitter la région où il avait pris la fièvre. Il pouvait y avoir du vrai dans cette opinion, mais il nous était, surtout, impossible d'abuser de l'hospitalité des braves gens qui nous avaient ouvert leur porte.

Notre route continuait à travers une région complètement dénuée d'eau dont les habitants subsistent uniquement sur celle qu'ils

---

1. C'est le titre donné par les musulmans du Kansou à celui qui dirige les prières et remplit d'autres fonctions religieuses.

recueillent dans les citernes pendant la saison des pluies. Cette eau malpropre, souvent croupie, dont nous devions nous servir pour faire le thé et pour les besoins de la cuisine ne convenait guère à un fiévreux, pourtant l'état de Yongden ne s'aggrava pas et il se rétablit aussi soudainement qu'il était tombé malade.

Malgré la lenteur avec laquelle nous voyageons, nous sommes déjà loin de Lantchou et la vague sécurité dont on jouit dans le voisinage immédiat des autorités chinoises ne s'étend pas jusqu'au pays où nous entrons. Celui-ci a fort mauvaise réputation. On nous a, notamment, signalé certaines gorges rocheuses où les passants sont fréquemment détroussés et parfois même lardés de coups de sabre.

Nous savons d'avance que nous courrons souvent un danger de ce genre au cours du voyage que nous avons entrepris, la nouvelle ne nous émeut donc pas. Il ne s'agit probablement, ici, que de trois ou quatre malandrins associés et non d'une véritable bande. La route n'est pas suivie par des caravanes et des brigands sérieux n'y feraient pas leurs affaires.

Néanmoins, en prévision des voleurs qui pourraient être embusqués et tomber sur nous par surprise, j'ordonne à mes gens de revêtir ce que j'appelle en plaisantant la « tenue de guerre ». Celle-ci consiste pour eux à enlever leurs longues robes à la mode mongole et à ne conserver que des pantalons et une veste en coutil noir ; un fusil en bandoulière complète ce costume qui rappelle celui adopté par beaucoup de soldats des frontières. Il est susceptible de produire une méprise dont nous profiterons et d'inspirer une certaine crainte aux voleurs, car ceux-ci savent bien qu'ils seraient recherchés et sévèrement punis s'ils pillaient ou molestaient des « braves », tandis qu'ils n'ont guère à le craindre en s'attaquant à des voyageurs civils.

Nous chargeons aussi les trois fusils et les deux revolvers que nous possédons. Jamais, avant d'entrer en Amdo, je n'avais emporté d'armes en voyage. Je me suis départie de mes habitudes pour me conformer aux coutumes tibétaines et, surtout, pour ménager la fierté de mes hommes qui se sentiraient humiliés s'ils n'avaient un fusil au dos et un sabre à la ceinture. Quant à moi, à tort ou à raison, j'ai confiance en ma bonne étoile, je ne puis pas imaginer un péril qu'il me soit impossible d'écarter par mes propres moyens. Jusqu'à présent, les événements m'ont donné raison.

Comme toujours en pareilles circonstances, je chemine en éclaireur. Je suis descendue de ma belle mule et je m'en vais sans hâte, clochepiénant un peu, vêtue d'une vieille robe chinoise, toute semblable à une pauvre paysanne se rendant dans un village voisin et qui ne peut guère tenter des larrons en quête de butin.

Si j'aperçois quelque chose de suspect, j'entonnerai un chant pieux. En cas de danger pressant, je sifflerai avec un puissant sifflet qui sert à nous rallier quand nous nous séparons pour chercher notre route, et qui demeure toujours suspendu à mon cou. Mais tout se passe bien. J'ai beau scruter du regard tous les ravins, toutes les crevasses qui coupent les hautes parois du défilé, je n'y découvre pas l'ombre d'un être humain. Arrivée près de la fin du couloir et contente de nous en voir tous sortis sans ennui, j'exprime ma satisfaction par une plaisanterie déjà renouvelée bien des fois en des occasions analogues mais qui amuse toujours mes garçons.

— « Tobgyal, avais-tu préparé la bouteille de thé ? »

Les trois hommes éclatent de rire, l'interpellé d'aussi bonne grâce que ses compagnons, bien que la plaisanterie le vise.

Elle se rapporte à un incident qui se produisit environ deux ans plus tôt.

Je me rendais, alors, au monastère de Ditza, situé à environ une journée de marche de la rive du fleuve Jaune. Le pays qu'il me fallait traverser est presque complètement désert et hanté par de hardis brigands tibétains bien plus redoutables que leurs confrères chinois.

Deux années auparavant, l'intendant d'un lama, mon voisin avait été saisi par eux, alors qu'il venait de toucher une forte somme et la rapportait dans les sacoches de sa selle. Non seulement les voleurs s'emparèrent de l'argent, mais ils dépouillèrent aussi l'intendant de sa belle robe de soie et de tous ses autres vêtements. Puis, lorsqu'il fut complètement nu, ils lui lièrent les mains derrière le dos et, se servant de sa longue ceinture comme d'une corde, ils l'attachèrent à un arbre. Cela fait, ils s'en allèrent en emmenant aussi son cheval.

Le malheureux intendant passa toute une longue nuit d'hiver dans cette position. A force d'efforts, il réussit à se délivrer à l'aube et, à moitié gelé, se traîna jusqu'à une ferme où on le secourut.

Sans remonter si loin, la semaine précédente, les bandits avaient criblé de balles un malheureux fermier qu'ils croyaient muni d'argent. L'homme put leur échapper grâce à la rapidité de son cheval, mais il n'atteignit sa demeure que pour y mourir deux heures plus tard.

Dans ces régions, les faits de ce genre ne sont pas rares et si l'on devait y attacher beaucoup d'attention l'on ne sortirait jamais de l'enceinte d'une ville et l'on s'y enfermerait chez soi, chaque jour, avant le coucher du soleil.

Vers la fin de l'après-midi, nous nous trouvions donc dans une vallée couverte de hauts buissons d'où émergeaient des touffes d'arbres. Pour nous délasser d'une longue chevauchée, nous avions mis pied à terre et marchions à côté de nos bêtes. Mon fils adoptif, la lama Yongden, et moi avions un peu devancé les autres et en arrivant à une petite clairière je m'étais assise sur un rocher ayant l'intention d'y faire aussi s'arrêter les domestiques pour qu'ils se reposent pendant quelques instants, mais arrivé près de moi l'un d'eux, que nous nommions Sotar[1], me dit à voix basse :

— « Des voleurs nous guettent, je les ai vus se cacher derrière les arbres. »

La chose n'avait rien d'étonnant. Sans manifester aucun empressement, je me lève pour continuer ma route. Ce n'est pas le moment de s'arrêter, il vaut mieux nous hâter de gagner un endroit habité, mais il est prudent, aussi, de ne pas montrer de crainte et même de ne pas sembler avoir aperçu les malandrins.

Après avoir fait quelques pas, j'entrevois, à mon tour, trois hommes armés de fusils qui se dissimulent dans les fourrés.

— « Prends mon revolver dans la sacoche de ma selle et apporte-le-moi discrètement sans qu'on le voie », dis-je à Tobgyal.

Ce dernier, un excellent garçon, *trapa* de Koum-Boum, ne brillait pas par la bravoure. A dire la vérité, il était plutôt un peu poltron. Savoir que les voleurs armés se trouvaient tout proches de nous lui brouilla les idées ; il ouvrit bien la sacoche, y prit quelque chose et me l'apporta aussi discrètement que possible, mais quand il sortit l'objet de dessous sa robe où il l'avait caché sur sa poitrine, ce dernier se trouva être, non pas un revolver, mais une bouteille Thermos remplie de thé, que j'avais l'habitude d'emporter avec moi.

A cette apparition inattendue et bien peu de circonstance je fus prise d'un fou rire.

— « Va », dis-je au benêt, « va aussi chercher la boîte à biscuits, nous leur offrirons un goûter. »

Mon fils et trois domestiques qui nous accompagnaient joignirent leurs rires aux miens. Les voleurs durent se demander ce qui se passait et notre hilarité nous sauva peut-être d'une agression. Quoi qu'il en soit, nous montâmes vivement en selle et partîmes bon train. Les malfaiteurs n'avaient-ils pas de chevaux ou n'osèrent-ils pas nous poursuivre ? Nous ne fûmes pas attaqués.

Mais, depuis ce jour, le pauvre Tobgyal ne cessa plus d'être en butte aux railleries de ses camarades et, je dois le confesser, aux miennes aussi, bien que cela ne fût pas très charitable. Il finit, du reste, par s'y habituer et en riait avec les autres.

Notre gîte se trouva être, ce soir-là, une ferme isolée entourée d'un grandiose paysage de montagnes rouges dominant un chaos de rocs éboulés. La lune vint bientôt éclairer ce décor fantastique mais sa clarté ne permettait pas de distinguer l'extrémité de l'espace : plaine ou large vallée, qui s'étendait devant nous et l'amoncellement des gigantesques éboulis se perdait mystérieusement dans une nébulosité bleuâtre.

1. Sotar est un terme hindi qui signifie à peu près un surveillant, un contremaître, un petit chef dirigeant des porteurs, etc. L'homme que nous désignions ainsi était un Tibétain qui avait servi un officier anglais du service cartographique à la frontière du Tibet. Il parlait parfaitement hindi.

Dès que j'eus terminé mon repas, je voulus sortir pour jouir de cet imposant spectacle. Le froid était vif, mais très supportable et l'on pouvait, sans en souffrir, passer une demi-heure à rêver assis sur un rocher. Quand ils me virent disposée à quitter la maison, mes hôtes me conjurèrent avec force de n'en rien faire. Ils redoutaient pour moi les rôdeurs malfaisants : humains ou bêtes carnassières qui hantaient la région. Une jeune Chinoise se montrait tout particulièrement véhémente dans ses discours tendant à me retenir. Sa sollicitude me toucha, mais je n'en sortis pas moins.

Peut-être, absorbée par mes pensées, m'éloignai-je, en marchant, un peu plus que j'en avais eu l'intention et probablement aussi m'attardai-je assise sur une pierre entre deux gros rochers qui formaient une guérite et m'abritaient du vent. Il m'aurait été difficile de dire depuis combien de temps j'étais au-dehors lorsque j'entendis un bruit de pas se dirigeant de mon côté. Il ne s'agissait pas d'un animal, l'allure régulière était celle d'un être humain et comme le marcheur venait de la direction opposée à celle où se trouvait la ferme, il ne pouvait être envoyé à ma recherche par les fermiers que mon absence trop longue rendait inquiets. Je m'enfonçai autant que possible entre les deux rochers. Il était peu probable que l'on pût m'apercevoir dans cette cachette. En effet, un homme passa à quelque distance de moi sans s'arrêter, allant droit devant lui, sans hésitation, comme quelqu'un qui marche vers un but précis et bien connu.

Ce n'était certainement pas un des habitants de la ferme regagnant tardivement sa demeure, car, comme argument tendant à me faire renoncer à ma promenade nocturne, il m'avait été dit et répété que tous étaient rentrés chez eux et n'oseraient pas, à cette heure, se hasarder au-dehors. Du côté où le passant se dirigeait, il n'existait pourtant que cette seule ferme et, au-delà d'elle, la gorge rocheuse de mauvaise réputation que nous avions traversée dans la journée. Le singulier voyageur y allait peut-être rejoindre quelques vauriens préparant une embuscade pour le lendemain. Quel qu'il pût être, il était inutile d'être vue par lui. J'attendis donc assez longtemps avant de quitter mon abri, mais n'y goûtai plus aucun plaisir. Ma méditation avait été troublée, je commençais à souffrir du froid et la rapide descente de la lune vers les cimes derrière lesquelles elle allait disparaître me faisait craindre d'être surprise par l'obscurité et de ne pas pouvoir retrouver mon chemin. J'arriverai pourtant sans encombre près de la ferme, mais comme j'allais tourner un coin du bâtiment, j'entendis des chuchotements. Des gens parlaient précipitamment à voix très basse. Que voulait dire cela ?...

Tandis que je demeurais indécise, hésitant à avancer, l'un des deux chiens de garde que l'on avait attachés pour me permettre de rentrer sans être attaquée par eux, me sentit et commença à aboyer, son camarade lui fit écho. Au bruit, un homme s'enfuit précipitamment. S'agissait-il d'un voleur ? Je courus vers la porte.

Sur le seuil de celle-ci je trouvai la jeune Chinoise qui m'avait si particulièrement exhortée à ne pas sortir. Elle n'avait pas encore eu le temps de rentrer. Le mystère s'éclaircissait. Le rôdeur était un amoureux sans doute bien connu des chiens de garde qui n'aboyaient pas pour lui.

La « Juliette » fit preuve d'un sang-froid remarquable. Elle manifesta la joie la plus sincère en me revoyant. Elle avait été si inquiète, si inquiète, disait-elle, en me sachant dehors, toute seule dans la nuit qu'elle n'avait pas pu s'endormir et était venue guetter mon retour...

— « Que vous êtes bonne ! et combien je vous sais gré de votre sollicitude », lui dis-je de mon air le plus sérieux.

— « C'est moi qui rentre », criai-je ensuite à haute voix à l'adresse des maîtres de la maison que les aboiements des chiens pouvaient avoir réveillés. Puis, afin de détourner leur attention et d'aider la jeune Chinoise à regagner sa couche sans encombre, je verrouillai bruyamment la porte et emportai vivement dans ma chambre la lampe de terre laissée allumée à mon intention. Mais la petite amoureuse avait déjà disparu, plus légère et plus silencieuse que les « esprits » dont parlent les contes de son pays.

Au sortir de cette région aride, Hojo nous apparut soudain comme nous atteignons le sommet d'un col. La ville entourée de remparts s'élève dans une vaste plaine verdoyante traversée par une jolie rivière. Cette oasis parmi ce pays desséché forme un surprenant et charmant contraste et l'on comprend sans peine l'attachement que témoignent les musulmans du Kansou à cette fraîche citadelle, réplique terrestre, à leur mesure, des jardins fleuris du paradis d'Allah.

Mon séjour à Hojo n'eut rien d'agréable. Je fus prise de fièvre comme l'avait été mon fils, quelques jours auparavant. Une des mules enfla et faillit mourir. La neige se mit à tomber, la bise soufflait, glaciale. Nous fûmes immobilisés pendant plusieurs jours dans une auberge, attendant la guérison de la bête malade.

« Il est heureux, me disait Yongden, que nos domestiques ne connaissent pas le but de notre voyage. En voyant la succession d'accidents qui nous surviennent, ils ne manqueraient pas de croire que les dieux du Tibet suscitent des obstacles pour nous empêcher d'atteindre Lhassa. »

Ces incidents fâcheux n'avaient probablement que des causes très naturelles. Néanmoins nous ne devions arriver à Lhassa, ni au cours de ce voyage ni à la suite de deux autres tentatives qui le suivirent. Il me fallait encore attendre trois ans avant de contempler la sainte capitale du Tibet. Je n'ai d'ailleurs aucun sujet de le regretter, car ces échecs successifs et les moyens toujours de plus en plus singuliers qu'ils m'ont forcée d'employer pour atteindre mon but m'ont procuré la joie d'aventures que je n'aurais jamais connues autrement.

D'Hojo, en nous enfonçant plus avant dans les montagnes, nous regagnâmes le sauvage pays d'Amdo [1]. Amdo est considéré comme une province du Tibet bien qu'il ne fasse pas partie du territoire soumis au gouvernement du dalaï-lama. Les autorités chinoises y exercent un vague contrôle et y perçoivent quelques impôts, mais elles n'interviennent dans les affaires de la population que dans des cas exceptionnels. En temps ordinaire, celle-ci est gouvernée par des chefs locaux sans liens entre eux.

Les Tibétains d'Amdo comprennent des pasteurs *(dokpas)* [2] vivant sous la tente à la limite nord-est des grands déserts d'herbe : les Tchang Tang et des *yudog* [3] c'est-à-dire des villageois-pasteurs. Ces derniers occupent des hameaux et se livrent à la culture pendant une partie de l'année puis, l'été venu, ils confient à quelques-uns d'entre eux — souvent à des femmes — la garde de leurs habitations rustiques et le soin de moissonner et de rentrer la récolte. Tout le reste de la population valide s'en va, avec les troupeaux, camper dans les alpages.

Notre route nous mène par d'étroites vallées où coulent des rivières aux eaux vertes. A une époque encore peu éloignée, tout le pays a dû être couvert de forêts, mais les indigènes déboisent avec acharnement. Beaucoup de montagnes sont entièrement dénudées et croulent, menaçant d'obstruer dangereusement les vallées, tandis que des torrents, bondissant à travers les énormes éboulis, ravinent profondément les versants arides et activent la dévastation.

Le transport des arbres par flottement n'étant pas possible dans cette région, c'est le commerce de la braise qui cause son déboisement. Des sapins géants, les bûcherons font maladroitement de la petite braise dont la moitié s'effrite sur place. Ils livrent ce qui est transportable à des intermédiaires chinois ou, plus rarement, l'emportent eux-mêmes sur des mules, dans les villes où elle est très demandée.

A mesure que nous avançons, les gîtes se font de plus en plus misérables. Nous hésitons pourtant à camper dehors tant à cause de nos bêtes qui, en cette saison froide, ont besoin de passer les nuits à l'écurie, qu'à cause des voleurs. S'il faut s'en rapporter à ce que racontent les gens bien informés, en chaque paysan de ce pays, un larron existe, toujours aux aguets d'un coup à faire.

Cependant, ces coquins ne manquent pas d'une sage prudence. Voler l'hôte qui couche chez eux leur paraît dangereux.

Le voyageur dépouillé, surtout si c'est un homme de quelque importance, pourra se plaindre aux chefs locaux ou même aux autorités chinoises s'il ne regarde pas aux frais de justice. A l'occasion, des soldats de passage dans le pays s'improviseront pour lui juges et exécuteurs de leur sentence, et le paysan sentira lourdement le

1. Dont nous étions sortis en quittant Koum-Boum.
2. Écrit *hbrogpa*. Littéralement :« gens des solitudes ».
3. Écrit *yul hborg* (de yul = pays, et par extension village, et hborg = solitude).

poids de leur intervention rien moins que gratuite. Pour une livre de sucre dérobée, il devra donner un cheval.

En campant au-dehors, l'on perd le bénéfice de la crainte salutaire qu'inspire cette ombre de justice. Contre qui porter plainte si, au cours de la nuit, une ou deux mules disparaissent ? Les indigènes jureront qu'ils n'ont rien vu, rien entendu, que les larrons ne sont certainement point des leurs, qu'aucun d'entre eux n'a quitté le village. Comment un étranger pourrait-il prouver qu'ils mentent ? Il lui est loisible de pester et de tempêter tout à son aise, son bien trotte au loin à travers la montagne et il ne le reverra jamais.

Se faire justice soi-même, en dehors des coutumes établies, n'est pas admis par les Tibétains. Toutes les exactions sont permises en ce bienheureux pays, surtout dans les régions frontières, mais il y a la « manière » à observer. S'écarter, en cette matière, des traditions reçues, est courir le risque de susciter des bagarres au cours desquelles les fusils disent leur mot et le voyageur imprudent peut être mis à mal.

Malgré tout, je me suis bien souvent départie des sages précautions que l'on avait conseillées et que les faits courants justifient pleinement et je dois à mes amis tibétains et chinois de dire que rien de fâcheux ne s'en est ensuivi pour moi. Je n'ai guère à noter sous ce rapport que le vol d'une robe chinoise appartenant à Yongden, que l'on déroba en plein jour, dans une chambre d'auberge tandis qu'il prenait le thé avec moi dans la chambre voisine.

Dans toute la région que nous traversons maintenant, les villages ne comptent que quelques maisons : une dizaine au maximum, plus souvent quatre ou cinq seulement. Naturellement, il n'y a pas d'auberges, une chose commune à presque toute l'étendue du Tibet, sauf Lhassa, Jigatzé, Tchiamdo et quelques autres localités importantes. Chaque soir, il faut quémander la permission de passer la nuit sous le toit d'un paysan. Cette hospitalité n'est pas gratuite, mais elle n'est pas tarifée. En quittant leurs hôtes, les voyageurs leur donnent une certaine somme de monnaie ou de denrées utiles : thé, sel, etc. Ils leur achètent aussi de la paille, du foin ou du grain pour nourrir leurs bêtes et se réapprovisionnent, à l'occasion, de beurre, de *tsampa* [1] ou de viande. De cette façon, un fermier trouve toujours quelque profit à les héberger.

Cependant, il arrive que l'on se voie refuser un abri, soit parce que l'on inspire de la défiance, soit pour d'autres raisons [2]. Après avoir dénoncé la tendance qu'ont les villageois à piller les passants,

---

1. Farine d'orge faite avec des grains préalablement grillés. L'aliment principal des Tibétains qui tient, chez eux, la place occupée par le pain en France.

2. La crainte qu'un démon ne se soit attaché au voyageur, en cours de route et ne pénètre dans la maison à sa suite est une de ces raisons. Voir le chapitre IV à ce sujet ainsi que *Voyage d'une Parisienne à Lhassa*, dans le présent livre.

il n'est que juste de déclarer que certains voyageurs ne montrent guère plus d'honnêteté dans leurs relations avec ceux qui les accueillent. Il ne peut s'agir, pour eux, que de menus larcins mais ceux-ci sont durement sentis par les pauvres gens des campagnes. Tantôt le visiteur s'approprie quelques grosses boules de laine filée prête pour le tissage, tantôt un bon morceau de viande séchée. Il se réapprovisionne aussi de beurre et de *tsampa* aux dépens de ses hôtes, voire même de plus hardis emportent une paire de bottes, une couverture ou une robe.

La chose est généralement faite avec habileté, pendant la nuit, et comme les voyageurs ont l'habitude de se mettre en route avant le lever du jour, souvent ceux qui les ont hébergés dorment encore au moment de leur départ. Il leur est ainsi facile de dissimuler leur larcin parmi leurs bagages.

Un jeune chemineau, accueilli par charité en cours de route et que je nourrissais en échange de menus services qu'il rendait à mes domestiques, déroba de cette manière une robe en peau de mouton dans une ferme où nous avions passé la nuit. Je ne vis le corps du délit que plus d'une semaine après que le vol avait été commis, lorsque le vaurien endossa la houppelande.

Nous avions fait beaucoup de chemin depuis notre arrêt à cette ferme, je ne pouvais pas revenir sur mes pas pour restituer ce vêtement, d'ailleurs passablement usé et crasseux. Abandonner le coupable et lui commander de retourner en arrière pour le faire n'eût servi à rien, il n'aurait pas obéi, sa conscience ne lui reprochait rien.

— « Ce sont des gens riches », répondit-il à mes reproches. « Ils possèdent une demeure confortable. Dans le coin où j'ai pris cette robe, il y en avait cinq ou six autres jetées là en tas, couvertes de poussière, inutiles. Moi, je m'en vais au loin, je couche souvent dehors, mes vêtements tombent en loques... je souffrais du froid... »

Ces raisons lui paraissaient concluantes et propres à justifier pleinement son acte. J'aurais, en vain, cherché à le convaincre que d'après une certaine morale, il eût dû continuer à souffrir.

Cette recherche quotidienne d'un gîte, au coucher du soleil, conduit à de singulières aventures, en de singuliers endroits et parmi de non moins singulières gens.

A l'une de nos étapes, l'on nous indique une bicoque où nous pourrons sans doute passer la nuit. Ses propriétaires sont des Chinois. Un vieux bonhomme nous reçoit. Il refuse de me céder, même contre bon paiement, la chambre à peu près propre qu'il occupe et s'obstine à m'assigner, comme logement, une sorte de réduit dépendant de la pièce où vont dormir pêle-mêle toutes les femmes et tous les enfants de la famille. Ceci me répugne. Malgré notre fatigue nous retournons sur nos pas jusqu'à un autre hameau et demandons asile à des musulmans.

Nous sommes fort aimablement accueillis. Le maître de la maison m'offre sa chambre et emporte immédiatement ses couvertures pour passer la nuit ailleurs. Mon fils couchera sur le plancher dans un coin de la pièce et les domestiques seront hébergés chez un voisin.

Il est rare que nous nous séparions ainsi. La prudence le défend, mais dans la région que nous traversons, l'on peut en général se fier aux musulmans, sinon toujours en ce qui concerne les transactions commerciales, du moins quant à sa sécurité personnelle.

L'habitation de mon hôte indique l'aisance. La chambre que j'occupe contient plusieurs beaux bahuts, ses murs sont ornés de primitives gravures sur bois imprimés sur papier jaune, comme celles que l'on voit dans toutes les maisons chinoises, mais au lieu de déités taoïstes trônant sur des nuages, l'artiste a esquissé de naïves vues de la Mecque et d'amusantes foules de fidèles inclinés pour la prière.

La nuit venue, mon hôte vient allumer une petite lampe tibétaine et quelques bâtons d'encens devant l'image de la Kaaba qui se trouve à mon chevet et je m'endors en songeant à l'Arabie lointaine.

Le lendemain, j'apprends que si j'avais accepté l'hospitalité du vieux chinois, j'aurais couché dans la chambrette occupée pendant longtemps par un lépreux et sur le *kang* même où il était mort quatre jours auparavant.

Je ne m'en serais peut-être pas portée plus mal, mais je me félicitai, pourtant, d'avoir trouvé un autre gîte. Toutefois, il n'y a guère de doute que l'homme qui me proposait cette couche infectée ne nourrissait aucune mauvaise pensée. Les siens n'auront pas manqué de s'y étendre à ma place. La crainte de la contagion est peu développée chez ces indigènes.

Au surplus, je viens de parler de *kang*, il me faut expliquer ce terme. Les Chinois du Kansou et les Tibétains des régions limitrophes, vivant à la mode chinoise, ne font pas usage de lits. Dans leurs habitations, ils construisent des estrades en pierre et en terre ; les dimensions de celles-ci varient : certaines ne mesurent guère que 1,50 m de large sur 2,50 m de long, d'autres forment un rectangle de 3 mètres sur 4 mètres ou même plus grand encore. Le dessous de la plate-forme constitue un four dans lequel on entretient du feu pendant l'hiver ; le dessus du *kang* devient ainsi une sorte de poêle qui réchauffe la chambre. Cependant c'est là une utilité accessoire. L'estrade sert, avant tout, de lit pour la nuit et, durant la journée, d'endroit où l'on s'assied au chaud, les jambes croisées, en tailleur, pour manger, lire, écrire ou converser avec des visiteurs.

Pour ma part, je ne connais guère de sensation plus désagréable que celle d'être étendu sur cette surface qui devient parfois brûlante au point de roussir et même de produire des trous dans les couvertures que l'on y place pour former une couche et se préserver soi-même des brûlures. Avec une température extérieure de 25 °C sous zéro, le vent soufflant par les portes mal jointes et les fenêtres sans vitres dont le papier est toujours plus ou moins percé, l'on se sent geler du côté qui ne touche pas le *kang* et rôtir du côté qui y est appliqué. Ainsi, on passe ses nuits à se retourner pour se faire cuire alternativement à gauche et à droite comme on raconte qu'il arrivât à saint Laurent sur le gril des tortionnaires romains. Il advient, du reste, que de jeunes enfants laissés endormis sur ces plates-formes trop chaudes s'y cuisent vivants. Un certain nombre de bébés périssent chaque année de cette manière, au grand désespoir de leurs parents, mais sans que leur exemple profite beaucoup aux autres mères. Celles-ci ne disposent, d'ailleurs, d'aucun autre moyen pour préserver leurs enfants du froid.

Le *kang* bien aménagé a deux ouvertures, toutes deux en dehors. Par l'une d'elles, on introduit le combustible : généralement un mélange, bien sec, de paille et de crottin ou de bouse ; par l'ouverture opposée, la fumée s'échappe. Ce four est hermétiquement fermé à l'intérieur de la chambre de façon à ce que la fumée et les gaz ne puissent pas pénétrer.

Toutefois, on rencontre peu de *kangs* aussi bien construits. La plupart présentent des fissures à l'intérieur de l'habitation. Il en est qui n'ont qu'une seule ouverture de sorte que tout tirage manque. De pires encore reçoivent le combustible par un trou ouvrant dans la pièce même et qui demeure toujours béant, dégageant d'insupportables émanations.

Enfin, j'en ai vu où de simples planches formaient un couvercle au-dessus du feu couvant dans la cendre. Dans certains endroits, proches de mines, les indigènes brûlent même de la houille dans ces *kangs* mal joints.

Sur l'un de ceux-ci, mon fils et moi nous faillîmes périr asphyxiés, dans une ferme où j'avais été voir une femme malade. C'était aussi en Amdo, mais plusieurs mois avant que j'entreprisse le voyage relaté ici et en une autre région de ce pays. Les parents de la malade m'ayant instamment priée de demeurer jusqu'au lendemain pour voir l'effet des médicaments que j'avais administrés à celle-ci et, d'autre part, les routes n'étant rien moins que sûres, la nuit venue, j'avais accepté de passer la nuit à la ferme.

L'on m'avait donné la meilleure chambre de l'habitation. Selon l'usage du pays, je devrais la partager avec mon fils. On nous y servit un excellent repas sur des tables basses, placées sur le *kang*, puis on nous laissa et nous ne tardâmes pas à nous endormir tout habillés aussi, selon l'usage du pays, étendus sur des coussins disposés sur le *kang* brûlant.

Au milieu de la nuit, je me réveillai la tête lourde, incapable de faire un mouvement. J'eus pourtant encore assez de lucidité pour comprendre ce qui m'arrivait. Je fis un violent effort pour appeler Yongden. Lui-même était déjà à demi inconscient. J'eus du mal à me faire entendre.

— « Vite, vite », disais-je, « lève-toi, emporte-moi, nous allons mourir. »

Après quelques instants il parvint à se remuer et se traîna vers moi. Le *kang* était large ; la couche du lama se trouvait près de la muraille et la mienne à l'extrémité opposée, près de la fenêtre. Les volets étaient clos, l'obscurité presque complète. En rampant au hasard à travers l'espace qui nous séparait, Yongden renversa les tables encore chargées des reliefs de notre souper, puis ayant senti ma tête sous sa main, il s'y agrippa et tira. La notion exacte de ses actes lui échappait ; dans l'état de torpeur où il se trouvait, il avait seulement compris qu'il devait me faire sortir de la chambre. Traîné par lui, mon corps atteignit le bord de l'estrade et tomba lourdement sur le plancher. Yongden, qui avait pu se laisser glisser du *kang* et se tenait à peu près debout, ne lâcha pas prise et me serra plus fort. Je sentais ses doigts m'entrer dans les yeux, dans la gorge. Il me halait toujours...

Il parvint encore à ouvrir la porte donnant sur la cour, mais, là ses forces l'abandonnèrent et il s'effondra sur moi comme nous avions franchi le seuil.

C'était le 25 décembre, la nuit était superbe, illuminée par la lune. Il gelait dur. D'après la température des jours précédents, le thermomètre devait au moins marquer 30 °C sous zéro. Après avoir failli être asphyxiés, nous risquions d'être gelés.

Heureusement, quelqu'un avait entendu le bruit que nous avions fait en renversant les tables chargées de vaisselle et en ouvrant la porte. On vint à notre secours. J'ai retenu que lorsque nous eûmes repris nos sens, on nous proposa, comme remède excellent, une décoction de houille dans de l'eau. Nous refusâmes énergiquement de l'absorber.

Les Chinois, comme les Japonais, paraissent être peu sensibles aux effets des émanations d'acide carbonique, néanmoins, de temps en temps, on entend parler d'accidents mortels causés par les *kangs* ou les braseros. Un lama tibétain et deux hommes de sa suite périrent ainsi à Koum-Boum, au cours d'une visite à ce monastère. L'on peut s'étonner que des peuples, si parfaitement civilisés en nombre d'autres points, ne fassent point usage de cheminées.

En pénétrant plus avant dans le pays d'Amdo nous ne rencontrons plus que rarement des Chinois : parfois quelques marchands en voyage, ou l'un d'eux établi à la tête d'un comptoir isolé. A part ceux-ci, la population est tout entière tibétaine.

Les Tibétains d'Amdo diffèrent passablement de ceux des provinces centrales autour de Lhassa ou de Jigatzé. Ces derniers se montrent pleins de mépris pour leurs lointains compatriotes du Nord et les appellent dédaigneusement des *thapas* [1], c'est-à-dire des « gens des extrémités ». Des gens des frontières, un terme qui, en tibétain, a le sens de « non civilisé ».

De fait, lorsqu'on les examine de près, les naturels d'Amdo, nus dans de crasseuses houppelandes de peau de mouton, ont bien l'apparence de barbares. Cependant, vus à distance, leur aspect change. La crasse étendue sur la peau du vêtement, le poil à l'intérieur, lui donne une chaude patine bronzée simulant à merveille un velours olive ou brun sombre. Qu'un sabre au fourreau orné d'argent et de corail soit passé à la ceinture du rustaud, qu'il ait son fusil en bandoulière et soit campé sur un cheval et le voilà, avec sa haute stature et l'air assuré qui lui est habituel, transformé en noble chevalier.

L'effet est surtout surprenant chez les femmes. Sur leurs robes très longues, presque traînantes, aussi « patinées » que celles des mâles de leur tribu, les coquettes d'Amdo cousent, en guise de garniture, des biais étroits de coton de couleurs vives : rouge, vert et bleu crus. A leur ceinture, souvent en argent ciselé ou tout au moins enjolivée par des ornements en argent, elles suspendent des écharpes des mêmes couleurs éclatantes. Toutes sont continuellement — à l'intérieur comme au-dehors — coiffées de chapeaux pittoresques, les uns pointus comme ceux de nos pierrots, les autres ronds formant un bourrelet, confectionnés en peau de renard ou bien encore en feutre bordé d'astrakan blanc.

Ainsi vêtues, dans les champs, elles semblent autant de châtelaines du Moyen Âge, invraisemblablement attelées à des charrues primitives ou défonçant la terre à coups de houe pour les semailles prochaines. Le tableau évoque les anciens romans de chevalerie où de méchants « enchanteurs » gardaient prisonnières de pauvres princesses ensorcelées. Obéissant à ces souvenirs, on cherche instinctivement des yeux le paladin venant les délivrer. Mais aucun héros n'apparaît. Les simples hommes eux-mêmes sont en très petit nombre dans le paysage. A peine si l'on en voit, de-ci, de-là, un ou deux au travail. Non point que la paresse les retienne au logis. Certes non ! La race, ici, est vaillante et ses mâles le prouvent en choisissant pour leur part un labeur qu'ils estiment plus viril que celui du fermier. Pour tout dire, les fiers époux des châtelaines coiffées de fourrure et ceinturées d'argent battent le pays en quête de voyageurs à détrousser. Ainsi, tandis que le mari se charge d'augmenter la fortune commune avec le butin conquis, la femme fait valoir la propriété familiale. Aimable « division du travail »...

C'était non loin de Sasoma. Les mules fatiguées avaient marché lentement et le soir venait sans que nous apparaisse de village. Après

1. Écrit *mthahpa*.

quelques recherches, nous découvrîmes une ferme isolée et nous allâmes y demander un gîte pour la nuit.

Notre arrivée fut saluée par les aboiements féroces de cinq chiens : trois enchaînés et deux en liberté, difficilement contenus par les fermières accourues en les entendant.

Trois femmes, l'une âgée, les autres jeunes, paraissaient être seules au logis. Elles nous accueillirent froidement. L'on sentait qu'elles nous eussent volontiers fermé leur porte ; mais les costumes monastiques que nous portions tous leur en imposèrent. Il est peu de Tibétains qui oseraient refuser l'hospitalité à un lama de haut rang et Yongden n'avait pas manqué de m'annoncer immédiatement comme une *khadoma* [1] du Koukou nor.

Les *khadomas* sont des génies féminins qui, d'après les Tibétains, s'incarnent parfois dans notre monde. Certaines personnalités religieuses féminines du Tibet sont ainsi tenues pour être des *khadomas* incarnées. Depuis quelques années des rumeurs, d'abord vagues, puis consistantes et enfin confirmées par plusieurs lamas, m'avaient attribué cette flatteuse origine. Je ne m'étais pas trop défendue. La situation qu'elle me faisait présentait d'assez nombreux avantages, elle m'attirait le respect et la sympathie des indigènes, facilitait mes enquêtes et n'avait, en somme, rien de désagréable. D'ailleurs, si rien ne prouvait de façon péremptoire que je fusse *khadoma*, rien ne prouvait absolument, non plus, que je ne l'étais pas. Faire injure à ceux qui m'avaient élue, en doutant de leur sagace clairvoyance, eût été de l'ingratitude.

Je restai donc *khadoma*, et l'habitude aidant, je ne suis pas tout à fait certaine de ne pas l'être un peu.

Les fermières nous firent entrer dans une vaste pièce, à la fois cuisine et chambre à coucher des maîtres du logis. Elles n'étaient guère loquaces et contrairement à l'habitude, elles ne nous posèrent aucune question concernant le but de notre voyage. Silencieusement elles disposèrent quelques coussins près de l'âtre pour me servir de siège et placèrent une table basse devant moi.

Mes domestiques déballèrent les provisions et je commençai à souper.

L'absence d'hommes dans la maison m'intriguait et sachant ce que l'on racontait des mœurs du pays, je demandai négligemment ; tout en continuant mon repas :

— « N'êtes-vous pas mariées ? Où sont donc vos maris ? »

— « Le mien est mort », répondit gravement la vieille paysanne. « Ces deux-ci sont les femmes de mes fils. »

— « Ils ne sont pas ici », insistai-je.

— « Mon mari est parti pour faire du commerce », dit l'une des

1. Écrit *mkhah hgroma*, littéralement « une qui va dans le ciel », « une promeneuse dans le ciel ou dans l'espace ».

deux brus. Et désignant sa belle-sœur : « Le sien est allé voir un parent qui a eu un accident », ajouta-t-elle.

Je connaissais suffisamment la phraséologie du pays pour être fixée. L'expression euphémique « faire du commerce » ou en d'autres régions, celle plus pittoresque : « aller cueillir des herbes médicinales sur les montagnes » signifie faire partie d'une expédition de brigands.

Les femmes pensaient-elles que je ne les comprendrais point ou bien croyaient-elles, plutôt, qu'elles ne pouvaient rien cacher à une *khadoma* et que, lorsque je les interrogeai, je ne faisais qu'éprouver leur véracité, sachant parfaitement ce que je paraissais ignorer. Cette dernière hypothèse est plus en accord avec la mentalité tibétaine.

Je ne posai aucune autre question et m'absorbai dans la récitation de l'office du soir, ainsi que le font les lamas distingués. Retirées dans un coin de la pièce les femmes gardaient un pieux silence. Tout à coup, on entendit sur le chemin les pas d'un cheval trottant à belle allure, puis les chiens aboyèrent mais cette fois, joyeusement, fêtant le retour du maître.

Une des femmes se précipita pour tenir, selon l'usage, la bride du cheval et le conduire à l'écurie, mais dès qu'elle eut tiré le verrou, un homme entra, jeune, grand, de belle allure et sans me voir annonça :

— « Il est mort, la balle était entrée profondément dans la poitrine. »

Silencieusement, la vieille d'un geste de tête indiqua ma présence. L'homme se tourna vers moi, considéra un instant mon costume lamaïque, puis s'avançant, me dit :

— « Mon oncle maternel (ajan) vient de mourir ; ses amis ont fait appeler son lama [1] pour qu'il procède *au powa* [2]. Mais si vous avez le pouvoir de célébrer le rite, ne voudriez-vous pas le faire aussi afin que mon oncle puisse renaître, heureusement, dans le Paradis de la Grande Béatitude. »

— « Le corps de votre oncle n'étant pas présent, il faut, pour que le *powa* soit efficace, que le rite soit accompli sur un objet qu'il portait habituellement sur lui : une de ses robes, ou une autre chose », répondis-je.

Telle est en effet la règle. J'espérais, en la rappelant au solliciteur, être dispensée de réciter l'office funèbre, ce à quoi aucun lama ayant

1. L'expression *son* lama désigne une sorte de directeur spirituel. Celui-là, seul, est pleinement qualifié pour célébrer tous les rites religieux pour le bénéfice d'un mort et pour guider son esprit dans l'au-delà. Néanmoins, de grands lamas ou des lamas anachorètes peuvent le suppléer ou aider ses efforts par leur pouvoir supérieur.

2. Rite consistant à faire évader l'esprit hors du corps et à le transférer ailleurs. Ici, il s'agit surtout de le transférer du *bardo*, où il erre après la mort du corps qu'il animait, dans un séjour heureux. Voir les explications au sujet du *powa* (écrit phowa) et du *bardo* dans *Mystiques et magiciens du Tibet* et dans *The Tibetan book of the Dead* par Evan-Wentz d'après la traduction de Dawasandup.

reçu l'initiation requise, ne peut se refuser : la charité lui faisant un devoir de prêter son aide à l'esprit du mort.

— « C'était mon frère, Jétsunma Kouchog [1] », dit à son tour la vieille femme. « Si vous le pouvez, aidez-le. »

Des larmes coulaient sur ses joues ridées.

— « J'ai le sabre qu'il portait toujours à sa ceinture », reprit tranquillement le jeune maître de la maison. « Mon oncle l'avait sur lui quand il a été blessé. Son fils est mort, c'est moi qui hérite de ses armes. »

Il sortit et revint un instant après portant un fusil et un sabre dans un fourreau orné d'argent et de corail. Il posa ce dernier sur la table basse, devant moi.

Je sentais que malgré leur calme apparent mes hôtes étaient profondément affligés et, surtout, anxieux de savoir leur parent heureux dans l'autre monde. Le mieux était de leur donner le réconfort et les consolations qu'ils imploraient.

— « Bien », dis-je, en posant la main sur l'arme du bandit défunt, « cela suffit. Laissez-moi. »

Le jeune homme s'éloigna et les femmes l'attirèrent aussitôt au-dehors. J'entendis le bruit confus d'une conversation animée. Quelques mots répétés plus haut et avec insistance me parvinrent : « ... Il a dit qu'il fallait les rejoindre immédiatement... » « ... Ton frère est parti hier... »

Mon hôte rentra dans la chambre, revint vers moi et, se prosternant, dit :

— « Il faut que je reparte à l'instant, donnez-moi votre bénédiction, Jétsunma Kouchog et un *songdu* [2] qui me protège. »

Aucune explication n'était nécessaire, je comprenais que l'homme allait rejoindre son frère et qu'une expédition se préparait où il risquait d'avoir le même sort que l'oncle dont il me demandait d'envoyer l'esprit au Paradis de la Grande Béatitude.

Essayer de discuter avec lui, de le retenir, eût été vain. L'idée n'en venait ni à sa mère ni à sa femme ; il obéissait à une coutume séculaire qui leur paraissait aussi inéluctable, aussi naturelle que le cours des astres.

Je déchirai un lambeau d'étoffe au bout d'une écharpe de soie,

---

1. Appellation très polie en s'adressant à une religieuse de haut rang. Moins respectueusement, les religieuses sont appelées *ané*, généralement prononcé ani ou *djomo*.

2. Un mince ruban déchiré dans une étoffe, généralement une étoffe de soie, au milieu duquel le lama fait un nœud dans lequel il infuse une vertu protectrice en récitant certaines formules rituelles, en formant mentalement un vœu tendant au bien de celui qui portera le ruban et troisièmement, en soufflant sur le nœud. Les *songdus* peuvent être de différentes couleurs. Blancs — ou bleus à la frontière sino-tibétaine — pour les laïques, rouges lorsqu'ils sont distribués à des membres du clergé (exceptionnellement des laïcs en reçoivent aussi de rouges), jaunes pour les hautes personnalités du monde religieux.

émis silencieusement, en le nouant, le vœu que l'homme échappât au danger, n'en fît courir à personne et puisse acquérir des notions plus justes que celles qui le dirigeaient actuellement. Ensuite, je soufflai rituellement sur le nœud et je tendis le chiffon à mon hôte qui le noua autour de son cou.

Il me remercia, puis spontanément, peut-être par un inconscient besoin de se justifier devant moi, ou bien impressionné malgré lui par la mort récente de son oncle, il ajouta :

— « Jétsunma Kouchog, j'ai toujours été charitable envers les pauvres, et chez moi, l'on reçoit toujours bien les religieux et les pèlerins. Je n'ai tué qu'un seul homme et cela, en nous battant. Voyez, il s'en est fallu de peu que ce soit moi le mort. »

Tout en parlant, il laissa tomber sa pelisse et sur sa poitrine, je vis la cicatrice d'une large blessure.

Il but un bol d'eau-de-vie que sa mère lui tendit, mangea quelques bouchées de viande séchée et une boulette de *tsampa*, tandis que les jeunes femmes préparaient ses provisions de route, puis il partit dans la nuit. Le bruit des sabots de son cheval s'éteignit peu à peu et ce fut le silence.

Réunies dans un coin de la chambre les trois femmes égrenaient leurs chapelets en récitant « mani » [1]. Leurs visages exprimaient une mélancolie calme, une sorte de passivité sereine acceptant, sans désespoir et sans révolte, une destinée impossible à combattre. Elles me faisaient penser aux femmes des pêcheurs, pendant la tempête, quand leurs hommes sont en mer.

Le sabre du *djagpa* [2] posé devant moi, je commençai l'office des morts, appelant l'esprit du trépassé, suivant le rite consacré, et l'adjurant de se laisser guider vers le séjour bienheureux. M'entendait-il, ce brigand endurci tombé au champ où s'affrontent les « braves au cœur puissant », comme disent ceux de son pays ?...

Dans leur coin sombre, les femmes continuaient leur ronronnement monotone et las :

Aum mani padmé hum !

Le lendemain, je demandai la permission de demeurer à la ferme jusqu'au jour suivant afin de laisser reposer mes bêtes. Il était excellent de donner vingt-quatre heures de repos à mes mules, mais je tenais à profiter de l'occasion qui s'offrait à moi pour questionner mes hôtesses sur les coutumes locales relatives au brigandage. En ma qualité de *khadoma*, ayant officié pour le bien-être *post mortem* de leur parent et puisque j'étais instruite du genre de « commerce » auquel se livraient les maîtres de la maison, j'avais tout lieu d'espérer qu'elles me répondraient franchement.

1. Appellation courant de la formule sacrée : *Aum mani padmé hum !*
2. Voleur de grand chemin opérant à cheval et en bande.

Mon attente ne fut pas trompée, les femmes me firent part de ce qu'il y avait à apprendre sur le sujet qui m'intéressait. Dans ce qu'elles me dirent, une chose curieuse était à retenir. Il existait, dans la région, une sorte de « service obligatoire » secret qui obligeait les hommes valides à participer aux expéditions « commerciales » décidées par un conseil de chefs qui présidaient aussi à la répartition du butin conquis.

Ceci expliquait les paroles que j'avais surprises, la veille : « Il a dit qu'il fallait les rejoindre immédiatement... » « Ton frère est parti hier... »

Je devais, au cours de mes voyages, retrouver des mœurs semblables au pays des Gologs, chez les Popas et dans les montagnes entourant la haute vallée de la Salouen, mais jusqu'à ce moment, les différents usages d'inspiration « socialiste [1] », que j'avais remarqués dans différents groupements tibétains, visaient des buts plus pacifiques.

Il va sans dire que les bonnes gens dont je parle ignoraient totalement ce qu'est le socialisme de l'Occident. Le leur, passablement bizarre, était uniquement le fruit de leurs propres idées concernant l'obligation pour tous de coopérer à certains travaux et l'application pratique du principe d'égalité.

Parmi mes souvenirs les plus amusants à ce sujet figure celui d'un village situé à environ 2 400 mètres d'altitude, non loin de Kampa Dzong, une petite forteresse de garde à la frontière méridionale du Tibet. Ce village s'appelle Latchén. Bien qu'il se trouve à quelques kilomètres en dehors de la limite officielle du territoire tibétain, sa population est entièrement tibétaine, descendant probablement de pasteurs émigrants venus de Ha, une région actuellement comprise dans le petit État tibétain nommé Bhoutan sur les cartes et Dougyul (pays du tonnerre) par ses habitants.

Quatre-vingts familles, environ, font à Latchén leur apprentissage de la vie sédentaire en y cultivant l'orge et les pommes de terre. Elles n'ont cependant pas complètement renoncé aux habitudes pastorales de leurs ancêtres. En été, désertant leurs chalets, les gens de Latchén s'en vont camper sur les hauts plateaux voisins [2] pour y faire paître leurs troupeaux de yaks. Puis quand, vers la fin de septembre, la neige y devient trop haute, quelques-uns d'entre eux emmènent les animaux de l'autre côté de la frontière, au Tibet, où le climat, très froid, est plus sec et les pâturages généralement libres de neige. Les autres Latchénpas redescendent vers leur village et y demeurent jusqu'à l'année suivante.

---

1. J'espère qu'aucun de mes lecteurs ne s'offensera de l'emploi, ici, du terme *socialisme*. Dans ce qui suit, il s'agit d'une déformation comique de certains principes socialistes. Critiquer aucun de ceux-ci est loin de ma pensée. Mon incompétence sur ce sujet est complète.

2. Vers 4 000 mètres d'altitude.

J'ai vécu pendant longtemps dans ce pays perdu, soit au monastère qui domine le village, soit dans les environs [1], et c'est ainsi que j'ai pu voir fonctionner la caricature du gouvernement socialiste dont je vais dire quelques mots.

Les chefs de la commune, au nombre de trois, étaient élus pour un an ; à ce triumvirat était adjoint un conseil composé d'une dizaine de membres. Chefs et conseillers réglaient les affaires courantes et faisaient fonction de juges. Lorsqu'une décision plus importante devait être prise, tous les hommes étaient convoqués pour la discuter et un référendum terminait la discussion.

En principe, chaque habitant devait contribuer aux dépenses et aux travaux d'intérêt public et prendre sa part des bénéfices revenant à la communauté.

Cette constitution ne présentait rien que de louable, mais les meilleurs programmes ne valent que par la manière dont ils sont compris et appliqués et c'est ici qu'intervenait l'interprétation bouffonne née dans la cervelle des citoyens de Latchén.

Il était dit que les trois chefs devaient être élus et ils l'étaient très véritablement, mais il faut se garder de croire que tous les villageois étaient éligibles. D'après une convention tacite, les triumvirs devaient appartenir à la fraction des « riches », et les « pauvres » soutenant cette coutume avec plus d'âpreté encore que leurs concitoyens plus favorisés par la fortune. Qui donc, proclamaient-ils, voudrait obéir à un misérable dénué de bétail en ne possédant aucun bien ? Un *pioukpo* [2], un homme ayant de la surface, pouvait seul inspirer du respect.

Donc, chefs et conseillers appartenaient invariablement à la ploutocratie, plus ou moins déguenillée, du hameau. Dans leur façon de rendre la justice, ceux-ci se conformaient strictement aux méthodes prévalant au Tibet et, il faut le dire, en bien d'autres pays de l'Orient.

Avant de se présenter devant eux, plaignants et défendeurs se faisaient précéder de cadeaux. Ils réitéraient ces preuves palpables de leur déférence lorsqu'ils comparaissaient en personne devant les arbitres de leur litige. Du poids de ces dons dépendait l'opinion des bons juges et la question la plus importante pour un plaideur consistait à savoir ce qu'offrirait son adversaire, afin de le dépasser en munificence. Ceci évitait, au cours des procès, de fastidieuses et inutiles joutes oratoires.

A Latchén, comme ailleurs au Tibet, tout se réglait par des amendes, le vol, les coups donnés et même le meurtre et l'assassinat.

Les magistrats commençaient par prélever à leur profit une part de l'amende payée par le condamné, le reste servait à offrir un ban-

1. Voir le récit de mon séjour dans *Mystiques et magiciens du Tibet.*
2. Corrompu, dans le dialecte local, du mot tibétain *tchougpo* = riche.

quet à tous les hommes du village — triumvirs et conseillers y participant, bien entendu.

Manger était la pensée dominante de tous. Dès qu'un profit quelconque allait à la communauté, on le convertissait en aliments et on le mangeait assis en cercle dans l'agora rustique du village, un terrain nu réservé aux réunions publiques où l'on apportait, ce jour-là, les larges chaudrons municipaux.

Ces derniers étaient considérés comme propriété commune, mais il était loin, hélas ! d'en être de même de leur contenu. Si l'on y faisait bouillir les quartiers d'un yak [1] ou quelques moutons, les bons morceaux, la viande juteuse allaient aux édiles assis sur des tapis à un bout de l'assemblée tandis que la fraction des « pauvres » devait se contenter de quelques os à ronger.

Si la somme à dépenser était minime, la communauté était conviée à un simple « thé ». Et alors, encore, les édiles et autres *pioukpos,* servis les premiers, recevaient tout le beurre surnageant sur la boisson [2] tandis que leurs concitoyens dépourvus de biens prenaient leur part du bénéfice commun sous la forme de quelques bols d'une maigre eau noirâtre.

Un prince du Sikkim eut un jour l'idée de fonder une école à Latchén pour relever le niveau intellectuel de ses habitants. C'était là une initiative louable. Moins heureux avait été le choix du maître d'école : un Tibétain ivrogne invétéré qui, au cours d'une rixe, avait tué un homme d'un coup de couteau et, pour se soustraire aux suites de ce meurtre, avait passé la frontière.

Il appartenait aux triumvirs de désigner les garçons admis au bénéfice de la fréquentation scolaire. On se tromperait en imaginant que celle-ci suscita des compétitions. Bien au contraire. Si, portant les présents d'usage, des parents s'en allèrent solliciter la bienveillance des chefs ce fut afin de faire exempter leurs fils de l'obligations d'apprendre à lire. Les garçons, pensaient-ils, leur étaient bien utiles comme gardeurs de yaks sur les montagnes. Chefs et conseillers partageaient cette manière de voir et acceptant les dons des *pioukpos* leur accordaient volontiers la faveur qu'ils souhaitaient.

Cependant, comme le prince fondateur de l'école tenait à y voir

---

1. Yak, le bœuf, grognant, à long poil, originaire du Tibet.

2. Le thé se prépare, au Tibet, de la façon suivante : Le thé, qui s'achète en briques compressées, est cassé en menus morceaux et bouilli longuement. Ensuite, il est versé dans une baratte. On y jette alors du sel, un peu de soude et une plus ou moins grande quantité de beurre, suivant les moyens de chacun. Le mélange est fortement baratté, puis passé dans un tamis afin d'en enlever les feuilles de thé qui y restaient. Le liquide étant passé est versé dans de grandes théières en métal (cuivre ou argent) ou en terre chez les pauvres et mis à réchauffer sur le coin du feu. Au moment de servir, on agite encore la théière afin de mélanger le beurre. Mais malgré tout, les premiers servis reçoivent toujours leur thé plus beurré que ceux à qui l'on verse le fond de la théière. Lorsqu'il s'agit de servir du thé à un grand nombre de gens, il est apporté dans des baquets en bois et servi à l'aide de louches en bois. C'est surtout alors que les derniers servis n'ont qu'un liquide sans beurre.

des élèves et avait le pouvoir de frapper d'une amende la commune récalcitrante, on contraignit à s'instruire les enfants des familles pauvres qui ne pouvaient fléchir les chefs par leurs offrandes, ceux-là même dont les parents, dépourvus de domestiques, avaient absolument besoin pour garder leur bétail et cultiver leurs champs. A ces miséreux, la municipalité ajoutait volontiers les « bons à rien », les garçons considérés comme entièrement stupides, parce que, me disait très sérieusement un des conseillers, « comme ils sont incapables de faire quoi que ce soit, personne ne subit de perte s'ils ne travaillent point ».

J'ai dit qu'un monastère dominait le village. Un monastère, lamaïste ou autre, requiert la présence de religieux. Mais les raisons qui conseillaient aux parents de tenir leurs fils éloignés de l'école avaient encore bien plus de poids lorsqu'il s'agissait de se priver, pour toujours, de leur travail, bien plus, de devoir pourvoir à leur subsistance lorsqu'ils devenaient *trapas* [1].

Seules les familles aisées pouvaient être tentées par l'honneur attaché à la proche parenté avec un membre du clergé et ces familles n'étaient pas assez nombreuses à Latchén pour remplir de novices la petite lamaserie locale, tout exiguë qu'elle fût.

Et voici que la raison d'État intervenait encore. Les *trapas* sont nécessaires, indispensables même. Ils chassent les démons qui, sans eux, ravageraient les troupeaux et tueraient les hommes. Ils font tomber la pluie en temps propice pour les récoltes et en écartent la grêle. Ils guident l'esprit des défunts vers d'agréables paradis. Ils prédisent l'avenir, exorcisent ceux que les mauvais esprits tourmentent et rendent la santé aux malades en célébrant des rites bienfaisants... Que ne font-ils pas et comment se passer de leur ministère ?...

Les triumvirs devinaient donc les vocations et s'ils se trompaient, tant pis ! Les garçons désignés par eux revêtaient l'habit monastique, apprenaient à souffler en mesure dans les conques et dans les ragdongs (longues trompettes thébaines), à faire longuement vibrer de larges cymbales de bronze et à psalmodier harmonieusement le rituel. Que la chose leur plût ou non, ils se rendaient, de cette façon, utiles à leurs concitoyens.

Leur sort comportait toutefois quelques adoucissements. Comme le monastère de Latchén appartenait à une secte des « bonnets rouges », le mariage était permis à ses *trapas*. Ceux-ci pouvaient donc posséder une habitation au village, y vivre en famille, cultiver leurs champs et soigner leur bétail comme les autres villageois. En outre, ils avaient sur ces derniers l'avantage de ne devoir ni impôts ni corvées et d'être indépendants des chefs et du conseil, dont l'autorité ne s'exerçait que sur les laïques.

---

1. *Trapas*. Voir la note p. 19.

Au printemps, les triumvirs, les conseillers et le peuple s'assemblaient à l'agora. Un banquet plantureux préludait à la discussion portant sur la date à laquelle on planterait les pommes de terre et celle où auraient lieu les semailles à Latchén, d'abord, puis, ensuite, dans une station estivale dépendant du village, situé à une altitude plus élevée.

Après avoir ingurgité de nombreux pots de bière, l'assemblée fixait ces dates. Dès lors, aux jours dits pour chaque endroit, toute l'orge devait être semée et toutes les pommes de terre plantées. Entendez bien : en un seul jour et par tout le monde le même jour.

Pourtant, le champ de Pagdzin se trouvait exposé au soleil et celui de Ouangdu, en terrain humide, près des bois. Tséring cultivait une parcelle de terre située à deux cents mètres plus haut que celles des deux villageois précédents. Puis Gorine possédait une vaste propriété ; comment ferait-il pour l'ensemencer en une seule journée ?... Ces problèmes et d'autres encore n'embarrassaient point les Latchénpas, une seule considération s'imposait à eux : l'égalité.

« Si, disaient-ils, les gens sèment à des dates différentes, ils récolteront aussi à des dates différentes. Les premiers, par exemple qui auront des pommes de terre bonnes à exporter au Tibet ou au Sikkim tireront de ces primeurs un prix plus avantageux que ceux dont les tubercules arriveront plus tard sur le marché. Cette concurrence est mauvaise, tous doivent obtenir les mêmes avantages. »

L'époque de la moisson et celle de la récolte des pommes de terre se décidaient dans une assemblée analogue. Tobtchén avait beau clamer que ses pommes de terre n'étaient point mûres ou Yéchés supplier qu'on lui permette de couper son orge une semaine plus tôt parce qu'elle se perdait à attendre sur pied, rien ne pouvait faire fléchir la loi. Toute question de commerce mise à part, il était également défendu d'arracher même un seul pied de pommes de terre de son propre champ pour les manger en famille, avant la date fixée : « Nul ne doit se régaler égoïstement, tout seul », disait la bizarre sagesse des indigènes de Latchén. « Il faut attendre que tous puissent le faire ensemble. »

Il eût été complètement inutile d'arguer que d'un bout à l'autre de l'année, les « *pioukpos* » se régalaient sans convier leurs concitoyens pauvres à partager leurs repas. Ceci n'eût été compris ni par les « riches » ni par les « pauvres ».

Plus étrange encore était la défense de récolter quoi que ce soit après l'expiration de la période fixée. Ceux qui ne disposaient pas d'assez de bras devaient louer ceux des paysans moins occupés, sous peine de perdre leur orge ou leurs pommes de terre, car le lendemain de la date indiquée, le bétail était lâché dans les champs pour brouter le chaume et nulle réclamation n'aurait été admise de la part du propriétaire dont le grain aurait été détruit.

Le produit de leurs troupeaux, leurs pommes de terre et leur maigre provision d'orge ne suffisaient pas à nourrir les Latchénpas. Il leur fallait du blé, du riz, du thé, du sel, puis des ustensiles de ménage, d'autres servant à la culture et diverses autres choses encore. Pour se les procurer, ils descendaient au Sikkim ou montaient au Tibet et y échangeaient leurs marchandises : laine, pommes de terre, beurre, etc, contre celles dont ils avaient besoin. Ceci donnait lieu à des exodes périodiques dont les dates étaient aussi rigoureusement fixées que celles concernant les travaux agricoles.

Au jour dit, toute la population se mettait en marche, seuls les vieillards et les enfants étaient autorisés à demeurer au village. Cette permission s'étendait aussi aux femmes, lors des voyages tardifs au Tibet, lorsque le col de Sepo pouvait être subitement encombré par la neige.

Il eût été vain à quiconque de déclarer qu'il ne désirait rien acheter, qu'il n'avait absolument besoin de rien ou qu'il ne disposait ni d'argent ni de produits à échanger pour faire des achats. Tout aussi inutile aurait-il été de représenter aux chefs que l'on était fatigué, que l'on devait soigner sa femme ou son vieux père malade, que l'on avait entrepris, comme charpentier ou tailleur, un travail bien rémunéré et que l'abandonner causerait une perte pénible à supporter. Aucune raison n'était acceptable.

On ne pouvait tolérer que certains demeurassent au village, y fissent des bénéfices ou simplement se reposassent quand leurs concitoyens étaient absents et se fatiguaient à marcher. Égalité ! Il fallait déambuler de compagnie.

Dans ce pays, il existait, à l'exemple du Tibet, une corvée de portage. Elle était mitigée par un tarif officiel au taux duquel les porteurs devaient être payés.

Tout voyageur muni d'un ordre de réquisition délivré par les autorités du Sikkim avait le droit de réclamer des porteurs. Quant aux villageois, la corvée était obligatoire pour tous, les triumvirs, les conseillers et les *trapas* en étant seuls exempts. Les riches pouvaient aussi s'en exonérer en payant une contribution annuelle. Quant aux besogneux, il ne leur aurait nullement déplu de toucher, de temps en temps, quelque argent pour une journée de travail, mais il ne leur était pas permis de garder leur salaire. Celui-ci devait être intégralement versé entre les mains des chefs. Quand la somme produite par ces salaires et la taxe d'exemption payée par les riches atteignait le prix d'un yak, un banquet était décrété dans lequel on mangeait l'animal.

Tel pauvre hère avait grand besoin d'un pantalon, le sien tombait en guenilles, et, pensait-il, l'argent reçu des voyageurs lui serait venu bien à point pour l'acheter, mais il n'aurait pas osé exprimer tout haut des aspirations aussi individualistes. La communauté devait se réjouir tout ensemble. Il aurait son os à ronger et passerait l'hiver les jambes nues.

Les femmes fournissaient aussi la corvée de portage comme, du reste, toutes les autres corvées imposées par les chefs et, comme les hommes, elles devaient verser leur salaire à la caisse municipale, mais elles n'avaient pas même la consolation de participer au banquet, celui-ci étant exclusivement réservé aux mâles du village. Il était dit que leurs pères, leurs époux, leurs frères s'y régalant, cette satisfaction d'ordre très altruiste devait suffire aux membres féminins de la communauté.

Cédant à un accès de zèle féministe je tentai, un jour, d'offrir un banquet à ces sacrifiées. Les triumvirs froncèrent les sourcils, cette innovation dérangeait les coutumes établies. Après avoir réfléchi, ils me dirent qu'ils autoriseraient pourtant une petite fête, si je m'engageais à en donner une toute semblable aux hommes. S'il y avait des réjouissances, tous devaient y prendre part. Je rétorquai vainement qu'ils ne donnaient aucune place aux femmes dans les leurs, ce fut peine perdue [1]. Les hommes pouvaient jouir d'avantages non accordés aux femmes, mais il était impossible d'imaginer l'opposé. Après tout, il ne manque pas de soi-disant civilisés qui pensent comme ces barbares.

Il arriva que, pendant l'un des voyages des Latchénpas au Tibet, je dus faire une provision de bois de chauffage. Je fis savoir dans le pays le prix que j'offrais par charge, ajoutant que quiconque voulait travailler comme bûcheron pouvait se présenter. Quelques hommes que leur situation exemptait du voyage (l'instituteur avait déserté son école à cette occasion) et nombre de femmes arrivèrent, enchantés de l'aubaine qui leur survenait. Je fis distribuer du thé et des vivres et, pendant quatre jours, tout le monde besogna en riant et en chantant.

Tout semblait parfait, mais les chefs, à leur retour, en jugèrent autrement. Nul n'avait, le droit, déclarèrent-ils, d'entreprendre un travail quelconque s'il n'était pas désigné à cet effet par le conseil. Me fournir du bois constituait un profit dont la communauté devait bénéficier. J'aurais dû, me dirent les triumvirs, m'adresser à eux : ils auraient ordonné à chaque chef de famille de me fournir une quantité égale de bois, le prix de celui-ci étant versé, comme toujours, à la caisse des banquets. Tous mes bûcherons et bûcheronnes se virent infliger une forte amende.

Cette convocation de *tous* les hommes pour travailler ensemble, j'en avais déjà fait l'expérience en construisant un très rustique chalet. Le conseil avait accepté de me le bâtir à forfait. Les chefs commencèrent par me demander la moitié du prix d'avance, pour acheter

1. A ce sujet, je dois faire remarquer qu'au Tibet propre, les femmes ne sont nullement à plaindre. Elles sont fort libres, très bien traitées et nul ne songe à les exclure des pique-niques auxquels les Tibétains prennent tant de plaisir.

des vivres. Cet argent reçu, toute la population mâle s'installa dans une clairière, au-dessous de l'endroit où devait s'élever mon logis, et banqueta. Elle banqueta pendant une dizaine de jours, tandis que, de ma tente, je la regardais se repaître sans trêve, me demandant quand elle allait se décider à travailler.

Cédant enfin à mes remontrances réitérées, une partie des hommes se mirent à abattre des arbres et à tailler des planches à la hache — ils ignoraient le maniement de la scie. Les autres ne bougèrent point. Quand les premiers avaient travaillé pendant deux heures ils revenaient manger et boire à la clairière. Puis le temps fixé pour un des voyages périodiques arriva et ils s'en allèrent *tous*, parce que nul ne devait travailler plus longtemps que les autres. Je restai en face d'une charpente sans toit, quinze jours avant la saison des pluies.

J'appelai trois *trapas* charpentiers qui consentirent à terminer le chalet. Lorsque la « communauté » revint, sa fureur fut extrême contre ceux qui avaient reçu un salaire qui *aurait dû* lui revenir. Mais les membres du monastère ne relevaient que de leur abbé, les triumvirs ne pouvaient rien contre eux.

C'était surtout lorsqu'il s'agissait de provisions à fournir que devenait extravagante la bizarre conception de l'égalité que les Latchénpas s'étaient forgée. Je devais acheter mon beurre à des pasteurs habitant de l'autre côté de la frontière pour éviter que les quatre-vingts familles qui composaient la commune ne m'apportassent chacune leur quote-part que j'aurais dû accepter fraîche ou rance, sans avoir le droit de la refuser.

Mal m'en prit encore d'une autre tentative d'encouragement de l'initiative individuelle. Je demandai à acheter à quiconque en aurait, de grosses pommes de terre. Des gens montèrent vers mon ermitage chargés de sacs dont le contenu avait été soigneusement trié. Il me fallait une trentaine de ceux-ci ; ils furent payés et remisés.

Survinrent, alors, les inévitables triumvirs qui me rappelèrent qu'aux termes de leur constitution, non écrite, mais impérative, nul ne devait être favorisé. Chaque famille devait me fournir un sac de pommes de terre et il n'était point permis de demander un triage contraire à l'égalité.

Les pommes de terre, expliquaient-ils avec gravité, comme s'ils m'initiaient aux mystères profonds de l'agriculture, se récoltaient en mélange : petites, moyennes et grosses. Pourquoi certains mangeraient-ils les petites tandis que j'en aurais de grosses à tous mes repas ?... Ah ! Pourquoi ?... Sans doute en vertu de la même injustice éternelle en vertu de laquelle, eux, les chefs et les « *pioukpos* » mangeaient les bons morceaux du yak, buvaient le dessus beurré du thé et laissaient aux autres les tendons, les os et la lavasse du fond des chaudrons à thé.

Je me gardai de discuter avec eux sur ce point, mais il me fallut déployer beaucoup de fermeté pour éviter que mon ermitage ne fût enseveli sous un amoncellement de pommes de terre apportées de chaque maison, en poids équivalent à celles que j'avais achetées aux autres villageois. Ces derniers durent, à titre d'indemnité, déposer l'argent qu'ils avaient reçu de moi dans la vorace caisse des régals collectifs.

Je n'étais pas au bout de mes surprises. Peu de temps avant le dernier hiver que je passai dans le pays, la chaumière où logeaient mes domestiques fut visitée par un voleur, tandis que ceux-ci étaient absents. Cette aventure me décida à acheter un chien de garde.

J'envoyai un de mes garçons au village. Il en ramena une grosse bête noire de caractère féroce, bien propre au service que j'attendais d'elle.

Quelques jours après, l'un des trois chefs qui se partageaient la magistrature suprême se présentait devant ma porte. Introduit devant moi, il commença d'un ton sévère et sans préambule :

— « Vous avez acheté un chien à Teundoup. Vous savez pourtant que nul ne doit être favorisé, chaque famille a des droits égaux. Pourquoi Teundoup lui, tout seul, ferait-il un bénéfice ? Vous auriez dû vous adresser... à nous, nous vous aurions envoyé... »

— « Quatre-vingts chiens peut-être », criai-je épouvantée sans le laisser achever, pensant au nombre des familles habitant Latchén.

— « Non, reprit l'autre froidement. Il n'y a pas quatre-vingts chiens disponibles au village. Nous vous aurions envoyé *quelques* chiens. »

Le soir même qui suivit cet entretien, la neige commença à tomber et peu de jours plus tard elle coupait toute communication entre Latchén et le plateau de la Béatitude (Déoua thang) au-dessus duquel mon anachorétique habitation était accrochée entre des rochers. En eussent-ils eu l'intention, il était impossible à mes primitifs socialistes de revenir me voir. Je demeurai avec mon unique chien.

Ce sont là, déjà, de vieilles histoires, et je suis au pays d'Amdo, bien loin de ce hameau himalayen.

L'étape suivante me conduisit à Sasoma ce qui, dans le dialecte local, signifie « terre neuve ». En fait, il n'y avait encore là qu'un embryon de village, quelques maisons construites depuis peu, autour d'un vaste bâtiment à la fois auberge et comptoir commercial. Un trafiquant, Chinois musulman, s'était établi là et y exploitait les naïfs indigènes. Ceux-ci peuvent bien être de braves et beaux brigands, ils sont de piètres commerçants et sur le terrain des affaires, le Chinois les battra toujours.

A Sasoma, le marchand leur achetait du bois, des fourrures, de la laine. Il leur vendait tout ce dont ils avaient besoin, plus nombre de choses superflues savamment disposées dans son magasin pour tenter les innocents clients. Le chef du comptoir faisait aussi métier d'usurier, cela va sans dire en Orient. Peut-être dérivait-il de là le plus clair de ses bénéfices.

Son auberge était parfaite. Il n'avait pourtant guère à espérer le passage de voyageurs de marque dans ce pays perdu, mais je suis sûr que la somptuosité — très relative, bien entendu — de l'hôtellerie-magasin était calculée pour impressionner les naturels et acquérir, par là, un profitable ascendant sur eux.

Les desseins secrets du négociant-aubergiste m'intéressaient d'ailleurs très peu. Je me réjouissais simplement de trouver un bon gîte. Yongden et moi avions chacun une chambre propre, toutes deux ouvrant sur une antichambre pourvue d'un balcon : un appartement princier !

Assise à ce balcon je vois, arrêtées devant la maison, deux de ces figures singulières dont j'ai déjà parlé : deux princesses coiffées de chaperons fourrés, vêtues de robes en peau de mouton un peu traînantes, ajustées par des ceintures d'argent. Elles semblent descendues d'un tableau des Primitifs.

Chacune d'elles porte un faix de bois sur son dos. Le musulman s'est approché et décrète : « Trois cents sapèques » — trois cents, d'après l'arithmétique du pays, signifie cent cinquante.

L'une des femmes proteste, elle ne trouve pas le prix suffisant. L'acheteur, grand gaillard, correctement vêtu d'une robe et d'un gilet noirs, comme un Chinois distingué, la regarde de haut, sourit d'un air suffisant, glisse un doigt badin dans l'échancrure de sa robe fourrée, lui pince le menton et achève ce geste Régence en glissant cent cinquante sapèques dans la main de la princesse interdite qui n'ose plus protester, dépose passivement sa charge de bois et s'en va avec sa compagne.

L'étape suivante devait encore une fois nous amener à parcourir une région que l'on disait être très peu sûre. Huit muletiers conduisant un convoi de marchandises se trouvaient être logés dans l'auberge, je décidai que nous ferions route avec eux.

Ces gens ont l'habitude de se mettre en route bien avant le lever du jour. De crainte qu'ils ne partent sans nous, nous ficelons nos bagages un peu après minuit. L'on se met en marche à la médiocre clarté de la lune à son vingt et unième jour.

Le sentier, mauvais la veille, est pire ce jour-là ! Étroit, encombré de blocs de rochers, grimpant et descendant en pente raide, surplombant parfois la rivière de très haut, établi dans le vide sur quelques mauvaises pièces de bois calées entre les rochers. Il nous faut aussi traverser beaucoup de ponts et les œuvres d'art de ce pays sont d'un genre particulier. Deux arbres, quelquefois plusieurs arbres liés les uns aux autres, sont jetés au-dessus de la rivière et sur ceux-ci est installé un tablier composite fait de planches et de baliveaux. Lorsque plusieurs animaux s'y engagent à la fois, ce tablier se met à onduler. Il est assez pittoresque de regarder les mules naviguer placidement entre ces vagues. Cependant, si l'on est le propriétaire des bêtes, la crainte de les voir tomber dans la rivière avec leur charge diminue fortement l'amusement que l'on prend à contempler cette gymnastique.

Quand le convoi est passé avec ses conducteurs, je puis effectuer moi-même la traversée et imaginer que je suis à une foire sur un « plancher mouvant » ou quelque autre invention grotesque de ce genre.

Il n'est de route si difficile soit-elle dont on ne voie la fin. Nous arrivons à Lhabrang dans l'après-midi.

Lhabrang est au cœur de la province d'Amdo un pays habité par une population encore plus fruste, primitive et rude que celle que nous avons rencontrée jusque-là. L'étranger est difficilement toléré dans le pays. Cependant au moment où j'arrive chez eux, les Tibétains de Lhabrang sont encore sous le coup de la défaite qu'ils ont subie en se mesurant contre les troupes musulmanes du général Ma, commissaire de Défense à la frontière, résidant à Sining et faisant fonction d'Amban, avec juridiction sur tous les Tibétains des pays d'Amdo et du Koukou-nor.

Quand j'habitais Pei-ling-sse, un temple touchant au Grand Monastère des lamas, à Pékin, j'avais fait la connaissance d'un lama mongol très distingué ayant rempli des fonctions importantes à la cour du dalaï-lama. Me voyant désireuse de poursuivre l'étude de la philosophie tibétaine, il m'avait conseillé de me rendre à Lhabrang dont l'université monastique rivalise avec celle des grands monastères de Lhassa, quant à l'érudition de ses professeurs. Je trouverais parmi eux, m'assurait-il, de doctes lamas capables de m'instruire.

J'étais donc partie, en dépit d'une épidémie de peste pulmonaire et de la guerre civile qui sévissait dans les régions que je devais traverser. Le voyage qui, effectué en charrette chinoise, demande environ un mois en temps ordinaire, m'en prit cinq, à cause d'incidents divers causés par la situation troublée du pays.

Parvenue enfin à Lantchou, je fis part au gouverneur du Kansou de mon désir d'aller m'établir à Lhabrang. Il ne m'en refusa pas absolument la permission, mais il me dit que Lhabrang dépendait du général Ma et qu'il était préférable que je le visse d'abord à Sining, d'où il existait aussi des routes conduisant à Lhabrang. Je compris qu'il n'aurait servi à rien d'insister. Après un séjour assez long à Lantchou, je partis pour Sining. Là, fort aimablement, mais tout aussi nettement, le général Ma m'exprima son désir de me voir différer mon voyage à Lhabrang. Je pourrais y aller *plus tard,* me disait-il, et en attendant, demeurer à Koum-Boum.

J'allai à Koum-Boum et, m'y trouvant bien, j'y restai.

Je ne tardai pas à comprendre pourquoi les autorités chinoises avaient voulu m'écarter de Lhabrang. Elles préparaient une campagne contre les indigènes mal soumis de cette région.

Le prétexte de celle-ci leur fut fourni par une querelle de moines à Lhabrang.

Le grand lama *tulkou* abbé de ce monastère, Jamyang Chédpa, avait pour intendant en chef un *trapa* nommé Tseundup. Ce dernier avait acquis une influence considérable sur son vieux maître et, en fait, dirigeait toutes ses affaires sans contrôle. Ce cas se présente souvent au Tibet et Tseundup, comme nombre d'autres intendants, avait amassé une fortune considérable. Ceci ne laissait pas d'exciter la jalousie des moines de Lhabrang, mais comme le fait est loin d'être exceptionnel ils l'auraient probablement supporté si Tseundup n'avait pas autrement donné prise à leurs critiques.

Malheureusement il devint, paraît-il, l'amant de la sœur de son maître l'abbé de Lhabrang et, dit-on, poussa le mépris des règles monastiques jusqu'à afficher son manquement à la chasteté prescrite, en installant sa maîtresse dans une maison dépendant du monastère.

Jamyang Chédpa, vieux et très attaché à son intendant, ferma les yeux sur cette infraction flagrante aux préceptes régissant la secte des « bonnets jaunes » et puisqu'il se taisait, ses moines n'osèrent point exprimer publiquement leurs sentiments.

Cependant Jamyang Chédpa vint à mourir ; le trône abbatial devait rester inoccupé jusqu'à ce que l'enfant réincarnant le défunt se manifestât. Dignitaires et moines du bas clergé de Lhabrang en profitèrent pour prendre leur revanche. Tseundup fut d'abord révoqué de ses fonctions, plus tard ses biens furent saisis et enfin, outrés de la résistance opiniâtre qu'il continuait à opposer aux autorités monastiques, refusant d'accepter leur sentence, criant à l'injustice et revendiquant ce qu'il appelait son droit, ses ennemis décidèrent de le mettre à mort.

La veille du jour où il allait être exécuté, il apprit ce qui se tramait contre lui. Bien que gardé à vue, il parvint, avec l'aide de quelques amis, à tromper la surveillance des *trapas* postés autour de sa demeure et s'échappa nuitamment. Hors du monastère, il trouva un cheval qu'on lui tenait prêt et s'enfuit à bride abattue.

Cependant, on s'aperçut promptement de sa disparition, l'alarme fut donnée, de bons cavaliers s'élancèrent à sa poursuite et ce fut, dans les ténèbres, par d'affreux sentiers de montagne, une dramatique chasse à l'homme.

Tseundup réussit à atteindre le pays chinois. Il y avait des amis, des agents commerciaux avec qui, aux jours de sa prospérité, il faisait d'importantes affaires. On l'aida, on lui procura des chevaux de rechange. Il arriva à Sining.

C'est là que je fis sa connaissance et qu'il me raconta les circonstances de sa fuite tragique, mais il eut naturellement bien soin de passer ses torts sous silence et de mettre en relief ceux de ses ennemis. Si l'intendant avait mauvaise grâce en se posant comme une victime innocente, ses adversaires n'étaient probablement pas non plus exempts de tous péchés.

Quoi qu'il en pût être, Tseundup ne se considéra pas comme irrémédiablement battu. Il sut intéresser à sa cause le général Ma qui, en bon politique, vit sans doute en cette affaire une occasion d'établir solidement son autorité en Amdo, où elle n'était guère que nominale. Il ordonna aux moines de Lhabrang de réintégrer Tseundup dans ses fonctions et de lui rendre ses biens qu'ils avaient confisqués. Il escomptait un refus et, en effet, les moines refusèrent hautainement de lui obéir.

Il envoya alors quelques soldats pour leur intimer l'ordre de se soumettre. Des paysans dévoués aux lamas attirèrent ces soldats dans une embuscade et les massacrèrent. La guerre était déclarée. Les moines de Lhabrang appelèrent les indigènes aux armes, une petite troupe fut formée qui, pleine de confiance dans les charmes distribués par les lamas et les cérémonies magiques qu'ils célébraient, attendit de pied ferme les musulmans.

Mal armés avec de vieux fusils à fourche se chargeant par le canon, mais d'une bravoure exceptionnelle, ces pauvres gens leur opposèrent une résistance acharnée. L'issue de cette lutte inégale ne pouvait pourtant pas être douteuse. Le général avait donné des ordres sévères. Il s'agissait de briser l'esprit d'indépendance de ces tribus qui n'avaient jamais voulu reconnaître l'autorité de la Chine et d'ouvrir au commerce les routes d'une région infestée par des brigands. Les musulmans ne firent point de quartier. La nuit qui précéda l'envahissement du village de Lhabrang, les Tibétains terrorisés s'enfuirent dans les montagnes. C'était en hiver, la neige tombait, les malheureux n'avaient ni vivres ni abri et n'osaient point se hasarder à redescendre vers les endroits occupés par les troupes, car même les enfants envoyés pour demander quartier étaient mis à mort.

On dit qu'environ deux mille fugitifs périrent gelés sur les sommets.

Prudemment, les moines de Lhabrang n'avaient point pris part aux combats. Ils durent à ce fait d'avoir la vie sauve, mais une grosse indemnité de guerre leur fut imposée. Les soldats incendièrent, par représailles, le palais d'un grand lama qui s'était montré particulièrement violent en excitant les villageois à la résistance et pillèrent les temples en toute liberté.

Sur l'ordre du général Ma, Tseundup fut rétabli, non pas dans son ancienne charge qu'il déclina de remplir de nouveau, mais dans les honneurs qui y étaient attachés et, ce à quoi il tenait surtout, dans la possession de sa riche demeure et de toutes ses propriétés.

Tandis que ceux de Lhabrang faisaient leur soumission, non loin de là, la lutte continuait au monastère d'Amtcho.

Les laïques qui le défendaient ayant été en grande partie exterminés, les troupes musulmanes vinrent assiéger la lamaserie où les *trapas* s'étaient réfugiés comme dans une forteresse. De là, ces derniers tirèrent sur les assaillants et ceux-ci ripostèrent en mettant, par surprise, le feu au monastère. L'incendie se communiqua d'un bâtiment à l'autre et bientôt toute la *gompa* [1] ne fut plus qu'un immense brasier. Quiconque tentait de fuir tombait sous les balles des soldats entourant le monastère en flammes. Un de ceux-ci, témoin oculaire de l'incendie, me raconta que, braves jusqu'à la fin, les *trapas* entonnèrent des chants liturgiques et sautèrent du haut des étages dans les flammes.

Tous périrent sauf leur abbé, un lama *tulkou* qui, d'après ce qui me fut dit, dut son salut à un prodige.

Quand ses *trapas* virent qu'aucun espoir de fuir ne leur restait, ils enveloppèrent le lama dans des *tankas* [2] représentant les déités terribles qui se sont engagées par serment à protéger la religion et ses fidèles. Étroitement empaqueté dans ces tableaux et entouré d'un rempart constitué par des volumes des Écritures sacrées, le lama ne fut pas atteint par le feu et, la nuit venue, il réussit à s'échapper des ruines fumantes de la *gompa.*

Je ne sais ce qu'il faut penser du miracle, mais le fait certain est que le lama échappa et alla se réfugier au désert d'herbe, parmi les tribus des Gologs.

Deux années s'étaient écoulées depuis ces événements lorsque j'arrivai à Lhabrang. L'enfant qui « réincarnait » le défunt Jamyang Chédpa avait été découvert près de Litang, au pays de Kham, et installé comme Grand Lama du monastère. Tseundup triomphait avec une prudente modestie dans sa belle maison et parmi ses richesses recouvrées. A part moi, je le trouvais téméraire. Ses ennemis, bien que temporairement matés [3] par le général Ma, devaient le haïr encore plus qu'auparavant, le considérant comme la cause de la mort et de la ruine de tant de leurs compatriotes. Si l'on n'osait pas l'attaquer ouvertement, il pouvait néanmoins craindre un accident adroitement provoqué ou le poison mêlé à ses aliments.

A sa place j'aurais émigré en pays chinois, à Sining, à Lantchou, voire même au temple des lamas à Pékin, après avoir fait argent liquide de tous ceux de mes biens qui n'étaient point transportables et j'aurais passé mes jours dans l'aisance à l'abri de mes ennemis. Mais je n'avais pas de conseils à donner à Tseundup, il les aurait sans doute peu goûtés. Je dus me contenter d'être reçue cordialement par lui, en reconnaissance des visites amicales que je lui avais faites au temps de sa disgrâce et de son exil à Sining.

Dès qu'il fut informé de mon arrivée à Lhabrang, Tseundup m'en-

1. Nom des monastères, en tibétain.
2. Des tableaux religieux peints sur étoffe souple et sans cadres, qui se roulent comme les kakémonos japonais.
3. Six ans plus tard, la guerre recommença entre les troupes du général Ma et les tribus tibétaines de la région de Lhabrang. De part et d'autre on se battit avec férocité. Les musulmans chinois, ayant finalement été vainqueurs, massacrèrent des milliers d'indigènes, sans épargner les femmes et les enfants.

voya des *trapas* pour m'inviter à venir loger au monastère dans une maison réservée aux hôtes de marque, mais j'avais déjà trouvé un gîte convenable dans une auberge et je déclinai l'invitation. Peu après, l'ex-intendant arriva lui-même, accompagné de ses domestiques portant les habituels cadeaux de bienvenue. Il insista fortement pour me faire déménager et accepter l'appartement qu'il m'offrait, mais ma grande chambre donnant sur la place du marché me plaisait. Elle me permettait d'observer à loisir, de ma fenêtre, la foule pittoresque des paysans et des pasteurs rôdant autour des étalages en plein vent et marchandant bruyamment les articles en vente dans les boutiques qui entouraient la place. Je remerciai donc chaleureusement Tseundup et demeurai dans mon auberge.

Le successeur du défunt grand lama de Lhabrang ou, pour parler comme les Tibétains, Jamyang Chédpa, une fois de plus réincarné, avait été découvert depuis peu et installé dans son palais au monastère. Vu son jeune âge, ses parents l'avaient accompagné et vivaient auprès de lui. Suivant l'usage, lorsque l'enfant pourrait se passer des soins de sa mère, celle-ci irait habiter, avec son mari, le palais situé à quelque distance du monastère, qui est affecté comme résidence à la famille de son grand lama.

Tseundup avait annoncé mon arrivée au père du jeune lama et celui-ci se hâta de m'envoyer des provisions. J'avais refusé le logement que l'on m'offrait, il convenait que l'on pourvût au moins à ma nourriture. Telle est la coutume au Tibet, mais la munificence du « yab tchénpo » (le « père grand », parce qu'il a donné naissance à un *tulkou)* dépassait de beaucoup la mesure réclamée par les coutumes du pays.

Je vis arriver plusieurs carcasses de mouton, les unes fraîches, les autres séchées, une vingtaine de grosses pièces de beurre, du fromage, du sucre, du thé, de la farine d'orge, du grain pour les mules. Il y avait là de quoi nous nourrir tous pendant plus de quinze jours.

Dans la soirée d'autres cadeaux furent apportés par des gens qui disaient m'avoir rencontrée à Koum-Boum ou au Koukou-nor. Je ne les reconnaissais pas tous mais pour ne pas les peiner, je faisais semblant d'avoir gardé un très bon souvenir de chacun d'eux.

D'autres vinrent simplement me présenter leurs offrandes sans trop savoir qui j'étais. Le bruit courait qu'une savante *khadoma* venait d'arriver : Tseundup, le père du jeune Jamyang Chédpa, des moines distingués, l'agent commercial du grand lama de Lob et d'autres notables lui avaient souhaité la bienvenue, il n'en fallait pas davantage ; le mouvement était donné. Les villageois affluèrent, se mirent en file, introduits par Yongden, imperturbable. Des choses hétéroclites, comestibles ou non, s'empilèrent dans ma chambre qui bientôt se trouva transformée en une sorte de boutique analogue à celles qui avoisinaient le marché.

Assise « en lotus »[1] sur l'estrade servant de lit, je reçus jusqu'à la nuit ceux qui défilaient, sollicitant ma bénédiction. Je distribuai des *songdu*[2] qui protègent contre les maladies et les accidents et donnai aussi quelques médicaments à des malades.

Faire accepter ceux-ci exigeait toujours de l'adresse. Les présenter comme des médicaments préparés aux pays d'outre-mer eût été les faire refuser d'emblée ou, si quelque malheureux s'était risqué à en avaler la plus minime dose, le regret de son action, la certitude qu'elle entraînerait des suites fâcheuses, l'anxiété et les lamentations de ses proches n'auraient pas manqué d'aggraver son mal. L'on peut même croire que, la suggestion aidant, certains en seraient morts. En ce cas, le malchanceux médecin devenait aux yeux de tous un sorcier malfaisant, un empoisonneur démoniaque et je ne souhaite à aucun étranger de se faire une telle réputation en Asie centrale, elle pourrait lui coûter la vie.

Un lama médecin, pas plus que son collègue laïque en Occident, n'a rien à craindre de semblable. Ses patients peuvent quitter ce monde sans que sa sérénité ait lieu d'en être altérée. Les médecines que je distribuais étaient donc transformées en remèdes orthodoxes. Les pilules de quinine ou les comprimés d'aspirine devenaient des *tséring rilbou,* des pilules de longue vie. Tantôt je les consacrais moi-même, tantôt je les donnais comme ayant été confectionnées par quelque très saint ermite d'une région éloignée. D'autres fois encore, je délayais des poudres médicinales dans une eau dite bénite. A quels subterfuges n'ai-je pas eu recours parmi les candides indigènes des tribus de la frontière ! La plupart du temps, mes stratagèmes ont pleinement réussi et mes médicaments ont quelquefois produit des guérisons dont ils semblaient peu capables. Ceux qui croient au pouvoir du magnétisme et à celui de la pensée peuvent, s'ils le veulent, penser que le très vif et très sincère désir que j'avais de soulager mes malades ajoutait à la vertu naturelle des drogues d'Occident qu'ils absorbaient sous des formes orientales. Leur foi faisait sans doute le reste.

Tous les Tibétains ne partagent pas cette crainte superstitieuse des médicaments étrangers. En d'autres régions, ceux-ci sont, au contraire, grandement appréciés et tenus pour avoir une efficacité presque miraculeuse. Il existe actuellement, au Tibet, des médecins indigènes diplômés de facultés médicales anglaises de l'Inde.

Le lendemain, j'allai rendre visite au grand lama enfant. Je fus d'abord cérémonieusement introduite auprès de ses parents logés dans un somptueux appartement. Le père, un beau géant comme il

---

1. C'est-à-dire les jambes croisées dans la posture des statues du Bouddha qui est la façon habituelle de s'asseoir dans l'Inde et au Tibet, pour les hommes du moins. Une dame-lama recevant des fidèles peut se permettre cette posture qui n'est pas admise pour les autres femmes.

2. Voir note page 45.

en est beaucoup au pays de Kham, était, disait-on, chef d'un petit territoire des environs de Litang. Il avait grande allure et une physionomie qui respirait l'audace et l'intelligence. Sa femme, la mère du jeune *tulkou*, était une véritable beauté. Elle aussi avait l'air hardi, ses grands yeux bruns étincelaient dans sa figure ronde à la peau dorée. A part sa stature de déesse nordique, elle me faisait penser aux belles Napolitaines.

En plus du grand lama — leur plus jeune enfant — ce beau couple avait un fils et une fille.

Un plantureux repas fut servi auquel Yongden et moi firent grand honneur. Nous n'avions pas à craindre de paraître gloutons ; l'eussions-nous voulu, il nous aurait été impossible d'absorber la moitié seulement de la nourriture qu'engloutissait le père fortuné du jeune seigneur de Lhabrang.

Quand tous furent amplement repus, nous fûmes conduits chez Jamyang Chédpa. Il avait déjà son appartement privé — celui de son prédécesseur — et était entouré d'une petite cour de fonctionnaires de sa maison. Parmi eux se trouvait le précepteur chargé de lui apprendre les « bonnes manières » monastiques. Plus tard on lui donnerait comme maîtres les plus doctes des professeurs enseignant à Lhabrang et, ensuite, il irait à Lhassa parfaire son instruction à l'Université de Séra ou à celle de Drepung. Tel est le programme invariable de l'éducation d'un grand *tulkou*.

Pour le moment, on pouvait complimenter le tuteur de l'élève sur le début de cette éducation. Correctement vêtu de vêtements monastiques faits à sa taille et coiffé du chapeau traditionnel des Jamyang Chédpa beaucoup trop grand pour sa petite tête, l'enfant savait déjà se tenir avec gravité sur son trône, un livre ouvert sur ses genoux et les yeux baissés sur les pages comme s'il méditait le sens de ce qu'il lisait. Il savait aussi nouer les *songdus* et souffler gravement sur eux pour leur communiquer une vertu émanant de lui. Il bénissait rituellement aussi, posant ses mains mignonnes sur la tête des fidèles de marque, effleurant celle des autres avec le petit plumeau en rubans que son chambellan lui mettait en main.

Je ne le vis que le surlendemain déployer tous ces précoces talents lorsqu'il reçut une bande de pèlerins. Pendant ma visite, il paraissait un peu intimidé. Que lui avait dit son tuteur sur mon compte ? — Ceux qui l'entouraient savaient que j'étais étrangère, mais bien versée, aussi, dans tout ce qui concernait le Tibet et la religion lamaïste, et ils souhaitaient que leur seigneur, sous son nouvel avatar, me fît bonne impression.

Tandis que je m'entretenais avec les religieux présents, le petit demeurait sagement immobile, assis sur une haute pile de coussins, les yeux baissés, dans une attitude étudiée que son maître lui avait imposée. Mais tout à coup, cédant sans doute à la curiosité, il me regarda hardiment bien en face et sourit malicieusement. Alors, en dépit des vêtements monastiques dans lesquels il était engoncé, il fut pour un moment un simple bambin qui, sans doute, eût aimé sauter à bas de son petit trône, jeter au loin le chapeau trop lourd qui l'écrasait et la toge dans laquelle il était ligoté, pour jouer comme tous ceux de son âge. Ce ne fut qu'un éclair. Déjà plié à une stricte discipline, pensa-t-il à son tuteur, à une punition qu'il pourrait infliger, ou bien, comme ses fidèles auraient préféré l'imaginer, l'esprit de Jamyang Chédpa qui habitait son corps enfantin en domina-t-il les impulsions naturelles ? L'enfant redevint grave, il récita quelques phrases qu'on lui avait apprises et me tendit un livre enveloppé de soie jaune, qu'un de ses moines lui avait présenté. C'était le cadeau préparé à mon intention. Sur ce, l'audience prit fin.

Puisque je viens de mentionner que le jeune grand lama pouvait craindre une punition, j'en profiterai pour indiquer que ces hauts personnages ecclésiastiques du Tibet, le dalaï-lama compris, ne sont pas exempts, dans leur prime jeunesse, des châtiments corporels libéralement distribués par les éducateurs tibétains. Le professeur de grammaire, le professeur d'histoire ou celui qui initie le jeune lama aux doctrines philosophiques ne manquent point de lui administrer de solides bastonnades lorsqu'il ne peut pas réciter correctement sa leçon. Chez ce peuple rude, les directeurs spirituels eux-mêmes poussent volontiers leurs disciples dans la voie de la perfection, à l'aide de bourrades et de coups de pied. A la suite de ces châtiments, le disciple doit se prosterner devant le maître pour le remercier de sa véhémente sollicitude. Si je ne fais erreur, quelque chose d'analogue à cet usage existe dans certains ordres religieux catholiques.

Ce qui est pittoresque, dans le cas des grands *tulkous*, c'est que, sitôt la correction reçue par son élève, le maître qui l'a infligée se prosterne à trois reprises devant lui. Il a châtié l'instrument imparfait qu'est encore le jeune lama et ensuite rend hommage à la haute personnalité (dieu ou sage défunt) qui l'anime et veut s'en servir pour continuer sa carrière et accomplir son œuvre dans ce monde. Telle est du moins l'explication que les Tibétains donnent de ces actes contradictoires [1].

Le jour suivant, je visitai le monastère en détail. En maints endroits se voyaient les traces du passage des troupes musulmanes de Sining : bâtiments incendiés, œuvres d'art emportées. Malgré tout, le monastère demeurait riche et prospère.

La visite terminée, Tseundup qui m'avait guidée m'emmena avec Yongden, dîner dans sa belle maison. Celle-ci était fort luxueusement montée dans le style du pays. Les énormes théières préparées en vue du repas et les braseros pleins de cendre chaude sur lesquels elles reposaient étaient en argent massif avec des ornements en or.

1. Au sujet des *tulkous* et des théories tibétaines concernant les lamas incarnés, ceux que les étrangers dénomment improprement des « Bouddhas vivants », voir mon livre : *Mystiques et magiciens du Tibet*.

Les tasses étaient de jade, leurs soucoupes et leurs couvercles en or ciselé, et dans ces derniers, façonnés en forme de pagode, des perles et des turquoises étaient serties. De superbes tapis et des peaux de léopard couvraient les coussins des divans ; de précieux spécimens de l'art chinois et de l'art tibétain, tableaux et statuettes, décoraient la pièce. Détonnant bizarrement parmi eux et peut-être plus appréciées qu'eux par le maître du logis et par ses visiteurs, se voyaient quelques chromolithographies représentant des vues de Paris : la place de la Concorde, l'Opéra, la Seine près du Châtelet. J'en avais déjà remarqué des exemplaires à Jigatzé, chez la mère du Panchen Lama. Tseundup croyait que ces images représentaient Moscou. Je le détrompai et il fut ravi de voir ma ville natale.

Je fus incidemment informée qu'un chef chinois présidait à la cuisine. Au Tibet, le chef chinois tient, dans l'estime des gourmets, la place que le chef français y occupe en Occident. En avoir un à son service dénote l'opulence et l'épicurisme raffiné du maître de la maison. Tseundup avait tenu à copier les riches Tibétains de la haute société.

Le dîner commença par des tranches de pain sec. Les gens d'Amdo en sont friands. Malheureusement il m'est impossible d'en avaler la moindre bouchée. Peut-être est-ce la partie nordique de mon atavisme physique qui le repousse, le pain, pour moi, ne peut servir qu'à accompagner d'autres mets. Or, rien n'apparaissait pour tenir compagnie à ces tranches rassies étalées dans un beau plat en argent. Yongden, qui aime le pain autant que s'il était né en France, me regardait ironiquement tandis que Tseundup me pressait de faire honneur au repas.

Lorsque mon hôte se fut convaincu que ses exhortations demeuraient sans effet, il sonna. Il avait un de ces jolis timbres de table très en usage dans nos pays avant que les sonneries électriques y fussent répandues.

En réponse à son appel, on apporta des biscuits chinois et deux boîtes de biscuits d'origine étrangère. J'en grignotai quelques-uns. Du riz au beurre et au sucre parsemé de raisins de Corinthe vint ensuite, je l'accueillis avec plaisir. C'est le plat sucré national du Tibet ; bien préparé il est exquis. Je commençais à mieux augurer du dîner, d'autres mets allaient suivre. Le riche Tseundup m'offrait un repas de gala à la mode chinoise où l'on débute par le dessert pour finir par le potage. En effet, les plats succédèrent aux plats : poisson, viandes, légumes en ragoûts divers, de savoureux *momos* faits d'un hachis de viande enfermé dans une boule de pâte cuite à la vapeur et, pour terminer le festin, la soupe aux *péchis,* petits triangles de pâte aux œufs, fourrés d'un hachis de viande assaisonnée.

Nous avions commencé à manger vers une heure de l'après-midi, nous finissions à peine à six heures du soir. Après avoir encore parlé pendant quelque temps avec Tseundup et plusieurs de ses amis arrivés vers la fin du dîner, je rentrai à cheval à mon auberge, reconduite en cortège, comme les personnages de haut rang, par des serviteurs portant des lanternes.

Pour ne pas attrister un homme excellent, l'agent commercial du grand lama *tulkou* de Lob, je dus, le jour suivant, accepter un autre dîner chez lui.

Quelques autres jours furent employés à de plus sérieuses besognes : consulter des livres et interroger certains lamas érudits. Je me rendis aussi à un monastère de *ngagspas* situé dans la campagne, à une petite distance de Lhabrang. Les *ngaspas :* les « hommes des paroles secrètes » sont des magiciens, les héritiers des chamanistes *böns* [1] qui, avant l'introduction du bouddhisme au Tibet, y tenaient la place actuellement occupée par les lamas. Dépossédés de leur pouvoir, par ces derniers, les chamans böns ont pris leur revanche grâce au penchant à la superstition inné en leurs adversaires. La chose s'est produite naturellement sans aucune stratégie consciente de la part des vaincus.

Le bouddhisme prêché au Tibet par les missionnaires hindous, au huitième siècle et dans les siècles qui suivirent, était loin d'être le bouddhisme originel. Il contenait, côte à côte avec des développement philosophiques estimables de la doctrine primitive, une quantité de théories et de rites empruntés au système religieux dénommé tantrisme qui dominait alors dans l'Inde et au Népal et qui y domine encore de nos jours.

Il ne peut être question d'aborder dans le présent livre l'examen des origines très obscures du tantrisme ; il suffira de dire qu'il comprend des pratiques dérivées de la plus grossière superstition ou même complètement abjectes et répugnantes, des rites magiques, des méthodes d'entraînement psychique et des théories philosophiques de valeurs très diverses. Or, les éléments groupés dans le système tantrique se rencontrent ailleurs que dans l'Inde. Des théories et des pratiques analogues à celles que les missionnaires hindous introduisaient au Tibet y existaient déjà chez les *Böns* chamanistes [2]. Rien ne s'opposait donc, de façon absolue, à une fusion partielle entre la religion d'importation étrangère et celle que les indigènes avaient pratiquée jusque-là. En fait, beaucoup de croyances et de rites des Böns continuèrent à exister sous un autre nom, dans le bouddhisme des Tibétains, tandis que les Böns — et plus spécialement les Böns blancs — incorporaient dans leur religion un bon nombre d'éléments bouddhiques.

1. Au sujet des *Böns,* voir page 104 et suivantes.
2. Peut-être aussi, en plus des Böns, existait-il au Tibet des sectateurs d'autres doctrines sur lesquelles nous manquons de renseignements. Il est rapporté dans la biographie d'Atiça, le célèbre philosophe bouddhiste qui vécut longtemps au Tibet et y mourut (onzième siècle), qu'il se serait écrié : « Quel grand nombre de doctrines existent au Tibet qui ne se trouvent pas dans l'Inde ! »

C'est ainsi que, déguisés sous le nom de *ngagspas,* de véritables chamans ont été englobés dans le clergé lamaïste. Ils y occupent, toutefois, une place distincte, en marge du clergé régulier et leur rôle consiste principalement à communiquer avec les démons.

Il existe des groupes indépendants de *ngagspas* qui possèdent leurs temples propres où ils se réunissent à certaines époques, vivant le reste du temps dans leur famille (les *ngagspas* se marient). D'autres *ngagspas* n'appartiennent à aucun groupement, ils ont été initiés par un maître de leur secte et pratiquent, isolément, les rites qu'ils ont appris de lui, soit pour leur bénéfice personnel, soit, le plus souvent, moyennant rétribution, quand ils en sont requis par des gens qui veulent écarter d'eux les malheurs causés par des démons ou qui nourrissent des desseins moins innocents : tel celui de nuire à un ennemi ou de le faire périr. Ce que l'on dénomme communément magie noire est du domaine des *ngagspas* et tous passent, sinon pour la pratiquer, du moins pour en être capables.

Certains grands monastères lamaïstes de la secte des « bonnets jaunes » ont jugé utile de s'adjoindre, en dehors de leur enceinte, un groupe de *ngagspas* qui entretiennent, en leur lieu et place, un commerce constant avec les mauvais esprits. La célébration de certains rites consistant non pas à dompter ceux-ci, mais à leur rendre une sorte de culte qui les pacifie, étant interdite aux religieux de cette secte, ils ont trouvé un moyen détourné de s'assurer contre les attaques des méchants de l'autre monde en leur faisant rendre par les *ngagspas* l'hommage qui les satisfait, ou leur faisant offrir, par eux, la nourriture qu'ils requièrent. Ainsi les maladies et les accidents sont écartés du monastère, sa prospérité et celle de ses membres sont assurées.

En échange de leurs services, les *ngagspas* attachés au temple dépendant du monastère reçoivent une subvention de celui-ci.

Le temple de ceux de Lhabrang était de belles dimensions et fort bien tenu. Les fresques décorant ses murs représentaient les sujets à la fois lugubres et pittoresques que l'on rencontre dans tous les édifices consacrés aux déités terribles. Celles-ci sont, pour la plupart, d'ex-démons convertis ou violemment subjugués par un saint magicien qui les a ensuite contraints d'employer leur force à la défense de la religion lamaïque et de ses fidèles. Cependant, certaines hautes personnalités mystiques sont dites revêtir, occasionnellement, un aspect terrifiant et démoniaque pour terroriser et châtier des êtres malfaisants.

Autour de ces figures mystérieuses du panthéon tibétain, l'artiste avait groupé, dans ses fresques, tout un monde d'êtres grimaçants, mâles et femelles, qui écorchaient d'infortunés humains, dévidaient leurs entrailles, se repaissaient de leur cœur ou se livraient à d'autres sports tout aussi réjouissants. Les Tibétains sont, du reste, blasés sur les tableaux de ce genre ; ceux-ci abondent dans leur pays et, à part les érudits initiés à leur sens symbolique, nul ne leur y accorde attention.

Les *ngagspas* sont souvent des gens aimables, exempts de la morgue qu'affectent leurs confrères magiciens du clergé régulier, exception faite de certains d'entre eux tenus pour posséder des pouvoirs supranormaux très étendus et qui jouissent, comme tels, d'une grande réputation. La simplicité d'allure de beaucoup de *ngagspas* tient probablement à ce que leur situation, dans le monde ecclésiastique, est nettement inférieure à celle des moines, membres d'un monastère lamaïste. Cependant j'en ai rencontré quelques-uns dont l'urbanité provenait de notions passablement sceptiques qui les empêchaient de prendre aucune chose très au sérieux. Il en résultait, chez eux, une sorte d'universelle bienveillance légèrement apitoyée, légèrement ironique et essentiellement détachée, qu'ils étendaient à tous et à tout, sans s'oublier eux-mêmes.

Je fus très cordialement reçue par les *ngagspas* de Lhabrang. Je passai quelques heures à causer avec eux tout en buvant du thé, puis je regagnai mon auberge.

Le lendemain matin, à l'aube, je me remettais en route.

CHAPITRE II

Yongden voyage avec moi depuis huit ans ; j'ai eu tout le temps de m'habituer à ses façons parfois étranges, il vient pourtant de m'ébahir et, le plus curieux de la chose, c'est qu'il demeure aussi étonné que moi de ce qu'il a fait.

Malgré notre départ matinal de Lhabrang nous n'avons pas pu atteindre l'étape que nous nous étions fixée. Des gens qui voulaient me souhaiter bon voyage, m'offrir quelques cadeaux et recevoir ma bénédiction sont arrivés à mon auberge après que je l'avais déjà quittée. Ils se sont mis à ma poursuite, m'ont rejointe et j'ai dû m'attarder avec eux. Plus tard, les charges des mules se sont déliées, il a fallu décharger les bêtes, rattacher les sacs et les ballots... Bref, la nuit tombe lorsque nous atteignons un tout petit hameau et comprenons qu'il nous est impossible d'aller plus loin ce jour-là.

Un des domestiques va frapper à la porte d'une ferme et demande l'hospitalité. Elle lui est sèchement refusée. Il nous fait part de son mécompte et se dispose à aller présenter sa requête ailleurs, lorsque Yongden l'arrête.

Le jeune lama vient d'avoir une inspiration subite. Hardiment, il hèle une femme qui nous regarde de sa fenêtre et, d'un ton impératif, demande où demeure un certain Passang dont je n'ai jamais entendu parler. Ledit Passang est le propriétaire de la plus belle habitation du hameau. Yongden s'y rend et là, toujours aussi impératif, il annonce que nous sommes envoyés par Kouchog Lészang du monastère de Lhabrang qui commande au maître de la maison de nous recevoir et de nous héberger de son mieux.

Qui est ce Kouchog Lészang, comment Yongden le connaît-il ? — Je n'en ai pas la moindre idée. Mais ce que je sais, parfaitement, c'est qu'à aucun moment il n'a été question de sa recommandation et de l'hospitalité à recevoir dans ce hameau. Seule l'heure tardive nous a induits à nous y arrêter.

Quoi qu'il en soit la porte nous est immédiatement ouverte, on nous accueille avec grand respect. Je suis conduite dans une agréable chambrette où je passerai la nuit. Tandis que mes gens déchargent les bêtes et m'apportent les sacs contenant mes couvertures et mon lit de camp, nos hôtes s'affairent à la cuisine pour nous préparer un repas.

Peu après, je fais honneur à un copieux et excellent souper. Tous les gens habitant la maison, les maîtres en tête, les domestiques en queue, défilent pour se faire bénir par moi. Il est question de convier aussi les voisins, mais je me déclare fatiguée et promet de recevoir ceux-ci le lendemain.

Avant de me coucher, je retiens pourtant Yongden un instant dans ma chambre. Je suis curieuse de savoir comment lui est venue l'idée de se recommander de ce lama qui m'est inconnu et je l'interroge :

— « Je ne le connais pas du tout. »

— « Tu ne le connais pas !.... Et ce Passang ? »

— « Je ne le connais pas davantage.... »

— « Voyons, il faut s'entendre ; je comprends bien que l'idée de dire que nous avons été recommandés et qu'il fallait nous bien recevoir soit une ruse de ta part. Mais les noms de ces gens, comment les savais-tu, et comment savais-tu que Passang était un *djindag* [1] de Kouchog Lészang ?

— « Je suis tout aussi étonné que vous. Il faut croire que j'ai entendu parler de ce lama et de son *djindag* pendant notre séjour à Lhabrang, mais je ne m'en souvenais nullement. Et le plus bizarre, c'est que, maintenant encore, j'ai beau me creuser la cervelle, il m'est absolument impossible de me rappeler quand et comment j'ai appris leur existence. Ces deux noms et ce que je devais dire pour obtenir un gîte me sont soudainement venus à l'esprit lorsque Tobgyal a dit qu'on nous refusait l'hospitalité. Je n'ai pas réfléchi. J'ai obéi à une impulsion... »

Voilà qui est étrange, pensai-je. Quoi qu'il en soit, l'éclair subit

1. Écrit *spyinbdag*, littéralement « maître des dons » — un maître de maison et, plus spécialement, celui qui pourvoit, par ses dons, aux besoins matériels d'un religieux.

qui a illuminé la mémoire de Yongden est venu fort à propos. Et, remettant à plus tard d'autres réflexions sur ce sujet, je congédiai le jeune homme et m'endormis bientôt profondément.

Je me réveillai de bonne heure, mais j'avais déjà été devancée par une vingtaine de personnes en quête de bénédictions, de charmes et de rites divinatoires, qui se pressaient à ma porte.

Un à un ils m'exprimèrent leurs désirs. Je fus priée de consacrer et de distribuer l'eau de longévité et aussi de magnétiser de l'orge que les gens présents se partageraient et conserveraient chez eux, ou bien enverraient à leurs parents et à leurs amis habitant en d'autres villages. Ce grain est tenu pour contenir, comme l'eau de longue vie, une vertu qui conserve la santé, cette vertu y ayant été infusée par le lama officiant.

Je croyais les cérémonies terminées lorsque Passang me pria respectueusement d'exorciser sa demeure. Il n'y avait rien remarqué de particulièrement suspect, mais les démons sont si nombreux et si rusés qu'il était toujours mieux, jugeait-il, de prévenir les effets de leur malice que d'avoir à les combattre. Ce raisonnement pouvait se soutenir. C'est celui que nous appliquons aux maladies et sur lequel repose l'hygiène. Je procédai donc à l'exorcisme préventif de la ferme.

On se fait à tout. J'arrive à officier avec autant de gravité qu'un archevêque, mais ces exercices me peinent.

Au début de mon séjour parmi les campagnards tibétains, je m'étais efforcée de leur démontrer l'inutilité de ces rites et de les convaincre que la croyance en leur efficacité avait été condamnée formellement comme une erreur funeste par le Bouddha dont ils se disaient les disciples. Cela avait été peine perdue. Je n'étais pas le moins du monde parvenue à ébranler leur attachement routinier à leurs superstitions séculaires : bien plus, des doutes leur étaient venus concernant la sincérité et l'orthodoxie du bouddhisme que je prétendais professer. Les villageois commençaient à me soupçonner d'être une missionnaire chrétienne essayant de corrompre leur religion.

Plus tard, en d'autres régions, lorsque ma qualité de membre du Sangha[1] ne fut plus mise en question et que me fut aussi reconnu le pouvoir de célébrer efficacement certains rites lamaïques, je n'abdiquai rien de mon horreur pour le cérémonialisme. Je continuai, et alors avec plus d'autorité, à en montrer les effets néfastes et comme quoi, dans les rites, une succession de gestes et de paroles se substitue à l'action mentale, seule importante. J'avais pour moi l'opinion et l'exemple des grands mystiques tibétains et des ermites contem-

1. Le Sangha : l'ordre religieux bouddhique. En langue tibétaine : *gedune*, écrit *dgé hdun*.

platifs qui rejettent également tous les rites, mais les gens du peuple m'opposaient une humilité obstinée.

Doubthobs[1] et *gomtchéns*[2], disaient-ils, pouvaient à leur guise s'affranchir de ces cérémonies. Ils étaient plus grands que les dieux et se faisaient obéir par eux comme par les démons. Mais il ne seyait pas à de pauvres hommes ordinaires d'oser imiter ces géants spirituels ; donc, eux, simples laïques, s'en tiendraient aux coutumes de leurs pères.

A Koum-Boum, j'avais pris l'habitude de porter constamment l'habit monastique lamaïque et je le conservai dans mes voyages. Mon incognito durant ceux-ci n'était pas aussi strict qu'il le fut lorsque j'allai à Lhassa ; Yongden et mes serviteurs me donnaient comme une dame-lama, une *khadoma*, mais ils ne désignaient pas clairement ma nationalité. Souvent les villageois me croyaient tibétaine et personne ne les détrompait. D'autres fois, quand des questions directes étaient posées à ce sujet, on répondait que je venais de *Gyaméd*, ce qui signifie vaguement l'Indochine, ou bien l'on me rattachait à la Mongolie.

Sous cet avatar, il m'était plus difficile que jamais de me soustraire aux « devoirs ecclésiastiques » qui m'incombaient.

Yongden, qui cultive une bonne dose de scepticisme quant à l'importance des formes extérieures, se moquait de mes scrupules qu'il jugeait hors de saison.

— « Bah ! me disait-il, soufflez donc sur le dos de ce rhumatisant ou dans l'oreille de ce sourd. Ils ne s'en porteront pas plus mal et vous leur ferez grand plaisir. Puis ne pouvez-vous pas, vous qui êtes initiée aux pratiques de la concentration de pensée, émettre une force bienfaisante que votre souffle, l'eau ou les pilules consacrées par vous, communiqueront à ces pauvres gens. Il faut en avoir compassion et les traiter à leur manière. C'est ainsi que font les doctes et les saints anachorètes. »

Hélas ! Hélas ! sans être d'une humilité excessive, je ne me considérais point, pourtant, comme un très « docte lama » et ma « sainteté » ne me paraissait pas dénuée d'alliage. Mais Yongden toujours pratique reprenait :

— « Sommes-nous, oui ou non, vous et moi, des religieux authentiques ? — Oui, n'est-ce pas. Nous avons décidé de nous présenter comme lamas pendant ce voyage, il faut donc jouer complètement notre rôle, sinon nous deviendrons suspects, les gens s'imagineront que nous nous sommes déguisés pour poursuivre un but mauvais et il pourra nous arriver du mal. Bien plus encore, si par notre faute, ces gens commettent le péché de faire du mal à

1. *Doubthob*, écrit *grubthob* : un saint thaumaturge.
2. *Gomtchén*, écrit *sgomtchén* : un ermite contemplatif.

de vrais lamas, comme nous le sommes, nous en supporterons la responsabilité et ses conséquences. »

Il n'y avait rien à reprendre dans les arguments du jeune homme et le meilleur de tous était qu'il importait de ne pas devenir suspect puisque nous pouvions l'éviter sans nuire à personne. C'est ainsi que je m'étais résignée à exercer mes fonctions ecclésiastiques. Elles ne se bornaient pas toujours à de simples gestes rituels, parfois aussi mon caractère religieux donnait lieu à des incidents émouvants.

Chez Passang, une femme, qui s'était tenue à l'écart pendant toutes les cérémonies que j'avais célébrées, s'approcha de moi lorsque les autres se furent éloignés

— « Mon père est mort la semaine dernière, me dit-elle en pleurant. Qu'est-il devenu ? Je voudrais le savoir. Aura-t-il une renaissance heureuse ? Voulez-vous le voir et me le dire. »

Tout raisonnement aurait été inutile. Cette femme ne cherchait pas de vaines consolations. Elle voulait connaître un fait précis. Où donc son père était-il né de nouveau.

Je ne le savais pas et même mes idées concernant la renaissance différaient beaucoup des siennes. Il fallait pourtant répondre à la solliciteuse angoissée tout en larmes devant moi. La charité l'ordonnait.

— « Revenez dans une demi-heure, lui dis-je. Qu'on me laisse seule, j'essaierai de *voir*, en méditation, quel est le sort de votre père. »

Je ne me sentais aucune envie de railler. La douleur d'une fille ayant perdu un père aimé m'était connue ; j'en avais trop éprouvé moi-même l'amertume pour ridiculiser chez un autre les idées bizarres qu'elle pouvait suggérer. Il fallait répondre, mais il me répugnait d'inventer une histoire quelconque et de la raconter à la femme qui avait foi en ma clairvoyance.

Mieux valait laisser agir le hasard ou ce que, faute d'en connaître la source, nous dénommons « hasard ».

Je m'assis en posture de méditation, les yeux à demi clos, écartant toute idée, faisant le vide dans mon esprit et je parvins à l'état où l'on perd toute conscience de son entourage. Une image subjective surgit alors spontanément : celle d'une maison de commerce chinoise. Je distinguais les employés empressés auprès des clients et les marchandises rangées dans le magasin. Ils donnaient l'idée que l'on se trouvait chez un négociant très aisé. Je vis le patron vêtu de soie noire, grand et tout souriant et je *sus* — sans qu'on me l'ait dit, comme il arrive dans les rêves — que tout récemment, il était devenu père d'un garçon. Puis l'image s'évanouit et, graduellement, je repris ma conscience normale.

Pourquoi avais-je vu une boutique chinoise ? Il aurait, semble-t-il, été plus naturel que je visse des images de la vie tibétaine dans laquelle j'étais depuis longtemps immergée. Je ne discutai pas ce point, cela aurait été inutile.

Quelle que pût être la cause de ma vision, elle me fournissait une réponse que je pouvais donner sans avoir le remords d'avoir répondu par une plaisanterie à une requête respectable.

Le procédé que j'avais employé est en usage parmi les mystiques tibétains. Tout lama y étant initié s'en fût servi pour répondre à la fille affligée. Je ne me sentais coupable d'aucune supercherie.

— « Votre père, dis-je à la villageoise, ne s'est pas attardé dans le bardo [1]. Il a déjà repris naissance dans notre monde. Ce n'est point au Tibet qu'il est né, mais en Chine. Il est le fils d'un riche marchand dont j'ai vu la maison. Je ne puis pas vous dire en quelle ville elle est située, mais ce doit être dans le nord de la Chine, car les hommes qui me sont apparus étaient grands comme ceux du Kansou.

« Ne pleurez plus, votre père vivra dans l'aisance et dans un pays où la religion du Bouddha existe. Il pourra l'y entendre prêcher et la pratiquer. »

La femme pleurait encore, mais beaucoup moins amèrement. Elle ne s'affligeait plus que de son propre malheur. Quant au défunt, elle était rassurée sur son sort. Son amour filial se réjouissait de ce que la nouvelle naissance de son père bien-aimé l'eût conduit dans un milieu heureux.

Le pays que nous traversons ensuite continue à être beau et pittoresque. Il est fort peu peuplé et ceci nous oblige à fournir chaque jour de longues étapes. Nous sommes à la fin de mars, la température est encore froide en cette région d'altitude élevée, nous ne pouvons guère camper. Nous-mêmes ne souffririons pas du froid dans nos tentes, mais il n'en serait pas de même des bêtes. Les nuits passées immobiles au-dehors pourraient leur être néfastes ; après la fatigue causée par une marche prolongée il leur faut le repos à l'abri dans une écurie. Il faut aussi trouver, pour elles, de la paille ou du fourrage et des pois secs afin de ne pas épuiser la réserve que nous transportons pour le cas où nous ne pourrions pas nous en procurer.

Les pois concassés sont la nourriture habituelle des chevaux, dans le pays d'Amdo comme dans le nord de la Chine et au Tibet. Les mules, dont les dents sont plus fortes, les mangent entiers et, à l'occasion, peuvent aussi consommer de grosses fèves. Cette nourriture passe pour être très fortifiante et de beaucoup préférable à l'orge. D'ailleurs, habituées à manger des pois, les bêtes de ces régions s'accommodent difficilement de grain : orge, maïs ou froment, et elles sont généralement malades lorsqu'en voyage, on est obligé de leur en donner.

En dehors des soins que notre petite cavalerie requérait, d'autres

1. L'état dans lequel « l'esprit » — ou plus correctement traduit : la conscience : *rnanchés* — des défunts, demeure après la mort et jusqu'à leur renaissance dans ce monde ou dans un autre. Littéralement, *bardo* signifie « entre deux » sous-entendu entre la mort et la naissance.

raisons encore nous engageaient à éviter de camper dans ce pays. Il est tenu pour peu sûr, et nos belles grandes mules de Sining, très appréciées au Tibet, pouvaient tenter des maraudeurs qui auraient facilement trouvé à les revendre avantageusement.

Malheureusement les villages étaient clairsemés et les hôtelleries espacées en moyenne de quarante à cinquante kilomètres, ce qui, par des sentiers très accidentés nous faisait effectuer chaque jour une étape fatigante. Le temps se maintenait au beau sec. La neige tomba pourtant pendant un arrêt dans un village appelé Kargnag (peut-être plus véritablement Karnag : la muraille noire).

Dans ce Kargnag, je fus l'héroïne d'une amusante comédie que Yongden avait amorcée sans en prévoir le développement funambulesque.

A un gamin qui me considérait, le lama avait dit pour s'amuser de lui : « Tu regardes Jétsune Kouchog, sais-tu qu'elle a cent ans. »

Au comble de l'étonnement, le garçon avait couru faire part à son père de cette extraordinaire nouvelle. Le père l'avait immédiatement communiquée à ses voisins et, répétée de bouche à bouche, celle-ci s'était promptement répandue dans tout le village. Une centenaire venait d'arriver, à cheval, paraissant très ingambe. Tous voulurent voir le phénomène. Ma chambre fut bientôt envahi par des gens qui s'extasiaient sur ma bonne mine.

Pas de cheveux blancs ! les femmes me les examinaient de près. Toutes mes dents ! Elles me demandaient d'ouvrir la bouche. Et je me tenais droite, et mes joues n'étaient pas ridées, ma vue était bonne, mes mains ne tremblaient pas ! Prodige des prodiges ! Jamais, disaient les paysans, une personne âgée n'était venue dans leur village et ils n'auraient jamais imaginé qu'une centenaire pût avoir si juvénile apparence.

Et comme, au Tibet, tous les sentiments : joie, douleur, respect, admiration, se manifestent matériellement par des cadeaux, la surprise admirative des indigènes se traduisit en offrandes qui m'arrivaient de tous côtés sous forme de vivres : beurre, farine de blé et farine d'orge, fromage, viande. Je ne pouvais pas arrêter le cours de ce fleuve de provisions qui coulait de la porte jusqu'au *kang* sur lequel j'étais assise. Peut-être la stricte honnêteté eût-elle voulu que je déclarasse qu'il s'en fallait de bien des années que j'eusse atteint la centaine, mais la vertu n'est pas toujours là où elle paraît être suivant les codes moraux rigides. Elle dépend des circonstances et j'estime que le critérium, en cette matière, est la charité. Être bon pour autrui, ne causer aucune peine, est la meilleure des règles de conduite. Or, les bonnes gens de Kargnag jouissaient intensément du spectacle que je leur donnais. Dans leur vie monotone, ce passage d'une centenaire si peu décrépite devenait un événement qui marquerait et que l'on raconterait le soir à la veillée pendant des années et des années. Peut-être l'imagination des plus éveillés aidant, en sortirait-il une légende dont le village se ferait gloire et que lui envieraient les villages voisins.

Oh ! J'aurais été bien méchante de leur ravir leur joie présente et toute celle que cette innocente plaisanterie leur réservait encore pour l'avenir. Qu'étaient quelques kilogrammes de beurre, de viande et de farine pour payer ce plaisir. Ces fermiers étaient suffisamment aisés pour me faire ces cadeaux sans se priver de rien. Du reste, ils comptaient bien récupérer ces méritoires témoignages de respect dans leur prochaine existence et ce, avec d'amples intérêts. En attendant, ils espéraient que les bénédictions qu'ils me forçaient à distribuer, les brins de laine qu'ils s'efforçaient de me faire arracher de ma robe, pour s'en servir comme charmes, leur communiqueraient quelque chose de ma verte longévité.

L'incident qui marque notre séjour dans un autre village est moins agréable. Il y a là une *gompa* [1] passablement importante et comme, généralement, dans ces monastères isolés il se trouve presque toujours quelques moines ayant des provisions à vendre, deux de mes domestiques sont allés s'y enquérir de ce que nous pourrions nous y procurer. Ils ont été éconduits brutalement, racontent-ils à leur retour. On les a reconnus pour être des *Séntuanpas* [2] et, pour des raisons qui ne sont pas énoncées, les moines de ce monastère n'aiment pas les gens de cette tribu.

Les choses en seraient restées là si quelques rodomonts cléricaux, de ceux que l'on dénomme *dobdobs* [3], n'étaient venus à l'auberge où nous logions et n'y avaient insolemment cherché querelle à mes hommes. Sans me montrer — ce qui eût été contraire aux usages et un manque de dignité — je commandai qu'on les expulsât. Il s'ensuivit une petite bagarre, des coups furent échangés et les *dobdobs* s'en allèrent en annonçant qu'ils reviendraient avec des amis et des fusils. Après leur départ, l'aubergiste ferma sa porte, la barricada solidement et mes domestiques chargèrent leurs armes, se tenant prêts en cas d'attaque.

J'étais fort ennuyée. Nous n'avions aucun secours à attendre ; d'après ce que disait l'aubergiste, les villageois n'éprouvaient aucune sympathie pour ces *trapas*, soudards qui déshonorent l'habit religieux et ne rêvent que méfaits, mais ils ne nous défendraient pas contre eux. Quel était le caractère du chef du monastère ? Voudrait-il, et pourrait-il contenir les éléments batailleurs de sa *gompa* ? — Il était pour ainsi dire certain qu'il ignorait ce qui se passait, mais je ne voyais pas le moyen de l'en informer. Je ne voulais pas laisser

1. *Gompa* : monastère lamaïque.
2. Une tribu habitant le Kansou. Les Séntuanpas sont d'origine mongolique et souvent métissés de Chinois. Ils ont la prééminence au monastère de Koum-Boum où les moines appartenant à cette tribu sont seuls éligibles aux fonctions officielles.
3. Voir au sujet des *dobdobs : Mystiques et magiciens du Tibet.*

sortir mes hommes qui auraient pu être molestés et un autre messager n'eût peut-être pas pu arriver jusqu'à lui.

Tandis que je réfléchissais, Sotar, mon domestique-chef, craignant le retour des *trapas* armés, renseigna l'aubergiste sur ma véritable personnalité, l'assurant que s'il arrivait du mal à moi-même, à ceux qui m'accompagnaient ou à ce qui m'appartenait, le général chinois de Sining enverrait des troupes qui brûleraient le monastère et probablement aussi le village qui ne m'avait pas protégée.

Cette menace dut épouvanter l'aubergiste. Le souvenir des terribles représailles exercées par les soldats musulmans de ce général dans la région de Lhabrang était alors encore tout frais dans la mémoire des gens d'Amdo. Il s'arrangea probablement pour faire parvenir au monastère l'information qui lui avait été donnée. Quant à Sotar, il ne souffla mot, ce jour-là, de l'initiative qu'il avait prise et nous veillâmes toute la nuit, nous attendant à une attaque. Comme tout demeurait tranquille, je commandai le départ avant l'aube et quand le soleil se leva, nous étions déjà loin de cet endroit inhospitalier.

Le lendemain seulement Sotar confessa ce qu'il avait fait. J'en fus très ennuyée. Mon semi-incognito servait mes projets. En choisissant un itinéraire long et compliqué pour atteindre la frontière du Tibet interdit, j'espérais pouvoir faire perdre mes traces et m'y présenter comme une véritable Tibétaine d'Amdo. Qu'arriverait-il si l'un de mes gens prenait des initiatives de ce genre et, sans me consulter, révélait mon identité. Je blâmai fortement Sotar d'avoir agi sans prendre mon avis, mais je ne pouvais pas lui expliquer toutes les raisons de mon mécontentement. Je n'avais pas cru prudent de confier à mes domestiques que je me dirigeais vers Lhassa. Leurs bavardages, en cours de route, pouvaient faire échouer mon plan.

De fait, c'est exactement ce qui arriva, sans même qu'ils connussent le but de mon voyage.

Pour réussir, une expédition qui exige l'incognito doit être effectuée seul ou, en cas exceptionnel, avec un ou deux compagnons, moralement aussi intéressés que leur chef à son succès. L'appât d'une récompense ne suffit pas pour retenir l'indiscrétion de gens à gages ou leur inspirer toute l'abnégation nécessaire en certaines heures difficiles et périlleuses. Aucun explorateur n'aurait enduré les fatigues et les souffrances qui accompagnent les pérégrinations aventureuses à travers des régions inconnues s'il n'avait eu en vue qu'un profit matériel.

A Taochow je touchai de nouveau une partie du territoire habité par une population presque exclusivement chinoise et me retrouvai, ensuite, en plein Amdo tibétain, à Choni. Peu avant d'arriver à cet endroit, l'on a sur le bord de la rivière Ta (Tao ho) une vue impressionnante d'éperons de montagnes qui s'avancent vers la rive, formant une sorte de porte gigantesque.

Il existe, à Choni, une *gompa* qui jouit d'une certaine réputation parce que son imprimerie possède les planches gravées permettant l'impression de 108 volumes formant la collection des livres canoniques appelée Kha gyur[1]. L'édition de Choni est imprimée en grands caractères : comme dimensions, ses lourds volumes sont à peu près semblables à ceux de l'édition de Ngartan près de Jigatzé. Le Kha gyur est aussi imprimé à Litang et à Dérgé[2] au pays de Kham. L'édition de Dérgé, moins volumineuse et généralement plus nette d'impression, est très estimée. Une autre édition est dite être imprimée au monastère de Spiti au Tibet occidental. Je n'en ai pas vu d'exemplaire.

Un naturaliste-explorateur américain, le docteur J. Rock, a fait de Choni son quartier central pendant plus de deux années entre 1922 et 1924. De ce séjour et de ses diverses pérégrinations à la frontière du Tibet, ce savant a rapporté une riche moisson d'observations.

J'eus le plaisir de le rencontrer pour la première fois à Likiang au Yunnan, puis je le revis, peu après, à l'extrême limite du territoire chinois sur le bord du Mékong, alors que je me disposais à monter vers le col de Dokar pour pénétrer au Tibet. Bien que le docteur Rock soit un homme extrêmement aimable, cette seconde rencontre me causa beaucoup moins de plaisir que la première, car je ne pouvais, sous ses yeux, me travestir en mendiante ni, d'aucune façon, lui laisser deviner le voyage que j'allais entreprendre. Il me retint pendant quelques jours, très angoissée, à attendre son départ[3].

A Choni, je ne demandai ni à visiter le monastère en détail ni à saluer le prince, à peu près indépendant, qui y réside avec sa petite cour. Je désirai conserver mon incognito et ne m'arrêter qu'une seule nuit. Celle-ci fut encore de trop. Sotar bavarda de nouveau et, cette fois, sans y être poussé par le désir d'éviter un danger.

Cet homme avait, dans sa jeunesse, accompagné un officier anglais dans plusieurs expéditions secrètes en territoire tibétain et était aussi resté pendant quelque temps au service d'autres Européens. Puis, pendant l'expédition britannique à Lhassa, il était devenu trafiquant à la suite des troupes anglaises. Je crois qu'il avait gardé de son contact avec les étrangers, une certaine foi dans le pouvoir des Blancs et s'imaginait que celui-ci devait opérer partout. Aussi, à Choni, tant sans doute pour se faire valoir que dans l'espoir que mon identité reconnue nous serait une protection contre les chevaliers de grands chemins, il avait annoncé que j'étais Fa Koué,

1. Écrit *bkah hgyur.*
2. Écrit *sdé dgé*, la prononciation courante étant Dérgé ou Dirgi avec le g dur.
3. Depuis cette époque, le docteur Rock a entrepris avec succès plusieurs expéditions sous le patronage de la Société de géographie de Washington, l'une de cellesci, particulièrement intéressante, dans la région de l'Amné Machén, la montagne que certains croient être aussi élevée que le mont Everest

c'est-à-dire Française. Le lendemain matin on questionnait Yongden à ce sujet et sans perdre son assurance, il s'empressait de répondre :

— « Ah ! oui, elle est native de Fakouédzong. »

— « Existe-t-il donc un *dzong* [1] de ce nom ? » s'étonnaient ses interlocuteurs.

— « Sans doute, mais c'est loin, très loin, tout au sud du Tibet », répondait-il toujours avec le même aplomb, mais en activant fortement les préparatifs de départ pour éviter d'autres questionneurs.

Une fois en route et sévèrement interrogé, le bavard dut encore une fois avouer sa faute. Je le tançai de nouveau, mais je perdais mon temps ; il continua ses petites trahisons, seulement, il s'y prit plus adroitement et maintes fois, je ne pus que les deviner en voyant s'en produire les malencontreux effets.

Marchant vers le Szetchouan, nous nous dirigions vers un pays troublé par la guerre civile. Non pas spécialement pour éviter la zone des combats, mais parce que, d'une part, je désirais visiter la région-frontière habitée par des tribus non chinoises indépendantes et que, de l'autre, j'espérais, à travers cette région sauvage, conserver un incognito suffisant pour atteindre la grande route de Lhassa sans être repérée, l'itinéraire que je m'étais tracé ne faisait qu'effleurer le vrai Szetchouan chinois. Cependant, dans les petites villes du Kansou méridional, nous commencions à entendre de vagues nouvelles de combats qui se livraient plus au sud. Comme toujours, en Chine, des bandes de soldats s'étant séparées du gros des troupes, soit après une défaite, soit parce que la solde promise n'avait pas été payée, erraient par le pays vivant de brigandage. Ces hommes étaient totalement dénués de cette vague noblesse d'âme qui fait du brigand tibétain une sorte de preux barbare. Les rencontrer était dangereux. En semblable occurrence, la meilleure chance qu'on pût espérer était de se tirer sain et sauf de leurs griffes en leur abandonnant tout son bagage.

A vrai dire, si le voyageur leur paraissait de marque, surtout s'il s'agissait d'un étranger, ils l'abordaient avec une requête exprimée poliment : « Mon cheval est fatigué », disait par exemple l'un d'eux à un cavalier, « veuillez bien me *prêter* le vôtre. »

Ils *empruntaient* ainsi les véhicules et leurs attelages, les marchandises de toutes natures qui, précisément, leur était toujours « nécessaires » à ce moment même. Ils échangeaient leurs vêtements en guenilles contre ceux tout neufs de leurs victimes. Et ceci n'était que jeu, innocent passe-temps le long des routes. Le drame survenait lorsque ces hordes s'emparaient d'une bourgade ou d'une petite ville et la mettaient à sac.

---

1. *Dzong*, un château fort. Ce terme est ajouté au nom propre des localités où se trouve un fort.

A Minchow, où je m'arrêtai, on parlait beaucoup de ces bandes, bien qu'elles ne se fussent pas encore montrées près de la ville.

Minchow est une petite ville, mais elle paraît commerçante et animée. J'y logeai hors des fortifications, dans une auberge comprenant plusieurs vastes cours entourées de murs. Entre ces cours, j'avais choisi la plus reculée pour y dresser ma tente et celle de Yongden. En dépit du froid toujours vif, il m'était plus agréable d'être dans une tente propre que dans la chambre malodorante et poussiéreuse d'une auberge chinoise.

Nous étions à Minchow depuis quatre jours, attendant qu'un de mes domestiques qui s'était fait une entorse fût en état de se remettre en route lorsque, dans la soirée, l'aubergiste vint me prévenir qu'une bande de brigands était signalée et que nous ayons à être sur nos gardes pendant la nuit. Quant à ma tente et à celle de Yongden, il me priait de les déplacer. Des champs déserts s'étendaient jusqu'au bord du mur entourant la cour où elles étaient plantées et celui-ci ne lui paraissait pas assez haut pour offrir la sécurité désirable. Il nous engageait à nous loger dans des chambres ou, tout au moins, à transporter nos tentes dans une grande cour intérieure entourée de tous côtés par des bâtiments.

C'est ce dernier parti que nous choisîmes. Tous les bagages furent transportés dans une chambre près de l'écurie où logeaient mes domestiques, surveillant de près leurs bêtes, et le lama et moi nous continuâmes à coucher dans nos tentes, ne conservant avec nous que nos couvertures.

Des veilleurs se relayèrent toute la nuit sur les murailles de la ville et aussi dans les habitations situées, comme notre auberge, en dehors de celles-ci. La nuit se passa paisiblement. Des coups de feu tirés au loin nous firent penser que, peut-être, des maraudeurs avaient tenté un coup quelque part, mais la fusillade n'était pas assez nourrie pour provenir d'une véritable bande.

Calme complet le jour suivant.

Des rumeurs contradictoires circulent. Les uns racontent que les brigands sont partis vers l'est, d'autres disent que les musulmans préparent une insurrection et pourraient se répandre vers Minchow. Mes gens sont d'avis que nous quittions la région au plus vite. Seunam — celui qui s'est fait l'entorse — déclare qu'il est prêt à partir. Je fais vendre divers vêtements, articles de couchage et objets divers dont nous pouvons nous passer. Ceci allégera la charge des mules, permettra de presser la marche ou d'emporter davantage de provisions si les villages placés sur notre route sont occupés par les bandits et qu'au lieu de nous y ravitailler, nous devons nous en tenir éloignés.

La nuit s'écoule encore sans incident. Nous quittons Minchow le 16 avril 1921, à l'aurore, marchant à bonne allure.

La route que nous suivons est d'abord large et plate, mais elle ne se maintient pas aussi aisée pendant longtemps. Bientôt nous retrouvons les sentiers de montagnes étroits et raides, traversant des pentes d'éboulis et côtoyant souvent un haut affluent du Heichui ho. Nous traversons la rivière plusieurs fois et, à un certain endroit, nous manquons de peu d'y prendre un bain sérieux, sinon pire.

Dans ce pays, rien n'indique l'emplacement exact des gués, que les crues déplacent d'ailleurs, souvent. Nous nous étions fiés au sentier qui aboutissait à la rivière et y entrait. Sotar chevauchait en tête. Incapable de distinguer le fond sous l'eau trouble au courant rapide, il s'en rapportait, comme d'habitude, à l'instinct de sa bête. L'eau était profonde, nous avions dû quitter les étriers et ramener nos jambes sur nos selles. Tout à coup le cheval de Sotar perdit pied et se mit à nager maladroitement, embarrassé par le poids qu'il portait. Sotar était bon cavalier ; il parvint à faire tourner l'animal qui rencontra de nouveau le fond et reprit pied. Les autres garçons voyant l'accident avaient immédiatement retenu les mules. Je commandai de faire demi-tour et de retourner au rivage. Nous ne pouvions chercher le gué au hasard, avec des bêtes chargées. Au besoin, Tobgyal qui était excellent nageur, se déshabillerait en partie et avec une bête sans selle explorerait le passage avant que nous le tentions de nouveau.

Du reste, il y avait probablement moyen de lui éviter cette peine. Près de là, perché sur une falaise, se trouvait un petit hameau. Ses habitants devaient connaître le gué et, moyennant paiement, l'un d'eux nous guiderait sans doute. Yongden monta vers les maisonnettes que nous apercevions.

Un méchant lutin nichait décidément à cet endroit et voulait se divertir à nos dépens. A peine arrivée au niveau du village, la jolie mule très sage que montait Yongden se prend à ruer, puis à se cabrer subitement sans que rien d'apparent justifie son changement d'humeur et le pauvre lama est projeté sur un petit terre-plein, fort heureusement limité par un mur du côté de la rivière. Faute de ce mur qui le retint, le jeune homme tombait dans le vide et allait s'écraser sur les rochers ou se noyait, emporté par le courant.

Il se releva meurtri et s'acquitta de sa mission. Personne ne consentait à traverser le gué devant nous mais on voulait bien nous indiquer la façon de nous diriger. Nous étions entrés dans la rivière au bon endroit, mais ensuite, il ne fallait pas chercher à traverser en ligne droite ; il fallait obliquer, d'abord en descendant le courant, puis en le remontant un peu. Ensuite, il fallait ceci, puis encore cela... Le lit du cours d'eau était large, il offrait ample espace pour y effectuer maintes évolutions... et pour se noyer aussi.

Les noyades d'hommes et d'animaux, au passage de ces gués, sont fréquentes dans ces régions. Elles émeuvent aussi peu les indigènes que ne le font aujourd'hui, en Occident, les accidents mortels d'automobiles ou d'avions. Chaque genre de voyage a ses aléas !

Nous recommençâmes l'épreuve et, plus charitables que nous ne les avions jugés, quelques hommes du village nous suivirent des yeux du haut de leur promontoire et nous crièrent les directions à suivre.

Notre but était la petite ville de Sikou. Je ne la connaissais pas même par ouï-dire. Sur ma carte, un losange rouge la désignait comme un « ting » ou sous-préfecture chinoise. Située à peu près sur ma route, à l'extrémité sud du Kansou, qui touche les grandes solitudes herbeuses du Tibet septentrional, elle ne pouvait pas être une localité importante, mais je l'imaginais comme un petit centre de commerce du genre de Dangar, la ville-frontière proche du Koukou-nor, et je comptais pouvoir m'y ravitailler complètement.

La vallée que nous suivions déboucha dans une autre vallée plus large où coulait le Heichui ho ; remontant le cours de cette rivière, nous nous dirigeâmes vers Sikou.

La nuit tombait et il commençait à pleuvoir lorsque nous arrivâmes en vue de la ville. Nous avions probablement été signalés par des guetteurs postés dans la tour de garde à cause de la situation troublée du pays et je ne sais quelle illusion d'optique leur avait fait paraître redoutable notre humble groupe de cinq personnes. Avant que nous ayons pu l'atteindre, la porte de la ville fut précipitamment fermée devant nous, tandis qu'une demi-douzaine de soldats se montraient sur les murailles, leur fusil à la main, prêts à défendre la place.

Jamais encore je n'avais produit tant d'effet. Je ne laissai pas d'en concevoir la fierté qui convenait, mais j'étais, surtout, fort ennuyée. La pluie augmentait et les Chinois, maniant complaisamment leurs armes, qui nous considéraient du haut de leurs murs crénelés, ne m'inspiraient pas une entière confiance. Il n'est pas bon de mettre des jouets dangereux dans les mains des enfants et les soldats chinois, souvent très jeunes dans ces postes reculés, obéissent parfois à des impulsions d'une jovialité un peu dangereuse pour autrui.

Enfin, tandis que nous nous émerveillions de cet accueil et en demandions la raison aux « braves » ornant les murailles, la porte fut ouverte lentement, avec une solennité voulue et un héraut apparut. Il était à cheval. Cette circonstance ne lui permit pas de s'avancer dignement vers nous comme il l'avait probablement projeté. Les mules chargées de mes bagages avaient instinctivement cherché à s'abriter de la pluie en se rapprochant des murs, mes hommes attendaient derrière elles et la porte se trouvait ainsi à peu près bloquée. L'envoyé du sous-préfet ne put en sortir qu'à moitié, la croupe de sa monture restant dans l'ombre, sous la voûte. La nuit qui se faisait de plus en plus, aidant à la fantasmagorie, homme et bête semblaient un bas-relief animé.

— « Qui êtes-vous, individus qui portez des armes (nous avions trois fusils, il ne voyait pas nos revolvers). De quel pays venez-vous et quels sont vos desseins ? »

Je pressentais que Sotar allait se hâter d'énoncer fièrement mes titres et qualités et j'en étais très contrariée. Si près du pays tibétain où les nouvelles se propagent miraculeusement vite, sauvegarder mon incognito était plus nécessaire que jamais. Mon fils l'avait déjà heureusement compris et se hâtait de prévenir toute parole compromettante de nos garçons.

— « J'ai des passeports officiels », répondit-il. « Je ne puis pas les déballer sous la pluie, mais je les montrerai dès que je serai à couvert. Je suis un lama. Je vais en pèlerinage ; mes domestiques sont autorisés à porter des armes pour nous défendre contre les voleurs. Je suis venu ici pour acheter des vivres. »

Cette déclaration satisfit l'envoyé. La pluie tombait maintenant à torrents, il souhaitait probablement rentrer chez lui au plus tôt.

— « Je vais rapporter vos paroles au magistrat », dit-il.

Il n'ajouta pas qu'il nous autorisait à pénétrer dans la ville, mais il ne nous donna plus aucun ordre tendant à nous en empêcher. Tandis qu'il faisait faire volte-face à son cheval sous la voûte, mes garçons se hâtèrent de pousser les mules derrière lui, le serrant de près. Lorsque l'on referma la porte, nous étions tous dans l'enceinte fortifiée.

Une auberge se trouvait contre la muraille même, je m'y engouffrai. Le patron logeait déjà plusieurs muletiers. Il me trouva pourtant une chambrette où je pourrais passer la nuit seule. L'écurie était pleine, mes malheureuses bêtes durent demeurer attachées dans la rue. On essaya de les abriter en installant une sorte d'auvent construit avec des bâches, mais il était de dimensions trop exiguës et ne les couvrait qu'imparfaitement. Bientôt mon sort ressembla au leur, la pluie devenait déluge et se mit à tomber en cascade dans ma chambre.

Ce mauvais temps n'empêcha pas le sous-préfet de venir vérifier les affirmations du lama quant à son identité et à ses papiers. Deux fonctionnaires subalternes et quatre soldats en armes l'escortaient. Il fut extrêmement courtois, ce qui est presque de règle générale en Chine, où les fonctionnaires civils sont, à fort peu d'exceptions près, des gens de bonne éducation. D'ailleurs Yongden est un lama et un Tibétain authentiques, les papiers qui lui avaient été officiellement délivrés certifiaient ces deux faits et l'autorisaient à avoir des armes pour sa défense. Il n'y avait pas la moindre imposture dans son cas. Quant à moi, je fus jugée négligeable et ne réclamai point.

Notre visite à Sikou ne nous valut que l'amusement d'assister à cette comédie bouffonne et l'ennui d'être trempés par la pluie. Nous ne trouvâmes rien à acheter qu'un peu de porc salé. Les rumeurs qui couraient au sujet des brigands errant à travers le pays empêchaient les convois de marchandises de circuler. Les habitants de la minuscule sous-préfecture ne possédaient que les provisions dont ils avaient strictement besoin pour eux-mêmes et vivaient dans la crainte d'une attaque qui les en dépouillerait.

La pluie cessa pendant la nuit. Quand je me réveillai, il faisait beau. De ma fenêtre, j'apercevais une montagne sombre qui se dressait isolée en face de la ville et, vers la droite, l'entrée d'une courte vallée que l'on voyait déboucher sur un espace ensoleillé. Le site respirait la paix et la vallée menant vers le *thang* [1] lumineux évoquait, pour nous qui les connaissions, les radieuses solitudes du Tibet septentrional, parsemées de lacs aux eaux bleues sertis entre des rives scintillantes de cailloux roses et mauves pailletés d'argent.

— « Regarde, Sotar », dis-je au Lhassapa [2] qui se trouvait près de moi. « Si nous étions sages, nous nous arrêterions ici. Nous bâtirions des ermitages sur cette montagne et nous y finirions nos jours dans la méditation. A quoi sert de courir le monde... Tous les mondes et tout ce qui est au-delà d'eux, se trouvent dans notre esprit. »

Je n'imagine guère un voyageur tenant ces propos à son domestique européen, mais les Orientaux sont très différents. Mon Tibétain me comprenait et pensait comme moi. Mais comme moi aussi, il manquait de sagesse. Il soupira et tout pensif s'en alla rejoindre ses camarades qui chargeaient les mules. Peu après, nous quittions Sikou. L'heure bienheureuse où l'on secoue tous ses liens n'avait pas encore sonné pour nous.

La prochaine localité d'une importance relative signalée sur ma carte, dans la direction que nous suivons, s'appelle Nanping. Peut-être y trouverons-nous des vivres, mais en attendant, à moins d'une bonne chance imprévue, il va falloir nous rationner sérieusement. C'est en envisageant cette perspective peu réjouissante que nous refaisons le chemin parcouru la veille pour nous rendre à Sikou qui se trouvait légèrement en dehors de notre route.

La région que nous traversons est occupée par des cultivateurs de race tibétaine, elle est toujours très montagneuse, les villages sont rares, séparés les uns des autres par de vastes espaces boisés. Les indigènes sont souvent revêches et peu hospitaliers, nous couchons la plupart du temps dans nos tentes, mais aussi près que possible des villages, ce qui offre une sécurité relative.

Presque à chaque étape, des gens viennent me prier de les guérir de maux dont ils décrivent les symptômes et les causes de façon bizarre. Le nombre et l'étrangeté des sensations douloureuses différentes que les pauvres humains peuvent éprouver dépassent toute imagination.

Un après-midi, un *trapa* vient me raconter que plusieurs personnes sont mortes dans sa famille et qu'il désire savoir si la cause n'en serait pas la mauvaise direction dans laquelle la maison où elles vivaient est orientée. L'orientation des habitations est en effet tenue pour très importante, en Chine comme au Tibet.

---

1. *Thang* en tibétain : un vaste espace de terrain plat.
2. Un natif de Lhassa.

Probablement tout ce que cet homme me dit est vrai et il n'y a aucune malice dans sa demande. Cependant, j'ai remarqué qu'un autre *trapa* se tenait au-dehors et semblait écouter ce que je disais à son confrère, à l'intérieur de la tente. Ces gens me tendraient-ils un piège pour s'assurer que je suis un véritable lama ? Dans le doute, il est bon de combiner ma réponse de façon à ce qu'elle soit strictement orthodoxe du point de vue lamaïque. Ceci ne m'empêchera pas d'y glisser quelques conseils touchant l'hygiène.

Je me fais minutieusement expliquer la situation de l'habitation. Je réclame un peu de terre prise aux quatre côtés de celle-ci et apportée dans quatre sachets séparés. Mon homme monte immédiatement à cheval et va quérir ce que je demande. Il revient dans la soirée. Je prends la terre et ajourne ma réponse au lendemain matin.

Je sais, dès maintenant, qu'une des pièces de l'habitation n'a pas de fenêtre et que le soleil n'y pénètre jamais. Je possède aussi divers autres détails. Je réfléchis et le lendemain matin, je rends mon oracle :

« Étant donné que la porte d'entrée reçoit les rayons du soleil, sa direction est bonne, mais la chambre obscure doit être pourvue d'une fenêtre qui en permettra l'accès à la lumière bienfaisante.

« Toute la maison sera parfaitement nettoyée. On en sortira tout ce qu'elle contient et on la purifiera en y faisant brûler du *sangue* [1]. Quand tous les objets ménagers auront été nettoyés, les vêtements et les tapis ainsi que les couvertures battus au-dehors, on les remettra dans la maison et on y fera de nouveau brûler du *sangue*.

« Une image du Bouddha sera placée dans chaque pièce et celles-ci seront tenues toujours parfaitement propres afin de ne pas manquer de respect au Bouddha qui s'y trouvera en effigie. Pour la même raison, personne ne crachera par terre dans la maison (ceci sera difficile à obtenir, mais la piété fera peut-être ce miracle).

« Enfin, on ira demander à l'abbé du monastère voisin de bénir un Sipao (un certain dessin imprimé sur papier ou sur étoffe, qui passe pour être un charme puissant) et on le collera sur la porte d'entrée. »

Voici qui ne peut faire aucun mal et qui même peut être utile. En même temps, tout est conforme aux coutumes lamaïques ; le grand lama du monastère que je ne verrai jamais goûtera le compliment indirect que je lui fais en reconnaissant son autorité et son pouvoir, et si quelqu'un manifestait des doutes sur mon identité, il le traiterait de fou.

A part quelques cadeaux en nature que me rapportent les consulta-

1. Sangue est le nom donné aux aiguilles séchées de certaines variétés de conifères, du feuillage des cyprès, des jeunes pousses de certaines fougères et aussi de diverses autres plantes que l'on fait brûler sur des charbons pour produire une fumée odoriférante. Celle-ci est considérée comme ayant le pouvoir de purifier les gens et les choses.

tions de ce genre, nos sacs à provisions demeurent toujours aussi misérablement garnis. Les mauvaises récoltes pendant plusieurs années consécutives, les razzias opérées par les brigands, les contributions levées de façon répétée par les fonctionnaires ont ruiné le pays. On n'y trouve plus rien à acheter. Nous n'avons plus même de farine et nous devons nous contenter d'un peu de mouton séché au soleil que j'ai emporté en quittant Koum-Boum, en prévision d'extrémités pareilles à celle-ci. De temps en temps, nous récoltons des pissenlits sauvages que nous mangeons sans assaisonnement. Cela mitige un peu notre régime de pemmican, mais nous ne trouvons pas de pissenlits tous les jours. Si nos bêtes n'étaient pas chargées et si le pays n'était pas accidenté, nous pourrions rapidement gagner Nanping, mais nous sommes forcés de n'avancer que très lentement.

Parfois, il nous faut aussi faire des détours ; le col de Chawa que nous voulions traverser a été bloqué par les gens d'un village qui craignaient une invasion de brigands venant du Szetchouan. Ce col occupe le sommet de pentes couvertes de forêts. Les indigènes ont abattu de gros arbres et en ont encombré le sentier qui traverse la montagne. Un piéton isolé passerait sans doute, mais non pas des cavaliers ou des bêtes chargées.

Il faut aller plus loin, beaucoup plus loin, vers un autre col. Ceci nous cause une nouvelle déception, nous espérions pouvoir trouver à manger par-delà cette montagne.

Une consolation nous est pourtant réservée. Ce même soir, nous rencontrons une très grande et très riche ferme, telle qu'on en voit peu, même au Tibet propre. Je compte une centaine de vaches rentrant des pâturages et l'on en voit d'autres qui se rendent vers d'autres étables. La maison est immense, solide, tout en pierres, les fenêtres de belles dimensions, sont fermées par d'épais volets. On nous reçoit poliment et l'on nous assigne comme logement une énorme pièce, longue de plus de vingt mètres. Au Tibet, maîtres et serviteurs, femmes et hommes, surtout en voyage, partagent souvent la même chambre. Comme ils ne se livrent à aucune toilette de nuit, ils n'éprouvent pas, comme nous, le besoin d'une chambre privée.

Les serviteurs disposent sur le plancher les coussins et les couvertures constituant la couche de leur maître. Ce dernier, s'il est richement vêtu, enlèvera peut-être sa robe de dessus et se couchera en gardant son pantalon et son gilet. Une fois étendu sous ses couvertures, si celles-ci sont assez chaudes, il quittera volontiers son gilet pour dormir le torse nu. Ce que font la plupart des Tibétains des deux sexes, lorsqu'ils sont chez eux.

Les femmes se débarrassent de leurs bijoux et de leur robe de dessus et se coucheront avec le long jupon et la chemisette qu'elles portent sous celle-ci.

Quant aux domestiques, aux paysans, aux petites gens de tout genre qui n'ont ni épais coussins ni chaudes couvertures, ils ou elles dorment tout habillés, desserrant simplement leur ceinture.

J'ai eu quelque peine à m'habituer à ce dernier régime auquel il m'a pourtant fallu me soumettre très strictement, pendant le voyage que je fis déguisée en pèlerine mendiante. Pendant mes précédents voyages, je m'arrangeais presque toujours de façon à pouvoir changer de vêtement pour la nuit et presque tous les jours aussi, ma toilette matinale comportait mon tub habituel.

Dans la grande chambre qui nous était offerte mes garçons confectionnèrent un abri avec l'une de nos tentes et y disposèrent mon lit de camp... J'étais chez moi. Les grands lamas en voyage s'isolent ainsi au moyen de rideaux, pour accomplir leurs exercices religieux, je ne paraissais pas extraordinaire en les imitant.

Là aussi, il me fallut payer l'hospitalité qui nous avait été accordée, en bénissant toute la maison. Le chapelain des fermiers m'assistait comme acolyte, portant le plat contenant le grain consacré et le flacon d'eau bénite.

Bien des gens s'imaginent qu'au voyageur circulant hors des chemins battus, chaque heure apporte un tribut d'aventures joyeuses ou dramatiques, mais toujours excitantes. La vérité est moins romantique. La plupart des jours se passent sans qu'aucun événement les rende particulièrement mémorables. Monotonie alors ? — Que non pas. Pour celui qui sait regarder et sentir, chaque minute de cette vie libre et vagabonde est un enchantement. D'ailleurs, le voyageur est généralement occupé par un travail spécial : raison ou seulement prétexte, qu'il donne à ses pérégrinations. L'un est géographe, un autre naturaliste, moi, je recueillais les manifestations de la pensée humaine, essayant de pénétrer le mystère du monde et de calmer son effroi devant la souffrance et la mort. Philosophies, religions élevées ou puériles, audaces des magiciens, roueries des sorciers, extases des mystiques, tel était mon champ de recherches que je fouillais avec assiduité et patience, glanant, ça et là, les faits que je collectionnais. L'on peut me croire, même au cours des nombreux jours où « il n'arrivait rien », je n'étais point désœuvrée.

Malgré tout, en de tels voyages, les périodes de béatitude reposante ne sont jamais d'une durée excessive. Toujours il « arrive quelque chose » qui les interrompt. Une aventure se préparait pour nous tandis que nous traversions innocemment des bois printaniers pleins d'arbres en fleurs et nous nous réjouissions d'y avoir trouvé de bons sentiers facilitant notre marche.

Nous approchions de Gomi lorsque nous fûmes rejoints par un fermier de cet endroit qui causa quelques instants avec nous et, très aimablement, nous invita à passer la nuit chez lui. Il nous indiqua minutieusement la direction à suivre pour gagner sa demeure, puis, comme il n'avait pas de bagages, il nous quitta laissant trotter son cheval à vive allure et nous répétant encore de loin qu'il ferait préparer un repas pour notre arrivée.

Cette agréable rencontre, la perspective d'un bon gîte et d'un bon souper nous avaient rendus tout joyeux. Nous pressons le pas et, environ deux heures plus tard, à la nuit tombante, nous arrivons au village.

Le premier soin de mes gens est de s'informer de la demeure de notre brave fermier, mais avant qu'ils aient pu obtenir une réponse, un individu se dresse devant eux et criant à tue-tête, proclame l'ordre formel du chef local défendant à tous de nous héberger ou de nous vendre quoi que ce soit. Au bruit qu'il fait, les gens sortent de leurs maisons et s'attroupent autour de mes hommes.

J'étais demeurée un peu en arrière avec mon fils ; lorsque nous arrivons, la scène est déjà fort animée. J'écarte vivement la foule pour voir ce dont il s'agit et je trouve devant mes trois domestiques un énergumène qui vocifère, les yeux hors de la tête et gesticule de façon menaçante. Les villageois sont encore calmes et silencieux, hésitant quant au parti qu'ils doivent prendre, mais les situations de ce genre sont dangereuses. Il faut se hâter d'en sortir sous peine de les voir mal tourner. Dans quelques minutes, les indigènes sont capables de nous assommer.

Je jette un regard rapide sur ceux qui nous entourent, en fais le compte approximatif : il y a là une cinquantaine d'hommes sans armes. Nous tiendrons contre eux un bon moment avec celles que nous avons si les choses en viennent au pire.

Sotar me dit laconiquement :

— « Faut-il taper ? »

Naturellement, il le faut, et rapidement, sous peine de recevoir les coups nous-mêmes.

Ma réponse, tient en un seul mot :

— « Doung ! » (tape).

En pan ! le furibond orateur reçoit un solide coup de poing au creux de l'estomac, une gifle capable d'étourdir un bœuf suit immédiatement, appliquée par Seunam tandis que le troisième garçon laboure les flancs du personnage avec son gros gourdin. L'homme s'affaisse et la foule recule. L'effet est produit, on ne se frottera pas à nous.

Nous avisons une place vide et propre qui est, il me semble, une aire où l'on bat le grain. Je commande aux miens :

— « Placez les fusils et les revolvers en évidence, plantez les tentes et recommandez que personne ne vienne rôder dans notre voisinage pendant la nuit. Faites savoir qu'un veilleur sera de garde et qu'il tirera immédiatement sans prévenir. »

Le vide se fait autour de nous. Nous commençons à nous installer. Bravant la défense du magistrat, une vieille femme vient nous apporter une brassée de bois pour allumer du feu. Le lama la récompense généreusement.

Un intermédiaire officieux s'approche prudemment de Yongden et lui raconte que le fonctionnaire local a sous ses ordres cent cinquante soldats postés au col que nous devons franchir le lendemain et que nul ne peut passer sans être muni d'une lettre portant son sceau. Il dit aussi que le fonctionnaire visitera tous nos bagages le lendemain matin et raconte encore d'autres choses tendant à nous impressionner. Le bonhomme est évidemment envoyé par ce « fonctionnaire » dont il parle avec emphase. Ce dernier paraît ne pas oser nous affronter directement. Cela prouve qu'il ne dispose d'aucun soldat et, probablement aussi, qu'il n'est pas très sûr que ses administrés le soutiendront contre des lamas, des lamas énergiques, tels que nous nous sommes montrés. Les Tibétains admirent beaucoup la force et nous venons de prouver que nous n'avons pas froid aux yeux.

La conversation que j'entends, cachée dans ma tente, m'éclaire sur la signification de l'aventure. Le magistrat nous prend tous pour d'authentiques Tibétains : riches marchands ou lamas, et tente de nous extirper un fort pot-de-vin pour avoir le passage libre. Il s'ingénie pour cela à nous faire peur. La manœuvre est classique et réussit presque toujours avec les indigènes. Paierai-je ou me ferai-je connaître ? — J'aimerais presque autant payer et conserver mon incognito, mais céder à ce brutal c'est me déconsidérer grandement aux yeux de mes serviteurs, et perdre leur respect offre beaucoup de danger.

Je sors et dis sèchement au messager de s'en aller rapporter à son maître qu'il ne visitera pas mes bagages, que je me moque de ses soldats et que je vais lui envoyer ma carte pour lui apprendre qui je suis.

Peu après, un de mes garçons se rend chez lui portant ma carte et celle de Yongden. Celles-ci produisent l'effet que j'attendais. Bientôt une ambassade arrive. Un envoyé du magistrat est à sa tête. Il me présente une écharpe de soie en guise de compliment et me prie d'accepter les excuses de son chef qui, dit-il, ne pouvait deviner qui nous étions. Derrière lui, des gens apportent de la paille et des pois en quantité suffisante pour nourrir mes bêtes pendant deux jours et une ample provision de farine et de beurre pour nous. Cette procession précédée de lanternes doit produire une vive impression sur les villageois. L'amende honorable est complète. Mes domestiques se rengorgent avec dignité.

— « Puisque le magistrat a des soldats à sa disposition, dis-je à l'ambassadeur, je désire qu'il m'en envoie quatre, demain matin, pour me servir de guides et d'escorte jusqu'au sommet du col. » je m'abstiens de réclamer la lettre portant le sceau du « grand homme » pour la montrer à l'officier commandant les cent cinquante soldats stationnés au col. Cela serait une petite méchanceté inutile.

— « Vous pouvez tous dormir tranquillement », dis-je à mes garçons. « Cette nuit, nous n'avons pas à craindre les voleurs. »

La comédie qui venait de se jouer n'était drôle que pour moi qui venais d'être pourvue, sans bourse délier, des provisions dont nous manquions. Quant au magistrat, il avait « perdu la face » et les villageois avaient dû lui fournir gratis la paille, les pois, la farine et le beurre qu'il nous avait offerts. C'est généralement de cette façon que les « grands » en Orient se procurent les cadeaux qu'ils offrent à leurs visiteurs distingués.

Le plus malheureux était le braillard que mes serviteurs avaient, je le craignais, fortement abîmé. Celui-ci expiait son excès de zèle et l'on pouvait être certain que le fonctionnaire au service duquel il avait été malmené ne lui ferait même pas l'aumône d'une parole compatissante. Bien heureux s'il ne le rendait pas responsable de ce qui s'était passé et ne l'en punissait pas.

Le lendemain matin, au lieu de soldats, quatre paysans réquisitionnés par le magistrat se présentaient comme guides. L'un d'eux était visiblement lépreux. Je l'exonérai de la corvée sans mentionner la raison de ma générosité et afin qu'il ne regrettât rien quand ses camarades reviendraient avec un petit présent, je lui donnai un peu d'argent.

Sur ce, nous partons. La montée est longue, dure, pénible aux gens et aux bêtes. Ma grande mule noire me porte, heureusement, vaillamment et m'épargne la fatigue de la route en terrain souvent très boueux. Les abords du col sont dénudés sur le versant par lequel nous montons, le sentier tourne longuement en lacet à travers des pâturages au sol détrempé.

Aucune vue intéressante ne nous dédommage de notre pénible ascension. Le brouillard enveloppe les alpages et, dès que nous descendons sur l'autre versant de la montagne, nous entrons dans une épaisse forêt. Le sentier devient alors un simple sillon tracé par les eaux pluviales qui ont raviné le sol, dénudant les rochers et les racines ; des buissons épineux bordent ce semblant de chemin et le barrent en maints endroits. Il faut mettre pied à terre et se livrer à une gymnastique fatigante pour contourner les obstacles ou sauter pardessus eux. La descente est très raide, l'obscurité vient et j'avance lentement à cause d'une douleur névralgique, due peut-être à un refroidissement, qui raidit une de mes jambes. Prévoyant que je resterai longtemps en route je fais partir en avant Sotar, Seunam et deux guides qui accompagneront les bêtes et, dès leur arrivée à l'étape, planteront les tentes et feront du thé. Avec moi demeurent le lama, Tobgyal et un guide. J'ai eu la précaution de me munir d'une lanterne chinoise et ce maigre fanal nous aide à nous diriger lorsque la nuit est tout à fait venue.

J'ai la fièvre, l'humidité en est sans doute la cause, ma jambe me fait beaucoup souffrir, le descente n'en finit pas, je me sens à bout de forces et dois me reposer souvent. Yongden m'encourage avec des : « Allons, faites encore un effort, nous n'arriverons jamais ! » ou bien : « Il faut vous dépêcher, la bougie sera bientôt consumée et nous ne verrons plus le chemin. » Il offre de me porter sur son dos, mais dans un tel sentier il aurait tôt fait de trébucher et nous risquerions de nous casser le cou tous les deux.

C'est un de ces instants de repos que le guide choisit pour nous raconter que les léopards abondent dans cette forêt. Les gens de son village en ont, à eux seuls, tué six pendant l'année en cours et ceux de certains autres villages en ont tué davantage. De temps en temps, on y signale aussi un ou deux tigres.

Ce discours ne plaît ni au lama ni à Tobgyal et le premier m'adjure plus énergiquement que jamais de « faire un effort ». Je ne demande pas mieux, mais ma jambe se raidit de plus en plus et la fièvre devient plus violente. Je me moque des léopards, mais je voudrais arriver à ma tente, m'y coucher sous de chaudes couvertures et boire du thé brûlant. Comme je m'attarde encore un peu, Yongden improvise des rythmes variés sur un sifflet à roulette. Chacun de nous en porte un suspendu à son cou, pour appeler ses compagnons ou leur indiquer où il se trouve. Jusqu'à présent, ils ne nous ont guère servi puisque nous avons suivi des chemins tracés, mais ils pourront nous être utiles lorsqu'en d'autres régions, quelques-uns d'entre nous devront s'en aller en éclaireurs, chercher la route à suivre. Pour le moment, le jeune homme croit sans doute que ce bruit éloignera les fauves. Je pense qu'il pourrait plutôt attirer les voleurs. On dit que quelques-uns de ceux-ci rôdent d'ordinaire dans ces parages, guettant les voyageurs. Je fais taire le musicien.

Je me remets en marche et nous descendons encore pendant assez longtemps, peut-être une forte demi-heure. Alors, tout à coup, nous entendons des appels lointains. Des hommes hèlent... Qui hèlent-ils ? et qui sont-ils ? — J'incline à croire que ce sont des villageois envoyés à notre rencontre, mais il faut toujours être sur ses gardes en ce pays. Notre guide lui-même nous conseille d'être prudents et de ne pas répondre immédiatement. Il nous engage même à nous écarter du sentier et à nous cacher parmi les taillis jusqu'à ce que nous ayons reconnu que les gens qui nous cherchent ne sont pas des malfaiteurs.

— « Il ne faut pas tomber dans un piège », dit-il. « Si ceux qui crient en ont après nous, ils savent que nous descendons du col, mais ils ne savent pas exactement où nous nous trouvons. S'ils ne nous rencontrent pas ici, ils continueront à monter. Si ce sont des brigands armés, nous les laisserons passer et quand ils seront suffisamment loin, nous descendrons aussi vite que nous le pourrons pour gagner le village avant qu'ils ne reviennent. »

Ce disant, le bonhomme souffle notre bougie et nous entraîne loin dans les fourrés. Comment pourrons-nous, de là, distinguer dans la nuit si ceux qui passent sont des amis ou des ennemis.

— « Cela se sent », affirment péremptoirement le guide à qui j'ai communiqué mon doute.

Il a l'air bien fin, ce rustaud. Le sens qui me manque et qu'il se vante de posséder, ne l'aurait-il pas développé au cours d'expéditions illicites ? — Cette idée me donne envie de rire.

Avec discrétion, je la communique au paysan.

— « Bah ! » répond-il, « tout le monde ne peut pas attendre les marchands, assis dans son fauteuil, comme le *pönpo* (le chef) de Gomi, qui voulait visiter vos bagages. »

Il ne manque pas d'humour, le drôle.

Mais voici que des lueures apparaissent montant vers nous, les clameurs se font plus bruyantes. A moins qu'ils ne cherchent à nous duper pour nous attirer, ces gens ne sont pas des voleurs. Nous avons l'air ridicules tapis dans notre buisson. Mon prestige souffrira si on me trouve là, pareille à un lièvre apeuré.

— « Allons-nous-en », dis-je « Si ce sont des voleurs, nous le verrons bien. Je ne les crains pas. »

Je rallume la lanterne et ramène les hommes sur le sentier.

Comme je m'en doutais, ceux qui venaient à notre rencontre étaient animés d'excellentes intentions.

A leur tête se trouvait un vieux *trapa* qui avait autrefois séjourné dans un monastère à Lhassa. Il sollicita ma bénédiction et nous nous mîmes en marche en cortège.

Le sentier était devenu bien meilleur et l'étrangeté de la scène dont j'étais le centre retenait mon attention et me faisait oublier ma fatigue.

Des hommes tenant en main des branches résineuses enflammées éclairaient la route. D'autres arrivaient de différentes directions ; longtemps avant qu'on pût les distinguer, l'on apercevait les lueurs dansantes des torches primitives qu'ils portaient. La forêt devint une féerie de lumière aveuglante et d'ombre profonde.

De rustiques thuriféraires, marchand en tête, brûlaient des herbes odoriférantes dans des pots remplis de braise rouge et la fumée qu'elles dégageaient, se répandant sous les grands arbres, ajoutait à cette procession barbare une nébuleuse escorte de fantômes.

Nous atteignîmes ainsi un hameau forestier, des cabanes apparurent, disséminées dans les bois. Mes guides s'arrêtaient de temps en temps, l'odeur aromatique des herbes grillées devenait, alors, plus forte, le nuage de fumée plus épais et, près de nouveaux braseros, j'entrevoyais de vagues formes humaines qui se prosternaient et que je bénissais au hasard.

Enfin, dans une petite clairière, je me trouvai en face de mon camp. Nos trois tentes étaient dressées, je me précipitai dans la mienne, j'y trouvai mon lit fait, de grandes théières avaient été apportées par les villageoises. Je bus quelques tasses d'excellent thé beurré, soupai de grand appétit et me couchai toute gaillarde. J'avais complètement oublié que j'avais la fièvre et une jambe endolorie.

Cependant, il était utile de donner un jour de repos à nos bêtes. Ceci paraissait me condamner à l'inaction pendant vingt-quatre heures, mais lorsque l'on veut s'en donner la peine, il y a presque partout quelque chose à glaner. La situation de ce hameau parmi ces forêts vierges me donnait à penser que des légendes devaient s'y rattacher, ou bien que je pourrais noter quelques détails intéressants concernant le culte de déités locales. Bien que nominalement bouddhistes, la plupart des Tibétains, hormis les lamas érudits, sont en fait chamanistes.

Lorsque le vieux *trapa* vint me voir dans la matinée, je ne manquai pas de lui poser quelques questions sur ces sujets.

— « Ce village », me dit-il, « est particulièrement béni. Voici qu'il a l'honneur inattendu de votre visite, pourtant vous m'avez dit que vous comptiez traverser le col de Chawa ; si vous ne l'aviez pas trouvé bloqué, vous ne seriez pas passée par ici : ce sont les dieux qui vous y ont amenée. Et puis, il y a environ trois mois, un *doubthob*, certainement conduit aussi par eux, s'est arrêté non loin d'ici et y demeure encore. Sa protection s'étend sur tous : hommes et animaux. Depuis son arrivée, il n'y a aucun malade et sans doute, cette année, grâce à sa bienveillance, la récolte sera abondante. »

Oh ! oh ! pensai-je, voici qui vaut encore mieux qu'une légende. Et je déclarai tout de suite mon intention d'aller saluer le *doubthob*. Cela fit quelques difficultés. Ce dernier avait enjoint aux villageois de ne pas le déranger et de n'approcher de la cabane qu'ils lui avaient construite que pour lui apporter, de temps en temps, des vivres. Toutefois, cédant à mes instances et tenté par la promesse d'un cadeau, le *trapa* consentit à me conduire.

La hutte du *doubthob* se trouvait au milieu des bois. Nul sentier n'y conduisait et pour s'y rendre, il fallait se frayer un chemin à travers les buissons qui croissaient épais sous les grands arbres.

Une très vague tentative de défrichement avait été faite autour de la cabane et des *dotcheu* [1] formaient un cercle autour d'elle. De petits drapeaux flottaient sur son toit de chaume et d'autres pendaient à des cordes tendues d'un arbre à l'autre autour de l'ermitage. Orné de cette manière, ce dernier ressemblait aux autels dédiés aux déités rustiques des monts et des forêts.

Le décor aidant, je m'imaginais trouver le *doubthob* assis dans la posture rituelle et abîmé en de profondes méditations. Il n'en était rien. Le saint satisfaisait, à ce moment, au besoin très ordinaire de se nourrir. Il venait de faire du thé et se préparait à le boire en mangeant du maïs grillé.

Il ne parut pas enchanté de me voir, mais se montra pourtant poli. Je lui offris l'habituelle écharpe, témoignage classique de civilité au Tibet. Dans un coin de celle-ci j'avais noué un peu d'argent. Il n'y parut pas prêter attention, posa l'écharpe à côté de lui sur un petit

1. Écrit *rdo mtchod*, littéralement : offrandes de pierres. Des tas de pierres amoncelées en l'honneur des déités locales : dieux des montagnes, des forêts, etc. Ici, elles étaient un hommage à l'anachorète.

tapis et m'invita à m'asseoir sur un bloc de bois qui se trouvait dans un coin.

L'ermite me dit qu'il comptait se remettre en route le mois suivant. Il était un de ces *naldjorpas*[1] péripatéticiens comme il en existe des centaines au Tibet.

Je lui demandai si, pendant son séjour dans cette forêt, il avait communiqué avec les déités locales qui l'habitaient et je le plaisantai doucement à cause des *dotcheu* élevés par les villageois, autour de sa demeure comme s'il avait été un dieu sylvestre lui-même.

— « Un dieu ! » s'exclama-t-il avec mépris. « Celui qui a conquis *jinés* et *lhaghtong*[2] est bien supérieur aux dieux. Oui, les *Lha*, les *lous* et les *tséns* qui habitent cette forêt viennent, parfois, me rendre hommage et je les bénis, comme je bénis aussi les hommes et toutes choses. Je ne fais que cela et c'est pour cela que je voyage. Je passe parmi les êtres et les choses et je les bénis en semant du bonheur. *Sarva mangalam ! Sarva mangalam !*[3]

« Le calme de l'esprit, la vue profonde qui discerne ce que le vulgaire n'aperçoit pas, c'est là ce qu'il faut acquérir, il n'y a rien au-delà et c'est la source de l'infinie, de la suprêmement puissante charité des Bodhisatvas[4]. »

Il parlait bien, cet ascète errant. Avait-il lu ce qu'il disait et le répétait-il simplement, ou en avait-il pénétré le sens ? Quoi qu'il en fût, dans sa cabane vide de tout mobilier, sauf un mauvais tapis, une loqueteuse couverture et deux ustensiles de cuisine, le *doubthob* s'enveloppait d'une atmosphère de dignité et de bienveillance sereine qui n'allait peut-être pas sans une pointe d'orgueil.

Nous étions à peine hors de la cabane, nous en retournant vers mon camp lorsque le *trapa* me dit :

— « Ces *dotcheu* dont vous lui avez parlé, ce ne sont pas les villageois qui les ont élevés, ce sont les dieux de la montagne, les *lous* et les *tséns*. Tous lui rendent hommage, comme il nous l'a dit. Ces *dotcheu* se multiplient de plus en plus ; chaque fois que des gens vont lui apporter des vivres, ils en découvrent quelques-uns de plus.

« Ah ! il est bien malheureux que ce *doubthob* songe à nous quitter. Quel dommage qu'il ne meure pas ici, nous pourrions conserver ses os ; ce seraient de puissants talismans. »

1. Écrit *rnal byor*, signifie littéralement : « celui qui a atteint le calme, la sérénité ». C'est le nom donné aux mystiques, aux « yoguis ». Il en est fait grand abus et nombre de charlatans religieux du clergé irrégulier et errant s'en parent.

2. Écrits respectivement : *ji gnas* et *lhag mthong*. Le calme parfait et la vue supérieure, c'est-à-dire une compréhension dépassant la compréhension ordinaire. Le vrai sens de *lhag mthong* est « voir davantage », « voir au-delà ».

3. Phrases sanscrite adoptée dans le langage religieux, au Tibet. Elle signifie : Joie à tout ! ou : Que tout soit joyeux !

4. Des êtres qui ont atteint le degré de perfection spirituelle immédiatement en dessous de celui des Bouddhas.

Le lendemain nous nous mettons en route assez tard et continuant à descendre à travers un pays cultivé, nous atteignons une rivière qui marque, nous dit-on, la frontière entre les provinces chinoises du Kansou et du Szetchouan. Le temps est pluvieux, de gros nuages noirs s'amoncellent ; je crois prudent de m'arrêter après avoir traversé la rivière, au premier village que nous rencontrons.

Nous nous retrouvons, ici, tout à fait en Chine ; on n'aperçoit plus de Tibétains. Ces brusques changements de populations sont fréquents dans cette région-frontière. J'aurais voulu pouvoir me loger dans une maison et, surtout, y mettre les bêtes à l'abri, car le ciel s'obscurcissait de plus en plus, présageant du très mauvais temps, mais il n'y avait pas d'auberge dans la localité et le garçon que j'avais envoyé au village revint en disant qu'il n'avait pas trouvé de gîte.

Il fallait se résoudre à camper. Nous n'avions pas fini de nous installer quand une bourrasque soudaine balaya la vallée. Je crus que ma tente s'en allait en pièces. Yongden se cramponna à l'un des bâtons, moi à l'autre, tandis que les garçons s'accrochaient aux toiles. Une pluie diluvienne trempait nos bagages que nous n'avions pas encore mis à l'abri, ma tente, seule, étant déjà dressée. Heureusement, la rafale ne dura pas longtemps et la pluie même cessa assez rapidement, mais nos couvertures et nos sacs à provisions étaient ruisselants. Le temps manquait pour les faire sécher avant la nuit. Nous nous estimâmes très heureux de pouvoir confectionner du thé beurré qui nous réchauffa un peu.

Dans la soirée, les inévitables curieux que l'ouragan avait retenus chez eux vinrent, en nombre, nous examiner. Ils remarquèrent mes vêtements lamaïstes et le bruit se répandit qu'une religieuse tibétaine de haut rang venait d'arriver. Il n'en fallut pas davantage pour faire accourir des gens en quête de médicaments ou de prédictions. D'autres se contentaient de me regarder, mais presque tous apportaient une offrande. Il vint aussi des musulmans et des soldats en uniforme qui faisaient comique figure, leur inséparable fusil à la bretelle et une assiette pleine d'œufs frais à la main.

Nous reçûmes le conseil d'être sur nos gardes, car des voleurs étaient signalés dans le voisinage. L'obscurité devenant presque complète, nous priâmes nos visiteurs de se retirer, ajoutant l'avis habituel : « Que personne ne vienne rôder par ici, cette nuit, car nous tirerons immédiatement sur tout homme que nous apercevrons ou entendrons approcher. » Ces paroles sont toujours bien accueillies dans ce pays. Les indigènes y voient le langage énergique de voyageurs capables de faire respecter leurs biens. Les petits soldats szetchouanais hochèrent la tête approbativement et s'en furent avec la foule, remportant leurs plats vides et toujours chargés de leurs fusils presque aussi longs qu'eux.

Dans la nuit, j'entendis le tambour du veilleur et quelques coups de feu furent tirés assez près de nous, pour l'attaque, pour la défense ou simplement comme signaux ? — Je ne pus le savoir. Le lendemain nous partions de grand matin, tandis que les villageois étaient encore endormis.

Le pays que nous traversons en nous avançant vers Nanping n'est pas vraiment désert, mais de grands espaces incultes s'étendent entre les champs et les villages sont clairsemés. En plusieurs endroits, nous remarquons des cercueils, soit isolés, soit par groupes posés en plein air, sans être enterrés. Je ne sais s'il existe encore d'autres régions où les Chinois abandonnent ainsi leurs morts au bord des chemins ou dans les champs, mais cette coutume n'existe pas au Kansou et partout où je suis passée en Chine, j'ai toujours vu les cercueils être enterrés.

Après quelques heures de marche, nous arrivons au pied d'une haute chaîne de montagnes boisées. Il est trop tard pour que nous puissions espérer la traverser et redescendre au bas de l'autre versant dans cette même journée. Passer la nuit dans la forêt humide et peut-être mal hantée ne nous sourit guère. Nous campons donc parmi des champs, non loin d'une ferme, remettant au lendemain le passage du col.

Vus de cet endroit, les sommets étagés que nous devons gravir forment un décor d'une majesté sévère : un ensemble de pentes raides et enchevêtrées, couvertes de forêts sombres d'où émergent des pics rocheux étrangement déchiquetés.

Sur la plus haute des crêtes visibles de notre camp se dresse une rangée de rocs isolés ayant tous la forme d'un *chörten* [1] et, parmi eux, les dépassant de haut, resplendit un plus grand *chörten* merveilleusement modelé et d'une blancheur éclatante. Au coucher du soleil, ces étranges monuments se dorent et passent par toutes les teintes, du cuivre ardent à l'orange et au pourpre sombre avant de s'effacer dans l'ombre, mais leur chef, le prestigieux *chörten* blanc, demeure longtemps après les autres comme suspendu en plein ciel, alors que les ténèbres ont englouti le paysage environnant.

C'est un *chörten rang djoung*, disent mes gens avec respect et ils se prosternent vers la pure merveille qui se dresse dans les nues.

Les Tibétains révèrent les belles formes créées par la nature. Ils sont sensibles à la beauté des rocs et y voient des œuvres d'art nées par elles-mêmes *(rang djoung)* [2], animées d'une vie propre que ne possèdent pas celles qui doivent leur existence au labeur humain.

Moi aussi je m'attarde pleine d'admiration à contempler la majestueuse vision et je me promets grand plaisir d'atteindre le lendemain,

---

1. *Chörten* : un monument religieux du genre de ceux dénommés *stûpa* chez les Bouddhistes de l'Inde. Je conserve l'orthographe étrangère adoptée par les voyageurs et les orientalistes. En réalité, la prononciation tibétaine est *Tcheu tén* et l'orthographe : *tchos rten*.

2. En orthographe tibétaine : *rang byung*.

sinon la crête aux *chörtens*, du moins un endroit d'où je verrai ceux-ci de plus près. Mais comme j'exprime ma pensée, Sotar hoche la tête d'un air sagace :

— « On ne peut pas approcher des *chörtens* qui apparaissent ainsi. Ils sont inaccessibles. Probablement nous ne les verrons plus quand nous nous éveillerons demain matin. Ils nous ont apporté un bon présage. C'est fini. »

Le bon garçon se trompait, mais à moitié seulement. Je revis la crête aux *chörtens* le matin à l'aube ; le plus grand, le roi de ceux-ci, avait pris une teinte nacrée et émettait une lumière rosée.

Je sautai en selle avec les sentiments mêlés d'un alpiniste qui s'élance vers une cime à conquérir et d'un pèlerin marchant vers un sanctuaire.

Dans les bois, sur le bord du chemin, nous rencontrons encore deux cercueils : l'un intact, l'autre pourri, qui laisse échapper des ossements.

Comme de braves *trapas* tibétains qu'ils sont, mes serviteurs examinent les os, désireux de trouver les fémurs pour en faire des *kanglings*, ces flûtes macabres employées dans certains rites par les *naldjorpas* de leur pays. Peut-être ont-ils été précédés par quelque autre amateur de fémurs, ceux-ci sont absents.

L'un des hommes propose alors, avec ingénuité, d'ouvrir le cercueil intact pour voir s'il y trouverait ce qu'il cherche. Ceci me fait songer à la différence des mœurs et des idées. Une violation de sépulture paraît un crime odieux en Occident, mais les Tibétains, qui abandonnent leurs morts en suprême aumône aux bêtes de proie, n'y voient rien de répréhensible.

Des laïques hésiteraient peut-être à ouvrir ce cercueil, par crainte des mauvais esprits qu'ils pourraient déranger ou irriter et qui, s'attachant à eux, leur causeraient du mal. Mais mes garçons sont des moines. Ils sont convaincus que le *naldjorpa* à qui ils offriront ou vendront leur trouvaille est capable de dompter les démons qui tenteraient de leur nuire. D'ailleurs, ils sont aussi blasés sur les instruments de musique et les parures macabres. On en rencontre chez maints lamas et chez la plupart des ascètes du Tibet. Moi-même, j'ai un *kangling* dans mes bagages et un collier de rondelles de crânes humains autour du cou. Les ermites chrétiens avaient aussi souvent un crâne dans leur cabane. La mort est un éternel thème de méditations dans toutes les religions, mais ce que les mystiques tibétains voient à travers cet étalage d'images funèbres ce n'est point la mort, mais son irréalité.

Quant à moi, à défaut de superstition concernant les démons. J'ai la crainte des microbes. Le choléra a fortement sévi dans cette région pendant l'année précédente. J'engage mes gens à ne pas toucher au cercueil. Je leur explique aussi que les Chinois ont d'autres idées qu'eux sur la manière de traiter les morts et qu'ils trouveraient très mal qu'on se permît d'ouvrir un cercueil.

Nous passons notre chemin.

Pendant quelque temps, nous apercevons encore la féerique rangée des *chörtens*, nous nous rapprochons d'eux et j'ai bon espoir de les atteindre. Mais le sentier oblique, entre nous et la crête où ils se dressent d'autres sommets s'interposent, nous continuons à monter laissant au-dessous de nous la vision qui nous charme depuis la veille, jamais nous ne toucherons du doigt les « miraculeux » monuments aériens.

Une petite aventure nous attend de l'autre côté du col. Nous avons tous mis pied à terre dès le commencement de la descente. Le sentier est inimaginablement boueux. Je laisse les bêtes passer en avant sous la conduite des domestiques et je fais route avec le lama. Après quelques heures de marche le chemin devient bon et comme le temps est beau, nous nous en allons lentement en flânant à travers la forêt.

Tout à coup nous entendons des coups de feu. On a tiré près de nous. Ce sont probablement des chasseurs et comme le sous-bois est très épais, ceux-ci en nous apercevant indistinctement à travers les buissons pourraient nous prendre pour du gibier et nous envoyer du plomb. J'engage Yongden à presser le pas pour nous montrer.

Mais voici qu'à un tournant du sentier, nous voyons, montant vers nous, deux individus, les plus extraordinaires que j'aie jamais rencontrés. Ils sont vêtus de haillons, leurs cheveux en broussaille pendent sur leurs épaules et leur cachent à demi le visage. L'un porte un fusil tel qu'on n'en voit que dans les musées d'antiquités et l'autre une pique. Les deux bonshommes se rangent un peu contre les taillis pour nous faire place et un troisième personnage apparaît, les suivant. Celui-là tient en main une arme invraisemblable : une sorte de couteau-poignard à lame triangulaire, de la longueur d'un avant-bras.

Nous demeurons bouche bée.

— « Ce sont des chasseurs », dis-je à Yongden, incapable d'imaginer autrement qui sont ces sauvageons et ce qu'ils font dans cette forêt.

— « Non », répond-il, « ce sont des soldats. »

Des soldats ! J'en avais vus de bien bizarres, en Chine et au Tibet, mais aucun n'approchait, comme étrangeté, des gens que nous venions de rencontrer. Tandis que je réfléchissais, nous entendîmes de nouveaux coups de feu.

Il était décidément prudent de nous montrer, puisque, d'ailleurs, nous venions d'être vus par ces trois hommes.

Pressant le pas nous débouchons dans une clairière où se trouvent une vingtaine d'indigènes à peu près semblables à ceux que nous avons croisés.

Ils sont vautrés dans l'herbe et tirent en l'air, sur rien. Nous ont-ils vus venir de loin sans que nous nous en apercevions. Veulent-ils se donner l'air important en faisant du bruit, ou bien s'amuser à nous effrayer ? Parmi eux sont aussi quelques bambins portant des piques dont le manche a été écourté pour s'accorder avec leur petite taille.

Une photographie de ce groupe serait un joli document, mais, malheureusement, mon appareil photographique est resté dans le sac de ma selle. Une autre pensée chasse très vite celle de l'instantané à saisir.

Qu'est-il advenu de nos bêtes ? Pour peu qu'une autre vingtaine de personnages semblables à ceux-ci se trouve plus bas dans la montagne, elles courent grand risque d'être volées. Pourtant aucun bruit de combat ne m'est parvenu dans le calme de la forêt et je sais que mes trois garçons ne se laisseraient pas dévaliser sans se défendre. Ils sont mieux armés que ces soldats loqueteux.

Les pseudo-« braves » ne nous disent rien tandis que nous passons au milieu d'eux. Un seul d'entre eux risque la question classique :

— « Où allez-vous ? »

Sans m'arrêter, je réponds :

— « A Nanping. »

Et nous continuons tranquillement notre route. Nous ne nous sommes pas éloignés de cent mètres que toute la bande se lève et nous suit. Les trois hommes que nous avons rencontrés montant vers le col sont redescendus et se joignent aux autres.

Pendant quelque temps nous faisons route avec cette escorte, puis j'aperçois mes mules arrêtées dans une petite prairie. Elles sont au complet, mes garçons sont paisiblement assis près d'elles. Ils ouvrent des yeux énormes en voyant le lama et moi arriver en cette étrange compagnie.

Il ne faut pas, maintenant, avoir l'air de fuir précipitamment, comme si nous avions peur. Rien ne serait plus imprudent ; si ces gens n'ont pas de mauvaises intentions, nous leur en suggérions par cette conduite. S'ils en ont, du calme, du sang-froid et l'air assuré sont la meilleure manière de leur en imposer.

Je m'assois donc et demande ma bouteille Thermos pour boire une tasse de thé. C'est le moment de causer. J'interroge l'un des hommes qui semble être le chef de la bande :

— « Qui êtes-vous ? Que faites-vous par ici ? »

— « Nous sommes des soldats de Nanping », répond l'interpellé. « Nous avons été envoyés au-devant de troupes qui doivent arriver du Kansou, mais des muletiers qui sont passés nous ont informés qu'elles ne viendront pas aujourd'hui. Ainsi, nous nous en retournons. »

La glace est rompue, les sauvageons parlent. Ils admirent mes bottines américaines, ma bouteille merveilleuse qui conserve le thé chaud et mes grandes mules de Sining. Puis je me lève, remonte en selle et nous nous en allons amicalement avec les porteurs de fusils extravagants, de piques révolutionnaires et de poignards pour opéra-bouffe.

Ce sont de bons diables après tout, ils n'ont pas l'intention de nous voler et nous leur sommes probablement sympathiques car, d'une façon voilée, ils nous donnent un sage avis :

— « N'entrez pas à Nanping », nous dit le chef, « la ville est pleine de soldats, vous y serez dévalisés. »

Nous ferons notre profit de ce conseil, mais en l'interprétant à notre manière. Quant à ceux qui nous l'ont donné, ils ont menti en se disant soldats de Nanping, ils ne vont pas jusqu'à la ville et s'arrêtent dans un village de la montagne, tandis que nous continuons notre route.

Yongden, qui soupçonne facilement les gens de nourrir de mauvais desseins et n'a peut-être pas tout à fait tort, craint que nos amis dépenaillés, ne voulant pas engager un combat ouvert en plein jour, ne nous aient engagés à ne pas nous loger en ville afin de s'emparer de nos bêtes par surprise, pendant la nuit, si nous campons à l'écart.

Je ne crois guère à ce calcul, mais trois de mes mules doivent être referrées et nous avons grand besoin d'acheter des vivres. Nous irons donc à Nanping.

La ville est située dans une large vallée où coule le Heichui ho, nous y trouvons une grande affluence. Le gouverneur du Szetchouan, battu par un général rival et en fuite, s'est réfugié à Nanping. Je vois, de loin, la maison où il loge. Des arcs de triomphe en branchages, décorés de guirlandes de papier rouge et de lanternes multicolores, sont érigés dans le jardin qui la précède. Il ne paraît pas que ces arcs de « triomphe » soient de saison, en la circonstance, mais il ne m'appartient pas de critiquer cela, dont les raisons m'échappent.

Quelques milliers de soldats, en uniforme décent, ne ressemblant nullement aux gueux hirsutes que nous avons rencontrés, se sont répandus dans la ville et trouver un gîte semble tout d'abord impossible. Nous hésitons à camper en plein air, dans un jardin où d'aimables maraîchers nous offrent une place. La confusion qui règne à Nanping peut encourager des voleurs à tenter un coup et Yongden demeure toujours défiant concernant les intentions de ceux qui nous ont engagés à ne pas entrer dans la ville.

La nuit est presque venue lorsqu'un corroyeur musulman nous invite à nous abriter dans un hangar contigu à sa demeure. Il peut aussi placer nos bêtes dans une écurie close, située dans une cour. Ceci me décide. Nous jouirons là du maximum de sécurité qu'il est possible de trouver.

Notre hôte fait immédiatement balayer et approprier de son mieux le hangar. Les musulmans ont, en général, un plus grand soin de la propreté que les autres indigènes. Cependant, le brave homme ne peut rien contre l'odeur répugnante que répandent les peaux empilées dans ses magasins. Elle me donne des nausées et j'ai hâte de m'endormir pour perdre conscience et ne plus la sentir.

Le hangar est divisé en plusieurs compartiments. Dans l'un de ceux-ci, on plante ma tente et dresse mon lit de camp.

Ici encore il est impossible de nous ravitailler. Il n'y a ni œufs, ni beurre, ni lait, ni légumes. Nous ne trouvons que de la farine et du porc salé dont le prix est ridiculement élevé. Il n'y a pas non plus de paille pour les bêtes, les pois et l'orge se paient dix fois leur valeur. Les troupes réquisitionnent tout ce qu'elles trouvent.

Nous apprenons que les soldats attendus du Kansou sont un ramassis de brigands qui veulent piller la ville. Les habitants sont consternés. Ils craignent que les troupes du gouverneur en fuite ne puissent pas les défendre ou bien que leurs chefs ne jugent préférable de se retirer sans combattre.

Je présume maintenant que les singuliers rôdeurs rencontrés dans la forêt étaient une avant-garde de ces bandits.

Nous comptions nous reposer quelques jours ; les marches en montagne par des sentiers à peine tracés, le mauvais temps, une nourriture insuffisante nous ont fatigués. Les mules qui depuis longtemps sont déferrées se blessent en voyageant, chargées, sur des terrains accidentés et pierreux. Pourtant, rester à Nanping et y courir le risque de nous y trouver au milieu de batailles et de pillage est imprudent.

Nous repartirons le lendemain matin avant le lever du jour.

CHAPITRE III

En quittant Nanping nous remontons, pendant quelque temps, le cours du Paichui ho, puis nous nous engageons de nouveau à travers les montagnes. Le pays est admirable ; il faudrait que je le répète à chacune de ces pages. En dépit de la fatigue, des privations et des difficultés que nous rencontrons parfois, ce voyage est un véritable enchantement. Le temps se met malheureusement à la pluie et le second jour après notre départ de Nanping, nous sommes assaillis par un violent orage. Le lendemain, vers la même heure, l'orage éclate de nouveau.

Je ne sais rien de plus misérable que les camps hâtivement dressés sous la pluie sur un terrain détrempé et les nuits passées dans des vêtements et des couvertures humides. Cependant mes domestiques, mal nourris depuis plusieurs semaines, paraissent si fatigués que je camperai encore ce jour-là s'ils préfèrent s'arrêter. Je les consulte :

— « Oh ! répond Sotar, nous n'avons pas d'opinion à ce sujet. Si Jétsune Kouchog nous dit de nous arrêter, nous nous arrêterons ; si elle nous dit de marcher, nous marcherons. »

Les autres l'approuvent. Il ne faut point déduire de cette attitude que ces hommes sont des imbéciles, loin de là, mais leurs vues concernant les rapports entre maître et domestique diffèrent de celles des Occidentaux. Leur réponse n'implique aucune basse servilité. Elle exprime seulement une confiance illimitée et la reconnaissance de la supériorité de mon intelligence. Ils attendent de moi que je pourvoie à leur plus grand bien et supposent que ce que je déciderai sera sage et avantageux pour eux.

Le jeune lama est loin d'être aussi moutonnier. Il discute, lui, et quelquefois très âprement. Il m'étonne souvent par sa ténacité et lorsque je la lui reproche, il me répond en riant : « Je vous ressemble. » C'est ma foi vrai ! Il me ressemble en plus d'un point. Qui sait si la filiation adoptive ne crée pas une mystérieuse hérédité, dont les causes nous échappent. Un Tibétain dirait plus simplement que ce sont, au contraire, nos affinités, qui ont amené notre rencontre. Il ajouterait aussi que depuis plus d'une vie, nous avons été attachés par des liens familiaux ou affectueux et que nous récoltons ensemble les fruits d'actes accomplis dans un lointain passé.

Allant de hameau en hameau, nous finissons par trouver, vers le soir, un abri chez un jeune ménage chinois. Nous passons la nuit à couvert, mes garçons sont rayonnants ; une fois de plus ma perspicacité s'affirme ; — eux disent : ma prescience. Ils préparent joyeusement notre maigre souper en se séchant devant un grand feu.

Le lendemain, nous poursuivons notre route à travers d'immenses forêts que l'on dit peu sûres. Les yeux sondant l'ombre des sous-bois, les oreilles tendues, pour surprendre une forme ou un son suspect, nous chevauchons généralement en silence. La nuit, les hommes se relaient pour veiller. Je prends aussi mon tour ; le seul privilège que je m'octroie, c'est de choisir la première veille ou la dernière, de sorte que mon sommeil n'est pas interrompu. On se blase de tout. La petite émotion piquante éprouvée les premières fois en chargeant ses armes avant le départ et en pensant qu'*ils*, comme disait Tartarin, pourraient se montrer est, sinon absolument morte, du moins très affaiblie, chez le lama et chez moi. Quant aux autres, ils sont habitués de longue date à circuler en des régions mal hantées et pendant leur enfance les histoires de brigands leur ont tenu lieu de contes de fées.

Voyageant à petites journées, nous arrivons à Tagyu devant un monastère de moines bönpos.

Les bönpos sont des sectateurs de l'ancienne religion des Tibétains, celle qu'ils professaient avant l'introduction du bouddhisme dans leur pays. Du moins, c'est ce qu'ils disent et ce que répètent les orientalistes écrivant sur le Tibet.

Les faits réels sont, toutefois, beaucoup plus compliqués que cette simple définition ne l'indique. Il existe au Tibet plusieurs variétés de bönpos et il est douteux qu'aucune d'elles représente exactement, de nos jours, les formes religieuses qui y régnaient avant le septième siècle de notre ère.

Qu'étaient les doctrines des bönpos primitifs ? La sincérité nous oblige à confesser que nous n'en savons rien. Dire que ces bönpos étaient chamanistes n'éclaire guère la question. Il n'existe pas de « religion chamaniste » clairement définie. Le *chaman* est un sorcier, parfois un magicien ou même un occultiste expert en certaines sciences secrètes, ses clients habituels sont dénommés chamanistes. Ceci n'implique pas une doctrine et des pratiques communes, bien au contraire, chaque pays et chaque *chaman* a les siens propres.

Jusqu'à présent aucun document sérieux ne nous a éclairés concernant le « chamanisme » des anciens bönpos. D'après les chroniques du Tibet, l'écriture n'existait pas dans ce pays avant le règne du roi Srong btsan gampo (septième siècle), qui envoya des savants dans l'Inde (ou peut-être dans les pays-frontières : Népal et Cachemire, de civilisation hindoue), pour y chercher les éléments d'un alphabet, afin de pouvoir traduire les Écritures bouddhiques.

Certains bönpos affirment, au contraire, qu'un genre d'écriture existait au Tibet avant cette époque et que leurs livres sacrés datent de bien avant le règne de Srong btsan gampo. La chose est possible. Elle ne signifierait d'ailleurs pas que les Tibétains aient possédé une écriture propre. Ces livres pouvaient avoir été écrits ailleurs qu'au Tibet. Quiconque connaît les habitudes des peuples de ces régions, sait que les livres réputés sacrés y sont l'objet d'un culte qui n'entraîne pas, nécessairement, pour les fidèles, la connaissance de leur contenu ni même la simple possibilité de les lire. Très nombreux sont, au Tibet, les illettrés qui possèdent une bibliothèque de livres saints. Celle-ci est rangée au-dessus d'un autel et devant elle, les fidèles se prosternent, brûlent de l'encens et allument des lampes, en témoignage de vénération. C'est là, comme ils en sont eux-mêmes très conscients, le culte de la sagesse à laquelle ils ne se croient pas encore capables de s'élever mais qu'ils espèrent atteindre dans une autre vie.

Quoi qu'il en soit, jusqu'à présent les bönpos n'ont pu produire, pour étayer leurs affirmations, ni livres d'une antiquité prouvée ni documents archéologiques.

Les bönpos modernes se partagent en deux grandes divisions qui, elles-mêmes, se subdivisent chacune en plusieurs branches. Ces deux divisions sont celles des böns blancs et celle des böns noirs.

Les böns blancs ont servilement imité les lamaïstes. Leurs dignitaires s'intitulent aussi lamas, leurs moines portent un costume en tout pareil à celui des lamaïstes et leurs monastères ressemblent également aux *gompas* de ces derniers. On voit dans leurs temples des statues identiques à celles des Bouddhas et des déités vénérées par les lamaïstes, la seule différence est que les bönpos leur donnent d'autres noms. Le Maître Chénrabs[1] tient, chez eux, la place occupée par le Bouddha Gautama chez les bouddhistes. De même aussi que le Bouddha Gautama est dit avoir eu plusieurs prédécesseurs, bouddhas comme lui, les bönpos nomment plusieurs prédécesseurs du Maître Chénrabs. Ces derniers, bouddhas ou maîtres bönpos, n'ont aucune existence historique ; quant au maître Chénrabs, bien que nous ne soyons pas aussi bien renseignés à son sujet qu'à celui de Siddhartha Gautama, le Bouddha, nous pouvons penser qu'il a réellement existé. On le donne comme natif d'un pays appelé autrefois Chang-Choung, situé au sud-ouest du Tibet. Sa véritable personnalité a disparu sous les légendes et la manie d'imitation qui sévit parmi les bönpos les a conduits à lui créer une biographie reproduisant tous les traits de celle du Bouddha.

Quant à leurs doctrines, les bönpos blancs se targuent volontiers de professer les mêmes que les lamaïstes. Leurs rites sont pour la plupart d'inspiration tantrique, ils pratiquent les *doubthabs*[2], l'évocation des déités en vue d'obtenir des résultats pacifiques ou terribles.

Leur discipline ne diffère guère de celle des lamaïstes non réformés de la secte *ñingma* des « bonnets rouges ». Comme chez ces derniers, le mariage et l'usage des boissons alcooliques est permis au clergé.

Les bönpos sacrifient des animaux au cours de certains rites, mais ceci s'applique surtout aux bönpos noirs.

Ces bönpos noirs sont plus originaux que leurs coreligionnaires blancs. Peut-être ont-ils mieux conservé le caractère primitif de leur religion. Ils sont moins nombreux que les « blancs » et ne se groupent généralement pas. Les indigènes de l'Himalaya établissent une distinction entre les bönpos et ceux qu'ils dénomment simplement böns. D'après eux, sont bönpos tous ceux qui — soit laïques, soit membres du clergé — répètent *bön la kyab sou tchi wo* au lieu de *tchös la kyab sou tchi wo*[3] et qui font le tour rituel des monuments religieux en les tenant à leur gauche au lieu de les tenir à leur droite, comme le font les lamaïstes. Le bön, lui, est un véritable sorcier et un médium, celui auquel tous ont recours lorsque le pouvoir magique du lama ne paraît pas suffisant pour obtenir l'effet désiré — généralement pour vaincre un démon qui cause du mal, mais aussi, dans des cas plus secrets, pour nuire à un ennemi ou le faire périr. Le bön ne pratique guère que des rites sanglants, le sacrifice d'un

1. Écrit *gchénrabs*.

2. Écrit *sgrub thab,* littéralement : « méthode pour réussir ». Voir les explications concernant les *doubthabs* et leur description dans *Initiations lamaïques*.

3. Écrit *bön* ou *tchos la skyabs su mtchibo.* « Je vais en refuge à la doctrine » (respectivement celle des böns ou du bouddhisme). Les bönpos tiennent le terme *bön* pour l'équivalent du terme *tchos* (prononcé *tcheu ;* en sanscrit *dharma*) employé par les bouddhistes tibétains et signifiant « doctrine », « religion ». Bön est prononcé *peune* dans le centre du Tibet. Au nord-est du pays la prononciation est *oueune*.

animal est toujours commandé lorsqu'il officie. Des femmes aussi bien que des hommes peuvent être böns et, le plus souvent, l'espèce de don naturel qui, d'après les indigènes, fait qu'un individu est bön, se transmet héréditairement.

Chez ces montagnards, il n'existe aucun antagonisme entre le clergé lamaïste (appartenant entièrement à des sectes de « bonnets rouges ») et les böns. Les lamas ne combattent pas les pratiques superstitieuses et cruelles des böns et les böns font leurs dévotions dans les temples lamaïstes. Je connais même un *trapa*, occupant une situation importante dans son monastère, qui est l'époux d'une femme bön et qui assiste, dans les villages, aux cérémonies célébrées par celle-ci.

Au nord du Tibet, les bönpos noirs se rapprochent beaucoup des *ngagspas* qui sont classés comme lamaïstes. De même que parmi ces derniers, on rencontre, chez eux, des hommes de caractères très différents, quelques-uns véritablement remarquables, soit par l'originalité et la profondeur de leurs vues philosophiques, soit par le développement de leurs facultés psychiques.

Nous nous trouvions donc en face d'un monastère de bönpos. Il n'était guère que midi, ce n'était pas l'heure de nous arrêter pour camper, mais je voyageais pour observer, pour apprendre et non pas pour battre un record de vitesse. J'ai toujours effectué mes voyages très lentement, c'est ce qui m'a donné le temps de voir beaucoup de choses et d'écouter beaucoup de gens. Je n'allais pas sottement continuer ma route ce jour-là. Il s'agissait au contraire d'obtenir l'accès du monastère.

La permission d'entrer dans ses murs nous fut accordée, mais aucune chambre n'était disponible. L'on allait célébrer, le lendemain, un service solennel pour un homme mort depuis peu. Un grand nombre de villageois devaient venir de loin pour y assister et ne pourraient pas s'en retourner le même soir, il faudrait les loger. En fait, beaucoup étaient déjà arrivés et s'installaient dans les bâtiments qui entouraient le temple. Nous pouvions nous passer de toit, il ne s'agissait que d'être autorisés à planter nos tentes. Ceci nous fut aussi accordé et même je pus choisir pour ma propre tente, une place dans la cour principale, face au péristyle du temple... Je ne pouvais être mieux placée pour observer la cérémonie que l'on préparait.

J'envoyai l'écharpe et le présent d'usage au chef du monastère et je m'établis chez moi, attendant qu'il me fasse inviter à aller le voir ou bien qu'il vienne lui-même me saluer, selon le degré d'estime dont il me jugerait digne.

Il délégua simplement un fonctionnaire de sa maison qui m'apporta le thé de bienvenue et, comme cadeau, quelques mottes de beurre. Cette demi-politesse me suffisait, je bus le thé et, les moines partis, je me mis à regarder les fidèles dont il arrivait à chaque instant de nouveaux groupes.

S'ils m'intéressaient, je les intéressais aussi. Plusieurs vinrent me voir et me consulter, soit au sujet de maladies dont eux-mêmes ou un des leurs souffraient, soit au sujet de la prospérité de leurs cultures et de leur bétail.

A la nuit tombante, l'abbé du monastère me rendit visite. Il commença par s'excuser de n'être pas venu me saluer dès mon arrivée et donna comme cause de son retard les préparatifs à faire pour les cérémonies rituelles qui devaient avoir lieu le lendemain. Il ajouta diverses question polies concernant mon confort. Serais-je bien dans ma tente ?... Avais-je des provisions suffisantes ?... Il allait m'envoyer à souper.

Finalement, il aborda le sujet qui lui tenait à cœur. Comptant sur ma discrétion, il me confiait que les affaires du monastère n'étaient pas aussi florissantes qu'il l'aurait désiré. Il soupçonnait que cette situation fâcheuse pouvait tenir à l'emplacement de la porte du temple qui n'était peut-être pas orientée dans la direction convenable[1]. Il me priait de lui dire ce qu'il en était et n'hésiterait pas, s'il le fallait, à démolir la façade du bâtiment pour la reconstruire vers un autre des points cardinaux.

Un second souci le troublait. Il devait choisir l'emplacement d'un nouveau cimetière[2]. Quel était l'endroit propre à cette destination ? Il était important de n'irriter aucune déité locale et d'être à l'abri des mauvais esprits qui hantent les tombes.

Tout cela était fort compliqué. Il sentait le poids de sa responsabilité et aurait été bien aise d'être conseillé par une *khadoma*.

Je remis ma réponse au lendemain et le souper annoncé ayant été apporté, je commençai à manger, comptant en avoir terminé avec les visiteurs.

Je me trompais. Je n'avais pas encore achevé mon repas lorsqu'un *trapa* souleva le rideau de ma tente.

— « Je voudrais vous parler », dit-il.

— « Entrez et asseyez-vous », répondis-je.

Il s'accroupit sur un tapis et, sans préambule, commença :

— « Mon maître[3] et moi, nous habitons une hutte dépendant du monastère, mais nous ne sommes pas bönpos. Nous sommes *nangpas*[4]... Mon maître est malade. J'ai entendu dire que vous avez

1. Les Tibétains, comme les Chinois, attachent une grande importance à la direction vers laquelle est tournée l'entrée d'une habitation et, surtout, celle d'un temple.

2. Les bönpos enterrent leurs morts, ce que ne font point les lamaïstes. Ces derniers les incinèrent, les jettent dans les rivières, les abandonnent sur les montagnes ou, au Tibet central, découpent leurs cadavres en morceaux que les vautours dévorent.

3. « Mon lama », c'est-à-dire mon guide spirituel, mon « gourou » d'après le terme sanscrit usité au Tibet dans le langage religieux.

4. *Nangpas* : des gens « du dedans », sous-entendu, qui sont dans la communion spirituelle des adeptes du bouddhisme. Les fidèles des autres religions sont dénommés *tchirolpas* : « gens du dehors ».

distribué des médicaments, peut-être en avez-vous un qui guérirait mon lama... Il ne sait pas que je suis venu ici... »

— « Pourquoi vivez-vous parmi les bönpos si vous n'êtes pas bönpos ? » demandai-je.

— « Mon maître le sait », répondit le *trapa.*

Je vis qu'il ne voulait pas me donner d'explication sur ce sujet.

— « Quelle est la maladie de votre maître ? demandai-je encore. Je ne puis pas vous donner des médicaments sans savoir quel est son mal. Ne peut-il pas venir ici demain matin ?... S'il est trop faible pour sortir de chez lui, j'irai le voir. »

— « Peut-être va-t-il mourir », murmura le *trapa.*

S'agissait-il donc d'un cas très grave ? S'il en était ainsi, je ne possédais pas les connaissances médicales nécessaires pour intervenir utilement, mais la charité me commandait de me rendre auprès du malade. Son disciple pouvait exagérer le mal, le tremblement causé par un simple accès de fièvre lui apparaissait peut-être comme le prodrome de l'agonie.

— « Je vais le voir tout de suite », dis-je.

J'appelai Yongden et nous partîmes ensemble, guidés par le *trapa.* La hutte se trouvait dans un bosquet à peu de distance du monastère.

— « Attendez, fit le *trapa* comme nous approchions. Je vais entrer d'abord, pour annoncer votre visite. Le lama ne m'a pas commandé d'aller vous chercher, je ne sais pas s'il ne sera pas fâché. »

Il entra et poussés par la curiosité, au lieu de nous tenir discrètement à l'écart, Yongden et moi nous nous avançâmes tout contre la porte. Comment le zélé disciple allait-il être reçu par son père spirituel ? Ces derniers ont souvent l'humeur vive, au Tibet.

Nous entendîmes d'abord un vague murmure. Sans doute, le *trapa* rendait compte de l'initiative qu'il avait prise et informait son maître de notre arrivée.

Pan !

Le son ne pouvait tromper : c'était le bruit d'une gifle. Le mourant gardait encore quelque reste d'énergie, semblait-il.

Mon fils riait en sourdine.

— « C'est comme cela que j'en recevais de mon professeur de grammaire », dit-il.

Il y avait longtemps que je connaissais ce détail de sa vie scolaire. Je lui fis signe de se taire.

Le malade parlait, maintenant, d'une voix entrecoupée.

— « Je ne veux pas la voir... Des médicaments !... Fou... ! Tu n'as pas foi en moi. Oh ! misère de moi ! Les mauvaises actions que j'ai commises dans mes vies antérieures m'ont amené cet indigne disciple. »

La voix se fit plus sourde.

— « Pourquoi lui ai-je révélé le secret !... Ce sont ses péchés qui me font obstacle... Des médicaments !... C'est le manuscrit qu'il faut, il est là... Je connaîtrai le moyen de ne jamais mourir... Enfermé dans une des statues, dans laquelle ?... »

— « Taisez-vous, taisez-vous, Kouchog[1] », suppliait le *trapa* qui soupçonnait que nous pouvions entendre.

Effet de la colère ou de la faiblesse, l'homme se mit à respirer bruyamment comme s'il étouffait.

— « Je t'ai dit cela cent fois, mauvais ! reprit-il, s'excitant de nouveau. Les bönpos ne savent pas que le livre est caché là... Et tu vas chez cette femme... Peut-être lui as-tu dit... Peut-être as-tu dit aux bönpos... »

— « Je n'ai rien dit. Taisez-vous, Kouchog », suppliait toujours le disciple éperdu.

— « Va-t'en ! va !... va !... »

La voix faiblissait, les mots devenaient confus. Le *trapa* répétait désespérément : Kouchog ! mon lama ! Mais je ne percevais aucune réponse. Son maître s'était-il évanoui, ou son accès de colère avait-il amené une congestion ? Yongden voulait entrer, mais je le retins. En nous montrant, nous risquions d'aggraver le mal dont, très innocemment, nous étions la cause.

J'entendais le *trapa* aller et venir dans la hutte, en gémissant. Sans doute essayait-il de secourir son maître.

J'attendis pensant qu'il m'appellerait peut-être et que je pourrais être de quelque utilité au malade. Quelque temps se passa puis le *trapa* sortit. L'instant d'un éclair, tandis qu'il ouvrait la porte, j'entrevis un vieux lama adossé à la muraille et soutenu des deux côtés par des coussins. Il avait les yeux grands ouverts, mais ne bougeait pas.

Nous nous étions un peu reculés, mais pas assez loin pour empêcher le *trapa* de deviner que nous avions écouté et entendu parler son maître. Il resta un instant comme interdit.

— « Kouchog ne veut pas de médicaments, dit-il. Il n'est pas malade. Il ne mourra point. Il ne mourra jamais... jamais... »

Il parlait bizarrement, comme un homme qui a l'esprit égaré ou qui rêve.

Je voulus, encore une fois, offrir mes services, mais il les refusa avec force.

— « Kouchog ne veut pas... Il n'est pas malade... Il ne mourra pas... »

Et comme je m'en retournais, l'idée me vint que le vieux lama venait peut-être de mourir.

La recherche du secret de l'immortalité a été aussi passionnément poursuivie en Chine que celle de la pierre philosophale en Occident. Certains prétendent, d'ailleurs, que ce qui était ésotériquement dési-

1. Monsieur, avec une nuance de respect plus marquée comme le « Sir » en anglais.

gné, dans nos pays, comme la transmutation des métaux vils en or, signifiait, pour les initiés, l'art de se rendre immortel.

Les anciens Tao-sses chinois se targuaient ouvertement de posséder le secret de l'immortalité et plus d'un prince crédule mourut empoisonné par l'élixir magique qui, croyait-il, lui assurerait une vie éternelle.

De nos jours, on parle moins de ce secret des secrets, mais il demeure toujours des chercheurs en quête de moyens capables d'assurer la persistance de leur personnalité dans leur corps actuel.

D'autre part, diverses théories concernant la possibilité d'en prolonger indéfiniment l'existence, soit d'une manière purement spirituelle, soit d'une manière matérielle, mais hors du corps auquel elle est présentement liée, font, encore de nos jours, partie de l'enseignement ésotérique de certains maîtres mystiques et de certains occultistes asiatiques.

L'immortalité dans notre corps actuel n'a jamais intéressé les Tibétains au même point que les Tao-sses chinois. Pour quiconque croit fermement à la réincarnation ou aux renaissances, le problème de l'immortalité est résolu. Toutefois, d'après diverses traditions, au nombre des livres secrets cachés par Padmasambhava dans des endroits reculés, se trouvent des traités décrivant les moyens d'échapper à la mort et, parmi les chercheurs de *térmas* [1], un petit nombre visent spécialement à leur découverte.

Les bönpos, surtout les bönpos noirs, qui offrent plus d'un point de ressemblance avec les Tao-sses, gardent aussi le souvenir de traditions concernant le secret de ne pas mourir. Le vieux lama que j'avais entrevu avait peut-être entendu dire, ou s'était imaginé, qu'un manuscrit d'origine bönpo se rapportant à ce sujet avait été déposé parmi les livres saints dont étaient bourrées les statues placées dans le temple de ce monastère. La chose avait pu être faite sans que la nature de l'ouvrage qu'ils enfermaient dans la statue apparût à ceux qui faisaient cette besogne. Ils pouvaient être illettrés ou, comme c'est souvent le cas, complètement indifférents à la littérature religieuse.

J'indiquerai brièvement que toutes les statues vénérées par les Tibétains, soit dans les temples, soit dans les maisons des particuliers, contiennent des feuilles de papier sur lesquelles sont imprimés des passages des Écritures sacrées ou, lorsqu'il s'agit de très petites statuettes, simplement des *mantras* ou mots magiques. Dans les statues de grande dimension, on place souvent la collection complète

1. Écrit *gtérma* : des traités mystiques, philosophiques ou concernant la magie dont les auteurs sont dits être des sages des âges passés. Ces derniers, jugeant que l'humanité n'avait pas encore, à leur époque, atteint un degré d'évolution morale et intellectuelle suffisant pour lui permettre de comprendre les doctrines exposées dans ces écrits, les auraient cachés afin qu'ils pussent être découverts plus tard, lorsque les hommes seraient en état d'en saisir le sens.

des livres canoniques : le Kahgyur ou le Tengyur. Ce sont ces écrits cachés en elle, qui donnent *vie* à la statue, la rendent digne de culte et lui communiquent un certain pouvoir que consolidera le rite de la consécration (rabnès) célébré par un lama.

Je fus éveillée par un grand bruit de cymbales entre-choquées auquel se mêla bientôt le son des *gyalings*. Il faisait encore nuit, mais le jour n'était pas loin de poindre. Les bönpos commençaient l'office funèbre pour le villageois défunt.

Peu à peu, les paysans arrivés la veille s'éveillèrent aussi et se mirent à circuler dans l'enceinte du monastère. Ce n'était point qu'ils eussent l'intention d'assister à l'office. Les laïques tibétains, qu'ils soient lamaïstes ou bönpos, n'en ont pas l'habitude. Être présent pendant la célébration des rites religieux ordinaires ne leur est pas défendu, mais ne leur est pas non plus ordonné. Cette célébration est l'affaire du clergé et quiconque n'en est pas membre n'a pas à y participer. Aucun mérite n'est attaché, pour les laïques, à leur présence dans le temple où les rites sont accomplis. Le fruit de ceux-ci consiste à atteindre le but particulier visé : soit que ce but concerne un individu (qu'il assure sa prospérité, rétablisse sa santé, ou, dans le cas d'un mort, le guide vers une heureuse renaissance), ou bien un effet plus général (produire la fertilité, des récoltes abondantes, écarter les maladies des hommes et des bêtes du pays).

Les frustes montagnards, hôtes passagers de cette *gompa* rustique, ne se souciaient donc guère de la psalmodie bruyante des moines. Ils désiraient simplement préparer le repas matinal qu'ils devaient leur offrir [1] et, aussi, déjeuner eux-mêmes. A ces fins, ils se mettaient en quête de combustible et de feu pour l'allumer. Bientôt de la fumée sortit des fenêtres et s'éleva dans les encoignures de la cour où ceux qui manquaient de logis improvisaient des cuisines en plein air, puis les barattes à thé commencèrent à faire leur partie dans la symphonie des *gyalins*, des *ragdongs*, des cymbales et des tambours qui gémissaient et tonnaient dans le temple. Amusante cacophonie à laquelle les hôtes des écuries mêlaient des hennissements et des braiements sonores.

Peu à peu arrivèrent de nouveaux groupes de fidèles plus proches voisins du monastère ou bien ayant couché en cours de route. Avant dix heures, environ trois cents hommes et femmes se trouvaient réunis, tous vêtus de leurs plus beaux habits.

Cette foule n'était pas belle. Sur vingt individus pris au hasard, une douzaine étaient goitreux à un degré plus ou moins avancé. Des processions s'organisèrent et circulèrent autour du temple en lui présentant le côté gauche, à l'opposé des lamaïstes qui le tiennent à leur droite. Beaucoup de fidèles avaient à la main un moulin à

1. Quand des offices sont célébrés, dans un but quelconque, au bénéfice d'un particulier, ce dernier, ou sa famille, doivent nourrir les célébrants des rites pendant toute la durée de ceux-ci.

« mani », mais au lieu du *Aum mani padme hum !* des lamaïstes ils chantaient en le faisant tourner : *Aum matriyé sa lén dou*[1].

La participation de cette foule aux rites funèbres consistait en un jeûne d'une journée. Tous ne s'y astreignaient peut-être pas très strictement et dans tous les cas, comme je viens de le dire, le clergé du lieu et ses serviteurs n'y étaient point obligés.

Le jeûne, au Tibet, implique aussi la défense de boire, même une seule goutte d'eau, et celle de parler. Garder le silence est difficile à la plupart des gens, Tibétains et Tibétaines ne font pas exception.

On pouvait voir, autour du temple, nombre de vieilles que chatouillait le désir de mouvoir leur langue. Elles serraient leurs lèvres, les allongeaient en forme de groin et trouvaient moyen de marmotter, intérieurement, derrière cette barrière, ce qu'il leur était défendu d'articuler distinctement. Elles paraissaient très bien se comprendre entre elles et leur conversation silencieuse accompagnée de sourires, de grimaces et de clins d'œil était fort animée.

Les jeunes filles flirtaient de cette façon muette, avec des gars de leur âge et esquissaient des luttes enjouées à coups de moulin à prières. J'en vis une qu'un garçon avait saisie tandis qu'ils circulaient en procession sous le péristyle du temple. Il retenait à deux bras sa proie, d'ailleurs souriante et ravie et se défendait à coups de pied contre les attaques des amies de la victime qui, riant aussi, cherchaient à la délivrer.

Et tout le monde, en chœur, clamait plus fort, à mesure que la journée avançait : *Aum matriyé sa lén dou !* La nuit venue, ceux qui ne jeûnaient pas ou qui avaient rompu leur jeûne — ils semblaient nombreux — se mirent à boire de l'alcool et quelques heures plus tard, la fatigue et l'ivresse endormirent tout ce troupeau.

Cependant, au cours de l'après-midi, tandis que j'observais la foule, l'abbé bönpo était venu me rappeler la consultation qu'il avait sollicitée. Je la lui donnai.

Il n'était pas nécessaire de déplacer la porte du temple, son orientation ne nuisait pas à la prospérité du monastère. Quant au nouveau cimetière, il fallait observer la direction habituelle des vents et choisir un emplacement situé de telle façon que ceux-ci ne le balaient

---

1. Telle est la prononciation locale. Sur les nombreuses pierres où la formule est gravée, dans cette région, l'orthographe est : *Aum matriyé sa lén hdu.* Il paraît qu'on la rencontre aussi écrite : *Aum matri moutri sa lé hdzou* et *Aum matris la la hdzou.* De même que celui de *Aum mani padmé hum !* Le sens de la formule des bönpos est expliqué de diverses manières. Littéralement, *mani padmé* signifie en sanscrit : « Joyau dans le lotus ». *Aum* est un terme sacré désignant, dans l'Inde, l'inexprimable Absolu et *hum* (prononcé *houm)* un cri rituel tibétain marquant la colère, la menace. Concernant les diverses interprétations de la formule *Aum mani padmé hum* voir mon livre *Initiations lamaïques.* Plus de mystère encore entoure le sens mystique de la formule sacrée des bönpos. Certains disent qu'elle se rapporte à la « base » de toutes choses ; ce que les Tibétains dénomment « *Kuneji* » (écrit *kungji)* en sanscrit *âlaya.*

pas avant de passer sur la *gompa.* Il convenait aussi d'enterrer profondément les morts.

Ces simples conseils ne pouvaient causer aucun mal.

D'autres moines me rendirent aussi visite dans l'intervalle des cérémonies rituelles. Pendant ce temps, Yongden se renseignait discrètement au sujet du malade dont le disciple était venu m'appeler la veille et qui avait refusé de me voir.

Il apprit simplement que quelques mois plus tôt, ces deux moines voyageurs, l'un vieux et l'autre jeune, avaient demandé l'hospitalité au monastère et qu'elle leur avait été accordée. Celle-ci est, en effet, rarement refusée à des membres du clergé, s'il y a un logement disponible à leur donner. Les deux *trapas,* qui disaient appartenir à la secte des Sakyapas, s'étaient installés dans la hutte et y étaient restés. Personne ne songeait à les en expulser. L'abbé leur envoyait quelques vivres et le jeune moine faisait, de temps en temps, une tournée dans les environs, mendiant des provisions. Tous deux vivaient très isolés et les bönpos du monastère ne s'occupaient guère d'eux.

Yongden voulant pousser plus loin ses investigations, retourna à la hutte du malade. Il en trouva la porte close et ayant frappé, personne ne lui répondit.

De leur côté, mes domestiques ne demeuraient pas inactifs, mais leur activité concernait des soins très matériels. L'un d'eux avait tant bien que mal pourvu, en cours de route, au ferrage des mules qui n'avait pas pu être fait à Nanping. Restait le cheval, pour lequel nous n'avions pas, en réserve, de fers assez larges. Ayant demandé à nombre de gens autour d'eux s'ils ne connaissaient pas dans un village voisin quelqu'un qui pût leur vendre des fers et, si possible, les poser convenablement, ils virent venir à eux, tard dans la soirée, un individu qui exhiba deux fers [1] et se donna comme un habile maréchal-ferrant. Le prix des fers et de ses services lui ayant été demandé, l'homme énonça un chiffre tellement élevé que mes garçons crurent qu'il plaisantait. Mais non, ce n'était qu'un spéculateur éhonté qui misait sur la crainte que nous éprouvions de voir notre cheval s'abîmer les sabots. Tout ce que les trois domestiques purent lui dire ne modifia point son attitude. Il faisait sonner les fers et ricanait, narguant mes serviteurs furieux.

Je leur laissais souvent régler les menues dépenses de ce genre et l'un d'eux conservait par-devers lui un peu d'argent pour cet usage, mais aucun d'eux n'osa prendre sur lui de payer la somme exigée. Seunam vint me raconter ce qui se passait. L'incident me contrariait.

1. Au Tibet, les chevaux ou mules de selle ne sont ferrés qu'aux pieds de devant — aux « mains » comme disent les indigènes. Les bêtes portant des charges sont ferrées aux quatre pieds. Les montagnards tibétains de l'Himalaya laissent en général toutes leurs bêtes non ferrées.

J'ai toujours dû observer la plus stricte économie dans mes voyages et puis l'idée d'être dupée par ce chenapan m'était désagréable.

Il eût, toutefois, été plus désagréable encore de voir mon cheval devenir boiteux et la pauvre bête ne devait pas subir les effets de ma colère.

— « Paie ! » dis-je à Seunam, « et veillez tous les trois à ce que l'ouvrage soit bien fait. »

A la lumière de plusieurs chandelles et d'un feu flambant qui éclairait la scène, l'opération fut faite et l'indigène ayant empoché l'argent en lingot que mes hommes lui pesaient, s'en fut, ravi du bon tour qu'il nous avait joué, célébrer son heureuse aubaine par de copieuses libations.

Le lendemain matin, bien avant l'aurore, mes domestiques venaient me demander mes sacs pour les charger sur les mules. J'étais encore au lit et ne voyais pas la nécessité de ce départ ultramatinal que je n'avais pas commandé. Je ne sais trop quelles raisons ils me donnèrent confusément tous ensemble : l'étape serait longue, on prédisait un orage pour le soir. Ils avaient l'air bizarre et empaquetaient toutes choses avec une rapidité que je leur avais rarement vu déployer. D'autorité, ils m'annoncèrent que je ne ferais pas ma toilette, l'eau était devenue sale.

Passablement ahurie je suivais machinalement l'impulsion et très promptement je me trouvai en selle sans m'être lavée et sans avoir déjeuné.

Sitôt sur le chemin, Seunam cingla les mules portant les bagages et se retournant vers Yongden et vers moi nous cria :

— « Vite ! Vite ! »

Pourquoi ? Quel danger nous menaçait ? Je n'en voyais aucun. Le lama n'en savait pas davantage et me regardait sans rien comprendre, mais force nous fut de pousser aussi nos bêtes, car les mules fouettées par nos trois garçons nous devançaient déjà de beaucoup.

— « Qu'y a-t-il ? » criai-je, dès que je fus de nouveau à portée de voix du groupe qui s'enfuyait.

— « Vite, vite ! » répéta Seunam.

Sa physionomie plutôt rieuse me fit supposer que nous ne courions pas un danger sérieux et je continuai à trotter, rappelée à l'ordre par un : « Vite ! vite ! » pressant, chaque fois que je faisais mine de laisser ralentir l'allure de ma bête.

Nous nous en allâmes ainsi pendant une bonne heure. Puis Seunam s'arrêta et me dit :

— « Êtes-vous fatiguée, Jétsune Kouchog ? J'ai rempli la bouteille de thé bouillant hier soir. Il doit encore être chaud. Voulez-vous déjeuner ? Nous pouvons nous arrêter un peu. »

— « Mais enfin, qu'y a-t-il ? » criai-je, énervée par cette course absurde.

— « Je lui ai donné le lingot qui a un *wawa* [1]... »

Je me souvenais bien qu'un jour, en changeant de l'argent, nous avions reçu un de ces lingots falsifiés. Seunam venait, à son tour, de le repasser à l'individu qui avait spéculé sur notre embarras pour nous faire payer trois fois le prix normal. Le voleur était volé. Pas même volé, après tout, car la croûte d'argent du lingot évidé égalait bien la valeur de la marchandise qu'il nous avait vendue. Cependant je me représentais sa colère en voyant qu'il avait été mystifié et les railleries dont l'accableraient ceux à qui il avait dû raconter, très fier, comment il s'entendait aux affaires.

Mais mon imagination concevait là des scènes qui peut-être ne devaient jamais se produire. Comme d'autres avant lui, notre coquin pouvait faire circuler le lingot à *wawa,* soit sans se douter qu'il était bourré de plomb et, alors, il ignorait que nous nous étions moqués de lui et conservait l'orgueil d'avoir réussi un beau coup, soit en connaissance de cause et, dans ce cas, il conservait tout de même son illicite profit.

Je m'amusai, plus tard, à me représenter les suites dont l'aventure était susceptible pour lui. Mais au moment où Seunam me révéla le secret de sa hâte, je ne fis pas tant de réflexions. Je pensai seulement que le larron dupé pourrait se mettre à notre poursuite en compagnie de quelques amis. Je repoussai la bouteille Thermos que Sotar voulait m'offrir, fouettai les mules chargées, donnai un coup de talon dans le ventre de ma bête et, criant aux autres : « Vite ! vite ! », je pris la tête du groupe et le menai grand train jusque vers le milieu de la matinée.

La zone défrichée et cultivée ne s'étendait pas loin autour de Tagyu. Peu après avoir quitté la *gompa,* nous entrions de nouveau en forêt, chevauchant dans une solitude complète, ayant une fois de plus été prévenus que nous pouvions faire de mauvaises rencontres. Le temps, pluvieux à notre départ, s'était rasséréné vers le milieu du jour et nous avions l'intention d'en profiter pour allonger notre étape afin de sortir aussi promptement que possible de ces forêts superbes mais mal famées.

Que les résolutions sont choses fragiles ! Débouchant dans une merveilleuse clairière où une rivière limpide s'étale formant un petit lac, nous sentons notre décision faiblir. L'endroit est romantique à souhait. De tous côtés s'élèvent de hautes montagnes couvertes de majestueux sapins et, dans les échancrures des cimes, apparaissent

1. Littéralement « qui est enceinte », qui renferme un « enfant ». C'est par cette expression pittoresque que les Chinois désignent les lingots d'argent qui ont été adroitement évidés et dont le vide a été rempli par du plomb. Au Kansou et dans les régions-frontières de l'ouest où l'on se sert principalement d'argent en lingots, il en circule un grand nombre qui sont falsifiés de la sorte. Les marchands chinois sont généralement habiles à les reconnaître ; il leur arrive pourtant d'être trompés, mais ce sont surtout les particuliers, moins experts qu'eux, qui acceptent ces lingots renfermant un *wawa* (enfant).

des pics neigeux. Il y a là de l'herbe tendre, une friandise rare pour nos bêtes... Qui sait si nous trouverons encore, avant la nuit, un autre endroit où planter nos tentes. Nous n'en avons pas rencontré un seul depuis le matin, dans cette forêt touffue... Pour tout dire, nous avons tous faim et serions heureux de manger, et moi, l'incorrigible amoureuse de la nature, j'ai grande envie de m'arrêter dans ce site grandiose pour l'admirer à loisir.

Nous camperons donc. Ce n'est pas prudent, nous le savons. Faute de pouvoir atteindre un endroit habité, nous devrions nous cacher parmi le sous-bois, loin du sentier, et ne point allumer de lumière afin de ne pas être aperçus par les brigands qui peuvent rôder dans les environs. Mais notre voyage tout entier n'est-il pas un défi à la prudence, qu'importe un risque de plus.

Nous n'avons rencontré personne de toute la journée... Nous n'avons aperçu personne en mettant pied à terre dans cette clairière et voici que, comme nos tentes sont plantées et le feu déjà allumé pour faire du thé, nous apercevons un homme. Un homme seul, sans bagages, qui marche lentement au bord de l'eau, s'avançant dans notre direction. Lorsqu'il est plus près de nous, nous remarquons qu'il tient quelque chose à la main, et ce « quelque chose », c'est un chapelet de poissons enfilés par les ouïes. L'individu les a pêchés dans la rivière. Est-ce au moyen d'une ficelle formant ligne, ou bien a-t-il, par là, une nasse ou un filet qu'il est allé visiter ? Ceci n'est d'aucun intérêt pour nous. Mais comment cet homme est-il là, tout seul, sans le moindre balluchon ? Ce n'est donc point un voyageur et il n'existe aucun village dans le voisinage.

Quel qu'il puisse être, je voudrais bien ses poissons pour mon souper. J'envoie Seunam lui demander de nous les vendre. Il refuse d'abord, se fait prier, puis nous les abandonne, nous les faisant payer un peu cher, mais sans trop d'exagération.

— « D'où venez-vous ? » lui demande Seunam.

— « Heu ! heu ! » fait le pêcheur, et il esquisse un geste indiquant une direction imprécise.

Je me suis approchée et l'interroge à mon tour :

— « Demeurez-vous près d'ici ? Où allez-vous maintenant ? »

— « Heu ! heu ! » tendant la main pour recevoir son argent.

— « Si vous voyagez seul, vous pouvez apporter votre bagage ici et camper près de nous, nous vous donnerons du thé. »

— « Heu ! »

Il a déjà fait couler, dans sa bourse, la demi-roupie szetchouanaise que Seunam lui a donnée et il s'en va, atteint la lisière de la clairière, s'enfonce sous bois et y disparaît dans l'ombre.

— « C'est un génie de la montagne qui m'a apporté à souper », dis-je en riant, « mais ses bienfaits ne sont pas gratuits. »

— « C'est un *koui* [1] », suggère Yongden, riant aussi.

1. En chinois : un diable, un esprit.

— « Eh ! » rectifie Sotar sérieusement. « Ce peut être un voleur de grand chemin dont les camarades sont en embuscade dans la forêt et qui est venu chercher, ici, de quoi améliorer leur menu de ce soir. »

La chose était plausible. On nous avait tant recommandé de ne pas nous attarder dans cette immense forêt qui confine, à l'ouest, aux grandes solitudes tibétaines habitées par les tribus des Gologs pillards.

Nous pouvions lever le camp, nous en aller. Mais à quoi cela servirait-il ? S'il y avait, près de nous, des brigands en nombre et décidés à nous attaquer, ils nous rejoindraient facilement et nous serions en plus mauvaise posture pour nous défendre sous le couvert de la forêt que dans cet endroit dégagé où nous pouvions voir venir l'ennemi de loin.

Et puis, la lune se leva, fit une tache d'argent dans le petit lac, la pointe aiguë d'un pic neigeux se mit à scintiller dans le ciel au-dessus des montagnes sombres ; tous mes raisonnements sombrèrent dans l'extase où j'entrai. Nous restâmes.

La nuit se passa sans incidents et pour compenser le réveil très matinal de la veille, je m'attardai un peu au lit.

Dans la matinée, nous fûmes rejoints par un groupe de voyageurs. Cinq marchands chinois avec des mules chargées, trois Tibétains portant des fusils d'ancien modèle, et un pittoresque *ngagspa* bönpo : une sorte de géant dont la longue chevelure enroulée dans un morceau d'étoffe rouge le coiffait d'un énorme turban.

J'omets ici, pour ne pas me répéter, les détails concernant ce dernier et la relation du curieux phénomène de télépathie qu'il produisit. On les trouvera dans un livre précédent [1].

A la vue de mon costume religieux, les trois Tibétains descendirent de cheval pour se faire bénir par moi. Tous ces gens disaient s'être groupés par mesure de sécurité et se montraient enchantés de voir leur petite bande s'augmenter de mes garçons armés.

Nous fîmes donc route ensemble. Les trois Tibétains paraissaient trouver difficile de soutenir le pas pourtant assez lent auquel nous avancions. Le sentier, il est vrai, montait continuellement en pente raide, leurs bêtes, disaient-ils, étaient fatiguées.

L'après-midi était peu avancé quand ils nous proposèrent de nous arrêter pour camper à un endroit assez convenable que nous avions atteint. Mes domestiques les auraient volontiers écoutés, mais j'avais décidé de ne m'arrêter qu'à la nuit tombante, quand il serait devenu impossible, à quiconque nous épierait, de distinguer jusqu'où nous avions poursuivi notre route. Je comptais, alors, me retirer assez profondément dans la forêt pour y cacher notre camp.

Je n'avais rien dit de mes intentions à mes compagnons de route

1. *Mystiques et magiciens du Tibet.*

me réservant de les leur faire connaître au moment voulu et sachant d'avance que les Chinois y applaudiraient.

Je me bornai donc à répondre aux insistances des trois Tibétains en déclarant que nous étions pressés d'arriver à Sungpan et que nous ne pouvions pas nous attarder en route. Sur ce, nous prîmes les devants, les laissant camper ou nous suivre de loin, comme ils le désireraient.

A vrai dire, la proposition de ces hommes m'avait déplu. Je la rapprochais, à tort peut-être, de la rencontre du pêcheur solitaire. Ce dernier appartenait-il, comme Sotar l'avait supposé, à une bande de brigands rôdant dans la forêt ? Les trois cavaliers étaient-ils avec lui la veille et cherchaient-ils à nous faire passer la nuit à un endroit désigné, où le pseudo-pêcheur parti pour avertir ses amis, les amènerait pour piller les marchands et moi-même ? Ce plan était peut-être un peu compliqué, mais il s'en perpètre de bien plus astucieux dans les solitudes du Tibet.

Au crépuscule, nous arrivons dans un endroit largement défriché où s'élève une sorte de grange. Un Chinois est au-dehors et vaque à ses occupations suivi par une chèvre familière. Dès qu'il nous aperçoit, le bonhomme rentre précipitamment avec la chèvre qui bondit derrière lui, et se barricade dans sa demeure refusant absolument de nous laisser entrer. Nous parlementons de l'extérieur. A tour de rôle, nous déployons toute notre éloquence pour convaincre le propriétaire ou gardien du logis que nous sommes d'honnêtes voyageurs et ne commettrons aucun méfait chez lui. Ces discours durent longtemps. A la fin, le Chinois se décide à nous admettre. La baraque est très vaste, toutes nos bêtes et celles des marchands pourront s'y loger, et il restera encore de la place pour les hommes. Quant à moi, le maître du lieu me cédera le compartiment séparé qui lui sert de chambre.

Rassuré sur notre compte, ce dernier se montre serviable, apporte du combustible et même nous vend un peu de farine et de porc séché. Il craignait, disait-il, que nous fussions des gens du Kansou, qui mettent tout à sac partout où ils passent.

C'est étrange. De quels gens s'agit-il ? Je n'avais jamais entendu dire que ceux du Kansou avaient si mauvaise réputation. J'ai séjourné plusieurs années dans cette province et je n'ai jamais eu à me plaindre de ses habitants, bien au contraire.

Qu'est-ce que cette maison isolée au milieu des bois ? A qui est-elle, à quoi sert-elle ? L'homme qui nous héberge parle un dialecte chinois que mes garçons comprennent mal et dont je ne saisis pas un mot. Il semble cependant ressortir de ce qu'il nous explique que nous nous trouvons dans un abri construit par les autorités de la région pour loger les voyageurs traversant la forêt.

Le lendemain matin arrivent encore quatre hommes et deux femmes qui se rendent comme nous à Sungpan : l'un des hommes porte un fusil. Ils racontent les plus terrifiantes histoires de brigands que l'on puisse rêver et affirment que la partie la plus dangereuse de la route est celle que nous allons parcourir maintenant en approchant du col de Kunka.

La forêt devient de plus en plus épaisse, le sentier de plus de plus étroit. Autant dire qu'il n'existe plus qu'une vague trace de piste à travers les taillis. A tous moments, je dois me coucher, la tête sur le cou de ma mule pour éviter les branches basses des arbres.

En passant, les voyageurs qui se sont joints à nous le matin nous montrent une large dépression de terrain, sorte de vallée peu profonde, moins densément boisée que les alentours, qui monte vers l'ouest et rejoint, au loin, des crêtes semblant à peu près dénudées.

— « C'est par là que descendent les brigands tibétains », nous disent-ils.

Chacun fouille des yeux la vallée dangereuse, mais nous n'apercevons qu'un enchevêtrement de taillis à l'ombre des grands arbres isolés.

Nous atteignons le col de Kunka (Kunka la) sans avoir rien vu de suspect. Comme d'ordinaire, il y a là un *latza,* un haut cairn dans lequel sont plantées des branches d'arbres et des petits drapeaux. Ces *latza* sont des autels rustiques dédiés aux déités des montagnes et indiquent, en même temps, la route aux voyageurs.

Un des hommes qui est descendu de cheval casse une branche et me l'apporte pour que je l'offre au dieu du col. Je la remets à Seunam lui disant de la planter sur le cairn. Puis, pour me conformer à la coutume tibétaine, je me fais donner une pierre que je lance, du haut de ma mule, sur le monticule en criant :

— « *Lha gyalo ! Dé tamtché pam*[1] *!* »

Et sur ce, tous mes compagnons se mettent à pousser des hurlements, à lancer des coups de sifflet stridents, un beau tapage destiné à effrayer les mauvais esprits.

Encore une fois, pour ne pas me répéter, je ne relaterai pas mon entrevue avec les gens venus à ma rencontre près de ce col, appelés, semblait-il, par une communication télépathique. On trouvera ces détails ailleurs[2].

Nous sommes hors de la forêt, notre route descend en pente douce à travers d'immenses pâturages couvrant des cimes arrondies. Les voleurs ne sont plus à craindre ; notre groupe se disloque, chacun marche à l'allure qui lui convient et bientôt nous sommes de nouveau seuls.

Il pleut sans discontinuer. Nous arrivons devant un grand monastère bönpo et nous nous logeons dans un village voisin, chez des paysans.

---

1. Exclamations rituelles, en arrivant au sommet d'un col, qui signifient : « Les dieux triomphent, les démons sont vaincus ! »
2. *Mystiques et magiciens du Tibet.*

Le monastère paraît soumis à une règle beaucoup plus stricte que celui où nous nous sommes arrêtés précédemment. On nous dit, au village, que ce dernier a mauvaise réputation. Son abbé a deux concubines. Pourquoi le lui reproche-t-on ? — La polygamie est admise au Tibet comme en Chine et le célibat n'est pas enjoint au clergé bönpo. Les membres de cette gompa s'adonnent, dit-on encore, à la boisson. Hélas ! c'est un péché commun au Tibet, ainsi qu'en plus d'un autre pays. Le rigorisme des villageois m'étonne. Une rivalité entre les deux monastères n'est-elle pas la cause de leur sévérité ?

Le lendemain m'apporte quelques éclaircissements.

Le grand monastère de l'endroit affecte d'observer une discipline en tout pareille à celle des lamaïstes. Célibat du clergé, ou, du moins, de tout le haut clergé. Si l'on boit de l'alcool (chose permise aux bönpos, comme aux lamaïstes « bonnets rouges »), c'est de façon discrète. Il faut du décorum.

Une ou deux conversations avec des moines me permettent de remarquer leur peu d'originalité. Ils semblent n'avoir rien tant à cœur que de prouver que, comme doctrines et pratiques, ils ne diffèrent en rien des lamaïstes. Peut-être qu'avec du temps et de la patience — ces deux éléments indispensables de toutes recherches en Orient — on arriverait à découvrir parmi leurs collègues des gens plus intéressants. Mais mon programme actuel ne comporte pas un séjour dans cette région. J'ai l'intention de consacrer, plus tard d'autres pérégrinations à l'étude spéciale de la religion des bönpos et de ses origines. Pour le moment, il ne faut pas que je m'attarde et attire l'attention sur moi.

Nous partons par un temps exécrable. Quelques éclaircies surviennent pendant la journée, mais, vers le soir, une petite pluie fine se met de nouveau à tomber, ce qui nous porte à nous arrêter à un village que nous apercevons à quelque distance au-dessus du chemin. Loger sous un toit et surtout mettre à couvert nos bêtes qui, elles, n'ont pas de tentes, seraient très désirables.

Le lama et Sotar montent donc au village en quête d'un gîte. Il n'y en a pas pour nous, mais un fermier accueillera nos animaux dans son écurie. C'est déjà quelque chose.

Et, ici, commence la comédie.

Mes deux fourriers ne trouvant pas de logis, regardent autour d'eux pour découvrir un endroit où nous pourrions planter nos tentes sans être trop éloignés de la ferme où nos bêtes passeront la nuit. Ils aperçoivent, à une petite distance de là, un espace libre entre des maisons et, l'indiquant aux villageois, leur disent qu'ils y camperont.

Sur ce, tous deux redescendent vers le chemin où j'attends le résultat de leur mission. Ils m'expliquent que le cheval et les mules seront à couvert et que nous pourrons camper au milieu du village, mais ils omettent de dire qu'ils ont eux-mêmes choisi la place de notre camp, me laissant croire qu'elle nous a été assignée par les paysans.

Je monte donc vers le village et, parvenue à l'endroit où nous devrions planter nos tentes, je m'aperçois que c'est celui où toute la population de l'endroit vient faire ses besoins.

Persuadée que cette place [1] nous a été désignée par les villageois et pensant qu'ils l'ont fait avec l'intention méchante de nous témoigner leur mépris, l'indignation me saisit. Je me dresse sur mes étriers et maudis la population.

— « Parce que vous avez envoyé une *khadoma* dans un lieu impur, les démons vous visiteront et dans votre prochaine vie, vous mangerez de la... »

Je dis le mot tout net : il est sonore en langue tibétaine. Sur ce, j'esquisse quelques gestes cabalistiques, crache trois fois dans la direction du village et tourne bride en déclarant :

— « Je passerai la nuit dans les champs et comme signe de ma puissance, vous allez voir que la pluie cessera afin que moi et les miens nous dormions confortablement. »

Les indigènes demeurent muets, pétrifiés. Ils ne comprennent rien à ma colère.

Une heure plus tard, le ciel est plein d'étoiles, mes tentes sont dressées sur une petite terrasse naturelle près de la rivière. Des hommes arrivent qui veulent expliquer le malentendu, mais moi, toujours convaincue qu'on m'a envoyée dans un lieu dégoûtant, je refuse de les entendre. Mes garçons et le lama sont occupés et n'ont pas de temps à leur donner.

Nous passons une excellente nuit.

De grand matin, comme nous nous disposons à partir, un homme arrive encore. Il veut entamer de nouvelles explications, mais Yongden, en véritable vaurien, y coupe court, l'entraîne à l'écart en tirant une lampe électrique de la sacoche pendue à ma selle, il lui dit :

— « Regarde bien ceci et raconte-le à tes amis. Que vois-tu ? »

— « Je vois une petite boîte », dit le paysan, qui ne trouve pas qu'il y ait là rien de merveilleux.

— « Que vois-tu ? »

Le jeune homme presse sur le bouton.

— « *Kyab sou tchiwo !* [2] Il y a du feu là-dedans ! » s'exclame le benêt.

Yongden éteint la lampe.

— « Oh ! il n'y a plus rien... »

L'homme joint les mains en admiration.

1. Des terrains réservés à cet effet existent dans certaines régions du Tibet où l'usage des latrines privées n'est pas général.

2. « Je vais vers la protection » : exclamation courante de surprise et de peur.

Mon fils rallume et éteint encore deux ou trois fois la lampe, puis d'un ton important s'adresse à l'indigène abasourdi :

— « Là, tu as vu. As-tu jamais rencontré un lama ou une *khadoma* qui possédait une chose pareille ? »

— « Jamais. »

— « Ceci est ce qu'on appelle le *Précieux Joyau né de lui-même* [1]. Avec ce joyau magique on arrête ou on fait tomber la pluie, on détruit les récoltes ou l'on rend les champs fertiles, on tient gens et bêtes en santé et en prospérité ou bien on les fait mourir. Tu as vu comment la pluie a cessé sur l'ordre de la *khadoma* et comme elle a fait briller les étoiles pendant la nuit ? — Elle n'a pas besoin de l'abri de vos maisons, ni d'aucune autre chose. Ce "joyau" peut tout lui procurer.

« Va trouver ton lama et demande-lui s'il peut te montrer un joyau semblable ? »

Nouvel allumage de lampe. L'orateur l'éteint. Il ne s'est pas trop avancé. Les lampes électriques sont certainement inconnues dans ce pays perdu.

Le pauvre primitif est confondu. Les garçons enfouissent leur visage dans les ballots qu'ils chargent sur les mules pour ne pas montrer l'hilarité qu'ils ont grand-peine à réprimer.

Prenant les devants, je m'en vais à pied, non point en secouant la poussière de mes sandales, mais en agitant mon rosaire d'ermite fait de rondelles de crânes humains.

Un peu plus tard je dis à Yongden :

— « C'est une méchante plaisanterie que nous avons faite là, mais ces sales individus la méritaient bien pour m'avoir envoyée dans ce lieu répugnant. »

— « Mais ils ne nous y ont pas envoyés ! réplique le lama. C'est nous — Sotar et moi — qui, de loin, ayant aperçu cet endroit plat et vide, sans savoir à quoi il servait, avons pensé que nous y serions bien et avons dit que nous y camperions.

« Nous n'en avons vu la malpropreté que quand vous y êtes arrivée et vous avez, tout de suite, si joliment maudit tout le monde, que nous ne pouvions plus rien dire. »

Il rit, lui, l'esprit fort, mais Sotar chevauche pensivement, l'air triste.

— « Tout ceci est malheureux, dit-il en soupirant, parce que ces gens vont renaître comme porcs ou comme insectes se nourrissant d'ordures. »

Les deux autres domestiques hochent la tête. Ils partagent l'opinion, courant dans leur pays comme dans l'Inde, que la parole des *yoguis* n'est jamais vaine.

1. *Norbou rang djeune,* écrit : *norbu rang byon.* Ce joyau merveilleux tient une grande place dans la mythologie populaire tibétaine.

Toute la journée le temps se maintient au beau — nouvelle preuve de mon pouvoir qui doit impressionner les villageois que nous laissons derrière nous. — L'averse ne tombe que lorsque nous sommes tous à couvert à Sungpan.

Sungpan, agréablement situé parmi des pâturages, nous a produit dès qu'il nous est apparu, une impression agréable. Toutes les villes chinoises sont charmantes, vues de loin. Leurs ceintures de murailles crénelées, leurs tours de garde aux toits pittoresques semblent toujours enclore quelque mystère, promettre quelque surprise au voyageur.

En descendant vers Sungpan du haut de la montagne, nous n'éprouvons pourtant qu'un agréable sentiment de détente. Le paysage est reposant : tout de verdure et de fraîcheur, sans l'ombre quelque peu angoissante de la forêt où s'embusquent les brigands. Nous nous sentons heureux d'atteindre une ville où nous coucherons dans une maison et pourrons nous y abandonner à un véritable et profond sommeil. Un peu de sécurité, après les jours et les nuits passés sur un continuel « Qui vive », mes hommes en ont soif.

Un autre désir leur fait aussi inconsciemment hâter le pas en descendant vers les murs de la petite ville : On y achètera des provisions ! Il y a longtemps que nous n'avons pu nous ravitailler sérieusement. A Sikou, à Nanping, nous n'avons trouvé que bien peu de chose et nous avons eu faim tout le long de la route. Enfin, on va manger. On mangera ! on mangera ! Mes gens marchent rapidement, en silence, je crois qu'intérieurement ils scandent leur pas par ce refrain : On mangera ! on mangera !

Les civilisés accoutumés à la monotonie des repas servis à heures fixes ne se doutent pas de la place considérable que les préoccupations concernant la nourriture tiennent dans l'esprit du voyageur parcourant des régions presque désertes où le ravitaillement est toujours problématique et les jeûnes fréquents.

A Sungpan nous trouvons un beau logement au premier étage d'une maison en bois, presque neuve, habitée par un artisan musulman. Celle-ci est située près de la porte de la ville, les pièces qu'on nous y loue sont grandes, claires, bien aérées et sommairement meublées, à la mode chinoise, de quelques tables et de quelques chaises. Des planches posées sur des tréteaux servent de lits. Les habitants du Szetchouan ne font pas usage du *kang,* le four sur lequel on couche, que j'ai décrit précédemment.

Le plaisir éprouvé à nous installer dans un si agréable logis devait être immédiatement suivi d'une déception. Dès les premiers mots que Yongden prononce concernant des achats de vivres, une réponse catégorique vient anéantir tout espoir d'un souper réconfortant. Il n'y a rien à acheter à Sungpan que du porc séché et de la farine. Notre estomac commence à s'en lasser. J'avais rêvé de beurre, de lait, de légumes et mes garçons de viande fraîche, bœuf ou mouton. Il faudra encore nous en passer.

Moins stricts observateurs de leur loi religieuse, mes hommes pourraient faire tuer quelques poules ou même un mouton, mais ils sont bouddhistes et membres du clergé inférieur. S'ils n'ont pas la force morale nécessaire pour renoncer à toute nourriture animale, du moins ils se refusent à ordonner de tuer un être qui, comme eux, aime à vivre, pour satisfaire le désir bestial de leur estomac. Leur égoïste gourmandise ne va pas aussi loin. Lorsque le mal est fait et la viande débitée chez le boucher, ils fléchissent, cèdent à la tentation. Faiblesse humaine qu'ils reconnaissent avec humilité et dont je ne puis pas me faire le censeur sévère puisque j'y cède aussi parfois.

Après de longues recherches, notre hôte finit pourtant par trouver quelques œufs. Un peu d'espoir nous revient. Qui sait si en continuant les recherches... Les dieux de Sungpan nous sont, décidément, favorables. Le lendemain matin on nous apporte des navets.

A Sungpan j'étais réellement hors du Kansou, non seulement selon la délimitation officielle de cette province, mais d'une manière plus effective à mon point de vue. Entre les villes chinoises du centre du Kansou où circulent des étrangers blancs et où j'étais personnellement connue de quelques Chinois de marque, j'avais mis un vaste espace de pays, occupé par une population, très clairsemée, d'origine tibétaine, ou même tout à fait désert. Les voyageurs occidentaux sont rares dans ces parages. Il n'est pas certain qu'il en passe un tous les dix ans. Et, quant à moi, après avoir quitté Lhabrang, j'étais bientôt devenue une anonyme religieuse tibétaine de rang distingué. C'était ce que je désirais. Aussi, je me gardai bien de renoncer au bénéfice de mon incognito en allant rendre visite au préfet chinois de Sungpan. La protection que ces fonctionnaires peuvent accorder aux voyageurs est purement théorique et entraîne, au contraire, maints désagréments. A part le plaisir qu'un étranger, parlant couramment le chinois, peut trouver à s'entretenir avec ces lettrés, la plupart du temps aimables et intelligents, il n'y a aucun avantage pratique à faire leur connaissance. Or, ni Yongden ni moi, ne savions suffisamment la langue chinoise pour pouvoir causer de choses intéressantes avec le magistrat de Sungpan et il m'était au contraire fort utile de conserver la liberté complète de mes mouvements, allant à mes risques et périls, où bon me semblait sans que nul se soucie de moi.

Cette fois, je réussis parfaitement à garder mon incognito. Sotar, pour des raisons connues de lui seul, se montra parfaitement discret.

Nul ne songeait donc, pour le moment, à ouvrir une enquête concernant le but de mon voyage, ni à contrecarrer mes plans, mais je ne pouvais pas être certaine qu'il en irait toujours de même, lorsque, m'avançant vers le sud, je traverserais des régions chinoises où la population est plus dense et plus éveillée que celle qui confine aux solitudes tibétaines. Ne valait-il pas mieux, au lieu de continuer ma route droit au sud vers Mochow [1], incliner à l'ouest et passer par les territoires occupés par des tribus tibétaines indépendantes ?

Des pistes existaient de ce côté. Quelques-unes peut-être à peu près bonnes et la majorité détestables, mais permettant le passage à des gens peu douillets. Je pourrais, en les suivant, gagner, loin au sud, la route des caravanes qui portent le thé de Tatchienlou à Lhassa. Ma seule crainte était d'être pillée par les indigènes qui ont la réputation d'être de redoutables brigands. J'avais des bagages, de belles mules, surtout, bien propres à éveiller leur convoitise. Comment continuerais-je mon voyage si j'étais entièrement dépouillée ? Je n'étais pas seule, mes garçons ne se feraient pas mendiants pour poursuivre notre route. A force de supplications, ils me contraindraient à retourner vers un endroit civilisé où je pourrais recevoir de nouveaux fonds et m'équiper de nouveau. Ceci équivalait à l'échec de mes plans.

Je l'ai bien vu par la suite, on ne doit s'engager dans des entreprises aventureuses que seul ou en compagnie d'amis sûrs qui partagent votre désir de réussir. Lorsque plus tard, mon fils et moi, nous traversâmes le Tibet par des régions inexplorées, jamais nous ne nous sommes beaucoup inquiétés de ce que nous ferions si on nous volait le peu d'argent et d'or cousu dans nos ceintures. Tous deux, nous savions que nous aurions continué notre route quand même, mendiant, jeûnant, mais marchant toujours vers notre but.

Comme j'hésitais, ne sachant que décider, j'appris la présence à Sungpan du chef d'une de ces tribus de la frontière. L'homme était connu pour être un brigand de grande envergure. Les fonctionnaires chinois que ses bandes inquiétaient discutaient en ce moment, avec lui, une question épineuse concernant la délimitation d'un territoire qu'il revendiquait comme sien. Plein de tranquille audace, le vieux pillard était venu à Sungpan avec son fils et quelques serviteurs pour traiter d'égal à égal avec les autorités chinoises. Il comptait certainement que ces dernières, craignant de terribles représailles, n'oseraient pas profiter de son isolement pour s'emparer de lui. Cependant, sa certitude ne pouvait être absolue, un mouvement de colère subit des magistrats qu'il narguait pouvait, en moins d'une heure, le faire décapiter ou fusiller. Il acceptait le risque avec cette

1. J'écris ici *Mochow* d'après les cartes anglaises et pour la facilité de mes lecteurs qui y trouveront le nom orthographié de cette manière. Ailleurs, j'ai écrit, à la française, *Lantchou* au lieu de *Lanchow* de la transcription anglaise, parce que le nom de la capitale du Kansou se trouve orthographié ainsi sur certaines cartes. En réalité, la prononciation chinoise locale est *Modoue, Landoue.* De même que le nom de la capitale du Szetchouan que les cartes écrivent *Tchéngtou* à la française et *Chengtu* à l'anglaise, est appelée par les Chinois *Téndou sse.* De même encore Szetchouan est prononcé par eux *Séluan.* Les villes de *Kantchou* — ou *Kanchow* à l'anglaise — et *Sutchou* — *Suchow* à l'anglaise — sont dénommées par les Chinois *Kandoue* et *Sedoue.* Et ainsi de suite, le *tchou (chow* à l'anglaise) étant en réalité, *doue* pour les Chinois, tout au moins pour ceux de ces provinces.

désinvolture, cette placidité hautaine devant le risque suprême, qui sont familiers aux gentilshommes de sa sorte. A tout prendre, son attitude était intéressante, et point antipathique.

Yongden alla voir ce personnage. Il lui raconta qu'une révérende dame tibétaine, « *khadoma* incarnée », souhaitait, par crainte et dégoût des mécréants chinois, continuer sa route à travers un pays occupé par des Tibétains ses coreligionnaires.

L'entrevue fut cordiale. Le chef comprit sans peine les raisons qu'on lui exposait et promit de nous délivrer un sauf-conduit valable parmi les gens de sa tribu et ceux de deux autres tribus voisines avec qui il était en termes d'amitié.

Ce sauf-conduit nous assurait le libre passage. Nous ne serions point volés, le chef s'en portait garant, — ceci lui était facile puisque les voleurs étaient ses sujets. — De plus, on nous aiderait en nous donnant des vivres, des guides et des bêtes de somme afin que les nôtres puissent se reposer en voyageant sans être chargées. Ce programme, j'en suis certaine, aurait été exécuté ponctuellement. Je m'en rapportais, sans la moindre arrière-pensée, à la parole du vieux chef. S'ils sont gentilshommes, les brigands tibétains sont aussi, en général, très « pieux » et ma qualité de *khadoma* m'eût fait fort bien traiter.

Mais l'excellente protection qui nous était accordée s'arrêtait à un certain point. Nous en étions loyalement prévenus d'avance. Le chef présent à Sungpan était en guerre avec un grand lama abbé d'un monastère dont nous devions traverser les terres.

Cette circonstance était de nature à modérer notre enthousiasme. Comment serions-nous accueillis dans le camp ennemi ?

Le chef vint me voir un matin. C'était un type curieux de demi-civilisé à la fois matois et épais d'esprit. Il me répéta ce qu'il avait dit à Yongden sans chercher à m'influencer le moins du monde, soit pour accepter, soit pour refuser son offre. Ce seigneur brigand montrait, en tout, une souveraine indifférence. Il devait, j'imagine, être philosophe et tenir les choses de ce monde pour « des images vues en rêve » comme dit la Prajña Pâramitâ, très lue dans son pays.

Après son départ, Yongden et moi nous tînmes conseil et, ayant longuement pesé le pour et le contre, nous jugeâmes trop hasardeux de nous aventurer entre des tribus en état d'hostilité réciproque. Nous continuerions donc notre voyage en pays chinois jusqu'à Lifan et nous nous remettrions en route le lendemain.

Nous étions demeurés quatre jours à Sungpan. Dois-je dire que nous y étions restés un jour de trop ? Un plus court séjour nous eût évité le macabre spectacle d'une exécution capitale, mais puisqu'elle devait avoir lieu, peut-être était-il aussi bien, pour nous, étrangers, de pouvoir noter cette lugubre scène de mœurs.

Il s'agissait d'un traître. Le condamné avait dévoilé aux chefs des Sudistes je ne sais quel plan stratégique des Nordistes, amenant ainsi la perte d'une bataille et la mort d'un général tué au cours de celle-ci. C'était là, du moins, ce qu'on racontait à Sungpan.

L'homme avait commis l'imprudence de revenir dans son village et y avait été arrêté. Maintenant, on allait le mettre à mort.

Vers la fin de l'après-midi, il passa, en cortège, à travers la ville. Ouvrant la marche, venait un fonctionnaire subalterne portant cette latte de bois qui symbolise, en Chine, ce que les faisceaux et la hache du licteur symbolisaient à Rome : la Loi, l'Autorité. Près de lui marchait le bourreau tenant un sabre nu tout droit devant lui, comme un cierge. Les magistrats suivaient et le condamné s'avançait le dernier, les mains liées derrière le dos, entouré de quelques soldats. Il ne paraissait nullement ému, son pas était aussi ferme que celui d'un promeneur ordinaire.

Le groupe, s'en allant à une allure rapide, sortit hors des remparts sur lesquels la foule se pressait pour assister au drame. Celui-ci fut, d'ailleurs, très bref, très peu solennel et, à en juger par leur physionomie, très peu impressionnant pour les assistants.

Tandis que l'un des magistrats paraissait lui poser encore quelques questions, le bourreau plongea soudainement son sabre dans le dos, ou peut-être dans le côté, du condamné. Le mouvement fut rapide et je ne distinguai pas bien où le coup portait. Je me tenais — on s'en doute — à bonne distance du lieu de l'exécution.

L'homme chancela et tomba. Le petit cortège officiel, moins celui qu'il laissait derrière lui, s'en retourna dans l'ordre où il était venu, précédé des mêmes emblèmes et la foule se dispersa rapidement.

Tard dans la soirée, je vis le cadavre du supplicié toujours gisant à la même place. Un seul homme demeurait près de lui. Parfaitement calme, la face impassible, il m'expliqua qu'il était un parent du mort et formula quelques excuses au sujet de l'incorrection involontaire de sa tenue. Il n'avait pas encore pu revêtir la robe de deuil blanche et ce manquement aux rites de l'étiquette paraissait le contrister plus que la fin tragique de son parent. Il attendait, disait-il, que l'on apportât un cercueil pour y déposer le corps et l'emmener ensuite dans son pays natal où il serait inhumé.

Tout cela paraissait extrêmement simple, nullement dramatique. Le mort était là, à nos pieds. Autour de lui, la terre imbibée de sang prenait, aux dernières lueurs du jour, des reflets d'un brun doré et il semblait reposer sur un tapis velouté que bordaient quelques touffes d'herbes, quelques fleurettes sauvages.

J'attendis encore pendant un certain temps. L'obscurité se faisait rapidement et le cercueil n'arrivait pas. Je saluai le funèbre veilleur et m'en allai.

Un peu plus loin, je me retournai. La robe noire du Chinois se fondait maintenant dans l'ombre environnante et l'on n'apercevait plus, de lui, qu'une face toute blanche, immobile, fantastiquement suspendue dans l'espace.

CHAPITRE IV

A tous les voyageurs qui pourraient être tentés de parcourir l'extrême ouest de la Chine au printemps ou en été, je donne le confraternel conseil de s'en abstenir. Cette époque de l'année y est la saison des pluies et, tant au cours du voyage que je relate ici, que pendant un autre effectué deux ans plus tard, j'ai pu en expérimenter à loisir les divers inconvénients : glissements de terrain qui emportent les chemins, inondations emplissant les vallées, ponts qui s'écroulent, cascades soudaines dégringolant à travers les toits délabrés sur le voyageur endormi, boue et humidité accroissant la malpropreté des auberges indigènes, l'enthousiasme du pèlerin est mis à une sévère épreuve.

Quant à moi, j'avais le feu sacré de l'aventure. Il suffisait à me réchauffer moralement et physiquement aussi sans doute, car ma santé se maintint toujours bonne et j'échappai même aux simples rhumes.

De Sungpan à Mochow, la distance n'est pas grande : moins de deux cents kilomètres ; nous mîmes six jours pour la franchir ! Une grande partie du sentier muletier que nous suivions côtoyait et même, s'accrochant aux rochers, surplombait la rivière. En des temps probablement très anciens, il avait été construit à la mode chinoise, qui fut aussi celle des Romains, c'est-à-dire dallé. Sur des longueurs de plusieurs kilomètres des escaliers intervenaient lorsque la pente devenait décidément trop raide pour une simple rampe. Le manque de réparation avait laissé ces antiques ouvrages d'art dans un état bien proche de la ruine. Les gros blocs formant les marches s'étaient disjoints, roulant çà et là et, en beaucoup d'endroits, nos mules devaient s'improviser chamois, pour grimper, puis, ce qui était pire, pour descendre parmi les dalles et les rochers enchevêtrés et branlants. Quant à nous, il nous fallait les suivre à pied, chose peu commode pour moi à cause de ma petite taille. Souvent, mes jambes étant trop courtes pour atteindre les marches, je devais effectuer la descente en sautant de l'une à l'autre.

A ces journées de fatigue succédaient des nuits qui me fatiguaient plus encore. Il ne nous était pas possible de camper. Toute cette partie de pays est cultivée ; le sentier serpente entre des champs entourés de murs ou bien frôle le roc à pic de la montagne. Les auberges sont rares, affreusement sales. Les muletiers qui parcourent cette route couchent dans les écuries avec leurs bêtes et leurs marchandises. En de semblables endroits, il ne pouvait pas être question de se déshabiller pour dormir ; nous n'osions même pas ouvrir nos sacs pour en tirer nos couvertures, tant l'idée nous répugnait de les mettre en contact avec la saleté environnante. Je devais me contenter de somnoler un peu, enveloppée dans ma large robe tibétaine, mes bottes mouillées aux pieds. Un peu de marche de grand matin, au bon air, me délassait heureusement et réveillait en moi la grande joie d'être en route hors des chemins battus.

Le pays que je traversais ne manquait d'ailleurs pas d'intérêt et son histoire vaudrait la peine d'être étudiée. Quels ennemis tentaient de s'engager dans ces vallées-couloirs enserrées entre des montagnes abruptes, pour justifier les fortifications qui y ont été construites ; d'où venaient-ils, où se rendaient-ils ? En beaucoup d'endroits se voyaient des bâtiments aux murs d'une épaisseur peu commune, des tours de garde de-ci, de-là, se dressaient, surveillant le chemin et les moindres hameaux étaient entourés de murailles énormes. Tous ces ouvrages de défense tombent aujourd'hui en ruine. Voilés par la pluie ou bien émergeant des brumes nocturnes, touchés par la clarté falote de la lune cachée derrière les montagnes, ils ajoutaient à l'aspect fantomatique du paysage.

Ce fut pourtant avec un vif plaisir que nous nous retrouvâmes enfin dans un honnête sentier libre de dallage prétentieux et dont les pentes étaient plus modérées. Pour ajouter à notre confort, la pluie cessa de tomber et des cœurs généreux me firent l'aumône.

Nous longions un champ où des paysans arrachaient des pommes de terre. Des pommes de terre ! Leur vue seule me mit l'eau à la bouche.

— « Voulez-vous nous en vendre ? » demanda poliment le lama.

— « Non. »

— « Nous vous les paierons un bon prix. Combien en voulez-vous ? »

— « Nous ne les vendons pas. »

Ces gens étaient des Chinois. Mes robes lamaïques ne me conféraient pas nécessairement, à leurs yeux, le prestige dont elles me faisaient jouir parmi les Tibétains. Cependant, poussée par la gourmandise, je tentai ma chance.

— « Ne voulez-vous pas aider une dame-lama à se nourrir sans manger de viande ? » dis-je.

J'avais touché juste. Ceux à qui je m'adressais appartenaient probablement à l'une des sectes bouddhiques, nombreuses en Chine, dont les adeptes sont de stricts végétariens. Des femmes interrompirent leur travail et me sourirent.

— « Voilà des pommes de terre », dirent-elles. Et elles en emplirent les sacs pendus à ma selle.

Yongden tira sa bourse pour payer.

— « Non, pas de paiement, nous vous les donnons. Bon voyage ! »

— « Merci. Que vos récoltes et votre bétail prospèrent. A vous tous, longue vie exempte de maladie ! »

Nous passons.

Les nouvelles obtenues des muletiers que nous croisons sont contradictoires. Une tranquillité relative paraît régner dans la région, mais on s'attend à ce que le gouverneur du Szetchouan qui s'est retiré à Nanping, redescende avec des troupes fraîches vers sa capitale, pour attaquer le général usurpateur qui l'en a chassé. Je tiens à être loin avant que les batailles ne recommencent. Me voici donc forcée de refuser à mes pauvres bêtes le repos dont elles auraient tant besoin. Deux mules se sont abîmé les sabots sur les mauvais chemins et elles boitent, presque toutes ont des plaies au dos. Malgré leur rembourrage et les couvertures que l'on place sous elles, les selles indigènes, faites en bois, blessent rapidement les animaux.

Quant à moi, je dois, à mon grand regret, renoncer à voir Tchéngtou [1], la capitale du Szetchouan, et le célèbre mont Omi [2] où des milliers de pèlerins chinois et tibétains se rendent chaque année pour visiter les nombreux temples construits le long de ses pentes et contempler, à son sommet, la merveilleuse apparition du Bouddha [3]. Mienchow, sur la route de Tchéngtou, est occupé par des bandes de soldats pillards.

On redoute même leur arrivée à Mochow où nous devons passer. Il faut nous hâter de nous rejeter vers l'ouest, en pays tibétain, mais pour y arriver, il faut d'abord traverser Mochow. Que s'y passe-t-il actuellement ? Nous n'avons pas pu l'apprendre. Y rencontrerons-nous les bandits ? Risquons-nous de voir saisir nos mules sous prétexte de réquisitions ? Mystère.

Après avoir longtemps envisagé la conduite la plus prudente à tenir, je décidai de renoncer momentanément à mon semi-incognito et d'afficher, au contraire, ma nationalité étrangère. A cette époque, les Européens jouissaient encore, en Chine, d'un reste de prestige, je comptais sur lui pour en imposer aux voleurs, en cas de mauvaises rencontres.

---

1. Au sujet de l'orthographe de ce nom, voir p. 123.

2. L'avenir devait se charger d'effacer ces regrets. Deux ans plus tard, en me rendant du Kansou au Yunnan, en route pour Lhassa, je passai un mois à Tchéngtou et séjournai aussi sur le mont Omi.

3. Certaines personnes, mal informées, placent ce phénomène singulier à Jigatzé, au Tibet, dans une imaginaire « Vallée de Vésak » (en réalité Vésak est le nom d'un des mois de l'année hindoue). C'est là une erreur. Le lieu de l'apparition est le mont Omi, au Szetchouan, et l'apparition elle-même quelle que puisse en être la cause physique, est un fait réel. Elle a été vue par de nombreux pèlerins, ainsi que par des voyageurs non bouddhistes. Le lama Yongden et moi en avons aussi été témoins. Une particularité curieuse c'est que ceux qui contemplent l'apparition au même moment, ne la voient pas tous de la même façon. Les uns disent voir le Bouddha assis dans la posture de méditation, d'autres le voient debout ; son attitude, l'expression de sa physionomie, son costume, le plus ou moins de netteté de l'image qui surgit diffèrent aussi.

Paraîtrais-je suffisamment européenne dans mes robes lamaïques ? Ceci m'inquiétait peu. J'avais un passeport, mais avant d'avoir découvert un fonctionnaire qui l'examinerait, bien des choses fâcheuses pouvaient survenir. Il m'aurait fallu des vêtements occidentaux ou, du moins, une robe chinoise comme en portent généralement les missionnaires habitant l'intérieur de la Chine. Je n'en possédais point. Maîtres et domestiques, nous étions tous tibétains, du chapeau aux bottes.

Ce dénuement n'était pourtant pas absolu. Avant notre départ, j'avais fait venir d'Amérique quelques vêtements imperméables : manteaux pour Yongden et pour moi, pèlerines à capuchon pour les domestiques et, pour moi encore, une casquette avec couvre-nuque. Malgré le mauvais temps que nous avions essuyé, nous ne nous en étions guère servis, craignant qu'ils ne nous fassent remarquer. Ils allaient sauver la situation.

Yongden et moi revêtirions nos manteaux, je coifferais ma casquette et mon fils un chapeau de feutre mou. En le rabattant sur ses yeux, peut-être réussirait-il aussi à paraître « étranger ». Tous deux nous mettrions des gants. Quant à nos serviteurs, leurs pèlerines devaient témoigner hautement de l'origine étrangère des maîtres qui les en avaient pourvus.

Jamais je n'ai vu de troupe plus bouffonne que la nôtre quand nous fûmes tous costumés. Leurs capuchons pointus sur la tête, nos trois domestiques avaient l'air de pénitents espagnols, il ne leur manquait qu'un cierge à la main. Nos bêtes, elles-mêmes, nous regardaient avec un étonnement mêlé d'inquiétude.

Ainsi, tous en tenue de pluie, bien que, précisément, le soleil fût radieux ce jour-là et me brûlât désagréablement le crâne sous ma casquette de caoutchouc, nous entrâmes à Mochow.

Je chevauchais en tête de notre groupe, comptant bien attirer l'attention sur moi. Il n'en fut, d'abord, rien ; les indigènes manifestaient la plus complète indifférence à mon égard. Cependant, parvenue vers le milieu de la petite ville, quelques Chinois s'avisèrent de me remarquer. Je pris un air digne et avançai la tête, pointant, aussi ostensiblement que possible, mon nez de forme bien aryenne. Les Chinois me considérèrent plus attentivement.

— « C'est une femme *Hsi fan* », dit tranquillement l'un d'eux, communiquant à un autre l'impression dérivée de son examen et tous approuvèrent en inclinant la tête affirmativement.

Oh ! mon humiliation !... *Hsi fan* est l'un des noms que les Chinois donnent aux Tibétains et il n'est guère complimenteur car il signifie à peu près « sauvage ». Ainsi, malgré mon manteau américain, mes gants fabriqués en France, mon nez dûment pointu de femme blanche et les vêtements « étrangers » de mon escorte, je ressemblais à une *Hsi fan !*

Notre première surprise passée, nous nous égayâmes du résultat inattendu de mon beau stratagème. Personne ne daigna plus s'intéresser à nous et sans éveiller la moindre curiosité, nous arrivâmes devant une maison dont le propriétaire nous arrêta, offrant de nous louer des chambres pour passer la nuit.

Voyant que nous allions loger là, quelques hommes, comme il s'en trouve toujours flânant dans les rues des villes chinoises, s'empressèrent d'aider mes garçons à décharger les bêtes, à les installer dans l'écurie et à garnir les mangeoires de paille.

Leur besogne terminée, Yongden appela les Chinois pour leur distribuer de menues gratifications. Il était assis, ayant posé à côté de lui un sac plein de gros sous en cuivre. Tout à coup, tandis qu'il leur parlait, l'un des hommes rangés devant lui s'élança vers ce sac et y plongea la main. Il ne l'avait pas encore retirée que le lama lui saisissait le poignet, le serrant énergiquement et forçant le voleur à laisser retomber la monnaie qu'il tenait. Sa main ressortit vide. Les autres Chinois présents l'accablèrent d'injures et mes domestiques, accourus au bruit et comprenant de quoi il s'agissait, tombèrent sur lui à coups de poing. J'interrompis la correction et le voleur fut poussé dehors par ses compatriotes indignés.

Quelle raison pouvait l'avoir poussé à commettre cet acte absurde, dénué de la plus minime chance de succès ?

L'homme était-il fou ou bien la misère, la faim peut-être troublaient-elles à ce point son esprit que la vue de ce sac de gros sous avait aboli en lui toute notion de prudence ?

Il demeurait debout au milieu de la rue, en face de la porte restée ouverte, il semblait encore fasciné par l'argent contenu dans le sac demeuré sur la table.

Les Chinois et mes domestiques, approuvés par Yongden, avaient décidé que la moindre punition à lui infliger était de le priver de la gratification que nous entendions lui donner. On l'avait informé de ce jugement, ajoutant qu'il devait s'estimer heureux que nous ne l'ayons pas livré au magistrat qui l'aurait fait bâtonner. Néanmoins, le malheureux ne s'en allait pas. Les autres Chinois partirent après avoir reçu quelques monnaie ; lui s'obstina à rester, les yeux toujours attachés à notre porte, dans une attitude de bête travaillée par la convoitise.

Il me rappelait un incident survenu un soir où je campais dans les grandes solitudes des *tchang thang* ensevelies sous la neige.

Sur la plaine blanche, un point noirâtre se mouvait : un loup cherchant une proie. Il avait vu mes mules attachées près des tentes. Ses congénères n'attaquent guère d'aussi fortes bêtes que lorsqu'ils sont en nombre et, né dans ce pays de pasteurs, l'animal savait parfaitement que les tentes abritent des hommes tueurs de loups, mais à ce moment la faim primait en lui tout autre intérêt, il s'élança...

Je le guettais depuis quelques instants, cachée derrière mes rideaux, mon mouvement répondit au sien, je me précipitai au-dehors en criant. Il n'eut pas le temps d'atteindre les mules et s'arrêta, mais il ne s'en alla point. En m'entendant, mes domestiques étaient accourus et voyant le loup, l'un d'eux alla chercher un fusil et me demanda la permission de tirer la bête dont la peau, disait-il, me ferait un bon tapis. Bien naturellement, je le lui défendis.

Quant au loup, il demeurait cloué à la même place. Il avait vu les hommes, il avait pu discerner le fusil dont l'aspect ne lui était peut-être pas inconnu, mais rien ne pouvait rompre la fascination que les mules... la nourriture exerçaient sur lui.

Nous avions, dans nos sacs, quelques grosses pièces de viande, j'en pris une et je commandai aux domestiques de me laisser seule. Alors, j'avançai doucement vers la bête toujours immobile. Lorsque j'arrivai à une cinquantaine de mètres d'elle, je lui montrai la viande, la jetai aussi loin que je le pus dans sa direction et m'en allai à reculons. En quelques bonds, le loup se jeta sur mon aumône, la prit dans sa gueule et s'enfuit à toute vitesse.

Le triste Chinois debout dans la rue me rappelait ce loup.

Profitant d'un moment où mes gens étaient occupés ailleurs, je lui jetai un dollar. La grande pièce d'argent ne brilla pas longtemps dans la poussière. L'homme s'en saisit avec la même avidité passionnée qu'avait montrée la bête affamée et, comme elle, s'enfuit.

Etait-ce là de la justice ? Certes non. Son acte « répréhensible » rapportait au « voleur » plus que n'avaient reçu ceux qui nous avaient aidés « honnêtement ». Peut-être son besoin était-il aussi plus grand que le leur. Je ne pouvais pas le savoir et, m'ériger en juge présomptueux dans notre monde chaotique, me paraîtrait absurde. La meilleure morale, pour nous pauvres humains, est, sans doute, de nous faire l'aumône d'une mutuelle pitié.

Pas de repos à Mochow ; arrivés de bonne heure nous avons pu acheter des provisions et nous repartons le lendemain matin. Nos waterproofs ont été rangés dans nos sacs et nous avons repris nos vêtements de *Hsi fans,* nous demandant en riant, mais non sans une pointe d'inquiétude si, maintenant, nous ne ressemblons pas à des « étrangers ».

La route et le temps sont tous deux meilleurs, mais les effets des pluies torrentielles des semaines passées continuent à se faire sentir. Le jour même où nous avons quitté Mochow nous nous butons, non point comme précédemment, à un glissement de terrain — la pluie s'étant, provisoirement au moins, arrêtée — mais à une haute falaise en train de s'écrouler. Il y avait déjà là une longue file de porteurs de fardeaux, assis à distance, sur le chemin, et regardant placidement dégringoler les pierres et le sable.

Pendant une grosse heure, il nous fallut les imiter, puis la quantité de terre qui s'éboulait et la fréquence des chutes diminuant, mes garçons déclarèrent vouloir tenter le passage. Ils durent premièrement aplanir la terre amoncelée afin de frayer un chemin aux mules.

La besogne n'allait pas vite, ils manquaient d'outils et se servaient, en guise de pelles, de pierres plates tombées de la montagne.

Tandis qu'ils travaillaient, je surveillais l'endroit d'où provenaient les éboulements et avertissais mes terrassiers quand un mouvement se dessinait en haut de la falaise et qu'ils devaient s'abriter en hâte. Malgré cette précaution, je n'étais guère rassurée ; un glissement inattendu pouvait causer un accident grave, même mortel.

Dès que le passage fut possible, les bêtes furent conduites une à une le long de ce sentier de fortune, jusqu'au-delà de l'endroit dangereux. Puis ce fut le tour des bagages que les domestiques transportèrent sur leur dos. Tout cela prit longtemps et j'éprouvai pas mal d'anxiété à voir mes braves garçons effectuer tant de fois cette traversée périlleuse.

Enfin je passai la dernière et m'en tirai sans autre ennui que de recevoir sur moi une averse de sable.

Weitchou, où notre route conduisait, est une localité d'une certaine importance, entourée de superbes jardins maraîchers. A ce moment, elle venait d'être pillée par une bande de soldats devenus brigands. Peut-être quelques-uns de ceux-ci s'y attardaient-ils ? Il valait mieux nous tenir à distance, nous n'entrâmes pas dans la ville.

C'était à cet endroit que nous désirions quitter le chemin descendant vers Tchéngtou via Kouanchién et tourner à l'ouest pour gagner Lifan et le pays tibétain. La route de Lifan se trouve par-delà deux rivières : le Hsi ho, qui n'est autre que la rivière de Sungpan sous un autre nom, et le Hsiao ho descendant des environs du col de Dza, qui se jette dans la première. Le passage s'effectue à leur confluent sur deux ponts suspendus divisés seulement par l'extrémité de la langue de terre séparant les deux cours d'eau.

Quatre énormes câbles, apparemment faits en paille [1], supportent ce qui tient lieu de tablier du pont, c'est-à-dire des planches posées les unes à la suite des autres, sans être reliées entre elles, ni fixées d'aucune autre façon. De chaque côté, quatre ou cinq câbles soutiennent ceux sur lesquels reposent les planches et constituent, en même temps, un vague parapet. Le tout ressemble à un gigantesque hamac.

Les jours où le vent souffle, me dit un indigène, le passage est interrompu. Les ponts deviennent des balançoires et l'on se hâte d'en enlever les planches qui seraient balayées dans la rivière.

La traversée du premier pont s'effectua sans incident, mais dès les premiers pas qu'une des mules fit sur le second, elle glissa et l'un de ses pieds s'enfonça dans le vide. Son conducteur s'empressa de la soutenir, mais en tentant de reprendre son équilibre, la bête

---

1. Les câbles en paille sont d'un usage fréquent dans l'ouest de la Chine, soit pour la construction de ponts suspendus, soit comme « corde-pont », c'est-à-dire un simple câble attaché aux deux rives, au moyen duquel voyageurs, animaux ou marchandises passent les rivières, suspendus à un crochet courant sur le câble.

dérangea d'autres planches, tomba et se trouva suspendue, son ventre seul appuyant sur les câbles.

Je me plais à rendre hommage à l'amabilité des campagnards chinois ; partout où je suis passée je les ai trouvés bienveillants et prêts à rendre service. Partout, sauf à Weitchou.

Loin de chercher à aider mes garçons qui s'efforçaient de sauver la mule en grand danger de tomber dans la rivière, beaucoup de ceux présents traversèrent le pont, le faisant osciller et rendant ainsi le sauvetage plus difficile, le danger plus grand. D'autres se hâtèrent d'enlever des planches pour couper le passage et nous empêcher d'atteindre la rive opposée. Enfin, j'appris que certains individus faisaient, à cet endroit, métier de conduire les animaux d'un bord à l'autre et entendaient être grassement payés pour leurs services. De là provenaient la mauvaise volonté et la méchanceté qu'on nous témoignait. Ces gens ne voulaient pas nous permettre de se passer d'eux.

Tenant à ne pas perdre entièrement la « face », je déclarai que je paierais pour le sauvetage de la mule et pour que l'on conduise les autres en terre ferme par-delà le pont, mais que, quant aux planches enlevées pour nous empêcher de passer, je ne donnerais rien pour qu'on les remette en place. Si elles n'étaient pas immédiatement rapportées et posées comme il convenait, j'enverrais ma carte au magistrat local qui punirait ceux qui me créaient des difficultés. Sur ce, je remis ma carte à un des garçons qui se dirigea vers Weitchou. Il n'alla pas loin, arrêté par une foule de gens qui promirent de remettre les planches à l'instant et se faisaient fort d'amener mes bêtes et mes bagages à bon port moyennant huit dollars. Je dus me contenter de ce semblant de satisfaction.

Les coquins étaient décidément habiles. En un tournemain ils passèrent une corde sous le ventre de la mule en péril, la soulevèrent, la remirent toute tremblante sur ses pieds et, sans lui donner le temps de se reconnaître, la tenant par la tête et par la queue, ils la poussèrent le long des planches et allèrent l'attacher près d'une maison, où elle put à loisir méditer sur les vicissitudes des voyages.

Les autres bêtes ayant été déchargées furent, à leur tour, emmenées tambour battant, chacune par deux hommes, mes garçons transportèrent les bagages et je m'en allai la dernière quand tout et tous furent en sûreté. Les corsaires du pont se montraient maintenant extrêmement gracieux. Ils m'offraient de me soutenir par les bras pour m'aider à marcher. L'enthousiasme suscité en eux par la perspective des huit dollars à toucher les remplissait de zèle ; pour peu que je me fusse laissé faire, ils m'eussent poussée et tirée comme une mule : certains voulaient même me porter. Je calmais leur tardive et intéressée bonne volonté et traversai le pont à mon aise.

A l'autre bout, Yongden payait les drôles, nous nous remettions en selle et repartions. L'éboulement d'abord, puis le passage mouvementé des rivières nous avaient fait perdre beaucoup de temps ; le soir nous surprit alors que nous étions encore loin de Lifan. Nous nous arrêtâmes dans un hameau nommé Koutchéng, situé sur le bord du chemin. Ses habitants paraissaient très pauvres, aucun d'eux n'avait une écurie où nous pussions abriter nos bêtes. Enfin, désireux de gagner quelque argent, un paysan nous offrit de les loger dans une chambre de sa maison. Quant à nous, nous habiterions chez un vieux bonhomme nanti de trois épouses presque aussi vieilles que lui. Faute de mieux, il fallut accepter cet arrangement.

Les nouvelles que l'on nous donne sont franchement mauvaises. Les Gyarongpas [1] ont, dit-on, envahi Lifan, le sous-préfet chinois et son personnel se sont enfuis, des bandes de Gyarongpas errent dans le voisinage de la ville et ont pillé des voyageurs.

Notre situation est embarrassante. Nous nous trouvons dans une vallée étroite n'offrant de praticable aux mules que le sentier sur lequel nous nous sommes arrêtés. Deux choses seulement nous sont possibles : avancer sur Lifan où la situation paraît troublée, ou bien retourner en arrière avec la perspective de devoir retraverser les ponts que nous avons franchis avec tant de peine et de retomber dans une région parcourue par des soldats transfuges des troupes régulières, se livrant au brigandage.

Les mules aussi me causent des soucis. Faute d'être soignées à temps, leurs plaies se sont élargies. Je ne veux pas leur infliger la souffrance de continuer à porter des bagages. Il faut, ou bien nous arrêter pour les laisser guérir, ou bien louer d'autres bêtes, mais aux premiers mots que je dis à ce sujet les paysans me répondent que je n'en trouverai pas. Il n'y a des muletiers qu'à Weitchou, au-delà des ponts, et à Lifan et la plupart d'entre eux ont envoyé leurs animaux au loin par crainte de les voir voler par les brigands.

La nuit est venue ; nous réfléchirons demain à ce qu'il conviendra de faire. Pour le moment, nous avons besoin de repos.

On dresse mon lit de camp dans une petite chambre déjà encombrée par deux lits en planches, d'où mes hôtes ont retiré leurs couvertures. Ils me serviront de tables pour déposer mes bagages.

Une surprise désagréable m'attend. Lorsque j'ouvre les sacoches suspendues à ma selle, je n'y trouve plus mon revolver. Sa place habituelle est pourtant dans celle de droite, hors de vue, mais à portée de ma main. Je m'informe. Ni Yongden ni les domestiques ne l'ont retiré de la sacoche, personne ne l'a vu. On le cherche. Il ne se trouve dans aucun de nos autres sacs.

Il a dû être volé par un adroit larron, tandis que notre mule en danger de tomber dans la rivière retenait notre attention. Il a pu, aussi, glisser hors de la sacoche lorsque les bagages ont été transpor-

1. Littéralement « gens des vallées chinoises ». Ce sont des populations d'origine tibétaine établies depuis des siècles dans les vallées-frontières de l'ouest de la Chine.

tés par mes garçons, soit en passant le pont, soit en se hâtant, sous la falaise qui s'écroulait. Inutile de se livrer à des conjectures. Nous ne saurons jamais comment la chose est arrivée. Un seul fait est évident et important : me voici privée d'une arme qui, à un moment donné, pouvait m'être utile et je ne vois aucun moyen de la remplacer.

Nous restons pendant huit jours à Koutchéng. Les plaies des mules ne guérissent pas, malgré les soins que je leur donne. Nous n'avons aucune nouvelle de Lifan. Pas un muletier ne passe à qui nous pourrions demander des informations. Quant aux habitants du village, ils ne sont pas mieux renseignés que nous. Ils sont tous chinois et craignent les Gyarongpas brutaux et plus robustes qu'eux ; de peur d'en rencontrer, ils ne s'aventurent pas au-delà de la limite de leurs champs.

La vie, pendant cette période d'attente, n'a rien de particulièrement agréable, mais un des heureux côtés de mon caractère est que je suis capable de m'accoutumer et même de me plaire n'importe où. Je lis des livres tibétains que j'ai emportés dans mes bagages, je me promène le long de la rivière et j'écoute mes vieilles hôtesses qui se querellent du matin au soir.

Quels sont les sujets de discorde qui leur font emplir la maison de cris de volailles effarouchées ? Je saisis peu de choses de ce qu'elles disent, mais Tobgyal, qui comprend très bien le chinois, m'assure qu'il ne s'agit que de vétilles : le feu mal allumé, du thé renversé, une chaise laissée hors de sa place... L'époux commun de ces vieilles acariâtres est un bonhomme taciturne au chef un peu branlant, à la démarche mal assurée. Il demeure assis pendant la plus grande partie du jour, le regard perdu dans le vague. Pense-t-il à quelque chose ? A quoi ?...

Il ne prête aucune attention au bruit que font ses femmes, il doit y être habitué. D'après la loi chinoise, une seule d'entre elles a véritablement droit au titre d'épouse, les deux autres ne sont que des concubines, bien que cette situation avouée n'ait rien de déshonorant pour elles. Dans les familles de rang social supérieur, la démarcation est assez nettement tranchée entre la femme légitime et les concubines ; il est loin d'en être ainsi chez les pauvres où toute la famille vit dans un étroit logement et où tous travaillent ensemble.

Ce n'était pas la première fois que j'observais de près un ménage polygame de vieux paysans chinois et je remarquai, de nouveau, la différence frappante existant entre les effets de la polygamie et ceux de la polyandrie en de pareils milieux. La majorité des vieillards polygames que j'avais vus ressemblaient plus ou moins à mon hôte de Koutchéng. C'étaient de pauvres bonhommes déprimés, ayant abdiqué toute initiative, entièrement dominés par leurs femmes. Celles-ci n'étaient point toutes d'humeur revêche et querelleuses, j'avais connu de fort aimables vieilles toujours souriantes, mais les unes comme les autres s'affirmaient maîtresses et si bien qu'elles eussent soin de lui, l'époux n'était plus que leur chose.

Combien différente l'épouse polyandre de paysans tibétains ! Celle-là n'abdique point devant ses vieux époux et toute courbée et édentée qu'elle soit, elle sait encore les tenir sous le joug. Sa suprématie, à cet âge, devient pourtant précaire le jour où entre dans la famille la jeune épouse polyandre de ses fils qui prend le gouvernement de la maison. Comme consolation, il reste alors, à la vieille, la récitation de milliers de *mani* [1] en égrenant son chapelet ou en faisant tourner son moulin [2] et d'interminables bavardages avec d'autres dévotes de son âge, les jours de fêtes sur le parvis des temples.

Une découverte d'ordre zoologique que je fis à Koutchéng jeta une lueur de gaieté dans la monotonie des jours que j'y passai, mais oserai-je la narrer ?...

D'abord, le terme ambitieux « découverte » ne s'applique qu'à moi. L'animal dont il s'agit est bien connu, depuis des siècles et par des millions d'individus, sur toute l'étendue du globe, mais je ne l'avais jamais vu et c'est là, paraît-il, un miracle.

Tous les étrangers qui racontent leurs voyages en Orient ou qui en écrivent des relations, s'accordent pour décrire la saleté des indigènes, l'abondance sur eux et dans leurs demeures de l'insecte en question et se plaignent d'avoir été en butte à ses incursions.

Or, plus de dix années de pérégrinations parmi les Tibétains, les Chinois, les Hindous, les Coréens et autres Asiatiques, non seulement m'avaient laissée indemne de ces hôtes indésirables, mais, comme je l'ai dit, nul d'entre eux ne m'était encore apparu.

Et voici qu'à Koutchéng, un matin, en défaisant mon lit et pliant mes draps, j'aperçois sur l'un de ceux-ci un petit être d'aspect singulier, blanchâtre et comme transparent, traversé dans toute sa longueur par une raie noire. Voilà, me dis-je, une bête curieuse et rare sans doute, car je n'ai jamais rencontré sa pareille ; probablement cet insecte appartient à la faune du Szetchouan.

J'avais pris la bestiole dans le creux de ma main et je l'examinais avec intérêt lorsque Yongden entra.

— « Avez-vous bien dormi ? » dit-il... « Que regardez-vous ainsi ? »

— « Une bête, » répondis-je. « Viens la voir. Sais-tu ce que c'est ? »

Le lama s'approcha, jeta un coup d'œil sur la paume de ma main que je tendais vers lui et se prit à danser de joie en riant comme un fou.

---

1. La formule : *Aum mani, padmé hum !*
2. Le petit cylindre portatif contenant des rubans de papier sur lesquels est inscrite la formule : *Aum mani padmé hum !* Les étrangers le dénomment improprement moulin à « prières ».

— « Là », dit-il enfin. « Vous disiez toujours que vous n'en aviez jamais vu. Eh bien ! vous en avez vu un maintenant. C'est un pou. »

D'autres années se sont écoulées, j'ai continué à vivre parmi des Tibétains et des Chinois, mais le pou de Koutchéng est demeuré l'unique exemplaire de son genre que j'aie jamais aperçu.

Il était impossible que nous demeurions plus longtemps dans l'incertitude où nous nous trouvions. Yongden accompagné d'un domestique partit pour Lifan. Tous deux firent route à pied ne voulant pas exposer les deux mules qui demeuraient valides à être volées si des malandrins erraient le long de la route.

A leur retour, ils m'apprirent que les Gyarongpas qui avaient envahi Lifan s'étaient retirés ; leur querelle était avec les autorités chinoises et concernait des impôts que celles-ci voulaient percevoir. Le magistrat local s'était enfui, mais nous n'avions pas à craindre d'être inquiétés. Le lama avait aussi fait accord avec un muletier de Lifan qui transporterait nos bagages jusqu'à Tsakalo [1], un bourg audelà de Lifan. Nos bêtes, à part leurs blessures, étaient en bonne santé, la marche leur ferait du bien après une semaine de repos. Il suffisait qu'elles ne portassent ni fardeau ni selle.

Le surlendemain, le muletier arrivait et, le même soir, nous couchions chez lui, dans une maison en bois, tout imprégnée de l'odeur de l'opium. Lifan n'offre aucun intérêt spécial, nous ne nous y arrêtâmes pas ; de bon matin, nous partions pour Tsakalo.

Notre route remontait le cours du Hsiao ho ; sur la rive opposée à celle que nous suivions, se voyaient des villages haut perchés sur les versants des montagnes et d'aspect un peu farouche. Ils étaient formés par des habitations en bois, à plusieurs étages, pourvues de balcons et étroitement serrées les unes contre les autres. Des tours de garde, comme il y en a beaucoup autour de Lifan, continuaient à jalonner la vallée.

L'étape était courte : moins de quarante kilomètres. Nous arrivâmes de bonne heure à Tsakalo.

Tsakalo est un village de Gyarongpas, c'est-à-dire de gens de race tibétaine établis depuis des siècles dans les vallées *(rong)* chinoises *(gya)*.

Beaucoup de monde s'assemble autour de nous lorsque nous arrivons mais nul ne nous indique une maison où nous pourrons loger. Yongden nous quitte pour parcourir le village à la recherche d'un gîte. Tandis qu'il est absent, une femme vient me dire qu'elle a des chambres à notre disposition mais pas d'écurie assez grande pour loger toutes nos bêtes. Plusieurs de celles-ci devront demeurer en plein air dans la cour. Ceci me déplaît et j'attends le retour de Yongden avant d'accepter l'offre qui m'est faite, mais comme le

1. Zaccalo, suivant la prononciation locale.

lama revient sans avoir trouvé de logement, il ne nous reste qu'à nous rendre où l'on nous appelle.

La femme qui m'a parlé est une Chinoise, la patronne d'une auberge, enserrée entre les maisons du village. La cour dans laquelle nous entrons est petite et boueuse. L'écurie située en contrebas, plus boueuse encore et fort malpropre. Nos pauvres bêtes seront très mal logées. Quant à nous, nous aurons un appartement au premier étage. On y accède par un escalier en bois, raide comme une échelle, aboutissant à une galerie donnant sur la cour. Ici, la surprise est agréable. Ce premier étage tout en bois comme un chalet est construit depuis peu. Il n'a pas encore eu le temps d'être enfumé et maculé par les hôtes de passage. La boiserie garde sa teinte claire et communique à l'ensemble un air de réconfortante propreté. Une grande chambre près de l'escalier sera le dortoir de mes hommes. Plus loin est une cuisine et tout à l'extrémité de la galerie lorsque celle-ci tourne en angle droit sur un autre côté de la cour, est un petit appartement de deux pièces. J'occuperai celle du fond qui a deux fenêtres, l'une sur la galerie et une autre donnant au-dehors, sur la campagne. Yongden logera dans la chambre d'entrée et, ainsi, me servira de garde du corps. On ne pourra entrer chez moi qu'en passant chez lui, il arrêtera les importuns : c'est autant de tranquillité assurée.

Les jours passent. Les plaies de mes bêtes sont lentes à se cicatriser. Mes garçons se dédommagent des privations qu'ils ont subies. Tsakalo ne fournit pas de quoi faire grande chère, mais l'on y trouve amplement de quoi se nourrir et ils en profitent pour manger presque continuellement.

Le lama lit dans sa chambre ; je fais de même dans la mienne d'où je ne sors jamais. Les gens du village sont curieux et voudraient m'examiner de près, ce qui m'est souverainement désagréable. J'ai aussi une autre raison pour vivre retirée. Il y a un monastère lamaïque à Tsakalo. Un monastère d'une certaine importance auquel un énorme *chörten* prête un air de dignité vaguement hautaine.

Les moines, encore plus que les marchands, sont l'élément voyageur au Tibet. Sans bagages, sans argent, ces chemineaux cléricaux s'en vont, par milliers, de-ci, de-là, à travers le Tibet et les régions voisines. Les uns cherchent un maître spirituel capable de les aiguiller sur la voie de la suprême sagesse, d'autres sont en quête d'initiations mystiques, de doctrines secrètes. Certains rêvent de découvrir les livres cachés *(gtérmas* [1]) par les saints lamas des siècles passés. Il en est qu'anime le désir d'étranges rencontres, de singulières communions avec des êtres autres qu'humains. Ceux qui sont, ou se disent *naldjorpas*, célèbrent *tcheud* [2] ou d'autres rites, le long de leur

1. Voir note p. 108.
2. Voir Le chapitre concernant ce rite extraordinaire dans *Mystiques et magiciens du Tibet*.

chemin. Enfin, de plus simples ne sont que de pieux pèlerins visitant les lieux sacrés.

Tous ces gens qui déambulent d'un endroit à l'autre sont d'excellents porteurs de nouvelles. Dès lors, je ne tenais pas à ce que les *trapas* de Tsakalo me vissent trop fréquemment, ni de trop près et que l'un ou l'autre d'entre eux pût annoncer ma présence près de la frontière interdite et me dépeindre à ceux dont je ne voulais pas être connue.

Cependant, malgré ma réclusion, je n'échappais pas complètement aux regards du bas clergé de l'endroit. Des *trapas* venaient à l'auberge pour causer avec mes domestiques, leurs collègues dans l'Ordre lamaïque. Ils circulaient sur le balcon-galerie, devant ma fenêtre, et essayaient de voir ce qui se passait dans ma chambre. Ils y réussissaient quelquefois et n'en étaient guère plus avancés car ils me voyaient lire un ouvrage tibétain, ce qui n'avait rien de nouveau pour eux.

Un après-midi, tandis que je lisais assise comme d'habitude, sur mon lit, le dos tourné à la fenêtre donnant sur la galerie, j'éprouvai cette sensation particulière que l'on a parfois, lorsqu'on se *sent* regardé. Je me retournai et vis un œil encadré dans une des déchirures du papier, qui, suivant la mode chinoise, tenait lieu de vitres. Ce n'était pas la première fois que j'étais épiée ainsi ; je repris ma lecture, mais à l'extérieur une voix dit :

— « Je viens vous voir. »

Sur ce, l'œil disparut, j'entendis marcher sur la galerie puis entrer dans la chambre de Yongden et la même voix dit :

— « Je viens voir la *ani*[1]. »

— « Jétsune Kouchog », rectifia mon fils d'un ton scandalisé par le manque de déférence du visiteur.

— « Jétsune Kouchog, si cela vous fait plaisir », repartit la voix avec une indifférence marquée pour ce détail.

Puis, avant que Yongden eût le temps de l'en empêcher, l'intrus ouvrit la porte de ma chambre, et se mit à m'examiner.

C'était un homme aux cheveux grisonnants, correctement vêtu d'un costume monastique en belle *therma*[2]. Il paraissait très sûr de lui-même, très à son aise et, il me semblait, un peu goguenard. La manière dont il avait forcé ma porte me déplaisait, mais je ne voulais pas risquer de me quereller avec un lama, à deux pas d'un monastère

---

1. *Ani*, le terme le plus usuel pour désigner une religieuse ordinaire. Celles que leur rang, soit ecclésiastique, soit social, assimile aux *lamas* sont respectueusement nommées Jétsune Kouchog, ou, par abréviation, Jétsunma.

2. Le costume monastique lamaïque est confectionné en serge de laine appelée *therma* (ne pas confondre avec *gtérma* prononcé *térma* : livres cachés). Il en est de toutes qualités, la plus fine est fabriquée à Tsithang, au sud du Tibet, sur le bord du Yésrou Tsangpo, une localité que je visitai après mon séjour à Lhassa.

qui comptait probablement plusieurs centaines, sinon un gros millier de moines. Cela aurait pu nous créer des désagréments.

Je pris donc le parti de rire.

— « Asseyez-vous, Kouchog », dis-je au visiteur. « Vous avez pris de la peine pour rien. Il n'y a rien de curieux à voir ici. »

— « Il y a vous », répliqua le lama. « Que faites-vous ici ? »

— « J'attends que les plaies de mes mules soient guéries pour repartir. »

— « D'où venez-vous ? »

— « Du nord, près de la Mongolie. »

— « Où allez-vous ? »

— « Au sud, dans mon pays. »

— « Quel pays ? »

— « Gya Méd [1]. »

— « Mais vous n'êtes pas chinoise. »

— « Non, pas plus que les Gyarongpas ne le sont. Les Gyamédpas aussi sont différents des Chinois. »

— « Ah ! »

Gya Méd laissait le lama perplexe, il n'imaginait pas très bien de quelle région il s'agissait.

— « Yunnan ? » demanda-t-il.

— « Plus loin au sud... »

— « C'est très loin ? »

— « Très loin. »

Il y eut un silence.

— « Et dans ce pays-là, les gens sont *nangpas* (bouddhistes) ? »

— « Ils le sont. »

— « Y a-t-il longtemps que vous êtes religieuse ? »

— « Dix ans. »

Il me considéra un moment.

— « Que faisiez-vous avant ce temps ? »

— « J'étais mariée. »

— « Votre mari est mort ? »

— « Non, il m'a permis d'entrer en religion... Il a deux autres femmes. »

La porte se referma subitement derrière Yongden qui se sauvait, ne pouvant pas contenir son hilarité.

Je m'amusai moins que lui, cet interrogatoire m'agaçait. J'y mis fin.

— « En quoi tout cela peut-il vous intéresser, Kouchog ? »

— « Cela ne m'intéresse pas du tout. Les *trapas* m'ont dit qu'il y avait ici une *ani* étrangère qui récitait des livres religieux toute la journée, cela m'a paru étonnant. Qu'est ce que vous récitez ? »

---

1. « Gya Méd » : la basse Chine. C'est, pour les Tibétains de ces régions, une contrée vaguement définie, qui inclut l'Indochine.

L'insupportable personnage, pensai-je, et je répondis un peu sèchement :

— « Je ne récite pas, je *lis.* »

Il me regardait de nouveau d'un air qui semblait narquois.

— « Eh oui ! je lis » repris-je presque en colère. « Je lis pour tâcher de comprendre comment « la forme est le vide même et le vide est la forme même », comment « en dehors du vide il n'y a point de forme et en dehors de la forme point de vide [1] ».

Il ne répondit pas, devint sérieux et se levant alla examiner les livres qui se trouvaient sur ma table.

— « Les temps sont mauvais, Jétsune Kouchog », dit-il, lorsqu'il eut fini son inspection. « L'esprit des hommes est tourné vers la méchanceté, ils ne songent qu'à se nuire. En cherchant égoïstement leur propre bien ils préparent leur ruine. Ce sont des aveugles ; il leur manque le calme dans lequel se développe la vue profonde [2] qui produit la sagesse. Les *tchirolpas* [3] et bien d'autres ont pensé et médité, ont eu des savants et des saints, mais ils ont continué à croire à la réalité d'un *moi* séparé, isolé. De cette chose inexistante, ils ont fait un objet d'adoration, pour elle ils se tourmentent et tourmentent les autres. Ils n'ont pas atteint la vue pénétrante qui révèle l'irréalité du *moi* et du monde tel qu'il leur apparaît.

« Tant qu'ils n'auront pas reconnu l'erreur de la croyance au *moi*, ils seront soumis à la douloureuse illusion de la naissance et de la mort. Dissiper cette erreur libère à jamais de la mort. »

Il se tut et j'attendis en silence ne voulant pas rompre le fil de ses idées, s'il voulait parler davantage, mais il passa à un autre sujet.

— « Qui est ce jeune homme qui était ici ? C'est un « tulkou » [4], n'est-ce pas ? Je ne pense pas me tromper. »

— « On vous l'a dit, sans doute ? »

— « Non, cela se sent parfois, même si le *tulkou* n'est pas officiellement reconnu... Il aura une vie singulière. »

Il a déjà commencé, pensai-je en moi-même en songeant à tous les voyages que Yongden avait effectués et à ceux qu'il ferait sans doute encore, étant devenu mon fils.

— « Il appartient à la secte des Kahgyud-Karma », dis-je, « il a étudié avec plusieurs maîtres ; c'est mon fils adoptif. »

— « Ma famille était des environs de Gartog », reprit le lama.

1. C'est une citation de la Prajña Pâramitâ.

2. *Lhag thong*, écrit *lhag mthong* : « voir davantage », c'est-à-dire la vue profonde, supérieure.

3. Écrit *phyirolpa*, littéralement : les « gens du dehors », c'est-à-dire qui ne professent pas le bouddhisme. Cette épithète désigne surtout les adeptes des différentes sectes hindoues.

4. Un lama réincarnant un éminent défunt : un de ceux que les étrangers dénomment improprement « Bouddhas vivants ». Au sujet des théories concernant Les *tulkous*, voir *Mystiques et magiciens du Tibet*.

« J'ai eu pour *gourou* [1] un lama qui avait, lui, atteint la vue profonde. Ce n'était pas un *gomtchén* [2], il n'avait jamais cru nécessaire de se retirer dans un ermitage. Il voyait toutes choses autrement que nous les apercevons à travers notre ignorance. Approcher seulement de lui était déjà une bénédiction... Je lui dois tout ce que je suis parvenu à comprendre...

« Vous allez dans un pays lointain... »

Il me regarda et continua :

— « ... Peut-être plus lointain que celui que vous m'avez nommé. Le jeune homme vous accompagne. Puisque tous deux vous aimez la Doctrine [3] et cherchez à en saisir le sens, je vous communiquerai volontiers quelques-uns des enseignements de mon maître. Ils pourront faire du bien aux hommes de là-bas.

« Je ne compte pas non plus rester longtemps ici. Je suis occupé et, pour d'autres raisons encore, je ne puis pas revenir dans cette auberge, mais que le jeune lama vienne au monastère, je lui dicterai des notes ou lui laisserai copier quelques pages de certains manuscrits. Demain, j'enverrai un *trapa* pour le chercher et le conduire près de moi. »

Le lama but ensuite du thé, causa un peu avec Yongden puis se retira.

Le lendemain, mon fils trouvait le lama installé dans une maisonnette [4] qui n'était évidemment pas la sienne car il ne paraissait pas, me rapporta Yongden, y connaître la place des objets les plus familiers. Ce dernier en conclut que le lama ne voulait pas le recevoir chez lui. Peut-être désirait-il que l'on y ignorât ce qu'il dictait à son élève passager. Aux marques de respect que lui témoignaient deux *trapas* qui le servaient, Yongden comprit aussi que le lama était un personnage important. Il s'informa de son nom, mais les noms personnels des lamas sont peu connus et l'étiquette défend qu'on s'en serve en parlant d'eux. D'une façon générale ils sont désignés par leur titre ou par leur charge dans le monastère, par leur siège s'ils sont *tulkous*, ou par le nom de leur pays natal.

Le maître bénévole de Yongden était Markam Kouchog. Or, Markam est un des noms de la région de Gartog, en pays de Kham et cette dénomination ne nous éclairait guère sur la personnalité du lama. Sans doute était-il un de ces érudits penseurs, comme il en existe un bon nombre au Tibet oriental, dont la vie s'écoule paisiblement dans une confortable aisance, sans rechercher aucune célébrité,

1. Guide spirituel. Le terme sanscrit *gourou* est employé par les Tibétains dans la langue littéraire et religieuse.

2. Écrit *sgomtchén*, littéralement : un « grand méditateur » un ascète contemplatif vivant en ermite.

3. *Chos* prononcé *tcheu,* c'est à dire la Doctrine bouddhique.

4. Les monastères tibétains se composent d'habitations séparées, de différentes grandeurs et ressemblent à des villes. Chaque *trapa*, chaque lama, y vit chez lui, selon ses moyens.

partageant leur temps entre la lecture, d'amicales conversations avec d'autres lettrés et, parfois, l'instruction de quelques élèves choisis.

Pendant le peu de jours que nous demeurâmes encore à Tsakalo, mon fils prit un bon nombre de notes intéressantes et c'est avec regret qu'il se sépara du bienveillant lama.

L'auberge de Tsakalo était le minable théâtre d'un drame poignant dont le souvenir m'a poursuivie longtemps. Les aubergistes, des Chinois, n'avaient qu'un seul enfant : un fils de seize ans, tuberculeux au dernier degré.

Chaque soir, au crépuscule, sa mère allumait des lampes devant l'image de je ne sais quelle divinité du panthéon taoïste, puis, tenant des bâtons d'encens dans ses mains jointes, elle se plaçait sur le seuil de sa porte et, la tête levée vers le ciel, lançait dans l'espace une déchirante lamentation. C'était un appel, semblait-il. Un même mot — peut-être le nom du personnage divin invoqué — revenait souvent. La voix de la suppliante ne s'élevait pas en des vociférations exaspérées, elle demeurait presque basse, monotone, empreinte d'une lassitude douloureuse inexprimable.

Il s'agissait d'une récitation rituelle à laquelle des répons faisaient écho. Un jeune garçon d'une dizaine d'années prenait place debout sur le seuil, auprès de la mère implorante et, en temps voulu, prononçait les mots requis. Bien souvent, sans doute, il eût préféré être ailleurs et son rôle, dans ce rite pathétique auprès de cette femme affligée, l'ennuyait. Du moins, il manifestait peu de recueillement, tournant la tête de droite et de gauche, s'intéressant à ce qui se passait dans la cour, tandis que la mère, les mains élevées vers le ciel, absorbée dans ses pensées, oubliait tout, hormis son fils qui se mourait et le dieu qui pouvait lui rendre la santé, si tel était son bon plaisir. Elle ne s'apercevait des distractions de son acolyte que lorsque celui-ci oubliait le répons. Elle le lui soufflait alors, et le gamin le répétait nonchalamment, sa voix criarde coupant l'harmonie émouvante de la plainte psalmodiée où la pauvre Chinoise mettait tout son cœur.

Tandis qu'elle s'absorbait dans sa prière, des gens passaient dans la cour, vaquaient à leurs affaires dans l'auberge, chacun uniquement préoccupé de soi. Je la regardais de ma fenêtre, le cœur étreint par une indicible tristesse en la voyant ainsi, seule parmi l'indifférence générale, tendant les mains dans le vide. La pauvre, la pauvre femme !...

Un jour, elle me demanda d'aller voir son fils. Je descendis au rez-de-chaussée où se trouvait le logement des patrons de l'auberge : une chambre de moyenne grandeur, sans autre ouverture qu'une large porte donnant en face d'un autre bâtiment et abritée par le balcon courant autour de la cour. Ce logis était sombre, enfumé et manquait complètement d'aération. Au fond de la pièce se trouvait le lit du malade. Nulle connaissance médicale n'était nécessaire pour deviner qu'il lui restait peu de temps à vivre.

Je conseillai une nourriture très substantielle, si le jeune garçon pouvait la digérer. J'engageai aussi les parents à le sortir de cette chambre obscure pour l'asseoir au soleil quand il ferait chaud, ou bien à l'installer dans une autre chambre plus claire et ensoleillée à l'étage supérieur. Il fallait bien que je dise quelque chose, mais tout remède eût été impuissant.

Je n'ai jamais oublié cette mère douloureuse. Souvent encore, il m'arrive de penser à elle qui pleure peut-être toujours l'enfant que les dieux n'ont pas voulu, ou pas pu, lui conserver.

Une occasion se présenta pour nous de quitter Tsakalo sans attendre la cicatrisation complète des plaies de nos mules, qui tardait beaucoup plus que nous n'aurions jamais pu l'imaginer. Yongden apprit qu'un muletier avait apporté des marchandises à Tsakalo et allait s'en retourner sans chargement. Immédiatement, il alla le voir et engagea ses services pour le transport de nos bagages à travers la montagne par-delà le col de Dza.

Nous sommes partis tard de Tsakalo, notre première étape est courte. Le temps est nuageux. Au sortir du village, nous voyons encore une haute tour de garde admirablement bien posée dans le paysage, puis nous cheminons entre des champs et traversons des hameaux n'offrant aucun intérêt. Le sentier miné par les pluies récentes est presque coupé en différents endroits ; nous passons pourtant sans grandes difficultés, mais notre progrès est lent et le soleil va bientôt se coucher lorsque nous nous arrêtons près d'une localité que notre muletier dénomme *Hsi-tien*.

Comme nous cherchons un endroit convenable pour camper, un *trapa* vient à passer. Il est momentanément *amtcheud*[1] chez un fermier et se fait fort de nous faire donner des chambres chez ce dernier, si nous le désirons. La ferme comprend aussi, nous dit-il, une vaste écurie ; nos bêtes pourront y être logées, tandis que le muletier chinois et son domestique dormiront à proximité, dans une chambre attenant à l'écurie. Cette proposition me convient parfaitement, du moins en ce qui concerne les mules. Quant à moi, après être restée pendant plus d'une semaine enfermée dans une chambre d'auberge, je serai ravie de passer la nuit dans ma tente.

Tobgyal, Seunam et les muletiers déchargent donc les bêtes, puis guidés par l'obligeant *trapa*, ils les conduisent au village où ils achèteront pour elles de la paille et du grain et leur donneront à manger.

De son côté, Sotar a vivement tiré un peu de bois sec d'un de nos sacs, rapproché trois grosses pierres pour supporter une casserole et

1. Un chapelain. Souvent un *trapa* qui réside de façon fixe ou temporairement chez un laïque ou chez un lama, pour lire les Écritures saintes ou célébrer des rites religieux.

allumé du feu. En attendant que ses camarades lui apportent une plus ample provision de combustible pour cuire notre repas, il prépare du thé.

N'ayant rien à faire, je tire un livre de ma sacoche, m'assois sur un sac et me mets à lire.

L'endroit où nous nous proposons de passer la nuit est un peu éloigné du village, les paysans ne nous ont pas vus arriver, mais notre présence est signalée par le *trapa* guidant mes gens et leurs bêtes, des curieux viennent m'examiner.

L'un de ceux-ci m'entendant lire à mi-voix, selon la coutume tibétaine, s'approche pour tâcher de saisir les mots que je prononce. N'y parvenant pas, il demande à voir mon livre. Je le lui tends. Il ânonne, alors, quelques phrases avec une prononciation étrange, puis, tout à coup, ayant reconnu l'ouvrage qu'il tient en main, il crie de toute sa force à ceux qui l'entourent :

— « Ceci est de notre religion ! C'est la *Chésrab kyi pharol tou tchinpa*[1] ! »

Il me rend ensuite le livre, recule de quelques pas et se prosterne trois fois avec une ferveur véhémente, pour rendre hommage aux feuillets des Saintes Ecritures, que je tiens en main. Plusieurs villageois s'empressent de l'imiter. Après avoir ainsi témoigné son respect, cet « érudit » se sauve en courant et revient peu de temps après, apportant quelques livres. Il me les montre et, avec mon aide, en lit quelques pages. Les paysans qui nous regardent continuent à manifester une vive admiration. Cependant le soleil est couché, la lumière baisse, force nous est de cesser notre lecture, mais tandis que celle-ci retenait mon attention, un miracle s'est produit. Subitement illuminés, les indigènes ont découvert le but de mon voyage.

Leur village a eu l'insigne honneur de voir naître un *tulkou*. Cet éminent lama revient de Lhassa et, en s'en retournant à sa résidence, en Mongolie, il passera quelques jours dans son pays natal. Pour le moment, il s'est arrêté dans une localité située au-delà du col de Dza. Quant à nous, nous sommes des gens pieux qui, ayant appris la présence du lama dans la région, s'en vont lui présenter leurs hommages et solliciter sa bénédiction.

Je suis enchantée que ces braves Gyarongpas aient, d'eux-mêmes, imaginé cette histoire. Ils m'épargnent la peine d'en inventer une autre.

Les sentiments dévots que l'on nous attribue sont immédiatement récompensés. On nous apporte diverses provisions de route, parmi lesquelles figurent trois œufs et un corbillon plein de noix.

La nuit vient, les villageois s'en vont. Tobgyal et Seunam sont de

1. Écrit *Chésrab kyi pharol tu phynpa* : la traduction tibétaine du traité philosophique sanscrit : la *Prajñâ pâramitâ.* L'ouvrage entier se compose de 12 gros volumes mais il en existe de nombreux extraits formant de petites brochures, telles que celle que je lisais.

retour. Ils ont bu du thé et vont procéder à l'installation de notre camp. Quand tout sera en ordre, ils iront abreuver les bêtes qui avaient trop chaud pour boire dès leur arrivée.

Comme nous commençons à déplier les tentes, le vent se lève brusquement et, presque tout de suite, devient violent. Je commence à regretter d'avoir refusé l'hospitalité qui m'était offerte. La nuit s'annonce mauvaise et je l'aurais sans doute passée plus confortablement sous un toit. Tandis que je réfléchis ainsi, le tonnerre gronde au loin. Les domestiques m'interrogent : faut-il continuer à dresser les tentes ? Il est certain qu'une grosse pluie tombera bientôt. Ne pourrions-nous pas encore chercher un abri dans une maison ?...

Cela me paraît difficile. L'habitation du fermier chez qui nos mules sont logées est à l'autre extrémité du village. Y transporter nos bagages à dos d'homme demanderait trop de temps... Pouvons-nous demander un gîte ailleurs ?...

Seunam propose de nous rendre à une maisonnette qu'il a aperçue tout près de nous, derrière un repli de terrain et un bouquet d'arbres qui me l'ont cachée. Le tonnerre gronde plus près de nous. Je comprends que mes garçons ont un grand désir de se mettre à couvert. Qu'ils aillent donc demander l'hospitalité à la petite ferme voisine.

— « Qui oserait refuser de recevoir des voyageurs pendant un orage ! » déclare Seunam, plein d'assurance.

Les autres partagent sa confiance, ils sont disposés à s'imposer aux maîtres du logis. Du reste, le temps presse si nous ne voulons pas être mouillés. Mes domestiques referment sommairement les sacs déjà ouverts, emportent les tentes à demi dépliées et courent vers la maison. On les accueille aimablement comme ils l'ont prévu. Yongden et moi aidons au déménagement. De larges gouttes de pluie commencent à tomber. Enfin, après quelques voyages, du camp à la demeure des paysans, tous nos colis sont à couvert.

La petite ferme où l'on nous donne l'hospitalité est habitée par deux paysans d'âge moyen : le mari et la femme. Leur demeure, située au-dessus de l'étable, ne comprend que deux pièces : la cuisine et, séparée de cette dernière par une terrasse, une chambre encombrée par des provisions, des vêtements, de la laine à filer, des fagots de bois sec, des sacs, des coffres, et un tas d'objet hétéroclites couverts d'une épaisse couche de poussière. La *nemo*[1] promet de m'y ménager une place pour ouvrir mon lit de camp, les hommes passeront la nuit dans la cuisine avec les maîtres de la maison.

Quel qu'il soit, je me félicite d'avoir trouvé ce gîte. L'orage est venu, le vent fait rage, une pluie mêlée de grêle bat les murs de la maison. Nous sommes mieux ici que sous des tentes et nous pourrons souper tranquillement.

1. *Nemo* : appellation familière, mais polie, désignant une maîtresse de maison qui est une femme du peuple.

La *nemo* s'est offerte à confectionner notre soupe avec la viande et la *tsampa* que nous lui donnerons. Elle y ajoutera des navets et des radis-raves et compte bien être invitée, ainsi que son mari, à partager notre repas. En attendant que la soupe soit prête, nous buvons encore du thé beurré.

La bourrasque était trop violente pour durer longtemps ; moins d'une heure après notre arrivée à la ferme, la pluie cesse.

Seunam et Tobgyal en profiteront pour retourner au village, faire boire nos bêtes et garnir leurs râteliers de paille. Puisque notre hôtesse épargne à Sotar la peine de cuisiner, il ira aider ses camarades.

Les trois hommes rangent leurs bols vides sur le plancher contre le mur[1], et sortent. Le *nepo*[2] les suit, allant chercher du lait et les légumes qui nous ont été promis, sa femme s'en va mettre un peu d'ordre dans la chambre où je coucherai. Yongden et moi demeurons seuls, près du foyer.

Quelques minutes plus tard, un jeune homme entre dans la cuisine et, sans nous adresser la parole, s'assoit dans un coin. Notre hôtesse revient, donne un coup d'œil indifférent au nouveau venu puis, avisant un bol de bois qui se trouve sur le plancher, près de lui, elle y verse du thé et pose un petit sac plein de *tsampa* à côté du bol. Ensuite, elle retourne au foyer, active le feu et s'occupe de la cuisine.

Le garçon reste toujours muet, il n'a même pas remercié la femme qui l'a servi. Maladroitement, il plonge la main dans le sac de *tsampa* et, en la retirant, laisse tomber une grande partie de la poignée de farine qu'il tenait. Il jette le restant dans son thé, puis tourne la bouillie avec ses doigts, sans regarder ce qu'il fait, les yeux fixés dans le vide, l'air inconscient. Enfin, il porte le bol à sa bouche et le garde là, contre ses lèvres, sans manger.

Tout en découpant en menus morceaux la viande qui doit cuire dans notre soupe, la *nemo* observe à la dérobée les manières bizarres du silencieux individu. Tandis qu'elle va prendre, pour activer le feu, des branches sèches qu'elle arrache à un fagot posé dans un coin de la cuisine, le garçon se lève, laisse tomber le bol qu'il tenait en main et sort comme un automate.

Yongden et moi, nous avons compris.

— « C'est un idiot », me dit le lama à voix basse.

---

1. Pour prendre leurs repas, les gens du peuple, surtout dans les campagnes, s'assoient les jambes croisées à même le plancher ou sur un morceau de tapis. Les bols ou les plats contenant leur boisson et leur nourriture sont posés devant eux sur le plancher — à un degré supérieur de confort, ceux-ci sont placés sur une petite table très basse. Les gens de la haute société mangent assis sur une pile de coussins, ayant devant eux une table longue dont la hauteur est calculée en proportion de celle de leur siège. Mes domestiques avaient bu leur thé assis sur le plancher et sans table pour poser leurs bols. Ensuite, chacun d'eux avait rangé le sien, hors du chemin, près du mur, pour le reprendre à son retour. Telle est la coutume du pays.

2. *Nepo :* maître de maison, lorsque celui-ci est un homme du peuple.

J'incline la tête affirmativement.

Au bruit qu'a fait le bol en tombant, la *nemo* s'est retournée. Elle voit le malheureux insensé franchir le seuil et disparaître.

— « Qu'a donc votre domestique ? » nous demande-t-elle. « On dirait un fou. »

— « Comment, notre domestique ? Ce garçon n'est pas notre domestique. »

— « Ce n'est pas un de vos gens qui sont restés au village avec vos mules ? »

— « Pas du tout. Nous ne le connaissons pas. Deux Chinois seulement sont demeurés près des mules et vous avez vu, ici, nos trois domestiques. »

— « Pourquoi ne disiez-vous pas qu'il n'était pas votre serviteur ? »

— « Nous avons cru qu'il était de votre maison. Vous lui avez servi du thé. »

— « Je lui ai servi du thé parce que je croyais qu'il était un de vos hommes. »

— « Ne regrettez rien, c'est une aumône. Vous en aurez le mérite. Ce malheureux ne jouit certainement pas de sa raison. C'est un idiot. Il a gaspillé sa *tsampa* et son thé sans manger ni boire. Il semblait essayer de le faire et ne pas pouvoir. »

Ciel ! Quelles paroles imprudentes avais-je prononcées sans me douter de leur portée. La femme pâlit.

— « N'est-ce pas, balbutia-t-elle, vous l'avez remarqué comme moi ? Il voulait manger et ne le pouvait pas... »

Elle se mit à réfléchir. A ce moment les chiens de garde aboyèrent férocement comme ils l'avaient fait à notre arrivée. Mes garçons revenaient.

En entrant, ils virent tout de suite la *tsampa* et le thé répandus sur le plancher et le bol renversé par terre. Tobgyal bondit sur lui et le ramassa.

— « Qu'est-ce que cela ? » dit-il en colère. « Qui s'est servi de mon bol [1] ? »

Je compris alors que le bol près duquel l'idiot s'était assis appartenait à Tobgyal qui l'avait rangé là. En le voyant près de celui qu'elle prenait pour mon domestique, la *nemo* avait cru qu'il était le sien et que le garçon attendait poliment, en silence, qu'on veuille bien le lui remplir de thé.

La fermière ne prêtait aucune attention à l'indignation de Tobgyal. En entendant aboyer les chiens, elle avait sursauté, frappée par une idée subite.

— « Et... dit-elle, quand cet homme est entré, les chiens n'ont

1. Chaque Tibétain possède un ou plusieurs bols personnels. L'usage veut que nul ne boive dans ceux-ci que leur propriétaire.

pas aboyé, et quand il est parti, ils n'ont pas aboyé non plus... *Kyab sou tchiwo !... Lama Kiéno* [1]... ».

Quoi, qu'avait-elle ?

Elle appela son mari et lui raconta ce qui s'était passé. L'homme devint sombre.

— « Mauvais cela », prononça-t-il. Ce n'est pas un homme qui est venu, c'est un démon. Le thé et la *tsampa* ne sont pas la nourriture que désirent ceux de son espèce, c'est du « souffle vital » des êtres qu'ils se repaissent... Qui l'a mené ici ?...

— « Vous déraisonnez, *nepo* », dis-je. « Nul démon n'est venu. Il s'agit d'un simple d'esprit. S'il n'est pas de votre village, c'est qu'il erre à l'aventure sans savoir où aller. Il faut le rechercher et lui donner abri. Demain, vous tâcherez de savoir d'où il vient pour le renvoyer à sa famille. »

— « Prends la lanterne, commandai-je à Seunam, et va voir si un garçon ne rôde pas près d'ici. Si tu le rencontres, tu le ramèneras doucement : c'est un pauvre fou. »

En m'entendant, la paysanne s'était jetée en travers de la porte.

— « Vous n'irez pas, vous ne sortirez pas ! criait-elle. Vous ne ramènerez pas ici ce démon ! »

— « Je le recevrai, s'il lui arrive encore de se montrer ! » appuya le mari en tirant de son fourreau un sabre suspendu contre le mur.

Il ne s'agissait plus d'un fou seulement, j'en voyais deux autres devant moi et, certainement, plus dangereux que le premier. Contrecarrer les idées superstitieuses des fermiers eût été imprudent. Le malheureux insensé courait moins de risques en errant à travers la campagne qu'en étant reconduit dans cette maison où on voulait le massacrer. Je n'insistai pas. Sotar remplaça la cuisinière trop bouleversée pour continuer sa besogne, nous mangeâmes rapidement et je me retirai dans ma chambre.

Je n'étais pas encore couchée quand mon fils frappa doucement à la porte. Je lui ouvris et vis qu'il apportait ses couvertures sur son bras.

— « Si vous le permettez, me dit-il, je coucherai ici. »

— « Vous êtes trop nombreux dans la cuisine, tu n'as pas de place ? »

— « Ce n'est pas cela. Cette histoire de l'idiot m'ennuie. »

— « Oh ! pourquoi ? »

— « Parce que ces imbéciles se sont mis en tête qu'il était un démon et qu'ils paraissent conclure que c'est nous qui l'avons amené à notre suite. Vous connaissez leurs idées à ce sujet. »

---

1. Exclamations courantes, en cas de danger, de malheur, etc. La première signifie : « Je prends refuge » ou « Je vais pour refuge » et la seconde « Sache-le ô lama ! » ou « le lama le sait. » Elle est un appel à son guide spirituel ou au fondateur de la secte à laquelle on appartient, l'adjurant de regarder son fidèle, de voir le danger qui le menace, l'infortune qui l'accable, etc.

— « Qu'est-ce que cela peut nous faire ?... Dors ici si tu veux. »

Le jeune homme étend ses couvertures sur le plancher devant la porte, qu'il faut me décider à laisser ouverte. J'étouffe dans cette chambre sans air parmi les odeurs que dégagent les choses qui y sont empilées.

Dans la nuit un bruit insolite me réveille. Quelqu'un marche lentement pieds nus, sur la terrasse. Qui est-ce ? Un voleur ? C'est peu probable. Pourtant je me lève vivement, m'agenouille près de Yongden, appuie ses couvertures sur sa bouche pour amortir le son de sa voix s'il parle en étant brusquement réveillé et je lui dis à l'oreille :

— « Quelqu'un vient, réveille-toi ! »

Le lama ne s'était pas encore débarrassé de ses couvertures que le nocturne visiteur apparaissait. C'était Seunam.

— « Je suis venu vous avertir », dit-il. « La *nemo* est malade, elle a gémi toute la nuit, se plaignant de douleurs dans le cœur. Elle dit que le démon, qui est venu hier soir, a emporté son « souffle vital [1] » pour le dévorer et qu'elle va mourir. Son mari nous accuse d'avoir amené ce démon avec nous. Il est très irrité contre nous et a proféré des malédictions toute la nuit. Nous n'avons pas dormi pendant un seul instant. Je suis sorti comme pour satisfaire un besoin, je voulais vous informer de ce qui se passe. »

Yongden prit immédiatement une décision.

— « Il faut partir, dit-il, partir immédiatement avant que le *nepo* ait le temps d'aller colporter ses divagations dans le village. La maladie soudaine de cette femme produira mauvais effet... Il faut partir... Si son état s'aggravait, les paysans excités par cette histoire de démon pourraient nous faire un mauvais parti... »

— « J'en ai grand-peur », fit Seunam.

Ils avaient raison. La situation, aussi ridicule qu'elle fût, était grave. La superstition, profondément ancrée chez les Tibétains, que des démons errants s'attachent aux pas des voyageurs, pénètrent avec eux dans les maisons où on les reçoit, et là, arrachent et « mangent » la vie des gens et des bêtes, pouvait provoquer une crise de fureur collective chez les paysans. Raisonner avec eux, soigner la *nemo* dont la maladie était, sans doute, uniquement causée par la frayeur, aurait été inutile. Mieux valait fuir.

— « Écoute, dis-je à Seunam, dans deux heures il fera jour. Va immédiatement trouver les muletiers, dis-leur que je veux aller loin aujourd'hui afin de rejoindre bientôt le lama-*tulkou* à qui je tiens à rendre visite. Surtout, ne leur parle pas du « démon ». Dépêchez-

---

1. On écrit *dbugs*, le souffle. On entend souvent parler de ces démons au Tibet, sous la désignation de *Kié doï ou lénkén* (écrit *skyé hgroï dbugs lén mkhen)* « ceux qui s'emparent du souffle de êtres ». Voir à ce sujet « Les mangeurs de souffles vitaux », dans mon livre *Mystiques et magiciens du Tibet,* et aussi le *Voyage d'une Parisienne à Lhassa.*

vous tous les trois à amener les mules. Si le *trapa amtcheud* ou d'autres gens de la ferme s'éveillent et te questionnent, dis-leur, comme aux muletiers, que j'ai hâte de voir le lama. »

— « Faudra-t-il longtemps pour ficeler les bagages, ici ? »

— « Nous avons tout empaqueté hier soir. A part le lit de Jétsune Kouchog et nos couvertures, tout est prêt à être chargé. »

— « Bon, fais vite. Les chiens ont été attachés, tu n'as rien à craindre. Le *nepo* t'a vu sortir, il te croira dans la cour et ne s'étonnera pas s'ils aboient. »

— « Je crois pouvoir sauter dans les champs à l'extrémité de la terrasse, les chiens sont attachés du côté opposé, ils ne me sentiront peut-être pas. Le *nepo,* tout occupé de la malade, s'apercevra moins de mon absence si les chiens ne font pas de bruit. »

Yongden approuve, je les laisse agir à leur idée.

Seunam est grand, jeune et agile, la terrasse n'est pas élevée, il a tôt fait d'enjamber les bâtons servant de rampe, de s'y suspendre et de sauter. Le voilà parti en courant dans l'obscurité. Les chiens ne se sont pas réveillés. On dirait que nous jouons un drame romantique. J'ai presque envie de rire, mais le lama est sérieux.

— « Sale affaire ! » déclare-t-il.

Ma toilette est vite faite, on se déshabille peu en voyage, au Tibet. Je n'ai fait qu'enlever ma robe de dessus et mes bottes. Mon fils et moi replions silencieusement mon lit et mes couvertures et les remettons dans leur sac. Puis nous attendons.

Le temps nous semble long. Enfin nous entendons le bruit étouffé des sabots de nos bêtes pataugeant dans la boue.

Yongden va prévenir Sotar et Tobgyal. Il débite aussi au *nepo* la fable que j'ai inventée. « Il nous tarde de voir le *tulkou,* nous partons de bonne heure pour faire beaucoup de chemin dans la journée. » Je crois bien que la visite que nous allons rendre à ce saint personnage en impose un peu à notre hôte ; il n'est pas tout à fait sûr que des gens aussi pieux puissent traîner des démons à leur suite. Il est bon de profiter de son incertitude.

Je m'approche de la malade, mais son mari m'écarte et ne me permet pas de la toucher. Je n'insiste pas. Sa frayeur passée, lorsque dans quelques jours elle se verra toujours de ce monde, la fièvre la quittera tout naturellement.

Les bêtes sont chargées à la lumière de nos lanternes chinoises et nous nous mettons en route.

Le sentier montant vers le col est coupé à travers la forêt vierge, les gens du pays y circulent à pied ou bien montés sur les petits chevaux du Szetchouan et les arbres ont été sommairement élagués à leur intention. Sur ma grande mule de Sining, je dépasse cette mesure et promène ma tête en plein feuillage, courant souvent le risque d'être éborgnée par les branches. A un certain moment je suis même tout à fait arrêtée. Ma mule, ne comprenant pas pourquoi je la retiens, s'efforce de suivre la file de ses compagnes, mes garçons doivent la maintenir et me dégager en coupant les branches autour de moi avec leurs sabres.

Notre départ précipité ne nous a pas permis de déjeuner, les bêtes aussi sont encore à jeun ; vers midi je fais faire halte. Tandis que les uns donnent du grain aux mules, les autres ramassent du bois mort, le feu est allumé et bientôt nous savourons chacun plusieurs bols de thé beurré. Le reste du menu suit : quelques morceaux de viande grillée à même la braise ardente et du pain que nous avons fait cuire nous-mêmes à Tsakalo.

Comme nous prenons notre repas, un cavalier arrive.

Où allez-vous ? » lui demande Tobgyal, selon la coutume tibétaine d'interroger les voyageurs que l'on rencontre. Et, conformément à l'usage du pays, Yongden ajoute : « Venez boire du thé avec nous. »

— « Merci, je ne boirai pas, répond le cavalier, je suis pressé. »

— « Où allez-vous ? »

— « Chez le *Kouchog-tulkou,* de l'autre côté du col. La femme chez qui vous avez couché est morte au lever du jour. Je porte sa robe au lama pour qu'il fasse le *poa* [1]. »

Il a parlé sans s'arrêter. Ses dernières paroles étant criées de loin alors que déjà les arbres le masquaient, c'est la voix d'un être invisible qui, à travers la forêt, nous a lancé la surprenante nouvelle : « La femme est morte ! »

Nous demeurons stupéfaits. Il ne faut pourtant pas que les muletiers s'effraient, ils seraient capables de nous abandonner. Je me reprends vite :

— « Pauvre femme ! dis-je. Elle était très malade quand nous sommes arrivés. »

Cette déclaration doit rassurer les Chinois, la mort de notre hôtesse et notre visite chez elle n'ont aucun rapport apparent puisque sa maladie était antérieure à notre arrivée.

Est-ce que, tout à fait convaincu maintenant qu'un démon a dévoré la « vie » de sa femme et que nous avons introduit ce démon chez lui, le fermier va ameuter ses amis ? Allons-nous être poursuivis ?

Yongden ne le croit pas. La séance de lecture prouvant que nous sommes des gens « instruits dans la religion » et le but pieux de notre voyage, notre visite au *tulkou* feront, pense-t-il, hésiter les villageois à nous molester.

Ses prévisions se justifièrent. Nous ne fûmes pas inquiétés.

Notre hôtesse était morte de peur. Cela ne faisait pas de doute. Probablement quelque désordre cardiaque la prédiposait à ne pouvoir supporter les émotions violentes. Je ne m'étais pas étonnée en

---

1. Rite qui dirige « l'esprit » d'un mort vers un séjour heureux. Voir le chapitre « La Mort et son au-delà » dans *Mystiques et magiciens du Tibet*.

voyant que la terreur qu'elle éprouvait lui avait donné la fièvre, mais jamais je n'aurais pu supposer que celle-ci eût une issue fatale.

Bien qu'étant tout à fait innocente de cette mort, je sentis pendant longtemps peser sur moi le poids d'une pénible responsabilité. Si, me disais-je, je n'avais pas été chez elle quand le malheureux idiot y était entré, la fermière l'aurait reçu autrement. Elle aurait compris qu'elle avait affaire à un insensé et n'aurait probablement pas imaginé cette absurde histoire de démon... J'avais été si impressionnée par ce triste événement que bien qu'il n'eût, en lui-même, rien qui l'assimilât à un « phénomène » anormal ou d'ordre occulte, et que je ne cherchasse aucune explication à son sujet, je le racontai pourtant à plusieurs lamas. C'est ainsi que me fut proposée la plus singulière explication que l'on puisse rêver concernant la personnalité réelle de celui que j'avais pris pour un simple insensé et que je continue à tenir pour tel. Une histoire fantastique se greffait sur cette explication et comme, outre son caractère extraordinaire, elle touche à certaines croyances des occultistes tibétains, je crois pouvoir me permettre de l'intercaler ici.

Alak Ngags Tchang, réputé docte en sciences secrètes, n'admettait pas que l'étrange garçon, dont la visite avait été fatale à mon hôtesse, fût un démon authentique. Il hésitait aussi à se ranger à mon opinion en le tenant pour un simple dément. Sans l'affirmer catégoriquement, il insinuait que ce dernier pouvait être un *tulpa* ayant échappé au contrôle du magicien qui l'avait créé [1], et errant à l'aventure, n'ayant acquis qu'un rudiment de conscience, ce qui lui donnait l'apparence d'un idiot.

Cet être pouvait-il, comme un démon « mangeur de souffle », avoir causé la mort de la fermière ? D'après Alak Ngags Tchang, la

1. Les Tibétains croient que les initiés à un certain enseignement ésotérique ont le pouvoir de former des êtres-fantômes *(tulkous ou tulpas)* capables de se comporter dans le monde comme des personnes naturelles. Ce pouvoir est attribué, par les bouddhistes mahâyânistes, aux Bodhisatvas. Le *tulpa* est formé supernormalement et n'a aucune conscience propre. Il n'est qu'une forme vide, animée et dirigée par le magicien qui l'a façonnée. Le *tulkou*, au contraire, naît de façon naturelle. Il est un être aussi réel que nous le sommes et bien que possédé par « l'esprit » de celui qui l'a voulu comme instrument, il a pourtant une volonté propre qu'il doit à sa naissance selon la chair. Cependant, surtout dans les récits épiques, le terme *tulkou* est souvent employé pour *tulpa*. C'est là, toutefois, une licence incorrecte. Les occultistes tibétains croient que, dans certains cas, les *tulpas* agissant à la manière d'un aimant, peuvent attirer à eux des éléments d'ordres divers existant dans leur ambiance et, en les assimilant, arriver à compléter leur personnalité, à devenir, dans une certaine mesure, des individus conscients. Le désir de conserver leur existence et de la rendre indépendante de leur créateur peut, alors, s'éveiller en eux et une lutte acharnée généralement conduite par des moyens psychiques plutôt que matériels s'engage entre le magicien et sa créature, le premier tentant de dissoudre celle-ci et se heurtant à la résistance et aux attaques du *tulpa* qui, lui, s'efforce de détruire son maître pour conquérir son indépendance. Les théories concernant ce sujet constituent une des plus curieuses sections de l'enseignement ésotérique tibétain et sont tenues extrêmement secrètes.

chose était fort douteuse, mais non impossible. Et sur ce, la conversation étant aiguillée sur les *tulpas*, ce dernier me raconta l'histoire du magicien Tcheu Tags.

Comment la connaissait-il ? Peu de temps avant sa mort, inspiré sans doute par l'exemple du célèbre ascète Milarespa, Tcheu Tags avait dicté sa biographie à l'un de ses disciples, lui recommandant spécialement de mettre en garde contre les dangers attachés à la formation des *tulpas* ceux de ses collègues *ngagspas*[1] qui seraient tentés de s'y livrer.

Ce disciple, ami du maître spirituel d'Alak Ngags Tchang, lui avait répété l'histoire du *tulpa* créé par Tcheu Tags et, à son tour, mon interlocuteur l'avait entendue de son maître.

Le *ngagspa* Tcheu Tags n'était ni un saint ni un sage. Dans sa jeunesse, il avait commis un crime. Un soir, obéissant à une soudaine flambée de luxure, il avait brutalement assailli une fille *dokpa*[2] qu'il désirait depuis longtemps. Puis, comme sa victime appelait à l'aide, lui, sa rage sensuelle éteinte et craignant des représailles, avait froidement jeté la malheureuse dans la rivière toute proche et, avec elle, le baquet qu'elle avait apporté pour puiser de l'eau.

Il s'en était allé très calme, nullement ému. Les gens des tentes noires cherchant la disparue n'avaient retrouvé que son baquet échoué entre des rochers. Dès lors, tout s'expliquait : il s'agissait d'un accident... La fille, s'étant trop penchée en puisant de l'eau, avait perdu l'équilibre : elle était tombée dans la rivière et le courant l'avait emportée. Sur une de ses robes[3] Tcheu Tags, impassible et solennel, célébra l'office des morts, le *poa* qui envoie l'esprit des défunts au paradis de la « Grande Béatitude » : *Noub Déwa Tchén*.

Les années avaient passé. Tcheu Tags était devenu riche et célèbre. Tcheu Tags avait approfondi les plus secrètes des sciences magiques. Inscrutable à l'égal des déités redoutables avec qui il entretenait commerce, Tcheu Tags était l'objet d'un respect mêlé de terreur. Pourtant, il ne jouissait pas de son succès ; intérieurement, un ver rongeur le torturait : il se savait vieux et la pensée de sa mort prochaine lui était épouvantable.

Vivre !... le vieux magicien n'avait que ce désir ; tous ses triomphes passés, ses richesses, sa gloire, il les comptait pour rien. Il voulait continuer à vivre pendant des années et encore des années et, lui, habile à produire tant de prodiges, il ne connaissait pas le moyen efficace de prolonger sa vie pour des siècles.

---

1. Les *ngagspas* (écrit *sngagspa*), « hommes des paroles secrètes » : des magiciens.

2. Les *dokpas (hgrogpas)*, littéralement « gens des solitudes », sont des pasteurs vivant sous la tente dans les grands déserts d'herbe du Tibet.

3. Le corps du défunt n'étant pas présent, le rite peut être célébré sur un objet quelconque lui ayant appartenu.

Pourtant, ce moyen existait. Un ancien manuscrit qu'il avait découvert dans la bibliothèque poudreuse d'un *ngagspa* mort récemment rapportait qu'un *tér*[1] traitant de ce sujet avait été enterré par Padmasambhava, dans une caverne proche de la cime du Khang Tisé[2].

Il lui fallait ce livre, mais comment s'en emparerait-il ?

Peut-être, si difficile que la chose fût pour lui, à son âge, parviendrait-il à effectuer le long trajet de Ga[3] au Khang Tisé, mais une fois arrivé au pied de la montagne sainte, il lui serait absolument impossible de la gravir. Pourtant Tcheu Tags avait soif du secret de l'immortalité dans notre chair actuelle.

Alors, il réfléchit et se rappela la maxime du Maître qui l'avait initié aux mystères des méthodes ésotériques : « Il existe toujours un moyen de parvenir à ses fins. Il ne s'agit que de le découvrir. »

Le « moyen », pour son cas, existait. Si son corps était privé de forces, ses membres ankylosés, si l'enveloppe de chair de Tcheu Tags ne pouvait être l'instrument efficace de la volonté de Tcheu Tags, cette volonté était capable de créer un autre instrument plus propre à servir ses desseins.

Le magicien connaissait l'art de produire des *tulpas,* des fantômes doués de toutes les facultés physiques des êtres réels, mais privés de vie propre, animés par la pensée de leur créateur et se mouvant d'après ses intentions. Plus d'une fois, il avait fait usage de ces créatures éphémères. Il y aurait encore recours. Un *tulpa* portant en lui l'ardent désir de vie de Tcheu Tags, rendu robuste par l'énergie que lui déverserait son esprit toujours vigoureux malgré la décrépitude de son corps, irait à sa place au Khang Tisé et, obéissant aux impulsions qu'il lui communiquerait, il déterrerait, à l'endroit indiqué, le précieux traité de Padmasambhava et le lui apporterait.

Tcheu Tags s'enferma pour une réclusion sévère dans les ténèbres et se mit à l'œuvre. Le *tulpa* se forma. Comme l'avait voulu le magicien, il avait l'aspect d'un jeune *trapa,* le personnage le mieux choisi pour entreprendre, sans être remarqué, un pèlerinage à la montagne sainte.

Le fantôme fut gardé plusieurs mois enfermé avec son créateur qui l'animait progressivement en prononçant les *mantras*[4] appropriés et en transfusant, en lui, une partie de sa substance subtile. Quand il le crut en état de se mouvoir dans le monde comme un être naturel, Tcheu Tags lui donna la liberté et celui-ci s'éloigna.

---

1. *Tér* ou *Térma* voir p. 108.
2. Une montagne sacrée aux Tibétains et aux Hindous. Ces derniers la dénomment Kailasa et y placent la demeure de Çiva. Elle est située à l'ouest du Tibet.
3. *Ga* est le nom d'un territoire inclus dans le pays de Kham, à l'est du Tibet.
4. Formules magiques. *Mantra* est leur nom sanscrit. Les Tibétains l'on adopté dans le langage littéraire. Ses équivalents en tibétain sont *zoung* (écrit *gzungs*) ou *ngags* (écrit *sngags*).

Mais bien que séparé du magicien, un lien occulte le liait à lui, il continuait à être actionné par sa volonté et ce dernier, par l'effet de sa clairvoyance, pouvait le suivre dans tous ses mouvements.

Le *tulpa* marchait, jour et nuit. Il n'avait besoin ni de manger, ni de boire, ni de se reposer. La force des *mantras* prononcés sur lui et l'énergie engendrée par la concentration de pensée du magicien le soutenaient.

Ainsi, le pseudo-pèlerin traversa Lhassa, Jigatzé et remonta très haut le cours du Yésrou Tsangpo. Puis, après avoir passé par maints villages et devant maints *dzongs*[1], il parvint à des *tchang-thangs,* pareils à ceux qui avoisinent Ga, où ne vivent que des pasteurs.

Un jour, continuant sa route, il arriva près d'un camp. Les chiens n'aboyèrent point quand il approcha. Marchant toujours droit devant lui, il heurta le piquet d'une tente et soudain s'arrêta. Dans la tente était une jeune fille.

A l'autre extrémité de l'immense Tibet, Tcheu Tags ressentit le choc qui venait d'arrêter son *tulpa,* il vit la jeune fille dans la tente et la reconnut : c'était celle qu'il avait violée et tuée soixante ans auparavant.

Le vieux magicien n'ignorait pas que, bons ou mauvais, tous nos actes produisent des effets qui nous atteignent tôt ou tard, nous apportant de la joie ou de la douleur, mais son crime ancien n'avait jamais contrarié son succès et il avait presque cessé d'en redouter le châtiment.

Sa profonde science lui permettait de pénétrer le secret, caché au vulgaire, des existences passées des êtres quels qu'ils soient. Il s'absorba dans une profonde méditation et les images à jamais ineffaçables des événements qui avaient eu lieu lui apparurent.

Il vit sa victime emportée par le courant et l'entendit se recommander au Seigneur de Compassion, le puissant Tchenrézigs. *Om mani padmé hum !* disait-elle, *Noub déwa Tchén kyi chinka la kiewar tchog*[2]. Et comme elle avait, durant sa courte vie, assidûment récité *mani,* et pratiqué la charité, Tchenrézigs l'accueillit dans son bienheureux royaume. Cependant ses mérites n'étaient pas assez grands pour lui permettre d'y faire un long séjour. A peine quarante de nos années s'étaient-elles écoulées — ce qui correspond à moins d'une heure de Noub Déwa Tchén — que la jeune fille renaissait dans notre monde et dans une condition pareille à celle qu'elle avait eue dans sa vie précédente. Une fois encore, elle était fille de pasteurs vivant sous la tente.

Tcheu Tags, qui n'avait jamais eu peur, trembla. L'heure du châtiment était venue. Mais il ne s'abandonna pas à la crainte, il résolut de lutter et se crut capable de vaincre l'obstacle qui paraissait s'op-

1. *Dzong* (écrit *rdzong*) : un fort ; actuellement aussi, la résidence d'un gouverneur de province ou d'un chef de tribu.

2. « Puissé-je renaître dans le Paradis de la Grande Béatitude. »

poser à son dessein. Il fallait d'abord que son *tulpa* s'éloignât de la tente et se remît en marche.

Il concentra ses pensées avec force pour communiquer au fantôme sa volonté de continuer sa route, et pour la première fois, le *tulpa* n'obéit pas.

La jeune fille voyant un *trapa* pèlerin debout au-dehors sortit et le pria d'entrer pour se reposer et boire du thé. Le *tulpa,* obéissant à une force plus grande que celle de son créateur, entra.

Fait de la substance subtile de Tcheu Tags, imprégné par cela même des sentiments qui animaient ce dernier alors qu'il le confectionnait, le voyageur fantôme portait, latent en lui, le désir passionné de vivre et, soudainement, au contact des influences provenant de l'acte criminel de Tcheu Tags, ce désir devint actif. En même temps, la sensualité de Tcheu Tags s'éveillait dans le *tulpa*. Le magicien et sa créature n'étaient qu'un seul esprit en deux formes matérielles.

Du moins, c'est ce qu'ils avaient été jusqu'alors, mais d'autres forces agissaient maintenant. Le désir de vivre et les tendances sensuelles attachées à la forme du *tulpa* attiraient, comme un aimant, des éléments étrangers qui allaient intervenir dans l'œuvre du magicien. Sa créature prenait vaguement conscience d'elle-même.

Le *tulpa* s'assit, il semblait fatigué, chose naturelle à un pèlerin. Il ferma les yeux, on le crut endormi. Les parents de la jeune fille, des gens pieux, s'estimèrent heureux d'héberger un religieux se rendant à la sainte montagne. Des jours passèrent, puis des semaines. Le *tulpa* résistait à la pression exercée sur lui par le magicien. Il ne voulait pas aller au Khang Tisé ; la fille des *dokpas* lui plaisait. Nourri par des apports étrangers à la volonté du magicien possédé par d'autres esprits que le sien, une intelligence propre naissait en lui. A présent, le lien subtil qui unissait l'homme-fantôme à Tcheu Tags ne servait plus seulement de canal pour transmettre au *tulpa* la volonté du maître ; le long de ce fil conducteur, la conscience rudimentaire du *tulpa* remontait et prenait contact avec celle de son créateur, pénétrant ses desseins. Ainsi le *tulpa* comprit que l'existence lui était mesurée, que sa tâche accomplie il serait détruit. Il ne le voulait pas. Il voulait vivre.

Tcheu Tags perçut sa révolte. Le vieux magicien s'enferma de nouveau dans les ténèbres. Il employa les *mantras* les plus puissants, les épuisantes concentrations d'esprit, celles pendant lesquelles l'énergie vitale s'écoule toute en un unique ruisseau. Il appela à son aide ses déités tutélaires. Rien ne put remettre le *tulpa* en marche vers la caverne où était enfoui le traité contenant le secret de l'immortalité.

Bien au contraire, Tcheu Tags perçut que son fantôme fortifié par l'aide de *cela* — êtres et choses qu'il avait incorporés — commençait à lui soutirer à lui-même de l'énergie et de la vie.

Le danger qu'il courait l'affola. Il ne s'agissait plus, maintenant, de traité enseignant l'art de se rendre immortel, il fallait se défendre contre une destruction imminente, anéantir le *tulpa* révolté.

Tcheu Tags essaya de le ramener vers Ga, comptant en venir plus facilement à bout lorsqu'il serait entre ses mains. Ce fut en vain. De plus en plus conscient, le fantôme, devenu presque un homme, percevait ce que le magicien tramait contre lui et se défendait avec toute la force que lui donnait son désir de vivre.

A ce désir s'ajoutait un autre sentiment. Le *tulpa* aux facultés mentales restreintes n'était pas capable d'aimer, mais les effets de la passion criminelle de Tcheu Tags se manifestaient en lui ; une attraction sensuelle, à demi consciente seulement, mais irrésistible, le poussait vers la fille de ses hôtes. Souvent, ses pensées étaient occupées par le désir qu'il avait d'elle et pendant ces heures de rêveries, la concentration de son esprit sur la conservation de son existence se trouvait relâchée. Le lointain magicien reprenait alors l'avantage dans leur lutte occulte, mais lui aussi s'intoxiquait aux effluves mauvais de sa passion d'autrefois qu'il revivait dans sa mémoire.

Un jour vint où la scène du drame passé se présenta comme actuelle devant lui. Sa clairvoyance lui montra la fille des *dokpas,* portant un baquet, allant puiser de l'eau à la rivière et le *tulpa* qui la suivait. Alors, la même flambée de luxure, qui s'était allumée en lui soixante ans auparavant, le brûla d'un feu infernal. Au loin, le *tulpa* en ressentit l'âpre morsure, il se jeta sur la jeune fille.

Cependant, entraîné de longue date à la perspicace observation des faits, le magicien conservait assez de lucidité pour saisir l'occasion que son adversaire lui offrait. Subjugué par la passion, s'abandonnant à elle, ce dernier ne se « gardait » plus. Tcheu Tags se maîtrisa. Par un puissant effort, il « reprit » [1] en lui le *mantra* vital sur lequel reposait l'existence du *tulpa* et, terrifiée, la fille des *dokpas* vit l'homme qui l'étreignait se dissoudre comme un nuage.

Cet effort avait épuisé ce qui restait de force chez le vieux magicien. Il n'y survécut que quelques mois. Peu de temps après avoir dicté sa dramatique biographie à l'un de ses disciples, il fut trouvé mort sur son siège de méditation.

Il est douteux que j'aie été capable de rendre, dans une langue étrangère, le véritable et hallucinant caractère de cette histoire tibétaine. Il est, aussi, impossible que ceux qui la liront dans les villes de l'Occident comprennent l'impression qu'elle produit racontée, le soir, près d'un feu de camp dans les solitudes des *tchang thangs,*

1. Le rite de la « reprise » des *mantras* a pour objet de défaire une œuvre magique que l'on a opérée à l'aide de *mantras* ou de contrarier ou détruire celle d'un adversaire également basée sur des *mantras*. Dans ce dernier cas, il faut connaître ceux dont il s'est servi.

alors que la lune, les nuages et les flammes bleuâtres de la *tchiwa* [1] embrasée peuplent le désert d'ombres fantomatiques. Plus impossible est-il encore d'imaginer les pensées qu'elle éveille chez celui qui, sans en accepter tous les détails fantastiques, sait pourtant que ce conte cache une vérité.

Le lendemain du jour où nous avions appris, dans la forêt, la mort imprévue de notre hôtesse, voyant que personne ne nous rejoignait, les craintes que j'avais conçues se dissipèrent. Le pronostic de Yongden se réalisait : nous n'étions pas poursuivis. Peut-être les villageois avaient-ils chargé le cavalier qui nous avait parlé d'instruire le *lama-tulkou* des particularités de notre séjour chez la défunte, laissant à ce dernier le soin de nous punir. Peut-être aussi comptant nous trouver chez lui, entendaient-ils s'y rendre en nombre et obtenir qu'il nous condamne à leur payer une indemnité. Ces façons de faire bizarres sont très en honneur au Tibet. Mais de ce tribunal, je n'avais cure. Il n'entrait nullement dans mes intentions de rendre visite à l'honorable lama mongol.

Partie à pied ce matin-là, selon ma coutume, tandis que les hommes ployaient les tentes et chargeaient les mules, je me heurtai, après une heure de marche, à un fleuve de boue qui coupait le chemin, sur une étendue d'environ trois cents mètres. Un torrent démesurément enflé avait emporté un large morceau de montagne, arrachant et charriant à travers la forêt des rochers et des arbres énormes. Le chaos formé par leur enchevêtrement baignait dans une vase jaunâtre et profonde parmi laquelle le torrent, encore gros, se frayait un lit.

L'idée d'étrenner de hautes bottes en caoutchouc, qui m'était venue tandis que je m'habillais, devait m'avoir été suggérée par quelque dieu ami. Jamais elles n'auraient pu m'être plus utiles. Avant mon départ de Koum-Boum, j'en avais fait venir deux paires — une pour Yongden et une pour moi — d'une maison américaine qui a une grande clientèle en Chine. Ni le lama ni moi ne les avions encore chaussées, les réservant pour les pires circonstances, craignant de les user trop vite, sachant qu'il nous serait impossible de les remplacer au cours de notre voyage. Nos craintes, cependant, étaient superflues, les précieuses bottes semblaient inusables et, en plus de services réels qu'elles nous rendirent, elles furent aussi pour nous une source d'amusement parmi les primitifs pasteurs du désert d'herbe.

Ceux-ci, qui n'avaient jamais eu que des chaussures en feutre ou en cuir, s'émerveillaient de nous voir marcher dans l'eau, puis retirer nos pieds parfaitement secs de ces bottes miraculeuses. Certains

1. Écrit *lichiba*, la bouse de yak séchée, l'unique combustible dans le centre et le nord du Tibet.

n'étaient pas éloignés de croire que la magie jouait un rôle dans ce prodige.

Or donc, plantée dans mes bottes neuves, je me trouvais seule devant ce fleuve de boue mouvante. Attendre pour le traverser que mes gens fussent arrivés et employer leur aide m'eût paru indigne d'un chef d'expédition. Après avoir attaqué le passage à plusieurs endroits, tour à tour pataugeant et me hissant sur des arbres renversés, je parvins de l'autre côté de l'obstacle, sinon en terrain sec, du moins en terrain solide.

Plus loin, la rivière dont nous remontions le cours avait débordé et envahi le sentier resserré entre des rochers. Le courant descendait avec la rapidité d'un cheval au galop et nous arrivait aux mollets. Nous commencions à être fatigués de tant d'eau tombant sur nous du ciel ou noyant notre route et cependant nous n'étions qu'au commencement de nos peines.

Continuant à monter en pente douce, nous trouvons un meilleur terrain, où ne zigzaguent que d'aimables et innocents ruisseaux. Un après-midi, presque au pied du col, nous débouchons dans une jolie clairière. Il y a là de la bonne herbe pour nos mules, un terrain plat pour établir notre camp. Gens et bêtes seront heureux d'y passer une journée au repos et j'y consens volontiers. Les voyages ne sont agréables qu'effectués lentement, en s'accordant beaucoup de loisirs pour regarder, faire intime connaissance avec les pays que l'on traverse, et... pour penser.

Nous sommes presque au bout de notre longue ascension. Le lendemain nous sortons de la forêt, traversons la zone des taillis, puis celle des pâturages qui sont entièrement déserts. Le sentier serpente, ensuite, parmi des terrains pierreux dénués de végétation et, enfin, la neige apparaît, devenant bientôt très épaisse. Cette dernière partie de la montée est fort raide. Un étroit sentier a été piétiné par les voyageurs qui nous ont précédés, nous le suivons de confiance car nulle part le sol n'est visible. La nécessité de ne pas nous en écarter nous est promptement démontrée. Des mules à qui il prend fantaisie de quitter la file pour se promener dans les champs de neige y enfoncent perdant pied. Les hommes, moins lourds qu'elles, réussissent à demeurer à peu près fermes sur la surface encore gelée et à les dégager, mais ce n'est pas sans peine. Ma mule glisse à chaque pas, je mets pied à terre et continue mon chemin à pied.

Le col lui-même est une simple coupure pratiquée dans une arête aiguë. Un V dont la base, par où le chemin s'introduit, est si étroite qu'en passant nos bêtes en raclent les deux parois avec leurs fardeaux. L'arête elle-même n'a guère plus de trois mètres d'épaisseur à cet endroit. Immédiatement, l'on passe sur l'autre versant dont la pente est moins raide mais où la neige est encore plus épaisse. Toute la descente doit être effectuée à pied jusqu'à la zone des pâturages.

L'altitude du col est, dit-on, d'environ 4 500 mètres [1].

Très au-dessous de lui, les premiers arbustes rencontrés commençaient à peine à bourgeonner quand je le traversai, à la fin du mois de juin 1921.

Cette promenade dans la neige m'a passablement fatiguée. Dès que je retrouve des prairies, la tentation me vient de m'asseoir et de me reposer. Ce n'est même pas assez d'être assise, mes membres réclament une plus complète détente. Je me couche et je m'endors. A quelques pas de moi, Yongden s'est aussi allongé sur l'herbe. A peine vingt minutes plus tard, je me réveille courbaturée et fais lever le lama qui s'est assoupi. Le résultat de l'imprudence que nous avons commise en demeurant étendus sur la terre humide se fait déjà sentir. Yongden a mal à la gorge et je frissonne. Tobgyal, resté avec nous, s'est promené en gardant nos montures ; bien lui en a pris, il a échappé au refroidissement.

Nous enfourchons rapidement nos bêtes. Les mules de louage ne se sont pas arrêtées. Quand les rattraperons-nous ? Il est impossible de trotter par ces sentiers de forêt et nous n'avançons guère plus vite qu'elles. Les muletiers trouvent leur profit à allonger les étapes lorsqu'ils sont payés à forfait pour un trajet. Que la nuit soit venue lorsque l'on campera, que l'on ne puisse pas faire cuire mon souper, notre Chinois s'en moque : un bol de thé, un morceau de pain et quelques pipes d'opium suffisent à cet homme sobre.

La fièvre augmente, j'ai le vertige, les oreilles bourdonnantes, chaque mouvement de ma mule me cause de violentes douleurs dans les reins et dans la poitrine. Yongden me dit que j'ai le visage cramoisi, lui-même commence à tousser. Il nous faudrait boire chaud et nous mettre au lit, mais boisson et lit sont loin de nous. Où le muletier va-t-il s'arrêter ?...

Du sentier qui descend doucement, nous entrevoyons, devant nous, une étroite vallée couverte de forêts et, au lointain, un pic couvert de neige. Le paysage est sévère, très beau, imprégné d'un grand calme, le charme qui s'en dégage me fait presque oublier ma souffrance.

Plusieurs heures s'écoulent, la pluie tombe par intervalles ; enfin je distingue, très au-dessous de nous, une légère brume bleuâtre qui s'élève entre les arbres. Elle est à peine visible, mais à mener une vie de primitif par les monts et les bois, l'on développe l'acuité de ses sens. Un feu brûle là-bas : nos gens doivent y être campés.

---

1. La carte de Chine, teintée par altitude, confirme approximativement ce renseignement. Toutefois, je prie le lecteur de se rappeler que mes voyages ont eu pour objet des recherches orientalistes et ethnographiques et ne comportaient point d'études géographiques. Les renseignements concernant les altitudes indiquées dans le présent livre comme dans ceux que j'ai écrits précédemment m'ont été fournis par des voyageurs compétents et par les meilleures cartes existant actuellement. Ces chiffres doivent être pris *approximativement* et sont donnés simplement pour que le lecteur puisse plus facilement se former une idée des pays que ces récits décrivent.

Il nous faut encore pas mal de temps pour les rejoindre, mais je ne m'étais pas trompée, le feu est là et nos tentes dressées. Bien mauvais, l'emplacement du camp : un terrain en pente, couvert de hautes herbes mouillées. Aucun autre endroit ne s'offrait, dans cette forêt touffue, il faut nous en contenter.

Tout me sera bon, du reste, pourvu que j'aie chaud et que j'enlève mes vêtements humides. Sotar et Seunam, partis en avant avec les Chinois, ont fait mon lit et préparé du thé beurré, j'en bois plusieurs bols et je me couche sous un bon nombre de couvertures, une bouteille d'eau chaude entre mes bras, une autre à mes pieds. De son côté, Yongden se traite de même. Le lendemain, la fièvre nous a quittés, nous sommes, tous deux, frais et dispos, prêts à nous en aller jusqu'au bout du monde.

Lianghokow est beaucoup moins loin que « le bout du monde ». Nous campons encore en forêt, la nuit suivante et, le lendemain matin, nous plantons nos tentes à trois *lis*[1] du village. De celui-ci part la route conduisant au lieu où réside actuellement le *tulkou* mongol, mais je me dispenserai de lui rendre visite.

Yongden se rend au village pour acheter des provisions ; il y trouve peu de chose. Il rapporte six livres de bon beurre, huit livres de farine et un peu de *tsampa* qu'on lui fait payer un prix exorbitant.

L'engagement que j'ai conclu avec les muletiers expire à Lianghokow. Je voudrais pourtant traiter de nouveau avec eux pour continuer à descendre la vallée. Je tiens à ne pas fatiguer mes mules afin de les avoir en bonne forme au moment d'entrer au Tibet où il me faudra avancer rapidement et sans demander d'aide à personne.

Le Chinois veut bien me continuer ses services pendant quelques jours encore, mais il exige que je loue six mules. Il ne m'en faut que trois. Il me déplaît de faire une dépense inutile. Je dois ménager l'argent que j'ai emporté car je n'ai aucune possibilité d'en toucher d'autre jusqu'à la fin de mon voyage. Entre le temps où j'écrirais en Europe et celui où je pourrais recevoir les fonds demandés, il s'écoulerait environ six mois. Dans six mois, je compte bien avoir fait du chemin.

Je refuse donc de subir les exigences du muletier. Sur nos huit bêtes, cinq sont à peu près valides, leurs plaies s'étant cicatrisées. Nous les chargerons et, pour alléger leurs fardeaux, nous porterons, chacun, un sac sur notre dos. C'est ainsi que le 13 juin, vers trois heures de l'après-midi, nous nous mettons en route à pied.

Ai-je eu tort de ne pas louer les six mules ?... Le muletier a-t-il voulu se venger de ma résistance ? A-t-il simplement cherché à mettre sa responsabilité à couvert quant aux services qu'il m'avait rendus, en informant le magistrat chinois le plus proche du passage dans le pays de gens portant des armes ? Je l'ai toujours soupçonné

1. Mesure chinoise. Trois *lis* font environ deux kilomètres.

d'avoir joué un rôle dans la désagréable aventure qui allait nous advenir et dont les conséquences, en bouleversant mes plans, m'entraînèrent dans une nouvelle suite de pérégrinations qui durèrent plus de trois ans. Pour ce, béni soit-il, si mes soupçons étaient fondés !

CHAPITRE V

De Lianghokow, un bon sentier, suivant la rivière, descend à travers les forêts, vers Foupién. La distance existant entre ces deux localités n'est pas grande, mais nous la parcourûmes à très petites étapes. Nous étions lourdement chargés et pas du tout entraînés à porter des fardeaux sur notre dos. Nos mules trouvaient amplement de quoi paître et le demi-repos que je leur laissais achevait la guérison de leurs plaies. Et puis flâner dans ces bois ne manquait pas de charme, nous y demeurions parfois campés toute une journée jouissant de la quiétude profonde du paysage environnant... C'était le calme avant la tempête.

Foupién, où nous nous rendions, emprunte l'importance qu'on lui accorde dans la région au fait que les villages des environs comptent souvent moins d'une douzaine d'habitations. Il y en a peut-être une quarantaine à Foupién et, de plus, un magistrat chinois a son siège dans cette localité. Malheureusement pour nous, nous ignorions ce dernier détail.

Arrivés tard dans la soirée en vue de la petite agglomération et n'apercevant pas de meilleur endroit pour camper, nous nous installons dans un ancien cimetière situé sur une colline. L'endroit est splendide. Une belle prairie offre un large emplacement pour nos tentes autour desquelles nos mules pourront paître en liberté. C'est nuit de pleine lune, les nombreuses tombes en ruine émergeant des buissons et des herbes folles nous entourent d'un décor romantique. Le temps est beau, je demeure longtemps au-dehors regardant le jeu des ombres que la lune et notre feu de camp projettent parmi les vieux sépulcres. Le paysage est si fantastique que j'accueillerais sans étonnement l'apparition de quelques fantômes, mais aucun ne se montre. Nous dormons paisiblement auprès de nos voisins qui s'endormirent, avant nous, d'un plus profond sommeil.

Le 21 juin vers 9 heures du matin, je quitte le camp à pied, accompagnée de Yongden, tandis que les domestiques achèvent de ficeler les bagages. Nos bêtes sont toutes redevenues capables de porter leur charge ordinaire et il n'est plus nécessaire que nous nous chargions nous-mêmes de fardeaux, comme nous l'avons fait durant la semaine précédente. C'est heureux, car nous aurions fait piètre figure en traversant les villages chinois dans cet équipage. Mais, qui sait, peut-être faisons-nous, maintenant, trop bonne figure, et est-ce là la cause de notre mésaventure.

Nous nous en allons tout allègres, le lama et moi, donnons un coup d'œil au village, en le traversant, et passons devant la porte du *yamen* [1] sans soupçonner le caractère officiel de ce vieux bâtiment. Je remarque pourtant, devant cette porte, deux Chinois correctement vêtus, l'un d'eux de haute taille, et j'entends vaguement ce dernier dire à voix basse quelques mots parmi lesquels il me semble distinguer la phrase : « Ce sont des Européens *(wégo rén).* » Yongden n'a rien entendu et je ne lui communique pas ce que j'ai remarqué. La chose est sans importance. On m'a reconnue pour étrangère, malgré ma robe tibétaine, on a « reconnu » le lama comme Européen, ce qui est plus drôle, il n'y a rien là qui puisse nous inquiéter. Nous ne sommes pas en territoire interdit.

Nous sortons du village par une porte veuve de battants et nous voici dans la campagne. Nous n'allons pas loin. Deux hommes accourent en nous hélant. Dès qu'ils nous ont rejoints, gesticulant et parlant tous deux à la fois, ils nous posent quantité de questions. A leurs manières, je comprends qu'ils doivent être envoyés par quelque « autorité » locale. Yongden, je ne sais pourquoi, leur dit que nous sommes Mongols.

Sur ce, le long personnage entrevu dans le village, celui qui avait parlé des « *wégo rén* », arrive et se répand en un flot de paroles auxquelles nous ne comprenons rien. Nous ne sommes pas forts en langue chinoise et nous n'entendons guère que le dialecte du Kansou.

Les employés du *yamen* qui nous ont rejoints les premiers rapportent à leur chef que nous déclarons être Mongols. Ceci contribue à embrouiller la situation. Le fonctionnaire hausse le ton, je ne comprends pas davantage ce qu'il dit, mais je *vois* qu'il devient malhonnête. Je perds patience, me campe devant lui et, en tibétain, qu'il n'entend pas plus que je ne comprends le chinois, je lui intime l'ordre d'avoir à se contenir et à être poli. Lui aussi a *vu* que je me fâchais. Il se calme un peu mais veut regarder ce que contient un sac que Yongden porte sur son dos. On le lui montre, ce sont nos deux manteaux imperméables.

Il demande, alors, si nous avons des passeports. Ici, nous le comprenons et répondons que nous en avons, qu'ils sont dans nos bagages. Finalement, nous rebroussons chemin avec lui pour aller au-devant de mon convoi.

Lorsque nous l'avons rejoint, je tire les papiers d'une valise et les passe au magistrat, avec nos cartes de visite chinoises. Deux autres

1. Les bureaux d'un fonctionnaire chinois.

Chinois sont venus le rejoindre, l'un de ceux-ci sait quelques mots de français et quelques mots d'anglais, mais ses talents de linguiste ne nous sont pas nécessaires. J'ai, maintenant, deux bons interprètes : Tobgyal et Seunam qui parlent chinois couramment.

La comédie prend un autre ton. Mon passeport et celui du lama n'ont pas été délivrés le même jour. Tous deux sont de date trop ancienne, déclare l'insupportable fonctionnaire. J'explique que nous avons habité le Kansou pendant plusieurs années et n'avons pas eu l'occasion d'aller à Pékin les faire renouveler. D'ailleurs, ce sont des passeports de « résidents » valables pour un temps indéfini : nous *habitons* la Chine.

Autre chose : pourquoi Yongden a-t-il dit que nous étions Mongols ? Il a compris qu'on lui demandait d'où nous venions et il a répondu : « De la Mongolie. »

Le magistrat réfléchit, puis prend une résolution. Il examinera tous nos bagages. C'est l'aventure de Gomi [1] qui recommence. Je m'y oppose fermement, arguant de ma qualité d'étrangère, non soumise à cette visite. Ce n'est pas que mes sacs contiennent rien qui ne puisse être vu de tous, mais dans l'un d'eux se trouve une carabine à répétition. Je ne la laisse porter à découvert que dans les endroits réputés dangereux où nous pourrions devoir nous en servir. D'ordinaire, je la tiens démontée en deux parties et emballées parmi les vêtements. Je soupçonne le muletier d'avoir fait avertir le fonctionnaire de notre passage et probablement aussi de ce que nous possédons un fusil à répétition. Je vois le grand Chinois qui scrute du regard les ballots de piquets des tentes ; il songe sans doute à un véritable fusil et se demande où nous avons caché un objet de cette longueur. Il ne faut pas qu'il aperçoive la carabine, la tentation serait peut-être trop forte pour sa vertu. Il convient aussi de lui en épargner une autre : la vue de mon « trésor de voyage », des lingots d'argent et des sacs pleins de pièces de monnaie. Ce sont là des choses qu'il est imprudent d'étaler devant les « autorités ». Je fais peut-être injure à celles de Foupién en doutant de leur intégrité, mais ne les connaissant point particulièrement, j'estime que la prudence s'impose.

Nouveau temps de silence. Le magistrat réfléchit encore. Il se rabat sur les bagages de Yongden. Son passeport porte qu'il voyage avec quatre colis. Où sont-ils ? Qu'on ouvre ceux-là.

Une particularité passablement absurde des passeports indigènes est que le voyageur doit déclarer le nombre de colis qu'il transportera dans ses pérégrinations et que celui-ci est inscrit sur son passeport. Comment est-il possible que ce nombre demeure toujours le même au cours d'un voyage qui dure une année ou davantage ; l'administration chinoise, ridicule comme toutes les administrations du monde, ne daigne pas se le demander. Je dois pourtant dire que je

1. Voir page 87.

n'avais encore jamais rencontré de fonctionnaire qui s'attachât à vérifier le nombre des sacs appartenant en propre au lama et, à part ses articles de toilette, tous ses autres objets se trouvaient mêlés aux miens dans les sacs, le poids de ces derniers étant conditionné pour satisfaire à l'équilibre de la charge de chaque mule.

Forcé, pourtant, de satisfaire l'autocrate du lieu et espérant en finir avec lui, Yongden désigne un sac contenant ses vêtements et l'ouvre, aussi adroitement qu'il le peut, en relevant, comme pour en montrer le contenu, ses robes de soie sur un paquet contenant deux lingots d'argent valant cinquante taëls [1] chacun. Mais de bons yeux le surveillent, le paquet a été vu et à la façon dont il pèse sur les robes, on en a deviné le contenu.

Le magistrat annonce avec solennité la décision qu'il vient de prendre.

— « Vous pouvez aller où bon vous semble avec vos domestiques, vos bêtes et vos bagages, me dit-il, mais ce jeune homme restera ici avec les siens. »

Naturellement, il restera « avec ses bagages » dans lesquels se trouve de l'argent. Sous un prétexte quelconque, une forte amende lui sera infligée et, légalement, mes lingots changeront de propriétaire. Non, les choses ne se passeront pas ainsi : d'ailleurs, sous aucun prétexte je n'abandonnerai Yongden, ni aucun de ceux qui ont eu confiance en moi.

— « Ce jeune homme est mon fils adoptif, fais-je répondre par mon interprète. Si vous le retenez, je resterai avec lui. J'enverrai une lettre à mon consul à Tchéngtou [2] ; il parlera au gouverneur de la province et nous verrons ce qui en résultera. »

— « Pourquoi donc faire tant de difficultés ? » risque Tobgyal. « Vous avez vu les passeports, laissez-nous partir tous. »

Il a trop parlé pour un homme de son humble condition. Le magistrat, énervé, le lui démontre immédiatement. Il dit quelques mots que je ne comprends pas et, à mon grand étonnement, je vois deux individus se saisir de mon domestique et l'emmener.

Où l'emmènent-ils ? Le mot « prison » que je saisis dans les paroles que le garçon prononce me le fait comprendre.

En prison !... Un de mes serviteurs !.... Il faudrait que je sois morte pour qu'une telle chose se produise. Je bondis sur Tobgyal, lui fais faire volte-face et d'une bourrade l'envoie se ranger près de ses deux compagnons, lui intimant l'ordre de demeurer derrière moi sans bouger et d'être muet.

— « Il vous fera des excuses », dis-je au fonctionnaire. « Il ne devait pas se permettre de vous parler. »

1. Le taël n'existe pas en pièces de monnaie. C'est la désignation d'un certain poids d'argent. Taël est d'ailleurs un terme usité seulement par les étrangers, les Chinois disent *liang* et les Tibétains *sangue* (écrit *srang)*.

2. La capitale de la province de Szetchouan.

Mais qu'est-ce encore ? Si rapidement que j'aie opéré la délivrance de Tobgyal, le Chinois a eu le temps de faire saisir le fusil que Sotar portait à la bretelle. Je le vois maintenant aux mains d'un de ses acolytes. Nouveau bond vers cet individu à qui je reprends l'arme.

— « Ce fusil est à moi... Cet homme est mon domestique. »

Le magistrat n'insiste pas, le fusil est de fabrication tibétaine et n'a aucune valeur.

De part et d'autre, on se regarde en silence.

— « Puisque vous nous retenez, » dis-je après quelques minutes d'attente, « nous restons. Je vais envoyer une lettre à mon consul. »

Et, m'adressant à mes domestiques, je jette cet ordre :

— « Retournez au cimetière !... »

Pendant une seconde, je m'égaie intérieurement de cette injonction mélodramatique et de la stupéfaction mêlée d'une pointe d'inquiétude que décèle le visage des Chinois qui l'entendent. Pourquoi ai-je choisi ce lieu funèbre ?

Le magistrat m'offre un logement dans le temple du village. Je refuse. Je ne veux pas demeurer aussi près de lui.

Les tentes sont de nouveau dressées dans le vieux cimetière, les bêtes déchargées se mettent à paître. Il n'y a qu'à elles que l'incident profite. Elles vont se reposer.

La situation n'est rien moins que drôle. Aller d'ici à Tchéngtou et en revenir prendra quinze jours. Il faut traverser plusieurs cols avant d'atteindre la basse région qui entoure la capitale. Les sentiers doivent être médiocres comme ceux que nous avons parcourus, les pluies les ont peut-être emportés en certains endroits. Même si le consul fait diligence et presse les autorités chinoises, combien de jours s'écouleront avant que celles-ci envoient des ordres à leur subordonné de Foupién ? Le télégraphe ne s'avance pas dans ce pays perdu. Nous en avons peut-être pour trois semaines à nous morfondre dans notre cimetière.

Yongden m'a engagée à partir avec les domestiques puisque le magistrat le permet. Il resterait seul attendant sa décision et il me rejoindrait dans la prochaine ville, mais il ne peut être question de cela.

Pendant que je réfléchis au moyen de nous tirer le plus rapidement possible de cette absurde situation, Sotar a préparé le repas. Je mange de bon appétit. A l'opposé de beaucoup de gens, les contrariétés me donnent faim.

Ensuite, je commence à écrire ma lettre au consul. Tandis que j'y suis occupée, le fonctionnaire, cause de mes ennuis, survient. Il est accompagné par quatre autres Chinois, tous bien habillés, et se tient devant ma tente dont les rideaux sont ouverts. Son intention est évidente : il veut me parler, mais je continue à écrire sans faire attention à lui. Assis sur un tapis, Yongden lit sans lever les yeux.

Désappointés, ces messieurs s'en vont vers la tente du lama. Elle est vide puisqu'il est dans la mienne. Ils se retournent alors vers celle des domestiques. Ceux-ci profitent de notre arrêt forcé pour réparer diverses pièces de harnachement. Je leur ai donné l'ordre exprès de ne pas dire un mot.

De plus en plus embarrassé, le magistrat revient vers moi. J'appelle alors celui de mes hommes qui s'exprime le mieux en chinois et lui fais dire au mandarin que je le charge d'envoyer d'urgence, par courrier spécial, deux lettres à Tchéngtou : l'une au consul de France et l'autre au consul d'Angleterre qui s'occupera du lama.

Pourquoi un consul britannique s'occupera-t-il d'un lama ?

La chose doit évidemment paraître bizarre au grand homme de Foupién, mais je ne lui donne aucune explication à ce sujet et il pense, probablement, que si j'envoie cette lettre, c'est que j'ai des raisons de compter sur son résultat.

Il cherche à se dédire de la sentence qu'il a prononcée, mais sans trop amoindrir son prestige. Comme je tiens à m'en aller, je crois utile de l'aider en lui montrant divers papiers. Ceux-ci n'ont pas le moindre rapport avec la question de notre identité, ni même avec le but de notre voyage, mais le magistrat, qui en a les mains pleines, feint de les trouver très explicites. Les soldats formant sa garde d'honneur, qui le regardent à distance, pourront se convaincre et témoigner qu'il n'a changé sa décision qu'en recevant des preuves palpables de notre honorabilité.

Il s'exclame. Ah ! si je lui avais montré ces papiers tout de suite !... Il ne nous aurait pas retenus... La physionomie du lama l'a trompé, il l'a pris pour un Japonais... Il raconte encore d'autres choses aussi absurdes. Il est ravi d'en avoir fini avec cette affaire désagréable ; moi aussi.

Bref, nous sommes libres de partir quand bon nous semblera.

— « Demain matin, » dis-je. « Et vous nous enverrez à dîner ce soir. »

C'est entendu, il enverra des provisions.

Ceci est pour la satisfaction de mes gens qui verront que je sais me faire respecter et puis, nous pourrons retraverser le village le front haut devant les indigènes. Nous n'avons pas « perdu la face ».

Quittant Foupién, nous nous dirigeons vers Mowkong que les gens du pays dénomment généralement Sinkaïtzé. Nous avons de nouveau employé nos bêtes de selle à porter quelques colis pour alléger la charge de leurs compagnes de voyage et nous faisons tous route à pied, en dépit d'une très forte chaleur. A plusieurs reprises, je crains une insolation et je me mouille la tête chaque fois que je rencontre de l'eau. Le chemin est bon. Il passe entre des champs et des villages, et n'offre aucun intérêt particulier. La culture du pavot à opium est très pratiquée dans cette région. Que cette méchante drogue est donc jolie à l'état de fleur ! Rien de plus sinistre, au contraire, que le champ de pavots mûrissants. Ces têtes sèches qui se balancent au vent au bout de leurs tiges minces ont une apparence spectrale !

Le magistrat de Foupién m'a appris qu'un missionnaire français réside à Mowkong. Je crois pouvoir me permettre, en qualité de compatriote, de lui envoyer un de mes garçons en le priant de me faire chercher un logement. Seunam, mon émissaire, est parti à la fin de l'après-midi quand nous nous sommes arrêtés pour camper. Il a couché quelques part en route et le lendemain matin, sa commission faite, il vient à notre rencontre lorsque nous sommes encore loin de Mowkong.

Il me remet une lettre fort aimable. Le missionnaire, le Père Ch..., m'apprend qu'il a récemment acheté une maison où il se propose d'établir des religieuses qui ouvriront une école de filles. Les religieuses ne sont pas encore arrivées, la maison est vide et il m'offre d'y demeurer pendant les quelques jours que je passerai à Mowkong.

Je suis ravie. J'échappe à l'auberge chinoise et à l'humidité des nuits passées sous la tente par cette saison pluvieuse. Nous allons tous, gens et bêtes, prendre trois ou quatre jours de vrai repos.

Seunam, à qui le missionnaire a montré la maison où il m'offre un gîte, nous y conduit directement. Je suis installée depuis une heure lorsque mon hôte vient me voir. Il était déjà informé de ma présence dans le pays avant d'avoir reçu ma lettre. Sans m'en prévenir, le fonctionnaire de Foupién lui avait dépêché un messager, lui demandant s'il connaissait une Française qui descendait la vallée et si elle se rendait chez lui. Le Père Ch... avait répondu qu'il ne me connaissait pas, qu'il n'attendait personne, mais qu'il lui conseillait de ne pas susciter d'ennuis à une voyageuse paisible. Il se disposait à prévenir le consul et à envoyer un domestique me chercher, si je n'étais pas arrivée.

Lui-même devait partir quelques jours plus tard pour Tatchienlou, avec un groupe de chrétiens.

Cette ville est le siège d'un évêque appartenant à la Société des Missions étrangères de Paris. Le titulaire, à cette époque, était Mgr G..., un érudit orientaliste tibétanisant très connu dans le monde savant. Il m'aurait été extrêmement agréable de m'entretenir avec lui, mais aller à Tatchienlou me paraissait imprudent. Beaucoup de marchands tibétains y ont des comptoirs, ces gens voyagent fréquemment avec leurs caravanes et, si je me faisais voir à Tatchienlou, je risquais, en rencontrant l'un ou l'autre d'entre eux sur la route de Lhassa, d'être reconnue et dénoncée par lui.

Je n'ai donc jamais vu le savant évêque orientaliste, mais j'ai pas mal entendu parler de lui au pays de Kham où, bien que vivant, il était déjà devenu un héros de légende. S'en doutait-il ? Probablement non.

Parmi les hauts faits qu'on lui attribuait était le suivant :

Mgr G... ayant perçu, par sa clairvoyance, qu'un certain lac contenait un trésor, s'y était rendu.

Là, en prononçant des paroles magiques, il avait plongé ses mains dans l'eau et, miracle ! celles-ci les attirant comme un aimant, les pierres précieuses et l'or cachés au fond du lac étaient montés vers elles. C'est ce trésor emporté à Tatchienlou, qui subvenait aux frais de la mission. Il existait diverses variantes de cette histoire et certaines de celles-ci s'enjolivaient de détails d'une originalité très amusante.

Les quelques rares étrangers qui ont approché le pays de Kham peuvent revendiquer la gloire d'avoir grandement enrichi le fond des légendes de cette belle région. Il m'a souvent été possible de reconnaître le héros de ces histoires ; pourtant il en est une, très populaire parmi les indigènes de Ga et de Cherkou [1], dont il m'a été impossible de découvrir l'origine.

Il s'agit d'un voyageur — un étranger occidental — qui possède un chien merveilleux. L'animal est de grande taille. On me l'a représenté comme une sorte de lévrier. De crainte qu'il ne se fatigue, son maître le fait porter à dos d'homme, dans un panier spécial. Ce chien sorcier voit « à travers les montagnes » ce qui se passe de l'autre côté d'elles et renseigne exactement son maître à ce sujet. Il entend aussi ce que disent les hommes et les bêtes ; mieux encore, il lit leurs pensées et, toujours, il renseigne fidèlement son maître concernant ce qu'il a découvert de cette manière. Ce dernier est considéré comme ayant nourri de mauvais desseins contre les Tibétains et s'étant servi de son extraordinaire animal pour les espionner et leur nuire.

Voir de l'autre côté d'une montagne est une faculté dont il est souvent parlé au Tibet. Les pasteurs des solitudes sont portés à croire que les Blancs la possèdent et j'ai maintes fois été questionnée à ce sujet. Certains s'enquéraient aussi de la possibilité de photographier ce qui se trouvait derrière une montagne. A tort ou à raison, les Tibétains attribuent à certains lamas cette vue supernormale et l'on cite des cas où ceux-ci ont exactement décrit des faits qui se passaient de l'autre côté d'une chaîne de montagnes. Il est évident que dans ces circonstances, il ne s'agit pas de la vision ordinaire.

Quant au chien-phénomène et à son maître, ce ne sont point des mythes. Des gens que j'ai connus les ont vus. Sans aucun doute, miracle à part, un étranger a voyagé dans cette région, faisant porter un chien dans un panier. Qui est-il ? Parmi le très petit nombre des étrangers, tous bien connus, qui ont visité Ga et Cherkou, je n'ai pas réussi à l'identifier. S'il lui arrive de lire ce livre, il s'amusera

---

1. *Alias* Jakyendo.

probablement, en apprenant la célébrité dont jouit son compagnon à quatre pattes.

Afin d'éviter Tatchienlou, j'avais décidé de rejoindre la route des caravanes à Tao, en coupant à travers un massif de montagnes en grande partie inhabitées.

Je continuais machinalement à suivre le plan conçu à Koum-Boum, mais j'avais perdu toute foi en son succès. L'aventure de Foupién laissait derrière elle des conséquences auxquelles je ne pouvais pas me soustraire. Mon identité avait été dûment reconnue, j'étais annoncée à Mowkong et, déjà, le sous-préfet chinois de cette ville avait informé le Père Ch... qu'il me donnerait une escorte pour continuer ma route. Même si je parvenais à éviter cet honneur gênant, je serais administrativement signalée à Romitchangkou et de là, plus loin, de ville en ville... C'était la fin !

Il valait mieux, me disais-je, ne pas m'obstiner à poursuivre une entreprise vouée à l'insuccès, ne pas augmenter, en me faisant voir et arrêter à la frontière, les difficultés d'une nouvelle tentative. Mais le mouvement était donné et ne pouvait pas être arrêté. J'étais prisonnière des circonstances, de mes domestiques bavards, de mes bêtes et de mes bagages. Les uns et les autres entravaient la liberté de mes mouvements, m'empêchaient de faire perdre ma trace, de me fondre dans la foule anonyme. Congédier les gens, vendre ou abandonner les bêtes et les bagages était impossible. Cette conduite inaccoutumée eût provoqué l'étonnement de toute la ville et la suspicion des autorités chinoises.

Alors, il fallait continuer à marcher... Ah ! quelles heures pénibles j'ai passées dans cette petite maison à Mowkong, cherchant des combinaisons impossibles à trouver, tandis que le tic-tac assourdissant d'un moulin à eau voisin martelait douloureusement mon cerveau torturé !

Pendant mon séjour à Mowkong, il plut tous les jours, la rivière montait rapidement. Je prévoyais que les chemins seraient boueux. Mieux valait, cette fois, que nous ayons chacun une monture. Je louai donc quatre mules pour porter nos bagages. Deux muletiers les accompagneraient. Cet arrangement était conclu pour le trajet de Mowkong à Romitchangkou. J'aviserais ensuite de la façon dont nous traverserions la montagne.

Je laissai partir le Père Ch... et sa petite troupe de fidèles qui voulaient se hâter, craignant de trouver la route coupée par une inondation. En proie à des pensées pénibles, je préférais voyager seule, en silence, sans devoir affecter une attitude qui ne correspondait pas à mon état d'esprit.

Mal m'en prit. Vingt-quatre heures de retard, l'allure de ma petite caravane, plus lente que celle du Père Ch... qui ne comprenait que des cavaliers, donnèrent à la crue le temps de me gagner de vitesse, tandis qu'il atteignait Romitchangkou sans encombre.

La matinée était déjà très avancée quand nous partîmes de Mowkong. Le sous-préfet se dispensa de m'envoyer une escorte, mais non pas d'avertir son subordonné de Romitchangkou de mon arrivée, comme je m'en aperçus par la suite. Il plut pendant tout l'après-midi.

A la nuit tombante, nous arrivons près d'un petit temple délabré. On y pénètre par une ouverture béante : la porte n'existe plus. A l'intérieur, des bancs et des tables indiquent que ce local sert d'école pour les enfants du village voisin. Pour le moment il est désert. Mes gens et les mules s'abritent sous ce qui reste de toit à un petit bâtiment en ruine et je m'installe dans le temple, avec les dieux.

Ils sont là, plusieurs, vétustes sur un autel poussiéreux ; leurs visages, endommagés par le temps, les rats et les oiseaux, respirent cette bonhomie mi-bienveillante mi-narquoise habituelle aux déités taoïstes.

Je les salue avec sympathie.

— « O divins dont je ne sais ni les noms ni l'histoire, accueillez une voyageuse qui cherche un abri dans votre demeure. Bien que je n'entende pas votre réponse, je la devine gracieuse. Vous ne vous offenserez pas en voyant mon lit au pied de votre autel. Pour loyer, je vous brûlerai quelques bâtons d'encens ; puisse leur odeur vous réjouir.

« Soyez heureux, ô divins ; plus heureux que moi, si vous le pouvez. Inspirez à ceux qui viennent vous vénérer des pensées de sagesse. Même si vous n'êtes pas tout à fait sages vous-mêmes. L'aumône est mesquine quand on ne donne pas plus que ce que l'on a. »

Le vénérable vieillard qui trône au milieu de l'autel, flanqué de deux serviteurs, l'un d'apparence humaine et l'autre de forme démoniaque, semble content de mon *speech*. Une statue dorée — dieu ou déesse ? Yongden et moi ne pouvons pas nous mettre d'accord sur son sexe — se rengorge évidemment satisfaite et d'autres personnages plus humbles ne paraissent pas moins approbatifs.

« Voici une femme bien civile », pensent-ils sans doute. Pourtant, s'il est capable de lire dans l'avenir, le bonhomme chef de cette assemblée doit sourire malicieusement dans sa barbe d'octogénaire en voyant les tribulations qui m'attendent.

Nuit paisible et départ de grand matin. Je ne crois pas que les villageois se montreraient plus susceptibles que leurs dieux et se fâcheraient en constatant que j'ai pris leur temple pour chambre à coucher, cependant, il vaut mieux qu'ils n'en sachent rien. Donc, partons avant que n'arrivent le maître d'école et ses élèves.

Soleil et fortes ondées alternant, nous arrivons vers le milieu de l'après-midi, devant un pont que nous devons traverser. La rivière roule tumultueusement ses eaux grossies et charrie des arbres arrachés par la crue, le tablier du pont, formé de planches non jointes, tremble et oscille de façon inquiétante. Comme d'habitude, il faudra guider les mules par la bride et les faire passer une à une.

La première bête arrive à bon port ; la seconde vient à peine de la rejoindre lorsque le courant, qui minait la rive, provoque un éboulement et une brèche s'ouvre entre elle et le pont. L'eau trouvant un passage s'y engouffre, élargissant la coupure et assaillant de deux côtés la pile du pont construite en pierres sèches qui commencent à tomber.

Seuls, nous n'aurions pas pu nous tirer de ce mauvais pas. La brèche qui s'était produite empêchait notre passage et aussi le retour vers nous des deux mules déjà parvenues sur la rive opposée et des deux hommes qui les y avaient conduites. Séparé de ceux-ci, notre groupe aurait dû remonter vers Mowkong et chercher une autre route pour gagner Romitchangkou ou Tatchienlou. Combien de semaines ce détour nous aurait-il pris ?

Notre bonne étoile nous l'épargna. En face du pont, se trouvait un petit hameau et, précisément, une maison en construction contre laquelle un certain nombre de longues planches étaient appuyées. Spontanément, les paysans en apportèrent plusieurs pour relier le pont à la rive et, la communication étant rétablie, Seunam, confiant le soin des deux bêtes au muletier venu avec lui, s'en retourna vers nous.

Ces deux mules avaient passé le pont en portant leur charge. Cela parut, maintenant, trop hasardeux. Il était prudent, pour leur sûreté, de laisser aux bêtes toute la liberté de leurs mouvements et aussi, d'éviter qu'un soubresaut soudain, si l'une d'elles s'effrayait, ne fît tomber dans la rivière les colis attachés sur son dos.

Décharger les mules, en conduire séparément dix, plus deux chevaux, sur la rive opposée, y transporter à bras tous nos sacs et nos ballot, demanda plus d'une heure. Pendant ce temps, les chutes de pierres, qui se multipliaient, devenaient inquiétantes. La pile allait être emportée par la rivière, cela ne faisait pas de doute, mais jusqu'à quand tiendrait-elle ?

Mon inaction m'énervait. En plus du lama et de nos trois domestiques, il y avait là deux muletiers chinois, en tout, six hommes. On n'avait nul besoin de mon aide. Je ne pouvais qu'écouter les flouc ! pouf ! des pierres dégringolant dans l'eau, regarder le pont branlant et craindre, chaque fois qu'on le traversait, de voir un homme ou une bête tomber dans la rivière.

Enfin, ce fut fini. Yongden et moi, nous restions seuls.

— « Va en avant, » dis-je au lama. « Tu me donneras la main pour passer sur les planches. »

— « Hâtez-vous, » répondit-il. « Je vais m'assurer qu'elles tiennent bon. »

Il s'éloigna rapidement, plus preste que moi.

— « Hâtez-vous ! » cria-t-il encore, comme il atteignait l'extrémité du pont.

Je me trouvais à moins de cinq mètres de celle-ci lorsqu'un éboulement plus prononcé se produisit ; quelques-unes des grosses pièces de bois qui reposaient sur la pile s'affaissèrent brusquement, le pont donna de la bande comme un navire qui roule, une partie des planches formant le tablier glissèrent et furent emportées par le courant.

Le choc, combiné avec un instinctif et violent mouvement de recul, me fit perdre l'équilibre. Je tombai assise, une posture ridicule mais sûre, dont je me félicitai. La retraite ne m'était pas coupée, je pouvais encore regagner le bord d'où je venais, mais m'y trouver seule, sans argent, sans provisions, sans monture était une triste perspective.

Les excellents Chinois qui m'avaient regardé arriver ne me laissèrent pas le temps de l'envisager pendant plus d'une minute. Devançant mes garçons occupés plus loin à recharger les mules et écartant Yongden, plusieurs d'entre eux se précipitèrent vers le pont. L'un d'eux se mit à califourchon sur une poutre encore assez solidement appuyée et me rejoignit.

L'armature disjointe du pont craquait de toutes parts. Il convenait vraiment de se « hâter » comme le lama m'y avait exhortée.

Le paysan me tendit la main, m'aida à enfourcher la poutre à mon tour et à glisser le long de celle-ci, un autre Chinois me saisit comme j'arrivais au bout du trajet, heureusement assez court, et ne me lâcha qu'arrivée en terre ferme. Le « drame » était terminé.

Cet incident me fournit une nouvelle occasion de constater la cordialité des campagnards de l'Ouest chinois. Il est impossible d'imaginer des gens plus aimables, plus empressés qu'eux à rendre service. J'ai des raisons de croire qu'ils ne sont pas les seuls en Chine à posséder ce caractère sympathique.

Je connais peu les villes de la côte, n'ayant séjourné qu'à Pékin. Je ne doute pas que parmi la population indigène qui y dépend des étrangers, il n'existe nombre d'individus peu recommandables. Ceux-là, coolies, domestiques, ouvriers de fabrique et autres, sont des dévoyés « déchinoisés » et leurs pareils ne se rencontrent pas dans les régions où les mœurs sont demeurées purement chinoises.

Le vrai Chinois est volontiers serviable, il n'est pas servile.

La façon dont les Chinois ont été traités par les « conquérants » blancs installés dans leur pays a fait naître chez les indigènes qui ont été en rapport avec eux une humilité, une servilité factice couvrant une haine secrète et violente. Tel *boy* qui aujourd'hui prend sa mesquine revanche en trompant son maître sur le prix d'un achat, demain, les événements aidant, lui coupera joyeusement la tête.

Nous avons créé une race de chiens enragés en Asie. Il n'est de cage si solide que le temps ne l'use : nous nous ferons déchirer.

Nous voici donc tous réunis et en terre ferme, ce qui est une simple façon de parler car, en réalité, le sol n'est rien moins que « ferme » : nous enfonçons dans la boue jusqu'à la cheville.

Après que nous nous sommes réciproquement congratulés sur

l'heureuse issue de notre petite aventure et que j'ai distribué les gratifications convenables à nos sauveteurs, ces derniers, en quelques mots, abattent notre joie.

Le chemin que nous devons suivre est sous l'eau, à quelques kilomètres de là ; il n'y a pas moyen de passer.

Nous voilà bien avancés ! Il ne nous est même plus possible de remonter vers Mowkong pour y attendre la fin de l'inondation ou pour prendre une autre route. Le mieux est d'aller nous rendre compte par nous-mêmes de l'état du chemin. En route !

Nous arrivons bientôt à l'endroit inondé. Là, le sentier qui suivait de haut la rivière descend rapidement le long de falaises en rocher. Au bas de celles-ci, le chemin, sur une petite longueur, est construit en terre rapportée maintenue par des pieux et des branches, puis il remonte brusquement vers un haut promontoire. C'est cette banquette qui est submergée. L'eau boueuse ne nous permet pas de distinguer sa largeur, qui doit être, comme de coutume, minime. N'a-t-elle pas été en partie emportée par la force du courant ? Qu'y a-t-il sous ces flots opaques d'un jaune sale ?

Seunam et Tobgyal déclarent qu'ils vont s'en rendre compte. Ne gardant que leur pantalon, ils entrent dans l'eau, tout de suite elle leur vient presque jusqu'aux aisselles, puis, soudainement, Seunam s'enfonce et commence à tournoyer pris par le courant. Le chemin est-il emporté ou bien est-ce que le garçon en a dépassé la limite et est tombé en contrebas, dans la rivière même ?

Ce n'est pas le temps de discuter la question. Sotar détache rapidement une des cordes de réserve suspendue à un ballot et la jette à Tobgyal qui la saisit et en lance l'extrémité à son camarade, mais le courant contrarie les efforts que ce dernier fait pour s'en emparer et la promène de-ci de-là hors de sa portée. L'eau ne doit pas être très profonde, le garçon paraît reprendre pied de temps en temps, mais la force du courant ne lui permet pas de se maintenir en équilibre. Enfin, un remous le pousse vers le bord, il peut saisir le bâton puis la main que Tobgyal lui tend et remonter sur le chemin.

Cet accident nous força à suspendre la reconnaissance du passage. La journée avait été suffisamment fertile en incidents, il était temps de nous reposer.

Près de l'endroit inondé s'ouvrait une courte vallée dont le fond se heurtait à des pentes gazonnées. Un cours d'eau, sans doute simple ruisseau en temps ordinaire, mais à ce moment un gros torrent, y rugissait entre des blocs rocheux et, se divisant en plusieurs branches, avait inondé une grande partie du terrain plat. Nous dûmes nous établir dans l'un des rares endroits encore à sec. L'emplacement ne me plaisait guère, peut-être en aurais-je cherché un autre plus loin, mais Seunam, qui avait pris son accident en riant et, jusque-là, ne s'en était nullement montré affecté, céda soudain à une crise d'émotion rétrospective, pleurant à chaudes larmes, s'agitant et marmottant des mots entrecoupés. Il fallait le coucher au plus vite, le faire boire chaud et le laisser s'endormir.

Je commandai que l'on ne déballât que les objets strictement nécessaires et qu'on laissât les bêtes sellées. Je ne me déshabillai pas et me bornai à m'étendre sur des ballots. Malgré ma fatigue et mon besoin de sommeil, le bruit assourdissant de l'eau roulant sur les rochers et, plus encore, l'inquiétude que je ressentais m'empêchaient de dormir. De temps en temps, j'allais vérifier la hauteur de l'eau. Elle ne baissait pas, paraissant avoir plutôt tendance à monter.

J'hésitais à réveiller mes hommes ; pourtant, ayant encore une fois été observer l'endroit où j'avais planté un morceau de branche comme témoin et voyant que l'eau l'avait atteint, je fis lever tout mon monde afin de gagner les pentes voisines.

On commença à charger les plus gros colis sur les mules, les hommes se réservant d'emporter les plus légers sur leur dos pour que le déménagement soit opéré plus rapidement. Malgré la hâte qu'ils y mirent, l'inondation les gagna de vitesse. Nous nous trouvâmes dans l'eau alors que les derniers sacs à charger attendaient encore sur le sol. Bientôt l'emplacement de notre camp fut balayé par les flots.

L'obscurité augmentait la difficulté que nous avions à nous diriger. L'eau courant rapidement et, en certains endroits, déjà profonde, nous força à faire maints détours avant d'atteindre un terrain plus élevé. Là, nous déchargeâmes de nouveau nos pauvres mules, mais sur ce sol en pente raide, nous ne pouvions plus dresser nos tentes. D'ailleurs, la nuit allait bientôt finir. Nous nous assîmes sur l'herbe humide attendant l'aurore et nous félicitant de ce qu'au moins, il ne pleuvait pas.

Le lendemain, vers midi, l'eau a fortement baissé. Les jeunes gens s'en vont de nouveau tenter le passage. Yongden et moi nous les accompagnons. L'eau ne leur vient plus qu'à la ceinture. Le chemin n'est point rompu, en s'y prenant adroitement, on fera passer les bêtes.

Sur ce, apparaît une bande de sauvageons demi-nus, de race tibétaine, appartenant à l'une ou à l'autre des tribus indépendantes qui habitent à l'ouest de cette région. Apprenant de nous que le passage est possible, ils se jettent à l'eau en riant et en hurlant comme des démons. Il ne leur faut pas deux minutes pour être à sec et avoir grimpé jusqu'au promontoire qui domine la rivière. Arrivés là, ils se retournent, nous regardent et paraissent se consulter.

Je suis vêtue de ma robe lamaïque, coiffée du bonnet jaune de l'Ordre religieux et porte autour du cou le macabre rosaire des ermites. Des gens pieux, et tous les Tibétains sont dévots, ne peuvent pas laisser une *gomtchénma* [1] dans l'embarras. Sans aucun doute,

1. Écrit *sgom tchénma :* une femme ermite adonnée à la méditation.

elle pourrait marcher sur la rivière si la chose lui plaisait, mais puisqu'elle semble ne pas le vouloir, il sera méritoire de l'aider. Raisonnant de cette manière ou d'une autre analogue, un des Tibétains offre de revenir et de me porter.

Je flaire une heureuse intervention. Je lui réponds que j'ai besoin de cinq hommes et immédiatement cinq grands diables se remettent à l'eau et, tout ruisselants, me rejoignent.

Alors Yongden leur explique que la *Khadoma* a des bêtes et des bagages à faire passer. « Parfait », répondent-ils, « on les passera ». Il faut d'abord aller les chercher. On y va en pataugeant dans les terres inondées. Ensuite, les colis sont portés à dos d'homme et déposés en lieu sec. Enfin, les bêtes franchissent une à une le mauvais pas, chacune d'elles encadrée par deux Tibétains dont l'un la guide par la bride et l'autre, la tenant par la queue, est prêt à la soutenir en cas de besoin. Toutes passent facilement sauf un grand mulet roux qui, trop pressé, s'aventure seul, tombe du chemin dans la rivière et renouvelle la baignade dangereuse de Seunam. Comme ce dernier, aussi, il s'en tire sans mal.

Pour terminer, le lama et moi sommes emportés.

Je veux, alors, distribuer des gratifications aux braves gens qui nous ont aidés, mais ceux-ci les refusent énergiquement. Ils souhaitent plutôt m'offrir quelque chose, mais ils n'ont rien. Si, pourtant, du fromage sec. Il faut que j'accepte le fromage. Cependant les Tibétains attendent quelque chose de moi et du lama. D'abord les bénédictions habituelles et puis que nous récitions les formules rituelles qui « raccommodent » la vie, c'est-à-dire qui la fortifient chez quelqu'un qui s'affaiblit. Tel est, disent-ils, le cas d'un des hommes qui se trouve là. Ce géant ne paraît guère « affaibli », mais il est sans doute seul bon juge de son état de santé et nous promettons de réciter l'office tout en cheminant, ce que nous faisons très scrupuleusement, ayant horreur de ne pas tenir les promesses faites aux âmes simples.

Mes hommes ont tordu leurs pantalons ruisselants et se sont rhabillés. Il fait chaud : 30 à 32 degrés centigrades, tous seront vite secs. Nous repartons pour une longue étape entrecoupée par de courts trajets à travers des terrains légèrement inondés. Camp agréable cette nuit-là, sous de gros arbres et assez loin de la rivière pour jouir d'un silence relatif. Nous dormons profondément, nous en avions grand besoin.

Le lendemain, peu après notre départ, le même mulet roux qui est tombé la veille dans la rivière glisse sur une planche servant de passerelle et s'affale dans un ruisseau. Il ne tombe pas de haut et l'eau n'est pas profonde, mais elle court si rapidement qu'elle entraîne la bête.

La grande rivière est toute proche, je crois que le mulet va y être déversé et s'y noyer, mais un rocher contre lequel il bute le soutient, lui permettant de se remettre sur pied et de sortir du ruisseau.

Plus loin, la dévastation causée par l'inondation nous apparaît vraiment navrante. Partout, les champs de maïs sont ravagés et nous ajoutons malheureusement nous-mêmes au dommage en devant chercher notre route parmi les cultures, au-dessus du chemin inondé ou coupé par les éboulements. Malgré tous nos efforts, nos quatorze bêtes que le maïs tente en arrachent de-ci de-là des plants et en brisent d'autres sous leurs pieds, A qui payer une indemnité ? On ne voit personne.

Ce même jour, deux mules dégringolent du sentier étroit dont la terre détrempée s'éboule sous leurs pieds. On va les relever dans les terrains en contrebas, il faut beaucoup de temps pour trouver un endroit où elles peuvent remonter vers nous.

Nos tribulations ne sont point finies. Nous voici arrivés à un hameau composé de trois maisons, d'où le sentier descend vers la rivière ; celle-ci y tourbillonne dans un trou qu'elle a creusé dans la rive et, un peu plus loin, une longue étendue de chemin a disparu, emportée par un glissement de terrain. Cette fois, la chose est sérieuse. Il faut de la main-d'œuvre.

C'est en pareilles circonstances que Yongden brille.

Sans perdre de temps, il endoctrine les quelques habitants mâles de l'endroit. Il leur vante les mérites à acquérir en entretenant les voies de communication le long desquelles hommes et dieux circulent. Son mauvais chinois se hausse jusqu'à l'éloquence. Il n'oublie même pas de mentionner les âmes des ancêtres qui peuvent, ainsi, cheminer sans obstacles et énumère les bénédictions qui en résultent. Les femmes sont sorties des maisons et l'écoutent en extase. Que ce lama est savant ! Et comme il parle bien.

Seunam et Sotar, moins doués quant au talent oratoire, jettent simplement leur fusil sur leur épaule et déclarent que je suis un *ta rén*[1], c'est-à-dire une personnalité importante, et que le chemin doit être réparé à l'instant.

Les deux arguments : l'onctueux et le violent, le doux et le fort, le spirituel et le matériel unissent leur pouvoir convaincant. Les campagnards s'en vont avec leurs pioches, encadrés par les deux porteurs de fusils. Ils ressemblent à des forçats conduits au travail. Yongden les encourage de loin en clamant de multiples bénédictions.

La besogne n'est pas mince. Il s'agit de construire un chemin de fortune dans une brousse épineuse, au-dessus du sentier éboulé. Cet ouvrage prendra plusieurs heures.

Seunam et Sotar aident les Chinois, les muletiers gardent les bêtes et Tobgyal fait cuire notre repas : des pommes de terre en robe des champs et du thé.

Les paysans m'ont offert d'entrer chez eux, mais la malpropreté

---

1. Voir page 25. Par extension l'expression s'applique aux femmes comme aux hommes.

qui règne dans leurs maisons me répugne. Je préfère m'asseoir à la porte de l'une d'elles dont Tobgyal a emprunté la cuisine et je regarde les habitants du hameau. Parmi une douzaine d'enfants sales et laids, dont un malheureux borgne au visage déformé par des cicatrices de brûlures, il y a là une petite merveille : une fillette d'une dizaine d'années, menue, fine, jolie, dont les traits n'ont rien de chinois. Elle ressemble aux princesses portraiturées par les enlumineurs des vieux livres persans. Elle en a toute la chatterie, toute la grâce voluptueuse et ses poses, ses mines de petite actrice qui veut se faire valoir laissent deviner que son âme correspond à sa figure. Je songe qu'elle serait à sa place vêtue de soie et parée de bijoux, dans un harem oriental. D'où vient cette fée menue et hardie qui plante dans mes yeux son regard troublant ? Comment est-elle née là, parmi ces rustres ? Quel lointain atavisme oublié, ou quelles vies antérieures ressuscitent en elle et que deviendra-t-elle ? Un paysan voisin en fera-t-il sa femme, ou bien, d'aventure, passant sur cette route, quelque homme de la ville ou quelque fonctionnaire en tournée l'achètera-t-il pour en faire une actrice, une courtisane, ou sa « petite épouse » ?...

On m'avertit que le sentier est terminé, il suffit à permettre le passage à des mules, rompues aux marches en montagne. Je distribue des gratifications aux travailleurs et nous partons.

Peu après avoir franchi ce mauvais pas, nous arrivons, de nouveau, en face d'un pont. Comme Seunam s'en approche, conduisant une mule par la bride, une partie de la pile touchant à la rive opposée s'écroule subitement. Le choc a fait tomber dans la rivière quelques-unes des planches formant le tablier, le passage est coupé. Mes hommes pâlissent. C'en est trop... Est-ce que les démons nous poursuivent ?...

Nous nous trouvons à l'extrémité inférieure d'une gorge étroite où la rivière gonflée par la crue s'engouffre et tombe sur d'énormes rochers chaotiquement étagés. L'eau rejaillit de toutes parts, nous sommes trempés et les mille rugissements qui s'élèvent des chutes nous assourdissent.

— *« Tchouï djigpa*[1] *! »,* me crie Yongden.

Le malheureux pont battu par le courant torrentueux ne résistera probablement pas longtemps.

Mes garçons courent jusqu'à un hameau voisin, en reviennent avec quelques Chinois portant des planches et nous recommençons la manœuvre qui nous a réussi deux jours auparavant. Aucun accident fâcheux ne se produit.

1. Écrit *tchuï hdjigpa*. « La destruction par l'eau » est un terme classique se rapportant à la destruction de la terre qui est dite être tour à tour détruite par le feu, par l'eau, par le vent, dans un cataclysme « provisoirement » final. De même que les êtres qui les peuplent renaissent après leur mort, les mondes « resurgissent » aussi après leur destruction. Cette croyance est commune aux Hindous et aux Tibétains.

Nous campons au bord de la route, dans un terrain inculte. Notre souper est peu substantiel. Les provisions emportées de Mowkong sont presque entièrement épuisées.

Le lendemain matin je pars en avant, à pied, avec Yongden. Jointes à mes autres soucis, les péripéties contrariantes de ce voyage en pays inondé m'énervent. Rien ne vaut la marche pour relâcher la tension pénible de l'esprit.

Près d'un petit village, nous trouvons le sentier submergé. Les paysans me disent que, plus loin, celui-ci a été entièrement emporté et qu'il nous sera impossible de passer. Un homme montant une mule l'a essayé la veille et tous deux se sont noyés.

Il faut que j'aille examiner l'endroit moi-même. Le lama va retourner en arrière, dire aux gens de décharger les bêtes et d'attendre. Puis il reviendra, amenant Seunam, Tobgyal et nos mules de selle. A nous quatre, peut-être trouverons-nous un moyen de franchir le mauvais passage.

Nous traversons la partie inondée, faisons beaucoup de chemin, puis arrivons à l'endroit qu'on nous a signalé. En rongeant la rive, la rivière a creusé un golfe en miniature ; au-delà de celui-ci sont des falaises rocheuses plongeant à pic dans le courant. L'aspect des petites vagues qui battent leur pied dénote une eau profonde. C'est là que le Chinois s'est noyé avec sa bête.

Cette fois, il n'y a véritablement rien à tenter. D'ailleurs, les deux jeunes gens et le lama sont, aujourd'hui, dénués de toute énergie. Ils se sont assis au bord de la brèche et ne bougent plus. Il me faut les faire lever d'autorité. Nous nous en retournons. Alors, j'aperçois un sentier que je n'avais pas remarqué en arrivant. Il monte dans la montagne. Nous le prendrons et trouverons certainement, en coupant à travers celle-ci, le moyen de redescendre vers notre route qui la contourne. Nous essaierons, dans tous les cas, et si nous sommes contraints de rester campés en attendant que l'eau baisse, j'aime mieux le faire dans un endroit élevé où je ne courrai pas le risque de voir l'eau envahir les tentes pendant la nuit, comme cela vient de nous arriver. Mais au moment où je commande à Tobgyal d'aller dire à Sotar et aux muletiers de venir vers moi, Yongden m'apprend qu'il leur a commandé, non point seulement de décharger les bêtes et d'attendre mes ordres, mais de planter les tentes pour camper. N'importe, il retournera faire lever le camp, il est à peine midi, nous aurons encore le temps de faire pas mal de chemin avant le soir.

Eux partis, je m'achemine lentement par le sentier que j'ai découvert. Il est sablonneux, très raide, la chaleur est forte, mes bottes tibétaines sont mouillées, je suis trop chaudement habillée, bref, la « promenade » n'a rien d'agréable. Sous un arbuste, à l'ombre d'un rocher, je me déshabille, fais sécher mes bottes et mes bas et confectionne un petit balluchon avec ceux de mes vêtements qui me gênent. Je prends là une demi-heure de repos, puis je continue lentement mon chemin. Inutile de me presser ; même s'ils se hâtent beaucoup, il s'écoulera au moins deux heures avant que mes hommes me rejoignent.

Au sommet de la montée je vois un village. Mon sentier bifurque, une branche tournant dans la direction que je veux suivre, l'autre conduisant vers les habitations. Il me vient à l'idée d'aller y demander du thé. Sans doute pourrions-nous aussi camper là, si mes gens sont fatigués. Mais comme je m'avance de ce côté, un gros chien noir accourt sur moi, un garçonnet le suit et le rappelle, mais l'animal lui obéit avec peine. D'autres chiens arrivent en aboyant. Il est prudent de ne pas insister. Je fais volte-face. Le chien noir me poursuit pendant quelque temps, devenant de moins en moins agressif à mesure qu'il s'éloigne du village où il est « chez lui ». Il finit par s'en retourner.

Je parviens à un petit col d'où la descente commence vers la vallée. Mes gens devraient, maintenant, m'avoir rejointe. Je m'assieds pour les attendre, un heure encore se passe ; pas un bruit de voix, pas un tintement de clochette n'indique l'approche des mules et de leurs conducteurs. Où sont-ils passés ? Je ne puis guère conserver de doute. Ils auront pris, quelque part, plus bas sur la montagne, un sentier que je n'ai pas aperçu et convaincus que je suis en avant, ils continuent leur route. Ils ne passeront pas à l'endroit où je les attends. Je dois en prendre mon parti.

Il ne me sera pas difficile de regagner le sentier qui longe la rivière et d'arriver à Romitchangkou demain... ou après-demain. Cela ne m'inquiète nullement, pourtant j'aimerais mieux retrouver ma petite caravane avant la nuit. En ne me voyant pas venir, les hommes vont se mettre à ma recherche et se fatiguer à parcourir la montagne, alors qu'ils ont grand besoin de repos. Et puis, souci plus égoïste : j'ai faim, je tiens à souper et à coucher dans ma tente si la nuit est pluvieuse.

J'ai déjà dit qu'en prévision d'incidents de ce genre, rendant nécessaire que nous puissions signaler notre présence de loin, nous étions tous munis d'un sifflet au son puissant. Avant de me remettre en marche, je sifflai plusieurs fois, mais rien ne répondit. Tout en continuant ma route, je lançai encore de temps en temps un appel. Enfin, après avoir descendu passablement loin au-dessous du col, j'entendis un coup de sifflet répondre au mien et peu après, le lama ayant grimpé en ligne droite vers moi émergea d'un bois. Les mules suivaient un autre sentier, comme je l'avais pensé. Un peu plus bas, ce sentier débouchait dans le mien et nous continuâmes la descente tous ensemble.

Le chemin fait mille détours ; mes hommes et mes bêtes sont fatigués... moi aussi et la malchance veut que je me blesse au pied entre des pierres. Je clopine, le convoi me gagne de vitesse ; nous traversons un hameau, peut-être aurions-nous pu y loger, mais les muletiers sont déjà loin quand j'y arrive. Rien à faire qu'à les suivre.

La nuit vient comme nous revoyons la rivière. Je trouve mes gens exténués, affalés dans un cimetière. L'endroit n'est guère convenable pour y camper. Une rapide inspection des lieux me montre que les pluies torrentielles ont raviné les tombes et mis au jour des cercueils pourris dont le macabre contenu s'échappe au-dehors. Tout cela est suintant, des ruisselets zigzaguant dans l'herbe y répandent, mêlés à leur eau, Dieu sait quels liquides immondes. J'exhorte les hommes à s'établir ailleurs, mais la fatigue les abrutit. Ils sont incapables de rien comprendre et se couchent sans manger.

Tout aussi fatigué qu'eux, mais plus vigoureux d'esprit, Yongden emporte ma tente à quelque distance de là, dans un endroit élevé et nous nous y installons. Il me reste un peu de thé dans ma bouteille Thermos, je le partage avec lui, puis, sans souper non plus, nous nous endormons tout habillés, couchés sur la terre nue.

Avant de les laisser, j'avais annoncé aux hommes que puisqu'ils étaient fatigués, ils pourraient se reposer le lendemain pendant toute la matinée. Nous étions près de Romitchangkou, une demi-journée suffirait pour y arriver.

Hélas ! funeste idée que j'avais eue !

Vers 11 heures du matin, j'entends des hurlements s'élever du cimetière. Je sors aussitôt de ma tente et, de la hauteur où je suis, le premier objet qui frappe mes yeux est une peau sanglante accrochée le long d'un rocher, entre les tombes, comme un étendard diabolique.

A quelques pas de là brûle le feu sur lequel mes garçons se préparaient, sans doute, à faire cuire leur repas, mais ils sont debout, criant, gesticulant, et la marmite à soupe gît renversée dans les cendres.

Avant que j'aie eu le temps de revenir de mon étonnement, les trois hommes sont près de moi, l'air égaré, proférant, tous à la fois, des paroles incohérentes parmi lesquelles reviennent : « grande eau », « démons », « cheval ».

Qu'est-ce que cela veut dire ?

— « Ils veulent s'en aller, » me dit Yongden, qui les a suivis.

— « S'en aller où ?.. »

— « Ils ne savent pas, ils veulent nous quitter, c'est tout. »

C'est inimaginable ! Je tâche de les calmer ; je leur dis de m'accompagner jusqu'à Romitchangkou, où je leur donnerai de quoi rentrer dans leur pays.

Non, ils ne veulent pas d'argent, pas de provisions. Ils ne veulent rien. Ils jettent par terre les vêtements que je leur ai donnés, leur robe, leur chapeau. Tobgyal lance sa bourse dans les buissons. Puis le trio de déments se sauve à toutes jambes dans la direction d'où nous sommes venus la veille.

Toute la scène n'a pas duré dix minutes. Je demeure pétrifiée.

— « J'ai quelquefois pensé que cela pourrait arriver, » dit flegmatiquement le lama, « ce sont des cœurs faibles[1]. »

« Cette inondation qui nous a coupé la route à chaque instant, les ponts qui s'écroulaient, les gens et les bêtes qui tombaient à l'eau. Tout cela a troublé leur esprit ; ils ne dormaient plus ou bien avaient des cauchemars.

« Et puis, ce matin, la mort du cheval... Sachant que nous n'aurions pas besoin de ses bêtes de grand matin et qu'il aurait suffisamment de temps pour les rassembler, le muletier les a laissées en liberté la nuit dernière pour qu'elles puissent paître. Son cheval a grimpé sur des rochers, le long de la montagne, il a glissé et ce matin, son maître l'a trouvé mort. Il n'a pas voulu perdre la peau et a écorché le cadavre sur place aidé par son domestique. Nos hommes ignoraient l'accident. Quand le Chinois a rapporté cette peau d'où le sang dégouttait et l'a étendue pour la sécher, ils ont été pris de terreur et se sont mis à hurler comme des fous, disant que les démons nous poursuivaient, qu'ils avaient tué le cheval et que si, eux, ne fuyaient pas, les démons les tueraient aussi. »

Je comprenais. Jusque-là, gens et bêtes, nous étions sortis indemnes de tous les incidents désagréables qui s'étaient multipliés sur notre route, depuis notre départ de Mowkong, mais la chance tournait contre nous. Pour ces esprits superstitieux, la mort du cheval présageait d'autres malheurs plus graves.

Cette ridicule aventure augmentait les difficultés de ma situation. Où trouverais-je des domestiques pour m'accompagner au loin ? Ce ne pouvaient être des Chinois. Il me fallait des Tibétains pour entrer au Tibet et des gens dont je puisse être sûre.

Je réfléchirais à cela plus tard. Pour le moment, il fallait gagner Romitchangkou.

Yongden chargea le muletier d'aller engager, au village le plus proche, trois hommes pour accompagner notre convoi, puis il se mit à emballer nos objets laissés épars par les fuyards. Tout en l'y aidant, je confectionnai du cacao à l'eau et délayai une bonne dose de kola dont je tenais un flacon en réserve pour les « jours héroïques » où nous aurions à fournir un grand effort, sans rien manger.

Manger, il n'en était pas question pour le moment, bien que nous n'ayons rien pris depuis le déjeuner de la veille.

Dans l'après-midi, le muletier ramène trois hommes, et nous partons.

La pluie recommence à tomber et ne cesse pas ; nous arrivons en face de Romitchangkou sous un véritable déluge. Là se trouve encore un endroit inondé. On y a construit un sentier de fortune sur le flanc de la montagne, entre les rochers. Il n'est praticable que pour les piétons. Les bêtes déchargées doivent se mettre à la nage

1. *Gning tob méd pas*, des cœurs sans force.

en suivant le bord de la rivière. De la rive, on les guide et les soutient avec des cordes afin qu'elles ne soient pas entraînées par le courant. Malgré ces précautions, il s'en faut de peu que deux d'entre elles soient emportées et le mulet roux, toujours malheureux, est projeté contre des rocs et sort de l'eau les jambes en sang.

Pour entrer dans la ville, il ne nous reste plus qu'à traverser un pont suspendu, mais la pluie a rendu les planches de son tablier trop glissantes pour que les bêtes puissent s'y aventurer sans risque : une chute pourrait les précipiter dans la rivière.

Il est tard, presque nuit. Je laisse tout mon monde avec les bagages en face du pont, le traverse seule et me fais indiquer la maison de la Mission française où je vais demander conseil et aide. J'ai l'heureuse surprise d'y retrouver le Père Ch... qui s'est arrêté, en cours de route, chez le prêtre chinois qui y réside.

Mes vêtements ruissellent. Malgré toute la sympathie que m'inspire le Père Ch... je regrette de ne pas me trouver, en ce moment, dans une Mission anglaise ou américaine où d'aimables dames me prêteraient du linge et un peignoir secs. C'est trop demander. Je me considère déjà heureuse d'être invitée à dîner ; à part le bol de cacao à la kola, depuis trente-six heures, je n'ai ni mangé ni bu.

Le missionnaire envoie un de ses domestiques recruter des porteurs pour amener mes bagages et il fait conduire mes bêtes chez un de ses fermiers habitant sur la rive où je les ai laissées.

Il fait nuit noire depuis longtemps quand Yongden arrive, il dîne, puis le temps ayant manqué pour nous chercher un logement, nous nous rendons chez un commerçant chinois, habitant en face de la Mission, qui a offert de nous louer des chambres.

La pluie ne cesse pas. Elle dégringole sur nous à travers le plafond. Bientôt il n'y a plus un coin de sec dans les pièces que nous occupons. Nous replions nos couvertures et nos lits de camp et les enfermons dans leurs sacs pour éviter qu'ils soient abîmés par l'eau sale qui nous arrose. Finalement, mon fils et moi finissons la nuit assis en face l'un de l'autre, chacun sur notre sac, vêtus de nos manteaux imperméables, leurs capuchons relevés sur la tête.

Combien de temps allons-nous rester à Romitchangkou ? Il est impossible de le prévoir. Il va falloir chercher des domestiques. Est-ce que tous nos plans de voyage ne vont pas devoir être changés ? Et si je ne me dirige pas vers le Tibet, où irai-je ?

J'ai pensé à tout cela pendant cette nuit d'insomnie, Yongden aussi y a songé, mais quoi que nous décidions, il nous faut d'abord un gîte. Dès le matin, il se met donc en campagne.

Notre muletier habite Romitchangkou. Il y est propriétaire d'une distillerie et offre de nous louer un appartement chez lui. Je vais voir la maison. Elle est propre, presque neuve, en bon état, les pièces sont vastes, c'est ce qu'il nous faut. J'y fais transporter mes bagages.

Le lama commande un repas à un restaurateur chinois qui nous l'apporte chez nous. Sa cuisine n'est pas mauvaise, au contraire. Nous commençons à être plus à l'aise. Nous sommes à l'abri ; qu'il pleuve ou non, nous pourrons reposer cette nuit.

Je viens à peine de m'endormir lorsque je m'éveille, sentant que j'étouffe. Une épaisse fumée emplit ma chambre. Qu'arrive-t-il ? La maison est-elle en feu ? Pas du tout. La fumée provient du fourneau de la distillerie situé sous ma chambre. Les maisons chinoises n'ont pas de cheminées.

J'ouvre la fenêtre et demeure pendant toute la nuit la tête au-dehors, c'est le seul moyen de ne pas être asphyxiée. Oh ! dormir, dormir ! Quand donc cela me sera-t-il enfin possible ?

De bon matin, Yongden m'apporte du thé.

— « Ils sont là », me dit-il à voix basse.

— « Qui, *ils ?* »

— « Les garçons. Ils sont arrivés hier soir très tard ; je leur ai donné du thé et de la *tsampa* et je les ai laissés coucher dans la cuisine. En nous quittant, ils ont couru jusqu'au pont qui commençait à s'écrouler quand nous l'avons traversé et l'ont trouvé complètement démoli. Ils ont passé la nuit dans un temple en ruine, ayant froid sous la pluie. Ils n'avaient rien à manger. Ils disent qu'ils étaient devenus fous de peur. »

Le plus clair de l'histoire était qu'ils regrettaient leur coup de tête.

Je les trouvai tous les trois assis devant le feu. La veille au soir, j'avais précisément acheté un superbe poisson et un poulet. Tous deux avaient été suspendus dans la cuisine en attendant d'être cuits pour le repas du lendemain. Face à cette « nature morte » que le fond jaune du mur en planches de sapin faisait ressortir avantageusement, les trois fugitifs immobiles, graves, fascinés, paraissaient l'adorer.

Bien que le lama les eût rassasiés, la gourmandise innée chez les Tibétains les aiguillonnait. Le souvenir tout récent de la nuit passée, affamés et grelottants, dans le temple en ruine, agissait de son côté. Ah ! diables, pour diables, pensaient-ils probablement, puisqu'il en existe partout, mieux valait les affronter en compagnie de celle qui pouvait dispenser de si appréciables victuailles !

Les trois hommes désiraient donc leur pardon. J'étais intérieurement enchantée de leur retour qui m'épargnait bien des ennuis, mais tout en me montrant généreuse je voulus profiter de l'occasion pour me débarrasser de Sotar qui m'avait souvent contrariée par ses indiscrétions.

De plus, cet homme était sujet à de fréquents accès de fièvre, je craignais de le voir tomber malade. A tous points de vue, il valait mieux qu'il ne m'accompagnât pas plus loin.

J'eus de la peine à le convaincre de s'en retourner à Sining, près de Koum-Boum, d'où nous venions. Ce n'était pas son pays, car il était natif de Lhassa, mais il avait vécu longtemps dans cet endroit et s'y était fait de nombreuses relations. Je lui donnai, outre ses gages et des vêtements, une somme suffisante pour faire le voyage confortablement. Puis, je pris des mesures pour qu'une petite rente mensuelle lui soit payée pendant six mois après son retour à Sining, afin de lui donner le temps de trouver de l'occupation. Yongden ajouta le cadeau d'une grosse montre en acier.

Sotar arriva à bon port. S'étant mis, pour une partie du trajet, au service d'un marchand qui conduisait une caravane, il en reçut une gratification et ne dépensa rien de ce que je lui avais donné.

Dans le cours de l'année suivante, je le retrouvai à Sining, où je l'engageai de nouveau et il m'accompagna encore pendant diverses pérégrinations.

Étant pourvue de domestiques, je n'avais plus aucune raison de m'attarder à Romitchangkou.

Quant à me rendre à Lhassa, j'y avais provisoirement renoncé [1]. Les diverses expériences que je venais de faire m'avaient démontré que pour y réussir il fallait m'y prendre d'une autre façon. Donc, puisqu'une nouvelle tentative ne pouvait être effectuée qu'en partant d'une autre région où je n'étais pas connue, le mieux, pour moi, était de visiter le très intéressant pays de Kham à la lisière duquel je me trouvais et que je n'aurais peut-être jamais l'occasion de revoir. Ainsi j'accomplirais au moins la première partie du programme que je m'étais tracé avant de quitter Koum-Boum.

CHAPITRE VI

Un voyage au pays de Kham comprenait, naturellement, la ville de Kanzé, la capitale des tribus Horpa, un centre important situé sur la route des caravanes qui transportent le thé de la Chine à Lhassa. Elle figurait dans mon ancien itinéraire ; je n'avais qu'à le suivre jusque-là. De Kanzé, pensais-je, au lieu de continuer vers Lhassa, je tournerais au sud pour visiter Litang, Batang, et toute la région que les Tibétains désignent par le nom composé de Balitang.

Ce second programme ne devait pas plus se réaliser que celui que j'avais précédemment conçu. Des circonstances imprévues allaient m'entraîner dans une autre direction.

Quelques vexantes que paraissent ces modifications forcées de nos projets, à l'instant où elles s'imposent contre notre volonté, elles

1. Voir pages 171 et 172, les raisons qui m'y avaient engagée.

n'en constituent pas moins l'un des plus grands charmes du voyage. Elles lui conservent un précieux caractère d'aventure en permettant au voyageur de toujours attendre des développements spontanés, intéressants par leur nouveauté, que ses prévisions n'ont point déflorés. C'est un plaisir piquant que de se dire, en se mettant en route : « Que va-t-il m'arriver ? » Un autre plaisir, non moins vif, quoique par manque de sagesse l'on y mêle souvent des récriminations, est celui d'accueillir l'événement inattendu qui brusquement fait irruption dans nos plans soigneusement ordonnés et de se demander : « Qu'amène-t-il à sa suite ?... Où va-t-il m'entraîner ?... »

Tous ces plaisirs, je les ai amplement savourés. Certains penseront même qu'ils m'ont été trop amplement prodigués.

Des renseignements recueillis à Romitchangkou représentaient le sentier que j'allais suivre comme couvert par l'inondation en différents endroits. La région qu'il traverse étant à peu près déserte, il y avait lieu de penser que les ravages causés par la rivière ne seraient réparés que lentement.

Fallait-il m'engager dans un tel chemin avec mes deux seuls serviteurs ? Il semblait imprudent de demander si vite de nouveaux efforts à ces hommes mal remis de leur panique. Je me proposais donc d'engager, encore une fois, le muletier qui était venu avec moi de Mowkong et chez qui je demeurais. Il amènerait son domestique et quatre bêtes qui allégeraient la charge à porter par les miennes. Mes deux nigauds auraient à la fois moins de travail et de la compagnie. Le voyage serait plus gai pour eux.

J'avais compté sans celui que j'enrôlerais ainsi dans mon esprit. Le muletier refusa catégoriquement ses services, n'ayant nulle envie, disait-il, de voir se renouveler les péripéties désagréables du voyage que nous venions d'effectuer. Deux autres propriétaires de mules refusèrent également de nous louer des bêtes.

Le Père Ch... qui se trouvait encore à Romitchangkou eut l'obligeance d'aller voir le magistrat chinois et de lui exposer mon embarras. Très gracieusement, celui-ci me délivra un papier qui me donnait le droit de réquisitionner des porteurs, hommes ou bêtes, pour transporter mes bagages ainsi que le font les fonctionnaires en voyage. Il ajouta que le surlendemain il me ferait envoyer des mules et que j'aurais aussi une escorte de soldats pour traverser la montagne, où les mauvaises rencontres étaient fréquentes.

Heureusement pour moi, il lui fut impossible de remplir cette dernière promesse. Les soldats d'escorte me furent épargnés. Il n'y en avait plus de disponibles dans la région. Le gouverneur en fuite, que j'avais rencontré à Nanping, se préparait à revenir vers Tchéngtou avec des troupes fraîches que lui avait prêtées son collègue le gouverneur du Chénsi et comptait joindre à celles-ci des renforts envoyés par un autre de ses amis : le général commandant à Tatchienlou. Pour empêcher la liaison de ces deux troupes, le gouverneur usurpateur avait dépêché ses propres soldats à Mowkong.

Le matin du départ, je vis arriver des porteurs, au lieu des mules attendues. Par la suite, je me félicitai de ce changement. Jamais des bêtes chargées n'auraient franchi les obstacles que l'inondation nous suscita ; les miennes, qui ne portaient que leur selle, eurent assez de mal à arriver à Tao.

A défaut de « braves » munis de fusils, le magistrat me fit dire qu'il enverrait deux hommes de la milice indigène locale, sorte de gendarmes non armés. Ceux-ci n'étaient point prêts à partir avec nous mais on nous engagea « officiellement » à ne pas les attendre, nous assurant qu'ils nous rejoindraient bientôt.

La première journée de marche fut agréable et le chemin meilleur que nous l'espérions. Nous passâmes, sans nous arrêter, près d'un monastère de bönpos, puis nous fîmes halte dans un village où l'on relayait les porteurs. Les gens de l'endroit n'étant pas prévenus de notre passage, il fallut plus d'une heure pour rassembler le nombre d'hommes nécessaires. Pendant ce temps, je pus examiner le village à loisir. Celui-ci était habité par des Gyarongpas et, par son aspect, différait autant des villages chinois que de ceux du Tibet propre. Ces montagnards d'une région forestière construisent des chalets à plusieurs étages, coiffés de toits pointus et ceinturés de balcons. Les écuries, comme chez la plupart des fermiers tibétains, occupent le rez-de-chaussée de l'habitation. Ici les chalets étaient particulièrement élevés. Vus des étroites ruelles qui les séparaient, ils donnaient l'impression de « gratte-ciel ».

Le soir venu, les porteurs ayant déposé leurs fardeaux à un endroit que nous avons choisi, s'en retournent chez eux. Un seul d'entre eux continue en avant pour avertir les gens du hameau le plus proche qu'ils aient à nous envoyer des hommes le lendemain matin.

Nous restons seuls sur un monticule herbeux, non loin de la rivière, mais en terrain sec. Il fait nuit et je dors lorsque des cris me réveillent. Des gens viennent. Mes garçons, qui veillaient encore en buvant du thé, les ont entendus et les accueillent par les traditionnelles paroles de bienvenue en usage dans cette partie du globe : « N'approchez pas, amis, ou je tire ! » L'usage est de répondre en criant de loin qui l'on est et ce que l'on veut, si l'on a des desseins honnêtes. Dans le cas contraire, on prend la fuite en se voyant découvert, ou bien, si l'on peut distinguer celui qui a parlé, on lui envoie une balle avant qu'il ait eu le temps de mettre sa menace à exécution.

Cette fois, les arrivants se font connaître : ce sont les miliciens qui devaient nous rejoindre. Je sors de ma tente pour m'assurer qu'il n'y a pas erreur et je reçois, en chemise de nuit, les génuflexions cérémonieuses des deux hommes.

L'étape du lendemain nous mène à Wadjo. Mon ordre de réquisition y fait merveille ; il nous procure des vivres. On m'a assuré que je n'en trouverai plus ailleurs sur ma route. Je m'approvisionne donc d'autant de farine, de beurre et de grain pour les bêtes qu'il m'en faut pour le voyage, plus du lait qui, avec des soins, pourra se conserver un ou deux jours.

Les campagnards, qui auraient catégoriquement refusé de me *vendre* même un seul œuf, semblent parfaitement satisfaits d'avoir été *forcés* de me *livrer* toutes ces provisions. Ils se montrent enchantés des gratifications que Yongden leur distribue, sachant que j'aurais pu tout emporter gratuitement. Cette mentalité particulière prévaut dans presque tout le Tibet.

La pluie tombe à torrents toute la nuit. Au matin, la rivière a démesurément grossi. Les villageois nous engagent à demeurer à Wadjo tandis qu'une équipe de corvée ira inspecter le chemin et y faire quelques réparations s'il est nécessaire.

Les hommes reviennent à la nuit tombante et nous informent que nous pourrons passer. L'étape du lendemain est rendue fatigante par un sentier en partie inondé bien que la rivière ait beaucoup baissé depuis la veille.

Vers la fin de l'après-midi, nous arrivons en vue du monastère de Tesmon habité par des bönpos. Pour y parvenir, il faut franchir un pont. Pour le moment, ce dernier émerge à peine du milieu de la rivière dont la crue a triplé la largeur habituelle. Comme beaucoup de ponts chinois, celui-ci est construit en dos d'âne. On y accède de chaque côté par un escalier rustique bâti avec des blocs de rochers bruts. Cet escalier disparaît sous l'eau, battu par un courant violent ; entre son pied et l'endroit où nous sommes arrêtés, la distance doit être d'une quinzaine de mètres qu'il faudra franchir dans la rivière qui coule rapidement.

Les porteurs passent un à un, leur fardeau sur la tête, chacun d'eux étant soutenu par deux hommes non chargés. D'autres villageois font la chaîne, avec l'intention évidente de retenir leurs camarades, en cas de chute, et de les empêcher d'être emportés par la rivière. La façon dont ils s'y prennent m'intrigue. Tous, les bras étendus de côté, se portent en amont de ceux qui cheminent dans l'eau au lieu de se mettre sous le courant. Je me demande quelle est leur idée. Il est certain que si un homme ou un colis venait à tomber, cette guirlande de bras, placée où elle est, ne pourrait pas l'empêcher d'être entraîné. Mais je dois être seule à faire cette réflexion. L'imperturbable sérieux de tous ceux présents dénote que l'efficacité de ce barrage n'est mise en doute par aucun d'eux.

Afin de ne pas rester dans la boue pendant le temps qu'a duré le passage des bagages, je suis demeurée en selle sur ma grande mule noire, surveillant l'opération. Lorsque celle-ci est terminée, Seunam et Tobgyal guident ma bête vers l'escalier. Ces sortes de ponts ne se traversent jamais à cheval et ce serait moins que jamais le moment de le tenter. Je mets donc pied « à terre » ou plutôt « à l'eau » sur les marches submergées. Les garçons feront traverser la mule lorsque je serai passée. Le terrain est élevé vers l'autre rive, l'eau s'est répandue moins loin de ce côté. Arrivée à l'extrémité du pont, un homme m'emporte, comme un ballot, sur une épaule.

Nous allons loger au monastère. Un des moines me cède son logement : deux petites pièces dont l'une est la cuisine et l'autre la chambre à coucher[1]. Je m'installe dans la chambre, Yongden couchera dans la cuisine. Mes garçons et les miliciens seront hospitalisés chez un autre religieux.

La journée a été rude pour les porteurs. Je les engage vivement à ne pas s'en retourner immédiatement chez eux où ils n'arriveraient que tard dans la nuit. Qu'ils se reposent ; en plus d'une gratification, je leur offrirai un bon souper, ils pourront s'en aller au lever du jour. L'appât du « bon souper » les décide : ils restent. Je donne ordre de leur distribuer de la farine et de la viande pour faire de la soupe et je rentre « chez moi ».

Le propriétaire de la chambre que l'on m'a donnée doit être un ascète ou bien un pauvre hère, à moins qu'il ne soit simplement un sage. Son mobilier se compose uniquement d'une table basse devant laquelle il s'assoit sur le plancher, un brasero, une étagère en planches non rabotées qui sert de bibliothèque, deux couvertures comme couche et un long bâton, suspendu aux solives par des cordes, sur lequel on range les vêtements. Il faut ajouter « l'armoire aux *tormas* », sorte de tabernacle où les moines lamaïstes, de même que leurs collègues bönpos, tiennent captif, par des procédés magiques, un être de race démoniaque ou une déité terrible[2].

Le maître du logis emporte ses couvertures et quelques livres puis me laisse seule. J'étends mes vêtements mouillés sur le bâton et je fais mon lit. En attendant que mon repas soit prêt, je visiterai le temple. On doit y célébrer un office, car j'entends le bruit sourd

1. J'ai déjà expliqué, dans des livres précédents, que les membres des monastères tibétains ne vivent pas en communauté comme les moines catholiques. A part le thé servi au cours de l'assemblée matinale et, occasionnellement, quelques repas de fête offerts par des bienfaiteurs, *trapas et lamas* mangent chacun chez soi. Chacun, suivant son rang ou sa fortune, habite son palais, sa maison, son appartement ou simplement sa chambre dans le monastère. C'est là son logis privé où il est complètement indépendant, employant son temps comme bon lui semble. La règle exige seulement que, sauf dispense spéciale, il soit présent aux assemblées ordinaires et extraordinaires pour la lecture des Écritures sacrées ou la célébration de certains rites. En somme, un monastère tibétain est, selon sa grandeur, une ville ou un village, composé de rues et de places autour desquelles sont bâtis des temples, des collèges, des palais et de simples maisons luxueuses ou humbles. Presque toujours, un haut mur d'enceinte entoure la ville monastique où, seuls, les religieux sont admis à résider. Il existe également des monastères de religieuses construits sur ce même plan. La profession religieuse, chez les bouddhistes, ne comporte jamais le vœu d'obéissance et, au Tibet, la pauvreté n'est pas enjointe.

2. Lorsqu'il s'agit d'une déité terrible, la captivité forcée, dans le tabernacle, devient une présence volontaire, une condescendance bienveillante de cette déité répondant aux sollicitations de son fidèle. Toutefois, dans les rites qui amènent celle-ci dans le tabernacle, perce toujours l'idée d'une contrainte exercée par des moyens magiques.

d'un tambour martelé en cadence. Mais avant de m'y rendre, je désire voir ce que renferme le tabernacle.

Ce n'est point là vaine curiosité de ma part, mais recherche studieuse. Un bönpo le meuble-t-il de la même manière qu'un lamaïste ? Généralement, ces armoires sont cadenassées, nul profane ne doit jeter les yeux sur leur contenu. La raison ordinairement donnée de cette défense est que l'être qui y est retenu pourrait s'échapper, ou bien qu'il s'irriterait. Cependant les occultistes tibétains expliquent les choses autrement. D'après eux, ce qui réside dans le mystérieux tabernacle est une force créée par des procédés magiques. Les *tormas*[1] qui s'y trouvent ont, disent-ils, été « animées » par celui qui les y a placées et une « énergie » d'ordre différent a été incorporée en chacune d'elles. Exotériquement, chaque *torma* est dite représenter une personnalité différente, divine ou démoniaque. Renfermées dans le tabernacle après avoir été ainsi « animées » et pourvues des « aliments »[2] convenant à chacune d'elles, celles-ci forment une réunion d'énergies actives, « d'êtres vivants », entre lesquels il se produit des échanges secrets, des combinaisons mystérieuses. Il en résulte que l'ouverture inopportune de ce laboratoire occulte trouble le travail qui s'y effectue, libère mal à propos la force qui doit y demeurer et celle-ci, en n'étant pas contenue et dirigée par un initié compétent, peut causer du mal et prendre pour première victime son imprudent libérateur.

C'est là, du moins, ce qui m'a été dit, mais d'après ceux-là mêmes qui les donnent, ces explications ne s'appliquent qu'aux tabernacles des initiés aux sciences secrètes. Ceux que l'on voit chez les *trapas* vulgaires ont peu ou point d'importance, parce que ces derniers manquent du pouvoir nécessaire pour « animer » les diverses *tormas*, et de la science requise pour les grouper comme il convient.

La petite armoire de mon hôte devait appartenir à cette dernière catégorie. Faite en bois grossièrement sculpté, noircie par la fumée, elle n'avait rien d'impressionnant. Nul cadenas n'en fermait la porte. A l'intérieur je vis dix *tsa-tsas*[3] qui représentaient, peut-être, les dix Sages des Bönpos et une *torma* triangulaire devant laquelle, en guise d'offrande, se trouvait un tas poussiéreux d'os de côtelettes. Ce n'était pas d'un grand intérêt ; pourtant, lorsqu'on est naturellement curieux, quelque question surgit toujours. Pourquoi tous ces os, sans exception, étaient-ils des os de côtelettes ? Mon hôte se nourrissait-il exclusivement de cette partie de l'animal dont il passait les reliefs à son démon favori, ou bien était-ce ce dernier qui exigeait cet os particulier ? Un mystère à éclaircir...

---

1. Gâteaux rituels (écrit *gtorma).*

2. Ces aliments consistent en offrandes telles que riz, viande, vin, thé, etc., ou en autres *tormas* figurant de la nourriture.

3. Imitation, en terre moulée, des monuments appelés *chörtens* (les *stûpas* de l'Inde).

De l'autre côté de la cour, dans le temple, quelqu'un battait toujours rythmiquement le tambour. Peut-être rencontrerais-je de ce côté une personne qui m'instruirait, sans que j'aie à confesser mon indiscrétion, du rôle assigné aux os de côtelette dans les rites bönpos.

Et me voilà descendue du premier étage dans la cour, montant les marches du temple et y pénétrant. Il est très sombre, presque entièrement obscur même. Une seule lampe brûle devant l'autel. J'entrevois un groupe assis : l'homme qui bat le tambour et un autre qui psalmodie à voix basse ce qu'il lit dans un livre placé devant lui sur une table étroite : posée près du livre, une lampe éclaire curieusement les deux religieux.

Mes yeux s'accoutumant à l'obscurité, je discerne encore des *tormas*, quatre lampes minuscules et les divers éléments d'un *kyilkhor* [1] dressé sur une autre table en face des officiants.

Tandis que j'observe ceux-ci, quelques-uns de mes porteurs entrent dans le temple. Comme moi, ils flânent, sans doute, en attendant que leur souper soit prêt.

Ils demeurent un long moment immobiles, puis l'un d'eux fait quelques pas en avant. Quelque chose, table ou banc, qu'il n'a pas vu dans l'ombre, se trouve sur son passage ; il le heurte du pied et le culbute. Le bruit causé par la chute de l'objet résonne dans la salle vide. L'homme profère, à mi-voix, un vilain juron. Le lecteur relève la tête.

— « Va-t'en ! » commande-t-il en employant l'expression la plus autoritaire et la moins polie du vocabulaire tibétain [2].

Il existe des esprits forts au pays de Kham et en plus grand nombre qu'on ne serait porté à le supposer. J'y ai entendu, de la bouche d'une femme le plus horrible blasphème qu'un Tibétain puisse imaginer : « Je me moque de la religion, j'aime mieux l'argent. »

Au bas de l'échelle des valeurs intellectuelles, les esprits forts du Kham en demeurent d'ordinaire à l'état d'esprit de cette impie, tout en se montrant plus discrets qu'elle, quant à leur profession de foi. A des degrés supérieurs, les esprits forts y sont des occultistes, d'aimables sceptiques ou, parfois, des philosophes aux vues profondes.

L'homme qui venait de jurer très malhonnêtement était un « esprit fort » vulgaire. Comme je l'appris quelques heures plus tard, il avait vécu à Tatchienlou et à Tchéngtou et s'y était probablement ouvert l'esprit à sa manière. Il se rebiffa violemment contre l'ordre qui lui était donné.

— « Je ne suis pas un chien, » dit-il. « Je ne l'avais pas vu, ce banc... il n'est pas cassé... je le relèverai. Il n'y a pas de raison de me parler ainsi. »

1. Diagramme magique.

2. *Pargyu* écrit *phar rgyug*, littéralement : « va de l'autre côté », « va ailleurs », mais le terme a acquis un sens plus accentué. En fait, il équivaut à notre « f... le camp ».

Ce disant, il se baisse et relève quelque chose qui racle de nouveau le plancher avec bruit.

— « Va-t'en ! » répète l'officiant.

— « Je ne m'en irai pas, » réplique l'homme obstiné, esquissant un mouvement vers le lama.

— « N'approche pas du *kyilkhor !* » ordonne impérieusement ce dernier.

Cette défense ne fait qu'irriter davantage le mécréant.

— « Oh ! ton *kyilkhor !* tes *tormas !* clame-t-il. Les *ta rène* [1] étrangers, qui sont de grands savants, disent que c'est de la pâte à *momo* [2] et que tout ce qu'on chante dans les *gompas* ne sont que des sottises... Me parler comme à un chien !... »

Le rustre était lancé. Ses compagnons l'avaient saisi et s'efforçaient de l'entraîner dehors, mais le gaillard était robuste et la colère augmentait sa force. Il se dégagea, jurant de nouveau et criant :

— « Ton *kyilkhor !*... tes *momos !*... Je vais les mettre en pièces... Me parler comme à un chien !... »

Alors, comme il se portait en avant, le bönpo, à l'autre bout du temple, saisit un *chang* [3] placé à côté de lui, et l'agita. Un son extraordinaire, fait de mille clameurs déchaînées emplit la salle d'une houle de vibrations tumultueuses et me transperça le cerveau. L'irrévérencieux campagnard poussa un cri et je le vis se rejeter en arrière en étendant les bras devant lui comme pour repousser un objet effrayant.

— « Va-t'en ! » répétait encore une fois le lama.

Les autres hommes s'empressèrent de soutenir leur camarade et tous sortirent très agités.

Doung ! doung ! continuait le tambour placide scandant la sourde psalmodie du bönpo de nouveau assis devant le *kyilkhor.*

Que s'était-il passé ? Je n'avais rien remarqué sauf ce son étrange. Je sortis pour rejoindre mes porteurs et les interroger. Le malotru qui avait troublé l'office ne crânait plus.

— « C'était un serpent, je vous assure », affirmait-il aux autres rangés autour de lui dans la cour. « Un serpent de feu, qui est sorti du *chang.* »

— « Quoi, tu as vu un serpent de feu ? » demandai-je. « C'est pour cela que tu as hurlé ? »

— « Ne l'avez-vous pas vu ? Il est sorti du *chang* quand le lama l'a frappé. »

— « Tu as rêvé », répliquai-je. « Je n'ai rien vu du tout. »

---

1. Les hommes distingués, voir page 25.

2. *Momo* : pain, une expression chinoise adoptée par les Tibétains du Tibet oriental.

3. Le *chang* (écrit *gchang)* est un instrument musical spécial aux bönpos ; il a vaguement la forme d'une cymbale aux bords recourbés en dedans et est muni d'un battant. On l'agite en tenant le battant au-dessus comme une sonnette retournée.

— « Nous n'avons pas vu le serpent, mais des éclairs ont jailli du *chang* », déclarèrent les autres paysans.

Bref, ils avaient tous contemplé un prodige. Moi seule, indigne étrangère, j'avais été aveugle. Quoi qu'il en fût, il me semblait convenable, puisque je recevais l'hospitalité dans ce monastère, de présenter des excuses pour la conduite malhonnête de l'homme que j'y avais amené à ma suite.

Je rentrai dans le temple et me tins debout, près de la porte, attendant la fin de l'office. L'acolyte qui battait le tambour s'arrêta enfin, passa une housse sur son instrument et le célébrant enveloppa son livre dans une pièce de soie.

Je m'avançai et exprimai mes regrets au sujet de la conduite de mon porteur. Le lama accueillit aimablement mes excuses. « Ce n'est pas votre faute, vous n'y êtes pour rien », me dit-il. « La chose est sans importance, n'y pensez plus. »

La démarche que la politesse m'avait imposée était accomplie. Le bönpo demeurait silencieux, il ne me restait qu'à m'en aller. Pourtant ce son bizarre que j'avais entendu et l'extravagante vision des villageois continuaient à m'intriguer. Inconsciemment, je regardais le *chang*, base tangible de toute cette fantasmagorie.

Le lama n'eut pas de peine à deviner mes pensées.

— « Vous voudriez l'entendre encore sonner ?... » me demanda-t-il avec un sourire vaguement moqueur.

— « Oui, certainement, Kouchog, si cela ne vous contrarie pas. Cet instrument a un son curieux. Voulez-vous bien l'agiter ? »

— « Vous pouvez le faire vous-même, » répondit-il en me tendant le *chang*.

— « Je ne suis guère experte dans son maniement, » lui fis-je observer.

En effet, le son que je produisis ne ressemblait en rien à celui que j'avais entendu.

— « Je n'ai pas votre habileté, Kouchog, » dis-je au lama, en lui rendant son instrument. « Nul serpent n'est sorti de votre *chang*. »

Le bönpo me regarda d'un air interrogatif. Feignait-il de ne pas comprendre, ou ne comprenait-il pas ?

— « Oui, repris-je, l'homme grossier qui vous a mal parlé affirme avoir vu un serpent de feu sortir du *chang* et s'élancer sur lui. Les autres ont vu des éclairs ou des étincelles. »

— « Tel est le pouvoir de la *zoung* [1] que j'ai prononcée, » déclara le lama avec une certaine emphase. Et il continua à voix basse :

— « Le son produit les formes et les êtres... le son les anime... »

Je crois qu'il citait un texte.

---

1. Écrit *gzungs*, « qui saisit », « qui retient ». Formule magique. Équivalents sanscrits : *dhârani, mantra*.

— « Les gens de l'Inde, les *tchirolpas* [1] l'affirment aussi, » repartis-je. Et espérant amener le Bönpo à exprimer son opinion et à parler de la doctrine qu'il professait, j'ajoutai :

— « Certains croient, cependant, que le pouvoir de la pensée est supérieur à celui du son. »

— « Il y a des lamas qui le croient aussi, » répondit le bönpo. « Chacun a sa voie... Les moyens d'agir diffèrent. Moi, je suis maître du son. Par le son, je puis tuer ce qui vit et ranimer ce qui est mort... »

— « *Kouchog*, ces deux choses : vie et mort, existent-elles vraiment comme des contraires absolument dissemblables ? »

— « Êtes-vous Dzogstchénpa [2] ? » me demanda mon interlocuteur.

— « Un de mes maîtres était Dzogstchénpa, » répondis-je évasivement.

Le bönpo demeure silencieux. Je voudrais bien ramener la conversation sur la vie et la mort et connaître ses théories à ce sujet, mais son mutisme ne m'y encourage pas. Dois-je l'interpréter comme une façon polie de me faire comprendre que je dois m'en aller ?

Mais voilà que le lama murmure quelques mots entre ses dents, saisit le *chang* et l'agite à plusieurs reprises.

Merveille ! Au lieu du son effrayant qui a retenti d'abord et de celui fort peu harmonieux que j'ai produit moi-même, j'entends un suave carillon de clochettes argentines. Comment est-ce possible ? Ce bönpo est-il simplement un artiste émérite et peut-on, avec la pratique requise, tirer des effets si différents d'un instrument aussi primitif que le *chang*, ou bien dois-je croire qu'ainsi qu'il l'a orgueilleusement déclaré, mon interlocuteur est « maître du son ».

L'envie que j'éprouvais de continuer à causer avec le lama s'était encore accrue. Allais-je réussir à me faire expliquer le mystère de ce *chang* ?...

Un incident banal rompit l'entretien. Yongden entra dans le temple et m'annonça que notre repas était prêt. Le lama profita avec empressement de cette occasion pour m'échapper en feignant, avec de grandes démonstrations de politesse, de ne pas vouloir me retenir.

La nuit suivante, la pluie tomba de nouveau à torrents et il fut encore nécessaire d'envoyer une équipe de montagnards examiner le chemin que je devais suivre, avant de m'y engager moi-même

1. Écrit *phyirolpa*, « ceux du dehors » avec le sens « hors du Bouddhisme », les sectateurs d'autres doctrines. Ce terme désigne plus spécialement les Hindous brahmanistes.

2. Appartenant à la secte Dzogstchén (écrit *rdzogstchén*) « grand accomplissement ». La dernière fondée des sectes tibétaines. Elle regarde comme un ancêtre spirituel Lhadzunpa, un maître religieux qui vivait vers 1640. Ses doctrines appartiennent à l'Ati anuttara yoga. La grammaire exigerait le féminin : *« dzogstchénma »* puisque le lama s'adresse à moi, mais l'usage courant est d'employer la terminaison masculine *pa* pour les deux genres, dans les termes de cette espèce.

avec des bêtes et des bagages. Cette circonstance m'immobilisait pour toute une journée à Tesmon. J'en profitai pour essayer de revoir le « maître du son ». Malheureusement, il continuait à pleuvoir, les hôtes du monastère demeuraient enfermés chez eux. Je ne pouvais pas me permettre d'aller frapper au hasard à leurs portes pour m'enquérir de celui qui m'intéressait. Cette façon de faire eût déplu. Yongden, en tant que jeune homme, pouvait agir avec plus de liberté ; il trouva l'appartement du « maître du son » et crut se montrer excellent diplomate en l'invitant à venir prendre le thé avec moi.

Ce dernier accepta et, une heure plus tard, il entrait, accompagné par un jeune *trapa*, dans la cellule que j'occupais.

Notre conversation débuta par les politesses d'usage. Puis le lama voulut m'entendre raconter mes voyages dans l'Inde, il me questionna sur les mœurs de ce pays, puis sur son monde religieux : les Bouddhistes et les Hindous, leurs pratiques, les pouvoirs supernormaux qu'ils attribuent à leurs *doubthobs*[1]. Je m'efforçai de satisfaire sa curiosité, espérant trouver un moment favorable pour l'interroger à mon tour. Il m'en fournit l'occasion en parlant des pouvoirs des *doubthobs* de l'Inde.

— « Il n'est point nécessaire d'aller dans l'Inde pour rencontrer des hommes possédant ces pouvoirs, » lui dis-je. « Vous-même, je crois, me l'avez démontré hier soir. Et, d'ailleurs, les Hindous qui regardent le Tibet avec vénération, comme l'asile où vivent de grands Sages, croient aussi qu'il y existe des magiciens bien plus puissants que les leurs. »

— « C'est possible, » répondit le bönpo. « Je n'ai jamais été dans l'Inde... C'est au *chang* que vous pensez, n'est-ce pas ? Pourquoi attacher tant d'importance à cette vétille. Le son a bien d'autres mystères.

« Tous les êtres, toutes les choses, même celles qui paraissent inanimées, émettent des sons. Chaque être, chaque chose rend un son particulier qui lui est propre, mais ce son, lui-même, se modifie suivant les divers états par lesquels passe l'être ou la chose qui l'émet. Comment cela ? C'est que ceux-ci sont des agrégats d'atomes *(rdul phra)* qui dansent et en se mouvant ils produisent des sons.

« Il est dit qu'à l'origine, le vent en tournoyant forma les *gyatams*, base de notre monde[2]. Ce vent tournoyant était sonore et c'est le

1. Écrit *grubthob* : celui qui possède des pouvoirs supernormaux, un thaumaturge. L'équivalent tibétain du terme sanscrit *siddha* ou *siddhi pouroucha*.

2. Allusion à des théories cosmogoniques tibétaines. D'après celles-ci, le vent *(rlung* prononcé *loung)*, ce qui est expliqué comme étant non pas le vent, que nous connaissons, mais le « mouvement » produisit comme premières formes des *gyatams* (écrit *rgya kram* ou *rgya gram*). Les lamaïstes conçoivent ces *gyatams* sous la forme de deux *dorjis* entrelacés en croix, tandis que les bönpos les imaginent comme des *svastikas* symboles du mouvement. Mon interlocuteur était un bön blanc. Ceux-ci ont adopté beaucoup de théories lamaïstes ; les lamaïstes, de leur côté, en ayant admis d'autres, d'origine bön. Cependant les böns noirs ont plusieurs théories particulières

son qui assembla la matière en forme de *gyatam* [1]. Les *gyatams* primordiaux chantèrent et des formes surgirent qui, à leur tour, en engendrèrent d'autres par le pouvoir des sons qu'elles rendaient. Ceci n'est pas seulement l'histoire d'un temps passé ; il en est toujours ainsi. Chaque atome [2] chante perpétuellement sa chanson et le son crée, à chaque instant, des formes grossières ou subtiles. De même qu'il existe des sons créateurs qui assemblent, il en existe d'autres qui sont destructeurs, qui désagrègent, qui désintègrent. Celui qui est capable de produire les uns et les autres peut, à son gré, construire ou détruire. Vraiment, le *doubthob* qui pourrait faire résonner « le son destructeur de la base » — lequel est, lui-même, la « base des sons destructifs » [3] — serait capable d'anéantir ce monde et tous les mondes des dieux jusqu'à celui des grands « Trente-trois » [4] dont parlent les Bouddhistes. »

Après ce discours, le bönpo prit congé en me souhaitant du beau temps pour le lendemain et un heureux voyage.

Les théories passablement abstruses qu'il m'avait exposées ne manquaient pas d'intérêt, mais elles ne m'apportaient aucun éclaircissement sur ce qui demeurait, pour moi, le « mystère du *chang* ».

La pluie a cessé vers la fin de la nuit ; nous partons de grand matin. Les pauvres montagnards ont pris beaucoup de peine pour rendre possible le passage de mon convoi ; malgré leurs efforts, le chemin est épouvantable.

La vallée que nous remontons bifurque au-dessus de Tesmon, une de ses branches conduit au territoire des Géchitas et l'autre à Tanli, où nous nous rendons. Notre sentier zigzague ensuite parmi les rochers entre lesquels la crue a creusé des trous qui restent pleins d'une épaisse boue noirâtre et gluante. Je tente de demeurer en selle mais il me faut bientôt y renoncer, ma mule a assez de mal à se faufiler seule entre ces obstacles. La marche est affreusement fatigante au milieu de ces grands rocs aux arêtes aiguës contre lesquels on se heurte à tous moments. A certains endroits, ceux-ci forment des escaliers dont les marches sont si hautes que je dois m'y hisser en m'aidant de mes mains.

Plus loin, l'eau recouvre le sentier. Les hommes de corvée ont coupé, la veille, un vague passage plus haut, à travers les bois. L'on

---

concernant l'organisation de notre monde. A noter qu'aucune doctrine orientale n'admet une création *ex nihilo*.

1. *Gyu* écrit *rgyu* : matière, substance.
2. *Doulta*, écrit *rdul phra*.
3. Une double expression de construction curieuse : *da jii djigkén*, écrit *sgra gjihi hrdjig mkhan* et *da djigkén gi jii*, écrit *sgra hrdjig mkhan gi gfi*. Il faut entendre, ici, que le son qui peut détruire la base, le fondement sur lesquels reposent toutes les formations qui constituent les mondes est le son essentiel, subtil, la racine d'où naissent tous les sons destructifs.
4. Les dieux *Soum tchou tsa soum* (écrit *sum tchu rtsa gsum)*. En sanscrit : les *Trâyastrimça*.

y trébuche sur les racines, l'on s'y égratigne aux broussailles hâtivement taillées à la hache, l'on y enfonce dans la terre saturée d'eau, puis l'on retrouve enfin le vrai sentier. Pourrons-nous le suivre maintenant jusqu'à notre but ? Non, car après avoir encore marché péniblement pendant environ deux heures, nous sommes de nouveau arrêtés par l'inondation. Il faut recommencer la même gymnastique que précédemment, à travers les bois. Porteurs et mules grimpent la pente. Le courage me manque pour les suivre. Je demeure en arrière avec Yongden, contemplant mélancoliquement la rivière qui tourbillonne.

— « Voulez-vous que nous essayions de passer ? » me demande mon fils.

— « Je ne voulais pas te le proposer, mais j'en ai grande envie. »

— « Attendez, je vais examiner la profondeur de l'eau. »

Le lama enlève sa robe et son gilet qu'il me donne à garder, puis sondant le fond avec un bâton, il parcourt une partie du chemin. L'eau ne lui monte qu'un peu au-dessus de la ceinture. Nous sommes à peu près de la même taille, nous pourrons passer. Je me déshabille, ne conservant que mon pantalon et ma chemise. Du reste de nos vêtements nous faisons chacun un paquet que nous portons sur notre tête. La température de la rivière est fraîche mais non pas froide. Ce bain est agréable et nous délasse. En sortant, nous tordons le bas de nos pantalons, remettons nos bottes et nos robes et continuons notre route. La chaleur produite par la marche séchera, sur nous, nos vêtements de dessous.

Il fait presque nuit lorsque nous arrivons à Tanli. Nous parvenons là au terme de nos épreuves aquatiques. Encore un col à traverser, puis nous entrerons dans un pays de plateaux et de vallées immenses offrant généreusement, aux rivières comme aux voyageurs, tout l'espace qu'ils peuvent souhaiter pour vagabonder à loisir.

Tanli enveloppé des ombres du soir me fait penser à la Suisse. Le paysage est tout à fait alpestre ; grands sapins, ruisselets menus qui serpentent parmi l'herbe rase et les mousses, quelques chalets. L'air a la saveur particulière dont il est imprégné dans les hautes altitudes. Ce hameau ne doit pas se trouver beaucoup au-dessous de 4 000 mètres, si même il ne les atteint pas, car la carte attribue 4 600 mètres au col voisin où l'on arrive sans forte montée.

On nous donne deux chambres dans l'un des chalets ; nous préparerons nos repas dans la cuisine des propriétaires. Les bêtes seront mises à l'abri chez un autre paysan ; deux hommes de l'endroit coucheront dans l'écurie pour les garder.

Nous sommes revenus au pays où le brigandage est sport et chevalerie. Nos hôtes et leurs voisins sont certainement plus souvent occupés sur les grandes routes que dans leurs champs. Ici, comme en Amdo, la culture est volontiers considérée comme ouvrage de femme, un revenu accessoire dans le budget familial alimenté par de plus héroïques labeurs.

Ceci n'empêche point les fermiers d'être des gens fort aimables. Tant que nos biens et nos personnes seront commis à leur garde, nous n'aurons rien à redouter d'eux. Ils savent trop bien que si nous pouvions les désigner comme voleurs de nos bêtes ou de nos bagages, le magistrat chinois leur ferait payer cher leur audace. Ils m'expliquent que ce n'est pas leur tour de fournir la corvée de portage et que l'on a, dès mon arrivée, dépêché un messager à la tribu qui doit y pourvoir.

De bonne heure, on verrouille les portes et l'on clôt les volets. Tandis que nous soupons près de l'âtre, on entend marcher et parler sur le chemin. Chacun dresse l'oreille, puis de l'intérieur un homme hèle les nocturnes passants : « Qui va là ?... » Point de réponse. « Ce sont des voleurs qui viennent de la vallée du Nord, » expliquent nos hôtes. Et, sur ce, ils commencent à raconter de multiples histoires de brigandage plus terrifiantes les unes que les autres.

— « Pourquoi ne les arrêtez-vous pas au passage, ces voleurs de la vallée du Nord ? » demande Yongden.

La réponse est embarrassée.

— « On ne peut pas... »

Le lendemain un des miliciens revenant sur ce sujet me dit : « Bien certainement, ils ne peuvent pas les arrêter, ils font le même métier et s'associent souvent ensemble. »

Ceux à qui échoit la corvée de portage sont précisément des indigènes de la vallée du Nord appartenant à la tribu des Chabrougpas. Deux chefs et quelques hommes arrivent le lendemain assez tard dans la matinée, venant de loin. Les sentiers permettent désormais l'emploi des bêtes de somme. Les Chabrougpas vont louer des yaks aux gens de Tanli pour me conduire à Tao en deux étapes. Ils trouvent sans doute préférable de faire cette dépense que d'amener leurs propres bêtes ce qui, d'ailleurs, prendrait longtemps.

L'un des deux chefs a une remarquablement belle tête d'Espagnol. On pense, en le regardant, à un hidalgo d'Estramadure qui, à la suite d'aventures malheureuses, serait devenu brigand. Un vrai personnage de roman, sombre à souhait, les lèvres minces, gardées serrées, le nez long un peu busqué, un large anneau d'argent pendant à l'oreille droite, grande allure, paroles rares. Quel sang est mêlé dans ce Khampa ? Il n'a rien du Tibétain ni du Chinois, rien même du Musulman, qui, bien qu'assez rare dans cette région, pourrait avoir été un de ses ancêtres. C'est tout à fait un bel Espagnol métissé de Maure, une énigme parmi le paysage et les gens où il se meut.

Les Chabrougpas passent la journée à recruter des bêtes et des gens pour les mener et le lendemain matin nous partons, sous la pluie, à travers la forêt. Les conducteurs de yaks sont bruyants et joyeux, leur peine leur est payée. Les Chabrougpas qui les paient sont moins gais et l'hidalgo, son fusil en bandoulière, chevauchant un cheval noir, et toujours aussi romantique, est grave avec noblesse.

A l'intersection de deux vallées, on me montre la piste embroussaillée que suivent les bandes de brigands allant s'embusquer sur la route de Tatchienlou pour attendre les caravanes qui se rendent à Lhassa. Et puis, un peu plus loin, nous ne voyons plus ni le grand d'Espagne ni ses compagnons. Le mauvais pas où leur présence pouvait nous servir de sauvegarde est franchi, ils nous ont lâchés estimant inutile de se fatiguer davantage. Peut-être sont-ils en route par la vallée qui rejoint la route de Tatchienlou, ayant des camarades et des affaires de ce côté. Un des miliciens se met à leur recherche, mais ils restent introuvables. Bon voyage ! Il est tout à fait improbable qu'ils tentent de nous attaquer. Nous savons trop bien qui ils sont et il nous serait facile de les désigner à la justice. Nous continuons donc paisiblement notre route à travers la forêt.

Arrosés par des ondées intermittentes, nous montons lentement en pente douce. A la limite de la zone des arbres, nous nous arrêtons et faisons du thé. Tobgyal est fiévreux et souffre de névralgies, j'espère qu'une boisson chaude et une heure de repos lui feront du bien. Les conducteurs de yaks, escortés par les miliciens, poursuivent leur chemin, désireux de ne pas s'attarder. Ils savent que l'étape est très longue ; nous nous en apercevrons nous-mêmes dans la soirée.

Le col que nous franchissons ensuite n'a pas la grandeur sauvage de celui de Dza. Les gens du pays le considèrent comme plus élevé que ce dernier et la carte lui donne 4613 mètres d'altitude, soit environ 100 mètres de plus que le col de Dza ; mais les cartes diffèrent entre elles quant aux indications qui concernent les régions frontières du Tibet. Nous sommes en juillet, le col est libre, mais à moins de cent mètres du passage, l'on voit des champs de neige épaisse qui, probablement, ne fond jamais entièrement.

Il n'en faut pas déduire que 4 000 mètres d'altitude est, au Tibet et dans les régions voisines, la limite des neiges éternelles. De nombreux cols dont l'altitude dépasse 5 000 mètres sont parfaitement libres de neige, en été et en bien des endroits, les neiges perpétuelles ne descendent pas au-dessous de 6 000 mètres.

Nous faisons la descente à pied sur un terrain rocailleux, puis nous entrons de nouveau en forêt. Le soir vient, le lama, les deux domestiques et moi, nous suivons difficilement, à travers les bois, un sentier boueux, étroit, et mal marqué. La pluie se remet à tomber en torrents. Le malade ne se plaint même plus : la face rouge, tremblant de fièvre, il a à peine la force de se tenir en selle. Nous n'apercevons aucun signe indiquant le voisinage d'un village et nous commençons à craindre de nous être égarés. Enfin, notre sentier sort de la forêt et continue à travers des pâturages ; un peu plus loin, il côtoie des champs cultivés. Nous voici à Lumbo.

Une misérable masure va nous abriter. Yongden et moi devrons loger dans une toute petite pièce où sont empilées quantité de peaux de mouton et de peaux de bœuf. Nos hôtes en font sans doute le commerce. Il y en a là à tous les degrés de dessiccation : les unes presque fraîches, les autres durcies ; l'odeur qu'elles dégagent est épouvantable. J'insiste pour laisser la fenêtre ouverte. Mon fils fait des objections.

— « On pourrait, dit-il, en se servant d'une échelle, entrer par cette fenêtre tandis que nous dormons. » C'est vrai, mais il m'est impossible de respirer dans cette puanteur. La fenêtre restera donc ouverte et par mesure de précaution, Yongden s'allonge devant elle, roulé dans ses couvertures. Si quelque voleur entre, dans l'obscurité, il lui marchera sur le corps et l'éveillera. Cela nous suffit. En criant de surprise, le lama me réveillera aussi et une fois réveillés, nous nous croyons capables d'avoir raison d'un malfaiteur... même de plusieurs.

Nuit peu reposante, comme bien d'autres passées dans nos vêtements que les averses ont trempés. Réveil à l'aube ; le soleil brille et va nous sécher. Selon mon habitude, je pars en avant, à pied, pour une promenade matinale d'environ deux heures.

La vallée s'élargit de plus en plus, on s'éloigne des forêts et voici qu'en débouchant sur les pentes encadrant une autre vallée très large, nous apercevons au loin, très au-dessous de nous, une route qui coupe la nôtre à angle droit : c'est la grande route de Lhassa.

Combien de fois nous l'avons suivie en pensée ! Yongden m'avait dit : « Quand elle m'apparaîtra, je me prosternerai trois fois. » Il ne peut le faire que mentalement, car il est à cheval, mais il s'écrie du ton que l'on peut prêter à Moïse découvrant la terre promise : « La voilà donc enfin, cette route que j'ai tant regardée sur la carte ! »

Je ne réponds rien, je suis émue comme lui, plus que lui, mais il n'y a pas de joie dans mon émotion. Sans doute, j'ai mené jusqu'ici mon voyage suivant le plan que je m'étais tracé, mais je *sais* que la route de mes rêves ne nous conduira pas à Lhassa. Depuis l'aventure de Foupién, notre entreprise est condamnée à échouer. Remettant à plus tard notre tentative, il nous reste à voir tout ce que nous pouvons voir et à apprendre tout ce que nous pouvons apprendre au Tibet oriental. Cela, seul, représente une quantité considérable de connaissance [1].

Bientôt, nous distinguons des masses noires se mouvant sur la grande route. Nous avançons, notre sentier tourne alors vers l'ouest et continue le long du versant de la montagne, parallèlement à la route de Lhassa qu'il domine de haut. Les imprécises masses noires se distinguent de mieux en mieux ; ce sont des yaks transportant, à Lhassa, des briques de thé comprimé.

C'est un beau spectacle que cette foule grouillante, lente et sombre, de gros animaux à l'épaisse toison, avec leurs conducteurs à

1. Après expérience, je considère le pays de Kham comme la partie la plus intéressante du Tibet.

cheval le fusil en bandoulière et les grands chiens poilus courant autour des bêtes commises à leur garde. Celles-ci sont divisées par groupes, chacun d'eux étant précédé d'un cavalier. Les groupes succèdent aux groupes, il y a là peut-être deux mille animaux. Ils mettront trois mois à atteindre Lhassa.

Le paysage qui nous environne présente le plus parfait contraste qui soit avec celui parmi lequel nous avons vécu pendant les mois précédents. Plus de gorges resserrées, de torrents grondants, plus de pittoresques montagnes chinoises aux roches dentelées, aux arêtes aiguës. Les sommets voisins, couverts d'herbe, étalent à l'aise leurs formes arrondies. Tout le décor s'est élargi, il baigne dans un calme imperturbable, une sorte de placidité forte, sûre d'elle-même, qui s'affirme et s'impose.

Un air de mystère enveloppe aussi cette route blanche et droite qui se perd, au loin, entre des monts bleuissants. Nous la savons longue, infiniment longue, et nous la voyons, en esprit, s'enfoncer dans les *tchangs thangs*, côtoyer d'immenses lacs azurés et atteindre, bien au-delà de Lhassa, le plus majestueux des lieux sacrés du monde : le neigeux mont Kailas, demeure de Çiva et de son épouse Parvati.

Nous voici de nouveau au seuil du fascinant Tibet auquel des liens divers nous attachent tous deux : Yongden et moi, et mille sentiments complexes de joie, de regret, de pieuse admiration et de désir fervent, nous envahissent tandis que nous regardons s'éloigner lentement la pittoresque caravane qu'il nous est interdit de suivre.

Graduellement, notre sentier descend vers le fond de la vallée et un peu avant de l'avoir atteint, rencontre Tao, une des localités importantes de la région, mais en réalité rien qu'un village très sale.

Puisque j'étais escortée, autant valait jouir des avantages que cette escorte pouvait me procurer. J'avais donc envoyé un des miliciens en avant pour me chercher un logement. L'homme crut bien faire en s'adressant au propriétaire de la plus belle maison de l'endroit et celui-ci mit une vaste chambre à ma disposition. Je m'y serais trouvée fort bien si une autre pièce n'en avait pas dépendu. Celle-ci était occupée par un militaire chinois et par sa famille ; ainsi, pour entrer chez eux et pour en sortir, mari, femme et enfants auraient dû à tous moments passer chez moi. Comme je comptais demeurer quelques jours à Tao, cette promiscuité ne pouvait me convenir. Il n'y avait pas d'autres chambres disponibles dans la maison ; cependant j'eus vite fait de découvrir où m'installer.

Le toit-terrassc dc l'habitation offrait un vaste espace. D'un côté de celui-ci une galerie régnait, adossée au mur et couverte d'un toit soutenu par des piliers en bois peints en couleurs vives. Cette galerie servait à remiser du foin, mais à ce moment elle était presque entièrement vide. Nul endroit ne pouvait être plus agréable pour y planter une tente. Abritée par le mur et le toit, j'avais devant moi, sur la terrasse, un large champ de promenade.

De ce haut poste d'observation, l'on jouissait d'une vue magnifique. A droite et à gauche s'étendait à perte de vue la très large vallée suivie par les caravanes de Lhassa. Dans celle-ci, en face de Tao, s'en ouvrait une autre profondément encaissée entre les montagnes, sombre, tortueuse, mystérieuse, où s'engouffraient deux rivières unies, l'une descendant de la route de Kanzé et l'autre de celle de Tatchienlou, qui s'en allaient rejoindre le Yalung. Avec elles, un sentier pénétrait dans la vallée obscure et ce sentier menait vers Litang. On disait la région qu'il traversait infestée de brigands. Il me venait parfois à l'idée de quitter Tao avant le jour et de m'en aller par ce sentier pour me libérer de la surveillance bienveillante mais gênante à laquelle j'étais soumise.

Je pensais alors que m'en allant directement à Litang, je ne verrais pas Kanzé, la capitale du pays de Hor. Je pensais un peu aussi aux chevaliers de grand chemin qui battaient la campagne de ce côté et pourraient bien me voler mes bêtes et mes bagages. Mais je pensais surtout qu'entre la vallée conduisant vers Litang et Tao existait une rivière, que je ne pouvais pas traverser à la nage et que du moment où il me fallait un bateau, il fallait aussi prévenir les passeurs et, ainsi, mon projet de fuite sous les étoiles tombait en pièces. Le destin voulait me conduire plus loin, le long de la route tant contemplée sur la carte, dans ma maisonnette monastique de Koum-Boum.

En attendant, après tant de camps en pays inondé, mon toit me paraissait un véritable paradis.

Tao est le siège d'une mission catholique dépendant de la Société des Missions étrangères de Paris. Dès le lendemain de mon arrivée, je fis la connaissance du prêtre français qui y résidait, le Père D... Dois-je dire qu'il m'accueillit cordialement ? Il me faut répéter la même chose de tous les missionnaires — sauf un — de toutes les confessions et de toutes les nationalités que j'ai rencontrés en Chine. Mais le Père D... était [1] plus qu'un homme aimable, il était le héros d'une aventure dramatique.

Quelques années auparavant, les Tibétains de la région s'étant révoltés contre les Chinois, ceux de Tao avaient fait prisonniers le Père D... et le magistrat chinois de l'endroit. Ensuite, les ayant emmenés au monastère lamaïste, ils les y avaient mis nus et attachés par les poignets, les bras levés au-dessus de la tête, chacun à un pilier de la grande salle des assemblées. Dans cette position torturante, sans pouvoir ni s'asseoir ni se coucher, les malheureux étaient restés plusieurs jours. Pour nourriture, on leur tendait l'écuelle contenant la pâtée des chiens. Il ne s'agissait nullement de persécution religieuse. A aucun moment, les révoltés ne songèrent à demander au missionnaire d'abjurer sa religion. De lui, comme du magistrat chinois, ils exigeaient seulement la reconnaissance de leur

1. J'en parle au passé. Il est mort environ deux ans après mon passage à Tao.

autorité politique. Le Chinois céda et fut délié. Le Français persista, question d'amour-propre sans doute, il ne voulait pas être vaincu. Un officier chinois arriva à la tête de quelques troupes, fit rentrer les Tibétains dans l'obéissance et délivra le missionnaire. Je vis cet officier à Kanzé lors de mon séjour dans cette ville.

Je ne sais pas quel dédommagement fut accordé officiellement au Père D... pour les mauvais traitements qu'on lui avait fait subir, mais les gens de Tao qui admiraient, du reste, sa force de caractère, disaient qu'il montrait, dans la revanche, la même inflexibilité de volonté avec laquelle il avait bravé ses bourreaux. Ils racontaient que la maison actuelle de la Mission et ses dépendances avaient été bâties par les villageois contraints de fournir des corvées et que, chaque jour encore, le missionnaire, autorisé par les autorités chinoises, réquisitionnait pour son service un certain nombre de travailleurs non salariés.

Ces détails étaient-ils parfaitement exacts ? Je n'oserais pas m'en porter garante. Le Père D..., qui avait eu la modestie de ne pas me narrer l'histoire de sa ténacité héroïque, ne m'avait pas non plus prise pour confidente de ses sentiments intimes concernant la vengeance, le pardon des injures et la façon dont il les traduisait dans la pratique. Le devoir de charité, pensent certains, diffère pour l'homme qui vit en société, de ce qu'il est pour le philosophe isolé. Tandis qu'il convient, disent-ils, aux sages et aux saints solitaires de renoncer à tirer vengeance des sévices qui leur sont infligés, le membre d'un groupe social doit envisager que le défaut de sanction peut inciter des individus ou des populations rustres à faire d'autres victimes.

Dès le lendemain de mon arrivée, l'excellent Père D... m'a aimablement envoyé un cadeau de provisions : des poulets vivants et une bouteille de bon vin. Il s'imagine que j'ai été privée depuis longtemps de notre boisson nationale et il est très étonné d'apprendre que je ne bois aucun breuvage alcoolisé. Plus étonné est-il encore d'entendre que je refuse absolument de faire tuer des animaux pour ma consommation, déplorant déjà beaucoup d'acheter de la viande de la boucherie pour nourrir mes domestiques et... d'en consommer quelquefois moi-même, quand légumes et farine viennent à manquer et que mon estomac crie famine.

Le missionnaire est chasseur ; beaucoup de ses collègues, protestants comme catholiques, le sont aussi. Je me demande comment il est possible que ces gens religieux n'arrivent point à percevoir le caractère épouvantable de la souffrance et combien il est horrible de l'infliger pour son plaisir.

De leur point de vue, puisqu'ils dénient que l'animal ait une âme, il est plus cruel de le tuer que de tuer un être humain. L'homme assassiné n'est, d'après leur croyance, pas véritablement mort puisque son âme, son vrai « moi » est immortel. Son meurtrier n'a donc fait que le déloger brutalement de son domicile et le forcer d'entrer dans un autre. Ce changement peut même être avantageux à la victime si, par ses vertus, elle a mérité d'être reçue dans le Paradis [1]. Mais puisque, selon ces théories, l'animal tué tombe dans le néant, en le privant de sa vie présente, on lui ravit à jamais tout ce qu'il a et tout ce qu'il est.

Le magistrat chinois de Tao se montre aussi très obligeant à mon égard. Il met à ma disposition trois villageois en service commandé. Deux de ceux-ci gardent mes mules tandis qu'elles paissent sur la montagne et les ramènent le soir à l'écurie, le troisième va chercher l'eau et le bois, souffle le feu à la cuisine et aide mes garçons. Tao est en terre tibétaine et le régime les *oulas*, c'est-à-dire la corvée obligatoire de portage et de service des voyageurs munis d'un titre de réquisition, est en vigueur. Il est d'usage que le voyageur rétribue les *oulas*, mais le montant de la gratification dépend de sa générosité ; il n'est, du reste, pas obligé de la leur donner. Pour ma part, j'ai presque toujours tenu à récompenser les villageois des services qu'ils me rendaient ; pourtant la curieuse mentalité de certains indigènes m'a quelquefois forcée à m'en abstenir. J'ai rencontré des Tibétains qui proclamaient hautement que ceux qui les payaient étaient de vulgaires petites gens ne méritant aucune considération. Les personnalités de marque, au contraire, bien loin de les payer, exigeaient des cadeaux, des vivres et leurs domestiques battaient ceux qui ne se hâtaient pas d'en fournir. C'est à cette conduite, disaient-ils, que l'on reconnaissait les gens dignes de respect.

En présence de cette façon de voir, qu'aucun raisonnement ne les aurait amenés à modifier, j'avoue que je me suis parfois montrée « digne de respect ».

Eh oui ! mon révérend compatriote et le magistrat chinois étaient tous deux charmants, mais j'aurais préféré ne pas les avoir rencontrés. J'aurais voulu être arrivée incognito à Tao, m'y joindre à quelque caravane de thé et m'en aller lentement avec elle à Lhassa par le désert d'herbe. Les dieux du Tibet, bénis soient-ils ! m'avaient à mon insu marquée pour une plus grande aventure. En attendant, il me fallait cacher mon impatience et sourire aux sollicitudes importunes qui me ligotaient.

Les jours passent. Que fais-je à Tao ? Je n'en sais rien. Je suis désorientée et je suis fatiguée. J'ai quitté Koum-Boum le 5 février 1921 et août vient de commencer. Six mois de voyage par des chemins difficiles suffisent peut-être à excuser le désir d'un peu de repos. Pourtant je repartirais volontiers tout de suite pour six nouveaux mois de pérégrinations encore plus ardues, si j'avais en perspective un programme intéressant, mais celui que j'ai longuement

1. On excuse ainsi, dans l'Inde, les sacrifices d'animaux offerts aux déités. Les victimes sont dites renaître dans une condition supérieure à l'animalité, ou bien dans le paradis même du dieu à qui ils ont été sacrifiés.

préparé ne peut pas s'accomplir et mes nouveaux plans sont encore très flottants. Cette indécision me fatigue plus que ne l'ont fait mes six mois de route.

Quand je descends du toit sur lequel je campe, c'est pour me promener avec Yongden, dans la campagne. Nous causons avec les gens que nous rencontrons. Ces conversations nous initient aux mœurs du pays et aux idées de ses habitants ; elles sont un délassement, un répit à la tension nerveuse produite par mes préoccupations.

Un jour, nous voyons un homme accroupi sur le bord d'un ruisseau ; près de lui est un sac dont il tire des brindilles qu'il pose soigneusement dans l'eau. L'air attentif, anxieux même, avec lequel il opère nous intrigue. A quel exercice se livre-t-il ?

En nous entendant approcher l'individu a tourné la tête et, d'un geste rapide, a caché le sac sous sa robe.

— « Que fais-tu là, ami ? » lui demande Yongden.

La réponse se fait attendre, le campagnard nous considère longuement tous les deux. Sans doute l'examen nous est favorable et nous lui inspirons confiance. Il se décide à parler :

— « J'ai un *dipching*[1], » dit-il, d'un ton confidentiel.

Il n'est pas un Tibétain qui ne sache ce qu'est un *dipching* ; nombre de légendes mentionnant les exploits accomplis à l'aide du morceau de bois ou des plumes qui rendent invisible, mais quant à en avoir vu un exemplaire, le fait est plus rare, si même il s'est jamais produit.

— « Tu as un *dipching* », dit Yongden à l'homme au sac mystérieux. « D'où te vient-il ? Et si tu as un *dipching* sur toi, comment se fait-il que je te voie ? »

— « Kouchog, » répondit poliment le Tibétain, « quand je dis que j'ai un *dipching*, cela signifie que j'en ai un là, dans ce sac. Je ne l'ai pas encore reconnu parmi les autres brindilles auxquelles il est mêlé. Je suis occupé à les soumettre une à une à l'épreuve décisive dans ce ruisseau. Le *dipching* remontera le courant au lieu d'être emporté par lui. Quand il aura touché l'eau, sa vertu, qui n'agit pas encore, se manifestera, et lorsque je le saisirai, vous ne me verrez plus. »

1. Écrit *sgrib ching*. Littéralement « arbre ou bois qui cache, qui rend obscur ». C'est le talisman qui rend invisible celui qui le porte ou les objets auprès desquels il est placé. Il est décrit de plusieurs façons différentes et des milliers d'histoires circulent à son sujet. Les lecteurs de la *Vie surhumaine de Guésar de Ling* ont vu que le héros de l'épopée nationale des Tibétains en fait usage. Certains, tels que l'homme rencontré à Tao, se représentent le *dipching* comme un morceau de brindille d'une nature spéciale que le corbeau sait reconnaître. D'autres, s'éloignant de la signification ordinaire du mot *ching*, écartent l'idée de *bois* et d'*arbre* et tiennent ce terme pour symbolique. Les *dipchings*, pour eux, sont des plumes spéciales, de corbeau ou de pie. Elles sont dénommées *arbre* parce qu'elles *mettent à l'abri*, qu'elles *dérobent à la vue, couvrent d'ombre*, comme le fait un arbre.

— « Oh ! » fis-je, « je brûle d'envie de te voir devenir invisible. Mais quand tu seras invisible, comment te conduiras-tu, de retour chez toi ? Les tiens ne te verront plus. Et si tu déposes le *dipching* dans un coffre, celui-ci deviendra invisible. Peut-être toute ta maison, avec toute ta famille qui y demeure, deviendra-t-elle invisible. Que penseront tes voisins ? »

Il ne sied pas de faire subir aux miracles un examen critique trop minutieux. Le Tibétain me jeta un regard à la fois méprisant et peu amical.

— « Croyez-vous que j'aie oublié d'apporter la boîte au *khabléndo* [1]. Lorsque le *dipching* y est enfermé il n'agit pas. »

Yongden voyant le mécontentement du paysan et craignant que ce dernier ne nous permette pas d'assister à la découverte du *dipching* s'empressa d'effacer la mauvaise impression produite par mes paroles.

— « Elle ne connaissait pas la boîte au *khabléndo*, » dit-il. Puis, poussant un soupir, il ajouta : « Les femmes ignorent tant de choses ! »

Mon astucieux compagnon avait touché juste, la pensée que j'avais parlé par ignorance rasséréna l'homme au *dipching*.

— « Asseyez-vous, sœur aînée, » me dit-il avec condescendance.

Yongden et moi nous nous assîmes sur l'herbe.

— « Voici la boîte, » déclara-t-il, en exhibant un petit objet qu'il remit aussitôt dans son *amphag* [2]. Je n'ai pas besoin d'imiter le prince Sodétchén qui enleva à son rival la femme qu'il aimait en la rendant invisible alors qu'on allait célébrer leurs noces... » Et il se mit à rire.

— « Allons, continuez votre travail, » suggéra Yongden désireux de voir ce qui allait arriver.

Le Tibétain plongea la main dans son sac, en retira un menu morceau de branche et le posa sur l'eau qui l'emporta rapidement. Un second, puis un troisième morceau eurent le même sort. Le quatrième, poussé par le vent, ou pour toute autre cause, vira sur lui-même, se trouva pris dans un remous et parut, pendant un instant, remonter le courant. Le soi-disant possesseur du *dipching* jeta un cri de triomphe. Hélas ! sa joie était prématurée, la brindille atteignit le bord du minuscule tourbillon, fut happée par le courant et bientôt balayée par lui. Une à une les autres suivirent. L'homme consterné regardait son sac vide.

La chose en elle-même était comique, mais ce qui ne l'est jamais,

1. Écrit *khab lén rdo*, « la pierre qui saisit les aiguilles », pierre magnétique, aimant naturel, employé aussi dans la médecine tibétaine. Le paysan en avait placé un fragment dans la boîte où il comptait conserver son talisman lorsqu'il l'aurait reconnu parmi les brindilles ordinaires.

2. La poche que forme, sur la poitrine, la large robe des Tibétains serrée par une ceinture.

c'est la tristesse, quelque ridicule que puisse être la raison qui l'engendre. Yongden s'efforça de consoler son innocent compatriote.

— Les *dipchings*, lui dit-il, ne se découvrent pas facilement. Il faut recommencer bien souvent ses tentatives. Vous serez plus heureux une autre fois. Et puis un *dipching* vous est-il vraiment nécessaire ? A quoi vous servirait-il ? Nul mérite utile pour cette vie ou pour les suivantes n'est attaché à sa possession. Si votre cœur n'est pas entièrement vertueux, la possession du *dipching* pourra même vous nuire en vous induisant à commettre, protégé par votre invisibilité, de mauvaises actions qui vous écarteront de la voie des renaissances heureuses. »

— « Vous parlez bien, lama, » répondit le Tibétain. « Vous êtes savant. Ce que vous dites est vrai... Et puis... je puis encore essayer l'an prochain... C'est la quatrième année que je cherche le *dipching*... Il y a à Gartag un *ngagspa* qui connaît des paroles puissantes et qui prépare des charmes. J'irai le consulter. Sans doute je ne sais pas bien m'y prendre. »

— « Comment faites-vous ? » demanda Yongden.

— « Je fais ce que l'on dit qu'il faut faire. Le corbeau dont les œufs n'éclosent pas a besoin d'un *dipching* pour que les petits naissent. Il faut obliger un corbeau à aller en chercher un, ce dont lui seul est capable. Pour cela, on prend ses œufs pendant qu'il ne les couve point, on les fait bouillir et on les remet très promptement dans le nid. Si le corbeau ne s'aperçoit de rien, il continue à couver. Les jeunes oiseaux ne peuvent pas naître puisque les œufs ont été cuits. Le corbeau mâle s'en va, alors, à la recherche d'un *dipching* et quand il l'a trouvé il le dépose près des œufs. Quand on voit le mâle revenu, on s'empare du nid et on examine une à une, comme je l'ai fait, toutes les brindilles dont il est formé. Le moyen est infaillible... pourtant, voici la quatrième fois que je ne réussis pas. Un démon ou un ennemi doit m'avoir aperçu tandis que j'épiais les corbeaux, ou bien quand j'ai fait cuire les œufs, ou encore, lorsque j'ai pris le nid. Il aura placé quelque objet impur sur mon chemin pour m'obscurcir la vue et m'empêcher de distinguer le bâton qui remontait le courant... Ou bien il s'en sera saisi lui-même à mon insu. Oh ! je n'ai guère de chance... Il faudra que je consulte aussi un *mopa* [1] qui verra quels êtres me suscitent des obstacles. »

— « Peut-être ferez-vous bien, » concéda Yongden pour ne pas contrarier l'obstiné paysan. « Mais puisque nous nous sommes rencontrés, venez donc passer un moment chez nous. C'est l'heure de notre repas, vous boirez et mangerez quelque chose. Il faut se distraire quand on a des ennuis. »

— « Vous êtes bien bon, Kouchog, répondit le villageois. Je vais avec vous. Je réussirai certainement l'année prochaine. »

1. Un clairvoyant.

— « C'est probable, » affirma le lama imperturbable.

L'amateur de *dipching* fut bien traité et ne ménagea pas les mets qui lui furent servis. Il mangea, à lui seul tout un gigot de mouton bouilli, une copieuse soupe aux nouilles [1] et but force thé beurré. Un ou deux bols d'eau-de-vie lui auraient paru compléter heureusement ce repas. Je vis qu'il cherchait du regard celui qui les lui servirait. Mais tout alcool était prohibé chez moi et le Taopa dut se résigner à s'en passer, comme il s'était passé du *dipching*. Sa bonne humeur n'en parut pas sensiblement altérée.

Le voyant repu et jouissant d'une agréable digestion, Yongden jugea le moment bien choisi pour lui faire raconter l'histoire du prince Sodétchén qu'il avait nommé à propos du *dipching*.

Il existe, au Tibet, de très nombreux contes dont les héros possesseurs de *dipching* se servent de façon ou d'autre de ce talisman au cours de leurs aventures. Celles de Sodétchén pouvaient être intéressantes et le lama voulait me procurer l'occasion de les noter si elles en valaient la peine.

Fier de retenir notre attention et celle de nos serviteurs, devant le *oula* de service qui rapporterait par tout le village combien les « riches voyageurs » faisaient cas de lui, notre Taopa ne se fit pas prier.

Le roi Namgyal était un puissant souverain et la reine Péma Eusal la plus belle des femmes ; tous deux s'aimaient tendrement et se désolaient de ce que leur union restait stérile. Ils avaient vainement propitié beaucoup de déités et consulté nombre de savants magiciens et nul espoir ne leur restait de voir naître le fils tant désiré lorsqu'une nuit, le roi eut un songe. Il vit un vénérable ermite assis à l'entrée d'une caverne dominant un lac bleu. Près de l'ermite, un enfant, dont le corps émettait des rayons lumineux, se tenait miraculeusement debout dans l'air.

Dès son réveil, le roi fit appeler le devin de la cour et lui demanda le sens de son rêve. Ce dernier assura Namgyal que ce rêve était de bon augure. Il devait se rendre avec la reine auprès de l'ermite qu'il avait vu en songe et s'il suivait les conseils qu'il en recevrait, la reine donnerait le jour à un fils doué de qualités excellentes.

Immédiatement, le roi envoya des messagers dans toutes les directions à la recherche d'un ermite habitant une caverne semblable à celle de son rêve. Quelques mois plus tard, celui-ci était découvert. Le roi et la reine se rendirent alors en grande pompe auprès de lui. Ils se prosternèrent respectueusement à ses pieds, lui offrirent de

---

1. De même que les Chinois du Nord, les Tibétains des régions frontières de la Chine confectionnent des nouilles qu'ils mettent dans la soupe. C'est, chez les gens aisés de ce pays, un plat presque quotidien. Dans le centre du Tibet cette soupe aux nouilles dénommée « soupe chinoise » est aussi très appréciée mais elle y est servie plus rarement, le riz alternant avec elle ainsi que la soupe à la *tsampa*.

riches présents et le conjurèrent de leur indiquer le moyen de vaincre le sort adverse qui les privait d'héritier.

L'anachorète leur commanda de jeter dans le lac tous les objets qu'ils lui avaient offerts et d'y ajouter encore un grand nombre de pierres précieuses, puis de se baigner tous les deux dans le lac.

Le roi et la reine obéirent et neuf ou dix mois plus tard la reine mit au monde un enfant mâle d'une exceptionnelle beauté.

Le jeune prince reçut le nom de Sodétchén (Grande Chance). Ce nom auspicieux fut démenti dès la semaine suivante où la belle Péma Eusal, mère de Sodétchén, mourut. Le roi se montra d'abord extrêmement affligé puis, quelques années s'étant écoulées, il prêta une oreille plus attentive aux sollicitations de ses ministres et des gens de sa cour qui le pressaient de se remarier, et finit par leur permettre de lui chercher une nouvelle épouse. Il n'avait en vue, disait-il, que le bien de l'État et le plaisir de ses sujets, mais en fait, il était consolé. Alors, tandis que ses conseillers se mettaient en quête d'une princesse, Namgyal vit à une fête publique une jeune fille de petite naissance, dont il devint immédiatement amoureux. Le lendemain même du jour où il l'avait aperçue, il envoya un messager chez les parents de son élue pour la demander en mariage et la semaine suivante, il l'épousa.

Dix mois plus tard, la nouvelle reine, nommée Nordzinma, mettait un fils au monde et celui-ci fut appelé Tseundoup.

Des années passèrent, Tseundoup grandit et se prit d'une telle affection pour son frère aîné Sodétchén qu'il ne pouvait se passer de lui et le suivait partout comme son ombre. Or il advint que la reine Nordzinma, en prenant l'air sur le toit [1], entendit des familiers du roi causer près de la porte du palais. Ils louaient Sodétchén et se réjouissaient de le voir si plein de sagesse puisqu'il devait, après la mort de son père, devenir leur souverain. Et voici qu'en continuant à se promener sur le toit, la reine aperçut de l'autre côté du palais, des femmes du peuple qui lavaient des vêtements dans un ruisseau : « Quel bienveillant protecteur nous aurons lorsque le prince Sodétchén sera roi ! » disaient-elles. « Il est toute bonté et toute justice ; sans nul doute, il doit être un dieu incarné. » Se tournant vers une autre façade du palais, la reine vit des enfants qui jouaient. L'un des petits garçons affectait un air digne et disait à ses camarades : « Je suis le roi Sodétchén, préparez mon trône ! » Et les autres enfants s'empressaient d'apporter des planches et des morceaux de bois pour construire un « trône », tous criant : « Longue vie à notre bon maître le roi Sodétchén ! »

Alors, l'avenir, auquel Nordzinma n'avait jamais pensé que vaguement, lui apparut en une suite d'images très nettes et elle eut

1. Les maisons tibétaines sont, tout comme les maisons arabes, couvertes de toits plats. Les Tibétains passent une grande partie de leur temps sur ces terrasses. Il faut se rappeler que le Tibet est un pays sec où le soleil brille presque toujours.

l'impression que des dents aiguës lui mordaient cruellement le cœur. Sodétchén serait roi. Non seulement il était le fils aîné du roi, mais sa mère Péma Eusal était de sang royal. Quant à Tseundoup, il n'était qu'un cadet et elle, sa mère, appartenait au petit peuple.

Que deviendrait-elle donc, si son époux mourait ? n'avait-elle pas à craindre d'être renvoyée de la cour et de se voir assigner comme résidence l'une ou l'autre des villas ou des fermes que le souverain possédait dans les montagnes. Qui pourrait défendre ses intérêts, prendre son parti, la maintenir dans sa condition de souveraine ? Sodétchén se marierait, une jeune reine prendrait la place qu'elle occupait actuellement, se parerait des joyaux royaux qu'elle devrait lui abandonner et la mépriserait sans doute à cause de sa naissance vulgaire. Combien différent serait son sort si Tseundoup, son fils, succédait au roi Namgyal...

Pendant les semaines suivantes, ces idées s'imprimèrent de plus en plus profondément dans l'esprit de la reine et elle conçut le projet d'assurer la succession paternelle à Tseundoup en faisant tuer Sodétchén. Mais ceci ne pouvait être amené que par ruse. Nordzinma se dit donc malade, elle ne mangea presque plus, pâlit et maigrit. Elle mâchait en cachette le papier rouge [1] qui se trouve sur les briques de thé et lorsqu'elle pouvait être vue d'un personnage important de l'entourage du roi, elle crachait de la salive teinte en rouge, laissant croire que c'était du sang. Enfin, un jour où elle se trouvait avec son époux, elle tournoya soudain sur elle-même et tomba raide sur le plancher en vomissant un flot de salive rouge.

Le roi, déjà alarmé par la maladie prolongée de sa femme, fut terrifié. Il appela en hâte le médecin le plus en renom et le plus célèbre devin du pays.

— « La cause du mal dont souffre la reine réside dans son esprit et non pas dans son corps, » déclara le premier.

— « Une influence démoniaque possède la reine, » dit le second.

Ce dernier avait perçu que Nordzinma nourrissait de mauvaises pensées, mais il n'avait pas été capable de discerner lesquelles. L'ambiguïté de sa déclaration allait permettre à la mère de Tseundoup de poursuivre avec succès ses desseins criminels.

Le roi, navré de voir le caractère grave que prenait la maladie de sa femme, la supplia de lui dire si elle connaissait un moyen qui la guérirait. Celle-ci répondit qu'elle en connaissait un, mais qu'elle n'osait le lui dire et elle résista longtemps aux prières de son époux qui l'adjurait de le lui révéler. Enfin, elle parut être vaincue par ses instances et parla.

— « S'il n'était question que de ma vie, je continuerais à me

1. Un morceau de papier rouge est placé à même la brique de thé compressé et emballé avec elle dans un autre papier. Les coquettes, trop pauvres pour acheter des fards, se servent de ce papier, qu'elles mouillent avec de la salive, pour se rougir les joues.

taire, » dit-elle, « mais la vôtre, chef [1], est aussi menacée. Vous avez entendu ce qu'a déclaré le clairvoyant devin. Un démon cause ma maladie et va me tuer. Le prince Sodétchén, sous les apparences trompeuses d'un jeune homme vertueux, cache l'incarnation d'un démon. Quelques jours après sa naissance, il a fait mourir sa mère ; maintenant c'est moi qu'il va tuer et, ensuite, il vous tuera vous-même. Le seul moyen d'éviter ce malheur est de le mettre à mort. »

Le roi fut d'abord atterré par ces paroles, mais la déclaration du devin y ajoutait un grand poids et il finit par être convaincu de leur vérité.

Sans vouloir revoir son fils aîné de peur que sa résolution ne faiblisse, il ordonna qu'il fût emmené au loin dans la forêt et exécuté.

Trois serviteurs du palais entraînèrent le prince avec eux sous prétexte d'aller vénérer une déité sylvestre. Quand ils furent au cœur de la forêt, l'un d'eux, feignant de s'attarder, rebroussa chemin, laissant à ses deux compagnons le soin d'accomplir leur sinistre mission. Lorsqu'ils constatèrent cet abandon, l'un des deux hommes qui demeuraient avec le prince dit à l'autre : « Continue ta route, je vais voir ce qu'est devenu notre camarade, peut-être a-t-il besoin d'aide, nous vous rejoindrons ensemble. » Il s'éloigna rapidement et ne revint pas. Le troisième serviteur du roi répugnait autant que ses amis à assassiner le jeune prince. Il chevaucha encore tout un jour avec lui. Puis il lui avoua que le roi avait ordonné sa mort.

— « Je comprends, » lui dit-il, « pourquoi mes camarades ont fui. Nul dans le pays ne voudrait commettre l'abominable crime d'assassiner un prince aussi plein de qualités que vous l'êtes. Je m'y refuse aussi. Cependant je ne puis pas désobéir ouvertement au roi votre père, il pourrait me punir et punir aussi les miens à cause de moi. Je vais donc vous laisser seul et il me faut aussi ramener votre cheval avec moi au palais, afin de convaincre le roi que j'ai accompli ses ordres. Il m'est impossible de vous servir davantage. Vous avez certainement mérité la protection des dieux par votre bonne conduite et je ne doute pas que l'un ou l'autre d'entre eux ne vienne à votre secours dans cette forêt. »

Heureux d'avoir été épargné, Sodétchén livra son cheval au serviteur du roi et celui-ci, l'attachant à la selle de sa propre monture, s'en retourna.

---

1. Les femmes tibétaines n'appellent pas leurs maris par leurs noms lorsqu'elles parlent. Ce serait un grave manque de respect. Elles s'adressent à eux en leur donnant leur titre s'ils en ont un, ou bien leur disent « Monsieur » *(Kouchog)* ou, encore, les appellent du nom de la profession qu'ils exercent : docteur, tailleur, etc., en y ajoutant la terminaison polie *lags*. De même, seul un mari mal élevé et grossier appelle sa femme par son nom. S'il appartient à la haute société il lui dira : Madame-épouse *(tcham)*. S'il est du peuple il l'appellera « sœur aînée » ou « mère de... » en mentionnant le nom de son fils aîné. Il existe encore d'autres dénominations. On peut entendre les femmes de rois de tribus interpeller leur mari comme « Gouvernement » !

A la lisière de la forêt, il retrouva ses compagnons et tous trois convinrent de se garder mutuellement le secret de leur bonne action.

Le roi, les ayant reçus secrètement et croyant le prince mort, leur ordonna de raconter à tous qu'une déité s'était montrée à eux et avait enlevé le prince vers les nues en marchant sur une voie lumineuse.

Les gens du pays s'affligèrent d'avoir perdu leur bienveillant protecteur, mais ils s'accordèrent pour penser qu'il était l'incarnation d'un dieu et avait regagné sa demeure céleste.

Sodétchén était seul dans la forêt, il ne savait dans quelle direction il devait se diriger pour gagner un pays habité et il n'avait point de vivres, sauf un petit sac de *tsampa* que lui avait laissé le serviteur de son père. Il continua à marcher, ne s'arrêtant que la nuit pour dormir au pied d'un arbre. Alors, l'aurore du quatrième jour, comme il s'éveillait très faible et souffrant de la faim, il entendit une voix derrière un buisson qui disait :

— « Sodétchén, viens ici. A mon pied il y a de bons champignons. »

C'était l'esprit d'un arbre qui parlait. Le prince trouva les champignons à l'endroit indiqué ; il alluma un feu de bois mort avec son briquet et les fit griller. Puis après avoir remercié l'esprit de l'arbre il continua sa route. Ainsi, jour après jour, les déités sylvestres continuèrent à lui indiquer des racines ou des plantes comestibles dont il se nourrissait.

Un soir, comme il cherchait un endroit propice pour passer la nuit, un corbeau vint se poser sur une branche près de lui. « Sodétchén, » dit-il au prince, « tu cours un grand danger. Demain une bande de brigands va passer sur ce chemin, tu es revêtu d'une belle robe et tu es un jeune homme robuste ; si les brigands te voient, ils te prendront cette belle robe fourrée et t'obligeront à devenir leur domestique. Je veux te donner une chose précieuse qui te sera utile non seulement en cette circonstance, mais en bien d'autres. C'est une brindille de *dipching*, elle te rendra invisible et les brigands passeront devant toi sans te voir. Étends un pan de ta robe au-dessous de moi. »

Le prince ayant fait ce qui lui était dit, le corbeau laissa choir le *dipching*. Dès que celui-ci eut touché sa robe, Sodétchén devint invisible pour les hommes, mais il ne l'était point pour les autres êtres.

Le lendemain, comme il traversait une petite clairière, il vit venir des cavaliers. C'étaient les brigands annoncés par le corbeau.

— « Arrêtons-nous ici, » dit l'un d'eux. « Nous ne pourrions pas trouver de meilleur endroit pour la halte du milieu du jour [1]. »

Tous furent de son avis. Ils s'approchèrent d'un ruisseau où l'on

---

1. Le *tsha phog*. Les voyageurs tibétains se mettent en marche de très bonne heure, souvent à jeun ou n'ayant bu que du thé. Vers midi ils s'arrêtent, laissent reposer leurs bêtes et prennent un repas.

voyait des *mi deussa* [1], entravèrent leurs chevaux qu'ils laissèrent paître, déballèrent les provisions, allumèrent du feu entre les pierres disposées en trépied et placèrent dessus la marmite à thé.

Sodétchén regardait ces préparatifs avec un vif intérêt. Grâce aux bienveillantes déités de la forêt, il avait pu y trouver de quoi se nourrir, mais ses repas quotidiens de racines sauvages ou de champignons sans beurre et sans sel n'étaient guère savoureux. Sa faim s'éveillait en voyant de la bonne *tsampa* blanche, du beurre, de gros morceaux de viande, les uns séchés, les autres bouillis et en entendant chanter le thé dans la marmite.

Dûment convaincu qu'il était invisible pour les brigands, puisqu'ils circulaient autour de lui sans l'apercevoir, le prince pensa qu'il pourrait en profiter pour faire un bon repas et même pour emporter quelques provisions de route.

Tous les hommes s'étant assis le thé fut versé à la ronde. Sodétchén s'approcha, profita du moment où l'un des brigands tournait la tête pour parler à un de ses camarades, saisit son bol, le vida et le remit sur l'herbe, devant son propriétaire.

Celui-ci voulant boire le trouva vide.

— « Eh ! » appela-t-il, s'adressant à celui qui versait le thé. « Tu m'as oublié. »

— « Mais non, » répondit l'interpellé. « Je t'ai servi comme les autres. »

— « Mon bol est vide. »

— « Farceur ! »

— « Je t'assure que je n'ai pas bu. »

— « Tu auras bu sans t'en apercevoir. »

Tous de rire et le bol fut rempli de nouveau.

Tournant autour du groupe, Sodétchén renouvela sa manœuvre avec un gros morceau de viande. Celui qui venait de le placer devant lui ne le retrouva plus lorsqu'il retourna la tête après avoir attiré à lui un sac de *tsampa* [2].

— « C'est bête, » dit-il à son voisin. « N'imite pas la plaisanterie de Tséring. Il a peut-être vidé son bol sans le savoir, mais moi, je sais bien que je n'ai pas mangé ma viande. Rends-la-moi. »

— « Je ne l'ai pas prise. »

---

1. Écrit *mi sdod sa*, littéralement : place où les hommes s'assoient : les foyers primitifs formés par trois pierres, que l'on rencontre le long des pistes aux endroits où il y a de l'eau et où les voyageurs ont coutume de s'arrêter pour faire du thé ou pour camper.

2. Ce sont de petits sacs individuels, en cuir ou en étoffe, qui contiennent de un à trois kilos de *tsampa* environ. Le voyageur tient son sac à portée de sa main pour pouvoir manger quand il le désire. Souvent on place un morceau de beurre en réserve dans la *tsampa* pour être mangé avec celle-ci. Certains de ces sacs sont très coquettement ornés. Il en est en brocart et en drap d'or ou d'argent que les lamas riches apportent avec eux aux réunions dans le grand hall des assemblées où du thé est servi aux membres du monastère. Je rappelle que la *tsampa* est une farine faite avec de l'orge dont la graine a été grillée avant d'être moulue.

— « Ne te moque pas de moi. »

Le volé commençait à se fâcher.

A ce moment, Sodétchén enleva un sac de *tsampa* d'un autre côté, tandis que l'attention de celui à qui il appartenait était retenue par la querelle de ses deux camarades. Quand il s'aperçut de sa disparition, son propriétaire interpella aigrement son voisin tout comme l'avait fait le brigand dont la viande s'était miraculeusement envolée.

Le chef de la bande crut ramener la paix en ordonnant une distribution d'eau-de-vie. Sodétchén, pendant ce temps, dévorait la viande à belles dents. Ayant terminé, il retourna au cercle formé par les brigands et recommença à s'approvisionner, raflant de nouveaux sacs de tsampa, du beurre, de la viande. Cette fois, échauffés par l'alcool qu'ils avaient absorbé, les brigands prirent encore plus mal ce qu'ils tenaient pour de mauvaises plaisanteries ; des injures puis des coups furent échangés. Le prince, sur ce temps, avait rempli deux grands sacs de selle[1] de provisions. Il courut vers le meilleur des chevaux, lui enleva ses entraves, passa les sacs sur la selle et l'enfourcha. Dès qu'il fut sur la bête, celle-ci, par l'effet du *dipching* que le prince portait, devint aussi invisible que lui.

Au bruit que fit la clochette suspendue à son cou lorsque le cheval se mit à trotter, les brigands regardèrent du côté de leurs montures. Celles-ci, sauf une, paissaient tranquillement, mais bien que le sentier fût droit sur une longue distance et que l'on entendît dans cette direction le tintement de la sonnette qui s'éloignait, nul animal n'était en vue.

Jetant les yeux sur les provisions demeurées auprès du feu, ils virent que d'autres choses encore avaient été mystérieusement dérobées.

Alors ils se mirent à hurler de terreur.

— « Ce sont les démons ! » criaient-ils. « Fuyons ! fuyons ! Ils vont nous dévorer aussi. »

Et sautant sur leurs bêtes, un de ses camarades prenant en croupe celui dont la monture avait été enlevée, ils s'enfuirent au galop.

Peu de jours après, Sodétchén arriva dans une merveilleuse vallée. La forêt la bordait, d'un côté et de l'autre s'élevaient de hautes montagnes rocheuses dans lesquelles étaient creusés une foule d'édifices singuliers. On y voyait des temples, des *chörtens*, des palais, des ermitages, tous d'une blancheur éclatante[2], qui devaient être

1. Des sacs en cuir, de plus ou moins grandes dimensions, accouplés par une courroie. On passe cette courroie sur la selle et les sacs pendent des deux côtés du cheval.

2. Cette description n'est pas purement fantaisiste. L'on voit au Tibet des paysages de ce genre. J'en ai contemplé plusieurs, notamment un près du col de Dokar (voir *Voyage d'une Parisienne à Lhassa*) et un autre au pays de Ga, dont je parlerai dans un prochain livre.

l'œuvre des dieux de la montagne. Des ruisseaux naissaient au pied de cette étrange cité et leur gazouillis mélodieux sur leur lit de cailloux rosés résonnait seul dans le grand silence qui enveloppait ce lieu solitaire.

Sodétchén s'était arrêté plein d'admiration et, tout à coup, il lui sembla entrevoir une forme humaine passant devant une des demeures aériennes qu'il contemplait. Un ermite vit là, pensa-t-il, j'irai vers lui, je lui conterai mon infortune et il me conseillera.

Ayant traversé la vallée, le prince découvrit un étroit sentier qui grimpait entre les rochers et l'ayant suivi, il arriva à l'entrée d'une grotte affectant la forme d'une chambre percée de fenêtres. A l'intérieur de celle-ci un *gomtchén* [1] était assis. Sodétchén se prosterna plusieurs fois devant lui avec un profond respect, puis voyant que l'ermite ne paraissait pas s'apercevoir de sa présence, il se permit de lui adresser la parole.

— « Rimpotché, » dit-il, « je suis le prince Sodétchén, le fils du roi Namgyal. Mon père, écoutant de faux rapports à mon sujet, a voulu me faire tuer mais ceux qu'il en avait chargés ont été pitoyables et m'ont laissé sauf dans la forêt. Pendant longtemps j'y ai marché au hasard, nourri par de bienveillantes déités. Ce sont elles, sans doute, qui m'ont conduit vers vous. Je vous prie d'avoir compassion de moi et de me secourir. »

L'ermite sourit.

— « Voici probablement, » dit-il, « un être du *monde sans formes* [2] qui s'adresse à moi, puisque j'entends une voix, sans voir personne. Y a-t-il donc dans le *monde sans formes* des rois, des fils de roi, des intrigues de cour et des pères qui veulent mettre leur fils à mort dans une forêt de notre monde. Ceci est tout nouveau pour moi et me paraît bizarre. »

Le prince ne comprenait rien à ce discours. Cependant il savait que les *gomtchéns* agissent et parlent souvent de façon incompréhensible aux simples laïques. Il reprit donc respectueusement :

— « Rimpotché, je suis un homme. Je ne viens pas d'un autre monde, mais du territoire de mon père, le roi Namgyal, qui est situé par-delà cette vaste forêt. »

— « Ne serais-tu point, par hasard, ce prince qui a reçu un certain cadeau d'un corbeau ? »

— « Oh ! le *dipching* », s'écria Sodétchén, soudainement éclairé.

— « Oui, le *dipching*. Il est sans pouvoir sur moi comme il est sans pouvoir sur les dieux et je te vois comme ils te voient, mais

---

1. Un ermite contemplatif.

2. Les Bouddhistes distinguent trois mondes : 1° le monde du désir, c'est-à-dire le nôtre qui comprend non seulement notre terre avec tous les êtres qui y vivent, mais de nombreuses régions habitées par des dieux et d'autres nombreuses régions où règne la douleur, qui sont des purgatoires ; 2° le monde de la pure forme. 3° le monde sans formes, ou de l'idée pure.

pour tout autre être humain, tu es devenu invisible. Comment entends-tu te conduire dans le monde maintenant ? »

— « Le *dipching* m'a sauvé des brigands, » répliqua le prince, « mais il va m'être plus nuisible qu'il ne m'a été utile s'il m'empêche de vivre parmi mes semblables. Je n'en veux plus, je vais le jeter. »

Ce disant il portait la main dans son *amphag* pour y prendre la brindille magique mais l'ermite l'arrêta.

— « Garde-toi de te défaire de ce précieux *dipching*, dit-il, il te sera une aide puissante. Non seulement il contribuera à ton bonheur mais assurera celui de deux peuples...

« Avec le *dipching*, il faut posséder une boîte doublée de *khablén do*. Lorsque le *dipching* y est enfermé on peut le porter sur soi sans être invisible. Pour le devenir, il suffit d'ouvrir le couvercle de la boîte et le charme opère. Ne remarques-tu pas que, pour le moment, tu ne projettes pas d'ombre sur le sol ? »

Sodétchén qui, jusque-là, n'avait pas été conscient de cette particularité, se troubla en s'en apercevant. Il pensa aux « doubles »[1] des défunts qui errent désincarnés et, précisément, comprennent qu'ils sont morts en ne se voyant point d'ombre. L'idée qu'il leur ressemblait lui était désagréable.

L'ermite avait pris dans un coffre une très petite boîte noire et la tendait au prince.

— « Mets-y le *dipching*, » lui dit-il, « et ferme la boîte. »

Sodétchén obéit et aussitôt, à son grand soulagement, il vit son ombre s'allonger sur le rocher.

— « Maintenant, que désires-tu ? » lui demanda le *gomtchén*.

Le jeune prince était intelligent et réfléchi. Depuis déjà longtemps il avait compris qu'aucun bien, même dans le domaine des choses matérielles, ne peut être effectué si l'on est dénué de connaissances spirituelles. Il se prosterna de nouveau devant l'ermite.

— « Puisque mon nom s'est trouvé être vrai aujourd'hui[2], » répondit-il, « je désire devenir votre disciple afin d'acquérir le savoir et les vertus nécessaires pour faire le bonheur de mes sujets, si je dois un jour succéder à mon père. »

— « Ton désir est bon, » répliqua l'ermite. « Je t'accepte pour disciple. Va puiser de l'eau au ruisseau et fais du thé. Tu prendras ton repas avec moi... »

Pendant trois années, Sodétchén servit l'ermite avec zèle. Alors, celui-ci, sachant que le temps était venu où le prince devait se rendre

---

1. Tout comme les anciens Égyptiens, les Tibétains croient que chaque être possède un « double » ou corps éthéré qui peut, dans certaines circonstances, se dissocier de son corps matériel. D'après eux, ce « double » survit au corps matériel, mais n'est pourtant pas immortel.

2. Il s'appelle Sodétchén, ce qui veut dire « qui a de la chance » ou « grande chance », suivant l'orthographe donnée au mot, en tibétain.

utile aux habitants de plusieurs pays, l'envoya porter un message au chapelain du roi Tobdén Gyatso.

Chez ce dernier se trouvait, à ce moment, un ministre de son voisin le roi Norbou, accompagné d'une nombreuse suite. Le roi Norbou était jeune et venait de succéder à son père. Très ambitieux, il rêvait de joindre le territoire de Tobdén Gyatso au sien et comme il ne disposait pas d'assez de soldats pour le faire par la violence, il croyait habile d'épouser la fille de son voisin. Celle-ci était enfant unique et le roi pourrait être aisément persuadé de désigner son gendre comme héritier du trône. L'ambition de Norbou ne s'arrêtait pas là. Il voulait aussi s'emparer des États du roi Namgyal et croyait en être capable s'il disposait des guerriers de Tobdén Gyatso unis aux siens.

Ce dernier considérait avec complaisance les projets du jeune roi et il avait volontiers agréé sa demande. La princesse Kunzang Lhamo n'avait pas été consultée, mais comme le prétendant à sa main était riche et bel homme, Tobdén Gyatso supposait que sa fille l'accepterait avec plaisir.

Le chapelain de Tobdén Gyatso reçut affectueusement le disciple de son ami et l'engagea à demeurer pendant quelques jours avec lui au palais. C'est ainsi que Sodétchén aperçut la princesse sur une des galeries extérieures de l'habitation. Dès qu'il l'eut vue, il en devint éperdument amoureux. Plusieurs fois, au cours de vies antérieures, Khunzang Lhamo avait été sa femme et les sentiments qu'elle lui avait inspirés renaissaient en lui sans qu'il en connût la cause. De nouveau, il voulait être son époux.

Cependant, le lendemain même, la princesse devait quitter sa famille pour être conduite par le ministre de son futur mari, au pays du roi Norbou où son mariage serait célébré.

Qu'allait faire Sodétchén ? Il songea au *dipching*.

Ouvrant la boîte en *khablén do* qui le contenait, le prince se rendit invisible et rentrant dans le palais, il en parcourut les différents appartements pour se rendre compte de leur disposition et de l'emplacement exact de leurs issues.

Au cours de ces promenades, il pénétra dans la chambre de Tobdén Gyatso. Ce dernier discutait avec l'envoyé de son futur gendre un plan d'attaque contre les États du roi Namgyal. La détermination prise par Sodétchén de s'opposer au mariage de Kunzang Lhamo devint encore plus forte lorsqu'il eut compris que celui-ci était le gage d'une union politique dirigée contre son pays.

Retenu par le désir d'apprendre tous les détails du projet élaboré par les ennemis de son père, le jeune prince s'attarda jusqu'à la nuit tombée dans la chambre du roi, écoutant la conversation qui s'y tenait.

Il continua ensuite à circuler à travers le palais et arriva au bout d'une longue galerie, à l'appartement du trésorier. Celui-ci y faisait, à ce moment, le compte des contributions payées en or et en argent, par les vassaux et par les sujets du roi.

Le bonhomme séparait les pièces de monnaie des lingots, comptait les unes, pesait les autres et en faisait de petits tas, prélevant sur chacun de ceux-ci une certaine quantité de métal ou de monnaies dont il formait d'autres petits tas qu'il entendait se réserver.

Sodétchén, invisible, s'amusait de son manège. « Ceci pour le roi, ceci pour moi, marmottait l'infidèle caissier. »

— « Ceci pour moi, » fit silencieusement écho Sodétchén, en raflant un nombre de pièces empilées du côté des profits illicites du trésorier.

Il répéta plusieurs fois sa manœuvre sans que l'intéressé s'en aperçût. Pourtant, après quelques instants, ce dernier remarqua que les tas qu'il se réservait étaient moins nombreux que ceux qui, de l'autre côté du tapis sur lequel il opérait, allaient entrer dans les coffres du roi.

— « Oh ! » murmura-t-il, « je m'oublie ! »

Et il fit vivement passer un nombre de lingots de son côté.

— « Mais je ne m'oublie pas, moi, » dit Sodétchén *in petto*, et il saisit les lingots.

Le trésorier, qui contemplait un sac plein d'or, ne les vit pas disparaître.

— « Hé ! hé ! disait-il entre ses dents. Je fais trop bonne part au roi. De ce sac, il n'aura que la moitié. La moitié pour moi, ce n'est pas trop... »

— « Ce n'est pas assez, je le prends tout entier, » murmura Sodétchén en soulevant le sac.

— « Oh ! je rêve ! fit le trésorier stupéfait. Un sac qui remue... Mais où donc est-il passé ; je ne le vois plus... » Il réfléchit un instant. « Que je suis bête, conclut-il toujours monologuant. Il est tard, j'ai sommeil et ma vue est troublée. Il n'y a jamais eu de sac là... Le voilà ! »

Et il attirait un autre sac d'or à lui.

— « Bon, celui-ci n'est pas un rêve. » Il le palpait. « Il ne disparaîtra pas. »

— « En es-tu bien sûr ? » répliqua silencieusement Sodétchén, qui enleva le sac.

— « Atsi !... Lama kiéno !... Un démon est ici... Il emporte d'autres sacs !... au secours ! »

Une gifle magistrale lui ferma la bouche.

— « Si tu te permets de crier ou de sortir d'ici avant qu'il fasse grand jour demain, je t'étranglerai, voleur ! dit à haute voix le prince, toujours invisible. Ceci évitera au roi la peine de te faire bâtonner à mort pour te punir de tes larcins. »

— « Épargnez-moi ! » supplia le coupable terrorisé par cette voix d'un être invisible. « Je ne bougerai pas. »

— « Songe que je te vois et te surveille, » dit encore le prince, puis il rafla ce qui restait d'or devant le trésorier et l'engouffra dans son *amphag*.

— « Oh ! » ne put s'empêcher de s'exclamer douloureusement le vieil avare.

— « Tu oses encore ouvrir la bouche, je crois, » fit le pseudo-démon, en lui assenant un coup de poing sur la tête.

— « Oh !... » Cette fois, la terreur que le larron éprouvait lui fit ravaler son cri qui ne produisit qu'un bruit étouffé.

Chargé de son butin, le prince descendit vers les écuries, près desquelles se trouvait la sellerie. Il y prit un harnachement avec deux grands sacs de voyage, alla détacher un cheval vigoureux, le sella et plaça son trésor dans les sacs pendant de chaque côté de la selle [1]. Puis il cassa en deux sa brindille de *dipching* et en mit un morceau dans l'un des sacs. Il conduisit alors le cheval devenu invisible sous un petit abri, près de la grande porte qui était fermée à cette heure et l'y attacha.

Dès le lever du jour l'agitation régna au palais ; les domestiques allaient, venaient, s'empressaient affairés procédant aux derniers préparatifs du voyage.

L'heure du départ venue, la princesse entourée des femmes qui allaient la suivre et demeurer à son service, le roi Tobdén Gyatso, la reine, leur chapelain, le ministre de Norbou et les principaux personnages de sa suite, plus une foule de fonctionnaires et de serviteurs, se trouvèrent réunis dans la grande salle du palais.

Kunzang Lhamo et la reine sa mère pleuraient en se disant adieu et ne pouvaient pas se décider à se séparer. Enfin, le ministre fit observer qu'il était temps de se mettre en route afin de pouvoir effectuer l'étape fixée pour la journée, avant que la nuit tombât et, sur un signe du roi Tobdén, tous descendirent dans la cour où les chevaux attendaient leurs cavaliers.

Alors, comme l'on guidait la princesse vers sa monture, un phénomène extraordinaire se produisit.

D'abord l'on vit la jeune fille être soulevée de terre et emportée à travers l'air par des mains invisibles, puis elle devint invisible à son tour et l'on entendit seulement ses cris auxquels se mêla, presque immédiatement, le bruit du galop d'un cheval également invisible. Le groupe fantastique franchit la porte qui avait été ouverte toute large pour le départ du cortège nuptial et bientôt les cris de la princesse et le bruit des sabots du cheval s'éteignirent dans le lointain.

Cette scène s'était déroulée avec la rapidité de l'éclair.

Revenus de la stupeur qui les avait rendus muets, les assistants se mirent à vociférer et à se lamenter.

---

1. Voir la note concernant ces sacs, page 215.

— « Un démon !... un démon a enlevé la princesse ! »

Le chapelain réfléchissait.

— « Peut-être au lieu d'un démon, est-ce un dieu ou un *doubthob*, dit-il à la reine qui se désolait.

« Du bien peut sortir de ce prodige. Espérez !... »

C'était auprès de son maître l'ermite que Sodétchén se rendait. Couverts par l'action du *dipching* ni lui ni le cheval qu'il montait n'étaient visibles pour la princesse et voyant toutes les autres choses autour d'elle celle-ci ignorait qu'elle-même était devenue invisible. Aucun raisonnement ne pouvait lui donner la clef de l'extraordinaire situation dans laquelle elle se trouvait et après quelques heures de chevauchée elle en vint à se croire morte et entrée dans le *bardo* [1] où son esprit était le jouet des acolytes du divin Chindjé [2].

En cours de route, passant par des villages, Sodétchén s'emparait des aliments nécessaires à la princesse, à lui-même et à leur monture. Les bons villageois voyaient subitement s'évanouir devant leurs yeux une motte de beurre, un sac de *tsampa* ou un morceau de viande enlevés par une main invisible. Puis comme le prince avait trop bon cœur pour leur faire tort, les propriétaires de ces denrées voyaient aussi tomber devant eux en paiement quelques pièces de monnaie ou un morceau d'argent. Jamais aucun démon ne s'était montré aussi généreux. Ceux qui recevaient sa visite ramassaient l'argent, mais n'en tremblaient pas moins de peur. Des voyageurs entendaient aussi, par les bois et par les montagnes, les plaintes d'une femme qui priait qu'on la délivre, la voix d'un homme qui riait et le hennissement d'un cheval, mais ils n'apercevaient jamais personne. Ainsi, de village en village, se répandait la nouvelle qu'un dieu ou un démon parcourait le pays.

Arrivé à l'ermitage, Sodétchén défit le charme en renfermant les deux fragments de *dipching* dans la boîte en *khablén do* et la princesse vit devant elle un vénérable *gomtchén* et un beau jeune homme qui la regardait tendrement.

Elle se prosterna respectueusement devant le *gomtchén* et sourit

1. Les Tibétains croient qu'entre le moment de la mort et celui de la renaissance dans notre monde ou dans un autre, « l'esprit » des défunts erre dans le *bardo* où il est en proie à des illusions diverses dont la nature dépend des croyances et des pensées qu'il a entretenues durant sa vie précédente. *Bardo* signifie littéralement « entre deux », c'est-à-dire entre la vie qui est terminée et la nouvelle vie qu'on va commencer. Les mystiques regardent le *bardo* comme un état de conscience et non point comme un lieu matériel. Les visions fantastiques contemplées par l'esprit désincarné sont, disent-ils, purement subjectives. On trouvera d'intéressants détails sur cette curieuse conception dans la traduction anglaise du livre tibétain le *Bardo thös grol* par Evan-Wentz, d'après Dawasandoup. On pourra aussi consulter l'explication que j'ai donnée dans le chapitre « la Mort et son au-delà », dans mon livre *Mystiques et magiciens du Tibet*. Il faut noter que la croyance au *bardo* est essentiellement tibétaine et n'est pas admise par le Bouddhisme originel. Les Bouddhistes croient que la renaissance succède immédiatement à la mort, sans aucun intervalle.

2. Le roi des morts.

gracieusement au beau jeune homme. Sans se douter de la cause qui le lui inspirait, elle éprouva immédiatement pour le prince un amour pareil à celui qui s'était emparé de celui-ci lorsqu'il l'avait aperçue sur le balçon du palais.

Alors, l'ermite les invita à boire du thé et leur révéla que pendant plusieurs vies précédentes ils avaient vécu ensemble en fidèles époux et se trouvaient de nouveau réunis par la force de leur mutuelle affection. Un grand bien allait résulter de leur union puisqu'elle empêcherait le roi Norbou de porter la guerre dans un pays paisible.

Sodétchén offrit à l'ermite tout l'or qu'il avait apporté et Kunzang Lhamo déposa ses précieuses parures à ses pieds.

Celui-ci les bénit et leur dit de conserver leurs biens dont il n'avait aucun besoin et qui leur permettraient de faire des heureux. Il les garda pendant quelques jours dans son ermitage pour leur expliquer les devoirs des chefs envers leurs sujets puis il envoya Sodétchén chez son *djindag* [1] pour quérir des chevaux. Quand celui-ci les eut amenés, le *gomtchén*, Sodétchén et Kunzang Lhamo se mirent en route. Ils se rendaient chez le roi Namgyal en traversant la forêt où le prince avait erré et tout le long du chemin celui-ci présenta des offrandes aux déités sylvestres qui l'avaient protégé et les bénit à haute voix.

Lorsqu'ils approchèrent du palais royal, Sodétchén et l'ermite ouvrirent les boîtes dans lesquelles ils tenaient des *dipchings* enfermés et nul ne les vit arriver. En face de la grande porte du palais, l'anachorète sonna plusieurs fois du *kangling* [2]. Les gens surgissaient de toutes parts en entendant le *kangling* et s'étonnaient de ne voir personne. Le roi lui-même parut à la fenêtre avec la reine et le prince Tseundoup. Bien que ce dernier ne vît pas plus que les autres le groupe caché par les *dipchings*, son amour fraternel lui fit sentir la présence de Sodétchén. Il se précipita hors du palais en criant aux gens assemblés :

— « Mon cher frère, votre bon prince est revenu ! » Et mû par un sûr instinct, il se précipita vers Sodétchén qui l'enleva dans ses bras et l'assit sur sa selle où il devint, lui aussi, invisible.

Le roi et le peuple poussaient des clameurs de surprise. Mais l'ermite et Sodétchén ayant renfermé leurs *dipchings*, ils apparurent tous les trois avec le prince Tseundoup.

— « Joie ! joie ! criait la foule, le prince Sodétchén est revenu de sa demeure céleste et il nous amène une déesse ! »

Namgyal qui, pour masquer son crime, avait inventé l'histoire de l'enlèvement de son fils par une déité, se sentait mal à l'aise et la reine Nordzinma s'était évanouie.

1. Écrit *spyin gdag* : un laïque qui subvient aux besoins matériels d'un religieux.
2. Trompette faite d'un fémur humain, dont se servent les ermites.

L'ermite entra au palais avec les jeunes gens et prenant à part le roi et la reine il leur reprocha le meurtre qu'ils avaient voulu commettre.

Plein de remords, Namgyal déclara qu'il voulait abdiquer en faveur de Sodétchén et se retirer dans une caverne pour y vivre en anachorète jusqu'à la fin de ses jours. Nordzinma le supplia de lui permettre de le suivre au désert pour l'y servir et obtenir son pardon de la ruse détestable qu'elle avait employée pour amener la perte de son fils.

Le mariage de Sodétchén et de Kunzang Lhamo fut célébré dès le lendemain. Tseundoup, infiniment joyeux d'avoir retrouvé son frère bien-aimé, ne voulait pas même concevoir l'idée d'une nouvelle séparation. Il fut mentionné au cours de la cérémonie nuptiale comme second époux de la princesse et tous trois formèrent une seule heureuse famille.

Vers le soir de cette journée, la rivière qui coulait devant le palais grossit soudainement et monta jusqu'à la porte de la demeure royale. Quand l'eau se retira elle laissa sur le seuil de celle-ci tous les objets précieux que le roi Namgyal et sa première femme Péma Eusal avaient jetés dans le lac bleu, alors qu'ils souhaitaient la naissance d'un fils. Les *nâgas* [1] qui les avaient reçus les restituaient, maintenant, comme présent de noces à Sodétchén.

Des messagers allèrent porter au roi Tobdén Gyatso et à sa reine la nouvelle du mariage de leur fille et leur firent le récit des événements qui l'avaient amené et du prodige par lequel les *nâgas* avaient manifesté leur sympathie pour le jeune homme.

Tous deux se réjouirent fort en apprenant que Kunzang Lhamo était toujours vivante et mariée à l'héritier d'un royaume prospère. Comprenant que Sodétchén était l'ami des déités, peut-être même l'incarnation de l'une d'entre elles, Tobdén Gyatso abdiqua aussi en sa faveur et se retira dans un monastère.

Quant au roi Norbou, le dépit que lui causa l'échec de ses ambitieux et méchants projets le rendit malade et il mourut un an après le mariage de Sodétchén. Ses sujets, qui voyaient ce dernier gouverner avec sagesse et bienveillance, le prièrent de devenir aussi leur roi.

Les trois pays furent ainsi réunis.

Tous les auditeurs : mes domestiques, les gens de la maison, nos hôtes et leurs locataires qui, les uns après les autres, s'étaient groupés sur le toit pour entendre le conteur, lui firent un grand succès. Pas un d'entre eux ne doutait que sa merveilleuse histoire ne fût vraie de bout en bout.

Quand ils se furent retirés, l'homme au *dipching* nous pria,

1. Divinités des eaux.

Yongden et moi, de ne pas divulguer ce que nous savions de sa recherche d'un *dipching*.

— « J'en trouverai un l'année prochaine, c'est certain, nous dit-il, plein d'assurance. Il ne faut pas que les lamas du monastère aient vent de la chose. »

— « Pourquoi ? »

— « Ils disent qu'il n'est pas bon de posséder un *dipching*, que cela attire la mauvaise chance sur son propriétaire. Le *dipching* perd aussi souvent son pouvoir si un lama jette les yeux sur lui... Et puis, peut-être aussi ceux du monastère voudraient-ils me le prendre. Ces recherches-là doivent être tenues secrètes. Je ne sais pas pourquoi je vous en ai parlé... Le jeune lama (c'était Yongden) doit avoir le pouvoir de faire dire aux gens ce qu'ils veulent taire... Oui, ce doit être ainsi... Pourvu que cela ne me nuise pas... »

Le Tibétain commençait à nous regarder de travers.

— « Ne vous tourmentez pas, » lui dit Yongden. « Nous ne dirons rien à personne. Nous ne vous voulons que du bien. Du reste, dans quelques jours nous serons loin d'ici et nous n'y reviendrons jamais. Ainsi vous pouvez être tranquille. »

Sur ces paroles rassurantes, le chercheur de *dipching* nous quitta.

Dans la maison où je demeurais, à Tao, je remarquai un jeune garçon d'une douzaine d'années vêtu de haillons et paraissant mal nourri qui, du matin au soir, portait un bébé sur les bras. Par charité, mes domestiques lui donnaient à manger. C'était un orphelin dont le frère et le beau-frère travaillaient pour mes hôtes. En retour, ceux-ci leur donnaient des vivres, quelques vêtements et l'usage d'un taudis près des écuries. La sœur du gamin tenait le ménage primitif composé de son mari et de ses deux frères. Le plus jeune de ceux-ci, qui faisait métier de « bonne d'enfant », avait été placé au monastère quelques années auparavant, dans l'espoir qu'il y deviendrait *trapa* et y trouverait sa subsistance. Ses cheveux avaient été coupés ras, en signe de son admission parmi le clergé, mais les rapports de l'enfant avec l'Ordre religieux s'étaient bornés à cette simple cérémonie. Il n'avait pas eu de professeur parmi les membres de la *gompa* et était complètement illettré. N'étant patronné par aucun des religieux, il n'appartenait pas au cadre des petits novices réguliers qui assistent aux offices et reçoivent une part des revenus du monastère, plus le thé quotidien à l'assemblée matinale et de temps en temps un repas complet. Il était donc revenu vivre chez sa sœur et c'est ainsi que les patrons de son frère, le voyant désœuvré, en avaient fait leur « bonne d'enfant » rémunérée par quelques bols de thé et de soupe.

Un jour, en plaisantant, Seunam lui avait dit : « Veux-tu venir avec nous quand nous quitterons Tao ? » Il n'avait rien répondu.

Le lendemain, au grand étonnement de mes domestiques, le garçon venait à eux sans son poupon et leur déclarait sérieusement :

« C'est entendu, je m'en irai avec vous. » Tout de suite, il s'installait à la cuisine, astiquait les casseroles, soufflait le feu et commençait à déployer une activité dont, jusque-là, on ne l'aurait jamais cru capable. Ensuite, il annonça son départ à sa famille.

Le petit paraissait si déterminé que l'idée vint à Yongden de faire de cette plaisanterie une réalité et de l'emmener vraiment avec nous. Il m'en parla. Une fois décrassé, bien habillé et convenablement nourri, le garçon pourrait devenir un bon domestique, s'attacher à nous et puisqu'il était orphelin, être emmené en Europe. Bien entendu nous ne lui dîmes rien de ce vague et lointain projet. Je me bornai à lui annoncer que je le prendrais avec moi comme il le souhaitait.

Lorsqu'elle me vit décidée à emmener le garçon, sa sœur à qui il n'était qu'une charge protesta qu'elle tenait à le garder et qu'on lui ferait tort en l'en privant. Toutes ces démonstrations tendaient uniquement à se faire donner de l'argent. Yongden la contenta avec quatre roupies szetchouanaises, moyennant quoi cette tendre sœur nous céda ses droits sur le gamin.

Avant de quitter Tao, j'ai visité le monastère local qui est d'une certaine importance, sans toutefois approcher, même de très loin, de la grandeur et de la beauté des lamaseries de Koum-Boum, de Lhabrang-Tachikyil, de Taschilhumpo à Jigatsé, de Séra et de Drépung à Lhassa.

Il y a, dit-on, des lamas érudits à Tao, mais je ne les ai pas vus. Je comptais rendre visite au *Chélngo* (chef élu d'une *gompa)* et lui demander, en usant des formes prescrites par l'étiquette tibétaine, à être présentée à quelques-uns des doctes religieux de l'endroit. Le Père D..., un peu trop présomptueux cette fois, crut me rendre service en annonçant ma visite aux autorités du lieu et en me « recommandant » à elles. L'effet de son entremise fut précisément l'opposé de celui qu'il attendait. Les lamas érudits ou de rang élevé se trouvèrent soudainement frappés de maladies diverses qui les empêchèrent de me recevoir et le plus éminent d'entre eux se rappela, subitement, qu'il devait aller en tournée d'inspection dans les environs.

Je dus donc me borner à visiter des temples, à parcourir des ruelles très sales — le monastère de Tao est fort mal tenu — et à causer avec des *trapas* quelconques. Malgré tout, je ne regrettai pas de m'être dérangée. A défaut de conversations sur de profonds sujets philosophiques, j'entendis raconter par les bonnes gens de l'endroit certaines choses intéressantes concernant la guerre de frontière entre le Tibet et la Chine et ces curieux dessous. Chose bizarre : ces Tibétains de Kham n'aimaient guère la domination des Chinois, mais quant à celle du gouvernement de Lhassa, ils l'exécraient franchement.

J'allais, dans les semaines suivantes, entendre souvent exprimer des sentiments semblables et parfois en des termes tragiques. Au-delà de la nouvelle frontière tibétaine se jouait, à cette époque, un drame navrant mais dont les rustiques acteurs étaient trop humbles pour attirer l'attention du monde civilisé.

Après y être demeurée pendant dix jours, je quittai Tao.

CHAPITRE VII

Nous voici de nouveau sur la route. Le soleil brille, la belle saison commence dans cette région : une fin d'été sèche et chaude, un automne lumineux, puis l'hiver incomparable, froid et clair, composant des paysages féeriques avec des cimes neigeuses, de larges rivières et d'immenses lacs glacés sous un ciel bleu resplendissant.

Le magistrat chinois m'a donné des *oulas* pour transporter mes bagages et gracieusement « imposé » deux soldats d'escorte. Suivant le conseil de l'obligeant missionnaire de Tao, je compte faire halte à Charatang où réside un de ses collègues. Envoyez, en avant, un courrier au Père A..., m'a-t-il dit, il vous trouvera un logement pour la nuit.

Les indigènes m'ont déjà parlé du Père A... et j'ai pu comprendre qu'il n'a pas leur sympathie. Ceux-ci lui reprochent de ne pas se contenter de prêcher sa religion mais de faire de la colonisation au profit de ses convertis chinois et au détriment des gens du pays.

Toute la région, à partir de Tatchienlou, est terre tibétaine. Des fonctionnaires chinois y exercent un certain contrôle mais les différentes tribus de Khampas qui l'habitent se considèrent comme les légitimes propriétaires du sol. Ces Tibétains ont peu de goût pour la culture ; récolter la petite quantité de grain nécessaire à leur consommation leur suffit. Ils sont pasteurs-nés, vivant de viande et de laitage. Sauf dans les villages où l'influence chinoise a modifié les mœurs, l'idée de se nourrir de légumes leur semble burlesque. « Manger de l'herbe ne convient qu'au bétail, » disent-ils, comme leurs compatriotes du Koukou-nor, pleins de dégoût pour les aliments végétaux et de mépris pour les humains qui en consomment. Or, lorsqu'il s'agit de gens de cette sorte, c'est mal raisonner que de tenir toutes les terres non cultivées pour des terres inutilisées dont l'existence dénote la paresse de leurs propriétaires. Conclure ensuite que puisque ceux-ci n'en tirent pas parti, il est convenable d'installer des cultivateurs à leur place est peut-être d'une équité un peu risquée.

Où donc paîtront nos troupeaux, disaient les Tibétains pasteurs, si l'on établit dans nos pâturages des paysans étrangers qui les transformeront en champ ? Le raisonnement de ces primitifs ne manquait pas de poids et, d'ailleurs, il existe peu de gens assez altruistes pour céder leur bien à autrui, même s'il est prouvé que c'est pour en faire un meilleur usage qu'eux.

Un haut fonctionnaire chinois avait eu, quelques années auparavant, une idée analogue à celle du Père A... Il voulait établir une colonie de ses compatriotes dans les solitudes du Koukou-nor, à l'ouest de la frontière du Kansou. Avertis de ses intentions, les Tibétains de la région ne s'étaient pas bornés à protester, mais avaient nettement déclaré leur intention de résister par les armes à toute tentative de ce genre. Devant cette menace, le haut fonctionnaire avait renoncé à son projet.

Les Tibétains de Charatang n'étaient sans doute pas de force à opposer la même résistance et le Père A... avait amené chez eux, comme colons, ses chrétiens chinois, s'attirant ainsi la haine de tous les indigènes.

Ainsi que me l'avait conseillé le Père D..., j'envoyai à Charatang un des deux soldats formant mon escorte, pour annoncer mon arrivée, et prier le Père A... de me faire trouver un logement pour la nuit, dans le village habité par ses ouailles. Le résultat de cette démarche ne correspondit pas à ce qu'en attendait l'aimable missionnaire de Tao. Son collègue répondit qu'il n'y avait pas de gîte pour nous au village et que, d'autre part, il ne désirait pas nous voir planter des tentes et camper sur le terrain de la mission.

Oulas, soldats et domestiques accueillirent mal cette nouvelle. La journée avait été très chaude, nos bêtes étaient accablées et leurs conducteurs, aussi fatigués qu'elles, comptaient bien s'arrêter à Charatang. Il leur fallait, au contraire, continuer leur chemin beaucoup plus loin, car au-delà de ce village, le pays devient de nouveau désert sur une longue distance. Or, camper dans la solitude, mes *oulas* ne l'osaient point, ils craignaient trop qu'on leur volât leurs yaks, et quant aux soldats, ils m'en dissuadaient aussi très fortement. Quelques semaines auparavant, une bande de brigands était, en plein jour, tombée à l'improviste sur un convoi appartenant à des marchands chinois, qui passait sur la route où nous nous trouvions. Les malandrins avaient simplement pris la direction du convoi, emmenant les bêtes chargées de marchandises vers la montagne.

Pendant longtemps, les infortunés qui venaient d'être dépouillés purent suivre des yeux leurs mules gravissant un sentier parallèle à la route, sur les pentes voisines. Un témoin oculaire me raconta que les pauvres marchands criaient des oh ! oh ! ah ! ah ! désespérés à l'adresse de leurs animaux ou des voleurs et que ces derniers y répondaient jovialement par d'autres oh ! oh ! ah ! ah ! moqueurs. Puis, le sentier pénétrant dans la montagne, le convoi était passé hors de vue.

Le Père A... qui désappointa ce jour-là l'espoir de notre petite caravane a péri tragiquement dans sa colonie de Charatang, non point par le fait des indigènes qui ne l'aimaient point, mais lors d'un tremblement de terre. L'on m'a rapporté que se précipitant hors de sa maison ébranlée par les houles terrestres, celle-ci s'écroula sur lui au moment même où il en atteignait le seuil.

Il ne serait pas étonnant que quelque sorcier des environs — peut-être le pseudo-*doubthob*[1] qui vivait de l'autre côté de la rivière — ait prétendu avoir causé sa mort. Dans tous les cas, les Tibétains n'auront pas manqué de l'attribuer à l'œuvre d'un démon ou d'un dieu vengeur.

Quittant Charatang, nous passons auprès d'une maison que mon nouveau domestique m'a signalée comme appartenant à des parents d'un marchand de Tao. Nous espérions y loger, mais la maison est close et désertée ; ses maîtres doivent être en voyage. Nous continuons à marcher et atteignons enfin, à la nuit, une grande ferme où nous sommes bien reçus.

Là, tout en soupant, j'apprends qu'un *doubthob* réside dans les environs. Il ne manque pas, au Tibet, de religieux ou de pseudo-religieux, auxquels le populaire décerne ce titre, leur attribuant quantité de miracles souvent très saugrenus. J'en ai, pour ma part, rencontré un grand nombre, mais ma curiosité à leur sujet reste toujours aussi vive. Parmi quelques douzaines de *doubthobs* charlatans, l'on arrive, parfois, à découvrir un personnage intéressant, que les bonnes gens des villages assimilent naïvement aux imposteurs qui exploitent leur crédulité. Du reste, ces derniers eux-mêmes sont souvent assez pittoresques d'allure et de pensée pour qu'il vaille la peine de se déranger pour les voir.

Je dresse donc l'oreille lorsque l'on me parle de celui-ci. Les gens de la ferme paraissaient le tenir en grande vénération. Il habite une caverne dans la montagne, en face de Charatang, de l'autre côté de la rivière et partage, quant à l'habillement, les vues de ces ascètes dont on dit, dans l'Inde, qu'ils sont « vêtus d'espace » ou « de ciel », ou encore « qu'ils sont drapés dans les points cardinaux », ce qui est une façon littéraire élégante d'exprimer qu'ils vont tout nus.

Je quête de plus amples informations : en plus de sa nudité, quelles sont les pratiques les plus notables de ce *doubthob ?*

— « Il n'accepte point d'argent. »

Oh ! oh ! ceci est rare, dans son pays comme dans bien d'autres. Je me sens disposée à saluer respectueusement ce sage désintéressé.

— « Il n'accepte que de l'alcool. »

Oh ! ceci me plaît moins, ne me plaît même pas du tout. Le trait n'a rien de particulier, tous les Tibétains apprécient les boissons fortes. Voici le *doubthob* retombé au niveau commun de ses compatriotes.

---

1. Voir l'orthographe tibétaine de ce mot et sa signification page 196.

Pourtant, il existe des sectes où l'ivresse est rituelle et l'excitation causée par l'alcool jugée propre à favoriser certaines perceptions intuitives. Ces méthodes fournissent d'excellents prétextes à nombre d'ivrognes pour s'abandonner à leur vice sous le couvert d'un entraînement spirituel ou psychique supérieur.

L'Inde connaissait l'ivresse rituelle bien avant le temps du Bouddha et ce maître devait avoir eu l'occasion d'observer, dans son pays, les effets funestes de la recherche d'intuitions transcendantes par l'absorption d'alcool et de drogues, car il en interdit formellement l'usage à ses disciples qui doivent tous être strictement abstinents.

Au Tibet, un des traits principaux de la réforme de Tsong Khapa est d'avoir remis en vigueur cette interdiction de faire usage de boissons fermentées, mais le Réformateur n'a pu l'appliquer qu'au clergé de sa secte. Laïques et moines des sectes *ñyingma* ont continué à boire de la bière et de l'eau-de-vie. Il ne faut cependant pas conclure de leur infraction au précepte bouddhique de l'abstinence totale, que tous ces derniers soient des ivrognes invétérés. Il s'en faut de beaucoup.

Un ermite appartenant à la secte des *Dzogstchénpas*, que j'interrogeai au sujet de l'utilité de l'excitation due à l'alcool pour favoriser l'intuition, me répondit que l'homme habile à se dédoubler, c'est-à-dire à conserver intacte sa faculté d'observation et d'examen alors que, d'autre part, ses pensées et ses sens battent la campagne, peut tirer parti d'un état de demi-ivresse causée par l'alcool ou par d'autres drogues [1]. Mais il ajoutait que les informations obtenues dans ces conditions concernent presque uniquement le propre état mental de celui qui tente cette expérience. Libérées des entraves de raisonnement, de moralité, d'habitudes, etc., qui les refrènent d'ordinaire, les tendances existant dans son subconscient se manifestent et certaines d'entre elles, peu actives et presque indiscernables à l'état sobre, acquièrent, excitées par l'alcool, une force que celui qui les porte en lui ne soupçonnait pas. Une telle revue des éléments cachés en lui peut donc être utile à son développement spirituel, comme peuvent l'être aussi toutes autres investigations opérées en accordant libre jeu à certaines passions : luxure, ambition, gourmandise [2], etc.

---

1. Mon interlocuteur avait été dans l'Inde et en Chine et il savait qu'on y fait usage d'opium et de chanvre indien. Les Tibétains n'usent point de drogues, l'alcool leur suffit. A la frontière chinoise seulement, quelques rares Tibétains fument parfois de l'opium, mais jamais dans un but d'entraînement psychique. Quant aux pratiques consistant à utiliser certaines drogues pour obtenir la séparation du « double » du corps matériel ou pour produire d'autres phénomènes, elles n'ont point cours au Tibet et les Tibétains se montrent très incrédules à leur égard lorsqu'on leur en parle.

2. Et, dans le même ordre d'idées, l'investigation et l'analyse des sentiments que l'on manifeste dans ses rêves alors que le contenu du subconscient a aussi libre jeu. Voir à ce sujet *Initiations lamaïques*.

Quant à la valeur des extases, des intuitions, des transports quelconques obtenus par l'ivresse, l'ermite la déclarait nulle.

Quelle opinion professait à ce sujet le *doubthob* nu qui refusait l'argent et acceptait l'alcool ? M'arrêter un jour pour le lui demander ne serait peut-être pas perdre mon temps.

Je fis part de mon désir à mes hôtes, les informant que, si je ne les importunais pas, je passerais une seconde nuit chez eux.

La réponse fut obligeante. Je devais me considérer comme chez moi, disaient les fermiers. Ceux-ci étaient fort sympathiques, tout spécialement le maître de la maison, un sculptural spécimen de la belle race des Khampas. En dehors du plaisir que je me promettais de ma visite au *doubthob,* il ne m'était nullement désagréable de passer une autre soirée à causer avec ces aimables villageois.

Je partis dans la matinée avec Yongden pour la caverne du *doubthob.* Les deux hommes d'escorte avaient absolument tenu à m'accompagner. Les ordres du magistrat chinois les y obligeaient : je devais être protégée... et espionnée aussi, sans doute.

La course était longue, il me fallait refaire, sur la rive opposée de la rivière, tout le trajet effectué la veille depuis Charatang, car, bizarrerie du hasard ou choix délibéré, l'ermite résidait dans un repli de la montagne, en face de l'église du missionnaire.

La préhistorique demeure du *doubthob* se trouvait sur un versant gazonné à pente très raide, au fond d'une minuscule vallée. Au moment où j'arrivai, celui-ci était assis au-dehors. Dès qu'il m'aperçut, il bondit sur ses pieds, saisit un bâton, puis se mit à danser et à gesticuler imitant, probablement à dessein, les poses que les peintres tibétains donnent aux goules festoyant dans les cimetières.

L'homme était nu, comme on me l'avait annoncé, maigre, osseux. De loin, il me fit l'effet d'un squelette articulé, sorte de polichinelle macabre aux gestes anguleux et mécaniques. Sa danse terminée, il se précipita dans sa caverne où il agita furieusement une clochette.

J'avais déjà vu beaucoup de saltimbanques cléricaux de ce genre ; les gambades prétentieuses de celui-ci ne m'en imposaient nullement. Au contraire, je me doutais qu'une conversation avec un tel individu offrirait bien peu d'intérêt, et je regrettais d'avoir fait cette longue route par la chaleur, pour un si piètre résultat. J'en voulais aussi à mes deux hommes d'escorte qui, en me précédant, m'avaient désignée au *doubthob* comme une personnalité de marque, ce qui avait amené son déploiement affecté d'excentricités, alors que je tenais à le surprendre à l'improviste pour voir ce qu'il faisait quand il ne jouait pas un « rôle ». Bref, j'étais de mauvaise humeur ; celle-ci m'inspira la méchante idée de me venger de ma déconvenue sur le prétendu *doubthob.* Je lui laisserais ses démonstrations pour compte et m'en irais tranquillement sans monter jusqu'à sa caverne où il m'attendait, comptant probablement m'éblouir par de nouvelles extravagances en gestes ou en paroles. La petite humiliation que je lui infligerais serait le châtiment de son charlatanisme.

Passablement satisfaite de ma détermination, je tournai le dos à la caverne.

Yongden, qui connaît jusqu'à son tréfonds l'esprit de ses compatriotes, ne me laissa pas savourer longtemps ma malice...

— « Ne vous réjouissez pas de votre petite méchanceté, » me dit-il. « Ce malin *doubthob* trouvera le moyen de transformer en gloire, l'humiliation que vous voulez lui infliger. Il déclarera que, par son pouvoir magique, il a empêché une étrangère d'atteindre sa demeure. Ce nouveau miracle redoublera la vénération que ses fidèles lui ont vouée et lui vaudra une plus ample provision d'eau-de-vie. »

Mon perspicace fils avait raison. Ce serait moi qui, aux yeux des indigènes, sortirais vaincue de cette comédie et cette idée nous fit rire.

Cette fois, mon escorte consentit à rentrer seule à la ferme en emmenant ma mule et le cheval du lama. Nous voulions marcher et revenir en flânant.

Nous avions déjà fait un bout de chemin lorsqu'un groupe de religieuses nous rejoignit. Toutes portaient un petit balluchon sur leur dos et tenaient à la main un long bâton, accessoire qui indique un pèlerin.

— « Où allez-vous Djomo lags [1] ? »

— « A Lhassa. »

— « Par quelle route ? Par les *tchang-thangs ?* »

— « Oh ! non ! Il faut être nombreux et avoir des bêtes qui portent beaucoup de provisions pour prendre ce chemin. Nous irons à Dergé et de là nous suivrons les routes où l'on rencontre des villages. Nous devons mendier notre nourriture. »

— « Dans combien de temps croyez-vous arriver à Lhassa ? »

— « On ne peut pas savoir : peut-être dans trois mois, dans quatre mois, ou plus tard... »

— « Tenez, *anémas,* voici un peu d'argent pour acheter de quoi manger. Vous allumerez aussi une lampe à notre intention devant la statue du Djowo [2] quand vous visiterez son temple à Lhassa. »

— « Nous n'y manquerons pas, » disent les bonnes filles étonnées et reconnaissantes pour l'aumône plus forte qu'elles n'en reçoivent d'ordinaire, que je leur tends.

Elles s'éloignent.

— « Il est tard, » me dit Yongden, « elles n'iront pas plus loin

---

1. Au Tibet oriental, l'appellation *djomo* : noble dame, est employée de préférence au terme *ané* en s'adressant à une religieuse. *Lags* est une particule sans signification spéciale marquant de la déférence pour la personne à qui l'on s'adresse.

2. *Djowo* : le Seigneur. C'est une statue qui est censée représenter le Bouddha comme un jeune prince, avant qu'il ait quitté la maison paternelle pour devenir un ascète. D'après la tradition, elle a été apportée au Tibet par l'une des femmes du roi, Srong bstan Gampo. Elle est l'objet d'une grande vénération ; des centaines de lampes brûlent nuit et jour devant elle dans le grand temple de Lhassa. Un récit de ma visite au Djowo se trouve dans *Voyage d'une Parisienne à Lhassa.*

aujourd'hui que le village voisin de la ferme où nous logeons. Prenez de l'argent et demain matin, partez avec elles. »

Rêve que cela, mon petit ami ! Je suis prisonnière de mon escorte, de mes domestiques, de mon convoi. Il faudrait être seule ou avec un compagnon éprouvé et n'avoir aucun bagage.

La chose viendra. Nous nous en irons seuls par monts et par vaux, Yongden et moi, en terre inexplorée et à l'issue d'un long voyage, le Djowo, se souvenant sans doute de la lampe que je lui ai fait gentiment offrir, nous rendra notre politesse devant son autel, lorsque d'un vase d'or et d'argent, constellé de pierres précieuses, ses servants nous verseront l'eau consacrée.

Mais ces événements ne s'accompliront que deux ans plus tard et, faute de pénétrer les bienveillants arrêts rendus par le Destin en notre faveur, nous cheminons, tout mélancoliques, vers notre logis.

Le beau fermier paraît d'abord étonné du peu d'admiration que je manifeste pour le *doubthob* local, et les femmes de sa famille en sont peut-être un peu choquées. Après souper, j'entreprends de dissiper leur mauvaise impression en leur traçant un portrait du véritable ermite contemplatif tel que j'en ai approché quelques-uns. Puis je leur raconte l'histoire du Bouddha. Comme la plupart des laïques tibétains, mes hôtes ne la connaissent que très imparfaitement. Je croyais que mes explications ne seraient pas comprises, mais il en est tout autrement. Tous les ont saisies et l'idéal qu'elles font entrevoir émeut profondément mes humbles auditeurs.

— « Oh oui ! » murmure le fermier, « si nous pouvions suivre cette voie... Mais nous ne pouvons pas... Peut-être plus tard, dans une autre vie... » Un soupir achève la phrase.

Le lendemain, j'ai la surprise de le trouver à la tête des *oulas* qui transportent mes bagages. Il aurait certainement pu se dispenser de cette corvée et se faire remplacer par un de ses domestiques.

— « Je veux veiller, moi-même à ce que tout marche bien, » me dit-il. « Il faut que vous soyez contente et gardiez un bon souvenir de nous. »

Vêtu d'une robe neuve et d'un toquet rond, en soie rouge, que je lui ai donnés, le petit guenilleux de Tao entré à mon service précède le convoi monté sur une de mes mules et exulte d'orgueil. Amusés par sa mine triomphante, mes domestiques l'ont baptisé Sézang Talès, ce qui est le nom d'un riche marchand de Tao. Quelques heures ont suffi à la craintive « bonne d'enfant » qu'il était pour se métamorphoser en un drôle effronté. Du vrai sang de brigand coule dans les veines de ce juvénile Khampa. Peut-être les dieux l'ont-ils marqué pour une fin « héroïque » sur quelque piste de son pays ; en attendant, il se rend très utile.

Si grand est son désir de me plaire et si fougueuse son audace que le troisième jour après notre départ de Tao, il nous suscite déjà une aventure.

Dans l'après-midi nous passons en vue d'un troupeau de porcs. Parmi ceux-ci, quelques porcelets folâtrent autour de leurs mères. Seunam, qui aime plaisanter et qui s'amuse des façons de notre jeune recrue, lui dit :

— « La révérende dame, notre maîtresse, aimerait, certainement, manger un de ces cochons de lait. »

Sans en entendre davantage, le gamin, qui n'est pas encore au courant de mes goûts, talonne sa mule et part au grand trot dans la direction du troupeau. Là, il saute de sa monture, en donne la bride à un petit paysan qui gardait les bêtes et jetant la confusion parmi elles, il attrape, à la course, un des porcelets.

De loin, j'ai vu la scène sans en comprendre la raison. J'accours et rejoins les domestiques et les soldats qui s'esclaffent. Tout m'est expliqué ; je fais rappeler l'entreprenant jouvenceau, lui ordonnant de relâcher sa capture. Il obéit à regret, ne saisissant point pourquoi son zèle et son adresse ne lui valent pas des félicitations.

Tobgyal, voulant prolonger la plaisanterie, lui dit :

— « Jétsune Kouchog ne mange pas de porc. »

— « Pourquoi le disais-tu ? » demande le garçon à Seunam en lui lançant un méchant regard.

Sézang Talès n'admet pas que l'on se moque de lui et ne paraît pas d'humeur commode. Je fais semblant de ne rien entendre.

Cet incident a mis mon entourage en gaieté. Il a aussi touché une corde qui vibre facilement chez les gens de ce pays : le plaisir de la « conquête ». Et voilà mes *oulas* qui, tout simplement, tout naïvement, se mettent à s'entre-raconter, à s'entre-rappeler leurs prouesses de chevaliers de grands chemins.

Ils savent que je chevauche derrière eux et que je les écoute, mais ils me font confiance. J'en suis touchée, ils m'ont, ma foi, adoptée. Leur conversation est savoureuse. Un héros vit au fond de l'âme de chacun de ces primitifs.

L'appât du gain ne les laisse certes pas insensibles, mais il semble que pour eux l'acte de s'emparer par la force, le combat et le danger couru soient des joies en eux-mêmes.

Fait surprenant, j'ai rencontré parmi leurs pareils quelques individus qui étaient de stricts végétariens. « Pourquoi ? » demandai-je à l'un d'eux. « Parce que l'animal est plus faible que l'homme et que s'attaquer à lui, sûr de vaincre, est lâche, » fut la réponse.

Il existe même, parmi les brigands tibétains, des hommes qui ont une conception singulièrement élevée de la vie spirituelle. Bien entendu, celle-ci demeure, chez eux, du domaine de la théorie et celui qui l'a atteint en remet généralement la pratique à une de ses futures existences.

Un lama d'Amdo devint ermite à la suite d'une leçon reçue d'un de ces idéalistes non pratiquants. Il voyageait avec des domestiques et des mules chargées de bagages et d'argent, lorsqu'il fut arrêté par une bande de malandrins et sommé de leur abandonner ses bêtes, son argent et ses bagages. Il tenta de résister et, dans la lutte, fut précipité à bas de son cheval. Voyant la partie perdue, il implora pitié en se prévalant de sa qualité de lama. Il ne convenait pas, plaidait-il, de voler ou de maltraiter un religieux.

— « Un religieux, » rétorqua le chef des brigands. « Tu dis que tu es un religieux. Comment aurais-je pu m'en apercevoir. Qu'est-ce que cette belle robe fourrée en astrakan [1] que tu portes [2] ? Est-il donc permis à un lama de se vêtir avec les dépouilles de bêtes tuées pour leur fourrure ? Que devient dans ce cas la compassion qu'il doit pratiquer ? Un religieux a-t-il aussi besoin de toutes les choses que tu traînes à ta suite. Je t'avais pris pour un riche marchand. »

La leçon alla droit au cœur du lama. Il se prosterna devant le brigand.

— « Vous êtes mon précepteur spirituel *(gourou)* », lui dit-il, « vous m'avez mis sur la voie véritable. Prenez tout ce que vous voudrez. Je vais finir mes jours dans un ermitage. »

Celui qui me racontait cette histoire connaissait le lama qui en était l'un des héros. Il me dit que le brigand avait refusé de s'approprier le bien du membre de l'Ordre religieux et que rentré chez lui, le lama avait disposé de la majeure partie de ce qu'il possédait pour des œuvres pieuses ou charitables, ne se réservant que ce qui lui était strictement nécessaire pour sa subsistance ; après quoi, il était devenu anachorète.

Dans la compagnie de ces pittoresques *oulas* nous arrivons à Tangou, un village malpropre où nous passons la nuit.

Le lendemain nous faisons halte à Tchaou et je loge dans l'ancien palais des chefs du pays. Palais est sans doute un titre un peu prétentieux pour un nombre de constructions médiocres que les troupes chinoises ont incendiées lors de la révolte des Tibétains et qui portent encore les traces du feu et du pillage. Mon appartement est celui où vivaient autrefois le « roi » et la « reine ». Les boiseries, jadis peintes en rouge et décorées d'inscriptions et de fleurs en or, sont noircies par la fumée. Les pièces prennent jour sur une galerie encadrée de gros piliers en bois et sont extrêmement sombres. J'ai peine à croire que des gens aient pu y vivre continuellement. La souveraine actuelle est veuve et habite une autre demeure qu'elle a fait bâtir contre l'ancien palais. Ce nouveau bâtiment est construit en pierres et haut de cinq étages. Les Tibétains raffolent des hautes maisons et dans celles-ci, l'appartement des maîtres se trouve toujours à l'étage supérieur, sur le toit-terrasse qui constitue un lieu

1. *Tsarou,* peau d'agneau dont il est fait un grand commerce au Tibet. La plupart des peaux sont blanches, mais il en existe aussi de noires, de brunes et de grises.

2. Les religieux lamaïstes ne doivent point porter de vêtements en fourrure. Les infractions à cette règle sont néanmoins fréquentes en ce qui concerne leurs costumes de voyage, surtout en Mongolie.

de promenade souvent orné de fleurs poussant dans des pots ou des baquets.

Mon hôtesse se montre gracieuse et me fait un joli présent de vivres. La pièce saillante parmi ceux-ci est un quartier de mouton séché, vieux de trois ans. Il a perdu toute couleur et toute apparence de viande. On dirait un morceau de bois d'un gris blanchâtre. La viande s'enlève par fibres, par « éclis », semble-t-il, qui se réduisent en poussière sous la pression des doigts. Elle est, du reste, parfaitement saine, sans la moindre trace de vers. Les Tibétains sont très friands de cette vieille viande ; c'est, chez eux, un mets à l'usage des riches. La reine a cru me faire là un cadeau de valeur. Si desséché qu'il soit, ce mouton n'a cependant pas perdu sa saveur ; celle-ci paraît, au contraire, s'être concentrée et je comprends très bien que les Tibétains considèrent pareil morceau comme une friandise.

En pilant dans un mortier cette viande ultra-sèche — bœuf ou mouton — les Tibétains obtiennent une poudre de viande, aliment concentré que les favorisés de la fortune emportent en voyage. On dit communément, au Tibet, que l'on peut mettre ainsi la chair de tout un yak dans un sac de la longueur de l'avant-bras.

L'usage est de délayer quelques pincées de cette poudre dans une tasse d'eau froide, puis de mêler de la *tsampa* à ce « bouillon », cru. Il n'y a pas de doute que cet aliment soit très nourrissant et qu'il permette d'emporter, sous un très petit volume, de quoi soutenir pendant longtemps les forces d'un voyageur. Mais j'avoue qu'en ce qui me concerne, ce pemmican tibétain, excellent à l'état sec, me soulève le cœur lorsqu'il est mouillé.

Nous sommes ici tout proches de la frontière et je m'efforce de renvoyer doucement mes deux hommes d'escorte. Tous mes arguments échouent. Ils ont l'ordre de me suivre jusqu'à Kanzé.

De Tchao l'on monte vers un col peu élevé par où l'on passe dans la vallée du Yaloung que les indigènes appellent ici le Dza tchou. En cours de route, notre valeureux gamin nous étonne par de nouvelles prouesses. Une de nos mules qui marchait librement prend l'idée d'aller vagabonder hors du sentier dans les pâturages où elle a aperçu des chevaux. Le garçon se met immédiatement à sa poursuite et comme le sabre de Seunam qu'il porte fièrement passé dans sa ceinture le gêne pour courir, il le pose par terre.

Ayant rattrapé la bête à quelque distance de là, il crie, de loin, à deux gamins qui gardent les chevaux, de lui apporter son arme.

— « Mange mes excréments ! » lui répond gracieusement l'un des interpellés.

Cette phrase, courante parmi les Tibétains du bas peuple, est considérée comme une très grave injure.

Indigné de l'offense qu'on lui fait, l'irascible Sézang Talès fond sur les gamins pasteurs. Il doit avoir l'air terrible malgré sa stature enfantine car ces derniers prennent la fuite. Alors, après avoir ramassé son sabre, apercevant une de ces longues cordes en poil de yak qui servent à attacher les bêtes, il s'en saisit comme compensation à l'insulte qu'il a reçue et me l'apporte de l'air satisfait d'un homme qui sait conduire ses affaires et ne se laisse pas manquer de respect.

Un peu plus loin Sézang Talès, qui a de nouveau pris les devants, est rejoint par les amis des volés qui veulent le battre. Ils ont toute la mine de rôdeurs et sont armés de fusils du pays. Mon gosse ne bronche pas et tire son sabre. Un des conducteurs de yaks se précipite devant lui et explique aux agresseurs que ce garçon est le serviteur des grands personnages qui viennent sur la route. Ceux-ci font alors des excuses et blâment leurs camarades qui se sont permis d'injurier le domestique de gens aussi considérables.

Je souffle à Yongden de leur faire restituer leur corde [1] et je passe. Deux jours plus tard, je la remarquerai pourtant, suspendue à un de nos sacs. Pourquoi ne l'a-t-on pas rendue ? Ah ! répond Seunam, les *oulas* nous ont suppliés de n'en rien faire. Si nous ne la gardions pas, disaient-ils, ces gardiens de chevaux nous croiraient sans pouvoir et, peut-être, tireraient dans notre dos quand nous serions passés. Il ne pouvait rien répliquer. Ces gens connaissaient les mœurs de leur pays. Équité et prudence diffèrent suivant les endroits où il faut les exercer. J'ai pris à ce sujet des leçons difficiles, au cours de mes voyages.

Il nous serait facile d'arriver à Kanzé ce jour même, mais nous devrions y attendre dans la rue, entourés d'un cercle de curieux, que nous trouvions un logement. En Chine, il existe des auberges dans la plupart des villages situés sur les routes fréquentées. Il n'en est pas de même dans le pays que je traverse. Les seuls voyageurs y sont quelques fonctionnaires, des marchands et des pèlerins. Les premiers jouissent du droit de se loger dans n'importe quelle maison qu'ils jugent bon de choisir. Les autres ont des associés ou des amis le long des routes qu'ils parcourent et s'arrêtent chez eux ou bien, s'ils conduisent une caravane, ils campent avec elle. Et quant aux pèlerins, les pauvres couchent à la belle étoile, dans les écuries, sous les hangars, n'importe où on les tolère et les plus riches qui voyagent à cheval demandent l'hospitalité contre rémunération chez les particuliers. Parfois, il leur faut frapper à nombre de portes avant de trouver un gîte. La chose est habituelle et lorsque je voyage incognito, je la supporte facilement, mais comme étrangère, j'ai à craindre d'être, à Kanzé, un objet de curiosité pour toute la ville. Il est donc utile de m'y assurer un logement avant mon arrivée. Obéissant

1. Lorsque les voyageurs traversant les *tchang-thangs* où ne croissent ni arbres ni arbrisseaux, craignent pour la sécurité de leurs bêtes et veulent les attacher, ils tendent, presque au ras de terre, une longue corde qu'ils fixent avec des piquets en fer ou en bois. A cette corde est liée celle qui est attachée au licou ou, plus souvent à un pied, de chaque mule ou cheval ou à l'anneau que les yaks portent au nez.

à ces considérations, je m'arrêtai dans un endroit nommé Poyul, où se trouve une grande maison à l'usage des fonctionnaires et des personnalités de marque en voyage. De là, j'envoyai Yongden à Kanzé pour y porter ma carte au colonel chinois qui y réside et le prier, selon l'usage, de nous donner un logis pour quelques jours.

Je n'avais pas manqué d'informer mes deux hommes d'escorte que le lama se rendait à Kanzé. Je les avais aussi remerciés de leurs services, convenablement rétribués et engagés à s'en retourner à Tao. Après m'avoir exprimé leur gratitude, ils s'étaient éclipsés. Je respirais. Peut-être les autorités de Kanzé se montreraient-elles moins soucieuses de ma sécurité que celles de Tao et redeviendrais-je libre de mes mouvements !

Vain espoir ! Yongden n'est pas encore revenu de son ambassade que deux nouveaux soldats, ceux-ci en uniforme, arrivent, me saluent et m'annoncent qu'ils sont à mon service. Que faire ? Je dois sourire et paraître ravie de cette aimable attention de leur chef.

Dans la soirée j'aperçois aussi les deux autres hommes. Ils ne sont pas repartis pour Tao. Ils tiennent à y rapporter que je suis dûment en route pour Kanzé accompagnée par les soldats du colonel. Ah ! je suis bien gardée !

Le lendemain matin, je pars pour Kanzé.

Le ravissement éprouvé dès mon premier coup d'œil sur la vallée large et souriante que j'avais rejointe à Tao provenait, en grande partie, du contraste qu'elle présentait avec celles, très resserrées, dans lesquelles l'inondation semblait s'être malignement acharnée contre moi. Peu à peu, le paysage paisible, les cultures, les cimes arrondies bordant cette « vallée heureuse » m'avaient paru monotones et je m'attendais à trouver Kanzé presque banal. Il n'en était rien.

Le site où la ville s'élève est véritablement beau, même imposant. Comme toutes les agglomérations tibétaines, Kanzé a été construit sans plan. Ses maisons s'étagent en désordre, sur la pente d'une colline et se disséminent ensuite dans une vallée immense où coule le Yaloung, bordé sur la rive opposée par de hautes montagnes sombres d'un âpre et sauvage caractère.

Située en Europe, la *gompa* de Kanzé y paraîtrait un très grand monastère, mais au Tibet, tout groupement monastique comptant moins de deux mille religieux est considéré comme de médiocre importance. Elle occupe le haut de la colline, au-dessus de la ville. Ses nombreux bâtiments, faute d'espace, ou pour d'autres causes, se pressent les uns contre les autres, ne laissant entre eux que d'étroites ruelles. Loin de là, dans la plaine, s'élève le palais du prince indigène : un édifice massif, véritable forteresse propre à soutenir des sièges ou à servir de repaire à des gentilshommes pillards guettant les caravanes passant dans la vallée. Tel a pu être son rôle jadis.

Par la grâce des autorités chinoises, un très agréable logement m'a été donné dans une maison située à la partie supérieure de la ville, d'où je jouis d'une vue très étendue. Ces « autorités » se composent d'un haut magistrat civil et d'un colonel. C'est ce dernier qui a, autrefois, délivré le Père D... fait prisonnier à Tao lors de la révolte des Tibétains. Je suis aimablement reçue par lui et par le magistrat, je fais la connaissance de leurs familles, les photographie, nous dînons plusieurs fois ensemble pendant mon séjour à Kanzé. Bref, nos relations sont des plus cordiales, mais en dépit de cette cordialité, le magistrat civil, assimilé à un gouverneur, s'oppose absolument à ce que je me rende à Batang par le territoire demeuré sous le contrôle chinois. Il insiste, il exige même, que je fasse un détour, passant par Dergé et Tchiamdo qui sont maintenant aux mains du gouvernement de Lhassa. C'est étrange. Pourquoi ce Chinois tient-il à m'envoyer dans un pays qu'il sait être interdit aux étrangers ? La région traversée par le chemin direct de Kanzé à Batang n'est pas sûre, dit-il, et il ne dispose pas d'un assez grand nombre de soldats pour me fournir une escorte suffisante. Bien entendu, la région n'est pas sûre, les régions voisines ne le sont pas davantage. Le Chinois peut préférer que, si je suis assassinée, cet incident ait lieu ailleurs que sur le territoire commis à sa garde. Tout cela est possible, mais je soupçonne qu'il a d'autres raisons.

Quoi qu'il en soit, j'ai beau user de multiples arguments, je n'arrive pas à ébranler sa décision et je comprends qu'il s'opposerait par la force à mon voyage, si je tentais de passer outre à sa défense. Du reste, je suis surveillée à Kanzé et pour aller vers Batang, il me faut traverser le Yaloung. Je n'aurais pas sitôt fait charger mes bagages sur mes mules que le magistrat en serait informé et que les passeurs recevraient l'ordre de retirer leurs petits bateaux de la rivière.

Une circonstance particulière aidait malheureusement le magistrat à donner la prudence comme motif de son opposition. Preuves évidentes de l'insécurité du pays, deux brigands attendaient, dans la prison locale, le jour de leur exécution.

Après des exploits prolongés, la bande à laquelle ils appartenaient avait été rejointe par les soldats chinois. Un combat s'ensuivit ; les brigands ayant le dessous s'étaient enfuis avec leurs blessés et deux d'entre eux avaient été faits prisonniers.

La loi est rigoureuse, le brigand capturé est mis à mort. Des prisonniers, l'un était tout jeune et l'autre un homme d'âge mûr. Ce dernier déclara au gouverneur qu'en ce qui le concernait, il ne s'élevait pas contre la sentence qui le frappait. Il avait joué et perdu, il paierait, mais il implorait pitié pour son compagnon. Celui-là n'avait jamais auparavant ni volé seul ni fait partie d'une bande. C'était sa première expédition, devait-elle lui valoir la mort à vingt ans ?...

On me raconta que le brigand endurci qui acceptait son sort avec une fierté hautaine s'humilia à genoux devant le gouverneur pour obtenir la grâce de son jeune ami. Il devait être émouvant, car le magistrat fut touché. Il différa l'exécution et envoya un message à son chef, le commissaire de défense à la frontière, résidant à Tatchiénlou, lui demandant s'il pouvait épargner les coupables ou tout au moins le plus jeune de ceux-ci.

La réponse arriva pendant mon séjour à Kanzé. Elle était impitoyable, les deux hommes devaient être fusillés.

Un matin, j'étais encore couchée lorsque j'entendis des coups de feu. Que se passait-il ? Je me levai et regardai par ma fenêtre. Le premier acte du drame m'avait échappé. On me le narra plus tard. Les soldats emmenaient les condamnés vers le bord d'un ruisseau où l'exécution devait avoir lieu, lorsque le plus âgé bouscula le soldat qui marchait près de lui, assena un violent coup de poing sur la tête de celui qui conduisait son jeune camarade et criant à celui-ci : « Sauve-toi ! » profitait de la confusion pour s'enfuir aussi.

De ma fenêtre, je voyais les deux hommes courant en zigzag pour échapper à la fusillade dirigée contre eux.

La plaine où ils se trouvaient n'offrait aucun abri. Elle était vaste, sans arbres, sans ondulations appréciables de terrain, sans bâtiments. Les soldats avaient beau jeu à tirer le gibier humain qui s'efforçait de sauver sa vie.

Je suivais dans mes jumelles ce navrant spectacle. A certains soubresauts des fugitifs, on pouvait comprendre que les balles touchaient parfois leur but. Cependant les hommes couraient toujours, se dirigeant vers la rivière où les attendaient peut-être des amis embusqués là pour les secourir. S'ils pouvaient la traverser, ils étaient sauvés. Mais elle était trop loin. L'un des hommes tomba, s'agita un instant sur le sol puis resta immobile. C'était le plus jeune, me dit-on. Quelques instants plus tard, l'autre tomba sur les genoux, se releva et reprit sa course, puis tomba encore et se releva de nouveau, mais il courait moins vite. Une balle encore l'atteignit, il chancela mais continua sa course. Les poursuivants gagnaient du terrain, une décharge le coucha par terre non loin d'un petit temple bâti à la lisière de la plaine. Là commençait une série de mamelons. Probablement que s'il eût pu s'engager entre eux, le condamné aurait échappé. C'est du moins ce que m'expliquèrent les gens du pays.

Quoi qu'il en soit, le destin en avait décidé autrement. Quand les soldats arrivèrent près de lui, le brigand était mort.

Dans l'après-midi, un soldat de service auprès de moi depuis Poyul me fit prier de le recevoir. Introduit dans ma chambre, il me salua avec les génuflexions habituelles et me demanda si je n'avais pas quelque médicament utile pour le pansement d'une plaie qu'il avait au bras.

C'était lui qui avait été bousculé le matin par le brigand et renversé sur les décombres d'un petit mur en ruine.

Tandis que je le pansais, il commença à me raconter toute l'histoire des deux brigands et les péripéties de leur fuite. Je finis par le faire taire, j'avais déjà trop entendu les détails de ce drame... Je les avais surtout trop *vus*.

Chaque jour, sur le toit du palais royal de Kanzé, à l'aurore et au crépuscule, les moines musiciens du temple privé du prince donnaient une aubade et une sérénade aux dieux. Les religieux de la *gompa* appartenaient au clergé d'État, les *gélougspas* (dits bonnets jaunes) mais le souverain indigène était un fidèle de la secte des *karmapas* et les airs que jouaient ses moines étaient ceux que j'avais écoutés pendant longtemps, jour après jour, dans un monastère rustique de l'Himalaya. Que de souvenirs me rappelaient ces mélodies poignantes ! Yongden qui appartient à cette même secte des *karmapas* les écoutait aussi, attentif, immobile, lorsqu'elles montaient vers nous de la plaine, adoucies par la distance. A quoi pensait-il ?... A son enfance de petit novice, bercée par cette même musique douloureuse, à Lhassa où nous devions aller, à l'Europe qu'il voulait voir ? Je ne lui demandai pas.

Ma visite au monastère de Kanzé eut un caractère tout différent de celle que j'avais faite à la *gompa* de Tao. Après la visite des temples, on me conduisit dans une salle du collège des *Gyudpas* (le collège des rites). Là eut lieu une petite réception intime ; le thé fut servi, plusieurs lamas, des professeurs étaient présents et la conversation fut vraiment intéressante. L'endroit s'y prêtant, celle-ci porta spécialement sur les rites. Sont-ils utiles ? A quoi servent-ils ? Le Bouddha n'a-t-il pas expressément déclaré que la croyance en l'efficacité des cérémonies religieuses est un obstacle au salut ?

A ces questions, la plupart répondirent qu'il existait des rites dont l'objet était simplement de conserver présents à la mémoire du commun des fidèles les enseignements de la religion et de les incliner à vivre honnêtement en pratiquant des vertus convenant à leur condition.

D'autres rites existaient : les *doubthabs* par lesquels la force de la pensée du célébrant s'adjoignant d'autres forces que le rite attirait, parvenait à agir puissamment pour atteindre un but fixé [1].

Presque tous, s'appuyant sur les déclarations d'ouvrages apocryphes qu'ils tenaient comme véridiques, déniaient que le Bouddha eût condamné la pratique des rites.

Parmi ceux qui m'entouraient se trouva pourtant un lama qui, plus éclairé que ses collègues, admit que le Bouddha avait réellement condamné la croyance en l'efficacité des rites religieux comme moyen de salut. Ayant reconnu ce fait, il le commenta ensuite d'une manière ingénieuse.

Les *tchirolpas* (Hindous brahmanistes), dit-il, croyaient au temps du Bouddha que le culte rendu aux dieux et les sacrifices qu'on

1. Au sujet des *doubthabs,* voir *Initiations lamaïques*.

leur offrait procuraient aux dévots une renaissance heureuse dans les demeures de ces dieux. C'est ce culte d'adoration et ces sacrifices que le Bouddha a condamnés comme inutiles et même néfastes. Certainement ils ne peuvent assurer, à un homme, une renaissance bienheureuse ; celle-ci dépend des actes que l'homme a accomplis dans ses vies précédentes. Celui qui est cruel, haineux, se prépare une place parmi des êtres démoniaques parce qu'il leur ressemble. Celui qui veut aller vers les dieux doit pratiquer la bonté. Ce n'est point là une question d'offrandes et de prosternations.

Si les rites sont déjà impuissants à assurer une renaissance heureuse, combien ne sont-ils pas encore plus impuissants à produire la Délivrance *(tharpa)*[1]. On arrive à celle-ci uniquement par la Connaissance acquise au moyen de l'investigation et de la méditation, qui produisent la « vue profonde » *(lhag thong)*.

Avez-vous jamais entendu un lama instruit dire que nous pratiquons les *doubthabs* pour acquérir *tharpa* ?

Non, je ne l'avais pas entendu.

— « Les *doubthabs,* » continua mon interlocuteur, « visent des buts d'ordre plus ou moins matériel et étrangers à ce plus grand des buts : la Suprême Libération *(tharpa)*. Pour atteindre ces objets inférieurs, mais souvent utiles à ceux qui ne sont pas encore « entrés dans le courant »[2] certains rites et spécialement les *doubthabs* peuvent être pratiqués avec fruit. S'en servir n'est pas contrevenir au commandement du Bouddha. »

Le sujet est de ceux qui prêtent à d'interminables discussions. Ne devant pas séjourner longtemps à Kanzé, je devais me contenter de ce que le lama m'avait exposé. Du reste, son opinion n'était pas nouvelle pour moi. Je l'avais entendu exprimer ailleurs. Elle est assez répandue parmi le clergé instruit.

S'il existait des lettrés philosophes au monastère de Kanzé, l'esprit commercial paraissait y être, aussi, particulièrement vivace. Beaucoup de moines lamaïstes trafiquent, mais ils y mettent, d'ordinaire, une certaine discrétion. Jamais il ne m'était encore arrivé d'en voir tenir boutique en ville et figurer derrière un comptoir. A Kanzé, ceci semblait habituel et certains de ces ecclésiastiques-marchands, gras et cossus, jouissaient visiblement d'une agréable aisance. Contraste pittoresque et un peu pénible, à la porte d'une de ces prospères boutiques cléricales, je vis le plus pauvre petit moinillon que j'aie jamais rencontré. C'était un gamin de sept à huit ans. Il

---

1. Le salut bouddhique ne consiste pas à entrer dans un paradis. Ceci n'est que la conséquence d'une vie vertueuse et est considéré comme un résultat médiocre. Le salut est la « Délivrance du cercle des renaissances », un état infiniment supérieur à celui les dieux, qui peut être atteint dans cette vie même par celui qui est arrivé à l'illumination spirituelle, comme le Bouddha et les Arahans.

2. Une expression classique bouddhique désignant ceux qui ont commencé à percevoir certaines vérités, après quoi ils sont certains de ne pas rétrograder spirituellement et d'arriver, après un temps plus ou moins long, à l'illumination.

était tout nu, sauf un lambeau de serge grenat de la dimension d'une petite serviette qui, placé sur ses épaules enfantines, lui tenait lieu de *zen*[1] et le désignait drôlement comme un membre du clergé.

Puisque le magistrat de Kanzé s'obstinait à m'empêcher de me rendre à Batang par le territoire chinois, il ne me restait — à moins de revenir sur mes pas et d'aller à Tatchiénlou — qu'à lui obéir et à tenter d'atteindre Batang en faisant le tour par la région conquise par les troupes de Lhassa et, désormais, interdite aux étrangers.

Due à la fatigue, au genre de nourriture ou à d'autres causes, je souffrais à ce moment d'une crise d'entérite qui me faisait désirer être rendue aussi promptement que possible à Batang où existait un hôpital dirigé par des médecins-missionnaires protestants anglais et américains. Je comptais m'y reposer dans des conditions de confort suffisant et y trouver les soins dont j'avais besoin. Je me résignai donc à tenter le passage de la frontière. Il n'eût guère été difficile si j'avais été seule, mais le gouverneur prit tous les arrangements nécessaires pour informer de mon arrivée les Tibétains de garde à la limite du territoire nouvellement conquis par eux.

La route directe, celle que suivent les caravanes, traverse le Yaloung un peu au-delà de Kanzé, mais bien que sa juridiction ne s'étende pas sur le territoire situé sur la rive droite de la rivière où la route continue, le gouverneur s'est ingénié à m'empêcher de passer de ce côté. Il tient à me faire conduire à Zacco, poste frontière où réside un officier tibétain ayant le grade de *ripeune* (une sorte de colonel).

Quel accueil nous fera ce dernier ? Je crains fort qu'il ne nous barre le chemin, cependant, comme je ne veux que traverser rapidement un coin du Tibet soumis à Lhassa et en ressortir pour regagner le Tibet sous contrôle chinois, il est possible que je puisse en obtenir l'autorisation.

Nous partons tristement, comme un troupeau que l'on pousse dans une direction qu'il n'a pas choisie. Arrivée à l'endroit où les bateaux prennent les voyageurs qui suivent la route directe, j'ai encore une révolte. Je déclare que je traverserai la rivière. Nul ne s'y oppose, mais les soldats qui m'escortent m'avertissent qu'ils devront s'en retourner immédiatement à Kanzé avertir le gouverneur de mon changement d'itinéraire.

Kanzé est tout près. Avant que mes bagages et mes bêtes aient été passés sur l'autre bord, le magistrat sera informé de ma décision, il enverra des gens pour contre-carrer mon projet ou bien dépêchera un message au Tibétain de Zacco qui mettra des soldats à ma poursuite. Je n'ai pas assez de confiance dans l'habileté et l'intelligence de Tobgyal et de Seunam pour les renvoyer, avec mon convoi, à Tatchiénlou et leur prescrire de se rendre à Batang par Litang, tandis

1. Toge faisant partie du costume monastique.

que Yongden et moi, seuls, ne conservant que nos montures et les couvertures placées sur nos selles, nous gagnerons Batang par les sentiers directs.

Alors... alors... Il faut encore une fois que je me résigne. Comment tout cela va-t-il finir ? Je n'en ai aucune idée et suis véritablement démoralisée.

Le pluie se met à tomber, ce qui n'est pas fait pour relever mon courage.

Nous nous traînons d'étape en étape. Le paysage est sans intérêt et l'entérite m'affaiblit. La population me témoigne beaucoup de politesse, mais il y a loin de l'accueil fait à la voyageuse étrangère, à celui que je recevais sous l'incognito de la *khadoma*, au début de mon voyage.

Le dernier « château » en territoire encore chinois est joliment situé dans la vallée très élargie. Est-ce une impression causée par la fatigue que j'éprouve, il me semble qu'il serait agréable de passer ses jours tranquillement dans cet endroit. Il n'en est pas question. Je suis devenue une sorte de Juif errant condamné à marcher sans but.

Nous voici en face de Zacco, notre arrivée y a été annoncée. Une tente est dressée dans une prairie, pour nous recevoir et nous offrir du thé, ainsi qu'il est d'usage au Tibet lorsque des voyageurs de marque passent dans un village.

Beaucoup de gens envahissent cette tente dès que nous y sommes entrés. Parmi eux se trouve une femme de Lhassa, grosse commère réjouie et loquace qui, je le crois bien, a bu un coup de trop. Entendant que je parle le dialecte de son pays, elle me questionne sur la capitale qu'elle a quittée depuis vingt ans. Je suis encore bien moins renseignée qu'elle puisque je n'y ai jamais été. Par contre, je connais Jigatzé, la grande ville voisine de Lhassa et je détourne la conversation sur elle. La bonne femme qui constate que cet endroit m'est familier proclame en désignant notre groupe, Yongden, nos domestiques et moi :

— « Ce sont des Tibétains comme nous. »

La foule qui s'étonnait déjà de nous entendre parler sa langue est maintenant convaincue. Nous sommes de faux étrangers, des imposteurs qui veulent se donner de l'importance. Les villageois se retirent déçus. Nous ne sommes plus du tout intéressants.

Je souhaite que l'officier surveillant l'entrée des voyageurs montre aussi peu d'intérêt pour nos personnes, mais c'est peu probable. J'ai déjà appris qu'il a le grade de *ripeune* [1], c'est-à-dire qu'il commande trois cents soldats. En réalité, il n'en a qu'une vingtaine avec lui. Les autres sont ailleurs ou, plus vraisemblablement, n'existent que sur les papiers officiels.

1. Le grade de *ripeune* est immédiatement au-dessous de celui de *dépeune*, le plus haut dans l'armée tibétaine, donc un général. Il s'ensuit que le *ripeune* est un colonel.

J'envoie Yongden lui présenter une lettre que le gouverneur de Kanzé m'a donnée comme introduction. Cette façon de me présenter à un agent des Tibétains révoltés (pour les Chinois, les Tibétains qui les ont chassés du pays ne sont que des vassaux rebelles) m'a paru singulière. J'ai d'ailleurs lu la lettre rédigée dans les termes très ordinaires de ces sortes d'introductions banales.

Le premier mot du distingué colonel est : « Les papiers chinois, je crache dessus. Avez-vous des papiers du Grand Homme de Tatchiénlou ? »

— « Qui est ce dernier ? » Après explications, Yongden saisit que ce Grand Homme est le vice-consul britannique.

Passablement stupéfait, il revient me rapporter le résultat de l'entretien qu'il a eu.

Le *ripeune* ne s'opposera pas à notre passage, mais il ne nous donnera ni escorte, ni *oulas*. Je m'en passerai très bien. De plus, il dépêchera un message à son chef, le *dépeune* de Dergé, pour l'informer de notre présence sur le sol tibétain. Ceci nous créera probablement des ennuis.

J'allai moi-même chez l'officier. Il habitait une misérable maison, mal tenue mais ornée de pots de fleurs et abritant une véritable fleur vivante : une très jolie femme portant le costume et la coiffure d'U : des cheveux exagérément bouffants surmontés d'une sorte de couronne (patou) en grosses boules de corail. C'était l'épouse de l'officier.

Il ne se montra pas très poli à mon égard : néanmoins, il m'offrit d'excellent thé et des biscuits chinois. Je lui exhibai divers papiers officiels français et anglais qu'il ne put lire mais qui l'impressionnèrent et je lui dis que la raison pour laquelle je n'avais pas de lettre du consul de Tatchiénlou était simplement que je n'étais point passée par cette ville. D'ailleurs les personnalités de qui émanaient celles que je montrais étaient beaucoup plus élevées en dignité que le « Grand Homme de Tatchiénlou » et je mentionnai le vice-roi de l'Inde.

Le *ripeune* se montra sceptique. Le vice-roi ?... Il avait une vague idée qu'il en existait un, mais il n'était pas fixé sur son importance. Pouvait-il être un aussi grand homme que le « Grand Homme de Tatchiénlou » ?... Mon interlocuteur en doutait beaucoup.

Son ignorance à ce sujet était singulière. Il était natif de Jigatzé situé près de l'Himalaya et les marchands de cette ville, comme ceux de Lhassa, se rendent fréquemment dans l'Inde et racontent ce qui s'y passe.

Il ignorait bien d'autres choses que l'existence du vice-roi. En fait de nations, en dehors de ses compatriotes, il divisait l'humanité en deux catégories : les Chinois et les étrangers qui étaient tous Anglais à part quelques Russes.

Je lui parlai de Batang où je voulais me rendre et du Yunnan.

Malgré leur proximité de Zacco il ne savait pas où se trouvaient ces endroits.

Ce peu intelligent colonel me répéta ce qu'il avait déjà dit à Yongden. Pour le moment, je ne voulais retenir qu'une chose de son discours ; il me laissait continuer ma route. Quoi qu'il pût advenir par la suite, je devais me considérer heureuse d'avoir franchi la frontière.

Comme personne ne les a arrêtés, les *oulas* ont passé leur chemin et doivent être déjà loin. Nous avons perdu beaucoup de temps à Zacco ; il faut nous hâter, car j'ignore la longueur du chemin qui nous reste à faire pour arriver à l'endroit où ils déposeront nos bagages.

Sans avoir rien de particulièrement remarquable, le paysage qui nous entoure est intéressant. Au crépuscule, nous entrons dans une gorge boisée dont l'aspect sauvage et mystérieux est bien à sa place à l'entrée d'une terre interdite. Le sentier est étroit et hérissé de rochers, nous croyons prudent de descendre de nos bêtes et de continuer à pied, ce qui nous retarde encore davantage.

La nuit est venue lorsque nous arrivons au lieu où nous devons traverser le Yaloung. Un village et un monastère se trouvent à quelque distance de la rive, mais l'obscurité ne nous permet pas de les apercevoir.

La rivière, dont nous avons constamment remonté le cours, est beaucoup moins large ici que près de Kanzé, le courant paraît aussi y être moins rapide, ce qui est heureux pour nos mules qui devront passer à la nage.

Yongden me propose de camper où nous sommes, mais j'insiste pour me rendre immédiatement sur l'autre bord, tandis que nul ne s'y oppose. Nous pourrons ainsi repartir le lendemain d'aussi grand matin que nous le jugerons bon.

La traversée des voyageurs et des bagages s'effectue dans de petits bateaux ronds, construits en cuir de yak. Elle ne donna lieu à aucun incident. Peu après notre débarquement, un *gyapeune* (officier qui commande cent soldats) nous envoya une tente. Avec elle, on nous apportait aussi du bois pour faire du feu, du lait et du fourrage. Nous fûmes aussi informés que le *gyapeune* avait donné des ordres pour que, le lendemain, des *oulas* avec leurs bêtes soient à notre disposition pour transporter nos bagages.

Nous voyant arriver de Zacco avec des *oulas,* cet officier croyait que nous avions un titre de réquisition qui nous donnait droit à ceux-ci et aux autres choses qu'il nous envoyait. Ce service devient automatique dès qu'il a été commencé et, sauf en passant dans des localités où il y a un gouverneur, il est très rare que quelqu'un demande à voir le papier officiel autorisant cette réquisition. Il est même peu fréquent, s'il ne s'agit que de fournir quelques bêtes pour le portage, que les hauts fonctionnaires s'y intéressent et vérifient les titres des voyageurs. Le tout est d'avoir obtenu les *oulas* une première fois.

Ce que le *gyapeune* ignorait, je le savais. Son chef de Zacco ne voulait pas m'accorder le transport gratuit[1] de mes bagages. S'il envoyait des ordres dans ce sens, on me retirerait mes *oulas*. Ce serait vexant et ferait mauvais effet. Il valait mieux paraître y renoncer de mon plein gré. Je déclarai donc aux villageois qu'ayant des mules, je ne demandais pas d'*oulas*.

Ils rapportèrent ma décision aux chefs du village et environ une heure plus tard, ceux-ci arrivaient et m'offraient une écharpe en témoignage de politesse et sept roupies du Szetchouan[2] qui est la monnaie courante dans cette région.

Le même automatisme qui dirige le relais des *oulas* règle aussi le nombre des bêtes de somme ou de selle à fournir au voyageur. J'étais arrivée avec sept yaks de corvée, ceux-ci devraient être remplacés par sept autres.

Si le voyageur qui a le droit de réquisitionner un nombre donné de bêtes, en réclame moins ou dispense complètement les villageois de la corvée, il a droit à une indemnité qui est généralement évaluée, dans cette région, à une roupie du Szetchouan par animal. Ainsi, comme je dispensais les Tibétains de me fournir sept bêtes, ils m'apportaient sept roupies.

En ce pays béni, les fonctionnaires, les voyageurs bien en cour auprès de ces derniers et même les simples soldats en tournée se font, grâce à ce système, des revenus appréciables. Celui qui est autorisé à réquisitionner vingt bêtes de charge, s'il voyage avec des animaux lui appartenant, récolte ainsi vingt roupies à chaque étape. Les relais sont parfois proches les uns des autres, surtout dans certaines régions relativement bien peuplées, où le transport se fait par des yaks qui cheminent lentement. De bonnes mules peuvent parfois, dans leur journée, franchir trois relais de yaks et à chacun de ceux-ci, l'heureux possesseur d'un titre de réquisition pour vingt bêtes peut empocher vingt roupies, soit soixante en une journée. Une telle aubaine est peut-être exceptionnelle mais même avec un moindre profit et en ajoutant tous les *extras* de fourrage, de combustible et de vivres qui s'ajoutent au service des *oulas*, le voyageur parvient souvent à payer ses frais de route ou même à amasser une somme rondelette, pour peu que son voyage se prolonge.

On comprend que ce régime fasse craindre aux paysans le passage de gens possédant des droits aussi onéreux pour eux.

Dans le voyage d'exploration que je fis, plus tard, en me rendant à Lhassa, je me rappelle avoir demandé à des riverains du cours supérieur de la Salouen s'ils ne pourraient pas apprendre à construire

---

1. Gratuit, sauf une gratification, non obligatoire, donnée par le voyageur selon sa générosité, et qui est, la plupart du temps, omise par les fonctionnaires du gouvernement.

2. Une ancienne monnaie d'argent qui n'a plus cours en Chine mais est courante dans tout le Tibet oriental.

des ponts au lieu de traverser les rivières suspendus à une simple corde tendue d'une rive à l'autre.

— « Nous sommes parfaitement capables de construire des ponts, » me répondirent-ils, « mais nous préférons qu'il n'y en ait pas dans notre pays. Cela y rend les voyages plus difficiles pour les fonctionnaires du gouvernement de Lhassa et les autres gens de marque. Ceux-ci n'aiment guère franchir les rivières suspendus à nos cordes, ils empruntent d'autres routes pour les éviter et ainsi nous échappons à leurs visites et aux conséquences qu'elles comportent. »

De ces conséquences, je viens d'indiquer la moindre ; elle s'accompagne de maintes autres, dures au budget des pauvres campagnards.

Me voici donc en présence de sept roupies que la prudence me commande d'accepter afin de ne pas contrevenir aux usages locaux ; les refuser me fera remarquer, me fera même peut-être paraître suspecte, mais je conserve encore des scrupules à ce sujet, j'en conserverai probablement toujours. Je charge Yongden d'entourer mon refus de toutes les raisons propres à en atténuer la singularité. Enfermée dans ma tente, je l'entends s'acquitter de cette épineuse commission.

Il me restitue ma qualité de *khadoma.* La voyageuse qu'ils n'ont pas bien pu distinguer dans l'obscurité, dit-il aux Tibétains, est une *khadoma* incarnée. Douée d'une intelligence supérieure, elle a pressenti que ces sept roupies pourraient leur être utiles (il ne risque pas beaucoup de se tromper en avançant ceci) et elle les leur donne en aumône. Du moment qu'il s'agit d'une générosité faite par une personnalité religieuse, notre dignité est à couvert. Les villageois remercient, se prosternent devant ma tente aux rideaux clos et s'en vont.

La nuit est très froide ; au réveil, les tentes et l'herbe tout autour de nous sont couvertes de givre. Août n'est pourtant pas encore fini. L'hiver doit être rigoureux dans ce pays.

De grand matin, avant que nous ayons levé le camp, passe le courrier expédié par le *ripeune.* Comme ce dernier nous l'a annoncé, il se rend à Dergé pour informer le *dépeune* que nous nous dirigeons vers cette ville.

Pendant toute cette journée nous avançons très lentement. Mes domestiques, qui ne comprennent pas les raisons qui me guident, m'en veulent d'avoir refusé les *oulas.* Ils se sont habitués à être servis plutôt qu'à servir et à voyager tous à dos de mule. Aujourd'hui, nos bêtes sont toutes chargées. En vue de la traversée d'une région peu habitée, nous nous sommes munis, à Kanzé, d'une forte quantité de provisions, il faut les transporter et les hommes doivent faire route à pied. La chose ne leur plaît guère et leur allure s'apparente à celle des colimaçons.

A la nuit tombante, nous arrivons à Apé. La halte des voyageurs et le relais des *oulas* sont marqués par une tente noire plantée près de la piste. Le village lui-même est situé plus loin hors de la route. Un jeune homme se trouve dans la tente et nous croyons qu'il est de garde à cette heure où des voyageurs peuvent survenir, mais il se dit un étranger de passage sans aucun rapport avec les gens d'Apé.

Les *gopas* (chefs du village) ne se montrent pas. Nous ne pourrons rien nous procurer, les mules n'auront pas de fourrage ; elles devront se contenter de brouter autour de nous une herbe rase et clairsemée. Les pauvres créatures souffriront de la faim ; leur ration de grain ne suffit pas à les rassasier.

Il fait tout à fait nuit lorsque plusieurs hommes surviennent. Interrogés par mes domestiques, ils déclarent qu'ils ne sont ni les *gopas* d'Apé, ni les préposés à la halte. Ils s'abritent simplement là pour dormir. Seunam saisit l'un d'eux et le conduit de force devant ma tente. Je lui demande moi-même qui il est. Il prétend être un voyageur. Je sens qu'il ment. Les voyageurs, les mendiants errants eux-mêmes, ont toujours des bagages, si minimes soient-ils : un lambeau de couverture et quelques provisions de bouche, et, comme le jeune homme trouvé là à notre arrivée, les nouveaux venus ne portent rien avec eux. Leur attitude me paraît louche. Yongden croit que ce sont des voleurs attendant, pour s'emparer de nos bêtes, que la nuit soit plus avancée et qu'ils n'aient plus à craindre que quelqu'un, passant sur la route, puisse les déranger.

Le petit Sézang Talès envoyé comme espion rapporte qu'ils sont sept sous la tente. Ils ont chacun un sabre, mais pas de fusils. Ceci est une bonne nouvelle. Nous pouvons espérer les tenir à distance avec nos armes, si les choses tournent mal. Mieux vaut pourtant éviter un combat et pour cela, tâcher d'abord d'inspirer une crainte salutaire à nos voisins de camp. Ensuite, il faut aller informer les gens du village et leur demander des veilleurs.

Nous chargeons donc ostensiblement nos fusils et nos revolvers. La lueur du petit feu que nous avons allumé avec le combustible que nous transportions avec nous éclaire ces préparatifs de défense. Yongden me fait charger deux fois notre carabine, l'ayant rapidement déchargée dans l'ombre et me la passant de nouveau près du foyer. Cette manœuvre tend à faire croire à ceux qui nous observent, qu'il restera encore deux fusils dans notre tente, tandis que Seunam et Sézang Talès en emporteront deux autres pour s'en aller au village.

Il est un peu imprudent de nous diviser. Si les hommes de la tente noire sont vraiment des voleurs, ils pourront en profiter pour nous attaquer séparément. Je crois pourtant qu'ils hésiteront à le faire sachant que nous avons des armes à feu.

On empile les bagages au milieu de ma tente. Seunam et le jeune garçon enfourchent chacun une mule et partent à la recherche du village ; Yongden et Tobgyal s'assoient au-dehors, gardant les bêtes.

Alors, comme je n'ai rien à faire, je soupe avec de la *tsampa* et du beurre, assise sur un sac, à l'entrée de la tente dont je tiens les rideaux ouverts pour surveiller les alentours, autant que les ténèbres le permettent.

Quelque temps s'écoule puis, je vois des ombres s'avancer avec précaution. Elles s'approchent et s'arrêtent devant moi. Ce sont les inconnus suspects. Est-ce que, profitant de l'absence de mes deux garçons, ils vont tenter de commencer le pillage ?

Comme ils demeurent silencieux, je demande :

— « Qui est là ? »

Alors, les ombres se baissent et s'agenouillent en poussant vers moi quelque chose de noir au milieu de quoi est quelque chose de blanc et j'entends murmurer : « Longue vie ! Longue vie ! » ce qui est une formule de politesse courante au Tibet, pour s'excuser, supplier, remercier, etc.

— « Que voulez-vous ? »

— « Nous apportons du lait. »

Voilà, c'est la chose blanche dans un pot noir.

— « On va apporter du fourrage et du bois. »

— « Qui êtes-vous ? »

— « Nous sommes les préposés à la halte et les chefs du village. »

Voyant que je ne les massacre pas, ils ont pris courage et parlent tous à la fois.

— « Vous êtes de mauvaises gens, dis-je, des menteurs. Vous ne vouliez pas nous fournir ce à quoi nous avons droit ; c'est pour cela que vous prétendiez être des voyageurs. Soyez heureux que je sois une personne religieuse, sans cela, j'aurais déjà fait tirer sur vous comme étant des brigands et plusieurs de vous seraient morts. »

Les « longue vie ! » reprennent de plus belle. C'est surtout à eux-mêmes, je crois, que ces sauvageons adressent leur souhait.

Je hèle Yongden. Mis au courant de ce qui se passe, il débite aux villageois un discours beaucoup plus véhément que le mien et envoie deux d'entre eux rappeler Seunam et Sézang Talès.

J'admire un peu la tranquille bravoure de ce dernier qui, à son âge, s'en va dans la nuit avec un seul compagnon, sachant qu'il peut avoir sept bandits à ses trousses. On n'est pas poltron au beau pays de Kham.

Il est heureux pour nous que les sept quidams aux allures singulières n'aient pas été des voleurs car nous ne pouvions compter sur aucune protection de la part des gens d'Apé, Seunam, en revenant, me raconte le résultat de sa démarche :

— « Toutes les portes et les fenêtres étaient closes, » me dit-il. « Lorsque je frappai, les chiens enfermés dans les cours aboyèrent, mais personne ne se montra ni ne répondit. Dans deux maisons, des femmes poussèrent des cris d'effroi en entendant le bruit que je faisais à leur porte. J'eus beau expliquer, du dehors, que nous étions des voyageurs demandant de l'aide, cela n'a servi à rien. A la dernière habitation où j'ai appelé on n'a d'abord rien répondu, puis un homme a crié derrière un volet : Si vous ne partez pas à l'instant, je vais tirer sur vous. Il nous prenait pour des voleurs cherchant à pénétrer chez lui par ruse.

« Voyant que personne ne nous prêterait aide, je revenais lorsque j'ai rencontré les hommes que vous avez envoyés me chercher. Malgré tout ce qu'ils disent, ils ont peut-être eu l'intention de nous piller. Ils y ont renoncé et se montrent maintenant aimables parce qu'ils nous ont vus bien armés et que le risque à courir leur a paru trop grand. »

C'était, ma foi, bien possible. Dans tous les cas, l'attitude des gens d'Apé en disait long sur la sécurité du pays.

Quoi qu'il en soit, nous pouvions être tranquilles cette nuit-là, et comme j'étais fatiguée je me réjouis de pouvoir dormir au lieu de devoir veiller.

Le lendemain, en cours de route, nous croisons des voyageurs. Ils nous conseillent d'être sur nos gardes. Un convoi de marchands a été attaqué sur la route, la veille, dans la soirée ; ils ont rencontré les caravaniers qui venaient d'être volés.

Nous traversons des alpages déserts parmi lesquels coule le Yaloung dont la rive gauche est bordée par une chaîne de montagnes. Une agréable impression de grand calme émane du paysage aux lignes douces.

En passant, nous apercevons de l'autre côté de la rivière un groupe d'ermitages blottis dans un repli boisé de la montagne. Les maisonnettes, badigeonnées au lait de chaux, tranchent joliment, en taches de blancheur, parmi les sapins sombres. Je m'arrête et je demeure là un long moment fascinée par cette vision. Solitude, détachement, paix et toute la divine béatitude qui existe encore en plus et par-delà de ce que représentent ces trois termes ! J'ai été ermite moi aussi, sur une montagne solitaire et j'ai savouré l'intense volupté de cette existence spéciale. Sans doute n'étais-je pas encore digne de rester sur cette cime et c'est pourquoi j'en suis descendue pour courir encore le monde. Le jour reviendra-t-il où je me replongerai dans pareille solitude et pareil silence : combien j'y aspire !...

Vers la fin de l'après-midi, nous passons près de sources sulfureuses, leur température est passablement élevée mais leur eau se refroidit promptement à l'air libre. L'altitude est élevée : plus de trois mille mètres, car après notre départ de Kanzé [1], nous avons constamment remonté le cours de la rivière et en abandonnant celle-ci, le sentier que nous suivons n'a pas cessé de monter.

Avant d'arriver au monastère de Dzogstchén, nous rejoignons la

1. Indiqué comme situé à environ 3 300 mètres.

route des caravanes que nous avons quittée à quelques kilomètres de Kanzé. Elle traverse, là, une immense vallée dont le sol est couvert d'une herbe rase déjà flétrie et brunâtre par l'effet des gelées précoces dans ces hautes régions ; des montagnes pareillement vêtues d'herbe courte et sombre l'encadrent. La piste imprimée dans le sol par les pieds des millions de yaks qui, depuis des siècles, ont porté à Lhassa les soieries et le thé de la Chine, est à ce moment déserte. Aucune tente de pasteur, aucun troupeau ne meuble le vide impressionnant, presque tragique, du paysage dans lequel elle s'enfonce et se perd au loin.

Nous avons un peu de peine à trouver le hameau qui dépend du monastère et où nous comptons nous abriter. Faiblement éclairées par la lumière crépusculaire, ses huttes basses et sordides se confondent avec les pierres de la colline au pied de laquelle elles sont bâties. Sur celle-ci s'étagent les temples et les habitations des religieux, mais il fait déjà trop sombre pour que nous puissions les apercevoir.

Les misérables habitants de l'endroit vivent dans une étroite intimité avec leurs animaux. Leur demeure ne contient qu'une seule pièce. Un coin de celle-ci sert d'écurie, le coin opposé de cuisine ; les maîtres du logis, leur famille et leurs hôtes couchent où ils peuvent, entre l'âtre et les bêtes. La maison où l'on m'héberge est un peu plus confortable. Entre la place réservée aux chevaux et la muraille, on a ménagé une sorte de chambrette étroite, en tendant un rideau. C'est le meilleur logis que l'on ait à m'offrir.

Je propose de camper, mais les villageois m'en dissuadent énergiquement. Ce serait une dangereuse imprudence. Des malfaiteurs rôdent dans tout le pays. Quelques jours auparavant un combat s'est livré dans les environs entre des voyageurs et des brigands. Ces incidents sont fréquents. Il n'y a qu'à se résigner. Je coucherai derrière le rideau, mon fils s'étendra à mes pieds et tous deux nous nous efforcerons, tout en dormant, de demeurer serrés contre le mur et de n'allonger ni bras ni jambe sous le rideau, car nous risquerions de recevoir un coup de pied de cheval.

Le lendemain, accompagnée par Yongden et par Tobgyal, je monte vers le monastère. Dzogstchén *gompa* n'a rien d'imposant. Ses bâtiments, disséminés sans ordre sur un grand espace, au lieu d'être renfermés dans un mur d'enceinte sont absolument banaux. Pourtant, le monastère est célèbre dans tout le Tibet. Il est le siège de l'un des chefs[1] de la secte du « Grand Accomplissement » *(dzogstchén),* le lama Padma Rigdzin, dont les réincarnations successives occupent les unes après les autres le trône abbatial du monastère. Dzogstchén *gompa* est aussi tenue pour posséder, parmi ses

1. Un autre chef réside à Mindoling, au sud du Tibet, près de la rive du Yésrou tsangpo (le cours supérieur du Brahmapoutre). Je visitai cet endroit en revenant de Lhassa.

membres, une élite de maîtres dont les uns sont profondément versés dans les sciences occultes et les autres guident leurs disciples vers les sentiers ardus des hautes contemplations d'après les méthodes du « Sentier direct »[1] qui permettent d'atteindre la suprême libération *(tharpa)* dans cette vie même et à brève échéance.

Le site où s'élève le monastère s'harmonise mieux avec cette réputation que le monastère lui-même. En contemplant la désolation farouche des solitudes au milieu desquelles il se dresse, un Occidental croirait volontiers que seuls des hommes poursuivant des buts extraordinaires peuvent se fixer en un tel lieu. Mais il convient de songer que les Tibétains habitués à vivre parmi des paysages toujours majestueux et souvent terrifiants, sont moins impressionnables à ce sujet qu'un Européen ou un Américain. De très vulgaires moines, fils de pasteurs des environs, peuvent passer toute leur vie médiocre à Dzogstchén et s'y trouver parfaitement heureux.

En arrivant au monastère, je visitai d'abord quelques temples et la grande salle des assemblées, puis je m'en allais voir une autre *gompa,* proche voisine de celle de Dzogstchén et distincte de cette dernière, quoique le grand lama Padma Rigdzin s'en considère comme le suzerain. Enfin, je demandai à visiter l'imprimerie. Je croyais que de même qu'à Koum-Boum, une maison de vente y était attachée et que l'on pouvait s'y procurer des ouvrages d'auteurs appartenant à la secte du « Grand Accomplissement ».

Une déception m'attendait. A Dzogstchén *gompa,* on n'imprimait que sur commande. C'est-à-dire que celui qui désirait un livre apportait le papier et l'encre nécessaire pour l'impression, nourrissait les imprimeurs pendant la durée de leur travail et faisait, en plus, un cadeau au fonds commun de l'imprimerie.

Les chefs ecclésiastiques du monastère m'auraient volontiers permis d'y séjourner pendant le temps nécessaire pour imprimer quelques ouvrages, mais j'avais lieu de penser que le *dépeune* de Dergé ou le *kaleune* lama de Tchiamdo s'y opposeraient.

Si je voulais arriver à Batang, il fallait me hâter de traverser la partie de territoire devenue interdite. Je me contentai donc de prendre en note les titres d'un bon nombre des traités philosophiques, mystiques ou consacrés aux sciences occultes dont les planches en bois[2], rangées sur des étagères, remplissaient plusieurs chambres. Je comptais me les procurer plus tard et j'y réussis l'hiver suivant.

Cette inspection avait absorbé mon attention. Quand je sortis, je m'aperçus que Yongden n'était plus là. Tobgyal n'avait pas remarqué son départ. Des *trapas* dirent qu'ils l'avaient vu s'en aller avec quelques-uns de leurs collègues. J'en conclus que ceux-ci l'avaient

---

1. Sur les doctrines philosophiques et mystiques dites du « Sentier direct », *Lam tchoung,* littéralement : « voie courte », voir *Initiations lamaïques* et *Mystiques et magiciens du Tibet.*

2. Les Tibétains impriment au moyen de planches gravées.

peut-être invité à prendre le thé pour causer avec lui et je continuai ma promenade.

Un peu plus tard, deux *trapas* m'abordèrent me demandant de les suivre ; je pensai qu'ils voulaient me guider vers un temple que je n'avais pas encore visité. Ils me conduisirent à un grand bâtiment. Nous entrâmes, puis je dus monter un de ces peu commodes escaliers tibétains, raides échelles de meunier aux marches très hautes, encastré entre deux cloisons. Celui-ci aboutissait à un palier ou à une antichambre étroite dont je pouvais toucher les deux murs opposés. L'obscurité était complète, on avait fermé une porte derrière moi et j'entendais chuchoter plusieurs hommes que je ne pouvais pas distinguer dans les ténèbres.

Alors, brusquement, l'idée me vint qu'on m'avait amenée dans cet endroit obscur pour me tuer. Plusieurs fois il m'était arrivé d'éviter de peu un accident mortel, étant parfaitement consciente du danger que je courais, pourtant je n'avais jamais eu peur. Ma première et unique expérience du sentiment de terreur se fit là, dans ce couloir enténébré et privé d'air. Elle dura à peine une seconde, le temps d'un frisson, puis la réflexion reprit ses droits. Pourquoi ses *trapas* me tueraient-ils ? Les Tibétains ont horreur du meurtre en dehors de la bataille où chaque adversaire court les mêmes risques. Quelques assassinats pour raisons politiques sont commis au Tibet mais rarement, et je ne rentre pas dans la catégorie des personnalités qui peuvent les redouter. Et puis, après tout, la mort n'est pas une chose extraordinaire. A Dzogstchén, ou ailleurs, je la rencontrerai un jour...

L'absurdité de l'impression que j'avais ressentie m'amusait déjà et je dus me retenir de rire. Probablement quelque chose de sérieux se préparait et mon hilarité eût été inconvenante.

Dans les minutes suivantes, une porte s'ouvrit en face de moi éclairant l'antichambre tragique peuplée de quelques *trapas* souriants et j'entrai dans l'appartement du grand lama Padma Rigdzin. Assis sur des coussins empilés, près de quelques jeunes religieux vêtus de riches costumes lamaïques, je vis Yongden qui me regardait malicieusement.

J'étais invitée à dîner.

— « Lorsque j'ai appris qu'une dame étrangère parlant notre langue était arrivée et visitait le monastère, j'ai pensé que ce pouvait être vous », me dit le grand lama. « Je vous connais bien et déjà depuis longtemps. »

Plusieurs anciens étudiants du monastère de Dzogstchén que j'avais connus en Amdo ; le lama, Gourong Tsang avec qui j'avais fait route en venant de Pékin au Kansou, et l'infortuné secrétaire tibétain du général-amban de Sining : aka Méla assassiné à Lhassa, tous deux aussi élèves de Dzogstchén *gompa,* y avaient parlé de moi au cours de leurs visites à leurs professeurs ou à leurs amis. Sans nul doute leurs rapports avaient été élogieux, car l'accueil que me fit Padma Rigdzin fut cordial et flatteur.

Comme j'en ai déjà dit ailleurs un mot en passant, les préoccupations d'ordre commercial semblaient tenir beaucoup de place dans l'esprit du grand lama des Dzogstchénpas. Il m'interrogea longuement sur la Birmanie et l'Indo-Chine française, désirant connaître les marchandises que l'on pourrait en importer et y exporter.

Que ces soucis très matériels s'alliassent ou non avec les doctrines transcendantes de la secte à la tête de laquelle il se trouvait, personne n'en avait cure. Ces lamas *tulkous,* réincarnations supposées d'une personnalité éminente des siècles passés, ne sont pas absolument tenus à faire preuve de mérites exceptionnels. Ils sont vénérables en tant que forme présente d'un homme qui, jadis, fut remarquable d'une façon quelconque et leurs paroles et leurs actes, quelque vulgaires ou bizarres qu'ils puissent être, sont considérés comme étant dictés par des raisons supérieures.

L'appartement du lama était très luxueux. Tout autour de la pièce principale, des vitrines contenaient quantité d'objets artistiques. Magnifiques vases de porcelaine ou de cloisonné de Chine, statuettes de jade, d'ivoire et de corail, de beaux spécimens de l'orfèvrerie de Kham. Puis des instruments rituels rares, entre autres un pourba (poignard magique) en « fer tombé du ciel », c'est-à-dire fabriqué avec un aérolithe. Etait-il authentiquement en « fer tombé du ciel » ? Je n'oserais le garantir expressément mais tous le tenaient pour tel, depuis plusieurs siècles qu'il appartenait au trésor des lamas *tulkous* de Dzogstchén *gompa.*

Parmi toutes ces choses précieuses, une vitrine était réservée à des échantillons bien misérables des produits occidentaux que le lama et son entourage semblaient priser autant et presque davantage que les belles pièces des collections chinoises. C'étaient des objets en verre grossier comme l'on en voit aux étalages des forains : des gobelets, des verres à pied, des bols, des vases de diverses formes, des chandeliers : une affreuse pacotille verte, bleue et rose, que l'on me montra avec fierté et sur laquelle Padma Rigdzin me demanda mon opinion.

Un excellent dîner fut servi, puis alors que j'allais prendre congé, on apporta le cadeau que le lama voulait m'offrir. Il était de taille : c'étaient dix-huit grandes briques de thé compressé [1] empaquetées dans du cuir, telles qu'on les transporte de la Chine à Lhassa.

Je remerciai et refusai cet encombrant présent, me contentant de prendre l'écharpe de soie qui l'accompagnait.

Après ma visite au lama, je continuais à flâner dans le monastère, lorsqu'un jeune *trapa* m'aborda poliment.

— « Mon maître, » dit-il, « désire vous voir. Il est en retraite et ne peut pas sortir. Il vous prie de venir chez lui. »

Ni Yongden ni moi n'avons hâte de rentrer dans le taudis où nous

1. Chacune de ces briques pèse plusieurs kilogrammes.

passerons encore la nuit. L'invitation est la bienvenue ; nous suivons le *trapa.*

Il nous conduit loin, presque au haut de la colline sur laquelle s'étagent les habitations monastiques. Celles-ci sont largement espacées à cet endroit, affectant l'aspect de *tshams khang* [1]. D'après cette apparence et ce que m'avait dit mon guide, je m'attendais à rencontrer un seul religieux. Je fus plutôt surprise en en voyant quatre assis sur des coussins, dans la toute petite chambre où l'on m'introduisit.

Les politesses d'usage ayant été échangées, du thé nous fut offert, puis, tout ce cérémonial terminé, un des lamas en vint au fait.

— « Nous avons entendu parler de vous, » me dit-il, « par des lamas, des *trapas,* et aussi par des marchands qui vous ont vue à Koum-Boum où vous avez, je crois, séjourné pendant plusieurs années. Il paraît aussi que vous avez été au sud du Tibet, que vous connaissez le Tsang Penchén Rimpotché [2] et que vous avez vécu longtemps en *riteupa* (ermite). Tout cela nous a fort étonnés. Nous n'avons jamais eu connaissance d'aucune femme étrangère qui partageait nos croyances et qui pratiquait notre discipline religieuse. Ce que l'on nous a rapporté à votre sujet est-il exact ? Puisque vous êtes venue chez nous, nous avons voulu vous le demander. »

— « Tout est parfaitement exact, *Kouchog.* »

— « Pourquoi vivez-vous ainsi ? Il y a des étrangers à Tatchiénlou et à Batang. Ils disent que notre religion est mauvaise, que nous sommes ignorants et sales. Je sais cela. Notre façon de préparer le thé leur répugne... »

— « Elle ne me répugne nullement, à moi, » m'empressai-je de répondre. « Si je puis me le permettre, je vous en demanderai un autre bol. » Ce disant, je vidai le mien.

Ma repartie fit rire les lamas. Un jeune *trapa* me versa du thé. Sans flatterie, je pouvais le déclarer excellent. Si près de Tatchiénlou, le thé n'est pas encore grevé de gros frais de transport et la première qualité est vendue à un prix très abordable, même pour les bourses moyennement garnies.

Mes interlocuteurs revinrent au point qui les intriguait :

— « Pourquoi vivez-vous autrement que les gens de votre pays ? Que vouliez-vous obtenir en demeurant dans un ermitage ? »

— « Je ne cherche pas à obtenir quelque chose. La vie dans la solitude est, par elle-même, béatitude. »

— « Si vous pensez vraiment ainsi, pourquoi voyagez-vous ? » dit un autre de ceux qui m'écoutaient.

---

1. Maisons où les religieux s'enferment pour méditer. Voir leur description et les explications données à leur sujet dans *Mystiques et magiciens du Tibet.*

2. Le grand lama de Tashilhumpo, celui que les étrangers dénomment le Panchen Lama.

La question ne manquait pas de logique. Plus d'une fois, je me l'étais moi-même posée.

— « C'est, sans doute, un effet d'actes accomplis autrefois et de pensées anciennes, » répondis-je. « A cause de l'impulsion qui lui a été donnée, la roue continue encore à tourner pendant quelque temps après que le potier a cessé de l'actionner. »

Cette comparaison répétée dans nombre de traités philosophiques orientaux est courante parmi les Bouddhistes comme parmi les Hindous. Les lamas approuvèrent en hochant la tête.

— « Avez-vous bien réfléchi à cette similitude de la roue qui continue à tourner par l'effet d'une impulsion ancienne ? » me demanda l'un d'eux.

— « J'y ai réfléchi, » dis-je, « mais je n'ai certainement pas encore parfaitement saisi tout ce qu'il y a à comprendre à ce sujet. « Il est possible que la croyance à une « impulsion qui a été donnée » soit elle-même une cause qui pousse la roue et entretient son mouvement. Peut-être est-elle la cause principale de ce mouvement ou, qui sait, peut-être même sa seule cause. »

Celui des lamas qui paraissait être le maître du logis sourit :

— « Que pensez-vous, » me demanda-t-il, « si un homme avait perdu toute mémoire de ses actes passés, de son pays natal, de ses liens de famille, des rapports de tous genres qu'il a, ou qu'il a eus, avec d'autres personnes, des idées qui lui sont venues, qu'il a tenues secrètes, ou qu'il a professées publiquement, enfin, s'il avait complètement perdu la mémoire de ce qu'il *est* et de ce qu'il *a fait,* croyez-vous qu'il agirait de la même manière que si toutes ces choses étaient présentes à sa mémoire ? »

— « Il y a beaucoup de chances, » répondis-je, « pour qu'il agisse différemment. »

Je croyais comprendre où il voulait en venir et je continuai :

— « Si un homme, sans perdre la mémoire de son passé, le considère comme étant un rêve ou comme concernant une autre personne que lui, il adviendra probablement aussi qu'il agira autrement qu'il ne l'aurait fait s'il avait cru fermement avoir accompli lui-même et réellement, tous les actes physiques et mentaux dont il garde le souvenir. De même aussi l'effet des souvenirs qu'il conserve de ses liens de famille, de sa nationalité, de ses relations avec d'autres personnes et de tous ses rapports avec le monde extérieur, différera suivant qu'il considérera ceux-ci comme ayant trait à des faits réels ou à de pures imaginations. »

La théorie que j'esquissais ressemblait à celles professées par certains auteurs dzogstchénpas que j'avais lus. J'espérais l'entendre commenter par les lamas présents, mais ils étaient devenus des sphinx et me regardaient curieusement sans rien dire.

Enfin, celui qui m'avait interrogée en dernier lieu, parla :

— « Véritablement, » dit-il, « tout ce qui existe est le produit de causes[1]. Les êtres sont ce qu'ils se sont faits par leurs œuvres. Cependant les œuvres cessent d'enchaîner alors que l'on aperçoit qu'il n'existe aucun « moi » non composé et permanent, ni dans la personne ni dans aucune chose et que seules vont leur train les parties constituantes dont l'agrégat forme ce qui apparaît comme personnalité[2].

« Cela ne peut ni s'enseigner ni s'exprimer par des mots, il fallait le *voir* dans la méditation.

« Est-ce que l'on médite, dans votre pays ? »

— « Guère, et ce que l'on y dénomme méditation ne ressemble pas à la méditation comme on l'entend au Tibet et dans l'Inde. »

Un autre des religieux changea de sujet, revenant à ce que j'avais dit au commencement de notre conversation.

— « Si la vie d'ermite vous paraît dispenser une telle béatitude, » dit-il, « n'allez pas plus loin. Nous vous trouverons facilement un ermitage dans les environs. »

Je pensai au *dépeune* de Dergé. Il ne me laisserait pas m'établir sur ce sol interdit, mais je ne voulais pas aborder cette question avec les lamas.

— « Des raisons m'en empêchent, Kouchog, » répondis-je simplement.

— « Des raisons... » répéta le lama.

Alors, sous l'influence des idées qui venaient d'être émises, ou par la force occulte des pensées qui avaient été nourries dans cette chambre par les reclus qui s'y étaient adonnés à de longues contemplations, subitement, je sentis, je *vis* tous mes raisonnements, toutes mes conceptions, s'effilocher comme des guenilles secouées par le vent, se dissoudre, s'anéantir. Rien de tout ce qui m'apparaissait comme obstacles solides n'existait : le *dépeune* de Dergé, mes domestiques, mes mules, mes bagages et ma propre personne étaient « des images vues en rêve ».

Cela dura, sans doute, moins d'une minute.

— « Ici ou ailleurs, Kouchog, dis-je, j'espère être capable de retrouver un ermitage. »

— « Je vous le souhaite, » dit un des religieux.

— « Il le faudra, » déclara un autre.

Yongden et moi nous saluâmes nos hôtes. Le jeune *trapa* qui nous avait amenés nous reconduisit au hameau et, la nuit étant venue, tandis que nous causions, il éclairait notre route avec une branche résineuse enflammée.

---

1. « Toutes choses procèdent d'une cause » est une des déclarations fondamentales du Bouddhisme. Les Tibétains l'ont traduite de la formule sanscrite originelle : *Ye dharmâ hetuprabhavâ*.

2. Cette théorie, considérée comme essentielle en Bouddhisme, est exposée dans toute les Écritures canoniques et, particulièrement dans le dix-neuvième chapitre du Visuddhi-Magga.

A mon retour dans la maison où je logeais, j'y trouvai un envoyé de Padma Rigdzin qui m'attendait depuis longtemps. Il m'apportait une lettre et plusieurs livres, de la part du grand lama. Celui-ci me disait que puisque je n'avais pas pu me procurer, au monastère, les ouvrages que je désirais, il m'envoyait ceux-ci comme cadeau avec ses souhaits de bon voyage.

Le lendemain matin nous partions pour Dergé en compagnie de deux marchands qui s'y rendaient et qui nous avaient demandé de faire route avec eux.

Yongden avait insisté pour demander, de nouveau, des *oulas*. Nous ne pouvions plus dissimuler notre identité et il arguait de la nécessité de conserver nos mules fraîches pour le cas où une circonstance imprévue nous forcerait à leur demander un effort.

Les indigènes firent quelques difficultés. Le courrier dépêché par le *ripeune* de Zacco leur avait dit, en passant, qu'ils ne devaient pas me fournir de yaks porteurs. J'appelai la grammaire à mon aide. Le soldat avait-il dit *mi tchog* « il ne vous est pas permis » ou *mi gueu* « vous ne devez pas », au sens de « vous n'être pas obligé ». Il avait dit *mi gueu*. J'en conclus que s'il était loisible aux chefs du village de me refuser des bêtes de somme, il ne leur était pourtant pas défendu de m'en fournir et que, comme j'entendais le rétribuer, leur intérêt voulait qu'ils me rendissent service.

La perspective d'une rétribution ajouta un grand poids aux arguments que je tirai de la signification des verbes *tchogpa* et *guepa*[1]. Les naturels de l'endroit, pauvres pasteurs illettrés, commençaient d'ailleurs à douter qu'une personne « si savante » en grammaire tibétaine pût vraiment être étrangère, car dans ces régions, chacun professe avec une foi inébranlable que les étrangers sont peu intelligents. Bref, trois hommes avec des yaks furent chargés de transporter mes bagages à Dergé.

Nous voici en route parmi les solitudes herbeuses. En passant on me montre un endroit où, l'avant-veille, un camp de voyageurs a été attaqué. Les brigands ont enlevé vingt-sept bêtes : chevaux et mules, et ont tué deux hommes dans le combat qui s'est livré.

La discussion concernant les *oulas* nous a retenu longtemps, nous sommes partis tard. Vers le milieu de l'après-midi, voyant que nous ne pourrons pas arriver à Dergé ce même jour, les marchands, nos compagnons de route, nous proposent de camper près d'une rivière dans une vallée où l'herbe est abondante. Les bêtes y seront bien pour paître à leur cœur content. Cette idée me paraît bonne.

Nous dressons nos tentes. Le lieu est vraiment agréable, les pâturages sont émaillés de fleurs alpines, le soleil brille ; tous ces animaux paissant autour de nous mettent une note pastorale dans le paysage. Je me sens en pleine Arcadie heureuse.

---

1. Écrit respectivement : *tchhog pa* et *dgos pa*.

C'est alors que « le ciel nous tombe sur la tête ». Cet événement est annoncé par une musique lointaine, tout comme à l'opéra. Quelques minutes plus tard, un petit cortège apparaît, arrivant de la direction opposée à celle d'où nous sommes venus. En tête, chevauchent deux cavaliers sonnant une agréable fanfare dans des trompettes thébaines. Ils jouent bien, sans fausses notes et sans couacs. Derrière eux, un autre cavalier porte, déployé, un étendard en soie cramoisie sur lequel se détache un lion héraldique. Ensuite, vient un gros homme vêtu d'une robe de *pourouc* [1], bleu violacé, presque noir, et montant un beau cheval. Enfin, fermant la marche, un quatrième cavalier, tel le dernier écuyer dans la chanson de Malbrough, « ne porte rien ».

Je regarde cette singulière procession et un pressentiment subit me vient : ce gros homme va me causer de l'ennui.

Au lieu de passer son chemin, je le vois se diriger vers la tente des marchands, descendre de cheval et y entrer. Quelques instants plus tard, l'un de ces derniers vient me demander, de sa part, la permission de me présenter ses civilités. Cette permission lui ayant été accordée, le personnage arrive, m'offre la traditionnelle écharpe, témoignage de respect et d'amitié, puis s'assied et cause avec moi.

C'est un *gyapeune* (capitaine commandant cent hommes), il se rend à Dzogstchén pour ouvrir une enquête au sujet du meurtre des deux voyageurs et du vol de leurs vingt-sept bêtes. Il est natif de Jigatzé et me parle de son pays que je connais. Ensuite, il s'en va.

Quelques minutes plus tard, apparaît un *chélngo* (sous-officier à la tête de vingt-cinq hommes) que j'ai déjà rencontré, la veille, dans la maison où nous avons passé la nuit. D'un air embarrassé, il me demande de retourner à Dzogstchén. Il ne peut pas, explique-t-il, laisser passer des étrangers sans y avoir été autorisé par le *dépeune* de Dergé. Il faut que j'attende qu'il ait reçu des instructions à mon égard.

Je réponds que son chef a déjà été informé que je me dirigeais sur Dergé pour le voir et qu'il avait eu dix fois le temps nécessaire pour me faire dire de m'arrêter si ma visite lui déplaisait. D'ailleurs, le *ripeune* chargé de garder la frontière m'ayant vue et laissée passer, j'étais en règle.

Le respect des supérieurs ne paraît pas florir dans ce pays. Ce vulgaire sous-officier à qui le *gyapeune* vient de faire la leçon, traite de fou et d'incapable le *ripeune* qui est un colonel. Les deux subalternes ont résolu de me barrer la route et de m'obliger à retourner à Dzogstchén pour y attendre, je m'en doute, que l'on me signifie une expulsion du territoire interdit.

La nuit vient, on soupe et l'on s'endort. Le lendemain, de grand matin, le *chélngo* accompagnant le *gyapeune* sont devant ma tente

1. Le drap de belle qualité fabriqué au Tibet.

et recommencent leur antienne de la veille : je dois rebrousser chemin, sortir du pays interdit à Zacco, l'endroit par où j'y suis entrée, ou bien il me faut attendre à Dzogstchén la décision du *dépeune*. Je n'ai d'ailleurs pas à craindre d'y loger encore dans le taudis où j'ai passé deux nuits. On me donnera un logement confortable dans le monastère et des vivres pour moi, pour mes domestiques et pour mes mules.

Tout ce qu'ils disent est bien dans l'esprit tibétain. Les Tibétains ont pendant longtemps désiré tenir les étrangers à l'écart, mais ceux qui ont été surpris chez eux n'ont point été molestés, on s'est borné à les reconduire à la frontière en les entourant de tout le confort que le pays peut offrir. De nos jours, connaissant mieux le monde, les Tibétains accepteraient sans enthousiasme, mais aussi sans répugnance, les voyageurs étrangers poursuivant des buts qui leur paraîtraient clairs : surtout le négoce, mais ils ne sont plus libres de le faire.

Je suis aussi entêtée que les deux militaires. Je ne retournerai ni à Zacco ni même à Dzogstchén, cependant je comprends bien qu'il ne faut pas m'obstiner à vouloir atteindre Batang, ceci pourrait être imprudent. La région foisonne de brigands et les autorités tibétaines trouvent parfois diplomatique d'aiguiller quelques-uns de ces gentilshommes de grands chemins, sur ceux dont elles n'osent pas se débarrasser par des moyens légaux. Il est douteux qu'elles osent jouer ce jeu avec une étrangère, mais je suis moins certaine de la sécurité de Yongden, de nos domestiques et de nos bagages. Ayant pesé ces choses, je déclare que, puisque je me trouve dans un pays dénué de lois, où les inférieurs se permettent de discuter la conduite de leurs supérieurs et de s'opposer à ce qu'ils ont permis, je désire ne pas m'y attarder davantage, ne m'y sentant pas en sécurité. Je n'irai donc pas à Batang, bien que je sois malade et qu'il m'eût été nécessaire de m'y faire soigner. Et je leur donne, au sujet de l'entérite dont je souffre, les explications les plus détaillées.

Ils sont visiblement au regret de m'empêcher de voir un médecin qui me guérirait, mais ils craignent d'être sévèrement punis s'ils m'autorisent à continuer ma route.

— « Je quitterai votre pays, leur dis-je pour terminer, mais ce sera par la route que je choisirai moi-même. » Puis, sans plus les écouter, je fais lever le camp.

Nous n'allons pas loin, seulement jusqu'à l'endroit où j'ai, en venant de Dzogstchén, quitté la route de Lhassa pour celle de Dergé.

J'ai besoin de réfléchir un peu. Que vais-je faire ? N'importe quoi, pourvu que je ne retourne pas en arrière. Je suis entrée dans ce pays, je veux en voir tout ce que je pourrai.

J'ai déjà dit ailleurs [1], dans un résumé très succinct de cette aventure, que plusieurs jours se passèrent à parlementer.

1. Introduction de *Voyage d'une Parisienne à Lhassa*.

Le *gyapeune* et le *chélngo* s'étaient installés dans une tente devant laquelle flottait leur étendard cramoisi. Autour d'eux campait leur escorte de soldats : les musiciens aux trompettes thébaines, le porte-drapeau et le « porte-rien », arrivés de Dergé, auxquels s'étaient joints plusieurs autres hommes venus de je ne sais où : une douzaine en tout.

Mes gens et moi occupions deux tentes plantées à quelques centaines de mètres de celles des Tibétains. D'infortunés pasteurs que leur mauvaise étoile avait amenés à s'établir à cet endroit payaient en moutons, beurre, lait et fromage, leur place à la comédie qui se jouait. Ils en nourrissaient les acteurs. Tel est l'usage au Tibet. Les discours succédaient aux discours. Quand les orateurs enroués, exténués, désespérés par mon silence et mon impassibilité, se taisaient, ils mangeaient. J'aurais pu rester là un mois et davantage.

Je m'étais décidée. A moins de me diriger vers la région déserte et mal famée de Dzatchoukha, une seule route me restait ouverte. Route intéressante d'ailleurs, celle de Lhassa qui rejoint, à Jakyendo, le territoire demeuré sous le contrôle de la Chine. Le pays qu'elle traverse jusqu'à cette dernière localité est relativement peuplé ; je pourrais y glaner des détails nouveaux sur les mœurs et les idées des Khampas.

Je dis aux garçons : « Demain, réveil avant le jour et départ immédiat, déjeuner plus tard en cours de route. »

Ce programme est suivi à la lettre, mais l'on nous surveillait probablement toute la nuit. Dès que la tente des domestiques est abattue, voici le *gyapeune,* le *chélngo* et les autres qui arrivent, apportant un mouton entier tué et préparé la veille, puis encore du beurre et de la *tsampa.* Froidement, je fais empaqueter ces vivres et je déclare :

— « Je m'en vais. Je vais à Jakyendo (Kyirkou, dans la prononciation locale du nom tibétain de l'endroit qui est Chérkou).

Un chœur d'exclamations terrifiées me répond. *Gyapeune* et *chélngo* se demandent sans doute s'ils n'ont pas empiré les choses en me barrant le chemin et si leur chef ne leur reprochera pas de m'avoir ainsi poussée vers les avant-postes chinois occupés par des troupes musulmanes au-delà de la zone nouvellement conquise.

Leurs supplications deviennent pathétiques. « Tuez-nous, clament les gradés, le « Grand Homme » de Tatchiénlou nous fera couper la tête ! »

Je doute qu'il en vienne là, mais la crainte qu'il inspire est significative.

La plupart des bagages sont déjà chargés. Je vais partir à pied, en avant.

Kalé joudén jag Kouchogs léngyai [1], dis-je, employant la formule la plus polie de salut à l'adresse de ceux que l'on quitte.

---

1. « Asseyez-vous doucement, messieurs. » Écrit : *galé bzhugs gdan hjag skugzhogs lanrgyas.*

Mais je n'ai pas fait deux pas que tous m'entourent s'attachant aux longues manches de ma robe tibétaine. Comment me tirerai-je de là ?

— « Inutile de tant vous lamenter, » dis-je. « Vous avez des fusils, vous n'avez qu'à me tuer, vous serez sûrs ainsi que je n'irai ni à Jakyendo ni ailleurs. »

C'est alors un nouveau concert de protestations. « Me tuer ! Quelle horreur ! Ils ne veulent que me servir. »

Ils sont sincères, je le sais. Les Tibétains sont des gens au cœur excellent ; j'ai non seulement pour eux une toute fraternelle affection, mais aussi une véritable estime. Ceux qui sont devant moi me font de la peine, je voudrais leur épargner la contrariété que je leur cause. Il serait si bon de nous asseoir tous ensemble autour du feu de camp et de causer amicalement. Pourquoi existe-t-il des hommes qui, pour de sordides intérêts, s'ingénient à dresser d'autres hommes les uns contre les autres et quand donc ces pauvres innocents comprendront-ils qu'ils sont dupes ?

Ce n'est pas le moment de m'attarder à des réflexions de ce genre, il faut que je me débarrasse de ces gens et que je continue ma route. Je puis, sans regret, renoncer à aller à Batang parce que, à part les soins que j'aurais pu y recevoir, rien ne m'y appelle et que je n'ai jamais compris cet endroit dans mes plans de voyage, mais je ne suis pas de ces voyageurs qui cèdent humblement à la force et acceptent de rebrousser chemin.

J'ai donc dit : « Je vais à Jakyendo, » et j'irai, à moins que je ne meure sur place. Il n'est pas déshonorant de mourir en poursuivant un but, même futile ; ce qui l'est, c'est de se laisser vaincre et d'accepter sa défaite.

Les excellents Tibétains qui m'entourent n'ont nulle envie de m'assassiner, mais ils s'accrochent à ma robe, ce qui me gêne davantage. Alors je deviens tout à fait mélodramatique. Je lève mon bâton et le brandis. Ce geste inattendu me dégage et je marche noblement vers ma tente encore debout en criant :

— « Qu'on me donne un revolver. Je vais me tuer. Tous croiront que vous m'avez assassinée et vous supporterez les conséquences de ce crime ! »

Dans la tente, Yongden, parfaitement impassible, ficelle les derniers sacs à charger, prévoyant l'issue du drame, mais le jeune Sézang Talès, terrifié, me devance en courant, se saisit de toutes les armes et se sauve avec elles pour les mettre hors de ma portée. Innocent, bon petit cœur !...

La résistance des Tibétains est à bout. Ils savent que je suis Bouddhiste et membre de l'Ordre religieux, le *chélngo* l'a appris des lamas de Dzogstchén et répété au *gyapeune* et à ses hommes ; je suis étrangère aussi. Péché effroyable d'une part, intervention diplomatique et ses conséquences d'autre part, mon cadavre pèserait trop lourdement sur eux.

— « Allez-vous-en donc doucement, s'il vous plaît, » dit le *gyapeune* en soupirant.

Le pauvre homme a les larmes aux yeux. Je suis sincèrement émue. J'ai grande envie de l'embrasser comme une sœur embrasse son petit frère qui a du chagrin.

Je m'en vais seule, ma canne à la main, « vers l'espace » ainsi que la caravane touranienne chantée par Richepin. L'énervement que cette scène mouvementée m'a causé m'a donné un peu de fièvre et... je suis encore à jeun. J'ai faim et, surtout, soif. Je m'agenouille pour boire sur le bord de la rivière dont je remonte le cours et une réminiscence des Psaumes me vient à la mémoire : « Il boira au torrent dans le chemin, c'est pourquoi il relèvera la tête » [1]. J'accepte la prophétie de ce verset et l'applique à ma situation, mais la bizarrerie de ce souvenir m'amuse. Il semble que mon esprit devrait, en ce moment, être occupé de tout autre chose que de textes bibliques !

J'ai déjà fait pas mal de chemin, mon convoi n'est pas en vue. Le *gyapeune* l'aurait-il retenu pour m'obliger à revenir ? Je m'assieds sur un rocher attendant que mes gens se montrent. Au bout d'un instant j'aperçois un homme qui marche vers moi ; il est seul. Est-ce un de mes domestiques ? Vient-il m'informer que l'on détient ses camarades et mes bagages ? Il approche, je reconnais Sézang Talès. Dès qu'il voit que je le remarque, il se met à courir et vient tomber prosterné à mes pieds avec ces mots d'exaltation :

— « Vous avez gagné la victoire. Jétsune Kouchog ! »

Pour ce jeune sauvageon, rien ne compte que le fait brutal de triompher. Il est fier d'être à mon service. Si j'avais eu le dessous, il m'aurait probablement quittée et certainement méprisée... plus âgé, ce mépris pouvait l'amener à me piller dans le désert. Telle est la mentalité des gens de son pays. Ils n'en ont d'ailleurs pas le monopole.

Mon convoi n'a pas été retenu. Le *gyapeune* m'a donné trois soldats d'escorte et deux autres hommes comme guides. Sézang Talès m'apprend que tous le suivent. J'aperçois en effet au loin une masse mouvante qui doit être composée d'animaux en marche. Rassurée, je continue mon chemin avec le jeune garçon.

Nous arrivons à un nouvel embranchement de la vallée. J'hésite. Faut-il prendre à droite ou à gauche ? De ce dernier côté la piste est mieux marquée. Ce doit être celle de Lhassa. Regardant dans cette direction, je vois une troupe de cavaliers qui viennent de mon côté. Ils trottent bon train et, malgré la distance qui nous sépare, je distingue qu'ils portent des fusils. Qui peuvent-ils être ? Certainement pas des commerçants accompagnant des mules chargées de marchandises. L'allure des caravanes est lente. Alors ?...

Sézang Talès n'a pas hésité.

1. Psaume CX, 7.

— « *Djagpas,* » dit-il.

Des brigands, c'est mon avis. Ils peuvent, ayant tourné l'éperon de montagne qui les cache, tomber à l'improviste sur mes gens qui cheminent inconscients du danger. Il faut les prévenir. Je me recule hors de vue de ceux qui viennent par la route de Lhassa et j'agite mon mouchoir attaché à ma canne. Mon convoi n'est plus loin ; les hommes qui l'accompagnent ont vu mon signal, un des soldats part au galop et me rejoint.

— « Des cavaliers armés, qui paraissent être nombreux, accourent à grande vitesse, » lui dis-je. « Ils seront ici dans un instant. On peut craindre qu'ils soient des *djagpas,* prévenez nos compagnons. Je ne veux pas de combat. Vous ne devez risquer votre vie ni pour défendre ce qui m'appartient, ni pour me défendre moi-même, mais vous agirez comme vous le jugerez bon quant à la défense de votre personne et de vos chevaux. Ceci étant bien compris, nous devons pourtant tâcher d'en imposer aux brigands afin d'éviter d'être pillés par eux. »

Tandis que je parle, un autre soldat a rejoint son camarade. Je m'étonne qu'au train dont ils trottaient, les *djagpas* ne soient pas encore là. Se tenant le long de la montagne, un des deux hommes s'avance jusqu'à l'extrémité de l'éperon qui masque l'autre vallée, où j'ai vu les cavaliers et, se tenant caché, il la parcourt du regard. Elle est déserte.

Ai-je donc eu la berlue ? Je le croirais presque si j'étais seule. Mais Sézang Talès a, comme moi, vu la troupe en marche. Où a-t-elle disparu ? Et voici qu'en levant les yeux, j'aperçois au-dessus de nous deux cavaliers armés de fusils qui nous regardent du haut de la montagne.

Je les montre à mes compagnons. Les soldats les examinent un instant, puis l'un d'eux rend son jugement :

— « *Da* » [1] (ennemi), dit-il.

Pendant ce temps, le convoi nous a rejoints. La situation est délicate. Les brigands, la chose est claire, ont quitté la piste pour s'embusquer dans la montagne ; nous attaqueront-ils, nous ne pouvons pas le savoir et il n'existe, du reste, dans ces solitudes aucun lieu de refuge. Il faut continuer notre route, nous verrons bien ce qui adviendra.

Ici les deux guides interviennent. Puisque je connais le lama de Lop et que je veux aller chez lui, je devrais prendre la vallée de droite qui m'y conduira. La route passe par un pays riche en herbe, mes bêtes y trouveront de bons pâturages. Eux portent des ordres écrits qui me feront obtenir de la viande, du lait, du beurre et du fromage des pasteurs campés de ce côté.

En d'autres circonstances, cet itinéraire à travers le désert me plai-

1. Écrit *dgra*.

rait, mais pour le moment, je préfère continuer l'inspection de la route de Lhassa. Justement un des soldats me souffle à l'oreille :

— « Ils veulent vous faire voyager par le pays où il n'y a rien à voir. Vous n'y trouverez même pas les *dokpas* (pasteurs) dont ils parlent. Au contraire, le long de la route de Lhassa, il y a des villages et des *gompas.* Vous pourrez coucher chaque nuit dans une maison.

La sollicitude qu'il me témoigne n'est pas tout à fait désintéressée. Le soldat n'a pas de tente et sera heureux d'avoir un gîte bien couvert chaque soir et puis, je m'en apercevrai bientôt, le long d'une route peuplée, un guerrier tibétain trouve occasion de nombreux profits.

Je déclare que je suivrai la route des villages.

— « S'il en est ainsi, nous nous en allons, » disent les guides.

— « Allez ! Bon retour chez vous. »

Ils s'en vont et nous nous remettons en marche. Les brigands ne nous attaquent pas.

Quelques heures plus tard, nous croisons une grande caravane venant de Lhassa. Je commence à comprendre l'attitude des *djagpas.* Ce n'est pas à nous, gibier mesquin, qu'ils en ont. Ils se sont embusqués à un endroit savamment choisi, pour attendre cette caravane qu'ils savaient être sur la route.

Je hèle ceux qu'à leur costume plus cossu je reconnais pour les maîtres marchands et je les informe que vraisemblablement une bande de voleurs guette leur passage.

— « Merci du renseignement, on se gardera, » disent-ils.

Un ordre est porté à chacun des serviteurs qui encadrent les mules... La caravane s'éloigne.

Je me sens plus émue que lorsque nous sommes passés nous-mêmes sous les yeux des brigands invisibles qui épiaient nos mouvements.

Il est bien vrai que la route que j'ai choisie ne traverse pas une région toute déserte. Dès le premier soir, nous logeons dans un monastère. Les incidents de la journée m'ont un peu fatiguée et je veux profiter du logis agréable que j'ai trouvé pour me reposer le lendemain.

Le monastère n'est pas très vaste, mais il est riche. Les mausolées de ses grands lamas sont somptueux.

La présence des soldats de l'armée de Lhassa qui m'accompagnent paraît influer défavorablement sur la cordialité de mes rapports avec les hôtes du monastère. Ceux-ci se montrent polis, déférents mais réservés à l'excès : « fermés ». Je ne vois que des subalternes. Le principal lama du lieu se dit malade et s'excuse de ne pas pouvoir me recevoir, d'autres mettent différents prétextes en avant pour ne pas me voir. Je suis pourtant admise à visiter la bibliothèque. Elle semble abandonnée : les gros volumes enveloppés de leurs « robes » sont couverts d'une épaisse couche de poussière, certains ont été partiellement dévorés par les insectes ou même par les rats et, sans les planchettes et l'étoffe qui les tient enserrés, ils tomberaient en miettes. Triste spectacle !

Si, en ce qui concerne les études religieuses, ma halte a manqué d'intérêt, d'un autre côté, elle m'a procuré l'occasion d'une curieuse étude de mœurs.

Tard dans la soirée, presque au moment où j'allais me coucher, j'entends chuchoter à ma porte, comme si on m'appelait sans oser élever la voix. J'ouvre : un *trapa* est là avec une femme. Tous deux me font signe de ne pas faire de bruit et entrent chez moi.

La femme m'offre une écharpe et une pièce de beurre et puis m'adresse une bizarre requête. Son mari est malade, elle désire que j'aille le voir immédiatement.

Comment ? A cette heure, dans la nuit... J'irai le lendemain matin avant mon départ si l'habitation du malade n'est pas trop éloignée de la *gompa.*

Non, il faut que j'y aille tout de suite. La femme supplie. Il s'agit d'une blessure : une balle dans la cuisse. Le blessé doit être transporté ailleurs.

Tout cela est bien embrouillé.

Je questionne la Tibétaine.

— « Comment cet accident est-il arrivé à votre mari ? »

— « C'est en allant cueillir des plantes médicinales. »

Bon, j'ai compris. Je connais cet euphémisme. L'homme a fait partie d'une expédition de brigands. Aurait-il été parmi ceux que j'ai entrevus la veille ? Précisément, et c'est parce que ceux-ci m'ont vue passer et ont appris que je m'étais arrêtée dans ce monastère que le blessé m'envoie chercher.

En peu de mots, la femme me raconte les événements. La caravane a été attaquée, les marchands qui étaient nombreux et sur leurs gardes se sont vigoureusement défendus. Les brigands ont dû s'enfuir, deux des leurs ayant été tués et quelques-uns blessés.

Plusieurs d'entre les marchands ont aussi été blessés. Leurs compagnons les ont attachés sur leurs bêtes et emmenés.

Maintenant que je sais tout, la Tibétaine compte sur moi. Elle est convaincue que je possède des médicaments étrangers efficaces qui guériront promptement la blessure. Elle n'a pas osé venir m'appeler dans la journée, de crainte des soldats qui m'accompagnent. Ils ne doivent pas être informés que son mari se cache dans le voisinage, ils pourraient l'arrêter. Les gens du monastère ne doivent rien en savoir non plus ; le *trapa* qui est avec elle est un ami de la famille du blessé, il a trouvé moyen de la faire entrer secrètement et me fera sortir et rentrer de même. Un homme m'attend au-dehors, il m'a amené un cheval ; en moins de deux heures, je pourrais être de retour, mais il faut se presser, le blessé doit être emmené cette nuit en lieu sûr.

Je m'efforce d'expliquer que je ne suis pas chirurgien et ne sais pas extraire une balle. La femme ne m'écoute pas. Elle pleure et continue à me supplier.

Je cède pour la consoler et, aussi, par curiosité pour voir de près un des *djagpas* de la bande aperçue la veille et savoir comment il prend son aventure. En fait de « merveilleuses » médecines étrangères, j'emporte de l'aspirine propre à calmer la souffrance, de l'acide borique pour laver la blessure, un paquet d'ouate antiseptique et une fiole d'huile d'olive pour pansement. L'huile a été employée ainsi chez tous les peuples de l'antiquité et elle a toujours eu d'excellents effets sur les plaies des indigènes que j'ai soignés. Quant à la balle... Eh bien ! elle sortira d'elle-même ou elle restera où elle est, je n'y puis rien.

Je pars, la nuit est très noire, je ne vois pas où l'on me conduit, mais au bout de quelques instants, je me trouve au-dehors, sur le chemin. Quelles complicités amicales ou dues à la crainte qu'inspirent les brigands ont aidé ma sortie du monastère ? Je me le demande.

Un peu plus loin, un homme tient deux chevaux par la bride.

— « Il va vous conduire, » dit la femme. « Montez, je vous prie. »

— « Et vous ? Ne venez-vous pas avec nous ? »

— « Non, je dois rester ici, » répond-elle un peu embarrassée.

Autant ne pas insister, ce sont là affaires qui ne me regardent pas.

Je suis en selle, la femme guide mon cheval lentement pendant quelques instants, puis elle lâche la bride.

— « Vous n'avez qu'à laisser votre bête me suivre, » me dit celui qui va m'accompagner, elle connaît le chemin. »

C'est fort heureux, en vérité, car je serais bien en peine de la diriger dans l'obscurité. Nous avons quitté la route, je sens que nous marchons sur un terrain herbeux. Le cheval de mon guide se met à trotter doucement, le mien l'imite. Où me mène-t-on ? Peut-être la distance parcourue n'est-elle pas très grande, mais dans la nuit, cette bizarre chevauchée me semble durer longtemps.

Nous sommes arrivés. Au pied d'une colline, je vois un groupe d'hommes, des chevaux attachés à des piquets et une petite tente.

Les hommes accueillent mon compagnon en annonçant :

— « C'est fini. On a extrait la balle. »

Ils m'aident à descendre de cheval, me saluent et me remercient d'être venue.

Si « c'est fini », je n'ai sans doute qu'à m'en retourner.

Mais non, tous insistent pour que je voie le blessé couché dans la tente. Ils allument une petite lampe de terre dont la mèche est plantée dans du beurre et l'approchent de la plaie. Elle est énorme et saigne abondamment. Il me paraît impossible qu'une balle reçue la veille puisse en être la cause. Cette balle on vient de l'extraire... Comment ?

— « Il faut savoir s'y prendre, » m'explique le chirurgien improvisé. « Moi, je le sais. J'ai retiré bien des balles dans ma vie. Il s'agit seulement de connaître la place des *tsas*[1] et de ne pas les couper. La balle, ici, était en pleine chair ; je n'ai eu qu'à aller la chercher ».

Il riait, satisfait et fier de lui-même.

— « Merci, vous êtes bien bon, » dit le torturé et il répéta à mon adresse : « Merci à vous, Jétsune Kouchog. Avez-vous apporté des médecines ? Elles achèveront de me guérir. Je ne puis pas rester ici. On va m'emmener. »

— « Oui, j'en ai apporté, » répondis-je.

Le savant opérateur s'était servi de son couteau ordinaire avec lequel il coupait journellement la viande qu'il mangeait, les courroies ou les cordes lorsqu'il raccommodait ses sacs ou le harnachement de ses bêtes ou encore les ongles de ses pieds malpropres quand ils devenaient trop longs. Tous discours sur l'antisepsie auraient été superflus.

Je lavai la plaie avec de l'eau boriquée non bouillie. Celle qui venait directement du ruisseau avait des chances d'être moins malpropre que celle qui aurait bouilli dans l'unique marmite graisseuse qui se trouvait là, contenant un reste de thé beurré.

J'administrai un peu d'aspirine qui pouvait atténuer la douleur ressentie par le blessé, puis je laissai un paquet de ouate, un autre d'acide borique, le flacon d'huile et un morceau d'étoffe blanche en coton. J'expliquai qu'il fallait tenir la plaie propre, ne pas y laisser accumuler de pus, la tenir à l'abri de la poussière et des mouches et après les lavages à l'eau boriquée, la panser avec l'huile.

L'air pur du pays et la robuste constitution du Tibétain feraient le reste. Avant qu'un mois se soit écoulé, ce dernier serait à cheval et, probablement, courrait de nouvelles aventures.

Tous se montraient très reconnaissants.

— « Est-ce que vous retournerez encore cueillir des herbes médicinales ? » demandai-je au blessé. « Vous auriez pu être tué comme vos deux compagnons. »

— « Ah oui ! c'est bien vrai... »

— « Et la vie, après celle-ci ? Ou croyez-vous renaître si vous faites le mal ? »

— « Nous ne faisons pas le mal, » proteste un des hommes présents. « Les soldats en ont fait plus que nous dans le pays. Nous ne tirons que si l'on tire sur nous. Les magistrats chinois ou ceux de Lhassa obligent les villageois et des *dokpas* à leur donner bien plus d'argent et d'autres choses que nous n'en prenons aux marchands de passage et ils n'ont pas pitié des pauvres. Nous, nous ne deman-

1. Un terme qui signifie à la fois veine, artère et nerf.

dons qu'aux riches... Nous avons laissé passer votre convoi, Jétsune Kouchog. »

Évidemment, ces gentilshommes se sont montrés aimables à mon égard. Je n'ai rien à répliquer. Peut-être dois-je les remercier, mais j'estime m'être suffisamment acquittée en soignant leur blessé.

Celui-ci fait un signe à un de ses amis, qui tire une écharpe de son *amphag* et me l'offre en témoignage de respect et de gratitude. Quelque chose de lourd pèse à l'un des coins de celle-ci. Les *djagpas* l'ont noué après y avoir enveloppé des pièces de monnaie. La chose se fait couramment au Tibet ; un cadeau en numéraire n'offense personne et le placer dans une écharpe est une manière polie de l'offrir. J'en ai accepté plus d'un pour ne pas désobliger des gens aimables. Mais celui-ci... Ces quelques petites roupies peuvent avoir été extraites, avec pas mal d'autres, du sac d'un voyageur. Dois-je les prendre ? J'incline vers un refus, mais comme je vais l'exprimer, mes yeux rencontrent ceux de l'homme qui m'a offert l'écharpe. Sa figure est éclairée par la petite lampe de terre que tient un de ses camarades. Il est sérieux, presque grave, avec une expression quelque peu hautaine qui ne manque pas de noblesse... un gentilhomme, en vérité.

Le refus de l'offrande faite dans des circonstances telles que celle-ci constitue une insulte et si celui qui la repousse appartient à l'Ordre religieux, son refus équivaut à une malédiction. Je suis venue pour soigner un blessé et non pour m'ériger en juge. Je me borne à prendre l'écharpe et son contenu ; j'aurai tôt fait de trouver un pauvre hère que cette aumône rendra heureux.

Le blessé va partir avec ses compagnons d'aventures. On vient de replier et de charger sur un cheval la petite tente qui l'abritait. On le soulève et l'assoit sur une autre bête qui, au lieu d'une selle, porte plusieurs couvertures formant un épais coussin. Les jambes du malheureux reposent sur un sac. Il doit horriblement souffrir. Je le lui demande :

— « Pas trop, » répond-il.

Un des hommes conduit par la bride le cheval qui porte son malchanceux camarade, les autres enfourchent leurs bêtes et tous s'en vont. Dans l'obscurité, leur groupe est presque immédiatement hors de vue.

Celui qui est venu me chercher me ramène au monastère.

La femme m'attend avec le *trapa* à l'endroit où je les ai quittés. Je rassure celle-ci sur l'état de son mari. Il s'en tirera.

Quelques minutes plus tard, je suis dans ma chambre.

Le paysage bordant la route que nous suivons n'a rien de particulièrement remarquable, mais la population est intéressante. Intéressante et malheureuse.

Les paysans de cette région sont plus intelligents, plus fins que ceux des autres parties du Tibet. Cette différence de caractère tient peut-être à la proximité de la Chine, à des relations fréquentes et des métissages avec les Chinois.

La conquête du pays par les troupes de Lhassa est encore de date récente et les indigènes la déplorent. On leur avait dit : les Chinois vous exploitent, vous leur payez des impôts ; gouvernés par des Tibétains comme vous, vous n'en paierez plus. C'était ouvrir le paradis à ces pauvres cultivateurs. Ils n'en eurent qu'une vision rapide ; à peine installés, leurs nouveaux maîtres ont décuplé les taxes. « Je payais huit roupies par an, sous les Chinois, » me dit un paysan, « on m'en demande cent aujourd'hui. »

— « Il faut », m'expliquent les fermiers, « payer un impôt pour chaque personne de la famille, même pour les enfants, payer pour chaque tête de bétail. Nous ne connaissions pas ces choses autrefois. Et puis la corvée des *oulas* est devenue plus dure. Lorsque les porteurs allaient loin, les Chinois leur donnaient une gratification, les fonctionnaires actuels ne donnent jamais rien et ils exigent des masses de choses. »

Cela, les pauvres gens n'avaient pas besoin de me l'apprendre. J'avais surpris plus d'un conciliabule de mes soldats avec mes hôtes. « Nous retournerons par ici dans quelques jours », disaient les premiers, « il faudra tenir prêt tant de beurre, tant de farine », etc. C'était un genre de razzia officielle.

La chasse est naturellement interdite, elle l'est dans tout le Tibet. J'approuve cette défense, mais la répression est, me dit-on, excessive. Le chasseur surpris est bâtonné sans merci. On me cite des cas où ce supplice a causé la mort.

J'allais rencontrer à Jakyendo plusieurs familles d'émigrants qui avaient abandonné leur bien de famille, une petite ferme et quelques champs, parce qu'ils ne parvenaient pas à acquitter les impôts qu'on exigeait d'eux.

Un nom circulait dans le pays, celui du général Ma de Sining, un musulman qui s'était acquis une réputation à la manière de celle de Gengis Khan par la répression de la révolte des Tibétains de Labrang[1] et une expédition contre les tribus pillardes des Gologs. La faiblesse des troupes chinoises du Szetchouan, les vaincues de la dernière campagne, ne laissait guère aux Khampas l'espoir d'être délivrés par elles, alors ils tournaient les yeux vers le terrible Ma. Ne viendrait-il pas ?

Comme je leur disais que je retournerais à Sining, beaucoup voulaient me charger de lui porter leur appel. Nous ne lui résisterons pas, disaient-ils, et j'entendis même de l'un d'eux ces terrifiantes paroles : « Nous savons que si il vient, il tuera beaucoup de monde, mais après cela, ceux qui resteront pourront vivre tranquilles. »

1. Voir pages 59 et suivantes.

Peut-on imaginer combien grande doit être la souffrance d'une population pour qu'elle accepte de payer un tel prix pour en être délivrée !

Je retournai à Sining l'année suivante, mais je ne rapportai pas au général Ma ce qui m'avait été dit. Je doute que la misère des Tibétains de Kham l'aurait touché. Entre eux et sa résidence s'étend une vaste région déserte ; il ne pouvait guère envisager une conquête au-delà d'elle et l'intérêt présenté par celle-ci aurait seul pu le tenter. D'ailleurs, je me tiens soigneusement à l'écart de toutes intrigues politiques.

C'est au cours de ce voyage que je rencontrai le roi de Ling ainsi que je l'ai raconté dans l'introduction de l'épopée nationale des Tibétains [1] et puisque j'ai déjà relaté les incidents de cette rencontre, je n'y reviendrai point.

A Dolma Lhakang : un temple dédié à la déesse Dolma, autour duquel sont groupées quelques maisons, nous devons traverser le Yangtsé qui, dans ce pays, s'appelle Ditchou. Bien qu'il soit très loin d'y avoir la largeur qu'on lui voit en Chine, près de son embouchure, celle-ci est pourtant encore considérable. Nous le traversons dans des bateaux de cuir et les bêtes doivent se mettre à la nage. Le courant est violent, les mules reprennent pied très au-dessous de l'endroit d'où elles sont parties, mais aucun incident ne se produit.

Ensuite, le pays redevient désert, nous rentrons dans la zone des grands alpages. Nous voyons encore, sur la rive opposée, un monastère dont le lama passe pour avoir opéré des prodiges. Il a, nous dit-on, imprimé la forme de son pied dans un rocher. C'est là un genre de miracle qui paraît plaire beaucoup aux Tibétains. En grand nombre d'endroits on voit, au Tibet, des empreintes plus ou moins nettes considérées comme ayant été faites dans le roc ou sur des pierres détachées par le pied, la main ou la tête de certains lamas.

Enfin, voici la dernière étape en territoire interdit. Au-delà de la ferme où nous passons la nuit, s'étendent les vastes *tchang-thangs* habités seulement, en certains points, par des campements de pasteurs. Jakyendo y est une sentinelle avancée que les solitudes entourent de tous côtés. Entre cette localité et la route que j'ai suivie, la frontière est mal délimitée, mon escorte n'ose pas s'aventurer plus loin de crainte des soldats musulmans chinois qu'elle pourrait rencontrer. Nos hôtes, gens du pays, circulent au contraire à leur aise des deux côtés de l'incertaine frontière. Ils chargent mes bagages sur leurs yaks et nous partons.

J'ai tout lieu de me féliciter de l'incident qui m'a amenée à parcourir cet intéressant tronçon de la route de Lhassa, mais en même

1. Que j'ai publiée sous le titre : *La vie surhumaine de Guésar de Ling, héros tibétain, racontée par les Bardes de son pays.*

temps, je salue avec plaisir la terre où règne la Chine et... la liberté pour les voyageurs.

Notre provision de beurre est épuisée, le moment semble bien choisi pour la renouveler puisque nous traversons un pays de pasteurs. On se fait peu idée de la place que le beurre tient dans l'alimentation des Tibétains. Mes domestiques en coupent des morceaux qu'ils mangent tenus à la main, comme nous mangeons un biscuit.

A deux reprises, passant à proximité de tentes, j'y envoie Tobgyal demander à leurs habitants de nous vendre quelques pièces de beurre. Les pasteurs refusent. Les maîtres de la seconde tente où il s'adresse se montrent même arrogants. « Ils n'ont pas de beurre pour nous, » déclarent-ils.

Nous continuons notre marche à travers un immense plateau herbeux. Vers la fin de la matinée, nous apercevons de nouveau, mais loin, hors de notre route, un campement de pasteurs autour duquel paissent de nombreux yaks.

Yongden qui chevauche près de Seunam et de Sézang Talès leur dit en plaisantant :

— « Honte à nous si passant en vue de si grands troupeaux, nous ne nous procurons pas de beurre et ne buvons pas de lait. »

Les deux sacripants interprètent ses paroles à leur façon. Ils partent au grand trot et nous rejoignent une heure plus tard. Nous nous attendons à ce qu'ils aient fait remplir de lait une bouteille qui pendait à l'un des sacs suspendus à la selle de Seunam [1] et acheté une ou deux pièces de beurre, mais voici qu'ils sont chargés de butin. En divers morceaux, cousus dans de la peau, ils rapportent plus de dix kilogrammes de beurre et voici que de leurs larges manches dont ils tiennent l'extrémité serrée pour former un sac ils extraient une grande quantité de fromage sec. C'est une razzia !

Je les interroge.

— « Qu'avez-vous donc dit aux *dokpas ?* »

— « J'ai dit, » répond Seunam triomphant, « mon chef qui s'en va là, sur la route, manque de beurre. Que de chaque tente on en apporte une pièce. Et quand ils ne se dépêchaient pas, je montrais mon fusil. »

Je suis consternée et j'ai envie de rire. Les autres se montrent ravis, emballent le beurre et le fromage parmi les bagages et avant que j'aie eu le temps de placer un mot, les deux fous sont repartis ayant aperçu des tentes dans une autre direction.

Sur ce, le ciel s'obscurcit et soudainement un orage de grêle se déchaîne ! Ma mule tournoie étourdie et meurtrie par les gros grêlons. Je suis aveuglée. Il gèle tout à coup. Mon imperméable, que Yongden m'a aidée à revêtir pendant la tourmente, se raidit sur moi.

Heureusement nous approchons d'un campement. Nous hélons les

---

1. Au sujet de ces grands sacs, voir page 215.

oulas qui cheminent plus loin et paraissent ne pas l'avoir aperçu. Ils pressent leurs yaks et, dès qu'ils nous ont rejoints, ils les groupent, avec les mules, à l'abri des tentes, tournant la queue au vent et eux-mêmes s'abritent derrière les bêtes.

Tobgyal m'entraîne dans une tente, réclame du lait, le fait bouillir et me le donne tout chaud à boire. Yongden est entré dans la tente voisine.

La trombe passe rapidement, le temps redevient immédiatement beau. Je sors de mon abri. Où est le lama ?

Tobgyal, sorti avant moi pour aller chercher ma mule, me répond : « Il collecte du beurre. » Quoi ? Encore du beurre.

Je vois Yongden assis entouré par des *dokpas* ; on lui apporte des pièces de beurre. Il prévient toutes observations de ma part par un impératif :

— « C'est sérieux, ne dites rien, » prononcé en anglais.

Je ne dis rien. Nous remontons sur nos bêtes, respectueusement salués par les pasteurs et nous nous en allons.

Un peu plus loin, j'interroge Yongden.

— « Qu'est-ce que ce beurre ? »

Il rit.

— « Quand je suis entré dans la tente, » dit-il, « j'ai demandé du thé et aussi un bol pour le boire parce que le mien était dans le sac attaché à ma selle et que je ne pouvais pas sortir sous la grêle pour aller le chercher. Les gens de la tente m'ont répondu malhonnêtement : « Il n'y a pas de tasse. » Ils ne me respectaient pas. C'était dangereux, le pays est désert, nous avons des bagages, nous devons camper ce soir. Vous connaissez le caractère de ces gens-là. Ceux qu'ils ne craignent pas, ils les volent.

« Alors j'ai pris un ton de commandement et j'ai ordonné en tapant du pied : « Qu'on apporte du beurre, une pièce par tente et sans tarder. Ah ! vous ne me reconnaissez pas ! »

— « Ils ne t'ont jamais vu. »

— « Cela ne fait rien. Ils ont tout de suite changé d'attitude. Ils ont apporté leur plus beau bol doublé d'argent et une pièce de beurre et, dès que la grêle a cessé, ils sont allés quérir d'autres pièces chez leurs voisins. Nous pouvons camper s'il est nécessaire, ils ne songeront pas à nous attaquer. »

Telles sont les mœurs du pays, les mêmes que dans la région de Kourou nor, je sais cela.

Seunam et le gamin ne reviennent pas. Se sont-ils égarés pendant la tourmente, ou bien leur hardiesse leur a-t-elle attiré une correction sévère ? Je commence à être inquiète. Nous avons déjà fait pas mal de chemin depuis qu'ils nous ont quittés, arriveront-ils à nous retrouver ? Nous sifflons avec nos sifflets de marine ; l'air est calme maintenant, le son leur parviendra peut-être. Rien ne répond et longtemps se passe avant que les deux garçons apparaissent.

Cette fois ils ont poussé l'audace trop loin. Voici encore du beurre et comme ils ne savaient où le mettre, ils ont emporté de bons sacs de cuir et, en plus, des peaux de chèvre pour nous faire des tapis. Tout cela ne ruinera pas les *dokpas,* mais je trouve le procédé un peu vif.

Il y a d'ailleurs eu résistance. Une femme a excité ses voisins, les exhortant à ne rien donner. Mes serviteurs ont été assaillis, ils se sont battus et, avec impudence, ils ont alors prétendu emmener tout le monde chez le chef local dont la tente blanche était proche du campement. De là, excuses des assaillants et offrandes propitiatoires aux deux drôles que les indigènes prenaient pour des soldats. Cette amende honorable ne les a pas empêchés, pour soutenir leur rôle, d'aller tout de même chez le chef pour lever une contribution. Leur imperturbable audace a eu plein succès, le chef a sanctionné par son autorité la levée d'une pièce de beurre par tente et ceux qui ne l'avaient pas encore fournie ont dû l'apporter.

Le petit Sézang Talès rayonne — jolie graine de brigand que ce jeune Khampa — et les *oulas* cheminent la tête haute, fiers d'avoir servi des gens aussi « puissants » et « respectables » que nous. Quant à moi, réfléchissant aux incidents bizarres qui ont marqué cette journée, je m'aperçois avec stupéfaction que si mon voyage m'a conduite en un endroit où je n'avais jamais songé à aller, il a eu le résultat, encore plus imprévu, de me faire devenir chef d'une bande de pillards, au pays des brigands-gentilshommes. Heureusement, mes « victimes » ne vivent pas loin de Jakyendo et, puisque je dois m'arrêter là pendant quelque temps, je trouverai bien un moyen discret de les dédommager sans déchoir à leurs yeux et perdre l'estime que les prouesses de mes garçons m'ont acquise.

Près du monastère de Benchin, nous trouvons une maisonnette réservée aux voyageurs de passage ; nous nous y installons pour passer la nuit, au lieu de planter nos tentes.

Le matin suivant, le soleil est radieux, le froid déjà vif. Du seuil de la porte où j'attends que les *oulas* aient achevé de charger mes bagages, le regard embrasse une immense étendue d'alpages bornés, au loin, par des chaînes de montagne. Deux larges vallées désertes pénètrent entre celles-ci ; touchée par l'intense lumière dans laquelle baigne tout le paysage, l'herbe roussie par le gel précoce y rutile comme un tapis d'or fauve. Mon cœur se serre de regret ; il m'est interdit de les suivre. S'allongeant vers l'ouest, l'une des vallées conduit à Nagtchouka, poste frontière du territoire interdit, où la piste suivie par les caravanes tourne au sud pour gagner Lhassa et l'autre, inclinant vers le sud, mène à Tchiamdo, la ville la plus importante du Tibet oriental récemment soustraite au contrôle de la Chine et, par là même, devenue à son tour, interdite.

L'itinéraire que les circonstances m'imposent m'entraîne dans une direction opposée. Tout près de moi s'ouvre une troisième vallée ;

une claire rivière y chante sur un lit rocailleux. De ce côté aussi, la route est ensoleillée et les pittoresques montagnes qui l'encadrent s'enveloppent, comme toutes leurs sœurs du Tibet, de cette atmosphère particulière de mystère, de vague menace, de réticent accueil si piquant pour le voyageur. Que me réserve le sort qui me fait violence et me pousse par là ?

Certes, j'éprouve du soulagement à être libérée d'un incognito amusant, mais souvent, aussi, fatigant à soutenir et à me retrouver en territoire où l'on peu circuler librement, mais, d'autre part, l'avenir m'inquiète. Nous sommes en septembre, le 17 septembre. Bientôt le rude hiver des hautes altitudes rendra impossible la traversée des vastes solitudes qui entourent Jakyendo. Vais-je y être bloquée ? Et puis, alors qu'au prix de tant de persévérance et d'efforts j'ai diminué si considérablement la distance qui me séparait de Lhassa quand je projetais mon voyage dans le lointain monastère de Koum-Boum, alors que je suis, enfin, parvenue à une région d'où de multiples routes, relativement aisées, conduisent à la capitale tibétaine, va-t-il me falloir abandonner tout le terrain gagné et m'en retourner loin, loin, vers le nord, en Amdo, d'où je suis partie voici bientôt huit mois ?...

L'esprit plein de soucis j'accomplis machinalement les gestes habituels aux étrangers voyageant en Chine, hors des chemins battus. J'envoie Seunam, en avant, porter ma carte au magistrat résidant à Jakyendo et le prier de m'indiquer un logement.

Me voici en selle, cheminant lentement à la suite des bêtes de somme. Je ne suis pas pressée d'arriver. En cours de route, nous passons devant le monastère de Tangou qui doit me devenir très familier par la suite, puis enfin, Jakyendo apparaît, émergeant du désert.

Le site ne manque pas de grandeur. La bourgade s'étage sur un mamelon, au pied d'une chaîne de montagnes arides. Porté sur un éperon de celle-ci, un monastère que ses bâtiments décorés de raies rouges et blanches désignent comme appartenant à la secte des Sakyapas, regarde de haut les demeures des laïques. Et dominant à son tour la crête où ils se dresse, un puissant arrière-plan de cimes massives barre, au loin, l'horizon.

Trois *gompas* relativement proches l'une de l'autre : Benchin, Tangou, Jakyendo ! Il y a là sujet d'espoir. Peut-être pourrais-je y trouver des livres ou des lamas lettrés, y glaner des notes utiles, y faire quelque travail intéressant.

Seunam, revenu à notre rencontre, conduit mon convoi au logis que le magistrat chinois a fait préparer pour moi. C'est un appartement situé au premier étage d'une maison construite en bordure de la rue principale ; excellent poste d'observation pour étudier la population locale.

Nous sommes arrivés vers la fin de l'après-midi. L'heure tardive me permet de remettre au lendemain les visites officielles aux autorités du lieu. J'en suis heureuse ; j'ai soif de repos, de sommeil profond, sans rêves, pendant lequel les déceptions s'oublient et l'on cesse d'échafauder des plans de revanche. Demain... après-demain, il sera temps de reprendre la lutte. Tous comptes faits, le bilan du présent voyage n'a, d'ailleurs, rien d'attristant. J'ai parcouru une grande étendue de pays presque inconnu, j'y ai vu, entendu et appris maintes choses.

Je n'apprendrai que plus tard combien mon apparent échec est, en réalité, un gain, mais dès ce moment même, ma tristesse est tempérée par une foi tenace en d'invisibles aides et, plus encore, incorrigible téméraire que je suis, par ma foi en moi-même.

La nuit est venue. Les ténèbres ont envahi ma chambre : dans le cadre étroit de sa fenêtre, un morceau de ciel étoilé scintille... Je m'endors.

J'ai atteint et peut-être même excédé le nombre de pages permis à un livre de voyage. Il me faut interrompre mon récit à mon arrivée à Jakyendo, mais cette localité ne devait être pour moi qu'une halte, un lieu d'hivernage entre deux séries de pérégrinations. De Jakyendo j'allais tenter deux nouvelles expéditions vers Lhassa. Celles-ci qui furent fertiles en incidents dramatiques, ayant encore échoué, je devais, me dirigeant au nord, parcourir la région des sources du Fleuve Jaune et des grands lacs jumeaux Oring et Noring, le territoire des Gologs pillards, puis revoir l'immense Lac Bleu (Koukou nor) pour continuer ensuite ma route vers la contrée tragique où la marée montante des sables ensevelit lentement toute vie : le Gobi.

Après un nouvel hivernage au seuil de ce désert, viendrait une nouvelle traversée de la Chine du nord au sud, mon arrivée, après de nombreuses péripéties, au bord du Mékong en face de la montagne sainte : le Kha Karpo, son ascension en marches nocturnes, le sac au dos en la seule compagnie de mon fils adoptif, et la suite de cette aventureuse entreprise comme je l'ai racontée dans *Voyage d'une Parisienne à Lhassa.*

Le présent livre sera donc suivi d'un autre. Commençant où se termine celui-ci, il conduira le lecteur jusqu'à mon entrée en territoire interdit, par la frontière du Kha Karpo. Ainsi, les trois ouvrages, bien qu'indépendants l'un de l'autre, formeront, ensemble, l'histoire complète de mes voyages en pays tibétain.

VOYAGE D'UNE PARISIENNE A LHASSA

Alexandra, déguisée en mendiante comme lors de la traversée du Tibet vers Lhassa, pose en studio à son retour à Calcutta.

INTRODUCTION

Huit mois de pérégrinations accomplies dans des conditions inaccoutumées, à travers des régions en grande partie inexplorées ne peuvent se raconter en deux ou trois cents pages. Un véritable journal de voyage exigerait plusieurs gros volumes. L'on ne trouvera donc, ici, qu'un résumé des épisodes qui m'ont paru les plus propres à intéresser les lecteurs et à leur donner une idée des régions auxquelles je me suis mêlée de façon intime en tant que chemineau tibétain.

Cette randonnée vers Lhassa sous le déguisement d'une pèlerine mendiante n'est, du reste, elle-même, qu'un épisode de longs voyages qui m'ont retenue en Orient pendant quatorze années successives. La genèse de ceux-ci serait hors de place dans cette introduction, toutefois, quelques explications touchant les raisons qui m'ont amenée à choisir un déguisement singulier pour me rendre à Lhassa me paraissent s'imposer.

J'avais déjà fait un séjour en Asie quand, en 1910, j'obtins une mission du ministère de l'Instruction publique pour retourner dans l'Inde.

L'année suivante, me trouvant près de Madras, j'appris que le souverain du Tibet, le Dalaï-lama, avait fui son pays — alors en révolte contre la Chine — et résidait dans l'Himâlaya.

Le Tibet ne m'était pas absolument étranger. J'avais été l'élève, au Collège de France, du professeur Ed. Foucaux, un savant tibétanisant, et possédais quelques notions de littérature tibétaine. On le comprend, je ne pouvais laisser échapper cette occasion unique de voir le Lama-roi et sa cour.

Être reçue par le Dalaï-lama ne paraissait pas des plus faciles, celui-ci refusait obstinément de donner audience à des femmes étrangères. Toutefois, ayant pressenti des difficultés, je m'étais munie de lettres d'introduction, émanant de hautes personnalités du monde bouddhiste. Ces lettres, ayant été traduites au souverain du Tibet, l'intriguèrent sans doute, car il déclara immédiatement qu'il serait heureux de causer avec moi.

Autour du moine-souverain, je trouvai une cour étrange d'ecclésiastiques vêtus de serge grenat sombre, satin jaune et brocart d'or, qui racontaient des histoires fantastiques et parlaient d'un pays de contes de fées. Bien qu'en les écoutant je fisse prudemment la part de l'exagération orientale, je sentais instinctivement que derrière les montagnes couvertes de forêts qui se dressaient devant moi et les lointaines cimes neigeuses pointant au-dessus d'elles, il existait, vraiment, un pays différent de tout autre. Faut-il dire que le désir d'y pénétrer s'empara aussitôt de moi.

Ce fut en juin 1912 qu'après un long séjour parmi les Tibétains de l'Himâlaya, je jetai un premier coup d'œil sur le Tibet proprement dit. La lente montée vers les hauts cols fut un enchantement, puis, soudain, m'apparut l'immensité formidable des plateaux Tibétains limités au lointain par une sorte de mirage estompé montrant un chaos de cimes mauves et orange coiffées de chapeaux neigeux.

Quelle vision inoubliable ! Elle devait me retenir, pour toujours, sous son charme.

L'aspect physique du Tibet n'était cependant pas la seule cause de l'attraction que ce pays exerçait sur moi. Il m'attirait grandement aussi comme orientaliste.

Je me mis à rassembler les éléments d'une bibliothèque tibétaine que je désirais composer avec des ouvrages originaux ne figurant point dans les deux grandes collections du Khagyur et du Tengyur qui, comme on le sait, sont formées par des traductions. Je recherchai aussi toutes les occasions de m'entretenir avec les lamas lettrés, les mystiques, les adeptes, tenus pour éminents, des doctrines ésotériques et de séjourner auprès d'eux.

Ces investigations captivantes m'amenèrent à pénétrer dans un monde mille fois plus étrange encore que les hautes solitudes du Tibet : celui des ascètes et des magiciens dont la vie s'écoule cachée dans les replis des montagnes, parmi les cimes neigeuses.

Ce serait une erreur de croire que le Tibet a toujours été la terre interdite et étroitement gardée qu'il est devenu de nos jours. Si extraordinaire que le fait puisse paraître, la zone défendue croît en étendue. Les routes à travers l'Himâlaya, facilement accessibles il y a une quinzaine d'années, ont été garnies de postes barrant non pas simplement la frontière du Tibet, mais ses approches à plus de cinquante kilomètres de distance. Les touristes désireux de visiter le Sikkim doivent obtenir un permis sur lequel il est inscrit que le bénéficiaire « n'est pas autorisé à pénétrer au Népal, ni au Bhoutan, ni au Tibet, qu'il ne doit visiter aucun endroit, ni voyager, ni tenter de voyager par aucun chemin autre que ceux indiqués sur son permis ». Il lui faut aussi signer l'engagement de se conformer à ces conditions.

Quant à la frontière sino-tibétaine, elle est laissée complètement libre par les Chinois, mais les régions qui ont été récemment soustraites à leur contrôle sont devenues interdites. Il s'ensuit qu'il est devenu impossible de s'avancer dans des pays que les voyageurs pouvaient parcourir à leur gré, il y a peu d'années et où, à une époque plus ancienne, des missionnaires s'étaient même établis.

Je citerai, parmi d'autres, notre érudit compatriote M. Bacot qui traversa la province de Tsarong et visita Menkong en 1909, le capitaine anglais F. Kingdon Ward[1] qui voyagea dans la même région en 1911 et en 1914, et le capitaine (aujourd'hui colonel) Bailey, un Anglais aussi, qui, vers 1911, releva la carte d'une partie de Tsarong. J'indiquerai aussi, en passant, que vers 1860, la Société des Missions étrangères de Paris possédait des propriétés dans la province de Tsarong.

Il pourra être intéressant de lire les détails donnés à ce sujet par un Anglais : Edmund Candler[2], qui fit partie de l'expédition britannique à Lhassa en 1904.

« Il faut se souvenir que le Tibet n'a pas toujours été fermé aux étrangers... Jusqu'à la fin du dix-huitième siècle, seuls les obstacles venant de la configuration du pays et de son climat *(physical obstacles),* barraient l'accès de la capitale.

Des Jésuites et des Capucins atteignirent Lhassa, y firent de longs séjours et furent même encouragés par le gouvernement tibétain. Les premiers Européens[3] qui se rendirent à Lhassa et ont laissé une relation authentique de leur voyage sont les Pères Grueber et d'Orville qui pénétrèrent au Tibet, venant de la Chine par la route de Sining, et demeurèrent à Lhassa pendant deux mois.

En 1715, les Jésuites, les Pères Desideri et Freyre arrivèrent à Lhassa ; Desideri y demeura treize ans. En 1719, arriva Horace de la Penna et la mission des Capucins qui y bâtit une chapelle et un hospice, et convertit plusieurs personnes. Les Capucins de cette mission finirent par être expulsés, mais seulement en 1740[4].

Le Hollandais Van der Putte fut le premier laïque qui pénétra dans la capitale. Il y arriva en 1720 et y resta quelques années.

Ensuite, nous ne possédons aucune relation concernant des Européens visitant Lhassa, jusqu'au voyage en 1811 de Thomas Manning, le premier Anglais qui soit allé à Lhassa. Manning arriva parmi la suite d'un général chinois qu'il avait rencontré à Phari Dzong[5] et qui lui était reconnaissant pour l'avoir soigné comme médecin. Il resta un mois dans la capitale... Il fut averti que sa vie y était en danger et retourna dans l'Inde en suivant la route par laquelle il était venu[6]. »

---

1. Il se rendit de nouveau au Tibet, dans le pays de Pemakoitchén, en 1924, y ayant été envoyé par le gouvernement anglais ou autorisé par lui. Le capitaine Kingdon Ward est un naturaliste qui a écrit d'intéressantes relations de voyages.
2. *The unveiling of Lhasa (Lhassa dévoilée),* par Edmund Candler.
3. L'on suppose que le Frère Oderie de Portenone est allé à Lhassa en 1325, mais l'authenticité de sa relation est sujette au doute (cette note est de Ed. Candler).
4. L'auteur dit, dans une note, que se trouvant à Lhassa, il y a trouvé dans le Djo Khang une cloche portant l'inscription : *Te Deum laudamus,* qui avait probablement appartenu aux Capucins.
5. Ce qui montre qu'il s'était avancé librement jusqu'à cet endroit, ce qui est devenu impossible.
6. Il faut ajouter à cette liste : Bogle en 1774 et Turner en 1783 qui se rendirent, non point à Lhassa, mais à Jigatzé comme envoyés de Warren Hastings, gouverneur de l'Inde, au Tachi-lama.

En 1846, les Pères lazaristes Huc et Gabet closent la série des voyageurs qui atteignirent Lhassa. Depuis eux, tous les explorateurs furent contraints de rebrousser chemin. Cependant, avant d'être arrêtés dans leur marche, certains d'entre eux s'avancèrent bien près de la capitale, touchant les bords du Nam tso tchimo (le lac Tengri), comme le firent Bonvalot avec le prince Henri d'Orléans et Dutreuil de Rhins avec M. Grenard en 1893. Il est devenu, maintenant, tout à fait impossible à un étranger de voyager ouvertement dans ces parages.

Vers 1901, après la répression des Boxers, plusieurs édits furent affichés à Lhassa, par lesquels le gouvernement chinois déclarait le Tibet ouvert aux étrangers et enjoignait aux Tibétains de les accueillir. De fait, à l'heure actuelle, toutes les parties du territoire tibétain demeurées sous le contrôle de la Chine sont accessibles aux voyageurs.

Quelques années après mes premières excursions sur les plateaux du Tibet méridional, je rendis visite au Tachi-lama à Jigatzé. Celui-ci me reçut très cordialement. Il m'encouragea à poursuivre mes études tibétaines et, pour me les faciliter, offrit de me donner l'hospitalité dans son voisinage.

Il m'aurait aussi été loisible de visiter les bibliothèques et d'y faire des recherches avec l'aide de lamas lettrés. C'était là une occasion unique, mais on ne me laissa pas la possibilité d'en profiter.

A la suite de ma visite au Tachi-lama, les habitants d'un village situé à environ dix-neuf kilomètres de l'ermitage où je résidais, eurent à payer, immédiatement, au résident britannique une amende montant à deux cents roupies pour avoir négligé de l'informer de mon départ. Le résident qui les condamna ne prit pas la peine de considérer que ces gens ne pouvaient en aucune façon avoir eu connaissance de mes mouvements, puisque j'étais partie d'un monastère situé en territoire tibétain, à trois ou quatre jours de marche de leur village. Les montagnards se vengèrent, suivant leur mentalité d'ignorants sauvages, en pillant en partie mon chalet. Je me plaignis en vain. Toute justice me fut déniée et l'on me commanda de quitter le pays dans la quinzaine.

Ces procédés, indignes de civilisés, éveillèrent en moi le désir de me venger, mais d'une façon spirituelle cadrant avec l'esprit national de Paris, ma ville natale. Il était nécessaire, toutefois, que je prisse mon temps.

Quelques années plus tard, je voyageais dans le Kham (Tibet oriental), lorsque je devins malade. Je décidai d'aller à Bhatang où existe un hôpital missionnaire dirigé par des médecins anglais ou américains. Bhatang est une ville tibétaine importante, demeurée sous le contrôle chinois, comme l'est aussi Kantzé près d'où je me trouvais à ce moment.

Les troupes de Lhassa ayant, depuis peu, conquis la partie du pays s'étendant entre ces deux villes, elle était devenue interdite aux étrangers.

L'officier tibétain résidant au poste-frontière me demanda tout d'abord si j'étais munie d'une permission du consul anglais à Tatchienlou[1] — le « grand homme » de Tatchienlou, comme il l'appelait. Cette autorisation en main, disait-il, je pourrais aller où je voudrais au Tibet, sans elle il ne pouvait pas me laisser passer la frontière.

Je réussis cependant à continuer ma route, tandis qu'il dépêchait un courrier à son chef pour demander des ordres. Quelques jours plus tard, j'étais arrêtée par un autre officier et entendais, derechef, parler du « grand homme » de Tatchienlou, nouveau saint Pierre qui détenait les clefs du « Pays des Neiges ».

Pendant ce temps la maladie s'aggravait. J'expliquai mon cas aux Tibétains, mais bien qu'ils me plaignissent sincèrement, la crainte du « grand homme » ne permettait pas aux fonctionnaires terrorisés de donner cours à leur bonté naturelle, en me laissant continuer mon chemin vers l'hôpital. Il fallait renoncer à m'y rendre ; néanmoins je refusai de retourner sur mes pas, ainsi qu'on voulait m'y forcer, et déclarai que puisqu'on me barrait la route de Bhatang, j'irais à Jakyendo.

Jakyendo est une petite ville située sur la route de Lhassa, au-delà de la zone conquise et restée sous le contrôle de la Chine. Je me doutais qu'un tour à travers le territoire nouvellement amené sous l'autorité de Lhassa pourrait être intéressant à plus d'un point de vue.

Des journées épiques se passèrent à parlementer. Les officiers siégeaient dans une tente devant laquelle flottait le drapeau tibétain : cramoisi, portant un lion brodé. Autour d'eux campait leur escorte de soldats, dont deux musiciens « armés » de trompettes thébaines. Mes gens et moi, sans drapeau et sans trompettes, occupions deux tentes plantées à quelque distance de celle des Tibétains. D'infortunés *dokpas*[2] que leur mauvaise chance avait placés à cet endroit, payaient en moutons, beurre, lait et fromage leur place à la comédie qui se jouait. Ils en nourrissaient les acteurs. Tel est l'usage au Tibet. Les discours succédaient aux discours dans le décor romantique et paisible du vieux royaume de Dirgi. Quand les orateurs enroués, exténués, se taisaient, ils mangeaient.

A la fin, quand tous eurent clairement compris qu'à moins de me tuer, ils ne m'empêcheraient pas d'aller à Jakyendo, ils se résignèrent.

Mon espoir se réalisa pleinement, ma promenade dans cette région

1. Tatchienlou, ville tibétaine, centre de commerce important, située à l'extrémité orientale du pays de Kham et comprise dans la province de Szetchouan (Chine).

2. *Dokpas,* littéralement « gens des solitudes ». Pasteurs habitant sous la tente et vivant du produit des troupeaux, sans cultiver la terre.

fut pleine d'intérêt et, par la suite, je bénis l'aventure qui m'avait jetée à Jakyendo, car mon séjour dans cet endroit me fournit l'occasion d'une nouvelle série de voyages merveilleux.

Pendant que je demeurais à Jakyendo, un Danois y arriva, revenant de Tchang Nagtchoukha où on lui avait barré la route alors qu'il se dirigeait vers Lhassa. Ne pouvant atteindre le but qu'il s'était fixé, le voyageur désirait retourner promptement à Changhaï où l'appelaient ses affaires. Le chemin direct était précisément celui sur lequel j'avais bataillé l'été précédent. Avant même qu'il eût atteint la zone dorénavant interdite, des soldats, qui avaient été postés là pour l'attendre, le contraignirent à retourner sur ses pas. Le pauvre explorateur expliqua en vain qu'il avait renoncé à pénétrer dans l'intérieur du Tibet, qu'il marchait dans la direction opposée et ne voulait que *passer* sur la grand'route pour retourner en Chine, on ne l'écouta même pas. Force lui fut de prendre une route le menant vers le nord, à travers des déserts sillonnés par des bandes de brigands. Il dut, bien entendu, organiser une caravane pour transporter vivres et bagages, le trajet prenant un mois. Au bout de ce temps, s'étant considérablement éloigné de sa destination, il se retrouva à Sining, au Kansou, d'où il était parti, plusieurs mois auparavant, croyant atteindre Lhassa. De là, il mit encore presque deux mois pour arriver à Changhaï. L'itinéraire direct qu'il avait été empêché de suivre, lui aurait permis de voyager en chaise à porteur, de coucher dans une auberge à chaque étape et aurait abrégé de plus de moitié la durée de son voyage.

Les faits de ce genre sont une véritable provocation adressée aux voyageurs, je ne pouvais en être témoin avec indifférence. Je résolus — me trouvant aussi murée à Jakyendo que le voyageur danois — de ne pas remonter vers le nord, mais de me frayer un passage à travers le pays interdit, jusqu'au bord de la Salouen et de visiter les vallées chaudes : Tsarong et Tsawarong.

Aurais-je été de là à Lhassa ? C'est possible, mais ce n'est pas certain ; je n'avais rien arrêté de précis à cet égard.

Je quittai Jakyendo à la fin de l'hiver accompagnée par un seul domestique. La plupart des cols étaient encore bloqués et notre marche à travers les neiges coudoya le drame. Mon garçon et moi avions heureusement surmonté les obstacles matériels, passé le poste de la frontière sous les fenêtres mêmes du fonctionnaire chargé de sa garde et nous approchions de la Salouen quand nous fûmes arrêtés.

Ce n'était pas que nous eussions été reconnus ; la cause de mon échec venait d'ailleurs.

J'avais jugé que dans un voyage de ce genre, parcourant un pays à peu près inconnu, il serait bon, en dehors de mes recherches personnelles, de glaner des documents intéressants pour d'autres.

Mon fils adoptif, le lama Yongden, me suivait à quelques jours de marche en arrière, accompagné d'un domestique et conduisant sept mules. Nous devions nous réunir plus loin. Dans les sacs qu'il transportait, se trouvaient des appareils photographiques, quelques instruments, du papier pour un herbier, etc. Ces choses attirèrent l'attention du fonctionnaire qui examina les bagages et comme il connaissait ma présence à Jakyendo, il se douta que je me trouvais dans les environs. Il empêcha ma petite caravane de passer, lança des soldats à ma recherche dans toutes les directions ; ceux-ci me trouvèrent et ce fut la fin de l'aventure.

La fin pour cette fois, mais j'étais loin de me considérer comme vaincue. J'ai pour principe de ne jamais accepter une défaite, de quelque nature qu'elle puisse être et qui que ce soit qui me l'inflige.

C'est même, alors que l'idée d'aller à Lhassa, restée un peu vague jusqu'à ce moment, devint, chez moi, une décision fermement arrêtée. Aucune revanche ne pouvait surpasser celle-là ; je la voulais et à n'importe quel prix je l'aurais. J'en fis le serment en face du poste-frontière où l'on m'avait reconduite.

Le désir de venger mon propre insuccès n'était pourtant pas uniquement ce à quoi je visais. Je souhaitais, bien davantage, attirer l'attention sur le phénomène, singulier à notre époque, de territoires *devenant* interdits.

Il ne s'agit pas seulement de Lhassa. La barrière immense coupant les communications, en Asie, s'étend approximativement entre le 78° et le 99° longitude et du 27° au 30° latitude.

Si j'avais parlé après mes différents échecs, certains eussent pu croire que le dépit me poussait. Il fallait donc réussir d'abord, aller à Lhassa même et supprimer, ainsi, tout intérêt personnel dans la question. C'est ce que j'ai fait.

Avant de terminer, je désire assurer mes nombreux amis anglais qu'en critiquant la conduite de leur gouvernement au Tibet, je n'obéis à aucun sentiment d'antipathie contre la nation anglaise dans son ensemble. Bien au contraire. Spontanément, dès mon enfance, quand je passais mes vacances sur la côte du Kent, j'ai aimé les Anglais et leurs coutumes. Durant les longs séjours que j'ai faits en Orient, ma sympathie pour eux s'est encore accrue. Une sincère gratitude s'y ajoute, maintenant, pour de si nombreux accueils cordiaux reçus dans tant de demeures dont les charmantes hôtesses s'ingéniaient à me faire retrouver un foyer.

Dans leur pays, de même que dans le mien, ou dans n'importe quel autre, la politique suivie par les gouvernants est loin de représenter toujours les meilleurs côtés du caractère des citoyens. Je suppose, sans crainte de me tromper beaucoup, que ceux de la Grande-Bretagne et des Dominions partagent l'ignorance des nationaux de toutes les puissances, quant à la façon tortueuse dont se traitent, dans les coulisses des ministères, les affaires des colonies et des protectorats lointains.

Ce que j'ai relaté étonnera sans doute beaucoup de gens et, plus particulièrement les missionnaires chrétiens qui pourront se demander pourquoi une nation qui s'intitule chrétienne, interdit à l'Evangile et à ceux qui le prêchent, l'entrée d'un pays où elle est libre d'envoyer ses troupes et de vendre ses fusils.

J'ajouterai un mot au sujet de l'orthographe des mots tibétains. Je les ai simplement transcrits phonétiquement afin de permettre au lecteur de les prononcer à peu près comme le font les Tibétains. Exceptionnellement, j'ai parfois écrit *ph* pour distinguer l'un des trois *p* de l'alphabet tibétain, comme dans le mot *philing* (étranger) qu'il faut prononcer *pi line gue.* Le son *f* n'existe pas en tibétain. Le troisième *p* et le troisième *t* ont souvent été écrits respectivement *b* et *d* selon l'usage généralement adopté par les orientalistes, bien que ces lettres n'aient le son de *b* et de *d* que lorsqu'elles sont précédées d'une lettre-préfixe muette.

L'orthographe tibétaine, très compliquée, déroute forcément ceux qui ne peuvent lire les mots écrits en caractères tibétains. Comme exemple, j'indiquerai que le mot prononcé *naldjor* s'écrit *rnal byorz* ; le nom prononcé *deuma* s'écrit *sgrolma* et ainsi de suite.

Quant au nom *Tibet,* il peut être intéressant de savoir qu'il est inconnu des Tibétains. Son origine reste obscure. Les Tibétains appellent leur pays *Peu yul* ou, poétiquement, en littérature, *Gangs yul* (le Pays des Neiges). Eux-mêmes se dénomment *Peu pas.*

Certains croient trouver l'origine du terme Tibet dans deux mots tibétains : *tod bod* (prononcés *teu peu*). *Tod* signifie haut. La dénomination Haut Tibet est parfois appliquée au Tibet central, tandis que les provinces orientales sont appelées Bas Tibet. Toutefois, faire dériver la première syllabe de Tibet : « ti » de *tod,* exige un renversement des places généralement assignées par la grammaire tibétaine au nom et à l'adjectif. D'après celle-ci, l'adjectif suit le nom. L'on dit : *Bod-tod* (Peu-teu) Tibet haut, *Bod-med* (Peu-méd) Tibet bas.

Ainsi qu'il ressort des explications données dans cette introduction, je ne pouvais réussir à atteindre Lhassa qu'en gardant le plus strict incognito. Il m'était impossible d'inclure un appareil photographique dans mes bagages de mendiante et, ni Yongden, ni moi, déguisés en pauvres hères, ne devaient être surpris prenant des photographies. La plupart de celles qui illustrent ce livre ont été prises au cours de mes précédentes pérégrinations au Tibet. Quant à celles qui se rapportent à Lhassa ou à ses environs, je les ai obtenues de photographes indigènes.

Arrivés à Lhassa, mon fils adoptif et moi avions renoncé à la mendicité et nous étions promus à une condition sociale un peu supérieure qui nous permettait de montrer de l'argent. Il nous était, ainsi, possible de rémunérer les services des photographes du pays. Ceux-ci, tant professionnels qu'amateurs, ne manquent point au Tibet.

CHAPITRE PREMIER

Départ du Yunnan. — Comment je me débarrassai de mes porteurs. — Fuite nocturne vers le massif du Kha Karpo. — Rencontre inattendue dans les ténèbres. — Yongden et moi changeons de personnalité et nous déguisons. — Étranges visions dans la forêt. — Passage de la frontière du pays interdit à 5412 mètres d'altitude. — Des fauves viennent nous flairer comme nous nous endormons. — Apparition d'une cité fantôme. — Premier contact avec des pèlerins. — Traversée mouvementée du premier village tibétain. — Un sacristain rusé...

Adieu, mon Père !... Nous partons. Au détour du chemin, je me retourne pour regarder encore une fois l'hôte très bienveillant qui, il y a quelques jours, sans nous connaître le moins du monde, nous a cordialement accueillis, Yongden et moi, lorsque nous avons sollicité son hospitalité.

Du portail de la Mission, le Révérend Père N... nous suit des yeux ; une expression d'inquiétude est empreinte dans le sourire qu'il nous adresse. Il n'a pas été dupe des vagues projets que nous lui avons exposés, le but de notre voyage entrepris dans des conditions singulières lui demeure mystérieux. Où irons-nous, seuls, à pied, et sans bagages ?... Il se le demande, sans pouvoir le deviner, pressentant quelque hasardeuse expédition et je suis certaine que les noms des énigmatiques passants qui, durant quelques nuits, ont dormi sous son toit seront prononcés dans ses prières. Puissent s'accomplir les vœux qui lui sont chers ! Qu'il soit béni pour la chaleur réconfortante dont son amitié enveloppe mon départ pour la Rome lamaïste !

Adieu !... Le sentier fait un coude, la maison de la Mission est hors de vue. L'aventure commence.

C'est la cinquième fois que je me mets en route pour la zone fermée du « Pays des Neiges », et bien différents d'aspect ont été ces départs échelonnés au cours de plus de dix années. Certains se sont effectués joyeusement, accompagnés par les rires des domestiques, le carillon bruyant des sonnettes suspendues au cou des mules, parmi cet affairement un peu brutal mais plein de bonne humeur et tout le gai tapage qu'affectionnent les populations de l'Asie centrale. Un autre fut grave, presque solennel : en grand costume lamaïque, pourpre sombre et brocart d'or, je bénissais les villageois et les *dokpas* assemblés pour saluer une dernière fois la *khandoma* [1] étrangère.

1. *Khandoma,* « promeneuse à travers l'espace ». Une sorte de fée qui apparaît généralement sous l'aspect d'une femme âgée. Les Tibétains leur donnent le titre de « mère ». La prononciation habituelle est khandouma ou khandoma.

Je m'éloignai, un jour, au milieu d'une féerie dramatique créée par un ouragan s'élevant soudain, comme je me mettais en route. Dans le ciel, quelques instants plus tôt ensoleillé, surgissaient d'énormes nuages sombres qui s'enroulaient autour des pics géants, comme autant de monstres aux formes fantastiques. Une sinistre teinte plombée se répandit sur les montagnes environnantes, transformant le décor immaculé et plein de majestueuse sérénité des hautes cimes, en une sorte de morne et terrifiant paysage des Enfers. La tourmente de neige m'enveloppait alors et, chancelante, aveuglée, un peu semblable à une épave ballottée par la tempête, je m'en allai...

Deux fois, je partis en secret, aux premières lueurs du jour, emmenant ma petite caravane à travers les immenses solitudes tibétaines ; déserts arides et déserts d'herbe, tous deux silencieux, farouches, énigmatiques, hautes terres âpres et fascinantes, pays de rêves et de mystères... Maintenant, le chaud soleil de l'automne chinois brille au beau ciel bleu sombre ; les montagnes, les bois toujours feuillus, semblent nous inviter ; nous avons vraiment l'air de partir pour une simple excursion. C'est là, du reste, ce que nous avons déclaré aux bonnes gens du village que nous venons de quitter ; nous allons herboriser sur les montagnes. Cependant l'entreprise est sérieuse et je n'ignore aucun des obstacles qui vont se dresser sur mon chemin.

Pour le moment, mes bagages ostensiblement laissés en dépôt au village, prévenaient tout soupçon concernant mes projets. Cependant, même en prétextant des excursions peu lointaines, il m'avait été impossible de partir seule avec Yongden, tous deux chargés d'un ballot, comme nous allions l'être au Tibet. Une telle façon d'agir, si contraire aux habitudes des voyageurs étrangers, eût incité les gens du pays à m'épier pour découvrir la raison de mon étrange conduite. Force m'avait été d'engager deux porteurs et, tout en cheminant, je repassais dans mon esprit les ruses imaginées durant les jours précédents, pour me débarrasser d'eux en temps voulu. Ce temps approchait rapidement car, le surlendemain, nous arriverions au pied du chemin de traverse escaladant le Kha Karpo [1] en face du village de Londré et c'était par ce sentier que je comptais m'échapper pour gagner, pendant la nuit, la route du pèlerinage encerclant la montagne sainte. Si mon plan échouait là, mon voyage à Lhassa serait irrémédiablement compromis.

Un autre souci me préoccupait encore ; sans ployer sous leur faix, les deux hommes paraissaient sentir le poids des sacs qu'ils transportaient. Comment mon jeune compagnon et moi, dont la force était loin d'égaler la leur, parviendrions-nous, ainsi chargés, à gravir les

1. Une chaîne de montagnes située au nord-ouest du Yunnan, comprenant de hauts pics couverts de neiges éternelles, qui est un lieu de pèlerinage très fréquenté par les Tibétains.

hautes et nombreuses chaînes de montagnes que nous rencontrerions sur notre route ?

La constitution de notre équipement avait été laborieuse et passablement angoissante. En vue des conditions toutes particulières dans lesquelles mon voyage au Tibet devait s'accomplir, je n'avais emporté pour le très long trajet du Gobi au Yunnan, que ce dont il était tout à fait impossible de se passer. Cependant, au moment de partir à pied, sans moyen de transports, il me fallut encore éliminer de ces bagages déjà si réduits, certains objets de première nécessité.

Nous mettant en route en octobre, il nous aurait fallu une tente confortable, des couvertures chaudes ; à défaut de lits de camp, un épais tapis étendu sur une toile imperméable, des vêtements et des bottes de rechange. Mais plus encore que toutes ces choses, pourtant si utiles, une ample quantité de vivres nous était indispensable.

J'avais décidé de voyager nuitamment et de demeurer cachée pendant le jour, jusqu'à ce que j'aie pénétré assez avant dans le pays pour que nul ne puisse discerner de façon certaine l'endroit d'où je venais et les chemins que j'avais suivis.

L'exécution de ce plan exigeait que nous puissions nous nourrir pendant deux ou trois semaines sans avoir besoin de rien acheter aux indigènes. Aussi, afin de pouvoir emporter davantage de provisions, couvertures et vêtements de rechange, avaient-ils été abandonnés.

Une tente minuscule en coton léger, ses piquets de fer, des cordes, un grand morceau de cuir non tanné, de provenance tibétaine, pour ressemeler nos bottes, un carré de grosse toile devant atténuer quelque peu l'humidité ou le froid du sol nu sur lequel nous nous étendrions pour dormir et le sabre court servant à des usages multiples, partie essentielle de l'équipement de tout voyageur tibétain (pour nous, surtout cognée de bûcheron), étaient les seuls objets pesants que j'avais conservés. Mais le beurre, la *tsampa* [1], le thé, un peu de viande séchée atteignaient ensemble un nombre respectable de kilogrammes et mes doutes croissaient quant à la possibilité de transporter notre charge à pas accéléré le long de pentes raides, dans notre ascension nocturne des premiers versants du Kha Karpo.

Ainsi, tout en réfléchissant, et répétant mentalement la comédie que je me disposais à jouer à mes innocents porteurs, je remontais la rive droite du Mékong. Nous étions partis dans l'après-midi et ne pouvions espérer aller loin ce jour-là.

Notre camp, c'est-à-dire ma tente lilliputienne, fut établi sur un petit plateau d'où l'on apercevait le pic principal du Kha Karpo.

Les choses de la nature paraissent posséder un langage spécial intelligible, semble-t-il, à ceux qui ont vécu longtemps proches d'elles, attentifs et solitaires ou, peut-être, plus simplement, ces der-

1. Farine faite avec de l'orge préalablement grillé qui constitue l'aliment principal des Tibétains et tient chez eux la place que le pain occupe en France.

niers déchiffrent-ils leurs propres pensées et leurs secrets pressentiments sur les énigmatiques physionomies des monts, des bois et des eaux. Le majestueux Kha Karpo dressant haut dans le ciel clair la masse de ses glaciers bleuis par la pleine lune m'apparut, ce soir-là, non comme le farouche gardien d'une barrière infranchissable, mais plutôt tel qu'une déité vénérable et bienveillante debout au seuil des solitudes mystiques, prête à accueillir et à protéger la voyageuse, quelque peu téméraire, que son amour du Tibet y ramenait.

Cette impression prophétique devait être pleinement justifiée par les événements.

Je passai la nuit suivante au pied d'une muraille de rocs rouges, à l'entrée d'une gorge sauvage d'où s'échappait, en rugissant, un large torrent qui se déversait dans le Mékong. Une très petite distance nous séparait de Londré, l'endroit où la tactique à laquelle je m'étais définitivement arrêtée pour me débarrasser de mes porteurs allait subir l'épreuve décisive. Le premier coup de dés de la partie que j'avais engagée serait joué dans quelques heures. A qui donnerait-il la victoire ?...

Puis, les deux gêneurs partis, la situation de ce village au sujet duquel je n'avais recueilli que de vagues renseignements se prêterait-elle à une fuite nocturne à travers la montagne ? Pourrais-je atteindre le chemin du pèlerinage et une cachette sûre avant le lever du jour ? De nombreuses questions, toutes angoissantes, surgissaient en mon esprit. Pourtant, lorsque je fus étendue sur le sol rugueux, dans ma petite tente, le sentiment très particulier de bien-être, de délivrance et de sérénité profonde que le séjour dans la solitude fait toujours naître en moi, m'enveloppa, une fois de plus, de sa béatitude et je m'endormis paisiblement.

Vers le milieu de la matinée suivante, je dis adieu au Mékong, mon ami de longue date, sur les bords duquel j'ai vécu plus d'une curieuse aventure. Tournant à l'ouest, je m'enfonçai dans le défilé conduisant à Londré. Celui-ci s'élargissait bientôt, devenant une étroite vallée où la rivière coulait claire et tranquille, avant sa brusque descente torrentueuse vers le grand fleuve. Un bon sentier la suivait, passant plusieurs fois d'une de ses rives à l'autre sur de rustiques ponts de bois. Le temps ensoleillé rendait la promenade charmante.

Deux marchands tibétains nous croisèrent et ne nous accordèrent que très peu d'attention. Probablement nous prirent-ils pour des Chinois à cause du costume que nous portions. Néanmoins, cette première rencontre avant-coureuse de tant d'autres où mon incognito serait peut-être souvent en péril, me causa une petite émotion.

Un peu avant midi nous arrivions en vue de Londré.

Si Yongden et moi avions, alors, été seuls, il nous eût été facile d'éviter la traversée du village en nous cachant dans les bois jusqu'à la nuit. Le versant du Kha Karpo que nous devions escalader se dressait, tout près, à notre droite, séparé seulement de notre sentier par la rivière que franchissait un large pont. Mais quelque difficulté que nous dussions éprouver à revenir sur nos pas et quel que pût être notre désir d'éviter les regards des naturels du pays, nous arrêter sans raison plausible après une si courte marche était impossible à cause des réflexions que cette conduite bizarre pouvait faire naître chez les hommes qui nous accompagnaient. Nous diriger vers le Kha Karpo était encore plus impossible. Nous avions dit et redit à nos porteurs que nous nous rendions au Loutzé Kiang pour y récolter des plantes et ne pouvions, sans risquer de provoquer des commentaires dangereux, renoncer ouvertement à notre programme pour nous engager sur le chemin de la frontière tibétaine.

Extrêmement contrariée, tournant exactement le dos à la route que je devais prendre, songeant que chacun des pas que je faisais m'éloignait de mon but et ajoutait aux complications de notre fuite prochaine, je suivis, passablement énervée, les deux montagnards qui voulaient nous mener camper à une vingtaine de kilomètres de là sur un plateau boisé dont ils vantaient les charmes.

Notre passage à Londré fut aussi peu remarqué que nous pouvions le souhaiter. Pas un des rares paysans que nous rencontrâmes ne nous accorda la moindre attention. Cette très heureuse circonstance était peut-être due à ce qu'un savant naturaliste américain parcourait à ce moment même le Loutzé Kiang, employant une grande quantité de gens pour la récolte des plantes et des graines. Nos vêtements chinois, passablement râpés, leur donnant le change, très probablement ces villageois crurent-ils que nous nous rendions auprès de lui pour travailler sous ses ordres.

Après avoir parcouru quelques kilomètres, je jugeai imprudent de m'éloigner davantage du Kha Karpo. La sagesse exigeait que nous traversions Londré au commencement de la nuit, afin de nous réserver le temps nécessaire pour effectuer une longue marche avant l'aube. Nous devions tâcher d'avoir, à ce moment, atteint la route du pèlerinage. Une fois là si, malgré nos précautions, nous étions aperçus, nous pourrions prétendre, très plausiblement, que nous venions d'une quelconque des régions septentrionales du Tibet qu'il nous conviendrait de nommer et nous perdre dans la foule banale des dévots. Ces derniers, venus de pays parfois lointains et appartenant à des tribus différentes, présentent une grande diversité de types ; leurs dialectes, tout comme les coiffures et le costume des pèlerines, sont extrêmement variés. Cette circonstance me faisait espérer que ce que ma physionomie, mes vêtements ou ma prononciation pouvaient avoir d'hétérodoxe au point de vue des gens du pays, passerait aisément inaperçu.

De l'endroit où nous étions arrivés nous dominions de très haut la vallée à l'entrée de laquelle se trouvait Londré. Elle était absolument déserte et couverte d'arbustes épineux formant d'épais fourrés ;

quelques éclaircies y laissaient entrevoir la petite rivière que nous avions traversée le matin. Un sentier de chèvre, partant à nos pieds, dégringolait la pente presque à pic, conduisant de la route vers cette jungle solitaire. L'occasion me parut favorable pour me débarrasser des deux innocents qui ne se doutaient guère des soucis qu'ils me causaient.

— J'ai les pieds enflés et meurtris, leur dis-je. Il m'est impossible de marcher davantage. Descendons au bord de la rivière, nous ferons du thé et je camperai là.

Les braves paysans ne manifestèrent aucun étonnement. Mes sandales chinoises, faites en cordelettes, m'avaient en effet blessée ; les hommes le savaient, ayant vu mes pieds saigner tandis que je les lavais dans un ruisseau. Nous descendîmes et je fis planter ma tente dans une minuscule clairière. La proximité de l'eau et la protection donnée contre le vent par les taillis environnants pouvaient, en partie, expliquer le choix de cette place si mes porteurs ou un autre indigène passant, par aventure, dans ces parages, me questionnaient sur le motif qui m'avait amenée à m'installer dans cet endroit singulier.

Le feu allumé, je fis faire un copieux repas aux deux hommes, tandis que Yongden et moi nous nous efforcions d'avaler quelques bouchées, trop préoccupés par l'imminence de notre départ et la crainte de voir nos plans échouer au dernier moment pour avoir grand appétit. Dès que les braves campagnards eurent fini de manger, je commandai à l'un d'eux d'aller quérir de grosses bûches sur la montagne car le petit bois fourni par les buissons entourant notre camp ne produisait qu'une flambée éphémère et ne suffirait pas, disais-je, à nous tenir chaud durant la nuit.

Lorsqu'il fut hors de vue, j'expliquai à son camarade que puisque mes pieds blessés me rendaient les longues marches trop pénibles, j'avais décidé de m'arrêter pendant une semaine dans le voisinage de Londré où j'examinerais les plantes tout à loisir, avant de me rendre au Loutzé Kiang. Ses services, ajoutai-je, ne m'étaient plus nécessaires. Il me serait facile de trouver un autre porteur au village lorsque je me remettrais en marche. La chose lui parut toute naturelle et le prix généreux dont je payai ses trois journées de travail le rendit complètement heureux. Il partit immédiatement pour retourner chez lui par le chemin que nous avions suivi, convaincu que le second porteur, maintenant occupé à couper du bois sur la montagne, demeurerait auprès de moi pour me servir.

Quand ce dernier revint, je lui répétai exactement ce que j'avais dit à l'homme qui venait de me quitter, j'ajoutai seulement que puisque je ne pouvais aller immédiatement au Loutzé Kiang, il devrait y porter une lettre et un paquet de ma part. Le but de cet envoi était d'empêcher le porteur de s'en retourner par la route directe que suivait, maintenant, le villageois que j'avais congédié. Il importait, pour ma sécurité, que les deux Tibétains ne se rencontrassent point avant quelques jours. Or, je savais que du Loutzé Kiang l'on pouvait retourner au village d'où nous étions partis, par une route directe coupant à travers le massif montagneux que nous venions de contourner. Ma seconde dupe devait prendre cette route et, pour le lui rendre inévitable, je l'envoyais précisément à l'endroit d'où elle partait.

Lettre et paquet étaient adressés à un missionnaire dont je connaissais la présence à cet endroit. Je ne l'avais jamais vu et lui étais aussi complètement inconnue qu'il est possible de l'être.

La lettre griffonnée en hâte ne lui apprenait rien sur mes projets ; quant au paquet, il contenait quelques hardes dont nous nous étions dépouillés pour nous alléger encore davantage, abandonnant aussi, non sans un léger serrement de cœur, le tapis de toile que nous comptions conserver afin de ne pas devoir coucher directement sur le sol boueux ou glacé pendant tout l'hiver.

Le second porteur ne vit rien que de très ordinaire dans la commission dont je le chargeais. Il s'éloigna enchanté, lui aussi, du salaire libéral qu'il avait reçu, s'imaginant que son camarade, absent pour le moment, avait été envoyé au village pour faire des emplettes et reviendrait avant la nuit pour demeurer auprès de moi pendant ma semaine de repos.

Ce que ces deux hommes se dirent, quelques jours plus tard, lorsqu'ils se revirent, après avoir contourné la même montagne, l'un au nord et l'autre au sud, dut être amusant à entendre, mais je ne le sus jamais.

« Tout ce qui devait être fait était accompli. »

Cette phrase souvent répétée dans les sûtras bouddhistes, à propos d'un achèvement d'un ordre beaucoup plus transcendant que celui auquel nous étions heureusement arrivés, exprimait si exactement ma sensation présente qu'instinctivement elle me revint à la mémoire.

Debout, en face l'un de l'autre, parmi la brousse, seuls, Yongden et moi nous nous regardions en silence. La nouveauté de notre situation nous désorientait : à vrai dire, nous demeurions quelque peu ahuris.

Pendant plus de deux ans — en fait, depuis mes premiers démêlés avec les autorités tibétaines au pays de Kham — le jeune lama et moi avions inlassablement discuté les moyens de « disparaître », de nous débarrasser de notre entourage et de faire perdre nos traces pour changer de personnalité. Durant le long voyage de l'extrême sud du désert d'herbe aux premiers campements mongols, dans le Gobi, comme sur les routes qui nous ramenaient à la frontière tibéto-yunnanaise, ce thème unique avait perpétuellement alimenté nos conversations, hanté nos pensées et troublé nos rêves.

Maintenant, ce que nous tenions, à juste titre, pour si difficile à réaliser, était à notre portée : dans quelques heures nous partirions pour le col de Dokar qui marque, actuellement, la frontière du Tibet interdit.

Hâtivement, je ravivai le feu. Yongden alla chercher de l'eau à la rivière et nous préparâmes du thé à la mode tibétaine, c'est-à-dire qu'après l'avoir fait bouillir, nous y ajoutâmes du beurre et du sel dans la marmite même, d'après la façon simplifiée des voyageurs pauvres qui ne peuvent se permettre le luxe d'emporter une baratte pour mélanger le liquide.

Le nombre de nos ustensiles de cuisine avait été réduit dans les mêmes proportions que notre garde-robe. L'énumération en sera courte. Nous possédions une marmite, deux bols, l'un en bois, l'autre en aluminium, qui pouvait, au besoin, se poser sur le feu et servir de casserole, deux cuillères et un de ces étuis chinois contenant un long couteau et deux baguettes. C'était tout. Nous ne comptions pas nous nourrir de mets raffinés. Notre alimentation devait être celle des gens du peuple, c'est-à-dire de la *tsampa* humectée avec du thé ou mangée presque sèche, pétrie avec du beurre. Par exception, lorsque les circonstances s'y prêteraient, nous ferions une soupe.

Le thé bu, Yongden s'en alla. Les heures passaient, la nuit était venue. Je demeurais assise près du feu que je n'osais pas faire flamber de crainte que sa lueur trop vive ne fût aperçue au loin et ne décelât ma présence. Le restant du thé gardé comme un dernier cordial pour le moment du départ bouillotait doucement, sur les bûches rougeoyantes, avec un glouglou monotone ; la lune colorait de teintes bleues et roussâtres la vallée sauvage et mélancolique. Autour de moi tout était silence et solitude.

Qu'avais-je osé rêver ? Dans quelle folle aventure étais-je sur le point de m'engager ? Je me rappelais celles qui l'avaient précédée, le souvenir me revenait de fatigues endurées, de dangers courus, d'heures où la mort m'avait frôlée. C'était cela encore et bien pire qui m'attendait... Et quelle en serait la fin ? Triompherais-je, arriverais-je à Lhassa, riant de ceux qui ferment le Tibet ? Serais-je arrêtée dans ma route, ou, vaincue pour jamais, finirais-je au fond d'un précipice, sous la balle d'un brigand, ou bien, emportée par une maladie au pied d'un arbre ou dans une caverne, comme une bête des forêts ? Qui pouvait le savoir ?...

Mais je ne permis pas à ces pensées lugubres de me dominer. Quel que dût être l'avenir qui m'attendait, je ne reculerais point.

« Arrêtez-vous ici ! N'avancez pas plus loin !... » Tel était l'ordre étrange qu'une poignée de politiciens occidentaux, se substituant au gouvernement de la Chine, se permettaient d'intimer, aujourd'hui, aux explorateurs, aux savants, aux missionnaires, aux orientalistes du monde entier, à tous, sauf à leurs agents qui parcouraient librement le pays toujours dénommé « interdit ». Quel droit avaient-ils d'ériger des barrières autour d'une contrée qui, légalement, ne leur appartenait même pas ? De nombreux voyageurs partis pour Lhassa et contraints de rebrousser chemin s'étaient résignés, acceptant leur échec, moi je relevais le gant.

« On ne passe pas ici !... » Deux fois je me l'étais entendu dire [1], et je riais, maintenant, à ce souvenir, toute seule dans la nuit, au milieu de la brousse.

« On ne passe pas ! » Vraiment ? — Une femme passerait.

J'en étais là de mes pensées lorsque Yongden émergea tout à coup des taillis. Étrangement éclairé par la lune, il faisait penser à un génie des montagnes apparaissant pour me prendre au mot.

Brièvement, le jeune homme me fit son rapport. Afin d'éviter la traversée de Londré, il nous fallait remonter la vallée, passer la rivière sur deux baliveaux formant une passerelle primitive, puis redescendre sur la rive opposée, jusqu'à l'endroit d'où nous avions entrevu le pied du Kha Karpo. Peut-être pourrions-nous nous dispenser de ce long détour en marchant dans le lit même de la rivière, sous les murs de quelques fermes qui ne laissaient aucun passage à pied sec ; mais comme des paysans travaillaient près de cet endroit, mon éclaireur n'avait pu s'en approcher suffisamment pour se rendre compte de la profondeur de l'eau.

Quelle que soit, du reste, la route que nous choisirions, nous serions forcés de longer les dernières maisons du village avoisinant le grand pont que nous devions franchir pour trouver le sentier grimpant vers le chemin du pèlerinage. D'où partait exactement ce sentier ? Yongden ne pouvait le dire... Ses lacets, expliquait-il, se discernaient très haut sur la montagne, mais il n'avait pu en apercevoir le commencement.

Je dus me contenter de ces vagues renseignements.

Nous partîmes en hâte ; il était déjà tard, un plus long délai pouvait tout compromettre.

Mon fardeau pesait-il lourdement sur mes épaules, ses courroies coupaient-elles douloureusement ma chair ? Probablement que oui. Je le sentis plus tard, mais, pour le moment, toute sensation physique était abolie en moi. Je me heurtais contre des rocs aigus, je me déchirais les mains et le visage aux épines des taillis, je ne m'en apercevais pas, roidie, hypnotisée par ma volonté de réussir.

Pendant plusieurs heures, nous errâmes dans la vallée. Après avoir jugé impossible de passer dans la rivière nous nous mîmes à la recherche de la passerelle. Nous nous égarâmes plusieurs fois dans les halliers ; les pistes tracées par les animaux circulant au bord de

1. Au cours d'autres voyages sur le sol interdit qui, bien que n'ayant pu se terminer selon les plans que j'avais formés, eurent pour résultat inattendu de me conduire à travers des régions extrêmement intéressantes et de me donner l'occasion d'étudier de près la situation faite aux indigènes du Tibet oriental depuis que le gouvernement de Lhassa a établi son autorité sur leur pays.

la rivière, que mon jeune compagnon avait repérées en plein jour, se distinguaient mal à la lueur douteuse d'une lune voilée de brume.

Parvenus sur la rive opposée, nous trouvâmes un chemin étroitement resserré entre la montagne et la rivière ; bien que la marche y fût aisée, ses multiples zigzags nous retardèrent encore longtemps. Enfin, nous entrevîmes l'extrémité du village.

Nous fîmes halte, alors, quelques instants pour boire une gorgée d'eau fraîche et avaler, chacun, une granule de strychnine comme stimulant en vue de l'effort qu'exigerait la grimpade toute proche.

En avant !...

Nous arrivons devant le petit pont conduisant à Londré, sur lequel nous avons déjà passé dans la matinée ; nous hâtons le pas... il est traversé... Les dernières habitations sont dépassées... le second pont franchi... Victoire ! Nous voici à la lisière des bois. Devant nous se dresse, déserte et sauvage, la montagne sainte sur laquelle serpente l'étroit sentier qui nous conduira à d'autres sentiers et ceux-ci à d'autres encore, jusqu'au cœur même du Tibet, jusqu'à la mystérieuse Rome du monde lamaïste.

Un chien avait fait entendre un aboiement étouffé, à peine perceptible, tandis que nous longions les murs de la dernière ferme voisine de la rivière. Un seul chien ! dans ce village autour duquel plusieurs de ses belliqueux et bruyants congénères erraient toute la nuit. Je songeai aux vieux contes hindous décrivant la fuite nocturne des « fils de bonne famille [1] » qui abandonnent leur foyer pour chercher la « Délivrance suprême ». Une phrase y revient souvent, dépeignant l'aide divine qui facilita leur sortie de la maison : « Les dieux avaient endormi les hommes et rendu les chiens silencieux. » Ainsi en était-il pour moi et, dans mon cœur, je rendis grâce aux amis invisibles qui protégeaient mon départ.

Dans notre hâte, nous négligeâmes un petit éboulement sur lequel la lumière trop faible ne nous permit pas d'apercevoir le commencement du chemin que nous devions suivre et nous allâmes chercher ce dernier en remontant la vallée. Celle-ci se rétrécissait bientôt jusqu'à n'être plus qu'une gigantesque déchirure de la montagne. Nul sentier ne pouvait escalader ces murailles de rocs à pic, il nous fallait revenir sur nos pas.

Nous perdîmes là encore au moins une demi-heure, en vue de Londré, tremblant que quelqu'un sortant par hasard de sa chambre ne vienne à nous apercevoir du haut d'une terrasse. Puis, une fois le bon chemin découvert, celui-ci se trouva être si raide et si sablonneux que, malgré tous nos efforts, nous ne pûmes avancer que très lentement, ployant sous le poids de nos fardeaux et obligés de nous arrêter fréquemment pour reprendre haleine. Notre situation était ter-

1. Dans les anciens textes hindous cette expression désignait spécialement les membres de la caste de Kchatryias.

riblement angoissante. La petite montre que je portais dissimulée sous ma robe marquait un peu plus de minuit quand nous avions commencé notre ascension, il importait de nous hâter et nous n'y parvenions pas. La sensation que j'éprouvais pouvait être comparée à celle ressentie durant certains cauchemars pendant lesquels le dormeur se croit poursuivi par des assassins et s'efforce de fuir, mais ne parvient pas à remuer les jambes.

Vers la fin de la nuit, nous arrivâmes à un endroit où la piste s'enfonçait sous de grands arbres au feuillage épais formant une sorte d'étroit tunnel. Une source y laissait suinter un peu d'eau entre des pierres moussues et des feuilles pourries ; le sol humide, partout aux alentours, exhalait une pénétrante odeur de moisissure. Comme nous avancions, de gros oiseaux qui sommeillaient sur les branches s'envolèrent brusquement avec un bruit impressionnant.

La soif nous desséchait la gorge et je partageais le désir de Yongden qui souhaitait s'arrêter pour faire du thé, cependant il me déplaisait de demeurer longtemps à cette place, la seule où nous ayons rencontré de l'eau depuis que nous avions quitté la vallée. Il se pouvait qu'elle fût hantée par les fauves venant s'y désaltérer. Les léopards et surtout les panthères sont nombreux dans toute la région et, sans précisément craindre leur rencontre, je ne tenais pas à la rechercher. Mais, plus que tout, l'idée de perdre encore, là, un temps précieux, m'était insupportable. Les lacets sans fin que décrivait notre route nous laissaient toujours en vue de Londré. Évidemment, à cette distance, nos visages ne pouvaient plus se discerner mais il était possible de remarquer deux points noirs figurant deux voyageurs s'en allant vers le chemin de pèlerinage et je désirais ardemment ne laisser derrière moi aucune indication, si vague soit-elle, de mon passage. Si j'avais été seule, j'aurais enduré n'importe quelle torture plutôt que de m'arrêter même un seul instant et je me serais traînée sur les genoux si la force m'avait manqué pour me tenir debout ; mais l'extrême fatigue eut le dessus sur la prudence chez mon pauvre lama exténué. Il tomba plutôt qu'il ne s'assit sur les feuilles humides et je me mis à la recherche de bois pour faire du feu.

Tout près de nous, je découvris un ruisselet dont l'eau courante nous dispensa d'avoir recours à celle qui croupissait parmi la mousse. Le thé chaud, bien beurré, nous réconforta grandement, mais le bien-être ressenti eut pour effet d'assoupir mon compagnon. Je me sentais près de pleurer de désespoir. Chaque minute gaspillée diminuait mes chances de succès. Cependant, en des cas de ce genre, le sommeil devient un besoin auquel il est impossible de résister, je le savais par expérience. Je laissai donc Yongden dormir. Une heure ne s'était pas écoulée que je le réveillai et nous nous remîmes en marche.

La solitude nous enhardissant, nous poursuivîmes notre ascension longtemps après le lever du soleil. Soudain nous entendîmes un bruit de voix au-dessus de nous.

Alors, sans échanger un seul mot, en proie à une panique folle, dominés par l'unique pensée de ne pas être aperçus nous nous jetâmes hors du sentier, nous enfonçant dans les fourrés comme du gibier effaré. Après cette alerte, nous n'osâmes plus continuer notre route. Des bûcherons, des gardeurs de bétail descendant à Londré ou des gens du Loutzé Kiang montant vers le col de Dokar pouvaient nous rencontrer en chemin, remarquer quelque chose d'insolite dans notre aspect et en parler, soit au village que nous venions de quitter, soit par-delà la frontière... Mieux valait ne pas courir ce risque.

Découvrir une cachette n'était pas facile, nous nous trouvions sur le versant roide d'une sorte de redan n'offrant pas un pouce de terrain plat ; tout ce que nous pûmes faire, fut de nous tirer des éboulis et de nous accroupir sous les arbres en sol plus ferme. C'est dans cette situation incommode, osant à peine bouger de crainte de rouler en bas de la pente, que nous passâmes la première journée bénie de notre merveilleux voyage.

Pour rompre la monotonie des heures, quelques distractions, dont je me serais bien passée, nous furent envoyées. Nous prêtâmes longuement l'oreille aux cris d'invisibles pasteurs conduisant plus haut sur la montagne des troupeaux également invisibles à nos yeux. Un bûcheron apparut ; il chantait un air agréable tout en empilant son bois et, certainement, ne se doutait guère de l'effroi que sa présence causait à une pauvre orientaliste étrangère. Très probablement, le feuillage nous dissimulait complètement et la couleur rougeâtre de nos vêtements se fondait dans ses teintes automnales. Mais la crainte d'avoir été vue par cet homme ou par les pasteurs circulant au-dessus de nous me suggérait les idées les plus pessimistes. Je n'étais pas loin de m'imaginer qu'un nouvel échec m'attendait et que j'étais venue jusque-là, en vain, depuis le lointain Turquestan en traversant toute la Chine.

Peu après le coucher du soleil, nous partîmes pour notre marche nocturne.

Une dernière grimpade, plus raide encore que les précédentes, nous amena auprès d'un petit chörten [1] marquant la jonction de notre sentier et de celui du pèlerinage. Ce dernier était un assez bon chemin muletier, la marche y devint facile et agréable. Être arrivée jusque-là sans avoir rencontré personne était une heureuse chance et si cette même heureuse chance continuait et me permettait de franchir le col de Dokar ou même d'atteindre la région de Menkong dans les mêmes conditions, je pourrais considérer mon succès presque assuré.

1. Un genre de monument tibétain correspondant aux *stûpas* de l'Inde, qui renferme des objets religieux ou les cendres de grands lamas.

Encore plus torturés par la soif que la veille — il y avait près de vingt-quatre heures que nous n'avions bu — nous arrivâmes, enfin, devant un gros torrent qui roulait bruyant et blanc d'écume dans un lit encaissé, encombré de rochers.

Yongden n'écoutant que son désir de se rafraîchir voulut immédiatement descendre au bord de l'eau. Je m'efforçai de l'en dissuader. L'obscurité ne permettait pas de distinguer les obstacles en partie cachés sous l'épaisse couche de feuilles mortes ; tomber sur l'un d'eux c'était presque infailliblement glisser dans le torrent et être emporté par lui. Mais le jeune homme s'obstinait. L'eau étant si rare dans ces parages, il fallait profiter de celle-ci, disait-il, pour nous désaltérer, faute de quoi nous passerions peut-être encore de longues heures à souffrir.

Cette raison ne manquait pas de poids mais, au risque d'être noyés, je préférais celui d'endurer la soif, de sorte que j'ordonnai sévèrement à mon fils adoptif de renoncer à son idée et de traverser immédiatement le petit pont qui se trouvait en face de nous.

Une fois passés, nous découvrîmes que l'autre rive était moins abrupte que celle d'où nous venions. Les traces d'un chemin permettant une descente facile s'y voyaient à côté de quelques pierres noircies entourées de cendres, indiquant que les pèlerins s'arrêtaient parfois à cet endroit pour prendre leur repas.

Bien que le temps fût précieux, je songeais à m'arrêter pour faire du thé, lorsqu'une voix sortant des ténèbres nous interpella. La terreur nous cloua sur place. Quelqu'un était là et, justement, en discutant ensemble, Yongden et moi avions parlé en anglais, même parlé très haut. Cet homme invisible nous avait-il entendus ? L'accent particulier d'une langue qui n'était ni du chinois ni du tibétain allait-il lui suggérer la pensée que des étrangers rôdaient dans la forêt ?

Ce qu'il disait ne nous permettait pas de le deviner. Il nous offrait de la braise rouge pour allumer du feu et un bol de thé chaud en attendant que le nôtre soit prêt. Une politesse banale que les voyageurs tibétains font presque toujours à ceux qui passent près de leur campement.

Interdits, nous ne répondions pas. Un autre individu questionna :

— Qui êtes-vous ? Pourquoi voyagez-vous pendant la nuit ?

Nous ne distinguions toujours personne, mais le son partait d'un arbre énorme. Je compris que celui-ci devait être creux et servait, cette nuit, d'hôtellerie à des voyageurs.

— Nous sommes des pèlerins, répondit Yongden, des *dopkas* d'Amdo ; nous ne pouvons pas supporter la chaleur de ce pays ; dès que nous marchons au soleil, nous prenons la fièvre. C'est pourquoi nous profitons de la fraîcheur de la nuit pour achever le tour de la sainte montagne.

C'était une raison très plausible de notre conduite singulière. Le questionneur se tint pour satisfait, mais le lama continua :

— Et vous, qui êtes-vous ?

— Nous aussi, nous sommes des pèlerins.

— Eh bien ! adieu, dis-je à mon tour, pour couper court à la conversation ; nous irons encore un peu plus loin et nous camperons lorsque nous rencontrerons encore une fois de l'eau. Merci pour le thé, nous n'avons pas soif.

Ce n'était pas un mensonge. L'émotion ressentie nous avait fait oublier la brûlure de notre gosier desséché, nous ne songions qu'à nous éloigner de ces interlocuteurs que nous ne parvenions pas à entrevoir.

Ainsi se termina la première rencontre que nous fîmes dans notre voyage vers Lhassa. Nous nous félicitâmes de ce qu'elle n'avait pas eu lieu alors que nous nous trouvions encore sur le chemin venant de Londré.

Si peu important qu'eût été l'incident, il nous servit d'utile leçon. Nous comprîmes que même les marches nocturnes ne nous assuraient pas une entière sécurité et que nous devions être toujours prêts à expliquer, de façon à n'éveiller aucun soupçon, le motif du moindre de nos actes. Depuis lors aussi, et jusqu'à notre arrivée à Gyantzé, nous ne parlâmes plus d'autre langue que le tibétain.

Plusieurs heures s'écoulèrent sans que nous rencontrions le moindre ruisselet. Nous étions extrêmement fatigués et marchions machinalement, à moitié endormis. A la fin, il nous fut impossible de mettre un pied devant l'autre. La fatigue, la faim, la soif, le besoin de sommeil nous terrassaient. Il fallut s'arrêter.

L'endroit où nous nous trouvions ne convenait guère à une halte. Le sentier y était excessivement étroit et côtoyait le vide. Nous nous couchâmes sur le sol parsemé d'aspérités pierreuses, nous efforçant de conserver, bien qu'assoupis, la conscience de notre situation à la lisière d'un précipice.

Le jour n'était pas encore levé que Yongden et moi rechargions les fardeaux qui nous avaient servi d'oreillers et poursuivions notre marche à travers la forêt. Nous hâtions le pas autant qu'il nous était possible, cherchant à atteindre un ruisseau avant de nous cacher dans les taillis jusqu'à la fin de la journée.

Bientôt une sorte de course s'engagea entre le soleil et nous : lui, semblant se hâter de dépasser la cime des montagnes qui interceptaient ses rayons, et nous, luttant de vitesse pour parcourir la distance la plus considérable possible avant que sa clarté ne devienne trop vive. Le dieu devait vaincre. Il apparut quelque part, au-dessus d'un sommet que nous masquait la ramure des grands arbres sous lesquels nous marchions et, bientôt, s'élevant dans le ciel, il éclaira et réchauffa le sous-bois. Il était grand temps de quitter le chemin. Les gens qui nous avaient parlé pendant la nuit pouvaient nous rattraper ; il s'ensuivrait forcément une longue conversation, une foule de questions et, pire que tout, nous serions vus en pleine lumière du jour.

Derrière un *dotcheu*[1] entouré par des drapeaux portant des inscriptions mystiques, s'étendait une sorte de petit plateau. Nous nous y glissâmes entre les buissons jusqu'à ce que nous fussions complètement à l'abri des regards de quiconque passerait sur la route du pèlerinage. Nous avions trouvé une bonne cachette. Mais l'eau manquait toujours. Regardant au-dessous de nous, vers le fond invisible de la vallée, j'aperçus de la fumée bleuâtre flottant entre les arbres et, prêtant l'oreille, un lointain murmure d'eau courante parvint à moi. Des voyageurs ou des bûcherons devaient être là, prenant leur repas matinal. L'idée de ces gens qui mangeaient et buvaient accroissait encore le tourment de notre estomac vide ; Yongden, n'y tenant plus, décida d'emporter notre marmite et de se risquer sur la route à la recherche de l'eau.

Restée seule, je dissimulai nos sacs sous les branches, m'étendis à plat parmi les feuilles mortes et en jonchai mes vêtements. Ainsi camouflée, quelqu'un cheminant, par aventure, à travers les bois, aurait pu passer bien près de moi sans m'apercevoir. Yongden lui-même eut de la peine à me trouver lorsqu'il revint, apportant de l'eau.

Mon compagnon et moi étions partis vêtus des habits chinois que nous avions portés pendant notre voyage à travers la Chine. Ils n'attiraient pas l'attention et, en ce qui me concerne, eussé-je été vue par quelqu'un m'ayant déjà rencontrée ou, de toute autre façon, reconnue comme étrangère, ma toilette n'eût point prêté à des soupçons concernant mes projets. La majorité des étrangers résidant dans les parties reculées de la Chine ont adopté le costume indigène.

A l'endroit où nous étions arrivés, nous avions toutes bonnes raisons de croire que, dorénavant, nous ne trouverions sur notre route que des gens à qui nous serions totalement inconnus : des pèlerins tibétains. Mieux valait donc, sans attendre davantage, nous confondre dans leur nombre ainsi que de vulgaires *ardjopas*.

On nomme *ardjopas* ces pèlerins — des moines pour la plupart — voyageant à pied, chargés de leurs bagages, qui, par milliers, errent à travers le Tibet, visitant les lieux que la tradition a consacrés comme vénérables à un titre quelconque.

Parmi eux l'on rencontre un certain nombre de véritables pauvres et même quelques professionnels de la mendicité se donnant l'apparence de pèlerins pour s'attirer de plus abondantes libéralités ; mais la plupart des *ardjopas* ont un foyer et possèdent des moyens de subsistance dans leur pays, leurs revenus étant, toutefois, trop minimes pour leur permettre le luxe d'une monture.

Je m'étais décidée à adopter le déguisement d'*ardjopa* parce qu'il me fournissait le meilleur moyen possible de circuler sans attirer

1. Un cairn placé sur les routes ou à n'importe quelle place en l'honneur des dieux. *Dotcheu* signifie une offrande de pierres.

l'attention. Yongden qui est un lama authentique et lettré devait se montrer excellent, dans son rôle, et sa vieille mère (moi), qui, par piété, avait entrepris de longs pèlerinages, ne pouvait manquer de paraître une personnalité touchante et sympathique.

Ces considérations avaient grandement influencé mon choix. Mais, je le confesse, la liberté parfaite de l'*ardjopa* qui est délivré des soucis causés par les domestiques, les chevaux, les bagages, et dort chaque nuit où bon lui semble, en plein air, m'attirait énormément.

Et maintenant que dix mois [1] d'expérience m'ont permis d'apprécier les joies comme les privations et les fatigues de cette vie pittoresque, je l'estime la plus délicieuse que l'on puisse rêver et tiens pour les plus heureux jours que j'aie jamais vécus, ceux où, mon misérable balluchon sur le dos, j'errais par monts et par vaux au merveilleux « Pays des Neiges ».

Après un copieux repas composé de *tsampa,* de viande séchée et de thé au beurre, nous revêtîmes nos habits tibétains. Je ne puis guère dire que nous nous déguisions ; Yongden reprit le costume de lama, il l'avait porté depuis sa jeunesse et, quant à moi, je m'étais, pendant des années, habillée à la mode tibétaine. La seule nouveauté, pour nous, consistait dans la pauvreté voulue de nos vêtements actuels.

Ma coiffure me causait quelque ennui. Je n'avais pas emporté de chapeau tibétain en partant d'Amdo, comptant en acheter un à Atuntzé, mais les circonstances m'ayant amenée à suivre un autre itinéraire, nulle boutique pourvue de cet article ne s'était trouvée sur mon chemin.

Pour le moment, une vieille ceinture rouge en tiendrait lieu. Enroulée autour de ma tête, elle figurait, à peu près, le turban des femmes du Loutzé Kiang. La substitution du rouge au bleu habituel étant justifiée par la qualité de veuve d'un *nagspa* [2] que je me donnais, ne provoquerait probablement aucune remarque.

Des bottes à pointe légèrement recourbée, achetées au Kham, aussi bien que l'étoffe de ma robe, d'une fabrication spéciale à cette province, répondaient de la région d'où nous venions et me pourvoyaient d'un certificat de nationalité.

Quelques années auparavant, je m'étais coupé les cheveux. Dès qu'il eut été décidé que je voyagerais sous le costume laïque, je les avais laissé repousser, mais il s'en fallait de beaucoup qu'ils eussent atteint la longueur des nattes exigées par la mode du Tibet. Nombre

---

1. Huit mois durant mon dernier voyage, celui qui me conduisit à Lhassa, et deux mois pendant un autre voyage au Tibet oriental.
2. Lama sorcier.

de Tibétaines ont à surmonter cette même difficulté ; je m'étais instruite à leur école. Des crins de yak emportés pour cet usage s'ajoutèrent à ma chevelure et, pour assortir sa teinte brune à leur noir jais, je la frottai avec un bâton d'encre de Chine légèrement humidifié.

De volumineuses boucles d'oreilles modifièrent grandement ma physionomie. Enfin, pour terminer, je me poudrai [1] avec un mélange de braise pulvérisée et de cacao emprunté à l'unique boîte que nous possédions. La préparation est singulière, j'en conviens, mais les fournisseurs de théâtre, de qui j'aurais pu obtenir les éléments d'un maquillage plus raffiné, n'ont point encore ouvert de succursales dans les forêts tibétaines.

Nous repartîmes à la brume après avoir caché dans les broussailles les diverses pièces de vêtements chinois que nous abandonnions.

Le lendemain matin nous ne trouvions, pour nous reposer de notre marche nocturne, qu'un endroit humide presque au niveau d'une petite rivière. Nous mangeâmes un peu de *tsampa* et de beurre, mais, étant trop près de la route, nos n'osâmes point allumer du feu et bûmes l'eau glaciale qui avait un déplaisant goût de moisi.

Ce maigre repas terminé, je m'endormis d'un profond sommeil. En me réveillant, la première chose que je vis fut un homme habillé à la tibétaine et coiffé d'un chapeau de feutre mou de provenance étrangère, comme en portent les soldats de l'armée de Lhassa, en dehors de la capitale.

En moins d'une seconde, un monde de pensées surgit dans mon esprit encore engourdi par le sommeil : « Un soldat tibétain !... A-t-il été envoyé de ce côté de la frontière pour nous espionner ?... Est-ce que les autorités tibétaines ont été informées que nous nous dirigeons vers le col de Dokar ?... » A tout prix je dois lui donner le change, le convaincre, si la chose est encore possible, que je suis une vraie tibétaine. Et la meilleure façon que j'imaginai pour me montrer telle fut de faire le simulacre de me moucher avec mes doigts. Le mouvement causé par ce geste secoua l'état de demi-rêve dans lequel j'avais vu et pensé jusque-là. Le soldat disparut. Un roc debout et quelques branches avaient causé mon illusion.

Cette hallucination baroque m'avait trop effrayée pour que je pusse en rire sur-le-champ et, ce qui était pire, je grelottais d'une manière spéciale qui ne me laissait aucun doute sur les suites de notre halte prolongée dans cet endroit malsain : j'avais un accès de fièvre.

Je consultai ma montre, elle marquait trois heures. C'était un peu

1. Parce que les femmes des régions que j'allais traverser ont le teint foncé pareil à celui des gitanes, tandis que, dans les provinces du U et de Tsang, se rencontrent nombre de beautés à la peau blanche, aux joues rosées.

tôt pour regagner le chemin, mais la lune, dans sa période décroissante, ne se levait, maintenant, que vers minuit et l'étape que nous pouvions fournir à sa clarté n'était pas assez longue pour nous faire progresser rapidement. Il nous devenait impossible de nous en tenir strictement à notre résolution de ne voyager que la nuit, car nous nous attarderions ainsi trop longtemps aux abords de la frontière, ce qui présentait de nombreux dangers.

Très tard dans la soirée, nous arrivâmes à un endroit d'une beauté toute particulière. C'était une vaste clairière, en forme d'hémicycle, entourée d'un rempart de halliers. Quelques arbres superbes, pareils à des colonnes géantes, dressaient, dans l'espace vide, leurs troncs énormes aux branches largement étendues. Sous leur feuillage épais régnait une obscurité profonde inspirant une sorte de religieuse terreur. Il semblait que l'on fût, là, dans un temple destiné à la célébration solennelle de redoutables rites occultes.

Les nombreux *mi deussa* [1] qui se voyaient de différents côtés indiquaient que des pèlerins, en assez grand nombre, s'étaient arrêtés à cette place pour camper.

Certains d'entre les pieux voyageurs avaient poussé le sybaritisme jusqu'à disposer des branches de sapin tout autour des foyers primitifs pour se procurer un tapis. Ces grandes taches rondes dont le vert sombre tranchait sur l'or bruni des feuilles mortes, paraissaient des pièces de velours étendues sur le sol et augmentaient encore l'impression ressentie, au premier abord, d'être dans un mystérieux sanctuaire dont les dignitaires avaient leurs places marquées à quelque assemblée mystique.

D'énormes bûches, des fragments de troncs d'arbres gisaient de tous côtés et bientôt, sans nous être donné d'autre peine que d'en traîner une partie près du *mi deussa* que nous avions élu, un énorme brasier nous réchauffait.

Des animaux que nous ne pouvions apercevoir erraient dans la brousse obscure ; nous entendions le bruit sec des branches menues qu'ils brisaient en passant à travers les buissons. Parfois, des pas s'arrêtaient tout près de nous, un des promeneurs à quatre pattes épiait peut-être nos gestes, mais il nous était impossible de l'entrevoir dans le cercle de ténèbres qui entourait la clairière et voilait ses extrémités.

Après avoir dormi quelques heures, nous essayâmes de nous remettre en marche avant le lever du jour, mais la lune à son déclin n'arrivait pas à percer le feuillage épais, il nous fut impossible de trouver notre chemin à travers les bois, nous dûmes retourner à notre camp et attendre l'aube.

1. Littéralement : « place où les gens restent » ; quelques pierres disposées de façon à supporter un chaudron sur le feu, que l'on rencontre le long des chemins fréquentés, aux endroits où les voyageurs ont l'habitude de camper.

A mesure que nous nous élevions sur la montagne sainte, la forêt changeait de caractère, devenant beaucoup plus sombre et plus sévère que dans les environs de Londré. Des phénomènes curieux vinrent accompagner nos marches nocturnes, nous paraissions être entrés dans le domaine d'un enchanteur. Nés du jeu des nuages, des rayons lunaires, de la fièvre causée par la fatigue ou de causes plus mystérieuses, d'étranges mirages surgissaient devant nous. Nous voyions danser sous les hautes futaies, les lueurs de brasiers cachés dans les replis des montagnes, des ombres mouvantes se profilaient dans leur clarté, de vagues et très lointaines harmonies flottaient dans l'air. Une fois, marchant en tête, j'entrevis deux formes humaines de haute taille qui s'avançaient dans ma direction. Retournant sur mes pas, rampant presque sur le sol pour éviter d'être aperçue, je rejoignis Yongden et l'entraînai dans le lit, à sec, d'un torrent encaissé entre de hauts bancs. Là, nous demeurâmes le reste de la nuit, nous dissimulant parmi les pierres et les feuilles mortes, guettant, sur un rocher distant, les reflets des intermittentes flambées d'un feu invisible.

Un peu avant le lever du jour, à l'heure où les Tibétains ont l'habitude de se mettre en route, Yongden et moi nous écoutâmes attentivement, essayant de surprendre des sons de voix humaines ou des bruits d'animaux, mais rien ne troubla le grand silence de la forêt. Je me sentis plus intriguée que jamais et, afin de satisfaire ma curiosité, je me détournai de mon chemin pour inspecter les environs du rocher. Je le trouvai entouré de taillis épineux et de quelques arbres morts. Nulle place convenable pour camper n'existait dans les environs. Sur le roc même, à une époque très ancienne, avaient été gravées une image de Padmasambhâva et quelques formules mystiques comme l'on en rencontre en maints endroits, au Tibet. La mousse les recouvrait presque entièrement et ce qui en apparaissait était à demi effacé par le temps. De feu, de bois à demi brûlé, de cendres on ne découvrait aucune trace.

Je remarquai une fente étroite et longue entre le roc et le sol et, à cette place, la pierre paraissait noircie par de la fumée ; pourtant j'inclinais à croire que c'était là sa coloration naturelle. Cependant, pour en avoir le cœur net, Yongden et moi nous cherchâmes pendant plus d'une heure, dans toutes les directions, un passage quelconque qui pût communiquer avec une caverne ou une grotte existant sous le rocher, mais nous en fûmes pour notre peine et ne découvrîmes rien.

Tandis que nous étions ainsi occupés, quelques oiseaux noirs se perchèrent sur les branches près de nous et semblèrent suivre nos mouvements avec un intérêt moqueur, hochant leur tête menue et poussant de petits cris.

Le bruit qu'ils faisaient était désagréable et mit Yongden en colère.

— Ces bestioles noires, me dit-il, ne me paraissent pas naturelles.

Les mêmes malicieux *mi ma yins*[1] qui nous montrent des feux et nous jouent des airs de musique pendant la nuit pour nous retarder, ont dû prendre, maintenant, la forme d'oiseaux et méditent, sans doute, quelque nouveau tour.

Cette imagination me fit sourire. Quant à mon compagnon il ne songeait pas à plaisanter. Arrière-petit-fils d'un lama magicien qui jouit, jadis, d'un certain renom, le sang de l'ancêtre thaumaturge parlait en lui. Il récita une *dzoung*[2] en l'accompagnant des gestes rituels appropriés et, chose surprenante, tous les oiseaux s'envolèrent aussitôt comme apeurés, en jetant des cris perçants.

— Là ! vous voyez ! triompha-t-il. J'en étais certain. Partons. Il n'est pas bon pour nous de nous attarder ici.

Je souris de nouveau, mais quant à la nécessité de nous hâter, je ne pouvais contredire le jeune homme ; nous espérions franchir, ce soir même, la frontière du pays interdit.

Nous fîmes halte de bon matin dans une vallée toute blanche de gelée, pour prendre notre repas. En approchant du col, le paysage devenait encore plus sauvage ; maintenant, à notre gauche, se dressait une colline rocheuse dont la crête, étrangement découpée, semblait porter de véritables châteaux forts. Fenêtres, portes, tourelles et balcons, rien n'y manquait. Au premier coup d'œil, je crus qu'un monastère avait été construit en cet endroit pour des lamas s'adonnant à la contemplation, mais je compris vite que la nature était seule l'architecte et le constructeur de ces imposants et pourtant gracieux édifices.

Je regrettais vivement que la proximité de la frontière et le soin extrême que je devais prendre de ne pas me laisser apercevoir m'interdisent de camper à cette place. J'aurais aimé pouvoir chercher à loisir le moyen de monter jusqu'à ces palais de contes de fées. Connaissant à fond le Tibet et ses coutumes, j'étais fondée à me demander si un ermite n'y avait pas élu domicile.

Continuant notre marche vers une arête qui paraissait former le sommet d'un col, nous trouvâmes des sources abondantes ; une eau cristalline coulait de tous côtés, dégringolant en cascades le long de petites terrasses naturelles. En été, les troupeaux transhument dans ces parages : des vestiges de camp l'indiquaient, mais, à cette époque de l'année, la solitude y était complète.

Notre illusion quant à la proximité de la Dokar *la*[3] ne dura pas longtemps. Parvenus à l'endroit d'où nous avions espéré pouvoir

1. *Mi ma yin :* littéralement « qui n'est pas un être humain ». C'est l'une des six classes d'êtres dont les Tibétains reconnaissent l'existence.

2. *Dzoung :* formule magique. (En sanscrit : *dhârani*.)

3. *La* signifie col.

commencer la descente sur le versant opposé, nous découvrîmes une large vallée nue montant vers de lointaines pentes raides, complètement arides. La surprise était désagréable. Comme nous jugions imprudent de nous aventurer au milieu du jour, en terrain découvert où nous pouvions être vus et examinés à loisir de toutes les hauteurs voisines, nous allions donc encore perdre là des heures précieuses.

Un chaos de roches énormes, le produit d'un éboulement ancien, se trouvait, heureusement, tout proche et pouvait nous servir de refuge. Malgré l'altitude élevée, quelques petits sapins croissaient parmi les blocs amoncelés ; nous nous établîmes à l'ombre de leurs branches.

De ma cachette, je pouvais encore apercevoir l'extrémité des châteaux naturels que j'avais admirés ; mais, maintenant, je dominais la crête rocheuse au bord de laquelle ils se dressaient et je me rendais compte que cette dernière était parfaitement accessible par le versant qui venait de m'apparaître.

J'ai vécu pendant plusieurs années, au pied des neiges éternelles, comme dans les solitudes herbeuses de la région des grands lacs, la vie étrange et merveilleuse des anachorètes tibétains ; j'en connais le charme spécial, et tout ce qui s'y rapporte éveille immédiatement mon intérêt. Tandis que mes yeux restaient fixés sur les palais de rocs, une conviction intuitive me venait peu à peu ; quelqu'un vivait là. Un message mystérieux m'avait atteinte, une sorte de colloque silencieux s'engagea, dont les interlocuteurs demeuraient invisibles l'un à l'autre... Mais qu'importait, après tout, que, sur cette montagne, résidât ou non un être humain pareil à moi. La voix que j'entendais était l'écho, dans mon esprit, d'idées millénaires sur lesquelles la pensée de l'Orient ne cesse de revenir et qui paraissent avoir fait des cimes altières du Tibet une de leurs forteresses.

Nous repartîmes dans le milieu de l'après-midi, ayant toutes bonnes raisons de croire que personne ne se trouverait sur la route à cette heure. Les Tibétains s'arrangent, généralement, pour franchir les hauts cols vers midi au plus tard afin de se réserver assez de temps pour descendre aussi bas que possible sur le versant opposé et éviter le grand froid et le manque de combustible pendant la nuit suivante.

Nous n'étions pas des voyageurs ordinaires, les règles habituelles dictées par la prudence devaient souvent être enfreintes par nous, dont le code spécial consistait en un article unique : éviter d'être reconnus. Pour tout le reste, nous nous reposions sur notre robuste constitution et la force de notre volonté.

Pendant une halte de quelques instants que nous fîmes au pied de la montée finale, nous remarquâmes un homme conduisant un cheval, qui venait d'atteindre la vallée supérieure et s'était assis près de l'endroit où nous avions passé une partie de la journée. Continuant notre route, nous le perdîmes de vue.

Je dirai immédiatement que, sinon le soir même, du moins le jour suivant, ce voyageur aurait dû nous rejoindre, car il n'existait aucun sentier entre ces cimes escarpées, hormis celui du pèlerinage, et diverses circonstances nous avaient retardés longtemps en cours de route ; mais nous ne le vîmes jamais apparaître. Des pèlerins arrivèrent derrière nous le surlendemain ; je les interrogeai et ils m'assurèrent de n'avoir rencontré personne. Ce fait confirmait, jusqu'à un certain point, l'intuition que j'avais eue de la présence d'un ermite dans le voisinage. L'homme conduisant un cheval était probablement son *djinda* [1] ou l'envoyé de ce dernier qui lui apportait des provisions.

Après s'être reposé quelques instants, il s'était écarté du chemin pour gagner l'ermitage et, peut-être, y passer quelques jours auprès du lama. Que la grandeur et la beauté de ce site solitaire eussent induit un anachorète à s'y fixer, n'avait d'ailleurs rien de surprenant. Les mystiques du Tibet se construisent des demeures en des lieux encore beaucoup plus reculés que celui-là.

La Dokar *la* [2] se dresse maintenant devant nous, découpant une impressionnante silhouette, sur un ciel gris crépusculaire. C'est une molle dépression dans une muraille cyclopéenne dont l'arête aiguë s'affaisse, à cet endroit, à la façon des câbles tendus, à travers les rivières, pour servir de pont. Le fait qu'elle marque le seuil de la région défendue, ajoute pour nous à la sévérité de son aspect.

Le terrain avoisinant le col est consacré aux divinités. Les pèlerins tibétains y ont érigé quantité d'autels minuscules consistant en trois pierres placées debout et une quatrième formant un toit, sous lequel diverses petites offrandes sont faites aux esprits.

Au col lui-même et sur les crêtes voisines, flotte un nombre exceptionnellement grand de drapeaux portant des inscriptions mystiques. La faible lumière du jour, décroissant rapidement, prête à ceux-ci l'apparence d'êtres vivants, belliqueux et menaçants. On dirait autant de soldats escaladant les cimes, barrant la frontière, prêts à attaquer le voyageur téméraire qui osera s'aventurer sur la route de la cité sacrée.

Comme nous atteignons le cairn marquant le sommet, une rafale nous accueille : le baiser violent et glacé de l'austère contrée dont le charme rude me retient depuis longtemps ensorcelée et vers laquelle je suis revenue.

Me tournant successivement vers les quatre points cardinaux, le

1. *Djinda :* celui qui pourvoit à l'entretien d'un religieux.
2. D'après les cartes anglaises, l'altitude du col de Dokar est de 5412 mètres. Comme mesure de comparaison, je rappellerai l'altitude du mont Blanc : 4810 mètres.

zénith et le nadir, je répète le vœu bouddhiste : « Que tous les êtres soient heureux » ; puis nous commençons la descente.

Une tempête s'abattait, à ce moment, sur la montagne, des nuages noirs roulaient çà et là, se résolvant bientôt en une chute de neige à demi fondue. Nous pressons le pas autant qu'il nous est possible, tâchant de parvenir, avant la nuit complète, à la base de la pente, presque verticale, sur laquelle nous nous trouvons.

Mais l'obscurité hâtée par le mauvais temps nous enveloppe bientôt ; nous perdons le sentier de chèvre serpentant à travers les éboulis et glissons avec une rapidité que nous ne pouvons modérer, parmi les pierres croulant sous nos pieds. Enfin, ayant à grand'peine réussi à nous arrêter, Yongden et moi enfonçons, chacun, notre bâton ferré profondément dans le sol pour servir de support à l'un de nos pieds, puis, nous tenant l'un l'autre, pour plus de sûreté, nos ballots toujours attachés sur notre dos, nous demeurons accroupis sous la neige.

Celle-ci tomba de huit heures du soir, environ, jusqu'à deux heures du matin. Alors un mélancolique dernier quartier de lune se leva entre les nuages et nous continuâmes à descendre vers la zone boisée.

Nous nous reposions à la lisière d'un grand espace où les arbres, détruits par un incendie, étaient remplacés par une brousse drue d'herbe et de taillis nains, lorsque je remarquai deux animaux au corps allongé, aux yeux phosphorescents. Ils traversèrent plusieurs fois le sentier, assez loin au-dessous de nous et, finalement, disparurent du côté de la rivière.

Je les montrai à Yongden qui s'entêta à soutenir que les bêtes étaient des daims, tandis que leur forme et la lueur particulière de leurs yeux paraissaient, au contraire, indiquer des fauves carnivores.

J'attendis quelque temps pour éviter une rencontre peu souhaitable, puis nous nous remîmes en marche.

Nous étions véritablement exténués lorsque nous arrivâmes au bord d'un cours d'eau assez important. Nous ne pouvions deviner si nous en trouverions bientôt un autre sur notre route, car, tandis que la rivière entrait dans une gorge, notre sentier grimpait sur le flanc de la montagne. Donc, espérant que les animaux que nous avions entrevus nous laisseraient tranquilles s'ils se promenaient encore dans les parages, nous allumâmes du feu pour bouillir du thé.

Tandis que nous faisions un léger repas, nous entendîmes du bruit dans les buissons, mais nous commencions à être habitués aux déambulations des bêtes sauvages, autour de nos camps et, sans y prêter attention, Yongden s'endormit. Je m'efforçai de veiller, mais n'y réussis pas ; mes yeux se fermaient malgré mes efforts. Je sommeillais à demi quand je fus réveillée par le bruit assourdi d'un reniflement. A quelques pas de nous, un des animaux aux yeux phosphorescents nous regardait, le cou allongé, humant l'air, et je pouvais maintenant voir distinctement son pelage moucheté. Il n'était pas de très grande taille et me parut être soit un jeune léopard, soit une panthère.

Je n'éveillai pas Yongden. Ce n'était pas ma première rencontre avec des individus de ce genre ; ils attaquent rarement l'homme, à moins d'être provoqués ou blessés, et j'ai toujours eu l'intime certitude qu'ils me respecteraient, moi et ceux qui m'accompagnent.

— Petit ami, murmurai-je en regardant le gracieux animal, j'ai vu de tout près un bien plus gros prince de la jungle que toi, va dormir et sois heureux.

Je doute que le « petit ami » me comprit. Néanmoins, après quelques minutes, sa curiosité étant probablement satisfaite, il s'en alla en flânant.

Nous ne pouvions pas nous permettre un plus long repos. Le jour se levait, il était temps, pour nous, d'imiter notre visiteur nocturne et de chercher une cachette parmi les taillis. J'appelai le lama et nous partîmes. Nous n'avions fait que quelques pas lorsque ce dernier, du bout de son bâton, m'indiqua quelque chose sous les arbres :

— Les voilà ! dit-il.

La paire de camarades à l'habit tacheté était là. Ils tournèrent la tête de notre côté, nous fixèrent un instant puis disparurent dans les fourrés, le long de la rivière, tandis que nous gravissions le sentier.

A mesure que nous avancions, l'aspect de la forêt changeait de nouveau. Elle était maintenant moins touffue ; le soleil, en s'élevant dans le ciel, éclairait le sous-bois et, à travers des éclaircies dans le feuillage, nous pouvions apercevoir, au-dessous de nous, la rive opposée de la rivière. Nous remarquâmes, à notre grand étonnement, que celle-ci paraissait cultivée, mais cultivée d'une manière fantaisiste, lui donnant plutôt l'aspect d'un parc seigneurial que celui de champs vulgaires.

La matinée était splendide et la promenade si agréable que nous la continuâmes bien après l'heure où, d'habitude, nous nous retirions dans la forêt.

Un coude brusque de la rivière dont nous dominions le cours nous amena, soudain, en face d'un village bâti à flanc de montagne. Quelques maisons isolées se voyaient aussi, tout près de nous, en bordure du chemin.

Quel était ce village ? Il ne figurait sur aucune carte, et les gens du pays auprès desquels je m'étais indirectement renseignée sur la région, avant mon départ, ne m'en avaient point parlé. Son architecture ne ressemblait en rien à celle des maisons de paysans. Au lieu de fermes et de chaumières, nous apercevions des villas et des châteaux en miniature entourés de jardins qui, en dépit de leurs proportions exiguës, frappaient par leur aspect imposant.

L'étrange agglomération baignait dans une pâle lumière dorée. Nulle voix humaine, nuls cris d'animaux ne se faisaient entendre ; mais, de temps en temps, les sons à peine perceptibles d'un carillon argentin parvenaient à nos oreilles.

Nous demeurions stupéfaits. Étions-nous au Tibet ou avions-nous atteint le pays des bonnes fées ?...

Il fallait pourtant nous arracher à notre contemplation.

Des gens pouvaient venir. A aucun prix nous ne devions nous laisser voir aussi près des postes militaires de la frontière. La prudence exigeait que nous remettions jusqu'au soir l'exploration de ce lieu singulier.

Le sentier courant à flanc des montagnes, il n'était pas facile de s'en écarter. Nous nous trouvions pris entre le vide et une pente presque perpendiculaire. Avec effort nous gravîmes cette dernière, escaladant les rocs et les arbres renversés et, dès que nous fûmes hors de vue de la route, je me laissai tomber sur la mousse épaisse tendue entre les roches et m'endormis fiévreuse, délirant un peu.

Notre impatience de revoir le village fantastique, la crainte que nous éprouvions de devoir traverser, même nuitamment, un endroit habité et le désir de chercher un chemin permettant d'éviter ce passage dangereux, nous ramenèrent sur le sentier avant le coucher du soleil.

Où donc étaient les gracieuses villas, les petits palais majestueux et les jardins si esthétiquement dessinés ?... Devant nous, la forêt s'étendait, sombre et vide, une bise aigre sifflant à travers les branches remplaçait l'harmonieux tintement des clochettes argentines.

— Nous avons rêvé, dis-je à Yongden. Nous n'avons rien vu ce matin ; toute cette fantasmagorie nous est apparue tandis que nous dormions.

— Rêvé ! vous dites que nous avons rêvé ! s'exclama le lama. Je vous montrerai comment nous avons rêvé et rêvé tous les deux la même chose. Ce matin, tandis que vous regardiez la ville miraculeuse, j'ai dessiné un *soungpo* [1] sur une pierre, avec le bout ferré de mon bâton, afin que ni dieux ni démons ne puissent nous arrêter dans notre marche vers Lhassa. Je vais le retrouver.

Il s'orienta pendant quelques instants. Puis, regardant une pierre plate se trouvant au pied d'un grand sapin :

— Le voilà, s'écria-t-il, triomphant. Regardez !

Le *soungpo* se distinguait, en effet, sur la pierre égratignée par la pointe de fer. Cette vue m'imposa silence. Je ne savais que conclure.

— Mon fils, dis-je à Yongden en me mettant en marche, l'univers lui-même n'est qu'un rêve, et, par conséquent...

— Oui, je sais cela, interrompit mon compagnon, néanmoins le *soungpo* et les *ngags* [2] que je prononçai en le dessinant, ont dissipé le mirage... Sans aucun doute, il était encore l'œuvre d'êtres qui veulent retarder notre marche ou empêcher notre voyage de réussir.

1. Signe magique.
2. Paroles magiques.

— Comme les oiseaux noirs, n'est-ce pas, raillai-je. Et les jeunes léopards probablement, aussi ?

— Comme les oiseaux, certainement, affirma Yongden, tout à fait vexé. Quant aux léopards, je n'en sais rien ! Ils semblaient être d'honnêtes bêtes. Quoi qu'il en soit, nous allons bientôt sortir des forêts du Kha Karpo et trouver devant nous de véritables villages au lieu de châteaux fantômes et des hommes en chair et en os : soldats, fonctionnaires et autres à la place de *mi ma yins.* Nous verrons si nous pourrons nous tirer d'affaire avec eux aussi adroitement que je l'ai fait avec les êtres des autres mondes.

— N'ayez point de crainte à ce sujet, répliquai-je sérieusement, je m'en charge.

— Comment vous y prendrez-vous ? questionna le jeune homme.

— Je les ensorcellerai et leur ferai voir des mirages, tout juste comme les *mi ma yins* l'ont fait avec nous.

Et les choses se passèrent effectivement ainsi, quelques jours plus tard.

Le miracle qui nous avait permis de cheminer pendant une semaine entière sur une route suivie par de nombreux pèlerins, sans rencontrer âme qui vive pendant les heures du jour, ni nous heurter à aucun campement durant nos marches nocturnes, ne pouvait pas durer toujours. Arrivés à l'un des cols secondaires traversés par le chemin descendant vers Aben, nous entendîmes tout d'un coup, derrière nous, un tintement de clochettes : une bande de pèlerins, hommes et femmes avec deux chevaux chargés de bagages, nous rejoignirent. Nous échangeâmes quelques paroles polies et chacun de nous tourna dévotement autour d'un *latza* [1] hérissé de drapeaux portant des inscriptions et des formules mystiques. Les pèlerins qui n'étaient point embarrassés par le poids de fardeaux descendirent la pente plus rapidement que nous et, lorsque nous arrivâmes au fond d'une jolie petite vallée où se rencontraient plusieurs ruisselets d'eau cristalline, nous les trouvâmes tous assis et déjà buvant du thé.

Il nous fallait, maintenant, commencer l'apprentissage de la carrière que nous avions momentanément embrassée. Il aurait été contraire aux habitudes tibétaines de traverser cet endroit sans nous arrêter pour prendre notre repas, car le temps du *tsaphog* [2] était arrivé.

Je me disposais à aller ramasser du bois mort pour allumer du feu, lorsque les bons pèlerins, par déférence pour le lama, nous invi-

1. *Latza,* cairn situé sur les sommets et construit en l'honneur des dieux locaux. Les voyageurs qui viennent de gravir la montagne ajoutent une pierre au monticule en criant : *Lha gyalo ! Dé tamtché pam !* (Les dieux triomphent, les démons sont vaincus !)

2. *Tsaphog,* la halte coupant l'étape vers le milieu du jour.

tèrent à boire du thé avec eux. Je fus enchantée de pouvoir rester tranquillement assise, jouissant du paysage qui était véritablement grandiose.

Dans un cadre fait de plusieurs chaînes de montagnes étagées et couvertes de forêts, un pic du Kha Karpo se dressait, gigantesque, tout blanc, éblouissant, son sommet pointant droit dans le lumineux ciel tibétain. Devant ce colosse, notre groupe se mouvant sur l'herbe paraissait une réunion d'insectes minuscules. De ce contraste écrasant, l'on pouvait tirer une profitable leçon d'humilité et plusieurs autres aussi, sans doute, mais les braves pèlerins n'y songeaient guère. Tournant le dos à la sublime demeure des divinités qu'ils étaient venus de si loin pour révérer, leur attention se concentrait uniquement sur leur repas.

Pour moi, je demeurais perdue dans une extase d'admiration, oubliant complètement que mon attitude pouvait paraître bizarre. Les voyageurs finirent, en effet, par la remarquer et demandèrent pourquoi je ne mangeais pas.

— La mère est avec les dieux, répondit Yongden, qui mit un bol de thé chaud devant moi pour me faire redescendre dans le monde des humains.

Une femme, dans la compagnie, se méprit sur le sens de cette réponse et interrogea de nouveau le lama à mon sujet.

— Est-ce que la mère est une *pamo* [1] ? questionna-t-elle.

Je craignis un instant que mon compagnon ne puisse se retenir d'éclater de rire à cette idée baroque, mais il répliqua gravement :

— Mon défunt père était un *nagspa* [2] et, elle, son initiée *sang youm* [3].

Tous me regardèrent avec respect et le chef de la bande pieuse m'envoya un morceau de viande séchée. Jusque-là on ne nous avait offert que de la *tsampa,* mais la nouvelle personnalité que je venais de revêtir paraissait, aux crédules Tibétains, digne d'un repas plus friand. Les *nagpas* sont très redoutés à cause des pouvoirs occultes qu'on leur suppose, et encourir leur déplaisir ou celui de leurs proches, même à cause d'une offense involontaire, est considéré comme un danger sérieux. Que mon époux eût trépassé ne changeait rien à la chose ; les terribles entités invisibles qu'il avait asservies, liées par des charmes magiques, continuaient à entourer et à protéger sa femme et son fils.

---

1. Une femme médium qui est crue possédée, à certains moments, par des dieux, des démons ou les esprits des morts qui parlent par sa bouche. Quand le médium est un homme il est appelé *paouo.*

2. Une sorte de sorciers très redoutés qui, d'après les Tibétains, ont le pouvoir de commander aux démons et peuvent tuer n'importe quel être, humain ou non, à distance.

3. Littéralement : « mère secrète ». C'est le titre respectueux donné aux épouses des lamas appartenant aux sectes tantriques, qui ont reçu une initiation particulière leur conférant le droit de célébrer les rites ésotériques avec leur mari.

Aussi, leur gaieté éteinte, devenus graves, les pèlerins nous offrirent un peu de beurre et de *tsampa* comme provisions de route et se hâtèrent de s'esquiver, désireux d'échapper, aussitôt que possible, à notre très honorable, mais trop dangereuse compagnie. C'était exactement ce que nous souhaitions.

Le jour suivant nous atteignîmes la lisière des immenses forêts couvrant le massif de Kha Karpo. D'un sommet, nous découvrîmes Aben sur le bord de la rivière de Lhakhangra. Ce village, où les Chinois entretenaient autrefois quelques soldats, était devenu, nous avait-on dit, un poste militaire tibétain.

Il ne s'agissait plus, maintenant, de circuler à travers des forêts désertes, mais de traverser une bourgade qui, avec ses champs et ses fermes isolées, s'étendait sur plusieurs kilomètres.

Notre ancienne méthode des marches nocturnes ne pouvait guère être employée. Des chiens, sans aucun doute, se trouveraient sur notre route, peut-être dangereux la nuit et, dans tous les cas, bruyants. On ne peut compter sur un miracle à chacun de ses pas. Nous avions voyagé, jusque-là, entourés de si favorables circonstances, que la sagesse commandait de prévoir la malchance possible et de ne pas exiger trop d'une protection — quelle qu'elle ait pu être — qui avait si gracieusement favorisé mes projets.

Être aperçus errant la nuit aurait pu nous causer des ennuis : donner lieu à une enquête sur nos personnes et nos desseins, et rien ne nous effrayait autant. Le mieux, nous semblait-il, était de traverser Aben avant le lever du jour. De cette façon, nous bénéficierions de l'obscurité qui nous cacherait et, comme les Tibétains ont l'habitude de se mettre en marche à cette heure matinale, si, malgré tout, nous étions vus, notre conduite paraîtrait tout à fait naturelle.

Nous étudiâmes l'aspect de la vallée, autant qu'il était possible de le faire de si haut, afin de pouvoir nous y diriger le lendemain avant l'aube. Craignant d'arriver trop tôt dans le voisinage du village, nous demeurâmes longtemps assis à cet endroit, ce qui fit que, la route se trouvant plus longue que nous ne l'avions estimé, la nuit tomba bien avant que nous ayons gagné le fond de la vallée.

Pour la première fois, depuis que nous avions quitté Londré, le temps était désagréable. Un vent froid perçait à travers nos vêtements et des nuages bas présageaient de la neige. Nous avions perdu la notion de la situation exacte du village ; des buissons conspiraient avec les ténèbres pour nous égarer, plusieurs fois nous nous assîmes sur le sol, épuisés, vaincus par le sommeil. Nous n'osions point, cependant, nous débarrasser de nos fardeaux et nous accorder le maigre réconfort d'une heure de sommeil. Avant tout, il nous fallait avoir repéré la route de Lhakhangra et être certains que le moment venu de traverser Aben à la hâte, nous n'aurions pas à chercher notre chemin. Malheureusement nous ne parvînmes pas à notre but ; nous embrouillant dans les entrecroisements des sentiers de traverse, nous arrivâmes à proximité d'un groupe de maisons et dûmes nous arrêter.

La neige commença à tomber, mais il ne pouvait être question d'étendre notre petite tente sur nous, à la façon d'une couverture pour nous protéger. Une fois défaits, il nous aurait été impossible de relier nos ballots convenablement dans la nuit et nous aurions pu perdre des objets compromettants. Il ne nous restait qu'à dormir quelques heures sous la neige, la tête sur nos sacs.

Longtemps avant le lever du jour, nous nous éveillons transis et courbaturés, et nous partons immédiatement. Nous gagnons d'abord très facilement le centre du village. Là, entendant parler à l'intérieur d'une maison, nous sommes pris de panique, tournant le coin d'une autre habitation, nous courons droit devant nous et nous nous trouvons de nouveau parmi les champs. Les premiers rayons du jour éclairant la rivière nous montrent alors que, dans notre frayeur, nous nous sommes trompés de direction et avons marché en remontant le courant, tandis que nous aurions dû le descendre.

C'en était fait de notre plan, si péniblement élaboré. Nous allions devoir traverser Aben en pleine lumière. Des paysans se montraient déjà, se rendant à leurs travaux ; il n'existait, au milieu de cette campagne nue, aucun endroit où nous cacher, chaque minute de retard empirait notre situation.

Nous revînmes sur nos pas et passâmes de nouveau sous les fenêtres de la maison où nous avions entendu les voix qui nous avaient fait fuir. Des gens parlaient encore, les volets étaient ouverts et j'entrevoyais la flamme d'un grand feu. Ces bienheureux allaient boire du thé chaud et nous, bien que notre dernier repas datât de la veille au point du jour, nous ignorions s'il nous serait possible de faire halte ce jour-là pour manger.

Tout allait bien ; nous étions enfin dans la bonne voie. Nous marchions à grands pas, le village fut rapidement traversé. Nous n'en avions cependant pas encore fini avec Aben. Une autre agglomération de bâtiments se voyait sur une colline dont l'éperon touchait notre route. Le sentier passait au pied de ce dernier, avant de s'engager dans une gorge dont le fond était entièrement occupé par la rivière. Apportant instinctivement mes notions européennes dans un pays où elles n'ont point de place, je m'imaginai que le poste de garde devait se trouver placé sur cette pointe et, comme j'y découvris une sorte de loggia commandant la vue jusqu'à une très grande distance dans la direction de Lhakhangra, j'en conclus aussitôt que des veilleurs s'y tenaient, peut-être, pour épier les passants.

Je ne m'attardais pas — l'on s'en doute — pour vérifier le fait. Malgré la soif qui me brûlait la gorge, je n'osai même pas m'arrêter pour boire au ruisselet qui coulait sous le balcon du petit pavillon. Je marchais avec une telle rapidité que je devais avoir l'air de voler.

Contrairement à mon habitude qui était de faire passer Yongden en avant, afin que les gens que nous rencontrions puissent le regarder à loisir, tandis que ma figure demeurait cachée derrière le ballot qu'il portait, je lui dis, cette fois, de me suivre, le danger, s'il existait, se trouvant derrière nous.

Cheminant ainsi à la file, très rapprochés l'un de l'autre, quiconque pouvait nous regarder d'Aben ne devait distinguer que la silhouette familière et bien tibétaine d'un fardeau pourvu de jambes enveloppées d'une *chamthabs*[1] en loques et surmonté d'un bonnet de lama.

Sans les préoccupations qui la gâtaient en partie, la promenade aurait été délicieuse. L'automne est paré, dans ce pays, de tous les charmes juvéniles du printemps. Le soleil matinal enveloppait le paysage d'une lumière rosée qui répandait la joie depuis la rivière aux eaux moirées opalines et vert clair, jusqu'à la cime des hautes falaises rocheuses sur lesquelles quelques rares sapins se dressaient en plein ciel d'un air triomphant. Chaque caillou du chemin paraissait jouir voluptueusement de la chaleur du jour et babillait sous nos pas avec des rires étouffés. Des arbrisseaux minuscules croissant sur les bords du sentier imprégnaient l'air d'un violent parfum aromatique.

C'était un de ces matins où la nature nous ensorcelle avec sa trompeuse magie, où l'on s'abîme dans la béatitude de la sensation, de la joie de vivre.

La distance est courte entre Aben et Lhakhangra et comme, afin de ne pas être vus à ce dernier endroit, nous avions de nouveau projeté d'y passer, soit à la nuit tombée, soit avant le jour, le temps ne nous manquait pas pour flâner. Après un coude de la vallée, nous rencontrâmes un large ruisseau sortant d'une gorge transversale et fîmes halte près de l'eau, derrière un groupe de rochers. Nous n'étions pas fâchés de nous reposer après notre course précipitée et de nous restaurer.

Chose singulière, maintenant que nous avions franchi le col de Dokar et pénétré au Tibet interdit, le flot des pèlerins qui semblait avoir été arrêté durant la première semaine de notre voyage, se remettait à couler comme d'habitude en cette saison. Masqués par notre écran rocheux, nous vîmes défiler de pittoresques processions d'hommes et de femmes des diverses régions de l'est et du nord du Tibet, tous se hâtant afin d'arriver de bonne heure à Lhakhangra et y trouver place dans les auberges primitives entourant le Lhakhang[2].

Vers le soir, nous passâmes sur la rive gauche de la rivière et le paysage changea complètement.

Nous nous trouvions dans un défilé étroitement resserré entre des

1. La très large jupe qui fait partie du costume religieux des lamas.
2. Lhakhang, littéralement : maison d'un dieu ; une chapelle. Lhakhangra signifie l'enclos de la maison d'un dieu.

montagnes gigantesques de rocs noirâtres ne laissant entrevoir, à leur sommet, qu'un mince ruban de ciel. En dépit de son aspect austère et sauvage, le site n'avait rien de triste ni d'effrayant. Il en émanait une sorte de paix grave due, peut-être, à l'influence des images peintes ou gravées qui décoraient les parois de ce sombre corridor.

De pieux artistes y avaient représenté d'innombrables Bouddhas, Bodhisatvas, déités et célèbres lamas des siècles passés, tous dans la même attitude : les yeux à demi clos, impassibles, plongés dans la méditation. Ces centaines d'yeux qui ne s'arrêtaient point sur la procession des pèlerins et paraissaient regarder « en dedans » avaient quelque chose de fascinant. On les devinait absorbés par la contemplation de cette autre, plus grande et éternelle procession des êtres errant de la vie à la mort et de la mort à la vie, peut-être aussi par celle d'un mystérieux au-delà, où le pèlerin lassé s'arrête et démolit la route du pèlerinage.

Un *mendong* [1] couvert par un toit, que nous vîmes à la tombée du soir, aurait pu nous servir d'abri pour la nuit, mais nous nous croyions encore loin du village et continuâmes notre chemin. Nous traversâmes encore une fois la rivière, la gorge fit un coude brusque : nous étions à Lhakhangra.

Il faisait presque nuit, mais nous n'osâmes point retourner sur nos pas. Peut-être avions-nous été aperçus et il aurait semblé étrange que des pèlerins évitassent le village.

Une fois de plus nos plans se trouvaient renversés. Nous commencions, du reste, à en prendre l'habitude. Nous avions tant dépensé d'émotion dans la matinée que la source en était momentanément tarie en nous. Yongden, comme moi, accepta la situation très calmement : nous passerions la nuit au village et même parmi d'autres voyageurs, si nous ne pouvions nous en dispenser.

Un groupe de gens campaient autour d'un grand feu, sur un petit promontoire dominant la Salouen, nous échangeâmes quelques mots avec eux et apprîmes, à notre grande satisfaction, que les auberges étaient pleines. Cette heureuse circonstance nous permit d'aller nous installer dans une petite caverne qui nous assurait un abri s'il tombait de la neige comme la nuit précédente.

Je ramassai ce que je pus trouver, sur la route, de brindilles et de bouse sèche, volai quelques branches dans les clôtures des champs voisins, nous allumâmes du feu et bûmes notre thé beurré avec l'habituelle *tsampa*.

Comme nous nous trouvions dans un hameau et que l'obscurité empêchait de distinguer nettement nos traits et notre costume, Yongden jugea l'occasion favorable pour nous ravitailler. Jusque-là nous avions vécu sur ce que nous avions emporté en quittant la

1. *Mendong* : un mur bas fait de pierres sur lesquelles sont gravés des textes des Écritures sacrées ou des phrases mystiques.

Mission : dix jours s'étaient écoulés depuis lors. Nos sacs étaient presque vides.

Je dénouai ma ceinture, m'enroulai dans ma robe, suivant l'habitude des Tibétains pauvres qui n'ont pas de couverture et fis semblant de dormir pour éviter des conversations inutiles, si quelqu'un passait près de moi. Mon compagnon se dirigea vers le groupe de maisons.

La première où il entra se trouva être celle du lama [1], gardien du *lhakhang*. Il fut accueilli aimablement en sa double qualité de collègue et d'acheteur, car le lama ajoutait à ses profits de sacristain ceux que lui procurait une petite boutique où les pèlerins trouvaient des vivres et divers articles de piété : bâtons d'encens, petits drapeaux portant des dessins magiques, etc.

Les deux lamas se trouvaient précisément appartenir à la même secte religieuse et, coïncidence assez curieuse, le sacristain était natif d'une région du Tibet septentrional où Yongden avait longtemps résidé avec moi et dont il parlait couramment le dialecte. Ce concours de circonstance fit des deux hommes des amis en un rien de temps. Mais les choses ne devaient point s'arrêter là.

En regardant autour de lui, Yongden aperçut des livres sur une étagère et, comme nous étions toujours en chasse pour découvrir des ouvrages intéressants, il demanda la permission de les examiner. Celle-ci lui ayant été accordée, il lut quelques lignes tout haut dans le premier qu'il ouvrit.

— Comme vous lisez bien ! admira le lama. Et pouvez-vous nous lire ainsi n'importe quel livre ?

— N'importe lequel, affirma mon compagnon.

Alors, changeant brusquement de sujet, le sacristain-boutiquier invita Yongden d'une façon très pressante à passer la nuit dans sa maison, s'offrant à aller chercher ses bagages où il les avait laissés et à les transporter lui-même. Yongden refusa et, comme le lama insistait trop, il dut avouer qu'il voyageait avec sa vieille mère. Cette circonstance ne refroidit pas le moins du monde les bonnes intentions de l'accueillant Tibétain. Il y avait de la place pour la mère aussi. Mon jeune compagnon eut grand'peine à convaincre l'entêté qu'à ce moment je dormais profondément et que le mieux était de me laisser tranquille.

Le *keugner* [2] ne sachant plus comment assurer le succès du plan

---

1. Seuls ont vraiment droit au titre de *lama* : les *tulkous* (ceux que les étrangers dénomment improprement des « Bouddhas vivants », les *khempos* placés à la tête des collèges existant dans les grands monastères et les religieux ayant obtenu le grade universitaire de *géchés*. Tous les autres moines sont appelés *trapas* (étudiants). Cependant il est d'usage courant, dans la conversation, d'appeler *lama*, par politesse, tout homme d'apparence respectable qui porte l'habit religieux.

2. Sacristain.

qu'il avait imaginé, sans dévoiler ce dernier, fut contraint de laisser voir que sa ferveur hospitalière n'était pas entièrement désintéressée.

— Lama, dit-il à Yongden, quelques villageois sont arrivés ici hier, venant d'au-delà du Giamo nou tchou [1] et m'ont demandé de célébrer l'office funèbre pour un de leurs parents récemment décédé. Ce sont des gens riches et ils se seraient adressés à leur propre lama, le chef du monastère de leur pays, si celui-ci n'avait pas été pour le moment à Lhassa. A défaut de lui, ils m'ont choisi et il m'en reviendrait un joli profit... si... Enfin, je ne suis pas très instruit, je crains ne pas réciter correctement la liturgie et de commettre des erreurs en disposant les offrandes rituelles. Je vois que vous êtes savant, peut-être connaissez-vous ces cérémonies.

— Je les connais, déclara Yongden.

— Alors, je vous prie de me rendre le service de demeurer ici trois jours. Je vous nourrirai tous les deux, vous et votre mère, et je vous donnerai quelques provisions quand vous partirez. La vieille mère pourra aussi réciter *mani* [2] à la porte du temple et, sans nul doute, les fermiers lui donneront aussi quelques mesures de *tsampa.*

Yongden déclina cette proposition tentante, en expliquant que nous faisions partie d'une bande de pèlerins déjà partis en avant, et que, loin de pouvoir nous attarder, nous devions, au contraire, nous hâter de les rejoindre, afin de pouvoir faire route avec eux pour retourner dans notre pays.

Quand le jeune homme revint, rapportant quelques provisions, il me raconta sa conversation avec le sacristain, et je regrettai fort que la proximité de la frontière nous contraignît à voyager rapidement. J'avais une envie folle de « réciter *mani* » à la porte du temple !

Ce n'était que partie remise. L'avenir me tenait en réserve plus d'occasions que je n'aurais pu le rêver de goûter ce genre de plaisanterie. Il me serait difficile de me rappeler le nombre de fois où j'ai psalmodié *mani,* tant à l'extérieur qu'à l'intérieur de logis tibétains. J'acquis même une sorte de talent en cet art spécial et il m'arriva d'être complimentée pour les variantes mélodiques imprévues que j'adaptais aux paroles sacrées... Peut-être, après tout, qu'entre les mille grâces dont je suis redevable au Tibet, est celle de m'avoir mieux fait discerner « le joyau qui réside au cœur du lotus ».

Le malin lama vint nous voir le lendemain matin de très bonne heure pour parler avec Yongden et essayer de le faire revenir sur sa décision.

Afin d'éviter qu'il pût m'examiner de trop près et pendant trop

---

1. Nom tibétain de la Salouen.

2. La formule bien connue et presque toujours mal traduite : *Aum mani padme houm hri ! Aum* est la syllabe sacrée empruntée à l'Inde où elle signifie nombre de choses, mais surtout le Brahman (ne pas confondre avec le dieu Brahmâ ou la caste des Brahmins) qui est l'absolu. *Mani padme* veut dire : « le joyau dans le lotus » et a, de même que *houm* et *hri,* divers sens, tant exotériques qu'ésotériques.

longtemps, je laissai les deux matois à leur conversation et, pendant une heure environ, je me promenai, autour du petit temple, mon chapelet à la main.

Cette pieuse gymnastique matinale ne laissait pas que d'être superflue pour quelqu'un qui devait parcourir pédestrement un bon nombre de kilomètres dans le cours de la journée, mais je n'avais trouvé aucun autre moyen de m'esquiver et, malgré tout, je n'échappai pas à quelques minutes de bavardage avec le lama qui s'arrêta près de moi en retournant chez lui.

CHAPITRE II

Je console un mourant abandonné. — Je crains pour mon incognito et change de nationalité. — Stratagèmes employés pour franchir des postes militaires. — Yongden se montre un sorcier émérite. — Où je suis à deux doigts de ma perte. — A travers cimes et vallées, le monastère de Pedo. — Je trouve un bonnet qui devait jouer un grand rôle dans mon voyage. — Un fonctionnaire nous fait arrêter. — Je tire la langue à un honorable représentant du gouvernement lamaïste.

La route que nous suivions en remontant le cours de la majestueuse Salouen — appelée, ici, Giamo nou tchou — passe alternativement à travers des gorges profondes et de larges vallées. Le paysage, quelque aspect qu'il revête, y demeure à la fois grandiose et charmant.

La crainte d'être reconnue, qui m'avait tant fait trembler au début de mon voyage, s'était passablement atténuée ; cependant elle demeurait toujours tapie en un coin de mon cœur, prête à se lever à la moindre alerte... Nous nous étions trop attardés à Lhakhangra, pensai-je, c'était une regrettable imprudence. Le sacristain du petit temple n'avait-il point conçu de doute sur notre identité ?... J'observais les rares voyageurs qui apparaissaient derrière nous. Ce cavalier qui accourait dans notre direction n'était-il pas un soldat envoyé à notre poursuite pour nous ramener vers la frontière ?... Et ce piéton qui semblait flâner le long du chemin n'avait-il pas bien l'air de nous épier ?...

Cependant l'agitation due à ces soucis ne parvenait point à troubler, de façon durable, la joie de mon délicieux voyage, ses vagues retombaient à peine soulevées et je sombrais de nouveau dans une quiétude charmée...

Quelques jours après avoir passé à Lhakhangra une tragique rencontre nous attrista. Sur le bord du chemin en face de la Salouen aux claires eaux vertes hivernales, dans un paysage splendide, rayonnant de lumière, un homme âgé, au regard fiévreux, déjà un peu trouble, était couché, la tête reposant sur un sac de cuir. En nous voyant il fit un effort et se souleva sur un coude. Le malheureux semblait près de sa fin. Yongden lui demanda comment il se trouvait là, tout seul.

L'histoire était simple. Le vieux paysan avait quitté son village avec une bande d'amis pour faire, en pèlerinage, le tour du Kha Karpo. Une maladie qu'il ne s'expliquait pas l'avait privé de ses forces, il ne pouvait plus se traîner. Ses compagnons avaient ralenti le pas pendant quelques jours, ils s'étaient même arrêtés une journée entière... Et puis ils avaient continué leur route. Telle est la coutume tibétaine même au désert, où, s'il ne se rétablit pas promptement, le retardataire, ayant épuisé ses provisions, meurt de faim... sans parler des ours et des loups qui rôdent[1].

— Vais-je mourir ? demanda anxieusement le vieillard à Yongden. Lama, consultez le sort pour le savoir, je vous prie.

Mon jeune compagnon accomplit rapidement les rites usités et répondit, essayant de rassurer le pauvre homme :

— Non, non, je vois que vous ne mourrez pas.

Son intention était bonne, mais je songeai que la lueur d'espoir qu'il avait fait naître dans l'esprit de l'abandonné s'évanouirait vite si, le lendemain matin, celui-ci se sentait plus faible encore ou si, même plus tôt, dans les ténèbres de la nuit prochaine, il devinait les approches de la mort.

Alors il me fut impossible de me tenir, comme la prudence me l'ordonnait, à mon rôle de vieille mère un peu simple d'esprit. En quelques mots je rappelai au malade les croyances de la religion qu'il avait pratiquée depuis son enfance et lui promis, non point cette vie seulement, mais la renaissance heureuse dans le royaume de Tchenrézigs[2], qui attend ceux qui meurent sur le chemin d'un pèlerinage. Puis, après des milliers d'années passées, là, dans le repos et la béatitude, d'autres vies encore et encore, jusqu'à ce qu'il ait atteint la suprême illumination de l'esprit qui délivre des liens de la vie comme de ceux de la mort.

Le vieillard m'écouta attentivement, pieusement et, quand j'eus

1. Ces mœurs rudes ne signifient point que les Tibétains aient le cœur dur. Ils s'efforcent, autant que possible, de laisser les malades dans un village ou un campement, mais cela n'est pas toujours possible, et, alors, dans les régions inhabitées, la question des vivres se pose brutalement. Les voyageurs valides ne peuvent s'attarder longtemps sous peine d'épuiser leurs propres provisions de route alors qu'ils n'ont aucune possibilité de se ravitailler. Je connais cette situation par ma propre expérience, m'étant trouvée réduite au jeûne avec mes gens et mes bêtes, au milieu des neiges, dans les grandes solitudes du Tibet septentrional.

2. *Noub déwa tchen :* le « Paradis occidental de la grande béatitude », plus connu sous le nom sanscrit de *Soûkhavati,* par ceux à qui le bouddhisme mahâyaniste est familier — où préside le Bodhisatva, *Tchenrézigs,* également mieux connu sous son nom sanscrit : *Avalokiteçvara.*

terminé, courba le front et toucha le bas de ma robe avec son front, ainsi que le font les Tibétains aux lamas qu'ils vénèrent. Peut-être imaginait-il qu'une *khandoma* [1] ou une déesse compatissante, ayant vu sa détresse, avait revêtu la forme d'une pèlerine pour passer sur sa route et le consoler... Qu'importait, si cette illusion enchantait ses dernières heures.

— Puis-je vous être utile d'une façon quelconque ? demandai-je encore.

— Non, répondit-il, j'ai des provisions et de l'argent dans mon sac. Je suis bien ici, avec les dieux. *Kalé péb* [2] *!*

— *Kalé jou* [3] *!* répondons-nous, Yongden et moi. Et nous nous éloignons.

Je comprenais que *Noub déwa tchen,* le séjour de la béatitude, resplendissait maintenant devant ces yeux qui ne distinguaient plus que vaguement les choses de notre monde. Le mourant était transporté par la vision que j'avais évoquée, et tous désirs pour cette vie au sujet de laquelle il avait d'abord si anxieusement interrogé le lama, s'étaient éteints en lui.

Nous goûtâmes ensuite quelques jours de tranquillité relative, flânant le long de la belle vallée de la Salouen. La région que nous traversions ne ressemblait plus aux forêts solitaires du Kha Karpo, les villages se trouvaient assez rapprochés les uns des autres, et, jugeant encore prudent d'éviter d'être vus par beaucoup de gens, nous nous efforcions de traverser ces petites agglomérations au lever du jour ou même un peu avant l'aube. Cette façon de voyager entraînait, forcément, de longs arrêts dans des endroits retirés, hors des routes et hors de vue, tandis que nous attendions le moment propice pour nous aventurer plus loin. Favorisé par un temps splendide, ce vagabondage paresseux, parmi de beaux sites, n'avait rien de désagréable ; son seul défaut était de rendre notre progrès très lent.

Un matin, alors qu'imprudemment nous prenions notre repas matinal dans une petite caverne près de la route, une passante réveilla la peur assoupie dans notre cœur.

C'était une dame de qualité, élégamment vêtue et couverte de bijoux ; trois servantes la suivaient. Elle s'arrêta devant nous et s'enquit de notre pays natal.

A cette époque nous nous disions *dopkas* mongols des pâturages du Koukou nor [4] septentrional, et Yongden répondit :

1. Voir la note, page 287. D'après les Tibétains, elles apparaissent généralement sous l'aspect de femmes âgées et sont appelées les « mères ».

2. « Allez doucement », expression d'adieu à ceux qui s'en vont.

3. « Restez ou asseyez-vous doucement », adieu poli à ceux qui restent.

4. Le Koukou nor signifie, en langue mongole : le « lac bleu », en tibétain *tso ñeune po.* C'est l'immense lac situé au milieu du désert d'herbe près du pays d'Amdo. Il donne son nom à toute la région environnante.

— Nous sommes des gens d'au-delà du lac Bleu *(tso ñeunpo partcho la).*

— Êtes-vous des *philings* [1] ? répliqua-t-elle.

Je jouai l'amusement et me mis à rire, comme si l'idée d'être prise pour une étrangère me semblait excessivement drôle et Yongden se leva, attirant l'attention de la dame sur lui afin qu'elle pût se convaincre, par l'examen, de ses traits bien authentiquement mongoliens, qu'il n'y avait rien d'occidental en lui. « C'est ma mère », déclara-t-il en me désignant. Alors, après quelques autres questions, la femme poursuivit son chemin.

Peu après, son mari, montant un superbe cheval très richement harnaché, passa à son tour. Une douzaine de domestiques l'accompagnaient, quelques-uns d'entre eux conduisant les chevaux de la dame et de ses servantes parties en avant.

Le riche voyageur ne daigna point nous honorer même d'un seul regard. Yongden apprit d'un domestique suivant à quelque distance avec les mules portant les bagages, que son maître résidait à un endroit situé au-delà de Menkong, et ce fait renforça ma résolution d'éviter cette petite ville, capitale de la province de Tsarong et siège d'un gouverneur.

La question posée par cette femme me laissa très préoccupée. Ainsi, en dépit de la peine que j'avais prise de me poudrer avec du cacao mélangé de braise pilée, malgré mes jolies nattes en crin de yak, je ne ressemblais pas suffisamment à une Tibétaine. Que pouvais-je inventer de mieux ? Mais, après tout, ma figure n'était peut-être pour rien dans la question de la passante ; des rumeurs avaient pu circuler à mon sujet de l'autre côté de la frontière et être colportées à Lhakhangra. Ne nous étions-nous pas aussi arrêtés trop longtemps dans cet endroit, le sacristain avait-il conçu des doutes sur notre personnalité ?... Yongden et moi ne savions que penser.

La belle vallée que nous suivions avait perdu son charme. Je commençai de nouveau à entrevoir un espion derrière chaque buisson, et des eaux tumultueuses de la Salouen des voix me parurent s'élever, proférant des paroles menaçantes ou railleuses.

Alors il nous vint à l'idée que, peut-être, nous avions nous-mêmes provoqué la question de la voyageuse. Quand Yongden avait dit : « Par-delà le lac Bleu », elle avait probablement confondu *tso* (lac) avec *Gya tso* (océan) et compris que nous venions de « par-delà l'océan bleu », ce qui équivalait à dire que nous n'étions pas asiatiques. Cette façon d'envisager les choses nous rassura, mais nous rayâmes pour toujours de notre vocabulaire de route les mots *tso partcho la* (par-delà le lac), et nous transportâmes notre patrie à près

1. *Philings* (prononcez pilinegues), étrangers occidentaux et plus spécialement anglais. Littéralement le mot signifie : « gens d'en dehors du pays ».

de trois degrés de latitude plus au sud, devenant natifs d'Amdo, des environs de Lhabrang.

Nous approchions maintenant de Thana où, d'après ce qui m'avait été dit, existait un poste-frontière. Me fiant aux cartes et à quelques récits de voyage que j'avais lus, je me figurais que la route du pèlerinage autour du Kha Karpo y tournait à l'est, montant vers le col dénommé Tchou la, qui conduit en territoire chinois, sur le versant du Mékong. En réalité, la seule route de Menkong diverge à cet endroit, continuant le long de la Salouen, tandis que le sentier des pèlerins se prolonge vers le nord jusqu'à Wabo. J'ignorais alors ce détail et j'étais extrêmement préoccupée par l'invention d'une nouvelle histoire concernant le but de notre voyage. Nous allions laisser derrière nous la montagne sainte qui, jusque-là, nous avait fourni le prétexte plausible et respectable d'accomplir un exercice religieux, et le chef du poste de Thana devait, pensai-je, être spécialement chargé de surveiller et d'interroger ceux qui, délaissant la route circulaire, se dirigeaient vers l'intérieur du Tibet.

Nous nous arrangeâmes pour arriver à Thana à la nuit. Cette fois, notre plan réussit. Il réussit même trop bien, car si nous étions parfaitement invisibles, le paysage et la route devant nous l'étaient également et nous eûmes grand'peine à nous orienter. Enfin, nous arrivâmes près d'un temple où se trouvaient de nombreux chiens de garde qui aboyèrent furieusement à notre approche. Heureusement ils étaient enfermés dans une cour entourée de murailles et ne pouvaient nous attaquer, mais je craignais que des gens ne vinssent s'assurer que ceux qui provoquaient ce tapage n'étaient pas des voleurs. Il y avait aussi à redouter que le passage de voyageurs mystérieux, errant dans la nuit, ne fût, même indirectement, rapporté au poste et qu'une enquête s'ensuivît. Pour éviter ce risque, Yongden appela très haut le sacristain, le suppliant d'accorder l'hospitalité, pour la nuit, à un *ardjopa* exténué qui pouvait à peine se traîner à cause de douleurs dans une jambe.

La requête de mon compagnon était conçue dans le langage le plus pathétique et s'exprimait assez bruyamment pour être entendue dans tous les bâtiments du temple.

Durant qu'il jouait sa comédie, je m'étais retirée hors de vue. Nous étions bien certains que le sacristain ne se lèverait pas à cette heure tardive pour ouvrir à un mendiant. Lorsqu'il eut attendu assez longtemps, Yongden s'en alla en se lamentant à haute voix : « Oh ! qu'il est peu charitable de laisser un pauvre malade passer la nuit au froid ! » pleurnichait-il. « Quel manque de pitié ! »... « Quels cœurs durs !... » et ainsi de suite.

Ses plaintes allèrent graduellement *decrescendo*, comme à l'Opéra le chœur de passants supposés se perdant dans les coulisses. L'effet était assez joli. Je faillis applaudir.

Nous avions dépassé le temple dans de bonnes conditions. Nul de ceux : lamas ou laïcs, qui pouvaient s'y trouver n'accorderait, le lendemain, une seule pensée au mendiant entendu la nuit précédente. Mais où, maintenant, se trouvait le village ? La nuit complètement noire ne nous permettait pas de l'apercevoir, et eussions-nous même entrevu des maisons, nous n'aurions guère osé nous risquer dans leur direction de crainte de rencontrer, libres cette fois, des chiens pareils à ceux qui gardaient le *lhakhang*.

Yongden insistait pour que nous dormions pendant quelques heures sur le sentier même. Pour ma part, je préférais m'éloigner davantage et trouver un endroit plus confortable. Nous étions arrivés près d'un ruisseau. Distinguant des pierres permettant de le traverser à pied sec, je m'en allai, en éclaireur, sur l'autre bord où je découvris deux cavernes. Nous avions un asile pour le reste de la nuit !... un « chez nous » où nous allions reposer, avec un toit au-dessus de notre tête. Les dieux du pays nous comblaient.

Je courus informer mon compagnon de notre bonne fortune. Nous nous établîmes immédiatement dans la plus vaste des cavernes où nous soupâmes, enfin, arrosant notre *tsampa* avec quelques gorgées de l'eau glacée du ruisseau, nous nous endormîmes du profond et calme sommeil des pieux *néskorpas* [1] tibétains, harassés et heureux.

Le jour se levait lorsque nous nous éveillâmes.

Un groupe de maisons était maintenant visible, proche de l'endroit où nous avions passé la nuit. Les paysans déjà tous levés vaquaient à leurs besognes matinales, récitant, tout en allant et venant, les diverses formules mystiques qui, dans les pays lamaïstes, tiennent la place que les prières occupent en d'autres contrées. Un bourdonnement semblable à celui que pourraient produire quelques centaines de ruches, s'élevait du village.

Des femmes nous regardèrent distraitement de leurs fenêtres ou du haut des toits en terrasse, tandis que nous traversions les ruelles, la tête courbée, pour dissimuler notre visage et bourdonnant pieusement comme tout le monde. Yongden s'enquit de la route à suivre... Quelques minutes plus tard, nous étions hors du hameau, en pleins champs.

Des gens portant des instruments aratoires s'en allaient à leur travail, d'autres étaient déjà occupés à distribuer l'eau dans les divers canaux d'irrigation. Bien que nous fussions en novembre, la température était douce. Ce pays riant n'a rien de commun avec les régions tibétaines arides et glaciales qui s'étendent immédiatement au nord de l'Himâlaya et, si l'âpre majesté de ces dernières lui fait défaut, la vie y est, par contre, facile et agréable.

Tout en gravissant la montagne nous causâmes avec plusieurs travailleurs occupés dans les champs voisins du chemin, puis, après

1. Pèlerins.

quelques heures de marche en forêt, nous franchîmes un col nommé Tondo la, dont l'altitude approximative est de 3360 mètres.

Ce même soir, pour la première fois depuis que nous avions quitté le Yunnan, nous nous hasardâmes à planter notre petite tente.

Le lendemain matin, nous apercevions le Nou tchou coulant rapidement dans une gorge profonde pour se jeter dans la Giamo nou tchou (Salouen) et le traversions sur un pont « cantilever » bien construit.

A ce moment de nombreux pèlerins nous rejoignirent et assiégèrent mon jeune compagnon pour qu'il leur prédît l'avenir concernant certaines questions qui les préoccupaient. Repousser une requête de ce genre est considéré comme un coupable manque de bienveillance de la part d'un lama jugé capable de l'exaucer. Yongden devait souvent se plier à la coutume, mais il ne manquait point d'intercaler parmi les rites habituels quelques discours très simples sur la véritable doctrine bouddhiste, s'efforçant ainsi d'ébranler quelque peu les croyances superstitieuses profondément enracinées dans l'esprit de ses auditeurs. Lorsqu'on le consultait à propos de malades, il ajoutait encore de bons conseils touchant la propreté et l'hygiène.

Cette fois, il me fallut demeurer plus d'une demi-heure assise contre une falaise de terre jaunâtre sur laquelle le soleil dardait ses rayons brûlants. Le lama ne parvenait pas à se débarrasser des acharnés curieux. L'un le consultait sur la façon dont son bétail prospérait en son absence ; un autre, désireux de commémorer le souvenir de son pèlerinage en ajoutant quelques pierres gravées au *mendong*, érigé à l'entrée de son village, voulait connaître quelles inscriptions lui rapporteraient la plus grande somme de mérites et de prospérité. Comme de coutume, les questions les plus saugrenues furent posées.

Enfin, une jeune fille exténuée par de longues marches s'approcha ; ses pieds étaient enflés, elle ne pouvait poursuivre sa route que très lentement et craignait d'être laissée en arrière. Elle souhaitait ardemment savoir si elle redeviendrait alerte et en état de marcher sans peine. Sa mère, elle, insistait pour qu'on lui dévoilât le nom du démon qui avait raidi les jambes de son enfant et causé l'enflure de ses pieds. Que cet accident fût un effet naturel de semaine de longues courses par des chemins difficiles, ni la vieille, ni sa fille, ni aucun de leurs compagnons n'eussent jamais voulu l'admettre.

Mon fils adoptif commença par officier de façon strictement orthodoxe. « Je comprends ce dont il s'agit, dit-il, après avoir terminé les gestes rituels. Il existe un moyen de délivrer cette fille du démon qui la tourmente, bien que ce dernier soit d'une espèce particulièrement maligne. »

— Écoutez-moi tous, très attentivement, afin de bien vous rappeler ce que je vais vous dire.

Les pèlerins entourèrent immédiatement mon sorcier, certains s'asseyant à ses pieds, d'autres demeurant debout, immobiles, le dos contre la falaise, tous tendant leur esprit avec un effort qui ridait leur front hâlé, afin de bien saisir ce que le *ñeune chés*[1] allait ordonner :

— Vous rencontrerez un *chörten* sur votre route, déclara Yongden — une prophétie qui ne pouvait manquer de se réaliser, car les *chörtens* sont nombreux au Tibet. Vous ferez halte à cet endroit et la fille malade demeurera assise près du *chörten* pendant trois jours, étant bien abritée de façon que les rayons du soleil ne touchent pas sa tête. Trois fois, chaque jour : à l'aurore, lorsque le soleil sera au milieu du ciel, et au crépuscule, vous vous réunirez pour réciter *Dölma*[2]. Ceux qui ne savent pas *Dölma* répéteront *Mani*.

« La malade tournera trois fois autour du *chörten* pendant cette récitation et, à part ces courtes promenades, elle ne bougera point durant les trois journées.

« Après avoir circulé ainsi, la jeune fille mangera un repas nourrissant ; ses pieds et ses jambes seront massés dans de l'eau chaude à laquelle vous ajouterez une pincée de sable provenant du très saint monastère de Samyé, que je vous donnerai. Lorsque ceci aura été fait, la terre qui aura été mouillée pendant l'opération devra être enlevée avec soin, jetée au loin, dans un trou profond, et recouverte avec d'autre terre ou des pierres, parce que le pouvoir du démon sera emporté avec cette eau consacrée et tombera avec elle sur le sol, près du *chörten*.

« Si le démon n'était point chassé, si la malade continuait à souffrir, cela signifierait que vous avez commis des erreurs dans l'accomplissement des rites. Il faudrait, dans ce cas, les recommencer auprès du *chörten* suivant que vous rencontreriez.

« Écoutez-moi encore. Nul de vous ne doit quitter ses compagnons avant que vous soyez arrivés tous ensemble dans votre pays. Je vois que le démon suivrait immédiatement celui qui se séparerait de la jeune fille, pour se venger de lui, d'avoir été empêché d'agir avec elle comme il lui plaisait.

« Je vais apprendre une *dzoung*[3], à la mère de la malade, et celle-ci, en la répétant, protégera non seulement sa fille, mais vous tous, tant que vous voyagerez ensemble. »

Les pèlerins se sentaient transportés au ciel. Le lama avait parlé si longtemps et ils ne pouvaient ni bien comprendre, ni se rappeler ce qu'il avait dit, ce qui, sans le moindre doute, signifiait que son savoir était extraordinairement profond.

Alors Yongden les congédia tous, ne retenant auprès de lui que la vieille mère pour lui communiquer la syllabe magique

1. Un clairvoyant, un prophète, littéralement quelqu'un qui « sait d'avance ».
2. Louanges à la Mère universelle. Une personnalité mystique du panthéon tantrique appelée *Tara* en sanscrit.
3. *Dzoung* (sanscrit *dhârani)*, une formule magique

— Bhhah !... exclama-t-il à son oreille avec le bruit d'un coup de tonnerre et en roulant des yeux terribles.

Tremblante, mais pleine de joie à la pensée qu'elle n'avait plus rien à redouter des mauvais esprits, la bonne femme se prosterna avec la plus sincère gratitude et s'en alla dans la direction où les pèlerins avaient disparu. Tout en montant le chemin elle essayait *sotto voce* d'imiter l'intonation de son initiateur.

— Bhhah !... bhhahh ! bhhah !... murmurait-elle mais bientôt *a* se changea en *ê*, en *î* et finit par demeurer une sorte de bêlement de chèvre angoissée par quelque souci : bêêê... bêêê...

Je fis semblant de rattacher ma jarretière pour rester en arrière et rire tout mon saoul, la tête enfouie dans les larges manches de mon épaisse houppelande.

— Quoi donc ? me dit Yongden en souriant, quand je le rejoignis. Cette pauvrette jouira de trois jours de repos, d'un peu de massage et de quelques bons repas, cela ne peut que lui faire du bien. Et puisque sa mère, qui ne l'abandonnera certainement pas, possède le secret de la précieuse *dzoung*, les autres pèlerins ralentiront le pas s'il le faut et ne regagneront pas leur pays sans elle. C'est là une besogne honnête et, d'ailleurs, ne m'avez-vous pas donné l'exemple de ces ruses charitables ?

Je ne pouvais rien répliquer, il avait raison. Moi aussi, j'estimais qu'en s'y prenant de cette façon bizarre il avait rendu un réel service à la pauvre fille.

Lorsque nous eûmes gagné le sommet de la falaise, nous vîmes des champs dans toutes les directions et, tout près, un village dont nous sûmes, plus tard, le nom : il s'appelait Ké.

La plupart des pèlerins y étaient déjà arrivés, et quelques hommes revenant sur leurs pas accouraient vers nous.

— Oh ! lama, dirent-il à Yongden. Quel savant *nieunchés tchen* vous êtes ! Vous avez bien dit que nous rencontrerions promptement un *chörten*. Le voici, et la fille est déjà assise à côté de lui. Faites-nous la grâce de boire du thé avec nous.

Je ne me rappelais point que Yongden eût dit qu'ils rencontreraient « promptement » un *chörten*. Mon fils laisse généralement à ses prophéties le caractère vague qui sied aux déclarations d'un oracle avisé ; mais les braves Tibétains avaient ajouté d'eux-mêmes de quoi augmenter la beauté du prodige.

Un petit *chörten*, enfin se trouvait là, et aussi une lamaserie campagnarde dont les quelques membres furent tôt mis au courant des talents déployés par leur remarquable collègue.

Nos pèlerins n'étaient point des mendiants, mais des cultivateurs aisés. Il firent venir des pots d'eau-de-vie d'orge et, tout en buvant, se mirent à relater d'étranges miracles, soi-disant accomplis par mon innocent compagnon.

Chacun d'eux tenait à avoir remarqué un fait encore plus surprenant que ceux déjà décrits par ses camarades ; la grandeur et le pittoresque des merveilles imaginées croissaient de plus en plus. Enfin, l'un des voyageurs déclara qu'il avait clairement vu qu'en traversant la rivière le lama n'était point passé *sur* le pont, mais *à côté* de celui-ci, marchant dans le vide.

Yongden, bien qu'il n'eût point bu d'alcool, observant toujours très strictement la règle bouddhiste qui interdit les boissons fermentées, subit cependant la contagion de l'excitation générale. A son tour, il raconta des histoires entendues dans les pays lointains qu'il avait parcourus. Il dépeignit Riwotsé nga, le mont aux cinq pics, demeure de Jampéion [1], le dieu du Savoir et de l'Éloquence, protecteur des lettrés, et la montagne sacrée de Kuntou Zangpo [2], où ceux dont l'esprit est pur peuvent contempler Sangyais [3] lui-même, dans une auréole aux couleurs de l'arc-en-ciel.

Je commençai à trouver que la plaisanterie allait trop loin. Tout le village et les *trapas* [4] locaux s'étaient assemblés autour du jeune homme et, lui, allait son train, prophétisant, donnant des avis sur mille sujets et dévoilant des choses cachées. Les gens lui apportaient de menus présents en nature, qu'il acceptait gracieusement. Cette trop grande célébrité m'inquiétait, mais, probablement, voyais-je mal les choses ; qui donc se fût avisé de penser que la mère de ce brillant magicien était une étrangère ?

Je parvins cependant à attirer l'attention de mon fils et, avec une ferveur quelque peu nerveuse, je prononçai : *Karmapa Kiéno* [5] *!* C'est là une sorte d'oraison jaculatoire, usitée parmi les fidèles de la secte des Kargyud-Karma, qui a pour but d'appeler sur eux la protection du chef de la secte, leur père spirituel, mais dans la pratique courante ces deux mots n'ont guère que la valeur d'une simple exclamation. En ce qui nous concernait, suivant le code secret que j'avais établi, de même que dans un de mes voyages précédents, ces pieuses paroles signifiaient très vulgairement : « Décampons au plus vite ! »

Quelque peu vexé d'abandonner son triomphe, Yongden déclara à son entourage qu'il allait prendre congé et continuer son chemin. Tous protestèrent, disant que le prochain village était situé trop loin pour être atteint avant la nuit et que, quant à camper en cours de route, il n'y fallait point songer, car nous ne trouverions nulle part

1. Jampéion, mieux connu des orientalistes sous le nom sanscrit de Mandjouçri. Riwotsé-nga est situé en Chine et appelé, en chinois, Woutaï-chan.

2. Kuntou Zangpo, le « tout bon », en sanscrit Samantabhadra. D'après une ancienne légende il visita le mont Omi (au Szetchouan) qui lui a été, ensuite, dédié.

3. Le Bouddha.

4. *Trapa*, le véritable titre d'un moine lamaïste qui n'est pas un dignitaire de l'ordre religieux. Littéralement, *trapa* signifie un écolier, un disciple. Voir la note page 318.

5. *Karmapa Kiéno*, Karmapa le sait ou Tu le sais ô Karmapa !

d'eau pour faire notre thé du soir. Mieux valait, ajoutaient les excellents villageois, passer la nuit parmi eux qui nous donneraient un bon gîte. Mon lama était très tenté d'accepter, je le compris ; mais au regard implorant qu'il lança dans ma direction je répondis par un *Karmapa Kiéno !* d'une ferveur plus ardente encore, dont l'accent émut quelques-uns de ceux qui nous entouraient et les fit répéter dévotieusement : *Karmapa Kiéno ! Karmapa Kiéno !...*

Nous partîmes enfin et je me sentis soulagée en retrouvant le silence et la solitude de la campagne. Je grondai sévèrement Yongden pour la façon dont il se faisait remarquer, alors que je ne souhaitais rien tant que de passer sans attirer l'attention, et, mortifié par mes reproches, il bouda pendant plusieurs heures.

Vers le soir nous franchîmes un col dont l'altitude est d'environ 2200 mètres et, de là, descendîmes par un large chemin poussiéreux coupé à travers une chaîne de montagnes blanchâtres qui me rappelèrent celles du Kansou, dans la Chine septentrionale.

On nous avait exactement renseignés, pas le moindre ruisseau ne coulait sur notre parcours, et la perspective de n'avoir rien à boire, ni avant de s'endormir, ni le lendemain à son réveil, ajoutait à la mauvaise humeur de mon compagnon.

Un brillant premier quartier de lune éclairait le paysage et, si nous n'avions pas été fatigués, nous aurions pu aisément continuer à marcher pendant une partie de la nuit. Mais à la vue d'une minuscule caverne haut perchée au-dessus du chemin, le besoin de sommeil nous vainquit. Nous cédâmes d'autant plus facilement que nous avions mis deux chaînes de montagnes et une rivière entre nous et le tant redouté Thana et croyions n'avoir rien à craindre au prochain village. Combien nous nous illusionnions !

Le lendemain devait commencer une série de jours remplis d'incidents bien propres à ébranler sérieusement des nerfs moins solides que les miens.

Nous arrivâmes au village, qui est nommé Wabo, dans le milieu de la matinée, affamés et, surtout, altérés. Chose bien naturelle, puisque nous n'avions rien bu ni mangé depuis notre repas de midi avec les pèlerins près du *chörten* de Ké.

Nous nous étions tant moqués des démons, la veille que, peut-être, l'un d'entre eux souhaitant se venger en nous jouant un mauvais tour nous suggéra une idée que nous n'aurions jamais dû concevoir : celle de nous arrêter au milieu du village et de faire du thé à un endroit où un aqueduc primitif amenait l'eau pour ses habitants.

Un peu de neige était tombée pendant la nuit, je ramassai de-ci de-là, sur la route blanche, les menues branches et le peu de bouse de vache à peu près sèche que je trouvai, puis Yongden alluma du feu. L'eau fut lente à bouillir, mon compagnon très lent à manger et à boire ; il s'ensuivit que des paysans, d'abord deux ou trois, puis une dizaine et, finalement, peut-être le double de ce nombre, s'assemblèrent pour nous regarder. Une femme charitable voyant la difficulté que j'avais à trouver de quoi alimenter le feu qui conservait le thé chaud, m'apporta un fagot pris chez elle.

Yongden eût-il alors prononcé la dixième partie seulement des « paroles ailées » par lesquelles, à l'instar d'Ulysse, il avait diverti et charmé les indigènes de Ké, cette halte se fût probablement terminée sans incidents, mais une statue ne pouvait être plus muette que le ci-devant orateur. Il ne disait pas un mot, ne faisait pas un geste : il mangeait et buvait, et buvait et mangeait alternativement et sans fin. Les gens le considéraient avec un étonnement profond. Les Tibétains sont généralement loquaces et le taciturne Yongden bouleversait toutes leurs idées concernant les *ardjopas*.

— Qui sont ces gens, d'où viennent-ils ? dit une femme, dans l'intention évidente que nous répondions à la question. Mais le lama persévéra dans le même extraordinaire mutisme.

Quelle misère ! Dans le code secret de formules pour toutes les occasions, que j'avais élaboré si soigneusement, croyant ne rien y oublier, j'avais omis de pourvoir à l'ordre : « Parlez ! » Maintenant, buvant mon thé humblement derrière mon fils assis sur un vieux sac que j'avais étendu pour lui servir de tapis, je n'avais aucun moyen de le tirer de son inexplicable inertie. Je crus prudent d'accentuer mes témoignages de respect et de le servir ostensiblement de toutes façons pour parer aux soupçons que les assistants pourraient concevoir. Hélas ! cela aussi faillit tourner à ma perte.

J'avais emporté, pour la laver, notre unique marmite, dans laquelle le thé avait bouilli, mais le contact de l'eau eut le résultat naturel de me nettoyer les mains et avec ce commencement de propreté, leur blancheur apparut. Préoccupée par la conduite angoissante de Yongden, ce détail m'avait échappé quand une femme murmura à une autre de nos spectatrices :

— Ses mains ressemblent à celles d'une *philing*.

Avait-elle jamais vu des gens de race blanche ? C'était douteux, à moins qu'elle n'ait été à Bhatang ou ailleurs dans le Tibet chinois, ou bien à Gyantzé dans l'extrême sud du pays. Mais les Tibétains ont des idées fortement arrêtées en ce qui concerne le canon des traits et des particularités des Occidentaux. Ceux-ci doivent être de haute stature, avoir des cheveux blonds, la peau claire, les joues roses et les « yeux bleus », dénomination qui s'applique indistinctement à toutes les nuances d'iris qui ne sont point noir ou brun foncé. *Mig kar* (yeux blancs) est une expression courante à tendance injurieuse, désignant les étrangers. Rien de plus horrible, au point de vue de l'esthétique des Tibétains, que des yeux bleus ou gris et ce qu'ils appellent des « cheveux gris », c'est-à-dire des cheveux blonds.

Ainsi, la couleur de ma peau était sur le point de me trahir. Je ne manifestais par aucun signe que j'avais entendu la réflexion de la villageoise, mais tout en maniant la marmite, je m'arrangeai pour me frotter les mains sur son fond rendu noir et graisseux par la fumée.

Parmi ceux qui, rangés en demi-cercle, continuaient à nous examiner, je découvrais maintenant trois soldats. Bonté du ciel ! Il existait un poste dans ce village et, très probablement, il n'y en avait point à Thana que nous avions traversé avec un tel luxe de précautions. Qu'allait-il advenir ?... J'entendais vaguement un murmure courir parmi les paysans : « Sont-ce des *philings* ?... Et ce lama semblant pétrifié, qui continuait toujours à mastiquer sa *tsampa* !... Je n'osais même pas prononcer le *Karmapa Kiéno* traduisible par « Sauvons-nous en hâte », de crainte que ma voix, résonnant dans cet étrange silence, n'attirât davantage l'attention sur moi.

Enfin, Yongden se leva cependant et un homme s'aventura à lui demander où il se rendait. Je frémis, une réponse maladroite pouvait compromettre notre réussite, car c'était maintenant, devant tous ces yeux inquisiteurs, qu'il nous fallait quitter le chemin des pèlerins. Nous venions de le comprendre, nous nous étions arrêtés précisément à cette bifurcation de la route que nous avions cru, autrefois, exister à Thana. Des deux sentiers qui se séparaient devant nous, l'un conduisait en Chine en contournant au nord la chaîne du Kha Karpo, et l'autre menait à la vallée supérieure du Nou tchou. Le choix que nous allions faire équivaudrait à confesser que nous nous dirigions vers le centre du Tibet.

Yongden déclara avec calme qu'il avait accompli le pèlerinage du Kha Karpo et, l'ayant terminé, retournait, avec sa mère, dans son pays.

Il n'ajouta rien de plus, chargea son fardeau sur son dos, me fit signe de reprendre le mien et nous nous mîmes en marche.

Alors le miracle se produisit. L'esprit taquin qui s'amusait à nos dépens changea le thème de ses plaisanteries et les exerça en notre faveur. L'espèce de tension qui pesait sur chacun se relâcha ; j'entendis quelques hommes dire en badinant : « Des *philings* vont en pèlerinage. » Cette idée parut si comique et si invraisemblable que tous éclatèrent de rire.

— Ce sont des Sokpos (Mongols), déclara un autre d'un air entendu, et les hochements de tête affirmatifs qui lui répondirent ne me laissèrent aucun doute sur l'opinion conçue par les villageois quant à notre nationalité. Ainsi, toujours silencieux, marchant, il me semblait, dans un rêve, nous quittâmes le sentier ceinturant le Kha Karpo et, devant tous ces gens, nous prîmes la route de Lhassa.

Il nous fallait, encore une fois, franchir une chaîne de montagnes. Voyager au Tibet oblige à une véritable gymnastique des muscles et des poumons. Dans le cours d'une même journée, montant et descendant de vallées en cimes et de cimes en vallées, l'on passe par des altitudes très différentes. Cet exercice, peut-être excellent pour la santé, ne laisse pas que de fatiguer le piéton, surtout, comme c'était notre cas, lorsqu'il est lourdement chargé. Toutefois, le côté pénible de ces marches a sa contre-part dans la distraction procurée par la diversité des paysages que l'on contemple et, à tout prendre, je les préfère de beaucoup aux voyages plus aisés, mais monotones, à travers les grandes steppes.

Après le passage du col, qui se nomme Tong la [1], nous trouvâmes un excellent chemin en forêt qui conduisait tout droit à une large rivière s'enfonçant dans une belle gorge. A ma grande surprise, je constatai que l'eau coulait dans la direction de la Chine. Je n'avais point encore lu, à cette époque, les récits des rares explorateurs qui, avant moi, ont suivi le même chemin, alors que cette partie du Tibet n'avait point encore été soustraite à la suzeraineté de la Chine.

Tous avaient été intrigués par cette mystérieuse rivière qui semblait aller rejoindre le Mékong, alors qu'il était connu qu'une gigantesque chaîne de montagnes closait, dans cette direction, le bassin de la Salouen. Quant à moi, comme les informations que j'avais recueillies ne mentionnaient qu'un seul cours d'eau, le Nou tchou que je devais remonter, je conclus que ce dernier tournait autour de la chaîne que je venais de franchir et que la rivière que j'avais traversée au-dessous de Ké était la même que celle qui coulait maintenant devant moi.

Un homme que je croisai, plus bas dans la vallée, me confirma ce fait. Il nous expliqua aussi que nous rencontrerions bientôt un pont, et qu'il nous faudrait, à cet endroit, passer sur la rive opposée afin de nous rendre au monastère de Pedo où il nous serait possible d'acheter des vivres. Il nous dit encore qu'un chemin que nous apercevions de l'autre côté de la rivière conduisait à Atunzé (en territoire chinois), en traversant plusieurs cols.

Le pays était joli, bien cultivé dans le fond de la vallée et boisé sur la partie supérieure des versants de montagnes restés verts et feuillus, bien que nous fussions en hiver.

Le soleil se coucha comme nous traversions le pont. J'entendais passer devant le monastère pendant la nuit et me cacher ensuite un peu plus loin, laissant à Yongden le soin d'aller seul, dès l'aube, acheter des provisions.

J'aurais volontiers campé près de la rivière où se trouvait un charmant bosquet naturel arrosé par un ruisselet d'eau limpide, mais la lamaserie se trouvait encore loin et il était préférable de m'arrêter seulement lorsqu'elle serait en vue, afin de pouvoir mieux choisir le moment favorable pour la dépasser.

C'est à cet endroit que nous nous servîmes pour la première fois de nos bouteilles en caoutchouc. C'étaient de simples bouillottes, telles que les personnes frileuses en mettent dans leur lit pour se

1. Altitude approximative : 3100 mètres.

tenir chaud. Lorsque je me décidai à les inclure dans mes très sommaires bagages, je songeai qu'elles pourraient être utiles à des voyageurs manquant de couvertures, lorsqu'il leur faudrait passer les nuits d'hiver à de hautes altitudes, et qu'elles nous permettraient ainsi de transporter une petite provision d'eau lorsque nous traverserions des régions sèches. Malheureusement leur aspect étranger nous empêchait de les remplir en présence des Tibétains et, pour cette raison, nous souffrîmes plus d'une fois de la soif, alors qu'il nous aurait été facile d'emporter assez d'eau pour faire du thé.

Pedo-gön[1] se trouvait vraiment loin du pont. La nuit tomba avant que nous l'ayons même entrevue. Nous suivions un sentier montant en pente douce à travers des bois ; à l'un de ses tournants atteignant un endroit découvert, nous vîmes plusieurs feux brûlant sur la montagne. Probablement des voyageurs campaient là et il se pouvait que nous arrivions près d'eux si nous continuions notre marche. Cette perspective me déplaisait, mais d'autre part, attendre jusqu'au matin que ces gens fussent partis, bouleversait mes plans et m'obligerait à passer auprès du monastère dans le milieu de la matinée, ce qui me déplaisait bien davantage encore. L'on m'avait dit qu'un fonctionnaire de Lhassa y résidait et je désirais, absolument aussi, éviter d'être vue par les *trapas* du lieu.

Les moines étaient beaucoup plus à redouter pour nous que les simples villageois, car tandis que ces derniers quittent rarement leur demeure et savent bien peu de chose concernant le monde au-delà des montagnes qui encerclent leur horizon, les lamas de tous rangs sont, eux, d'intrépides voyageurs. Durant leurs pérégrinations ils voient nombre de choses et nombre de gens — y compris des *philings* — et glanent maintes connaissances dont certaines pouvaient nous gêner. Bref, nous avions intérêt à nous méfier de leur perspicacité.

Continuant à avancer, nous gagnâmes la lisière des bois. Le sol y avait été défriché pour les cultures et notre sentier devint excessivement étroit, rasant à droite les haies des champs, tandis qu'il se terminait à pic, à notre gauche, au-dessus des terrains avoisinant la rivière, qu'il ne nous était pas possible de discerner dans la nuit.

Les feux avaient cessé de flamber, un vague rougeoiement nous permettait de constater qu'ils se trouvaient loin de notre route. Néanmoins, nous passâmes en grand silence.

De vagues silhouettes de murs se discernaient qui pouvaient être les bâtiments du monastère, nous crûmes sage de nous arrêter jusqu'aux premières lueurs du jour, de crainte de nous tromper de route aux environs de la *gompa* et de provoquer les aboiements des chiens si nous errions longtemps dans le voisinage.

Une bise piquante balayait la petite falaise sur laquelle nous étions

1. Monastère de Pedo. *Gön* est une abréviation de *gompa*, qui signifie monastère.

perchés, nul abri n'apparaissait. La meilleure place que nous découvrîmes fut contre une roche debout qui nous protégeait quelque peu d'un côté.

Une poignée de *tsampa* arrosée d'une gorgée de l'eau que j'avais emportée composa notre souper.

Nous nous étendîmes, ensuite, pour prendre un peu de repos. Des pointes de rochers perçant, de-ci de-là, la terre durcie par le gel, rendaient notre couche vraiment ascétique. Je m'endormis pourtant bientôt, tenant ma bouteille en caoutchouc étroitement serrée entre mes bras, sous ma robe, non certes pour qu'elle me réchauffât, mais, par un renversement inusité de nos rôles, afin d'empêcher le liquide qu'elle contenait de geler et me réserver de quoi me désaltérer à mon réveil.

Aux premiers rayons du jour, nous vîmes le monastère à quelques pas de nous et dans une direction tout à fait différente de celle où nous avions cru l'entrevoir la veille. Nous passâmes en longeant les murailles, nous hâtant d'être hors de vue. Un chef indigène, vêtu de beaux habits et montant un cheval élégamment harnaché, nous croisa à l'entrée de la route qui conduit vers Bhatang. Il nous regarda d'un air indifférent sans nous adresser la parole.

Nous nous rendions compte, maintenant, qu'il n'existait dans le voisinage immédiat de la *gompa* aucun endroit où je pusse demeurer cachée, tandis que Yongden ferait ses achats.

Notre chemin descendait dans une vallée étroite où coulait un petit affluent du Nou tchou. Plusieurs fermes et des moulins étaient bâtis sur ses bords. Une caravane marchande, venant de Lhassa, arrivait en même temps que nous, emplissant le sentier de mules chargées de balles de marchandises. On voyait du monde de tous les côtés. Force nous fut de continuer notre route, bien que nous fussions extrêmement contrariés de nous éloigner du monastère, ayant un urgent besoin de renouveler nos provisions.

Enfin, après avoir traversé cette vallée, je découvris de vastes champs encore incultes et coupés par des buissons. Je demeurai là quelques heures, blottie parmi les broussailles, lisant un traité philosophique tibétain. Lorsque Yongden revint, chargé comme un mulet, nous fîmes un véritable déjeuner de Lucullus avec une soupe épaisse aux navets et à la farine de blé. Puis, remplissant notre *amphag* [1] d'abricots séchés, nous partîmes joyeusement en grignotant notre dessert.

Dans le courant de l'après-midi nous entrâmes de nouveau dans une région couverte de forêts où nous rencontrâmes des groupes de pèlerins flânant le long du chemin. Ils appartenaient à une bande nombreuse comptant au moins cinquante personnes. Nous trouvâ-

1. La poche que forme sur la poitrine la robe des Tibétains fortement serrée à la taille avec une ceinture.

mes, un peu plus loin, leur avant-garde qui faisait bouillir du thé dans des chaudrons de la dimension d'un tub.

Yongden fut retenu là pendant longtemps : requis par certains de leur prédire l'avenir, et par d'autres de les conseiller, touchant la conduite qu'ils devaient tenir pour amener la réussite d'entreprises diverses. Un grand nombre sollicitèrent sa bénédiction.

Assise par terre, je m'amusais à regarder les faits et gestes de ces grands enfants. Lama et croyants se comportaient avec une profonde gravité ; cependant des saillies soudaines, des réflexions subites faites à haute voix suffisaient à provoquer les rires, à déchaîner parmi toute la troupe cette bonne humeur rustique, cette communicative gaieté qui rendent la vie au Tibet si agréable.

Au coucher du soleil, nous nous trouvâmes parmi de sombres forêts peuplées d'arbres énormes. Le sentier continuait à être bon et, comme nous avions perdu beaucoup de temps avec les pèlerins, je désirais prolonger notre marche autant que possible.

Tandis que je descendais vers un ravin au fond duquel coulait un ruisseau, je remarquai quelque chose, semblable à un paquet, au milieu du chemin. En approchant, je vis que c'était un vieux bonnet en peau d'agneau comme en portent les femmes du pays de Kham.

Yongden le souleva avec le bout ferré de son bâton et le jeta de côté. Il n'alla pas loin, sembla voleter un instant, à la façon d'un oiseau et se posa, si je puis employer ce terme, sur le tronc renversé d'un arbre gigantesque.

Un pressentiment singulier me poussa : cette vilaine coiffure crasseuse allait me devenir très utile ; en vérité, elle m'avait été *envoyée* dans ce but, et obéissant à cette suggestion occulte, je quittai le sentier pour l'aller chercher.

Il déplaisait à Yongden d'emporter avec nous ce misérable et malodorant béguin. En général, les Tibétains, lorsqu'ils voyagent, ne ramassent pas leur propre chapeau s'il vient à choir sur le sol ; ils consentiraient encore bien moins à en ramasser un qui ne leur appartînt pas. Cet objet, croient-ils, leur porterait malheur. Au contraire, voir une vieille botte sur son chemin est un heureux présage, et souvent, quelque sale que puisse être celle qu'ils ont rencontrée, les voyageurs la placent un instant sur leur tête pour attirer la bonne chance.

Mon compagnon s'était affranchi de ces superstitions, mais cette fourrure malpropre le dégoûtait et il ne voyait rien de merveilleux dans notre trouvaille.

— Un pèlerin quelconque, me dit-il, a dû attacher ce bonnet à son *khourga* [1] et il est tombé sans qu'il s'en aperçoive, ou bien crai-

1. Instrument composé de deux morceaux de bambou ou de bois courbé entre lesquels on serre les bagages à l'aide de petites courroies ou d'une corde et que l'on porte sur le dos en voyageant. L'équivalent des crochets de nos portefaix.

gnant qu'il ne lui porte malheur s'il le ramassait, il a préféré l'abandonner.

Les choses s'étaient, en effet, probablement passées ainsi. Je n'imaginais certainement pas qu'une déesse, assise sur un lotus paradisiaque, avait confectionné, à mon intention, ce piètre échantillon de l'art de la modiste. Évidemment, un voyageur ou une voyageuse l'avait perdu ; mais pourquoi précisément à cette place, sur notre route ?... Et pourquoi, à sa vue, la conviction que ce bonnet allait jouer un rôle important dans mon voyage avait-elle surgi si fortement dans mon esprit ?... L'Orient — surtout au Tibet — est la terre du mystère et des événements étranges. Pour peu que l'on sache regarder, écouter, observer attentivement et longuement l'on y découvre un monde au-delà de celui que nous sommes habitués à considérer comme seul réel, peut-être parce que nous n'analysons pas assez minutieusement les phénomènes dont il est issu et ne remontons pas suffisamment loin l'enchaînement des causes qui les déterminent.

L'éducation lamaïste et monastique que Yongden avait reçue avant de s'initier aux enseignements de l'Occident ne lui permettait point de douter de l'existence d'êtres intelligents, invisibles pour la majorité des hommes et qui, cependant, vivent à côté d'eux ; mais ce jour-là il paraissait décidément réfractaire à la poésie de ce voisinage.

— Bon, bon, répondit-il, en m'entendant exprimer mes pensées, puisque vous ne croyez pas que le bonnet a été fait spécialement pour vous par une déité de vos connaissances, alors disons simplement que votre invisible ami l'a tout doucement tiré hors du *khourga* d'un passant pour le faire choir sur notre route. Un magnifique cadeau vraiment !...

Je laissai le lama plaisanter sans lui répondre, mon idée concernant le bonnet n'était point ébranlée : je « devais » l'emporter. Je l'attachai solidement sur mon sac et nous continuâmes notre marche.

Ce fut Yongden qui eut tort. La minable coiffure me fut non seulement utile, mais je lui dois peut-être le succès de mon voyage. On le verra par la suite.

Il avait neigé dans la région où nous entrions, de larges taches blanches demeuraient parmi les feuilles rousses qui jonchaient le sous-bois. Fatigués, nous nous arrêtâmes à l'entrée d'une vallée transversale d'où descendait un large torrent tributaire du Nou tchou, roulant des eaux écumeuses et bruyantes. Yongden découvrit une place où l'on pouvait camper tout à fait hors de vue du chemin, mais le vent balayait cet endroit que ne protégeait aucun arbre vert et nous préférâmes nous installer plus bas, sur le bord du sentier, contre un mur de roches, comptant que nul ne passerait là dans la nuit.

Notre petite tente nous avait été, jusqu'alors, très peu utile en tant que tente, mais elle nous avait rendu de précieux services comme couverture. Nous dormions à la manière des voyageurs tibétains, nos bagages serrés entre nous et disposés de telle façon qu'on ne pouvait rien en enlever, ni même les toucher, sans nous faire remuer et, par conséquent, nous éveiller. Nous gardions chacun un revolver à portée de notre main et, quant aux ceintures renfermant notre trésor de voyage, que nous portions sous nos robes, tantôt, nous les cachions ou les enterrions près de nous, tantôt, si le pays était tenu pour à peu près sûr, nous nous contentions de les placer sous notre tête. Finalement, la tente était étendue sur le tout : bagages et nous deux. Lorsque nous traversions des endroits où il avait neigé, ce morceau d'étoffe blanche étalé sur le sol et jonché de feuilles et de brindilles, ressemblait tout à fait, même d'assez près, à une tache de neige parmi les autres et nous dissimulait parfaitement.

Cette nuit-là, nous ne manquâmes pas de nous installer de cette manière, mais nous étions devenus trop confiants dans l'illusion que nous créions. Avant le lever du jour, quelques marchands vinrent à passer et l'un d'eux perçut quelque chose d'insolite dans notre « tache de neige ».

— Est-ce là de la neige où sont-ce des hommes ? demanda-t-il à ses compagnons.

— De la neige, répondit l'un d'eux qui n'avait probablement pas regardé de notre côté, mais voyait le sol blanc de toutes parts.

Le premier qui avait parlé émit un son inarticulé exprimant le doute. Nous riions en silence sous notre tente-couverture, mais comme nous savions que les Tibétains sont très prompts à jeter des pierres pour les motifs les plus divers et que nous avions lieu de craindre que le passant n'en lançât une sur nous pour se convaincre de la nature animée ou inanimée du « tas de neige », Yongden confirma d'une voix sépulcrale :

— C'est de la neige.

Les mules de la caravane qui cheminaient à moitié endormies firent un écart en entendant ce bruit insolite s'élever presque sous leurs pieds et les hommes, goûtant la plaisanterie, s'esclaffèrent. Le lama émergea alors de l'étoffe, me laissant cachée en dessous et bavarda quelques minutes avec les marchands qui se rendaient à Atuntzé, au Tibet chinois.

— Êtes-vous seul ? demandèrent-ils au jeune homme.

— Oui, répondit ce dernier.

Et ils passèrent leur chemin.

Dans la matinée suivante, nous traversâmes un village et montâmes, non loin de là, à un petit plateau d'où nous découvrîmes, en face de nous, une montagne que l'éloignement faisait paraître verticale. Une filiforme ligne jaune y marquait le chemin du col de To que nous devions franchir.

Les voyageurs désirant éviter la traversée de cette haute chaîne et d'une seconde située immédiatement derrière elle, peuvent suivre un sentier de chèvre le long de la rivière, mais comme j'avais appris que ce sentier était difficile et même périlleux en plusieurs endroits, qu'il fallait s'accrocher aux rochers, marcher à quatre pattes et se livrer à une série d'acrobaties que je ne me sentais aucun désir de tenter avec un fardeau sur le dos, je préférai la route la plus fatigante mais la plus sûre.

J'ignorais, en obéissant ainsi à des considérations touchant ma sécurité, que la sécurité que j'avais par-dessus tout à cœur : celle de mon incognito d'où dépendait la réussite de mon voyage, allait courir les plus grands dangers sur la route que je choisissais. L'eussé-je pu prévoir, j'aurais certainement, sans hésitation, adopté l'itinéraire où l'on ne risquait que de se casser le cou. Il fut heureux que l'avenir me demeurât alors voilé ; l'aventure ayant bien fini, je reste ravie de l'avoir vécue.

La descente, depuis ce plateau, jusqu'au fond de la vallée, s'effectua de la manière la plus agréable.

Après une promenade charmante entre les bois, nous découvrîmes en contrebas du sentier, sur le bord d'une petite rivière, une jolie place bien abritée invitant à camper. Le beau temps et la paresse nous poussant, nous nous installâmes là et y passâmes le reste de l'après-midi à raccommoder nos hardes. Notre imprudence alla même jusqu'à planter notre tente à la nuit tombante, pour dormir plus confortablement, bien que nous fussions informés qu'un village existait à peu de distance, au-delà de la rivière.

Le lendemain, contrairement encore à notre habitude, nous ne nous pressâmes pas de partir. Nous nous régalions d'une bonne soupe tibétaine, faite d'un vieil os et de *tsampa*, lorsqu'un homme apparut et entama la conversation avec Yongden. Suivant l'usage qui veut que l'on offre de ce que l'on mange ou l'on boit à ceux qui entrent dans votre demeure ou s'arrêtent auprès de votre camp, mon fils invita le Tibétain à sortir son bol de son *amphag* [1] et à déguster un peu de notre potage. Au cours du long bavardage qui suivit, nous apprîmes que notre hôte était un soldat attaché à un fonctionnaire de Lhassa, habitant précisément en face de l'endroit que nous avions élu pour flâner.

Nous ne pouvions que maudire notre étourderie ; tout moyen de la réparer nous faisait défaut. Si l'homme qui s'était assis auprès de notre feu avait conçu des doutes au sujet de notre personnalité et s'il en faisait part à son chef, notre sort allait bientôt être réglé. Il ne servirait à rien, dans ce cas, de tenter de nous échapper en retour-

1. Les Tibétains ont l'habitude de porter un bol en bois dans cette sorte de poche. Il est de règle presque générale au Tibet de ne jamais boire dans un bol appartenant à une autre personne, d'où la nécessité de porter toujours le sien avec soi. Quant aux gens des classes riches, leur bol est placé dans une boîte et confié à un domestique qui les suit.

nant sur nos pas ou en nous cachant dans la montagne car le *pönpo* [1] nous ferait rechercher si nous ne nous montrions point sur la route, et notre conduite insolite ne pourrait que transformer ses soupçons en certitude. Mais peut-être, après tout, le soldat n'avait-il rien remarqué de suspect en nous et ne parlerait-il point d'une rencontre aussi banale que celle des deux pauvres hères revenant d'un pèlerinage. Il était inutile de nous attarder à échafauder des conjectures ; ce qui nous attendait, nous le saurions avant une demi-heure.

Je suppose que lorsque nous nous mîmes en marche pour traverser le village, notre contenance devait quelque peu ressembler à celle des condamnés à mort, en route pour l'échafaud.

Le chemin du col longeant l'extrémité des champs se tenait assez loin des habitations, nous n'y rencontrâmes personne. Nous atteignîmes un *chörten* dont je fis trois fois le tour, de la manière la plus édifiante et que je touchai ensuite révérencieusement avec le front.

Nous nous élevions de plus en plus, la maison du *pönpo* se trouvait déjà loin derrière nous ; nul ne nous avait arrêtés, la lisière de la forêt était proche... *Lha Gyalo* [2] *!* Nous le proclamerions bien haut sur la prochaine cime, au-dessus du village. Une fois de plus nous avions échappé au danger.

— Oïe ! Oïe !...

Un paysan accourt à travers champs en nous appelant. Nous ne pouvons songer à fuir, il faut l'attendre. Il nous rejoint, du reste, en quelques instants.

— Il faut, explique-t-il, que vous alliez voir le fonctionnaire qui réside au village.

Je deviens froide, c'est avec ces mêmes mots que l'on m'a arrêtée il y a dix-huit mois au pays de Kham, après mon dur voyage à travers les neiges et le passage du « pont de fer » [3].

Avec un calme parfait, Yongden fait face au danger. Il dépose son sac par terre, pour éviter les effets de la curiosité du *pönpo* et de ses domestiques qui, s'ils le voyaient, ne manqueraient pas d'en inspecter le contenu. Puis, sans jeter un coup d'œil de mon côté, sans m'adresser un mot, comme si l'idée qu'une insignifiante petite vieille de mon espèce fût digne des regards d'un *Koudag* [4] n'eût jamais pu naître en son esprit, il se tourne vers le paysan :

— Allons !... lui dit-il d'un air dégagé, et tous deux s'éloignent en bavardant ensemble.

Je m'accroupis sur le chemin près de nos bagages et enlevant le

1. *Pönpo*, un chef, un haut fonctionnaire.

2. « Les dieux sont vainqueurs ! » Une exclamation de triomphe et un vœu pour la victoire du bien et des déités, que les Tibétains crient bruyamment au passage des cols et sur les sommets des montagnes.

3. Ce récit doit faire partie de la relation d'une autre période de mes pérégrinations à travers le Tibet.

4. Un homme appartenant à la noblesse.

chapelet que je portais autour du cou, j'en fis glisser les grains entre mes doigts, simulant la récitation du *mani*.

— Il faut aller voir le *pönpo* ! Les paroles du paysan continuaient à résonner à mes oreilles... Je revivais la scène qui, au Kham, avait succédé à des mots identiques... mon dramatique voyage aboutissait à un lamentable échec. Et, très probablement, le même sort m'attendait aujourd'hui. Encore une fois, toutes les fatigues, tous les tourments d'esprit endurés depuis des mois et des mois l'auraient été en vain.

Je nous vis escortés jusqu'à la frontière la plus proche, traversant les villages, en proie à la curiosité des paysans... Cependant pas une minute la pensée de renoncer à la partie n'effleura mon esprit. Si par malheur ma tentative avortait de nouveau, j'en recommencerais une autre. J'avais juré de ne pas revoir mon pays tant que je n'aurais point réussi.

C'était une gageure, je la gagnerais, je passerais. Mais quand et comment si j'échouais aujourd'hui ?...

Une demi-heure peut-être s'écoula, puis j'entendis au loin une sorte de psalmodie... Le son devint plus distinct, c'était la voix de Yongden. Il revenait en chantant un hymne de la liturgie lamaïste. S'il revenait seul et en chantant, c'était donc que...

Un espoir soudain, mieux, une certitude surgit en moi : nous allions continuer notre route.

Le jeune lama m'avait rejoint ; un sourire narquois aux lèvres, il ouvrit sa main et me montra une pièce d'argent.

— Il m'a fait l'aumône d'une roupie, dit-il. Maintenant filons vite.

Pendant sa visite au fonctionnaire, Yongden avait appris que ce dernier était spécialement commis au soin de surveiller les voyageurs et de voir que nul ne pénètre plus avant dans l'intérieur du Tibet, par le chemin du col, sans avoir été interrogé et examiné. Nous pouvions nous féliciter de notre bonne chance, mais nous étions loin d'en avoir fini avec les incidents de ce genre. Nos nerfs allaient bientôt être mis à une plus rude épreuve encore.

Ce même matin, un peu plus haut sur la montagne, nous croisâmes un homme qui descendait précipitamment le sentier et nous dit qu'il allait préparer le relai pour un *pönpo* de Lhassa qui arrivait par le col de To.

Cette nouvelle nous terrifia. Le chemin était coupé dans un versant très raide et n'offrait aucun endroit où l'on puisse se cacher. Le fonctionnaire attendu nous verrait tous les deux, cette fois, et, sans nul doute, nous questionnerait.

Nous passâmes les heures qui suivirent dans les tourments de l'agonie, l'oreille aux aguets pour surprendre un bruit qui pût nous annoncer l'approche du personnage redouté, regardant désespérément à droite et à gauche si, comme dans les vieux contes, un rocher ou un arbre ne s'ouvriraient pas pour nous abriter. Mais, hélas ! aucun miracle ne se produisit. Les génies locaux restaient, en apparence, indifférents à notre misère.

Vers le milieu de l'après-midi, nous entendîmes soudain un tintement de clochettes. Immédiatement, au-dessus de nous, sur le sentier en lacets, nous aperçûmes un homme corpulent, habillé de façon cossue, suivi par quelques soldats et par des serviteurs conduisant les chevaux. Tous les voyageurs descendaient la montagne à pied.

Le gentilhomme s'arrêta, paraissant surpris à notre vue. Yongden et moi, conformément à l'étiquette tibétaine, nous nous précipitâmes vivement sur le bas-côté du chemin pour témoigner notre respect. Le fonctionnaire s'avança et s'arrêta de nouveau devant nous, entouré de sa suite.

Alors commencèrent les questions habituelles concernant notre pays natal, notre voyage et autres sujets. Et lorsque tout eut été dit et redit, le *pönpo* demeura sur place, continuant à nous regarder en silence, tous ceux de sa suite l'imitant.

Il me semblait que des aiguilles me transperçaient le cerveau tant la tension de mes nerfs était violente. Ces gens jugeaient-ils notre apparence ou nos réponses suspectes ? A quoi réfléchissaient-ils ? Ce silence devait être brisé ou quelque chose de mauvais pour nous allait en surgir. Comment y parvenir ?... Ah ! j'avais trouvé...

De la voix pleurnicharde des mendiants tibétains, un peu assourdie par ce qui devait paraître un sentiment de révérence, j'implorais une aumône.

— *Koucho rime potché, nga tso la sölra nang rogs nang !* (Noble sire, faites-nous la charité, s'il vous plaît !)

Le bruit rompit la concentration de pensées du groupe. Il me sembla sentir une détente physique. Les Tibétains avaient modifié leurs regards scrutateurs ; quelques-uns riaient tout haut. Le brave fonctionnaire tira une pièce de monnaie de sa bourse et la tendit à mon compagnon.

— Mère ! exclama ce dernier, feignant une joie extrême, regardez ce que le *pönpo* nous donne.

Je manifestai ma reconnaissance d'une manière seyant à la personnalité que j'avais adoptée, souhaitant — très sincèrement d'ailleurs — prospérité et longue vie à notre bienfaiteur. Celui-ci me sourit et moi, délivrée de ma frayeur, pour terminer la comédie en vrai style tibétain, je lui fis — avec quelle secrète gaieté — le plus respectueux des saluts du pays ! Je lui tirai la langue.

— Jétsunma [1], me dit Yongden quelques minutes plus tard, vous ne vous trompiez pas lorsque vous m'assuriez, dans les forêts du Kha Karpo, que vous « leur enverriez des rêves et feriez voir des

1. *Jétsunma* : révérende dame.

mirages ». Certainement ce gros homme et les gens de sa suite ont été ensorcelés.

Debout, près du cairn au sommet du col, nous exclamâmes joyeusement de toute la force de nos poumons :

— *Lha gyalo ! Dé Tamtché pham !...*

Les dieux triomphent, les démons sont vaincus !

Mais la mention des démons, dans la forme familière, ne devait point s'entendre comme une allusion aux deux *pönpos* généreux que nous avions rencontrés. Bien au contraire. Puissent le bonheur et la prospérité être leur lot jusqu'au dernier jour de leur vie terrestre et par-delà !

CHAPITRE III

Passage du col de Kou. — Yongden exerce ses talents d'oracle en faveur d'un petit âne. — Je suis pour la première fois l'hôte d'une famille tibétaine, sous mon déguisement de pauvresse. — Nuit de terreur autour du monastère de Dayul. — Sources chaudes et bain nocturne en plein air par la gelée. — Nouveaux sujets de crainte pour mon incognito. — Nous abandonnons la piste et nous jetons, à l'aventure, à travers les montagnes. — Je franchis la Salouen attachée à un crochet glissant sur un câble. — Un accident se produit. — Je reste suspendue dans le vide au-dessus du fleuve.

Notre nouvelle victoire nous avait remplis de joie — il n'est nul besoin de le dire — mais cette joie ne laissait pas que d'être amoindrie par l'effet d'une pénible tension nerveuse. Nous étions continuellement en éveil, l'œil et l'oreille aux aguets, nous attendant à voir apparaître un *pönpo* à chaque tournant du chemin.

Comme nous descendions du col de To, le tintement d'une sonnette s'approchant lentement nous causa une nouvelle émotion : n'était-ce point encore un fonctionnaire ou un soldat en voyage ? Ce n'était ni l'un ni l'autre, mais une innocente chèvre, chargée de quelques petits sacs remplis de provisions [1]. Ses maîtres : un vieux Khampa et sa femme se rendaient en pèlerinage au Kha Karpo.

Las de corps et d'esprit, nous ne nous sentions disposés ni à marcher toute la nuit, ni à demander l'hospitalité dans une ferme et à y passer la soirée parmi des paysans bavards, si, ce qui était fort probable nous rencontrions des habitations sur notre route. Cette route suivait, en forêt, le versant de la montagne qui ne recevait que

1. Dans certaines parties du Tibet l'on se sert parfois de chèvres ou de moutons comme bêtes de somme pour transporter de légers fardeaux.

rarement les rayons du soleil, les ruisseaux y étaient bordés de glace et le sol profondément gelé. Nous ne pouvions espérer trouver un endroit agréable pour camper, néanmoins, faute de mieux, nous nous arrêtâmes dans une vallée transversale, d'aspect mélancolique, aboutissant à des pentes couvertes de neige. Une grande quantité de bois mort gisait, heureusement, parmi les broussailles, mais les troncs d'arbres flambant que nous empilions n'arrivaient pas à nous réchauffer ; nous restions grelottants et transis, le morne paysage qui nous entourait semblant encore ajouter à la sensation pénible de froid glacial qui nous pénétrait jusqu'aux os.

Le lendemain, dans l'après-midi, nous atteignîmes un village situé au pied de la Kou la[1]. Yongden entra dans quelques maisons pour acheter des vivres. Les braves campagnards l'invitèrent à demeurer avec eux jusqu'au matin suivant parce que, disaient-ils, il était trop tard pour pouvoir franchir le col avant la nuit. Nous n'y comptions pas, mais nous avions voyagé si lentement jusque-là que je souhaitais allonger les étapes. Il ne m'était pas encore arrivé non plus, depuis mon départ du Yunnan, de dormir chez les Tibétains et je croyais sage d'attendre que nous soyons plus loin dans l'intérieur du pays pour me risquer à tenir de longues conversations avec les indigènes et leur donner l'occasion de m'examiner de près. Pour ces dernières raisons, j'avais poursuivi ma route, tandis que mon compagnon s'arrêtait au village. Ce dernier trouva là un prétexte très plausible pour décliner les invitations qui lui étaient adressées. Il les aurait acceptées avec reconnaissance, disait-il, mais sa vieille mère étant déjà loin, il ne pouvait pas la faire retourner sur ses pas.

Nous fîmes de la soupe sur le chemin même et montant à travers d'épaisses forêts nous franchîmes le col vers minuit.

L'ascension avait eu pour double résultat de nous tenir chauds et de nous fatiguer, de sorte que je me sentis tentée de planter notre tente entre les grands sapins croissant en massifs touffus sur un minuscule plateau couvert d'herbe rase qui séparait les deux versants. Mais aux premiers mots que je lui dis, Yongden se récria : « Jamais un voyageur, affirmait-il, ne campe au sommet d'un col ; nous risquerions d'être gelés si nous commettions l'imprudence de nous endormir à cet endroit. »

Il est bien vrai que les Tibétains ne campent jamais aux environs immédiats d'un col et, d'une façon générale, l'altitude de leurs montagnes et la température de leur pays justifient pleinement cette coutume.

Toutefois, dans le cas présent, les objections de mon fils n'avaient guère de raison d'être, il n'était point question de geler dans cette forêt qui nous protégeait du vent.

Cependant je n'insistai pas et nous nous engageâmes dans la des-

1. Col de Kou.

cente. Celle-ci était passablement difficile à cause des nombreuses racines émergeant du sol, que la nuit très noire ne nous permettait pas de distinguer et dans lesquelles nos pieds s'accrochaient à chaque instant.

Une heure environ plus tard, nous arrivions à un large espace de terrain gazonné, ombragé par de grands arbres et tout à fait libre de broussailles. Un torrent coulait bruyamment contre un mur de rocs blancs qui limitait cette sorte de clairière. Nous avions trouvé une place idéale pour camper et les nombreux *mi deussa* que nous découvrîmes en l'explorant nous prouvèrent que d'autres que nous en appréciaient le charme.

Nous nous étendîmes sur le sol sans planter notre tente. Pendant qu'il faisait ses emplettes au pied de la Kou la, Yongden avait entendu parler de brigands rôdant dans les parages et nous ne voulions pas risquer d'attirer leur attention. Nous allumâmes cependant un peu de feu pour faire un thé, mais l'éteignîmes sitôt que l'eau eut bouilli.

Nous nous accordâmes un matin de paresse pour nous reposer de notre marche nocturne. Nous dégustions une bouillie de farine que mon excellent appétit naturel, encore accru par l'air vivifiant des hautes cimes et les longues étapes quotidiennes, me faisait paraître délicieuse, lorsqu'un homme apparut. Je le reconnus aussitôt. C'était l'un des villageois chargés du transport des bagages du *pönpo* que nous avions rencontré en montant vers la To la. Lui aussi, bien entendu, nous reconnut. Il s'avança immédiatement vers nous et s'assit auprès du feu. Comme il avait été témoin de la générosité du fonctionnaire à notre égard, nous ne pouvions lui être suspects en aucune façon, de sorte que je restai tranquillement à ma place et bavardai avec lui, tandis que Yongden l'invitait à sortir son bol de sa poche afin de partager notre repas. Les Tibétains du peuple ne boudent jamais de semblables occasions, ils sont pourvus d'estomacs complaisants et peuvent manger n'importe quand et n'importe quelle quantité.

Comme l'on peut s'y attendre, Yongden fut prié de consulter le sort — il commençait à en prendre l'habitude — et l'homme s'en alla après nous avoir fait promettre de loger chez lui au prochain village nommé Gyatong.

Ce même matin, nous traversâmes encore un petit col, puis une descente continue, par un bon sentier, nous amena dans une zone cultivée. Un peu plus tard, nous rencontrâmes une nombreuse bande de pèlerins. Quelques-uns arrêtèrent mon compagnon pour l'inévitable et monotone besogne de prédire l'avenir. L'objet du *mo* consistait à savoir s'il était bon d'emmener jusqu'au Kha Karpo un âne minuscule chargé de bagages ou s'il valait mieux le laisser au monastère de Pedo où son maître le reprendrait en retournant chez lui.

Le compatissant devin ne pouvait hésiter à épargner au pauvre bourricot les fatigues d'un pénible voyage par d'âpres sentiers et des cols qui devaient, à cette époque, être couverts d'une neige épaisse. Il déclara que, sans le moindre doute, l'animal mourrait s'il était seulement amené en vue du Kha Karpo et que cette mort, survenant au cours d'un saint pèlerinage, diminuerait grandement les mérites et les résultats heureux que chacun des pèlerins attendait de son pieux voyage.

Yongden fut grandement loué et remercié pour son très précieux conseil et quelques présents manifestant, de façon tangible, la reconnaissance des voyageurs, entrèrent dans nos sacs à provisions.

Tandis que le jeune homme s'occupait charitablement du sort de l'innocente bête de somme, un lama tout rutilant en des vêtements de satin jaune, apparut entouré de quelques serviteurs, tous montant de superbes chevaux.

Comme il passait près de nous, je remarquai qu'il jetait des regards furtifs dans la direction de mon fils adoptif. Peut-être qu'en son esprit se posaient aussi des questions angoissantes qu'il eût souhaité voir résoudre, par ce « voyant » en bonnet rouge qui savait lire les secrets du destin. Mais sa grandeur ne lui permettait pas d'humilier la brocatelle jaune de ses belles robes de voyage en mettant pied à terre sur la piste poussiéreuse. Deux fois il tourna la tête pour regarder du côté de Yongden, mais il m'aperçut qui l'épiais. Alors, probablement honteux d'avoir été surpris accordant son attention à un vulgaire *ardjopa*, il se remit droit en selle et je ne vis plus que son dos, couleur de soleil et le chapeau de bois doré qui le coiffait d'un petit toit quelque peu semblable à ceux du monastère dont il était le seigneur.

L'après-midi était à peine commencée, nous ne désirions pas nous arrêter de si bonne heure et, quant à l'invitation que nous avions reçue, nous préférions de beaucoup l'esquiver. Donc au lieu de chercher la maison de celui qui souhaitait être notre hôte, nous nous efforçâmes de traverser rapidement le village.

Nous touchions à la limite de la zone habitée et longions le mur d'une cour de ferme, lorsqu'une porte s'ouvrit. Celui que nous cherchions à éviter surgit devant nous, semblant sortir de la muraille, comme un farfadet.

Il devait nous guetter et, malgré les excellentes raisons que j'avais de croire cet homme parfaitement convaincu de notre origine tibétaine, ce détail me donna de l'inquiétude. Yongden tenta vainement de discuter avec lui, le brave fermier ne voulut rien entendre. Pourquoi donc, disait-il, tenions-nous tant à continuer notre route puisque nous ne pouvions pas espérer arriver avant la nuit au prochain village. Ne valait-il pas mieux dormir bien au chaud dans sa maison ? Notre résistance l'étonnait et elle était, en effet, très singulière, allant tout à fait à l'inverse des habitudes du pays. Quand ils sont assez chanceux pour être invités à entrer dans une maison, les *ardjopas* authentiques ne refusent jamais cette bonne aubaine.

L'insistance du bonhomme m'ennuyait, mais je craignais que ma conduite ne semblât par trop étrange si je persistais dans mon refus. Je fis donc un signe à Yongden qui se rendit aux bonnes raisons qu'on lui donnait et nous passâmes la porte en proférant à voix très haute, suivant la coutume des pauvres, toutes sortes de remerciements et de souhaits pour la prospérité des hôtes. Nous fûmes conviés à monter à l'étage où se trouvait l'appartement de la famille, le rez-de-chaussée, selon l'usage du Tibet, étant occupé par les étables.

Ce fut la première fois que je logeai chez des indigènes dans mon déguisement de pauvresse. Un intérieur tibétain n'était pas une nouveauté pour moi, mais la personnalité que j'avais adoptée y rendait ma situation très différente de ce qu'elle avait été pendant les années précédentes.

J'allais maintenant expérimenter par moi-même nombre de choses que j'avais jusque-là observées seulement à distance. Je m'assoirais à même le plancher raboteux de la cuisine sur lequel la soupe graisseuse, le thé beurré et les crachats d'une nombreuse famille étaient libéralement répandus chaque jour. D'excellentes femmes, remplies de bonnes intentions, me tendraient les déchets d'un morceau de viande coupé sur un pan de leur robe ayant, depuis des années, servi de torchon de cuisine et de mouchoir de poche. Il me faudrait manger à la manière des pauvres hères, trempant mes doigts non lavés dans la soupe et dans le thé, pour y mélanger la *tsampa* et me plier enfin à nombre de choses dont la seule pensée me soulevait le cœur.

Mais cette dure pénitence aurait sa récompense. Mon vêtement banal de dévote nécessiteuse me permettrait d'observer maints détails inaccessibles aux voyageurs occidentaux et même aux Tibétains des classes supérieures. Aux connaissances que j'avais déjà acquises parmi les lettrés du Tibet, j'en ajouterais d'autres, non moins intéressantes, glanées au milieu des masses populaires. Cette perspective valait bien le sacrifice de mes répugnances.

L'homme chez qui nous nous trouvions était un villageois aisé, ce qui ne l'empêcha pas de nous laisser préparer notre repas avec nos propres provisions. La soupe étant prête, il ne fit pas, non plus, la moindre façon pour en manger sa part, estimant, peut-être, que c'était là son dû pour avoir fourni quelques navets qu'il avait coupés en tranches et jetés dans la marmite sans les laver.

Plusieurs voisins se montrèrent dans la soirée et notre hôte ne manqua pas de leur raconter la générosité des deux fonctionnaires à notre égard. Sur quoi Yongden affirma hardiment que ces nobles Messieurs des provinces d'U et de Tsang, étant des gens instruits et pieux, ne manquaient point d'honorer les religieux et qu'il avait l'habitude d'en recevoir des secours.

Je profitai de cette occasion pour m'enquérir des endroits où nous pourrions encore espérer rencontrer des *pönpos* de Lhassa. J'expliquai qu'ayant épuisé notre argent au cours de nos longs pèlerinages nous nous reposions sur la charité de ces dévots seigneurs pour assurer notre subsistance, jusqu'à ce que nous ayons regagné notre pays.

J'avais inventé cette manière d'obtenir, sans éveiller de suspicions, des renseignements aussi précis que possible sur les endroits où résidaient des fonctionnaires du gouvernement de Lhassa. L'insistance que je mettais à connaître les moindres détails concernant la situation des *dzongs*[1], les routes qui y conduisaient, celles par lesquelles on demeurait hors de leur vue, s'expliquait ainsi par la crainte que j'éprouvais de passer, sans m'y rendre, dans le voisinage d'un de ces *dzongs* bénis d'où la manne tombait dans les sacs des pauvres *ardjopas*.

Des gens qui recherchaient avec tant d'ardeur la rencontre des autorités ne pouvaient inspirer aucun soupçon, et certains, eussent-ils conçu des doutes sur ma nationalité, que la gratitude que j'affectais pour les libéralités souvent imaginaires de tous les préfets dont j'avais traversé le territoire, les eût immédiatement dissipés.

Ce même soir, j'appris que le recrutement militaire s'effectuait dans la vallée du Nou tchou d'une façon à peu près analogue à celle en usage dans la région septentrionale de Kham. Un certain nombre de villageois étaient enrôlés, ils continuaient à vivre chez eux et à vaquer à leur travail habituel, mais devaient se tenir prêts à répondre immédiatement à tout appel des autorités pour faire campagne et rendre d'autres services rentrant dans les devoirs d'un soldat tibétain. Ces demi-soldats jouissaient de certains avantages, tels qu'exemption complète ou partielle d'impôts, exemption des corvées et, quelquefois, recevaient un petit salaire payé, la plupart du temps, en nature.

Quant à l'armée proprement dite, elle est composée de professionnels à gages qui, à tour de rôle, sont exercés à Gyantzé par les soins de l'Angleterre. Suffisamment bien armés avec des fusils européens de modèle ancien, ces hommes sont très capables de tenir en respect et de vaincre les troupes mal organisées des généraux chinois du Szetchouan, mais les soldats d'une nation occidentale les auraient tôt réduits à l'impuissance.

Nous quittâmes, au lever du jour, nos braves hôtes, les premiers dont nous ayons reçu l'hospitalité dans notre aventureux voyage et nous continuâmes notre route le long de la vallée.

Peu de paysages possèdent à un égal degré la majesté sereine et charmante que respire la vallée du Nou tchou. Après avoir long-

1. *Dzong*, originairement un château fort, mais, de nos jours, n'importe quelle demeure d'un haut fonctionnaire du gouvernement ou d'un chef de tribu, lorsque celle-ci n'est pas dénommée *podang* : « palais ».

temps serpenté sous les bois, à l'aspect riant, notre sentier débouchait de temps en temps, sur des pelouses naturelles, ornées, comme à dessein, de rochers aux formes variées, parfois, l'un de ceux-ci se dressait isolé et nu comme un monument, au milieu du gazon tandis qu'ailleurs, d'autres se dissimulaient sous des écharpes de plantes ou pointaient de façon bizarre entre des groupes d'arbres verts. De grands sapins solitaires dessinaient leur silhouette imposante sur un arrière-plan de feuillage automnal dont l'or imitait un fond de mosaïque byzantine. Des cyprès s'alignaient en avenue mystique, close, au loin, par la ligne turquoise de la rivière. Un air de gracieux mystère enveloppait toutes choses. Il me semblait marcher à travers les images d'un vieux livre de légendes et je n'aurais été que modérément étonnée, eussé-je surpris un conciliabule d'elfes siégeant sur les rayons du soleil, ou atteint le palais de la Belle au bois dormant.

Le temps continuait à être merveilleux et, chose singulière, bien que les mares et les ruisselets fussent gelés, les nuits n'étaient pas vraiment froides.

Les lueurs étranges de feux cachés qui nous avaient tant intrigués dans la forêt du Kha Karpo réapparurent dans les recoins sombres de ce parc naturel. Elles devinrent même une partie si habituelle des paysages nocturnes que nous ne leur prêtâmes plus guère d'attention, quelle que pût être la cause qui les engendrait : les rayons de la lune ou les *mi ma yins*, comme le prétendait Yongden.

Nous rencontrions maintenant, chaque jour, des bandes de pèlerins se dirigeant vers le Kha Karpo. Les villages se trouvaient situés assez près les uns des autres pour nous permettre de passer les nuits à l'abri, si nous l'avions souhaité, mais je préférais dormir sous les arbres, enveloppée de silence et de sérénité.

Les animaux sauvages ne semblaient pas nombreux dans la vallée. Un soir où j'étais restée éveillée assez tard, je vis un loup passant à côté de nous. Il nous vit bien aussi, étendus sur les feuilles sèches, au clair de lune, mais ne manifesta aucune curiosité à notre égard et poursuivit son chemin.

Une autre fois où nous avions marché très tard dans la nuit, et fait halte entre des rochers près d'un pont, jeté sur un large torrent, un gros loup gris descendit le sentier dans notre direction. Il daigna s'arrêter quelques secondes pour nous examiner, puis se remit en marche d'un air indifférent.

Ce sont les deux seuls animaux de cette espèce que j'ai rencontrés dans cette région, tandis que lors de mes pérégrinations dans les solitudes du Tibet septentrional, les loups se montraient, au contraire, assez fréquemment et par bandes, dans le voisinage de mes camps.

Une aventure amusante m'advint dans un village de la vallée du Nou. Ainsi que je l'ai déjà relaté, je me servais d'encre de Chine pour noircir ma chevelure. De temps en temps je rafraîchissais la coloration de mes nattes brunes en y passant le bâton d'encre humidifié et mes doigts, cela va sans dire, se noircissaient fortement pendant cette opération.

La chose ne se remarquait guère, car la personnalité de vieille pauvresse que j'avais assumée exigeait une peau aussi sale que possible et je me frottais fréquemment les mains et la figure avec la suie grasse empruntée au fond de notre marmite pour m'appareiller à la couleur des paysannes du pays [1]. Cependant, un jour...

Ce jour-là, j'avais mendié en chantonnant des formules pieuses de porte en porte, suivant la coutume des pèlerins nécessiteux. Une brave femme nous fit entrer chez elle, Yongden et moi, pour nous donner à manger. Le repas se composait de lait caillé et de *tsampa*. L'usage veut que le lait d'abord, la *tsampa* ensuite, soient versés dans l'écuelle de bois que tout Tibétain pauvre porte toujours avec lui, et le mélange se fait alors avec les doigts. Oubliant l'opération à laquelle je m'étais livrée quelques heures auparavant, je plonge résolument mes doigts dans le bol et commence à triturer la farine. Mais qu'y a-t-il donc dans celle-ci ? Elle salit le lait, des traînées noirâtres apparaissent... Je comprends enfin, mes doigts déteignent. Si je pouvais jeter le contenu de mon écuelle ! Mais il n'y faut point penser, des mendiants ne gaspillent pas les bonnes choses qu'ils reçoivent. Que faire ?... Mon jeune compagnon vient de jeter un regard de mon côté et s'aperçoit de la catastrophe. La situation, si comique qu'elle soit en réalité, est grave pour nous ; ces doigts qui noircissent la blanche bouillie pourraient donner lieu à des questions et me trahir. Yongden ne s'attarde pas à chercher le moyen de sortir d'embarras, il en est un très simple : « Avalez ! » murmure-t-il. J'essaie. Quel goût infect !... J'hésite à continuer. « Avalez !... avalez donc vite ! » répète-t-il d'un ton impératif, la *nemo* [2] revient de ce côté. » Et fermant les yeux... j'avale.

De villages en forêts et de forêts en villages nous remontâmes la charmante vallée dans la direction du monastère de Dayul [3]. Bien que mes précédentes rencontres avec des *pönpos* eussent fini agréablement pour moi, je n'avais pas le moindre désir de multiplier les incidents de ce genre. Aussi, sachant qu'un fonctionnaire résidait à Dayul, je décidai de traverser cet endroit nuitamment.

La chose paraissait aisée, à première vue, cependant comme nous

1. Non qu'elles aient naturellement le teint si foncé, mais parce que les Tibétaines des campagnes ne se lavent presque jamais et s'enduisent le visage de beurre, de noir de fumée et de diverses laques et résines qui les transforment à peu près en négresses.
2. *Nemo* : hôtesse, maîtresse de maison, en parlant de femmes du peuple.
3. Dayul et quelquefois Drayul est le nom porté sur les cartes, mais les indigènes appellent l'endroit Téyou et quelquefois Déyou.

ne connaissions pas le pays, que le chemin manquait de bornes kilométriques et que nous avancions à travers des bois, la vue bouchée de tous côtés, il nous était passablement difficile d'évaluer la distance à franchir et de régler notre pas de façon à atteindre le monastère à l'heure que nous avions choisie.

Un matin, des paysans nous avaient dit : « Vous arriverez à Dayul aujourd'hui. » C'était un renseignement, mais combien vague ! Devait-on se hâter ou marcher à son aise pour arriver avant la nuit ? Nous ne pouvions le deviner.

Craignant d'émerger des bois en face de la *gompa*, avant la tombée du soir, nous passâmes une partie de la journée cachés sous les arbres près de la rivière, mangeant, buvant, et rêvant. Le résultat de cette flânerie fut assez fâcheux. Nous trouvant beaucoup plus loin de Dayul que nous ne l'avions supposé, nous marchâmes longtemps dans la nuit sans découvrir la moindre trace du monastère.

Le long de la vallée édénique rendue encore plus romantique par l'obscurité, nous avancions craintivement dans la solitude la plus complète, nous fatiguant les yeux à essayer de distinguer des formes de bâtiments sur la rive opposée de la rivière, où nous savions que le monastère était bâti. Nous étions presque convaincus que notre long arrêt, au cours de la journée, avait causé l'échec de notre plan et que nous n'atteindrions Dayul qu'après le lever du jour. Au fur et à mesure que le temps s'écoulait, mon anxiété croissait.

Je marchais nerveusement en tête, lorsque j'entrevis, au milieu du sentier soudainement élargi et déboisé, des structures blanchâtres ressemblant à des murs. Quelques pas de plus nous conduisaient auprès de deux *mendongs* séparés par des *chörtens*. Une longue file de hautes bannières montaient une garde silencieuse autour des monuments : dans la nuit, l'effet était vraiment impressionnant.

Nous ne pouvions toujours entrevoir aucune habitation de l'autre côté de l'eau ; mais le groupe des *mendongs* et des *chörtens* indiquait que nous nous trouvions en face du monastère. J'étais trop familiarisée avec les coutumes du Tibet pour ne pas le comprendre. D'ailleurs, un peu plus loin, nous vîmes le grand pont dont nous avions entendu parler et il nous fut impossible de conserver le moindre doute : nous étions à Dayul.

Il s'agissait de nous en éloigner aussi rapidement que possible. Rien ne paraissait plus facile ; cependant, à notre insu, un vent d'aventure se levait sur notre route, la fin de cette nuit allait être presque tragique.

Tout d'abord, nous nous aperçûmes que la piste que nous suivions depuis notre entrée dans la vallée du Nou finissait brusquement contre des rochers auprès d'un second pont dont nul ne nous avait signalé l'existence. A l'entrée de ce dernier se dessinait un mur percé d'une ouverture en forme de porte.

Ne voyant aucun passage, nous traversâmes ce pont. Il nous

amena en face d'une maison abritée par de gros arbres, devant laquelle la rivière débordée coulait sur de gros galets.

Malgré ses volets clos, cette maison cachée dans l'ombre nous effrayait, il fallait passer vivement sans nous faire entendre, et malheureusement les pierres se heurtant sous nos pas résonnaient bruyamment dans le grand silence.

Au bout de quelques minutes, je me persuadai que nous nous étions trompés de chemin. Jamais, pensais-je, le sentier bien marqué que nous venons de quitter ne peut se transformer brusquement en un tel casse-cou. Nous nous trouvons sur le chemin de quelque moulin. Il faut retourner sur nos pas.

Je tâchai de me remémorer très exactement tout ce que je savais concernant la topographie de l'endroit. Une route partait de Dayul allant à Dowa, elle ne m'intéressait pas. La piste principale vers Tsawa Tinto où je comptais me rendre suivait la rive gauche du Nou tchou. D'autres sentiers menaient vers le même village par la rive droite. Je pouvais donc, à mon gré, traverser ou non la rivière — tous les paysans me l'avaient répété — je préférais demeurer sur le sentier de la rive gauche pour ne pas approcher du monastère, donc j'avais fait fausse route.

Tout en pensant, j'avais rebroussé chemin, suivie par Yongden. Nous approchions de l'extrémité du pont, lorsque nous entendîmes du bruit. Quel genre de bruit ? Produit par quoi ? Hommes, bêtes ou choses ? Nous ne nous attardâmes pas pour approfondir la question. Du bruit disait un danger possible, le seul que nous redoutions qui comptât pour nous : être vus, reconnus, arrêtés dans notre randonnée vers Lhassa. Un mouvement instinctif nous jeta dans l'espèce de porte béante que j'avais remarquée peu avant et nous nous aplatîmes dans le recoin le plus sombre du petit enclos où nous avions pénétré. Après une minute d'immobilité, n'entendant plus rien, nous nous hasardâmes à regarder autour de nous. Épouvante !... nous étions dans la cour d'une habitation dont nous distinguions la porte basse à deux pas de nous. Des gens dormaient là, sans doute, ils pouvaient s'éveiller, sortir, ou bien un chien n'allait-il pas nous sentir et aboyer... Aussi rapidement que nous nous y étions introduits, nous nous précipitâmes hors de cet abri dangereux et nous nous retrouvâmes sur le sentier par où nous étions venus.

La nuit était claire mais sans lune, et les étoiles, toutes brillantes qu'elles fussent, n'éclairaient pas suffisamment le paysage pour nous permettre de nous orienter. Nous essayâmes encore une fois de trouver un autre passage, mais dûmes nous convaincre qu'à part les deux ponts il n'y en avait point.

Nous ne savions que penser. Tous les renseignements que nous avions recueillis étaient-ils donc inexacts ? Plus vraisemblablement, c'était nous qui les avions mal compris. Quoi qu'il en pût être, nous ne pouvions continuer à errer à proximité de maisons et en vue du monastère d'où l'on nous apercevrait dès les premières lueurs du jour. Nous devions, et très rapidement, aller ailleurs, n'importe où, quittes à chercher notre route le lendemain, si nous nous trompions maintenant de direction, ou même à modifier complètement notre itinéraire, si la prudence ne nous permettait pas de revenir sur nos pas.

Yongden décida, alors, de s'en aller seul, en éclaireur, reconnaître le terrain au-delà du grand pont. La situation de ce dernier, en face d'une gompa dont j'avais, à la longue, fini par découvrir la masse blanchâtre dans un recoin de la montagne, très haut au-dessus de la rivière, me rappelait le *tchagdzam* [1] et l'échec subi dans son voisinage. Ce souvenir, à ce moment même, n'avait rien d'agréable ni d'encourageant.

Sous les pieds du jeune lama, les planches du tablier firent un terrible tapage, puis le silence tomba et pendant longtemps je n'entendis plus rien que le murmure de l'eau contre la rive. Puis, de nouveau, le clac clac des planches s'entrechoquant résonna dans la nuit. Yongden revenait. Il est impossible, pensai-je, que ce bruit ne soit pas entendu. Des gens vont s'éveiller, des domestiques, des soldats vont venir. Je m'attendais à un appel demandant qui rôdait ainsi dans la nuit, commandant à l'étrange voyageur de se montrer et d'expliquer pourquoi il errait à cette heure insolite ; je craignais pire encore : des coups de feu striant les ténèbres, une balle qui, par hasard, pourrait atteindre mon fils...

Mes craintes, heureusement, ne se réalisèrent point ; la nuit resta silencieuse et mon éclaireur revint sain et sauf. Son rapport était désolant. Il n'avait découvert qu'un sentier montant de la rivière vers le monastère. Très probablement, les divers autres chemins partaient derrière celui-ci. Nous n'avions aucune envie d'aller nous en assurer.

Le bruit fait par mon compagnon, bien que n'ayant attiré aucune réponse immédiate, avait rendu notre fuite encore plus pressante.

Nous courons de nouveau vers le second pont, passons encore une fois devant les deux maisons, barbotons dans l'eau parmi les galets et atteignons une petite chapelle construite sous un arbre. Là, le chemin branchait. Nous tournons à gauche parce qu'il nous semble que le terrain est plus ouvert de ce côté, grimpons un raidillon, droit comme une échelle, et arrivons à un village. Au-delà de celui-ci,

1. Le « pont de fer ». Un pont suspendu sur le Dji-tchou, un gros affluent du Mékong. Il est formé de chaînes sur lesquelles des planches sont simplement posées les unes à côté des autres sans être nullement fixées. Je le franchis nuitamment, au cours d'un précédent voyage. Cet épisode compte parmi les plus dramatiques de ceux qui ont émaillé mes pérégrinations en pays tibétain. Le domestique qui m'accompagnait, l'esprit égaré par la peur, fut pris d'une crise de folie soudaine et je dus lutter avec lui sur le pont qui se balançait comme une escarpolette, pour le faire continuer son chemin et empêcher que nous soyons tous deux précipités dans les rapides qui écumaient au-dessous de nous.

nous nous égarons parmi des canaux d'irrigation et des champs bâtis en terrasses... Où pouvions-nous aller, maintenant ?...

Yongden, après avoir déposé son fardeau à côté de moi, repartit à la découverte et je m'assis sur les pierres. J'attendis longtemps, puis, plus haut sur la montagne, un chien se mit à aboyer avec persistance. Le lama était-il de ce côté ? Trouverait-il un chemin ? Il ne revenait pas. Plus de deux heures s'écoulèrent ; je regardais avec angoisse tourner les aiguilles lumineuses de ma montre. Que lui était-il arrivé ?...

Au loin, il y eut une chute de grosses pierres... Qu'était-ce ? Un éboulement naturel ou un accident ? La nuit, une ombre induisant en erreur sur le niveau du sol, un faux pas, sont suffisants pour envoyer le pauvre chemineau rouler au bas de la pente, se fracasser la tête sur des rochers ou se noyer dans la rivière. Je me levai, prête à me mettre à la recherche du jeune homme. Il tardait trop longtemps, je pressentais un malheur.

Je fis quelques pas, l'obscurité était complète. Comment pourrais-je découvrir mon compagnon ? Et si, par miracle, j'arrivais à le rejoindre, réussirions-nous aussi à retrouver la place où nos sacs étaient déposés ? Ne fallait-il pas qu'un signal, même presque imperceptible, dirigeât celui qui, je l'espérais tout de même, allait bientôt revenir.

La sagesse m'ordonnait de demeurer où je me trouvais et mon inactivité ajoutait à l'anxiété qui me tourmentait.

Yongden arriva. J'avais deviné juste : il avait glissé et été entraîné avec les pierres qui s'écroulaient. Arrêté par des buissons croissant sur une petite plate-forme naturelle, il avait vu un quartier de roc rebondir à côté de lui et continuer sa course, le manquant de peu. Son récit, quoique fait à voix basse, dénotait l'excitation de quelqu'un qui vient de l'échapper belle, mais sa préoccupation principale restait le chemin à découvrir. Il n'en avait trouvé aucun. Il rapportait cependant un renseignement intéressant. Nous n'avions pas franchi le Nou tchou. Des deux ponts, celui qui aboutissait au pied du monastère traversait cette rivière, l'autre était jeté sur l'un de ses affluents. Nous aurions dû nous en apercevoir immédiatement en comparant leur longueur, mais l'obscurité, notre hâte, les craintes qui agitaient notre esprit avaient quelque peu troublé notre jugement. Bref, nous nous trouvions toujours sur la rive gauche et pouvions espérer suivre la route que tant d'excellentes gens nous avaient minutieusement décrite. Toutefois, nous n'osions plus tenter aucune reconnaissance dans les ténèbres, la dernière avait failli tourner trop mal. Il nous était également impossible de demeurer sur la pente dénudée où nous nous étions arrêtés. Comment y expliquer notre présence aux villageois qui se montreraient, sans doute, dès que le jour se lèverait ? L'endroit n'était pas de ceux où l'on campe.

— Nous devons redescendre, dis-je à Yongden, retourner s'il le faut jusqu'aux *mendongs* en face de la *gompa*. Si quelqu'un nous découvre là, à l'aube, du moins notre conduite ne semblera-t-elle pas bizarre, maints *ardjopas* couchent à l'abri des *mendongs*, le long des routes. Rien d'autre ne peut être tenté maintenant.

Nous retraversâmes de nouveau le village ; mais, durant toutes nos pérégrinations, la longue nuit hivernale s'était écoulée. Une ligne pâle se dessina à l'horizon comme nous atteignions la dernière ferme : le jour se levait.

Il devenait inutile de descendre plus bas. L'aube faisait de nous d'honnêtes pèlerins s'étant mis en marche « avant que le coq chante » comme disent les Tibétains. Rien de plus ordinaire. Il ne nous restait plus qu'à savoir de quel côté nous devions nous diriger et à filer à pas accélérés.

De nouveau Yongden me laissa assise contre une haie et, remontant le village, alla frapper à la porte d'une maison. Un homme à demi éveillé ouvrit un volet à l'étage et mon compagnon apprit de lui que nous n'avions qu'à retourner vers l'endroit où nous avions passé une partie de la nuit et que, de là, nous regagnerions le chemin principal, celui que nous avions laissé à notre droite, au pied de la chapelle, pendant la nuit précédente.

Dès que mon compagnon eut rapporté cette heureuse nouvelle, nous rechargeâmes nos sacs et nous traversâmes une fois de plus ce bienheureux hameau. Nous marchions avec précaution et aussi rapidement qu'il nous était possible, jugeant préférable d'éviter les regards des habitants. Ceux-ci ne se montraient pas encore ; quant à l'homme à qui Yongden avait demandé son chemin, il ne m'avait pas vue et ne pourrait jamais parler que d'un lama pèlerin voyageant seul. Cette circonstance concordait tout à fait avec mon désir d'éviter les moindres incidents capables d'aider à suivre ma trace.

Au sommet de la montée, nous trouvâmes un second groupe d'habitations beaucoup plus important que le premier.

Du point élevé que nous avions gagné, nous pouvions parfaitement voir la *gompa* située beaucoup plus bas, près de la rivière. Teintés de rose par l'aurore, ses nombreux bâtiments blanchis à la chaux se détachaient joliment sur le fond sombre des forêts. Mais ce n'était pas le moment d'admirer le paysage.

Des gens sortaient déjà pour aller puiser de l'eau. Une femme me regarda et je jugeai convenable de faire pieusement le tour d'un *chörten* se dressant à l'intersection de deux routes.

Yongden qui me suivait ne remarqua qu'une de celles-ci et, me voyant circuler autour du monument, il se méprit sur mon geste et crut que j'avais trouvé le passage fermé en face de moi. Ceci le confirma dans l'idée qu'il n'existait qu'un seul chemin : celui qu'il avait vu et il s'y élança à grande allure.

Je le suivis aussi rapidement que je pus pour l'avertir qu'il tournait le dos au Nou tchou, mais avant que je l'aie rejoint, un homme s'arrêta devant lui. Poliment, mais en le dévisageant avec un regard inquisiteur qui me fit frissonner, il lui posa différentes questions sur le pays d'où il venait, son voyage, son identité, etc. A mon grand et joyeux étonnement, le questionneur ne m'accorda pas un regard.

Nerveux, exténué par toutes les allées et venues de la nuit précédente, Yongden répondait gauchement. A la fin il se mit à rire bêtement sans que rien dans ce qu'il disait justifiât son hilarité. Je me sentais mourir de peur.

L'homme nous dit, ce que j'avais déjà compris, que nous marchions vers Tchiamdo et non vers Dzogong où nous disions vouloir nous rendre. Nous retournâmes donc en arrière jusqu'au *chörten* et prîmes le sentier qui suivait la vallée du Nou.

Voilà le résultat auquel avait abouti toute une nuit de fatigues... Nous avions été vus, examinés de près et ce villageois, qui avait toutes les allures d'un soldat ou d'un intendant au service d'un *pönpo*, savait où nous allions.

Le soleil s'était levé, nous regardâmes encore une fois le monastère de Dayul, charmant dans son nid verdoyant de grands bois, et nous continuâmes à marcher sans plus forcer notre pas habituel. A quoi bon maintenant !...

Cet homme qui avait tant interrogé Yongden, pensais-je, va prévenir le fonctionnaire de Lhassa du passage de gens suspects. Je calculais mentalement le temps nécessaire pour se rendre du village à la *gompa*, être admis devant le « grand homme », seller un cheval et nous rejoindre. Cela ne pouvait pas être excessivement long — le cavalier certainement ferait diligence — une heure à peine.

Cependant, personne ne se montre du côté de Dayul... Mais si, un paysan... il porte un sac sur son épaule, il est à pied... Le *pönpo* n'enverrait pas un homme chargé d'un fardeau... Il nous rejoint, il passe. Le chemin est vide derrière nous. Nous continuons.

Un tintement de grelots me fait sursauter. Un cavalier arrive. Je me raidis, je ne veux pas m'évanouir bien que je sente le sang se retirer de mon cerveau et que tout autour de moi s'obscurcisse. J'ai tout juste le temps de quitter le milieu du sentier pour éviter d'être renversée par le cheval... Le cavalier est déjà loin, le bruit des grelots diminue et s'éteint.

Il s'en faut que nous soyons complètement rassurés, mais l'émotion, la fatigue et le manque de sommeil ont raison de notre énergie. Nous sommes à bout de force.

En contrebas du chemin que nous suivons, la montagne présente une série de larges terrasses naturelles, toutes boisées, qui s'échelonnent jusqu'à ce que les plus basses d'entre elles touchent à la rivière.

Le paysage a repris son aspect de parc seigneurial. Or et pourpre, les feuilles d'automne flamboient parmi les bouquets d'austères sapins et jonchent le gazon saupoudré de neige légère. Jamais empereur, en aucun palais, n'eut tentures et tapis aussi somptueux.

Je dis à Yongden de me suivre. Nous avons tôt fait de trouver une salle charmante auprès de gros rochers. Notre thé est bouilli rapidement et nous dévorons de la *tsampa* avec un appétit féroce. Les pires émotions, je l'avoue, n'ont jamais eu le pouvoir de m'empêcher de manger ou de dormir. Dormir ! Voilà ce dont nous avons le plus impérieux besoin. Le soleil monte glorieux, ardent, il va nous tenir chaud. Je m'allonge sur l'herbe rousse, attire mon sac pour y appuyer ma tête... Ai-je achevé le geste ?... Le Tibet et le monde n'existent plus pour moi.

Nous nous remîmes en marche dans le courant de l'après-midi. Nous commencions à croire que la dernière alerte, comme les précédentes, n'aurait aucune suite fâcheuse et que nous en serions encore une fois quittes pour la peur. Nous arrivâmes bientôt à une abondante source chaude dont l'eau s'échappait de divers côtés autour d'une proéminence rocheuse et je me réjouis à l'idée de prendre un bain chaud.

Une sorte de bassin primitif, enclos de pierres, avait précisément été construit là à cet effet, à l'abri d'un mur de roc. Je n'avais qu'à attendre l'obscurité, lorsque je pourrais me déshabiller sans craindre de montrer la couleur de ma peau, si d'aventure des passants survenaient.

Quel ne fut donc pas mon ennui quand je vis arriver une famille de pèlerins : le père, la mère et trois enfants qui s'installèrent pour camper près de nous. Je n'avais pas le moindre doute sur ce qui allait arriver ! Tous iraient immédiatement s'asseoir dans le bassin, car s'ils méprisent, en général, les soins quotidiens de la simple propreté, les Tibétains ont une extrême confiance dans la vertu des eaux chaudes naturelles et s'y plongent avec enthousiasme chaque fois qu'ils le peuvent[1]. Ainsi, si je persistais dans mon projet de baignade, il me faudrait à la nuit, entrer dans l'eau où toutes ces peaux crasseuses auraient déjà trempé. Bien qu'un courant continu passât à travers la piscine et en renouvelât quelque peu le contenu, cette idée m'était franchement désagréable.

Évidemment, tout se passa comme je l'avais prévu et Yongden, que je pressai d'aller profiter de l'eau claire, me rapporta que son bain avait été coupé court par l'entrée, dans le bassin, du père et de ses trois rejetons.

Je ne pouvais qu'attendre et j'attendis longtemps. La sensation agréable produite, en un pays froid, par l'immersion dans l'eau chaude retint les quatre Tibétains sous son charme pendant plus d'une heure. La nuit était complète ; il gelait, un vent froid balayait

1. Il existe, au Tibet, de rustiques stations thermales où des piscines sont bâties dans des maisonnettes. Les baigneurs y viennent souvent d'assez loin et il en est qui y font des cures annuelles régulières.

la vallée promettant peu de plaisir pour le moment où, sortant du bain, je devrais m'essuyer en plein air avec mon unique serviette qui mesurait environ trente centimètres carrés. Un nouveau retard fut occasionné par mon désir de laisser l'eau se renouveler, mais je partis enfin, après que Yongden m'eut pathétiquement adjurée d'éviter avec le plus grand soin de me laver la figure, celle-ci étant, à la longue, presque devenue de la couleur orthodoxe d'une face de paysanne tibétaine.

Quelques jours plus tard, nous suivions en flânant le bord de la rivière quand deux lamas en habits de voyage nous rejoignirent. Ils s'arrêtèrent, nous questionnèrent sur notre pays natal et diverses autres choses, l'un des deux me regardant avec une insistance particulière. Ils nous dirent qu'ils étaient au service du gouverneur de Menkong et portaient une lettre de sa part à l'officier résidant à Dzogong.

Yongden avait remarqué, comme moi, les regards que l'un de ces hommes avait attachés sur moi et, ainsi que l'auraient probablement fait d'autres voyageurs se trouvant dans notre condition, dès que les lamas eurent disparu, notre imagination se mit à travailler. Parmi les diverses hypothèses, plus terrifiantes les unes que les autres, qui germaient dans notre esprit, nous avions à peu près accueilli celle-ci : des rumeurs avaient circulé après notre passage dans la région de Menkong ; le *keugner* de Lhakhangra ou les gens de Wabo avaient conçu des doutes à notre sujet. Ces bruits n'étaient que tardivement parvenus aux oreilles du gouverneur et il avait envoyé ces deux hommes pour en informer son collègue de Dzogong afin que ce dernier puisse s'assurer de notre identité. Ou bien encore, partis de Menkong pour une tout autre affaire, c'était à Dayul que les voyageurs avaient entendu parler de deux pèlerins suspects.

Jusque-là une prompte solution était intervenue après chacune des rencontres inquiétantes que nous avions faites, mais celle-ci laissait derrière elle une terreur tenace. Dzogong où nous pourrions connaître si nos craintes étaient ou non fondées, se trouvait encore loin et chaque jour ramenait la même question : ne marchions-nous pas vers un désastre, la ruine de nos plans, la mise à néant de tout ce que nous avions enduré de fatigues, de tribulations et de tourment d'esprit depuis neuf mois que nous avions quitté le Gobi et la lointaine frontière mongole ?

Nous en revînmes au courses nocturnes, redevenus le gibier affolé rêvant du chasseur. Un matin, à l'aube, une bande de pèlerins nous croisa et quelques-uns d'entre eux s'arrêtèrent pour parler à Yongden. Suivant mon habitude, je continuai ma route en retardant le pas. Lorsque mon compagnon me rejoignit, il était plus terrifié que je l'avais jamais vu :

— Ce sont des gens de Riwotché[1], me dit-il. Qui sait s'ils ne vous ont pas vue quand vous y avez passé avec Thobgyal ?... Vous êtes célèbre dans cette région.

Notre frayeur redoubla. Elle s'accrut d'heure en heure. A la vue de chaque homme, de chaque femme que nous rencontrions, nous tremblions, pensant que l'ultime catastrophe approchait. En vérité, nous étions sur le chemin qui mène à la folie.

Dans cet état d'esprit, nous arrivâmes à un pont traversant le Nou près d'une bourgade nommée Porang.

Je connaissais l'existence de ce pont mais, d'après les renseignements que j'avais recueillis, il menait à une région déserte et accidentée, difficile à parcourir. Cependant, il me fit l'effet d'un ami se trouvant là à point pour nous sauver.

— Risquons l'aventure, dis-je à Yongden. Sur la route où nous nous trouvons, nous courons le danger de rencontrer des gens qui nous connaissent. Ceux de Jakyendo, de Dirgi et les *dokpas* du sud du désert d'herbe passent presque tous par ici pour se rendre au Kha Karpo et nous sommes au plus fort de la saison du pèlerinage.

— Si nous continuons à remonter la vallée du Nou tchou nous arriverons aussi à Dzogong et il se peut que ces lamas, même si la lettre dont ils étaient chargés ne nous concerne en rien, y aient bavardé à notre sujet. Voici un pont bien construit, il indique qu'il existe, sur l'autre rive, une piste d'une certaine importance. Le Giamo nou tchou[2] coule dans cette direction, tâchons d'abord de l'atteindre et, ensuite, nous verrons quel itinéraire nous pourrons adopter.

Ainsi fut fait. Renonçant à acheter des vivres à Porang afin de ne pas nous y montrer, nous passâmes le pont et, bravement nous mîmes à grimper le sentier qui lui faisait suite, sans trop savoir où il nous conduirait.

A la nuit tombée, nous frappions à la porte d'une ferme isolée située parmi des champs nouvellement défrichés, au milieu d'une forêt de sapins. Deux femmes, les deux sœurs, vivaient là avec quelques domestiques. Elles nous accueillirent cordialement.

Le lendemain, nous continuâmes à gravir la montagne à travers des forêts d'un aspect sauvage et franchîmes un col appelé Ka *la*. Les fermières chez qui nous avions couché nous avaient appris que leur demeure confinait à une région complètement déserte fréquentée seulement par quelques *dokpas* errant avec leurs troupeaux dans les vallées encloses entre deux hautes chaînes de montagnes : celle que la piste traversait par le col de Ra et une autre, plus élevée, vers le sommet de laquelle nous atteindrions un autre col nommé Pang *la*.

Le second jour après avoir quitté la vallée du Nou tchou, nous

1. Riwotché, un endroit situé dans le Tibet oriental.
2. Le cours supérieur de la Salouen.

eûmes la bonne fortune d'arriver devant un camp de pasteurs. Ils nous apportèrent, au-dehors, du lait caillé, de la *tsampa* et un petit morceau de beurre, mais ne nous permirent pas de coucher dans leur hutte. Tant à l'intérieur qu'autour de celle-ci, une quarantaine d'hommes se trouvaient assemblés, chacun d'eux porteur d'un fusil. Leurs allures permettaient de deviner qu'ils préparaient une expédition de brigandage, chose tout à fait dans les mœurs du pays et, bien naturellement, le plan de celle-ci ne devait pas être discuté devant des passants inconnus.

Une tournée faite à d'autres camps, dans les environs, fut particulièrement fructueuse. Peut-être l'expédition projetée était-elle pour quelque chose dans la générosité dont nous bénéficiions et les familles des braves qui allaient courir l'aventure voulaient-elles, par ces aumônes données à un lama, leur assurer bonne chance et profit. Mystère ! Bref, fromage, beurre et *tsampa* gonflèrent nos sacs de façon réjouissante et, après avoir passé la nuit en plein air, nous repartîmes, ployant sous le poids de nos fardeaux mais pleinement rassurés, quant à notre subsistance, pour un bon nombre de jours.

Le pays que nous traversions n'avait rien du charme de la vallée du Nou. Il était froid, souvent aride et les pistes, en maints endroits, ne se distinguaient qu'après d'assez longues recherches.

En quittant le camp des *dokpas* nous traversâmes une jolie rivière, grimpâmes un affreux raidillon, puis nous trompâmes de direction. Nous avions déjà parcouru un très long bout de chemin sur le flanc de la montagne, lorsque quelques jeunes pâtres au regard perçant nous découvrirent. Ils se trouvaient presque immédiatement au-dessous de nous dans la vallée, mais à une distance considérable. Leurs appels nous arrivaient indistincts, à peine audibles et nous ne comprîmes pas, tout d'abord, qu'ils s'adressaient à nous. En prêtant attentivement l'oreille nous parvînmes à saisir quelques mots : Nous devions retourner sur nos pas et monter à travers la forêt.

J'ouvrirai une parenthèse ici, pour indiquer que l'acte de montrer le chemin à un voyageur ou de le guider, s'il s'égare, est considéré au Tibet comme très méritoire au point de vue religieux. D'après les croyances lamaïstes, celui qui, sciemment, dirige faussement un passant, et surtout un pèlerin ou un lama, ou ne l'avertit pas s'il se trompe de route, erre, après sa mort, dans les *Bardos* [1], ombre misérable, incapable de trouver la voie de la renaissance en aucun monde.

Dûment renseignés, nous franchîmes le col de Pang et, là, com-

1. *Bardo* signifie littéralement : « entre les deux ». D'après les croyances populaires, c'est le temps qui s'écoule entre la mort et la renaissance, durant lequel le « namchés », c'est-à-dire la « conscience-énergie », conditionnée par les actions accomplies pendant des vies antérieures, cherche la voie de sa réincarnation. Les enseignements des lettrés et des sectes ésotériques, à ce sujet, sont très compliqués et diffèrent grandement des conceptions du commun des lamaïstes. Certaines sectes parlent de six différentes espèces de *Bardo*, d'autres de sept, d'autres de quatre seulement.

mença une interminable descente en forêt par un sentier de chèvre, très raide, parfois transformé en glissoire par la neige qui y avait partiellement fondu, puis gelé de nouveau.

Vers le soir, nous rencontrâmes de vastes cavernes servant d'habitation estivale aux pasteurs qui transhument dans ces parages. Ces demeures primitives me tentaient. J'y aurais volontiers passé la nuit, mais le lit du ruisseau qui leur fournissait de l'eau était à sec en hiver et Yongden faisait triste mine à l'idée de s'endormir sans avoir soupé. Nous étions partis à jeun le matin avant l'aube.

Continuant à descendre, nous atteignîmes, à la nuit, un espace défriché où se trouvaient deux fermes. L'attitude des hommes qui sortirent pour nous examiner et s'enquérir de nos bêtes et de nos bagages n'était pas des plus rassurante, mais, finalement, bien que passablement rudes dans leurs manières, ils nous traitèrent tout à fait bien.

Je ne sais si j'ose relater jusqu'où alla la bonté de ces simples montagnards... Avant de m'étendre dans un coin de la cuisine pour dormir, je sortis un instant. Mon hôtesse m'avait recommandé de ne point tenter de descendre l'échelle menant à la cour, à cause des chiens de garde qui me mettraient en pièces. Il suffisait, m'avait-elle dit, de m'asseoir contre le bord du toit-terrasse. Je connaissais de longue date cette habitude et d'autres encore plus singulières et allais m'y conformer, lorsque deux jeunes géants, les fils de la maison, s'étant aperçus de ma disparition, accoururent derrière moi et me saisissant fortement chacun par un bras, me dirent le plus amicalement du monde : « Il fait obscur, bonne mère, vous pourriez tomber[1]. Asseyez-vous, nous allons vous soutenir. » Yongden dut s'entremettre pour les convaincre qu'il était préférable de me laisser seule. Quelques jours auparavant, dans une circonstance analogue, des femmes avaient eu, à mon égard, une attention encore plus touchante. Les braves Tibétains seraient bien étonnés d'apprendre que ces choses nous font rire.

Pendant la soirée, tandis que nous devisions avec nos hôtes autour du feu, un des hommes parla de Lhassa et, incidemment, des *philings*. Les gens de la ferme avaient entendu raconter beaucoup d'histoires à leur sujet et étaient convaincus qu'un grand nombre d'entre eux résidaient, à présent, dans la capitale[2] mais nul étranger n'était encore passé dans leurs parages.

Yongden, qui ne perdait pas une occasion de s'égayer, se vanta

1. Dans cette région, les toits plats des maisons de paysans n'ont point de garde-fou.

2. Un grand nombre de Tibétains des provinces et même de Lhassa le croient aussi. A Lhassa, les gens du petit peuple tiennent pour étrangers tous les Hindous, Népalais ou gens de L'Himâlaya qui portent le costume européen.

d'avoir vu deux *mig kar* [1] en Amdo et, pour ne pas demeurer en reste de plaisanterie avec lui, je confessai humblement que je n'en avais jamais entrevu aucun.

Après la traversée de nouvelles montagnes, cette fois complètement arides, un matin nous découvrîmes — à peut-être quinze cents mètres ou même davantage — au-dessous de nous un mince ruban scintillant : c'était le Giamo nou tchou.

D'après nos renseignements, il existait dans cette région un endroit où l'on pouvait traverser la rivière. Nos derniers hôtes avaient confirmé ceux-ci et parlé de *toupas*, ce qui signifie bateliers. Nous nous attendions donc à trouver un bac ou des canots de cuir, mais comme nous nous rapprochions du fleuve, une ligne d'abord indistincte s'entrevit, puis grossit et, bientôt, nous ne pouvions plus conserver aucun doute : c'était un câble attaché aux deux rives qui remplissait l'office de pont.

Les voyageurs sont rares dans ce pays perdu, les passeurs — improprement dénommés « bateliers » — habitaient, nous avait-on dit, de l'autre côté de l'eau, dans un village nommé Tsawa et ne se dérangeaient que lorsqu'un nombre suffisant de clients requéraient leurs services. Nous — pauvres pèlerins solitaires — aurions pu demeurer là pendant des semaines, contemplant l'autre rive, si, par une heureuse circonstance, un lama n'était arrivé avec une suite d'une douzaine de personnes.

Nous n'eûmes donc qu'un jour à patienter et il se passa agréablement. Nous avions trouvé comme logis une charmante petite caverne dans un magnifique massif de roches rouges ; le temps était splendide et la température, de nouveau, très douce.

Traverser une rivière en étant suspendue à un crochet n'était point chose absolument nouvelle pour moi. J'attendis donc sans émotion le moment de mon départ, bien qu'en des endroits aussi reculés, la solidité du « pont » reste toujours quelque peu douteuse. J'avais entendu raconter plus d'une histoire dramatique à ce sujet.

Le système de passage ne différait que peu de celui dont j'avais fait l'expérience au Mékong, à ceci près qu'au lieu d'être en paille, le câble était fait de lanières de cuir tordues en cordes.

Le poids très élevé de ces câbles produit un affaissement considérable au milieu de ceux-ci, de sorte que si le passager glisse rapidement au fond de la poche ainsi formée, il lui est, par contre, très difficile d'en sortir. Seuls, les hommes extrêmement robustes osent s'aventurer sans aide sur ces ponts-cordes, car en remonter la pente

1. *Mig Kar* : yeux blancs, un sobriquet d'usage courant par lequel les Tibétains dénomment les étrangers qui, à ce qu'ils croient, ont tous des yeux pâles — bleus ou gris — une chose qui leur semble le comble de la laideur.

à la force des poignets exige une vigueur peu commune. Les mortels ordinaires sont halés — comme le sont aussi les bagages et les animaux — par des passeurs de profession.

Dans les parties reculées de la Chine où il existe des ponts de cette espèce, les cordes sont généralement établies par paires, les passagers empruntant l'une ou l'autre de celles-ci, suivant la rive d'où ils partent. Le départ s'effectue d'un point beaucoup plus élevé que le lieu d'atterrissage, la courbure du câble est ainsi diminuée et la vitesse acquise dans la descente, tout comme aux montagnes russes, fait remonter le voyageur et l'amène en terre ferme à l'autre extrémité du pont.

Ici, bien entendu, il n'existait qu'un seul câble.

Lorsque mon tour vint je fus attachée, avec une jeune fille, au crochet dont je viens de parler et une vigoureuse poussée nous envoya, filant avec la rapidité de l'éclair, jusqu'au milieu du câble où nous demeurâmes, nous balançant très au-dessus de la rivière, comme deux misérables marionnettes. Les hommes se mirent alors à l'œuvre en tirant sur la corde attachée à notre crochet. A chaque secousse que donnaient les vigoureux gaillards, nous dansions une sorte de gigue fort peu agréable. Les choses allèrent ainsi pendant quelques minutes ; nous avancions, lorsque soudain je sentis un choc, j'entendis le bruit de quelque chose tombant dans l'eau et nous redescendîmes, à toute vitesse, au milieu du câble. Tout cela s'était passé à la fois, dans l'espace d'une moitié de seconde. La corde avec laquelle on nous halait s'était rompue.

L'accident ne présentait, par lui-même, aucun danger. Un des hommes viendrait, rattacherait la corde, ce n'était qu'une affaire de temps ; il s'agissait seulement d'éviter le vertige tandis que nous restions suspendues au-dessus de cette eau qui courait rapide, à cinquante ou soixante mètres au-dessous de nous. Ficelées comme nous l'étions, nous ne craignions rien tant que nous demeurerions droites, tenant ferme, entre nos mains, la courroie attachée au crochet, mais si la tête nous tournait, si nous nous évanouissions, nos corps penchant en arrière... dame !... cette attitude n'avait pas été prévue par ceux qui nous avaient suspendues. J'ai les nerfs solides, je sentais que je pourrais demeurer là une heure et même bien davantage s'il le fallait, sans faiblir, mais ma compagne ?... Elle était très pâle.

— N'ayez point peur, lui dis-je, j'ai invoqué mon *tsaouaï lama* [1]. Il nous voit et nous protégera.

— La courroie se dénoue, murmure-t-elle.

La courroie se dénoue !... mais... c'est l'effet du choc quand la corde s'est cassée et, alors, nous allons tomber dans la rivière.

J'examine les nœuds, ils paraissent solides et notre poids doit les serrer... Cette petite a la berlue.

1. *Tsaouaï lama*, père spirituel.

— Allons, dis-je, vous avez le vertige, fermez les yeux, les nœuds tiennent bon.

— Ils se défont, répète-t-elle tremblante, et avec une telle conviction que j'en suis impressionnée.

Qu'y a-t-il ? Le cuir s'est peut-être coupé, il se déchire lentement en un endroit que je ne vois point ou bien autre chose s'est produit ; cette Tibétaine, qui a traversé tant de fois la rivière de cette façon, doit s'y connaître mieux que moi.

Donc, nous allons nous noyer, à moins que les passeurs ne nous amènent à terre avant que les derniers nœuds se soient défaits. Cela pourrait constituer le sujet d'un pari ; cette idée me fait sourire, puis, il me revient à la mémoire un conte — d'Edgar Poe, je crois — où il est question d'un homme suspendu à une corde qui s'effiloche au-dessus de la cage d'un ours. La Salouen vaut bien l'ours.

Les passeurs s'agitent, crient beaucoup et leur besogne n'avance guère. Enfin, l'un d'eux, renversé sur le dos travaillant des mains et des pieds, à la façon des mouches courant au plafond, se met en marche le long du câble. Les secousses qu'il lui imprime nous font de nouveau gigoter.

— La courroie se dénoue, lui dis-je, dès qu'il nous a atteintes, cette fille s'en est aperçue.

— *Lama Kiéno*[1] *!* s'exclame-t-il. Il donne un coup d'œil hâtif dans la direction du crochet.

— Je ne puis pas bien voir, dit-il, j'espère que cela tiendra jusqu'à ce que vous arriviez à terre.

Il espère !... Les dieux le bénissent ! Nous aussi, nous « espérons ».

Il s'en va comme il est venu, et après une nouvelle attente, ses camarades recommencent à nous haler. Les nœuds desserrés résisteront-ils à ces chocs répétés ? Nous continuons à l'espérer...

Voici que nous débarquons saines et sauves sur une projection rocheuse de la falaise. Une demi-douzaine de villageoises s'emparent de nous, exprimant leur sympathie et leur compassion par de bruyantes exclamations. Les passeurs ont pu s'assurer, en nous déliant, que les nœuds de nos courroies étaient parfaitement solides et leur dialogue m'apprend, ce qui m'avait échappé au départ, que la jeune fille et moi étions suspendues d'une façon indépendante, de sorte que la chute de l'une de nous n'eût pas nécessairement entraîné celle de sa compagne. Je n'ai, du reste, pas grand temps à donner à des réflexions à ce sujet ; les hommes invectivent et maudissent la petite paysanne qui leur a causé une terrible frayeur. Celle-ci, qui n'avait nul besoin que l'on aggravât l'état de surexcitation dans lequel elle se trouve, se met à pleurer, à hurler, en proie à une attaque de nerfs. Yongden profite de l'émotion générale pour mendier en

1. *Lama Kiéno !* « Sache-le, ô lama ! » Adjuration à son père spirituel.

faveur de sa pauvre vieille mère, qui a souffert tous les tourments de l'agonie tandis qu'elle était suspendue dans le vide et a besoin d'un repas substantiel pour se remettre. Tous les voyageurs ouvrent leurs sacs à provisions et donnent libéralement. Nous repartons de là amplement fournis de vivres pour une semaine.

CHAPITRE IV

L'utilité du bonnet que j'ai trouvé commence à se manifester. — Gymnastique ardue à travers les montagnes. — Où se pose le problème d'éviter la rencontre de divers fonctionnaires. — Égarés, par une nuit de tempête. — Mon lama est dupé par un fermier avare. — Comment après nous être efforcés d'éviter les fonctionnaires, nous nous heurtons à la demeure de l'un d'eux et l'on nous y fait l'aumône d'un repas. — Festin de gueux : bouillon aux boyaux faisandés. — Incident mystérieux : un fermier prédit l'arrivée de Yongden et l'attend pour mourir. — Nos hôtes nous offrent le toit comme chambre à coucher à 4500 mètres d'altitude, au cœur de l'hiver. — Le col et le monastère de Sepo Khang. — Drame du brigandage. — Un voyage économique.

J'avais déjà remarqué que ma vieille coiffure plus ou moins à la mode du Loutzé Kiang attirait l'attention des gens que nous rencontrions. Nous nous trouvions, maintenant, loin de la région où elle est portée, elle semblait singulière et l'on s'informait de mon pays natal.

Après ma traversée mouvementée du Giamo nou tchou nous passâmes, sans nous arrêter, au village appelé Tsawa et continuâmes jusqu'à une ferme où Yongden alla mendier. La maîtresse de la maison nous invita à demeurer chez elle jusqu'au lendemain et nous fit faire un repas copieux. Comme il était encore de bonne heure, nombre de gens vinrent bavarder avec nous et ce fut l'occasion de maintes remarques, souvent fort embarrassantes, concernant mes cheveux et mon turban. Je compris nettement que ce dernier mettait mon incognito en péril. Il ne trahissait pas directement mon origine mais les questions qu'il provoquait pouvaient conduire sur un terrain dangereux et, de toute façon, la singularité de mon costume, me sortant de l'uniformité des *ardjopas,* laissait une empreinte dans la mémoire de ceux qui me voyaient et devenait un moyen de suivre mes traces.

Il m'aurait absolument fallu un chapeau tibétain, mais il était impossible d'en trouver un dans la région que je traversais, paysans et paysannes y demeurant toujours tête nue. Les imiter ne me convenait guère. Je préférais cacher mes cheveux, qui en dépit de l'encre de Chine, n'arrivaient pas à égaler le beau noir de ceux des Tibétaines et je redoutais aussi une insolation au cours de mes longues marches sous un soleil ardent.

Le temps était venu où le misérable bonnet, ramassé un soir dans la forêt et soigneusement conservé, après un lavage consciencieux, allait me devenir utile. D'une forme familière à tous les Tibétains, porté par des milliers de femmes de l'est et du nord du pays, il n'éveillerait aucune curiosité. En fait, dès que, le lendemain, je l'eus substitué à mon plus pittoresque mais trop compromettant turban rouge, les gens cessèrent de me dévisager le long des routes et toutes les questions concernant mon origine cessèrent comme par enchantement.

Il devait me devenir plus précieux encore à la traversée des hauts cols, parmi la neige, au cœur de l'hiver, lorsque le terrible vent des cimes me glaçait jusqu'aux os. Je luis dois sans doute d'avoir échappé à une congestion.

Comment donc aurais-je encore pu douter qu'un mystérieux et prévoyant ami l'avait fait tout exprès tomber devant mes pas ?... Yongden et moi souriions en parlant de cet invisible bienfaiteur, comme l'on sourit des bonnes fées, mais je n'oserais pas affirmer que, dans le secret de mon cœur, je ne me sentais pas de plus en plus convaincue d'avoir été l'objet de quelque occulte sollicitude. Au surplus, j'aimais à me l'imaginer.

La région que nous traversions en remontant la rive droite de la Salouen était beaucoup plus peuplée que celles que nous avions parcourues depuis notre entrée au Tibet. Nous rencontrions d'assez nombreux villages et les cultures couvraient la majeure partie des terres basses. Les forêts avaient disparu ; les hauteurs ne montraient que des pentes arides. Souvent le fleuve s'engageait dans de gigantesques brèches de la montagne, entre des falaises à pic, des contreforts de la chaîne que nous longions s'en venaient aussi finir à pic près de son lit, coupant ainsi la vallée par une série d'obstacles qu'il nous fallait franchir. Chaque étape nous réservait le plaisir d'une ascension de plusieurs centaines de mètres avec descente obligée sur le versant opposé et, parfois, cette gymnastique se répétait deux fois au cours de la même journée.

Cette contrée très différente d'aspect des régions boisées du Kham comme des solitudes herbeuses du Nord ou des plateaux arides avoisinant l'Himâlaya, nous faisait découvrir un nouveau Tibet et quelle que pût être notre fatigue, nous jouissions plus que jamais du charme de notre belle aventure et de notre vie de chemineaux.

Cependant, après une heureuse période de calme, un nouveau sujet d'anxiété vint agiter notre esprit. Nous apprîmes que le gouvernement de Lhassa avait expédié des fonctionnaires dans les coins les plus reculés de ce pays perdu pour y établir de nouveaux impôts. Ces *pönpos* se transportant de côté et d'autre, accompagnés de nombreux serviteurs de tous grades, tous beaucoup plus curieux et arrogants que leurs maîtres, constituaient un véritable danger pour nous et la majeure partie de notre temps s'écoulait, maintenant, à discuter les meilleurs moyens d'éluder ces rencontres indésirables.

La chose n'était pas des plus aisée. Deux routes s'offraient à nous pour gagner le pays de Po que je désirais explorer avant de me rendre à Lhassa. Nous pouvions passer par Sang ngags tchös dzong [1], ou faire un long détour en franchissant le col de Sepo Khang, mais Sang ngags tchös dzong était le siège d'une sorte de préfet et, sur l'autre chemin, les émissaires du ministère des Finances tibétain se promenaient dans le voisinage d'Oubè.

Le préfet assis dans sa demeure paraissait plus facile à éviter que ses collègues que nous risquions à tous moments de trouver chevauchant sur notre route. Cette raison eût dû me décider à me diriger de ce côté, mais je savais que des voyageurs étrangers s'étaient déjà rendus à Sang ngags tchös dzong [2] tandis que je n'avais jamais ouï dire qu'aucun eût jamais traversé le col de Sepo Khang et la région avoisinante [3]. Il me paraissait raisonnable de choisir les chemins inexplorés.

Cependant, je demeurais encore un peu indécise. Tout en réfléchissant, j'arrivais à Yu, un village situé dans un site charmant, près d'un monastère de Bönpos [4]. Dans cette localité, il m'arriva une aventure fréquente au Tibet, et qui pourrait tourner mal pour des gens de constitution délicate : une famille pauvre nous avait invités et régalés d'une soupe, ma foi, très appétissante. Nous avions bavardé, mon lama s'était acquitté dignement de son métier — devenu habituel — d'oracle et de voyant et, ceci, tout en nous rôtissant dans une cabane exiguë à côté d'un véritable brasier. Enfin, chacun éprouvant le besoin de dormir, notre hôte, toujours avec une amabilité extrême, nous invita à le suivre. Je m'attendais à quelque hutte glaciale en guise de chambre à coucher ; le brave Tibétain, sans y mettre la moindre malice, nous réservait mieux encore... Il nous offrit son toit. Nous passerions la nuit sous la voûte du grand ciel, scintillante, merveilleuse... il gelait à pierre fendre !

Le jour suivant, nous montions vers un col au-delà duquel se croisaient les routes entre lesquelles il nous fallait choisir : celle de San ngags tchös dzong et celle de Lanka dzong. Le soir vint comme

---

1. *Sang ngags tchös dzong :* « le fort de la doctrine des charmes magiques », appelé par d'autres : *Tsang kha tchou dzong,* « le fort de la source pure ».

2. Le colonel Bayley en 1911 et, sauf erreur, avant lui le R.P. Desgodin ou un autre missionnaire français.

3. Les renseignements qui me furent fournis, plus tard, confirmèrent que nul étranger n'avait encore exploré cette région.

4. Les sectateurs de la religion existant au Tibet avant l'introduction du bouddhisme.

nous nous trouvions loin du sommet sur un versant froid dont tous les ruisseaux étaient convertis en blocs de glace. Heureusement nous aperçûmes, à quelque distance de la piste, une cabane servant d'abri pendant l'été aux gardiens de troupeaux et nous eûmes, du moins, un toit sur notre tête et un bon feu flambant à côté de nous.

Le lendemain nous franchissions le col. Un ouragan terrible se leva dans la soirée et fit rage jusqu'au matin. La nuit était d'un noir d'encre. Il nous fut impossible de découvrir le chemin d'un village, pourtant peu éloigné, dont nous entendions aboyer les chiens.

La violence du vent ne nous permit pas de délier nos sacs pour en tirer notre tente-couverture et la jeter sur nous. Cette nuit que nous passâmes accroupis l'un près de l'autre contre un buisson épineux, claquant des dents, sentant le froid nous pénétrer par le cerveau, est une des plus dures que j'aie passées au cours de ce voyage. Vers l'aube, la tempête s'apaisa et nous vîmes, alors, que nous nous trouvions à moins d'une demi-heure de marche d'un village situé à l'entrée d'une gorge sombre dans laquelle s'enfonçait le chemin conduisant à Sang ngags tchös dzong.

Le moment était venu de me décider. Je me tournai de nouveau vers la Salouen. Cette région et ses habitants m'intéressaient ; j'avais l'occasion — qui ne se représenterait vraisemblablement jamais — d'en parcourir une plus grande étendue, je ne voulais point abréger mon voyage. Quant aux messieurs d'Oubè, je risquerais la partie.

Depuis que nous avions atterri sur la rive droite de la Salouen, notre existence ressemblait en tous points à celle de vrais chemineaux tibétains. Nous ne nous dissimulions plus dans les endroits déserts ; bien au contraire, flâner dans les villages était devenu notre grand plaisir. Chaque étape nous amenait auprès d'autres paysans. Nous passions la nuit chez eux, couchés dans la cuisine ou partageant la chambre de quelques-uns de nos hôtes, étudiant leurs habitudes de près, écoutant leurs conversations, leurs réflexions à propos des événements survenant au Tibet.

Ces bonnes gens qui nous tenaient pour appartenant au petit peuple comme eux, parlaient et agissaient tout à fait librement en notre présence et j'en profitai pour noter mille détails que nul voyageur étranger n'eût été à même de soupçonner.

Une telle vie n'allait point, on s'en doute, sans entraîner des aventures d'une nature bien inattendue. Presque chaque jour apportait sa contribution, tantôt agréable, tantôt déplaisante, mais toujours pleine d'humour, à ce chapelet d'épisodes. J'ai amassé dans cette région un trésor de gaieté de quoi tenir quelqu'un en joie pendant une vie entière.

Que ne puis-je relater *in extenso* ces nombreux incidents. La plupart d'entre eux le mériteraient par leur originalité, mais à eux seuls ils exigeraient un volume. Le peu qu'il est possible d'en narrer au cours de ce récit pourra, tout au moins, faire saisir certains aspects de la vie dans les campagnes du Tibet.

Un jour, tandis qu'agenouillée sur les galets, je puise de l'eau dans mon écuelle, j'entends parler derrière moi :

— D'où venez-vous, lama ?

Je tourne la tête et j'aperçois un paysan arrêté près de mon fils adoptif. Quelques questions sont posées, toujours les mêmes, répétées à chaque rencontre :

— De quel pays êtes-vous ?

— Où allez-vous ?

— Avez-vous quelque chose à vendre ?

Mais cette fois, ayant satisfait sa curiosité par les réponses qui lui ont été données, l'homme ne s'en va pas. Il demeure quelques instants silencieux, crache, puis commence :

— Lama, savez-vous consulter le sort ?

Bon ! un de plus. Consulter le sort, nous ne faisons que cela le long de notre route et nous n'avons, du reste, pas trop sujet de nous en plaindre ; s'il est monotone, notre métier d'augure n'est pas sans comporter d'utiles profits et dissimule admirablement notre identité.

Yongden se fait prier. Oui, il connaît l'art des *mos* [1] mais il n'a pas le temps, il est pressé...

Le paysan s'obstine et explique :

— Lama, il y a trois jours, une de mes vaches a disparu. Nous l'avons vainement cherchée. Est-elle tombée dans un précipice ? A-t-elle été volée ?

Il soupire et, baissant le ton, continue :

— Les gens de l'autre rive sont d'affreux brigands.

Je pense, à part moi, que ces derniers doivent avoir la même flatteuse opinion de ceux de leurs compatriotes qui leur font vis-à-vis et que chacune des deux parties possède, sans nul doute, mille bonnes raisons pour justifier sa façon de voir.

— Ils sont fort capables, poursuit l'homme, d'avoir tué et dépecé ma bête et de l'avoir, ensuite, emportée par morceaux chez eux pour la manger... Lama, consultez le sort. Dites-moi ce qu'est devenue ma vache et si je la retrouverai... Je n'ai rien à vous offrir maintenant, mais si vous allez jusqu'à ma maison, je vous y ferai donner à manger ainsi qu'à votre mère et vous pourrez y coucher tous les deux cette nuit.

La mère, c'est moi. Les gens de ce pays sont d'une perspicacité étonnante ! Il est inutile de leur mentir. Ils inventent d'eux-mêmes, à notre sujet, des histoires bien plus merveilleuses que celles que nous voulions leur débiter.

Des pèlerins mendiants ne refusent jamais une invitation du genre

1. *Mos*, pratiques divinatoires.

de celle qui nous est faite. Je ne veux point paraître suspecte, surtout depuis que j'ai appris la présence, dans cette région, des fonctionnaires de Lhassa.

Je fais signe à Yongden d'accepter l'offre du bonhomme. Il dépose son fardeau sur une roche plate, et dit d'un air condescendant :

— Allons, il faut que je vous rende ce service. N'est-ce point le devoir d'un lama d'être compatissant ?

D'autres phrases édifiantes suivent, puis la cérémonie commence. Marmottant les formules consacrées, les écourtant autant qu'il est possible, mon jeune compagnon compte et recompte les grains de son chapelet. Je puis suivre ses pensées. Il se demande : « Où peut se trouver cette bienheureuse vache ? Je n'en sais rien. Là n'est pas la question, mais quelle est la meilleure réponse à donner à ce nigaud qui m'interroge ? »

Le vieux Tibétain s'est accroupi, silencieux et attentif, attendant l'arrêt du destin.

L'oracle enfin se prononce :

— Votre vache, dit-il, n'a pas été mangée. Elle est en vie mais court le risque d'un accident. Si vous vous mettez à sa recherche sans tarder, en descendant la rivière, vous la retrouverez. Tout dépend de votre adresse.

Le vague des dernières expressions laisse de la marge pour des interprétations diverses. Un augure ne gagne rien à être trop précis. Le jour n'est pas loin où nous en ferons l'expérience amusante.

Un peu rassuré, le bonhomme nous décrit minutieusement sa demeure que nous trouverons, dit-il, sur le bord de la rivière, et nous nous remettons en marche, remontant le courant tandis qu'il se hâte dans la direction opposée. Environ une demi-heure plus tard, nous apercevons la maison indiquée.

Un peintre eût trouvé un joli sujet de paysage dans cette ferme tibétaine accotée à des roches grisâtres, au milieu d'un bosquet aux feuilles jaunies et toute baignée de lumière.

Devant elle, la Salouen roulait des eaux hivernales opalines et paisibles, qui se frangeaient de glace. Très probablement, nul voyageur de race blanche ne l'avait encore vue en cette partie de son cours, la sauvage Salouen serpentant entre ses rives dénudées et ses falaises géantes dont les crêtes aiguës pointaient haut, en plein azur.

Je me serais volontiers assise là, sur les pierres ensoleillées, pour jouir du charme du décor, savourer la joie de l'heure présente, l'ivresse de l'aventure qui m'avait amenée là et devait me conduire plus loin encore, beaucoup plus loin, si les dieux propices continuaient à veiller sur moi. Mais il ne s'agissait pas de rêver. Le personnage de pauvresse décrépite, que j'avais assumé, comporte peu de poésie.

Des femmes, attirées par les appels de mon compagnon, se montrent sur le toit plat en terre battue ; elles écoutent, défiantes, le récit de notre rencontre avec le maître du logis et comment il a été conduit à nous offrir l'hospitalité. Après nombre d'explications, elles finissent par se laisser convaincre. Nous sommes admis à pénétrer dans la cour d'abord, puis, après un nouvel examen de notre physionomie et un supplément de questions, on nous permet de grimper une échelle qui nous mène sur le toit-terrasse où le premier étage est construit. Celui-ci sert d'habitation à la famille, le rez-de-chaussée est occupé par les étables.

Un coussin en lambeaux est apporté pour Yongden, le lama ; quant à moi, la vieille mère sans importance, je m'assoirai par terre tout simplement. Il nous faut nommer, aux femmes qui nous entourent, tous les lieux saints que nous avons visités et ceux où nous nous rendons et leur assurer que nous n'avons aucune marchandise à vendre, ne possédant même pas une couverture.

Le temps est beau mais froid, je commence à frissonner assise immobile, en plein air. Nos hôtesses, elles, ne sentent pas la morsure de la petite bise aigre qui s'est levée. Afin de travailler plus aisément elles ont sorti le bras droit hors de leur houppelande de peau de mouton qu'une ceinture retient à la taille, et découvrent des seins crasseux qu'aucune ablution n'effleura jamais.

Nous sommes là depuis deux heures environ lorsqu'un incident se produit. Le maître de la maison apparaît, chassant devant lui sa vache retrouvée. L'émotion est générale.

— Oh ! lama, exclame le paysan, dès qu'il nous a rejoints sur la terrasse, vous êtes un véritable, un grand *nieunechés* [1]. Toutes vos paroles, sans exception, se sont réalisées. La vache se trouvait dans un endroit dangereux. Elle s'était engagée dans un sentier étroit coupé par un glissement de la montagne ; elle ne pouvait ni continuer, ni se retourner pour revenir en arrière, ni grimper vers le haut de la falaise... J'ai dû m'y prendre adroitement pour la tirer de là, tout comme vous l'aviez prévu... Oui, sans aucun doute, vous êtes un savant *nieunechés tchen*.

Nous savourons ce triomphe inattendu, un repas va probablement le suivre. Pour le moment, on apporte du thé : thé tibétain, beurré et salé, soupe, peut-être, plutôt que breuvage, mais cordial délicieux pour le voyageur fatigué et transi. Un sac de *tsampa* est posé à côté de nous, nous pouvons y puiser à discrétion. J'en mange autant que je puis.

Notre hôte est demeuré pensif. Il interroge Yongden :

— Lama, savez-vous lire ?

— Certes, répond fièrement l'interpellé, lire et écrire aussi.

— Oh ! oh ! vous êtes véritablement savant, un *géchés* [2] peut-être... je m'en doutais un peu...

1. Celui qui pratique l'art de la divination.
2. *Géchés* : docteur ès lettres et ès philosophie.

Il se lève, entre dans une des chambres de l'habitation et en rapporte un énorme volume qu'il pose avec respect sur une table basse devant mon compagnon de route.

— Lama, dit-il, regardez ce livre. C'est un ouvrage dont la lecture appelle les plus puissantes bénédictions et tous les genres de prospérité sur ceux pour qui il est récité... Vous allez le lire pour moi.

Yongden tourne la tête de mon côté, il a l'air désolé. Où sommes-nous tombés ? La corvée qu'on veut lui imposer ne lui sourit en aucune façon ; il est harassé et voudrait se reposer... dormir. Cependant, il lui faut répondre au bonhomme qui l'interroge des yeux.

— Le volume est épais, dit-il, sa lecture demande plusieurs jours et je dois repartir demain, mais je puis l'ouvrir[1] et la bénédiction sera tout aussi efficace.

Comme cette pratique est courante au Tibet, nul n'élève d'objection. Le livre est cérémonieusement débarrassé de sa « robe », de l'encens brûlé, on verse de nouveau du thé chaud dans nos bols, et Yongden commence à lire à voix très haute, après m'avoir ordonné d'un ton impératif :

— Mère, récite *Dölma*[2] !

Obéissant, j'entonne une psalmodie qui n'a aucun rapport avec le texte récité par mon fils adoptif et dont le but est, simplement, de m'occuper afin d'empêcher que les femmes ne m'ennuient et ne m'embarrassent avec leurs questions.

C'est par des injonctions de cette sorte que Yongden m'épargne, habituellement, l'épreuve fatigante des longues causeries au cours desquelles, soit ma prononciation, soit l'emploi — dont je suis coutumière — de termes du langage littéraire, pourraient étonner les villageois.

Au tapage que nous faisons, des voisins apparaissent qui hochent la tête d'un air pénétré et approbateur. Je dois avoir répété au moins vingt fois *Dölma* et peut-être cinq cents fois la formule du *Kyapdo*. Le sens des phrases que je récite arrête mes pensées...

« ... *Afin d'atteindre le terme de la crainte et de la douleur, tournez vos pas vers le savoir...* », dit le *Kyapdo*. Je réfléchis et interromps mon pieux ronronnement. Le lama s'en aperçoit, tourne la tête vers moi et me lance, d'une voix tonitruante : « *De même que, dans le ciel, les nuages se forment et se dissolvent sans que l'on puisse dire d'où ils viennent et où ils vont et sans qu'il existe nulle part une demeure des nuages, ainsi les phénomènes apparaissent-ils*

---

1. Littéralement : « en ouvrir la bouche », c'est-à-dire sortir le livre de l'étoffe qui le recouvre et en lire les premières pages ou la première ligne de chaque page. Les livres tibétains sont formés de feuillets détachés ; on les conserve enveloppés dans un carré d'étoffe soigneusement ficelé qui est inséré entre deux planchettes serrées par une courroie. L'étoffe, parfois très riche, qui enveloppe le volume, est appelée sa « robe ».

2. Voir page 327.

par la combinaison de causes et s'évanouissent par l'œuvre d'autres causes, sans que l'on puisse assigner à aucun d'eux un lieu où il réside... Impermanents, par essence, sont tous les agrégats d'éléments... »

C'est de la lecture de traités de ce genre, dont, bien entendu, ils ne comprennent pas un mot, que les campagnards du Tibet attendent la multiplication de leur bétail, la guérison de leurs malades et le succès de leurs transactions commerciales. Étrange peuple et étrange pays !

J'ai sursauté, tirée de ma songerie par l'accent belliqueux dont le lecteur a empreint les déclarations des Saintes Écritures, et je repars avec : *Aun mani padme hum !* Les oreilles me tintent, je n'en puis plus ; si je pouvais dormir !

Le soir vient ; il y a plusieurs heures que nous récitons cette sorte d'office. Le chef de la famille apparaît de nouveau, apportant un plat de grains d'orge et un bol d'eau claire qu'il pose près du livre.

— Lama, recommence-t-il, il ne fait plus assez clair pour lire, je vous prie de bénir ma maison et mes biens afin qu'ils prospèrent et de nous donner, à tous, l'eau bénite pour que nous soyons préservés des maladies.

Il est décidément tenace, le bonhomme ! L'aventure de la vache retrouvée doit lui avoir inspiré une confiance absolue dans le pouvoir magique de Yongden et la foi en un lama se manifeste toujours, au Tibet, par des dons dont l'importance se mesure au degré de cette foi. Le vieux fermier est aisé, cela se voit au nombre de ses bestiaux qui viennent de revenir des pâturages ; sans nul doute, nous allons être libéralement pourvus de vivres pour la route et quelques pièces d'argent s'ajouteront au cadeau.

Je vois à l'expression du visage de mon compagnon qu'il entre dans l'esprit de la plaisanterie et se réjouit malicieusement à l'aubaine qui nous attend.

Le voilà, grave comme un évêque, qui chemine à travers les quelques chambres de l'habitation, récitant les paroles liturgiques de bénédiction. Parfois il s'interrompt un instant et, durant ce bref silence, je sais qu'il fait des vœux sincères pour le bien-être matériel et spirituel de nos hôtes. S'il sourit des croyances enfantines de ses compatriotes illettrés, Yongden est profondément religieux et un adepte d'une secte mystique de son pays. Le tour de l'appartement terminé, le paysan montre le chemin des étables. Elles s'étendent loin, fangeuses, jamais nettoyées ; cette promenade dans la boue visqueuse finit par agacer l'officiant. L'aventure a cessé d'être drôle. Il lance le grain bénit à la volée sur la tête des moutons et des chèvres qu'il effraie, des chevaux qui se cabrent et des vaches indifférentes, comme dédaigneuses de tous rites. Puis, croyant en avoir enfin terminé, il se dirige vers l'échelle et en gravit les premiers degrés ; mais le propriétaire, qui l'a accompagné, portant des bâtons d'encens, se précipite derrière lui, le saisit par un pied et lui remontre que les porcs n'ont pas eu leur part de bénédiction. Il faut redescendre. L'infortuné lama en termine aussi vite qu'il le peut avec les malodorants animaux qui hurlent comme des démons lorsqu'il les cingle rageusement d'une grêle de grains. Les bottes boueuses, les pieds humides et glacés il revient enfin sur le toit. Au tour des humains à présent. L'eau contenue dans le bol est bénite, selon les règles orthodoxes, puis, le chef de famille en tête, chacun s'avance vers le lama pour en recevoir quelques gouttes dans le creux de sa main. L'eau est bue et, ce qui reste d'humidité dans la paume sert à humecter la tête. Des voisins se joignent au défilé.

Les dévotions terminées, on sert le repas du soir : une soupe aux orties séchées, sans viande. Nous sommes loin du festin que nous escomptions et j'en augure mal pour le cadeau qui doit nous être offert à notre départ. Il sera maigre, sans doute, comme la soupe. Cependant, on ne sait jamais, les paysans tibétains ont des idées singulières. Je m'amuse *in petto* de la mentalité de mendiante que j'ai acquise depuis que je joue le rôle de pauvresse errante. Mais tout n'est pas plaisanterie dans notre mendicité, les aumônes qui remplissent nos sacs nous dispensent d'acheter de la nourriture, de montrer que nous possédons de l'argent et elles sauvegardent grandement notre incognito.

Nous allons, enfin, pouvoir dormir. Dans la pièce où l'on nous permet, maintenant, d'entrer, il y a, sur la terre battue, un lambeau de vieux sac de la grandeur d'une serviette, c'est la couche qui m'est destinée. Yongden, grâce à son caractère clérical, est mieux traité. Il aura l'usage d'un tapis en guenilles qui le préservera jusqu'aux genoux, environ, du contact de la terre nue. Quant aux jambes, on ne s'en préoccupe pas. Les petites gens du Tibet dorment repliés sur eux-mêmes, presque en boule, comme les chiens, et ne possèdent jamais de tapis ou de coussins de la longueur de leur corps. Dormir étendu de tout son long est considéré comme un luxe appartenant aux seules personnes de qualité.

Je me couche après avoir simplement dénoué la ceinture de mon épaisse robe. Au Tibet, les pauvres ne se déshabillent pas pour dormir, surtout lorsqu'ils reçoivent l'hospitalité dans une maison étrangère. Peu après mon fils me rejoint et, avec aussi peu d'apprêts de toilette de nuit que moi-même, il s'allonge sur son bout de tapis. Nous dormions quand un bruit et une vive lueur nous réveillent. Mais sommes-nous bien réellement éveillés ? La scène pittoresque que nous apercevons entre nos paupières à demi closes, feignant le sommeil, nous en fait presque douter.

La chambre où nous nous trouvons est celle où dorment les deux filles de la maison et la servante. Elles viennent d'entrer toutes trois et, pour s'éclairer — lampes et chandelles sont inconnues dans ce pays — elles ont jeté des copeaux de bois résineux dans le brasero placé au milieu de la pièce. Je les vois dénouer leur ceinture, agiter leurs bras noirs hors de leurs manches, traîner de-ci, de-là, des peaux de mouton crasseuses qui leur serviront de matelas et de couvertures. Elles se remuent, caquettent, leurs colliers d'argent tintent sur leur poitrine dénudée. La flamme qui tour à tour s'élance claire et dansante, puis s'obscurcit jusqu'au rougeoiement sombre, les enveloppe d'un éclairage singulier : on dirait trois jeunes sorcières s'apprêtant pour le sabbat.

Avant que le jour soit levé je pousse discrètement Yongden pour l'éveiller. Nous devons faire notre toilette avant que la clarté permette à autrui d'en saisir les détails. Celle-ci consiste d'abord, pour moi, à m'enduire légèrement le visage de noir de fumée que je me procure en frottant avec la main le fond de notre marmite[1]. Puis il faut que nous rajustions sous nos robes, les ceintures contenant notre or, notre argent, les cartes, le thermomètre, les boussoles minuscules, les montres et d'autres objets qui, à aucun prix, ne doivent être aperçus.

Nous avons à peine terminé que la maîtresse de la maison paraît. Elle appelle ses filles et la servante ; le feu est ranimé, la marmite contenant le reste de la soupe de la veille est placée sur le brasero et, quelques instants après, nous sommes invités à tendre nos bols pour la distribution. Ceux-ci n'ont pas été lavés le soir précédent ; ce n'est pas l'usage. Chacun possède son écuelle individuelle qu'il ne prête à personne ; il la lèche consciencieusement après chaque repas et cela tient lieu de nettoyage. Pauvre moi ! Je manque de pratique dans l'art de lécher mon bol, il est encore tout enduit de soupe et de thé qui ont gelé pendant la nuit. Mais il faut savoir dompter les nerfs qui protestent et le cœur qui se soulève, la réussite de mon voyage en dépend. Fermons donc les yeux et buvons la soupe plus nauséabonde encore que la veille, à cause de l'eau qu'on y a ajoutée pour l'allonger.

Nos ballots sont bientôt ficelés.

Aucun cadeau n'apparaît ; je regarde, amusée, la mine déconfite de mon lama qui a tant béni, tant psalmodié, tant officié de toutes manières. Il est inutile de nous attarder davantage. Toute la famille vient encore une fois se faire bénir par l'imposition des mains et je devine que Yongden allongerait, avec plaisir, une vigoureuse taloche au vieux grigou sur la tignasse de qui il pose ses doigts.

Nous redescendons l'échelle, repassons devant les chevaux qui nous regardent singulièrement, les chèvres décidément goguenardes et les vaches toujours placides.

Une fois dehors, nous marchons quelque temps en silence ; puis, hors de portée de voix et de vue, Yongden se retourne subitement

1. Le noir de fumée avait remplacé, pour le maquillage, la poudre de cacao, décidément trop peu adhérente et dont il ne me restait, d'ailleurs, qu'une très petite quantité que je préférais consommer sous forme de boisson.

et, esquissant des gestes cabalistiques dans la direction de notre hôte, il éclate :

— Ah ! coquin, misérable trompeur, mécréant pour qui je me suis fatigué tout un jour !... Dire qu'il m'a fait redescendre de l'échelle pour aller bénir ses cochons !... Pouah !... Je les reprends, mes bénédictions, indigne avare. Puisse la laine ne pas croître sur le dos de tes moutons, les femelles de tes bêtes demeurer stériles et les abricotiers ne produire que des noyaux !...

Son indignation comique qui n'était qu'à moitié feinte, m'amusait extrêmement. Après tout, mon compagnon est un lama authentique et il avait été frustré d'honoraires légitimement gagnés. Mais Yongden ne put, lui-même, résister longtemps au comique de l'aventure et, tous deux, nous éclatâmes de rire en face de la bénigne Salouen hivernale qui chantait à nos pieds, dans les galets, semblant dire :

— C'est ainsi que vont les choses au beau pays du Tibet ; petits étrangers aventureux, vous en verrez bien d'autres !...

Ce même jour, après avoir franchi un col de plus, nous arrivâmes dans le voisinage du redouté Oubè. Nous nous arrêtâmes auprès d'une rivière pour boire du thé afin de ne traverser le village qu'une fois la nuit tombée. Quelques heures plus tard, ayant laissé derrière nous un groupe de maisons dans l'une desquelles nous supposions le gros personnage endormi, nous élûmes, pour chambre à coucher, une crevasse de la montagne.

Nous ne nous accordâmes pas un long repos ; aux premières lueurs du jour nous étions debout. Nous n'avions pas marché pendant dix minutes que nous vîmes devant nous un bâtiment décoré de feuillage et précédé d'une sorte d'avenue bordée de pierres blanches, qui, sans que nous en puissions douter, était la demeure actuelle du fonctionnaire. Grâce à l'heure très matinale, nous eûmes la chance de ne rencontrer personne sur notre chemin.

Nous allongeâmes vigoureusement le pas et lorsque le soleil parut, nous avions déjà mis environ trois kilomètres entre nous et l'endroit dangereux. Nous pouvions, à bon droit, nous congratuler de nous être si bien tirés de ce mauvais pas. Nous n'y manquâmes point et, tout joyeux poursuivîmes notre route.

Vers le milieu de l'après-midi, nous étions toujours d'une humeur charmante, lorsque des passants nous apprirent que le *pönpo* avait quitté Oubè trois jours auparavant pour se rendre dans un autre village situé plus loin, sur la piste que nous devions suivre.

Nous y allâmes d'une nouvelle marche sous les étoiles et parfaitement convaincus que, cette fois, nous pouvions être rassurés ; nous nous endormîmes paisiblement vers une heure du matin, dans un chaos de rocs éboulés, entremêlés de buissons épineux.

Le lendemain, nous repartions à l'aube. A quelques pas de l'endroit où nous avions passé la nuit nous nous heurtions à un bâtiment dissimulé dans un recoin de la montagne. Une trentaine de beaux chevaux étaient attachés au-dehors, de nombreux paysans arrivaient déjà apportant du grain, de l'herbe, de la viande, du beurre.

Nous nous trouvions en face de la maison même où logeait le *pönpo*. Une sorte d'intendant, homme majestueux, de haute stature, surveillait l'entrée des provisions apportées par les villageois. Il arrêta Yongden et, après un instant de conversation qui me parut interminable, il commanda à un domestique de nous donner à déjeuner du thé et de la *tsampa*. Nous ne pouvions décliner une offre aussi aimable, des voyageurs pauvres devaient, au contraire, se réjouir grandement d'une pareille aubaine. Nous fîmes de notre mieux pour paraître enchantés, assis au-dehors, sur les marches de l'habitation du noble sire, alors que nous nous sentions beaucoup plus tentés de prendre nos jambes à notre cou.

Ce qui était le plus fatigant et devenait même parfois pénible à l'excès dans l'existence que je menais, c'était le rôle qu'il me fallait constamment jouer pour ne pas trahir mon incognito. Dans un pays où tout se fait en public, je devais, jusque dans les actes les plus intimes, affecter des manières locales qui me gênaient affreusement.

Il en résultait une pénible tension nerveuse qui, heureusement, se trouvait relâchée pendant les jours de vie plus libre dont je jouissais en traversant les vastes étendues de terre presque inhabitées se trouvant sur ma route.

Dans ces régions solitaires j'évitais surtout, à ma grande joie, les innombrables ratatouilles dont nous gratifiaient les pauvres hères généreux qui nous hébergeaient et qu'il fallait avaler en souriant pour éviter des commentaires dangereux. Une seule fois je m'étais départie de mon attitude de mendiante affamée, pour qui tout est bon, mais ce jour-là...

Nous étions arrivés à la tombée du soir dans un petit village voisin du district de Dainchine. Il faisait très froid, les environs dénudés n'offraient point d'abri. On venait de nous refuser l'entrée de plusieurs maisons, lorsqu'une femme nous ouvrit sa porte : la porte branlante d'une très misérable demeure. Nous entrons ; il y a du feu dans la masure et, par ce gel, cela seul est déjà du confort. Le mari de la pauvresse revient peu après rapportant quelques poignées de *tsampa* au fond d'une besace de mendiant ; nous comprenons que nul souper n'est à espérer de gens qui n'ont pas, eux-mêmes, assez de quoi manger à leur faim. Yongden, après un préambule célébrant la générosité d'un chef imaginaire qui lui a donné une roupie, déclare qu'il achètera de la viande, s'il y en a à vendre dans le village.

— Je connais un endroit... dit immédiatement notre hôte, flairant une aubaine.

Du coin où je me suis accroupie, j'insiste sur la qualité requise. Les Tibétains mangent sans répugnance les charognes des animaux morts de maladie. Je pourrais expliquer les raisons de cette coutume, mais la place me manque.

— Ne rapportez pas de la viande d'une bête morte d'elle-même, ni un morceau pourri, dis-je.

— Non, non, affirme l'homme, je m'y connais, vous aurez quelque chose de bon.

Dix minutes environ s'écoulent, le village n'est pas grand, le mendiant revient.

— Voilà ! fait-il d'un air triomphant en tirant une sorte de paquet de sous sa houppelande de fourrure.

Qu'est-ce que cela ?... La chambre n'est éclairée que par les bûches flambantes du foyer, je ne distingue pas bien. L'homme semble défaire quelque chose : un chiffon, sans doute, dans lequel il a enveloppé son achat.

Oh !... une odeur épouvantable emplit soudainement la pièce, un relent de charnier, c'est atroce.

— Ah ! dit Yongden d'une voix un peu tremblante décelant les nausées qu'il s'efforce de réprimer, ah !... c'est un estomac !...

Je comprends. Les Tibétains ont l'affreuse habitude, lorsqu'ils tuent une bête, d'enfermer dans l'estomac les rognons, le cœur, le foie et les entrailles de l'animal ; ils cousent ensuite cette sorte de sac et son contenu y macère pendant des jours, des semaines, voire même davantage.

— Oui, un estomac, répète l'acheteur dont la voix chevrote un peu aussi, mais de joie, en voyant s'écrouler hors de la poche ouverte un amas de victuailles. Il est plein, plein !... exclame-t-il. Oh ! quelle quantité !...

Il a posé cette horreur sur le plancher, y plonge les mains, dévide les boyaux gélatineux. Trois enfants, qui sommeillaient sur des guenilles, se sont éveillés et, maintenant, accroupis devant leur père, écarquillent des yeux pleins de convoitise.

— Oui... oui, un estomac... redit machinalement Yongden consterné.

— Là, mère, voici une marmite, dit obligeamment la femme en s'adressant à moi, vous pouvez préparer votre repas.

Moi, je tripoterais cette ordure ! Je murmure précipitamment à mon fils : « Dis-leur que je suis malade. »

— C'est toujours votre tour d'être malade lorsqu'un malheur arrive, grommelle Yongden entre ses dents.

Mais le garçon a du ressort, il a déjà reconquis son sang-froid.

— La vieille mère est souffrante, annonce-t-il. Pourquoi ne

cuiriez-vous pas la *toupa* [1] vous-même ?... J'entends que tous en aient leur part.

Le couple de mendiants ne se le fait pas dire deux fois et les mioches, qui ont compris qu'un festin se prépare, demeurent bien sages près du feu, n'ayant plus aucune envie de dormir. La mère s'est armée d'un couperet et taille la charogne en morceaux ; de temps en temps l'un de ceux-ci lui échappe et tombe sur le plancher, les enfants se précipitent alors comme de jeunes chiens et le dévorent tout cru.

Maintenant, cette soupe infecte bout, on y ajoute de la farine d'orge. Voilà, le bouillon est à point.

— Buvez, mère, cela vous remettra, me conseillent les deux époux.

Je me borne à geindre, étendue dans mon coin.

— Laissez-la dormir, intervient Yongden.

Lui ne peut pas s'excuser. Des *ardjopas* qui achètent pour une roupie de viande et n'y touchent pas : pareille chose ne s'est jamais vue, demain tout le village en parlerait. Il doit déguster un plein bol du malodorant liquide, mais ne peut aller au-delà et déclare que lui-même, maintenant, ne se sent pas bien... Je n'en doute nullement. Les autres se régalent longuement, goulûment, en silence, tout à la joie de cette bombance inespérée ; le sommeil me prend, tandis que toute la famille mastique encore bruyamment.

A travers monts et vallées, nous avançâmes vers le col de Sepo Khang. Au pied de celui-ci nous attendait un de ces incidents mystérieux, inexplicables, qui parfois, au Tibet, confondent le voyageur.

Une très longue descente nous avait conduits au fond d'une gorge sans caractère particulier. Une petite rivière y coulait sur un lit de galets, ses eaux limpides allant rejoindre la Salouen invisible, mais peu éloignée, dont notre sentier s'était de nouveau rapproché à travers le labyrinthe des montagnes.

Sur la rive qui nous faisait face, au-delà d'un pont peint en rouge, un chemin montait tout droit, entre des champs parmi lesquels se voyaient quelques fermes. Il était à peine midi ; attendre au lendemain pour entreprendre l'ascension du col c'était perdre, dans un hameau n'offrant aucun intérêt, six ou sept heures qui pourraient être mieux employées ailleurs. D'après les renseignements qui nous avaient été donnés, nous savions qu'il nous serait impossible de franchir la chaîne de montagnes dans le cours d'une seule journée, même si nous nous mettions en marche avant l'aube. Donc, puisque de toute façon il nous faudrait passer la nuit en route, il valait mieux ne pas nous arrêter maintenant. Si le froid trop vif ou le manque de combustible nous empêchait de camper à l'altitude que nous aurions

1. Soupe épaisse.

atteinte lorsque le soir viendrait, nous en serions quittes pour continuer notre route jusqu'au matin, comme cela nous était arrivé souvent. Cependant, avant de partir pour une longue étape, je jugeai prudent de faire un bon repas. L'eau se trouvait, à présent, à nos pieds, et nous ne pouvions deviner quand nous en rencontrerions d'autre sur notre chemin. Yongden m'approuva avec empressement et, aussitôt que nous atteignîmes le bord même de la rivière, nous déposâmes nos fardeaux sur les galets et mon compagnon alluma du feu avec de menues branches mortes que je ramassai sous quelques arbres croissant au bord des champs.

Alors, un petit garçon qui était assis sur la rive opposée, au moment de notre arrivée, traversa le pont en courant et vint se prosterner par trois fois aux pieds de Yongden, comme les Tibétains ont coutume de le faire devant les grands lamas. Nous fûmes extrêmement étonnés. Pourquoi cet enfant donnait-il cette haute marque de respect à un misérable déguenillé. Mais, sans nous laisser le temps de l'interroger, le petit s'adressait à mon fils adoptif :

— Mon grand-père, dit-il, est très malade. Il nous a annoncé, ce matin, qu'un lama allait arriver, descendant de cette montagne, et s'assoirait près de la rivière pour faire du thé. Il désire le voir sans retard. Aussi, dès que le soleil a été levé, mon frère et moi nous avons veillé à tour de rôle près du pont pour prier le lama d'entrer chez nous. Maintenant que vous êtes venu, ayez la bonté de me suivre.

Il y avait évidemment erreur.

— Ce n'est pas mon fils que ton père attend, répondis-je au garçonnet, nous sommes des gens d'un pays très éloigné, ton père ne peut pas nous connaître.

— Il a bien dit : le lama qui ferait du thé sur les pierres, insista l'enfant et, comme nous ne paraissions pas disposés à l'accompagner, il retraversa la rivière en grande hâte et disparut entre les haies séparant les champs.

Nous venions de commencer à manger notre *tsampa* lorsque le petit paysan reparut accompagné d'un novice *trapa*.

— Lama, dit ce dernier à Yongden, après l'avoir salué en se prosternant, comme l'avait fait le jeune garçon, faites-moi la grâce de venir voir mon père qui vous attend avec impatience. Il répète qu'il est sur le point de mourir et que vous seul êtes capable de le diriger dans le Bardo et de le conduire à une heureuse renaissance.

Le *trapa* nous redit ensuite ce que nous savions déjà, que le malade avait annoncé l'arrivée d'un lama par le chemin d'où nous venions et, pour nous convaincre qu'il s'agissait bien de Yongden, il ajoutait :

— Tout s'est exactement passé comme mon père l'avait prévu. Il savait que vous feriez du thé sur les pierres près de la rivière, et, voyez, vous ne vous êtes pas assis à côté du *mi deussa*[1], au bord du chemin où des voyageurs s'arrêtent parfois, mais vous avez tout de suite allumé votre feu sur les galets mêmes.

Mon compagnon et moi ne savions que penser. Nous persistions à croire que le malade avait songé à quelque lama de sa connaissance dont, pour une raison ou une autre, il attendait le passage sur ce chemin. Néanmoins, voyant le *trapa* pleurer, je conseillai à Yongden de faire une visite au vieux paysan. Il promit donc qu'il se rendrait auprès de lui dès que nous aurions eu terminé notre repas.

Le petit garçon et le novice *trapa* — son oncle d'après ce que j'avais compris — s'en allèrent rapporter cette réponse à la ferme et, bientôt, je remarquai un autre enfant assis près du pont, observant nos mouvements. Décidément, ces gens craignaient que Yongden ne s'esquivât sans entrer chez eux, il n'était pas possible de leur échapper ; d'ailleurs, pourquoi aurions-nous affligé inutilement un vieillard malade. Il reconnaîtrait lui-même son erreur et notre halte chez lui ne nous causerait pas plus de dix minutes de retard.

A la porte de la ferme, la famille du maître et les domestiques nous accueillirent avec les marques de la plus dévotieuse révérence. Nous fûmes conduits, ensuite, dans la chambre où le fermier reposait, couché sur des coussins et, tandis que mon compagnon s'avançait vers lui, je demeurai à l'entrée de la pièce avec les femmes de la maison.

Le vieux paysan ne semblait pas être près de sa fin. Sa voix ferme et claire, son regard intelligent dénotaient que ses facultés mentales n'étaient nullement affaiblies. Il voulut se lever pour se prosterner, mais Yongden l'empêcha de quitter les couvertures dans lesquelles il était enroulé, lui disant que l'intention respectueuse de ce salut suffit aux malades.

— Lama, dit alors le vieillard, je vous attends depuis des jours, mais je savais que vous viendriez, et je ne voulais pas mourir sans vous avoir vu. Vous êtes *mon*[2] lama, mon réel *tsaouaï lama*, et vous seul avez le pouvoir de me conduire dans un séjour heureux au-delà de ce monde. Je vous en prie, ayez compassion de moi, ne me refusez pas votre aide.

Ce que le malade désirait, c'était que Yongden récitât pour lui l'office spécial qui, d'après la coutume tibétaine, doit être lu ou répété par cœur, au lit de mort de tout lamaïste — moine ou laïque — qui n'a pas été initié aux enseignements ésotériques des sectes

1. Voir page 304.

2. Cet adjectif possessif précédant le mot lama peut indiquer le lama fondateur ou le chef de la secte à laquelle la personne qui l'emploie appartient, ou bien encore le lama chef du monastère auquel elle se rattache, soit comme bienfaiteur, tenancier, serf ou moine. Mais il a aussi une autre acception : dans le cas présent, *mon* lama signifie un directeur, un père spirituel (celui que les Hindous nomment « gourou ») ; avec qui l'on a entretenu des relations de disciple à maître pendant le cours de plusieurs existences successives.

mystiques. Il consiste non point en prières, en appels à la miséricorde d'une divinité, mais en conseils donnés aux moribonds, lorsque ceux-ci se trouvent déjà privés de mouvement et apparemment inconscients, ou même, à des morts, pendant les premières heures qui suivent le décès. Cet office est destiné à tenir lieu, en quelque sorte, d'initiation élémentaire *in extremis*. Grâce à lui, les « consciences-énergies [1] » libérées de leur enveloppe charnelle, étant dûment renseignées sur les régions où elles pénètrent, ne s'égarent pas dans le dédale compliqué des sentiers du Bardo. La récitation liturgique s'achève par le *Powa* proprement dit [2], c'est-à-dire l'ordre bref prononcé par le lama, commandant au *namchés* principal [3] de « renaître » en telle ou telle condition bienheureuse — généralement au Paradis occidental de la grande béatitude : *Noub déwa tchen*. Les théories ayant cours à ce sujet font dépendre l'efficacité de cet ordre non point tant de l'obéissance de celui à qui il est adressé que du degré de force mentale du lama officiant et de la profondeur de ses connaissances touchant la réelle nature des *namchés*, des paradis et du monde des phénomènes en général [4].

Le vieux Tibétain, je l'ai dit, ne paraissait point près d'expirer et, pour certaines raisons d'ordre religieux, Yongden hésitait fortement à souscrire à son étrange désir. Il s'efforça de chasser les idées funèbres qui le hantaient et de lui redonner de l'espoir, lui proposant de réciter à son intention les formules magiques qui « réparent » la vie et lui communiquent une nouvelle force. Mais il s'évertuait en pure perte à vaincre son obstination.

Le malade continuait à l'adjurer de le conduire à la demeure de Tchenrézigs [5], l'appelant son véritable, son unique lama, et répétant que la certitude de recevoir sa visite avait seule retardé son départ de ce monde.

Finalement, il commanda à tous ceux présents de se jeter aux pieds de mon fils et d'unir leurs supplications aux siennes, le conjurant de lui accorder la faveur suprême qu'il réclamait.

Ce fut une scène extraordinaire et poignante au-delà de toute expression. Yongden dut céder. Au milieu de toute la famille prosternée et en pleurs, il prononça les paroles rituelles que souhaitait entendre, de sa bouche, l'homme « qui avait attendu son passage pour mourir ».

Lorsque nous quittâmes la ferme, la face du vieux maître exprimait une sérénité profonde, un détachement complet de tout souci

---

1. *Namchés*, qu'il ne faut, en aucun cas, traduire par âme et qui est multiple.
2. La cérémonie entière est dénommée — bien qu'improprement — *Powa*, c'est-à-dire « changer de lieu », se déplacer, « transmigrer ».
3. J'emploie le terme « principal » faute d'en trouver un autre, mais il est loin d'être adéquat.
4. L'on comprendra que je ne puis m'étendre sur ce sujet. Il comporte de longues explications qui ne peuvent trouver place que dans un ouvrage d'orientalisme.
5. *Noub déwa tchen*, voir page 322.

terrestre ; il semblait déjà être entré dans le bienheureux Paradis qui n'est nulle part, bien que partout, résidant en chacun de nous.

Je ne tenterai pas d'expliquer ce singulier incident. En maintes circonstances de ce genre, il semble plus sage de confesser notre ignorance que de nier *a priori* ou de se hâter, au contraire, d'échafauder des théories et des dogmes que nulle expérience scientifiquement valable ne vient étayer.

J'ai relaté ce curieux épisode de mon voyage à cause du cas singulier de clairvoyance manifestée par les détails minutieux de l'arrivée du lama, tels que : il ferait du feu, non pas à la place habituelle marquée par un *mi deussa*, mais ailleurs, sur les galets mêmes du lit partiellement à sec de la rivière.

Quant à la question du lien antérieur qui pouvait exister entre le fermier et Yongden, elle ne soulève aucune difficulté pour ceux qui, comme les Tibétains, croient aux existences successives.

Dans tous les cas, je serais véritablement désolée qu'un fait rapporté à titre de document propre à intéresser ceux qui poursuivent des recherches concernant les phénomènes psychiques, devînt l'occasion de commentaires déplacés.

La mort et les mourants, quelles que puissent être les singularités dont s'entoure leur dernière heure, ne doivent point prêter à des bavardages oiseux ni servir de prétexte aux railleries.

Ceux qui nous avaient avertis que nous aurions à fournir une longue course avant d'atteindre le col de Sepo Khang n'avaient point exagéré.

Après avoir passé la nuit dans une ferme située à quelque distance de celle du malade, nous étions partis à l'aube. Le chemin que nous devions suivre s'enfonça bientôt dans un massif montagneux extrêmement pittoresque et sauvage, coupé par de vastes vallées intérieures. Nous marchâmes pendant toute la journée sans nous arrêter, ne rencontrant personne et nous trompant plusieurs fois de route parmi les alpages complètement déserts en cette saison.

Le crépuscule vint, tandis que les hautes chaînes qui se dressaient de toutes parts devant nous indiquaient clairement que nous étions encore fort loin du col. Un ouragan s'éleva alors soudainement : un de ces vents terribles, spéciaux aux altitudes élevées qui balaient les sommets, jetant parfois des caravanes entières dans les précipices [1]. Nous gravissions, à ce moment, un versant très raide. L'obscurité se faisait rapidement. Continuer notre marche sous cette rafale devenait dangereux. Je me disposais à retourner en arrière pour chercher un abri plus bas, quand nous entendîmes un tintement de clochettes,

1. J'eus un jour l'occasion de voir ainsi les cadavres dispersés, parmi les buissons et les pierres, de quarante mules que la bourrasque avait jetées à bas du sentier. Trois de leurs conducteurs avaient péri de la même manière.

et trois hommes apparurent conduisant des chevaux. C'étaient des marchands se rendant de l'autre côté de la montagne. Ils nous engagèrent à continuer avec eux, disant que nous rencontrerions bientôt une ferme dont les maîtres passaient tout l'hiver sur la montagne.

Il faisait complètement nuit depuis longtemps lorsque nous arrivâmes. Je compris, en voyant les vastes étables encadrant la cour de l'habitation, que cet endroit servait d'auberge pour les voyageurs traversant le col à une saison où camper en plein air pouvait être fatal aux hommes comme aux bêtes.

Nous fûmes admis dans la cuisine avec les marchands, et ceux-ci nous régalèrent d'un excellent souper composé de soupe, thé, *tsampa* et fruits séchés.

Ces gens appartenaient à un village peu éloigné de celui où demeurait le malade que nous avions visité la veille. Passant devant l'habitation de ce dernier, dans le courant de la matinée, ils avaient appris tout ce qui concernait Yongden et le fermier, et nous rapportèrent qu'aux premières lueurs du jour, alors que nous-mêmes nous quittions le hameau, le vieillard avait souri et était mort sans agonie.

Les marchands paraissaient très impressionnés par ce qu'ils avaient entendu touchant les derniers moments de leur ami, et les pensées de tous se trouvant, ce soir-là, tournées vers les choses de la religion, ils prièrent Yongden de prêcher un sermon, ce qu'il fit avec simplicité et d'une manière convenant parfaitement à la mentalité de ses auditeurs.

La cuisine, l'unique chambre du chalet était une sorte de boyau étroit et court ; étroitement resserrés entre la cloison en planches et le foyer où flambaient des bûches énormes, nous y avions littéralement rôti toute la soirée. Cependant, lorsque le moment de dormir fut arrivé, je compris que l'hôte et sa femme ne nous conserveraient pas auprès d'eux et qu'une fois de plus il nous faudrait coucher dehors.

Les marchands descendirent s'installer près de leurs bêtes. Nous aurions pu les imiter : le toit au-dessus de notre tête et une couche de crottin sec pour matelas, nous eussent quelque peu protégés du froid. Mais, dans les ténèbres, il était impossible de se rendre compte du degré de dessiccation de la litière durcie par le gel, et nous aurions pu, la chaleur de notre corps aidant, nous réveiller, le matin, fâcheusement maculés. Les Tibétains n'attachent pas une grande importance aux accidents de cette nature ; quant à nous, nous n'avions pas encore atteint ce degré de philosophique indifférence. Restait le toit plat au-dessus des étables dont l'on nous invita de nous accommoder.

Quelle transition ! Plonger, de cette cuisine à la température de four, dans l'air froid d'une nuit de gel à quelque 4500 mètres d'altitude, alors qu'une tempête fait rage ! Je ne pus m'y résigner, et je priai les fermiers de nous permettre de demeurer dans une sorte de petite remise fermée de trois côtés qui servait d'entrée à la cuisine. Cette permission nous fut immédiatement accordée.

Le lendemain, nous franchîmes le col qui est très ouvert, dans un site magnifique, parmi des alpages. La neige y était peu épaisse.

Vers la fin de l'après-midi nous arrivions au monastère de Sepo, romantiquement posé dans une sorte de nid formé par la montagne, avec une immense étendue de prairies en pente douce devant lui et un bois de pins à sa gauche : une vraie retraite de Bénédictins ou de Franciscains de la première heure. Le Tibet est le dernier pays où l'idéal cénobitique soit encore en honneur.

Les marchands voyageant à cheval nous avaient de beaucoup devancés et, ayant fait halte à la *gompa*, ils s'étaient empressés de raconter aux lamas tout ce qu'ils savaient de Yongden, du fermier mort la veille et du sermon prêché dans la soirée. Aussi, lorsque mon compagnon se présenta pour acheter des vivres, fut-il accueilli très cordialement et invité à s'arrêter pendant quelques jours pour discuter certains points de la philosophie bouddhique avec les Lettrés du lieu. Quant à moi, un logement m'était aussi offert dans une maison réservée aux visiteurs [1].

Mais j'étais déjà loin, ayant continué mon chemin, tandis que Yongden allait aux provisions. Celui-ci s'excusa de ne pouvoir demeurer en prétextant notre hâte d'arriver à Lhassa où nous étions attendus et se dépêcha de me rejoindre. Je regrettai tout d'abord d'avoir laissé passer cette occasion d'entendre les lamas considérés comme érudits dans ce pays, mais je réfléchis que, très probablement, mes habits laïques et mon sexe m'eussent tenue à l'écart de la pièce où les tournois philosophiques des Lettrés auraient eu lieu, et je me consolai aisément.

Assez tard dans la journée, nous traversions une lande déserte formant le sommet aplati d'une croupe de montagne, lorsque nous croisâmes une femme. Elle nous dit que nous trouverions un abri pour une nuit dans une ferme à demi ruinée que nous apercevrions de la route même. Le renseignement avait sa valeur, la région était toujours complètement déserte et nous ne pouvions songer à atteindre les vallées avant le lendemain. Ce que l'on nous avait dit sur la longueur de la route à parcourir se vérifiait de plus en plus.

Nous marchâmes encore pendant plus d'une heure ; il faisait presque nuit lorsque nous arrivâmes à la ferme dont la Tibétaine nous avait parlé.

Nous nous installâmes dans une grande pièce ayant probablement servi, autrefois, de cuisine et nous avions presque achevé notre repas

1. Les femmes et les hommes n'appartenant pas à l'ordre religieux ne sont pas admis à séjourner pendant la nuit dans l'enceinte des monastères lamaïstes. C'est en vertu de permissions très spéciales qu'il m'a été permis d'occuper une maison particulière dans quelques-uns de ceux-ci. La même règle s'applique aux hommes et aux femmes laïques dans les monastères de religieuses.

lorsque la femme à qui nous devions notre gîte, reparut accompagnée d'un petit garçon.

Elle était la propriétaire de la ferme abandonnée et l'avait quittée à la suite d'un événement dramatique survenu quelques années auparavant.

Une nuit, tandis que les paysans dormaient, une bande de pillards du pays de Po avait envahi l'habitation. Les malheureux fermiers, bien que complètement isolés et ne pouvant espérer aucun secours, opposèrent une énergique résistance. Assaillants et attaqués se poursuivirent longtemps de chambre en chambre et d'étable en étable, les bêlements et les meuglements des animaux effarés se mêlant au fracas de la fusillade. Puis, peu à peu, le tumulte s'apaisa. Le maître de la maison, les deux frères de sa femme et quelques-uns de leurs domestiques gisaient morts ou mourants.

Alors, les troupeaux encadrés de cavaliers et chassés à grands coups de fouet furent emmenés en hâte et, le bruit sourd de leur piétinement s'étant éteint au lointain, l'on n'entendît plus dans la ferme saccagée que les pleurs des femmes et les gémissements des blessés.

Les Popas laissaient aussi quelques cadavres des leurs sur le terrain : le prix de leur victoire, souvent payé en des aventures semblables.

Depuis lors, la malheureuse veuve et sa famille vivaient dans un hameau près du monastère de Sepo. La crainte qu'une attaque du même genre pût encore se produire et la terreur, bien plus grande encore, d'influences occultes redoutables, la retenaient éloignée de ses champs, maintenant incultes, et de sa ferme qui bientôt tomberait en ruine.

Les gens du pays croyaient l'endroit hanté par de mauvais esprits. La mort violente de tant d'hommes, les sentiments de fureur et de haine s'étant exhalés avec leur dernier souffle y avaient attiré les démons et, mêlés à ceux-ci, disaient les paysans, les fantômes des brigands et de leurs victimes rôdaient aussi autour de l'habitation désertée.

C'était afin de prier Yongden d'exorciser la place que la malheureuse femme avait refait, dans la nuit, le long trajet du monastère à son ancienne demeure.

Sans nul doute, certains d'entre les lamas de Sepo avaient déjà célébré les cérémonies rituelles en usage dans les cas semblables, mais la couleur du bonnet de mon compagnon avait inspiré confiance à la fermière. Les lamas appartenant aux sectes des « bonnets rouges » jouissent comme exorcistes et magiciens d'une réputation très supérieure à celle de leurs collègues des « bonnets jaunes ».

La compassion que mon fils éprouvait pour l'infortunée victime de ce drame sauvage ne lui permettait pas de rejeter sa demande. Lorsque la cérémonie fut terminée il dit à la fermière qu'elle pourrait, si elle le souhaitait, cultiver de nouveau sa propriété sans redouter aucun être des autres mondes, mais que, quant aux bandits Popas, elle devrait s'entourer de précautions sérieuses, selon ce que les usages du pays et l'expérience d'hommes avisés lui conseilleraient.

Le jour suivant, nous entrions sur le territoire de Dainchine et, de nouveau, comme sur les bords de la Salouen, je fus l'hôte d'un grand nombre de gens de caractères différents. Que ne puis-je raconter une à une toutes mes étapes ! Un soir, un villageois astucieux, avec toutes les apparences de la plus cordiale honnêteté, ne nous fit-il pas coucher dans une chambre hantée, où des démons affamés avaient, croyait-on, élu domicile. Cela tout simplement pour voir si nous en sortirions vivants le matin et s'il pouvait se risquer à l'habiter de nouveau.

Une grande partie de la vallée où coule la rivière de Dainchine est bien cultivée, l'aspect en est riant. On y rencontre des monastères importants, les villages sont bien bâtis et leurs habitants, en général, d'un commerce très agréable.

Je traversai aussi, dans cette région, des champs de soja que les Tibétains appellent *pulthog*. Ces derniers ne manquent jamais de jeter une pincée de ce soja dans l'eau où bout le thé pour donner au breuvage une jolie couleur rosée et un goût plus prononcé.

Un après-midi, un voyageur opulent allant porter des offrandes à un monastère, s'arrêta spontanément pour nous donner à chacun deux roupies et passa son chemin sans nous poser aucune question, nous laissant tout ébahis de cette aubaine inattendue.

En vérité, nous ne prenions pas très au sérieux notre rôle de mendiants, bien qu'il nous procurât parfois d'assez notables profits. Dès que nous eûmes gagné le cœur du Tibet, nous préférâmes la méthode plus expéditive d'acheter ce dont nous avions besoin. Cependant, maintes fois, comme dans le cas précédent, les aumônes vinrent à nous sans avoir été sollicitées.

Jamais de toute ma vie je n'avais fait un voyage aussi peu coûteux. Yongden et moi riions souvent, le long des routes, en nous remémorant les détails que nous avions lus dans les ouvrages des explorateurs, concernant les nombreux chameaux, yaks ou mules composant leurs caravanes, les centaines de kilogrammes de vivres qu'ils transportaient au prix de dépenses considérables et, tout cela, pour échouer plus ou moins près de leur but.

J'aurais pu parcourir toute la route sans un sou, mais comme nous nous conduisions en mendiants sybarites, nous régalant de gâteaux de mélasse, de fruits secs, de thé de première qualité, et consommions énormément de beurre, nous arrivâmes au bout de quatre mois

— nous étant rendus du Yunnan à Lhassa — à dépenser, pour nous deux, à peu près cent roupies.

Il n'est pas nécessaire de rouler sur l'or pour voyager et vivre heureux sur la bienheureuse terre d'Asie.

CHAPITRE V

Les deux routes de Tachi tsé au pays de Po. — Un grand voyageur anglais. — Réputation terrible faite aux gens de Po par les autres Tibétains. — Bain glacé au passage d'une rivière. — Une région complètement inexplorée. — Vers le col de Déou. — Cherchant notre route parmi les neiges des sommets. — Un secret des ermites tibétains : l'art de se réchauffer. — Ossuaires et funérailles. — Pasteurs peu hospitaliers. — Au pied du col d'Aigni. — Yongden obtient le prêt d'un cheval pour gravir la montagne. — Grâce à l'habitude qu'ont les miséreux du Tibet de chercher des poux dans leur robe, je me tire d'embarras. — Chez des hôtes aux allures inquiétantes. — Je simule un miracle pour tenir mes hôtes en respect ; le prodige réussit plus complètement que je ne m'y attendais. — Nous apprenons que des rumeurs circulent au sujet d'étrangers ayant voyagé autour du Kha Karpo. — Yongden officie pour faire tomber la neige. — Notre hôte négligeant d'offrir des honoraires au lama, nous nous payons nous-mêmes.

L'on m'avait dit à Tachi tsé : deux routes mènent, d'ici, au pays des Popas ; l'une suit les vallées, l'autre s'enfonce au cœur des montagnes. Le long de la première se trouvent d'assez nombreux villages et plusieurs monastères ; les brigands n'y sont point à craindre, tout au plus peut-on y rencontrer quelques voleurs mesquins. Il est aussi facile, dans ces parages, de se pourvoir de vivres, soit en mendiant, soit en les achetant.

La seconde route traverse des régions complètement désertes. Jusqu'à ce que vous ayez atteint les premiers hameaux du Po yul [1], vous ne verrez que des cimes nues ou des forêts. En hiver, nul voyageur ne s'aventure de ce côté à cause des deux cols [2] très élevés qu'il faut franchir ; seuls y circulent, parfois, des brigands Popas s'en allant en expédition dans les provinces voisines. Le contenu de vos sacs d'*ardjopas* ne les tenterait certainement pas ; mais contrariés d'avoir été aperçus et craignant que vous ne bavardiez à leur sujet, ils pourraient fort bien vous tuer tous les deux ou s'arranger pour vous faire tomber, comme par accident, dans quelque précipice, s'ils tenaient

1. *Yul :* « pays ». *Po yul :* « pays de Po ».
2. La Déou *la* et la Po Gotza *la*.

à éviter le crime d'ôter la vie à un lama et à une femme accomplissant un pèlerinage.

Comme il n'est encore tombé que très peu de neige cette année, il est possible que les cols soient praticables, mais de fortes chutes sont à prévoir dans le courant de ce mois ; il vaut donc mieux que vous envisagiez le pire. Il pourrait arriver que la neige survenant après que vous ayez passé la première chaîne fermât le passage derrière vous, tandis que vous trouveriez bloqués, en avant, les sentiers franchissant la chaîne suivante. Ne manquez pas de vous munir d'une ample provision de vivres. Vous rencontrerez peut-être quelques *dokpas* hivernant parmi les alpages, au fond de la vallée séparant les deux chaînes de montagnes, mais ils ne vous donneront ni ne vous vendront rien à manger, n'ayant eux-mêmes que tout juste ce qu'il leur faut pour se nourrir jusqu'au printemps prochain.

Je ne m'attardai pas longtemps à peser la valeur de ces renseignements. La route suivant les vallées se trouvait indiquée sur plusieurs cartes ; au contraire, l'autre voie était totalement inexplorée. Évidemment, je devais choisir cette dernière. Toutes deux, du reste, d'après ce que l'on m'avait assuré, se rejoignaient au pays de Po, dans la vallée conduisant vers Lhassa. Cette même vallée dont m'avait parlé, à Jakyendo, le général anglais à qui j'étais en partie redevable d'avoir levé mes dernières hésitations quant à l'exploration du pays des Popas que je songeais à effectuer en me rendant dans la capitale tibétaine.

Son nom était sir George Pereira ; je parlais souvent de lui avec Yongden, et nous nous proposions de lui narrer nos prouesses après la fin de notre voyage. J'étais bien loin de penser que vers l'époque où nous entrerions au pays de Po il mourrait à l'extrême-ouest de la Chine.

Le général Pereira était arrivé à Jakyendo comme je venais d'y retourner, après un voyage des plus intéressants dans la partie du pays de Kham qui s'étend de la limite sud du désert d'herbe à la grand'route [1] de Tchiamdo à Lhassa. Mes pérégrinations, brusquement interrompues, ainsi que je l'ai déjà relaté, j'avais été contrainte de revenir à mon point de départ et j'en étais à élaborer le plan d'un nouveau voyage qui devait venger mon échec. C'est alors que les divinités tutélaires du « Pays des Neiges », peut-être irritées par l'obstination que l'on mettait à les priver de la visite d'une de leurs bonnes amies, se plurent à m'aider de façon assez piquante, par l'intermédiaire d'un distingué compatriote de ceux qui ferment le Tibet.

Sir George Pereira demeura environ quinze jours à Jakyendo et y logea dans un appartement situé à côté du mien, dans une cour. C'était un homme charmant, appartenant à la haute société de son

1. Cette grand'route est, bien entendu, une simple piste non carrossable.

pays ; géographe, érudit et globe-trotter infatigable. Il se rendait à Lhassa et n'en faisait pas mystère. Bien que, quelques semaines auparavant un voyageur danois eût été arrêté à la frontière tibétaine et contraint de rebrousser chemin [1], le général paraissait certain que l'ordre avait été donné au gouvernement du Dalaï Lama de le recevoir avec les plus grands égards, et les choses se passèrent, d'ailleurs, exactement ainsi.

A Jakyendo, le bruit courait que le voyageur était chargé d'une mission secrète par son gouvernement ; beaucoup de choses étaient racontées à son sujet. Je ne cherchai point à découvrir la part de vérité qui pouvait exister dans ces rumeurs : les affaires de mon voisin ne m'intéressaient point.

Le général possédait une grande quantité de cartes et lui-même relevait celle des régions qu'il traversait, travaillant assidûment tout le jour et même tard dans la nuit, à rédiger des notes. Très aimablement il mit ses cartes et une partie de ses notes à ma disposition. J'y puisai nombre de renseignements utiles, et certaines des esquisses rudimentaires que je fis alors, d'après ces documents, m'ont accompagnée à Lhassa. Un après-midi, après avoir pris le thé ensemble, nous parlions de mes voyages : une carte demeurait déployée sur la table. Du bout du doigt, sir Pereira suivit le trait marquant le cours supposé du Po tsangpo.

— Personne n'a jamais été par là, dit-il, ce serait une route intéressante vers Lhassa.

Parlait-il avec intention, pour me suggérer cet itinéraire ou bien ses paroles exprimaient-elles une simple réflexion ? Je me le suis souvent demandé.

Parcourir le mystérieux pays de Po, sujet de tant de légendes, j'y avais certainement songé. C'était même une idée déjà ancienne dans mon esprit et je l'avais longuement discutée avec Yongden, pendant plusieurs années, lorsque nous habitions le monastère de Koum-Boum. Toutefois, les vagues renseignements recueillis sur cette région, auprès de marchands du Tibet central ou de gens du Kham ne laissaient pas d'être un peu inquiétants. Beaucoup prétendaient que les Popas étaient cannibales. De plus modérés réservaient leur opinion sur ce point, mais tous s'accordaient pour affirmer que quiconque n'appartenant pas aux tribus popas, s'aventurait dans les forêts habitées par ces dernières, ne reparaissait jamais.

J'hésitais donc un peu à tenter l'aventure, les paroles du général me décidèrent. « Personne n'était jamais passé par là !... » Mon voisin n'eût pas pu choisir de meilleurs mots pour me tenter. Dès ce jour, ma décision fut prise, je verrais ce pays où « nul n'était encore passé ». Ce serait, en effet, « une route intéressante vers Lhassa ».

1. Voir les détails donnés à son sujet dans l'introduction.

Un grand merci à vous, général, volontairement ou non, vous m'aviez rendu un véritable service.

Tachi tsé, où devint définitif le choix d'un itinéraire qui devait me conduire vers une singulière série d'aventures, est une bourgade située dans une large vallée, proche d'un *dzong* bâti sur une colline isolée. Tachi tsé signifie le « sommet prospère » ou le « sommet de la prospérité », l'une ou l'autre de ces traductions peut se défendre au tribunal de la grammaire. Comme le fond de vallée qui a été dénommé ainsi ne répond en rien à l'idée géographique d'une cime, l'on semble forcé d'opter pour la seconde interprétation qui, hélas ! paraît aussi inexacte que la première.

Je quittai Tachi tsé un peu avant le lever du jour, me trompai de route dans l'obscurité et ne traversai pas la rivière à l'endroit où j'aurais dû le faire. Quand je m'aperçus de mon erreur, le pont était loin derrière moi. Revenir sur mes pas aurait pu attirer l'attention de l'un ou de l'autre des domestiques du *pönpo*. Je tenais à ne pas en courir le risque et, dès lors, il ne me restait qu'à passer dans l'eau. Je remontai le cours d'eau, cherchant un gué et arrivai à un endroit où il se partageait en deux branches. La plus petite s'étalait largement, sans profondeur et presque entièrement gelée ; cette circonstance nous en rendit la traversée pénible. Nous avions enlevé nos bottes qu'il importait de conserver sèches, et la mince surface glacée se rompant sous notre poids formait des débris tranchants comme du verre, qui nous coupaient cruellement. Ensuite vint le véritable bain, les vêtements haut retroussés et de l'eau presque jusqu'aux hanches.

Combien une chaude serviette-éponge aurait été la bienvenue lorsque nous atteignîmes la rive ! Nous devions nous contenter d'y rêver, cet article de luxe nous était refusé depuis longtemps. Les Tibétains ne s'essuient point après avoir traversé les rivières et, s'ils en esquissent le geste, c'est en usant un pan de leur large robe. J'essayai de les imiter, mais dès qu'elle devint humide, ma houppelande de grosse serge se raidit, gelant sur moi. Je ne pouvais compter que sur une marche à pas accélérés pour me sécher et me réchauffer.

Jusque vers midi nous longeâmes le Dainchine tchou. La promenade nous mit en appétit et nous jugeâmes sage de faire un bon repas avant de quitter la vallée, car nous ne pouvions pas deviner quand nous trouverions de l'eau dans la montagne. Des expériences antérieures nous avaient initiés à la torture de demeurer trente-six heures sans boire, et nous préférions nous prémunir autant que possible contre une nouvelle épreuve de ce genre.

Un torrent tributaire de la rivière de Dainchine coupait notre route. Un jour, trop gonflé par la fonte des neiges sur les sommets, il avait emporté une montagne et couvert la plaine, sur une grande distance, avec d'innombrables fragments de rochers. Maintenant, ses basses eaux hivernales, gênées dans leur course par les obstacles accumulés lors du cataclysme, se divisaient en plusieurs ruisselets serpentant, loin l'un de l'autre, à travers les éboulis.

Rapidement je ramassai les branches et la bouse de vache sèche que je pus trouver aux alentours, et Yongden alluma le feu. Prévoyant de plus grandes fatigues qu'à l'ordinaire sur la route déserte des hauts cols, un menu spécialement réconfortant nous parut nécessaire ; nous aurions donc d'abord une soupe, et ensuite du thé. L'ordre des services était de mon invention : les Tibétains commencent par le thé et finissent par la soupe.

La soupe ?... Sous quel nom pourrait-elle paraître sur une carte ? — Potage Vatel serait-il bien choisi ? — A tout hasard, je divulgue la recette. D'un sac à la mode locale la plus orthodoxe, c'est-à-dire noir à force d'être crasseux, j'extrais un tout petit morceau de lard séché, cadeau d'un fermier généreux. Mon jeune compagnon le débite en une dizaine de menues pièces qu'il jette dans la marmite pleine d'eau bouillante, une pincée de sel ensuite, et un soupir : « Ah ! si nous avions un radis ou un navet !... » Mais ces friandises nous font défaut et les minuscules lamelles de lard à demi fondues dansent seules une gigue vivace dans le bouillon en ébullition — un liquide trouble dont l'odeur fade rappelle celle de l'eau de vaisselle. Toutefois, ce parfum est loin d'offusquer les narines des vagabonds que nous sommes devenus.

Maintenant, quelques poignées de farine délayée dans une tasse d'eau froide sont versées dans la marmite, et quelques minutes après, celle-ci est enlevée et posée à côté du feu. C'est le moment de se servir.

— La soupe est vraiment excellente, aujourd'hui...

— Délicieuse...

Mais, en dépit de mon long séjour au Tibet, je garde encore un vague souvenir du goût de la cuisine française et j'ajoute :

— Les chiens de mon père n'auraient jamais voulu avaler un pareil brouet !

Je ris et tends mon bol pour que Yongden le remplisse de nouveau.

Le tour du thé est venu. J'arrache un petit morceau de la brique compressée, aussi dure qu'une pierre, faite d'autant de bois que de feuilles de l'arbrisseau. Ceci est quelque peu broyé dans la main, puis jeté dans l'eau : sel et beurre sont ajoutés après une courte ébullition. En fait, c'est une seconde soupe, d'autant plus que nous ajoutons de la *tsampa* dans nos bols.

Voici le lunch terminé, nous nous sentons pleins de vigueur et d'entrain, prêts à escalader le ciel. Notre fardeau sur le dos et notre bâton ferré à la main, nous regardons hardiment en face la première chaîne de montagnes qui se dresse sur la route du pays inconnu. En route !

Non loin de l'endroit où nous avions fait halte, nous aperçûmes encore quelques petites fermes isolées dans une immense vallée supérieure qui montait en pente douce vers les cimes lointaines, puis ce fut le désert.

D'abord nous pûmes distinguer des sentiers suivis, en été, par les gardiens de troupeaux, mais bientôt leurs traces disparurent sous l'herbe ou cessèrent d'être visibles dans les endroits pierreux et nous en fûmes réduits à notre seule habileté pour trouver notre chemin.

Le vaste plateau incliné sur lequel je m'avançais était loin de présenter un sol uni ; de petites collines, des ravins s'élevaient et le coupaient de-ci de-là. Nous plongeâmes dans un de ces derniers et en trouvâmes le fond rempli par un torrent gelé dont la surface glissante rendit notre marche difficile. Lorsque nous émergeâmes de la crevasse, nous vîmes que le plateau branchait en deux vallées. D'après les indications qui nous avaient été données, nous devions remonter une rivière mais nous en voyions deux ; l'une loin de nous, coulant au fond d'une gorge profonde, qui n'était autre que le torrent auprès duquel nous avions pris notre repas, et une autre, à nos pieds, serpentant parmi l'herbe rase et la mousse. Nos renseignements signalaient aussi, sur notre route, un camp de *dokpas*, déserté en hiver, où nous pourrions nous abriter pendant la nuit. J'étais très désireuse de l'atteindre car, à cette altitude, en décembre, la température nocturne est rude à supporter pour des gens insuffisamment couverts comme nous l'étions.

Je décidai de suivre le plus important des deux cours d'eau et nous continuâmes à avancer.

Le soleil se coucha bientôt ; une bise aigre et perçante se mit à souffler ; nous ne découvrions aucune trace de camps ni de huttes isolées. Il fallait songer à allumer du feu dans un endroit abrité pour y passer la nuit, car plus nous nous élèverions sur la montagne, plus le froid s'accroîtrait et le combustible, déjà réduit à des broussailles, au lieu où nous nous trouvions, pouvait venir à manquer tout à fait. Tandis que nous nous consultions au sujet de l'endroit à choisir, je remarquai loin devant nous, sur le banc opposé de la rivière, une tache jaunâtre qui ne pouvait être produite par un arbre portant des feuilles desséchées, car nous avions dépassé la zone des arbres et qui me paraissait — autant que je pouvais en juger à cette distance — ne point ressembler à un objet naturel, mais plutôt à une chose construite par la main de l'homme : peut-être un toit de chaume.

La curiosité, plutôt qu'un réel espoir de trouver un gîte, nous poussa en avant. Peu à peu la tache jaune grandit, sans que nous puissions toutefois discerner ce qu'elle pouvait être ; il nous apparut, ensuite, que nous voyions de la paille supportée par une charpente. C'était donc un toit ; nous avions atteint le camp dont on nous avait parlé... Mais lorsque, enfin, nous arrivâmes en face de l'objet qui nous intriguait, nous comprîmes qu'il n'y avait là qu'une provision de foin rangée sur une construction en madriers afin de la mettre hors de la portée des animaux sauvages qui auraient pu la manger en hiver, alors que le camp était abandonné. Quant à des huttes, pas une n'était visible.

— N'importe, dis-je à Yongden, même si nous ne trouvons aucune cabane de ce côté, ce foin nous sera utile. Nous en ferons tomber quelques bottes à l'aide de nos bâtons et nous dresserons un abri avec un épais lit d'herbe sèche ; ainsi, nous ne sentirions pas le froid du sol glacé et le vent sera fortement atténué. En traversant la petite rivière, nous remplirons aussi notre marmite et nous pourrons boire du thé chaud avant de nous endormir.

Descendre de la hauteur où nous nous trouvions jusqu'au fond de la vallée et remonter, de là, une haute falaise presque à pic, jusqu'au camp, nous prit longtemps et fut passablement fatigant ; mais la récompense qui nous échut nous dédommagea amplement de notre peine. En arrivant au petit promontoire, à la pointe duquel se trouvait le foin jaunissant qui avait attiré notre attention, nous eûmes l'heureuse surprise de découvrir, un peu en retrait, un véritable hameau de *dokpas* comprenant de vastes étables couvertes et, dans l'une d'elles, une chambre pour les gardeurs de troupeaux. Cette dernière consistait en un simple enclos séparé de l'espace réservé aux animaux par une solide cloison, en partie à claire-voie, et pourvu d'un foyer placé sous une ouverture percée dans la toiture. Tout autour de la demeure des hommes, dans cette maison des bêtes, l'on enfonçait jusqu'à la cheville dans une couche poussiéreuse de crotte de chèvre et de bouse de vache séchées, indiquant suffisamment le degré de propreté qui devait y régner lorsque les troupeaux y rentraient chaque soir. J'imaginais l'odeur qui parfumait, alors, le logis où j'allais passer la nuit ; mais, pour le moment, entouré de tant de combustible, il me semblait un véritable paradis.

Très probablement, nous étions les seuls êtres humains sur cette montagne. Toutefois, nous souvenant des avertissements que l'on nous avait donnés au sujet des brigands, nous dressâmes, avant de nous endormir, une sorte de piège entre nous et l'entrée béante de l'étable. Un homme venant du dehors, pendant la nuit, n'aurait pas pu faire trois pas en avant sans se prendre les pieds dans les cordes tendues invisibles au ras du sol et le bruit causé par sa chute nous aurait réveillés. Nous ne pouvions rien demander de plus. Ce qui importait c'était de n'être point surpris dans notre sommeil.

Malgré le froid qui me faisait frissonner, je demeurai longtemps dehors, errant à travers cette sauvage station estivale merveilleusement éclairée par une énorme et brillante pleine lune.

Combien je me sentais heureuse d'être là, en route vers le mystère de ces cimes inexplorées, seule, enveloppée de silence, « savourant les délices de la solitude et du calme », comme dit un passage des Écritures bouddhiques.

Nous aurions dû quitter le camp des *dokpas* au milieu de la nuit afin de franchir le col vers midi, mais nous étions fatigués après la longue course fournie la veille et l'agréable chaleur qui émanait du brasier, auprès duquel nous étions couchés, nous avait tenus endormis plus longtemps que nous ne l'avions projeté. Je reculai aussi devant l'idée de partir sans manger ni boire du thé chaud, car sur les hauts sommets que nous allions aborder, nous pouvions être certains que nous ne trouverions aucun combustible. Et puis, qu'allait-il advenir là-haut ? Combien de temps devrions-nous marcher avant de descendre sur l'autre versant ? — Nous ne pouvions pas le deviner. Le col était-il même praticable ? — Les paysans dans la vallée nous avaient seulement dit qu'il se pouvait qu'il le fût.

Yongden, bien naturellement, se fit un peu tirer l'oreille pour aller jusqu'à la rivière. La course était longue ; le petit cours d'eau qui coulait à peine, la veille, devait s'être entièrement gelé pendant la nuit, il faudrait rapporter des morceaux de glace qui demanderaient beaucoup de temps pour fondre... Mon fils me donnait toutes sortes d'excellentes raisons pour esquiver la corvée. Enfin il en prit son parti, trouva un peu d'eau sous la glace, entre les rochers, et nous bûmes notre thé ; mais le jour se leva avant que nous eussions quitté la place.

Un *latza*[1] que nous aperçûmes, tard dans la matinée, nous fit croire que nous allions atteindre le col. Il était, hélas ! bien loin d'en être ainsi. Derrière la petite crête sur laquelle il était érigé, s'étendait une longue allée aride enclose entre de hautes pentes raides, couvertes d'éboulis de teinte rougeâtre et une falaise rocheuse présentant une jolie variété de colorations grises et mauves. Je cherchai en vain les traces d'autres camps de pasteurs. Il me parut, d'après l'aspect complètement nu du paysage, que les troupeaux n'étaient probablement jamais conduits à une aussi haute altitude.

En face de nous, paraissant bloquer la vallée, une cime presque horizontale, couleur de brique, traçait une ligne dure sur le ciel d'un bleu sombre. Tout semblait indiquer que nous atteindrions, à son sommet, le point culminant de notre route. La distance à franchir, sans être énorme, comptait cependant pour des gens gravissant une pente en portant un fardeau, dans l'air raréfié de ces hautes régions, mais d'apercevoir la fin de la montée nous donnait du courage et nous nous efforcions d'accélérer le pas.

Cependant une chose m'inquiétait. Je ne découvrais aucun *latza* sur cette crête et les Tibétains qui, parfois, en construisent aussi à d'autres points d'une route montant vers un col, ne manquent jamais d'en élever un de plus grandes dimensions au sommet même de ce dernier. L'explication de cette absence de cairn vint d'elle-même

1. Voir la note de page 312.

lorsque nous arrivâmes au point d'où nous supposions pouvoir descendre sur le versant opposé.

Comment exprimer ce que je ressentis à ce moment ? C'était un mélange d'admiration et d'angoisse, j'étais à la fois émerveillée, stupéfaite et terrifiée. Soudainement, un formidable paysage, qu'enfermés dans la vallée nous n'avions pu entrevoir, se révélait à nous.

Imaginez une immensité couverte de neige, un plateau terminé très loin, à notre gauche, par un mur vertical de glaciers glauques et de pics drapés de blancheur immaculée. A notre droite, une large ondulation de terrain, bordée par deux chaînes basses, montait en pente douce jusqu'à ce qu'elle se nivelât, à la ligne d'horizon, avec les sommets qui l'encadraient.

En face de nous le vaste plateau s'élevait aussi, graduellement, et s'évanouissait dans le lointain, sans que nous puissions distinguer s'il conduisait au sommet du col ou à un autre plateau sans issue.

Nulle description ne peut donner une idée d'un tel décor. C'était un de ces spectacles écrasants qui agenouillent les croyants, comme devant le voile cachant la Face Suprême.

Mais Yongden et moi, dès que notre premier émerveillement se fut calmé, nous nous regardâmes simplement l'un l'autre, en silence. Les mots étaient inutiles, nous avions clairement compris la situation.

Dans quelle direction devions-nous poursuivre notre route ? Nous n'en savions rien. Le col pouvait tout aussi bien se trouver en face de nous, qu'à notre droite. L'après-midi était déjà très avancé, une erreur de direction nous ferait errer toute la nuit sur ces sommets glacés et notre expérience d'alpinistes au Tibet datait d'assez loin pour nous rendre conscients du danger que nous y courrions. Notre exploration se terminerait probablement à son début et les explorateurs ne raconteraient jamais leur histoire.

Bien que nous fussions dans les jours les plus courts, il nous restait encore pas mal de temps avant le crépuscule et, heureusement, la lune brillerait toute la nuit. Nous n'avions encore aucune raison d'être véritablement alarmés, la chose importante était de ne pas nous tromper de route et de nous dépêcher.

Je regardai encore une fois à ma droite, inspectant le pays de ce côté, puis je décidai : marchons droit devant nous et nous repartîmes.

Le piquant de l'aventure m'excitait et quoique la couche de neige devînt de plus en plus épaisse, je progressais assez rapidement.

Dominée par le désir d'atteindre le col ou de découvrir si nous étions engagés dans une fausse direction, je devançai rapidement Yongden plus lourdement chargé que moi.

Après avoir parcouru une assez grande distance, voulant m'assurer que le jeune homme ne s'attardait pas, je me retournai dans sa direction.

Jamais je n'oublierai le tableau qui surgit devant moi.

Très loin, parmi la silencieuse immensité blanche, un minuscule point noir se mouvait lentement, semblable à un insecte lilliputien grimpant avec effort le long de l'énorme plateau incliné. Plus qu'aucun des nombreux sites grandioses et terrifiants que j'avais contemplés jusque-là au « Pays des Neiges », ces glaciers géants et cette vaste étendue morne soulignaient la disproportion écrasante existant entre la fantastique région des hautes cimes et les chétifs voyageurs qui avaient osé s'y aventurer, seuls, au cœur même de l'hiver.

Un inexprimable sentiment de pitié m'envahit. C'était moi qui avais amené là le fidèle compagnon de tant de mes randonnées téméraires. Pouvait-il se faire qu'il pérît dans ces solitudes comme ces pèlerins égarés dont l'on rencontre, parfois, les corps raidis sur les hauts sommets du Tibet ? Une telle fin, qui m'eût peut-être souri, était inadmissible pour lui. Je trouverais le chemin, j'en avais le devoir. Sans aucun doute, nous nous tirerions de ce pas difficile comme nous l'avions fait de bien d'autres.

C'était, moins que jamais, le moment de s'abandonner à une émotion inutile. Déjà le soir atténuait la blancheur aveuglante du paysage ; nous aurions dû, à cette heure, être descendus loin sur l'autre versant.

Je me remis en marche, bondissant parfois en m'aidant de mon long bâton ferré, avançant je ne sais trop comment, mais sans arrêt.

Enfin, je distinguai un monticule couvert de neige. Il en émergeait un buisson de branches sèches portant de petites banderoles raidies et frangées de glace qui cliquetaient au vent avec un bruit sec. C'était le *latza,* le sommet du col.

Je fis des signaux à Yongden qui m'apparaissait plus lointain et plus minuscule que jamais, semblant près de se dissoudre dans l'ombre crépusculaire. Il ne les aperçut pas tout d'abord mais, après quelques instants je le vis agiter son bâton. Il avait compris que j'étais arrivée.

Comme je l'attendais auprès du cairn, la lune se leva. Ses rayons touchèrent les glaciers, les pics vêtus de neige, toute l'immense plaine blanche et, dans la direction que j'allais prendre, quelques vallées inconnues que le gel argentait.

Le paysage impassible, contemplé dans la journée, paraissait s'éveiller sous la clarté qui le métamorphosait. De fugitives étincelles s'allumaient sur le tapis de neige, répondant aux éclats lumineux partant des cimes, des murmures passaient, portés par le vent, d'indéchiffrables messages semblaient être échangés.

Peut-être les elfes et les fées de ces montagnes vierges, les lutins et les gnomes, gardiens de cavernes mystérieuses, allaient-ils s'assembler, jouer et danser sur le blanc plateau solitaire doucement illuminé. Ou bien quelque grave conseil devait-il se tenir entre les glauques géants casqués de froide lumière montant la garde au seuil des régions inviolées.

Qui sait les mystères qu'aurait pu pénétrer le passant assez audacieux pour demeurer là, caché, immobile jusqu'à l'aurore... Mais le froid nous interdisait cette veille téméraire et la nuit ensorcelante garda son secret.

Les Tibétains ne crient pas *Lha ygalo* pendant la nuit. Je suivis la coutume et me bornai à jeter dans les six directions le vieux mantra sanscrit : *Çoubham astou sarvadja gatam* (Que tous les êtres soient heureux).

Yongden qui avait repris courage et accéléré le pas en comprenant le sens des signaux, me rejoignit bientôt et, sans nous attarder davantage, nous commençâmes la descente.

La piste se distinguait sans difficulté. La neige n'était pas épaisse sur ce versant et le sol — un gravier jaunâtre — apparaissait fréquemment.

Quelle pouvait être l'altitude du col de Déou ? Je n'oserais pas m'aventurer à le dire n'ayant pu me livrer à aucune observation précise à ce sujet. Toutefois, lorsque pendant des années l'on a parcouru de nombreuses hautes chaînes d'une même région, l'on peut, à l'aide de certains indices et de leur comparaison avec les remarques faites sur les sommets dont la hauteur est connue, se faire une idée approximative de l'élévation que l'on atteint. Pendant mon ascension j'avais attentivement observé les plantes et les lichens et noté divers autres détails. J'en déduisais que l'altitude du col égalait probablement, si elle ne l'excédait pas, celle de la Dokar *la* que j'avais franchie deux mois auparavant et, probablement aussi, celle de la Nagou *la* et de différents autres cols que je connaissais, dont l'altitude varie entre 5 489 mètres et 5 555 mètres. Mais, je le répète, je n'ai sur ce sujet que de simples présomptions.

Nous n'ignorions point qu'il nous faudrait marcher pendant une partie de la nuit avant de gagner la zone où nous trouverions du combustible, mais ceci nous importait peu. Nous avions trouvé le col et l'avions franchi sans accident, cet heureux début de notre exploration nous rendait tout joyeux.

Dans cet agréable état d'esprit, nous atteignîmes une vallée dont une petite rivière congelée avait rempli le fond d'une couche de glace polie comme un miroir. Aucune trace de piste n'était, naturellement, plus visible et nous en fûmes réduits, encore une fois, à errer de droite et de gauche, cherchant à découvrir un signe quelconque nous indiquant la direction à suivre. Enfin, je découvris la piste au pied de la montagne et nous n'eûmes plus, dès lors, qu'à la suivre, descendant une pente très douce sur un terrain uni qui rendait la marche aisée.

La promenade, sous un brillant clair de lune devenait vraiment charmante. Bientôt quelques buissons se montrèrent, dispersés dans les alpages, en dehors d'eux la contrée était toute nue.

Nous ne pouvions songer à nous arrêter sans allumer du feu. Un vent glacial descendant des sommets neigeux balayait la vallée qui s'était considérablement élargie. Sa violence croissait d'instant en instant, nul abri n'était en vue et, seul, le mouvement que nous nous donnions, nous tenait chaud.

Nous marchâmes ainsi jusqu'à deux heures du matin. Il y avait dix-neuf heures que nous étions en route sans nous être arrêtés un moment, sans avoir mangé ni bu. Chose assez surprenante, je ne me sentais pas fatiguée, j'éprouvais seulement un grand besoin de dormir.

Yongden était parti à la recherche de combustible, lorsque j'en découvris près de la rivière, à un endroit où devaient habituellement camper, en été, les voyageurs allant du pays de Po à celui de Dainchine ou vice versa.

Je hélai mon compagnon et ramassai une large quantité de bouse de yak sèche que j'emportai dans le pan de ma robe. Nous pouvions être certains que pas un être humain ne se trouvait dans ces solitudes, je décidai donc que nous planterions notre tente entre des broussailles, dans un endroit légèrement encaissé.

Le plus pressé était d'allumer du feu. Je laissai tomber à terre la *djoua*[1] que j'avais apportée et Yongden tira le briquet et ses accessoires de la petite bourse spéciale qu'il portait attachée à sa ceinture, selon la mode tibétaine.

Mais que se passait-il donc ? Pas une étincelle ne jaillissait du silex. Le jeune homme s'acharnait en vain, autant eût valu qu'il frappât une motte de terre avec ses doigts pour en tirer du feu. Inspectant la bourse, il s'aperçut qu'elle était humide. Elle s'était probablement mouillée ainsi que le briquet qu'elle contenait, tandis que nous traversions les champs de neige, en montant vers le col.

Quoi qu'il en pût être, nous demeurions sans feu. La situation ne laissait pas que d'être sérieuse. Nous ne nous trouvions plus sur le sommet de la montagne, dans quelques heures le soleil se lèverait et, bien que la rivière, à côté de nous, fût couverte d'une épaisse couche de glace, nous n'avions guère à redouter de nous geler ; mais il n'était pas moins certain que, par cette nuit de décembre, nous courions grand risque de prendre une pneumonie ou quelque autre vilaine maladie analogue.

— Jétsunma, me dit soudain Yongden, en déposant sur le sol le petit sac contenant le briquet inutile, vous êtes une initiée en *toumo réskiang* et pouvez vous passer de feu. Réchauffez-vous et ne vous occupez pas de moi. Je vais sauter et courir pour me tenir le sang en mouvement ; n'ayez crainte, je ne prendrai pas mal.

Il était vrai que j'avais étudié auprès de deux anachorètes tibétains l'art singulier d'accroître la chaleur du corps. Pendant longtemps, les histoires rapportées dans les livres tibétains et celles que j'entendais

1. *Djoua* : bouse de yak ou de vache appelée aussi *ongoua* au Tibet septentrional.

raconter autour de moi sur ce sujet m'avaient fortement intriguée. Comme j'ai l'esprit quelque peu enclin aux investigations critiques et expérimentales, je ne manquai pas de concevoir un vif désir de voir par moi-même ce qui pouvait exister sous ces récits que j'étais tentée de tenir pour de pures fables.

Avec les plus grandes difficultés, après avoir fait montre d'une persévérance obstinée dans mon désir d'être initiée à ce secret et m'être résignée à subir un certain nombre d'épreuves passablement fatigantes et quelquefois même un peu dangereuses, je réussis, enfin, à apprendre et à « voir ».

Je vis quelques-uns de ces maîtres en l'art de *toumo* assis sur la neige, nuit après nuit, complètement nus, immobiles, abîmés dans leurs méditations, tandis que les terribles rafales de l'hiver tourbillonnaient et hurlaient autour d'eux.

Je vis, à la brillante clarté de la pleine lune, l'examen fantastique passé par leurs disciples : quelques jeunes hommes étaient conduits, au cœur de l'hiver, sur le bord d'un lac ou d'une rivière et, là, dépouillés de tous vêtements, ils séchaient à même leur chair des draps trempés dans l'eau glaciale. Un drap devenait-il à peine sec qu'un autre le remplaçait aussitôt. Raidi par le gel dès qu'il sortait de l'eau, il fumait bientôt sur les épaules du candidat *réskiang* [1], comme s'il eût été appliqué sur un poêle brûlant.

Mais, mieux encore, j'appris le genre d'entraînement qui permet d'accomplir ces tours de force bizarres et, plus que jamais curieuse de pousser l'expérience jusqu'au bout, je m'y exerçai moi-même pendant cinq mois d'hiver, portant la mince robe de coton des novices à 3900 mètres d'altitude [2].

Toutefois, ayant appris ce que je souhaitais, il devenait inutile de prolonger mon apprentissage. Je n'étais point appelée à vivre habituellement dans les régions en vue desquelles ces pratiques ont été inventées.

J'avais donc repris les habitudes plus vulgaires de faire du feu et de porter des vêtements chauds et étais fort loin d'être passée maître en *toumo réskiang* comme mon compagnon se l'imaginait.

— Retournez à l'emplacement du camp et ramassez autant de bouse sèche et de menues branches que vous le pourrez, dis-je au lama. L'exercice vous empêchera de vous refroidir. Je vais m'occuper du feu.

Il obéit, convaincu que le combustible serait inutile, mais une idée m'était venue.

---

1. *Rès Kyang* signifie : « un coton seulement », sous-entendu *un vêtement* de coton, parce que ceux qui se livrent à cet entraînement, de même que ceux qui y sont experts, ne portent, comme unique vêtement, qu'une jupe et une veste de coton.

2. Trop longue pour pouvoir trouver place, ici, l'explication des moyens employés pour produire *toumo* sera donnée dans un ouvrage traitant de l'entraînement psychique chez les Tibétains.

Le briquet et ses accessoires : le petit silex et la mousse pour recevoir les étincelles [1], pensai-je, sont froids, humides ou quoi de plus, je n'en sais rien. Ne pourrais-je pas les remettre en état de fonctionner en les réchauffant sur moi, de la même manière que je séchais des draps mouillés quand j'étudiais *toumo réskyang* ? Il n'en coûtait rien d'essayer.

Je plaçai le briquet, le silex et une pincée de mousse sous mes vêtements et commençai l'exercice prescrit.

J'ai dit que je sentais le besoin de dormir, lorsque je m'arrêtai pour camper. Le mouvement que je m'étais donné en aidant à planter la tente et en m'efforçant de faire du feu avait un peu secoué mon assoupissement, mais maintenant que je demeurais tranquillement assise, le sommeil me gagnait peu à peu. Mon esprit, néanmoins, restait entièrement concentré sur l'idée de *toumo* et, machinalement, mais sans qu'aucune autre pensée l'en fasse dévier, continuait dans l'état de demi-rêve, la marche régulière de la pratique commencée.

Bientôt je vis des flammes s'élever autour de moi ; elles grandirent de plus en plus, m'enveloppèrent, courbant leurs langues rouges au-dessus de ma tête. Je me sentais pénétrée par un délicieux bien-être...

Un bruit pareil à celui du canon me fit sursauter : la glace se fendait sur la rivière. Instantanément, les flammes qui m'entouraient s'abaissèrent et disparurent comme si elles rentraient sous terre.

J'ouvris les yeux. Le vent soufflait plus violemment encore qu'auparavant. Mon corps brûlait ; le résultat du rite, ou un accès de fièvre. Je ne m'attardai pas à rechercher ce qu'il en était.

Le briquet allait faire son devoir, j'en étais convaincue. Je continuais mon rêve bien que je me fusse levée et marchasse vers la tente. Je sentais le feu sortir de ma tête, s'échapper de chacun de mes doigts.

Je plaçai une poignée d'herbe sèche sur le sol, un tout petit fragment de bouse très sèche par-dessus, je saisis un peu de mousse entre mes doigts et je frappai le silex. Une vive étincelle en jaillit. Je frappai de nouveau, une nouvelle étincelle s'échappa... Une autre... une autre ; un feu d'artifice en miniature...

Le feu était allumé, une petite flamme enfant, avide de se nourrir, de grandir et de vivre. J'ajoutai des brindilles et elle bondit plus haute. Lorsque Yongden revint avec une forte quantité de bouse sèche et quelques branches sous son bras, il fut joyeusement étonné.

— Comment avez-vous fait ? me demanda-t-il.

— C'est le feu de *toumo*, répondis-je en souriant.

Le lama me regarda attentivement.

---

1. Non pas de la véritable mousse. Les Tibétains se servent du duvet dont sont couvertes certaines plantes des hautes altitudes.

— C'est vrai, dit-il, votre visage est tout rouge et vos yeux sont si brillants...

— Bon, bon, répliquai-je, c'est parfait. Dispensez-vous de commentaires sur ce sujet et préparez-moi vivement une bonne tasse de thé beurré. J'ai besoin d'une boisson chaude.

Je craignais un peu quelque suite fâcheuse pour le lendemain, mais je me réveillai en parfaite santé quand le soleil pénétra à travers le mince coton de notre tente.

Ce même jour nous sortîmes de la vallée que nous visions depuis le pied de la Déou *la*. Elle débouchait dans une autre vallée beaucoup plus large, qui s'allongeait à perte de vue entre de hautes chaînes de montagnes.

Le soleil brillait moins vif que d'ordinaire, quelques légers nuages blancs erraient par le ciel d'un bleu plus pâle qu'il ne l'avait été pendant les semaines précédentes. Baignant dans une lumière très douce, le pays absolument vide où nous entrions dégageait une impression toute spéciale de fraîcheur et de jeunesse. Nul vestige de campement, nulle trace de vie humaine n'étaient visibles.

Nous cheminions à travers ce charmant désert comme si nous avions été les premiers et les seuls habitants de la terre inspectant leur domaine.

Nous ne craignions pas de nous égarer, ayant pour guide une claire rivière formée de plusieurs cours d'eau : celui venant du col de Déou, un autre descendant des pentes qui paraissaient bloquer la vallée et un gros ruisseau sortant d'une sorte de redan de la montagne. Après quelques heures de marche, je distinguai vaguement des points noirs dispersés parmi l'herbe rase. La distance à laquelle ils se trouvaient ne nous permettait pas de reconnaître leur nature, mais me rappelant ce qui m'avait été dit à Tachi tsé au sujet de *dokpas* passant l'hiver dans ces alpages, je devinai qu'il s'agissait de yaks et nous nous mîmes à chercher du regard l'habitation des maîtres du troupeau. Nous marchâmes encore longtemps avant de découvrir un camp bâti en pierres sèches, selon la coutume des Tibétains vivant dans les hautes terres.

Un *chörten* et un petit *mendong* attestaient la piété des habitants du lieu. Mais au Tibet, comme partout ailleurs, les démonstrations extérieures de la dévotion ne sont pas toujours accompagnées par une pratique effective de la bienveillance et de la charité.

Lorsque Yongden demanda un abri pour la nuit, il lui fut brutalement répondu de passer son chemin et de s'adresser ailleurs.

Nous continuâmes donc à descendre la vallée et, chemin faisant, arrivâmes à une hutte dans laquelle les *dokpas* conservaient les ossements de leurs morts sous la forme de *tsa-tsa*.

Les lamaïstes, comme la grande majorité des bouddhistes, sont partisans de la crémation, mais le bois faisant défaut sur la plus grande partie du territoire tibétain, la crémation ne laisse pas que d'y être une pratique difficile. Lorsqu'il s'agit d'ecclésiastiques de haut rang, l'on obvie au manque de combustible en remplaçant le bûcher par un énorme chaudron rempli de beurre, dans lequel le corps du défunt est consumé.

Quant à la majorité des Tibétains, leurs cadavres sont généralement transportés sur les montagnes et souvent dépecés avant d'y être abandonnés aux vautours et aux autres animaux sauvages.

Quand la chair a été entièrement dévorée et que les os sont devenus parfaitement secs, la famille du défunt ramasse ce qu'il en reste et le remet à un lama qui pile les débris jusqu'à en faire une fine poussière, puis, mêlant cette poussière à de la terre humide, il confectionne, à l'aide d'un moule, un certain nombre de miniatures *chörtens* appelées *tsa-tsa*. Ces dernières sont alors conservées dans des endroits *ad hoc* personnels ou collectifs.

La hutte au *tsa-tsa* que nous avions rencontrée, n'était pas entièrement remplie, il y restait assez de place pour nous permettre de nous y étendre, mais nul combustible n'était à portée et Yongden, désireux de souper, préféra tenter sa chance à un autre camp.

Nous arrivâmes à ce dernier à la nuit tombante. La réponse y fut encore moins courtoise qu'à celui que nous avions visité en premier lieu et nous dûmes nous garder des chiens que l'on n'envoya pas précisément sur nous, mais dont on n'arrêta pas non plus les manifestations inquiétantes.

Nous passâmes donc la nuit en plein air sur un petit belvédère rocheux.

Le lendemain, continuant à descendre la vallée qui se rétrécissait graduellement, nous arrivions, dans le courant de l'après-midi, auprès d'un pont. Ma surprise fut très grande d'en rencontrer un sur cette piste d'été si peu fréquentée. Toutefois, le pont n'avait rien de monumental, il ne ressemblait en rien à ceux que j'avais rencontrés dans la vallée de Nou tchou. Quatre ou cinq baliveaux de sapin reposant sur des piles et quelques larges pierres à peu près plates, jetées sur ceux-ci, de distance en distance, pour y poser le pied, constituaient cette œuvre d'art.

Si misérable qu'elle fût, cette longue passerelle n'avait pas été établie à cet endroit précis sans une raison quelconque. La piste, sans doute, y passait sur l'autre rive et, pourtant, je la voyais continuer en face de moi, large et nettement marquée. J'étais fort intriguée ; qu'allions-nous faire ? Traverser la rivière ou non ?...

Je décidai de traverser. Tout d'abord mon choix ne parut pas avoir été heureux ; nous tombâmes au milieu de fourrés d'épines croissant sur un terrain marécageux, parmi lesquels on ne distinguait plus aucune trace de sentier. Je me sentais tentée de camper, si je pouvais découvrir un endroit à peu près convenable, et de remettre au lendemain le soin de chercher ma route, lorsqu'en regardant autour de moi j'aperçus quelques enfants qui gardaient des bestiaux non loin du bord de la rivière. Sortant des halliers je me dirigeai vers eux pour les interroger.

J'appris qu'il existait un camp de *dokpas* de l'autre côté de l'eau, sur la rive que nous venions de quitter.

Les petits pâtres me dirent aussi que je me trouvais au pied de trois cols qui, tous les trois, donnaient accès dans le pays des Popas.

L'un d'eux était bloqué par une énorme quantité de neige. Ils en étaient certains. Quant aux deux autres, ils ne pouvaient rien affirmer à leur sujet ; peut-être l'un ou l'autre, ou même les deux, étaient-ils encore praticables.

Pendant que nous causions avec les gamins, une femme arriva qui nous répéta exactement ce que nous venions d'entendre touchant les trois voies menant au pays de Po. Elle nous conseilla de tenter le passage par le col du milieu appelé Aigni *la*. Le mieux, disait-elle, était de continuer immédiatement notre route dans cette direction, aussi loin que nous le pourrions, de camper n'importe où nous trouverions de l'eau et du bois et de repartir avant le jour.

La course était longue, ajoutait-elle, et même si le col demeurait encore libre, nous devions nous attendre à traverser d'épaisses couches de neige vers le sommet, ce qui nous empêcherait d'avancer rapidement.

La perspective n'était rien moins qu'agréable pour des gens qui venaient précisément de se débattre dans la neige au passage d'une autre chaîne. Vraiment, les renseignements fournis par cette bonne femme n'engendraient pas la gaieté.

Nous étions, toutefois, préparés à entendre de semblables nouvelles, ayant été dûment avertis à Tachi tsé de ce qui nous attendait en cette saison, dans la traversée des montagnes. Jusqu'à présent, cependant, tout s'était bien passé, et nous pouvions, tout au moins, espérer que notre bonne chance continuerait.

Il importait pourtant que nous nous hâtions.

Les circonstances ne nous avaient point permis de suivre les bons avis des villageois de Tachi tsé, quant à la quantité de provisions qu'il convenait d'emporter pour notre voyage, et nos vivres touchaient à leur fin.

Dans ces conditions, nous aurions dû nous réjouir de nous trouver si près d'une région habitée où nous pourrions nous ravitailler et de penser que très probablement, le lendemain, à cette heure même, nous descendrions vers les villages de ce Po yul dont nous parlions et rêvions depuis des années. Cependant, une vague mélancolie nous assombrissait tous les deux. Je n'y pouvais trouver d'autre raison que la fatigue nerveuse que nous avait laissée le passage de la Déou *la*.

Quoi qu'il en pût être, cette fois comme bien d'autres, nous n'avions pas grands loisirs à consacrer à l'analyse de nos sentiments. La chose nécessaire était d'atteindre le sommet de la montée le lendemain de bonne heure, afin d'avoir autant de temps que possible devant nous pour reconnaître les pistes, s'il s'en présentait plusieurs sur le versant opposé et pour parer au retard que des incidents imprévus pourraient nous causer.

Nous allions donc nous remettre en route lorsqu'un homme portant une charge de bois, émergea des broussailles.

Yongden fut forcé, ainsi qu'à chaque nouvelle rencontre que nous faisions, de raconter l'histoire, en partie inventée, de nos nombreux et édifiants pèlerinages et de fournir des détails sur notre pays natal.

Lorsque l'interrogatoire fut terminé, mon compagnon s'enquit encore une fois de l'état des cols et de la distance que nous avions à parcourir pour les atteindre. Les réponses du *dokpa* confirmèrent de point en point ce qui nous avait déjà été dit. Lui aussi nous conseillait de tenter le passage par l'Aigni *la*, la route était plus longue, mais beaucoup meilleure à la descente vers le Po yul. De ce côté, affirmait-il, nous trouverions aussi des cabanes de pasteurs, abandonnées en cette saison, qui nous serviraient d'abris en chemin. Il ne les avait jamais vues, mais tout le monde savait que les Popas amenaient leurs troupeaux très haut dans ces parages durant les mois d'été, et les voyageurs disaient que l'on rencontrait des camps sur la piste même.

Ces derniers renseignements avaient leur utilité, mais ce qui m'intéressait bien davantage, c'était d'apprendre quelque chose sur les sources de la rivière qui traverse tout le sud du pays de Po[1]. Il aurait, toutefois, été imprudent de ma part de poser des questions directes. Les *ardjopas*, à moins qu'ils n'aient parcouru plusieurs fois un même itinéraire, n'ont aucune connaissance géographique de la contrée qui s'étend devant eux et, de plus, se soucient fort peu d'en acquérir. Je ne devais point paraître savoir qu'il existait une rivière qui descendait de ces montagnes vers le Po mèd pour aller rejoindre le Yésrou tsangpo. Faire ouvertement montre de préoccupation concernant la ligne de partage des bassins de la Salouen et du Brahmapoutre m'eût rendue extrêmement suspecte. Je tournai la difficulté en affectant des soucis d'ordre purement matériel.

— Et à propos de l'eau, demandai-je, en trouverons-nous de l'autre côté du col ?

— N'ayez crainte, répondit l'homme, vous suivrez une rivière jusqu'à ce que vous arriviez à des pâturages. C'est tout ce que je puis vous dire. Je n'ai jamais été plus loin.

— Est-ce qu'il y a aussi de l'eau sur la route descendant de la Gotza *la* ? demandai-je encore.

— Oui, mais la rivière est plus petite.

— Et au troisième col ?...

Je sentais que j'insistais trop, mais puisque la neige et le manque

1. Appelé *Po mèd* : le bas pays de Po.

de nourriture allaient m'empêcher d'explorer la montagne aussi longuement que je l'aurais désiré, je voulais me renseigner autant qu'il m'était possible. J'aurais opté pour le passage par la Gotza *la*, si j'avais eu quelque bonne raison de croire cet itinéraire plus intéressant que celui empruntant l'Aigni *la*.

— Quoi ? répliqua mon interlocuteur, en fronçant le sourcil, vous ne pouvez pas passer par la Yeun-tsong *la*, elle est bloquée par la neige... Les Popas disent qu'il y a une grande rivière de ce côté... Qu'est-ce que cela peut vous faire ?

Yongden s'interposa vivement.

— Ah ! dit-il en riant, vous ne connaissez pas la vieille mère, elle craint toujours de manquer de thé. Ses yeux sont continuellement à la recherche des ruisseaux et d'une place où se reposer. Si je l'écoutais, nous passerions plus de la moitié de la journée à boire.

Le *dokpa* se mit à rire à son tour.

— Ah ! ah ! répondit-il, le thé est vraiment une bonne chose, surtout pour les femmes, qui ne boivent pas autant d'alcool que nous.

Tout en bavardant ainsi, mon lama venait d'avoir une inspiration soudaine :

— Frère aîné, dit-il au Tibétain, rien n'est meilleur que d'amasser des mérites en faisant de bonnes actions, cela est utile et profitable non seulement pour cette vie, mais pour celles qui suivront.

Le bonhomme ne pouvait qu'acquiescer à cette déclaration édifiante, ce qu'il fit en inclinant la tête deux ou trois fois.

— Voyez, continua Yongden, je suis un lama et voici une vieille femme [1], ma mère, une *ngagspa youm* [2], nous sommes tous deux *néskorpas* [3], et nous rendre service serait, sans aucun doute, un acte très méritoire. Prêtez-nous des chevaux et conduisez-nous jusqu'au sommet du col d'Aigni.

La tentative était hardie. Persuader un *dokpa* de donner ses services gratuitement, alors qu'il n'y est pas forcé par une réquisition en règle émanant de ses chefs directs, est généralement chose impossible. Nous avions, tous les deux, cachés dans nos ceintures, des arguments sonnants qui eussent décidé l'homme immédiatement et

1. Je suis, certainement, loin de la prime jeunesse, mais pour changer complètement ma personnalité je m'étais gratifiée d'un certain nombre d'années supplémentaires et j'affectais, en présence des Tibétains, les allures de la décrépitude la plus complète, bien propres à écarter l'idée que je pouvais être une exploratrice si jamais des enquêtes avaient lieu à mon sujet. Malgré tout, je portais mal, paraît-il, les soixante-deux ans que je m'étais donnés. Des femmes s'étonnaient de me voir toutes mes dents et pas de cheveux gris. Je décidai donc de diminuer quelque chose de cet âge respectable et le réduisis à cinquante-six ans que je conservai jusqu'à Lhassa où j'eus la coquetterie de me rajeunir encore un peu.

2. Voyez page 313.

3. Pèlerins. Littéralement : quelqu'un qui va d'un lieu de pèlerinage à l'autre.

épargné un tas de phrases diplomatiques, mais nous ne jugions pas prudent d'en faire usage dans ce pays.

Assise sur l'herbe, je suivais, très amusée, la joute entre les deux rusés compères. Mais le *dokpa* n'était pas de taille à se mesurer avec mon fils adoptif qui, en certains points, aurait pu en remontrer à Ulysse lui-même. Cependant sa victoire ne fut pas complète ; il n'obtint qu'un seul cheval que nous monterions à tour de rôle, tandis que le *dokpa* porterait nos sacs sur son dos. Même ainsi réduite, cette bonne chance me paraissait miraculeuse.

Il ne pouvait être question d'emmener le cheval ce même soir et de le laisser sans abri pendant toute la nuit, sur la montagne. D'autre part, Yongden ne voulait pas se séparer du *dokpa*, de crainte qu'une fois hors de son influence, celui-ci ne revienne sur sa promesse. Il lui demanda donc la permission de coucher chez lui. L'homme réfléchit une seconde ou deux et consentit.

Nous devions, maintenant, retraverser la rivière, le camp des pasteurs se trouvant sur la rive opposée, celle que nous venions de quitter. Je craignais d'ôter mes bottes de feutre et de laisser voir mes jambes trop blanches qui pourraient étonner les gens se trouvant avec nous. Pour sortir d'embarras je prétextais les rhumatismes dont je souffrais. Je ne pouvais, dis-je, me tremper dans l'eau glacée sans éprouver, ensuite, un redoublement de douleurs. Je préférais donc faire un détour et passer sur le pont. Mais le brave Tibétain, en qui fructifiaient déjà les exhortations morales de mon lama, brûlait d'accomplir quelques actes méritoires, espérant peut-être atténuer ainsi les conséquences funestes [1] des brigandages qu'il avait probablement sur la conscience. Il déclara qu'il nous porterait l'un après l'autre à travers les petits cours d'eau.

Cette solution me plaisait, car elle me dispensait de faire une course assez longue. Toutefois, je ne laissais pas que d'être embarrassée au sujet de mon pistolet automatique, du petit sac contenant de l'or, suspendu sur ma poitrine, et de la ceinture bourrée d'argent que je portais sous ma robe.

Lorsque cet homme m'aura sur son dos, pensais-je, il remarquera que je suis bien lourde pour ma taille et sentira, sans doute, que j'ai des objets durs sous mes vêtements... S'il avise de penser que nous avons de l'argent caché sur nous, nous courrons le risque d'être assassinés... Ce serait vraiment dommage, maintenant que notre voyage est en si bonne voie et que nous avons lieu d'espérer sa réussite complète.

Si notre futur guide avait été seul j'aurais pu assez aisément changer un peu de place les divers objets compromettants, de façon à

1. Les lamaïstes, comme les autres bouddhistes, parlent de « conséquences » suivant les actes, mais jamais de récompenses ou de châtiments parce que, d'après leur doctrine, causes et effets se suivent par l'action des lois naturelles sans que nul dieu ait à agir en tant que juge.

éviter leur contact avec le dos ou les mains de mon passeur, mais la femme et les gamins nous suivaient en babillant.

Je trouvai pourtant un moyen de m'arranger. M'arrêtant un instant, je simulai le geste, familier à tous les Tibétains, de quelqu'un — je prie mes lecteurs de m'excuser — que des poux tourmentent et qui cherche à découvrir ces animaux désagréables dans sa robe. Ce faisant, j'arrivai à pousser mon pistolet automatique sous une aisselle, le petit sac contenant de l'or sous l'autre et à remonter ma ceinture. Nul de ceux qui étaient présents n'accordèrent la moindre attention à mes mouvements, leur motif étant clair et habituel à chacun d'eux.

Notre arrivée au camp des *dokpas* n'excita guère de curiosité ; Yongden et moi paraissions de vulgaires pèlerins loqueteux comme l'on en rencontre sur toutes les routes du Tibet. Un homme nous conduisit à une petite cabane servant d'abri aux chèvres ; le sol couvert de *rima*[1] l'indiquait clairement. Peut-être même les bêtes devaient-elles partager cette demeure avec nous pendant la nuit ; une telle familiarité entre les gens et leur bétail n'est pas rare parmi les pasteurs tibétains.

Je regrettais d'avoir rencontré ces garçons et cette femme qui nous avaient tout d'abord retardés. Sans eux, nous aurions campé seuls, parmi les buissons, dans un endroit beaucoup plus propre que cette étable et nous aurions pu explorer la montagne à loisir. Maintenant que nous avions été vus, il faudrait nous en tenir strictement à notre rôle de *néskorpas* mendiants, car les habitants de cette région ont une réputation sinistre en tant que brigands.

Au Tibet, à moins d'être convaincu de n'avoir été aperçu par personne, il est toujours plus prudent de passer la nuit avec les gens du pays, même si l'on est certain qu'ils sont de fieffés bandits. La raison est que la grande majorité des Tibétains, à moins qu'ils ne soient ivres, ne défendent leur vie ou n'obéissent à quelque raison tout à fait exceptionnelle, hésitent fortement à commettre un meurtre. Ce sentiment est un résultat de l'enseignement bouddhiste sur le respect de la vie qui a imprégné l'esprit des populations tibétaines.

Il s'ensuit que si un homme est laissé libre de continuer sa route après avoir été dépouillé et s'il peut désigner clairement l'endroit où le méfait a été commis, les voleurs courent le risque qu'une plainte soit déposée contre eux.

Aussi villageois et *dokpas*, sans exception, préfèrent-ils toujours perpétrer leurs coups à distance de leur résidence habituelle. De cette façon, il leur est facile de répondre aux enquêtes qui peuvent être faites : « Nous n'avons pas eu connaissance de la chose. Nous ne

1. *Rima* : crotte de chèvre ou de mouton.

sommes pas les voleurs. Ceux-ci doivent avoir été des gens d'une autre province qui traversaient la région... »

Dès que j'eus déposé mon fardeau, je demandai quelques morceaux de bouse de vache enflammée pour allumer du feu et m'informai au sujet des chiens : pouvais-je, sans danger, m'en aller seule puiser de l'eau à la rivière ?

A ce moment, une femme nous apporta du lait caillé et du thé et je remis tout travail à plus tard, préférant me réconforter d'abord.

Le chef de famille vint aussi nous examiner et causer avec Yongden ; ce qu'il apprit dut le satisfaire et nous faire juger dignes d'être admis dans son habitation. Il nous quitta sans rien dire, mais quelques minutes après son départ, un autre homme nous informa que nous ne devions pas nous occuper de notre souper parce que nous mangerions chez le maître et il nous invita à le suivre.

Le soleil était déjà couché quand nous entrâmes chez nos hôtes. Un grand feu flambait et, sur un gigantesque trépied, reposait un énorme chaudron dans lequel bouillait quelque chose qui semblait inspirer le plus vif intérêt aux gens de la maison, car tous regardaient la marmite avec une attention profonde.

Nous fûmes reçus assez poliment. Le chef de la famille étendit un morceau de tapis en guenilles pour le lama, et les femmes qui filaient au bas bout du foyer m'invitèrent à m'asseoir près d'elles sur le plancher.

Alors commença la conversation habituelle à propos de notre pays natal et de nos pèlerinages. Le sujet une fois épuisé, le maître et d'autres membres de la famille désirèrent aussi — comme d'ordinaire — profiter de la présence du lama pour lui soutirer en services ecclésiastiques, au moins l'équivalent de la valeur qu'ils attribuaient à l'hospitalité qu'il recevait.

Yongden eut donc à payer en oracles, bénédictions et bons offices analogues, le thé, la *tsampa* et l'abri dont nous jouissions tous deux.

L'air de notre hôte, me dit-il plus tard, ne lui revenait point, il lui paraissait avoir la physionomie et les manières d'un brigand déterminé. Aussi parce que, d'une part, nous avions réellement besoin de provisions et de l'autre, parce que le souci de notre sécurité nous conseillait de convaincre nos hôtes de la réalité de notre dénuement, mon compagnon demanda la permission de s'absenter afin d'aller mendier dans le campement. Cette pratique étant habituelle aux *ardjopas*, nul ne témoigna le moindre étonnement.

— Ma mère est fatiguée, dit-il aux *dokpas* avant de s'en aller. Elle va dormir tout de suite. Nous devrons partir au milieu de la nuit, elle n'a pas trop de temps pour se reposer. Venez ici, mère, continua-t-il en s'adressant à moi. Couchez-vous. Je ne resterai pas longtemps absent.

Il s'en alla et je m'étendis à sa place sur le morceau de tapis qu'il laissait libre, appuyant ma tête sur mon sac, après l'avoir calé avec celui de mon fils, de sorte qu'on ne pouvait toucher à l'un des deux sans déranger l'autre.

Les voyageurs tibétains ne négligent jamais les précautions de ce genre, car à moins de passer la nuit chez des parents ou amis intimes, ils ont toujours lieu de redouter quelques menus larcins.

Je fis semblant de m'endormir mais, bien entendu, restai éveillée. Les paupières abaissées, j'observai mes hôtes à travers mes cils, les écoutant parler, prête pour un événement imprévu.

Pendant quelque temps, la conversation roula sur nous ; mais sans avoir rien de particulièrement intéressant ; un court silence suivit, puis une phrase me mit sur le qui-vive :

— Que peuvent-ils bien porter dans leurs sacs ? disait à voix basse le maître de la maison.

Peut-être exprimait-il une simple curiosité, sans avoir d'idée plus profonde, mais on pouvait en douter. Les choses allaient-elles tourner mal ?... Je ne bougeai pas, continuant à simuler le sommeil et j'attendis.

L'homme parla encore à ceux qui étaient assis près de lui, mais si bas, cette fois, qu'il me fut impossible de distinguer ce qu'il disait. Je le vis alors se lever et s'avancer à pas de loup de mon côté. Je remarquai qu'il n'avait point d'arme sur lui ; quant à moi, mon revolver était à portée de ma main, mais à quoi aurait-il pu servir au milieu de tout un camp de gaillards accoutumés à de chaudes aventures. La ruse serait une meilleure protection, mais que pourrais-je imaginer ?... Je me le demandais lorsque le *dokpa* étendit une de ses larges mains et tâta avec précaution le sac qui me servait d'oreiller.

Je remuai légèrement et il retira vivement sa main, murmurant d'un ton exprimant la contrariété :

— Bon, voilà qu'elle s'éveille !

Mais j'avais déjà trouvé mon stratagème.

— *Lags, lags, gelong lags*[1] *!* fis-je avec l'intonation particulière des gens qui divaguent en dormant. Puis j'ouvris les yeux tout grands, regardai autour de moi d'un air ébahi et dis avec une voix naturelle :

— Est-ce que mon fils le lama n'est pas ici ?... Comme c'est singulier !... Je viens de l'entendre me dire : « Éveillez-vous, mère, éveillez-vous vite, j'arrive. »

— Il n'est pas encore revenu, répondit le *nepo*[2], qui paraissait peu à son aise. Voulez-vous que je l'envoie chercher ?

---

1. « Oui, oui, révérend moine. » Un *gelong* est un religieux ayant reçu l'ordination supérieure, qui observe le célibat. *Lags* est une expression polie qui ne signifie rien par elle-même. Employée seule elle peut signifier : « Oui, très bien », et ajoutée à un autre mot, spécialement à une appellation, elle rend cette dernière phrase plus respectueuse, plus cérémonieuse.

2. *Nepo* : villageois, maître de maison. La maîtresse est appelée *nemo*.

— Non, non, répliquai-je. Je n'ai pas besoin de lui. Je n'oserais pas le déranger. C'est un savant et saint *gelong*... Il va venir bientôt, je le sais... Je suis très bien avec vous près de ce bon feu...

— Buvez donc un peu de thé, proposa une des femmes.

— Certainement, avec grand plaisir, vous êtes bien bonne, dis-je en sortant un bol de mon *amphag*.

Comme j'allais boire, Yongden entra. Son retour survenant si promptement après que je l'eus annoncé produisit une profonde sensation parmi tous ceux présents. Je ne laissai à personne le temps de dire un mot et m'adressai immédiatement au jeune homme.

— Je vous ai bien entendu, *gelon lags*, lorsque vous m'avez commandé de m'éveiller, dis-je. Je n'y ai pas manqué. Je croyais, vraiment, que vous étiez dans la chambre. N'est-ce pas, *nepo lags*...

— Oui, oui, c'est ainsi, murmura le maître de la maison, visiblement inquiet.

Yongden comprit qu'un incident, dont il ne pouvait deviner la nature, s'était produit et qu'il devait confirmer ce que je racontais.

— Bien, bien, approuva-t-il avec la voix de basse profonde qu'affectent les lamas lorsqu'ils psalmodient au chœur, dans les monastères. « Soyez éveillée... soyez éveillée !... »

Le pauvre garçon tournait les yeux dans toutes les directions, ne voyant rien qui pût justifier cet ordre, sa physionomie était des plus comique.

Il rapportait du beurre, un peu de *tsampa* et même quelques menus morceaux d'argent. Il n'avait pu refuser ceux-ci de crainte de provoquer des commentaires dangereux pour nous, puisqu'ils lui avaient été offerts comme *yeune*, c'est-à-dire honoraires pour la célébration d'une cérémonie religieuse.

Craignant probablement que son visiteur ne possédât des pouvoirs occultes dont il ne pouvait mesurer l'étendue et désirant l'amadouer par des marques de respect, le *nepo* me chassa du morceau de tapis sur lequel j'étais demeurée assise.

— Otez-vous de là, mère, me commanda-t-il sévèrement. Asseyez-vous en arrière. Laissez le lama s'installer confortablement.

J'avais une envie folle de rire, mais je me gardai bien d'en rien laisser paraître. Je me reculai humblement sur le plancher nu, jetant à Yongden un regard qui lui ordonnait de ne rien répliquer et de s'asseoir sur la guenille dont on lui faisait l'honneur.

Le mystère du chaudron allait enfin nous être révélé. Le couvercle enlevé, le chef de la famille plongea un long crochet de fer dans le bouillon et en retira le cœur, les poumons et le foie d'un yak, plus ses entrailles et son estomac qui avaient été remplis avec de la *tsampa*, du sang et un peu de viande pour en faire une sorte de saucisse. Au milieu d'un profond silence, expression de la convoitise animale des assistants, cette énorme quantité de victuailles fut empilée sur un grand plateau de bois, couverte avec un morceau de sac et... mise de côté.

Puis une femme versa de la *tsampa* dans le bouillon et, quelques minutes après, le lama d'abord, le *nepo* en second lieu et moi, parmi les derniers, virent nos bols remplis. En prévision de la longue étape que je devrais fournir le lendemain, je m'efforçai de manger autant que je pouvais et réussis à avaler trois bols pleins de cette soupe épaisse qui n'était, d'ailleurs, point désagréable au goût.

Après le repas, le *nepo* entama une longue conversation avec Yongden au sujet de divers lieux de pèlerinage. J'écoutais à peine ce bavardage, me remémorant certaines observations faites pendant la journée et songeant au Po yul, ce pays presque légendaire pour les Tibétains eux-mêmes, dont ne me séparait plus qu'une seule chaîne de montagnes, lorsque, comme un coup de tonnerre soudain, quelques mots me firent sursauter.

— Il paraît, disait notre hôte, que des *philings* ont été au Kha Karpo...

Des étrangers au Kha Karpo !... S'agissait-il de nous ?... Des bruits avaient-ils couru à notre sujet après notre départ du Yunnan ?... Les fonctionnaires tibétains nous cherchaient-ils ?... Je songeai aux *trapas* se rendant à Dzogong, dont la rencontre m'avait déterminée à traverser hâtivement le Nou tchou. Devions-nous, à l'itinéraire singulier que nous avions suivi, par des pistes détournées, d'avoir pénétré aussi avant dans le Tibet ?... Je ne pouvais le deviner. Mais s'il en était ainsi, ne veillait-on pas autour de Lhassa, et ne serions-nous pas arrêtés près de notre but ?...

Yongden tâcha de savoir d'où venait cette nouvelle, mais comme d'habitude, au Tibet, le *dokpa* n'en avait nulle idée. Il l'avait entendu rapporter par des voyageurs qui, eux-mêmes, la tenaient d'autres voyageurs, et ces derniers, d'autres encore. Le fait, ainsi colporté, pouvait dater de plusieurs années et ne pas avoir le moindre rapport avec nous. Un consul anglais et sa femme, une Tibétaine, avaient fait le tour du Kha Karpo et parcouru les régions voisines, trois ou quatre ans plus tôt. Peut-être était-ce eux, ces *philings*. Ou bien encore, le naturaliste américain que nous avions laissé au Loutzé Kiang s'était peut-être aventuré à poursuivre ses recherches dans la zone interdite. Rien ne pouvait m'éclairer à ce sujet.

Mon compagnon n'était plus d'humeur, maintenant, à amuser le *nepo* avec la description de pèlerinages lointains ; il déclara qu'il était fatigué et voulait dormir. Mais sans paraître l'avoir entendu, le Tibétain lui exposa une nouvelle requête.

Les *dokpas*, disait-il, entretenaient de grandes inquiétudes au sujet des alpages qui n'avaient pas été suffisamment humidifiés par la neige ; si des chutes abondantes ne survenaient pas à bref délai, l'été suivant, l'herbe serait courte et rare. Qu'adviendrait-il alors des troupeaux amaigris qui réclamaient une abondante nourriture après la longue période de privations que l'hiver leur faisait subir ?

La neige tomberait-elle bientôt ? Le lama pouvait le savoir. Il pouvait mieux encore. Par sa connaissance des paroles secrètes et des rites magiques, il était capable d'appeler cette neige captive dans les réservoirs célestes et de la répandre sur la terre. Refuserait-il de faire le nécessaire pour amener un résultat aussi désirable ?

Le « lama » était exténué, mais la prudence exigeait qu'il ne contrariât point les *dokpas*, et, par-dessus tout, qu'il se gardât de leur laisser penser qu'il ne possédait pas tous les pouvoirs propres à un thaumaturge accompli.

— La célébration de ces rites exige plusieurs jours, répondit-il, il me faut être promptement rendu à Lhassa, je ne puis m'attarder ici et, d'autre part, comme je dois traverser le Po yul, je ne puis pas appeler la neige qui, en tombant, bloquerait le col qui y conduit. Ce que vous me demandez est très compliqué.

Tous les *dokpas* présents convinrent que la chose était, en effet, peu commode.

— Voyons, pourtant... continua mon jeune compagnon, qui paraissait réfléchir profondément : « Oui, de cette manière... »

Il tira un petit morceau de papier d'une pochette et demanda du grain.

On lui en apporta. Il déploya alors son morceau de papier, y déposa quelques grains d'orge, puis le tenant étendu sur les paumes de ses deux mains, il s'abîma dans une profonde méditation.

Après quelque temps de silence, l'officiant entonna pianissimo une sorte de psalmodie dont le murmure presque imperceptible, sur un rythme très lent, s'enfla et s'accéléra progressivement tant qu'elle roula, tel le grondement du tonnerre, sous le toit bas et branlant de la cuisine.

Les *dokpas* immobiles paraissaient terrifiés.

Yongden s'arrêta brusquement, ce qui fit sursauter tout le monde, moi compris.

Il partagea alors le grain qu'il avait tenu sur ses mains, en mit une partie de côté dans un coin de son mouchoir et enferma l'autre dans le morceau de papier qu'il plia d'une manière compliquée.

— Voici, dit-il au *nepo*. Prenez ce petit paquet et écoutez-moi. Demain soir, au coucher du soleil, vous déplierez ce papier et lancerez vers le ciel le grain qui y est contenu. Vous aurez soin de le faire en quatre fois, en regardant successivement les quatre points cardinaux. A ce même moment, ayant déjà franchi le col, je jetterai moi-même le grain que je vais emporter et je réciterai les *ngags* nécessaires pour faire tomber une forte quantité de neige.

« Si, par malheur, quelqu'un ouvrait, avant le coucher du soleil, le paquet contenant le grain consacré, comme de mon côté je n'aurais pas encore prononcé les paroles magiques qui propitient et lient les divinités, celles-ci ne subissant pas le pouvoir du charme, s'irriteraient et se vengeraient sur tous ceux de votre camp. Soyez donc prudents. »

Le maître de la maison promit de se conformer scrupuleusement aux instructions du lama, puis, à la fin, l'idée lui vint sans doute, que la valeur des services rendus par son hôte dépassait celle de la maigre hospitalité qu'il nous accordait. Il dit à sa femme de couper un morceau de viande et de nous le donner comme provision de voyage. La *nemo* apporta une pièce de yak assez convenable, mais son mari la lui arracha prestement avant qu'elle ait eu le temps de l'offrir au lama, alla la raccrocher dans un coin et choisit soigneusement un petit morceau de peau et de tendons qu'il tendit avec gravité à celui dont il attendait le miracle devant assurer la prospérité de son troupeau.

Yongden et moi échangeâmes un regard furtif, ayant, l'un et l'autre, de la peine à contenir notre hilarité, tant la plaisanterie nous semblait drôle.

— Je ne puis, déclara le jeune homme à qui les règles monastiques sont familières, vous remercier pour un présent de viande qui est une chose impure, le produit de l'affreux péché de tuer, mais apportez-moi de la *tsampa* et je bénirai votre famille et vos biens.

Ces paroles étaient non seulement édifiantes, mais strictement orthodoxes et tous les approuvèrent par des hochements de tête. Quant à moi, je venais d'entrevoir le moyen de faire entrer un peu de *tsampa* dans notre sac. Si minime qu'en pût être la quantité, elle nous serait grandement utile.

Un grand bol, dans lequel la farine avait été versée de façon à former une pyramide très élevée au-dessus du bord, fut placé devant Yongden. Il en jeta quelques pincées de différents côtés, appelant la santé et la prospérité sur le chef de famille, les siens et ce qui lui appartenait. Puis, tandis que tous étaient encore recueillis, avant que le *nemo* eût eu le temps de reprendre le bol qui, nous l'avions compris, n'avait été que *prêté* pour les besoins de la cérémonie, le lama versa son contenu dans le sac que je lui avais vivement tendu tout ouvert, agenouillée devant lui, dans l'attitude de la plus touchante dévotion.

Nous pouvions espérer, maintenant, que le vieil avare nous laisserait dormir. L'air ahuri dont il considérait le bol vide permettait de croire que son enthousiasme pour les bénédictions et autres cérémonies s'était grandement refroidi en voyant le lama décidé à se rémunérer lui-même de ses peines. En effet le bonhomme se tint coi.

Il en était temps ; notre repos se trouvait déjà suffisamment écourté par ses exigences. Qui pouvait savoir si des difficultés imprévues ne se dresseraient pas devant nous sur l'autre versant et si nous ne passerions pas la nuit suivante à errer à travers la montagne, comme cela nous était arrivé plus d'une fois ? Une telle perspective rendait le sommeil d'autant plus désirable.

Quant aux *dokpas*, nous ne les craignions plus. J'avais parfaitement compris la ruse de Yongden, qui tendait à empêcher ceux-ci de nous suivre pour nous voler.

Dès le lendemain matin, l'histoire du grain qui devait amener la neige se répandrait par le camp et chacun y était trop intéressé au succès de cette intervention magique pour risquer de le compromettre en encourant la colère du lama. Puis, lorsque le grain aurait été jeté vers le ciel, tous attendraient au moins un jour entier le résultat de l'opération. Nous serions loin, alors, parmi des gens d'une autre tribu et dans une région plus peuplée. Du moins, nous le croyions, à ce moment, mais les événements devaient prendre une tout autre tournure.

Deux femmes arrangèrent une couche pour le chef de la famille. Quand tout fut prêt, le vieux *dokpa* enleva sa robe et ses bottes, conservant seulement son pantalon [1] et se glissa entre ses draps de peaux de mouton étendus à la place la meilleure et la plus chaude de la chambre, près du foyer.

La plupart des gens de la maison n'avaient pas attendu que le maître fût couché pour s'installer de leur côté, et la vaste cuisine ressemblait vaguement, maintenant, au dortoir d'un asile de nuit. Les jeunes couples reposaient ensemble sous une large couverture, leurs enfants placés entre eux. Les gens âgés et les célibataires dormaient isolément, étendus çà et là au milieu de la pièce. Quant aux bambins, tassés dans un coin, riant, se bousculant, tirant chacun à soi un bout de loques sordides jetées sur eux, pour les garantir du froid, ils s'agitèrent encore quelque temps, puis peu à peu le sommeil les immobilisa, bras et jambes enchevêtrés, empilés les uns sur les autres comme une litée de jeunes chiens.

CHAPITRE VI

Montée vers le col d'Aigni. — Une âme simple. — Pressentiments. Je bats le record d'altitude des courses de toboggan. — Je m'embarque dans une exploration hasardeuse. — Yongden tombe dans un ravin et se foule le pied. — Nous sommes immobilisés dans une caverne ; le feu et les vivres manquent, la neige ne cesse pas de tomber. — Yongden me conseille de l'abandonner et de gagner une région habitée. — Son état s'améliore ; nous nous remettons en route. Au milieu de la nuit, nous arrivons près d'une hutte désertée. — Nous continuons à jeûner, la neige tombe toujours. — Nous nous égarons dans la montagne. — Nuit de Noël au pays de Po. Yongden, pris de fièvre, délire, je dois lutter avec lui pour l'empêcher de marcher vers un précipice. — Bouillon au cuir de semelle. — Nous rencontrons, enfin, des Popas. — Digression sur la politique intérieure du Tibet. —

1. L'habitude générale au Tibet est de dormir sans conserver de vêtements au-dessus de la ceinture, les hommes gardent seulement un pantalon et les femmes un jupon. Les gens en voyage, néanmoins, dorment la plupart du temps tout habillés.

Parmi des insurgés. — Le premier village du Po yul. On nous y fait l'aumône d'un bol de soupe. — Avons-nous mangé la soupe du chien ?

Combien de temps ai-je dormi ? Je ne m'en rends pas compte. Il me semble que je viens seulement de fermer les yeux.

— Il est temps de partir, répète l'homme dont la voix m'a réveillée. Une clarté soudaine me blesse la vue ; le *dokpa* a jeté une brassée de branchettes sur les cendres rougeoyantes, le bois sec crépite, une flamme vive s'élève éclairant les dormeurs étendus sur le plancher. Certains d'entre eux grommellent sourdement et s'enroulent plus étroitement dans leurs couvertures.

Nous sommes prêts en quelques minutes ; notre toilette consiste simplement à nouer notre ceinture et les jarretières de nos bottes. Nos sacs n'ont pas été défaits la veille.

— *Kalé péb, lé lama !* crie le *nepo*, sans bouger de sous ses peaux de mouton, comme nous franchissons le seuil de la porte.

Au-dehors, la lune masquée par une montagne ne répand qu'une faible clarté sur la vallée ; le vent souffle violemment et le froid est perçant. Même enveloppés dans les longues manches de ma robe tibétaine, mes doigts se raidissent douloureusement, près de se geler, et j'ai peine à tenir mon bâton.

Je décline, comme le fait aussi Yongden, l'invitation du *dokpa* qui nous engage à monter à cheval ; la température est décidément trop froide, je préfère marcher jusqu'à ce que le soleil se lève.

Après quelques heures de marche, le jour point, pâle, grisâtre, puis le soleil apparaît enfin, timidement, entre des nuages, tandis que nous traversons de petits alpages jaunis par l'hiver.

Au fur et à mesure que nous progressons, la neige accumulée en quantités énormes dans les gorges transversales s'avance et s'épaissit sur le sentier. Une gigantesque butte blanche que nous apercevons à notre gauche, marque, nous dit notre guide, l'endroit où le chemin bifurque, une de ses branches conduisant à celui des trois cols qui est complètement bloqué.

Je ne puis plus conserver de doutes sur les renseignements qui m'ont été fournis et je comprends qu'il me sera impossible de parcourir la montagne comme je l'aurais souhaité.

Néanmoins, cette année, à cause de la sécheresse persistante qui inquiète les *dokpas*, le col d'Aigni est facilement praticable. Nous atteignons avant midi le *latza* érigé au sommet de la montée.

Notre guide se débarrasse maintenant de nos sacs qu'il a portés jusque-là, il va nous quitter et emmener son cheval.

Bien que notre déguisement et le souci de notre sécurité ne nous permettent pas de nous montrer très généreux, j'ai toujours eu l'idée de récompenser le brave homme de la peine qu'il a prise. Le sermon de Yongden sur les mérites à acquérir en servant gratis les lamas, ne tendait qu'à convaincre les *dokpas* de notre indigence. Pendant la nuit, lorsque tous ont été endormis, j'ai murmuré à l'oreille de mon compagnon ce que j'entendais qu'il fît et le voici qui suit mes instructions.

Il extrait lentement de sa bourse deux pièces d'argent et quelques pincées de feuilles de cyprès desséchées, renfermées dans un sachet de papier.

— Cet argent, déclare-t-il d'un ton solennel, est tout ce que je possède. Je le dois à la charité du *pönpo* de Tachi tsé à l'intention de qui j'ai lu les Saintes Écritures, au *dzong*. Vous nous avez aidés tous les deux, ma mère et moi. Je vous le donne ainsi que ce *sangue* [1] qui vient du pèlerinage très lointain appelé Kha Karpo.

Bien que le prix dont nous payons la location du cheval soit minime, l'argent est si rare parmi les *dokpas* qui ne trafiquent que par échange que notre guide a lieu d'être satisfait. Nous sommes certains, aussi, qu'il gardera le silence sur le cadeau que nous lui faisons, de crainte qu'un de ses voisins ne cherche à lui voler sa monnaie. Ainsi satisfaisons-nous, à la fois, la prudence qui s'impose à nous et nos sentiments d'honnêteté.

Yongden ajoute encore quelques mots destinés à convaincre le *dokpa* et ses voisins, à qui il ne manquera pas de les répéter, que nous trouverons de puissants protecteurs dans le pays où nous entrons. Ceci peut donner utilement à réfléchir à ceux qui songeraient à nous suivre pour nous dévaliser.

— Prenez cet argent, frère aîné, répète mon fils, n'ayez aucun scrupule. Nous voici arrivés sur le territoire du Po *gyalpo* [2], son *amtcheu* [3] est un de mes bons amis. Nous appartenons tous les deux au monastère de Séra à Lhassa. S'il m'arrive d'être dans le besoin, il priera le roi de me venir en aide.

— Sans aucun doute, il le fera, *Koucho* [4], déclare le *dokpa* avec une déférence dénotant le progrès que le lama a fait dans son estime, depuis qu'il lui connaît de si honorables relations, mais je préfère pourtant ne prendre que le *sangue*. Venant d'un saint lieu de pèlerinage, il est extrêmement précieux. Quant à l'argent, si je l'acceptais, je perdrais le mérite d'avoir servi un lama... Non, je vous remercie, j'aime mieux conserver les mérites. Ils me seront profitables dans les vies futures aussi bien que dans celle-ci... Veuillez me donner votre bénédiction, *Koucho*. Je dois me hâter, maintenant. *Kalé péb*, lama ! *Kalé péb*, mère !...

1. *Sangue* : différentes sortes de plantes desséchées et pulvérisées, brûlées comme parfum dans divers rites lamaïstes, de même que l'encens l'est dans l'Église romaine. Le cyprès est le plus employé, mais dans quelques régions les feuilles des azalées croissant sur les hautes montagnes, les bourgeons de certaines espèces de fougères et, dans l'Himâlaya, une plante du genre du pyrèthre, servent aussi à cet usage.
2. *Gyalpo* : roi.
3. Chapelain.
4. *Koucho* : monsieur, avec une nuance déférente ; l'équivalent du *sir* anglais.

Il était parti... tout heureux, emportant la poudre odoriférante d'une poignée de feuilles poussées sur les cimes et convaincu d'avoir semé quelques germes de future félicité qui lèveraient et s'épanouiraient en ce monde ou dans un autre. Le brave et candide cœur ! Mes vœux les plus affectueux le suivaient.

Nous demeurions tous les deux debout, silencieux à côté du *latza* sans avoir crié : *Lha gyalo*[1] *!* comme le veut la coutume du Tibet. Nous n'éprouvions rien de cette excitation joyeuse qui, d'ordinaire, après une montée exténuante, fait saluer avec enthousiasme le sommet conquis. Habitués à présent aux longues marches, notre brève chevauchée nous avait paru une diversion luxueuse. Pour la première fois, depuis notre départ du Yunnan, nous atteignions un col sans être fatigués. Peut-être était-ce là précisément la cause qui nous privait de notre gaieté triomphante.

— *Lha gyalo !*

Nous avions, enfin, poussé presque ensemble le cri classique, obéissant machinalement à l'habitude prise de longue date. Nos voix résonnèrent étrangement sourdes et leurs courtes vibrations retombant, semblait-il, comme un oiseau aux ailes brisées, n'éveillèrent aucun écho sur les pentes environnantes.

— Il va neiger, dit Yongden qui paraissait singulièrement pensif.

— Je m'en doute depuis que le soleil s'est levé d'aussi mélancolique façon, répondis-je. Mais neigera-t-il aujourd'hui ? Notre *nepo* aurait-il, par hasard, jeté avant le temps prescrit, le grain que vous lui avez donné ?

Ma plaisanterie ne dérida point le lama.

— Dépêchons-nous, fit-il brièvement.

Je n'aimais pas le voir de cette humeur sombre.

— Vous rappelez-vous, dis-je, ce *nagspa* du Koukou-nor qui, d'après les *dokpas*, pouvait, à son gré, faire tomber ou retenir la pluie, la neige et la grêle ? Il m'a appris quelques-unes de ses paroles magiques. Parions ensemble, vous avez appelé la neige, je vais tâcher de l'empêcher de tomber. Nous verrons qui gagnera.

Le jeune homme ne sourit même pas.

— Ces pauvres gens ont besoin de neige pour leurs pâturages, répondit-il, laissez-les en avoir. Et sans rien ajouter il se mit à descendre la pente toute blanche.

Son étrange attitude me frappa. Pourquoi la neige le préoccupait-elle autant ? Nous en avions tant vu durant nos voyages précédents ; il n'y avait rien, là, qui pût nous effrayer, surtout si près de villages.

Comme d'ordinaire, avant de quitter le sommet, je me recueillis un instant, fis des vœux pour le bonheur de tous les êtres, puis je

1. *Lha gyalo* : « les dieux triomphent ! » (Voir page 340).

me hâtai de suivre le lama qui, marchant à grandes enjambées, était déjà loin, au-dessous de moi.

En dépit de mes efforts, Yongden me distançait de plus en plus. Afin de le rattraper, j'imaginai de me dispenser des zigzags qui atténuaient la raideur de la pente mais me retardaient, et de procéder en ligne droite. Alors, je suppose que quelque charmante petite fée invisible, compatissant à mon ennui et désireuse de me rendre un aimable service, me tira par le pied. Dans la dixième partie d'une seconde je tombai et glissai absolument comme dans une course de toboggan avec, toutefois, cette différence notable, que j'étais moi-même, à la fois, le toboggan et son conducteur.

Je fus assez heureuse pour pouvoir saisir mon bâton près de son bout ferré et m'en servir pour me diriger tant bien que mal. De cette façon, sans plus décrire aucune courbe, je passai avec la rapidité d'un express devant mon compagnon ébahi et m'arrêtai loin devant lui.

Il accourut aussi rapidement qu'il le put et me rejoignit, tandis que je me secouais et débarrassais mon sac de la neige dont il était couvert. Lorsqu'il eut compris que je ne m'étais fait aucun mal, Yongden me complimenta en plaisantant, sur la façon magistrale dont j'avais exécuté mon exercice sportif bien involontaire. Ce dernier, dans tous les cas, m'avait évité un long bout de chemin, mais son meilleur résultat était d'avoir rendu sa bonne humeur à mon jeune compagnon. Quel vague pressentiment avait assombri pendant un moment son esprit habituellement jovial et insouciant ? Je ne me hasarderai pas de l'expliquer, mais le fait est que nous nous acheminions vers une aventure passablement dramatique.

L'aspect du pays qui nous apparut peu après avoir franchi le col d'Aigni, dénotait que nous pénétrions dans une région très différente de celle que nous venions de quitter. L'air était humide, le sol boueux et même légèrement marécageux en certains endroits. De la neige se voyait partout, étalée en larges taches sur l'herbe flétrie et amoncelée dans les ravins. Les *dokpas* transhumant dans ces parages n'avaient nul sujet de se plaindre de la sécheresse, comme le faisaient leurs collègues établis du côté opposé de la montagne.

Bientôt nous entrâmes dans la zone boisée, la rivière qui naissait au-dessous du col y continuait paisiblement son cours le long d'une vallée étroite, aboutissant à de vastes alpages. Au-delà de ceux-ci, nous aperçûmes l'entrée d'une autre vallée : celle — il nous était facile de le comprendre — qui montait vers le col, bloqué pour le moment, dont les *dokpas* nous avaient parlé. Un cours d'eau plus important que celui que nous avions suivi en débouchait et les deux rivières unies descendaient, par une troisième vallée, vers le Po mèd. De là, grossies par maints tributaires, elles iraient se perdre dans le Yésrou tsangpo, portant avec lui, dans l'océan Indien, les neiges fondues des chaînes puissantes que je traversais.

Ainsi j'étais arrivée aux sources du Poloung tsangpo dont le cours supérieur demeure encore inexploré ; je venais de voir sourdre l'une d'elles et de repérer l'endroit où s'en trouvait une seconde. Ce résultat pouvait à la rigueur me suffire, les conditions singulières dans lesquelles s'accomplissait mon voyage ne me permettant, dans tous les cas, qu'une reconnaissance superficielle des pays vierges que je traversais. Toutefois, j'éprouvais un grand désir de pousser une pointe du côté de la vallée qui s'ouvrait en face de moi.

Je n'espérais guère pouvoir atteindre, par ce versant, le sommet du col qui la dominait, mais je voulais tenter de gagner sinon la source même de la rivière, du moins un point très proche de celle-ci.

Dès que j'eus décidé de remonter vers la cime de la montagne, j'expliquai brièvement mon intention à Yongden. Plus laconique encore que moi, il se borna à répondre :

— Il va neiger et nous manquons de vivres.

Ces paroles méritaient qu'on leur accordât quelques instants de réflexion.

La neige ?... Je ne la craignais pas. Quant aux vivres, j'ouvris les sacs, inspectai leur contenu et tombai d'accord avec le lama qu'il nous restait de quoi faire trois repas. Trois repas équivalaient à trois jours de nourriture. Nous n'étions pas venus dans ces solitudes pour y pratiquer la suralimentation et, d'autre part, je n'avais pas l'intention de m'installer dans les hautes vallées. Un simple coup d'œil satisferait ma curiosité et me permettrait de fournir quelques renseignements à ceux qui s'intéresseraient aux terres inconnues du Po yul.

— En avant !...

La neige commença à tomber au coucher du soleil, très légèrement d'abord : quelques papillons blancs voltigeant parmi les arbres sombres. Puis, peu à peu, elle s'épaissit, descendant tout droit, régulière, en larges flocons mous : une de ces neiges lentes et obstinément persistantes des temps calmes qui encapuchonnent les hauts pics et comblent les vallées.

— Plantons la tente, dis-je à Yongden, nous allumerons du feu à l'intérieur et ferons du thé.

Nous avions grand besoin de nous restaurer, notre dernier repas datait de la veille.

Le bois sec était rare et nous mîmes longtemps à en ramasser une quantité suffisante sous les arbres. Notre frugal souper hâtivement expédié, nous jetâmes promptement au-dehors les tisons qui restaient, car la chaleur faisait fondre la neige sur notre toit de coton mince et nous nous trouvions sous une véritable averse.

Bientôt, aussi, il devint évident que nos bâtons de pèlerins dont nous nous servions comme mâts ne pourraient pas supporter longtemps le poids de la neige qui s'accumulait rapidement sur la tente.

Ils nous étaient trop utiles pour que nous puissions courir le risque de les laisser se rompre. Nous établîmes donc une sorte d'abri avec la toile seule fixée au roc contre lequel nous avions dressé notre camp et maintenue à l'aide de quelques pierres. Ceci fait, nous nous glissâmes sous l'étoffe et nous ne tardâmes pas à nous endormir.

Une pénible sensation d'étouffement me réveilla. Je voulus me lever, mais au premier mouvement que je fis, je me heurtai le front contre notre toit. Je compris immédiatement que ce dernier, trop lourdement chargé, avait fléchi : nous allions être enterrés.

La situation n'avait rien de tragique, le poids de la neige amoncelée n'était pas encore considérable, cependant il convenait de nous hâter de sortir de notre tombeau, tandis que la toile ne reposait pas encore complètement sur nous et nous laissait une certaine liberté de mouvements.

J'envoyai une bourrade à Yongden qui dormait profondément. Il n'eut pas besoin d'explications pour comprendre ce qui survenait. Je commandai seulement la manœuvre :

— Tournons-nous doucement sur le ventre, puis levons-nous ensemble en poussant la tente avec notre dos... Êtes-vous prêt ?... Allons-y !...

Nous étions dégagés, mais notre confort ne s'en était pas accru ; la neige tombait toujours et nous ne pouvions songer à dresser un nouvel abri sous lequel nous aurions bientôt été ensevelis de nouveau. Puisque le repos semblait impossible, il ne nous restait qu'à nous remettre en route.

Nous marchâmes pendant le reste de la nuit et toute la matinée suivante, sans faire grand progrès. D'abord, la neige molle, déjà haute, nous empêcha d'avancer rapidement, puis, nous trouvâmes, traîtreusement cachés sous celle-ci, des glaciers en miniature, formés par les couches anciennes qui, à plusieurs reprises, avaient partiellement fondu et regelé ensuite. Presque chacun de nos pas fut, alors, suivi d'une glissade. Après quelques heures de cet exercice nous étions rompus.

Un *sa phoug* [1], que nous découvrîmes vers midi, fut salué avec enthousiasme.

Nous nous y établîmes immédiatement, complétant la protection offerte par la caverne, en accrochant notre tente comme un rideau, à quelques racines qui pointaient au-dessus de notre tête. Nul combustible n'était à trouver, les rares buissons nains, rampant sur le sol, qui pouvaient encore croître à cette altitude, avaient disparu sous la neige. Nous mangeâmes quelques poignées de *tsampa*, laissant fondre un peu de neige dans notre bouche, en guise de boisson, puis,

---

1. *Sa phoug*, prononcer *sapoug*, est une caverne en terre, distinguée d'une caverne en roc appelée *thag phoug*.

exténués par deux nuits passées presque sans sommeil, nous nous endormîmes profondément.

Notre sommeil se prolongea jusqu'au lendemain à l'aube. A notre réveil, la neige tombait toujours et la hauteur du mur qui s'était formé devant notre demeure préhistorique montrait qu'elle n'avait probablement pas cessé de toute la nuit.

Je décidai, néanmoins, de tenter une reconnaissance vers l'extrémité de la vallée, nous avançant aussi haut que nous le pourrions et, pour être plus agiles, de laisser nos sacs dans la caverne. Nous reprendrions ceux-ci à notre passage puisque, dans tous les cas, nous devrions revenir sur nos pas pour descendre vers les villages.

Quant aux voleurs, ils n'étaient guère à craindre dans ce pays désert, sur une piste actuellement sans issue.

Nous repartîmes. Il continuait à neiger de la même façon lente, inexorable qui persistait depuis plus de quarante heures. Nous nous heurtâmes à des barrières infranchissables pareilles à celles que j'avais entrevues sur le versant opposé ; il devint impossible de suivre le fond de la vallée. Je grimpai, alors, un versant voisin d'où il me sembla entrevoir, à travers le mouvant rideau des flocons blancs, de petits plateaux vaguement ondulés ou des pentes très douces montant vers les cimes. Mais la neige pouvait avoir nivelé le sol et modifié son aspect. Tous les alpinistes savent combien l'hiver déforme les lignes des paysages de montagne et que tels massifs à la configuration arrondie sous leurs habits neigeux, découvrent, en été, des éperons aigus et des aiguilles inaccessibles.

Étant descendue, non sans difficulté, de mon observatoire, je me dirigeai vers un endroit d'où je croyais pouvoir m'assurer si une source se cachait au fond d'une petite gorge que j'apercevais et envoyait sa contribution à la rivière suivant la vallée principale. J'avançais vers mon but lorsque j'entendis un cri derrière moi. En voulant couper au court, Yongden venait de glisser dans un ravin. Ce dernier, heureusement peu profond, mais encaissé entre des murs presque droits n'était pas d'un abord facile. Quelques minutes s'écoulèrent avant que j'eusse rejoint mon pauvre compagnon.

Étendu dans son costume monastique en guenilles, quelques gouttelettes de sang teintant la neige autour de lui, Yongden aurait pu fournir à un peintre le sujet d'un tableau dramatique.

— Ce n'est rien, rien du tout, dit-il immédiatement, désireux de me rassurer. Ma tête a dû porter sur une pointe de rocher, la peau est un peu coupée, mais il n'y a aucun mal sérieux, je le sens, ne vous effrayez pas. Le choc m'a seulement un peu étourdi.

Alors il voulut se lever, laissa échapper un gémissement, tandis qu'il pâlissait et fermait les yeux, puis murmura :

— Oh ! mon pied !...

Il essaya une seconde fois de se mettre debout mais n'y réussit pas.

— Je ne puis pas, dit-il, la souffrance lui faisant venir les larmes aux yeux, je ne puis pas me lever.

J'étais terrifiée. S'était-il cassé la jambe ?... Que ferions-nous dans ce cas, seuls dans ce désert, sans vivres et la neige devenant plus haute d'heure en heure ?

J'enlevai immédiatement la botte du jeune homme et examinai sa jambe. Les os paraissaient être dans leur état normal. Mon compagnon s'était simplement foulé la cheville et légèrement contusionné le genou. Quelle que forte que pût être la douleur causée par cet accident, il ne pouvait mettre en péril ni la vie, ni la santé générale de celui qui en était la victime. Du moins, il en aurait été ainsi dans un pays habité, mais ici...

Yongden comprenait aussi bien que moi la gravité de la situation. Il tenta encore une fois de se lever et avec mon aide il y réussit, puis il demeura debout sur un pied, s'appuyant sur son bâton.

— Essayez de sortir du ravin en vous aidant des genoux, des mains... comme vous le pourrez, dis-je ; je vous soutiendrai. Ensuite, je tâcherai de vous porter. Nous devons retourner au *sa phoug* et, là, nous examinerons ce qu'il convient de faire.

Malgré toute ma bonne volonté et mes efforts les plus énergiques, je ne pus aller loin. Je manquais de la force nécessaire pour avancer, aussi lourdement chargée, à travers la neige sous laquelle se trouvaient cachés des trous et des pierres qui me faisaient trébucher à chaque instant.

Mon fils n'avait obéi qu'à contrecœur à l'ordre exprès que je lui avais donné de se laisser porter ; il s'efforça, alors, de marcher en s'appuyant d'un côté sur moi et de l'autre sur son bâton. Il se traînait misérablement, s'arrêtant toutes les minutes, des gouttes de sueur glissaient hors du bonnet lamaïque qui lui couvrait le front. Il nous fallut des heures pour regagner la caverne.

Une fois là, je massai la cheville déjà enflée du pauvre invalide et la bandai avec sa ceinture. Je ne pouvais rien de plus.

De même que la veille nous n'avions point de feu et grelottions étendus sur le sol profondément gelé. La neige mangée en cours de route pour nous désaltérer et l'eau glacée bue à notre repas avaient encore aggravé la sensation de froid intérieur qui nous tourmentait. Cependant, n'eût été l'inquiétude que me causait l'état de mon fils, j'aurais trouvé du charme à notre situation singulière. Si puissante était même, pour moi, la séduction de cette nuit de neige, au cœur des montagnes inviolées, qu'elle triompha de mes préoccupations comme de la peine physique que je ressentais. Longtemps — presque jusqu'à l'aube — je demeurai assise, immobile, savourant les délices de mon isolement dans le calme parfait, le silence absolu de cette étrange contrée blanche ; l'esprit détaché de tout, plongée dans une sérénité indicible.

Quand j'ouvris les yeux, après avoir quelque peu sommeillé, la première chose que je vis fut Yongden, debout sur une jambe, adossé à la muraille de terre et s'appuyant sur son bâton. Son attitude me rappelait celle de certains génies peints sur les murs des pagodes tao-sses et elle m'eût fait rire en toute autre circonstance, mais le pauvre garçon paraissait désolé.

— Je ne peux pas marcher, me dit-il, j'ai déjà essayé plusieurs fois, cela m'est impossible.

Sa cheville était très enflée et le pied un peu dévié de sa position normale. Nous ne pouvions songer à partir.

Nous passâmes les premières heures de la matinée en tenant conseil. Je proposai à Yongden de le laisser dans la caverne avec les bagages et la poignée de *tsampa* qui nous restait et de m'en aller vers le village pour y demander secours. Mon fils doutait que les paysans veuillent se déranger pour venir en aide à des mendiants et, quant à leur montrer de l'argent, à offrir une récompense sérieuse pour la peine qu'ils prendraient, c'était là chose dangereuse qui pouvait avoir des conséquences plus funestes que la situation dont nous cherchions à nous tirer.

Peut-être, en ce qui concerne les Popas, mon lama entretenait-il des opinions par trop pessimistes, mais il ne s'en tenait pas à ces seules objections. Nous ignorions, disait-il, à quelle distance de nous se trouvait le village le plus proche et, même, ne possédions que de vagues notions concernant la piste qui y conduisait. Quelques jours auparavant, en descendant du col d'Aigni, nous avions remarqué trois sentiers, mais toutes traces en étaient probablement, maintenant, ensevelies sous la neige.

Qu'adviendrait-il, continuait Yongden, si je m'égarais, errais plusieurs jours dans la neige, s'il m'arrivait un accident du genre de celui qui l'immobilisait ou si, à force de jeûner, les forces me manquaient pour atteindre mon but ?

Quelque sombres que fussent les perspectives évoquées par mon fils, il était impossible de nier l'existence des risques qu'il envisageait. Quant à moi, j'éprouvais une épouvante mortelle à la pensée de laisser mon pauvre compagnon seul dans cette caverne où, durant la nuit, une bête affamée : loup, ours ou léopard, pourrait l'attaquer, alors qu'il était incapable de se tenir debout pour se défendre.

Le temps passait tandis que nous imaginions plan sur plan et les rejetions les uns après les autres. A la fin, je décidai pourtant que je descendrais la vallée afin de m'assurer si quelques *dokpas* n'y hivernaient point, et, dans ce cas, ne voudraient pas transporter un lama chez eux, mais que je reviendrais le même soir à notre caverne.

Je marchai pendant toute la journée, vis deux camps désertés mais pas un être humain. J'étais navrée de devoir rapporter d'aussi peu réconfortantes nouvelles à mon pauvre fils qui m'attendait en grelottant.

Combien il aurait été mieux dans une de ces cabanes, où, du

moins, le combustible laissé par les *dokpas* permettait de se chauffer. A tout prix, je devais emporter de quoi faire une bonne flambée. Mais comment m'y prendre ? Je n'avais ni sac ni le moindre chiffon pour mettre la bouse sèche et, seule, une épaisse étoffe de laine pouvait l'empêcher de s'humidifier en cours de route et de devenir inutilisable. Faute d'un autre moyen, j'enlevai ma robe de dessus en grosse serge de manufacture tibétaine, empaquetai le combustible dedans, liai le ballot avec ma ceinture, puis, l'ayant chargé sur mon dos, je partis.

Le retour fut éreintant. La neige n'avait pas cessé de tomber ; ma légère robe chinoise, le seul vêtement me restant, ne tarda pas à être trempée et, moins d'une demi-heure plus tard, j'éprouvais l'impression de me mouvoir dans un bain glacé. La nuit tomba alors que je me trouvais encore loin du *sa phoug*. Je ne risquais pas de m'égarer, n'ayant qu'à suivre la rivière, mais l'obscurité ne me permettait pas de reconnaître les lieux et de distinguer la caverne située à une assez grande distance du bord de l'eau. Je finis par me demander si je devais encore continuer à remonter la vallée ou si, au contraire, je ne m'étais déjà pas avancée trop loin. J'allais héler Yongden lorsque je distinguai une petite lumière brillant un peu au-dessus de l'endroit où je m'étais arrêtée, cherchant à m'orienter. Afin de me guider, le lama avait allumé un rouleau de rat de cave que nous conservions dans notre sac.

— J'étais à moitié mort de peur, me dit-il, dès que je l'eus rejoint. Quand la nuit est venue sans que vous soyez de retour, je me suis imaginé les choses les plus épouvantables.

Le feu que nous nous étions empressés d'allumer et un bol de thé chaud dans lequel nous jetâmes quelques pincées de *tsampa* nous regaillardit, bien que notre situation eût, en fait, plutôt empiré.

Nos provisions se trouvaient maintenant réduites à deux ou trois cuillerées de *tsampa* et un peu de poussière de thé ; nous ignorions toujours à quelle distance nous nous trouvions des habitations les plus proches, quel chemin y conduisait directement, et Yongden demeurait incapable de marcher.

— Ne vous affligez pas à mon sujet, *Jétsunma*, finit par me dire le lama, tandis que je me séchais, en silence, près du feu. Je sais que la mort ne vous effraie pas. Je ne la crains pas non plus. J'ai longuement massé mon pied pendant la journée, je vais, maintenant, y appliquer des compresses d'eau chaude. Peut-être pourrai-je partir demain, sinon vous vous en irez seule et tâcherez de vous sauver. Ne vous croyez pas responsable de ce qui m'arrive ; la cause de tout ce qui nous survient gît en nous-mêmes. Cet accident est le résultat d'actes commis par moi, avec mon corps, ma parole ou mon esprit [1], soit en cette vie, soit en d'autres qui l'ont précédée. Ni dieux, ni

1. D'après la division bouddhiste.

hommes, ni démons n'en sont les auteurs. Nous lamenter ne servirait absolument à rien. Donc, dormons...

Et nous nous endormîmes tous deux, très profondément en vérité, tandis que la neige tombait, tombait toujours...

Le lendemain, Yongden pouvait se tenir debout. Je ficelai son sac et le mien en un seul ballot dont je me chargeai et, comme je l'avais fait en le ramenant au *sa phoug*, après sa chute, j'aidai le jeune homme à marcher. Il n'est nul besoin de dire que nous avancions à la vitesse d'un colimaçon. Lorsque nous nous retrouvâmes parmi les bois, je coupai une branche à peu près droite, fixai à un morceau de bois en croix à l'une de ses extrémités, l'entourai avec un des sacs vide de provisions, pour former un coussin, et mon compagnon fut ainsi pourvu d'une béquille primitive qui lui permettait de se passer de mon aide.

Pendant ma reconnaissance, la veille, j'avais remarqué que la vallée se rétrécissait graduellement d'une façon qui me faisait craindre de la voir devenir finalement impraticable. Un sentier montant à travers la forêt, que j'avais remarqué en descendant du col d'Aigni, m'inspirait plus de confiance. Il s'écartait de celui que nous avions pris à travers les pâturages et me paraissait devoir suivre la même direction que la rivière. Peut-être avait-il, précisément, été frayé très au-dessus d'elle parce que le fond de la vallée n'offrait pas de passage.

Nous aurions certainement pu retrouver ce sentier sans faire un long détour pour le prendre à la place où je l'avais repéré, mais Yongden ne pouvait songer à escalader des pentes raides parmi les taillis et les rochers, ayant déjà grand'peine à se traîner sur les pistes libres d'obstacles.

Nous retournâmes donc très loin sur nos pas jusqu'à ce que nous ayons retrouvé le chemin bien marqué par la ligne nette qu'il coupait entre les arbres.

Le temps s'était enfin éclairci et n'eussent été la difficulté d'avancer dans la couche de neige qu'une chute de soixante-cinq heures avait accumulée et la peine que j'éprouvais à voir Yongden s'épuiser en efforts pénibles, j'aurais trouvé la promenade charmante.

La région que nous traversions présentait de très beaux paysages alpins, elle devait être extrêmement agréable au printemps et vers la fin de l'été, après la saison de pluie. Malheureusement, un nouvel ennui vint m'empêcher de m'abandonner complètement à mes impressions esthétiques. Le matin, en partant de la caverne, je m'étais aperçue qu'un trou existait dans la semelle de l'une de mes bottes. Plusieurs heures de marche avaient transformé celui-ci en une large déchirure béante, semblable à une bouche dont les mâchoires s'ouvraient et se fermaient à chacun de mes pas, comme si mon pied avait été terminé par un fantastique animal paissant de la neige tout le long du chemin. L'autre botte n'était guère en meilleur état [1] et je commençai à souffrir cruellement. La neige fraîche brûle la chair et cause des plaies ; les montagnards tibétains, bien que leur épiderme soit loin d'être délicat, prennent le plus grand soin d'éviter son contact.

Il se faisait tard, nulle trace de culture ni de bétail ne s'apercevait, nous avions abandonné tout espoir d'atteindre un village ce même jour. Il semblait, aussi, que nous dussions nous passer d'abri, car nous avions cherché en vain les cabanes de *dokpas* qui, d'après les dires de nos derniers hôtes, se trouvaient près du sentier conduisant aux vallées habitées. Couvertes par la neige, elles pouvaient avoir échappé à notre vue. Les avions-nous dépassées ? ou bien est-ce que, la malchance nous poursuivant, nous nous étions trompés de route ?

Les quelques rares paroles que nous échangions se rapportaient uniquement à ce sujet. Nous avions renoncé à nous poser mutuellement des questions sur notre fatigue ou la souffrance que nous éprouvions. A quoi bon ! Chacun de nous se savait incapable d'aider ou de soulager en rien son compagnon, tout bavardage à ce propos ne pouvait être que futile. Un peu plus tard nous cessâmes aussi, comme étant vain et fatigant, de nous communiquer nos conjectures concernant les « camps des *dokpas* » et « la possibilité d'avoir fait fausse route».

La nuit était venue, la neige se remit à tomber.

Sous le ciel d'un noir d'encre, le paysage nocturne s'illumina alors, de façon étrange. Une lumière diffuse, pâle et morne parut sourdre du sol tout blanc et s'échapper des arbres chargés de neige ; transformée par cette fantasmagorie, la forêt prit l'aspect insolite d'une sorte de royaume des Ombres. Blancs de la tête aux pieds, nous continuions, en boitant, notre marche taciturne parmi ce décor singulier, pareils à des fantômes se rendant à l'appel d'un sorcier tibétain ou à deux minables serviteurs de quelque Père Noël indigent.

Le Père Noël !... au fait, n'étions-nous pas en décembre ? Oui, mais la concordance des dates du calendrier grégorien et du calendrier sino-tibétain dont je faisais usage depuis des années, n'était pas présente à ma mémoire. Je me promis de consulter dès que j'en aurais les loisirs, le calendrier des postes chinoises, indiquant les deux dates en regard, que j'avais dans mon sac.

Peu à peu, Yongden s'était laissé distancer. Je poursuivais ma route seule, plongée dans une sorte d'hébétement, sans tendre à aucun but. Villages, cabanes, abri de n'importe quelle sorte, sem-

1. Les bottes de paysans que nous portions sont confectionnées en drap avec une semelle faite d'une seule épaisseur de cuir de yak, non tanné. Cette semelle est peu solide et doit être renouvelée souvent ; pour cette raison il est d'usage, dans les longs voyages, d'être toujours muni d'un morceau de cuir à cet effet.

blaient également hors de notre portée ; nous coucher dans la neige épaisse était impossible... Alors... quoi ?...

Un choc soudain me tira de ma stupeur. Je m'étais heurtée à quelque chose de dur... Je tâtais l'objet ; c'était une pièce de bois, dépassant à l'extrémité d'une palissade rustique. Une palissade !... un camp d'été de pasteurs, alors... Celui dont on nous avait parlé... Nous étions dans la bonne voie et avions un abri pour la nuit !

J'osais à peine croire à cette heureuse chance. Je continuai à avancer ma main toujours touchant les planches raboteuses comme si j'avais craint que palissade et huttes ne s'échappassent et s'évanouissent. J'arrivai ainsi à la barrière fermant l'entrée de l'enclos et, de là, distinguai vaguement une grande cabane carrée et basse et plusieurs autres toits semblant être ceux des étables.

Je criai la bonne nouvelle au lama.

— *Dirou ! Dirou ! Khampa tchig doug*[1] *!*

Ensuite, sans l'attendre, j'entrai dans le campement. Près de l'habitation des *dokpas* se trouvait un abri pour les chevaux. J'y déposai mon fardeau et me mis immédiatement à déblayer la neige accumulée devant la porte de la cabane. Yongden arriva tandis que j'étais à l'ouvrage.

Nous trouvâmes une assez grande quantité de bouse et de bois sec sous le hangar et y allumâmes d'abord quelques branches pour nous éclairer, puis, dès que celles-ci flambèrent, nous les portâmes à l'intérieur de l'habitation. Cette dernière était pourvue d'un foyer autour duquel un plancher avait été posé pour permettre aux maîtres du logis de s'asseoir et de se coucher plus confortablement que sur le sol nu. Notre plus agréable découverte fut, toutefois, celle d'une autre provision de combustible.

Bientôt, Yongden et moi, nous fûmes installés, chacun d'un côté du foyer, un grand feu brûlant entre nous. La chaleur qui se répandait dans la maisonnette me semblait délicieuse après les nuits glaciales passées dans le *sa phoug*. Les yeux clos, silencieuse, j'en savourais la caresse, écoutant avec une indulgence amusée, frémir voluptueusement en moi, l'épicurien toujours blotti, aux aguets, dans la chair des plus austères ascètes eux-mêmes.

Avant de nous endormir, nous bûmes un bol d'eau chaude saupoudrée d'une pincée de *tsampa*, laissant le peu de thé qui nous restait pour notre déjeuner du lendemain, et Yongden enroula une compresse chaude autour de son pied. Je consultai mon calendrier : nous étions le 22 décembre.

Le lendemain, le pied de Yongden était sensiblement moins enflé, le jeune homme devait toujours s'appuyer sur sa béquille, mais il souffrait moins et se déclarait prêt à partir. C'était, malheureusement, à mon tour d'être infirme, mes orteils brûlés par la neige et

1. « Ici ! Ici ! Il y a une maison. »

à moitié gelés, la veille, étaient couverts d'ampoules et de plaies saignantes. Recommencer dans cet état, et presque nu-pieds, une autre longue marche à travers la neige pouvait avoir des conséquences dangereuses. Il fallait, de toute nécessité, ressemeler mes bottes.

Ce travail de cordonnier, auquel les études monastiques de mon lama ne l'avaient aucunement préparé, lui donnait beaucoup de mal chaque fois qu'il devait l'entreprendre. Quant à moi, je m'y montrais d'une incapacité honteuse et ne pouvais que découdre les vieux morceaux de cuir à remplacer.

Ma montre marquait une heure de l'après-midi lorsque mes bottes furent prêtes. Nous hésitions à nous mettre en route si tard. L'existence d'un camp d'été à cet endroit, dénotait que nous nous trouvions toujours loin de la région habitée de façon permanente et, marchant aussi lentement que nous le faisions, n'avions guère de chance de l'atteindre avant la fin du jour. Nous devrions donc, sans doute, fournir encore une longue marche de nuit, chose fatigante pour des gens qui jeûnaient. D'un autre côté, remettre notre départ au lendemain était augmenter la durée de ce jeûne même. Le choix entre ces alternatives, également peu agréables, nous paraissait difficile. Le feu qui continuait à flamber finit pourtant par nous tenter et nous nous décidâmes pour un chaud abri pendant la nuit et un départ très matinal le lendemain.

La neige tomba de nouveau toute la journée. Un peu avant le coucher du soleil, Yongden qui désirait savoir dans quelle mesure l'état de sa cheville s'était amélioré, alla visiter un autre enclos de *dokpas* situé à peu de distance du nôtre et, à son retour, me dit avoir entrevu, de là, le chemin que nous devrions suivre.

Longtemps avant l'aube nous ravivions le feu et retournions notre sac à thé au-dessus de notre marmite, dans l'espoir, passablement chimérique, qu'un peu de la précieuse poussière pourrait encore tomber dans l'eau bouillante. Ensuite, après ce déjeuner purement liquide, nous nous dirigeâmes tout droit vers l'endroit où Yongden avait aperçu le chemin. Il faisait encore nuit et la neige tombait drue, le sentier me parut plus étroit que celui par lequel nous étions descendus l'avant-veille mais les voies tibétaines varient, comme aspect et comme largeur, suivant ce que la forêt les fait, et celle-ci est un capricieux ingénieur.

Nous avançâmes péniblement jusque vers le milieu du jour, puis nous nous heurtâmes à des fourrés impraticables et à des pentes raides qui nous barraient la route. Toute trace de sentier avait disparu : nous nous étions trompés de direction.

Était-ce que, partis d'abord dans la bonne voie, nous en avions dévié ensuite ? J'en doutais. Plus probablement, aussitôt après avoir quitté la cabane, nous nous étions engagés dans un de ces passages que fraie le bétail errant à travers les bois, comme il en existe toujours un certain nombre autour des camps de pasteurs. Quoi qu'il en pût être, le seul parti à prendre était de retourner à notre point de départ. Nous ne pouvions raisonnablement pas essayer de gagner directement le bon chemin de l'endroit où nous nous trouvions, alors que nous ignorions dans quelle direction il fallait le chercher. Une telle tentative n'aurait pu servir qu'à nous égarer — complètement, cette fois — dans ces immenses forêts.

La distance que nous avions parcourue n'était pas très grande ; ni le lama qui se servait toujours de sa béquille, ni moi, dans l'état où se trouvaient mes pieds, ne pouvions marcher vite. Toutefois, la longueur du trajet comptait moins, en la circonstance, que le temps nécessaire pour l'effectuer. Les conséquences de l'erreur que nous avions commise étaient sérieuses pour des gens qui jeûnaient déjà depuis plusieurs jours.

Retrouver nos traces ne fut pas toujours aisé. Il avait continué à neiger pendant les premières heures de la matinée et la marque de nos pas s'était effacée sur la première partie de notre trajet. Yongden devait aussi se reposer fréquemment, ce qui nous retardait encore davantage.

Un bol d'eau chaude fut, de nouveau, le seul cordial que nous pûmes prendre en rentrant, dans la cabane des *dokpas*. Immédiatement après l'avoir bu, je voulus partir reconnaître la route afin de ne plus courir le risque de nous tromper de direction le lendemain. Nous commencions tous les deux à avoir des étourdissements, à entendre de singuliers sons de cloche et, bien que nous ne souffrions pas beaucoup de la faim, il était certain que si notre jeûne se prolongeait encore, la force pourrait nous manquer pour gagner les villages.

Yongden insista pour que je reste près du feu, tandis qu'il irait lui-même à la découverte ; je cédai à ses affectueuses instances et le pauvre garçon partit de nouveau dans la neige, en s'appuyant sur sa béquille et sur son bâton.

Le manque de provisions m'épargnait la peine de cuisiner, je n'avais qu'à faire fondre de la neige et à bouillir l'eau ainsi obtenue. Ensuite je pouvais me coucher et penser à loisir.

J'imaginai quelques-uns de ceux que je connaissais se trouvant à ma place. Je vis les uns s'agitant, jurant, maudissant Dieu, le diable, leurs compagnons et eux-mêmes ; j'en vis d'autres en pleurs, agenouillés et priant. La plupart des uns et des autres auraient, je le savais, blâmé la complète tranquillité d'esprit qui me permettait de suivre avec un intérêt amusé la marche de notre aventure. Un vers pâli chanta, suave, en ma mémoire :

« Heureux, en vérité, vivons-nous ; sans anxiété parmi ceux que l'angoisse tourmente. »

Il faisait presque nuit lorsque Yongden revint. Cette fois, disait-il, aucune erreur n'était possible. Il avait suivi le chemin sur une très longue distance, afin de se rendre compte de son aspect et de la direction qu'il prenait ; nous pouvions être tout à fait rassurés, nous tenions la véritable route.

Cette bonne nouvelle me causait une vive satisfaction, mais je n'aimais pas la physionomie du jeune homme. Il était très pâle et ses yeux brillaient de cet éclat particulier qui dénote la fièvre. Il but deux bols d'eau chaude, coup sur coup, et s'endormit immédiatement.

Je l'observai pendant un certain temps. Il était agité et gémissait dans son sommeil ; cependant, peu à peu il se calma et je m'endormis à mon tour.

Un bruit de pas sur le plancher, un murmure de paroles confuses me réveillèrent. A la faible lueur émise par les cendres rougeoyantes, je vis le lama debout, son bâton à la main, se dirigeant en trébuchant vers la porte. Où allait-il ? D'un bond je fus près de lui.

— Que vous arrive-t-il ? lui demandai-je. Êtes-vous malade ?

— La neige s'amoncelle... elle monte, monte... répondit-il d'une voix étrange, comme parlant en rêve. Nous dormons et elle tombe... Partons... bientôt il sera trop tard...

Il ne paraissait qu'à demi conscient et se trouvait, sans doute, sous l'influence d'un cauchemar. J'essayai de le persuader de se recoucher, mais il ne semblait pas m'entendre, et poursuivait son idée : il voulait partir, partir immédiatement. Ses mains et sa figure brûlaient. Il délirait, en proie à un accès de fièvre. Avec une violence soudaine, il gagna la porte et l'ouvrit.

— Regardez, dit-il, il neige.

Une forte neige tombait, en effet, un souffle d'air glacé entra dans la maisonnette.

— Ne restez pas là, commandai-je au jeune homme, vous êtes malade et le froid vous fera du mal.

— Il faut partir, partir à l'instant, répétait-il obstinément. Jétsunma, vous allez mourir, venez, venez vite...

Il s'efforçait de m'entraîner, pleurant et marmottant des phrases inintelligibles où le mot de « neige » revenait toujours.

Une bourrade que je lui envoyai le fit reculer. Je fermai la porte d'un coup de pied et m'efforçai de nouveau de le faire se recoucher près du feu. Il résistait, se débattait. La fièvre et l'idée fixe de me sauver la vie augmentaient la force du robuste garçon ; il chancelait sur son pied malade et ne paraissait pas ressentir la souffrance que ses efforts devaient lui causer.

Qu'arriverait-il s'il parvenait à m'échapper, à sortir ?... Je me rappelai, terrifiée, que le plateau défriché où se trouvait le camp, finissait abruptement sur le vide, à quelques mètres de notre cabane.

Je parvins, enfin, à pousser de menues branches dans le feu et la clarté soudaine produite par la flamme qui s'éleva du foyer rompit le fil des divagations du lama.

— Qu'y a-t-il ?... Qu'est-ce que c'est ?... dit-il en regardant autour de lui, et il se laissa conduire sur le plancher servant de couche, où il s'étendit.

Je fis un grand feu, plaçai un peu de neige sur la tête du jeune homme et il se rendormit presque tout de suite, mais je n'osai plus relâcher ma surveillance et je demeurai assise, les yeux sur lui, pendant le reste de la nuit.

Est-ce que, malgré moi, je cédai au sommeil pendant quelques minutes et rêvai ? J'entendis le tintement lointain d'une clochette semblant venir d'un point situé plus bas que nous sur la montagne. Qui pourrait avoir voyagé avec un cheval [1] dans cette neige et à une telle heure ?... J'écoutai, craignant que quelqu'un pût entrer, mais après quelque temps les tintements se firent plus distants et, finalement, s'éteignirent.

Tel fut mon réveillon de Noël au pays de Po.

Je n'osai pas éveiller mon compagnon quand le jour se leva. Le sommeil est, en bien des cas, le meilleur des remèdes, et j'avais plus de confiance en lui, pour rétablir mon malade, qu'en les quelques médicaments dont je disposais.

Il était déjà tard lorsque Yongden ouvrit les yeux. Je vis immédiatement qu'il se portait mieux ; il ne conservait qu'un vague souvenir de ses actions pendant la nuit précédente et semblait croire qu'il avait rêvé ce qui s'était passé.

Je fis bouillir l'eau provenant de la neige fondue qui, encore une fois, devait nous tenir lieu de déjeuner. Si nous avions eu la moindre parcelle de beurre ou deux ou trois pincées de *tsampa* pour y jeter, le breuvage aurait pu nous donner l'illusion d'être un peu réconfortant, mais cette eau sans aucun goût, même très chaude, répugnait à notre estomac.

Comme j'exprimais tout haut ces sentiments et souhaitais, en plaisantant, que quelque divinité de la montagne daignât nous témoigner sa pitié en nous apportant, gros comme une noix, de beurre ou de graisse, Yongden me regarda avec insistance, d'une façon particulière.

— Qu'y a-t-il, lui demandai-je ?

— Eh bien ! répondit-il en hésitant, si vous ne vous montriez pas trop exigeante, je pourrais peut-être remplir le rôle de « dieu de la montagne ».

— Comment cela ?

Il se mit à rire.

— Jétsunma, dit-il, vous êtes devenue à peu près Tibétaine à bien des égards, mais peut-être ne l'êtes-vous pas suffisamment pour agir comme un véritable Tibétain le ferait à votre place.

1. Les cavaliers tibétains ont l'habitude d'attacher une clochette au cou de leur monture.

— Continuez... Vous reste-t-il quelque chose de mangeable dans votre sac ?

— Oui, déclara-t-il d'un ton moqueur, un petit morceau de lard avec lequel je frottais les semelles de nos bottes pour les rendre imperméables et quelques rognures de cuir provenant des semelles neuves que j'ai cousues avant-hier [1].

— Jetez le tout dans la marmite et ajoutez-y un peu de sel s'il vous en reste encore, criai-je joyeusement, une véritable âme tibétaine surgissant en moi.

Ainsi fut-il fait et, une demi-heure après, nous dégustions un bouillon trouble dont la saveur était discutable, mais qui, du moins, satisfaisait un peu la demande de notre estomac vide.

Les réjouissances de Noël continuaient.

Un peu après notre départ, le temps s'éclaircit et le soleil fit une courte apparition dans le ciel toujours pâle. La neige devenait moins épaisse au fur et à mesure que nous descendions et notre pas s'accélérait en conséquence, mais rien ne faisait présager que nous dussions bientôt arriver à la limite des grandes forêts. Nous rencontrâmes, au contraire, un autre camp estival, ce qui dénotait, de façon certaine, que nous nous trouvions encore loin de tout village. Un peu au-dessous de ce dernier, nous découvrîmes le cours d'eau naissant au pied du col de Po gotza. Ce n'était qu'un petit torrent qui bondissait sur les pentes raides, courant se jeter dans la rivière formée par les eaux provenant des deux vallées que j'avais explorées pendant les jours précédents.

Ainsi, en dépit des circonstances nettement défavorables dans lesquelles cette courte exploration s'était effectuée, j'avais pu m'assurer que le Poloung tsangpo, la grande rivière qui traverse le Po mèd, a d'autres sources que celles du Nagong, et noter diverses particularités concernant cette région vierge. Je n'avais donc perdu ni mon temps ni ma peine.

La lumière déclinait. Il devenait évident que nous n'atteindrions pas encore un village ce jour-là.

Combien de temps notre jeûne allait-il encore se prolonger...

Tout à coup, je remarquai une hutte en contrebas du sentier, dans un espace partiellement défriché. Peut-être était-il sage de nous arrêter là et de profiter de cet abri. Nous devions ramasser une quantité de bois suffisante pour entretenir du feu pendant la nuit et il ne nous en restait que tout juste le temps avant que l'obscurité soit complète sous les grands arbres.

Quant au repas, y songer était inutile, ce sujet semblait devoir nous devenir aussi complètement étranger que si nous eussions été

1. Ainsi que cela a déjà été expliqué, il s'agit de cuir de yak simplement séché, puis assoupli en le frottant avec du thé ou du lait caillé, et qui n'a point été tanné.

transformés en déités des régions éthérées, se nourrissant de parfums et d'air pur. Nous en demeurions confondus.

En approchant de la cabane, nous fûmes extrêmement étonnés d'apercevoir un homme debout près de la porte. C'était notre première rencontre avec un Popa, dans son pays natal, et les nombreuses histoires parlant de brigands et de cannibales que j'avais entendues raconter au sujet des naturels du Po me revinrent immédiatement à la mémoire.

Bien entendu, je ne laissai paraître aucun signe d'inquiétude, je me bornai à demander poliment :

— *Koucho* (monsieur), pouvons-nous entrer pour allumer du feu ?

— Entrez, répondit laconiquement le Popa.

En ayant ainsi obtenu la permission, nous quittâmes le sentier et descendîmes vers la hutte. Notre étonnement s'accrut encore lorsque nous y vîmes une dizaine d'hommes assis autour d'un feu.

Que pouvaient faire ces gens-là au milieu de la forêt ?

Nous fûmes accueillis poliment, puis, lorsqu'ils eurent appris que nous avions traversé le col d'Aigni, les Popas manifestèrent une profonde surprise et s'entre-regardèrent avec un air de mystère. Yongden avait jugé inutile de parler de notre promenade supplémentaire dans l'autre vallée, et de nos autres aventures de route, de sorte que nos hôtes croyaient que nous descendions du col, en droite ligne.

— Sans aucun doute, nous dirent-ils, vos *Po lha* et *Mo lha* [1] sont de puissants dieux ; sans leur aide vous auriez certainement péri dans les neiges, car le col est maintenant complètement bloqué.

La protection céleste toute spéciale dont nous paraissions jouir disposait les Popas en notre faveur. Une place d'honneur fut donnée au lama au haut bout du foyer et l'on nous invita à tirer nos bols de notre *amphag* pour boire du thé.

Les hommes s'excusèrent même de n'avoir plus de *tsampa* à nous offrir parce qu'ils venaient de terminer leurs repas. Nos exigences n'allaient pas si loin. Bien que sans addition de farine, le thé généreusement beurré nous fit l'effet d'un cordial délicieux.

Après nous avoir posé différentes questions touchant notre pays et nos pèlerinages, l'un des Popas qui paraissait être d'un rang social supérieur, demanda à Yongden s'il était expert en divination, et tous témoignèrent une vive satisfaction lorsque mon fils eut affirmé sa capacité dans l'art des *mos*.

Un curieux récit, mettant en lumière certains côtés pittoresques de la politique intérieure tibétaine, nous fut alors fait.

Comme la véritable condition politique du Tibet est presque complètement inconnue en Occident, quelques explications s'imposent avant de narrer l'histoire.

1. Dieu des ancêtres paternels et maternels.

Il faut se garder de croire que les Tibétains forment une nation homogène sous un gouvernement unique. En dehors des provinces de U et de Tsang, les nombreuses tribus qui occupent la majeure partie du territoire tibétain ont toujours vécu indépendantes, ayant à leur tête de petits chefs locaux qui, pompeusement, s'intitulaient rois *(gyalpos)*.

Pendant la suzeraineté de la Chine, les fonctionnaires impériaux acceptaient, avec indifférence, cet ordre de chose traditionnel et, en maints cas, se contentaient d'un vasselage purement nominal des chefs tibétains. Au contraire, depuis la victoire de ses troupes, le Lama-roi de Lhassa — lointain émule de Louis XI — a entrepris d'amener, sous son autorité directe, tout le territoire tibétain qui a été soustrait au contrôle chinois.

Or, les tribus qui s'étaient réjouies de l'expulsion des Chinois croyant jouir, dorénavant, d'une autonomie complète et *être libérées de tout impôt*, ne se sentent pas le moins du monde enclines à accepter comme maîtres des fonctionnaires envoyés de Lhassa pour leur faire la loi et, surtout, pour percevoir des contributions dont le produit prend le chemin de la capitale.

Certes, les Tibétains, à de très rares exceptions près, révèrent le Dalaï-lama comme une très haute — plus que divine — personnalité, mais bien que certains poussent la dévotion envers lui jusqu'à se prosterner, à des centaines de kilomètres de distance, dans la direction de son trône, la plupart de ces pieux fidèles ne goûtent nullement son ingérence dans leurs affaires temporelles.

Pour en revenir à nos Popas, nous apprîmes d'eux que les habitants de Tcheu dzong avaient tout ingénument lapidé le haut commissaire du jeune gouvernement central. Puis, comme l'infortuné seigneur était parvenu à s'enfuir dans son *dzong*, ils l'y assiégeaient.

Outré, furieux, à la suite de ce traitement ignominieux, l'homme de Lhassa avait réussi à dépêcher un émissaire au Kalön-lama pour l'informer de ce qui se passait.

Le Kalön-lama est une sorte de vice-roi, régnant sur le Tibet oriental, dont le siège est à Tchiamdo (Kham), où il a, sous ses ordres, quelques troupes régulières. Les gens de Tcheu dzong ayant appris le départ du messager porteur d'une lettre pour ce grand personnage craignaient des représailles, aussi avaient-ils, à leur tour, expédié plusieurs des leurs sur les différentes routes conduisant aux cols par où l'on sort du pays de Po. La mission de ces bon patriotes consistait à s'emparer de la lettre adressée au Kalön-lama et — je le comprenais sans peine malgré les euphémismes employés — à « supprimer » son porteur.

Les hommes vers qui un singulier hasard nous avait amenés étaient des notables de la fière bourgade qui lapidait les gouvernements étrangers. Il n'était question ni de cannibalisme, ni de brigandage ; Yongden était simplement requis de dire si le messager serait pris.

Cette fois, la plaisanterie ne laissait pas que d'offrir un côté sérieux. Il pouvait en cuire à l'oracle si sa prophétie ne se vérifiait pas. Les géants assis autour du feu n'étaient, vraisemblablement, point commodes une fois en colère. Mon fils et moi, tous deux de petite taille, ressemblions parmi eux à Petit Poucet dans l'antre de l'ogre. Mais, ici, les « ogres » étaient quatorze — je les avais comptés — et, bien que nous pussions être convaincus qu'ils ne dévoraient pas les voyageurs égarés, il était tout aussi certain qu'ils ne permettraient point que l'on se moquât d'eux.

Le lama leur posa de nombreuses questions au sujet des différentes routes que le messager pouvait avoir suivies pour quitter le pays, et les réponses qui lui furent données me fournirent un bon nombre de renseignements géographiques.

J'appris aussi qu'un cavalier était monté vers le col d'Aigni — ainsi s'expliquait ce lointain tintement de clochette que j'avais entendu pendant la nuit. L'homme était revenu sur ses pas, jugeant par l'épaisseur de la neige déjà accumulée à la hauteur où il se trouvait que les abords du col seraient impraticables.

D'où l'étonnement profond des Popas lorsqu'ils nous avaient vus arriver — directement, croyaient-ils — de par-delà les montagnes. Ils nous interrogèrent derechef, insistant pour savoir si nous n'avions point vu de traces de pas. Nous n'avions rien vu et, certainement, l'émissaire du gouverneur n'était point passé par ce chemin.

Après avoir marmotté pendant assez longtemps et esquissé un bon nombre de gestes cabalistiques, le tout étant suivi avec l'attention la plus soutenue par les montagnards intéressés, le lama déclara quelque chose signifiant à peu près : « Si vos gens courent plus vite que le messager du *pönpo*, ils le rattraperont. » Mais, bien entendu, cette simple vérité était énoncée en style sibyllin, avec quantité de mots solennels et de phrases énigmatiques tout à fait impressionnantes.

Les braves de Tcheu dzong prirent ensuite poliment congé de nous, recommandant à Yongden de dire à quiconque pourrait se présenter qu'« ils étaient tous rentrés chez eux ».

Nous étions de nouveau seuls. Que devions-nous faire ? Les Popas nous avaient dit que nous n'étions pas loin d'un village appelé Tcholog ; mais ce qui paraissait une courte distance à ces robustes et gigantesques montagnards pouvait sembler un long trajet à des gens harassés et à moitié invalides comme nous l'étions. Nous avions bu chacun plusieurs bols de thé beurré et avions reçu un petit morceau de beurre et une poignée de thé qui nous assuraient un déjeuner liquide le lendemain, mieux valait passer la nuit dans l'abri que nous avions trouvé.

Nous pouvons être certains, dis-je à Yongden, qu'aucun d'entre les Popas que nous avons rencontrés, ne songe à revenir pour dépouiller de pauvres hères de notre espèce. Le jeune homme partageait mon opinion, mais la hutte ne lui paraissait pas un endroit sûr.

Les gens du gouverneur, disait-il, pouvaient avoir appris que leurs ennemis s'étaient réunis dans ce lieu et, les y croyant encore, venir pendant la nuit pour les tuer par surprise. Nous risquions de recevoir des balles à travers la porte ou d'être traînés devant un *pönpo* et d'avoir à répondre à un tas de questions embarrassantes.

Ces craintes ne manquaient pas de fondement, mais l'obscurité était devenue complète sous les arbres et, ne connaissant pas le chemin, nous courrions le risque d'un accident du genre de celui dont Yongden souffrait encore. Quant à recevoir des balles, ou à être arrêtés, la chose pouvait tout aussi bien nous arriver n'importe où dans la forêt si des gens du gouverneur la parcouraient à la recherche des factieux.

Puis, d'un autre côté, cette minuscule cabane dans ce site sauvage, ces géants conspirateurs, vêtus comme des brigands d'opéra-comique et l'excitante attente d'événements mélodramatiques, étaient choses bien attirantes. Décidément, je resterais et verrais la suite de l'aventure... si, toutefois, elle devait en avoir une.

Lorsque nous eûmes décidé de demeurer dans la hutte, Yongden s'en alla couper du bois à la limite de la clairière, tandis que je ramassais les branches mortes jonchant le sol autour de la cabane. Ma besogne terminée, je me tenais assise près du feu, lorsque soudain, sans que j'eusse entendu aucun bruit de pas, une tête s'encadra au-dessus de la porte basse fermant seulement les trois quarts de l'ouverture donnant accès dans notre refuge.

Un individu jeta un coup d'œil rapide dans l'intérieur, baragouina précipitamment quelques mots que je ne compris pas et disparut sans me laisser le temps de lui demander de répéter ce qu'il voulait. A tout hasard, je criai ce que les Popas nous avaient recommandé de dire : « Ils sont tous partis ! » Mais personne ne répondit.

Il était dit que notre tranquillité serait décidément troublée ce soir-là. Yongden était revenu avec une charge de bois et nous nous disposions à dormir, lorsque nous entendîmes marcher sous les arbres. Les feuilles sèches craquaient et de menues branches se cassaient sur le passage d'un promeneur nocturne qui, à en juger par le bruit qu'il produisait, devait être de forte taille.

Du seuil de la porte, le lama appela, à la façon des indigènes d'Amdo : *« Arrau ! Arrau !* (camarades) vous pouvez venir ! »

Nul ne se montra. J'inclinais à croire que des animaux rôdaient dans la forêt et mon fils et moi nous parcourûmes la clairière jetant des pierres dans la direction d'où venait le bruit afin de les éloigner ; mais les invisibles noctambules ne semblèrent point s'émouvoir de nos démonstrations et continuèrent leurs allées et venues, ce qui confirma Yongden dans l'idée qu'ils appartenaient à l'espèce humaine.

Quoi qu'il en pût être, comme ils ne nous attaquaient pas, nous les laissâmes à leurs affaires. Nous barricadâmes la porte de la hutte aussi bien que nous le pûmes et, après avoir couvert le feu, nous nous couchâmes chacun dans un coin où nous ne pouvions pas être facilement vus ni atteints si l'on tirait par l'ouverture au-dessus de la porte. Il ne nous était pas possible de prendre davantage de précautions et, en toutes circonstances, lorsqu'on a agi du mieux que l'on peut, se faire du souci est inutile. Tous deux, pensant de même à ce sujet, nous dormîmes si profondément que le soleil brillait déjà haut dans le ciel quand nous nous éveillâmes.

Nous bûmes chacun, avec plaisir, un grand bol de thé beurré, mais notre estomac réclamait impérieusement des aliments solides. Nous en étions à notre sixième jour de jeûne et, sans crainte d'être jugés gloutons, nous pouvions avouer que nous avions grand'faim.

Tcholog, le premier village que nous devions rencontrer, ne se trouvait pas si proche de notre cabane que les preux de Tcheu dzong nous l'avaient annoncé la veille. Nous y arrivâmes vers midi.

Enfin, nous étions parmi ces mystérieux Popas dont Yongden et moi parlions depuis si longtemps. Jusqu'à ce moment tout s'était bien passé pour nous et nous avions pleine confiance en l'avenir.

Le village situé au fond d'une vallée étroite, encadré d'un joli paysage alpin, donnait l'impression d'un extrême isolement. L'on s'y sentait dans un endroit prodigieusement reculé, à des millions de kilomètres aurait-on cru, de tout centre d'activité matérielle. Rien, d'ailleurs, dans l'aspect des humbles chalets composant le hameau, ni des rares habitants que nous apercevions, n'était de nature à inspirer la crainte.

Quant à mon incognito, il me paraissait dorénavant bien assuré. Jamais, dans ce pays où nul étranger n'avait jamais pénétré, l'idée ne viendrait à quelqu'un qu'une *philing* s'était aventurée à travers ces montagnes solitaires. Ce sentiment de sécurité m'était un véritable confort, il allait me permettre de savourer, enfin, en toute tranquillité d'esprit, les charmes de mon aventure et la délicieuse liberté de la vie de chemineau.

Nous ne pouvions pas mieux débuter chez les Popas qu'en faisant une ronde pour solliciter des aumônes, cette conduite s'harmonisait à la fois avec notre déguisement et avec nos besoins. Nous nous arrêtâmes donc, en marmottant les prières d'usage, devant la porte de la première habitation qui se trouva sur notre route.

La question qui nous fut tout d'abord posée fut, comme toujours : « D'où venez-vous ? » Et quand nous y répondîmes en disant que nous descendions du col d'Aigni, la femme qui nous interrogeait poussa de bruyantes exclamations de surprise qui attirèrent quelques voisins.

Comment avions-nous pu traverser les neiges ? C'était un vrai miracle ! La protection évidente de nos *Po lha* et *Mo lha* fut encore une fois reconnue.

Nous fûmes invités à nous asseoir et à tendre nos bols que la maîtresse du chalet remplit de soupe.

Quel goût avait celle-ci ? Je ne m'en rendais point compte. Une sensation étrange m'avait envahie ; il me semblait que du tréfonds de mon corps, des êtres se levaient et se ruaient vers ma bouche pour se repaître de l'épaisse bouillie que j'avalais avidement.

D'autres braves gens nous donnèrent aussi un peu de *tsampa* et de beurre, puis, nos sacs à la main, nous fîmes le tour du hameau. Rapidement, les aumônes recueillies nous assurèrent deux jours de subsistance. Comme nous nous trouvions, maintenant, dans une région habitée où le ravitaillement était relativement aisé, il devenait inutile de nous charger lourdement. Sans nous y attarder davantage, nous quittâmes le hameau hospitalier, continuant notre route en descendant la vallée.

Une dizaine de minutes plus tard, une singulière idée me traversa le cerveau : cette soupe que nous avions mangée... avant que la *nemo* la plaçât sur le feu pour la réchauffer, se trouvait dans un coin de la cuisine, sur le plancher, derrière le battant d'une porte ouverte... Pourquoi donc le pot qui la contenait avait-il été placé dans cet endroit ?... Se pouvait-il que... Non, tout en moi se révoltait à cette pensée. Et pourtant... sur le plancher, dans un coin...

Je me tournai vers mon compagnon :

— *Gelon lags* [1], dis-je très poliment. Je crois que nous avons mangé la soupe du chien.

Le lama goûtait précisément la béatitude d'une agréable digestion. Mes paroles le firent sursauter.

— Que dites-vous ?... Quelle soupe du chien ? demanda-t-il.

Je lui expliquai alors, avec le plus grand calme, les indices sur lesquels se fondaient mes soupçons. Il devint soudainement pâle. L'expression de son visage rappelait celle que l'on voit à certains passagers sur le pont d'un paquebot, par grosse mer.

Tout à coup, parmi les divers détails de notre repas, qui me revenaient à la mémoire, je me rappelai que la *nemo* avait puisé la soupe dont elle avait rempli nos bols avec une louche décrochée parmi d'autres ustensiles de cuisine suspendus près du foyer. Or, jamais, pour rien au monde, une Tibétaine ne plongerait dans un pot contenant le manger des animaux, une cuillère servant à la cuisine. Je pouvais en être certaine : la soupe était bien destinée à nourrir des humains. Je m'empressai de rassurer le lama tout ému.

— Quelle peur vous m'avez faite ! dit-il en riant.

— Que vous êtes stupide ! répliquai-je. Qu'elle fût pour les gens ou pour les bêtes, cette soupe vous a rassasié, pourquoi vous rendez-vous malade à cause d'une simple idée ?

— Je crains fort, Jétsunma, rétorqua mon compagnon, que sous la direction de vos divers maîtres ermites, *naldjorpas* et autres, vous

1. Honorable moine.

n'ayez fait trop de progrès en *tul chougs*[1]. A l'avenir, j'examinerai avec soin le contenu de notre marmite quand vous serez de cuisine.

— J'espère bien ne pas devoir confectionner du bouillon avec du cuir pour semelles de bottes, comme vous l'avez fait dernièrement, répondis-je.

La bonne soupe que j'avais si injustement calomniée entretenait notre gaieté.

Un peu plus loin, nous vîmes venir vers nous trois beaux hommes élégamment vêtus. Avec leurs robes de fourrure, leurs gilets de drap grenat ou vert émeraude, leurs cheveux flottants sur les épaules et un sabre au fourreau orné d'argent et de pierreries passé dans leur ceinture, ces trois Popas ressemblaient vaguement aux chevaliers des siècles passés, peints par les vieux maîtres flamands.

Ils abordèrent poliment Yongden et le prièrent de consulter le sort au sujet de l'affaire qui lui avait déjà été soumise dans la forêt.

Le lama répondit que les divinités ayant déjà été interrogées à ce propos, le respect et la prudence commandaient de ne pas les importuner davantage, mais qu'il pouvait répéter que, d'après le *mo* précédent, toutes choses s'arrangeraient de façon satisfaisante. Les trois chevaliers se contentèrent de cette réponse et, s'étant inclinés devant mon compagnon, s'en retournèrent vers leurs demeures avec la plus gracieuse dignité.

Nous avions à peine fait quelques pas quand un villageois, qui nous croisa, arrêta de nouveau Yongden, en demandant un *mo* au sujet d'une affaire privée. Puis, tandis que mon oracle condescendait à son désir, un lama, voyageant à cheval, arriva à son tour, mit pied à terre et sollicita aussi, de son humble confrère-chemineau, la faveur d'une séance de divination.

Une certaine quantité de *tsampa* et de beurre entrèrent dans nos sacs comme honoraires du *nieunchés*. En vérité, notre début dans le pays des terribles Popas était tout à fait encourageant.

Bientôt après, nous entrions dans une gorge et, tentés par les provisions que nous portions, nous nous étions déjà assis sur un arbre renversé, pour faire un léger repas, lorsqu'un homme vint à passer. Il nous engagea à ne pas nous attarder. Nous étions loin du prochain village, disait-il, et la route n'était rien moins que sûre. Des voleurs rôdaient dans la région, même en plein jour, et étaient beaucoup plus à craindre encore après la tombée de la nuit.

Ces renseignements concordaient tout à fait avec ceux que nous avions précédemment recueillis sur la sécurité au Po yul. Nous renonçâmes donc à notre repas et partîmes immédiatement, nos revolvers à portée de la main sous notre robe.

Le soleil était couché quand nous atteignîmes l'extrémité de la

1. *Tul chougs* : nom d'une doctrine philosophique qui enseigne une complète indifférence à l'égard de toutes choses.

gorge. Celle-ci débouchait sur une vaste étendue de terrain formant le point de rencontre de trois vallées. Le sol y était, en majeure partie, cultivé ; des hameaux et des fermes isolées s'apercevaient de l'autre côté de la rivière, aussi loin que la vue pouvait s'étendre. Désireux de trouver un gîte pour la nuit nous dûmes traverser le large pont reliant la piste principale qui suit le Po, avec celle conduisant à Tcheu dzong où existe une grande lamaserie — l'endroit même dont les habitants avaient lapidé le représentant du gouvernement de Lhassa.

Des fermiers nous permirent de passer la nuit dans la pièce où se trouvait la meule[1].

Sauf dans les agglomérations importantes, où la farine est produite en quantité pour le commerce, chaque famille campagnarde tibétaine moud son grain chez elle, au fur et à mesure de ses besoins, en se servant d'une petite meule actionnée à la main. Le plus souvent cette opération se fait dans une pièce spéciale tenue avec une grande propreté et, souvent aussi, seuls les membres de la famille et leurs domestiques sont admis à y pénétrer, pour éviter que l'endroit ne soit pollué par la présence d'étrangers.

Nos hôtes nous apportèrent quelque peu de bouse sèche pour allumer du feu, mais refusèrent de nous en donner ou de nous en vendre une quantité suffisante pour cuire notre repas. Je dus retourner au bord de la rivière, à la recherche du peu de bois charrié par les crues que je pourrais découvrir sur la rive, dans la demi-obscurité ; la nuit était presque tombée.

Quand je revins, je trouvai quelques visiteurs auprès de Yongden. Le gouverneur, son messager et les gens envoyés à la poursuite de ce dernier étaient, encore une fois, le sujet de la conversation.

D'autres villageois se montrèrent ensuite. Ils venaient réquisitionner du grain pour nourrir une troupe de Popas qui se rassemblait quelque part. L'on ne nous confia ni le nom de cet endroit, ni la destination et les projets des patriotes qui s'y organisaient. Il semblait que le pays se soulevât. Le lendemain matin une bande d'hommes armés vinrent trouver le lama en demandant un nouveau *mo*. La situation était changée : le gouverneur avait réussi à s'échapper de Tcheu dzong et à se réfugier dans une autre lamaserie à Soung dzong.

Après le départ des guerriers, nous tînmes conseil. Yongden jugeait prudent de renoncer à l'excursion que nous avions projetée à Tcheu dzong, qui se trouvait hors de notre route.

---

1. Bien que les castes, telles qu'elles sont établies dans l'Inde, n'existent point au Tibet, certaines classes de gens : les forgerons, les bouchers et surtout les vagabonds, mendiants de profession, sont plus ou moins considérés comme impurs. Quant aux autres voyageurs, ils peuvent, croient les Tibétains, s'être trouvés en contact avec des gens ou des objets impurs et avoir, de ce fait, contracté une souillure, ou bien encore être accompagnés par de mauvais esprits.

Suivant les habitudes tibétaines, des espions des deux partis ennemis devaient, en effet, battre le pays. Les campagnards et les gens des chefs étaient sur le qui-vive ; nous pouvions être pris, nous-mêmes, pour des espions, ou trouvés suspects d'une autre manière et nous attirer des ennuis, sinon pire. Préférant donc nous priver de visiter Tcheu dzong plutôt que de risquer de compromettre la suite de notre voyage, nous retraversâmes la rivière, et, pressant notre allure, nous nous efforçâmes de dépasser promptement Soung dzong et le territoire menacé d'une révolution.

L'excellente opinion que nous avions conçue touchant les Popas, après nos premières rencontres avec eux, ne dura pas plus d'une journée.

Ce même soir, au sortir d'un long défilé, nous nous trouvâmes de nouveau dans une zone très ouverte. Les montagnes s'écartant brusquement très loin de la rivière laissaient libre une vaste étendue de terrain que les Popas avaient cultivée. Des fermes se dressaient, de-ci, de-là, dispersées dans les champs. Nous vîmes aussi deux ou trois maisons en ruines, presque au bord de la route, et je songeai un instant à m'y abriter pour dormir. Mais Yongden me fit observer que le feu que nous allumerions attirerait l'attention des paysans et que des visiteurs indésirables pourraient apparaître pendant la nuit.

Je me rendis à ses raisons. Puisque nous renoncions à camper seuls, à proximité des habitations, il ne nous restait qu'à demander un abri quelque part et c'est ainsi que nous fîmes plus ample connaissance avec les sentiments hospitaliers des Popas.

Près de la première ferme dont nous nous approchâmes, un jeune chevrier nous aperçut. Aussitôt, abandonnant ses bêtes, il courut à toutes jambes informer les maîtres de la maison de notre approche. Instantanément portes et fenêtres se fermèrent comme par enchantement et nul ne répondit lorsque nous appelâmes du dehors, en exposant notre requête. Toute cette scène avait été jouée si rapidement, si ingénument que j'avais peine à ne pas éclater de rire. Mais l'hilarité, dans cette circonstance, n'eût pas convenu au personnage dont je jouais le rôle ; j'affectai donc une mine désolée en me dirigeant vers une autre ferme.

— Nous avions tort, me dit Yongden quand nous nous fûmes un peu éloignés, de nous adresser à une maison d'aussi minable apparence. Les gens qui vivent là n'ont peut-être pas de quoi manger toujours à leur faim et craignent les mendiants parce qu'ils ne peuvent rien leur donner. Mais comme refuser l'aumône à un lama-pèlerin est une très mauvaise action, ils s'arrangent pour ne pas voir celui qui implore leur charité. Avez-vous remarqué comme ils ont adroitement fermé la porte et les volets sans jeter un coup d'œil au-dehors ? Peut-être ont-ils même fait semblant de ne pas m'entendre quand je les ai appelés, ou, mieux encore, l'un d'eux a-t-il dit aux autres : « Bon, voici encore un de ces drôles qui contrefont les manières des lamas-*neskorpas* pour tromper les maîtres de maison, trop crédules. »

Ainsi, ces rusés avares croient éviter le péché. N'ont-ils pas *ignoré* qu'un véritable lama était à leur porte. Quel merveilleux stratagème !

Allons tenter la chance dans une grande ferme.

Chez le *tchougpo*[1] nul ne ferma les portes ni les fenêtres mais cinq gros chiens nous entourèrent, aboyant furieusement et montrant leurs crocs. Néanmoins, tandis que je travaillais à les tenir en respect avec mon bâton ferré, Yongden criait sa requête, s'efforçant de dominer le tapage fait par les animaux.

D'abord, personne ne répondit, puis une jeune femme parut sur le toit plat des étables et, de là, posa une quantité de questions, sans dire un mot ni faire un geste pour commander aux chiens de nous laisser tranquilles. Yongden répondait avec une patience angélique tandis que je continuais la bataille autour de lui. Enfin, sa curiosité satisfaite, la femme rentra dans l'appartement situé au premier étage, pour transmettre notre requête au maître de la maison. Une dizaine de minutes s'écoulèrent encore, puis elle reparut rapportant une réponse négative : le *nepo* refusait de nous laisser entrer.

Les Tibétains — comme bien d'autres, dans tous les pays — sont passablement moutonniers. Le voyageur à qui un paysan a refusé l'hospitalité, peut être certain que tous ceux qui ont eu connaissance de ce fait lui fermeront leur porte. Nous n'avions aucune chance de succès dans le voisinage du propriétaire des molosses.

Nous étions donc résignés à marcher une heure ou deux encore et à dormir cachés dans les bois, mais comme nous passions devant la dernière ferme, située à la limite des terres cultivées, une femme se trouva justement devant la porte de l'étable, surveillant la rentrée du bétail. L'habitation avait belle apparence et l'occasion se présentant ainsi à nous, Yongden sollicita la permission de passer la nuit à couvert. Tandis qu'il parlait, une autre femme se montra à une fenêtre, au-dessus de notre tête, et mon fils répéta sa requête.

Là comme ailleurs, le consentement du *nepo* était nécessaire et la femme déclara qu'elle allait le lui demander.

Nouveau délai. Puis la même femme réapparaît — à la porte, cette fois — portant une assiette pleine de *tsampa*. Le fermier nous envoyait cette aumône, mais ne voulait pas nous recevoir.

Je n'aurais pas insisté davantage, mais Yongden s'entêta.

— Nous n'avons pas besoin de *tsampa*, expliqua-t-il, nous ne demandons qu'un abri. Nous mangerons nos propres provisions et nous n'importunerons personne pour des aumônes. Accordez-nous seulement le *nestsang*[2].

---

1. *Tchougpo* : un homme riche.
2. Un endroit où demeurer, où dormir.

La femme remonta au premier étage, remportant la *tsampa*, et le fait que nous avions refusé celle-ci dut produire bon effet sur le *nepo*, car nous fûmes invités à entrer. On nous conduisit dans une chambre cossue, d'une extrême propreté, comme l'on n'en voit guère que dans les demeures des Tibétains de condition supérieure. Une servante alluma du feu et posa une ample quantité de bois à côté du foyer.

Notre opinion concernant les Popas, qui venait de tomber bien bas au thermomètre de notre estime, remonta quelque peu.

CHAPITRE VII

Le monastère de Soung dzong. — Un pays de contes de fées. — Prophétie imprudente. — Daching et ses ermitages. — Nous rencontrons Philémon et Baucis. — Nous nous régalons chez le roi. — Jours de bombance. — Début d'une période troublée. Comment je faillis tuer un malandrin que je ne voulais qu'effrayer. — Rencontre opportune d'une troupe de voyageurs. — Brigandage au Po yul. — Je traverse encore une fois une rivière en étant suspendue à un câble. — Acrobaties risquées sur un pittoresque sentier en corniche. — Nous l'échappons belle.

Le lendemain matin, nous gagnions, à travers une brousse épaisse, le voisinage de Soung dzong[1].

Une lecture de tout le Khagyur[2] avait eu lieu dans un village des environs et les cent et huit gros volumes, dont se compose l'ouvrage, étaient rapportés au monastère, chargés sur des yaks conduits par quelques paysans. Flânant à l'arrière du groupe, une vieille femme cheminait en compagnie de son gros bœuf poilu qui, aussi peu pressé que sa maîtresse, inspectait du regard les bords du sentier, s'arrêtant de temps en temps pour tondre une touffe d'herbe à son goût.

La bonne grand'mère se mit à bavarder avec nous et, voyant que tout en marchant je mangeais de la *tsampa* sèche, elle sortit un mor-

1. Soung dzong : soit « le fort du Verbe » — en orthographe tibétaine *gsoung* = verbe, parole ; — soit « le fort du guet » — en orthographe tibétaine : *bsroung* = garde, surveillance, guet. — La prononciation est, à peu de chose près, la même dans le deux cas, et la façon particulière d'énoncer les lettres composées, dans différents dialectes locaux, ajoute à la confusion.

2. La prononciation habituelle donne à peu près Khandjour. Le *Bkha hgyur* (orthographe tibétaine) signifie : « Paroles traduites. » C'est la bible lamaïste contenant une partie des Écritures bouddhistes traduites du sanscrit.

ceau de pain de son *amphag* [1] et me l'offrit. Qui sait en quelle étrange et malpropre compagnie ce pain s'était trouvé dans la poche de la pauvre femme ! Néanmoins, il ne m'était pas possible de le refuser, je devais même en manger ostensiblement au moins quelques bouchées. Il me serait loisible, ensuite, de guetter le moment où, sans être aperçue de ma vieille bienfaitrice, je pourrais jeter le croûton dans les fourrés. Je n'eus, du reste, pas à prendre cette peine. Ce pain brun fraîchement cuit était loin d'être mauvais et je le dévorai à belles dents jusqu'à la dernière miette.

J'arrivai à Soung dzong comme je finissais cette friandise rustique.

Des groupes de maisons s'apercevaient, disséminés de divers côtés, dans une vallée très ouverte, et la localité semblait être d'une certaine importance.

Quant au monastère, les nombreux bâtiments pressés dans son enceinte couvraient une butte, entourée par les rivières, où l'on accédait par des ponts. Contrairement à la majorité des *gompas* dont les murs blanchis à la chaux se détachent en lumière sur le paysage environnant, les demeures monastiques de Soung dzong, presque toutes construites en pisé, n'étaient couvertes d'aucun enduit. Jaune et terne, dominée de toutes parts par les routes qui y conduisent, la lamaserie, en dépit d'un arrière-plan imposant de montagnes escarpées de teinte sombre, présentait un aspect plutôt insignifiant.

Quelques détails d'ordre géographique, concernant la région supérieure du bassin du Poloung Tsangpo que nul étranger n'a parcourue avant moi, pourraient offrir un certain intérêt, mais le cadre très restreint du présent livre m'oblige à les omettre.

Le besoin de regarnir nos sacs de vivres nous retint assez longtemps à Soung dzong. Les environs du monastère présentaient un spectacle animé. Des paysans y arrivaient, venant de diverses directions, conduisant des bêtes chargées de bois, de viande ou de grain. De petits chefs locaux faisaient caracoler leur monture entre les groupes ou trottaient, de-ci, de-là, donnant des ordres d'un air important ; des moines se voyaient aussi, entrant et sortant, tout affairés, par la porte de la *gompa*. De l'endroit un peu éloigné d'où je dominais cette agitation, la lamaserie, avec ses maisons de terre jaunâtre, ressemblait à une gigantesque fourmilière occupée par ses ouvrières diligentes, en plein travail.

La présence du fonctionnaire lapidé à Tcheu dzong, qui s'était réfugié à la *gompa*, était la cause de cette activité inusitée. Lorsqu'un de ces personnages réside en n'importe quel endroit, au cours d'un

---

1. *Amphag* : la poche formée sur la poitrine par la large robe serrée au-dessous de la taille avec une ceinture. Les Tibétains n'en ont pas d'autres. La quantité de choses, de diverses natures, qu'ils y mettent — souvent en contact direct avec la peau, car les gens du peuple ne portent pas de vêtements de dessous — est réellement étonnante et fait paraître obèses les plus maigres d'entre eux.

voyage, les gens du pays sont non seulement tenus de le nourrir, lui, sa suite, ses serviteurs et ses bêtes, mais aussi de lui offrir, chaque jour, une quantité déterminée de présents, en nature et en argent. Ainsi s'expliquait la procession des pauvres fourmis humaines allant remplir les sacs du *pönpo*.

Yongden demeura pendant près de trois heures au monastère. Il y rencontra quelques *trapas* obligeants qui, en plus des provisions qu'il leur avait achetées, lui donnèrent gratuitement plusieurs pains, des abricots séchés et diverses autres douceurs. Un traitement aussi amical ne permettait pas à mon compagnon de se dérober à une longue causerie, ni de refuser le thé offert par ses frères en religion.

Tandis qu'il s'égayait en joyeuse compagnie le temps passait moins agréablement pour moi, assise auprès de nos bagages, dans un vaste terrain nu, balayé par une bise perçante.

Quelques enfants qui gardaient le bétail vinrent d'abord s'asseoir près de moi ; je les fis causer et leurs propos ingénus me révélèrent quelques détails intéressants sur la condition de leur pays. Ensuite un voyageur riche passa, accompagné par plusieurs domestiques. Il s'arrêta pour me demander qui j'attendais là — les deux fardeaux posés près de moi indiquaient que j'avais un compagnon. Je lui répondis que mon fils, un *gelong*, s'était rendu à la *gompa*, et ma proche parenté avec un religieux lui paraissant sans doute une garantie de mon honorabilité, il démonta pour causer plus longuement et, bien entendu, me questionna au sujet de mon pays natal.

A cette époque, j'avais encore une fois changé de patrie et adopté le lointain Ngari. Le passant ne connaissait cette région que de nom, mais il avait été à Jigatzé, la capitale de la province de Tsang. Comme j'avais visité cette ville, quelques années auparavant, il me fut aisé d'en parler. L'homme s'étant assis, nous eûmes, ensemble, une agréable conversation, à laquelle, suivant les habitudes patriarcales du Tibet, les domestiques participèrent en y plaçant de temps en temps leur mot. Ce voyageur venait de la province de Kongbou et en rapportait un sac plein de ces petits pains de mélasse compressée, dont les Tibétains sont friands. Il m'en offrit deux en me quittant.

Quand Yongden revint avec ses provisions, étalant d'un air triomphant les cadeaux qu'il avait reçus, je m'amusai à l'intriguer avec mes deux gâteaux de mélasse que je tenais, lui disais-je, d'une *lhamo* (déesse) descendue du ciel.

La région où nous pénétrâmes peu de temps après avoir quitté Soung dzong doit être admirable en toute saison, mais l'hiver l'avait transformée, à l'époque de notre passage, en un ensorcelant pays de conte de fées.

Pendant des jours, nous marchions dans la demi-obscurité d'épaisses forêts vierges, puis, soudain, une éclaircie nous dévoilait des paysages tels qu'on n'en voit qu'en rêve. Pics aigus pointant haut dans le ciel, torrents glacés, cascades géantes dont les eaux congelées accrochaient des draperies scintillantes aux arêtes des rochers, tout un monde fantastique, d'une blancheur aveuglante, surgissait au-dessus de la ligne sombre tracée par les sapins géants.

Nous regardions cet extraordinaire spectacle, muets, extasiés, prêts à croire que nous avions atteint les limites du monde des humains et nous trouvions au seuil de celui des génies.

Puis, comme nous continuions notre route, nous rentrions dans l'ombre des grands bois, et la vision disparaissait jusqu'à ce qu'une autre apparition fantastique se levât de nouveau devant nous.

Un peu d'orgueil nous venait d'avoir, les premiers, pénétré jusque-là. Nous, menus et frêles voyageurs, à pied, le sac au dos, sans guide, sans aide, nous avions franchi, au cœur de l'hiver, les nombreuses chaînes géantes dressées devant nous et déjoué la surveillance de ceux qui gardent les routes du pays enchanté. Cette double victoire nous rendait les longues étapes faciles et allégeait le poids de nos fardeaux.

Je m'attardai longtemps dans ce pays, vagabondant en dehors du chemin direct, cheminant sans hâte pendant la journée et, le plus souvent, passant la nuit au pied d'un arbre, ou dans une caverne lorsque ma bonne chance m'en faisait découvrir une à l'heure de la halte.

Toutefois, lorsque nous rencontrions un hameau forestier, une ferme isolée ou un monastère, tentés par la perspective d'une chambre chaude, nous y demandions parfois l'hospitalité. Tous n'étaient pas disposés à nous l'accorder et nous eûmes à soutenir de nombreux combats contre des chiens lâchés à notre intention. Il nous arrivait, tout en cheminant, de discuter, le plus sérieusement du monde, sur le degré de férocité de ces animaux dans les diverses régions que nous avions traversées. Les occasions ne nous avaient point manqué pour nous former une opinion à ce sujet.

D'autres individus égoïstes répondaient à notre requête en disant qu'un malade se trouvait dans la maison, ce qui équivalait à une défense absolue d'en approcher.

Cette interdiction de pénétrer dans la chambre d'un malade n'est point inspirée, comme on pourrait le croire, par un souci d'hygiène ; elle a sa source dans une superstition.

Les Tibétains, je l'ai déjà dit, ne peuvent guère se résoudre à voir, dans les maladies qui les affligent, l'effet de causes naturelles ; toutes, pensent-ils, sont l'œuvre de personnages invisibles appartenant aux autres mondes. Ceux-ci, poussés plutôt par le besoin que par la méchanceté, rôdent, tels des chasseurs en quête de gibier, cherchant à s'emparer du « souffle vital » des autres êtres pour s'en repaître. Énoncée de cette façon succincte, cette croyance populaire ne peut que paraître baroque. Toutefois, l'étude des théories dont elle est une grossière déformation, met en lumière certains curieux enseignements traditionnels de l'Asie centrale et, ainsi, est loin d'être dénuée d'intérêt.

Or les Tibétains imaginent que la plupart des voyageurs traînent un ou plusieurs démons à leur suite, ceux-ci s'attachent à eux temporairement, comme le font les chiens errants lorsqu'ils rencontrent une caravane. Avec l'étranger admis dans la maison, ces invisibles et indésirables visiteurs y pénétreraient aussi et, s'ils y trouvaient une proie à leur portée, dans la personne d'un malade, ils ne manqueraient pas de s'en saisir.

Plus d'une fois de rusés campagnards profitent de cette superstition pour tenir leur porte close, alors même que tous ceux du logis se portent bien.

Un jour, je terrifiai horriblement une paysanne qui employait ce vieux stratagème contre moi. Avant qu'elle ait eu le temps de fermer les volets de son unique fenêtre, j'avais pu jeter un coup d'œil dans l'intérieur de la chambre et m'assurer qu'elle était vide. Alors, comme la femme parlait du prétendu malade couché chez elle, j'assumai un air inspiré, dénonçai son mensonge et prophétisai que puisqu'elle avait faussement déclaré à de saints pèlerins qu'un des siens était malade, la maladie entrerait vraiment chez elle. Cette déclaration faite d'un ton sévère, épouvanta la paysanne qui tomba à genoux et confessa sa faute en pleurant à chaudes larmes.

Mais il s'en fallait que toutes les portes nous fussent fermées et, dans cette région, comme dans celle de la Salouen, j'eus maintes occasions d'étudier de près la vie et les coutumes des indigènes.

Au cours des conversations familières, le soir, autour du foyer, j'entendis d'amusantes histoires et des légendes tragiques reflétant la mentalité particulière des Popas. Grâce à des courses à l'aventure à travers les forêts, je fis aussi, de façon bien inattendue, deux rencontres singulièrement impressionnantes qui me fournirent l'occasion d'observer certaines curieuses pratiques d'entraînement spirituel.

Il fallut pourtant reprendre la piste suivant la rivière pour continuer notre route vers Daching, la première localité importante située en aval de Soung dzong.

La veille du jour où nous comptions y arriver, nous fûmes rejoints par deux villageois : le mari et la femme, qui avaient acheté une vache quelque part et la ramenaient chez eux à Daching. Ainsi que d'habitude, Yongden fut prié de consulter le sort ; il s'agissait, cette fois, d'un litige concernant la propriété des fermiers. Nous fîmes route pendant plusieurs heures en compagnie de ces derniers, puis comme nous nous arrêtions pour faire du thé, ils nous invitèrent à loger chez eux à Daching, lorsque nous y arriverions, et nous promirent le meilleur accueil.

Cependant, vers la fin de l'après-midi, comme nous traversions un hameau, nous vîmes la vache attachée à une porte et, de l'intérieur de la maison, le Popa, son propriétaire, nous cria : « Marchez lentement, nous vous rejoindrons bientôt. » Mais le soir vint sans que le couple apparût et nous comprîmes que nos gens allaient dormir chez leurs amis. Lorsque nous approchâmes de nouveau de quelques fermes, l'heure était trop tardive pour nous hasarder à y demander l'hospitalité ; les paysans devaient être couchés et n'ouvriraient pas leur porte à des chemineaux.

Passer la nuit en plein air nous était devenu familier, nous eûmes tôt fait de trouver une excavation naturelle dans la forêt et de nous y établir avec nos bagages. Comme l'on voyait de la neige çà et là sous les arbres, nous en revînmes à notre ancienne méthode de camouflage et étendîmes notre tente sur le trou où nous étions blottis.

Durant notre sommeil le ciel seconda généreusement notre intention en saupoudrant une couche de vraie neige sur notre coton blanc, nous dissimulant ainsi parfaitement et nous tenant chaud, tout à la fois.

Le lendemain, tandis que nous finissions de déjeuner, auprès d'un large torrent, les deux époux réapparurent avec leur vache. Ils nous expliquèrent que leurs amis les avaient retenus et nous pressèrent de nous rendre avec eux jusqu'à leur demeure, nous invitant une fois de plus à y passer quelques jours. Puis, comme nous cheminions ensemble, ils recommencèrent à demander à Yongden différentes consultations d'ordre divinatoire, éprouvant, sans doute, le désir de se faire payer d'avance la valeur de leur hospitalité.

Un de *mos* demandés concernait la santé d'un malade. L'homme serait-il vivant ou non quand ils arriveraient à Daching ?

Bien qu'il se montrât d'ordinaire un oracle plein de prudence, Yongden, ennuyé par les multiples questions des paysans, répondit brutalement : « L'homme est mort. »

Je ne sais si les époux étaient les héritiers impatients ou les parents très affectionnés du défunt supposé et si la déclaration de mon lama leur fit plaisir ou les affligea. Ils parlèrent quelques instants ensemble à voix basse puis demeurèrent silencieux.

Une demi-heure environ plus tard, un homme nous croisa, venant de Daching. Nos compagnons s'informèrent immédiatement de l'état du malade. « Il va beaucoup mieux », répondit le passant.

Le prestige de Yongden s'effondra sur le coup, et quand le toit doré du monastère de Daching émergea de la forêt, ceux qui auraient dû être nos hôtes pressèrent le pas et s'éloignèrent sans même jeter un regard de notre côté.

Nous ne tentâmes pas de leur rappeler leur promesse. En vérité nous tenions très peu à leur hospitalité. Heureux temps de ma vie où je fus délivrée de tous soucis concernant le gîte et tout ce qui s'y rapporte !

L'endroit où nous avions été abandonnés était un joli site dont le caractère sévère, dû à la proximité des grands bois, se nuançait de charme. Les lamas de Daching avaient évidemment reconnu la beauté particulière de ce lieu car ils y avaient construit plusieurs *tsham khang*[1] contre une muraille rocheuse dominant de haut le chemin. Les petites maisons blanches des reclus paraissaient s'accrocher aux rocs noirs, se suspendre à leurs aspérités d'une façon miraculeuse tandis que quelques sapins audacieux, poussant dans les crevasses de la montagne, encadraient le chaos pittoresque des habitations ascétiques. Le tableau était ravissant.

L'anachorétisme est en grand honneur au Tibet. Des détails à ce sujet exigeraient trop de place pour pouvoir être donnés ici, je dois les remettre à un prochain ouvrage spécialement consacré au monde des mystiques tibétains. En vérité, celui-ci se dresse comme une véritable énigme dans l'atmosphère de mystère où baigne tout le Tibet. Le « Pays des Neiges » cessera peut-être bientôt d'être terre interdite, mais il est douteux que les secrets de ses ermitages soient jamais révélés au grand nombre.

Tandis qu'assise sur l'herbe et adossée à un énorme bloc erratique, je m'amusais à imaginer la vie et les pensées des hommes cachés derrière les murs blancs des habitations minuscules que je contemplais, une nombreuse bande de pèlerins vint à passer. Ils revenaient de Lhassa et s'en retournaient chez eux dans la vallée du Nou. Nous nous efforçâmes de tirer d'eux des indications utiles sur les chemins qu'ils avaient suivis et les régions qu'ils avaient traversées, mais en obtînmes peu de renseignements intéressants.

Quand les pèlerins s'en furent allés, nous traversâmes une fois de plus le Poloung tsangpo, retournant sur sa rive gauche par un très beau pont en bois et, comme nous approchions du monastère, je remarquai, à quelque distance de nous, les paysans avec qui nous avions fait route.

Debout, au sommet d'un chemin montant vers le village, ils nous regardaient timidement et avec insistance.

— Ce ne sont pas des méchantes gens, dis-je à Yongden en lui faisant remarquer le couple. Je suis certaine qu'ils se repentent d'avoir manqué à leur promesse et désirent, maintenant, nous conduire chez eux.

Le lama jeta un coup d'œil dans la direction des époux, puis :

— Le malade est mort, déclara-t-il.

— Comment pouvez-vous le savoir ? interrogeai-je tout étonnée.

— Ce n'est pas bien difficile à comprendre, répondit mon fils. Ne voyez-vous pas combien leur attitude est humble et diffère de celle qu'ils avaient lorsqu'ils nous ont quittés ? Sans nul doute ils s'imaginent avoir offensé un grand prophète et craignent les consé-

1. *Tsham khang* : ermitage.

quences de leur malhonnêteté envers lui. Cela signifie que, dès leur arrivée, ils ont appris que l'homme était mort.

Il était bien possible que le sceptique lama eût raison. Quoi qu'il en pût être, il s'avança d'un air digne vers le monastère, et y entra sans accorder un regard de plus aux deux coupables. Pour moi, j'allai modestement m'asseoir sur un talus pierreux, en bordure de l'avenue passant le long de la lamaserie afin d'attendre que Yongden eût terminé ses emplettes de vivres chez les *trapas* du lieu.

Bâtie dans la vallée, la *gompa* de Daching n'a point l'aspect altier de celles de ses sœurs qui trônent sur les sommets. Cependant la rivière aux eaux vertes qui serpente au pied de son vieux mur d'enceinte et le promontoire rocheux couronné d'arbres qui lui fait face, composent autour de sa coupole dorée, un romantique et charmant paysage.

Derrière le monastère s'ouvre une large vallée, en partie cultivée. Une piste part de ce côté se dirigeant vers le Tibet méridional en passant par plusieurs cols. Certaines de ses branches s'étendent vers la frontière de l'Inde au nord de l'Assam tandis que d'autres conduisent le voyageur en Birmanie ou au Yunnan.

Sur la rive opposée du Poloung tsangpo, à peu de distance de Daching, une autre piste court vers le nord à travers les montagnes. Elle touche la route postale de Lhassa à Tchiamdo et, plus loin, donne accès à divers chemins conduisant dans le désert d'herbe et à Jakiendo, le comptoir tibétain, situé sur la route des caravanes portant le thé à Lhassa. De là, en marchant toujours vers le nord, à travers les solitudes, l'on peut gagner les grands marchés sino-tibétains de Sining et de Dankar, au Kansou et, dépassant ceux-ci, arriver en Mongolie. Tout ce pays, au nord de la piste de Tchiamdo, m'est très familier, et nombre de souvenirs surgissaient en ma mémoire comme je croisais les sentiers qui auraient pu m'y ramener.

Pendant que je demeurais sur le bord de la route, égrenant machinalement mon chapelet pour me donner une contenance et regardant couler la rivière, plusieurs femmes vinrent à passer. Elles se rendaient, pour y couper du bois, dans les taillis que nous avions traversés avant d'arriver à Daching et, me voyant toute seule, s'arrêtèrent pour me questionner. Puis, ayant appris que mon fils se trouvait au monastère, qu'il était un *gelong* et que nous avions accompli de longs pèlerinages, elles s'attardèrent à bavarder avec moi.

Pendant ce temps, tout comme à Soung dzong, Yongden était amicalement accueilli à la *gompa*. Le hasard avait voulu qu'il y rencontrât un *trapa* natif du pays où son grand-père avait autrefois occupé une situation d'une certaine importance comme lama marié de la secte des « bonnets rouges ». Mon compagnon connaissait pas mal de gens dans cette région, sinon tous personnellement, du moins de nom, et, bien que n'ayant pas entendu parler d'eux depuis des années, il satisfit pleinement la curiosité de son collègue en lui donnant des nouvelles de tous et de tout.

Une aussi heureuse rencontre ne pouvait se passer, au Tibet, sans que manger et boire s'ensuivît. Ainsi, tandis que son « fils » s'amusait derrière les murs de la cité monastique, la « vieille maman », dès que le soleil se fut couché, commença à grelotter sur les galets.

Quand les femmes revinrent chargées de bois, elles s'étonnèrent fort de me trouver encore à la même place. Ceci fut l'occasion d'une nouvelle conversation au cours de laquelle l'une d'elles m'invita à passer la nuit dans sa maison, m'expliquant minutieusement le chemin à prendre pour m'y rendre. Les villageoises venaient à peine de me quitter lorsque Yongden apparut enfin, suivi d'un novice *trapa*, tous deux chargés de provisions.

La mission du moinillon consistait à nous conduire chez des paysans en leur transmettant l'ordre, donné par un lama, de nous héberger. Toutefois, je préférai suivre la brave femme avec qui j'avais fait connaissance et, après avoir expliqué la chose à mon compagnon, nous nous dirigeâmes vers sa demeure.

Le maître de la maison où nous nous installâmes, bien qu'un simple paysan, était d'une intelligence remarquable ; il avait beaucoup voyagé et vécu longtemps à Lhassa. Tout ce qu'il nous racontait nous intéressait grandement, mais le plaisir goûté en causant avec lui n'était point exempt d'une certaine crainte : cet homme, à l'esprit plus éveillé que la majorité des gens de sa condition, n'allait-il point percer notre déguisement ?

Afin de parer autant que possible à ce malheur, je multipliai les démonstrations d'humilité : je me chargeai de toute la besogne domestique, allai puiser de l'eau au ruisseau, fis la soupe, puis lavai la marmite après le repas, tandis que le lama restait assis sur une carpette, conversant avec notre hôte.

Nous partîmes au lever du jour. Le temps était froid et, tant que nous ne fûmes pas entrés en forêt, la bise nous cingla violemment.

La vallée du Po tsangpo, depuis les hauteurs où nous avions découvert la source de la rivière, jusqu'à ce qu'elle débouche sur la rive du Brahmapoutre, présente une grande diversité de climats. Nous étions partis parmi des neiges épaisses et nous allions trouver les champs verdoyants et l'orge déjà haute, en janvier, à Chowa.

Le sol neuf de cette région paraît être fertile. Attirés par l'espoir de récoltes abondantes, des colons, venant des provinces limitrophes, ont défriché, ci et là, quelques hectares de la forêt et y ont construit des fermes primitives. Celles-ci, bâties en rondins à la façon des isbas russes, et souvent encadrées par de grands sapins, donnent au paysage un caractère particulier rappelant la Sibérie. Nombre de ces habitations rustiques sont de dimensions exiguës, le logis des fermiers et l'étable, ensemble, ne mesurant parfois guère plus de vingt à trente mètres carrés.

Dans l'une d'elles, plus minuscule encore, j'eus la surprise de trouver un couple idyllique d'amoureux.

Les amants semblaient avoir, l'un et l'autre, franchi plus qu'à moitié l'étape menant de la jeunesse à la sénilité. Un goître déformait le cou de l'homme et la femme n'avait rien d'une beauté.

En même temps qu'eux, leur cabane abritait une vache et son nourrisson, deux autres veaux et quelques bébés de race porcine : une véritable pouponnière animale. Parmi cette étrange et remuante compagnie, nous entendîmes la touchante histoire des amours de nos hôtes. Folles amours, car la *nemo* avait été jadis dame et maîtresse d'une autre et plus confortable demeure et s'en était évadée, les mains vides, fuyant vers la forêt, au bras d'un Roméo indigent.

Aucun enfant n'était né de leur union et, chose rare au Tibet, ni le fermier ni sa compagne n'en désiraient. Leur mutuelle tendresse, quoique déjà ancienne, remplissait toujours exclusivement leur cœur.

Ces pauvres gens nous traitèrent de leur mieux. Nous partageâmes avec eux une soupe aux navets et ils insistèrent pour que nous acceptions une certaine quantité de *tsampa* comme provision de route.

Il va sans dire que, là comme ailleurs, Yongden fut consulté sur diverses matières du ressort des devins. Cette fois, il termina la cérémonie en conseillant aux fermiers d'inviter les *Lous* [1] à recevoir chez eux une offrande de lait et, tout d'abord, de procéder à un nettoyage méticuleux de leur logis et de tout ce qu'il contenait, afin que rien n'y déplaise à leurs divins visiteurs.

Ceci dûment expliqué, chacun se prépara à dormir. Nos hôtes s'installèrent d'un côté du foyer, Yongden et moi de l'autre, la vache et son petit contre la porte, les veaux à nos pieds et le sommeil immobilisa bientôt toute la maisonnée étroitement rapprochée dans ce fraternel voisinage. Seuls, les porcelets nègres continuèrent à s'agiter. Courant d'un bout à l'autre de la cabane sur les dormeurs dont les corps allongés ne leur laissaient guère de place sur le sol, ils rappelaient, dans les demi-ténèbres, ces diablotins malicieux qui troublaient le repos des Pères du désert.

Les vieux amoureux devaient être accoutumés à ces ébats nocturnes, car ils ne tardèrent pas à ronfler. Certain de ne pas être entendu, Yongden me murmura alors à l'oreille :

— Puis-je déposer cinq roupies dans le pot qui est au-dessus de notre tête, sur l'étagère, avec les ustensiles de cuisine ?... Lorsque notre brave *nemo* les trouvera, en nettoyant sa maison, elle croira que les *Lous* les y ont mis.

La plaisanterie était bonne ; toutefois, par précaution, je recommandai au lama de donner des roupies de l'Inde plutôt que des pièces du Szetchouan. Comme la monnaie hindoue se trouvait dans un

1. Les *Lous* (orthographe tibétaine *Klu*), mieux connus sous leur nom sanscrit : *nâgas*, sont des divinités serpents que l'on croit habiter l'océan, les lacs, les sources et posséder des richesses fabuleuses. Elles passent pour enrichir ceux qui les honorent. On leur offre du lait et de l'eau claire. La malpropreté, toutes les mauvaises odeurs, et particulièrement celle de la viande, leur répugnent et les irritent.

sac mis à part, la chose était faisable, même avec la faible clarté produite par les bûches rougeoyantes. De cette façon, si, par hasard, nous étions soupçonnés d'être les donateurs, ces pièces confirmeraient que nous avions été de Lhassa, où elles circulent, vers le Tibet oriental et retournions dans la capitale, comme nous le disions.

J'aurais aimé être présente lorsque les braves paysans découvrirent notre petit cadeau. Vraisemblablement ils durent concevoir une haute opinion des talents du lama qui avait attiré sur eux les bienfaits des *Lous*. Mais comme il existe de très nombreuses histoires à propos de *Lous* apparaissant sous la forme humaine, peut-être nos hôtes crurent-ils que nous étions nous-mêmes des dieux en promenade ?

Le nouvel an ne se célèbre pas à la même époque dans toutes les parties du Tibet. Tandis que les gens de Lhassa et du Tibet central suivent le calendrier chinois [1], ceux du Po yul et du Kham avancent d'un mois sur celui-ci. Cette particularité nous valut d'arriver à Chowa, l'humble capitale du Po mèd, le jour même où les Popas y fêtaient la nouvelle année.

Le roi et la reine du pays se trouvaient alors à Lhassa, mais cette circonstance ne pouvait empêcher leurs sujets de festoyer et, puisque tous étaient en liesse et faisaient bombance, nous entendions nous égayer comme les autres.

Nous dirigeant donc, hardiment, vers le palais royal et en franchissant la grand'porte, nous entonnâmes une bruyante psalmodie, déversant, à flots ininterrompus, de multiples bénédictions sur tous et sur tout. Je doute qu'en ce pays où les mendiants sont pourtant doués de poumons exceptionnellement robustes, nos pareils aient été souvent entendus.

Des têtes apparurent aux fenêtres, des gens surgissant de divers côtés s'amassèrent dans la cour, tous ahuris, pétrifiés. Notre triomphe accroissait notre audace et celle-ci communiquait une nouvelle force à la voix de basse ultra profonde — celle des lamas chantant les offices — avec laquelle mon compagnon tonitruait ses bons souhaits.

Des chiens qui, d'abord, s'étaient mis à aboyer, se virent finalement réduits au silence et, terrorisés, s'enfuirent ou se réfugièrent dans les coins les plus éloignés de la cour.

J'imagine, toutefois, que quelque remarquable que fût notre concert, ses auditeurs éprouvèrent promptement le désir d'y mettre fin. Des domestiques apportèrent un pot d'eau-de-vie d'orge, du thé et de la *tsampa* et nous fûmes invités à nous rassasier.

Nous refusâmes l'eau-de-vie, déclarant que, fidèles observateurs

1. Toutefois il y a, certaines années, une différence de quelques jours entre le premier de l'an, d'après les Chinois, et le jour reconnu comme tel à Lhassa. La Chine a maintenant adopté le calendrier grégorien, mais son usage est restreint aux services officiels, l'ancien calendrier lunaire continuant à être généralement employé.

des préceptes bouddhistes, nous n'en buvions jamais. Si peu de gens s'en abstiennent, dans ce pays, que notre conduite nous conquit une haute place dans l'estime des intendants du palais et celle-ci s'exprima par l'envoi d'un plat de viande séchée. Mais quand nous refusâmes aussi cette dernière, expliquant que nous respections la vie de tous les êtres et, tout spécialement, ne voudrions pas commencer l'année en participant, même indirectement, à la cruelle action de tuer, l'admiration des Popas fut à son comble. La viande fut immédiatement enlevée et une pyramide de gâteaux la remplaça devant nous.

Après avoir mangé et bu tout notre content nous reçûmes une ample quantité de provisions de voyage et quittâmes le palais, suivis par les regards admiratifs de tous ses hôtes.

A Chowa, la piste principale qui suit la vallée traverse de nouveau le Poloung tsangpo, retournant sur sa rive droite. Le pont construit à cet endroit est tout en bois, large, fermé comme un couloir et couvert par un toit.

Deux portes, chacune surmontée d'une logette de guetteur, permettent d'en clore les extrémités. Un nombre considérable d'affiches portant des dessins et des formules magiques en tapissent les parois et de minuscules banderoles en papier, groupées en paquets, y sont suspendues de tous les côtés. Le courant entraîne, suppose-t-on, les mots exprimant des louanges ou des bénédictions imprimés sur celles-ci, répandant ainsi, le long de son cours, de pieuses pensées et des germes de bonheur.

Les Tibétains, tout comme les Chinois, aiment à décorer les ponts, les routes et les sites remarquables de leur pays avec des inscriptions d'un caractère poétique, religieux ou philosophique. Certains voyageurs ont cru devoir tourner cette coutume en ridicule ; je les comprends mal. Quelques lignes de subtile poésie, comme les Chinois excellent à en écrire, une sage pensée, gravées sur un roc pittoresque, l'image d'un Bouddha en méditation, peinte dans une caverne ou même, flottant au vent à un carrefour, un simple ruban de papier portant l'antique mantra sanscrit : *Sarva mangalam* (joie à tous), me semblent infiniment préférables aux réclames prônant des jambons et des liqueurs qui *décorent* les routes des pays occidentaux.

Évidemment, mes goûts sont ceux d'une sauvage.

Près du pont, se trouve un *mani lha khang* entouré de monceaux de pierres gravées, de cylindres *manis* et de nombreuses bannières. De là, l'on obtient une vue d'ensemble de la demeure royale avec la rivière coulant à son pied. Ce n'est qu'un bâtiment écrasé, à peu près carré, sans aucune recherche d'architecture.

Nous avions vu tout ce que l'on pouvait voir dans la capitale du Po mèd et, comme l'après-midi était à peine entamé, nous préférâmes continuer notre route plutôt que de coucher à Chowa.

A la nuit tombante, nous nous arrêtâmes dans un village où nous fîmes un dîner de nouvel an avec des paysans et le lendemain, les réjouissances continuant toujours, nous en prîmes de nouveau notre part dans une autre ferme.

Si notre Noël avait été quelque peu dramatique, le nouvel an, fêté avec les Popas, ne manquait pas de gaieté ; mais combien plus joyeux devait être, pour nous, le véritable nouvel an à Lhassa ! Toutefois, à cette époque, le plaisir que nous allions trouver dans la cité sainte demeurait encore le secret de l'avenir.

Dans ce second village, nous fûmes les hôtes d'une famille de nouveaux colons qui nous traitèrent très cordialement.

Tandis que nous mangions assis près du foyer et que Yongden bavardait avec le *nepo*, j'observai une des filles de la maison qui pétrissait une énorme balle de pâte. Elle travailla ainsi pendant plusieurs heures. Le lama, comme de coutume, avait plusieurs fois interrogé le sort pour répondre aux questions des fermiers, il se faisait tard et la jeune boulangère pétrissait toujours. J'étais intriguée et aurais volontiers veillé plus longtemps pour voir l'issue de son travail, mais mon fils demanda la permission de se coucher, disant que nous étions fatigués et avions besoin de repos, comptant partir le lendemain de grand matin. Je ne pouvais pas le contredire, nous nous retirâmes dans un coin de la cuisine-dortoir et nous étendîmes sous notre tente-couverture.

Nos hôtes n'allaient pas se gêner pour des chemineaux de notre espèce, aussi plaisanteries et chansons continuèrent-elles, tous supposant que le bruit ne nous empêchait nullement de dormir, ainsi qu'il en aurait été avec de véritables *ardjopas*. Mais, bien entendu, je demeurai éveillée et continuai longtemps à observer les Tibétains et à écouter leurs propos. Cependant, la fatigue l'emporta sur ma curiosité et je sommeillais à demi, lorsqu'une odeur de friture me rendit, de nouveau, consciente de mon entourage.

La jeune fille avait cessé de pétrir la pâte et faisait frire des « galettes de nouvel an » dans cette délicieuse huile douce que les Popas extraient de l'amande des noyaux d'abricots [1]. Quelle malchance ! Si nous étions restés plus longtemps auprès de nos hôtes, nous aurions reçu notre part de cette pâtisserie, tandis que, très probablement, nous n'en respirerions, maintenant, que l'odeur.

Je ne suis pas gourmande à l'excès, mais le régime de la *tsampa* quotidienne était d'une sévère austérité... Je maudissais le lama par la faute de qui nous nous étions couchés trop tôt. Dormait-il ? Je tenais à ce qu'il partageât le supplice de Tantale qui m'était infligé. J'étendis le bras pour le secouer, mais ne pus l'atteindre. Alors je rampai lentement vers lui, sous le couvert de la tente jetée sur nous, et découvris qu'il avait les yeux grands ouverts.

1. C'est une spécialité du Po mèd. Les autres Tibétains emploient l'huile de moutarde.

— Ils mangent des galettes, murmurai-je à son oreille.
— Oh ! je le vois bien, répondit-il à voix basse, d'un ton désolé.
— Croyez-vous qu'ils nous en donneront ?
— Ne l'espérez pas ; ils nous croient endormis.

Je ne répliquai pas à ces paroles affligeantes et, me glissant de nouveau près du sac qui me servait d'oreiller, je regardai les bienheureux fermiers se régaler. Ils ne parvenaient pas à manger les galettes aussi rapidement qu'elles sortaient de la poêle et la jeune fille déposait dans une corbeille celles qui ne lui étaient pas demandées. Bientôt elles commencèrent à s'amonceler en un joli tas sur lequel notre espoir se reporta aussitôt. Peut-être, le lendemain, nous donnerait-on quelques-unes de celles-là pour notre déjeuner ? Elles seraient froides, mais combien préférables, tout de même, à notre éternelle *tsampa* !

Pleinement rassasiée, toute la famille s'étendit, enfin, sur le plancher, chacun enroulé dans ses couvertures ; le feu tomba, l'obscurité se fit dans la pièce et je m'endormis.

Le matin suivant, il se trouva qu'il restait encore de la pâte non cuite. Nous mangeâmes des gâteaux chauds et croquants et emportâmes une bonne quantité de ceux de la veille dans nos sacs à provisions.

Jusqu'à ce moment, notre voyage à travers le Po yul s'était effectué tout à fait paisiblement et je commençais à penser que les histoires répandues au sujet des Popas contenaient beaucoup d'exagération. Cependant, tous les Tibétains y croyaient et tenaient pour des brigands nés les beaux hommes aux proportions athlétiques, aux faces graves, que nous croisions sur notre route ou chez qui nous passions la nuit.

En ce qui nous concerne, si rien ne nous avait paru justifier la mauvaise réputation faite aux Popas, nous avions, par contre, pu constater que, ainsi qu'on nous en avait avertis, ni caravanes, ni voyageurs isolés n'empruntaient l'itinéraire que nous suivions. Nous n'avions même pas aperçu un seul de ces pèlerins indigents qui, d'après ces dires, se risquaient parfois dans cette dangereuse région. Les événements allaient se charger de confirmer plus complètement les renseignements qui nous avaient été fournis.

Quelques heures après avoir quitté la ferme hospitalière où l'on confectionnait de si excellentes galettes, nous passions devant une maison isolée au moment où plusieurs personnes en sortaient. Les réjouissances du nouvel an continuaient toujours ; des hommes qui s'étaient divertis à cet endroit, les uns étaient complètement ivres et les autres fortement éméchés. Chacun d'eux portait un fusil et certains nous mirent en joue, mais nous fîmes semblant de n'en rien voir.

Dans la soirée, je découvris une vaste caverne qui nous servit de chambre à coucher. Nous y reposâmes confortablement, si confortablement même que notre sommeil se prolongea trop tard. La cuisson d'une soupe, dont nous nous offrîmes le luxe pour notre déjeuner, nous retarda encore davantage et, tandis que nous finissions de manger, un individu apparut qui nous demanda si nous n'avions rien à vendre. Il regarda avec insistance le contenu de nos sacs encore ouverts et nos deux cuillères retinrent tout spécialement son attention. Ensuite il s'assit et, tirant un morceau de fromage sec de son *amphag*, se mit à le manger.

Ce fromage fermenté ressemble, comme goût, au roquefort, et Yongden pensant qu'il constituerait une addition agréable à nos menus s'informa si l'on pouvait s'en procurer dans le pays. L'homme répondit affirmativement. Lui-même en avait chez lui, non loin de la caverne, et il nous en céderait contre des aiguilles si nous en possédions.

Nous en avions emporté quelques paquets, en vue d'échanges de ce genre, de sorte que le Popas s'en alla chercher son fromage.

Nous n'avions pas encore fini de réempaqueter nos bagages lorsqu'il revint, accompagné cette fois d'un autre homme qui se montra, tout de suite, hardi et malhonnête. Il palpa l'étoffe de notre tente, prétendant qu'il voulait l'acheter, s'empara des cuillères et les examina, tandis que le premier à qui nous avions eu affaire ne cessait de regarder dans la direction d'où tous deux étaient venus, comme s'ils attendaient d'autres gens.

Les intentions des deux chenapans se manifestèrent bientôt clairement. L'un fit disparaître les cuillères dans son *amphag* tandis que l'autre s'efforçait d'arracher la tente des mains du lama.

Il était probable que d'autres malandrins avaient été avertis et allaient arriver pour aider à nous dévaliser.

La situation devenait grave, il importait d'effrayer ces deux individus et de partir en hâte. Peut-être pourrions-nous, ensuite, gagner un village où les larrons n'oseraient pas nous poursuivre. Dans tous les cas, nous pouvions l'essayer.

Je m'efforçai d'abord d'en appeler aux bons sentiments des voleurs, mais ce fut en pure perte. Chaque minute était précieuse, il fallait en finir rapidement avec ceux-ci et faire comprendre à ceux qui approchaient, peut-être, que nous n'étions pas de timides moutons sans défense.

— Laissez cette tente à l'instant, commandai-je sévèrement, et rendez les cuillères que vous avez prises.

En même temps j'avais pris mon pistolet automatique sous ma robe, sans que les voleurs s'en aperçussent.

Pour toute réponse, le plus effronté des deux se mit à rire et se baissa pour s'emparer d'un autre objet. Je me trouvais alors derrière lui, tout près, le touchant. Je levai mon arme en la tournant de façon à ne pas l'atteindre, car, bien entendu, je ne voulais que l'effrayer. L'homme au fromage vit le pistolet au moment où il paraissait hors de ma longue manche qui l'avait dissimulé jusque-là. Trop terrifié, sans doute, pour pouvoir prononcer un mot, pensant que j'allais tirer à bout portant, tuant son camarade sans qu'il eût aucune chance d'intervenir pour le sauver, il s'immobilisa, me regardant fixement, les yeux dilatés par l'épouvante. L'autre remarqua-t-il la face subitement changée de son ami ? Je ne sais, mais il se rejeta brusquement en arrière au moment même où le coup partait et la balle passa contre sa tête, rasant ses cheveux.

Il jeta précipitamment les cuillères sur le sol et la paire de scélérats s'enfuit à travers les taillis.

Toute cette scène s'était passée en quelques secondes.

Le départ des deux vauriens n'améliorait que très peu notre situation. Ils pouvaient être allés rejoindre ceux qu'ils paraissaient attendre et, en nombre, cette fois, nous faire un mauvais parti. Je dis à Yongden de ficeler nos fardeaux en hâte ; nous devions partir immédiatement.

Que serait-il arrivé ? Aurions-nous été attaqués ? Je ne puis le savoir, car comme nous allions quitter la caverne, une troupe d'environ trente pèlerins apparut. C'étaient les premiers voyageurs étrangers au pays que nous voyions depuis notre entrée au Po yul et nous n'en rencontrâmes jamais d'autres. Ces gens, passant sur la route, avaient entendu la détonation et venaient s'informer de ce qui se passait.

Nous nous joignîmes à la bande et, peut-être, devons-nous la vie à cette rencontre inattendue.

Nous apprîmes de nos nouveaux compagnons que les Popas — ou du moins un certain nombre d'entre eux — méritaient vraiment leur mauvaise réputation, et nous allions encore l'apprendre derechef par notre propre expérience.

Les gens avec qui nous faisions route venaient, pour la plupart, de Dzogong, dans la vallée du Nou : l'endroit que nous avions évité en traversant la rivière en amont de Porang, gagnant la Giamo nou tchou à travers les montagnes. Le jour même où nous étions arrivés au camp des *dokpas* où nous avions pris un guide et un cheval pour monter au col d'Aigni, eux s'étaient arrêtés auprès d'un autre camp, au pied du col, conduisant dans la vallée du Nagong.

Avant de gravir la montagne plusieurs *trapas* désirèrent ressemeler leurs bottes et le plus grand nombre des pèlerins décida de demeurer pendant une journée auprès des *dokpas* et de rapetasser aussi leurs chaussures. Quelques laïques parmi les hommes et presque toutes les femmes préférèrent, au contraire, ne pas s'arrêter et faire l'ascension tout à leur aise pour être rejoints par le gros de la bande vers le bas du versant opposé.

Ils franchirent le col et passèrent la nuit sous des arbres, un peu au-dessous de celui-ci. Au lever du jour des Popas apparurent, montant vers le sommet avec des yaks chargés d'abricots secs et de piments qu'ils allaient échanger contre de l'orge dans la province voisine. Quand ils aperçurent les pèlerins, ils se précipitèrent sur eux, leur enlevèrent leurs couvertures et le peu d'argent qu'ils cachaient sous leurs vêtements. Puis, ayant compris qu'un autre groupe de voyageurs les suivait, ils leur ordonnèrent de descendre rapidement vers la vallée sans s'arrêter en route. Alors ils déchargèrent leurs bêtes, les chassèrent sur la montagne pour qu'elles y paissent et, s'asseyant près du col, attendirent le passage du second groupe de *néskorpas*.

Les *trapas* les trouvèrent là, aux aguets, pareils à ces démons qui, d'après les légendes, s'embusquent dans les replis des montagnes pour saisir les passants et les dévorer.

Les Popas leur demandèrent de leur faire un cadeau, ce qui est, au Tibet, comme en Chine, la façon polie dont les voleurs de grand chemin formulent leurs exigences. La plupart des moines étaient armés et leurs répondirent en tombant sur eux avec les sabres et les piques en leur possession. Les brigands dégainèrent aussi, mais les voyageurs étaient plus nombreux, les vaillants fils du Po yul furent malmenés et, finalement, vaincus.

Le gros de la troupe ne rejoignit son infortunée avant-garde que le lendemain et apprit les pertes qu'elle avait subies alors qu'il était trop tard pour poursuivre les voleurs.

Après cette fâcheuse aventure, ceux d'entre les voyageurs qui appartenaient à l'ordre religieux s'étaient longuement attardés dans les divers monastères situés sur leur route, pendant que leurs malheureux amis, devenus sans ressources, parcouraient les villages, mendiant leur subsistance et quelques hardes pour remplacer leurs couvertures disparues. Ainsi s'expliquait que, bien que nous eussions, nous-mêmes, cheminé très lentement, ils ne nous avaient pas dépassés.

Trois *trapas* qui remplissaient les fonctions de guides de la bande avaient déjà — au cours de précédents voyages — traversé la vallée centrale du Po mèd en y entrant, en été, par la Po Gotza *la*. Quant aux deux autres cols voisins de ce dernier, dont l'Aigni *la* que nous avions franchi, ils en ignoraient l'existence.

Ces gens, comme nombre de Khampas des vallées du Nou tchou ou du Giamo nou tchou, étaient extrêmement aimables et nous eûmes grand plaisir à faire route avec eux pendant plusieurs jours. Mais, ensuite, ils pressèrent fortement le pas afin de regagner le temps qu'ils avaient perdu à flâner dans la haute région du Po yul et arriver à Lhassa à la date voulue pour participer à certaines cérémonies religieuses comportant une rémunération pour les moines qui y prennent part. Peu à peu, leur marche se transforma en une véritable course et nous les laissâmes poursuivre, seuls, leur exercice sportif.

Le second jour que nous passâmes avec cette troupe joviale, nous

nous écartâmes de la rive du Poloung tsangpo et, ayant franchi un petit col, nous redescendîmes au village nommé Tong mèd, situé près du confluent du Poloung et du Yigong tsangpo. Ce dernier coupait notre route et nous devions le traverser suspendus à un câble, ainsi que nous l'avions fait pour la Salouen et pour le Mékong.

Notre bonne chance nous avait encore, cette fois, amené des compagnons au moment précis où ils nous étaient indispensables. Jamais les *toupas* [1] ne se seraient dérangés pour deux chemineaux isolés ; un péage si minime n'eût pas répondu à leur peine.

Ces *toupas* du Po yul ne ressemblaient en rien aux simples bonnes gens qui avaient prêté leur aide à nos précédentes traversées aériennes. Leurs allures truculentes et le pittoresque de leurs physionomies évoquaient le souvenir de certaines illustrations de Gustave Doré. Le câble s'appareillait à l'air de ses propriétaires et respirait fortement l'aventure. Jeté au travers d'une rivière beaucoup plus large que la Salouen, à l'endroit où nous l'avions traversée, il s'affaissait terriblement, et toute la partie du milieu de sa courbe devait, vraisemblablement, se trouver submergée à l'époque des hautes eaux.

D'abord, les passeurs nous dirent qu'ils s'occuperaient de nous le lendemain, puis, cédant aux instances pressantes des chefs de notre bande et prenant en considération le nombre des péages à recevoir, ils consentirent à se déranger le jour même.

En vérité la besogne n'était pas mince.

Les *toupas* étaient au moins une douzaine. Pour commencer, quelques-uns d'entre eux se rendirent sur la rive opposée, exécutant ainsi un véritable tour d'acrobatie car, eux, n'étaient point halés comme nous allions l'être, mais s'avançaient à la force des poignets, sur cette corde oscillant comme une balançoire, au-dessus des rapides.

Lorsqu'ils furent arrivés, l'on passa les bagages, opération qui prit un temps considérable. Tandis qu'elle s'effectuait, une vieille grand'mère qui paraissait être le chef des *toupas* et avait déjà reçu l'argent payé pour le passage, se mit à percevoir une contribution supplémentaire montant, par tête, à trois aiguilles ou une valeur équivalente en numéraire. Les aiguilles sont très demandées à l'intérieur du Tibet et, hors des routes suivies par les grandes caravanes, il est difficile de s'en procurer. La mère *toupa* devait se faire un joli revenu avec celles qu'elle extorquait aux voyageurs.

Mon tour de passer arriva avant celui du lama. Je fus attachée à un crochet avec une autre femme, tout comme au bord de la Salouen, mais aucun incident ne marqua, cette fois, la traversée.

Un paysage d'une majesté sauvage, dominé par le pic gigantesque

---

1. *Toupas*, bateliers, passeurs de bacs et, par extension, ceux qui halent les voyageurs, leurs bagages et leurs animaux le long des câbles tendus d'un bord à l'autre des rivières.

du Gyalwa Pé Ri [1], s'étendait autour du câble-pont. Du milieu de celui-ci, une vision, malheureusement trop rapide, me montra l'un des plus admirables tableaux que j'aie contemplés durant mes longues années d'alpinisme en Asie.

Étroitement enserrées dans un cadre de montagnes boisées, les neiges inviolées du « lotus victorieux » dressaient leur masse imposante à l'extrémité d'une gorge sombre où le Yigong se précipitait en une course éperdue. Une sorte de frénésie paraissait animer chacune de ses vagues bondissantes, impatientes, semblait-il, de se jeter en offrande au pied de l'impassible géant. Comme maints sites du Tibet, mais plus spécialement encore, tout ce décor baignait dans une atmosphère d'indicible mystère. Les rochers et les arbres y affectaient la contenance énigmatique de détenteurs de secrets et le murmure de la brise, à travers les halliers, s'entrecoupait de réticences.

Combien j'aurais aimé m'arrêter là, longtemps, pour causer amicalement avec les choses environnantes. Mais les exigences de mon voyage ne me permettaient, hélas ! que d'y passer une seule nuit.

Dès que j'eus atterri, je me mis en quête d'un abri et découvris une caverne perchée au-dessus d'une petite plage de sable blanc. Yongden traversa la rivière l'un des derniers et me rejoignit comme la nuit tombait.

Le lendemain, bien qu'éveillés à l'aube, nous eûmes la désagréable surprise de trouver vide la vaste caverne, située à peu de distance de la nôtre, où nos compagnons avaient dormi. La chose était regrettable car nous comptions sur les *trapas* qui connaissaient la route pour nous diriger dans la forêt. Celle-ci était devenue une jungle épaisse, d'apparence presque tropicale, rappelant les basses régions de l'Himâlaya.

L'air aussi n'était plus le même et avait perdu cette sorte de saveur spéciale, de pouvoir vivifiant qu'il possède sur les hauts et secs plateaux tibétains. Quoique nous fussions au milieu de l'hiver, la température était singulièrement douce. Il ne gèle jamais dans cette région ; le sol était humide, souvent même boueux, le ciel nuageux et les villageois de Tong mèd nous avaient prédit de la pluie.

Plusieurs pistes, à peine marquées, se croisent à cet endroit, au bord de la rivière. L'une remonte la vallée de l'Ygong, conduisant au nord, vers le haut pays de Po (Po teud) et rejoint, comme le fait celle partant près de Daching, des sentiers donnant accès au grand désert d'herbe. Une autre descend vers le sud pour aboutir sur la

1. Cette montagne est nommée, selon les uns : Gyalwa Péri (victorieuse lotus montagne) et selon d'autres : Gyalwa Pal Ri (victorieuse noble montagne). Sa hauteur dépasse 7 000 mètres.

rive du Brahmapoutre [1] et la troisième est la route de Lhassa *via* la province de Kongbou [2].

Nous découvrîmes, après quelques recherches, le sentier du Kongbou, et l'ayant suivi pendant une demi-heure à peine, nous arrivâmes à une fourche. En réalité, l'une des branches était le chemin principal et l'autre une traverse, mais, à ce moment, nous ne nous en doutions pas et, croyant devoir choisir entre deux voies différentes, nous nous en rapportâmes à notre instinct et nous engageâmes dans la traverse.

Celle-ci devait être le chef-d'œuvre de quelque ingénieur des ponts et chaussées du Po yul et lui faisait honneur par son originalité. Elle était fréquemment barrée par d'énormes rochers perpendiculaires que l'on franchissait tantôt au moyen d'échelles consistant en un tronc d'arbre dans lequel un certain nombre de crans formaient des marches où seuls les orteils trouvaient place, tantôt en s'élevant sur des pierres branlantes empilées en manière d'escalier. Ailleurs, le sol manquait complètement, remplacé par des planches grossièrement taillées à la hache, ou des baliveaux enfoncés de distance en distance dans le versant à pic. Comme ces divers ouvrages d'art avaient été exécutés à la mesure des géants Popas dont les jambes excédaient de beaucoup les nôtres en longueur, nos pieds ne rencontraient souvent que le vide, en descendant les crémaillères-échelles ou en s'efforçant de traverser les brèches que les gens du pays pouvaient franchir d'un large pas. Ce qu'il nous était impossible d'effectuer avec nos pieds, seuls, nous le tentions avec l'aide de nos mains et de nos bâtons. Je me surpris à saisir une branche entre mes dents : mouvement instinctif qui ne pouvait, du reste, m'aider en rien, et dont Yongden et moi firent, pendant plusieurs jours, un sujet de plaisanteries.

Si nous n'avions pas porté un fardeau, nous aurions, jusqu'à un certain point, pu trouver du plaisir à cette gymnastique, mais nous étions lourdement chargés. Sachant que nous avions devant nous un long trajet à travers des forêts désertes, nous nous étions munis d'une ample provision de *tsampa* et son poids, sur notre dos, ne laissait pas que de compromettre dangereusement la sécurité de notre équilibre à chacune de nos acrobaties.

Le pire était que nous craignions de nous être trompés de route. Un tel sentier menait sans doute à quelque village, mais ne pouvait guère être celui du Kongbou que suivaient, nous le savions, des mules portant des charges.

---

1. Nommé Yésrou tsango dans la partie supérieure de son cours qui traverse le Tibet. Le qualificatif honorifique *tsango* (pur) est donné, par les Tibétains, à un grand nombre des cours d'eau importants de leur pays.

2. En plus de ces pistes, existent aussi, celle par laquelle nous étions venus et une autre se détachant d'elle non loin de Tong mèd. Cette dernière conduit au pays d'Yigong qui a donné son nom à la rivière.

Nous n'apercevions, non plus, aucune trace du passage de nos anciens compagnons. Trente-deux personnes devaient forcément laisser des empreintes de pieds dans la boue. Il était évident que la bande de pèlerins avait pris un autre chemin. Cependant, comme d'après ma petite boussole, nous avancions dans la bonne direction, je me risquai à continuer.

Après tout, nous nous trouvions de nouveau seuls. Notre présence n'était pas requise à Lhassa à date fixe, afin d'y lire les Saintes Écritures pour la prospérité du gouvernement lamaïque. Il suffisait que nous arrivions au moment où commençait la période des fêtes et il nous restait encore assez de temps, d'ici-là, pour nous permettre de flâner le long de notre route.

La possibilité d'une rencontre nouvelle avec des voleurs était le seul point inquiétant, mais puisque nous nous trouvions dans cette zone dangereuse, et, bon gré mal gré, étions contraints d'y poursuivre notre chemin, il était inutile de nous faire des soucis au sujet de dangers problématiques et que nous n'avions, du reste, aucun moyen de conjurer.

Notre pittoresque sentier finit auprès d'un arbre gigantesque dédié à un Sylvain. Il rejoignait, là, le chemin muletier ; très heureusement, nous ne nous étions pas égarés.

L'endroit que nous avions gagné tranchait agréablement sur la monotonie des grands bois. Décoré de bannières portant des inscriptions et des figures magiques, l'arbre sacré y atténuait l'impression d'inquiétude causée par la demi-obscurité régnant sous les épaisses frondaisons. Autour de lui rayonnaient ces singulières influences psychiques, particulières aux lieux consacrés aux divinités de la nature, et, tout en me reposant à son pied, j'évoquai le souvenir d'époques très lointaines où l'humanité, encore jeune, vivait en communion avec ses petits dieux.

Ayant retrouvé un chemin passable, nous pûmes presser le pas et je regrettai fort le choix malencontreux qui m'avait fait parcourir cette terrible traverse. J'aurais dû, plutôt, bénir le bienveillant Sylvain à l'occulte suggestion de qui je devais, peut-être, d'avoir suivi cette voie.

Un peu plus loin, je ramassai, au milieu du sentier, une branche d'orchidée en fleur, toute fraîche, comme si elle venait d'être cueillie. Nous étions alors en janvier. Je relate le fait afin de montrer que le Tibet, tout entier, est loin de ressembler à la région glaciale et aride qui s'étend, au sud de Lhassa, jusqu'à la chaîne de l'Himâlaya.

Vers la fin de l'après-midi, nous rejoignîmes les *trapas* et leurs compagnons qui étaient campés dans une jolie clairière, sur le bord d'un affluent du Po tsangpo.

Notre arrivée causa une certaine émotion et nos nouveaux amis se précipitèrent vers nous pour nous interroger sur l'issue de notre rencontre avec les voleurs. Nous répondîmes que nous n'avions pas vu un seul être humain sur notre route. Les voyageurs furent stupéfaits. De grand matin, ils s'étaient heurtés à une bande de Popas qui leur avaient barré le passage, exigeant des « cadeaux ». De même que lors de leur descente vers la vallée du Nagong, les *trapas* refusant de donner quoi que ce soit, les deux groupes en étaient venus aux mains. Quelques brigands ayant été blessés, les autres s'étaient éloignés sans insister davantage. Parmi les *néskorpas*, deux avaient reçu des coups de sabre, et un autre qui, brutalement bousculé, était tombé sur un rocher, se plaignait de douleurs internes.

Quand nous expliquâmes que nous avions pris la traverse, tous nous félicitèrent de notre heureuse inspiration. Si nous avions suivi le chemin muletier nous aurions, très probablement, été aperçus par les malandrins, encore furieux de leur récent échec, et complètement dévalisés par eux.

Les rencontres avec les brigands sont chose commune au Tibet, et, à moins d'être extraordinairement sanglantes, elles n'impressionnent que très médiocrement les voyageurs. La vue de leurs compagnons blessés, couchés près du feu, ne diminuait en rien la jovialité des autres Tibétains. Tout au contraire, on eût dit que cette échauffourée, en rompant la monotonie du voyage, avait suscité en eux, un nouvel entrain.

Les grands feux allumés dans la clairière et le bruit fait par ceux qui coupaient du bois dans la forêt, attirèrent l'attention de villageois habitant dans le voisinage. Quelques-uns d'entre eux vinrent nous rendre visite. Ils semblaient légèrement pris de boisson et, tout en causant avec certains d'entre nous, jetaient des regards investigateurs de droite et de gauche sur notre camp. Je me demandai s'ils n'étaient pas envoyés en éclaireurs pour se rendre compte de notre force et renseigner leurs amis sur les chances qu'ils pouvaient avoir de nous piller.

Les paysans s'approchèrent de Yongden et le prièrent de s'arrêter une journée chez eux afin de bénir leurs maisons et leurs cultures. Le lama déclina, bien entendu, cette invitation, prétextant qu'il avait grande hâte d'arriver à Lhassa pour y assister au grand *meulame* [1]. Cette raison étant tout à fait plausible, les Popas n'insistèrent pas, mais ils annoncèrent à mon fils qu'ils lui enverraient, le lendemain, les femmes et les enfants du village pour recevoir sa bénédiction.

En dépit de ces paroles édifiantes, les voyageurs décidèrent de faire bonne garde pendant la nuit. Les pieux quémandeurs de bénédictions ou les voleurs rencontrés dans la matinée pouvaient concevoir l'idée de profiter de l'obscurité pour nous attaquer. Des

1. *Meulame* : « bons vœux ». Et, par extension, l'assemblée des moines appartenant aux trois monastères d'État : Séra, Ganden et Drepung, qui se réunit au début de l'année pour assurer, par la lecture des Saintes Écritures et d'autres cérémonies, la prospérité du Tibet et de son lama-roi.

sentinelles se relayèrent donc autour du camp, mais les heures s'écoulèrent paisiblement.

Tandis que nous dormions profondément dans notre tente que nous avions plantée un peu à l'écart, la bande des voyageurs partit encore une fois avant l'aube. La clairière était déserte quand nous nous éveillâmes. J'insistai pour boire notre thé matinal mais, bientôt, Yongden commença à se sentir mal à l'aise, sans compagnons, dans cette région peu sûre. Comme nous achevions de ficeler nos bagages et que j'étais penchée sur les sacs, il me signala, tout à coup, l'arrivée d'une troupe de brigands. Je distinguai, en effet, un groupe de gens dans la direction qu'il indiquait, mais lorsque ceux-ci approchèrent, nous vîmes qu'il n'y avait là que des femmes et des enfants.

En dépit de leur demi-ébriété nos visiteurs de la veille n'avaient point oublié d'envoyer les leurs à Yongden pour qu'il les bénisse. Les paysannes lui apportaient un peu de beurre, des fruits séchés et un panier de piments, un article d'échange de valeur appréciable sur le marché de Lhassa. Ainsi, les voleurs annoncés par mon compagnon se trouvèrent être, tout au contraire, des bienfaiteurs.

La bénédiction donnée à chacun individuellement, suivant le rite lamaïste, l'emballage des présents que nous avions reçus et un inévitable bavardage avec les femmes, nous retardèrent encore davantage. Quand nous nous mîmes en route, il ne nous restait guère d'espoir de pouvoir, du moins ce même jour, rejoindre nos bons compagnons de route.

CHAPITRE VIII

Je mystifie et terrifie sept brigands — Un amusant stratagème me permet de franchir le passage gardé de Tongyuk. — Un mystérieux lama surgit devant nous comme un fantôme ; il me reconnaît. — Rencontre d'un aimable Lettré. — Passage du col de Temo. Rêve ou vision ? Une page de l'histoire contemporaine du Tibet. La fuite du Grand Lama de Tachilhumpo. — Anciennes prophéties touchant un Messie guerrier qui doit surgir au « Pays du Nord ». Commencement de réalisation. — Dévotions ardues. — Pèlerines abandonnées. — Je découvre le culte des bornes kilométriques.

C'était vraiment chose merveilleuse que d'avoir évité tant de dangers de diverses natures et de me trouver où j'étais : au Po yul, tout juste comme je l'avais projeté, et en route pour Lhassa. Néanmoins, il est sage de ne jamais se féliciter trop tôt de sa bonne chance. Je n'en avais pas fini avec les braves Popas, mais eux, aussi, allaient faire plus ample connaissance avec le savoir-faire de la première étrangère qui parcourait leur beau pays. Et, tandis que leurs démonstrations devaient demeurer banales, la mienne vivra sans doute longtemps dans la mémoire de ceux qui en ont été témoins. Qui sait si parmi ces populations à l'imagination fertile, une légende ne s'échafaudera pas sur elle, et si, dans la suite des temps, celle-ci ne fournira pas à quelque érudit en folklore l'occasion d'un profond et docte commentaire.

Ce même soir, au crépuscule, fatigués par une longue marche, nous remontions le cours de la rivière de Tongyuk qui grondait, invisible, très bas au-dessous de nous. J'étais en tête et regardais de-ci de-là, cherchant un endroit convenable pour passer la nuit, quand j'aperçus, avançant dans notre direction, sept hommes dont quelques-uns portaient des fardeaux. Un pressentiment soudain me mit en garde, je n'augurais rien de bon de cette rencontre. Cependant, comme le sang-froid est la meilleure de toutes les armes et que des années de vie aventureuse m'ont familiarisée avec les incidents de ce genre, je continuai à marcher tranquillement, indifférente, ainsi qu'une pauvre pèlerine exténuée.

Un des hommes s'arrêta au milieu du chemin comme pour me retenir et me demanda où j'allais. Je marmottai les noms de quelques lieux de pèlerinage et, m'écartant, je passai sur le bord du sentier en frôlant les buissons. Je me réjouissais déjà intérieurement, pensant que, cette fois encore, nous nous en tirerions sans mal, lorsque, regardant en arrière, vers mon jeune compagnon, je l'aperçus adossé à un rocher et parlant avec les Popas. La conversation paraissait amicale. De l'endroit où je me trouvais, je ne pouvais pas entendre ce qui se disait et je crus que Yongden voulait acheter de la *tsampa* aux voyageurs, mais tout à coup je vis l'un des gaillards saisir quelque chose dans un coin du mouchoir du lama, tandis que celui-ci me criait : « Il m'a pris deux roupies ! »

La somme en elle-même ne valait pas qu'on lui accordât une pensée, mais l'un des brigands, jaloux, sans doute, du succès de son camarade, posait la main sur le fardeau de mon fils et faisait mine de vouloir en dénouer les cordes. La situation devenait sérieuse. Me servir de mon pistolet, comme je l'avais fait quelques jours auparavant, était hors de question. Les voleurs portaient chacun un sabre passé dans leur ceinture ; au premier coup tiré sur l'un des leurs, ils massacreraient Yongden qu'ils entouraient. D'un côté, les laisser examiner le contenu de nos bagages était dangereux. Ceux-ci contenaient certains objets de provenance étrangère, inconnus de ces sauvageons, qui provoqueraient des questions embarrassantes. Qui sait si, devenus curieux, les Popas ne s'aviseraient pas, alors, de nous fouiller, c'est l'habitude des voleurs de grand chemin au Tibet. Dans ce cas, ils découvriraient l'or et l'argent que nous portions cachés sous nos vêtements. Que s'ensuivrait-il ?... Peut-être nous tueraient-ils sur-le-champ, afin que les étranges mendiants que nous étions ne pussent les dénoncer. Ou bien, peut-être qu'effrayés par notre mystérieuse personnalité de porteurs de trésors, ils nous emmèneraient devant un de leurs chefs. Ce dernier me ferait conduire chez le fonctionnaire du gouvernement de Lhassa, séjournant le plus près de sa résidence, si je confessais que j'étais une étrangère déguisée. Il nous traiterait en voleurs si je persistais dans mon incognito, c'est-à-dire qu'il s'approprierait ce que nous possédions et nous ferait bâtonner sans merci. Aucune de ces hypothèses n'était agréable à envisager, toutes conduisaient à l'interruption de mon voyage, à un nouvel, peut-être à un définitif échec ; je n'en voulais pas.

En beaucoup moins de temps que je n'en ai mis pour les écrire, toutes ces pensées m'avaient traversé l'esprit et j'avais trouvé le scénario du drame que j'allais jouer sur cette scène rustique.

Je commençai mon rôle immédiatement. Hurlant de désespoir, des larmes dans les yeux, je me lamentai sur la perte des deux roupies. Elles composaient toute ma fortune. Qu'allons-nous devenir ?... Comment pourrions-nous nous nourrir pendant le long trajet qui nous restait à effectuer jusqu'à Lhassa ?... Ces deux roupies étaient, d'ailleurs, de l'argent sacré. Un pieux villageois les avait offertes à mon fils, le lama, après un service funèbre qu'il avait célébré pour son père défunt...

Oui, l'esprit du pauvre homme, mort depuis une année, errait, égaré dans l'autre monde, sans pouvoir trouver son chemin et mon fils, par sa science du rituel approprié, l'avait dirigé vers le séjour de la béatitude, le paradis occidental où il vivait maintenant. Les deux roupies et tout ce que nous avions dans le ballot : de la farine, du beurre, un peu de viande, tout cela était *yeune* [1] dont le lama et sa famille avaient seuls le droit de disposer. Maintenant, des mécréants osaient nous en déposséder... Leur châtiment ne tarderait pas...

Ici, je cessai de gémir et me haussai aux imprécations. Familiarisée de longue date avec le panthéon lamaïste, la tâche ne m'était pas extrêmement difficile.

J'évoquai les divinités les plus redoutées et les appelai par la longue liste de leurs noms et de leurs titres terribles que le vulgaire n'ose point prononcer.

Paldène, Dordji, Lhamo qui monte un cheval sauvage sur une selle faite d'une peau humaine sanglante ; les dieux courroucés qui dévorent la chair des êtres et se régalent de leur cervelle et les géants furieux, compagnons du Roi de la Mort, parés de couronnes de crânes et de colliers d'ossements, qui dansent sur les cadavres, furent tour à tour conjurés de nous venger.

N'étais-je point la compagne consacrée et initiée d'un *Nagspa* noir ?... Croyait-on que son démon tutélaire manquerait de punir le

1. *Yeune* : honoraires des ecclésiastiques pour la célébration des services religieux.

mal fait à son fils qui, lui, innocent et plein de compassion pour les créatures, marchait dans le pur sentier des *gelongs* ?...

Je m'écoutais, non sans une certaine complaisance ; il me semblait que j'égalais les meilleures tragédiennes. Illusion vaniteuse, bien probablement. Quoi qu'il en soit, la nature environnante parut entraînée par ma déclaration passionnée et se mit à l'unisson. La forêt s'assombrit, une légère brise fit courir de lointaines rumeurs dans les taillis, des mystérieuses et lugubres voix semblèrent surgir de l'invisible torrent roulant au fond de la vallée et monter vers nous, emplissant l'air de phrases menaçantes dans un langage inconnu.

J'étais de sang-froid, et pourtant je ne pus me défendre d'un frisson causé par l'atmosphère occulte que j'avais moi-même créée. Je ne fus, d'ailleurs, pas seule à en éprouver l'effet. Les sept brigands paraissaient pétrifiés, les uns rangés contre une grosse roche derrière Yongden, les autres immobiles, plus bas sur le sentier. Ils formaient ainsi un impressionnant groupe d'hommes, paralysés par une terreur intense, qui tentait mes instincts de photographe. Mais ce n'était, d'aucune façon, l'heure de prendre un instantané.

Un des Popas fit, avec prudence, quelques pas dans ma direction, et, s'arrêtant à une petite distance de moi, prononça timidement des paroles de réconciliation.

— Ne nous en veuillez pas, mère, voici vos deux roupies. Ne pleurez plus. Ne nous maudissez pas davantage, nous ne sommes pas de mauvaises gens. Nous respectons la religion et les lamas. Nous ne voulons que retourner paisiblement dans notre pays... C'est à six jours d'ici... Il faut franchir un col... un col où résident de méchants démons... Tenez, prenez vos deux roupies, et que le lama nous donne sa bénédiction.

Je laissai ma colère et mon désespoir s'apaiser, et je saisis les deux pièces d'argent avec l'air de quelqu'un qui retrouve un bien inestimable. Yongden m'avait rejointe ; il bénit individuellement les sept chenapans, leur adressa des souhaits de bon voyage, et nous nous séparâmes.

Il n'y avait pas à craindre que ces mêmes hommes revinssent sur leurs pas pour nous voler pendant la nuit, mais cette nouvelle aventure était un avertissement qu'il ne fallait pas négliger. Une marche rapide s'imposait afin de sortir aussi promptement que possible de cette zone particulièrement dangereuse. Nous prolongeâmes l'étape très loin, à travers la forêt enténébrée. Une pluie fine et lente commença à tomber, un mélancolique dernier quartier de lune se leva tard parmi les nuages ; vers deux heures du matin, nous arrivâmes à une minuscule clairière qu'un chaos de roches séparait du torrent. La fatigue ne nous permettait pas de continuer plus loin. De souper, il ne pouvait être question. Eussions-nous même pu trouver des branches à peu près sèches, il nous aurait été impossible d'allumer du feu sous la pluie et, quant à l'eau, il eût été trop dangereux de se hasarder dans la demi-obscurité pour en puiser parmi les rochers qui plongeaient dans la rivière écumante. Je voulus au moins me donner le médiocre confort de l'abri que pouvait offrir notre petite tente. Celle-ci dressée, Yongden et moi nous nous étendîmes sur la terre détrempée, dans nos vêtements humides et nos bottes boueuses.

L'éclairage capricieux causé par les nuages passant devant la lune animait les ombres qu'elle projetait sur notre toit blanc. Branches et rocs y dessinaient les mouvantes silhouettes de personnages fantastiques. Le torrent parlait haut, avec les mille voix confuses d'une foule. Des êtres invisibles semblaient nous entourer. Je pensai à ceux que j'avais évoqués, à ce monde mystérieux des fées, des dieux et des démons, si proche de ceux qui vivent parmi la nature sauvage. Ma tête lasse reposant sur mon sac à provisions, je souris à des amis inconnus et, fermant les yeux, partis vers d'autres rêves.

Le pittoresque garde toujours largement ses droits dans les rencontres avec les brigands du Tibet, mais tout en appréciant, comme il convient, les diversions animées qu'elles créent au cours des voyages, l'on souhaite, généralement, que celles-ci ne se réitèrent pas trop souvent. Pour ma part, je me réjouis sincèrement de ne plus trouver d'autres malandrins sur ma route, après la représentation dramatique donnée à quelques-uns d'entre eux dans la forêt du Po mèd.

Nous approchions maintenant de Tongyuk où un *dzong* a été ingénieusement placé à l'intersection de deux pistes, afin d'examiner les voyageurs se rendant à Lhassa.

De Tongyuk, l'on peut gagner Giamda, la capitale de la province de Kongbou, par un chemin plus direct que celui qui touche la rive du Brahmapoutre. J'ai entendu dire que ce dernier est difficile et traverse de vastes régions désertes. Ce doit être pour cette raison que les voyageurs effectuent un long détour au sud jusqu'au bord du grand fleuve. Le temps a peu de valeur en Orient ; la sécurité et les facilités de ravitaillement offertes par une route sont ce que les Tibétains considèrent en tout premier lieu.

Il est aussi possible de se diriger, de Tongyuk, vers les solitudes herbeuses du Tibet septentrional.

La route que nous devions suivre est coupée par un cours d'eau peu large, mais d'une certaine profondeur, descendant de la vallée où est situé le *dzong*. A une petite distance du pont sur lequel on le franchit, celui-ci s'unit à la rivière venant de Lounang et, près de là, en amont, cette dernière reçoit un tributaire important que je n'ai pu qu'entrevoir de loin. Toutes ces eaux réunies coulent vers le Po tsangpo, sous le nom de rivière de Tongyuk.

Le pont est insignifiant, ne ressemblant en rien à ceux construits sur le Polung à Chowa et à Daching. Une porte qui est tenue fermée clôt une de ses extrémités et, tout contre celle-ci, se trouve la maison du gardien chargé de veiller à ce que nul ne passe sans en avoir obtenu la permission au *dzong* et acquitté le droit de péage.

Lorsque nous heurtâmes à la porte, le gardien l'entrebâilla à peine et se disposait, sans doute, à nous questionner, mais sans lui en laisser le temps, nous criâmes tous les deux comme en proie à une vive anxiété :

— Est-ce que nos amis sont ici ?

— Quels amis ? demanda l'homme.

— Cette troupe de moines de Séra et de Drepung.

— Ils sont tous partis ce matin.

— Quel malheur ! fîmes-nous en duo, d'un ton désolé.

En nous regardant, le gardien avait inconsciemment laissé la porte s'ouvrir un peu plus largement. Nous en profitâmes immédiatement pour nous faufiler sur le terrain défendu, sans cesser d'étourdir le pauvre diable par nos questions.

Nous voulions, maintenant, savoir si les *trapas* ne l'avaient pas chargé d'un message pour nous et, surtout, ne lui avaient pas laissé un sac de viande séchée qui nous appartenait et se trouvait parmi les bagages de l'un d'eux. Tout en parlant, Yongden regardait le pauvre Tibétain d'un œil soupçonneux tandis que ce dernier s'évertuait à le convaincre que rien ne lui avait été remis et protestait qu'il se ferait un scrupule de détenir le moindre objet appartenant à un lama.

Mon compagnon, dont toutes les préoccupations semblaient uniquement concentrées sur sa viande séchée, paraissait avoir oublié toutes autres choses au monde, et en particulier, les formalités à accomplir pour être autorisé à poursuivre sa route. Il jouait son rôle avec un brio étonnant. Cependant, bien que le gardien fût réellement ahuri par le flot de paroles qui résonnaient à ses oreilles et les soupçons injurieux que le lama nourrissait à son égard, je crus m'apercevoir qu'il demeurait assez lucide pour être conscient de son devoir et pourrait bien s'aviser de nous rappeler le nôtre, si nous tentions de nous éloigner.

Nous avions espéré mieux, comptant, une fois la porte franchie, pouvoir esquiver la visite au *dzong* ; mais il fallait nous garder de laisser soupçonner notre intention. Notre ruse avait réussi à moitié ; le brave gardien, tout au lama, ne m'accordait pas un coup d'œil et, ainsi, nul n'ayant éveillé sa suspicion, le *pönpo* ne se dérangerait vraisemblablement pas pour regarder une mendiante. Une subite audace me vint : je monterais au *dzong* et, sans nul doute, pourrais donner le change à l'humble subalterne à qui, seul, j'aurais affaire.

Décidée à tenter l'aventure, je demandai au gardien avec l'intonation pleurnicharde des miséreux :

— Le *pönpo* a-t-il fait l'aumône à nos amis ?

— Je n'en sais rien, répondit sèchement l'homme, toujours préoccupé par le désir de prouver son honnêteté.

— Eh bien ! dis-je, je vais tâcher d'en obtenir quelques provisions car il ne nous reste presque plus rien à manger, maintenant que notre viande n'est pas ici.

— Quant au sac, je connaîtrai la vérité par un *mo*, interrompit Yongden d'un ton sévère. Mes *mos* sont infaillibles.

— Oui, oui, c'est cela, fit avec empressement l'innocent Tibétain. *Mo gyab*, lama, vous verrez le *pönpo* plus tard.

— Moi j'y vais tout de suite, déclarai-je, peut-être se montrera-t-il charitable.

Ceci était parfaitement indifférent au gardien.

Comme je m'approchais de la demeure du fonctionnaire, je rencontrai un homme proprement et presque bien mis. Je le saluai très poliment et lui demandai comment il fallait s'y prendre pour être admis en présence du *pönpo*.

— Que voulez-vous ? interrogea-t-il.

J'expliquai que mon fils, un *trapa* du monastère de Séra, faisait, ainsi que moi, partie de la troupe de voyageurs arrivés à Tongyuk la veille. Souffrant de douleurs dans le pied, disais-je, il était demeuré en arrière, mais il se sentait mieux. Nous allions nous efforcer de rejoindre nos amis au plus vite, car nous étions sans provisions.

Alors, avec une timidité affectée, je sortis deux *trankas* [1] serrés dans le coin, soigneusement noué, d'un chiffon que je tirai de mon *amphag*. Cet argent, déclarai-je, devait être offert au *pönpo* lorsque mon fils me rejoindrait. Il ne pouvait tarder. Pour le moment, il s'informait auprès du gardien du pont, au sujet d'un sac que nos amis auraient dû lui laisser lors de leur passage.

Deux *trankas* représentaient le prix de notre péage passablement majoré. L'homme pouvait croire, d'après ce que je lui avais dit de notre pénurie de vivres, que le lama escomptait recevoir du *pönpo* un cadeau en nature [2]. Le succès du stratagème que ma connaissance des mœurs tibétaines venait de m'inspirer exigeait que la somme exhibée fût suffisante pour tenter celui à qui je la montrais et le faire céder à sa cupidité. Peu m'importait ce qu'il penserait ensuite, concernant les espérances que nous nourrissions quant à la transmutation de notre monnaie.

— En attendant, continuai-je, je désire demander un *seura*...

Je n'eus pas le temps de préciser si j'entendais solliciter cette aumône du *pönpo* ou bien de ses domestiques. Sans chercher à en savoir plus long, mon interlocuteur saisit prestement les deux *trankas*, m'enjoignit brièvement d'attendre où j'étais et s'éloigna. La comédie s'était jouée comme je l'avais prévu.

1. *Tranka*, une pièce d'argent tibétaine dont la valeur ordinaire est d'environ le quart d'une roupie de l'Inde.

2. Ces sortes d'échanges dans lesquels chacune des parties vise à obtenir plus qu'elle n'a donné, sont d'un usage général au Tibet. On n'y peut faire aucune visite privée ou officielle, sans emporter un présent avec soi, mais celui qui le reçoit est tenu à rendre la réciproque. C'est là où se manifeste sa générosité ou sa pingrerie, et, comme contrepartie, la satisfaction ou le déplaisir du donateur du cadeau. Ce que l'on reçoit de cette façon d'une personne d'un rang supérieur au sien est poliment dénommé *seura* : don, aumône.

Quelques minutes après, un domestique apparut, m'apportant un bol de *tsampa* et j'entendis la voix de celui qui s'était emparé de mon argent lui commander :

— Emmenez-la. Il est inutile que le *trapa* monte jusqu'ici.

En arrivant près du gardien, le domestique lui dit quelques mots que je n'entendis pas, puis s'en retourna.

Je trouvai le cerbère du pont tout fier et tout hilare, parce que, en mon absence, mon devin, « dont les *mos* étaient infaillibles », avait découvert que, véritablement, nos amis ne lui avaient pas laissé notre viande.

Quant à l'identité de l'homme rencontré sur la route du *dzong*, je jugeai prudent de ne pas m'en enquérir.

Une fois de plus nous avions gentiment esquivé le péril. Nous nous hâtâmes de nous éloigner, ce qui ne pouvait étonner le gardien qui nous croyait désireux de rattraper promptement nos compagnons de route. Nous campâmes, ce soir-là, dans un joli site presque en face du village que nous entrevoyions de l'autre côté de la rivière. La neige se mit à tomber légèrement dans la soirée et, pour nous en garantir, nous plantâmes notre tente sous un gros arbre, mais le lendemain, aux premiers rayons du soleil, la mince couche blanche fondit rapidement.

Nous ne devions plus revoir nos compagnons de quelques jours. Le rôle providentiel qu'ils avaient rempli dans notre aventureux voyage paraissait terminé maintenant que, même après leur départ, nous avions pu nous servir d'eux pour faciliter notre passage au *dzong* de Tongyuk. Puisse la bonne chance les favoriser aussi, au cours de leur vie, en récompense des services qu'ils nous ont inconsciemment rendus !

Au-delà de Tongyuk, la piste se dirige vers la frontière du Kongbou où elle prend le nom de Kongbou Lho lam (route du sud du Kongbou). Le pays est toujours boisé, mais la forêt perd l'aspect de jungle semi-tropicale qu'elle présente sur les bords de l'Yigong tsangpo et le paysage redevient alpin.

La température s'était beaucoup abaissée ; en maints endroits les rivières coulaient entre une épaisse bordure de glace et certaines étaient entièrement prises. Nous dormions chaque nuit en plein air, un brasier flambant à côté de nous, au pied de quelque sapin dont les larges branches nous servaient de toit.

Les villages, très peu nombreux, se dissimulaient dans les bois, demeurant invisibles de la piste, et nous croisions bien rarement un passant. C'était encore la solitude, cependant, l'ambiance psychique différait de plus en plus de celle des grands *satongs*[1] que nous laissions derrière nous. Un inexprimable sentiment avertissait de l'ap-

1. *Satong*, littéralement « terre vide ». Nom donné par les Tibétains aux grands espaces inhabités.

proche des agglomérations humaines, nous allions bientôt entrer dans les provinces centrales.

Les habitants de cette région portent, comme ceux du Po yul, une robe de fourrure sur laquelle ils revêtent une sorte de chasuble faite de peau d'ours pour les riches et de peau de chèvre de couleur foncée pour le commun des villageois. La forme des vêtements est la même pour les deux sexes, leur longueur seule diffère. Tandis que les hommes retroussent leur robe avec leur ceinture, de façon à ce qu'elle n'atteigne pas les genoux et que leur chasuble s'arrête à la taille, les femmes portent la robe tombant sur les chevilles et la chasuble touchant les genoux. Comme partout, au Tibet, les habits de fourrure ont le poil en dedans.

Le détail caractéristique de la toilette féminine, dans cette partie de la « route du Sud », est le chapeau rond, en feutre noir, dont les femmes sont coiffées. Celui-ci est de forme parfaitement européenne et, orné d'un ruban ou d'une plume, figurerait avec honneur à la vitrine de n'importe quelle modiste parisienne.

Beaucoup plus intéressants que cet article de mode, sont les chants étranges que j'entendis dans ce pays.

Tout d'abord j'imaginai qu'ils accompagnaient la célébration de rites mystiques s'accomplissant dans les profondeurs de la forêt, mais les circonstances se chargèrent de me révéler une vérité moins poétique.

Un jour, entendant de nouveau une sorte de poignante lamentation s'élever à quelque distance du chemin, je me dirigeai sous bois, dans la direction du chœur invisible. Tout en marchant, je me figurais déjà de lugubres funérailles ou quelque terrible cérémonie de nécromancie. En proie à l'excitation agréable qui saisit le voyageur près de contempler un spectacle intéressant, je gagnai la lisière d'une clairière. Les pathétiques chanteuses étaient là, vêtues de robe en peau de chèvre et coiffées du feutre rond national. La besogne qui les occupait n'avait rien de dramatique. Elles descendaient simplement les arbres que les mâles de leur tribu abattaient et débitaient plus haut sur la montagne. Chacune des lourdes pièces de bois, ceinturée par des cordes, était portée par une dizaine de bûcheronnes, et la tragique marche funèbre servait très prosaïquement à les faire marcher au pas.

Quelle peut être l'origine de cette musique singulière ? Jamais je n'ai entendu d'airs semblables en aucune partie du Tibet.

En sortant des forêts de Po et de Kongbou Lho lam l'on débouche dans une contrée très ouverte d'où l'on aperçoit, à distance, l'entrée de plusieurs vallées. Des villages y sont dispersés sur une grande étendue de sol cultivé, au-delà duquel s'étendent de vastes pâturages. Un gracieux arrière-plan de montagnes encadre le panorama qui rappelle, mais sur une beaucoup plus grande échelle, certains paysages des Alpes.

Le pays s'étendant à l'ouest et au nord-ouest de cette région demeure encore inexploré et je me sentais très tentée d'entreprendre une rapide course d'éclaireur à travers les montagnes qui s'élèvent entre la rivière de Tongyuk et celle de Giamda.

Le temps m'était malheureusement mesuré. Je devais me hâter si je voulais être à Lhassa au moment des fêtes du premier mois de l'année. Je craignais toujours aussi qu'une imprudence de ma part n'attirât l'attention et ne compromît mon incognito. Comment pourrais-je expliquer les raisons qui me faisaient errer hors des pistes principales ? Que répondrais-je à ceux qui me demanderaient où j'allais ? Je me trouvais, maintenant, dans une région habitée et pouvais craindre, même loin en pleine forêt, sur les montagnes, de rencontrer des bûcherons ou des chasseurs.

Au Tibet, nul ne pérégrine pour son plaisir, les gens considèrent comme absurde de voyager quand on n'est pas appelé dans un endroit déterminé pour affaires ou que l'on n'accomplit pas un pieux pèlerinage.

Si j'avais connu le nom d'un monastère ou d'un *dzong* situé dans les montagnes vers lesquelles je voulais me diriger, ou par-delà celles-ci, j'aurais pu m'en servir au besoin pour justifier mon itinéraire, mais j'ignorais même s'il existait des sentiers.

Néanmoins je partis, mais la nuit, afin d'être hors de vue lorsque, le matin suivant, les paysans iraient travailler dans les champs.

Je gagnai une crête boisée, descendis sur le versant opposé, remontai sur un autre sommet et entrevis au loin des cimes neigeuses.

J'avais déjà marché pendant deux jours et il me semblait que je pourrais, probablement, arriver à rejoindre la rivière de Giamda. Toutefois, j'étais loin d'en être certaine et, surtout, je n'avais pas la moindre idée du nombre de jours que cette course demanderait.

D'autre part, je tenais à toucher la rive du Brahmapoutre près de Témo, puis le grand pèlerinage des Böns et quelques autres endroits que l'on m'avait signalés de ce côté. Je désirais aussi, je l'ai dit, arriver à Lhassa à l'époque des fêtes. Or, le temps me manquerait, une fois sur le bord de la rivière de Giamda — si je l'atteignais — pour redescendre au sud, jusqu'au fleuve, et retourner ensuite sur mes pas pour me rendre à Giamda, la capitale du Kongbou, inscrite depuis plusieurs années sur mon programme de voyage.

Il y avait là des choses impossibles à concilier. Il fallait faire un choix.

C'est à ce choix que je pensais, assise près du feu sur lequel bouillait le thé de notre repas du soir quand j'aperçus soudain, par-delà les flammes, un lama de très haute taille qui me regardait.

Ni Yongden ni moi ne l'avions entendu venir, on aurait presque cru qu'il avait surgi de terre comme les génies dont parlent les vieux contes.

Les Tibétains, chaussés de bottes de *dokpas* avec des semelles molles et flexibles, ne font pas de bruit en marchant. Néanmoins, l'apparition avait été si instantanée que nous considérions l'inconnu avec stupéfaction.

Il portait le vêtement très simple des *gomptchènes*[1], un *theu tréng*[2] pendait sur sa poitrine et son long bâton ferré était surmonté d'un trident.

Il s'assit sans mot dire auprès du feu et ne répondit pas à notre salutation polie : *Kalé jou dén jag*[3]. Yongden essaya, mais en pure perte, d'engager la conversation avec lui. Nous nous imaginâmes alors que, selon une coutume d'autrefois suivie par les ascètes, celui-ci avait fait vœu de silence.

Cet homme muet, qui me regardait fixement, me gênait ; j'aurais voulu le voir se lever, s'en aller, ou, du moins, faire quelques gestes naturels aux voyageurs : manger, boire. Mais il n'avait aucun bagage avec lui, pas même un sac de *tsampa*, chose extraordinaire dans ce pays dénué d'auberges. Comment se nourrissait-il ? Assis, les jambes croisées, à côté de son trident planté en terre, il avait l'air d'une statue dont les yeux étaient vivants. La nuit s'était faite, allait-il rester là ?...

Le thé était prêt, le singulier personnage tira de dessous sa robe un crâne coupé en façon de bol et le tendit à Yongden. Généralement ces coupes macabres dont seuls se servent les mystiques tantriques, ne servent qu'à boire de l'alcool. Mon jeune compagnon s'excusa :

— *Gomptchène*, dit-il, nous n'avons pas de *tchang*[4], nous n'en buvons jamais.

— Donnez-moi ce que vous avez, répondit le lama, ouvrant la bouche pour la première fois, tout m'est égal.

Il but et mangea un peu de *tsampa* et redevint silencieux. Il ne faisait mine ni de s'en aller ni de vouloir dormir auprès du feu.

Tout à coup, sans se départir de son immobilité, il s'adressa à moi :

— Jétsunma, dit-il, qu'avez-vous donc fait de votre *theu treng*, de votre *zen*[5] et de vos bagues d'initiée[6] ?

Mon cœur s'arrêta de battre. Cet homme me connaissait, il m'avait vue au Kham, au désert d'herbe, en Amdo, en Tsang, je ne savais où, vêtue en *gomptchènema*.

---

1. De forme différente de celui des lamas vivant dans les monastères.
2. *Theu tréng*, un chapelet formé de cent huit rondelles dont chacune est découpée dans un crâne humain différent.
3. *Kalé jou dén jag* : « Asseyez-vous doucement. »
4. *Tchang*, dans le langage courant, indifféremment, de la bière ou de l'eau-de-vie d'orge.
5. *Zen*, un manteau ressemblant à une toge, porté par les religieux.
6. Des anneaux symboliques dont l'un, en or, est orné d'un « dordji » et l'autre, en argent, d'une sonnette. Ils ne sont portés que par une certaine classe d'ermites. Le « dordji » symbolise la méthode, l'habileté, et la sonnette, le savoir.

Yongden essaya de mentir. Il ne comprenait pas, bredouilla-t-il, ce que le lama voulait dire... sa mère et lui... Mais l'étrange passant ne lui laissa pas le temps de débiter une histoire inventée.

— Va-t'en ! commanda-t-il d'un ton impératif.

J'avais repris mon sang-froid. Toute comédie était inutile. Les traits du voyageur n'éveillaient aucun souvenir en moi, mais, lui, savait qui j'étais. Mieux valait faire bravement face à la situation ; ce lama n'avait probablement aucun intérêt à me dénoncer.

— Allez, dis-je à Yongden, allumez du feu pour vous plus loin.

Il prit une brassée de bois, une branche flambante et s'éloigna.

— Ne cherchez pas dans votre mémoire, Jétsunma, me dit l'ascète quand nous fûmes seuls, j'ai autant de visages que je le souhaite, et vous n'avez jamais vu celui-ci.

La conversation qui suivit fut trop longue et eut trait à des sujets trop spéciaux de philosophie et de mysticisme tibétains pour pouvoir être rapportée ici. Enfin, le voyageur se leva, et, son bâton en main, s'éloigna comme un fantôme, ainsi qu'il était venu. Ses pas ne produisirent aucun bruit sur le sentier caillouteux, il entra dans les taillis et parut s'y dissoudre.

Je rappelai Yongden et mis un terme à ses questions avec une phrase laconique.

— Ce *gomptchène* nous connaît, je ne puis me rappeler l'avoir vu, mais il ne nous dénoncera pas.

Alors je me couchai et feignis de dormir pour suivre, sans être troublée, le cours des pensées que les paroles du mystérieux voyageur avaient fait naître en moi. Mais bientôt une lueur pâle se répandit dans le ciel ; le jour se levait. Tandis que j'écoutais le *gomptchène*, la nuit tout entière s'était écoulée.

Nous ranimâmes le feu pour préparer notre frugal déjeuner.

Bien que la nature de ma conversation avec le lama eût dû me rassurer complètement sur son caractère et écarter toutes craintes de dénonciation de sa part, mon cerveau fatigué par plusieurs mois de pénible anxiété et de perpétuelles alertes ne pouvait se défendre contre les appréhensions qui l'envahissaient de nouveau. Je ne me sentais plus aucun désir de continuer l'excursion supplémentaire que j'avais entreprise.

A moins qu'il ne se rendît à quelque ermitage caché dans un repli de la montagne, le *gomptchène* descendrait, probablement, dans la vallée où coule la rivière de Giamda et, quelque estime qu'il m'inspirât, je préférais ne pas suivre de près quelqu'un qui me connaissait [1].

---

1. En dehors des craintes que j'entretenais au sujet de mon incognito, j'obéissais à un autre motif. Dans les occurrences de ce genre il est de règle, parmi les mystiques tibétains, de ne jamais chercher de propos délibéré à faire naître l'occasion d'une nouvelle rencontre. Ils justifient cet usage par d'excellentes raisons. L'une de celles-ci est qu'un enseignement, une doctrine, des idées, sont essentiellement impersonnels et doivent demeurer tels pour celui qui les entend exprimer. Il doit se garder de les

— Retournons sur nos pas, dis-je à Yongden. Nous traverserons le col de Temo et verrons le grand monastère situé par là. Il vous sera sans doute possible d'y acheter la robe chaude dont vous avez tant besoin.

Nous regagnâmes sans incident la zone habitée et, passant par plusieurs villages, arrivâmes un soir, à la tombée de la nuit, au pied du sentier conduisant au col.

Une grande maison massive, bâtie en pierres grisâtres, s'élevait là toute seule parmi les pâturages. Malgré son apparence exceptionnellement confortable pour le pays, il s'en dégageait une impression vaguement alarmante. Sa photographie, sous le nom d'« hostellerie de la mort » ou de « manoir hanté », eût pu fournir une bonne illustration à un roman-feuilleton du genre sombre.

On nous accorda immédiatement l'hospitalité ; nous fûmes conduits à l'étage dans une grande chambre, propre et bien close, mais éclairée et aérée par une seule petite fenêtre.

Je m'occupais avec Yongden à faire de la soupe lorsqu'un lama entra, suivi par la *nemo* qui portait ses bagages. Nous comprîmes que nous allions avoir un compagnon pour la nuit.

La chose ne nous plaisait guère, mais il n'y avait aucun moyen de l'éviter. L'appartement dont la jouissance nous avait été accordée était le meilleur, après celui des maîtres de la maison. Des marchands revenant de Lhassa occupaient les autres chambres et, en logeant deux lamas ensemble, la *nemo* avait témoigné de la déférence à chacun d'eux.

Le voyageur paraissait être un homme paisible et bien élevé. Il étendit loin de nous, à l'autre extrémité de la pièce, la carpette qui lui servait de couche, puis s'approcha du foyer pour faire du thé.

Yongden l'invita poliment à s'en dispenser, disant que nous avions de la soupe prête et le priions d'en prendre sa part. Le thé suivrait, nous comptions en faire. Le lama accepta mais alla chercher dans son sac du pain et quelques autres provisions qu'il plaça devant mon fils pour ajouter au repas qu'il prendrait avec nous. Ensuite il s'assit et commença à manger.

L'usage du Tibet exigeait que je demeurasse à quelque distance des deux hommes et j'en profitai pour observer, de mon coin sombre, l'homme placé près du feu.

Une *gomethag*[1] passée en bandoulière sur sa robe de voyage de forme chinoise, quelques autres détails de son costume et le bâton

---

rattacher à l'instrument humain, ou autre, qui les lui a fait entendre à un moment précis et qui, l'instant d'après, mû par d'autres causes, produira peut-être des manifestations d'ordre très différent.

1. C'est une bande d'étoffe dont les deux extrémités sont cousues ensemble. Elle sert aux ascètes qui demeurent de longues heures en méditation et, parfois, passent toutes leurs nuits les jambes croisées dans la posture habituelle des statues du Bouddha. Cette bande a pour but de soutenir les reins et de faciliter l'immobilité requise. En voyage la *gomethag* se porte en bandoulière.

ferré surmonté d'un trident qu'il avait planté entre deux planches du parquet, à son entrée dans la chambre, me révélèrent qu'il appartenait à l'une des sectes des « bonnets rouges », probablement à celle du Dzogs tchène.

Ce *doung khatam* [1] éclairé par les flammes dansantes apportait, dans cette banale maison campagnarde, quelque chose de la prenante atmosphère occulte des ermitages tibétains. Il me rappelait certains anachorètes auprès de qui j'avais séjourné et certains autres avec qui je n'avais pu que m'entretenir brièvement au cours de rencontres inattendues. Il m'aurait tout spécialement rappelé le *gomptchène* rencontré peu de jours auparavant si son souvenir n'était demeuré, par lui-même, très vivant à mon esprit.

Toutefois, en dehors de cet accessoire obligé du costume de tout lama tantrique, notre nouveau compagnon ne ressemblait en rien à l'énigmatique personnage qui nous était si inopinément apparu dans la forêt.

Après qu'il eut échangé avec Yongden les compliments polis et les questions d'usage concernant leurs pays respectifs et leurs pérégrinations, le voyageur se montra comme un extrêmement aimable érudit de la province de Kham.

D'abord je l'écoutais de loin ainsi que mon déguisement m'y forçait, mais au bout de quelque temps, voyant que Yongden suivait mal les subtiles dissertations de son très docte collègue, et que j'allais perdre l'occasion d'entendre l'opinion de celui-ci touchant une question qui m'intéressait, j'oubliai toute prudence et me mêlai à la conversation.

L'étranger ne sembla pas le moins du monde étonné du savoir — peu ordinaire en son pays, chez les femmes et les laïques — que possédait la minable Tibétaine assise en face de lui. Profondément absorbé par son sujet, peut-être ne prêtait-il guère d'attention à ses interlocuteurs.

Nous demeurâmes tard dans la nuit, citant les vieux textes en donnant notre explication, rappelant les commentaires des auteurs célèbres... J'étais enchantée.

Pourtant, le lendemain, quand je me réveillai, avant le lever du jour, mon excitation d'orientaliste tombée, le sentiment que j'éprouvai ne fut rien moins qu'agréable.

Comme si ce n'était pas déjà trop, pensai-je, d'avoir été reconnue par le mystérieux *gomptchène*, ma propre imprudence avait fait pis.

Qui sait si, en me montrant versée en des connaissances strictement confinées au monde des religieux lettrés, je n'avais pas intrigué notre compagnon de chambre et éveillé ses soupçons. « Philing Jétsunma », depuis huit années qu'elle se promenait parmi les Tibé-

---

1. Le bâton surmonté d'un trident qui fut, dit-on, importé au Tibet par Padmasambhâva. C'est un accessoire des yôguis çivaïstes, mais la forme du trident tibétain est différente de celle des çivaïstes.

tains, était connue, au moins de nom, d'un bout à l'autre du pays. Quelle folle j'avais été ! Qu'arriverait-il si le lama, même sans la moindre intention malveillante, se vantait de m'avoir rencontrée ? N'avais-je pas compromis le succès de mon ardu voyage ? Arriverais-je à Lhassa ?

C'est en ruminant ces pensées peu agréables que je montai vers la Temo *la*, ayant laissé le voyageur philosophe endormi dans l'inquiétante maison grise.

Le chemin était bon, bien que couvert d'une forte couche de neige vers le sommet de la montagne ; nous franchîmes le col sans difficulté. La descente, toute en forêt, sur le versant tourné vers le Brahmapoutre, est excessivement longue. Nous ne nous permîmes qu'une courte halte, et, cependant, la nuit tombait lorsque nous atteignîmes les premières maisons de Temo.

Quand nous eûmes lieu de croire les villageois enfermés chez eux et endormis, nous dressâmes notre tente dans un endroit écarté. Nous avions repéré du bois non loin de là, de sorte qu'en en traînant une partie jusqu'à notre campement, nous pûmes allumer un bon feu. La température était passablement froide et nous comptions sur les bûches rougeoyantes placées devant les rideaux écartés de notre mince abri pour nous tenir les pieds chauds.

Après une nuit paisible, je m'éveillai de grand matin ou, plus probablement, je rêvai que je m'éveillais. Le jour venait de poindre ; je vis un lama debout devant moi. Il ne ressemblait ni à l'impénétrable *gomptchène* ni au lettré dissertateur que j'avais laissés de l'autre côté de la montagne. Il était tête nue. Une longue tresse de cheveux pendait jusqu'à ses talons, et portait le costume à jupe blanche des *réskyang*.

— Jétsunema, me dit-il, l'habit laïque et le rôle de pauvresse vous vont mal. Vous avez pris la mentalité du personnage que vous jouez. Vous étiez plus brave avec votre *zen* sur les épaules et votre *theu treng* autour du cou. Il faudra les remettre quand vous aurez été à Lhassa... Vous y arriverez... N'ayez nulle crainte.

Il sourit alors, avec une sorte de raillerie bienveillante : *Djigs méd naldjorna nga* [1], déclama-t-il, avec une emphase voulue, citant un vers d'une poésie que j'aimais à réciter.

Je voulus lui répondre, mais cette fois, je dus me réveiller véritablement. Les premiers rayons du soleil me touchaient le front, l'espace devant moi était vide et, entre les rideaux restés ouverts de la petite tente, je découvris seulement, au loin, les toits d'or scintillants du monastère de Temo.

Le bon génie qui semblait nous suivre dans ce voyage pour nous en aplanir les difficultés, manifesta une fois de plus sa gracieuse protection en dirigeant Yongden vers une maison où il trouva d'em-

1. « Moi, la yôguini sans peur. »

blée tout ce qu'il désirait comme provisions et comme habits. Il était vraiment temps qu'il se renippât. Son costume monastique était en haillons et, depuis que nous avions quitté le couvert des grandes forêts, il grelottait affreusement pendant la nuit.

Le vêtement d'occasion qu'on lui vendit était une robe légèrement râpée en drap originairement de bonne qualité, grenat sombre, de forme semi-laïque comme en portent les lamas en voyage. Ainsi habillé, mon compagnon paraissait un pèlerin aisé dont le vêtement s'était usé en cours de route. Un brave homme lui offrit gracieusement une peau de chèvre pour lui servir de carpette. C'était presque du luxe ! Jusqu'à ce moment, Yongden avait couché sur le sol nu.

J'appris, à Temo, une nouvelle qui m'étonna péniblement. Le Péntchén-Lama de Tachilhumpo [1] s'était, disait-on, enfui de sa résidence, des soldats avaient été envoyés à sa poursuite pour l'arrêter... et quant à ce qui était advenu ensuite, ceux qui nous renseignaient l'ignoraient.

Le Péntchén-Lama — je l'ai dit dans l'introduction de ce livre — a été mon hôte et un hôte extrêmement bienveillant. Pendant des années j'ai correspondu avec sa mère qui ne manquait pas de m'envoyer, au début de chaque hiver, un bonnet de brocart jaune et une paire de bottes de feutre qu'elle avait brodées elle-même.

Comment se pouvait-il que le puissant seigneur spirituel de Jigatzé soit devenu un fugitif ? Je n'ignorais pas entièrement que ses rapports avec la cour de Lhassa étaient loin d'être toujours parfaitement cordiaux. Ses sympathies pour la Chine, son attitude antimilitariste déplaisaient, disait-on, au souverain du Tibet. Je savais qu'à plusieurs reprises des amendes, sous forme de lourdes contributions, lui avaient été infligées ; mais il ne me serait jamais venu à l'idée qu'il pût être amené à quitter le Tibet où il est vénéré comme une incarnation de la très haute personnalité spirituelle appelée Eu pag méd [2].

Dans la suite, j'obtins davantage de détails sur ce drame politique bien oriental et, comme quelques-uns d'entre eux sont susceptibles d'intéresser certains de mes lecteurs, je les résumerai brièvement [3].

A mesure que les années s'écoulaient, l'animosité du Dalaï-Lama et du parti de la cour gagné à la cause de l'Angleterre s'accroissait à l'égard du Tachi-Lama. Bien que ce dernier eût déjà fourni diverses contributions, il lui avait été commandé de lever de nouveaux subsides dans sa province. Ceux de qui je tiens ces renseignements me

---

1. Le Grand Lama du monastère de Tachilhumpo à Jigatzé, généralement appelé *Tachi Lama* par les étrangers. Les Tibétains le nomment *Péntchén rimpotché* : « Le précieux ou très excellent savant ». Le mot *péntchén* équivalant au terme sanscrit *pandita*.

2. Eu pag méd (sanscrit Amitâbha) : « lumière infinie ».

3. Il doit être entendu que je me borne à répéter ce qui m'a été raconté, sans prendre de responsabilité quant à l'exactitude des faits qu'il m'était impossible de contrôler.

dirent que les fonctionnaires envoyés pour percevoir l'argent ne purent réunir la somme exigée, et que le Tachi-Lama proposa au Dalaï-Lama d'entreprendre lui-même un voyage en Mongolie où, par l'effet de son prestige personnel, il lui serait, sans doute, possible de trouver les fonds que ses émissaires n'avaient pu recueillir dans les villages déjà appauvris du Tsang[1]. Cette permission lui fut refusée et on l'invita à se rendre à Lhassa.

Une maison y avait été construite pour lui dans le parc de Norbouling, la résidence habituelle du Dalaï-Lama. On me la montra dans un endroit retiré de la propriété ; elle paraissait inachevée. L'on chuchotait, parmi le peuple, que cette habitation comprenait une prison et que c'est parce qu'il en avait été informé que le Péntchén-Lama s'était enfui.

Les gouvernants de Lhassa entendaient-ils emprisonner le Grand Lama de Tachilhumpo ? Eux seuls le savent, mais la chose en elle-même n'apparaît pas comme impossible. La vengeance exercée par la cour lamaïste sur les Tibétains, partisans des Chinois après la défaite de ces derniers, semble avoir été, parfois, cruelle.

L'on m'a raconté, à cette époque, qu'un Grand Lama, qu'il était difficile d'exécuter publiquement à cause de sa qualité de *tulkou*[2], fut emprisonné et condamné à mourir de faim. Quant aux membres de sa maison ecclésiastique et aux dignitaires de son monastère, on leur enfonça, jour après jour, des clous dans la chair, jusqu'à ce que la mort s'ensuivît.

Vers la même année, un membre de la haute noblesse tibétaine qui, étant ministre d'État, avait donné son concours aux Chinois pendant les hostilités, fut tué au Potala d'une façon barbare. L'on dit que, mandé devant le souverain, nouvellement rentré à Lhassa, on le dépouilla de ses robes de soie dès son arrivée et le bâtonna presque jusqu'à mort. Ensuite, ayant été ligoté, il fut précipité du haut d'un des longs escaliers qui mènent du pied de la montagne jusqu'aux portes du palais lamaïste. Il respirait encore lorsqu'il arriva au bas de celui-ci et on l'acheva sur place.

Son fils ayant été informé de cette exécution et prévoyant le sort qui l'attendait, tenta de fuir. Poursuivi, les balles des soldats le tuèrent sur son cheval.

Une part d'exagération n'entre-t-elle pas dans ces relations ? C'est possible, mais n'est pas certain.

J'appris encore, pendant mon séjour à Lhassa — plus de douze années après l'insurrection victorieuse contre la Chine — que trois

1. *Tsang*. La très vaste province située à l'ouest de celle d'U. La capitale de Tsang est Jigatzé ; celle d'U est Lhassa.

2. *Tulkou*, littéralement « corps magique ». Un de ces lamas que les étrangers désignent improprement par les noms de « lamas incarnés » et de « Bouddhas vivants ».

Gyarong pas [1], lamas de haut rang, y étaient encore détenus comme prisonniers d'État et portaient la *cangue* depuis l'époque de leur arrestation, expiant ainsi leur attachement à leurs anciens suzerains.

Ces précédents auraient déjà suffi à justifier la suspicion en laquelle le Tachi-Lama tenait l'hospitalité que son très haut collègue désirait lui offrir, mais d'autres faits le concernant plus directement venaient encore s'y ajouter.

D'après les rumeurs qui couraient à Lhassa, trois ou quatre personnes appartenant à la noblesse de Tsang se trouvaient enfermées dans la prison spécialement destinée aux gens de qualité, qui existe dans l'enceinte du Potala. Le motif de leur détention se rapportait à l'affaire des impôts que j'ai mentionnée plus haut.

Un certain nombre d'autres histoires circulaient aussi et, sans pouvoir faire parmi elles, la part de l'exacte vérité, il était facile de comprendre les alarmes du Tachi-Lama et de son entourage.

Pour en revenir à lui, les détails de sa fuite, tels que je les ai entendu narrer, auraient aisément fourni la matière d'un roman dramatique.

Pendant près de deux années un de ses amis dévoués, le lama Lobzang, que je connais personnellement, avait, sous prétexte d'accomplir des pèlerinages, exploré le pays et étudié les routes se prêtant le mieux à une fuite rapide. Il n'était pas encore revenu de sa dernière tournée quand le Péntchén Tachi-Lama, jugeant le péril imminent, quitta Jigatzé subitement. Lobzang y arriva le lendemain de son départ et se précipita sur ses traces, espérant le rejoindre. Le Tachi-Lama et les gens qui l'accompagnaient avaient éprouvé les plus grandes difficultés en traversant un col encombré par la neige qui se trouvait sur leur route. Après leur passage, une nouvelle tempête de neige ayant achevé de le bloquer, le confident du Grand Lama se heurta à une barrière infranchissable et dut rebrousser chemin.

Ne se sentant plus en sûreté au Tibet, Lobzang passa la frontière de l'Inde. Le fait fut connu et l'ordre de l'arrêter envoyé dans diverses directions. Néanmoins, le lama parvint à s'embarquer sur un paquebot en partance pour la Chine et, lorsque quelques heures plus tard, le télégramme le concernant arriva, il était déjà en pleine mer.

Quant au Tachi-Lama, le *pönpo* d'un *dzong* crut le reconnaître parmi une troupe de voyageurs passant à proximité de sa résidence et dépêcha un messager à Lhassa pour faire part au Dalaï-Lama des soupçons qu'il avait conçus.

A Lhassa même et à Jigatzé, personne ne se doutait de la fuite du Tachi-Lama. Quand le fonctionnaire envoyé pour enquêter à Tachilhumpo eut découvert que le Péntchén rimpotché ne se trouvait

1. *Gyarong pas* : nom des Tibétains appartenant aux tribus établies dans les vallées chinoises de l'extrême ouest du Szetchouan.

ni là, ni dans aucun de ses palais aux environs, trois cents soldats [1], sous les ordres d'un *depön* [2], furent lancés à la poursuite de l'éminent fugitif.

Mais beaucoup de temps avait été perdu. Lorsque les soldats atteignirent la frontière chinoise qu'ils ne pouvaient pas dépasser, le Grand Lama et ses fidèles étaient déjà loin par-delà celle-ci.

Il va presque sans dire que des Orientaux ne pouvaient s'en tenir à la narration toute simple des faits, tels que je les ai esquissés. La fuite du Tachi-Lama était encore presque récente quand j'arrivai à Lhassa et elle avait déjà acquis tous les caractères d'une légende.

En quittant Jigatzé, disaient les uns, le Grand Lama y avait laissé un fantôme absolument semblable à lui, qui se comportait exactement comme il en avait lui-même l'habitude, de sorte que ceux qui n'étaient point dans le secret ne pouvaient soupçonner son départ. Dès que le Tachi-Lama avait été en sûreté le fantôme s'était évanoui.

D'autres voyaient le prodige d'une autre manière. D'après eux — et ils étaient nombreux — seul le fantôme du lama avait fui et se montrait en Chine, tandis que le véritable Péntchén rimpotché demeurait toujours à Jigatzé, invisible pour ses ennemis mais visible pour ses fidèles sujets et pour les pieux pèlerins qui le vénéraient.

Pour le moment, à Temo, mes renseignements n'allaient pas au-delà de cette vague nouvelle : Péntchén rimpotché s'était enfui de Jigatzé et on le poursuivait.

Comme je continuais mon chemin vers le Brahmapoutre, méditant sur cet étrange événement, un souvenir me revint soudain.

Un peu plus de deux années plus tôt, alors que j'habitais Jakyendo [3], un barde de Kham m'avait chanté la fameuse épopée du roi Guésar de Ling. Au cours des six semaines qu'il me consacra, cet homme m'avait aussi fait connaître quelques prophéties très anciennes, relatives à la venue du Messie guerrier, surgi au « Pays du Nord », qu'attendent les Tibétains. Une de celles-ci annonçait qu'avant que paraisse ce Messie, il adviendrait que le Tachi-Lama abandonnerait le Tibet, se dirigeant vers le nord.

Je l'avais écouté avec une incrédulité complète et, en plaisantant, m'étais informée du nombre de siècles devant s'écouler avant que cet événement se produise. Mon barde, un personnage singulièrement énigmatique, m'avait alors déclaré d'une façon très affirmative que je verrais *moi-même* la réalisation de la prophétie qui s'accomplirait avant moins de deux années et demie.

Cette seconde prophétie m'avait paru encore plus improbable que la première et même tout à fait absurde. Cependant je me trouvais

1. Il y a toujours lieu de tenir compte de l'exagération orientale ; le nombre des cavaliers ne dépassait probablement pas cinquante.

2. Une sorte de colonel ou de général.

3. Jakyendo, la ville tibétaine située aux confins du désert d'herbe, dont il a été parlé plusieurs fois au cours de ma relation de voyage.

maintenant à Temo, au cœur du Tibet, où je venais d'apprendre la fuite du seigneur spirituel de Tachilhumpo vers les solitudes septentrionales et, entre l'époque où le barde m'avait relaté la prédiction et celle du départ de Péntchén rimpotché, deux années et un mois s'étaient écoulés.

Étrange coïncidence, sinon davantage ! Que fallait-il penser ? Les événements annoncés comme devant suivre celui-ci allaient-ils s'accomplir ?... Un héros se lèverait-il dans le mythique pays de *Chambala*[1] et rassemblant, comme il est dit, une armée formidable de « gigantesques implacables et invincibles » soldats, unirait-il toute l'Asie sous une seule loi ?

Ce n'était peut-être qu'un rêve, mais des milliers et des millions le rêvent en Orient.

De Temo nous nous dirigeâmes vers la rive sablonneuse du Brahmapoutre. Le fleuve majestueux et le pays de hautes montagnes qui l'environnait, respiraient un calme profond, une paix forte, issus, semblait-il, de la conscience des âges qui avaient passé sur eux sans les ébranler. La sérénité des choses gagna mon esprit. Craintes, soucis, curiosité de l'avenir se détachèrent de lui ; je les sentis sombrer dans l'ambiance infiniment placide.

Nous reprîmes notre pas de flâneurs ; tant était à voir, à noter dans cette région ! Parmi les curiosités de la route que nous suivions étaient des troupes nombreuses de pèlerins Bönpos processionnant autour de la montagne nommée Kong bou Bön ri[2], un des lieux saints de leur religion.

Les Bönpos sont les sectateurs d'une religion qui prévalait au Tibet, avant l'introduction du bouddhisme. Leurs croyances peuvent, à l'origine, avoir été à peu près semblables à celles des chamanistes de la Sibérie[3], mais il est impossible d'obtenir une certitude à ce sujet par l'étude de documents écrits car, à l'époque où les doctrines

1. *Tchang Chambala* (Chambala du Nord) est, pour les initiés des sectes mystiques, une fiction symbolique correspondant à des faits d'ordre psychologique et spirituel. Certains lettrés considèrent Chambala comme un État idéal, une sorte d'équivalent oriental d'Utopie. D'autres en parlent comme d'un séjour paradisiaque du genre de *Zang dog pal ri* (la noble montagne couleur de cuivre), résidence de Padmasambhâva. J'ai connu des gens qui prétendaient y avoir été et d'autres, plus modestes, qui se bornaient à dire qu'ils en connaissaient le chemin.

Quoi qu'il en soit, laissant à part mythologie et symbole, un grand nombre de Tibétains placent aujourd'hui Chambala en territoire russe et l'identifient avec la Sibérie.

2. *Kong bou Bön ri* : « la montagne des Böns au Kongbou ».

3. Malgré les recherches auxquelles se sont livrés les orientalistes au sujet du chamanisme, il reste encore pas mal à découvrir sur ce terrain. Sous le nom de chamanistes sont classés des gens professant des croyances très différentes et, du reste, là, comme pour le lamaïsme, les étrangers n'ont guère été en rapport qu'avec le vulgaire. Il existe une élite de chamans, comme il en existe une parmi les lamas, mais la première, beaucoup moins nombreuse, se bornant à des individus isolés est plus difficile à découvrir.

des Bönpos existaient sans mélange d'éléments bouddhistes, l'écriture n'existait probablement pas au Tibet.

Je ne puis m'étendre plus longuement ici sur ce sujet.

Nombre de pèlerins faisaient le tour de la montagne sainte en se prosternant à chaque pas : c'est-à-dire que tendant les bras devant eux, en étant couchés à plat ventre sur le sol, ils marquaient, par une ligne tracée du bout de leurs doigts, la longueur de terrain couverte par leurs corps ; se relevant alors, ils se plaçaient exactement sur la ligne qu'ils avaient tracée, se prosternaient, marquaient de nouveau le point qu'ils atteignaient avec leurs doigts et ainsi de suite pendant des kilomètres.

Je m'arrachai à regret des bords du Brahmapoutre et remontai la rivière de Giamda, visitant sur ma route le *Pou tchoung sér kyi lhakhang*, un petit temple coiffé d'une coupole dorée, qui renferme un autel d'or.

A mesure que j'avançais dans la vallée, je remarquais l'air d'abandon répandu dans le pays. Des villages désertés tombaient en ruines, les herbes folles et la forêt triomphante reconquéraient les terres autrefois défrichées et cultivées. Des postes chinois avaient existé sur la route qui suit la rive gauche de la rivière. De distance en distance se voyaient de hautes tours de garde à moitié écroulées, autour desquelles des familles, pour la plupart mixtes — le père chinois, la mère tibétaine — s'étaient établies comme fermiers. Maintenant cette piste solitaire était hantée par d'audacieux brigands descendant des chaînes de montagnes que j'avais songé à traverser avant ma rencontre avec le *gomptchène* voyageur. Les paysans des villages environnants nous avaient fortement conseillé de traverser la rivière et de remonter sa rive droite, bien que le chemin fût plus long, parce que le pays était un peu plus peuplé et plus sûr de ce côté. Bien clairsemées, toutefois, étaient les habitations. Après avoir dépassé Tchémadzong, nous marchâmes presque constamment à travers des forêts solitaires.

Sur cette route, je rencontrai deux pèlerines abandonnées qui me rappelèrent l'homme mourant que j'avais vu au Kha Karpo au début de mon voyage.

Une des femmes, malgré nos pressantes instances et un peu d'argent que nous lui avions donné, refusa de se laisser conduire à un hameau voisin où elle aurait pu obtenir l'hospitalité. Elle avait commencé à allumer du feu sous les arbres, au bord du chemin ; Yongden ramassa une bonne quantité de branches et de bûches qu'il plaça auprès d'elle et nous continuâmes notre route.

Je me retournai à plusieurs reprises croyant que peut-être elle nous rappellerait, mais elle ne fit aucun signe. Un dernier coup d'œil me la montra assise, immobile, dans l'ombre rapidement croissante du soir, auprès du petit tas de bois qui commençait à brûler. Une mince colonne de fumée bleuâtre s'élevait droite devant elle, la voilant à demi, symbole, semblait-il, de la vie prête à l'abandonner.

La seconde pèlerine gisait sous un minuscule abri en branchages, bâti pour elle par quelque paysan compatissant. Peut-être la charité de ce dernier n'allait-elle pas jusqu'à héberger la malade chez lui, peut-être aussi, comme l'autre abandonnée, préférait-elle la solitude et le calme au grand air. Elle me dit simplement que, du village voisin, on lui apportait à manger tous les jours.

Un petit chien demeurait près d'elle, la gardant à sa façon. Il aboyait furieusement dès que quelqu'un se montrait et, si chétif qu'il fût, s'efforçait d'effrayer ceux qui s'approchaient de sa maîtresse. Le fidèle animal était vraiment touchant.

Là encore, je ne pus que donner un peu d'argent et passer mon chemin... « Passer son chemin », n'est-ce pas ce que l'on est contraint de faire chaque jour, le cœur serré, impuissant que l'on est à soulager les innombrables malheureux gisant le long de tous les chemins du monde.

Giamda, considérée au Tibet comme une ville importante, est un simple village. Sa situation à la jonction de deux voies importantes : la grand'route de Lhassa à Tchiamdo et la route descendant vers le Brahmapoutre, lui donne seule un intérêt commercial et, probablement aussi, stratégique. Bien que son altitude soit d'environ 3 300 mètres, le climat de la vallée de Giamda est plutôt chaud. Mon thermomètre y marquait 18 degrés au-dessus de zéro, vers midi, au mois de janvier.

Les voyageurs se dirigeant vers Lhassa doivent traverser la rivière à Giamda, sur un pont où un péage est exigé. Nous connaissions ce détail de longue date, mais imaginions le pont sous l'aspect de celui de Chowa, avec des portes et des logettes où se tenaient, craignions-nous, des gardes qui examinaient et interrogeaient les passants. Combien d'heures n'avions-nous pas employées à imaginer et à discuter des stratagèmes pour nous tirer de ce pas dangereux !

La réalité était très différente. Le pont, un simple tablier de planches, n'avait rien d'architectural et dans une cabane située en face de lui, sur la route, se trouvait, simplement, une femme chargée de percevoir le péage. Deux bambins jouaient devant elle près du bord de l'eau. Lorsque Yongden eut acquitté le droit de péage, l'un des gosses fut chargé de nous accompagner chez le *pönpo* de qui nous devions obtenir l'autorisation de poursuivre notre route.

Le lama entra dans la demeure du « grand homme » tandis que je m'asseyais sur une pierre devant sa porte, dans la poussière. Beaucoup de gens passaient dans la rue très étroite à cet endroit ; nul ne fit attention à moi.

A l'intérieur du *dzong*, Yongden salua un monsieur tibétain, le fonctionnaire lui-même ?... peut-être son secrétaire ?... Mais plus probablement un simple commis, humble gratte-papier subalterne. Quelques minutes plus tard il sortait, nous chargions nos ballots, la ville redoutée était traversée.

Tout en nous éloignant, mon compagnon et moi, nous nous regardions, souriant ironiquement l'un de l'autre, nous rappelant les plans compliqués que nous avions conçus en nous torturant la cervelle. Les choses jugées difficiles et terribles deviennent, en général, bien simples lorsqu'on les affronte.

Nous nous trouvions maintenant sur la route directe de Lhassa, la route postale, même, l'unique au Tibet [1], un long ruban de chemin qui va de Tchiamdo, sur la frontière chinoise, jusqu'à l'Himâlaya, *via* Lhassa.

Le long de cette vieille artère du centre de l'Asie, les progrès de la civilisation sont visibles sous la forme de constructions ressemblant à de petites chapelles qui marquent la distance en milles. A première vue, je m'y trompais vraiment, les prenant pour des autels rustiques ou des huttes à *tsa tsa*, comme il en est tant au Tibet. Ce qui ajoutait à mon illusion était de voir, posées sur certains de ces édicules, des pierres portant l'inscription habituelle : *Aum mani padmé houm hri* ou d'autres formules du même genre. Tout autour d'eux s'apercevait aussi, sur le sol la trace du circuit effectué par les dévots tournant autour des monuments sacrés. C'est même l'une de ces âmes pieuses qui me fit découvrir mon erreur.

Remarquant un vieillard marchant d'un air recueilli autour d'une chapelle, je voulus jeter un coup d'œil sur la statue ou le tableau qui s'y trouvait. A mon grand étonnement, je ne vis qu'une pierre rougeâtre sur laquelle étaient inscrits des chiffres : 135 ou un nombre quelconque. Étrange ! Mes connaissances concernant le lamaïsme se trouvaient en défaut. De quoi s'agissait-il ? Il me fallut quelques minutes pour éclaircir le mystère de ce symbole.

Les études orientales ménagent bien des surprises ; mais, quant à moi, je n'aurais jamais imaginé qu'elles dussent me conduire à découvrir le culte des bornes kilométriques.

Bien nombreux furent les spectacles, les observations, les entretiens intéressants qui animèrent la dernière partie de mon voyage à Lhassa. Mais je dois omettre de les relater afin de conserver assez de place pour le récit de mon séjour dans la capitale elle-même.

Notre traversée du col de Pa au Kongbou fut attristée par un pénible spectacle. Un groupe de pèlerins venus du Tibet oriental s'était, à cet endroit, scindé de façon singulière mais pas extrêmement rare, malheureusement, une partie des voyageurs se transformant en brigands. Ces derniers avaient sauvagement attaqué les autres *ardjopas* pour voler leurs pauvres hardes et une somme qui, en tout, n'atteignait pas dix roupies. Quelques femmes restaient là, s'abritant dans un recoin de la montagne, incapables de poursuivre leur route. L'une d'elles avait un trou dans la tête, l'autre un bras cassé, et une affreuse blessure à la poitrine. Toutes étaient plus ou moins meurtries. Deux

1. A part le court embranchement postal desservant Jigatzé.

cadavres d'hommes gisaient à quelques pas de l'endroit où se trouvaient les malheureuses pèlerines. Elles me dirent que d'autres hommes blessés avaient pu continuer leur route.

Ceci se passait à peu de distance de Lhassa, sur la route postale. Des soldats à cheval auraient pu aisément rattraper les brigands en quelques jours, mais qui donc s'occupe de ces choses dans ce malheureux pays ?

CHAPITRE IX

En vue de Lhassa. — Circonstances bizarres favorisant mon entrée dans la ville. — Le palais du Dalaï-lama ; incidents pittoresques de ma visite. — Prodiges attribués au Dalaï-lama. Son bon peuple imagine qu'il est le suzerain de l'Angleterre. — L'argent a disparu de la circulation au Tibet central. — La fête des tormas *de beurre. — Aspect de la capitale du Tibet. — Grands monastères lamaïstes. — Le Temple du Djowo et les bedeaux de la Rome tibétaine. — L'éminent philosophe officiel du Tibet. — Armée moderne. — Singulière superstition. — Mes voisins. — Scènes pittoresques de la vie des pauvres hères. — Le monastère de Galden. — « Bouc émissaire » humain. — La solennité au cours de laquelle il est chassé de Lhassa. La merveilleuse procession appelée Sérpang.*

Enfin, après quatre mois de marche, d'aventures et d'observations dont je n'ai pu raconter, ici, qu'une infime partie, je quittai Détchène un matin, à l'aurore, pour effectuer ma dernière étape vers Lhassa. Le temps était beau, froid et sec, le ciel lumineux. Le soleil levant fit apparaître devant nous, encore lointain et pourtant s'affirmant déjà majestueux et dominateur, le grand palais du pontife lamaïste.

« Cette fois c'est la victoire ! » dis-je à Yongden. Mais lui m'imposa silence : « Non, pas encore, ne dites rien, ne vous réjouissez pas. Que sait-on ?... Il nous faut encore traverser le Kyi tchou, et, là, peut se dresser un obstacle... »

Si près du but, je me refusais à croire que notre bonne chance pût nous abandonner, cependant je n'insistai pas.

Nous marchions rapidement, Tsi Potala grandissait à vue d'œil. L'on distinguait nettement, à présent, les lignes élégantes de ses nombreux toits dorés dont les angles aigus, accrochant la lumière, lançaient des éclairs.

La vallée que nous suivions s'élargissait graduellement. Peut-être les montagnes qui l'encadrent furent-elles jadis couvertes de forêts, mais aujourd'hui pas un arbre n'y subsiste, en dehors de ceux qui ornent un petit nombre de jardins dans les villages.

Ces derniers devenaient de plus en plus rapprochés à mesure que nous avancions vers la capitale, mais je remarquai avec étonnement l'étendue considérable de terres laissées en friche. La vie est chère pourtant à Lhassa, il semble qu'il y aurait intérêt à augmenter la production dans son voisinage. Pourquoi les paysans ne le font-ils pas ? La terre de cette région paraît médiocre, l'engrais manque, car celui que fournissent les troupeaux est entièrement employé comme combustible et vendu cher comme tel. Cependant, ces difficultés pourraient, probablement, être plus ou moins surmontées comme elles le sont en d'autre parties du pays. Il est possible que d'autres raisons s'opposent au développement de l'agriculture. Une de celles-ci est peut-être celle que l'on me donna autrefois, dans les environs de Jigatzé : les impôts trop lourds ne permettent aucun, ou trop peu de profit au cultivateur, de sorte qu'il s'en tient à produire la quantité de grain strictement nécessaire pour son alimentation et l'acquisition, par voie d'échange, des articles indispensables à son entretien.

Arrivés au Kyi tchou, nous prenons passage dans un bac orné d'une tête d'animal — probablement celle d'un cheval d'après la conception d'un artiste local. Une foule composite, gens et bêtes, s'y entasse. Quelques minutes suffisent à la traversée, personne n'a daigné jeter un regard sur des guenilleux de notre espèce, il en passe là des centaines chaque année.

Nous voici donc sur le territoire de Lhassa, mais encore loin de la cité elle-même. Yongden réprime encore une fois mes velléités d'entonner un chant triomphal, même réduit à un murmure. Que redoute-t-il, maintenant ? Nous sommes arrivés. D'ailleurs, le ciel lui-même nous donne un nouveau signe de sa complicité paternelle. De même que lors de notre départ du Yunnan, les « dieux » ont facilité notre fuite nocturne en « endormant les hommes et en rendant les chiens silencieux », notre entrée à Lhassa semble protégée par une sorte de prodige.

A peine avons-nous débarqué que l'atmosphère, jusque-là très calme, se trouble soudainement. Dans l'espace de quelques minutes une tempête furieuse se lève, soulevant jusqu'au ciel des nuages de sable. J'ai vu le simoun dans le Sahara, et cette terrible averse sèche me donne l'impression d'être retournée au grand désert. Des ombres indistinctes nous croisent, des gens courbés en deux se voilant la figure avec leurs longues manches ou le pan de leur robe. Qui donc pourrait nous voir venir ? Qui donc pourrait nous reconnaître ?

Un gigantesque rideau jaune, fait de sable suspendu, est étendu devant le Potala, aveuglant ses hôtes, leur masquant Lhassa et les voies qui y conduisent. Je l'interprète comme un symbole me promettant une entière sécurité et l'avenir se chargera de justifier mon interprétation. Pendant deux mois je circulerai dans la Rome tibétaine, j'en parcourrai les temples et me promènerai sur les plus hautes terrasses du Potala sans que nul ne se doute que, pour la première fois depuis que la terre existe, une femme étrangère a contemplé la ville interdite.

Comme d'ordinaire, les réjouissances du Nouvel An avaient attiré, à Lhassa, une foule venue de toutes les parties du Tibet. Les auberges étaient pleines, tous ceux qui disposaient d'une chambre ou d'un abri quelconque l'avaient loué ; les voyageurs couchaient dans les écuries et campaient dans les cours. J'aurais pu aller de porte en porte pendant des heures, en quête d'un logis, sans autre résultat que de me faire dévisager et d'avoir à répondre aux nombreuses questions que les Tibétains, curieux de nature, ne manquent jamais de poser. Cet ennui, ce danger me furent épargnés.

La tourmente s'était abattue avec la même soudaineté qu'elle s'était levée. Nous nous étions arrêtés au coin du marché, assez embarrassés, ne sachant pas trop où nous rendre, quand une femme s'approcha de moi :

— Vous cherchez un logement, *Ma gué*[1], me dit-elle. Vous devez être très fatiguée, vous venez de si loin... Suivez-moi, je connais un endroit où vous serez bien.

Étonnée, je souris à la secourable Tibétaine en murmurant des remerciements. Les gens obligeants sont nombreux au « Pays des Neiges » et la charitable sollicitude de cette inconnue n'avait rien de particulièrement extraordinaire, mais comment pouvait-elle deviner que je venais de « si loin » ? La vue de mon bâton de pèlerin devait lui avoir suggéré cette idée et, après tant de jeûnes et de fatigues, j'étais assez amaigrie pour inspirer de la pitié : néanmoins cette rencontre me paraissait un peu singulière.

Contrairement à la généralité de ses compatriotes, notre conductrice n'était pas loquace. Nous la suivions en silence, quelque peu ahuris par le bruit et la cohue dont quatre mois passés dans la solitude nous avaient déshabitués et, peut-être, plus ahuris encore par notre réussite. Nous avions tant douté, tant tremblé... et, c'était fini, nous étions arrivés au but. L'énervement, causé par la lutte, tombant soudainement, nous laissait un instant hébétés.

La femme nous conduisit à la lisière de la ville, dans un endroit d'où la vue très étendue et extrêmement belle, comprenait le Potala. Ce détail me réjouit, car, tout le long de la route, j'avais souhaité trouver, à Lhassa, un logement d'où je pusse le regarder à loisir.

L'habitation dans laquelle on nous loua une minuscule cellule était une masure à moitié écroulée, bien propre à écarter de nous tous soupçons qui auraient pu mettre notre incognito en péril. L'idée ne

1. Littéralement : « vieille mère », une appellation polie et affectueuse, un peu l'équivalent de « dame âgée » employé en Chine, mais beaucoup moins cérémonieux et s'adressant seulement aux femmes du peuple.

pouvait venir à personne d'aller chercher là une voyageuse étrangère et les loqueteux du lieu ignorèrent toujours qui j'étais.

Quant à la femme qui nous avait amenés, elle s'en alla, après avoir pris congé par quelques brèves paroles. Nous ne la revîmes jamais.

Le soir, près de nous endormir dans notre taudis, je demandai à mon fidèle compagnon de route :

— M'est-il permis, maintenant, de dire que nous avons gagné la partie ?

— *Lha gyalo. Dé tamtché pam !* répondit-il, mettant dans son exclamation en sourdine toute l'allégresse dont son cœur débordait : « Nous sommes à Lhassa ! »

J'avais heureusement atteint Lhassa, le plus difficile de ma tâche était accompli, mais il s'en fallait de beaucoup que la lutte fût terminée. J'étais à Lhassa : il s'agissait, à présent, d'y rester.

Bien que je me fusse efforcée de parvenir jusqu'à la capitale du Tibet plutôt pour relever le défi porté aux voyageurs, que par l'effet d'un vif désir de la visiter, puisque je m'y trouvais, j'entendais me payer des fatigues et des vexations que j'avais endurées avant de parvenir à mon but. J'aurais été honteuse si, m'étant laissée reconnaître et prendre, l'on m'avait chambrée quelque part, puis reconduite à la frontière, alors que je n'aurais encore jeté qu'un coup d'œil superficiel sur la façade des édifices. Ceci ne devait point arriver. Je voulais monter jusqu'au sommet du Potala, visiter les sanctuaires et les grands monastères des environs, assister aux diverses cérémonies et prendre ma bonne part de toutes les réjouissances du Nouvel An. Cette récompense me revenait de plein droit, je n'étais pas d'humeur à m'en laisser priver.

Lhassa, la plus grande ville du Tibet et sa capitale, est loin d'être une importante cité. Elle est bâtie dans une large vallée, sur la rive droite de la rivière Kyi. D'imposantes chaînes de montagnes arides que le crépuscule teinte de colorations merveilleuses forment son horizon.

Si beau que soit le paysage encadrant Lhassa, il ne retiendrait cependant pas l'attention dans un pays riche, comme est le Tibet, en sites d'une majesté exceptionnelle, si le Potala ne lui conférait pas un caractère tout à fait particulier.

Ce gigantesque édifice occupe l'un des sommets[1] d'une petite chaîne surgissant, curieusement isolée, au milieu même de la vallée. Mieux qu'aucune description, une image peut en donner une idée ; cependant la meilleure des photographies est impuissante à rendre son apparence imposante tel qu'il se dresse sur sa montagne : piédes-

1. Sur le second sommet est construit le collège de médecine.

tal de massives bâtisses élevant dans les airs un palais rouge coiffé de toits d'or.

Avec les richesses contenues dans cette agglomération de bâtiments s'étageant sans ordre sur le versant du Potala, il eût été possible de construire un palais féérique, mais les architectes tibétains n'ont jamais été des artistes. Maniés par eux, les plus précieux matériaux ne peuvent qu'exprimer l'opulence ou le pouvoir, ils n'atteignent pas la beauté. Toutefois, ce traitement barbare de l'argent, de l'or et des gemmes donne un cachet spécial aux palais et aux temples du Tibet, il les appareille aux sites âpre où ils s'élèvent et, de cette harmonie, naît une impression forte.

Une grande partie de la décoration murale du Potala, aussi bien que du Djo Khang, est l'œuvre de peintres chinois ou de leurs élèves. On pourrait passer des jours et des mois à lire, en images, dans les corridors et les galeries innombrables du grand palais lamaïque, les légendes des dieux et des saints représentés par des millions de petits personnages grouillant sur les fresques. Les épisodes, les attitudes et les vêtements sont spirituellement traités ; l'ensemble est plein d'animation et de vie.

Dispersés entre les appartements, l'on rencontre de nombreux *lha khang* [1]. Ceux-ci contiennent de nombreuses statues de toutes les personnalités symboliques et mystiques du bouddhisme mahâyâniste.

Dans des pièces plus sombres et plus reculées sont propitiés les dieux et les démons autochtones que les Tibétains n'ont pu se décider à bannir lorsqu'ils ont adopté le bouddhisme.

Ailleurs d'autres entités terribles sont retenues captives par le pouvoir de formules et de cérémonies magiques. Une garde continuelle est montée près d'elles afin qu'elles ne puissent s'échapper, ce qui arriverait infailliblement — disent les Tibétains — si les paroles dont le pouvoir occulte les a subjuguées cessaient d'être prononcées au temps prescrit.

Comme contrepart aux offrandes dues à la terreur, je mentionnerai la coutume puérile si l'on veut, mais en somme touchante, de donner des aliments aux *Yidags.* Géants au ventre démesuré dont la bouche est un trou minuscule permettant tout juste le passage d'une aiguille, les *Yidags* sont perpétuellement torturés par la faim et l'eau qu'ils cherchent à sucer se change en flamme à leur approche. Pour désaltérer ces misérables êtres, chaque matin, de l'eau leur est offerte et celle-ci, par la vertu des phrases magiques prononcées par l'officiant, ne se transforme point en feu.

Cette mythologie et ces rites, grossiers ou poétiques, sont fort éloignés du véritable bouddhisme, doctrine rationnelle n'admettant aucune cérémonie religieuse. Cependant les lettrés tibétains, même

1. Ce sont les *prêtas* des textes sanscrits.

les plus incrédules, s'en font les défenseurs, prétendant que, tel qu'il existe, le lamaïsme convient à leur pays et au niveau intellectuel de ses masses.

Le Potala contient de somptueux appartements privés et sa terrasse supérieure, occupée par des pavillons de forme chinoise, pourrait être convertie en un idéal jardin suspendu, comme il n'en est point au monde. L'idée et le désir d'en créer un ne sont probablement venus à aucun des pontifes qui se sont succédé sur le trône lamaïste.

Du haut du Potala, le regard embrasse, d'un côté, toute la vallée avec Lhassa s'étendant dans une vaste plaine et, de l'autre, un désert limité, au loin, par une haute chaîne de montagnes abruptes. Là, tapi au pied de cette muraille cyclopéenne, s'aperçoit le grand monastère de Séra [1] tout blanc, avec des palais rouges et des toits d'or, comme le Potala lui-même et puissance avec qui le maître du Potala doit compter.

L'élément comique qui, durant mon singulier voyage, s'était toujours mêlé aux incidents les plus désagréables, voire à ceux que d'ordinaire l'on qualifie de dramatiques, ne pouvait m'abandonner à Lhassa. Il agrémenta de fantaisie ma visite au Potala.

Tandis que je me dirigeais vers le palais du souverain lamaïste, il me vint à l'idée qu'il serait plus sûr pour moi d'y pénétrer avec un groupe de pèlerins ou d'autres visiteurs. L'authenticité évidente de véritables Tibétains devait couvrir la mienne et écarter les doutes.

Malheureusement, nous ne rencontrâmes ni *dokpas* ni autres gens des frontières sur notre route et je m'étais déjà résignée à entrer avec Yongden pour seul compagnon, lorsque je remarquai deux hommes, vêtus de la robe de grossière serge blanchâtre des villageois, qui flânaient non loin de la première porte d'entrée.

— Emmenons ces deux avec nous, dis-je au jeune homme.

— Comment voulez-vous que nous leur fassions cette proposition, répondit-il. Ces gens n'ont peut-être nulle envie de visiter le Potala.

— Essayons tout de même, répliquai-je. Ils ont tout à fait l'air bonasse des nigauds qu'il nous faut.

Et, en quelques mots, j'instruisis mon fils du rôle qu'il devait jouer.

A ce moment précis arrivait une corvée d'une trentaine de campagnards portant un énorme tronc d'arbre. Yongden saisit cette occasion et, faisant mine de se reculer vivement pour éviter la masse pesante qui approchait de son côté, il heurta violemment l'un des deux paysans.

Une exclamation de regret poli servit à entamer la conversation.

— *Atsi !* je ne vous avais pas vus.

1. *Séra :* « la grêle ».

— Il n'y a pas de mal, lama, répondent les bonnes gens avec déférence.

— D'où êtes-vous ? s'informa mon jeune ami, affectant l'air protecteur d'un citadin, né dans la capitale, parlant à des hommes des champs.

L'un des interpellés énonce le nom d'un village et nous informe que son compagnon et lui sont venus vendre du grain et, ayant terminé leurs affaires, songent à s'amuser un peu dans la grande ville avant de retourner chez eux le lendemain.

— Vous allez visiter le Potala, continue Yongden d'un ton qui semble bien plutôt affirmer une chose certaine que poser une question.

Mais ceux à qui il s'adresse confessent humblement que telle n'est point leur intention. Ils ont parcouru plusieurs fois déjà la demeure du « Précieux Protecteur »[1], et...

Mais Yongden ne leur permet pas de continuer et, avec l'autorité d'un des moines du Potala, leur énumère les mérites attachés à cette pieuse visite. Plutôt que de flâner sans profit dans les rues et de boire dans les débits d'alcool, ils feront sagement de porter leurs hommages aux hôtes des divers *lha khang* du Potala. Puis, changeant de ton, la voix émue, pleine d'onction, le regard magnétique exprimant une compassion, une bienveillance infinies, le bon apôtre ajoute que puisque les circonstances[2] les ont réunis il est disposé à les guider de temple en temple, à leur nommer les déités dont les statues s'y trouvent et à leur en raconter les histoires.

Une telle heureuse chance ne se rencontre pas souvent. Les deux pauvres niais n'en revenaient pas et ils suivirent le lama la face épanouie et le cœur débordant de reconnaissance.

Derrière eux, en pleine confiance, je montai les longues volées d'escaliers en plein air conduisant à une seconde porte donnant accès dans les bâtiments. Les trois hommes passèrent les premiers, forts de la supériorité du mâle. Je m'apprêtais à entrer humblement, à mon tour, lorsqu'un garçon — un bambin de dix ou douze ans, un novice court et gras avec une figure rouge, un nez plat et de larges oreilles, pareil à un gnome enroulé dans une robe de moine trois fois trop grande pour sa taille — m'arrêta et, très brutalement, m'or-

1. Les étrangers seuls appellent le Grand Lama de Lhassa Dalaï-lama. Ce dernier nom est un titre qui lui a été conféré par un empereur mongol et signifie Océan Lama, c'est-à-dire, en phraséologie orientale : excellentissime lama. Les Tibétains appellent leur souverain *Gyalwa rimpotché* (précieux conquérant) ou *Gyap gueune rimpotché* (précieux protecteur) ; ou encore : *Gyap gueune bou* (le protecteur du Centre), allusion à la province de U (centre), dont la capitale est Lhassa. Les serviteurs du palais le dénomment familièrement *Bou* tout court, mais ils se gardent bien de se servir de cette appellation écourtée devant les gentilshommes de la cour, car il leur en cuirait.

2. En tibétain on dit : « Le résultat des causes antérieures. » C'est là une phraséologie empruntée au strict déterminisme de la doctrine bouddhiste et, quelque piètres bouddhistes que soient les Tibétains, en général, leur conviction sur ce point est strictement orthodoxe.

donna d'enlever mon bonnet doublé de peau de mouton. Ce genre de coiffure n'était pas admis à l'intérieur du Potala.

L'esprit préoccupé par d'autres soucis, j'avais oublié ce détail. J'aurais dû arborer un chapeau de feutre, un *patou* [1] ou un *bakor* [2] et, maintenant, ma négligence allait me contraindre à continuer ma promenade nu-tête. La chose semble sans importance, cependant elle revêtait, pour moi, toutes les apparences d'une catastrophe. Depuis longtemps je portais ce misérable bonnet qui — je m'en étais à demi convaincue — avait été placé sur ma route par des amis inconnus, habitants d'un autre monde, afin de parfaire mon déguisement. Il ombrageait ma face, la cachait en partie, et je comprenais tout le prix de la protection qu'il constituait contre les possibilités d'être trop aisément dévisagée et reconnue.

Il y avait pire. Les bâtons d'encre de Chine dont je me servais pour teindre mes cheveux s'étaient usés bien avant que j'eusse atteint Lhassa. J'aurais pu en acheter d'autres dès mon arrivée, mais l'état de mon logis avec sa porte en planches largement écartées et ses murs lézardés qui livraient, à toutes heures, mes faits et gestes à la curiosité de ceux qui désiraient m'épier, ne m'avait pas permis de procéder à une nouvelle teinture. Mes cheveux avaient donc repris leur coloration brune naturelle et ne s'assortissaient plus au noir jais de mes fausses nattes en crin de yak. Ces dernières s'étaient aussi graduellement amincies, perdant peu à peu de leur substance, depuis le jour déjà lointain où je m'en étais parée dans les forêts du Kha Karpo. Leur grosseur, maintenant, ne dépassait guère celle d'une queue de rat. Enroulées sur mon front, à demi masquées par mon bonnet, elles suffisaient encore à imiter, vaguement, la coiffure des femmes de certaines tribus de pasteurs, mais cet affreux petit crapaud prétendait me faire découvrir !... Nul clown, dans aucun cirque du monde, je n'en doutais pas, n'avait jamais exhibé une tête plus étrange et plus comique que celle que j'allais offrir aux regards des gardes, des sacristains et de centaines de dévots circulant à travers le palais du potentat lamaïste.

Cependant nul moyen ne s'offrait à moi d'échapper à cette épreuve. J'enlevai mon bonnet, le cachai sur ma poitrine, sous ma robe, ainsi qu'il m'était ordonné et je rejoignis mes compagnons. Yongden s'était un peu attardé pour m'attendre ; dès qu'il m'aperçut, frappé de terreur, il ouvrit une bouche immense et, à grand'peine, retint un cri de détresse.

— Qu'avez-vous fait ? me dit-il, d'une voix angoissée. Qui vous a pris votre bonnet ?

— Il ne m'est pas permis d'entrer avec cette sorte de coiffure, répondis-je en hâte.

1. Sorte de couronne portée par les femmes de Lhassa.
2. La haute coiffure, en forme de cornes, des femmes de Tsang.

— Vous avez l'air d'un démon, continua-t-il tremblant et désespéré. Jamais de ma vie je n'ai vu une figure pareille... Vous allez être le point de mire de tout le monde.

Je me sentais près de pleurer d'énervement.

L'air complètement indifférent des deux villageois me réconforta heureusement un peu. Ils semblaient ne rien percevoir d'inusité ou de singulier en moi et écoutaient attentivement leur guide qui leur relatait, avec une volubilité quelque peu fébrile, de multiples histoires concernant les dieux, les saints lamas et les Dalaï-lamas d'antan. D'autres gens se mirent à la file pour écouter le disert orateur et, bientôt, un petit cortège fut formé, ceux qui le composaient s'extasiant sur le savoir illimité du bienveillant lama qui daignait les instruire. Je suivis, confondue parmi la foule qui se bousculait le long des corridors, des escaliers-échelles et des étroites portes de temples, et nul n'accordait un regard à ma coiffure extraordinaire. J'étais la seule à avoir conscience de mon étrangeté et, peu à peu, me rassurant, je commençai à goûter la plaisanterie. Quant à Yongden, son premier effroi s'était apaisé aussi, mais il n'osait guère tourner la tête de mon côté, de peur d'éclater de rire à mon aspect.

A la fin, toute notre bande atteignit la terrasse supérieure du palais occupée par les pavillons chinois dont les toits rutilants m'étaient apparus de loin, au début de la dernière étape, m'annonçant que je touchais au but.

Après diverses autres déambulations, quelques heures après mon entrée au palais, je redescendis vers la grande porte d'entrée.

Du haut du grand escalier extérieur, je regardai longuement le paysage magnifique offert par Lhassa étendue à mes pieds avec ses temples et ses monastères, pareille, vue de si haut, à une mosaïque blanche, rouge et or, dont les sables et le mince ruban azuré du Kyi tchou formaient la bordure lointaine.

Dans un site semblable, des peuples occidentaux bâtiraient, pensai-je, une cité magnifique. Et mentalement, j'évoquais de larges avenues, des monuments, des parcs, occupant l'espace devant moi. Mais, doucement impérieuse, la réelle Lhassa, minable et fastueuse à la fois, se superposait sur le mirage de la ville moderne et le dissipait. Que les dieux du Tibet lui épargnent les « gratte-ciel » et les jardins savamment dessinés. Assise entre ses montagnes nues, parmi les sables et les galets, la Rome lamaïste, sous son ciel lumineux, est belle et grande à sa manière.

J'étais près d'atteindre la grand'porte lorsqu'un pèlerin que je croisai s'avisa, enfin, de remarquer quelque chose d'insolite dans ma physionomie.

— D'où peut venir celle-là ? dit-il à ses compagnons.

Mais lui-même trouva aussitôt la réponse à sa propre question :

— Ce doit être une Ladaki [1], ajouta-t-il.

---

1. Femme de Ladak, au Tibet occidental.

Sortis du Potala les deux villageois remercièrent Yongden avec effusion et lui offrirent quelque menue monnaie de cuivre en témoignage de leur respect et de leur gratitude.

— Tout est bien, me dit mon jeune compagnon, j'ai empêché ces deux nigauds de s'enivrer et ils nous ont rendu service.

Ce disant, il déposa les piécettes dans la main d'un mendiant aveugle et l'aventure fit un heureux de plus.

Tout magnifique que soit son palais à Lhassa, le Dalaï-lama actuel ne semble pas y trouver grand charme ; il n'y vient que de temps en temps, à l'occasion de certaines fêtes. Sa résidence habituelle est Norbouling [1] : un très vaste parc coupé par quelques avenues.

On y voit une petite collection zoologique et une basse-cour singulière où, tout comme dans les Parlements de quelques nations arriérées, les coqs seuls sont admis. Il y a là trois cents, peut-être davantage, de ces animaux voués au célibat.

Le Dalaï-lama possède plusieurs demeures dans le parc de Norbouling. Les différentes pièces qui composent l'une d'elles sont meublées chacune en un style différent ; on les dénomme la chambre anglaise, la chambre chinoise, la chambre hindoue, etc. Le toit de la maison est plat, suivant l'usage du Tibet, et surmonté d'ornements dorés appelés *gyaltsènes*, emblèmes de domination et de victoire. Ce fait a donné lieu à une plaisanterie flatteuse que les courtisans du lama-roi ne se lassent pas de répéter devant lui.

— Toutes ces chambres : l'anglaise, la chinoise, l'hindoue, disent-ils, se trouvent sous le toit et sous les *gyaltsènes*, qui sont tibétains ; de même, aussi, le Tibet est-il au-dessus de tous les pays du monde, et vous êtes le plus grand des monarques.

Il paraît que le Dalaï-lama sourit complaisamment en écoutant cette ineptie. Pour ma part, j'ai peine à croire qu'il puisse prendre de tels discours au sérieux. Il s'est exilé deux fois, d'abord en Chine, puis dans l'Inde et doit avoir appris, là, beaucoup de choses au sujet du monde en dehors du Tibet. Mais si le souverain est conscient de sa situation, il n'en est pas de même du peuple, à qui les histoires les plus fantastiques sont racontées pour maintenir le prestige du Dalaï-lama et de sa cour.

Voici l'une de celles-ci :

Au cours du voyage que le Dalaï-lama fit dans l'Inde, il lui arriva, étant l'hôte du vice-roi, de se trouver avec lui dans un vaste salon où étaient assemblées un grand nombre de personnalités distinguées. Soudainement il étendit les mains et, ô miracle ! les assistants virent sur les paumes de ses deux mains les deux montagnes de Lhassa : sur l'une le Potala avec son palais, sur l'autre Chok-bou-ri, surmonté par le collège de médecine. A la vue d'une telle merveille, les

1. *Norbouling*, l'île ou l'endroit joyau. C'est-à-dire beau et excellent, pareil à un joyau.

Anglais, le vice-roi en tête, se prosternèrent au pied du lama et le prièrent de leur accorder sa protection. Un rapport fut immédiatement envoyé au roi d'Angleterre et, celui-ci, partageant les sentiments de crainte et de vénération que le prodige avait inspirés à ses éminents sujets, supplia le Dalaï-lama de devenir le patron de son royaume et de lui venir en aide s'il était attaqué. Le tout bon et compatissant souverain du Tibet lui promit gracieusement d'envoyer son armée pour le défendre, si l'Angleterre était jamais en danger.

Se fondant sur des histoires de ce genre et s'illusionnant sur la signification de certains faits qui exigeraient trop de place pour pouvoir être relatés ici, la majeure partie des Tibétains s'imaginent, actuellement, que leur pays est en quelque sorte le suzerain de la Grande-Bretagne. C'est ainsi que leur sont expliqués les séjours temporaires, à Lhassa, d'un agent politique anglais. Il vient, croient-ils, pour recevoir respectueusement les ordres du Dalaï-lama afin de les transmettre à son royal protégé.

La plaisanterie, sans doute, est amusante, mais les plaisanteries de ce genre ont un côté dangereux que, seuls, ceux qui ont vécu longtemps dans les régions reculées de l'Asie sont capables de discerner clairement.

Pour un voyageur au courant de l'histoire du Tibet, dans le passé, des intrigues politiques dont il a été le siège dans les temps modernes et qui est, surtout, parfaitement familier avec le lamaïsme, un séjour à Lhassa est des plus intéressants ; d'autres y éprouveraient probablement une déception.

Il serait inutile de chercher à Lhassa ces rues bordées de curieuses boutiques, ces marchés en plein air qui, en Chine, procurent à l'amateur de bibelots un si captivant terrain de chasse. L'article le plus en vue, actuellement, sur le marché de Lhassa, est l'ustensile de cuisine en aluminium ; au second rang vient la pacotille hideuse importée de l'Inde, de l'Angleterre, du Japon et de quelques pays européens. Je n'ai jamais rencontré ailleurs de plus horribles cotonnades, des faïences plus vulgaires que celles qui s'étalent sur les tréteaux des marchands de Lhassa. Le commerce avec la Chine, jadis florissant, a été tellement entravé au profit des marchandises entrant par la voie de l'Inde qu'il n'existe pour ainsi dire plus, sauf pour le thé et les soieries, et des efforts sont encore faits pour le saper.

Venant de la Chine où l'argent monnayé et en lingots circule en grande quantité, j'ai eu, à Lhassa, l'avant-goût de ce qui m'attendait en France. Il n'y a plus d'argent dans les provinces centrales du Tibet. La monnaie nationale, le *tranka*, piécette mince, en argent, d'un titre très bas, a presque complètement disparu ; les quelques rares échantillons qui s'en rencontrent encore font prime.

Quant au sabot d'argent de cinquante taëls, dénommé le Tamigma par les Lhassapas, qui était d'usage courant quand les Chinois occupaient le pays, il a pris place dans le monde des vieux mythes.

Le gouvernement de Lhassa a fondu une vilaine monnaie de cuivre qui sert aux transactions dans la capitale et un rayon peu étendu autour de celle-ci. Elle n'a pas cours dans le reste du pays.

Des billets de banque ont aussi été imprimés ; ils demeurent un objet de curiosité et, même à Lhassa, les commerçants les refusent.

Il existe enfin, près de Norbouling, un bâtiment où des pièces d'or sont frappées, mais elles ne circulent pas. L'humble arsenal des Tibétains voisine avec leur minuscule hôtel des Monnaies.

Je me suis informée auprès d'un grand nombre de gens des causes de cette curieuse disparition de l'argent du Tibet central, alors qu'il continue à être abondant dans le Tibet chinois. Les réponses que j'ai reçues ont différé suivant la condition sociale et le caractère de ceux à qui je m'adressais. Certains ont simplement souri quand je leur ai demandé où était passé l'argent ; d'autres ont déclaré : « Le gouvernement le détient, il thésaurise », et de plus hardis m'ont répondu brutalement : « Notre gouvernement le donne aux *philings* maîtres de l'Inde, pour payer les vieux fusils qu'ils nous vendent. Ceux-ci peuvent nous servir à nous battre contre les Chinois qui sont mal armés, mais ils seraient inutiles devant une armée des *philings*. »

La même idée m'était parfois exprimée d'une façon plus originale où les idées superstitieuses des Tibétains se faisaient jour. Avant d'être expédiés à Lhassa, racontaient de bonnes gens, les fusils vendus à leur pays étaient soumis à certaines pratiques magiques des prêtres *philings* et, par l'effet de celles-ci, étaient privés du pouvoir de tuer les *philings* et leurs soldats.

Ce n'est pas à Lhassa seulement que le peuple parle de l'argent donné aux *philings* ; mais, du moins, les Lhassapas ont quelque idée de ce qu'ils reçoivent en échange. Il n'en est pas de même partout. Dans la partie du Kham qui est passée sous l'autorité du lama-roi, quand les villageois se lamentent au sujet de l'accroissement continuel des impôts, les fonctionnaires leur répondent que leur paternel protecteur le Dalaï-lama n'y est pour rien et que ce sont les *philings* qui lui disent de lever de l'argent. Pourquoi il leur obéit et ce qu'il obtient contre son argent n'est point expliqué à ces simples montagnards. Ceux-ci retiennent seulement que les horribles « étrangers aux yeux blancs » [1] sont la cause de leur ruine.

C'est de cette façon et de quelques autres analogues que la haine des Blancs est semée et cultivée en des coins reculés de l'Asie. Elle y grandit, se répand et prépare des partisans au chef, quel qu'il soit, qui assumera le rôle du Messie-justicier attendu.

Une fête très curieuse a lieu chaque année à Lhassa, la nuit de la pleine lune du premier mois. Des carcasses en bois très léger, mesu-

1. « Yeux blancs », en tibétain : *mig kar*. Voir note page 362.

rant jusqu'à quatre et cinq mètres de haut, sont recouvertes d'ornements en beurre colorié. Des personnages également en beurre : dieux, hommes, animaux, y sont attachés et, devant chacun de ces édifices appelés *tormas*, une table supporte plusieurs rangées de lampes, alimentées avec du beurre. Une centaine environ de ces *tormas* sont érigées dans le *parkor*, c'est-à-dire la suite des rues qui forme le « circuit du milieu » du pèlerinage autour du Djo-Khang. Cette fête nocturne est donnée aux dieux comme, d'autres fois, des concerts ont lieu pour les divertir.

La fête des *tormas* de beurre, à Lhassa, est célèbre dans tout le Tibet et même dans les pays voisins. Elle est assurément très brillante, mais, quant à moi, je la préfère dans le cadre somptueux du grand monastère de Koum-Boum où j'ai eu l'occasion d'y assister plusieurs fois.

Quoi qu'il en soit, cette partie du programme des réjouissances du nouvel an à Lhassa me fit passer une soirée des plus amusantes.

Dès que les lampes furent allumées, Yongden et moi nous nous rendîmes au *parkor*. Une foule considérable y était déjà massée, attendant le passage du Dalaï-lama qui devait passer la revue des *tormas*. J'avais vu plus d'une fois des affluences de ce genre, mais je les traversais précédée de mes serviteurs et entourée d'autres gens m'ouvrant un chemin. Pour la première fois, j'allais faire l'expérience de ce qu'est une cohue tibétaine quand on en fait partie soi-même.

Des bandes de *dokpas*, vigoureux géants vêtus de peau de mouton, se tenant l'un l'autre pour former chaîne, se ruaient, pour le simple plaisir de ce jeu, dans les endroits où la foule était la plus compacte, enfonçant leurs énormes poings dans les côtes de ceux ou de celles que leur mauvaise chance avait placés devant eux. Des agents de police, armés de fouets et de longs bâtons, s'énervant de plus en plus à mesure que l'heure du passage du Dalaï-lama approchait, se servaient de leurs armes au hasard, sans raison aucune et contre n'importe qui. Au milieu de ce tumulte, nous garant des coups et des bousculades, nous passâmes quelques joyeux moments. Enfin, le Dalaï-lama fut annoncé et la confusion s'accrut encore. Les policiers devinrent féroces, les gens, houspillés d'importance, se sauvèrent. Il ne resta plus, alignés le long des maisons faisant face aux *tormas*, que quelques rangées de curieux plus étroitement pressés les uns contre les autres que des sardines en boîtes. J'en étais. De temps en temps un homme, assis à la fenêtre de sa maison — dont j'obstruais la vue — m'allongeait un coup de poing dans le dos, bien en pure perte, car, l'eussé-je voulu, je n'aurais pas pu m'écarter d'un pas. Il finit sans doute par le comprendre, ou bien mon insensibilité le désarma ; il cessa de se fatiguer inutilement.

Toute la garnison était en armes, infanterie et cavalerie défilèrent devant les *tormas*. Le Dalaï-lama, porté dans une chaise chinoise, couverte de brocart de soie jaune, passa, entouré par le général en chef et d'autres hauts fonctionnaires. Derrière eux, des soldats fermaient la marche. La fanfare joua des airs de music-hall anglais, on tira des pétards chinois et de très éphémères feux de Bengale jetèrent de fugitives lueurs autour du cortège. Voilà ! le pontife-roi avait disparu.

Maintenant, les cortèges succédaient aux cortèges : gentilshommes précédés de valets portant des lanternes chinoises ; dames de qualité entourées de suivantes ; dignitaires ecclésiastiques avec leurs moines-serviteurs ; le représentant du mahâradjah du Népaul et bien d'autres, noblesse, clergé, riches marchands, tous vêtus en habits de fête, tous heureux, hilares, un peu ivres... Yongden et moi nous fîmes de tour des illuminations avec la foule, pris par la contagion de son exubérante gaieté, courant, poussant et poussés, goûtant, comme des gamins, le plaisir de la belle plaisanterie d'être là, à Lhassa, fêtant le nouvel an.

Lorsque le temps de regagner notre masure fut enfin venu, nous nous aperçûmes, à notre grand étonnement, que les rues, qui auraient dû être éclairées par la pleine lune, s'assombrissaient de plus en plus. Que voulait dire cela ?... Nous ne buvons jamais de vin ni alcool et ne pouvions point avoir la même raison que beaucoup de Lhassapas, ce soir-là, pour voir trouble. Arrivés à une place, nous constatons qu'une ombre envahit la lune ; c'est une éclipse. Les bonnes gens commencent à tambouriner sur des chaudrons et autres ustensiles pour faire lâcher prise au dragon qui menace d'avaler l'astre des nuits.

L'éclipse fut totale, je l'observai jusqu'au matin, je n'en avais jamais vu d'aussi intéressante.

— Ceci est encore mieux que le rideau de sable tendu devant le Potala le jour de notre arrivée, me dit Yongden en riant, voici que « vos dieux » se mettent à obscurcir la lune pour qu'on ne nous voie pas. Si vous m'en croyez, vous leur direz de s'arrêter là ; ils seraient capables d'éteindre le soleil.

Lhassa est divisé en plusieurs quartiers : Loubou, Ramotché, Youtog, Lassacheu, Tengyailing, Tsemaling, Tsecholing, Banadjong, Parkor, Norbouling.

La cité possède un pont sur un affluent du Kyi et un obélisque dressé sur un piédestal.

Le pont est de forme chinoise, peint en rouge et couvert d'un toit en tuiles vertes, une allusion à son nom : « pont au toit de turquoise ». Ce nom est en réalité dérivé de celui d'une famille noble dont la demeure se trouve à proximité. Un ancêtre de celle-ci ayant reçu de l'empereur de Chine la distinction du « bouton de turquoise » (en tibétain *you tog* [1]), ses descendants furent, depuis lors, désignés comme les « messieurs *you tog* », et c'est d'après eux que sont dénommés le pont et le quartier environnant.

L'obélisque est beaucoup moins haut que celui de la place de la Concorde à Paris et il n'est point orné d'hiéroglyphes ; néanmoins il a très bon air dans le milieu où il se dresse. En face de lui, des stèles de grandes dimensions, sur lesquelles sont gravées des inscriptions tibétaines et chinoises, sont abritées dans deux édicules.

Obélisques et stèles se trouvent sur le bord de la grand'route passant au pied du Potala.

Cette grand'route, si banale qu'elle puisse paraître, est celle qui, partant de l'Inde, traverse toute l'Asie centrale, passe en Mongolie et aboutit en Sibérie ; un long ruban de piste qui, bien que coupant de hautes chaînes de montagnes, n'offre pas de grandes difficultés pour un bon cavalier. L'hiver, lorsque la température rend possible le transport de provisions de glace, cette route permet de gagner le frontière mongole, presque en ligne droite, à travers une région dépourvue d'eau. L'été, les voyageurs font un détour à l'est du grand lac Bleu, le Koukou nor, dont j'ai déjà parlé. Un jour, sans doute, des express transasiatiques emporteront par là des touristes confortablement installés dans des trains de luxe, mais, alors, une grande partie du charme de ce voyage aura disparu et, pour ma part, je me réjouis d'être allée de Ceylan à la Mongolie avant que ce temps ne soit venu.

La capitale du Tibet est une ville animée, habitée par des gens d'un naturel jovial qui trouvent leur plus grand plaisir à être dehors ; aussi, bien que la population soit peu nombreuse, les rues sont-elles encombrées depuis le lever du soleil jusqu'au crépuscule. Il n'est pas prudent de sortir après la nuit tombée. Les gens du pays disent que la sécurité, qui n'a peut-être jamais été très grande, a beaucoup diminué depuis l'établissement d'une armée et d'une police nationales. Les gardiens officiels de l'ordre se métamorphosent, paraît-il, assez fréquemment en bandits lorsque l'obscurité est venue.

Sauf dans une petite partie de la ville, les rues de Lhassa sont larges et coupées par des places. Relativement parlant, elles sont tenues en état de propreté. Il n'existe malheureusement aucun service sanitaire, la plupart des maisons n'ont pas de latrines et des terrains vagues sont réservés, en différents endroits, pour en tenir lieu. Je l'ai déjà dit, au Tibet tout se fait en public. Mais, hommes comme femmes portant de longues robes savent s'arranger si adroitement qu'une personne non informée croirait, en voyant ces groupes de gens assis, qu'ils devisent de leurs affaires.

Plusieurs monastères existent dans la ville même, ainsi que deux

1. Il y a là une sorte de jeu de mots. *Thog* signifie un toit et *Tog* signifie le bouton des mandarins sous l'ancien régime chinois. La prononciation des deux mots diffère un peu. *You* veut dire turquoise.

célèbres collèges où sont enseignés le rituel tantrique et la magie. Les trois grands monastères du Tibet, dont la réputation attire des milliers de pèlerins et où viennent étudier de jeunes lamas des régions les plus reculées de la Mongolie, de la Mandchourie et de la Sibérie, ne se trouvent point à Lhassa même. Séra, que j'ai déjà nommé, en est distant de quatre kilomètres environ, Drepung de six kilomètres à peu près, et Ganden est caché dans un cirque de montagnes à une trentaine de kilomètres. Ce sont de véritables villes cléricales : Drepung compte une dizaine de mille de religieux dans son enceinte.

Ces trois, bien que les plus vastes et les plus influents des monastères lamaïstes, ne sont pas les seuls à jouir de la haute estime des Tibétains. Parmi les autres, celui de Tachilhumpo à Jigatzé est considéré comme détenant la supériorité quant aux hautes études philosophiques. A quelques jours de marche de Jigatzé est le vieux monastère historique de Sakya où réside le chef de la secte de ce nom. Son immense bibliothèque contient, dit-on, quantité de vieux manuscrits sanscrits. En Amdo, sont les grandes et célèbres lamaseries de Lhabrang Tashikyil et de Koum-Boum. Dzogtchène gompa, dans les solitudes, au nord-est du Tibet, est renommée comme centre d'entraînement mystique et d'études de magie. Il en existe nombre d'autres.

Les groupements religieux du Tibet forment de petits États dans l'État dont ils sont presque entièrement indépendants. Tous possèdent des terres, des troupeaux et, en général, trafiquent d'une manière ou d'une autre. Les grandes *gompas* règnent sur une étendue considérable de territoire peuplé par des tenanciers dont la condition est à peu près semblable à celle des serfs en Europe pendant le Moyen Age.

Les hôtes de *gompas* ne vivent pas en communauté, cependant il existe une sorte de communauté de biens entre eux, du fait que chacun d'eux reçoit une part des revenus du monastère. Ces parts sont versées en nature : grain, beurre, thé, etc. Elles diffèrent considérablement en importance, d'abord, cela va sans dire, d'après le rang hiérarchique de chaque religieux. Les moines ont encore d'autres sources de revenu : partage de dons faits à leur *gompa*, célébration d'offices, présents offerts par les parents des jeunes gens qu'ils instruisent, etc., etc.

En dépit de tout ce que l'on peut, à juste titre, critiquer dans les monastères tibétains, ceux-ci offrent un séjour excellent à l'étudiant, au penseur, à quiconque souhaite une vie intellectuelle ou spirituelle. Entièrement libéré, ou presque, de tous soucis matériels, le lama, même le plus humble, peut à loisir se livrer, dans sa chambrette, à l'étude de la littérature religieuse et philosophique de son pays.

Un grand monastère tibétain est une véritable ville, formée par un réseau de rues et d'allées, de places et de jardins. Des temples en plus ou moins grand nombre, les salles d'assemblées des divers collèges et les palais des dignitaires élèvent, au-dessus des habitations vulgaires, leurs toits dorés et leurs terrasses surmontées de bannières et d'ornements divers. A la *gompa*, chaque lama [1] vit chez lui, dans une demeure dont il est le propriétaire, soit qu'il l'ait construite à ses frais, achetée ou la tienne d'héritage. Cette habitation peut être léguée par le lama à l'un de ses élèves ou à un parent, mais le légataire doit lui-même appartenir à l'ordre des religieux. Nul laïque n'est autorisé à posséder une maison dans un monastère.

Les lamas trop pauvres pour acquérir une maison louent un appartement ou une simple chambre dans l'habitation d'un collègue plus riche. Ils peuvent aussi être hébergés gratuitement en échange de certains services allant, suivant leurs capacités, des fonctions de secrétaire ou d'intendant à celles de portier ou de balayeur.

Le saint des saints de Lhassa est le temple appelé Djo Khang [2]. Il contient une statue en bois de santal entièrement dorée, qui est censée représenter Siddhartha Gautama dans sa jeunesse, avant qu'il soit devenu un Bouddha.

Cette statue est originaire de l'Inde, elle fut transportée en Chine dans le courant du premier siècle avant notre ère. L'empereur chinois Thaïd-joung T'aitsoung la donna en dot à sa fille lorsque celle-ci épousa le roi du Tibet Srong Tsan Gampo. Les crédules Tibétains racontent nombre d'histoires sur la façon dont elle a été faite. Certains prétendent même qu'elle s'est formée d'elle-même, sans le concours d'aucun artiste, et tous sont persuadés qu'elle a parlé en diverses occasions.

En dehors de cette statue, le temple en possède plusieurs centaines d'autres, représentant des déités ou de saints lamas défunts, qui sont réparties en de nombreuses chambres. Celles-ci sont dépourvues d'ouvertures sur l'extérieur et éclairées par des lampes.

C'est un étrange spectacle que celui de la foule des pèlerins circulant au milieu de ces personnages immobiles dont beaucoup sont de grandeur naturelle. De loin, il est parfois difficile de distinguer les vivants des figures de bois ou de métal revêtues de vêtements monastiques. Contrairement à ce que j'ai vu en d'autres endroits du Tibet, cette collection est dépourvue de tout intérêt artistique et, cependant, toutes ces faces immuablement sereines dont le regard semble dirigé « en dedans » au lieu de se poser sur les objets extérieurs, ne laissent pas d'être impressionnantes.

Les nombreux sacristains drapés en des toges grenat sombre, qui

1. Se rappeler ce qui a été expliqué précédemment au sujet du mot *lama*. C'est un titre honorifique auquel ont seuls réellement droit les religieux occupant un rang élevé dans le clergé. Tous les autres sont appelés *trapas* : étudiants, disciples. Cependant, dans le langage courant, le mot *lama* est fréquemment employé pour désigner, de façon polie, tous ceux qui appartiennent à l'ordre religieux.

2. *Djo Khang* : la maison du seigneur.

pullulent dans le temple, ne paraissent pas accorder grande attention à la prédication muette des anciens de leur ordre, dont les effigies les entourent. Aux aguets dans les encoignures, tous ceux qui ne sont pas de service aux autels surveillent la procession des pèlerins, s'efforçant de distinguer parmi eux ceux qui paraissent les plus riches, les plus dévots ou les plus naïfs, ceux de qui il semble qu'une gratification sérieuse puisse être espérée. Dès qu'un pieux benêt est tombé entre les mains de l'un de ces alertes matois, il n'y a plus de fin aux merveilles qu'il doit contempler, aux histoires qu'il lui faut entendre, aux reliques qui sont posées sur sa tête, aux dégustations d'eau bénite versée hors de multiples pots d'or et d'argent. A chacune de ces exhibitions, il lui faut, bien entendu, offrir quelques piécettes aux camarades de son guide qui y président ; ceci sans préjudice du pourboire final.

Comme ce ne put être mon extérieur opulent qui attira ces ingénieux coquins, ce fut probablement mon air parfaitement niais. Plusieurs d'entre eux s'emparèrent de moi et me pilotèrent dans les moindres recoins de l'édifice, me montrant un tas d'objets hétéroclites et m'étourdissant avec des histoires de miracles saugrenus. Je me croyais presque revenue dans la Rome occidentale, et entendre ses bedauds loquaces.

Ce qui m'étonna c'est que je fus encore une fois prise pour une Ladaki.

Je tournais autour d'une chapelle où des gens humaient de l'eau bénite et, jugeant en avoir déjà assez absorbé pour ma part, cherchais à m'esquiver, lorsque j'entendis derrière moi une voix bienveillante :

— Oh ! disait quelqu'un, donnez de l'eau bénite à cette pauvre femme qui est venue du Ladak... Si loin !... Combien sa foi est grande !...

Pour le moment ce n'était pas le désir de gain qui inspirait les lamas. Je vis autour de moi des figures souriantes. Un homme me prit par le bras et me guida à l'endroit voulu, tandis que d'autres repoussaient les fidèles pour me faire place au milieu de la cohue. Je pus admirer de près davantage de joyaux et d'ornements précieux. Un pot d'argent décoré d'appliques en or et en turquoises fut penché vers les mains que j'avançais de la façon la plus orthodoxe pour recevoir quelques gouttes du liquide consacré [1].

« Buvons et humectons-nous la tête, pensai-je. C'est mon baptême comme Ladaki ! »

J'avais été heureusement inspirée en choisissant le début de l'année pour séjourner à Lhassa ; il m'aurait été difficile, à une autre époque, d'y assister à autant de fêtes bizarres et de cérémonies inté-

1. Sur la façon de recevoir l'eau bénite, voir page 374.

ressantes. Mêlée à la foule endimanchée, je vis des cavalcades de gentilshommes costumés somptueusement à la vieille mode mongole, des fantassins et des cavaliers de l'armée des anciens rois, en cotte de mailles, porteurs de lances et de boucliers, qui évoquaient le Tibet de jadis. Il y eut de brèves courses de chevaux, désordonnées, folles, joyeuses, amusantes, certes, mais qui ne valaient pas celles des pasteurs du désert d'herbe. Chaque jour amenait un spectacle : religieux ou profane.

Je contemplai aussi, nombre de fois, l'homme reconnu comme le plus savant de tout le pays, qui occupe le trône de Tsong Khapa. Il prêche en plein air, pendant le cours du premier mois de l'année, sous un dais érigé à cet effet contre le Djo Khang. Son auditoire n'est point la foule, comme le porterait à croire le fait de parler au-dehors du temple. Les religieux ont seuls le droit de s'accroupir sur le pavé autour de lui et ceux qui assistent à la prédication ont été désignés par leurs chefs ; ils sont là en service commandé. Malheur à celui d'entre eux qui parle à son voisin ou n'observe pas une immobilité complète, malheur aussi à l'imprudent laïque que sa ferveur porte à s'approcher pour écouter le discours du maître des maîtres, les *trapas* préposés à la police de l'assemblée ont tôt fait de le cingler sévèrement avec les grosses cordes dont ils sont armés.

Le grand philosophe officiel du Tibet est un vieillard menu, à mince et anguleuse face d'ascète aristocratique et dédaigneux. Sous le parasol en brocart jaune, qu'un *trapa* tient ouvert au-dessus de sa tête, il chemine à petits pas rapides, avec l'expression d'ennui contenu d'un homme à qui la foule et les cérémonies publiques sont désagréables.

Assis sur son trône, il n'a rien du pathétique ou de la passion des prédicateurs tels qu'on les comprend en Occident. Son attitude est toute professorale. Il parle sans gestes, sans éclats de voix, d'un ton détaché, comme tous les orateurs religieux bouddhistes et comme il convient aux théories qu'il expose. L'antithèse frappante qu'offrent les doctrines dont parle le grand docteur du Tibet et son apparence physique elle-même, avec la foule ignorante et les *trapas* policiers à figures de brutes qui l'entourent est bien propre à surprendre un étranger.

Quant à *Sér-ti rimpotché* [1], né et vieilli dans ce milieu, il ne la remarque probablement pas.

---

1. *Sér-ti rimpotché* : précieux trône d'or, allusion à sa dignité. C'est sous ce nom qu'il est généralement désigné à Lhassa. Son véritable titre est *Ganden ti pa* : « celui qui occupe le trône de Ganden ». C'est-à-dire le trône de Tsong-Khapa, le fondateur de la secte des *Geloups pa* (« ceux qui ont une règle ou des habitudes vertueuses »), connue sous le nom de secte des « bonnets jaunes ». Le monastère de Galden fut construit par Tsong-Khapa qui y résida et y a son tombeau.

Le progrès de la civilisation occidentale à Lhassa se manifeste par des parades militaires. Vêtus d'un uniforme kaki, précédés d'une fanfare qui joue, pas trop mal ma foi ! des airs populaires anglais, les soldats marchent, à travers la ville, la mine bravache et marquant, généralement, le pas à contre-mesure. Ils sont armés de vieux fusils anglais, encore très à la hauteur en Asie centrale. Ils possèdent aussi quelques pièces d'artillerie de montagne qu'ils transportent sur des mules. Ces engins courtauds et verdâtres, semblables à d'énormes crapauds, font leur joie. Ils les sortent à tout propos et hors de propos, les posent à terre avec mille précautions et les promènent orgueilleusement, de-ci, de-là, sur le champ de manœuvre, devant les badauds intéressés. Au cours d'un exercice, l'un des canons éclata, tuant quelques hommes, mais cet accident n'a diminué en rien l'amour, fait d'admiration, que les troupiers de Lhassa éprouvent pour ceux qui leur restent [1]. Du reste, dans ce bienheureux pays, les événements de ce genre ne causent jamais une tristesse bien profonde. Il arrive même qu'ils soient considérés comme un excellent présage. Je rapporterai à ce sujet un fait qui s'est passé pendant mon séjour à Lhassa.

L'usage veut que, dans le premier mois de l'année, le gouvernement tibétain fasse interroger le sort de plusieurs façons, afin d'en déduire ce que celui-ci réserve à l'État et surtout à son chef, le Dalaï-lama. L'un de ces oracles s'obtient de la manière suivante : trois tentes sont plantées, dans chacune d'elles est enfermé un animal — une chèvre, un coq et un lièvre — qui portent, attachées au cou, des amulettes consacrées par le Dalaï-lama. Des hommes tirent à balle sur les tentes, et s'il arrive qu'une des bêtes soit tuée ou blessée, cela signifie que le pays est menacé de calamités et que la santé ou même la vie du souverain court un danger. Tous les lamas des monastères de Séra, de Ganden et de Drepung sont alors convoqués dans la capitale, et pendant vingt jours y lisent les Saintes Écritures et célèbrent différentes cérémonies pour neutraliser les influences néfastes.

Lorsque je me trouvais à Lhassa, les hommes chargés de procéder à cette épreuve tirèrent une vingtaine de coups sur les tentes — au lieu de quinze, qui est le nombre habituel — se servant de fusils anglais, chinois et tibétains. Aucun des animaux ne fut touché, ce qui parut du plus heureux augure. Par contre, l'un des fusils tibétains éclata, blessant grièvement le tireur qui mourut le lendemain. Au lieu d'être déploré, ce malheur ajouta à la valeur de l'oracle, qui fut considéré comme tout à fait favorable au Dalaï-lama. Un danger

1. Il est plus que probable que depuis mon séjour à Lhassa l'armement des Tibétains s'est accru. Dans les derniers jours que je passai au Tibet, des caravanes y apportaient des munitions et des fusils expédiés de l'Inde.

inconnu qui le menaçait venait d'être conjuré. Le démon ennemi avait satisfait sa férocité sur l'infortuné sujet du souverain et, maintenant repu, n'était plus à redouter.

Pendant mon séjour à Lhassa, je fis plusieurs excursions en dehors de la ville, je m'étais habituée à sortir de la cité interdite, à y renter, à y circuler, l'audace m'était venue ; toutefois une sérieuse alerte troubla un jour ma sécurité relative.

J'étais au marché, arrêtée devant un étalage en plein vent, lorsqu'un agent de police en uniforme vint se placer à côté de moi et me regarda avec insistance. Pourquoi ? Peut-être se demandait-il simplement à quelle province je pouvais appartenir ; peut-être des doutes plus sérieux lui étaient-ils venus. Je n'en pouvais rien savoir, mais il fallait prévoir le pire. Alors, avisant une casserole, je commençai à la marchander avec volubilité, avec acharnement, en offrant des prix ridicules, ainsi que font les sauvageons des frontières. Les gens assemblés autour de la boutique se mirent à rire, échangeant des lazzi — les pasteurs du désert d'herbe, dont je contrefaisais l'accent et les manières, sont un sujet habituel de plaisanterie pour les Lassapas. « Ah ! vous êtes bien une vraie *dokpa* », me dit la marchande, moitié amusée, moitié irritée de ma ridicule ténacité et de mon bavardage saugrenu. Et tout le monde de rire de plus belle de la bonne femme qui ne connaissait que ses bêtes et l'herbe de son désert. Le policier était parti, riant comme les autres.

J'achetai la casserole et, comme malgré tout je redoutais encore d'être suivie, je me contraignis à flâner encore pendant quelque temps à travers le marché, continuant à jouer la comédie de la stupidité et de l'admiration béate devant les plus horribles produits de l'exportation occidentale. Finalement, j'eus la chance de rencontrer un groupe de vrais *dokpas*. J'entrai en conversation avec eux dans leur patois, et leur parlai de leur pays où j'avais séjourné quelques années auparavant. Ces gens simples furent aisément convaincus que j'habitais non loin de chez eux et, avec la rapidité d'imagination qui leur est propre, il n'est pas douteux que, le lendemain, ils auraient juré, en toute sincérité, qu'ils me connaissaient de longue date.

Je me donnai peut-être tout ce mal en pure perte, car l'homme de la police ne songea pas à me suivre.

Pendant les longues années que j'ai passées parmi les Tibétains, des occasions tout à fait exceptionnelles se sont offertes à moi, de voir et d'étudier de près la vie des différentes classes de la population, cependant je n'avais jamais pénétré aussi profondément dans l'intimité des gens du petit peuple que je le fis durant mon séjour à Lhassa.

La masure où je m'abritais était le centre d'une sorte d'hôtellerie où se rencontraient les plus étranges spécimens d'humanité. Une dizaine de clients — l'aristocratie de cette plèbe — seuls, couchaient sous un toit, les autres, malgré le gel, dormaient en plein air, dans la cour. Toutes choses étaient faites, dites et même pensées en public. Il me semblait vivre dans un roman dont l'intrigue aurait eu les bas-fonds sociaux pour décor ; mais quels amusants exotiques bas-fonds ! Ils n'avaient rien de l'aspect lugubre de ceux de l'Occident. Tout le monde y était crasseux et en haillons ; la nourriture était grossière, toujours précaire et d'ordinaire peu abondante, mais chacun jouissait du grand ciel bleu lumineux, de l'éclatant et vivifiant soleil, et des vagues de joie déferlaient dans l'âme de ces misérables déshérités des biens de la terre. Nul d'entre eux ne se livrait à aucun métier ni ne songeait à le faire, tous vivaient à la façon des oiseaux, de ce qu'ils pouvaient picorer chaque jour, dans la cité ou le long des routes.

En dehors de l'incommodité causée par le manque absolu de tout confort, je ne souffris de rien parmi mes étranges voisins. Ils ne se doutèrent jamais de mon identité et me traitèrent avec une cordialité teintée de déférence, en ma qualité de mère d'un lama lettré et de locataire d'une chambre particulière.

Certains d'entre eux avaient connu de meilleurs jours. L'un était le fils cadet d'un homme possédant une petite fortune. Dans sa jeunesse il avait épousé une veuve aisée beaucoup plus âgée que lui, et ses affaires auraient pu prospérer si la paresse, la boisson et le jeu ne l'avaient peu à peu conduit à la ruine.

Lorsque sa femme était devenue tout à fait vieille, il avait pris une concubine chez lui et, un peu plus tard, l'épouse légitime comprenant qu'elle finirait ses jours dans la misère, si ce propre à rien continuait à dilapider sa fortune, trouva un moyen assez ingénieux de se débarrasser de lui.

Elle assembla ses proches parents et ceux de son époux et déclara, devant eux, son intention de se retirer du monde pour consacrer ses dernières années aux exercices religieux. Son mari, ajouta-t-elle, était épris de sa concubine, elle ne s'opposait pas à leur mariage [1], mais ils devraient tous deux quitter la maison dans laquelle elle entendait vivre désormais en recluse. Ils auraient aussi à assumer la charge des dettes que l'homme avait personnellement contractées et à la tenir pour libre de toutes obligations envers lui. En fait, c'était un divorce.

Ces conditions furent acceptées, un contrat de mariage dressé et le nouveau ménage alla s'établir de son côté.

La vie des ex-amoureux était loin d'être tissue de félicité sans mélange à l'époque où je fis leur connaissance.

1. La polygamie et la polyandrie sont toutes deux légales au Tibet, ainsi que le divorce.

Le mari, un bon homme, très faible de caractère, avait complètement sombré dans l'alcoolisme. Chaque jour, tôt dans l'après-midi, il était étendu inconscient et demeurait ainsi jusqu'au lendemain matin. Plus d'une fois, sa femme lui tenait compagnie, affaissée sur une rangée de sacs formant canapé, dans un coin de leur chambre. Cependant, en dehors de ces moments d'ivresse, elle était plus active et d'esprit plus éveillé que son époux. Son habileté donnait même lieu à des querelles homériques, l'homme soutenant que, durant son sommeil prolongé, elle dérobait les objets qui lui restaient de son opulence passée : ustensiles de ménage, couvertures, tapis, etc. L'épouse ripostait en se plaignant de ce que son conjoint avait vendu des bijoux lui appartenant et joué leur produit.

Lorsqu'elle avait réussi à élever la voix à un diapason suffisant pour tirer l'ivrogne de sa torpeur — et ce haut fait nécessitait des poumons solides — un dialogue ultra-pittoresque suivait. Souvent, au cours de ce dernier, l'homme saisissait une lourde canne qu'il gardait toujours à sa portée, étant goutteux et marchant avec peine et, alors, l'ex-dame de ses pensées recevait une bastonnade de premier ordre. Elle gisait sur le plancher, meurtrie et pleurant, avant que quiconque ait eu le temps de s'interposer, car la chambre, fort exiguë, n'offrait qu'une issue sur le dehors, et le malin seigneur du logis s'arrangeait toujours pour la bloquer avec sa corpulente personne, tandis qu'armé de sa longue canne il pouvait atteindre son ancienne bien-aimée quel que fût le recoin où elle cherchât refuge.

La masure était divisée en trois ; le couple batailleur habitait la chambre d'entrée, j'occupais une étroite cellule à côté de celle-ci, et une pièce obscure communiquant aussi avec la première chambre abritait un autre extraordinaire ménage.

Eux aussi avaient connu des jours dorés. Les manières de la maîtresse du taudis étaient celles d'une fille de bonne famille. Son époux qui, à l'époque de leur mariage possédait quelque bien, avait été nommé officier dans l'armée tibétaine pendant la guerre avec la Chine. Son histoire était identique à celle de son voisin : l'amour immodéré du jeu et de l'alcool avaient causé sa perte.

Réduit à un dénuement complet, sa fierté demeurait cependant intangible. C'était un bel homme de haute stature, de physionomie aristocratique. Professant un mépris absolu pour n'importe quel genre de travail, il se donnait les allures d'un noble sire portant le poids d'une infortune imméritée. Tout le monde lui donnait, en lui parlant, un titre militaire correspondant à peu près à celui de capitaine dans nos armées.

Comme l'idée seule d'accepter un humble emploi répugnait aux sentiments raffinés du « capitaine » et que le gouvernement ne lui offrait point de place au conseil d'État, il avait noblement adopté l'indépendante profession de mendiant.

Chaque matin, après avoir bu son thé, mon voisin sortait, une sacoche en bandoulière et sa besace négligemment jetée sur l'épaule. Un bâton à la main, il marchait désinvolte, la tête haute, distant, trop convaincu de son importance pour daigner se montrer arrogant.

Le « capitaine » ne rentrait point avant le coucher du soleil. Il prenait son repas *quelque part* et jugeait inutile de faire des confidences au sujet des invitations qu'il recevait. Il avait assez d'esprit naturel pour être amusant et jouissait d'une sorte de célébrité dans tous les quartiers de Lhassa. les gens qu'il récréait par ses manières et ses propos, lui donnaient ce qu'il sollicitait incidemment, d'un air détaché comme si le but de ses rondes quotidiennes avait simplement été de rendre visite en tant que gentilhomme, à des pairs en noblesse.

Cette méthode lui réussissait et sa femme et ses deux enfants étaient régulièrement nourris avec le contenu des deux sacs qu'il rapportait dûment remplis, chaque soir.

La brouille au foyer du corpulent ivrogne empira lorsque disparut un bijou en turquoise appartenant à la maîtresse de maison. Immédiatement elle accusa son mari de le lui avoir soustrait, mais l'innocence de ce dernier triompha, la coupable fut découverte : c'était la servante des époux, car la dame de la minuscule chambre d'entrée avait une bonne.

Une étrange contestation s'ensuivit. La fille prétendait avoir droit à des dommages et intérêts pour avoir été qualifiée de voleuse. Cette insulte, affirmait-elle, était injustifiée, car elle n'avait point *volé* le bijou, mais l'ayant trouvé gisant sur le sol, dans la chambre, elle l'avait simplement ramassé et emporté. Le *distinguo* était sensible.

Bientôt, nombre de gens remplirent la maisonnette et sa cour, les uns faisant fonction d'arbitres, les autres d'avocats, de conseillers, de juges, de témoins. Beaucoup parmi ces derniers n'avaient jamais vu ni le médaillon de turquoise ni la servante, et ne connaissaient rien de l'affaire en discussion. Tous arrivaient le matin de bonne heure, buvaient, mangeaient et demeuraient tard dans la soirée. De ma chambre, à travers les fentes de ma porte, je pus suivre à loisir l'amusante procédure et jouir des arguments plaisants émis par les divers personnages de ces assises, surtout vers la fin de la journée, lorsque de nombreuses libations avaient infusé des idées originales dans les cervelles des assistants.

Un après-midi, la discussion ayant été particulièrement vive, la servante et son ex-maîtresse commencèrent à échanger des injures et, finalement, se jetèrent l'une sur l'autre. Les hommes présents eurent du mal à les séparer, car les deux furies griffaient et mordaient ceux qui avaient l'audace de se mêler de leur duel. Cependant, après quelques minutes de lutte, ils parvinrent à pousser la fille dehors et, pour l'empêcher de revenir, la suivirent à travers la cour, jusqu'à la porte donnant sur la rue.

Obéissant à une de ces pensées inexplicables qui surgissent soudain dans l'esprit des alcooliques, le maître de maison rejeta la responsabilité de l'incident sur sa femme, déclarant que, par ses manières vulgaires, elle le couvrait de honte devant ses hôtes. Tout en vociférant, il tâchait de jouer son tour coutumier, obstruant la porte avec sa volumineuse personne et bâtonnant son infortunée moitié. Mais cette fois, excitée par la lutte qu'elle venait de soutenir, cette dernière se jeta sur lui, arrachant d'un coup brusque sa longue boucle d'oreille [1] et lui mettant le lobe en sang. Il riposta par un coup assené sur la tête de son adversaire qui se mit à hurler.

La femme du « capitaine » se précipita hors de son antre enténébré pour séparer les combattants, mais elle n'avait pas fait deux pas sur le lilliputien champ de bataille qu'elle recevait, sur la joue, un maître coup de bâton, qui ne lui était pas destiné et la fit tomber sur les sacs formant banquette, en criant à l'aide.

Yongden était sorti. Je crus mon devoir de tâcher d'empêcher le mari furibond de blesser sérieusement sa femme et entrai à mon tour dans la chambrette, avec l'intention d'abriter chez moi ma voisine maintenant terrifiée et tout en larmes ; mais d'autres hôtes du caravansérail accouraient, la fuite devint possible par la porte débloquée.

« Sauvez-vous vite », murmurai-je à la femme en protégeant sa retraite. Elle passa rapidement derrière moi et je ne la revis jamais.

Quand le « capitaine » rentra, dans la soirée, il trouva son épouse avec une joue enflée qui commençait déjà à bleuir.

Reproduire la scène théâtrale qui fut jouée alors, la lueur dansante d'un brasero servant de lampe, dépasse de beaucoup mon humble talent d'écrivain. Le « capitaine » était un tragédien né. Il déclama pendant la moitié de la nuit, tour à tour furieux, frénétique, criant vengeance, puis attendri, pathétique, disant les souffrances de sa dame et, de nouveau, redressant sa haute taille, la tête touchant presque le toit bas de la chaumière, parlant de l'insulte faite à son honneur.

L'homme à qui s'adressait toute cette rhétorique gisait sur un sofa boiteux, plus qu'à demi inconscient, et le « capitaine » qui, lui-même, était loin d'avoir pratiqué la sobriété au cours de la journée, termina son soliloque en condamnant l'habitude dégradante de l'intempérance.

Le jour suivant, le « capitaine » prit Yongden à part et lui déclara son intention de me faire convoquer comme témoin dans l'action judiciaire qu'il comptait introduire afin d'obtenir une réparation substantielle pour le bleu infligé à la joue de sa femme.

Le jeune lama s'efforça de l'amener à renoncer à son idée. Il lui prêcha l'excellence du pardon des injures et lui fit cadeau de quelque argent. Le « capitaine » écouta le sermon avec déférence et empocha

1. Les Tibétains portent une longue boucle d'oreille à une oreille et un bouton à l'autre.

la monnaie, mais demeura obstiné. L'injure qu'on lui avait faite devait être vengée et il m'appartenait d'y aider.

Lorsque Yongden me rapporta cette conversation je fus très ennuyée. Être témoin dans cette ridicule affaire signifiait comparaître devant un tas de gens qui, sans nul doute, désireraient entendre le récit des voyages de pèlerins venant de loin, tels que nous, et ayant visité nombre de lieux saints. Cela entraînerait d'interminables conversations et mon fils et moi ne manquerions pas d'être longuement questionnés au sujet de notre pays natal, ce qui pouvait devenir dangereux pour notre incognito.

Nous buvions notre thé en silence, cherchant, chacun de notre côté, le moyen d'esquiver ces dangereuses réunions, lorsque la porte s'ouvrit. Au Tibet, surtout parmi les gens du peuple, ce n'est point l'usage de frapper ni de demander d'aucune façon la permission d'entrer dans une chambre ou dans une maison. Un homme s'avança. Après l'échange des civilités habituelles, il nous informa que ma voisine que j'avais aidée à fuir, la veille, se préparait à demander le divorce et désirait ma déposition, au sujet des brutalités dont elle était victime.

De même que Yongden l'avait fait dans le cas précédent, je m'efforçai de persuader à mon visiteur de me permettre de rester neutre entre les deux époux qui avaient mon égale sympathie à cause de la cordialité que tous deux me témoignaient, mais l'homme s'entêta autant que le « capitaine » et se retira en disant qu'il insisterait pour que mon témoignage fût requis par les juges commis à cette affaire.

Nous décidâmes alors de nous absenter pour une semaine afin de laisser s'apaiser la première effervescence de ces querelles, comptant qu'ensuite on oublierait le rôle effacé que j'y avais joué.

Le but de notre excursion ne fut pas difficile à choisir. Nous n'avions pas pu, en nous rendant à Lhassa, visiter le grand monastère de Ganden, près duquel nous étions passés. Tous ses hôtes se trouvaient, alors, rassemblés dans la capitale pour les réunions annuelles des trois monastères d'État[1] et, en leur absence les portes des temples demeuraient closes. Nous irions donc, maintenant, voir ces derniers et saluer le mausolée de Tsong Khapa le réformateur, fondateur de la secte des Gelougpas.

Divers incidents animèrent ce voyage. Yongden se promenant seul, dans la cité monastique, se trouva soudain en présence d'un homme qui nous connaissait tous les deux et depuis longtemps. Ce dernier, bien entendu, s'informa de moi, et mon compagnon lui répondit que je demeurais toujours en Chine et que, sitôt son pèlerinage terminé, il irait me rejoindre. Notre ami tibétain l'invita alors à aller se restaurer chez lui, mais Yongden déclina l'invitation prétendant se sentir un peu malade et promettant d'aller le voir un autre

1. Le grand *meulame* dont il a été parlé dans le chapitre précédent.

jour. Il me rejoignit en hâte et comme, très heureusement, nous avions fini de visiter les divers édifices du monastère et ses environs, nous nous empressâmes de quitter la place.

A Lhassa, dans notre hôtellerie, beaucoup de thé et d'alcool avait été bu pendant notre absence, mais les deux procès demeuraient encore en suspens. Une nouvelle période de réjouissances allait bientôt commencer dans la capitale et les arbitres avaient renvoyé leurs séances jusqu'après la fin des fêtes. Cette décision mit un terme à mes craintes, car j'avais décidé de quitter Lhassa le lendemain du jour où aurait lieu la grande procession appelée *sér pang*, qui terminait la série des festivités.

L'histoire se répète, l'esprit d'invention des hommes se meut dans un cercle restreint. Sans que l'on puisse les soupçonner de plagiat, ceux-ci reproduisent, à des siècles d'intervalle et en des contrées fort distantes les unes des autres, les coutumes, les croyances et les rites de peuples dont ils n'ont jamais entendu parler. J'en devais recueillir, à Lhassa même, une nouvelle preuve.

De même que les Hébreux, les Tibétains célèbrent chaque année une cérémonie à l'issue de laquelle ils chassent hors de la ville un « bouc émissaire ». Toutefois, ce « bouc » tibétain n'a de commun avec celui dont parle la Bible que la fonction qu'il remplit : ce n'est pas un animal, mais un homme conscient du rôle qu'il remplit.

Les Tibétains croient que certains lamas experts en magie ont le pouvoir de transférer sur la tête de cette victime volontaire toutes les souillures spirituelles, toutes les transgressions morales et religieuses du peuple, auxquelles est attribuée la colère des divinités se manifestant par les mauvaises récoltes, les épidémies et autres calamités.

Ainsi, chaque année, un homme appelé *Lud Kong kyi Gyalpo* [1] est, au cours d'un rite spécial, chargé, avec imprécations, de toutes les iniquités du souverain et de ses sujets, et chassé dans les sables de Samyé.

La tâche dangereuse de porter, avec les fautes de toute une nation, le fardeau plus terrible encore de l'animosité des démons, est acceptée, en général, par un pauvre hère que tente le profit considérable attaché à ces fonctions.

Il est bien possible que ceux qui s'offrent ainsi en victimes entretiennent des doutes sérieux quant à l'existence des démons et au danger de devenir leur proie, mais si mitigée de scepticisme que puisse être l'opinion d'un Tibétain des classes populaires, à ce sujet,

1. *Lud* a le sens de rançon, de rachat. On appelle ainsi tout argent donné pour racheter la vie d'un homme ou d'un animal, ou toute chose offerte à une divinité ou à un démon, afin d'être épargné par eux. *Lud Kong kyi Gyalpo* (le roi des rançons), est offert en lieu et place des pécheurs et des malades, afin que s'exerce sur lui, et non sur eux, la vengeance des dieux et la malignité des démons.

elle est toujours loin d'atteindre l'incrédulité complète [1]. Les « boucs émissaires » espèrent plutôt pouvoir, à laide d'honoraires élevés, s'assurer l'aide de lamas encore plus versés en magie que ceux qui leur ont imposé leur fardeau maudit, et, grâce à eux, s'en étant libérés, échapper aux attaques des mauvais esprits.

Cependant, il est probablement tout aussi difficile à un *Lud Kong kyi Gyalpo* d'arriver à une foi parfaite dans l'efficacité des rites célébrés en sa faveur que de cesser de croire en la puissance de ceux qui l'ont voué aux déités terribles. Se trouvant ainsi auto-suggestionnés, les pauvres « boucs émissaires » justifient fréquemment les idées que leurs compatriotes entretiennent quant aux périls qu'ils attirent sur eux et les détournent d'autrui. Il leur est loisible de remplir leur emploi plusieurs années de suite et après la troisième de celles-ci ils reçoivent un titre honorifique et une pension du gouvernement. Ce cas se présente rarement. Presque toujours, dit-on, les acteurs de ce rôle étrange meurent prématurément, les uns subitement, sans cause visible, les autres dans des circonstances bizarres ou frappés d'étranges maladies.

Un ex-« bouc émissaire » mourut pendant son séjour à Lhassa, la veille même du jour où son successeur devait être chassé de la ville.

Pendant les deux semaines précédant la célébration du rite imprécatoire, *Lud Kong kyi Gyalpo* est autorisé à quêter en tenant à la main une queue de yak noir, signe distinctif de la fonction qu'il va remplir. Ce n'est point une aumône qu'il sollicite, il lève une véritable taxe, y étant dûment autorisé par le gouvernement. Chacun doit lui remettre, soit de l'argent, soit des dons en nature, et la valeur de cette sorte de présent forcé se mesure à l'importance de la fortune, du négoce ou de la situation de chacun. Les donateurs créent ainsi un lien entre eux et le « bouc émissaire » et, portées par leurs largesses, ce sont, en somme, les causes capables d'attirer les malheurs sur eux qu'ils transmettent à celui qui s'offre à en assumer les risques.

Si l'un ou l'autre hésite, marchande, fait mine de refuser son offrande, le futur « roi des rançons » agite la queue de yak au-dessus de la tête du récalcitrant ; ce geste comporte une malédiction qui, d'après les crédules Tibétains, entraîne les plus terribles conséquences. Ceux-ci s'exécutent donc généralement de bonne grâce, essayant tout au plus une timide défense quand le quémandeur montre des exigences trop grandes.

Je ne manquai pas, bien entendu, de me promener par la ville pour observer, à quelque distance, *Lud Kong kyi Gyalpo* procédant à sa collecte. Très bien vêtu d'une belle robe tibétaine, il aurait passé inaperçu s'il n'avait tenu à la main la queue de yak révélant sa personnalité. Il s'arrêtait au seuil des boutiques, circulait à travers

1. Celle-ci ne se rencontre que parmi les lamas lettrés et, surtout, parmi les ermites appelés *gomtchènes*, mais les uns et les autres se gardent bien d'afficher leur incrédulité et ne l'avouent que devant leurs pairs ou les plus avancés de leurs disciples.

le marché. Tous donnaient sans doute libéralement, car je n'eus point l'occasion de le voir brandir l'énorme queue de yak sur la tête de quelqu'un. Une fois, cependant, une discussion s'éleva ; je me trouvais trop loin pour entendre ce qui se disait, mais le sujet n'en était pas douteux. Le futur « bouc émissaire » s'impatienta et éleva à demi la main qui tenait son curieux insigne, mais aussitôt plusieurs hommes s'interposèrent et tout dut finir pour le mieux, car j'entendis les gens rire.

Lud Kong kyi Gyalpo amasse ainsi un butin considérable. De plus, lorsqu'il sort de la ville, poursuivi par les huées et les sifflets de la multitude, des pièces de monnaie et des objets divers lui sont encore volontairement jetés par les gens qui ont un motif ou un désir particulier de se débarrasser sur lui du poids d'un méfait dont le souvenir les gêne, d'une maladie qui les tourmente ou de n'importe quelle autre infortune qu'il emportera, au loin, avec le démon qui en est la cause. Ces ultimes dons sont soigneusement ramassés par un parent du « bouc » qui le suit dans ce but.

Je me demandais si *Lud Kong kyi Gyalpo* visiterait mon hôtellerie, mais il dut penser que les mendiants qui y demeuraient et les quelques piécettes de cuivre qu'il pourrait y glaner ne valaient point la peine de se déranger. Il nous dédaigna. Toutefois, ma bonne chance me fit le rencontrer au détour d'une rue et le singulier personnage tendit sa main ouverte vers moi. Par plaisanterie, et désireuse de le voir agiter l'énorme queue poilue qui lui tenait lieu de sceptre, je dis :

— Je suis une pèlerine... Je viens de très loin et je n'ai pas d'argent.

Il me regarda sévèrement et prononça ce seul mot :

— Donnez.

— Mais je n'ai rien, répétais-je.

Alors il éleva lentement le bras comme je l'avais vu faire au marché, et j'aurais eu l'amusement d'être l'objet de son étrange anathème si deux dames en riches toilettes qui passaient à ce moment ne l'avaient arrêté en criant : « Nous donnerons pour elle ! »

Elles mirent quelques pièces de monnaie dans la main de l'homme et celui-ci continua sa route.

— *Atsi !* mère, vous ne savez pas ce qui vous attendait, me dit l'une des deux généreuses femmes. « S'il avait élevé cette queue au-dessus de votre tête, vous n'auriez jamais revu votre pays [1] ! »

Enfin, le jour de la cérémonie est venu.

La foule s'amasse d'abord plus compacte autour du Djo Khang,

1. Pays, pris ici au sens de la petite partie qu'est la tribu ou la province, la seule qui compte au Tibet. Ces femmes ne doutaient point que je fusse de race tibétaine, mais comprenaient que je n'étais point de Lhassa, mon costume n'étant point celui porté dans la capitale.

d'où le « bouc émissaire » va partir. Pourquoi se presse-t-elle là ? L'expérience acquise les années précédentes doit avoir appris à la plupart des curieux qu'ils seront délogés de l'endroit bien avant l'arrivée du royal lama et le commencement de la « représentation ».

N'importe. La carte variée des échantillons de la gent féminine du Tibet se voit là au grand complet. Le pays d'origine de chacune est connu par la coiffure qu'elle porte. On distingue les *patous* de drap rouge ornementés de boules de corail et de morceaux de malachite des femmes d'U, et les *pakor* de celles de Tsang : un échafaudage haut de vingt à quarante centimètres, figurant deux cornes dressées, unies par un enchevêtrement de cordelettes en perles de verre ou en véritables perles fines pour les favorisées de la fortune.

Le menu fretin des provinciales plus lointaines et des *dokpas* arbore des couvre-chefs variés : bonnets ronds minuscules à la mesure d'une tête de poupée, chapeaux pointus de pierrots, béguins du Moyen Age, capotes d'automobiliste et bien d'autres.

Le sexe fort ne manque pas, presque aussi paré que les dames. Certains portent à l'oreille droite un anneau de la grandeur d'un de nos bracelets, tandis que d'autres y ont accroché un long pendant qui leur caresse l'épaule. D'énormes bagues encerclent leurs gros doigts, des ornements divers sont cousus sur leurs chapeaux, déjà garnis de brocart clinquant, ou pendent à leur cou. Ces multiples parures scintillent, tintent et paraissent horriblement déplacées sur les rustres épais qui les portent.

Un remous se produit, les rires sonnent plus haut, mêlés à quelques grognements qui ne paraissent pas être l'expression d'un plaisir sans mélange. Une demi-douzaine d'hommes apparaissent porteurs de bâtons gigantesques de la dimension du tronc d'un jeune arbre. Tout ce qui, dans la foule bariolée et pimpante ne fuit pas assez rapidement, est houspillé sans merci. Belles dames ou pauvresses déguenillées, vieilles à la démarche incertaine, gamins, marchands hautains ou moines revêtus du saint habit de l'Ordre, les baliveaux de la police ne font grâce à aucun, si ce n'est pourtant aux étrangers : les commerçants népalais ou hindous, qui peuvent se retirer dignement et à loisir. La scène est une répétition de celle dont j'ai été témoin le soir de la fête des *tormas* de beurre.

Les groupes se reforment un peu plus loin pour être délogés de leurs nouvelles positions par le même procédé, et l'opération se répète un certain nombre de fois. Sa monotonie est relevée par l'arrivée d'autres agents de l'Ordre ; des subalternes d'abord, des moines à la robe aussi crasseuse qu'il est possible de l'imaginer et noirs comme des Sénégalais, à force d'être sales [1], les *Dobdob* armés de martinets, puis, derrière ceux-ci, un personnage majestueux, engoncé dans un superbe costume de serge grenat avec veste de drap d'ar-

1. Cette saleté est volontairement entretenue par eux pour se donner l'air terrible.

gent [1]. Il s'avance aussi rapidement que le lui permet le poids d'une longue et lourde poutre de bois brut qu'il tient d'une seule main, par le milieu, en équilibre autant qu'il le peut. De temps en temps, il la redresse, la saisissant des deux mains et l'appuyant sur le sol. Ce signe stimule le zèle de ses subordonnés, qui s'escriment de plus belle avec leurs martinets. Les démonstrations du porteur de la poutre restent heureusement platoniques, et celle-ci est simplement l'insigne de sa charge. Le poids de son arme l'empêche de la brandir, quelque robuste qu'il soit ; s'il y réussissait, il assommerait un bœuf du premier coup.

La multitude reléguée à l'écart attend quelques heures de plus, poussée, poussant, s'avançant de quelques mètres pour reculer presque aussitôt sous les fouets des moines et les gourdins des laïques chargés de maintenir la voie libre.

Mais voici que le « Grand Poutrier » s'agite : le Dalaï-lama est annoncé. La foule se découvre, puis comme le soleil darde et que le Pontife n'apparaît pas, les chapeaux reprennent peu à peu leur place, pour être enlevés de nouveau lorsque l'alerte est encore une fois donnée.

Enfin, voici l'autocrate tibétain. Il est précédé de quelques soldats en uniforme kaki verdâtre, d'aspect très correct, le mousqueton en bandoulière. Derrière eux, vêtu d'un habit de même couleur que le leur, chevauche le général en chef de l'armée. Ce dernier est de service chaque fois que son maître sort à cheval.

Après le grand chef militaire, viennent deux lamas de haut rang, fonctionnaires du palais, en somptueux costumes monastiques : serge grenat, satin jaune d'or, brocart d'or, chapeau rond à la mode mongole : fourrure et satin. Le pape lamaïste suit, habillé de même, montant une superbe mule noire, richement caparaçonnée. Vient encore un lama, puis cinq ou six soldats ferment la marche.

Le cortège est passé, le peuple libéré se répand par les rues.

Au Djo Khang aura lieu, maintenant, la cérémonie précédant le départ du « bouc émissaire ».

Lud Kong kyi Gyalpo est là, non plus coquettement habillé comme pendant ses tournées de quête, mais revêtu d'un accoutrement carnavalesque qui, par une coïncidence singulière, est fait de peau de chèvre, rappelant ainsi le souvenir du bouc biblique. La figure de l'homme est cachée par un masque grotesque simulant une face mi-partie blanche, mi-partie noire ; sur sa tête s'érige, en haut échafaudage ébouriffé, une coiffure faite d'une énorme queue de yak noir, tandis qu'à la main il conserve, comme il le faisait précédemment, une autre queue de même espèce.

---

1. C'est le costume des dignitaires ecclésiastiques dont les fonctions ont trait à des affaires temporelles, non à la religion, tels que les grands intendants, etc. Pendant la durée des fêtes du Nouvel An, les fonctionnaires civils de Lhassa sont temporairement privés de leur autorité qui est exercée par les lamas du monastère de Drepung.

Il doit, maintenant, jouer une partie de dés avec un lama. Ce lama symbolise le Bien, la Religion, les Puissances tutélaires, tout ce que l'on peut imaginer d'excellent et de favorable au bonheur des braves Tibétains ; si *Lud Kong kyi Gyalpo* perd, le lama est autorisé à le chasser ; tant qu'il gagne, au contraire, ce représentant du mal sous toutes les formes ne peut être délogé de la place. Il perdra, évidemment, soit que les dés soient truqués, soit qu'après un nombre de coups il advienne, infailliblement, que la chance tourne contre lui. Alors les lamas officiants, tout comme jadis le grand prêtre Aaron, « chargent avec imprécations la tête de ce bouc » de tous les crimes, les fautes, les souillures, les maladies physiques et mentales de la nation entière et ils le chassent... dans les sables de Samyé.

L'on dit que sous l'effet de ces imprécations l'homme-bouc devient comme ivre et qu'il s'enfuit inconscient, à demi fou. Les imprécations, même s'il n'en est pas à ses débuts dans le rôle qu'il remplit, et s'il les a déjà entendues proférer contre lui, peuvent l'émouvoir un peu, mais, connaissant de longue date le pays dont il est, j'imagine que de copieuses libations destinées à augmenter son courage, doivent constituer une cause beaucoup plus directe de son excitation.

Le voilà parti à grands pas, presque en courant. Devant lui, derrière lui, en désordre, se précipitent le porteurs de ses nombreux bagages. La foule augmente la confusion en se joignant à eux et, de toutes parts, des cris, des sifflets s'élèvent, comme les jours où, avec grand vacarme, l'on effraie les démons et les chasse hors des maisons. Tout le monde rit, du reste. La fête a le caractère d'un carnaval joyeux, bien plus que celui d'une solennelle purification.

Le tourbillon des fuyards a disparu derrière un nuage de poussière dorée. Dans le grand ciel tout bleu, le soleil paraît toujours sourire et s'égayer doucement de l'imbécillité humaine. Les gens se remettent à bavarder, assis par terre ou se promenant lentement. Des marchands de sucreries, de fruits secs et de pains frits dans l'huile offrent leurs friandises. La première partie du spectacle est terminée.

Lud Kong kyi Gyalpo est loin et, avec lui, les démons et toutes les choses mystérieuses inexplicables, vagues et, par cela même, plus redoutées, qui pouvaient nuire aux Lhassapas. Mais n'aurait-il pas pu se faire que d'autres choses utiles, souverainement désirables, l'eussent suivi, entraînées par le courant ?... Eh ! oui, la chose n'est pas impossible, elle est probable même... Vite, il faut y remédier.

Le remède, le voici qui s'avance. C'est une longue procession composée des lamas des deux collèges tantriques [1] de Lhassa : les

1. Les tantras sont des ouvrages sanscrits traitant de doctrines mystiques et de cérémonies rituelles. Ils sont appelés *Gyud* en tibétain.

Gyud teupa et les *Gyud médpa* [1]. Derrière eux sont portés les *tormas*, édifices compliqués construits en baguettes, cordelettes, papier, pâte de farine d'orge moulée en gâteaux de formes diverses, mais plus généralement triangulaires et profusément ornementés avec du beurre colorié.

Un second cortège suit celui des *Gyudpas*. Il est formé d'hommes costumés en guerriers, vêtus de cottes de mailles et d'armures, portant des boucliers, des lances, et de vieilles armes à feu de différents modèles. Derrière eux s'avancent les personnages ordinaires des danses mystiques, la figure couverte par des masques d'aspect démoniaque. Il faut se donner de garde, cependant, de les prendre pour des diables ; ce sont en réalité des divinités bienfaisantes, revêtant cet aspect terrible pour combattre et subjuguer les esprits du mal qui veulent nuire aux êtres. Un dieu suit, tellement voilé par des écharpes, si étroitement entouré de banderoles, de drapeaux, d'arcs, de carquois pleins de flèches et de sabres, qu'on ne l'aperçoit point. Du reste, ces simulacres sont souvent dénués de statue ; l'effigie du dieu n'est pas absolument indispensable, il est censé résider, invisible, dans sa robe dressée sur un bâton, parmi les ornements qui lui sont consacrés. Les spectateurs peuvent, d'ailleurs, se dédommager en contemplant un autre céleste personnage, figuré par un mannequin géant qui se dandine d'un air plutôt jovial que très digne, en un superbe costume chinois à la mode du siècle passé.

Les derniers passent, un jeune garçon et une jeune fille : Pao et Pamo, le « héros et l'héroïne ». Quelque temps s'écoule, puis apparaît, au milieu d'un cortège moins nombreux que les précédents, mais dont le décorum dit la qualité, l'éminentissime docteur en philosophie Ganden Tipa, Sér ti rimpotché, comme le dénomment les Lhassapas.

Que peut penser cet érudit de toute cette mascarade ? Peut-être bien ce qui m'a été répété par beaucoup de lettrés de son pays : que les masses sont inintelligentes et demandent une religion à leur niveau...

Un peu plus loin, en dehors de la ville, tous ces sorciers de rangs divers procèdent aux conjurations requises et brûlent les *tormas* au milieu du cercle formé par les déités terribles qui évoluent lentement, mouvant, en des gestes gracieux plutôt qu'effrayants, les longs poignards et les crânes pleins de sang qu'ils tiennent à la main [2].

Le *yang* [3], s'il s'est échappé à la suite du « bouc émissaire », est ainsi rappelé à Lhassa.

La cérémonie terminée, lamas, guerriers et dieux s'en reviennent

---

1. Les *Gyud* supérieurs et les *Gyud* inférieurs.

2. Ce sont des accessoires de théâtre confectionnés en une sorte de terre glaise couverte de chiffons peints ; les poignards sont en bronze ou en cuivre pour les danseurs remplissant les premiers rôles et en bois peint pour les autres.

3. *Yang*, la prospérité, les biens matériels.

pêle-mêle. Seule la haute Éminence conserve une certaine dignité d'allure, mais son pas plus précipité laisse deviner qu'elle a hâte de rentrer chez elle.

Le Dalaï-lama, rentrant aussi chez lui, retraverse sa capitale sans le concours, cette fois, du « grand poutrier » et des frères fouetteurs : tout bourgeoisement. Le Pontife chevauche entre deux des lamas de sa suite, avec lesquels il bavarde sans façon. Un aimable laisser-aller préside aussi à l'ordre de son cortège. Les soldats ouvrant la marche, partis à bonne allure, s'aperçoivent soudain que leur souverain est fort loin en arrière, et leurs camarades placés en queue s'attardent à saluer des amis au passage, peu soucieux de garder leur rang.

Une ville dont les habitants ont été si complètement purifiés et à qui est promise une prospérité illimitée ne peut qu'être joyeuse ; ainsi est Lhassa ce soir-là. Tout ce que la cité compte d'habitants valides est dans la rue, plus, même, un bon nombre d'infirmes et de vieillards qui se traînent comme ils peuvent et jacassent, rient et, surtout, boivent avec autant d'entrain que leurs compatriotes plus ingambes. Le bonheur semble général ; les mendiants les plus dépenaillés, les pires estropiés, les aveugles, les plus répugnants lépreux grimacent des sourires et se réjouissent autant, semble-t-il, que les riches et les nobles de la ville.

Je rencontre des connaissances — j'en avais fait quelques-unes qui ne se doutaient pas de mon origine — et, bon gré mal gré, je suis poussée dans un restaurant où il me faut me montrer à la hauteur des circonstances en faisant honneur à une quantité de mets du pays. Je confesse que je subis l'épreuve sans déplaisir. Un bon dîner tibétain n'est pas chose méprisable.

Tandis que tous festoyaient, *Lud Kong kyi Gyalpo* était arrivé au bord du Kyi tchou.

Les bateliers l'attendaient, il passait avec ses frères qui l'accompagnaient et ses bagages.

Dès qu'il a touché la rive opposée, la première partie du rôle du « bouc émissaire » est terminée. Il se dépouille de sa défroque de peau de chèvre, de son masque et de sa fausse tignasse. De nouveau correctement vêtu, il n'a plus rien du pitre de tout à l'heure. Des chevaux sont là, corvée obligatoire fournie par les villageois. Les bagages sont chargés, les hommes enfourchent leurs montures ; et en route pour le monastère de Samyé.

La règle dit que *Lud Kong kyi Gyalpo* doit y demeurer sept jours, enfermé dans le *Ou Khang* [1], mais cette règle, si elle a été jamais suivie, est tombée en désuétude. Arrivé à Samyé, le moderne « bouc émissaire » y suspend simplement sa robe de peau de chèvre, son masque et ses queues de yak à un pilier, près de la porte de l'*Ou*

1. *Ou Khang* : « maison des souffles vitaux ». Un appartement particulier qui est censé être habité par des démones se repaissant du souffle vital des êtres.

Khang. Il offre ensuite un repas à l'assemblée des moines et, dès lors, déchargé de toutes obligations, il remonte à cheval et s'en va tranquillement à Tsitang, la ville voisine, acheter, avec le produit de ses quêtes, de la serge et du drap qui sont tissés dans le pays. Comme il a pu y envoyer d'avance des émissaires chargés de faire un choix et de débattre les prix, le marché peut être rapidement conclu. La question du transport ne l'embarrasse pas. Il a droit à la corvée gratuite et commande autant de bêtes de charge qu'il le désire. Donc, ses emplettes terminées, il regagna Lhassa sept jours après l'avoir quittée, amenant avec lui ses marchandises. Il peut les revendre à loisir, doublant peut-être ainsi le montant de ses quêtes.

Ainsi finit de façon commerciale et prosaïque l'aventure du « bouc émissaire » tibétain.

L'année où je séjournai à Lhassa était, conformément à l'horoscope du Dalaï-lama, une période critique de sa vie. Comme mesure supplémentaire de sécurité, peut-être aussi estimant, en toute humilité, que le poids de ses propres erreurs constituait un fardeau assez pesant pour exiger toutes les forces d'un porteur, le souverain clérical du Tibet s'était assuré les services d'un « bouc émissaire » particulier. De sorte que tandis que le « bouc officiel » s'enfuyait à Samyé comme d'ordinaire, son collègue, marchant vers le nord, gagnait le premier col se trouvant sur la route de la Mongolie, mais ce dernier *Lud Kong kyi Gyalpo* attirait peu l'intérêt du public.

Le jour suivant me vit perchée, parmi un grand nombre de curieux, sur un éperon rocheux de la colline du Potala pour regarder défiler la grande procession appelée *Serpang*. Jamais au cours de mes longs voyages je n'ai contemplé de plus beau spectacle. La procession comprend plusieurs milliers de figurants en grands costumes religieux ou de fantaisie rappelant les anciennes modes chinoises, mongoles et tibétaines. Ceux-ci portent des centaines d'étendards et de bannières, des centaines de parasols en brocart rouge ou jaune sur lesquels sont brodés des dessins symboliques ou des inscriptions. Des dignitaires ecclésiastiques marchent sous les dais, escortés par des thuriféraires et des serviteurs agitant des éventails. De temps en temps, le long serpent chatoyant que forme le défilé arrête sa marche ; alors, de jeunes garçons dansent, des hommes portant des timbales sur leur dos exécutent des évolutions, tandis que des musiciens suivent leurs pas en frappant en cadence sur ces instruments. Les éléphants du Dalaï-lama sont du cortège, entourés d'animaux fantastiques en papier, à la mode chinoise, qui se contorsionnent de mille manières. Enfin viennent des dieux locaux précédés et suivis de guerriers en armure et des servants de leurs temples.

La procession défile aux sons d'airs variés : graves, solennels, lorsque les immenses trompettes tibétaines emplissent l'air de leurs mugissements profonds et d'une fraîcheur délicate charmante, quand vient le tour de l'orchestre mongol.

Parmi cette féerie, l'encadrant, la complétant, se dressent le gigantesque Potala dont les pentes rocheuses sont couvertes par la foule des lamas spectateurs et le Chok-bour-ri au sommet pointu.

De l'endroit où j'étais assise, je dominais de haut la *sér pang*, la cohue multicolore des Tibétains en habits de fête et, par-delà, Lhassa étendue dans la plaine. Les toits d'or de ses temples lançaient de brefs éclairs comme pour répondre à ceux partant du chapeau rutilant qui, très haut dans l'azur, coiffait le palais du lama-roi. Le soleil merveilleux de l'Asie centrale illuminait le paysage, intensifiait les couleurs, faisait rayonner les montagnes blanchâtres à l'horizon. Tout vibrait, gorgé de lumière, semblant prêt à se transformer en flammes... Spectacle inoubliable qui, à lui seul, m'eût payée des fatigues que j'avais endurées pour le contempler.

ÉPILOGUE

Je quittai Lhassa aussi paisiblement que j'y étais arrivée sans que personne se fût douté qu'une étrangère y avait vécu au grand jour pendant deux mois.

Il s'en fallait de beaucoup que mon voyage fût terminé. Je regagnai les bords du Brahmapoutre et entrepris une nouvelle série de pérégrinations. Parmi les endroits intéressants que je visitai est le monastère de Samyé, sujet d'innombrables légendes et résidence d'un des grands oracles officiels du Tibet. J'y pus voir la porte scellée de l'appartement qui abrite, dit-on, les ébats macabres de démones se repaissant des « souffles vitaux » fraîchement exhalés par les mourants.

Je parcourus aussi la province de Yarlung, ses multiples lieux de pèlerinages et maints autres endroits. La relation de ce voyage supplémentaire fournirait facilement matière à un livre entier.

Enfin, un soir, j'arrivai à Gyantzé.

Gyantzé est la troisième ville du Tibet, par ordre d'importance, située sur la grand'route de l'Inde à Lhassa. Les Anglais y ont établi un poste avancé.

Lorsque je me présentai au bungalow pour y demander l'hospitalité, le premier Européen qui me vit resta muet de stupéfaction en entendant une « Tibétaine » lui adresser la parole en anglais.

Toutes les chambres de la maison se trouvant occupées, je me rendis au fort. Sous ce nom un peu trop pompeux, est désigné un enclos fortifié où demeurent l'agent commercial secondant le chargé d'affaires politiques qui réside habituellement au Sikkim, de l'autre côté de la frontière, quelques officiers, dont un médecin et une petite garnison de soldats hindous. Là, sont aussi logés le bureau de la poste et du télégraphe, un médecin indigène et d'autres services.

Mon arrivée fut accueillie avec le même étonnement.

Lorsque je racontai que j'arrivais de la Chine, à pied, que j'avais voyagé pendant huit mois au Tibet, traversé des régions inexplorées et passé deux mois à Lhassa, nul ne trouva, tout d'abord, un mot à me répondre. Littéralement, personne « n'en croyait ses yeux ».

Il me fut très agréable de rencontrer une jeune fille — la très gracieuse fille de l'agent commercial — dans cette minuscule colonie anglaise. A elle, comme aux gentlemen résidant à Gyantzé, je garde le plus reconnaissant souvenir de l'hospitalité empressée, si chaleureuse que je reçus pendant mon séjour parmi eux.

Il me restait encore à accomplir le long trajet de Gyantzé à la frontière indo-tibétaine à travers de hauts cols et des plateaux arides balayés par un vent glacé, mais l'aventure était terminée.

Seule dans ma chambre, avant de m'endormir, je criai pour moi-même :

Lha gyalo ! Les dieux ont triomphé !

Vue du monastère de Kum Bum, vers 1920.

Femmes Golog encadrant un officiel chinois et deux agents locaux tibétains venus acheter la laine à ces tribus nomades.

Le Grand Lama Lhabrang Tachikyil à l'âge de six ans en avril 1921.

Alexandra et ses deux domestiques dans le Nord-Tibet
entre 1920 et 1923.

Vue panoramique sur Lhassa et le Potala au moment du Nouvel An, vers 1924.

Jeune femme de la haute noblesse de la région de Lhassa.

DEUXIÈME VOYAGE

1937-1946

Alexandra et son fils adoptif, le lama Yongden, sur le pont d'un bateau amarré sur le Yang Tsé à Hang Kow.

SOUS DES NUÉES D'ORAGE

Alexandra de retour au Tibet en 1941, peu après la mort de son mari.

AVANT-PROPOS

Tandis que j'écrivais la présente relation de voyage, j'étais loin de croire que lorsque le manuscrit en arriverait à Paris, la France serait en état de guerre. Sans doute, les présages devenaient alarmants et, depuis mon départ, en décembre 1936, les « nuées d'orage » sous lesquelles je devais voyager, à travers la Chine, s'accumulaient, aussi, dans le ciel de l'Europe. Cependant, le doute s'attardait encore dans mon esprit, comme en celui de beaucoup d'autres. Nombreux étions-nous, luttant contre une évidence de plus en plus marquée et nous refusant à admettre qu'une nouvelle explosion de démence nous ramènerait, décuplées, les horreurs de cette « Grande Guerre » qui, par comparaison avec celle qui lui succède, risque de perdre, dans l'histoire, la triste gloire du record qu'elle paraissait avoir établi.

Dans les circonstances actuelles, les tableaux que j'ai tracés, de la Chine « sous des nuées d'orage » présenteront-ils encore de l'intérêt pour un public tout occupé de sa propre lutte ? — Je me le suis demandé et, après réflexion, j'ai cru pouvoir conclure qu'au cours des pages suivantes, mes lecteurs trouveront la matière de méditations d'une réelle actualité.

Le pays dans lequel les pérégrinations — souvent forcées — que je relate ont été effectuées fournit un exemple frappant et profondément triste des conséquences funestes de l'indifférence patriotique. Loin de moi est l'idée de rééditer, à ce sujet, des phrases sonores, à la manière des tragédies cornéliennes ; la mode en est passée. Il est raisonnable d'envisager le patriotisme plus sobrement et de lui rendre un caractère plus effectif en le ramenant à la mesure de l'intérêt des individus. Ce n'est pas, là, le faire déchoir ; j'incline plutôt à croire qu'on lui confère, ainsi, une valeur réelle qui le grandit.

Je ne suis pas une nouvelle venue en Chine, je l'ai parcourue en divers sens, pendant un grand nombre d'années et j'ai pu, ainsi, me familiariser parfaitement avec la mentalité de sa population. Vers 1917, causant du Tibet avec un lettré et croyant me faire l'écho de ses sentiments intimes, je déplorais la défaite des Chinois battus par les Tibétains [1] et la perte de leur suzeraineté sur Lhassa et le Tibet central. A ma grande surprise, mon interlocuteur me répondit par

1. Les Chinois occupent ou plutôt réoccupent le Tibet depuis 1950.

une sorte d'allégorie : « Un homme qui possède un million de tasses ne se désole pas si on lui en vole une », me dit-il. « La Chine est vaste ; un morceau de territoire perdu compte pour bien peu dans son immensité. »

Depuis cette conversation, la Mongolie et la Mandchourie ont été détachées de la « vaste Chine », la province du Sinkiang (Turkestan chinois) s'est, pratiquement, russifiée et rendue indépendante. La Chine s'est considérablement rétrécie ; le nombre des « tasses » a fortement diminué tandis que leur possesseur continuait à s'en désintéresser. Quand je retournai à Pékin, en 1937, je trouvai la ville et la région s'étendant autour de celle-ci, saturées d'influences japonaises. Quelques mois plus tard, la catastrophe se produisait. Ce ne sont plus des provinces lointaines, mais le cœur même de la Chine, ses plus grandes villes, tous ses ports qui sont au pouvoir des envahisseurs. Nous assistons à cet événement paradoxal : une nation de trois cent cinquante millions d'hommes se laissant dévorer par un pays dont la population n'atteint guère que le cinquième de ce chiffre.

L'exemple de la Chine est instructif. Les avertissements, sous forme d'empiétements successifs, ne lui ont pas manqué ; les Chinois les ont accueillis avec indifférence, chaque province se cantonnant dans un isolement égoïste, ne prenant aucun intérêt aux heurts et malheurs des provinces voisines et entretenant, fréquemment, des sentiments de rivalité et de mauvais vouloir à leur endroit. D'autre part, les familles formant, chacune, une sorte d'îlot, dans la masse de la population, ne se sentaient pas davantage solidaires des autres familles chinoises et quant à la solidarité de tous les individus répandus sur le sol de la Chine, c'était, là, une conception totalement inconnue.

Il est à noter que les Chinois commencent à secouer leur torpeur ; l'idée de solidarité nationale fait des progrès parmi eux, mais combien de temps faudra-t-il pour que la conviction de sa nécessité pénètre dans les masses ! Néanmoins, depuis le début des hostilités, les troupes chinoises ont fait preuve d'une bravoure qu'on n'eût pas osé espérer d'elles. Elles continuent à résister énergiquement et ont brisé l'avance des Japonais. Ceux-ci remportent encore de petites victoires, contre-balancées par de petites défaites ; en fait, ils ne progressent plus, au contraire. Certains prédisent qu'ils finiront par s'user et devront abandonner, tout au moins, une partie des territoires qu'ils ont occupés. La chose est très possible et l'on peut y trouver une leçon utile à se rappeler aux heures où la défaite paraît être imminente. Il n'est pas de défaite irrémédiable pour un peuple étroitement uni et animé par la volonté ferme et persévérante de triompher à n'importe quel prix. Une autre leçon découle également de l'exemple de la Chine. Si elle sort de la lutte, moins vaincue que ses amis auraient pu le craindre, ou même victorieuse, elle se trouvera, malgré tout, affaiblie : villes en ruines, campagnes dévastées, des millions de morts parmi la population civile... le bilan sera triste. Une prévoyance avisée, une armée nombreuse bien équipée en armement et sérieusement entraînée, de longue date, mais, plus que tout, une forte solidarité nationale eussent pu lui éviter ce désastre.

Dartsédo (Marches tibétaines).
Novembre 1939.

CHAPITRE PREMIER

De Bruxelles à Moscou.

Je suis « partie » bien des fois, sans jamais « arriver » et le grand départ, que chaque jour qui s'écoule rend plus proche pour chacun de nous, ne me conduira, j'en suis certaine, à aucun port définitif où l'on jette l'ancre pour toujours. Une telle immobilité, d'ailleurs, serait la mort et la mort n'existe pas. Il n'y a de réel et de vrai que l'Éternelle Vie.

Il n'est aucun être qui ne parte chaque jour et à chaque minute, consciemment ou non, pour quelque aventure. Chacun des innombrables atomes composant un « moi », physique et mental, entreprend, à tout instant, quelque voyage hasardeux aux conséquences incertaines, d'une portée incalculable, bien que le champ de ses pérégrinations puisse échapper, par son exiguïté, au domaine du microscope.

Je n'étais pas encore très solide sur mes jambes, lors de mes premiers « départs ». Le décor qui les entoure m'apparaît, tout au fond de ma mémoire, comme la grille d'une porte de jardin devant laquelle passait une route. Franchir cette grille, essayer quelques pas sur la route, là se bornait le voyage, mais je devais y prendre grand plaisir car l'on m'a raconté que je le répétais sans cesse, malgré les réprimandes qu'il m'attirait. Le jardin était vaste ; j'aurais pu y exercer amplement l'activité de ma toute petite personne, mais « l'au-delà » me fascinait déjà.

Quelque deux ans plus tard habitant Paris j'effectuai mon premier véritable « départ ». Un problème s'était tyranniquement imposé à ma pensée. Il concernait le Bois de Vincennes où ma bonne me conduisait presque quotidiennement. Les itinéraires, toujours les mêmes, de ces promenades provoquaient ma curiosité sans la satisfaire. Si l'on continuait à marcher, droit devant soi, me demandais-je, verrait-on, toujours, des avenues et des pelouses semblables à celles qui m'étaient familières, ou bien le paysage serait-il différent ? — Le bois finissait-il, par là, comme il finissait du côté où j'y entrais ?... Et, dans ce cas, comment étaient les rues, les maisons et les gens de cette région lointaine ? Me renseigner à ce sujet me parut indispensable. Ainsi, la passion de la découverte m'incitant, je m'échappai, une après-midi, de la maison paternelle pour « explorer » le Bois de Vincennes. Je venais d'avoir cinq ans.

Mon second « départ » eut lieu dix ans plus tard. Je profitai, pour m'esquiver, de la liberté plus grande dont je jouissais pendant une villégiature au bord de la mer du Nord et, durant quelques jours, je parcourus à pied la côte belge, passai en Hollande et m'y embarquai pour l'Angleterre. Je ne rentrai qu'après avoir épuisé le contenu de ma bourse de fillette.

Deux années s'écoulèrent encore. Devenue une jeune fille avisée, je préparai longuement et avec soin, le plan de ma troisième fugue. Un train m'amena en Suisse, je traversai le Saint-Gothard, à pied, et gagnai l'Italie, préludant, sans m'en douter, aux longs voyages pédestres que je devais effectuer plus tard, en Asie. Ma mère, à qui j'avais donné de mes nouvelles, me rejoignit sur le bord du lac Majeur.

Comme à chacune de mes incartades passées, elle dut se borner à des remontrances qui n'altéraient, en rien, la joie que je tirais de ces jours de vie libre au grand air, parmi des sites nouveaux.

Me punir eût été difficile ; je n'offrais guère de prise. Les privations, quelles qu'elles fussent, me laissaient insensible. J'étais, jusqu'à un point extrême qui scandalisait et irritait ma famille, dénuée de coquetterie quant aux vêtements et aux parures et je méprisais le confort. Bien avant d'avoir atteint ma quinzième année, je m'étais, aussi, exercée, secrètement, à un bon nombre d'austérités extravagantes : jeûnes et tortures corporelles dont j'avais puisé les recettes dans certaines biographies de saints ascètes trouvées dans la bibliothèque d'une de mes parentes. Il me paraissait désirable et quelque peu glorieux, de savoir dominer les réactions de sa sensibilité, de « s'endurcir ». L'esprit, pensais-je, devait mater le corps et s'en faire un instrument robuste et docile propre à servir ses desseins, sans faillir. De ces excentricités enfantines j'ai gardé diverses habitudes étranges, entre autres, celle empruntée aux Stoïciens — les Maîtres révérés de ma jeunesse — de coucher sur un lit de planches. Heureuse accoutumance qui m'a permis de goûter un repos parfait, même lorsqu'il m'a fallu, au cours de mes voyages, dormir, chaque nuit, en plein air, sur la terre nue, pendant plusieurs mois consécutifs.

Enfin, l'âge vint, pour moi, où mes « départs » cessèrent d'être des fugues de gamine et s'inspirèrent de motifs estimés plus sérieux. Je « partis » pour la Grèce, pour l'Afrique, pour l'Inde, pour l'Himalaya, la Chine, le Japon, la Corée, pour le Tibet et pour d'autres pays encore.

Et voici que je partais une fois de plus. Départ troublant ; combien différent de tous ceux qui l'avaient précédé ! Jusqu'alors, un sentiment, plus ou moins accentué de plaisir, une attente joyeusement excitante des événements, impossibles à prévoir, vers lesquels j'allais, avaient présidé à tous mes départs [1], même à ceux effectués en

---

1. Voir *Au Pays des brigands gentilshommes,* chap I.

des circonstances presque tragiques. Ce soir-là, au contraire, l'atmosphère me paraissait totalement lugubre, chargée de menace latente. Rien n'atténuait l'effet déprimant de l'hostilité occulte qui semblait me guetter du fond de la nuit glaciale et de l'indifférence, teintée d'inimitié, des choses environnantes contemplant mon désarroi. J'étais à Bruxelles, à la gare du Nord et je retournais en Chine.

Bruxelles est presque ma patrie. Petite Parisienne de moins de six ans, j'y suis arrivée tout hérissée de méfiance et de dédain, bien résolue à bouder cette capitale infime. De plusieurs années je ne désarmai pas. Les « splendeurs » de *ma* ville me hantaient : les guignols des Champs-Élysées et les voitures traînées par des chèvres blanches ; l'immense place de la Concorde où pousse cette singulière pierre pointue, pareille à un arbre mort ébranché et le prestigieux Génie de la Bastille dont je m'efforçais de copier la posture en me tenant le pied droit posé sur une boule de jeu de quilles et la jambe gauche étendue derrière moi, ce qui ne manquait jamais de me faire choir de tout mon long. Bruxelles, pensais-je, était petit ; ses habitants qui buvaient un liquide amer, dénommé bière et disaient septante et nonante au lieu de soixante-dix et quatre-vingt-dix, ne pouvaient être que des sauvages. Cependant, Bruxelles souriait de ma révolte ; il me garda pendant quinze années, m'enveloppant de liens subtils, cultivant insidieusement, en moi, des germes dus à la partie nordique de mon ascendance et me conquit. Cher vieux Bruxelles de mon enfance ! Chacun de tes modestes édifices, chacune de tes rues paisibles évoque, devant mes pas, le fantôme de mon « moi » juvénile qui te reste fidèle en dépit de tant d'années écoulées et me ramène obstinément vers toi pour d'émouvants pèlerinages.

C'était un de ces pèlerinages que je venais d'accomplir. Avant de m'en retourner en Orient, j'avais tenu à visiter les tombes de mes parents, tous deux morts à Bruxelles et à revoir, encore une fois, peut-être la dernière, les lieux qui m'avaient été familiers. De ceux-ci était la gare du Nord.

Pendant l'été, mes parents habitaient à la campagne à une dizaine de kilomètres de la capitale où des achats, des visites ou d'autres menues affaires nous ramenaient fréquemment pour quelques heures. Quelle soif de départ me possédait, alors, lorsque, sur les quais, je longeais les express prêts à emmener leurs voyageurs vers l'Allemagne, la Pologne ou la Russie, telle que je l'imaginais : une immensité neigeuse, infiniment lointaine.

Mes désirs de fillette s'étaient réalisés, cent et mille fois au-delà de mes souhaits les plus ambitieux. Nombreux avaient été les express qui m'avaient emportée vers des pays divers et nombreuses les régions éloignées que j'avais atteintes à cheval, en chaise à porteurs, ou à pied. Bientôt, je serais en route pour Moscou, mais la Russie, et même la Chine, ne me paraissaient plus « infiniment lointaines » et mon nouveau départ ne suscitait aucun enthousiasme en moi.

Ce 9 janvier 1937, la température était glaciale, un vent aigre balayait la salle des bagages où je demeurais debout près de mes valises. Arrivée trop tôt, j'avais, en vain, cherché un abri. Les architectes qui ont tenté l'œuvre paradoxale d'agrandir la gare sans augmenter l'étendue du terrain qu'elle couvre ont traité durement les voyageurs des deux premières classes, jadis douillettement logés à l'abri des courants d'air, en des alcôves aux divans de velours vert, rangées autour d'une vaste salle. Absorbé par l'agrandissement du hall d'entrée, l'ancien local affecté aux clients des « troisièmes » a déversé ses hôtes habituels sur ce domaine du public mieux payant. A cette heure tardive, où ne partent guère que des express et des rapides internationaux, les voyageurs prolétaires sont rares. Je trouvai ceux-ci mêlés à une foule compacte de pauvres hères qui avaient élu la gare, de préférence à l'asile, pour passer, au chaud, cette dure nuit de gel. Ces miséreux dormaient, ronflaient, assis pressés les uns contre les autres. Les relents, intensifiés par la chaleur, qu'exhalaient toutes ces haleines, ces corps malpropres et ces hardes crasseuses étaient suffocants.

De là, en ouvrant une porte vitrée, l'on passait dans le buffet, passablement exigu, servant aussi, maintenant, de salle d'attente aux porteurs de billets de première ou de seconde classe. Des gens y mangeaient, y buvaient, surtout. L'odeur lourde de la bière mêlée à celle que répandaient la charcuterie, les gros cigares, et les pipes bourrées de fort tabac belge offensait autant mon odorat que la puanteur de la foule parquée de l'autre côté de la muraille et ce proche voisinage de la mangeaille avec les ventres creux me portait sur les nerfs... Il ne me restait qu'à patienter dans l'inhospitalière salle des bagages.

« — Le train n'est pas encore formé » répondaient successivement les employés que j'interrogeais de temps en temps.

Enfin, à ma dixième ou douzième demande, l'un d'eux m'annonça :

« — Le Nord-Express vient d'entrer en gare. »

Sur le quai, un porteur poussait un chariot chargé de bagages ; deux voyageurs le suivaient, engoncés en des fourrures. Je lui fis signe :

« — Quand vous aurez terminé... » De la main, j'indiquai mes valises.

L'homme héla un de ses collègues.

« — Nord-Express ? — Wagons-lits ?... » me demanda laconiquement celui-ci.

« — Oui. »

Les quais étaient à peu près déserts, les lampes, en partie éteintes. La respiration pesante de quelques locomotives s'entendait, seule, dans le silence nocturne.

« — Compartiments 15 et 16 », dis-je au conducteur. Celui-ci jeta un coup d'œil sur les billets que je lui tendais et ouvrit les portes.

Yongden aida l'employé et le porteur à disposer mes bagages dans l'ordre convenable, puis, ceci fait :

« — Je vais me coucher tout de suite », me dit-il, « je suis fatigué. Tout ce qu'il vous faut pour la nuit est-il près de vous ?... N'avez-vous besoin de rien ?... »

« — Non, de rien... Dis-moi, est-ce que tu as l'impression que nous sommes en route pour la Chine ? »

« — Je ne sais pas... C'est comme un rêve... »

La porte de communication des compartiments se ferma avec un petit claquement sec. Mon fils [1] allait dormir.

Moi, je n'avais pas sommeil. Machinalement, je relevai les stores, regardai au dehors, puis, je m'assis sur la couchette et demeurai immobile, l'esprit vide de pensées.

Sans un coup de sifflet, dans un grand silence, le train se glissa lentement, sournoisement, hors du hall couvert : l'on eût dit une évasion. La dernière lampe de la gare fuit derrière nous et nous nous enfonçâmes dans une obscurité épaisse : nuit au ciel bas, sans lune et sans étoiles où la clarté blafarde des plaques de neige disséminées sur les champs et les toits de maisons invisibles, perçait, seule, les ténèbres.

Je dois avoir sommeillé sans en avoir eu conscience, je m'aperçois, tout à coup, que le train est arrêté. Je passe dans le couloir et apercevant un employé, je lui demande :

« — Est-ce Louvain ? »

« — C'est Liège », répond-il.

Déjà ! Il ne me semblait pas être partie depuis si longtemps.

Le train repart avec sa même allure de fantôme. J'ai l'impression de voyager à travers des couches ouatées qui amortissent tous heurts, tous bruits, toutes clartés. Le mot de Yongden dépeint exactement mes sensations. A moi aussi, il semble que je vis un rêve. La réalité montre des contours plus accusés, elle est plus solide, elle s'impose aux sens qui la perçoivent, tandis que ce qui m'entoure paraît dénué de consistance, fait de brumes diaphanes qui se superposent et s'entremêlent et ma propre personne flotte, parmi cette fantasmagorie, au gré de je ne sais quelles forces ou de quelle volonté impénétrable. Effet de la fatigue, sans doute ; les préparatifs de ce voyage m'ont causé pas mal de soucis. Oui, fatigue : ou bien quoi donc ?... Avertis-

1. Les lecteurs de mes livres précédents savent que le lama Yongden est mon fils adoptif et que, depuis sa jeunesse il m'a accompagnée dans mes voyages.

sement occulte... pronostics inquiétants confirmant ceux que j'ai cru discerner à mon départ ?...

Allons dormir, rien ne vaut un bon somme pour raffermir les nerfs.

Je me déshabille, passe un pyjama chaud en drap bleu sombre, plie les couvertures et les draps fournis par l'administration des wagons-lits, les remplace par ma literie personnelle et me couche.

Dormir dans des couvertures ayant enveloppé d'autres corps que le mien m'a toujours profondément répugnée. Quant au pyjama, je l'abhorre comme habituel vêtement de nuit, mais la manie de prévoyance qui me possède, me fait penser à l'accident, toujours possible, lorsque l'on voyage en chemin de fer ou en bateau et m'inspire le désir d'être décemment et confortablement vêtue si les circonstances m'obligent à quitter ma couchette et à me montrer en public.

Cependant, cette nuit-là allait, heureusement, s'écouler sans accident. Sans accident, mais non pas sans surprise. Je dormais profondément lorsque des coups frappés au dehors me réveillèrent. Tout aussitôt, ma porte s'ouvrit et, encadré dans les montants de celle-ci, Lohengrin m'apparut. Dans l'étroit corridor, faiblement éclairé, son imposante stature émettait une clarté solaire. Il rayonnait par ses cheveux d'or, ses yeux couleur de ciel d'été, la peau claire de son visage et ses dents éblouissantes qu'un aimable sourire découvrait. Quel rêve singulier faisais-je ? — Mon sévère pyjama émergea des couvertures. Lohengrin souriait plus largement, de l'air le plus engageant du monde ; il parla. Il parla en allemand, ce qui s'accordait avec sa personnalité. Je remarquai, alors, qu'il portait un uniforme vert pomme orné de quelques galons d'or. Adieu rêve et poésie ! Le prestigieux fantôme s'était soudainement mué en un humble subalterne de la police ou des douanes qui désirait connaître à combien se montait le capital que je transportais avec moi.

L'employé des wagons-lits m'avait déjà fait remplir une formule de déclaration à cet effet ; il s'était, aussi, fait remettre mon passeport et celui de mon fils, m'assurant qu'il suffirait qu'il les présentât au passage de la frontière et que nous ne serions pas dérangés pendant la nuit, puisque nous allions, simplement, traverser l'Allemagne, sans quitter le train. Malgré cela, il me fallut exhiber mes billets de banque. Le pseudo-Lohengrin inscrivit la somme sur mon passeport, me salua courtoisement et se retira.

Au cours de l'hiver précédent, lors d'une tournée de conférences que je faisais en Europe centrale, une comédie analogue s'était renouvelée à l'entrée et à la sortie de chacun des pays que j'avais traversés : Allemagne, Tchécoslovaquie, Autriche, Hongrie. Pour éviter toute explication avec des gens dont je ne comprenais ni ne parlais le langage, j'avais, étant d'avance munie des coupons de chemin de fer nécessaires, mis 250 francs en billets de banque français dans un portefeuille. Je les exhibais à toute réquisition et les préposés à ce contrôle inscrivaient, invariablement, sur mon passeport que je possédais 250 francs, ou me délivraient, à mon entrée dans leurs pays respectifs, un papier qui en faisait foi et me permettait d'exporter mes billets lorsque je repassais la frontière. Je soldais mes dépenses locales sur le montant des honoraires que je touchais et mes gains m'étaient, avec la permission des autorités intéressées, transmis, en France, par l'entremise de banques, mais, de cela, les braves agents cantonnés aux gares frontières ne savaient, naturellement, rien et nul d'entre eux ne témoigna jamais la moindre curiosité quant à la façon dont je subsistais, me promenant de pays en pays, en ne possédant que cette somme minime qui demeurait invariablement la même.

Je me recouche et ne me réveille qu'après le lever du jour. Le train est arrêté dans une gare. Où sommes-nous ?

— Sur un écriteau, je lis Friedrieschaffen. Nous sommes à Berlin. De rares voyageurs passent sur les quais ; le temps est gris, il bruine. Au-delà d'une grille de clôture, j'aperçois des rues désertes au pavé humide ; l'heure est matinale et, par ce froid, les Berlinois ont une bonne raison de s'attarder au lit.

Une sensation pénible m'étreint. Pas très loin de Berlin, dans une petite ville d'Anhalt, sans doute noyée, à cette heure, dans la même grisaille morne, réside ma meilleure amie : Suissesse par sa famille, née et élevée en Belgique, mariée à un Allemand. Je me rappelle notre intimité à Bruxelles, les rêves d'aventure dont nous nous bercions à seize ans. Elle a eu la sienne lorsque son mariage l'a conduite dans l'Inde ; elle y a côtoyé la région enchantée des cimes himalayennes et puis, un jour, le Destin a tourné une page sombre, au livre de sa vie, lui laissant l'inoubliable regret de l'Orient lumineux et de la joie perdue. Et moi, à qui les dieux pourvoyeurs d'aventures sont demeurés fidèles, moi dont ils permettent le retour vers l'ensorcelante Asie, je voudrais serrer dans mes bras l'amie de jeunesse... qui sait si une autre occasion m'en offrira encore la possibilité ? Mais les circonstances s'opposent à mon désir. Des raisons sérieuses me commandent de me hâter vers Pékin où je suis attendue ; d'autres considérations, aussi importantes, me déconseillent un arrêt de quelques jours... Folie absurde que cette circonspection ! La sagesse, ce serait, malgré ce que j'ai décidé, de jeter vivement mes valises hors de la voiture, de me mettre en quête d'un autre train qui m'emmènerait vers la petite ville maussade et terne, encerclée, à perte de vue, par de malodorants champs de navets et d'aller embrasser, de tout mon cœur, la chère exilée... Mais qui donc oserait parler de liberté ! Je suis ligotée par des raisons, des motifs, des considérations que m'imposent des habitudes de penser et de croire, héritées de mes devanciers, ou suggérées par mon milieu. D'innombrables « autres » commandent en moi, régissent mes mouvements, les entravent et me clouent au parquet du wagon. Le train se remet en marche d'un mouvement lent et souple d'animal précautionneux, avec la douceur ironique et fatale d'un instrument mû par un pouvoir irrésistible.

Ce début de voyage s'avère décidément mélancolique. Les heures s'écoulent sans que se dissipe l'impression d'irréalité pénible à laquelle je suis toujours en proie. Yongden et moi, nous accomplissons, machinalement, les gestes habituels : nous nous rendons à la voiture-restaurant, mangeons, retournons à nos places et regardons défiler le paysage plat, en partie couvert de neige et dénué d'intérêt.

A la frontière polonaise, nouvelle inspection de ma fortune. Cette question de l'introduction et de la sortie des monnaies paraît être la seule dont se préoccupent les États de l'Europe centrale. Leurs douanes ne se soucient plus guère des bagages. Pendant mon voyage de l'année précédente, l'on ne m'a pas, une seule fois, demandé à examiner le contenu de mes valises. On s'en désintéresse tout autant à présent.

J'arrive à Varsovie dans la soirée. Une agence de voyages à laquelle je me suis adressée, à Bruxelles, s'est chargée de me retenir des chambres par télégramme. L'hôtel où elle m'a envoyée est confortable et bien chauffé, chose appréciable car le thermomètre, au-dehors, marque 20 degrés sous zéro.

Le lendemain, je prends contact avec mes éditeurs ; deux de mes livres sont sur le point de paraître en traduction polonaise. Les conversations d'affaires me sortent, pour quelques heures, du monde nébuleux dans lequel je flotte depuis mon départ. Je reprends conscience de la personnalité que l'habitude me fait considérer comme « moi » : l'auteur de livres qui ont été traduits, dont les exemplaires figureront bientôt aux vitrines des libraires de Varsovie. Tandis que je les évoque, librairies et volumes prennent un air de réalité, mais ce qui persiste à demeurer flou, inconsistant : une bulle de savon dansant dans l'air, c'est Alexandra David-Néel s'en retournant en Chine. Quelque effort que je fasse pour le saisir et le fixer, ce personnage m'échappe, de même que le décor mouvant parmi lequel il évolue.

Les Tibétains lamaïstes croient qu'après la mort du corps, la « conscience » *(rnamchés)* des défunts ordinaires ne se rend pas compte de ce qui lui est arrivé. Bien que n'étant plus unie à un corps matériel, disent-ils, elle continue, subissant la force de l'habitude, à être hantée par les images qui meublaient le cadre dans lequel elle se mouvait précédemment et à nourrir les sensations et les sentiments dérivés de celles-ci. Seuls, les initiés aux mystères de la vie et de la mort, les observateurs avisés qui, pendant leur vie, ont perçu les causes et le mécanisme des multiples mirages que la majorité des hommes tiennent pour le monde réel, sont aptes à discerner la nature illusoire des rêves *post mortem*.

Pendant mes séjours en terre tibétaine, j'ai été admise à écouter les enseignements qui sont conservés et transmis oralement, à ce sujet, par certaines lignées de lamas mystiques. En fait, ceux-ci constituent le commentaire ésotérique d'un célèbre ouvrage, le *Bardo thös tol*[1] : le livre symbolique qui « libère du monde fantastique et irréel du Bardo ceux qui l'entendent lire » — probablement, sous-entendu, ceux qui comprennent le sens de ses leçons. Et voici que je me remémorais les théories entendues sous le couvert de cavernes ou de huttes abritant d'étranges anachorètes. Qui sait si je ne suis pas morte ? me demandais-je, en suivant les rues de Varsovie. Le ciel sans lumière, sorte de couvercle de plomb pesant très bas sur les choses et le froid pénétrant qui me glaçait, s'accordaient assez bien avec l'idée classique du séjour des ombres. Pourtant, il s'en fallait que je fusse entièrement convaincue d'avoir quitté le monde des hommes vivants.

Mais alors ?... Les Tibétains croient, aussi, que le *rnamchés* (la faculté d'être conscient) c'est-à-dire le véritable individu se sépare parfois du corps avant le moment de la mort apparente. Dès que ce *rnamchés* a quitté le corps, l'homme est, en réalité, *mort*, bien que son corps puisse encore continuer, pendant un temps plus ou moins long, à accomplir tous les actes physiques et mentaux habituels aux vivants. L'activité de ces « coques vides » est la continuation d'une impulsion qui a été donnée, autrefois, à l'individu, par des actions physiques et mentales génératrices d'énergie. Il en est d'elles comme de la roue du potier qui continue encore à tourner pendant quelques instants après que le pied du potier a cessé de lui imprimer du mouvement. (Cette comparaison est classique dans l'Inde et au Tibet.) Lorsque la mort survient — la mort apparente — certains signes, dit-on, dénotent que le défunt était dénué de *rnamchés*. En langage populaire, l'on entend des lamas de village dire d'un mort, aux funérailles de qui ils président, que celui-ci « était déjà mort depuis deux ou trois ans ». Il arrive, aussi, que des médecins se récusent, jugeant leurs soins inutiles, parce que le malade qui les consulte est *déjà mort*, depuis quelques mois ou quelques années. Les ésotéristes tibétains professent des doctrines dont ces croyances vulgaires sont la caricature.

Quant à moi, l'état spécial étrange dans lequel je me trouvais venait-il de ce que j'étais *déjà morte*, bien que continuant à accomplir tous les actes propres aux vivants... Euh ! Le croire me paraissait un peu hasardeux. Cependant... Cependant « Il y a plus de choses au ciel et sur la terre, Horatio, qu'on ne l'imagine, dans votre philosophie », disait Hamlet. Or, je me sentais, précisément, l'esprit inquiet de ce prince nordique côtoyant un mystère. Certes, bien nombreuses sont les choses dont nous n'avons aucune idée, que nos sens

1. Écrit *Bardo thos grol. Bardo* signifie littéralement « entre deux », sous-entendu entre la mort et la renaissance.

ne peuvent percevoir et, entre le domaine des expériences possibles et celui dont l'accès nous est impossible, n'existe-t-il pas la zone nébuleuse des perceptions incomplètes et fugitives aux causes indéchiffrables ?

Deux ans et demi [1] s'étant écoulés depuis lors, en me remémorant les impressions bizarres qui accompagnèrent le début de mon voyage vers la Chine, je ne puis m'empêcher de leur reconnaître un certain caractère prémonitoire. Ce voyage allait se poursuivre parmi des circonstances bien différentes de celles que j'avais envisagées. La guerre sino-japonaise devait réduire à néant toutes mes prévisions, m'entraîner vers le sud, alors que j'avais projeté d'aller au nord et m'imposer un itinéraire dont, même aujourd'hui, je n'entrevois pas encore le but.

L'aimable cousine de l'un de mes éditeurs polonais s'offrit gracieusement à me servir de guide pour visiter Varsovie. Les sujets d'intérêt n'y manquaient pas. Là, comme l'année précédente, à Prague et Budapest, il aurait grandement valu la peine de m'arrêter plus longtemps que je ne pouvais le faire. L'hiver, me disait-on, n'était pas une saison favorable au tourisme, en ces pays. J'en convenais ; cependant, quand plutôt que de regarder seulement la surface des choses, l'on cherchait à découvrir les âmes multiples qui les habitent, cette saison rude et ce ciel gris de plomb douaient d'une éloquence particulière ces villes sévères au dur passé d'âpres et sanglantes luttes.

Je fus photographiée en divers endroits et en différentes postures. On prend l'habitude de ces manifestations d'intérêt ; elles sont si bien passées dans les mœurs et s'adressent à tant de gens, des souverains en voyage aux boxeurs et aux assassins, que l'on a, depuis longtemps, cessé d'en tirer vanité.

Je devais quitter Varsovie par un rapide matinal. Suivant mon habitude, j'arrivai à la station bien avant le temps du départ et, comme le train, ce jour-là, passa avec plus d'une heure de retard, je pus examiner tout à loisir le public qui m'entourait.

Varsovie allait être dotée d'une nouvelle gare. En attendant que celle-ci fût construite, les voyageurs s'abritaient dans des baraquements élevés parmi les chantiers et ouverts à tous les vents. Il y gelait autant qu'à l'extérieur, aucun brasero n'était en vue ; l'administration du chemin de fer déniait à ses clients jusqu'à ce minimum de confort.

La foule se composait presque uniquement de prolétaires, ouvriers ou campagnards aux physionomies fermées, mais non pas inintelligentes, pauvrement vêtus mais très loin d'être guenilleux ou malpropres. La plupart étaient encombrés de ces volumineux et informes bagages : sacs et ballots, qui ne se voient plus guère, en Europe

1. Au moment où je termine ce livre : août 1939.

occidentale, sauf aux mains des travailleurs agricoles se rendant aux lieux où ils ont été embauchés pour des travaux temporaires ou s'en retournant chez eux.

Des femmes portaient, avec un soin particulier, de gros rouleaux de couvertures qui, lorsqu'elles en déroulaient un bout, laissaient entrevoir la tête de poupons que ce capitonnage empêchait de geler. Je vis deux mamans s'appuyer, chacune, un de ces paquets contre la poitrine ; le mouvement de leurs bras me fit deviner qu'elles dégrafaient leurs corsages. Bébé invisible et sein invisible, la femme très emmitouflée et le ballot serré contre elle simulaient, assez exactement, le rapprochement de deux pneus d'auto hypergonflés. Un dessinateur eût pu en tirer le sujet d'une affiche pour Michelin, Dunlop ou tout autre fabricant.

La foule était presque silencieuse, elle attendait sans manifester aucune impatience. Était-ce que, comme moi, beaucoup de ces gens s'étaient rendus à la gare longtemps avant l'heure fixée pour le départ de leur train ou bien, par miracle, tous les trains se trouvaient-ils avoir, ce jour-là, un retard considérable, tels groupes d'individus que j'avais remarqués, dès mon arrivée, demeuraient encore à la même place, paisibles, sans faire mine de vouloir bouger, quand les porteurs vinrent, enfin, prendre mes colis pour les transporter sur le quai du départ.

Dès que j'eus pris place dans mon compartiment, je distribuai, par la portière, aux portefaix, ce qui me restait de monnaie polonaise. En emporter n'était d'aucune utilité ; nous serions, le soir même, en Russie, et, d'ici là, des coupons achetés d'avance solderaient le prix de nos repas.

Avec calme, mais d'une manière non équivoque, les hommes témoignèrent leur satisfaction de ma générosité. J'éprouvai, moi-même, un petit sentiment de plaisir en les voyant commencer leur journée tout réjouis. Hélas ! Hélas ! fugitif contentement ! Voici qu'apparaissait un interprète, employé du chemin de fer, qui m'avait fourni quelques renseignements ; il avait disparu, sans doute appelé ailleurs par son service, je l'avais oublié. Et il était là, sur le quai ; ses yeux m'interrogeaient. Mon petit plaisir se changeait en désolation, il ne me restait rien à lui offrir ; je le lui expliquai. Le regret que sa déception me causait n'était pas assez vif pour m'inciter à lui donner une banknote de cinq livres sterling, la moindre fraction monétaire que je possédais. Mes moyens ne me permettaient pas des largesses de cette envergure.

Le train s'ébranla avec nonchalance. Décidément ces « rapides » et « super-express » internationaux se mouvaient à bien paisible allure. Je m'éloignai de Varsovie laissant derrière moi quelques hommes enchantés de leur aubaine et un malchanceux qui avait raté la sienne. Ainsi vont les choses dans ce monde.

J'avais l'esprit trop occupé pour donner beaucoup de pensées à ce menu incident. J'étais en route pour la Russie, j'en franchirais la frontière dans quelques heures et aller en Russie a pris, de nos jours, une allure d'aventure ! Oserais-je le confesser ? Autrefois, à une époque que les événements survenus depuis font paraître plus reculée que ne le veut le strict nombre des années écoulées, alors que la Russie était accessible à tous, je m'étais toujours refusée à m'y rendre, faisant ainsi violence au grand désir que j'avais de visiter la Sibérie. L'horreur que m'inspirait le gouvernement tsariste était si profonde qu'il me semblait impossible de pouvoir en contenir l'expression et de ne pas la crier à chaque coin des rues de Moscou, à chaque porte des palais de Saint-Pétersbourg. C'était le temps où une petite élite d'intellectuels expiait, en Sibérie, dans les cachots des forteresses russes et, parfois, sur le gibet, le crime d'avoir été émue par la détresse des masses misérables et de vouloir les en affranchir.

Vers cette même époque, fut exposé, à Bruxelles, un tableau intitulé — si mes souvenirs sont exacts — *le Rêve passe*. Il représentait des jeunes gens assis autour d'une table. L'artiste les avait peints blonds, les yeux clairs, brillant d'une flamme intérieure, quelque peu extatiques. Leur pose les révélait immobiles, silencieux, leurs cigarettes se consumaient entre leurs doigts tandis qu'ils s'absorbaient en une vision, rendue sensible au public, par une nébuleuse figure de femme portant un flambeau, qui traversait l'espace au-dessus de leurs têtes.

Mon défaut de compétence technique ne me permettait pas de juger la valeur de cette toile, mais elle m'impressionna fortement. Son empreinte dut même être particulièrement profonde car, ayant perdu tout souvenir d'elle pendant un grand nombre d'années, voilà qu'elle surgissait, soudain, de quelque mystérieux recoin de mon être et je la revoyais, projetée sur la paroi du wagon dans lequel je m'acheminais vers la Russie.

Par enchaînement, certaines scènes réelles, contemplées alors que j'avais vingt ans, me revenaient, aussi, à la mémoire : des soirées où de jeunes nihilistes lettrés, raffinés, appartenant aux classes privilégiées de leur pays, rêvaient, par pur élan mystique vers la justice, le terme d'un état social dont il leur aurait été loisible de bénéficier. C'étaient des êtres différents de tous ceux que l'on coudoyait habituellement : ils semblaient provenir d'une autre planète...

Qu'étaient-ils devenus ?... Certains avaient, sans doute, cueilli la palme du martyre ; je ne les plaignais pas. Morts jeunes, alors que leur foi demeurait intacte, on pouvait les envier. Les autres ?... Peut-être d'amères leçons, apprises au cours des années, les avaient-ils conduits à désespérer de l'humanité. Malgré tout, ceux-là, aussi, devaient être tenus pour fortunés. Sur les jours mélancoliques de leur vieillesse désenchantée, le souvenir d'une jeunesse fière, pure d'appétits vulgaires, projetait de la clarté. Ils pouvaient s'enorgueillir de n'avoir point aboli leur énergie juvénile au service d'un monde méprisable et se réjouir d'être du petit nombre des élus qui, un jour, ont senti passer, sur leur front, le souffle mystérieux de l'Esprit.

L'U.R.S.S. était-elle la Russie qu'ils avaient voulue ? — Le but qu'ils poursuivaient avait-il été atteint ? — J'en doutais. Sans doute visaient-ils trop haut ! les foules moutonnières, marchant les yeux baissés vers la terre, sont peu aptes à voir les étoiles. Qui sait si l'homme est vraiment capable de vivre libre, sans obéir, sans s'agenouiller ?

La révolution qui balaya l'Empire des tsars s'accomplit pendant que je voyageais en Asie centrale. Aucun écho ne m'en parvint dans les régions reculées ou dans les monastères lamaïstes où je résidais. C'est une erreur de croire qu'il se produit des événements capables d'attirer l'attention de l'humanité tout entière. Quelque fortes que fussent les répercussions de la révolution russe ou de la Grande Guerre, des millions d'individus n'ont pas eu connaissance de ces faits, ou ne les ont appris qu'avec un retard de plusieurs années. Je suis parmi ces derniers en ce qui concerne la Russie et les premières informations qui me parvinrent revêtirent des formes vagues, même, parfois, tout à fait fantastiques.

Un jour, une nouvelle bizarre me fut apportée de Mongolie. Le bruit courait qu'un chef guerrier qui n'était ni Asiatique, ni Russe, ni étranger [1] avait paru quelque part dans le Nord. Les précisions manquaient quant à l'endroit exact, mais ce que l'on affirmait, c'était que ce chef et ses troupes s'avançaient vers le Kansou.

Les espérances d'ordre messianique sont fortement ancrées chez les Mongols, ainsi que chez les Tibétains et, les uns et les autres, en considèrent la réalisation comme devant être relativement prochaine.

Les Mongols gardent pieusement le souvenir de Gengis khan [2] ; ils lui rendent un culte et attendent son retour. Quant aux Tibétains, ils croient à la réapparition de Guésar de Ling [3], le héros de leur épopée nationale, le justicier idéal qui doit organiser les relations sociales d'après un ordre équitable.

Était-ce l'un ou l'autre de ces personnages vénérables qui s'était montré sous l'apparence du chef guerrier inconnu, ou bien devait-on craindre l'arrivée d'un ennemi ? On sollicitait mon opinion à ce sujet.

Je n'en avais qu'une, c'est qu'il ne s'agissait ni de Gengis khan

1. Les Tibétains et les Mongols — tout au moins ceux appartenant aux tribus du Sud, près de la frontière chinoise — établissent une distinction entre les « étrangers » des pays de l'Europe occidentale et les Russes qu'ils ne considèrent pas comme étant d'une race absolument différente de celles existant en Asie.

2. Gengis khan, le grand conquérant mongol, 1155 ou 1162 à 1227.

3. Voir A. DAVID-NÉEL et le lama YONGDEN, *la Vie surhumaine de Guésar de Ling*. (Éditions Adyar, Paris. Réédité en 1979 par les Éditions du Rocher.)

ni de Guésar revenant s'intéresser aux affaires de notre monde, mais j'exprimai mon avis discrètement, comme il convient en Orient où il ne sied pas de bousculer le merveilleux.

Quelque temps se passa, les rumeurs vagues grossirent, prirent consistance. Le chef fut dépeint comme un être terrible devant qui tout devait plier. Ses soldats, disait-on, étaient des géants capables de traverser les plus profondes rivières sans que l'eau leur vînt au-dessus des genoux. Rien ne pouvait les tuer, les balles ricochaient sur eux et ils n'avaient besoin ni de manger ni de dormir. Nous entrions, en plein, dans la fable.

Plus tard, en comparant des dates, je conclus que ces divagations pouvaient s'être rapportées au baron Ungern, un Balte qui fit campagne, en Sibérie, contre les bolchévistes et, d'après les Mongols, s'y livra à d'effroyables cruautés. Pris par les Rouges, il fut fusillé.

Vers 1920, des troupes de Russes blancs, vaincus par les Rouges, gagnèrent le Turkestan chinois, puis le nord du Kansou et s'y imposèrent aux autorités locales. Passablement terrorisés par cette invasion inattendue de plusieurs centaines de guerriers de stature imposante et craignant des troubles, les magistrats chinois assignèrent comme campement à leur horde, les temples souterrains de Tungwan. Ce fut une très mauvaise idée.

Les temples de Tungwan, comme ceux de Wangfoushia et d'autres monuments de cette région, sont de précieuses reliques archéologiques des royaumes qui fleurirent, jadis, en ce pays maintenant desséché, et les fresques qui les décorent présentent un haut intérêt artistique. Les troupiers vandales que l'on eut l'imprudence de mettre en contact avec elles, prirent un plaisir idiot à les détériorer.

J'allai à Tungwan, peu après leur départ ; les traces de leurs méfaits y étaient encore fraîches.

A la rigueur, l'on pouvait montrer quelque indulgence pour la rapacité qui avait fait racler, sur les murs, les nimbes des saints et les bijoux dorés dont les peintres avaient libéralement paré les jolies princesses. Un morceau de pain, un bol de riz suffisent pour prolonger d'un jour ou de deux, la vie d'un pauvre hère. En recueillant le peu de poussière d'or qui pouvait en payer le prix, c'est à cela, sans doute, que pensaient les soudards, momentanément nourris par les Chinois, mais inquiets quant à l'avenir. Mais que dire des trous, percés à plaisir, qui décapitaient les graves personnages aux attitudes hiératiques, pour faire passer des tuyaux de poêle, des mutilations infligées aux figurines des génies et des fées ornant les anciens autels, des inscriptions charbonnées en travers des théories de pèlerins porteurs d'offrandes, des gestes idiots qui défiguraient les gentes dames et les sveltes déesses en les transformant en négresses ou les pourvoyant de moustaches, au moyen d'un tison.

La bande de barbares qui s'étaient abrités là, comprenait un général et des officiers. Évidemment, pour les avoir laissés se livrer à ces déprédations, le niveau mental du général et des autres officiers ne devait pas être supérieur à celui de leurs hommes. La Russie n'avait pas lieu de regretter le départ des uns et des autres. Elle n'y perdait rien.

Tandis que je voyageais dans le Gobi, j'eus, aussi, l'occasion de voir des Russes qui émigraient. Le long des routes, l'on rencontrait de petits groupes de ces fugitifs, les uns en charrette, les autres à cheval ou à dos de chameau, beaucoup à pied. Certains d'entre eux possédaient quelques ressources, d'autres sollicitaient, dans les villes où ils passaient, l'aide des fonctionnaires chinois, les aumônes des missionnaires et des étrangers. Je distribuai un peu d'argent et des provisions à quelques-uns de ces quémandeurs, parce qu'il me paraît inadmissible de refuser de quoi manger à ceux qui ont faim, lorsque l'on est, soi-même, pourvu de nourriture, mais ils ne m'inspiraient guère de sympathie. Leur conduite et leurs propos ne leur en attiraient pas beaucoup, non plus, de la part des Chinois. Ceux-ci qui, dans ces régions reculées de leur vaste pays, n'avaient vu que peu d'étrangers et seulement des étrangers bien munis d'argent, voyageant confortablement, accompagnés de serviteurs, comprenaient mal à quelle sorte de gens ils avaient affaire.

Je commençai, ainsi, à me douter que des événements graves devaient s'être produits en Russie : une révolution ou un bouleversement analogue. Toute précision, à ce sujet, m'échappait, d'ailleurs. La Russie s'était-elle définitivement libérée ?

J'entrepris, ensuite, de recommencer, une fois de plus, mon voyage, toujours contrarié, jusque-là, vers Lhassa [1]. De la frontière mongole, je retraversai, une fois de plus, la Chine du nord au sud par le Szetchouan et le Yunnan d'où je pénétrai au Tibet en franchissant le massif du Kha Karpo au col de Dokar (5 412 mètres d'altitude). Quatre mois de marche, toujours à pied, le sac au dos, m'amenèrent à Lhassa où je séjournai. Vinrent, ensuite, le pays historique de Yarlung, l'Himalaya et l'Inde où j'avais déjà vécu pendant longtemps à différentes périodes de ma vie. Beaucoup de temps s'écoula. Personne, dans les régions que je parcourus, ne s'occupait de la Russie. Ce ne fut qu'à mon retour en France, en 1926, que je commençai à obtenir des informations quelque peu cohérentes sur la révolution russe. Mais elle datait déjà de loin ; des mouvements politiques et sociaux avaient modifié, à plusieurs reprises, les conditions créées par elle et la vue nette de l'état de choses qui avait succédé au régime tsariste m'échappait toujours. Ce qui était, du reste, le cas de la majorité des gens.

Seulement, comme mes sentiments diffèrent légèrement de ceux de la majorité des gens, tandis que ceux-ci s'accommodaient fort

1. Voir, *Voyage d'une Parisienne à Lhassa* et *Au Pays des brigands gentilshommes.*

bien d'être imparfaitement renseignés ou trompés par des rapports incorrects, moi, je souhaitais me rendre compte, directement, de ce qu'était la vie dans la Russie affranchie.

Observer, m'informer, certes je le désirais, mai d'ores et déjà ma sympathie se portait instinctivement vers l'U.R.S.S. Je ne nourrissais pourtant pas, à son égard, des illusions démesurées ; je ne m'attendais pas à y trouver un peuple uniquement composé de saints et de penseurs régis par des lois parfaites. J'étais toute préparée à constater des imperfections nombreuses, et même à voir, souvent, trahir l'idéal des précurseurs de la révolution. Il suffisait que les foules, lentes à comprendre à se mettre en marche, s'acheminassent vers lui pour me donner le désir de communier avec elles.

Ce qui suivit est une de ces minimes comédies, à la fois drolatiques et pitoyables, comme il s'en joue à chaque instant dans notre monde incohérent. Ses acteurs, marionnettes dont je ne sais quel diable sarcastique se divertit à tirer les ficelles, furent quelques fonctionnaires soviétiques, et mon humble, enthousiaste personne.

Je débutai bien. Mon retour en France avait fait un certain bruit. J'étais la première femme de race blanche qui fût entrée à Lhassa. Au dix-huitième siècle, quelques étrangers, pour la plupart missionnaires catholiques, avaient bien atteint la capitale du Tibet et même, y avaient résidé, mais depuis le célèbre voyage des RR. PP. Huc et Gabet en 1846 [1], tous les explorateurs qui, à la tête d'expéditions, s'étaient dirigés vers Lhassa, avaient été successivement arrêtés, par les indigènes, avant d'avoir atteint leur but et contraints de rebrousser chemin [2]. Mes premières tentatives avaient échoué aussi ; toutefois, je ne m'étais pas découragée : il est dans mon caractère de ne jamais me résigner à la défaite. Pour réussir, j'employai une méthode différente de celle de mes malchanceux devanciers. Tandis que ceux-ci, désireux de confort, s'avançaient à la tête d'une caravane importante, je m'assimilai aux pèlerins mendiants, dont il existe des milliers au Tibet. Sans autre bagage que les provisions de route que je portais sur mon dos et que je renouvelais en mendiant, sans autre compagnon que mon fils adoptif, le lama Yongden, passant par des régions inexplorées, je fis le plus admirable des voyages que l'on puisse rêver et, non seulement j'arrivai, mais je séjournai à Lhassa. C'était là, presque un exploit.

Les reporters s'empressèrent de m'interviewer ; un grand éditeur de New York câbla pour s'assurer la priorité de ma relation de voyage [3], une agence américaine me demanda une série d'articles

1. Voir *Souvenirs d'un voyage dans la Tartarie, le Tibet et la Chine*, par le R.P. Huc. (Plon.)

2. De ce nombre furent Bonvalot avec le prince Henri d'Orléans ; Dutreuil de Rhins avec Grenard ; Stein et, plus récemment, Roerich, Sorensen et d'autres.

3. *My journey to Lhassa* (Harper, à New York et Heinemann, à Londres). Édition populaire, collection Penguin (Londres).

qui parurent dans plus de deux cents journaux. En France, je donnai, en une vingtaine d'articles, dans *le Matin*, le récit abrégé de ma longue marche à travers le Tibet, puis fut publié, chez Plon, mon livre : *Voyage d'une Parisienne à Lhassa*.

J'ai dit que je débutai bien. J'entends, par là, que mon désir d'aller respirer, en Russie, l'air sain d'un pays libre sembla en bonne voie de réalisation.

Une de mes amies, femme d'un sénateur, se trouva, dans un dîner, placée à côté de l'ambassadeur des Soviets, en ce temps M. Krassine.

Ce diplomate avait lu certains des articles que la presse m'avait consacrés, ou que j'avais moi-même écrits et il souhaitait me rencontrer. Au cours de sa conversation avec mon amie, il mentionna mon nom et apprit qu'elle pourrait facilement ménager l'entretien qu'il désirait avoir avec moi. C'est ainsi que j'entrai en relations avec le monde officiel soviétique et pénétrai dans l'ambassade de la rue de Grenelle.

J'étais, alors, passablement occupée et ne pouvais pas songer à partir immédiatement pour un nouveau voyage, mais le plan de futures pérégrinations s'élaborait dans mon esprit. Celles-ci, je n'en doutais pas, devaient m'être grandement facilitées par les chefs de la Russie, enfin sortie de l'obscurantisme tsariste.

Je comptais me rendre en Sibérie pour y étudier, parmi des populations de diverses races, les effets de la rencontre de l'éducation moderne, qu'on y introduisait, avec les mœurs et les croyances ancestrales des indigènes. Principalement, quelle était l'influence de cette éducation sur les femmes, en quoi le nouveau régime avait-il modifié leur mentalité, leur façon de vivre et leur situation sociale ?

En tant qu'orientaliste, j'étais, aussi, fort curieuse d'observer les réactions des bouddhistes bouriates lettrés, dans la région du Baïkal. Les doctrines que les envoyés des Soviets étaient chargés de leur inculquer n'avaient rien qui pût les surprendre et les émerveiller. Depuis des siècles, les mystiques et les érudits bouddhistes ont enseigné que l'existence de l'univers est due à des forces en mouvement et que les corps qui nous paraissent solides et immobiles sont, en réalité, des tourbillons d'atomes dansant sur un rythme vertigineux. Doctrines monistes et doctrines pluralistes peuvent être étudiées dans les bibliographies des grands monastères lamaïstes ; philosophies idéalistes et philosophies réalistes s'y trouvent, les unes et les autres, représentées, toutes les conceptions des fertiles penseurs hindous y sont accessibles en traductions, exceptionnellement fidèles, voisinant avec des ouvrages dus à des auteurs de race jaune : Chinois, Tibétains et Mongols.

Quel accueil de naïfs « sans Dieu » [1] habitués à ridiculiser les

1. Le titre que se donnent, en Russie, les associations de propagande athéiste.

légendes simplistes de la Bible — la fabrication d'Ève, au moyen d'une côte d'Adam ou le voyage de Jonas, vers Ninive, dans le ventre d'une baleine — pouvaient-ils avoir reçu de gens familiers avec cette littérature quintessenciée. L'entendre raconter devait être piquant.

D'autres motifs, plus sérieux, m'incitaient, aussi, à parcourir la Sibérie et la Mongolie. Il existe, en Asie, un ensemble complexe de doctrines et de pratiques, d'un caractère particulier, dont les origines nous demeurent obscures. Nous les voyons apparaître plus ou moins voilées ou déguisées dans la plupart des systèmes religieux ou philosophiques de l'Orient. Parmi les principales théories que nous y distinguions est celle concernant une énergie sans causes perceptibles, existant, semble-t-il, par elle-même et éternelle. Cette énergie, perpétuellement active, est *tout*. Les êtres, les choses, les phénomènes quels qu'ils soient, les mondes, autant qu'on en peut imaginer, les manifestations matérielles sont *elle*, sous des aspects multiples. L'éthique n'a aucune place dans ces systèmes. Bien et Mal y sont considérés comme des distinctions vides de sens. L'ouragan n'est ni moral, ni immoral ; il se lève, balaie les cimes et les vallées, puis s'abat. Ainsi en est-il des rafales qui surgissent dans l'esprit, suscitent des actes puis tombent. Rien n'est là que le jeu éternel de l'Énergie [1].

Au Tibet, les maîtres qui enseignent ces théories, ou d'autres analogues, leur donnent, d'ordinaire, comme berceau, Chambhala, un légendaire pays septentrional tenu, tantôt, pour être la Sibérie et, tantôt, pour une île située dans l'océan Glacial.

Toutefois, bien que — tout comme la Thulé des anciens géographes — Chambhala, sujet de multiples légendes, appartienne en partie à la Fable, il semble probable que ce nom s'applique à une cité ayant eu une existence réelle : la capitale de la Bactriane dont l'emplacement paraît être occupé, de nos jours, par Balkh en Afghanistan.

Les auteurs tibétains nomment souvent Chambhala comme étant le pays d'origine d'écoles philosophiques du bouddhisme mahâyâniste, entre autres, de la célèbre école dénommée Kala-Tchakra (« la roue, au cercle du temps », en tibétain : Tuspaï hkhorlo) qui naquit au onzième siècle. Le caractère saillant de sa doctrine est une sorte de panthéisme, l'Adi-Bouddha (Bouddha primordial ; en tibétain Thog maï Sangs rgyas) y tenant, à peu près, la place du Brahman neutre dans la philosophie Advaita Védanta.

Dernièrement, un lettré tibétain — sans avoir connaissance de

1. J'ai donné quelques renseignements à ce sujet dans *Initiations lamaïques*. (Réédité aux Éditions Adyar, Paris.) L'ensemble de ces doctrines, considéré comme un enseignement ésotérique comprend, aussi, des théories concernant la nature de l'immortalité, les moyens de l'obtenir, ou, tout au moins, de produire une longévité prodigieusement accrue et divers autres problèmes singuliers.

l'opinion des orientalistes, à ce sujet, — déclara, devant moi, que la conclusion de ses investigations personnelles était que Tchang Chambhala (Chambhala septentrionale) désignait une ville ancienne ou une région située au nord-est du Tibet, direction qui concorde avec l'emplacement de Bactres, capitale de la Bactriane.

Serait-il possible de découvrir, en Sibérie ou en Mongolie, des traces précises de ces doctrines concernant l'énergie et d'établir leur filiation, en même temps que la façon dont elles se sont répandues à travers l'Asie ? — Y existait-il, actuellement, un enseignement qui s'y rapportait, ou bien pouvait-on en discerner l'empreinte en des rites religieux ou dans ceux qui, chez les chamanistes, relèvent de la magie et de la sorcellerie ? — Trouvait-on, chez les chamanistes sibériens ou mongols, des légendes, des croyances et des pratiques identiques, ou d'une proche parenté avec celles des adeptes du tantrisme hindou, celles des Böns tibétains ou, encore, avec celles que l'on rencontre chez certaines tribus établies, en Chine, à l'est du Szetchouan et au nord du Yunnan ? — Je désirais vivement m'éclairer sur ces questions avant que la « modernisation » de l'Asie septentrionale, par les Soviets, ait détruit les cultes populaires et fait perdre le sens de leur symbologie.

Deux ans après mon retour en France, je songeai donc à partir pour la région du Baïkal, à séjourner parmi les Bouriates et à passer, de là, en Mongolie.

Malheureusement, mon désir se heurta à un obstacle. J'appris qu'il n'était plus permis de voyager, librement, en Russie. Aucune gare ne délivrait des billets de chemin de fer à destination de l'U.R.S.S. Ceux-ci ne pouvaient être obtenus que par l'intermédiaire d'une agence officielle soviétique dénommée *Intourist*.

Le candidat voyageur devait, tout d'abord, remplir un questionnaire portant sur son identité, le but et la durée de son séjour en territoire russe. Il lui fallait déclarer la religion qu'il professait, le parti politique auquel il appartenait et, au cas où ses opinions s'étaient modifiées, au cours des années, on lui demandait de le mentionner en nommant le parti auquel il avait adhéré précédemment, et en exposant les motifs pour lesquels il s'en était séparé. Le questionnaire touchait encore à d'autres sujets. Ces renseignements étaient transmis à Moscou et, après un certain délai, le pétitionnaire recevait avis de la décision prise à son égard : permission ou interdiction d'entrer en Russie.

Avec les billets de chemin de fer, l'*Intourist* délivrait, aussi, des coupons de logement de diverses catégories. Seule, la première catégorie assurait, au voyageur, l'usage d'une chambre individuelle. Celui-ci ne pouvait pas choisir, à son gré, l'hôtel où il descendrait et tous les autres arrangements, relatifs à son voyage, étaient également faits par l'agence, sans que l'étranger ait aucune latitude d'y changer quoi que ce fût ou de chercher des conditions plus agréables ou plus avantageuses.

La durée de son séjour était, aussi, strictement limitée [1], ayant été déterminée au moment de l'achat des billets de transport qui comprenaient, obligatoirement, le trajet conduisant à la sortie du territoire de l'U.R.S.S. par l'un des trois ou quatre postes frontière entr'ouverts.

Par une contradiction bizarre, l'on vendait, alors, au Consulat soviétique [2] des guides calqués sur les guides bien connus Bædecker. Ceux-ci donnaient, pour la Russie d'Europe et pour la Sibérie, les renseignements habituels sur les monuments historiques, les sites pittoresques, le prix des hôtels, ceux des billets de chemin de fer ou de bateau, etc. Ces livres étaient publiés en trois éditions : française, anglaise et allemande. A qui étaient-ils destinés ? — A des voyageurs libres de leurs mouvements, semblait-il. Pourtant, il était interdit aux étrangers de parcourir la Russie à leur gré et la Sibérie, notamment, était exclue des régions qui leur étaient accessibles, bien qu'elle le fût sous les tsars qui avaient, peut-on croire, plus de raisons que les Soviets, de cacher ce qui s'y passait. En même temps, la Mongolie, ouverte à tous, du temps où j'habitais le Kansou, était, à son tour, devenue terre interdite dans sa plus grande partie depuis qu'elle formait une république soviétique [3]. La liberté paraissait avoir revêtu un aspect inattendu dans les territoires « affranchis ».

Toutefois, le but de mon voyage n'étant pas le tourisme, mais l'étude, je m'imaginai que des facilités particulières me seraient volontiers accordées et je décidai d'entreprendre des démarches pour faire connaître mes *desiderata* à ceux que je croyais capables d'en assurer la réalisation.

A Paris, je vis divers représentants du gouvernement soviétique. La plupart étaient aimables, accueillants mais, toujours, leur accueil se nuançait d'une curieuse réserve que l'on sentait provenir, non pas d'un sentiment personnel mais de « quelque chose » que ces hommes sentaient, derrière eux, les épiant. L'atmosphère de l'ambassade était insolite, singulièrement chargée d'influences occultes. Du point de vue des recherches psychiques, je crois que l'on y eût trouvé un terrain d'expérience d'une qualité égale à celle qu'offrent certaines très vieilles abbayes où les pensées de générations de moines mystiques, fanatiques ou politiques astucieux, demeurent pêle-mêle nichées dans les anfractuosités des pierres séculaires et s'en échappent, pour tournoyer autour du visiteur, comme un vol de chauves-souris brusquement tirées de leur torpeur ; seulement, rue de Gre-

1. Les Soviets ne font, en cela, que suivre l'exemple qui leur a été donné par d'autres nations qui, comme eux, invitent les touristes, à grand renfort de réclame, mais pour les expulser après un temps donné, sans souci de leurs convenances, du plaisir ou de l'intérêt qui peuvent les porter à prolonger leur séjour.

2. Lorsque ses bureaux se trouvaient à Paris, rue Leverrier. Ils furent transférés, ensuite, rue de Grenelle, au siège de l'ambassade.

3. Dont la capitale est Ourga, appelée, maintenant, Oulan Bator.

nelle, les pensées étaient toutes fraîches. Quant au reste, l'ambassade présentait l'aspect ordinaire de tous les locaux officiels : salons d'attente poussiéreux, mornes bureaux et cabinet de travail du grand chef, sévère et cossu.

L'ambassadeur, M. Dovgalewsky (mort depuis), parut s'intéresser à mes projets ; tout au moins à ceux concernant les œuvres d'éducation, à l'usage des indigènes sibériens, que je désirais visiter. Mon vieil ami, l'éminent professeur de sanscrit au Collège de France, Sylvain Lévi, me recommanda à un Géorgien, membre de l'ambassade qui s'était chargé des arrangements relatifs à un court séjour qu'il avait fait en Russie à l'occasion d'un congrès d'orientalistes. Il me recommanda aussi à son collègue le professeur Oldenbourg, savant orientaliste, comme lui, et, à ce moment, secrétaire général ou directeur de l'Académie des Sciences de Léningrad, à qui j'exposai mes plans de voyage, lors de son passage à Paris. Mon idée était de m'assurer les services d'un étudiant russe, homme ou femme, connaissant les dialectes locaux sibériens et s'intéressant aux objets de mes recherches. D'après ce qui m'était dit il ne manquerait pas de jeunes gens qui seraient heureux de m'accompagner.

Tandis que les choses semblaient progresser au gré de mes désirs, le professeur Oldenbourg ayant, paraît-il, commis une négligence dans le classement des archives, fut disgracié. Quant au Géorgien, que l'on disait être un ami personnel de Staline, il fut nommé ministre à Prague, je crois, et nos très brèves relations n'eurent pas de suites. D'après ce que j'ai lu dans un journal, à Hankéou (Chine) en octobre 1937, il aurait été fusillé. Un autre fonctionnaire que je vis, au cours de mes démarches, semble, aussi, avoir été exécuté. Je ne garantis pas l'exactitude de ces informations ; l'orthographe de noms propres étrangers paraissant dans les communiqués de presse est souvent incorrecte et, par là, prête à des erreurs.

Environ une année s'écoula. Les conversations à l'ambassade n'aboutissaient à aucun résultat. Finalement, je fus officiellement informée que séjourner en Sibérie et passer, de là, en Mongolie ou en Chine, m'était interdit. Ainsi se termina mon rêve de collaboration amicale avec les intellectuels soviétiques.

Du temps des tsars, la bureaucratie russe avait une réputation toute particulière quant à la lenteur et au désordre régnant dans son domaine ; il est douteux que même une révolution ait pu modifier ses habitudes. En quelque recoin d'un bureau, un scribe obscur a, probablement par l'effet d'une incompréhension, d'un malentendu, ou simplement d'une imagination quelconque de sa cervelle obtuse, rédigé une note à mon sujet et me voici classée pour toute l'éternité soviétique. Comment me représente-t-elle, cette note ? — Comme une odieuse capitaliste ? — Hélas ! trois fois hélas ! cette épithète ne m'est guère applicable ! — Ou bien ai-je été jugée trop farouchement individualiste pour apprécier les charmes de la collectivité obligatoire ? — Je n'en sais rien et, bien que curieuse de nature, je me résigne, sans trop de peine, à n'en jamais rien savoir.

Sept années s'étaient écoulées depuis l'échec de mes tentatives d'exploration intellectuelle en Sibérie et j'allais, enfin, voir le Baïkal, dont j'avais tant rêvé, mais sans m'arrêter sur ses rives.

Pendant toute la journée, tandis que défilait un paysage offrant peu d'intérêt, mon esprit demeura occupé par des souvenirs, les uns anciens, les autres récents, cherchant à deviner l'état *réel* actuel de la Russie vingt ans après le grand bouleversement qui a créé l'U.R.S.S. et me livrant à des conjectures touchant son avenir. La nuit était venue sans que j'y fisse attention, l'arrêt du train à la frontière polonaise me tira de ma rêverie. Les formalités, toujours les mêmes, furent accomplies : exhibition du passeport, déclaration de son avoir. Les employés préposés à ces inspections regardaient d'un air bizarre, vaguement apitoyé, les voyageurs qui allaient continuer leur route, comme si, téméraires voués à un sort lamentable ils se fussent acheminés vers la rive de l'Achéron. D'ailleurs, il se pouvait fort bien que leur physionomie singulière marquât, simplement, à cette heure tardive, la fatigue et une lutte contre le sommeil.

Peu de gens demeuraient dans les voitures lorsque nous repartîmes et tous les agents du chemin de fer semblaient être restés à la gare-douane. Le train, à peu près vide, roulant dans la nuit très noire, parmi les plaines couvertes de neige, avait repris son aspect fantomatique du départ : de nouveau, l'atmosphère inquiétante s'épaississait autour de ma course.

Nous approchions de la frontière soviétique. J'avais entendu raconter que celle-ci est marquée par une banderole portant la phrase désormais rituelle : « Prolétaires de tous les pays, unissez-vous ! » et je recommençais à songer.

Le train ralentissait sa marche ; émue, j'appuyai mon front contre la glace pour jeter un premier regard sur le pays des Soviets. Les wagons éclairés répandaient une clarté fuyante sur leur passage : j'entrevis, debout, immobile dans la neige, un soldat vêtu d'une longue capote, le fusil en main, baïonnette au canon.

CHAPITRE II

De Moscou à Pékin à travers la Sibérie hivernale. — Observations et impressions.

A qui s'adressait la menace silencieuse de cette sentinelle veillant, solitaire parmi la neige, dans les ténèbres, au seuil du pays des Soviets ? — A ceux qui tenteraient de s'y introduire, ou à ceux qui chercheraient à s'en échapper ? — Sans doute aux uns comme aux autres.

Je n'eus pas le temps de m'appesantir sur les pensées que me suggérait cette fugitive apparition. Le train s'arrêtait ; des portefaix s'emparaient des bagages et escortaient les voyageurs le long d'un quai non couvert, au bout duquel, découpant leurs hautes formes sur le fond d'ombre, quelques soldats immobiles, longues capotes, baïonnette au canon du fusil, barraient le chemin.

A dix heures du soir, le froid était vif ; la troupe des voyageurs se hâta vers la salle où les douaniers procéderaient à la visite habituelle. Très belle cette salle, très vaste ; les lampes électriques l'inondaient de lumière, faisant scintiller, sur les murs, le cri de guerre soviétique inscrit en lettres dorées et répété en différentes langues : « Prolétaires de tous les pays, unissez-vous ! »

Les arrivants doivent déclarer, non seulement le montant des fonds qu'ils transportent, mais aussi leurs bijoux, appareils photographiques, instruments de musique, etc. Un bulletin, distribué à cet effet, doit être rempli par chacun d'eux. Faute de pouvoir prouver, par ce bulletin dûment estampillé, qu'ils ont introduit ces objets en Russie, ils ne pourraient pas les en faire sortir à l'autre extrémité du territoire soviétique.

On m'avait prévenue que livres et manuscrits donneraient lieu à un examen prolongé, aussi n'en avais-je point emporté. Mes gros bagages voyageaient par mer. J'imagine que les autres voyageurs avaient agi de même car des valises et de petits colis, seulement, s'offraient, sur les banquettes, à l'inspection des douaniers.

Ceux-ci se montrèrent peu exigeants et nous informèrent, immédiatement, que nous pouvions éviter la visite de tous les colis que nous ne désirions pas ouvrir en cours de route. Il suffirait de les laisser plomber et d'exhiber les plombs intacts à Mandchouria, la frontière de sortie. C'est là un arrangement très commode ; je m'empressai de faire plomber les plus volumineuses de mes valises.

Je montrai, ensuite, mes bijoux à une dame chargée de contrôler la déclaration inscrite sur mon bulletin. J'aurais pu me dispenser de cette formalité si je les avais enfermés dans les valises que j'avais fait plomber, mais au moment où j'avais rédigé ma déclaration, j'ignorais que cela me fût permis.

L'inspectrice m'étonne en arrêtant son attention sur une bague tibétaine ornée de petits rubis. Elle saisit gentiment mon doigt pour examiner la bague de plus près.

« — Est-ce que ce sont des diamants ? » me demande-t-elle.

N'a-t-elle, vraiment, jamais vu de diamants pour se méprendre ainsi ?

« — Ce sont des rubis », dis-je.

Elle ne répond rien.

Autre surprise de sa part. Je possède un collier du genre de ceux que portent les femmes népalaises ; il consiste en un nombre de larges pièces d'anciennes monnaies d'or suspendues à une chaîne. Bien entendu, cet ornement barbare a, chez moi, sa place dans une vitrine, parmi d'autres curiosités et je me garde bien de m'en parer. Cependant, ne pouvant prévoir, en ce temps d'universelle démence, ce qu'un douanier loufoque pourrait penser s'il découvrait ce « trésor » dans un de mes sacs, j'avais, pour ce voyage, passé le collier à mon cou, sous ma blouse et, comme il est très lourd, et aurait pu se détacher, je l'avais, par prudence, fixé à mes vêtements au moyen de quelques épingles de sûreté. J'entr'ouvre donc mon manteau et mon col et montre le collier à l'inspectrice. C'est une femme d'une trentaine d'années, l'air distingué et de manières agréables. Elle demeure pétrifiée.

« — Otez-le », me demande-t-elle, après quelques secondes de contemplation muette.

« — Je ne peux pas, il est fortement attaché. »

Et pour lui prouver que je dis la vérité, je tire sur la chaîne à laquelle les pièces sont suspendues.

L'inspectrice n'insiste pas.

« — C'est de l'or ? » s'enquiert-elle encore, avec une inflexion de voix dénotant l'admiration.

« — Oui. »

Je reboutonne mon manteau. Les formalités sont terminées, la douanière et son collègue masculin, qui est demeuré à côté d'elle pendant tout le temps de la visite, s'éloignent.

Quelles pensées et quels rêves, ce trop voyant étalage de métal précieux a-t-il fait naître dans l'esprit de cette humble fonctionnaire. Qu'imagine-t-elle que je suis ? — Peut-être me croit-elle très riche. Bien grande est sa méprise. Mais si telle est l'idée qu'elle a conçue de moi, celle-ci ne paraît pas avoir éveillé de haine en elle ; dans son regard, je n'ai lu qu'étonnement, admiration et, peut-être, un peu d'envie.

A quelques pas de là, un employé se livre à un travail singulier. Devant lui se trouve un petit panier et, considérant celui-ci d'un air à la fois dégoûté et railleur, un monsieur qui paraît en être le propriétaire. Du panier, l'homme des Soviets extrait méthodiquement des objets qu'il garde pendant un instant entre ses mains, puis dépose sur la banquette. Il est muet et grave ; que peut-il faire ? — Je m'approche. Ce qu'il retire du panier, ce sont des citrons, de beaux gros citrons couleur d'or, que l'on devine juteux à point : d'excellentes limonades en perspective, le voyageur qui s'en est muni est avisé. Mais que fait-on à ces citrons ? — Les compter, simplement, irait plus vite.

Oh ! ma stupeur ! Ce qu'on leur fait ? — Le fonctionnaire qui les manipule, les vaccine, les inocule... Il tient en main un petit instrument que je distingue mal, gratte légèrement l'écorce et puis enfonce, dans la blessure, quelque chose qui ressemble à une aiguille. Il n'y a pas de doute, les pauvres fruits sont inoculés.

Contre quelle maladie veut-on les prémunir, ou de quelle maladie veut-on détruire les germes en eux ? — Ils sont destinés à être mangés et non à être plantés ; quel danger peuvent-ils faire courir à la flore sibérienne ? — Je n'en ai nulle idée mais il doit en exister un dont ni les Allemands ni les Polonais n'ont connaissance car les douaniers de ces deux pays ont laissé les citrons traverser leurs territoires sans s'occuper d'eux.

Tout à coup, on me touche l'épaule, je me retourne. Une dame avec qui j'ai déjà échangé quelques mots, dans le train, est derrière moi.

« — Vous regardez injecter les citrons », dit-elle. « Les oranges que j'emporte ont déjà subi la même opération. Pourvu qu'ils n'y aient pas introduit une drogue nuisible... Je ne sais pas si j'oserai les manger. »

« — Ils n'injectent rien du tout, dans les fruits », dit Yongden qui, comme moi avait regardé la scène de loin. « Ils veulent s'assurer que citrons ou oranges ne sont pas de petites bombes camouflées. »

« — Tu as de l'imagination ! » répliquai-je, en riant.

« — Eh ! Madame », rétorqua sérieusement la voyageuse, « peut-être monsieur a-t-il raison. Je suis russe de naissance — c'est par mariage que j'ai acquis la nationalité qui me permet d'être, ici, libre comme vous — et je sais quels soupçons étranges peuvent naître dans l'esprit de mes anciens compatriotes. »

Et elle s'en alla en hochant la tête.

Je changeai ensuite des billets de banque à un guichet. Diable ! les roubles étaient cotés cher. Je payai aussi, d'avance, le prix d'une promenade en auto, à Moscou. Celle-ci devait occuper les quatre ou cinq heures d'arrêt du train dans la capitale russe. Ceci fait, je m'aperçus que les livres sterling se dissipaient bien rapidement en

U.R.S.S. — Qu'en aurait-il été de francs ! — Décidément, ce n'était pas un pays où un « capitaliste » d'aussi minime envergure que moi pouvait tenter de planter sa tente.

Les porteurs de la gare étaient rétribués d'après un tarif fixe : tant par colis, sans différence de poids. On payait ce que l'on devait à un surveillant qui distribuait des billets que l'on rendait au porteur lorsqu'il avait achevé sa besogne.

Peu d'entre les voyageurs présents savaient le russe ; c'est là, peut-être, ce qui rendait purement mécaniques leurs rapports avec le personnel subalterne du chemin de fer. Partout ailleurs, l'homme portant mes bagages dans mon compartiment montrait une certaine individualité. Il était souriant, complaisant ou renfrogné et grincheux. C'était *quelqu'un* et, entre lui et moi se produisait un contact mental. Le résultat en était quelques mots échangés : remerciements, souhaits de bon voyage ou réclamations au sujet de la gratification jugée trop minime, remarques sur le temps qu'il faisait, le nombre de voyageurs qui se trouvaient dans le train, ou n'importe quoi. Même dans les pays dont j'ignorais la langue, le service rendu et le paiement qui s'ensuivait, amenaient une certaine communication par gestes ou par expressions du visage. A Négoréloié, l'automatisme régnait : gestes précis, mutisme, physionomies fermées, désintéressement complet du travail accompli ; les porteurs ressemblaient à des bonshommes en bois, mus par un mécanisme.

Était-ce là une attitude imposée ? — Cela se pourrait. Il est plus que probable que le train parti, emportant les étrangers indésirables et non régénérés, tout ce monde de douaniers, de scribes et de manœuvres s'anime et redevient simplement humain. Je n'en doute guère. Mais combien décevante et glaçante cette antichambre d'un pays qui, il y vingt ans, a, pendant quelques jours ou quelques semaines, caressé le chimérique espoir de devenir communiste.

Devant le train, un employé réclamait, en même temps que les billets des voyageurs, leurs passeports et, non content de les examiner, il les gardait.

Vraisemblablement, aucun de mes compagnons de route, pas plus que moi, ne nourrissait le projet de s'échapper de la prison roulante qui allait nous emmener à travers un continent. Les uns et les autres, nous avions payé notre place, qui pour la Chine, qui pour la Corée ou pour le Japon et nous entendions arriver à destination, mais la précaution prise de nous démunir de passeport et de titre de circulation visait les évasions possibles.

Les petites roueries analogues dont usent, présentement, la plupart des gouvernements sont bien enfantines. L'espion professionnel, ou l'amateur intéressé à découvrir ce que l'on cherche à cacher, les déjoue aisément ; elles ne réussissent qu'à vexer les voyageurs, indifférents aux intrigues politiques, qui vont droit leur chemin, uniquement préoccupés de leurs propres affaires.

La voiture dans laquelle je vais voyager est, m'a-t-on dit, un reliquat du matériel de la Compagnie des wagons-lits, datant d'avant la guerre. Elle a dû être très confortable autrefois, mais les années ont passé et les effets du manque d'entretien sont manifestes. Tapis décloués, plates-formes de communication entre les voitures, se chevauchant de manière à créer des obstacles mouvants sur lesquels on risque de se rompre une jambe chaque fois que l'on se rend au restaurant ; ces détails et d'autres m'apparaîtront par la suite. Pour le moment, je constate que les couvertures, apportées par le garçon, sont sales. Je l'arrête, comme il se dispose à les étendre sur ma couchette et, par gestes, lui fais comprendre que je ferai mon lit moi-même et me servirai de mes couvertures de voyage. Il s'en va. Physionomie fermée celui-là aussi. Indifférence complète. Est-ce lourdeur d'esprit de sa part, ou bien lui a-t-on inculqué le mépris de ces étrangers qui traversent son pays en wagon-lit de première classe ? Il paraît ne comprendre que le russe, différant, en cela, de ses collègues des wagons-lits internationaux qui, généralement, sont polyglottes.

Un interprète sachant l'anglais est attaché au train, mais on m'a dit, qu'à part lui, tous les autres employés sont expressément choisis parmi des gens ne connaissant aucune langue étrangère. Cela afin d'éviter, d'une part, qu'ils puissent fournir des renseignements aux voyageurs et, d'autre part, qu'ils puissent s'instruire auprès de ceux-ci au sujet du monde extérieur à l'U.R.S.S., et être contaminés par des idées antisoviétiques. Je me demande si l'information est exacte.

Ma première nuit dans le transsibérien fut mauvaise. J'occupais le dernier compartiment d'une voiture placée en queue du train et étais affreusement secouée. Ne dormant pas, je sortis pour circuler pendant un instant dans le couloir. A l'extrémité de celui-ci, la porte vitrée par laquelle on passe d'ordinaire sur la plate-forme enclose dans un soufflet et conduisant au wagon voisin donnait, à ce moment, sur l'extérieur. C'était, là, un bon poste d'observation pour jeter un coup d'œil sur le paysage nocturne. Je m'approchai. Mais qu'était cette masse sombre, informe, que j'apercevais au-dehors ? — Un pas de plus et je reconnus un homme accroupi sur l'étroite moitié de plate-forme attenant à la voiture. Il était emmitouflé dans une épaisse houppelande. Épaisse, soit, mais mon thermomètre de skieur, épinglé à mon manteau, marquait 29 degrés sous zéro sur le quai de la douane et cet homme juché, sans pouvoir bouger, sur une plaque de fer étroite et branlante, en plein vent, me paraissait courir des risques inutiles.

Que faisait-il sur ce perchoir instable ? — Avait-il pour mission d'empêcher l'évasion problématique des passagers du train ? —

Mais ne pouvait-il pas s'acquitter de sa besogne, quelle qu'elle fût, en restant assis contre la porte, à l'intérieur de la voiture ? — Le traitement cruel infligé à ce « camarade » me peina.

J'arrivai à Moscou, gare de Smolenski, dans la matinée. Le long du train, une haie de soldats armés bordait le quai. Comme aucun de mes compagnons de voyage n'avait droit à une garde d'honneur, cette rangée sculpturale de troupiers géants canalisant notre procession jusqu'à la sortie de la gare, ne respirait rien moins qu'un accueil cordial.

J'avais demandé une auto particulière pour Yongden et pour moi. J'espérais qu'ayant payé un supplément pour obtenir l'usage exclusif de ce véhicule, je pourrais le faire diriger à mon gré vers les quelques endroits de Moscou qui m'intéressaient particulièrement. Le temps ne manquait pas. L'arrêt du train, que j'irais rejoindre à la station de Saverni, durerait quatre heures et, en quatre heures, une auto peut faire du chemin. J'exposai mes *desiderata* à une dame presque élégamment vêtue qui nous attendait à l'arrivée du train et devait nous servir de guide. Elle se contenta de hocher la tête et nous infligea un itinéraire type — le même qu'à tous les autres hôtes du train — dont je ne réussis pas à la faire s'écarter.

La dame-guide parlait parfaitement l'anglais. Où l'avait-elle appris ? — A Londres, me dit-elle, où elle avait été employée à l'ambassade soviétique. Je lui demandai si elle n'éprouvait pas le désir de retourner à l'étranger, de voyager. Elle répondit évasivement : oui, peut-être lui serait-il agréable de visiter quelques pays hors de la Russie et, si elle obtenait un visa le lui permettant...

Le visa n'était donc pas toujours accordé ? — Les Russes se trouvaient donc, en fait, être prisonniers dans leur pays. Je songeai à la sentinelle que j'avais aperçue, veillant dans la nuit, à la frontière russo-polonaise. Combien y en avait-il, de ces sentinelles, disséminées aux extrémités de toutes les routes aboutissant à un territoire étranger ?...

« Les Cieux appartiennent au Seigneur, mais Il a donné la terre aux enfants des hommes », déclare la Bible [1].

Il semble que la civilisation, loin de nous faciliter la jouissance de ce patrimoine, tende, au contraire, à nous en frustrer de plus en plus. Quel barbare aurait jamais imaginé qu'on pût l'empêcher de marcher, droit devant lui, tant qu'il le voudrait !

1. Psaume 115, 16. Dans une traduction française de l'abbé Drioux on lit : « Le ciel le plus élevé est pour le Seigneur, mais Il a donné la terre aux enfants des hommes. » Sauf erreur de ma part, la *Vulgate* dit : « *Coelum coeli Domino ; terram autem dedit filiis hominum.* » Tandis que la traduction classique anglaise de 1611 donne : « *The heaven (even), the heavens are the Lord's ; but the earth hath he given to the children of men.* » Assez singulièrement ces textes semblent indiquer une pluralité de séjours célestes.

Au passage, la dame-guide nous indiquait des bâtiments neufs, ou en cours de construction. Celui-ci était le *grand* quelque chose, bureau administratif ou établissement scolaire ; celui-là était le *grand* autre chose, abritant un autre rouage du mécanisme soviétique.

Quant au prestigieux Kremlin, par ce temps sombre et morne, il produisait une bien moindre impression qu'en photographie. Pour qu'elle pût s'affirmer, il aurait sans doute fallu à sa grandeur barbare un éclatant soleil, un décor de neige épaisse, ou bien encore, le dur clair de lune d'une nuit de gel intense. Mais si le froid était pénétrant, un ciel bas couvrait Moscou, ce jour-là, d'un lugubre vélum de nuages gris ; la vaste place, dont la neige avait été balayée, se trouvait transformée en une traîtresse patinoire de verglas. La traverser, pour approcher du tombeau de Lénine, devenait une entreprise périlleuse.

Le mausolée, rouge sombre, de l'homme qui a déclenché la plus extraordinaire des révolutions a été trop souvent décrit pour que je le dépeigne. Dans l'immensité de l'espace parmi lequel il se dresse, il paraît minuscule et les hautaines murailles du Kremlin semblent l'écraser de leur mépris. Le contraste est plein d'enseignements : le colosse aux pieds d'argile qu'était l'Empire des tsars a été renversé par l'énergie opiniâtre d'un homme qui, devant lui, semblait d'aussi négligeable importance qu'un minuscule insecte.

Nous étions remontés en auto ; comme celle-ci se remettait en marche, je désignai du doigt les bâtiments du Kremlin à ma dame-guide.

« — Vos ministres logent là, je crois, et y ont leurs bureaux », dis-je.

Un sourire ultra dédaigneux accompagne la réponse :

« — Nous n'avons pas de ministres », prononce la dame d'un ton de supériorité compatissante pour les pauvres naturels des pays où des ministres existent encore.

« — Bien, bien », répliquai-je, « je sais que vous les appelez *Commissaires,* mais leurs fonctions sont les mêmes. »

« — Pas du tout », rétorque l'élégante camarade. « Ils sont Commissaires du Peuple. »

Cette merveilleuse différence est affirmée de façon définitive. Je n'ai nulle envie d'entamer une discussion.

Où allons-nous ? — Il nous reste encore plus de deux heures à dépenser ; mais j'ai renoncé à essayer de diriger l'itinéraire.

L'auto s'arrête devant un grand hôtel. Nous sommes invités à descendre de voiture... la promenade est terminée.

Je dois à la vérité de dire qu'on ne nous emprisonne pas dans cet hôtel. On inscrit nos noms et nous sommes, ensuite, libres de franchir la porte et de circuler dans le voisinage. Toutefois, pour qui ne connaît ni la ville ni la langue que l'on y parle, le danger de s'égarer et de manquer le train, met un frein aux velléités de promenade lointaine. Le verglas est un autre obstacle. Malgré tout, Yongden et moi marchons un peu.

La circulation n'est pas très animée dans le quartier où nous nous trouvons. Peut-être cela tient-il au mauvais temps et peut-être, aussi, est-ce le mauvais temps qui donne aux passants des physionomies si mornes. En général, leur mise est propre, mais pauvre ; celle de notre dame-guide paraît constituer une exception et, sans doute, tient-elle à l'emploi qu'elle remplit.

Les cartes d'achat ont été supprimées, m'a dit celle-ci ; n'importe qui peut acheter, dans les magasins, ce qu'il y trouve. Il suffit qu'il ait le moyen de payer. Est-ce vrai ? Pendant tout le cours de ma promenade, tant en auto qu'à pied, je n'ai pas remarqué un seul *beau* magasin exposant ses marchandises, bien étalées, dans des vitrines, comme on en voit dans les autres villes européennes. Une foule compacte se pressait dans ce qui me parut être un bazar pourvu de fenêtres étroites où différents genres d'articles étaient en montre.

Je vis, pourtant, une boutique assez coquette où l'on vendait de la parfumerie, des fards, etc. Dans son livre *Inside Europe* (à l'intérieur de l'Europe) publié en 1936, John Gunther rapporte que la femme de Molotov, à cette époque président du Conseil des Commissaires du Peuple, Mme Pauline Semyonova Zhemchuzhna, est à la tête du trust soviétique qui fabrique les poudres de riz, les fards et les crayons pour les lèvres. Des commentaires se pressent au bout de ma plume, mais je les réprime.

De retour à l'hôtel, nous y attendons encore longtemps. Ne pourrions-nous pas nous restaurer un peu après cette course matinale ? Je découvre la salle à manger ; elle est immense, imitant, de son mieux, celles de nos « Palaces ». Des garçons y circulent, disposant les couverts sur les tables ; pas menus et feutrés, dos courbés par l'habitude des saluts réitérés, ils ressemblent à tous ceux de leurs confrères que l'on voit de par le monde. L'un d'eux me dit que l'on ne sert pas de repas, à cette heure, dans la salle à manger. Il faut aller au restaurant.

Je retourne dans le hall ; lui, aussi, copie le style des grands hôtels des pays capitalistes. Pourquoi ?... Une austère simplicité siérait à une République socialiste. Est-ce que, par hasard, le socialisme n'existerait, ici, comme ailleurs, que dans les discours des orateurs ? — Cet hôtel est-il destiné à recevoir, uniquement, les touristes étrangers, munis de coupons de première classe, dont on veut ménager et flatter les goûts bourgeois ? — J'interroge :

« — Les Russes sont-ils admis à dîner et à loger dans cet hôtel ? »

« — Certainement », me répond-on avec étonnement, comme si ma question était absurde. « Certainement, s'ils ont de l'argent pour payer le prix. »

Oh ! Oh ! J'ai bien compris. Le chauffeur qui conduisait l'auto dans laquelle j'ai parcouru la ville et ses congénères du prolétariat, ne dîneront pas là et les garçons, présentement occupés à mettre le couvert, ne peuvent guère concevoir l'espoir de s'asseoir à ces tables qu'ils décorent de fleurs « pour ceux qui disposent d'assez d'argent pour acquitter le prix du dîner ».

Il en va de même à Paris, à Londres, à New York et autres lieux. Certainement, en dépit de ce que proclament certains propagandistes, les anciennes coutumes, les mœurs millénaires demeurent encore vivaces en U.R.S.S. : il y existe toujours des gens que l'on sert et des valets qui les servent.

Le restaurant, situé en contre-bas, près de la porte d'entrée, était occupé par de nombreux clients. Il semblait que ce fût plutôt un buffet qu'un véritable restaurant. On me demanda si je voulais du café avec du pain et du beurre. J'avais déjeuné le matin, vers 7 heures ; il était près de midi, je désirais un repas un peu plus substantiel. Je jetai un regard sur les tables voisines ; ceux qui y étaient assis mangeaient des œufs ou des gâteaux. Je dus me contenter d'œufs au jambon, un plat universel.

Le service était fait par de gracieuses jeunes femmes, quelques-unes d'entre elles vraiment jolies. A première vue l'on constatait qu'elles n'inclinaient point vers l'austérité, ni même vers cette gravité d'esprit que — sottement, sans doute — j'associe toujours, dans ma pensée, à l'idée de république socialiste. Coiffures savamment ordonnées, ondulations, fard aux joues, lèvres et ongles teints dénotaient que la coquetterie vulgaire, visant à capter l'attention des clients, était toujours vivante en elles.

Derrière un comptoir siégeait une grasse matrone, surveillante ou maître d'hôtel ; en dépit de son âge — apparemment les dernières années de la quarantaine — elle était aussi fortement maquillée que ses subordonnées. Du reste, puisqu'il existe, en U.R.S.S., un trust soviétique de la fabrication des rouges, des crayons pour les lèvres et autres « produits de beauté », le maquillage peut y passer pour une institution d'État.

L'interprète attaché à notre train arriva en trombe, rassembla les brebis confiées à sa garde, les emmena précipitamment au dehors et, sur le trottoir, les compta... Horreur, il en manquait deux.

« — Un, deux, trois, quatre, etc. », recompta le bonhomme.

Rien n'y faisait ; le nombre voulu n'y était pas. L'interprète devint rouge, puis pâle, tira son mouchoir, s'épongea. Les voyageurs, narquois, commençaient à s'égayer.

« — Que croyez-vous qu'on lui fera si les deux absents ne se retrouvent pas ? » demanda, à haute voix, un loustic feignant une conversation particulière avec son voisin.

Un jeune Anglais prit immédiatement la suite de la plaisanterie.

« — Pensez-vous qu'on le pendra ? » demanda-t-il, avec une parfaite gravité et un ton de voix marquant un vif intérêt en la question.

Yongden qui, comme la majorité des Orientaux, est peu adonné aux facéties, ne saisit pas celle-ci et, sérieusement, crut devoir fournir un renseignement.

« — Je crois », dit-il, « que depuis la révolution, on ne pend plus en Russie. Maintenant, les condamnés sont fusillés. »

Un éclat de rire général accueillit cette rectification.

L'interprète comprenant que nous raillions sa crainte, sinon de la peine capitale, du moins d'un châtiment sévère, nous lança un regard rancunier.

Un voyageur, qui semblait être un Allemand, coupa court à notre hilarité :

« Est-il temps, oui ou non, de nous rendre à la gare ? » demanda-t-il à l'interprète. « Vous paraissiez très pressé de nous y emmener. Je ne veux pas manquer le train. Conduisez-moi à la gare ou faites-m'y conduire ; vous chercherez ensuite ceux qui vous manquent. »

« — C'est cela... Parfaitement... » firent écho quelques-uns. « Allons à la gare ! »

L'employé soviétique trépignait, tout en promenant ses regards désespérés sur la vaste place qui s'étend devant l'hôtel. Enfin, à l'extrémité de celle-ci, les deux retardataires apparurent, cheminant nonchalamment. L'interprète les appela à grands gestes. Tous deux lui répondirent par une gesticulation analogue, sans presser le pas le moins du monde. N'y tenant plus, l'interprète courut vers eux et, quand il les eut rejoints, s'efforça, sans résultat, de les faire se hâter.

La comédie nous amusait. Une dame profita du répit pour rentrer dans l'hôtel et quand l'interprète revint ramenant ses gens, elle ne nous avait pas rejoints. Tout excité, celui-ci ne songea pas à compter, de nouveau, son troupeau et l'emmena au pas de course. Peu désireuse de risquer une chute sur le sol couvert de verglas — aucune municipalité prévoyante n'y ayant fait répandre du sable ou de la cendre — je restai en arrière.

« — Il me semble que la dame n'est pas revenue », dis-je à Yongden.

« — Non, je ne crois pas ; mais ne vous en occupez pas. Il ne faut jamais se mêler des affaires d'autrui. Ici, moins encore qu'ailleurs », me répondit mon prudent Ulysse.

Où allions-nous ? — Des tramways passaient chargés de voyageurs... nous ne devions monter dans aucun d'eux, on nous conduisait au métro.

Le chemin de fer souterrain paraissait être un objet de grande admiration pour les Moscovites ; en nous y faisant pénétrer, notre guide affectait un enthousiasme extrême.

Il est bien logé, en effet, ce métro. Les murs des gares sont revêtus de plaques de marbre et chaque station décorée d'une façon particulière, la tonalité dominant dans les unes étant le rouge, dans les autres le vert ou le jaune. Ce déploiement de marbres de couleurs variées est vraiment somptueux. Quant aux voitures, elles sont aussi bonnes et pas meilleures que celles de seconde classe du métro parisien.

Les voyageurs étaient nombreux, sans que, pourtant, il y eût foule. J'avais trouvé une place assise et, pendant le trajet, je regardai mes voisins. Comme les passants que j'avais croisés dans les rues, ceux-ci étaient proprement, mais très simplement vêtus d'habits qui paraissaient avoir déjà fait un assez long usage. Ils ne témoignaient aucune curiosité pour le groupe d'étrangers qui se trouvait dans leur compartiment. Ils ne se regardaient pas, non plus, les uns les autres, ils ne se parlaient pas. Leurs regards dirigés droit devant eux, dans le vide, n'exprimaient rien qu'une indifférence absolue... Indifférence ou inertie due à une extrême lassitude de l'esprit.

Parmi les « curiosités » du somptueux métro soviétique, je remarquai que les escaliers mécaniques qui, en d'autres lieux, épargnent aux gens la fatigue de gravir des marches, fonctionnaient à rebours : ils faisaient *descendre* les voyageurs. D'autre part, ceux-ci ne recevaient aucune aide à la montée. Du moins en était-il ainsi dans les stations que j'ai vues et, peut-être, depuis mon passage, a-t-on remédié à cette bizarrerie.

Le voyage dans le métro terminait la « visite » de Moscou. Au lieu d'y employer les quatre heures dont nous disposions comme les prospectus distribués dans les agences de l'*Intourist* le promettaient, l'on nous avait amenés, après une brève course en auto, dans un très peu intéressant hôtel où nous nous étions morfondus. Mes compagnons de voyage jugeaient unanimement le procédé passablement indélicat car tous, en leur monnaie respective, avaient payé d'avance, un prix absurdement élevé pour cette promenade rapide. Se fâcher n'aurait servi à rien, un « globe-trotter » doit être préparé à tous les genres de mécomptes et savoir en rire. Eux, aussi, constituent des souvenirs de voyage et, après tout, ces minimes aventures ajoutent du sel aux sensations que procurent les grandes.

Sortant du métro nous gagnâmes la gare de Saverni, voisine de ce dernier ; nous devions y rejoindre le train que nous avions quitté à Smolenski.

Pendant une cohue très dense, nous pénétrâmes dans une longue salle d'attente, servant en même temps de buffet. Elle était comble, sans un siège de libre. Les gens, debout, se pressaient étroitement les uns contre les autres. Je me trouvai à demi écrasée contre un comptoir à étagères sur lesquelles reposaient des pâtisseries paraissant vieilles et desséchées, peu appétissantes, dans tous les cas.

La foule était presque silencieuse, peu de conversations se poursuivaient ; je revis, encore une fois, sur les visages, la même expression d'indifférence ou de lassitude que j'avais remarquée partout ailleurs.

On nous avait bien inutilement pressés pour nous mener à la gare. Nous attendîmes, debout, pendant plus d'une heure avant de pouvoir pénétrer sur le quai.

Seulement composé de quelques voitures de wagons-lits en partant à la frontière, l'express s'était allongé de nombreuses voitures ordinaires. Les plus proches des wagons-lits appartenaient à la classe dite « molle » [1], mais au cours du trajet, je découvris, en queue du convoi, des wagons de classe dure. Ces additions donnaient à notre train une longueur tout à fait inusitée.

Je trouvai mon compartiment en bon ordre. Pendant mon absence, on l'avait balayé et épousseté ; les serviettes de toilette avaient été changées et même les draps de lit, bien qu'ils n'eussent servi que pendant une seule nuit. — Les prospectus-réclame de l'*Intourist* [2] promettent, seulement que ceux-ci seront changés tous les deux jours. — J'augurai donc bien de cette exagération de propreté. Hélas ! elle ne devait pas se renouveler.

Le train démarra ; nous étions en route pour l'Asie.

Comme le savent ceux qui m'ont fait l'honneur de lire mes livres précédents, je suis plus d'une fois partie pour l'un ou pour l'autre des pays asiatiques, mais j'ai toujours voyagé par mer.

Je m'embarquai à Marseille ; le ciel était bleu, le soleil faisait miroiter les vagues, tout le paysage baignait dans une lumière intense et, déjà, à cette porte de l'Orient qu'est le grand port français, commençait l'enchantement dont chaque escale accroîtrait la puissance.

Très grand était le contraste. Tandis que nous avancions parmi les plaines neigeuses, l'image d'une Asie différente de celle que je connaissais se présentait à ma pensée. Une Asie froide, tantôt voilée de brumes, tantôt parée de glace et de givre scintillant ; Asie au visage plus énigmatique encore que celle des jungles tropicales. Vers elle, depuis une très haute antiquité, se sont tournées les pensées des mystiques de l'Inde et du Tibet. Leur Thulé est l'Outtara Kourou

---

1. La classe « molle », ainsi nommée parce que les banquettes sont rembourrées, correspond à notre deuxième classe, mais dans les express effectuant de longs parcours, chaque voyageur a une couchette.

La classe dure est une troisième classe à banquettes de bois non rembourrées. Pour les longs parcours, les voyageurs y ont suffisamment de place pour s'étendre, pendant la nuit, sur des couchettes superposées en trois ou quatre étages.

2. Voir chap. I.

des contes hindous et le Tchang daminién de la géographie lamaïste, terre d'abondance dont les habitants jouissent d'une longévité extraordinaire et ne connaissent jamais la maladie. Au Tibet, Tchang daminién est souvent confondu avec la légendaire Tchang Chambhala[1]. C'est aussi vers le Nord que, selon les Hindous, se dirige, après la mort, l'esprit des justes promis à la béatitude et les yoguis du Pays des Neiges parlent des trente-trois mystiques chemins du Nord qui conduisent l'initié à l'illumination spirituelle.

Pourquoi le Nord exerce-t-il cette singulière attirance ? — Bien que passionnément éprise des pays ensoleillés, je n'y ai point échappé. Depuis quelques années surtout, la hantise de paysages polaires me poursuit et le désir, éprouvé dans ma jeunesse, de goûter les sensations que peut donner la longue nuit hivernale du grand Nord s'est réveillé en moi. Une fois de plus, au moment de partir pour le présent voyage, la tentation m'est venue d'aller en Islande et, de là... plus loin... Cependant le transsibérien me ramenait en Chine.

Les courtes journées de janvier diminuaient considérablement le temps où le paysage s'offrait à notre inspection ; pendant un grand nombre d'heures nous roulions dans l'obscurité. Parfois, des bâtiments à l'aspect d'usine, brillamment éclairés, apparaissaient dans la nuit, rappelant l'effort industriel qui se poursuit dans l'U.R.S.S. ; visions rapides, tôt englouties dans les ténèbres.

L'Oural me sembla une succession de médiocres collines. Peut-être la fréquentation des pics himalayens m'a-t-elle rendue exigeante.

Des noms de villes bien connues se mirent à défiler au fur et à mesure des arrêts du train. L'on juge mal les localités que l'on traverse lorsqu'on n'en voit que les abords des stations. Il est possible que le centre de celles où je passais eût meilleure allure que ce que j'apercevais de ma voiture : rues mal tracées, maisons en bois, séparées par des terrains vagues, aspect de camps de pionniers plutôt que de véritables cités. Pas une seule gare couverte.

Par contre, la voie ferrée paraissait remarquablement bien entretenue. Sauf un mince ruban, remplissant le creux des rails, elle était parfaitement dégagée de neige sur tout le long parcours. L'on roulait avec un minimum de secousses. Allure lente, en général ; un employé me donna le chiffre de 62 kilomètres à l'heure, en moyenne, dont je lui laisse l'entière responsabilité.

Ayant toujours entendu parler du transsibérien comme d'une ligne à voie unique, je m'étonnai de voir que nous croisions fréquemment des trains et, en regardant au-dehors, je constatai souvent qu'une autre voie existait à côté de celle sur laquelle nous roulions. Je ne puis pas affirmer que la voie soit continuellement double, ce que je puis dire, c'est qu'elle n'est pas continuellement unique. Les experts

1. Voir chap. I.

intéressés à connaître ce qu'il en est sont certainement bien renseignés à ce sujet d'une grande importance en ce qui concerne les transports militaires en temps de guerre.

Il me parut étrange que le soin de remplir d'eau les réservoirs alimentant les voitures, fût confié à des femmes. A certains arrêts, la nuit étant déjà venue, on les voyait circuler sur les toits des wagons, traînant les lourds tuyaux vissés aux prises d'eau, dans le sol. La moindre quantité de liquide s'échappant de ceux-ci gelait instantanément et de longues aiguilles de glace décoraient notre train de franges scintillantes. Il me semblait que cette besogne n'était pas précisément féminine, mais, après tout, certains pourraient rétorquer que ma vie de grande voyageuse et d'exploratrice n'est pas précisément féminine non plus, d'après les mœurs courantes. Je me garderai donc de tout commentaire.

Le personnel qui accompagnait le train était suffisamment bien vêtu. Les garçons des wagons-lits enfilaient de chauds pardessus et des gants épais lorsqu'ils descendaient aux arrêts pour faire quelque travail ou pour prendre un peu d'exercice. D'autre part, j'aperçus des « graisseurs » et d'autres minimes subalternes, occupés autour des trains, qui étaient littéralement vêtus de haillons. Il fallait aller en Chine pour rencontrer des misérables pareillement dépenaillés.

A plusieurs stations, je remarquai des gens faisant la queue devant des échoppes où l'on délivrait des pains, qui paraissaient y avoir été apportés par un train : le nôtre ou l'un de ceux qui étaient arrêtés en même temps que lui. Certains des clients devaient se sentir pressés par la faim, j'en vis qui, instantanément, mordaient gloutonnement dans l'un des pains qu'ils venaient de recevoir. A d'autres comptoirs, moins assaillis que les boulangeries, les gens faisaient remplir de petites bouteilles. Vraisemblablement c'était de l'alcool qu'on y débitait. Rien dans tout cela ne respirait l'aisance et la gaieté, au contraire.

« — Les habitants des endroits où nous passons, ne pourraient-ils donc pas cuire du pain eux-mêmes ? » demandai-je à l'interprète. « Pourquoi doivent-ils attendre l'arrivée d'un train qui en apporte ? »

« — Ceux que vous voyez font partie d'équipes volantes qui travaillent au chemin de fer », me répondit-il.

L'explication pouvait être conforme à la vérité ; elle pouvait, aussi, ne pas l'être. Il faut se méfier des renseignements fournis aux touristes curieux. Je voyais un bon nombre des acheteurs sortir de la station et s'éloigner avec leurs emplettes ; il ne semblait pas que leur travail les retînt auprès des voies ferrées ; de jeunes enfants étaient, aussi, parmi eux.

A d'autres endroits, des paysannes offraient, en vente, des œufs et différentes provisions, mais il ne leur était permis, ni d'approcher du train ni de pénétrer sur le terrain de la station. La nécessité de traverser des rails ou de marcher dans la neige pour aller jusqu'à elles retenait, sans doute, pas mal de voyageurs, les portant à se fournir à des échoppes-buffets installées sur le trottoir de quelques stations. Il ne semblait pas que le commerce de ces campagnardes fût très florissant.

A leur sujet, un doute me venait. Ces femmes vendaient-elles, librement, les produits de fermes dont elles étaient propriétaires ? On sait qu'il reste très peu de fermiers autonomes en Russie ; la grande majorité des paysans ont été contraints d'entrer, en y apportant ce qu'ils possédaient, dans des associations collectives. J'ai lu que, seules, ces sociétés agricoles étaient autorisées à vendre leurs produits aux voyageurs. Mais alors, si ce que ces paysannes présentaient était issu d'une industrie orthodoxement collective, pourquoi l'accès du quai des stations leur était-il interdit et quelle différence existait-il entre elles et les vendeuses installées dans les boutiques construites sur celui-ci ?

L'interprète que j'interrogeai sur ce sujet, baragouina des explications si confuses que je n'y trouvai aucun éclaircissement. Visiblement, du reste, son rôle se bornait à nous prêter son aide pour les questions du service ; il n'était aucunement chargé de nous mettre au courant des us et coutumes soviétiques. Ne se souciait-il pas, par paresse, de satisfaire notre curiosité ou cela lui était-il défendu ? Dès que les questions devenaient trop directes ou trop pressantes, il s'esquivait et on ne le revoyait plus de longtemps.

Faute de pouvoir obtenir des réponses précises aux questions que j'aurais voulu poser, je me contentai, le plus souvent, de regarder ce qui s'offrait à ma vue, le long de la ligne. Je ne faisais d'ailleurs pas ce voyage en *reporter* et le vif intérêt que la Russie nouvelle avait suscité, en moi, une dizaine d'années auparavant, s'était considérablement atténué.

Les maisons paysannes que j'apercevais, au passage, étaient presque toutes franchement misérables...

Je ris en écrivant ceci, car la maisonnette où je me trouve en ce moment n'a rien de confortable. Il est probable que les plus mesquines des isbas dont les habitants excitaient ma pitié l'étaient bien davantage.

On trouvera, dans les chapitres suivants, le récit des événements qui m'ont conduite là, sur un éperon de montagne à environ 3 000 mètres d'altitude, aux confins du Tibet, dans un minuscule ermitage. Je me trouve parfaitement à mon aise dans ce rustique domicile, tandis que la guerre fait rage ailleurs. Je suis pleinement rassasiée de bombardements et de crépitements de mitrailleuses : la paix des montagnes est douce et j'ai, naturellement, l'amour de la solitude [1].

---

1. J'ai quitté cet ermitage lorsque la neige y a rendu le ravitaillement trop difficile et suis allée occuper une cabane à quelque 300 mètres plus bas, dans la vallée.

Il s'ensuit que ma situation ne peut pas être comparée à celle des gens habitant les pauvres cabanes que j'ai remarquées en Sibérie. Ceux-ci ne les ont pas élues par goût ou ne s'y sont pas réfugiés, temporairement, dans des circonstances exceptionnelles. Elles constituent un foyer permanent où, dans beaucoup de cas, toute leur vie s'écoulera et, comme telles, on peut, avec raison, les déclarer « franchement misérables ».

Dès les premiers jours du voyage, je constatai que le souci de propreté minutieuse que j'avais vu manifester à Moscou ne se renouvellerait pas. On ne changea ni les draps de lit ni les serviettes de toilette pendant toute la durée du parcours.

Autre remarque. En achetant ses billets de chemin de fer à l'un ou l'autre des bureaux de l'*Intourist,* seuls autorisés à en délivrer, l'on achète, aussi, des coupons de repas [1] à prendre pendant la traversée du territoire soviétique. Il en existe deux catégories : première classe et seconde classe et l'écart de prix entre elles est assez fort [2]. Cependant, il ne me fallut pas longtemps pour m'apercevoir que, non seulement, le wagon-restaurant était commun aux possesseurs des billets de l'une et de l'autre catégorie, mais que les menus qu'on leur servait étaient identiques.

Il n'existe, j'en conviens, aucune *bonne* raison en vertu de laquelle les uns doivent être moins nourris que les autres. J'aurais acquiescé, pleinement, à un menu unique ; mais pourquoi nous avait-on extorqué, à Yongden et à moi, quelques centaines de francs supplémentaires pour ne rien nous donner en échange ?...

La différence de classe est, toutefois, sensible en ce qui concerne les compartiments. Ceux de première classe sont plus vastes, les couchettes ne sont pas superposées l'une au-dessus de l'autre et un cabinet de toilette communique avec le compartiment, tandis que les passagers de seconde classe n'ont, pour leur usage, qu'un unique lavabo, placé dans de très exigus w.-c., au bout du couloir.

Dès que nous fûmes en Sibérie, le nombre des voyageurs s'accrut considérablement ; c'était une population équivalant à celle d'un village que transportait notre train démesurément long. Le confort s'en ressentit. Les passagers de classe molle fréquentèrent l'unique wagon-restaurant qui ne désemplit plus, du matin au soir. On y man-

1. Il n'est pas obligatoire de prendre ses repas dans le wagon-restaurant ; les passagers du train sont libres d'emporter des provisions et de manger dans leur compartiment. Certains le font, mais conserver de la nourriture, dans des voitures surchauffées, pendant une douzaine de jours, sans que celle-ci se gâte, n'est guère facile. La majorité des voyageurs mangent donc au restaurant.

2. Les chiffres exacts, comme beaucoup d'autres renseignements plus intéressants, ont été perdus avec mes bagages, lorsque j'ai fui le Chansi pendant la guerre. Voir chapitre VII.

geait dans une atmosphère épaisse de fumée de tabac, les fenêtres toujours hermétiquement fermées et la cuisine, très acceptable, au début, devenant, de jour en jour, plus nauséabonde. Il m'arriva de trouver un bout de cigarette mâchonné dans le plat qu'on posait sur ma table. Ma grande ressource était le caviar que l'on servait abondamment ; malheureusement, le pain blanc manqua bientôt, l'on ne nous donna plus qu'un horrible pain noir, gluant, et le beurre fut rance.

Le personnel, par son amabilité, atténuait un peu les désagréments de ce régime. Le maître d'hôtel et le cuisinier s'efforçaient, de leur mieux, de satisfaire nos goûts, mais ces braves gens manquaient des matières premières qu'il eût fallu pour y parvenir. Une dame eut, finalement, l'idée de demander des pommes de terre simplement bouillies, pour les manger avec du caviar. Le propriétaire des citrons qui avaient été inoculés à la frontière, en apporta, pour servir d'assaisonnement. Ce fut un début : j'offris du chocolat à la communauté, un autre donna un pot de confiture et un autre, encore, des barres de nougat... l'atmosphère soviétique agissait : nous devenions communistes !

Encore une fois, l'attitude des Russes, au restaurant, frappait l'étranger par la gêne ou l'indifférence qu'elle respirait. J'ai vu des officiers se faisant vis-à-vis, à la même table, consommer leur repas sans s'être adressé la parole. On n'imagine guère, en un autre pays, deux membres de l'armée, en uniforme, donc conscients de leur confraternité, demeurant, ainsi, muets en face l'un de l'autre.

La seule fois où, pendant ma traversée de la Russie et de la Sibérie, j'entendis prononcer le mot « tovarish » (camarade), ce fut dans un sens peu amical.

Un moujik, engoncé dans une épaisse houppelande en peau de mouton, dont l'accoutrement et la figure rustiques me rappelaient les pasteurs tibétains des pâturages du Koukou nor, entra au restaurant, s'arrêta dans l'allée centrale qui sépare les deux files de tables et demeura là, obstruant le passage, promenant ses regards de droite et de gauche, l'air bon enfant, naïf, très sympathique et profondément ahuri.

Avec un sourire légèrement narquois, le maître d'hôtel alla à lui et lui adressa quelques mots. Sauf le terme « tovarish » que je distinguai parmi ceux-ci, je ne compris pas ce qu'il disait, mais j'en vis l'effet immédiat. Le sourire enfantin, qui éclairait gentiment la bonne face du paysan, disparut, faisant place à une expression de timidité craintive et le bonhomme s'en alla sans répliquer rejoindre vraisemblablement le compartiment de classe dure auquel son billet lui donnait seulement droit. Le « camarade » avait été prestement expulsé de notre compagnie bourgeoise.

Le lendemain matin, causant, dans le couloir, avec un des voyageurs, tandis qu'on nettoyait la voiture, je lui rapportai le fait. L'aventure du « camarade » égaré hors de sa « classe » l'égaya d'abord, puis, redevenu sérieux, il me montra la femme de service agenouillée à quelques pas de nous, astiquant un crachoir en cuivre.

« — Voilà ! » me dit-il. « Il y en a qui se prélassent et s'empiffrent, pour le moment, dans le wagon-restaurant, tandis que cette malheureuse est là, à genoux, nettoyant nos crachoirs... une autre "tovarish". »

Les garçons de service ne paraissaient pas, non plus, manger d'une façon telle qu'elle pût faire craindre, pour eux, des indigestions. Je les voyais, souvent, le soir, dans le recoin précédant les w.-c., dépeçant un hareng saur qui paraissait composer tout leur souper. D'autres fois, pourtant, venant de la cuisine, ils passaient dans le couloir, portant deux ou trois assiettes couvertes ; le menu était, alors, plus copieux, mais il n'équivalait certainement pas à celui qui nous était servi. Le nombre des assiettes qui le contenaient en faisait foi.

Je dois à la vérité de déclarer que ces hommes n'avaient point du tout l'air émacié. Ce qu'ils mangeaient leur suffisait, sans doute ; avant la révolution, peut-être n'en eussent-ils pas eu autant. Encore une fois, il ne faut pas mesurer, à notre aune, ce que l'on voit en U.R.S.S.

La chose vraiment abominable, dans le transsibérien, c'était le vacarme causé par les haut-parleurs qui hurlaient dans les couloirs dès le matin, et pourquoi, dans un pays dont les musiciens et les compositeurs sont si hautement remarquables, nous assourdissait-on avec des airs d'une aussi choquante vulgarité ? — Ceux à qui incombe le soin de choisir les disques des phonographes ou de relier les voitures, par radio, à des auditions musicales, estiment-ils que les « barbares » occupant les wagons-lits sont incapables de goûter de la musique meilleure ou, de propos délibéré, s'amusent-ils à les torturer ?

Parfois, aussi, des voix tonitruantes s'échappant du cornet haut-parleur, emplissaient la voiture de clameurs véhémentes. Peine perdue, mes compagnons de route, sauf deux, ne comprenaient pas un mot de russe et tous s'enfermaient dans leurs compartiments, ou passaient dans la voiture voisine laissant l'invisible énergumène hurler dans le vide.

Interrogé sur la raison de ce tintamarre, l'interprète me confia.

« — Le bruit éveille les voyageurs et les porte à sortir de leurs compartiments, ce qui permet de balayer. Autrement, il y en qui ne bougeraient pas avant midi et cela gênerait le service des garçons. »

Quelque chose d'analogue m'a été raconté au sujet de certaines compagnies de navigation. Sur leurs navires, me disait-on, l'on oblige les passagers à se lever avant huit heures du matin. Ceux qui s'obstinent à rester couchés après ce temps, sont, d'office, déclarés malades et on leur envoie le médecin du bord dont la visite, imposée, est tarifée à un prix exorbitant. J'ai peine à croire qu'il existe des voyageurs assez sots pour se laisser brimer de cette manière. Dans tous les cas, je n'ai jamais rien vu de pareil au cours de mes nombreuses traversées.

Les jours passaient de façon monotone, le paysage restait le même et le matin, au réveil, on apercevait la même plaine uniformément blanche sur laquelle on avait vu, la veille, le soleil se coucher. Généralement, les crépuscules étaient ternes, pourtant, un soir, j'eus la surprise d'une véritable féerie. Une mystérieuse lueur bleuâtre surgit à l'horizon, s'étendit et enveloppa la moitié du paysage formée par une zone boisée, tandis que l'autre, une immense plaine dénudée, se teignait de nuances rosées et roussâtres.

Arbres et rares isbas parurent, soudain, être devenus diaphanes et flotter dans l'atmosphère colorée pendant qu'au loin, des fusées d'or pâle jaillissaient de l'endroit où le soleil avait disparu. Ce tableau, dont les teintes varient d'instant en instant, me retint, fascinée, contre la vitre de la voiture, jusqu'à ce que la nuit se fût faite.

Je n'ai pas remarqué, au cours de mon voyage dans le transsibérien, un grand déploiement d'emblèmes ou d'inscriptions soviétiques. La majeure partie des gares en étaient dépourvues, si bien que les autres se signalaient à l'attention. De temps en temps, j'apercevais une banderole rouge portant une inscription, ou bien un portrait de Lénine — plus souvent de Staline, l'homme du jour : les vivants priment les morts. — Un mécanicien avait collé un grand portrait de ce dernier sur sa machine, mais un tel excès de zèle semblait rare.

Un endroit dont le nom est Ikrénia, ou quelque chose d'approchant, se faisait remarquer par un déploiement particulier de dévotion. Dévotion me paraît être le terme propre. La gare ressemblait à un reposoir érigé pour le passage d'une procession, en un pays ultra dévot : Sicile ou Espagne, avec cette différence que les images des saints offertes à la vénération des passants n'étaient point les mêmes.

Accrochés au sommet du bâtiment, se voyaient deux énormes portraits dessinés sur fond rouge : Staline et un autre personnage dont le visage m'était inconnu. Entre ceux-ci, suspendue un peu plus bas, et de moindre grandeur, se trouvait une photographie encadrée et sous verre, représentant Lénine coiffé d'une casquette. A quelque distance de là, un socle, drapé d'une étoffe rouge, posé sur le quai, supportait un buste de Staline. Tout autour de cet étalage pendaient, à profusion, de longues banderoles rouges avec des inscriptions en lettres blanches.

Je demandai à l'une des voyageuses d'origine russe, qui se trouvait dans les wagons-lits, de me traduire ces inscriptions. Était-elle incapable de le faire, ne voulut-elle pas s'en donner la peine, elle se borna à me dire qu'il s'agissait de bons souhaits et d'éloges adressés aux chefs dont les portraits étaient exposés puis, aussi, d'exhortations au peuple, l'adjurant de travailler sans relâche.

Travailler sans relâche — et le genre de travail entendu, là, était un labeur manuel — est-ce donc un idéal ?... On ne me le fera jamais admettre. Ce qui permet à la pensée et à la réflexion, sources de tous progrès, de naître et de s'exercer, n'est-ce pas, au contraire, le loisir ?...

Un matin, à l'aube, nous atteignîmes le bord de l'Angara. Le spectacle qui m'apparaissait valait grandement que, pour le contempler, j'eusse effectué le long trajet de la France au cœur de la Sibérie.

Sous un ciel bas et pâle, la rivière, partiellement prise seulement, charriait de larges glaçons dans son eau blanchâtre, épaissie par le gel. Animant un paysage vraiment polaire, tout de blancheur, absolument désert et silencieux, des brumes aux formes fantastiques, constamment changeantes, erraient, de-ci, de-là, se rencontrant, se mêlant ou s'évitant, comme si une armée de fantômes eût évolué parmi les solitudes glaciales.

Peu à peu, à travers le vélum uniformément gris perle des nuages, des lueurs rosées percèrent timidement, teintant d'abord quelques glaçons, puis, devenant plus puissantes, y allumant des myriades d'étincelles.

Au milieu de cette féerie, le train roulant presque sans bruit, sur les rails capitonnés de neige, atteignit le lac Baïkal, celui-ci complètement gelé.

Touchant à la station de Baïkal, est un petit port protégé par une jetée. Quelques bateaux hivernaient là ; des hommes s'occupaient à briser la glace autour de l'un d'eux. Sur la voie ferrée, des travailleurs besognaient. Appartenaient-ils à l'armée ? — Leurs casquettes étaient ornées d'une étoile rouge. Ils paraissaient être logés sur les lieux, dans de vieux wagons, comme je l'avais déjà vu ailleurs. L'une des voitures formant leur camp était surmontée d'une étoile rouge et couverte d'affiches. Ce devait être la « salle de réunion ». Sans doute contenait-elle une petite bibliothèque et un appareil de radio qui y déversait les discours des orateurs du Parti et un peu de musique, pour édifier et distraire cette équipe isolée de cheminots.

Plus loin, j'aperçus un petit phare sur la rive du lac. En été, une flotte relativement nombreuse, dit-on, navigue sur le Baïkal ; pour le moment, je le voyais sillonné par de véritables routes. Quelques rares traîneaux glissaient rapidement le long de celles-ci, s'enfonçant à l'horizon entre la vaste plaine blanche et l'immense ciel blanc.

Le temps était beau ; le soleil invisible, mais singulièrement actif, s'amusait, comme sur l'Angara, à allumer des éclairs diversement colorés sur la surface rugueuse du lac irrégulièrement gelé.

Pendant plus d'une demi-journée, je pus satisfaire mes rêves de terres septentrionales.

Bien peu de voyageurs prêtaient attention au paysage merveilleux qui se déroulait devant eux. Les uns lisaient dans leur compartiment, les autres buvaient au restaurant et le haut-parleur braillait, dans les couloirs, des airs de bastringue.

Le reste du voyage en Sibérie, jusqu'à la frontière mandchoue se passa paisiblement, sans incidents méritant d'être notés. La veille du jour où nous devions arriver à Mandchouria, tous les voyageurs réclamèrent énergiquement leurs passeports que le chef du train détenait depuis l'entrée en Russie. Nous ne voulions pas courir le risque des erreurs ou des pertes qui auraient pu se produire au dernier moment, dans la salle de la douane. L'interprète résistait, mais devant nos observations véhémentes et unanimes et l'attitude vaguement menaçante que nous commencions à prendre, il alla chercher nos passeports et nous les restitua.

Il nous informa, alors, que nous arriverions à Mandchouria dans la nuit et qu'après avoir passé la visite de sortie, à la douane soviétique, le train nous emmènerait, immédiatement, en face de la douane japonaise. Toutefois, ajouta-t-il, comme le train japonais ne partirait que le lendemain matin, nous pourrions passer la nuit dans nos wagons-lits et ne les quitter qu'au moment de faire visiter nos bagages, un peu avant l'heure de notre départ. C'était là, simple justice, car tous, nous avions payé d'avance le prix d'un certain nombre de nuits à passer en wagon-lit et cette nuit avait été comprise dans le nombre. Nous étions donc tous parfaitement tranquilles quant à notre repos ; mais, à notre insu, des êtres malicieux s'apprêtaient à nous en priver.

La visite de sortie se passa tranquillement pour moi. J'exhibai, de nouveau, billets de banque, montre, bagues et mon collier népalais ; l'inspection ne dura que quelques instants. Il n'en alla pas de même pour un jeune Anglais possesseur d'un violon qu'il avait omis d'inclure dans la nomenclature de ses bagages rédigée à Négoréloié. Grand émoi parmi les douaniers ; le violon ne devait pas sortir du territoire soviétique puisque rien ne prouvait qu'il y avait été apporté de l'étranger.

Le malheureux garçon s'ingéniait à expliquer la raison de son oubli, les douaniers s'obstinaient. Tous les voyageurs — même ceux dont j'étais, qui n'avaient jamais vu le violon, avant ce moment — témoignèrent, d'un commun accord, que l'Anglais en était, véritablement, muni à son arrivée à Négoréloié. Les employés finirent par céder et le jeune musicien emporta son instrument.

A notre retour dans nos compartiments nous commençâmes à

soupçonner que quelque chose d'insolite se préparait. On avait enlevé les draps et les couvertures des couchettes ; le personnel — des garçons à l'interprète — avait disparu. Un employé de chemin de fer passa le long du train, avec une lanterne, regardant sous celui-ci, un autre se glissa même sous les wagons, examinant si rien, ni personne n'y était caché pour franchir la frontière.

Puis, en route. Bref trajet ; nous fûmes bientôt en face de la douane japonaise. Au moment même où le train s'arrêtait, toutes les lampes des voitures s'éteignirent soudainement. Dans l'obscurité, des porteurs se précipitèrent, arrachant d'au-dessus des couchettes, les bagages qu'ils y trouvaient, à tâtons. En un instant ce fut, dans les ténèbres, une abominable mêlée. Des cris de douleur, des protestations, quelques jurons retentirent le long des voitures, émis par d'invisibles victimes. Des valises leur avaient dégringolé sur la tête, ou les brutaux Mandchous les leur avaient enfoncé dans les côtés. Bousculés et meurtris, les voyageurs, énervés, luttaient dans les couloirs pour gagner les sorties ; c'était presque une panique.

Je m'étais réfugiée dans le recoin où les garçons de service se tenaient en cours de route et, tout à coup, je sentis un filet, humide et tiède, couler le long de mon dos. Qu'était-ce encore que cela ? — Je tâtai prudemment derrière moi. Un ustensile chaud, à demi renversé, s'appuyait sur moi. C'était le grand samovar, que j'avais bousculé en me reculant hors du passage des bagages qui, doucement, écoulait son contenu sous le col de mon manteau.

Tout à coup, hors du train, la voix de Yongden retentit.

« — Jétsunma ! Jétsunma [1] » criait-il. « Où êtes-vous ?... Avez-vous le sac de porc ? »

Dans le jargon polyglotte dont nous usons en parlant entre nous, nous appelons « sac de porc » ou plus souvent, en anglais fantaisiste, « pork bag », un sac de voyage, en peau de porc, dans lequel je place quelques bijoux, de l'argent, les passeports, les billets de chemin de fer ou de bateau et autres articles importants.

Avant que j'aie pu répondre, une voix juvénile clamait gaiement avec un fort accent anglais :

« — Où est le sac *du* porc ? »

Et pour que nul n'en ignore, l'invisible loustic traduisait immédiatement :

« — Hallo ! the pig's bag ! »

Je n'étais pas d'humeur à goûter la plaisanterie.

« — You, stupid fool [2] ! » exclamai-je à mon tour. Puis je rassurai Yongden.

---

1. *Jétsunma* signifie, en langage honorifique tibétain : « Très révérende dame. » C'est le titre donné aux religieuses de haut rang. Les Tibétains me le donnaient couramment et, après que nous ayons eu quitté le Tibet, Yongden a continué à s'en servir en m'adressant la parole.

2. Stupide fou.

« — J'ai le sac. Je suis bloquée dans le couloir ; le samovar coule sur moi... »

« — Le sac *du* porc est retrouvé ! » hurla triomphalement l'éphèbe britannique.

Quelques rires seulement lui répondirent, la plupart des voyageurs ne comprenaient pas le français.

Pendant ce temps, le flot des indigènes transportant les bagages s'était aminci, je pouvais me hasarder à gagner la sortie, sans risque d'être trop fortement meurtrie.

Sur le quai, Yongden m'attendait auprès d'un porteur qu'il tenait fortement par la manche de sa houppelande en peau de mouton, de crainte qu'il ne s'éloignât avant que tous nos colis fussent rassemblés.

Quelques lanternes chinoises apparaissaient, guidant les voyageurs vers un bâtiment tout aussi enténébré que le quai de la gare. C'était la douane, évidemment, mais pourquoi n'était-elle pas éclairée ?

« — Panne d'électricité », répondaient ceux des voyageurs qui avaient réussi à comprendre les explications des employés japonais. La chose n'avait rien d'extraordinaire, mais cette interruption du courant alimentant les lampes de la douane n'affectait en rien notre train ; pourquoi l'avait-on plongé dans l'obscurité au moment où la lumière nous était le plus nécessaire ?

Machinalement, je regardai dans sa direction, j'entendis un roulement étouffé par le tapis de neige, une longue masse sombre défila... Le train soviétique nous abandonnait, s'en retournant de l'autre côté de la frontière.

Il était onze heures du soir ; où allions-nous passer la nuit ?...

Une demi-douzaine de lanternes et deux petites lampes à pétrole, dans la très vaste salle de la douane, en faisaient ressortir l'obscurité plutôt qu'elles ne la dissipaient. La température était glaciale. Les bagages descendus du train reposaient, par tas, sur les banquettes ; les porteurs avaient placé ceux-ci, je ne sais pourquoi, à grande distance les uns des autres et leurs propriétaires debout, chacun devant ses colis, paraissaient perdus dans l'immensité froide de ce hall inhospitalier.

Peu d'employés se montraient ; ceux que l'on apercevait, causaient entre eux ou s'intéressaient au travail des électriciens, montés sur de hautes échelles, occupés autour des globes obscurs auxquels il s'agissait de rendre la lumière. La majeure partie des douaniers devaient être chez eux, à cette heure tardive, bien au chaud, ne se souciant guère de nous. Ils avaient tout le temps de procéder à la visite : le train ne partirait que le lendemain.

Après une très longue attente — il était près d'une heure du matin — je réussis à apitoyer un douanier qui daigna venir examiner mes valises. L'examen fut plus minutieux que chez les Soviets et l'on ne nous offrit pas, comme on l'avait fait à Négoréloié, d'exempter de visite les colis que nous laisserions sceller pour la traversée du territoire sur lequel nous entrions. Tous les appareils photographiques, par contre, devaient être plombés, défense expresse étant faite de photographier quoi que ce soit entre la frontière et Harbin.

Quant aux livres et imprimés de toute nature, le douanier en fit un paquet, me remit un numéro d'ordre et emporta tous ceux — une demi-douzaine — qu'il avait trouvés dans mes bagages. Ils devaient être examinés dans un bureau spécial.

A quelque distance de moi, deux douaniers procédaient à l'inspection des bagages d'un Chinois. J'avais entendu dire, dans le train, qu'il était consul de Chine quelque part, à l'étranger. Les Russes, à leurs deux frontières, lui avaient témoigné des égards particuliers, ainsi qu'il est d'usage envers les agents diplomatiques. Le malheureux apprenait maintenant à ses dépens que, dans cette vie, les heures agréables sont rapidement suivies par d'autres qui ne le sont pas. Tout le contenu de ses valises, jusqu'aux plus menus articles de toilette : cravates, boutons de manchettes, savon, brosse à dents, était étalé sur la banquette, longuement examiné et donnait lieu à de nombreuses questions. Vraisemblablement, les inspecteurs prenaient plaisir à brimer le Céleste qui leur était tombé entre les mains.

Transie et mourant de besoin de dormir, j'avais fini par découvrir le buffet, désert à cette heure, et j'y somnolais sur une chaise tandis que Yongden montait la garde auprès de nos bagages, restés dans le hall, lorsqu'un des voyageurs m'apercevant, m'informa que nous étions tous appelés à comparaître dans un bureau, situé au premier étage, où l'on examinerait nos passeports.

Je le suivis, gravis un escalier et pénétrai dans une petite chambre surchauffée où je reconnus les passagers de mon train assis sur des chaises et des banquettes rangées contre les murs, de trois côtés de la pièce. Tournant le dos au quatrième, cinq individus siégeaient derrière une longue table. Exactement en face de chacun d'eux, une chaise était placée du côté opposé de la table. Cet arrangement évoquait vaguement l'idée d'un tribunal ou d'une salle où se célèbrent les mariages civils. Nous n'étions point là pour être mariés ; allions-nous donc être jugés ? — C'était à peu près ce qui nous attendait.

Dans la pile de passeports qu'il s'était fait remettre, le quidam placé à l'extrémité droite de la table, en tirait un, soit au hasard, soit obéissant à certaines raisons qu'il était seul à connaître, puis il appelait le nom de son titulaire.

Le voyageur ou la voyageuse était alors invité, sans excès de politesse, à s'asseoir sur la première des chaises, se trouvant à droite, et l'interrogatoire commençait :

— Pourquoi ceci ? — Comment cela ? — Dans quel but voyagez-vous ? — Êtes-vous déjà passé par cette route antérieurement ? — Combien de temps resterez-vous en Orient ? — Dans quelles localités entendez-vous aller ? et cinquante autres questions saugrenues.

L'interrogatoire se poursuivait sans hâte, coupé par des intermèdes de réflexions que les cinq bonshommes échangeaient entre eux et qui paraissaient, parfois, les amuser considérablement. En fait, ils « se payaient la tête » de leurs victimes désarmées. Pas plus que les douaniers, ils n'étaient pressés d'en finir. Apparemment, ils n'avaient pas sommeil non plus, tandis que la plupart d'entre nous dodelinaient de la tête sur leur chaise, mourant d'envie de s'étendre pour dormir. — Il était trois heures du matin. — J'ai plus d'une fois remarqué que les Jaunes éprouvent bien moins fortement que nous le besoin tyrannique de dormir auquel nous sommes périodiquement sujets.

Lorsque le premier inquisiteur se trouvait satisfait, il passait le torturé à son plus proche collègue qui reprenait l'interrogatoire avec peu de variantes. Ainsi, chacun des innocents voyageurs était amené à cheminer, de chaise en chaise et d'interrogatoire en interrogatoire, jusqu'au cinquième siège placé à l'extrémité gauche de la table. Là, avec l'air dont on eût signé la levée d'écrou d'un criminel en lui signifiant : « Surtout, ne recommencez plus ! » le cinquième scribe finissait par lui rendre son passeport dûment visé.

Plus d'une heure s'écoula avant que mon tour vînt. Entre-temps, j'avais assisté aux longs débats causés par le désir, qu'exprimait une voyageuse, de s'arrêter pendant quelques jours à Harbin pour y voir des parents et à la discussion de la somme à payer pour obtenir le visa qui le lui permettrait.

Un autre épisode, de considérable durée, naquit de l'obstination d'un voyageur qui s'insurgea violemment contre la profession que nos inquisiteurs voulaient lui attribuer.

« — Vous êtes un marchand », disaient les Japonais.

« — Pas du tout », ripostait l'autre que cette appellation, je ne sais pourquoi, offensait. « Je suis membre du conseil d'administration d'une société. »

« — Quelle société ? Que fait-elle ? »

« — Elle fait des affaires. »

« — Quelles affaires ? Elle vend ? — Elle achète ? »

« — Naturellement. »

« — Vendre, acheter... donc vous êtes un marchand, je vais inscrire "marchand" comme votre profession. »

« — N'en faites rien, je ne suis pas un marchand. Je ne permets pas qu'on m'intitule ainsi », regimbait le voyageur en colère.

La dispute s'éternisait. Je crois bien que les Japonais finirent par classer le récalcitrant comme ils l'entendaient, sur les papiers qu'ils couvraient des jolies arabesques de leur charmante écriture.

J'atteignis, sans encombre, le quatrième fonctionnaire. Celui-ci me demanda si j'avais été au Japon. J'eus le tort de lui avouer que j'y avais séjourné. De là un déluge de questions : Quand ? — En quelle ville ? — Pour quel motif ? — Si je projetais d'y retourner ? etc.

Puis, changeant de sujet, il me demanda où je me rendais actuellement. Il avait vu mes billets de chemin de fer qui le renseignaient à ce sujet, mais il paraît qu'en d'autres lieux, aussi, l'usage est d'agir de la sorte. Je me souviens d'avoir lu qu'un prévenu, plein de bon sens, s'entendant demander par le juge : « Comment vous appelez-vous ? — Quel âge avez-vous ? » lui répondit : « Tout cela est écrit sur les papiers que vous avez devant vous. » J'ignore si cette intelligente réplique fut considérée comme « outrage à la magistrature » mais l'aurait-elle été que je n'en serais pas étonnée.

Je répondis au questionneur :

« — Vous l'avez vu, je vais à Pékin. »

Ici, je dois expliquer, pour que la suite soit intelligible, que l'interrogatoire se faisait en anglais.

« — *Did you live in Peking before ?* » (Avez-vous déjà habité Pékin ?)

« — *Yes.* » (Oui.)

« — *How long will you stay in Peking ?* » (Combien de temps resterez-vous à Pékin ?)

« — *I don't know.* » (Je n'en sais rien).

Colère subite ; des regards fulgurants me foudroient.

« — Comment, vous dites que vous avez habité Pékin et vous ne savez combien de temps vous y êtes restée ! »

« — Pardon », répliquai-je froidement, « si vous aviez appris l'anglais avant de vous croire capable de le parler, vous ne confondriez pas les temps des verbes. Vous venez de me demander, non pas *au passé,* pendant combien de temps *j'ai habité* Pékin, mais d'employer le *futur,* me demandant combien de temps j'*y resterai,* ce que je ne puis savoir. »

J'allais continuer et demander au ridicule personnage, si Pékin faisait partie du Japon [1] et à quel titre mon séjour en Chine le concernait, mais son voisin, l'homme à qui l'on avait transmis, de main de main, mon passeport, ne m'en laissa pas le temps.

« — Attendez ! » exclama-t-il, en frappant sur la table, et il plaça, hors de ma portée, le passeport qu'il se disposait à timbrer.

Discuter avec cette bande de tyranneaux n'aurait servi à rien. J'attendis en méditant sur la curieuse transformation qu'avait subi le caractère des Japonais.

En 1917, j'avais débarqué à Kobé, venant de Birmanie. Le *Tourist Bureau* de Tokio, informé de mon arrivée, avait poussé l'amabilité

1. Déjà à cette époque, six mois avant le début de la guerre sino-japonaise, les Japonais considéraient Pékin comme à eux. L'envahissement de la Chine était chose décidée et les petits fonctionnaires, qui s'en doutaient, se conduisaient en conséquence.

jusqu'à envoyer son représentant à Kobé me chercher sur le bateau même, à mon arrivée. Je me rappelle l'extrême courtoisie avec laquelle je fus traitée et exemptée de visite douanière. Je me souviens, aussi, de mon long séjour à Kiôto, au Tôfôkudji, un magnifique monastère de l'intellectuelle secte Zen, dont l'abbé, le Révérend Hirota, me témoigna une si cordiale bienveillance. Bien d'autres souvenirs agréables de mes relations amicales avec des Japonais me revenaient en mémoire. Ils dataient de vingt ans. En vingt ans, le caractère d'un peuple peut se modifier considérablement, une nouvelle génération s'est avancée et a pris place, sur tous les champs d'activité. Les échantillons de celle-ci, rangés derrière cette longue table, étaient, décidément, stupides et déplaisants.

Le colérique préposé aux visas me rendit mon passeport une demi-heure plus tard.

Je me hâtai de redescendre dans la salle des bagages où Yongden, grelottant, veillait toujours près de nos valises ; il devait, à son tour, faire viser son passeport.

Lorsqu'il fut de retour, il me fallut, munie du numéro d'ordre qui m'avait été délivré, aller chercher, dans un lointain bureau, les quelques livres que les douaniers avaient emportés.

Vers sept heures du matin — nous étions arrivés avant onze heures du soir — les préposées au buffet commencèrent leur service. Sans faim, mais pour faire diversion à la fatigue causée par une nuit sans sommeil, je déjeunai avec Yongden. On nous servit les traditionnels œufs au lard (bacon) qui marquent un des triomphes de l'influence anglaise dans le monde, puis de la marmelade d'orange qui, elle aussi, voulait paraître anglaise, mais sans aucun doute, était de fabrication nippone. Je n'en dirai pas le goût, j'étais trop éreintée pour goûter quelque chose et les mines défaites de mes compagnons de voyage, affalés autour des tables voisines, me prouvaient que je n'étais pas la seule à subir les effets de cette nuit mémorable.

Enfin, vers huit heures, nous fûmes admis à occuper nos places dans le train japonais.

Contraste complet avec les voitures russes. Infiniment plus de recherche dans l'ameublement qui semblait à peu près neuf et scrupuleuse propreté, mais un bien moindre confort. Tout était étroit, conçu à la mesure de Lilliput, les couchettes fâcheusement superposées, le compartiment dépourvu de cabinet de toilette et encombré d'un lavabo placé au milieu de la paroi. Si l'on passait dans le couloir, désirant regarder le paysage en restant debout, on s'apercevait — même moi qui suis de petite taille — que les fenêtres vous venaient au niveau du ventre, tandis que vos yeux rencontraient la boiserie.

Ce dernier détail était d'ailleurs sans aucune importance ce jour-là, car il fut péremptoirement commandé aux voyageurs de tenir les stores des voitures baissés et de ne point s'aviser d'en soulever un coin, si peu que ce fût, pour jeter un coup d'œil au-dehors.

A part la petite élégance de son mobilier, notre train présentait toutes les apparences d'un convoi de dangereux criminels conduits vers quelque bagne. Dans les couloirs, des soldats mandchous circulaient, vêtus de grosses houppelandes en peau de mouton et armés de fusils. Lorsque l'on croisait un de ces volumineux barbares, dans les couloirs, on était littéralement aplati, par lui, contre la paroi, car, conscient de son importance et peut-être heureux d'humilier des Blancs, il ne se piquait d'aucune politesse et ne se déplaçait pas d'un centimètre pour livrer passage au voyageur.

Ces rustiques guerriers avaient pour mission de veiller à ce que nul n'enfreignît l'ordre donné de ne pas regarder au-dehors. Les passagers auraient vainement cherché à se soustraire à l'espionnage dont ils étaient l'objet en fermant les rideaux de leurs compartiments, du côté du couloir. Afin, sans doute, de faciliter, en tous temps, tous les genres de surveillance, ceux-ci étaient loin d'être opaques. Les dames occidentales procédant à leur toilette dans ces wagons-lits sans mystère [1] étaient réduites à compter sur la discrétion de leurs compagnons de voyage.

Contrepartie comique de ce luxe de précautions, le store couvrant, dans mon compartiment, la fenêtre donnant sur l'extérieur se trouvait être légèrement plus étroit que celle-ci de sorte que, sans avoir à le soulever, on voyait parfaitement au-dehors.

Était-ce pour s'assurer leur mutisme, afin de les empêcher de communiquer, aux passagers des trains, les extraordinaires secrets qu'ils pouvaient avoir surpris, ou bien était-ce pour les préserver d'une contamination possible par les microbes nocifs dont les étrangers venant de régions soviétiques devaient être infectés, nos gardes-chiourmes portaient muselière. Un large tampon protecteur masquait leur bouche et leur nez, ce qui ajoutait encore à la bizarrerie de leur aspect.

A Harbin, changement de train, longue attente, nouveau visa de passeport. Le personnel du bureau des visas est russe ; l'opération est faite rapidement et sans brimades. Beaucoup de Russes étaient déjà établis en Mandchourie avant la révolution et beaucoup s'y sont réfugiés après celle-ci, trouvant des emplois dans les administrations mandchoues — c'est-à-dire : japonaises.

Une haute icône, devant laquelle brûlent un gros cierge et plusieurs lampes, décore la salle d'attente. Des gens se signent en passant devant elle.

Quelques Russes, en tenue d'officier mandchou, causent avec des

1. Contrairement à l'usage général dans les wagons-lits, les compartiments n'avaient ni porte, ni cloison en bois plein, du côté couloir. L'une et l'autre encadraient des panneaux en vitre claire.

dames, paraissant attendre le départ d'un train. Je me demande à quoi peuvent penser, jour après jour, ces Blancs à la solde de Jaunes.

Je m'arrêtai à Hsin-King, curieuse de visiter cette nouvelle capitale en passe de détrôner l'antique Moukden. J'avais télégraphié à l'hôtel Yamato, aménagé à l'européenne, pour retenir des chambres mais à mon arrivée, un employé du *Tourist Bureau* m'informa que l'hôtel n'en avait plus de libres et offrit de me conduire à un hôtel japonais qu'il déclarait très confortable. Je n'avais pas le choix, j'acceptai donc l'hôtel japonais.

A vrai dire il n'était qu'à demi japonais, ainsi qu'un bon nombre d'autres au Japon. En même temps que des chambres pourvues de nattes (tatami) sur lesquelles on étend la literie au moment de se coucher[1], il en avait d'autres, moins agréables qui, avec de vieux meubles et des rideaux fanés, essayaient de copier un ameublement occidental.

Vers la fin de l'après-midi, une servante me prévint que le bain était prêt. J'ai vécu assez longtemps au Japon pour avoir appris qu'en pareille circonstance une certaine méfiance est de saison. J'allai donc trouver Yongden dans la chambre de style japonais qu'il avait choisie et lui demandai d'inspecter la salle de bains.

Quelques instants après, il revint en riant.

« — C'est bien comme vous vous en doutiez », me dit-il. « Il y a déjà trois hommes tout nus trempant dans le bassin. »

Ces bains japonais ont souvent été une source d'amusement pour moi, pendant mon séjour au Japon. Yongden fut le héros du premier incident qui s'y rapporte.

Nous étions à Atami, une station balnéaire, et y logions dans un excellent hôtel comportant des aménagements de style occidental et d'autres de style japonais. Les hôtes, tant étrangers que japonais, appartenaient à la meilleure société. Yongden, toujours amateur d'expériences, au cours de ses voyages, avait préféré vivre à la mode indigène et occupait une chambre dans la partie japonaise de l'hôtel.

Le lendemain de notre arrivée, dans la matinée, je le vis entrer chez moi, moitié riant, moitié embarrassé.

« — Je dois vous raconter quelque chose d'étonnant », me dit-il.

« Ce matin, j'ai fait comprendre au garçon que je voulais prendre un bain ; il a salué profondément, m'a apporté un peignoir, des serviettes et puis m'a conduit dans une grande chambre où se trouvait une petite piscine. Il ne fallait pas, semblait-il, se savonner dans celle-ci, mais on pouvait le faire à un autre endroit de la pièce.

« Ceci me donna à penser que l'eau dans laquelle on se baignait n'était pas renouvelée après que l'on en était sorti, mais il était

1. L'on sait que l'on enlève toujours ses chaussures pour pénétrer dans ces chambres.

encore de bonne heure et je pouvais espérer être le premier à m'y plonger.

« Donc, je me savonnai, me rinçai, puis je m'assis dans ce grand tub. L'eau était affreusement chaude ; je me sentais cuire.

« Et voici que, tandis que j'étais là, une dame entra dans la chambre... On ne m'avait pas donné de caleçon, l'eau était transparente... Je ne savais que devenir... Mais pourquoi cette femme, m'ayant vu, ne s'en allait-elle pas ?

« Elle me salua à la mode japonaise, en s'inclinant très bas. Je me demandai : est-ce que, par hasard, on m'aurait envoyé une petite personne de mœurs légères ? — Est-ce l'habitude, dans ce pays, de fournir de la compagnie aux messieurs qui prennent leur bain ? — Mais la dame avait l'air fort sérieux et n'était plus tout à fait jeune. Alors, après m'avoir salué... — J'ai sans doute été impoli ; je ne lui ai pas rendu son salut, mes idées étaient un peu embrouillées, je n'ai jamais salué personne en étant si peu vêtu. — Après m'avoir salué, la dame enleva son kimono et... elle n'avait pas d'autre vêtement.

« Elle est ensuite descendue dans la piscine pour s'y faire cuire en face de moi.

« Ce n'est pas tout. Il en est venu d'autres : encore une femme, puis deux hommes successivement. Ils se saluaient, souriaient, bavardaient. Ils ont voulu causer avec moi ; je leur ai fait comprendre que je ne savais pas le japonais. On se serait cru dans un salon, à l'heure du thé... sauf le costume qui différait.

« J'avais fini par n'être plus du tout gêné. Puisque c'est leur coutume, n'est-ce pas... »

L'aventure de Yongden m'avait amusée, comme l'été suivant, devaient m'amuser les nudités de Kiôto : le brave commerçant, vêtu avec une simplicité presque toute édénique, qui me vendait des pellicules pour mon appareil photographique et les baigneurs, en caleçons faits de filet à larges mailles, qui hantaient les bords de la rivière. Je riais, faute d'habitude, mais, au fond, je trouvais que les Japonais avaient mille fois raison ! Notre pudeur hypocrite n'est qu'un produit de l'impureté de notre esprit.

Toutefois, n'ayant pas contracté, dès l'enfance, cette saine et aimable simplicité de manières, je m'abstins toujours des baignades collectives et, lorsqu'il m'arrivait de descendre dans des hôtels purement japonais, je postais toujours Yongden devant la porte de la salle de bains, tandis que je procédais à mes ablutions. Il avait appris quelques mots de la langue du pays et pouvait faire comprendre, à ceux qui se présentaient, qu'une dame étrangère désirait demeurer seule pendant quelques instants.

Cet arrangement s'était toujours montré satisfaisant, lorsqu'un jour...

Ce jour-là, parfaitement tranquille, sachant Yongden de garde derrière la porte, je me savonnais sans trop de hâte, quand, en face de moi, le mur s'ouvrit et, par la brèche, un jeune homme entra.

Voilà ! Je n'avais pas songé à ces cloisons traîtresses, toutes en panneaux à glissières, des maisons japonaises et celle faisant face à la porte que surveillait mon cerbère, avait donné passage à l'intrus. Ma surprise fut si grande que la savonnette que je tenais en main m'échappa et, ricochant sur le plancher, s'en alla échouer au loin.

Prestement, le jeune homme qui avait déjà rejeté son peignoir, courut la ramasser et me la tendit avec un salut cérémonieux. — Je crus sage de garder mon sérieux, de rendre le salut et de continuer ma toilette. Sage ou pas sage, il n'y avait, du reste, pas moyen de faire autrement.

Seulement, lorsque je rouvris la porte, je fis signe à Yongden, toujours de faction, de jeter un coup d'œil dans la pièce où mon visiteur inattendu demeurait encore. Mon fils eut peine à étouffer un cri de stupeur. Je fermai vivement la porte et nous rentrâmes, au pas de course, nous réfugier dans ma chambre pour pouvoir y donner libre cours à l'accès de fou rire qui nous étouffait.

« — Mais par où est-il entré ? » me demanda Yongden quand son hilarité se fut un peu calmée ; « je n'ai pas bougé de devant la porte. »

« — Par le mur », répondis-je.

« — Quel pays ! » exclama le lama.

Il y a de cela vingt ans, et les occasions, plus sérieuses, de répéter : « Quel pays ! » n'ont pas manqué depuis lors. Il y a vingt ans, aussi, qu'un officier de marine japonais, passager comme moi sur un paquebot allant à Yokohama, me disait en passant devant les côtes de l'Annam :

« — Vous, Français, vous nous donnerez, un jour, l'Indochine. »

« — Je n'en crois rien », répliquais-je. « Pourquoi vous la donnerions-nous ? »

« — Parce que nous en avons besoin et que nous la voulons. »

Néanmoins, l'Indochine, ce n'était qu'un petit morceau ; l'appétit japonais attendait davantage. Je me souviens de deux humbles Nippons ; l'un, appartenant à la police, surveillait ma maison en mon absence — et probablement me surveillait aussi — et l'autre était mon habituel tireur de pousse-pousse. Tous deux baragouinaient un peu d'anglais.

« — La Chine est à nous ! », me disaient-ils tous les deux avec la même assurance et, chose curieuse, avec le même geste : la main s'ouvrant comme pour saisir, puis se refermant, serrée sur une proie imaginaire, geste de prise de possession brutale, féroce, rappelant l'araignée fonçant, du coin de son filet, sur la mouche qui s'y est empêtrée.

« La Chine est à nous ! » Elle ne l'était pas encore, mais le Japon, pratiquant une sorte de méthode Coué, s'autosuggestionnait afin de rendre réel ce qu'il désirait. Il tendait, aussi, patiemment son filet. Toute question de moralité à part, il y a, là, un instructif exemple de persévérance. Reste à savoir si le Japon n'a pas dépassé la mesure qu'eût dictée la raison et si, pour avoir capturé une proie trop lourde, son filet, si longuement tissé, ne se rompra point.

Il y avait peu à voir à Hsin-King. La ville était en construction sur un plan géométrique de style américain : larges avenues se coupant à angle droit, bâtiments aux lignes rigides, en ciment armé ; tout cela à l'état de chantier.

Après un bref séjour dans la nouvelle capitale mandchoue, je partis pour Moukden. Le premier changement qui m'apparut fut que l'hôtel Yamato, où j'étais descendue autrefois, avait émigré, des bâtiments de la gare où je l'avais connu, dans la ville neuve. Il y occupait un somptueux immeuble où je fus très confortablement logée et nourrie pendant les quelques jours que je passai à Moukden.

Les hôtels japonais, qu'ils affectent le style occidental ou restent fidèles aux usages indigènes, sont presque tous excellents. Même dans les plus petits villages, le voyageur peut trouver des chambres propres et des repas servis de façon appétissante. Personnellement, je n'aime pas la cuisine japonaise, mais je dois rendre hommage à la manière agréable dont elle est présentée. Il y a, là, un contraste frappant avec l'indescriptible saleté des auberges chinoises et la façon répugnante dont les mets, qui sont souvent bons, sont offerts aux consommateurs.

A Moukden, je retournai voir la tour des Lamas, les mausolées impériaux qui me parurent être mieux entretenus qu'autrefois et je jetai un coup d'œil sur la ville neuve située en dehors des anciens remparts dans lesquels des brèches ont été pratiquées pour donner passage à une circulation des véhicules devenue plus considérable.

Une nouvelle preuve de l'entêtement et de la suffisance des Japonais de l'école moderne me fut donnée au Yamato.

J'attendais un télégramme et une lettre venant d'amis à qui j'avais annoncé le jour et l'heure de mon arrivée à Pékin. Me fiant à mes anciens souvenirs, je leur avais demandé de me les adresser à l'hôtel Yamato, gare de Fengtien. Mon premier soin, en arrivant, fut de les réclamer au bureau de l'hôtel.

« Aucune correspondance n'est arrivée pour vous », me répondit l'employé.

Je m'étonnai. Je savais que l'amie, dont j'attendais un mot, se disposait à se rendre en Belgique, mais il avait été convenu, entre nous, qu'elle ne quitterait pas la Chine avant mon arrivée. Quant à mon second correspondant, un professeur à l'université franco-chinoise, il ne pouvait certainement pas être absent pendant la période scolaire.

Il me parut que l'adresse que j'avais donnée à mes amis, étant devenue inexacte, puisque l'hôtel Yamato avait changé de local, mon courrier pouvait traîner quelque part dans un bureau de la poste. Je priai donc le représentant du *Japon Tourist Bureau* de s'informer à ce sujet. Celui-ci me répondit avec une superbe assurance que ma supposition était dénuée de fondement. Lui savait pertinemment que toute lettre ou objet quelconque adressé à l'hôtel Yamato, quelle que pût être l'indication dont ce nom était suivi, serait porté à l'hôtel Yamato où je me trouvais. Aucun doute à ce sujet n'était permis, le service postal étant impeccable.

J'insistai, mais en vain et les employés de l'hôtel me certifièrent, avec la même inébranlable assurance, qu'aucune lettre, aucun télégramme ne pouvaient m'avoir été adressés à Moukden.

Je me résignai donc à ne trouver personne m'attendant à la gare lorsque je débarquerais à Pékin. La perspective de cette arrivée que n'égaierait aucun sourire de bienvenue ne laissait pas que de me désappointer un peu et c'est mélancoliquement que je montai dans le train qui devait me conduire au terme de la première étape de mes nouvelles pérégrinations en Orient.

Shankaikwan où je m'étais arrêtée, autrefois, pour voir l'extrémité de la Grande Muraille touchant à la côte, fut passé pendant la nuit. Depuis, j'avais contemplé l'autre extrémité de la célèbre Muraille et la dernière tour de garde qui la termine dans les régions précédant le Grand Gobi, près de la frontière mongole ; ma curiosité à son égard était pleinement satisfaite.

Le dernier incident marquant le passage de la Mandchourie rappela, mais sur une moindre échelle, ce qui s'était produit à la sortie de la Sibérie. Le train parti de Moukden devait nous conduire jusqu'à Pékin, mais avant qu'il franchisse la frontière chinoise [1], les employés japonais en enlevèrent tous les articles mobiles, non seulement les draps et les couvertures, comme les Russes l'avaient fait à Mandchouria, mais aussi les serviettes des lavabos et jusqu'à ce qui restait de papier spécial dans les w.-c.

Enfin, nous étions à Pékin. Le train venait de s'arrêter. Déjà descendue sur le quai, je surveillais le rassemblement des bagages que Yongden passait aux porteurs, par la fenêtre de la voiture, quand un monsieur chinois s'approcha de moi.

« — Êtes-vous madame David-Néel ? » me demanda-t-il avec un excellent accent français.

« — Oui. »

« — Je suis venu vous attendre, avec vos amis. Le professeur O... est là et Mme H... et quelques autres qui veulent vous souhaiter la bienvenue. »

Et la lettre, le télégramme ?... Ils m'avaient dûment été adressés à Moukden. En effet, une dizaine de jours plus tard, « l'impeccable »

1. L'endroit où elle était marquée à ce moment : 1937.

poste japonaise les retournait à leurs expéditeurs, sans les avoir transmis à l'hôtel Yamato.

Quelle agréable surprise ; ils étaient là une dizaine m'apportant des fleurs. Mon amie H... m'embrassait chaleureusement, je serrais des mains cordiales, Pékin était ensoleillé...

Quel joyeux début à mon nouveau séjour en Chine ! Quel heureux présage !...

A mon insu, je venais de vivre le prélude d'un drame...

CHAPITRE III

Pékin modernisé. — Prodromes de l'occupation japonaise. — De Pékin à la montagne sacrée aux cinq pics (Wou tai chan).

Mme Rosen Hoa, femme de lettres polonaise mariée à un ingénieur chinois ayant fait ses études en France, possède, à Pékin, une villa charmante, cachée au milieu de jardins, dans le quartier qui s'étend entre Ha-ta-men et Toung-ssu-Peilou. C'est là qu'elle m'amena, m'engageant, aimablement, à y demeurer pendant le temps nécessaire à me réacclimater et à dresser les plans de mon nouveau séjour en Chine.

Dès mes premières sorties, je m'aperçus que Pékin s'était singulièrement transformé pendant mon absence. L'excellente mémoire dont je suis heureusement douée me fit retrouver, sans hésitation, les boutiques de mes anciens fournisseurs dont beaucoup existaient encore et, d'une façon générale, il me fut possible de me diriger dans les quartiers qui m'avaient été familiers, comme si je les avais quittés la veille. D'autre part, le souvenir très net que j'avais conservé de Pékin, contribuait à me faire mieux remarquer les changements qui s'y étaient produits.

J'avais habité une ville poussiéreuse et malpropre. Pour me rendre de Pei-ling-sse — le monastère où je demeurais — au quartier des Légations, je suivais une route sillonnée d'ornières et agrémentée de trous profonds que la moindre pluie transformait en mares traîtresses où les pousse-pousse s'enlisaient. A sa place, je trouvais une superbe voie goudronnée parcourue par des tramways et de nombreuses autos. Beaucoup d'autres avenues avaient subi une transformation analogue. La Cité impériale, jadis interdite et maintenant ouverte au public, formait un splendide ensemble de parcs fleuris entourant de grands lacs bordés de pavillons coquets où les promeneurs pouvaient se reposer en buvant du thé et mangeant des gâteaux. Lcs palais, les temples, les portiques, réparés et repeints en authentique style chinois, rutilaient sous les puissants rayons du soleil. Pékin, rajeuni, était devenu une des plus pittoresques et fascinantes villes du monde.

Le changement survenu dans les mœurs ne me surprenait pas moins. Je n'avais pas connu aux Chinoises cette démarche assurée et ce regard hardi ; je ne les avais pas vues se promenant à pied, dans les parcs et le long des avenues avec des amies ou avec leurs maris. Nouvelles et étonnantes étaient, aussi, pour moi, leurs robes bizarrement pudiques et indiscrètes, à la fois : très longues, exagérément montantes, aussi collantes qu'un maillot, sans manches et haut fendues de côté, laissant voir les bras nus et les jambes fines moulées en des bas de soie. Finis les longs pantalons, les affreux pieds estropiés, les hautes coiffes des Mandchoues et leurs joues enduites de fard violet. Les sveltes Chinoises, en cheveux courts savamment ondulés et discrètement maquillées emplissaient les rues d'une foule de fées menues qui semblaient se mêler, par jeu, aux affaires des humains.

Pour vêtir ces élégantes, les magasins exposaient des tissus aux coloris merveilleux. Bien loin était le temps où les commerçants tenaient leurs marchandises soigneusement empaquetées, offrant — et comme à regret — au client, un seul rouleau de soie à la fois et le remballant avant de lui en montrer un second. Une profusion d'étoffes chatoyantes se trouvaient, à présent, astucieusement drapées et disposées pour tenter la coquetterie féminine. Bien difficile était-il de ne pas succomber, car les nombreuses variétés exhibées comprenaient aussi bien des mousselines vaporeuses de nuances délicates, propres à parer des jeunes filles que de lourds satins aux teintes somptueuses, chaudes ou sombres, destinés aux mères et aux grand-mères.

L'attitude des marchands chinois, envers les étrangers, s'était modifiée, tout comme l'aspect de leurs boutiques. Dans les meilleures maisons, la politesse ne laissait rien à désirer, mais le client européen ou américain ne se voyait octroyer aucun égard que ne partageât l'acheteur indigène. Rien de plus légitime et les rapports demeuraient excellents. Il n'en allait pas de même dans certains magasins de rang inférieur. Une sorte de grand bazar se distinguait spécialement par les manières inciviles de ses employés. Se montraient-ils aussi discourtois envers leurs compatriotes ? — C'est possible. Le ton du personnel diffère aussi, à Paris et ailleurs, suivant le rang de la maison de commerce et la classe sociale de sa clientèle habituelle. Quoi qu'il en soit, les étrangers, non accoutumés à être traités cavalièrement, en Asie, voyaient là un indice de ce qui couvait dans l'esprit de la populace chinoise.

Les Chinois, eux aussi, remarquaient le changement d'attitude des masses de leur pays. Dans un livre, écrit par l'un d'eux, je trouvai l'amusante histoire que je résume ci-dessous. Son auteur, assurait-on, ne l'avait pas entièrement inventée ; elle reposait sur des faits réels [1].

Or donc, dans une ville chinoise, vivait une pauvre veuve, mère de deux enfants : un fils et une fille. Le garçon travaillait comme portefaix, sa sœur cousait, pour un très minime salaire, des chaussettes en étoffe, comme il ne s'en fait plus guère, celles-ci ayant été, presque partout, supplantées par des articles tricotés à la machine.

Un jour, tandis que la jeune fille était à son travail, elle entendit dans la rue un grand bruit de musique, de chants et de clameurs. Vivement, elle sortit pour voir ce qui se passait.

Devant sa porte, un cortège défilait, précédé par de grands drapeaux rouges et une énorme grosse caisse qu'un athlétique gaillard battait énergiquement, produisant un bruit de tonnerre. Des hommes et des femmes, proprement vêtus de gris, marchaient sur deux files, chantant et jouant de différents instruments de musique.

Ébahie, la couseuse regardait la procession lorsque, tout à coup, parmi les femmes en robes grises qui agitaient des tambourins, elle reconnut une de ses amies qui, comme elle, gagnait sa vie en confectionnant des chaussettes.

« — Que fais-tu là ? » lui demanda-t-elle, l'arrêtant par le bras comme elle passait près d'elle.

« — Tu le vois. J'ai un emploi chez ces gens-là. Mon salaire d'une semaine est le double de ce que l'on me payait pour les chaussettes que je cousais pendant un mois, en travaillant du matin au soir. Ils m'ont donné cette belle robe et je n'ai rien à faire qu'à chanter et à remuer ce tambourin. Viens me voir ; leur maison est au bout de la grand-rue, tout le monde te la montrera. Je ne puis pas rester plus longtemps. »

Et elle s'en alla, en courant, reprendre sa place dans le cortège.

Cette rencontre laissa la Chinoise rêveuse. Le surlendemain, elle alla voir son amie. Dans la grande maison des étrangers, tout fut sujet d'étonnement pour elle : la vaste salle, les images qui tapissaient les murs, la musique et les gens qui lui parlaient si gentiment.

« — Il faudra revenir », lui dit une aimable dame.

Certainement, elle reviendrait. Ne pourrait-elle pas, pensait-elle, obtenir, comme son amie, une robe neuve et un bon salaire et laisser la rebutante couture des chaussettes ?

Ses visites à la maison si accueillante devinrent quotidiennes et se firent de plus en plus prolongées.

Un soir, son frère le portefaix, rentrant chez lui, trouva sa mère seule, occupée à préparer le repas.

« — Où est la petite ? » demanda-t-il.

Alors, la bonne femme qui, jusque-là, s'était tue, redoutant les

1. Je regrette de ne pouvoir citer le titre du livre et le nom de son auteur. Croyant retourner à Pékin, où le livre se trouvait chez mon amie, je n'en avais pas pris note avant mon départ pour Wou tai chan. La guerre m'a empêchée de rentrer à Pékin.

réactions quelque peu brutales de son fils, lui raconta que sa sœur s'absentait fréquemment, n'avait plus le cœur à l'ouvrage et ne pensait qu'à la maison où l'on chantait, au bout de la grand-rue.

Sur ce, la jeune fille rentra.

« — Je te défends de retourner chez ces gens-là », lui dit péremptoirement son frère. « Je sais qui ils sont. J'ai entendu raconter par des vieux, qui l'avaient vu de leurs yeux, que, de temps en temps, on les tue parce qu'ils portent malheur à la Chine. Ainsi, que ce soit compris. Ne te mêle plus à eux ; je ne veux pas que tu attires la colère des magistrats sur notre famille. »

La fille ne répondit rien, mais, le lendemain, elle retourna à la grande maison et, quelques jours plus tard, en revenant de son travail, son frère trouva, de nouveau, sa mère seule.

« — Où est-elle ? »

« — Là-bas... », répondit la vieille femme en haussant les épaules d'un air découragé.

« — C'est bien, j'y vais. »

A la porte qu'il franchit d'un pas délibéré, le portefaix se vit arrêté par des gens souriants qui lui indiquèrent, gentiment, l'heure des réunions publiques et lui offrirent de petites brochures.

Mais il ne se souciait ni de réunions ni de brochures. Il le déclara sans mots superflus : il voulait sa sœur, sans retard, à l'instant.

Sa sœur ?... Qui était-elle ?...

Une fillette comme ceci et comme cela... Elle avait une amie dans la maison.

Ah ! oui. On comprenait de qui il s'agissait ; mais elle ne pouvait pas sortir pour le moment. Elle assistait à une réunion privée.

Le rustique prolétaire ne voulut pas en entendre davantage. Bousculant ceux qui cherchaient à lui barrer le passage, il fonça sur une porte et l'ouvrit avec fracas.

Au bruit qu'il fit, un respectable étranger, d'âge moyen, légèrement bedonnant, accourut.

« — Que voulez-vous ? »

« — Je veux ma sœur. »

Les gens qui avaient suivi l'intrus fournirent brièvement quelques explications.

« — Oui, oui », dit le monsieur, radouci. « Votre sœur viendra, mais il faut attendre. Elle est au banc des pénitents. Causez donc avec moi pendant quelques instants. »

Le portefaix avait entendu chanter derrière une porte voisine, il s'élança vers celle-ci. Le respectable étranger voulut se mettre devant lui pour l'empêcher d'entrer. Un vigoureux coup de poing qu'il reçut en pleine poitrine, l'envoya s'asseoir sur le plancher tandis que le brutal garçon arrachait sa sœur du banc des pénitents où elle était agenouillée et l'entraînait hors de la grande maison.

« — Décidément, il y a quelque chose de changé en Chine ! » murmura l'étranger en se relevant péniblement.

Le résumé que j'en fais, de mémoire, rend mal le ton spirituellement comique et railleur de cette histoire. Sous son allure burlesque, l'on sent que l'auteur lui attache une portée prophétique.

A Pékin, j'eus l'occasion d'entrer en rapport avec des membres distingués de la jeune Chine intellectuelle : hommes et femmes écrivains, musiciens, poètes ou auteurs dramatiques. La plupart de ceux-ci parlaient une ou deux langues étrangères, dont souvent le français.

Je pus, aussi, observer des étudiants chinois revenus d'Amérique ou de différents pays de l'Europe et un certain nombre de ménages mixtes : femmes blanches, maris chinois.

A peu d'exceptions près, les étudiants ayant passé plusieurs années dans les universités ou les écoles de l'étranger me parurent avoir peu profité de leur séjour en Occident. Je ne dirai rien des notions scientifiques ou professionnelles qu'ils avaient pu y acquérir. Je ne leur ai pas fait passer d'examen et n'en aurais pas été capable. Ce que je notais, dans leur fréquentation, c'était la tonalité générale de leur esprit, de leurs opinions et de leurs sentiments. La plupart du temps, ils ne se montraient ni très éclairés ni très raisonnables ; une immense vanité ne suppléait pas, chez eux, au manque de force de caractère, de sérieux et de persévérance.

Une anecdote que l'on me conta, plus tard, à Hankéou, reflète pittoresquement, cette attitude mentale.

Un officier chinois causant avec un des instructeurs-conseillers militaires allemands qui séjournaient, alors, en Chine, lui dit : « A vous autres, Allemands, il faut trois années pour acquérir les connaissances nécessaires à un officier, mais à nous, Chinois, trois mois suffisent. »

Toutefois, il serait injuste — et à plus d'un point de vue imprudent — de juger les Chinois d'après ce premier contact de leurs jeunes gens avec les méthodes de penser et d'agir de l'Occident. L'expérience, en se répétant, pourra produire de nouveaux résultats ; les échecs subis pour cause d'irréflexion, de confiance trop téméraire en leur valeur, constitueront, pour eux, autant de leçons dont la génération suivante profitera. Je ne suis pas de ceux qui doutent de la Chine, ni des Orientaux, en général. Après avoir sommeillé pendant longtemps, leur réveil ne peut être que lent, mais les semences de sagesse déposées il y a des siècles en leurs pays, sont appelées à germer quelque jour et, peut-être alors, régénéreront-elles notre triste monde.

Quant aux ménages mixtes, ils offraient une grande variété d'aspects. Les Blancs qui prennent une Chinoise pour femme légitime semblent assez rares. Plus nombreux sont les Chinois qui ont des épouses étrangères légitimes ou semi-légitimes. Quelques-uns de ceux-ci ont rencontré leur future femme en Chine, mais la plupart ont habité l'Europe ou l'Amérique et c'est pendant ce temps qu'ils se sont unis à des étrangères. Ces derniers sont, presque tous, d'ex-étudiants occupant, en Chine, des positions de professeurs, de fonctionnaires, ou exerçant des professions libérales.

Les femmes blanches, nées et élevées en Chine, savent à peu près ce qui les attend lorsqu'elles épousent des Chinois. On peut penser par conséquent que les désillusions sont moins fréquentes chez elles que chez celles qui se sont mariées à l'étranger, sans avoir aucune notion de ce qu'est la vie en Chine.

Il est certain que la transformation très notable que les mœurs chinoises ont subie dans les grandes villes — surtout dans celles de la côte — a grandement amoindri les difficultés qui attendent la jeune épouse étrangère. L'autoritaire et redoutable belle-mère d'autrefois a beaucoup adouci sa rigueur et perdu de ses prérogatives. D'ailleurs, parmi les intellectuels, beaucoup ont renoncé à l'ancien système du domicile commun abritant, dans la même demeure — bien que, le plus souvent, dans des pavillons séparés — parents, frères, oncles, neveux, chacun avec sa femme, ses concubines et leurs enfants. A l'exemple de l'Occident, ils se créent, souvent, un foyer particulier et ce fait est d'une importance extrême pour l'étrangère.

Comme s'il s'agissait d'un progrès, dû à leur influence et dont ils ont lieu de tirer grand honneur, on entend des étrangers proclamer, avec une orgueilleuse satisfaction, que la nouvelle constitution chinoise, promulguée en juillet 1936, enjoint la monogamie. Leur illusion est singulière. En cette matière, la nouvelle constitution n'a rien innové, au sens *réel* du mot. Les lois chinoises n'ont jamais vraiment reconnu qu'une seule épouse légitime, bien que la coutume établie permît d'entretenir, à son domicile, un nombre indéterminé de concubines. La condition de celles-ci quoique étant, en principe, inférieure à celle de la femme en titre, n'avait rien de honteux. Les enfants de ces épouses de second rang avaient leur place marquée dans la maison paternelle, ils étaient élevés par les soins de leur père et nul ne les considérait comme des bâtards. C'était là une honnête législation témoignant de la sagesse de ceux qui l'avaient établie avec un grand sens pratique des réalités.

Si beaucoup de Chinois modernes, appartenant aux classes cultivées, n'ont qu'une seule épouse dans leur logis, la nouvelle constitution n'y est certainement pour rien. Certains obéissent à des motifs d'ordre économique : entretenir plusieurs femmes et une nombreuse famille coûte cher. D'autres tiennent à afficher une attitude d'homme de progrès qui a renié les vieilles coutumes. La monogamie apparente des uns et des autres, vaut ce que vaut celle des époux occidentaux et, si elle doit s'étendre, en Chine, on y verra bientôt paraître cette plaie de nos pays : les mères abandonnées et les enfants illégitimes.

Les usages concernant le mariage civil moderne restent encore passablement flottants, en Chine.

Dans certaines provinces, notamment au Szetchouan, des formules imprimées d'actes de mariage se vendent dans les boutiques. Il suffit d'en remplir les blancs avec les noms des conjoints et de faire signer le papier par un fonctionnaire civil ou militaire, ou par une personnalité notable quelconque pour que le mariage devienne légal. Aucune autre formalité n'est requise.

Les dispositions de la nouvelle constitution, concernant la polygamie, prévoient une peine d'emprisonnement pour le mari qui entretient des relations illégitimes, même s'il établit sa maîtresse hors du domicile conjugal. Bien que cette loi soit parfois appliquée comme suite à la plainte d'une épouse légitime, elle demeure, généralement lettre morte, surtout, dans les provinces de l'intérieur du pays et la polygamie continue à fleurir, là où elle a toujours été la règle : dans les classes supérieures et parmi les riches. La liberté plus grande dont les femmes jouissent aujourd'hui — malgré les restrictions qui subsistent encore dans l'intérieur de la Chine — contribue même à mettre davantage en évidence la multiplicité des épouses. Tandis qu'autrefois, femme légitime et concubines demeuraient confinées au logis, actuellement celles-ci circulent en auto, ou même à pied, rendent des visites, font des achats dans les magasins et le public fait ainsi connaissance avec l'épouse numéro deux ou l'épouse numéro quatre de M.X... L'on m'a cité le cas d'un haut personnage qui sort, familièrement, avec plusieurs de ses femmes et leurs enfants. Je trouve cela, pour ma part, d'une honorable sincérité. Si le nombre des naissances féminines excède considérablement, en Chine, celui des naissances masculines, vouloir y transformer, complètement et brusquement, les mœurs matrimoniales millénaires conduirait, on peut le craindre, à des résultats fâcheux.

Aux riches polygames, il faut ajouter les besogneux cherchant à se procurer, par la pluralité des compagnes, des auxiliaires non salariés, travaillant avec eux ou pour eux. Des négociants y voient, aussi, un moyen de placer une associée, veillant à leurs intérêts, en plusieurs de leurs maisons. Un de mes fournisseurs, à Tatsienlou [1], possède, en plus de son magasin dans cette ville, une succursale à Sian au Chensi, une autre à Yatchéou, à la limite du Szetchouan et une autre, encore, à Bathang, aux confins du Yunnan. Dans chacun de ses comptoirs habite une de ses épouses et il déclare, sérieusement, avec une complète ingénuité : « De cette façon, la surveillance de mes affaires est assurée et je suis pourvu de compagnie pendant mes séjours aux différents sièges de celles-ci. »

Parmi les Chinois modernisés et instruits des grandes villes, il devient de plus en plus habituel de choisir soi-même son mari ou sa femme, d'après des raisons de convenance personnelle et les fiancés

1. Tatsienlou, une ville frontière, capitale de la province du Sikang, à l'extrême-ouest de la Chine, dans les Marches tibétaines. Son nom tibétain est Dartsédo ; les Chinois l'appellent, maintenant, Kanting.

jouissent d'une liberté tout américaine, encore inconnue en France dans les classes bourgeoises. Fiancés ou simplement camarades, le nombre de jeunes filles que je vis, à Pékin, circuler librement avec des jeunes gens était considérable et je remarquai, avec plaisir, leur tenue irréprochable, propre à être donnée en exemple à la jeunesse de tous les pays d'Occident, sans exception.

Il est assez rare qu'un Chinois marié à une étrangère introduise une concubine au domicile conjugal, mais quant à avoir, en dehors de celui-ci, un ménage chinois, le fait n'est pas exceptionnel. On rencontre parfois, aussi, le double ménage en Occident, mais ce qui est particulier à la Chine, c'est que des étrangères se croyant bel et bien unique légitime épouse, ne sont, plus d'une fois, à leur insu, que des coépouses. Il en est surtout ainsi lorsque le mari appartient à une famille provinciale où existe encore la coutume de fiancer les enfants en bas âge, et de les marier jeunes. Le garçon parti pour faire ses études à l'étranger n'accorde pas grande attention à ce mariage. Il rencontre une étrangère dont il s'éprend, il l'épouse, en Europe ou en Amérique, l'amène en Chine, se crée un foyer et sa femme ne se doute de rien. Cependant, dans la maison paternelle de son mari, vit une femme qui, aux yeux de toute la famille, comme devant la loi, est l'épouse légitime, la *seule véritablement* légitime [1]. Sa mentalité diffère de celle des Occidentales ; elle a toujours vu, autour d'elle, que la Grande Épouse, celle qui perpétue la lignée familiale, demeure, soit dans la maison paternelle de son mari, soit dans une habitation construite par celui-ci, généralement dans son pays natal. Elle s'afflige peut-être, mais ne s'étonne pas que son époux entretienne, au-dehors, une concubine étrangère ; des siècles de polygamie ont accoutumé les Chinoises à ce partage, l'idée d'intervenir n'effleure même pas leur pensée.

Son mari ne peut pas se dispenser de rendre parfois visite à ses parents. Dans ces occasions, il est probable qu'il se rappellera que la Chinoise est sa femme. Toute la famille s'ingéniera, du reste, à les rapprocher. Si cette première épousée n'a pas encore été mère, elle pourra le devenir ; qu'elle donne le jour à un garçon, ce sera lui l'héritier. La femme blanche peut continuer à tout ignorer pendant des années et apprendre, soudainement, quelle est sa réelle situation, à la mort de son époux, lorsque des questions d'héritage seront soulevées.

Je ne me borne pas à répéter des « on dit ». Je connais des cas de ce genre. Une Américaine n'apprit le précédent mariage de son mari qu'après avoir mis au monde deux enfants. Que pouvait-elle faire ?

1. Contrairement à ce qui en est dans l'Inde, au Tibet et parmi les musulmans où le mari polygame peut avoir plusieurs épouses également légitimes. Il semble que, de nos jours, dans certaines provinces de la Chine, l'on admet, aussi, que plusieurs femmes peuvent avoir un rang égal d'épouse, mais peut-être y a-t-il là plutôt une convention sociale qu'un strict droit légal.

— Elle s'est créé, par son travail, une honorable position indépendante et continue à porter le nom chinois de son mari. Celui-ci passe, de temps en temps, quelques semaines avec elle ; je crois qu'ils ont quelques intérêts commerciaux en commun, mais il habite ordinairement, dans une autre ville avec sa véritable femme, la Chinoise, et ses enfants.

Une autre étrangère de mes connaissances se doute, depuis son arrivée en Chine, qu'avant de l'épouser, en Europe, son mari avait déjà contracté un autre mariage, mais, volontairement, elle cherche à s'aveugler à ce sujet. Le mari m'a avoué sa situation. Il ne tient guère à son épouse chinoise, mais il en a un fils et il adore le petit.

J'ai vu des étrangères qui avaient épousé des veufs et se trouvaient être, réellement, uniques et légitimes épouses. Leur sort n'était pourtant guère enviable. Dans la demeure conjugale, elles semblaient comme submergées par la nombreuse famille de leur mari qui y habitait : ses fils, leurs femmes et leurs enfants, un ou deux neveux, en supplément. Si courtois qu'ils se montrassent, en apparence, tous ces gens ne manquaient pas de faire sentir qu'ils étaient les légitimes occupants des lieux, considérant avec une indulgence, humiliante pour elle, la femme d'une autre race, qui amusait leur père.

Je me suis bornée à dépeindre quelques aspects de la situation de l'épouse étrangère, dans les mariages mixtes, parce que celle-ci est plus particulièrement susceptible d'intéresser mes lectrices, mais celle du mari chinois de l'étrangère n'est pas exempte de côtés sombres. L'atmosphère asiatique qui l'enveloppe et, graduellement, le ressaisit à son retour dans sa patrie, l'ascendant d'influences séculaires incorporées en des coutumes et des sentiments qu'inévitablement heurtent, à tous moments, les idées et les façons d'agir de la femme occidentale, donnent forcément lieu, chez lui, à maintes réactions pénibles.

J'ai vu. J'ai entendu des confidences. Il y avait peu de bonheur dans la plupart des ménages mixtes que j'ai approchés. Trop de choses séparaient les races qui s'y rencontraient, trop de différences existaient entre leurs tendances et leurs habitudes contractées dès l'enfance.

Il est possible que le mélange des sang soit chose souhaitable du point de vue du perfectionnement humain, mais, personnellement, les individus qui s'y prêtent n'ont guère à en attendre de joie.

A Pékin, je pris contact avec les professeurs des universités, les conservateurs des bibliothèques, les unes et les autres somptueusement logées. Pékin s'était, non seulement, matériellement modernisé et embelli, mais était devenu un véritable centre intellectuel. Ceci me décida à en faire mon port d'attache pour la durée de mon nouveau séjour en Extrême-Orient, que je prévoyais devoir être de plusieurs années.

Une fois cette détermination prise, je me mis en quête d'une maison à louer. Cette recherche dura longtemps. Je ne sais si je puis me permettre de révéler la cause qui rendait mon installation difficile, mais, comme il s'agit d'un trait de mœurs, celui-ci peut avoir sa place dans la description du Pékin moderne.

Quels que soient les progrès accomplis par les Chinois, quant à leur « modernisation », ils ont conservé plusieurs habitudes absolument choquantes pour les étrangers imbus de strictes notions concernant l'hygiène et la propreté. Parmi celles-ci, je citerai l'habitude de cracher à tout moment, souvent avec un épouvantable bruit de gorge, de cracher partout : sur le plancher des trains, sur celui des chambres et à côté des tables, au restaurant. Dans les maisons bien tenues, des crachoirs sont dispersés, à profusion, à travers les appartements, afin de permettre aux visiteurs d'expectorer ailleurs que sur le carrelage ou sur le parquet. J'ai remarqué que la tendance actuelle, chez les gens appartenant aux classes sociales supérieures ou ayant eu une éducation semi-occidentale, est de dissimuler ces vases répugnants dans les encoignures des chambres. Au contraire, il fut un temps — et ceci se voit encore en de nombreuses maisons — où le crachoir, une importante pièce de porcelaine décorée, d'au moins cinquante centimètres de hauteur, figurait, bien en évidence, comme objet ornemental, au pied du divan et juste au milieu de celui-ci entre les deux places d'honneur, de sorte qu'un visiteur honorable se trouvait, tout au long d'une conversation, avoir ce réceptacle entre lui et son interlocuteur.

Que nous ne crachions qu'exceptionnellement semble bizarre à beaucoup de Chinois et quelques-uns de ceux-ci ont émis, devant moi, l'opinion que ce fait devait tenir, chez nous, à une malformation ou à une maladie.

Une autre habitude répugnante qui a existé en Occident, mais dont nous nous sommes heureusement défaits, est celle de ne pas se servir d'assiettes individuelles pour prendre ses repas, et de puiser, à même les plats, avec les baguettes ou les cuillères dont on s'est servi pour porter les aliments à sa bouche, lesquelles se sont, inévitablement, imprégnées de salive.

Les étrangers sont à blâmer pour la persistance de cette coutume malsaine parmi les Chinois qu'ils fréquentent ou qui sont leurs élèves. Très peu d'étrangers refusent les invitations aux dîners de style chinois, bien qu'entre eux, ils conviennent que cette manière de manger leur semble malpropre et de nature à propager des maladies. La plupart avouent ressentir un profond dégoût en se mettant à table pour de tels repas, mais s'efforcent, disent-ils, de le surmonter pour ne pas offenser les Chinois, ce en quoi faisant, ils leur rendent un très mauvais service.

Toutefois, c'était une autre particularité des mœurs chinoises qui m'empêchait de trouver une maison habitable.

Tandis que l'édilité pékinoise prenait à cœur d'embellir la ville, elle avait fâcheusement négligé les aménagements sanitaires et les habitants considéraient le fait avec une complète indifférence. Le plus grand nombre des rues se trouvaient encore dénuées d'égouts et, dans celles qui en étaient pourvues, les bouches de ceux-ci, encombrées d'immondices, répandaient des émanations pestilentielles dans tout le voisinage.

Très rares étaient les maisons possédant des w.-c. modernes. La grande majorité des Pékinois se contentaient de construire dans leur cour, souvent très exiguë, une cuvette en briques légèrement enfouie dans le sol et non surmontée d'un siège, qu'un vidangeur nettoyait *de temps en temps*. Beaucoup d'autres, soit parce que leurs demeures ne comprenaient pas de cour, soit par préférence, en restaient au système antique des « chaises », très souvent placées dans leur chambre à coucher et qu'on ne vidait qu'une fois par vingt-quatre heures. Des étrangers — je le sais par expérience — s'accommodent de ces arrangements ; je suis plus exigeante et c'est mon exigence, à ce sujet, qui m'empêchait de trouver un logis.

De guerre lasse, je me résignai à aménager, à mes frais, une petite maison chinoise. Ce fut une installation des plus simples, mais j'eus l'eau courante à la cuisine, à la salle de bain et au w.-c. Des fenêtres, pouvant s'ouvrir et pourvues de vitres, remplacèrent, aussi, les panneaux fixes, tendus de papier, qui ne laissent filtrer qu'une pâle lumière et trop peu d'air pour ventiler les appartements. Ceci fait, je meublai la maison sommairement et j'y fis venir, de Changhaï, où ils étaient arrivés par mer, les bagages que j'avais expédiés de France.

Dans un chapitre précédent, je me suis attardée assez longuement sur la sensation d'*irréalité* qui m'avait étreinte à mon départ pour le présent voyage. Je n'aime guère m'appesantir sur des impressions personnelles, dénuées d'intérêt pour autrui, pourtant l'état bizarre dans lequel je me trouvai, peu après mon arrivée à Pékin, mérite peut-être une mention.

Chaque fois que je sortais, je me sentais envahir par une inexprimable tristesse à laquelle je ne pouvais découvrir aucune cause. Ma santé était, comme d'habitude, excellente, ma situation matérielle ne me donnait aucun sujet d'inquiétude, il en était de même de ceux à qui je porte un intérêt spécial : parents et amis. Pourtant, cette incompréhensible tristesse augmentait chaque jour d'intensité. Bien que je ne pleure jamais, il me semblait, lorsque je parcourais la ville, en rickshaw, que les larmes allaient me venir aux yeux.

Les gens que je voyais circuler dans les rues prenaient, alors, un aspect insolite. Tout en les regardant marcher paisiblement et vaquer à leurs affaires, je découvrais, sous leurs visages, des figures différentes de celles qu'ils montraient et, derrière leurs gestes banals, j'en percevais d'autres qu'ils ne faisaient pas, ou ne faisaient que dans les profondeurs de leur subconscient. Les faces crispées par la fureur, les attitudes menaçantes évoquaient des visions de massacres et l'idée qui s'imposait à moi, quoi que je fisse, me gourmandant et me raillant pour la chasser, était que je contemplais une sorte d'ébauche de scènes en voie de formation qui se matérialiseraient dans l'avenir.

Rentrée chez moi, le cauchemar se dissipait pour reprendre, avec une force plus grande, à ma prochaine sortie. Dès que j'eus quitté Pékin, ces phénomènes cessèrent complètement.

Certains seront peut-être portés à voir, là, un pronostic des événements qui allaient survenir. J'inclinerais presque à le croire, bien que l'avertissement — s'il existait — me parût concerner un mouvement anti-étranger plutôt qu'une guerre mettant la Chine aux prises avec un autre pays de l'Orient. Mais, qui sait, j'écris ceci en terre tibétaine, plus de deux ans après mon séjour à Pékin et le drame chinois n'a pas encore dit son dernier mot.

Toute pénible qu'elle fût, l'étrange obsession à laquelle j'étais en proie n'enlevait rien à ma lucidité habituelle. A travers l'atmosphère de prospérité et de joie teintée d'arrogance, dans laquelle semblait baigner la ville aux palais rutilants, aux parcs fleuris et aux menus déesses affranchies, je distinguais des ombres de mauvais augure.

Les autorités avaient décrété une campagne contre la consommation de l'héroïne importée par les trafiquants japonais et les Chinois à leur solde. Les peines édictées contre les délinquants étaient d'une sévérité draconienne et, comme la plupart du temps en Orient — fréquemment ailleurs aussi — les rigueurs de la loi n'atteignaient que les petites gens, sans influence et sans appui. D'après ce code féroce, l'individu convaincu de faire usage d'héroïne était enfermé dans un hôpital et soumis à une cure de désintoxication. S'il recommençait, après sa libération, il était incarcéré une seconde fois et soumis à la même cure. A la troisième récidive, on le fusillait.

Ainsi arrivait-il que l'on rencontrât, conduit vers le lieu de son supplice, un malheureux dont le seul crime avait été de chercher, au moyen d'une drogue, à diminuer l'âpreté de son existence, à se procurer quelques heures de répit, ou, plus simplement encore, à obtenir la surexcitation momentanée qui lui était nécessaire pour accomplir sa besogne.

Toute exécution capitale est une infamie. Je l'ai dit ailleurs [1]. Le plus vil des criminels a du moins, pour lui, qu'en commettant son crime il risque sa propre vie en encourant la peine capitale [2]. Mais ceux qui le tuent, comme il a tué, ne courent aucun risque et l'espèce de bravoure, si brutale, si détestable soit-elle, qui anime l'assassin n'existe pas, en eux, pour excuser leur acte. Combien de ceux qui,

1. *Le Bouddhisme, ses Doctrines et ses Méthodes.*
2. Ou le bagne à perpétuité dans les pays où la peine de mort a été abolie.

à grand renfort d'éloquence et de gestes théâtraux, requièrent la peine de mort contre un accusé ligoté, gardé par des gendarmes, oseraient, seul à seul avec lui et s'il était libre de ses mouvements, lui reprocher son crime avec la même véhémence et tenter de le lui faire expier !

A Pékin, il ne s'agissait pas de criminels, mais de victimes d'un trafic qui enrichissait des personnages demeurant bien à l'abri de toute répression.

L'exécution de ces malheureux avait lieu sans aucune prétention à la solennité ; on les abattait, tout simplement. Un homme, armé d'un fusil, tirait sur le condamné. S'il ne le tuait pas du premier coup, il tirait de nouveau et autant de fois qu'il pouvait être nécessaire à un maladroit pour amener la mort.

Quelques mesquins colporteurs de drogues étaient parfois arrêtés, mais, le plus souvent, on se contentait de leur infliger une amende ou de les emprisonner.

On chuchotait, à Pékin, les noms des hauts fonctionnaires qui, disait-on, non seulement avaient des intérêts dans le commerce de l'opium, demeuré plus ou moins licite presque partout en Chine, mais aussi dans celui des drogues prohibées. De celles-ci, les Japonais étaient les grands fournisseurs. Ils se préparaient à répéter ce que d'autres avaient fait jadis pour l'opium, forçant l'entrée de la Chine à coups de canon, pour lui imposer l'achat de leur poison.

Les Japonais, entendais-je dire, veulent débiliter les Chinois, afin de s'emparer plus facilement de la Chine et l'exploiter à leur profit. Ce n'est pas seulement un gain commercial qu'ils cherchent : l'héroïne, plus nocive que la pipe à opium, est, pour eux, une arme de guerre.

Pékin, disait-on encore, est vendu au Japon par ses magistrats. La plupart de ceux-ci font la cour aux Japonais dans l'espoir de bénéficier d'une scission qui instaurera une Chine du Nord, indépendante du gouvernement de Nankin et dont ils seront les chefs, sous le contrôle du Japon. Les quelques très anodines réformes que le gouvernement de Nankin a introduites dans la législation chinoise les gênent déjà, ils en redoutent d'autres qui amoindriraient davantage leur pouvoir... et leurs profits. Ils croient pouvoir s'entendre mieux avec les Japonais qui ont acheté un bon nombre d'entre eux.

Une grande école japonaise avait été établie à Pékin ; l'on y enseignait la langue japonaise. Les Nippons préparaient le terrain. Pendant ce temps, parmi les Chinois, les uns péroraient dans le vide, les autres, astucieusement, combinaient des plans pour se mettre du côté du manche et la foule des nigauds plébéiens, arrêtée devant le terrain de manœuvre qui borde la Légation du Japon, regardait placidement les soldats japonais s'exerçant avec des mitrailleuses, à l'ombre du drapeau au soleil couleur de sang.

Certaines gens paraissent être mystérieusement destinés à suivre une voie particulière, et quoi qu'ils fassent, volontairement ou non, pour s'en écarter, s'y trouvent toujours ramenés. Il en est ainsi pour moi en ce qui concerne les études tibétaines.

Lorsqu'en 1911, je suis retournée en Orient, mon plan de voyage comprenait un nouveau séjour dans l'Inde et la visite de la Birmanie. Je prévoyais une absence d'environ dix-huit mois. Or, je demeurai en Asie pendant quatorze années consécutives, passant la majeure partie de celles-ci en territoire tibétain où je n'avais jamais songé à me rendre. Quittant de nouveau la France, en 1936, j'avais surtout en vue des recherches concernant l'ancien taoïsme. Cependant, par un singulier concours de circonstances, dès les premières semaines de mon séjour à Pékin, j'entrai en relation avec plusieurs lamas tibétains qui y résidaient momentanément. A Pékin, habitait, aussi, le confident du Tachi Lama [1], l'homme qui avait préparé sa fuite du Tibet. Je l'avais connu à Jigatsé, au palais du Tachi Lama, vingt ans auparavant. Et voilà qu'ainsi, l'atmosphère tibétaine m'enveloppait de nouveau. Je ne prévoyais toutefois pas, à ce moment, qu'une guerre allait ravager la Chine et que, par son effet, je serais ramenée au Tibet ; aussi m'efforçai-je de profiter, de mon mieux, des rencontres que j'avais faites.

Parmi les lamas habitant Pékin se trouvait un *géchés* [2], originaire de Bathang, au pays de Kham. Pendant vingt-cinq ans, il avait étudié la littérature philosophique tibétaine au grand monastère de Drépung, près de Lhassa et conquis, dans les premiers rangs, son grade universitaire de *géchés*, correspondant à peu près au doctorat en philosophie dans les pays occidentaux.

Nous convînmes de nous réunir trois fois par semaine : le *géchés*, Yongden et moi, pour lire des textes tibétains et discuter sur leur sens. Ce furent de belles séances !

Les controverses s'accompagnent, au Tibet, d'un grand renfort d'exclamations rituelles et de gestes qui leur donnent, lorsqu'elles deviennent un peu vives, toutes les apparences d'un ballet. Tour à tour, les adversaires avancent l'un vers l'autre, reculent, frappent du pied, font claquer les paumes de leurs mains, retroussent leur toge monastique sur leurs bras, à la manière de nos avocats quand ils font des « effets de manches », puis, changeant d'attitude, s'y drapent avec une impérieuse majesté. Mon *géchés* et quelques-uns de ses collègues qui, l'un après l'autre, se joignirent à nous, étaient accoutumés à se livrer à cette gymnastique tandis qu'ils se lançaient mutuellement, à la tête, les questions, les réponses, les arguments usités dans les Universités lamaïstes. La chambre où je les recevais devenait bientôt trop exiguë pour l'ampleur de leurs évolutions, ils

1. Le Tachi ou Panchen Lama qui mourut à Jakyendo en novembre 1937.
2. Le g se prononce dur, comme *guéchés*.

débordaient sur la véranda et, de là, dans la cour, toute leur érudition déchaînée se répandant en clameurs confinant aux rugissements.

Mes très lettrés amis étaient de robustes gaillards de haute stature, bruns de teint, avec de fulgurants yeux noirs, plus propres à inspirer la crainte que la confiance. Le tapage qu'ils menaient intrigua mes voisins, des têtes apparurent au-dessus des murs de la cour et disparurent rapidement après avoir jeté un coup d'œil sur la danse incompréhensible de ces géants. L'agent de police stationné au coin de ma rue s'était ému, aussi, de voir fréquemment entrer, chez moi, ces hommes majestueux drapés en des robes rouge sombre. Des enquêteurs furent dépêchés pour éclaircir le mystère de mes fréquentations. Le règne de la suspicion avait déjà commencé, en Chine. Accueillis, à la porte, par un catégorique : « Je ne comprends pas le chinois », les sbires s'étaient rabattus sur mon propriétaire qui habitait la maison voisine. Celui-ci professait la géologie à l'Université et avait fait ses études à l'étranger. Il informa les curieux que sa locataire, ayant vécu au Tibet, connaissait des Tibétains et les recevait amicalement chez elle. L'explication était acceptable, mais pourquoi ces visites donnaient-elles lieu à des ébats si extraordinairement bruyants ? — L'honorable professeur n'en savait rien et je ne jugeai pas nécessaire de l'en informer. On finit par renoncer à l'interroger, mais pendant tout le temps de mon séjour à Pékin, un agent de police demeura en faction à quelques pas de ma porte.

Je quittai Pékin à la fin de juin, cinq mois, environ, après mon arrivée.

Depuis longtemps j'avais décidé de passer l'été à Wou tai chan, une des montagnes sacrées de la Chine où les circonstances ne m'avaient pas permis de me rendre, lors de mes précédents voyages.

Wou tai chan (la montagne aux cinq pics, en tibétain Riwo tsé nga) m'attirait à cause de la personnalité complexe du personnage qui, depuis des siècles, y est vénéré par une multitude de pèlerins dont certains viennent des extrémités lointaines du Tibet ou de la Mongolie. Mandjouçri est le nom sanscrit sous lequel il est connu par les orientalistes de nos pays ; les Tibétains l'appellent Djampéyang. Il apparaît dans les soûtras apocryphes mahâyanistes comme un disciple du Bouddha, des traditions népalaises en font un général d'origine chinoise et les Tibétains ont toujours regardé les empereurs de Chine comme étant ses avatars successifs. Il est, aussi, le protecteur des Lettrés, une sorte de dieu de la science et de l'éloquence, jouant, dans le bouddhisme du Nord, le rôle dévolu à la déesse Saraswati chez les Hindous. Toutefois, Mandjouçri-Djampéyang est considéré comme un Bodhisatva, c'est-à-dire un être tout près d'atteindre l'illumination spirituelle complète des Bouddhas et, par conséquent, très supérieur à n'importe quel dieu.

Je désirais donc rendre visite à Djampéyang, *chez lui*, et voir quelle figure il y faisait dans les légendes locales et les anciennes chroniques conservées dans les monastères du lieu. De plus, je comptais, en quittant Wou tai chan, vers le mois de septembre, visiter le nord du Chansi et aller en Mongolie.

Plusieurs routes conduisent de Pékin à Wou tai chan. Celle qui passe par Tatung m'attirait comme étant la plus pittoresque, mais j'étais pourvue de lettres d'introduction pour le gouverneur du Chansi : le maréchal Yen Sie-san, et pour d'autres hauts fonctionnaires résidant à Taiyüan, que le ministre des Affaires tibétaines et mongoles avait chargés de me procurer un logis dans un des monastères de Wou tai chan. Il convenait que je visse ceux-ci et, d'autre part, je désirais leur exposer le programme du voyage à travers le Chansi que j'avais projeté pour l'automne suivant. Je décidai donc de prendre l'express d'Hankéou qui passe à Shih kia chwang [1] d'où part la ligne à voie étroite allant à Taiyüan.

Le train partait à six heures du matin. Arrivée à la gare bien avant le temps indiqué, je trouvai celle-ci occupée par une foule compacte. Ses anciens bâtiments venaient d'être démolis pour faire place à des constructions neuves, tout le terrain était transformé en chantiers ne laissant d'accessible aux voyageurs qu'un étroit terre-plein encombré par des montagnes de bagages.

Ayant obtenu des billets, après une longue attente, Yongden pensa qu'il pouvait diriger les porteurs et nos deux domestiques vers une bascule près de laquelle un employé paraissait être chargé de peser les colis et de les enregistrer. Mais lorsqu'il eut atteint celui-ci, il lui fut expliqué que *toutes* nos valises et nos caisses devaient être ouvertes et leur contenu examiné avant qu'il soit permis de les expédier hors de Pékin.

Je n'avais pas été informée de cette nouvelle exigence administrative dirigée, me fut-il dit par la suite, contre le trafic de l'opium et des drogues analogues. Il me paraissait trop répugnant pour que je puisse m'y résoudre, de déballer mes vêtements, mon linge et ma literie, par terre — il n'y avait pas de banquettes — parmi les hardes pouilleuses et les objets infects de toute nature que les inspecteurs tiraient des ballots de centaines de pauvres hères et jetaient, en tas, sur le quai. Et puis, l'habitude d'obtenir, en Orient, des égards et un traitement spécial est fortement ancrée chez les Blancs : je ne fais pas exception. En bien des cas, ce traitement spécial est, d'ailleurs, parfaitement justifié. Aucun étranger ne se plaindra d'être mêlé à des Chinois bien élevés et propres comme lui, mais il est naturel que le contact de la plèbe orientale, malodorante et couverte de vermine, répugne aux Occidentaux. Leur éviter cette désagréable promiscuité

1. *Shih kia chwang* est l'orthographe anglaise du nom de cet endroit ; celle que l'on rencontre le plus souvent. La prononciation correspond, en français, à *Chih kia tchuang*.

me paraît être un acte d'élémentaire courtoisie de la part des autorités du pays.

Je dois dire qu'après bon nombre d'allées et venues, Yongden parlementant avec divers fonctionnaires, mes bagages furent enregistrés sans avoir été ouverts. Toutefois, pendant ce temps, l'heure du départ du train était arrivée ; la locomotive siffla et le train démarra sans moi.

Un incident de ce genre ne compte pour rien en Orient. J'ai vu, dans l'Inde, des paysans demeurer pendant plusieurs jours campés dans une gare, manquant, régulièrement, les trains qui partaient devant eux, parce que... Je serais bien embarrassée de dire pourquoi, leurs motifs sont impénétrables pour tout autre que leurs congénères et, après tout, peut-être ne connaissaient-ils pas eux-mêmes les raisons de leur conduite. Ce que j'ai pu constater, c'est leur inébranlable placidité. Manquer un train, qu'importe ! Il en passera d'autres et que l'on atteigne sa destination demain, ou la semaine prochaine ou l'an prochain, au lieu d'aujourd'hui, ou, même, qu'on ne l'atteigne jamais, y a-t-il là sujet de s'alarmer ?

Il devait penser de la sorte, le brave Chinois qui me versa, dans l'oreille, cette étonnante consolation : « Un autre express partira ce soir à neuf heures. »

Il était six heures du matin. Il n'existait, dans les baraquements servant de bureaux à la gare, aucun endroit où l'on acceptait des bagages en dépôt. Chez moi, tout avait été emballé et clos pour la durée de mon absence ; l'hôtel français se trouvait loin de la station... Qu'allions-nous devenir ?

Mon cuisinier, qui avait été aux renseignements, me rapporta qu'un train omnibus partirait à neuf heures du matin. Toutefois, il m'obligerait à coucher à Shih kia chwang pour y prendre, le lendemain matin, le train correspondant à l'express de nuit. Qu'à cela ne tienne, il valait mieux passer la journée dans une voiture, regardant défiler le paysage, que de se morfondre pendant quinze heures dans une gare, puis de voyager durant toute la nuit.

Ainsi, environ quatre heures après notre arrivée, extra-matinale, à la station, nous réussîmes, enfin, à nous asseoir dans un compartiment.

Sur ce même quai de gare, Yongden et moi, nous étions partis, autrefois, en compagnie du Lama Gourong Tsang et de sa nombreuse suite, pour nous rendre, tout à l'extrémité de la Chine, dans les solitudes tibétaines qui avoisinent le grand Lac Bleu (le Koukou nor). Le rail, à cette époque, ne dépassait guère Honanfou et tout le reste du trajet s'effectuait, pittoresquement, en charrette.

Depuis longtemps, il avait été décidé que le chemin de fer desservirait Lantchéou, la capitale du Kansou, mais la Grande Guerre interrompit les travaux des sociétés françaises et belges qui en avaient entrepris la construction. Ensuite, des troubles locaux, la pénurie de fonds et, sans doute, l'incurie des gouvernants empêchèrent la continuation de la ligne. Un tronçon seulement a été achevé, amenant le train à Sian, la capitale du Chensi [1]. Il est maintenant question de prolonger la ligne vers le sud, jusqu'à Tchéngtou, la capitale du Szetchouan, puis, de là, à Yunnanfou, la capitale du Yunnan, où elle toucherait au chemin de fer français de l'Indochine et à celui qui va être construit, de la Birmanie à Yunnanfou.

Quant à Lantchéou, situé loin à l'ouest et très fortement enveloppé par l'influence soviétique, il paraît un peu oublié, bien que les Chinois n'aient point renoncé à le relier à un réseau de voies ferrées. Si ces divers projets se réalisent et se complètent par la prolongation du chemin de fer russe de Sémipalatinsk à Ouroumtchi, la capitale du Sinkiang, et, de là, à Lantchéou, l'Indochine se trouvera singulièrement rapprochée de Moscou.

De grands changements se produiront, certainement, en Asie au cours des cinquante prochaines années.

J'imaginais ceux-ci tandis que le train roulait à travers les plaines chinoises, mais j'évoquais, surtout, les souvenirs du voyage d'autrefois [2], avec cette horde de Tibétains, mi-barbares, du pays des herbes, que leurs compatriotes de Lhassa dénomment dédaigneusement des *thapas* (gens des extrémités du pays) ou pire encore, des *lalos* (sauvages).

Gourong Tsang habitait près de Kweiteh, au sud du cours du haut Fleuve Jaune ; sans être un véritable chef de tribu, il exerçait une assez grande influence sur les Tibétains de sa région. Le gouvernement chinois, qui le ménageait, le convoyait gratuitement, lui et sa suite, et un wagon-salon avait été attaché au train pour son usage. Gourong Tsang, qui me tenait en estime à cause de mes relations amicales avec le Grand Lama de Tashilhumpo, nous avait offert, à Yongden et à moi, de prendre place dans ce salon avec lui et un autre invité : un jeune lama *tulkou* du monastère de Gomi, en Amdo. De cette manière confortable débutait un voyage mouvementé à travers des régions où sévissaient la peste pulmonaire et la guerre civile. Le trajet — depuis le point terminus du chemin de fer, jusqu'à Sining — qui, normalement, à cette époque, aurait dû être effectué en vingt-huit ou trente jours, nous prit cinq mois.

Je regrettais ce temps d'aventures, tandis que le train roulait sagement, de gare en gare, tout pareil à ses congénères de l'Occident.

Je me rappelais les véhicules cahotants qui m'avaient emmenée vers l'Asie centrale, par des routes où, parfois, des bouquets de têtes coupées, pendant aux arbres, témoignaient de la répression du brigandage, faisant, aussi, penser aux nombreux confrères des exécutés qui continuaient à battre le pays et que l'on pouvait, d'un moment

1. Ne pas confondre la province du *Chensi* avec celle du *Chansi*.
2. Voir des notes, concernant ce voyage, dans *Mystiques et Magiciens du Tibet*.

à l'autre, rencontrer sur sa route. Je songeais au crépitement des balles sur le toit de ma chambre pendant le siège de Tungchow et à cent autres incidents de ce genre. Décidément, mon présent voyage manquait, tout à fait, de piquant et j'en ressentais, ma foi, un véritable désappointement. J'imagine que les petits dieux chinois, aux mines si malicieuses, devaient bien rire de moi, dans les multiples temples en ruine que le train rencontrait sur sa route. « Cette folle étrangère ! chuchotaient-ils, probablement, entre eux. La Chine lui réserve encore bien d'autres aventures. Plus qu'elle n'en souhaite, assurément. »

J'arrivai à Shih kia chwang sous la pluie, vers la fin de l'après-midi. Le train pour Taiyüan ne partant que le lendemain, je me rendis à l'hôtel situé près de la gare.

La ligne de Shih kia chwang à Taiyüan a été construite par une compagnie française qui l'a, tout d'abord, exploitée. Celle-ci avait aménagé, à la manière occidentale, les dépendances du chemin de fer. De coquettes villas entourées de jardins servaient de logis au personnel et deux hôtels, comprenant des chambres confortables, recevaient les voyageurs aux deux gares terminus : Shih kia chwang et Taiyüan. Depuis, les Chinois ont racheté la ligne et tout ce qui en dépendait. Les effets du changement de direction ne se sont point fait attendre. Je trouvai l'hôtel délabré, l'ameublement en partie brisé ; poussière accumulée partout, malpropreté. Les prix, néanmoins, étaient absurdement élevés, dépassant ceux des grands hôtels étrangers de Pékin.

« — Mauvais présages », marmottait Yongden, bougon. Il venait, en descendant du train, de heurter son poignet contre la rampe en fer du marchepied et avait cassé le verre de sa montre-bracelet. Pour ne pas être en reste, sans doute, j'avais laissé tomber mon parapluie dont le manche s'était fendu.

Le train partit de bonne heure, le lendemain matin. Le temps s'était remis au beau et je me sentais tout heureuse de m'en aller vers les montagnes. Sans offrir rien de particulièrement remarquable, le paysage que l'on découvre le long de la voie est assez joli et l'impression agréable que je ressentais s'accentuait à mesure que le petit train gravissait les pentes et que l'air devenait plus vif. Il fallut que, précisément à ce moment, je fisse connaissance avec la nouvelle phobie chinoise, celle qu'un médecin français de mes amis a baptisée « l'espionnite ».

Dans le compartiment où j'avais pris place avec Yongden, un officier chinois, voyageur comme nous, était venu s'asseoir. A l'un des arrêts, il quitta la voiture pendant un moment et, bientôt après, arrivèrent trois Chinois en uniforme qui nous demandèrent nos cartes de visite. Nous les leur donnâmes et ils se retirèrent. Quelques minutes plus tard ils revinrent.

« — C'est *votre* carte de visite ? » demanda l'un d'eux, au lama, en montrant le petit carton qui lui avait été remis.

« — Oui », répondit Yongden.

Sa carte, pareille à celle de tous les étrangers résidant en Chine, portait d'un côté, son nom : Albert Yongden-David, écrit en caractères romains et, de l'autre, l'équivalent phonétique de Yongden en caractères chinois. En plus, selon l'usage, sa nationalité était mentionnée dans le coin gauche du bas de la carte.

Le lama Yongden est né dans un petit État tibétain de l'Himalaya où sa famille, originaire du sud du Tibet, s'était fixée bien avant sa naissance. Ce minuscule royaume ayant été conquis par les Anglais est devenu territoire britannique. Il en résulte que, du fait de sa naissance, le lama se trouve être sujet britannique, ce qui, en chinois, ne peut se traduire que par le mot « anglais ». Sa carte porte donc la mention : Angleterre (Yinkuo) comme sur la mienne, se lit : France (Fakuo). Mais si ma physionomie répond à la nationalité que ma carte me donne, celle de mon fils adoptif n'a rien de britannique. Le Chinois galonné s'étonna.

« — Vous êtes Anglais ? » demanda-t-il de nouveau.

« — Je suis Anglais », répondit imperturbablement le lama que la mine ahurie du questionneur amusait.

« — Montrez-moi votre passeport. »

Yongden l'exhiba. Le Chinois ne pouvait pas lire ce qui y était inscrit, mais il reconnut le visa du Consulat de Chine à Marseille et les armes d'Angleterre imprimées en or sur la couverture du livret. Il se retourna vers ses collègues demeurés dans le couloir et leur montra le document.

« — Véritablement, c'est un Anglais. »

Deux autres têtes apparurent à la porte du compartiment pour examiner de nouveau, cet extraordinaire Anglais. L'un des curieux hasarda, en me regardant :

« — Vous voyagez avec cette dame ? »

« — C'est ma mère », déclara mon pince-sans-rire, avec une gravité respectueuse.

C'était plus d'étonnement que les Chinois ne pouvaient supporter.

Le lama et moi sommes tous deux de petite taille tendant vers un certain embonpoint, mais là s'arrêtent nos traits de ressemblance et, pour comble, nos passeports en faisaient foi, nos nationalités étaient différentes.

Les trois policiers s'en allèrent fortement intrigués. J'aurais eu plaisir à connaître les termes du rapport qu'ils rédigèrent à notre sujet.

L'officier qui avait, probablement, cru accomplir un acte important et méritoire, en signalant notre présence dans le train, descendit à une gare où nous nous arrêtâmes un peu plus tard.

Il n'y avait pas de wagon-restaurant attaché au train omnibus dans lequel nous nous trouvions, mais on y servait des repas dans les compartiments. Une sorte de maître d'hôtel vint nous demander si nous désirions manger, et ce que nous voulions manger. Oui, nous désirions manger : mais quant à désigner des plats chinois, notre vocabulaire du langage des Célestes n'était pas assez riche pour nous le permettre. Avec un aimable sourire, le restaurateur trancha la difficulté.

« — Combien de plats différents voulez-vous ? Deux plats, trois plats, quatre plats ? »

Il semblait que quatre plats constituaient un menu maximum, dans ce train.

« — Va donc pour quatre plats et, surtout, qu'ils soient bons. »

Le maître d'hôtel hocha la tête d'un air entendu et nous quitta.

Une demi-heure plus tard, il revenait accompagné de deux garçons apportant le repas : riz à discrétion, œufs, poisson, deux sortes de viande en ragoût et de la soupe *pour terminer*. Le tout, sans être de grand style, me parut fort bon et je fis honneur à chaque plat, avec grand appétit.

Le train grimpait lentement les fortes rampes du parcours et s'attardait longuement à toutes les gares qu'il rencontrait. Il était plus de quatre heures de l'après-midi quand nous arrivâmes à Taiyüan ; nous avions quitté Shih kia chwang avant sept heures du matin.

En face de la gare, au-delà d'un maigre jardinet public, se dressait le Grand Hôtel du Chansi. S'il ne méritait pas tout à fait le qualificatif de « grand », l'hôtel construit par la Compagnie française du chemin de fer avait, néanmoins, très bon aspect. Les voyageurs ne sont guère habitués à trouver pareil gîte dans les provinces chinoises. Mais, hélas ! à Taiyüan, comme à Shih kia chwang, le laisser-aller oriental, la négligence régnant depuis le départ des administrateurs français avaient fait leur œuvre : la baignoire de ma salle de bain était fêlée et coulait ; le mur de ma chambre, sillonné par une longue crevasse, pourvoyait à la ventilation d'une manière non prévue par l'architecte auteur du plan de la maison et, lorsque je voulus fermer les volets, un de ceux-ci manifesta un si violent désir de liberté que j'eus tout juste le temps de le retenir, à deux mains, pour l'empêcher de choir dans la rue.

Le même soir, un banquet avait lieu dans l'hôtel. Les vieux écrivains chinois ont-ils donc menti sciemment, ou bien est-ce nous qui les comprenons mal, lorsque, d'après leurs descriptions, nous nous représentons les invités des agapes chinoises comme des personnages gravement cérémonieux, attentifs à l'observation des rites d'une étiquette minutieuse et rigide ? Et, si ces bonshommes en longues robes, aux attitudes compassées, dont les anciens peintres chinois nous ont légué les images, ont jamais existé, quelle profonde transformation leurs descendants n'ont-ils pas subie !

A mesure que la soirée s'avançait ce n'étaient plus, seulement, des conversations bruyantes ou des rires, dont les échos montaient de la salle du festin vers les étages supérieurs, mais des vociférations, des rugissements, des cris inhumains, comme si toute une ménagerie eût été enfermée dans l'hôtel. L'alcool, évidemment, contribuait à la furia des dîneurs. Tous, me dit-on, le lendemain, appartenaient à l'élite de la ville.

Je passai dix jours à Taiyüan, non pas qu'il y eût des choses intéressantes à y voir, mais parce que j'avais des visites à rendre, mon voyage à Wou tai chan à organiser et que ce qui peut être réglé en quelques heures, en Occident, demande des journées en Orient.

Le gouverneur de la province, le maréchal Yen Sie-san, était malade et se claquemurait chez lui. Maladie diplomatique, disaient les méchantes langues : le maréchal avait été appelé à Nankin pour s'y expliquer au sujet de sa gestion financière de la province et ne tenait pas à s'y rendre. Certains lui reprochaient d'avoir ramassé tout l'argent monnayé et de l'avoir, de son chef, remplacé par du papier-monnaie. Semblable opération avait été faite dans toute l'étendue de la Chine ; pourquoi en faisait-on un grief au gouvernement du Chansi ? — La raison pouvait être qu'il l'avait effectuée à son profit, au lieu d'en offrir le bénéfice à la caisse de Nankin. Que sait-on !

On racontait aussi qu'un mandataire du gouvernement central avait fait saisir un convoi transportant, était-il dit, des caisses de biscuits destinées aux troupes, tandis qu'en réalité, ces caisses contenaient de l'or que le maréchal envoyait déposer en lieu sûr.

Depuis longtemps, le nom de Yen Sie-san m'était familier. Lorsque j'habitais le Kansou, la province du Chansi demeurant en paix, tandis que la guerre civile désolait une grande partie de la Chine, était citée en exemple et l'on donnait couramment au maréchal (je crois qu'il n'était que général à cette époque) le titre de gouverneur modèle. Il avait ouvert des écoles, construit des routes et un chemin de fer [1] desservant le sud du Chansi jusqu'au fleuve Jaune, son armée était nombreuse et disciplinée. Les éloges pleuvaient sur la tête du grand Yen. D'après ce que j'entendis à Taiyüan, il semblait que peu de chose subsistait de cette gloire. Impôts excessifs, murmurait-on ; le gouverneur veut être *tout*, dans le pays : il a des banques, des magasins, il a même une exploitation agricole où il fabrique du beurre et le domaine qu'il possède dans son village natal est princier. Il y avait peut-être eu exagération dans les éloges prodigués, autrefois, au grand Yen ; il devait y en avoir, aussi, une bonne part dans

1. Une ligne distincte de celle construite par la Compagnie française, de Shih kia chwang à Taiyüan.

les blâmes dont il était devenu l'objet. Quoi qu'il en fût, le maréchal ne se montrait pas et je n'eus pas le plaisir de le voir.

Par contre, j'eus une intéressante entrevue avec M. Tchao, le maire de la ville, un érudit très versé en philosophie bouddhiste. Je vis aussi M. Kia qui portait le titre singulier de « commissaire à la Pacification du Chansi ». Quelle pacification ? — la province était en paix. M. Kia était délégué par le gouvernement de Nankin. Par toute la Chine l'on voyait, ainsi, deux classes de fonctionnaires — ceux dépendant directement de Nankin et ceux appartenant à l'administration provinciale — coexistant, s'immisçant dans les affaires les uns des autres, se jalousant, s'espionnant, se tendant des pièges. Il en est encore de même, actuellement dans la Chine en guerre, rongée par le Japon. On doit le répéter à tout propos, l'unité que les Chinois proclament n'est qu'une unité factice, toute de façade ; ceux qui habitent les provinces de l'intérieur en savent quelque chose.

M. Kia, dont le fils avait fait ses études en Amérique, était un homme aimable et intelligent. Il me promit son aide la plus complète pour le voyage que je voulais faire à travers le Chansi, après mon séjour à Wou tai chan. A un dîner qu'il donna en mon honneur, je fis la connaissance de plusieurs Chinoises intéressantes, toutes ex-étudiantes d'universités américaines.

Vers la fin de mon séjour, à Taiyüan, je revis aussi une Française mariée à un Chinois, conseiller du gouverneur, que j'avais déjà rencontrée à Pékin. Plût aux dieux que cette charmante femme ne se fût jamais trouvée sur mon chemin ; elle devait, par la suite, attirer sur moi une véritable catastrophe.

Un certain nombre d'étrangers habitaient Taiyüan, la plupart d'entre eux étant des missionnaires, soit catholiques, soit protestants. Les catholiques étaient des Italiens, moines franciscains, me dit-on. Leur clientèle étrangère, en dehors de quelques religieuses, se composait d'un Français, de deux Françaises épouses de Chinois et des enfants de ces deux ménages. Tous considéraient l'assistance à la messe dominicale, comme œuvre ardue de pénitence, à cause de la puanteur asphyxiante qu'exhalaient les coolies chinois, seules ouailles des Révérends Pères.

Chaque dimanche, me raconta mon compatriote, un des missionnaires prêchait. Il prêchait avec l'emphase et l'abondance de gestes propres aux Méridionaux et, naturellement, il prêchait en Chinois, mais son langage se trouvait, souvent, être le dialecte d'une autre province : celle où il avait habité précédemment, ou celle où il avait appris le chinois. Peut-être, aussi, sa prononciation était-elle défectueuse. Toujours est-il que les fidèles ne comprenaient jamais un mot de ce qui était clamé par leur guide spirituel. De son enseignement, ou de ses pieux avis les portefaix, ouvriers, ou autres membres du prolétariat jaune, assemblés dans l'église, n'avaient d'ailleurs aucun souci. Tandis que le digne fils de saint François et de la chaleureuse Italie gesticulait et s'époumonait, ils bavardaient entre eux de leurs petites affaires ou des nouvelles du jour. Certains faisaient un somme et d'autres comme je l'ai, aussi, vu ailleurs, occupaient utilement le temps en épouillant leurs hardes ou la chevelure de leurs enfants. Quoique bon sinologue, le Français avait aussi complètement renoncé à écouter le sermon. Il lui arrivait, parfois, de questionner un des gueux baptisés accroupi près de lui :

« — Qu'est-ce qu'il dit ? »

D'un mouvement de tête il désignait l'apôtre pérorant.

« — Sais pas... j'écoute pas. »

Un certain degré d'intelligence et de culture est nécessaire pour découvrir de l'intérêt aux doctrines religieuses. L'immense majorité des sectateurs nominaux de tous les cultes s'en tient à la pratique machinale de rites que leurs ancêtres ont pratiqués avec une égale irréflexion et dont une longue habitude a créé, en eux, le besoin.

Quant aux « convertis » chinois, j'en ai entendu, plus d'une fois, discuter, entre eux, la valeur utilitaire, à leur point de vue, de la religion de *Issou* (Jésus) : le protestantisme et de celle du *Maître du Ciel* : le catholicisme. Qu'est-ce qui était le plus *profitable* ? — se demandaient-ils gravement, être protestant ou être catholique ? — Et la réponse variait suivant que, dans l'endroit où elle était posée, c'était la mission protestante ou la mission catholique qui possédait les plus beaux bâtiments, les missionnaires d'apparence la plus cossue et distribuait le plus de largesse.

Une après-midi, j'allai à la gare attendre l'arrivée de la dame française que j'ai mentionnée plus haut : elle rentrait chez elle après un bref séjour à Pékin. Une foule de gens très animés, beaucoup tenant en main de petits drapeaux portant des inscriptions, encombraient le quai. Qui donc allait arriver ? — A qui cette enthousiaste réception s'adressait-elle ? — J'inclinais à penser qu'il s'agissait d'un général en renom ou d'un célèbre chef politique.

Le train entra en gare, salué par des acclamations. Un visage de joli poupon se montra, pendant un instant à l'une des fenêtres, puis, un Chinois fluet, correctement vêtu d'habits européens, descendit de la voiture. Des saluts empressés l'accueillirent, un cortège se forma et, accompagné par les porteurs de drapeaux, le svelte voyageur fut conduit au Grand Hôtel du Chansi.

Je venais de voir la seconde célébrité théâtrale de la Chine : M. Tchen ; la première étoile mâle de la scène chinoise étant M. Mei Lan Fan.

Je parle d'étoiles mâles, je ne sais trop si le terme convient car si, à la ville, ces artistes sont des hommes, c'est sous une apparence féminine qu'ils ont conquis la flatteuse réputation artistique dont ils jouissent. Les deux acteurs que je viens de nommer, comme un bon nombre de leurs confrères moins appréciés par le public, ne jouent, en effet, que des rôles de femmes et, plus spécialement, des rôles d'amoureuses.

Les dilettanti chinois éprouvent, paraît-il, une jouissance artistique toute particulière à voir ces hommes parés d'atours féminins et fardés à outrance, évoluer sur la scène en minaudant et déclamant ou chantant, dans le style de l'ancien théâtre, avec des gloussements et des roucoulements extraordinaires qui passent, tour à tour, du registre supra-aigu à de rauques sons de gorge.

D'autre part, j'ai vu des femmes tenir des rôles d'hommes et même de guerriers. Dans une pièce jouée au théâtre d'Hankéou, une mignonne Chinoise personnifiait un général batailleur et colérique, tandis que son « épouse » était représentée par un homme de haute taille. Le contraste grotesque de cette anomalie, dans une violente scène de jalousie que la petite actrice-général faisait au grand diable d'acteur attifé en dame noble des siècles passés, ne choquait aucun des spectateurs, nul n'en remarquait l'aspect comique et ne songeait à en rire.

Quant à M. Tchen, je l'avais vu à Pékin, jouant un rôle d'amoureuse coquette, dans lequel, de l'avis des connaisseurs, il était merveilleux. Le titre passablement singulier de cette pièce, était *Faisant la cour sur un toit*. Il évoquait irrésistiblement, pour moi et pour quelques-uns des spectateurs étrangers mes voisins, l'idée d'amours félines et, de fait, les vocalises du protagoniste de la pièce et de son confrère nous rappelaient bien, aussi, celles des matous énamourés sérénadant leurs belles, sur nos toits.

Naturellement, je ne reconnus pas M. Tchen sous les habits de son sexe. Je le revis, ensuite, dans l'hôtel : une fois, sur le palier, reconduisant des visiteurs qui se confondaient en salutations et, une autre fois, au salon où il causait avec plusieurs messieurs. Il paraissait jeune ; peut-être ses joues devaient-elles à un soupçon de fard la teinte rosée qui lui conférait cette jeunesse. C'est bien probable, il faut des années pour atteindre à une notoriété pareille à la sienne. Mei Lan Fan, dont il est l'émule, a, m'a-t-on dit, dépassé la quarantaine, mais sur la scène, il est toujours une jeune amoureuse passionnée attisant les désirs sensuels.

On raconte, en Chine, que ces « actrices » mâles inspirent des passions brûlantes et causent autant de ruines que les grandes courtisanes et le jeu national, le mah-jong. La vie privée des célébrités du monde théâtral chinois m'est, bien entendu, inconnue, mais les amours masculines sont de tous les pays. Les anciens Grecs les ont exaltées, considérant ceux qui s'y adonnaient comme possédant une nature plus virile que ceux qui recherchaient les femmes.

Je doute que les Chinois qui y prennent plaisir s'inspirent de considérations de ce genre. On a prétendu que les mœurs de l'ancienne Chine, en excluant les femmes des relations sociales, ont porté à leur substituer des éphèbes. Les règles de la bienséance n'admettaient pas, autrefois — et n'admettent guère encore, dans l'intérieur de la Chine — qu'un homme se montrât en public avec des femmes, quelles qu'elles fussent : épouses légitimes, concubines ou hétaïres. Les dîners, les fêtes, n'assemblaient que des hommes et, pour égayer leurs réunions, les Chinois opulents avaient coutume de faire appel à des jeunes gens : comédiens, apprentis comédiens ou simplement, jolis garçons tenant un rôle « d'amuseur » à peu près semblable à celui des *geishas* japonaises. La pente était glissante, d'autant plus qu'aucune réprobation ne s'attachait à ces amoureuses liaisons.

Certains croient que la liberté plus grande dont les femmes commencent à jouir, en Chine, contribuera à modifier ces mœurs. L'homme, disent-ils, qui pourra emmener sa maîtresse souper au restaurant ou la faire asseoir dans sa loge au théâtre, sera moins enclin à désirer, en ces occasions, la société d'un jeune garçon. Je ne sais quelle valeur il faut attribuer à cette opinion.

Ces considérations m'ont menée loin de Taiyüan ; j'y reviens.

Au moment de partir pour la montagne, il me parut que la quantité de bagages que j'avais apportée de Pékin me serait une gêne en cours de route. En prévision d'un voyage à travers le Chansi, puis d'un séjour en Mongolie, je m'étais munie d'un équipement d'hiver et de matériel de campement qui me seraient inutiles à Wou tai chan. Je priai donc ma compatriote habitant Taiyüan de bien vouloir garder, chez elle, un certain nombre de mes valises, caisses, etc., que je reprendrais plus tard. Si je note ce fait banal, c'est qu'il devait avoir, comme on le verra, des conséquences imprévues et très fâcheuses pour moi.

Une auto militaire, gracieusement mise à ma disposition, me conduisit de Taiyüan jusqu'à l'extrémité de la route carrossable. Mes deux domestiques avaient voyagé dans l'autobus public.

On trouve, maintenant, de ces omnibus dans toutes les parties de la Chine, non seulement dans les provinces du Nord, depuis longtemps pourvues de routes praticables aux charrettes, mais dans celles — comme le Szetchouan — où l'on ne pouvait voyager qu'à cheval ou en chaise à porteurs et où des routes pour les automobiles ont été construites.

Que ce soit, là, un progrès et que les Chinois y trouvent avantage, on ne peut le nier ; mais le voyageur étranger a plus d'une raison de regretter l'ancien système. J'entends celui qui aime parcourir le pays à loisir, s'arrêtant à son gré pour contempler un site pittoresque, un monument intéressant ou bien pour observer les diverses manifestations de la vie indigène. Le voyageur ne disposant que d'un budget modeste mais à qui le contact des foules malpropres répugne, celui qui estime de son devoir de ne pas amoindrir l'ombre de prestige dont les Blancs jouissent encore, en se prêtant à une promiscuité que le décorum chinois réprouve, s'accommode mal, aussi, de l'établissement des services publics.

Il y a vingt ans, l'étranger se trouvant dans ces conditions, achetait ou louait, pour un prix minime, une ou deux charrettes et quelques mules. Accompagné par trois ou quatre serviteurs, il pouvait, ainsi, parcourir toutes les routes carrossables sans déroger. En d'autres régions, les porteurs de chaises se contentaient d'un salaire modique et, si le voyageur possédait des bêtes et voulait faire route à cheval, une fois l'achat des animaux soldé, leur entretien dans les auberges lui coûtait peu. Je parle par expérience ayant, pendant des années, parcouru la Chine de ces différentes manières.

Aujourd'hui, les charrettes ont presque disparu des provinces septentrionales, étant remplacées par les autobus. Dans les régions nouvellement pourvues de routes carrossables on n'en a pas construit parce que des services automobiles ont été immédiatement établis. Il en résulte que l'étranger, désirant voyager seul, doit louer une auto particulière. Celles-ci sont peu nombreuses et les garagistes qui en possèdent font payer leurs services un prix exorbitant. Quant à acheter une auto pour parcourir la Chine, la chose n'est guère pratique actuellement. Le ravitaillement d'essence n'est pas organisé le long des routes et le réseau de celles-ci est loin d'être continu.

Dès mon départ de Taiyüan, j'observai de nouveaux signes du changement d'attitude des Chinois envers les étrangers. Il m'avait toujours suffi, autrefois, d'avancer mon nez pointu d'Aryenne hors de la capote de ma charrette, pour voir les agents des douanes intérieures [1] se retirer sans rien demander. Les choses n'en vont plus de même. Par deux fois, après la sortie de Taiyüan, des commis préposés à l'inspection des marchandises se précipitèrent à la tête de l'auto. Le soldat-chauffeur et son compagnon leur expliquèrent que je voyageais comme hôte d'un grand fonctionnaire et, cela seul, les décida, après de longs pourparlers, à me laisser passer sans visiter mes bagages. Il semblait, aussi, que les étrangers ne pouvaient plus circuler, sur les routes, sans autorisations spéciales. Je dus exhiber des papiers et donner plusieurs exemplaires de ma carte de visite avant de pouvoir continuer ma route.

Après trois heures de voyage sur une route passable, le chauffeur s'engagea sur une piste non encore aménagée où nous nous livrâmes, pendant longtemps, à des exercices convenant plutôt à des tanks qu'à notre modeste voiture. Enfin, nous atteignîmes un village.

Mes domestiques, partis de Taiyüan avant le lever du jour, y étaient déjà arrivés avec mes bagages et erraient, de-ci, de-là, comme de véritables idiots, sans s'occuper, le moins du monde, des moyens nécessaires pour continuer notre route. J'avais engagé ces deux hommes peu avant mon départ de Pékin, me fiant pour l'un — un Mon-

1. *Li Chin* existant aux portes des villes et de maints villages.

gol appelé Hortche — aux recommandations de Tibétains habitant le temple des Lamas et, pour l'autre, à celle du cuisinier de mon amie Mme H..., qui me l'avait vanté comme étant honnête, capable et, possédant, en outre, d'autres nombreuses qualités. Peut-être, en effet, l'un et l'autre eussent-ils pu s'acquitter, à peu près convenablement, du service d'un maître sédentaire, habitant une ville, mais paresseux, poltrons, manquant absolument d'initiative, l'un d'eux invétéré fumeur d'opium, ils me furent, pendant plusieurs mois, une perpétuelle cause d'ennuis.

Quant à Yongden, il s'était soudainement esquivé. Il avait faim et, quand un Tibétain a faim, il n'y a rien à en tirer, il faut d'abord qu'il se repaisse. Dix années de séjour en Europe n'ont pas suffi pour guérir mon fils adoptif de cette faiblesse et j'aurais mauvaise grâce à l'en blâmer car j'y suis, moi-même, sujette. Tous deux nous avons su jeûner stoïquement, pendant des jours, au cours de nos explorations [1] alors que, nos provisions se trouvant être épuisées, rien de mangeable ne s'offrait à notre portée ; mais lorsque, notre estomac criant famine, nous apercevons de quoi le satisfaire, il nous est difficile de résister à la tentation. Or, nous nous étions précisément arrêtés dans une rue que bordaient, dans toute sa longueur, deux files d'auberges, de restaurants, de marchands de nourriture qui étalaient, bien en vue, tous les produits de l'art culinaire prolétarien chinois. Ceux-ci sont, généralement, très mangeables et, parfois même excellents.

Après avoir inspecté une demi-douzaine de restaurants bondés de consommateurs, je découvris le lama attablé, seul, dans une chambre d'auberge. A mes véhémentes remontrances concernant le temps gaspillé, la longueur de l'étape que nous avions à parcourir, il répondit simplement qu'il avait eu faim, argument sans réplique chez lui.

Heureusement, de Taiyüan, un fonctionnaire avait envoyé des ordres télégraphiques à mon sujet et je vis arriver des mules, deux litières et une charrette. En même temps, surgissait un agent de police qui demandait ma carte de visite, s'enquérait de mon âge, du but de mon voyage, de sa durée probable et d'autres choses encore.

Je lui fis don de ma carte et déclarai que j'avais quatre-vingt-dix ans et que j'allais conférer de choses qui dépassaient son entendement, avec le divin *Wan-son pou-sa* [2] à Wou tai chan.

Ces brefs renseignements laissèrent le policier bouche bée. Le soldat-chauffeur qui m'avait amenée le rejoignit et lui parla. Probablement lui expliqua-t-il que l'auto dans laquelle j'étais venue m'avait été fournie par le « grand chef » Kia qui, par conséquent, devait me tenir en particulière estime. Quoi qu'il pût lui avoir dit, l'autre n'insista pas.

---

1. Voir notamment *Voyage d'une Parisienne à Lhassa*, chap. VI.
2. Nom chinois de Mandjouçri.

Les litières qui m'attendaient étaient de l'espèce la plus rustique, propres à passer par des régions accidentées. Ces litières se composent de deux forts et longs brancards dont les extrémités reposent sur les selles de deux mules, l'une placée à l'avant et l'autre à l'arrière. Aux brancards sont suspendues des cordes soutenant les bagages sur lesquels on place des coussins, des sacs ou un matelas pour servir de siège ou, plus exactement, de couche au voyageur. Il lui est, en effet, difficile de se tenir assis dans le véhicule. Une natte attachée aux brancards forme, au-dessus de sa tête, une voûte longue et très basse qui l'abrite du soleil et de la pluie, mais l'oblige à se tenir à peu près couché et ne lui permet de voir, du paysage, que ce qu'en encadre l'ouverture du tunnel dans lequel il est enfermé. Encore, bien souvent, le muletier s'assied-il sur l'un des brancards et obstrue-t-il cette ouverture. La plupart des Chinois que l'on rencontre se déplaçant dans ces sortes de cercueils, y sont allongés et dorment, bercés par le balancement de la litière. Toutefois, comme je réserve le sommeil pour la nuit et tiens à voir les pays que je traverse, j'ai toujours évité ce moyen de transport.

Cette fois, encore, je choisis la charrette qui me remettait en mémoire de bienheureuses randonnées au Kansou et au Gobi. Si je me rappelais exactement le charme de celles-ci, j'avais, toutefois, quelque peu oublié les inconfortables cahots de mon véhicule favori et je n'oserais pas affirmer que le trajet, par des pistes raboteuses et parsemées d'ornières, me fut une occasion de plaisir sans mélange.

Wou tai hsien, où nous arrivâmes dans la soirée, est une petite ville, entourée comme la plupart des villes chinoises, par des murailles crénelées surmontées de tours de garde. L'on accède, par une rampe à pente raide, à la porte d'entrée donnant dans une rue très étroite, véritable couloir bordé de boutiques, coupée par des ruelles encore plus resserrées. L'auberge où nous entrâmes n'était pas trop répugnante. Je commandai à mon cuisinier de me préparer un souper ; la perspective de devoir sortir pour acheter des provisions, retirer des ustensiles de cuisine de leur caisse et allumer du feu parut le consterner. Quant au Mongol, qui ne possédait rien de la vigueur habituelle des gens de sa race, il s'était déjà étendu dans une chambre avec sa lampe et sa pipe à opium.

Sur ces entrefaites, un homme en uniforme entra chez moi. Il venait me demander ma carte de visite, mon âge et désirait me faire remplir un questionnaire imprimé en chinois. Je lui répondis que je ne savais pas lire le chinois. Il s'offrit, alors, à me traduire les questions inscrites sur l'imprimé et à inscrire mes réponses. Je ne me prête pas à ces combinaisons. Il est possible que je pousse la défiance trop loin, mais je me suis fait une règle de n'apposer ma signature qu'au bas d'écrits dont j'ai parfaitement compris la portée. Certains, que je connais, se sont fort mal trouvés de s'être départis de cette sage circonspection.

Le policier parut passablement contrarié par mon refus de m'en rapporter à lui. Le nom de M. Kia et une lettre, adressée au chef du détachement militaire de la place, que je lui montrai, ne produisirent aucun effet. Pourtant il s'en alla.

Après lui, se présenta le chef du détachement à qui j'avais fait porter la lettre que son supérieur hiérarchique de Taiyüan m'avait donnée pour lui. Il venait simplement me saluer et m'offrir ses services. Je ne sais pas quels services il aurait pu me rendre ; son autorité ne paraissait pas bien grande.

Je le mis au courant de ce qui m'avait été demandé et le priai de faire dire à ceux que cela concernait, que j'étais connue de M. Kia et recommandée par lui au Grand Lama de Wou tai chan où je me rendais.

L'officier m'assura qu'il arrangerait les choses.

Cependant, à la nuit tombée, l'agent de la police revint avec sa longue formule imprimée. Yongden qui l'aperçut dans la cour de l'auberge, lui dit que j'étais déjà couchée et qu'il ne pouvait pas me voir. Il n'insista pas.

Le lendemain matin, comme je terminais ma toilette sommaire, prête à me remettre en route, le même individu survint de nouveau mais, cette fois, accompagné du chef de la police. Celui-ci se fit annoncer suivant les règles de l'étiquette chinoise, en m'envoyant sa carte de visite. Il fut courtois mais sec. Le questionnaire devait être rempli. J'objectai, encore une fois, que je ne savais pas lire le chinois. Peu importait, répondit-il, son subordonné inscrirait mes réponses.

Mais l'officier qui était venu me saluer, la veille, ne lui avait-il pas expliqué ?... D'un geste, mon visiteur coupa ma phrase et voici ce qu'il m'apprit.

Étant à Taiyüan, j'avais omis de rendre visite au chef de la police de la province, tandis que j'étais allée : *primo* chez M. Pan, conseiller du gouverneur, *secundo* chez M. Tchao le maire de la ville et *tertio* chez M. Kia le commissaire à la Pacification du Chansi, et ledit chef de la police, dont j'ignorais totalement l'existence, s'était vengé en télégraphiant à son sous-ordre de Wou tai hsien de me voir à mon passage et de me faire subir un interrogatoire en règle.

Puis, comme je recommençais à m'étonner qu'il ne suffît pas que je fusse bien connue à Taiyüan, la capitale de la province et pourvue de la lettre de recommandation de ses hauts fonctionnaires, la réponse vint immédiate, typique, peignant exactement l'état politique intérieur de la Chine.

« — Taiyüan est Taiyüan et, *ici*, nous sommes à Wou tai hsien. »

C'est-à-dire qu'à une distance de quelques kilomètres, l'ordre d'un grand chef perdait toute efficacité et qu'en chaque sous-préfecture, en chaque bourgade, régnait un petit potentat, jaloux de son autorité et de son indépendance, véritable autocrate dans l'étendue ridiculement étroite de son territoire à la lisière duquel il se heurtait à la souveraineté impérieuse d'un autre tyranneau de son espèce.

M'ayant, croyait-il, suffisamment démontré l'autonomie de la police de Wou tai hsien, le bonhomme me salua et me laissa avec son humble subalterne qui, je le devinais à sa mine, aurait préféré être ailleurs qu'en ma compagnie.

« — Quel est votre nom ? », commença-t-il.

« — Il est écrit sur ma carte de visite. »

En effet, des caractères chinois choisis par un lettré de mes amis sont *censés* reproduire mon nom. Mais les noms chinois doivent, m'a-t-on expliqué, être exprimés en deux ou trois caractères correspondant au même nombre de syllabes. J'ai oublié les raisons qui m'ont été données à ce sujet, vers 1918, lors de la rédaction de ma carte de visite. Je ne me rappelle plus bien, non plus, pourquoi l'ordre de mes noms a été interverti, ni pourquoi Néel est devenu Nilo. Toujours est-il que, Nilo faisant deux syllabes, il n'en restait plus qu'une de disponible. David a donc été coupé en deux ; Da s'est transformé en Ta, ce qui fait que je m'appelle Nilota.

Tous les étrangers résidant en Chine ont un nom chinois plus ou moins baroque. Un missionnaire de ma connaissance est ainsi victime d'une plaisanterie qui satisfait les sentiments, à son égard, de ceux qu'il dénomme « les païens ». Son nom chinois, mal choisi, est Ko, et Ko, écrit d'une certaine manière et prononcé sur un certain ton, signifie « chien ». Évidemment, le pauvre étranger se sert d'un *autre* caractère pour écrire son nom et a grand soin de le prononcer sur un *autre* ton, ce qui lui donne un sens différent, mais la masse des petites gens de l'endroit se délecte à l'appeler M. Chien ou, plus malhonnêtement « le chien ».

Les Chinois appartenant aux classes sociales supérieures ont, toutefois, pris l'habitude d'appeler les étrangers par leur véritable nom.

Ayant donc inscrit, en s'aidant de ma carte, que j'étais Mme Nilota et Française, le policier s'enquit, naturellement, de mon âge. Les quatre-vingt-dix ans que je m'étais attribués l'avant-veille, paraissaient, probablement, trop ambitieux à Yongden, mais ne voulant tout de même pas renoncer à la plaisanterie, il se hâta de déclarer :

« — Soixante-dix-neuf ans. »

Le pauvre policier était trop pressé d'en finir pour se donner le temps de s'étonner ou d'émettre une réflexion. Il continua :

« — Vous allez à Wou tai chan ? Dans quel but ? »

Ici, Yongden esquissa, en silence, des simulacres de prosternations.

« — Vous allez adorer sur la montagne ? »

« Adorer sur la montagne », me rappela le langage des Prophètes admonestant les Hébreux lorsqu'ils abandonnaient le culte de Jéhovah pour celui de dieux rivaux à qui ils érigeaient des autels sur les cimes : « les Hauts lieux ».

Mon fils recommença sa gesticulation et je l'accompagnai discrètement.

Et, ainsi se poursuivit cette burlesque comédie.

Quand il eut fini d'écrire, l'homme de la police me demanda de signer la feuille.

« — Jamais de la vie, je ne sais pas ce qui est imprimé sur ce papier et je ne puis pas lire, non plus, ce que vous avez écrit. »

« — J'ai écrit ce que vous m'avez dit. »

« — Peut-être que non. Nous parlons très mal le chinois, ce monsieur (Yongden) et moi, vous pouvez nous avoir mal compris. »

Je demeurai obstinée dans mon refus et le pauvre Chinois dut s'en aller sans ma signature. Probablement courut-il, en hâte, rapporter notre entretien à son chef, mais, de mon côté, je pressai fortement mon départ, de manière à ne plus être à l'auberge s'il prenait fantaisie à celui-ci d'y revenir.

Il aurait pu me rejoindre, s'il en avait eu envie ; les litières avancent très lentement — et cette fois, je voyageais en litière, les sentiers de la montagne n'étant pas praticables pour les véhicules à roues — mais il ne le fit pas. J'avais bien compris qu'interrogatoires et paperasses n'avaient rien de sérieux. Le chef de la police locale connaissait tous les détails susceptibles de l'intéresser, concernant ma personne et le but de mon voyage. Ils lui avaient été communiqués par son supérieur de Taiyüan qui, bien que je ne lui eusse pas rendu visite, n'en ignorait rien. Il s'agissait simplement d'une petite vengeance et de démontrer que les Chinois ne craignent plus les étrangers et, dorénavant, ne les admettent chez eux que « par grâce ».

La route à travers des plaines caillouteuses, jusqu'au pied des montagnes, n'offrait rien d'intéressant. L'approche des premiers sommets me causa, toutefois, une véritable joie ; enfin, je m'échappais des plaines monotones et, surtout, de la prison que toute ville est pour moi. Le soir venu, nous couchâmes dans un petit hameau composé de quatre habitations. Le lendemain, je découvris que mon nonchalant cuisinier savait être alerte et éveillé lorsque ses intérêts étaient en jeu.

De grand matin, Yongden, passant dans la cour, contre la fenêtre de la cuisine, surprit une conversation entre notre homme et l'aubergiste.

« — Faites-leur payer un bon prix », disait le fripon, « ce sont des gens riches. Comptez-leur aussi tout ce que les muletiers ont dépensé pour eux et pour leurs bêtes. Et vous me donnerez une commission pour me remercier de mon bon avis. »

Puis, se tournant vers le chef des muletiers qui déjeunait dans la cuisine, il s'adressa à lui :

« — Tu vois que je suis bon pour toi », lui fit-il remarquer. « Sans moi tu aurais dû payer ta dépense. Tu vas faire une forte économie. Il faut m'être reconnaissant et me donner une part de ton profit. »

« — C'est juste », acquiescèrent le muletier et l'aubergiste.

Le marché était, en effet, tout à fait conforme aux usages chinois. Malheureusement pour les intéressés, leur colloque avait été surpris et Yongden vint, en riant, m'en faire part. Il préparait un tour à notre coquin.

Au moment du départ, il appela le patron de l'auberge.

« — Voyons le compte », lui demanda-t-il. « Nous avons occupé deux chambres et nos domestiques une chambre ; nous avons brûlé deux fagots de bois pour faire la cuisine, vous nous avez fourni de l'eau. Procédons par ordre : Combien pour les chambres ? »

« — Tout ensemble... » commença le Chinois.

« — Non, pas *tout ensemble* », interrompit Yongden.

Et il força le bonhomme à énumérer les chiffres se rapportant à chaque article, les réduisant au taux du tarif normal lorsque l'aubergiste tentait de les exagérer. Celui-ci acceptait, d'ailleurs, ces réductions de bonne grâce. S'il ne pouvait pas recevoir, de nous, autant qu'il l'avait escompté, il lui était, par contre, loisible de faire payer leur écot aux muletiers et de se dispenser de la commission exigée par le cuisinier. Ayant reçu son dû il s'en alla en souriant malicieusement, s'amusant d'avance de la déconvenue de notre trop rusé domestique quand il lui raconterait comment le lama avait ruiné ses espérances.

La journée se passa à escalader et à descendre, tour à tour, des pentes invraisemblablement raides, par des sentiers rocailleux ; j'admirais l'extraordinaire sûreté de pied des mules qui circulaient, sans broncher, sans buter ni glisser, sur les éboulis de pierres croulantes. Une route était en construction qui permettrait d'aller de Taiyüan jusqu'à Wou tai chan en automobile, puis, de Wou tai chan, continuerait vers le Nord. J'en entrevis un tronçon qui dominait une rivière dont nous suivions le lit en partie desséché ; de nombreux soldats y travaillaient.

Vers la fin de la matinée, nous avions commencé à rencontrer des monastères. Dans l'un de ceux-ci, nous nous arrêtâmes pour prendre notre repas avec les provisions que nous avions apportées : du pain, du beurre, des œufs, des fruits — il n'est pas permis de manger de la viande chez les religieux bouddhistes chinois qui sont de stricts végétariens. Eux-mêmes ne font usage ni d'œufs ni de laitage, mais ils les tolèrent chez un hôte de passage. Ce monastère avait belle et riche apparence, les appartements, d'une propreté exquise, étaient ornés de jolies peintures. Les moines nous offrirent d'y passer la nuit, mais je préférai arriver le jour même à Wou tai chan.

Plus tard, nous entrâmes dans une vallée parcourue par une bonne route montant insensiblement ; nous étions arrivés sur le territoire de l'antique thébaïde sino-mongole de Wou tai chan. Les monastères devinrent nombreux et nous passâmes au pied du palais-forteresse du Grand Lama Tchankya Rolpa Dordji. Ce lama est considéré comme la réincarnation d'un célèbre érudit originaire de Tchankya, dans la province de Kham, au Tibet, que l'empereur chinois Kienlong appela à Pékin et qu'il plaça à la tête des bouddhistes lamaïstes de toute la Chine, vers 1770. Le Tchankya Rolpa Dordji actuel est le seigneur nominal de Wou tai chan, mais, en fait, il n'y exerce aucune autorité et se contente d'être un opulent personnage désireux de jouer un rôle dans les sphères gouvernementales. Physiquement, c'est un homme de taille moyenne, très corpulent. Il est passablement mondain, semble-t-il ; on l'a vu assister, à Pékin, à des représentations du théâtre chinois, ce qui n'est pas la coutume des dignitaires ecclésiastiques lamaïstes. Il a quitté Wou tai chan longtemps avant l'occupation japonaise et s'est réfugié, successivement, à Hankéou, puis à Tchéngtou, où il se trouvait encore, pendant mon séjour dans cette ville [1].

Comme l'après-midi touchait à sa fin, nous traversâmes, successivement, deux villages et arrivâmes au cœur de l'agglomération. Trois vallées convergeaient à cet endroit et, sur un éperon de montagne pointant parmi elles, se dressait, tout en haut d'un monumental escalier blanc, un temple flanqué de multiples pavillons, peints en vert et en rouge, dont les toits couverts de tuiles jaunes vernissées et surmontés d'ornements dorés, rutilaient sous les derniers rayons du soleil couchant. On eût dit un palais de contes de fées.

Tout de suite, il me parut être une résidence éminemment désirable. Se pouvait-il que, là, se trouvât le logis qui m'était réservé ? — Au fur et à mesure que nous nous en approchions, mon espoir croissait, mais lorsque nous fûmes arrivés presque au pied du haut escalier blanc, les muletiers tournèrent à droite, laissant derrière nous, le temple prestigieux. Hélas !...

Nous nous retrouvions parmi des champs, longeant un petit cours d'eau ; le traversant, sur un pont de pierres, nous gravîmes une rampe qui nous conduisit sur une arête divisant deux vallées. Là, les muletiers s'arrêtèrent à la porte d'un monastère. Il faisait presque nuit. Il y eut de longues explications d'où il résulta que nous avions fait fausse route. Nous devions redescendre jusqu'au village, à moins que nous n'ayons l'audace de nous engager sous les arbres, suivant un sentier de chèvre qui coupait en ligne droite le flanc de la montagne.

« — J'irai à pied », dis-je à l'homme qui conduisait ma litière.

---

1. Tchankya Rolpa Dordji est, par ordre de préséance, le cinquième des Grands Dignitaires du lamaïsme. Ceux-ci étant : 1° le Dalaï-Lama ; 2° le Panchen Lama ; 3° une femme lama : Dordji Phagmo ; 4° Jétsun Dampa Taranatha, réincarnation de l'historien de ce nom et Grand Lama d'Ourga, en Mongolie ; 5° Tchankya Rolpa Dordji.

Il ne me répondit pas et avança de quelques pas sur le sentier pour l'examiner. Évidemment, refaire un long bout de chemin pour regagner le village, puis recommencer la montée d'un autre côté ne l'enchantait pas. Quant à moi, je ne me souciais pas d'accomplir des exploits dans la demi-obscurité et préférais me fier à mes pieds qu'à ceux des mules portant l'édifice branlant d'une lourde litière.

Je me disposais donc à descendre lorsque le muletier, revenant vers ses bêtes, saisit brusquement la bride de celle qui marchait en tête et l'entraîna. Il ne m'était plus possible de descendre, je ne pouvais que laisser aller les choses, et tout se passa le mieux du monde. Nous arrivâmes à une large porte, les braves mules la franchirent et je mis pied à terre dans une vaste cour entourée de bâtiments.

Le *nierpa* (intendant) du monastère accourut pour me recevoir. Conduite par lui, je gravis de nombreux escaliers, traversai des cours et des portiques, puis, mon guide ayant ouvert une dernière porte massive, je me trouvai dans une cour privée où deux corps de logis se faisaient face, à la manière des habitations chinoises. Dans le plus grand de ceux-ci, comprenant les trois pièces habituelles de ce genre de maison, je demeurerais avec Yongden ; les domestiques s'installeraient en face de nous, dans le petit bâtiment. Une cuisine, située près de la porte, complétait notre résidence estivale. J'étais ravie de me trouver si bien logée, oubliant de regretter le joli temple qui m'était apparu au coucher du soleil.

Après avoir passé une bonne nuit, je me levai de grand matin pour inspecter les lieux, hors de mon enclos. Sortant de celui-ci, j'arrivai immédiatement dans une cour entourant deux temples abrités par de très vieux arbres. Leurs toits étaient couverts de tuiles jaunes et vernissées, et des ornements dorés les surmontaient. Je continuai, franchis un portique et... miracle !... je débouchai sur une terrasse d'où partait un long escalier en pierres blanches qui descendait vers la vallée. Au fond de celle-ci, j'aperçus la route que j'avais suivie la veille, les villages que j'avais traversés et des douzaines de monastères dispersés dans la plaine ou juchés, de-ci, de-là, sur les montagnes. J'étais dans le palais de contes de fées qui avait excité mes désirs. J'étais à *Pou-sa ting*, bâti par l'empereur Kienlong et je venais de dormir dans l'appartement que ce célèbre monarque avait occupé.

CHAPITRE IV

Une thébaïde sino-mongole : Wou tai chan. — La guerre éclate.

Pou-sa ting est un monastère lamaïste. J'y retrouvai, avec émotion, un logis de cénobite tibétain : l'estrade, couverte de tapis, servant de siège et de lit, où l'on s'assied, les jambes croisées, pour la lecture et la méditation et l'odeur toute spéciale — émanations mêlées des bâtons d'encens et des lampes d'autel, brûlant du beurre fondu — qu'exhalent les temples, les cellules et les habits des moines, au Pays des Neiges.

Les mugissements des conches appelant les religieux à l'assemblée matinale me réveillèrent, avant l'aube, le lendemain de mon arrivée et le bruit sourd des tambours, martelés en cadence, scandant la récitation rythmée des livres saints, me reporta à dix-sept années en arrière, au temps où j'habitais au grand monastère des Cent Mille Images (Koum Boum) en Amdo.

Peut-être était-ce la dernière fois, dans ma vie présente, que je demeurerais dans une *gompa* (monastère tibétain). Cette idée m'impressionnait. M'observant, vaguement railleuse, je me trouvais pareille à une femme jouissant gloutonnement et tristement des joies d'une liaison amoureuse près d'être rompue, alors que son âge lui interdit l'espoir d'en goûter encore de semblables.

J'étais arrivée à Wou tai chan à un moment intéressant, celui du grand festival religieux annuel ; plusieurs centaines de pèlerins se trouvaient déjà réunis dans la vallée et leur nombre s'accrut encore les jours suivants. Les individus composant cette foule venaient de régions diverses, très distantes les unes des autres, et présentaient une grande variété de types, de costumes et de caractères curieux à observer, mais l'expression de leur piété n'offrait rien de particulièrement inusité.

Les manifestations de la dévotion populaire se ressemblent dans tous les pays du monde. Les figures des statues vénérées sont différentes, comme différents, aussi, sont les rites du culte, mais l'esprit qui anime les fidèles est identique : il s'agit toujours, pour eux, d'*obtenir* quelque chose. L'un désire la guérison des maux dont il souffre, un autre souhaite la prospérité de ses affaires, il aspire à la richesse ; d'autres encore sont travaillés par l'ambition : ils veulent des situations sociales éminentes, la célébrité, ou de hauts postes officiels comportant, à la fois, considération et profits. Et presque tous, effrayés à l'idée de quitter ce monde, sollicitent le don d'une longue vie.

Pour se faire accorder ce qu'ils convoitent, ces êtres vénaux ne conçoivent rien de mieux que de trafiquer avec leurs dieux qu'ils imaginent vénaux à leur image. Ils les cajolent insidieusement, multipliant les marques de respect, les prosternations et les offrandes, brûlant des parfums en leur honneur et illuminant leurs autels. Ils les harcèlent avec des prières qui, chez certains, deviennent presque comminatoires, ou cherchent à les tenter par des promesses. Dans leurs supplications, ils incorporent tous les arguments que leur suggèrent leurs pauvres cervelles, pour établir la justesse de leurs revendications, leur *droit* même d'être exaucés. Il est imprimé, en des livres de prières, d'effarantes formules de demande, et que serait-ce si l'on pouvait entendre les requêtes que présentent, en silence, les dévots de toutes les confessions ?

Commerce et commerce avoué est la religion du grand nombre. Un très aimable évêque de ma connaissance n'en faisait pas mystère. Un jour, dînant avec lui, je lui dis :

« — Monseigneur, si vous cherchez à gagner quelque chose au moyen de vos prières, de vos bonnes œuvres, de vos austérités et, même, si ce quelque chose est la béatitude, au Paradis, vous faites du commerce. »

« — Certes ! et un très profitable commerce ! » s'écria spontanément le prélat avec l'accent d'une ferme conviction.

Une déclaration analogue me vint de bouddhistes cinghalais. J'avais publié, dans un de leurs journaux, un article où je faisais ressortir le côté mesquin, et même vil, de la pratique des vertus, en vue d'en retirer un avantage.

Celui, disais-je, qui donne à manger à un pauvre, souffrant de la faim, doit éprouver de la satisfaction en pensant que l'homme qu'il a secouru ne souffre plus. Pourquoi, sans presque accorder d'attention à cet excellent résultat de son acte, escompte-t-il que le morceau de pain qu'il a donné lui procurera la santé, le succès ou de l'argent dans l'avenir ? — Pourquoi ne se contente-t-il pas de penser que, par la répétition d'actes charitables, il modifie ses inclinations à l'égoïsme, il développe, en lui, les sentiments de bienveillance, s'améliore moralement et se rend capable de soulager de plus en plus de souffrances ? — Pourquoi ne se réjouit-il pas de progresser, ainsi, vers la perfection spirituelle ? — La compte-t-il pour de si médiocre importance qu'il tourne toutes ses pensées vers un profit matériel dans cette vie, la réalisation de ses rêves d'ambition et d'opulence dans sa vie suivante, ou bien un long bail de jouissances dans l'un des Paradis ? Les réponses ne tardèrent pas. Nulle d'entre elles ne déniait la supériorité de la conduite que je préconisais, mais la plupart concluaient dans une note pessimiste : « La grande majorité des hommes », me disait-on, « n'accompliraient jamais un acte de vertu ou de piété s'ils n'espéraient pas en tirer un profit[1]. »

Des protestants se récrieront peut-être. Nous, déclareront-ils, nous ne croyons pas que la béatitude éternelle puisse être *gagnée* et, probablement, en est-il de même d'autres biens inférieurs à elle. Tout est don *gratuit* de Dieu.

Eh ! ce thème m'est connu. Il y a plus de deux siècles, au temps du Roi-Soleil, certains de mes ancêtres ont souffert le martyre pour rester fidèle à cette foi. Mais le don est-il vraiment *gratuit ?* — Il semble qu'ici, les rôles soient changés et que ce soit la Divinité que l'on imagine comme proposant un marché : « Si tu crois ceci, ton salut est assuré ; si tu refuses, la géhenne sera ton lot. »

Encore, est-il toujours possible, à l'homme, d'accepter ce marché ? Hélas ! non, nous disent saint Paul[2], saint Augustin, Calvin et d'autres, car, pour des raisons connues de lui seul et dont nous ne pouvons lui demander compte, le Créateur a destiné certaines de ses créatures à la perdition. Et n'est-ce pas un reflet de cette doctrine, que j'ai aperçu, l'autre jour, dans une phrase d'un livre, très moderne, de méditation catholique[3] mentionnant « ... celui qui ouvre et qui ferme souverainement, sans rendre de compte à personne. »

Qu'un Dieu soit dépourvu de caprices, que, possesseur de tous les biens, il les prodigue sans condition, est une idée trop éloignée de celle de la majorité des humains pour pouvoir surgir dans leurs esprits.

Dans l'Inde, des adorateurs de Vichnou m'ont dit : L'amour ne se raisonne pas. On aime parce que l'on ne peut pas s'empêcher d'aimer ; c'est un sentiment instinctif, spontané. Nous aimons Dieu, non point parce qu'il nous aime, ou parce qu'il nous rendra heureux ; de cela nous ne savons rien et ne cherchons pas à le savoir. Tout ce que nous imaginerions, à ce sujet, serait vain, notre pensée ne peut atteindre Dieu et ses voies. Mais, alors même qu'il nous plongerait

---

1. Saint Thomas d'Aquin paraît avoir partagé cette façon de voir lorsqu'il déclara qu'une communication d'avantage (de biens) est requise pour qu'il y ait amitié, bienveillance. Commentant cette déclaration, Mgr Garge nous dit qu'une bienveillance excluant positivement tout désir de notre propre bien « répugnerait à la nature humaine ». D'où il résulte, d'après lui, qu'accomplir des actes bons, sans en attendre de récompense, ne peut pas être « un état normal et habituel » chez l'homme. *(Cours de Philosophie scolastique,* t. II, pp. 100 et 442.) L'on peut admettre que cette opinion pessimiste est, peut-être, justifiée par les sentiments d'un grand nombre de nos semblables. Toutefois, les actes de charité, de dévouement, d'héroïsme accomplis par de nombreux matérialistes athées, qui n'espèrent rien en retour, nous montrent que ce mercantilisme n'est pas universel et, qu'à tout prendre, l'humanité n'est pas si laide, moralement, que certains l'imaginent.

2. Épître aux Romains, XI, 9 et suivants.

3. *La Prière de toutes les heures,* par Pierre Charles, S.J.

en des tourments éternels, nous l'aimerions encore [1] et nous nous réjouirions de souffrir puisque, s'il nous l'inflige, ce doit être que notre supplice lui est agréable. Quel que soit le prix dont il paie la satisfaction de l'être aimé, celui qui aime, véritablement, ne peut qu'éprouver une indicible joie à la lui procurer.

Je ne partage pas la foi des Vaichnavas, mais je m'incline devant ces « païens » qui se sont libérés du mercantilisme religieux.

Ainsi songeais-je en regardant les pèlerins se livrer à leurs dévotions, dans les sanctuaires de Wou tai chan.

Les monastères lamaïstes diffèrent les uns des autres autant par l'architecture de leurs bâtiments que par leur tenue et la conduite de leurs hôtes. Pou-sa ting, ancien palais impérial, était bâti en pur style chinois. Ses temples, en bois, ornés de sculptures et profusément dorés, occupaient une vaste terrasse où croissaient des arbres dont l'aspect, singulièrement contourné, dénotait un âge se chiffrant, peut-être, par siècles. De nombreuses stèles de pierre, portant des inscriptions, et d'antiques brûle-parfums en bronze, hauts de trois à quatre mètres, se dressaient autour des sanctuaires.

Ceux-ci, qui eussent pu être imposants, se trouvaient, malheureusement, encombrés par une foule de statues, de tableaux et d'objets divers — quelques-uns précieux et rares et beaucoup d'autres de mauvais goût — dont le grand nombre les transformait en bazars poussiéreux.

Le temple principal s'enorgueillissait d'un miracle. Certains jours, par les temps les plus secs, le sommet de son toit émettait une rosée qui coulait le long des tuiles et tombait, lentement, goutte à goutte, sur les marches conduisant au péristyle. D'après les moines de l'endroit, c'était là un signe de la bénédiction que Mandjouçri (Djampéyang, en tibétain ; Wan-sou pou-sa en chinois) accordait à Pou-sa ting.

Allongés sur les degrés du temple, les fidèles regardaient s'emplir, peu à peu, des tasses qu'ils avaient déposées aux endroits où tombaient les gouttelettes miraculeuses. L'eau recueillie était, ensuite, transvasée dans des fioles, puis emportée au loin, en Mongolie ou au Tibet, pour la guérison des malades. D'autres croyants déposaient de petits tas de farine d'orge sur les pierres et les laissaient s'imbi-

1. Sainte Thérèse d'Avila, la Réformatrice du Carmel, pense presque de même à certains moments ! Elle écrit à propos du troisième degré d'oraison : « Dieu veut-il emporter l'âme au ciel, qu'elle y aille ; en enfer, elle y va sans peine, étant avec son souverain bien. » Ceci, du reste, côtoie l'hérésie. On ne peut pas aimer Dieu en enfer ni y être avec lui en union spirituelle, parce que, dès lors, l'enfer cesserait d'être l'enfer, la peine du *dam* (privation de la vue de Dieu) n'existant pas. — Il est à remarquer que ces paroxysmes d'amour divin se rencontrent presque uniquement dans les mysticismes fortement teintés de sensualité. La lecture des auteurs mystiques catholiques, Soufis, Vaichnavas et autres est intéressante à ce sujet.

ber. Avec cette farine ils feraient des pilules de longue vie, ou s'en serviraient comme de médicament.

La discipline paraissait être très relâchée à Pou-sa ting. Sans parler des dignitaires, des lamas du monastère, et des fonctionnaires préposés au soin des affaires temporelles, qui ne participent qu'exceptionnellement à la célébration des rites, les moines ordinaires, eux-mêmes, s'y dispensaient d'y prendre part.

La procession biquotidienne ne réunissait que des gamins novices. Affublés de hardes disparates, mi-monastiques, mi-laïques, également loqueteuses, ces petits sacripants, munis d'instruments de musique, dont ils n'avaient jamais appris à jouer, y soufflaient de toute la force de leurs juvéniles poumons, tapaient à tour de bras sur les tambours et entrechoquaient furieusement les cymbales, tandis qu'au pas de course, trébuchant sur le morceau de guenille qui leur servait de toge, ils faisaient trois fois le tour du temple, sous le péristyle. Puis, au galop, la bande en dégringolait les marches et, au pied de celles-ci, se prosternait trois fois en récitant une formule d'hommage. Ceci terminé, les galopins se dispersaient, retournant à leurs jeux, à leur travail chez leur maître, parfois, peut-être, aussi, à quelque vague étude.

La statue de Djampéyang, trônant dans le sanctuaire autour duquel se faisait ce tintamarre, passe pour jouir de la faculté de parler. Quand le défunt Panchen Lama visita Wou tai chan, elle lui adressa la parole et, dit-on, prophétisa la présente guerre sino-japonaise. Instruite de ces détails, je m'étonnais que, puisqu'il lui était possible de se faire entendre, le Djampéyang demeurât muet sur son autel et ne protestât pas contre le charivari qu'on lui infligeait.

Le festival était, heureusement, l'occasion de manifestations musicales plus agréables. Un bon nombre de moines lamaïstes résidant soit à Wou tai chan, soit à Pou-sa ting, soit en d'autres monastères éparpillés dans les alentours, sont d'origine mongole et la musique mongole, si elle n'a pas la majesté puissante de celle du Tibet[1], est un délice pour l'oreille. Flûtes jouant en tierces et en quintes, timbres argentins, cymbales harmonieuses, discrètes timbales, cette musique bucolique crée, autour d'elle, l'atmosphère innocente de l'âge d'or. Je m'en délectais voluptueusement, en incorrigible dilettante ; mais voyez combien il s'en faut que les sons

1. La musique religieuse tibétaine, toute monotone qu'elle soit et, précisément, peut-être, à cause de sa monotonie, de l'insistance des leitmotive, est émouvante à un suprême degré, lorsqu'elle est exécutée par de vrais artistes. Je n'oublierai jamais celle que j'ai entendue dans certains monastères de l'Himalaya ; elle reste gravée dans ma mémoire et, parfois, le soir, parmi les montagnes, ou dans le silence de mon cabinet de travail, il me semble entendre, encore, résonner les phrases lentes et poignantes pareilles aux plaintes désespérées d'êtres en détresse.

produisent, chez tous, des réactions identiques. Un soir que, sur la terrasse dominant la vallée, je m'abandonnais au charme ensorcelant de ces airs angéliques, un pèlerin mongol des Ordos qui parlait le tibétain me dit :

« — Vous écoutez les musiciens... C'est sur ces airs-là que marchaient les troupes de Gengis Khan. »

Et son regard erra au loin, comme s'il discernait, à travers les brumes qui commençaient à couvrir les montagnes, l'avant-garde du « Peuple des Cavaliers » que le terrible héros, réincarné, ramenait pour de nouveaux massacres.

L'âge d'or... Hélas !... Ce n'étaient pas Gengis Khan et ses cavaliers qui devaient venir, mais, trois semaines plus tard, les Japonais et leurs avions.

Sans eux, je serais allée à Etchin Orta [1], au pays des Ordos, l'un des lieux où s'affirme la dévotion persistante des Mongols, au Grand Khan et j'y aurais vu la châsse d'argent qui, d'après certains, contient, ou a contenu, ses restes.

D'après l'histoire — ou la légende — courante, la tombe du célèbre conquérant mongol a été cachée avec un luxe atroce de précautions destinées à empêcher qu'elle fût jamais découverte. Afin qu'aucun témoin ne demeurât qui pût indiquer son emplacement, tous ceux qui avaient participé au transport de la dépouille du chef, tous ceux qui s'étaient trouvés sur le passage du cortège funèbre auraient été massacrés. Peut-être faut-il faire large part à l'exagération dans les traditions de ce genre, cependant, lorsque l'on songe aux mœurs de l'époque et à la façon dont le défunt Khan avait conduit ses conquêtes, livrant des populations entières aux sabres de ses guerriers, le doute, quant à la véracité de celle-ci, s'atténue fortement.

Quoi qu'il en soit, le culte de celui qui s'intitulait le « Maître de la Terre » s'accommodait mal de ce manque d'endroit consacré, où ses dévots pussent lui apporter le tribut de leurs fidèles hommages. Les Mongols ont, probablement, aussi, toujours entretenu une vague croyance en la continuité de la vie de leur grand héros parti pour un « ailleurs » indéfini et qui réapparaîtrait, un jour, parmi eux. Après leur conversion au bouddhisme, ces idées ont pu recevoir une nouvelle force de la doctrine bouddhique des renaissances, populairement — mais faussement — conçues comme des réincarnations d'un principe personnel et permanent. Ce qui est certain, c'est que, dans les temps modernes, la foi au retour prochain de guerriers tels que Gengis Khan, Guésar de Ling le héros de l'épopée nationale tibétaine et de plusieurs autres s'est fortement accrue en Asie, où elle est intimement liée aux rêves de relèvement des Orientaux.

1. Cet endroit est, parfois, appelé *Yiking-holor.*

Donc, à Etchin Orta, dans une tente surmontée d'une coupole dorée, l'on conservait une châsse, en argent, que certains croyaient contenir les restes de Gengis Khan, tandis que d'autres se contentaient de penser que, jadis, le corps du chef y avait été momentanément déposé. Devant celle-ci, chaque année, défilaient et se prosternaient des milliers de Mongols. L'affluence était, surtout, considérable à l'époque du grand pèlerinage, durant le troisième mois de l'ancien calendrier chinois (correspondant à avril-mai). De dix à quinze mille pèlerins se trouvaient, alors, rassemblés à Etchin Orta.

En juin 1939, le gouvernement chinois fut averti que le prince Teh, qui gouverne la Mongolie intérieure, sous le contrôle des Japonais, avait l'intention d'ouvrir les *deux* châsses (généralement on n'en mentionnait qu'une seule) existant à Yiking-holor *(alias* Etchin Orta) pour en retirer les trésors (?) qu'elles renfermaient ou, peut-être, pour transporter en territoire occupé par les Japonais, les reliques de Gengis Khan. Il pouvait y avoir, là, une manœuvre politique tendant à attirer les pèlerins mongols pour en faire des instruments de propagande japonaise dans toute l'étendue de la Mongolie. Quoi qu'il en soit, le gouvernement chinois ordonna le transfert des châsses en lieu sûr. Ceci fut accompli en grande pompe avec la participation des autorités civiles et militaires et un concours considérable de population. Le cortège passa à Sian, la capitale du Chensi, puis, les châsses furent dirigées vers une destination tenue secrète.

Il est fort peu probable — même, tout à fait improbable — que les châsses, ou l'une d'elles, contiennent les restes du Khan. On a insinué qu'il s'agit de ceux d'un grand dignitaire mongol des siècles passés. Peut-être, comme quelques-uns le pensent, les châsses ne contiennent-elles les ossements de personne, mais ce détail est sans importance, du point de vue politique qui a présidé à leur translation.

Il n'est pas de relique qui ne soit miraculeuse. La châsse d'Etchin Orta était dite s'entr'ouvrir spontanément, en certaines occasions, pronostiquant, ainsi, le retour prochain de Gengis Khan.

En d'autres tentes l'on conservait divers objets : selles, brides, etc., dont le Khan, disait-on, s'était servi. Près de là, se voyaient, aussi, des chevaux et des chameaux considérés comme des réincarnations d'animaux qui lui avaient appartenu. Il n'a pas été dit que ceux-ci ont suivi les châsses à leur nouvelle résidence. Sont-ils restés à Etchin Orta où les pèlerins leur donnaient une place accessoire dans le culte rendu à leur vénéré ancien maître, ou bien ont-ils été, de leur côté, transférés en un autre lieu ? — Entre Etchin Orta et l'endroit où j'habite, présentement, s'étend toute la vaste Chine et les difficultés, créées par la distance, s'augmentant de celles dues à l'état de guerre, ne me permettent pas de me renseigner à ce sujet.

Un Mongol, de passage, à qui je parlais de la translation des châsses et du sort des objets secondaires offerts à la vénération des pèlerins, à Etchin Orta, émit l'idée que les restes de Gengis khan — ou ce que l'on tenait pour tel — ainsi que les animaux « réincarnés » et les autres reliques avaient probablement été transportés dans un endroit reculé de la Mongolie, avant l'arrivée des envoyés chinois chargés de prendre possession des châsses. Il est peu vraisemblable, disait-il, que les Mongols se soient laissé déposséder de reliques, vraies ou supposées, de leur grand héros. Les Chinois n'en ont sans doute emporté que des imitations. Sont-ils dupes ? — Peut-être que non. Mais il suffit, à leur politique, que cette comédie de la translation ait été jouée.

Bien entendu, le Mongol n'était pas mieux renseigné que moi quant aux dessous de la question. Il exprimait, simplement, l'opinion que sa connaissance du caractère de ses compatriotes lui suggérait. Elle peut se trouver exacte et un jour venir où des « restes » de Gengis Khan seront redécouverts quelque part, bien que, presque certainement, il soit avéré que nul ne connaît le lieu de sa sépulture.

Etchin Orta n'est point, paraît-il, l'unique endroit où la mémoire de Djin Dji (le nom du Khan, comme le prononcent les Mongols) est vénérée et des reliques, de lui, montrées à ses dévots. Un lama bouriate, résidant à Wou tai chan, avec qui je m'entretenais d'Etchin Orta avait entendu parler de certains autres lieux de pèlerinage analogues.

Comme je manifestais, devant lui, des doutes au sujet de l'authenticité de la châsse (lui aussi en parlait au singulier) et des réincarnations, depuis sept cents ans, des coursiers et des chameaux du Khan [1], il conclut avec une assurance superbe :

« — Qu'importent ces détails ; l'esprit de Djin Dji est là. On le sent planer au-dessus de la foule et le jour est proche où il se manifestera dans toute sa force, comme autrefois. »

J'avais déjà entendu exprimer des espérances semblables au sujet de Guésar de Ling : le « Justicier [2] ».

Ce Bouriate s'était enfui de son pays dans les années troublées qui avaient succédé, en Sibérie, à la Révolution russe. Le supérieur et deux cents moines de son monastère avaient été tués, racontait-il.

Les Rouges, rapportait-il naïvement, disent que tous doivent travailler et qu'à celui qui ne travaille pas, il ne faut pas donner à manger.

Je ne pouvais pas dire, à mon Bouriate, que saint Paul partageait cette manière de voir [3]. Saint Paul ne faisait pas autorité pour lui, il n'en avait jamais entendu parler. Quant à se considérer comme un

1. Gengis Khan, 1155 ou 1162-1227.

2. Voir ma traduction de l'épopée de Guésar, *la Vie surhumaine de Guésar de Ling*. (Éd. Adyar, Paris. Réédité en 1978 par les Éditions du Rocher.)

3. « Quand nous étions avec vous, nous vous avons prescrit que si quelqu'un ne travaillait pas il ne devrait pas, non plus, manger. » (Deuxième épître aux Thessaloniciens, III, 10.)

paresseux, un être inutile dans le monde, il en était loin. Il était lettré, à la façon de son pays qui est celle de notre scolastique moyen âge, et qu'on prétendît lui imposer un travail manuel, lui paraissait une folie criminelle. Sans nul doute, ses frères en religion, de la Transbaïkalie, pensaient comme lui et ceux d'entre eux qui étaient tombés sous les balles des Rouges avaient, probablement, voulu défendre leur *droit* d'intellectuels d'être nourris par la plèbe imbécile. Qu'ils l'eussent fait, le fusil en main, je n'en doutais pas. Je connaissais trop bien leur race pour imaginer qu'ils s'étaient laissé massacrer comme des agneaux et le vigoureux gaillard, qui me narrait ces faits, eut un singulier sourire quand je le questionnai à ce sujet.

Ce Sibérien m'apprit, aussi, la mort, survenue deux ans auparavant, disait-il, d'un curieux personnage de son pays qui joua un grand rôle politique, au Tibet. C'était un lama bouriate nommé Dordji, il avait russifié son nom, en en faisant Dordjieff. Suffisamment érudit, il avait été le précepteur du défunt Dalaï-Lama : Ngawang Lobzang Thubden Gyatzo, mort le 17 décembre 1933. L'on racontait que c'était grâce à sa vigilance et à ses judicieux conseils, que celui-ci devait de n'être pas mort enfant, ou dans sa prime jeunesse, comme plusieurs de ses prédécesseurs à qui des régents intéressés à voir continuer une lignée de souverains mineurs, incapables d'exercer le pouvoir, avaient fait administrer, discrètement, quelque pilule de « longue vie » savamment préparée ou un thé particulier qui les transportait dans un autre monde, en attendant leur renaissance dans le nôtre. Quoi qu'il en fût, le Dalaï-Lama témoignait une grande amitié à son ex-précepteur et avait pleine confiance en lui.

Dordjieff prit avantage de la situation qu'il occupait au Tibet, pour servir les intérêts de la Russie. Il réussit à obtenir que des relations diplomatiques seraient établies entre les deux pays. Un membre de la famille impériale deviendrait ambassadeur-résident à Lhassa et un haut dignitaire tibétain représenterait le Dalaï-Lama à Saint-Pétersbourg. C'est vers cette époque qu'un monastère lamaïste fut construit dans la capitale des tsars, ce qui fit jeter les hauts cris au clergé orthodoxe et à ses fidèles. Je me souviens d'avoir lu, alors, des articles, parus dans des journaux russes, qui prédisaient les pires châtiments au tsar et d'épouvantables catastrophes à son empire, pour avoir laissé ériger un temple « païen » dans sa capitale. Peut-être, quelques-uns de ceux qui se lamentèrent ainsi, pensent-ils, aujourd'hui, que la fin tragique de leur empereur et l'avènement du bolchevisme sont la réponse des Puissances Célestes à la construction de la lamaserie de Saint-Pétersbourg.

Celle-ci existe toujours. Du moins elle existait encore, il y a peu d'années. Mon très regretté ami, le savant sanscritiste, professeur au Collège de France : Sylvain Lévi, la visita, tandis qu'il se trouvait à

Leningrad, participant à un congrès d'orientalistes et il me raconta qu'il y avait rencontré des lamas bouriates et des lamas mongols.

A Londres, où l'on ne désirait pas voir l'influence russe s'étendre vers les frontières de l'Inde, l'on trouva que les choses allaient trop loin. L'expédition britannique au Tibet eut lieu (1904-1905). Ses troupes entrèrent à Lhassa, la Ville Sainte interdite et paradèrent devant le Potala. Dordjieff ne les avait pas attendues. Il s'était empressé de quitter le Tibet, tandis que, de son côté, le Dalaï-Lama se réfugiait en Chine.

Les années passèrent, vint la révolution russe. Dordjieff, chef d'un important monastère situé en Mongolie, entre Ourga et Kiakta, se fit une place dans les conseils soviétiques. J'eus la surprise d'entendre, un jour, parler de lui, comme d'un « vénérable vieillard », par un membre de l'ambassade soviétique à Paris. Il continuait probablement, au service d'autres patrons, l'œuvre qu'il avait entreprise sous les tsars et travaillait à l'extension de l'influence bolchevique en Asie. D'après ce que j'ai pu déduire de faits qui m'ont été rapportés, le travail occulte qu'il dirigeait, de loin, n'a pas été sans effets.

Je ne manquais pas de visiteurs à Pou-sa ting et souvent, ceux-ci étaient intéressants, mais j'étais venue à Wou tai chan pour travailler, de sorte que je dus, souvent, leur fermer ma porte tandis que, Yongden et moi, nous nous plongions dans la lecture des chroniques qu'il empruntait aux bibliothèques des divers monastères. Bientôt nous fûmes complètement immergés dans cette captivante atmosphère, mi-historique, mi-légendaire que les auteurs orientaux sont si habiles à créer.

L'origine de Wou tai chan, comme lieu saint, est très ancienne. Elle remonte à une époque antérieure à l'introduction du bouddhisme, en Chine, par les missionnaires hindous qui, au premier siècle de notre ère, arrivèrent à Loyang (actuellement Honan-fou) conduisant un cheval blanc chargé de livres bouddhiques. — Soit dit en passant que, près de Honan-fou, il existe un temple nommé Pé-ma-sse (monastère du Cheval blanc) où, d'après la tradition, ce cheval a son tombeau. — Les chroniques tibétaines de Wou tai chan dénomment ces Hindous Matang Kipa et le lettré (pandit) Vaharana. Le roi qui les accueillit s'appelait Ming ti de la dynastie Heou-Han [1]. Au cours des entrevues qu'ils eurent avec lui et dans lesquelles ils lui exposèrent leur doctrine, le souverain demanda aux Hindous :

1. Je cite ces noms tels qu'ils sont donnés dans les chroniques tibétaines. Le règne de la dynastie des Han est dit, par les auteurs chinois, s'être étendu de 206 avant Jésus-Christ à 220 après Jésus-Christ.

« N'y a-t-il pas, dans mon pays, de saints Bodhisatvas[1] comme il en existe dans l'Inde ? » — « Certainement », répondit Vaharana, « il y en a à Wou tai chan »[2].

Le massif montagneux de Wou tai chan, complètement déboisé de nos jours, était, à cette époque, couvert de forêts ; on y chassait le léopard et même le tigre. Ces solitudes, comme cela est commun en Orient, avaient paru, à quelques ermites, très convenables pour s'y livrer à la méditation. A quelle religion appartenaient ces anachorètes ? — Il nous est dit qu'ils étaient des Böns, des sectateurs d'une religion apparentée au chamanisme, dans ses manifestations populaires[3], qui était aussi celle des Tibétains avant l'introduction du bouddhisme dans leur pays, vers le septième siècle. Les livres tibétains que je consultai à Wou tai chan les confondaient avec les Tao-sses.

C'est parmi ces ermites que les légendes placent le singulier personnage qui est, présentement, vénéré à Wou tai chan. Voici ce qu'elles rapportent :

A l'est du pays avoisinant la frontière du nord-ouest, dans une ville fortifiée dont les remparts avaient dix ailes, Djampéyang naquit, au cours de l'année « souris de bois »[4], en sortant du crâne d'une femme. — Ce genre de naissance miraculeuse est fréquent dans les légendes asiatiques. Guésar de Ling naquit de la même manière[5]. — L'enfant était beau. Dès qu'il fut né, il s'envola et, traversant l'air, il arriva au mont central de Wou tai chan. — Ce mont central devait être celui sur lequel Pou-sa ting a été construit plus tard.

A cet endroit, se trouvait, alors, un temple dénommé Lohousi et,

---

1. Un Bodhisatva est, d'après les bouddhistes, un individu très parfait, capable de devenir un bouddha, dans sa prochaine renaissance. La caractéristique du Bodhisatva est sa charité et son amour illimité des êtres qui ne recule devant aucun sacrifice pour assurer leur bonheur.

2. Je rappelle que j'ai toujours employé le nom chinois Wou tai chan comme étant le mieux connu. Les auteurs tibétains dénomment ce massif Ri-wo tsé nga, ce qui est une traduction exacte de Wou tai chan ou Montagne aux cinq pics.

3. Les anciens Böns avaient une doctrine philosophique, difficile à retrouver de nos jours, tant elle a été déformée par les superstitions. Il y a apparence que le Tantrisme du Népal et de l'Inde lui ait emprunté certaines de ses doctrines.

4. Il s'agit du calendrier tibétain — semblable à l'ancien calendrier chinois — où chaque année est désignée par le nom d'un « élément » et celui d'un animal. En 1939 nous sommes dans l'année du lièvre de terre femelle. Les « éléments » sont : terre, fer, eau, bois, feu. Le même élément se répète deux années de suite, étant mâle la première année et femelle, la seconde. Les animaux sont : souris, bœuf, tigre, lièvre, dragon, serpent, cheval, mouton, singe, oiseau, chien, porc. Le nom de l'animal change chaque année. Un cycle de soixante ans est ainsi formé. Au bout de ce temps, le même animal se trouve, de nouveau, réuni au même élément qualifié par le même sexe et le cycle (appelé *lo hgor* « révolution des années ») recommence. Comme ces cycles ne sont point numérotés il est souvent très difficile, et même impossible, de déterminer exactement les dates de certains événements, surtout quand des faits mythologiques y sont mêlés.

5. Voir ma traduction de l'épopée du héros national tibétain : *la Vie surhumaine de Guésar de Ling* (Éditions Adyar, Paris. Réédité en 1978 par les Éditions du Rocher.)

près de celui-ci, était un gros arbre. L'enfant miraculeux se posa sur une de ses branches, léger comme un oiseau. Des rayons de lumière de différentes couleurs l'entouraient continuellement. Il accomplit de nombreux prodiges et, par là, attira, autour de lui, une foule d'hommes et de jeunes garçons avec qui il conversait et se promenait à travers les montagnes. Les dieux locaux et les gens du pays jouirent agréablement de sa compagnie, s'amusant à divers jeux avec lui, jusqu'à ce qu'il eût atteint l'âge de cent ans. Alors, ayant accompli son œuvre, il « fit semblant de mourir » et s'en alla dans la Région du Calme. Ses restes existent encore, dit la légende, à Lohousi.

Mais quant à préciser où se trouvait l'antique Lohousi, personne, à Wou tai chan, n'en paraissait capable. De plus, beaucoup niaient que le Djampéyang original eût laissé une dépouille et ils fondaient leur opinion sur d'autres versions de la légende donnant au héros l'aspect d'un génie ou d'un dieu plutôt que celui d'un humain.

Voici une de ces légendes :

Une tente faite de rayons lumineux de diverses couleurs descendit du ciel, à Wou tai chan et, de cette tente, sortit un jeune garçon. Il était vêtu d'une robe blanche sur laquelle pendaient, comme ornements, des rubans de différentes teintes. Ses cheveux étaient partagés et liés de façon à former cinq touffes (un genre de coiffure d'enfant, fréquent en Chine). Cet étrange enfant n'était pas constamment visible ; il apparaissait de temps en temps, tantôt seul, tantôt entouré de petits garçons avec qui il jouait. Des villageois qui l'aperçurent, tentèrent souvent de s'approcher de lui mais il disparaissait toujours quand ils s'avançaient.

Comme il a déjà été dit, à cette époque le massif montagneux de Wou tai chan était couvert d'épaisses forêts repaires de bêtes sauvages dangereuses et personne ne s'y aventurait. Cependant, lorsque le bruit se répandit des apparitions bizarres que l'on y contemplait, les villageois des régions voisines commencèrent à fréquenter les endroits où celles-ci avaient eu lieu.

Il arrivait, aussi, que l'on vît jaillir, au-dessus des crêtes des montagnes, des rayons de lumière diversement colorés et, pendant la nuit, certains apercevaient des lampes d'autel brûlant sur les sommets.

Ce que la légende rapporte au sujet de ces lumières doit être causé par des phénomènes naturels, comme les apparitions à Omi chan, une autre montagne sacrée de la Chine.

Pendant mon séjour à Taiyüan, un fonctionnaire chinois lettré, ayant fait ses études en Amérique, homme sérieux, d'âge mûr, libre penseur, peu enclin à voir des miracles, m'avait déjà parlé des lumières singulières que l'on apercevait à Wou tai chan et qu'il y avait observées.

Il m'arriva, de les voir, soudainement, alors que je pensais à tout autre chose. Le fait se produisit deux fois. La première fois, les jets de lumière verdâtre, rouge et jaune avaient un très vif éclat et s'élevaient droit dans le ciel ; le phénomène ne dura que quelques minutes. La seconde fois, il fut moins brillant. Des langues de feu couleur d'or pâle, émergeaient de-ci, de-là, des plus hautes cimes ; elles demeurèrent visibles pendant assez longtemps puis, tout à coup, s'éteignirent.

D'après les chroniques tibétaines, vraisemblablement basées sur de plus anciens documents chinois, les apparitions du jeune garçon se produisirent avec l'introduction du Bouddhisme en Chine, donc avant le premier siècle de notre ère. Le Bouddhisme et les personnages semi-mythologiques incorporés dans les livres apocryphes du Mahâyâna n'étant pas encore connus, en Chine, à cette époque, il est impossible que l'enfant miraculeux ait été, d'emblée, reconnu comme étant Djampéyang *(alias* Mandjouçri, *alias* Wan-sou pou-sa). Ce n'est, probablement, que beaucoup plus tard que fut inventée la légende d'un avatar de Mandjouçri, disciple du Bouddha, venu miraculeusement, de l'Inde à Wou tai chan et s'y étant établi. La croyance courante, à Wou tai chan, est que d'autres avatars de Djampéyang existent dans le monde et se manifestent en différents endroits.

Au temps des apparitions, Wou tai chan était aux mains d'une secte particulière des Böns ou des Tao-sses (les chroniques les tiennent pour identiques). Des ermites de cette secte, il nous est dit que « leur esprit demeurait dans l'essence naturelle, l'essence innée des choses » et, encore « qu'ils vivaient dans l'Être en soi, éternel et non produit par des causes », toutes expressions qui ont une forte saveur taoïste.

Ces Böns, ou Tao-sses, avertis des apparitions qui se produisaient dans leur voisinage, ou, peut-être, en ayant été témoins, supposèrent que « leur Maître » se manifestait sous la forme de cet enfant. De quel « Maître » s'agit-il ? — Les ouvrages que j'ai pu consulter, à Wou tai chan, ne le disent pas. Ils nous apprennent, seulement, que le titre de « Précieux Jouvenceau, Maître de la Doctrine dans la Chine orientale » fut attribué au garçon miraculeux.

Comme je viens de le dire, plus tard, les bouddhistes incorporèrent l'enfant de Wou tai chan dans leur panthéon mahâyâniste et en firent un *pou-sa* (terme chinois équivalent à Bodhisatva). Un roi, que les textes tibétains appellent Mohau Wang, construisit un temple en son honneur et y plaça une statue représentant un jeune garçon.

Ainsi, j'avais fait connaissance avec un Mandjouçri d'origine chamaniste, complètement inconnu des bouddhistes de l'Inde, de Ceylan, de Birmanie et de toute l'École du Sud. C'était un premier pas de fait dans le champ de mes recherches.

Dès que l'on sut que je passais mes journées à lire l'histoire de

Djampéyang, les bonnes âmes du lieu et les pèlerins qui l'entendirent raconter, ne doutèrent point que je fusse muée par la plus ardente des dévotions et, quoi que je fisse pour les écarter, les visiteurs devinrent encore plus nombreux que précédemment. Chacun d'eux tenait à me conter une ou plusieurs légendes dont, immanquablement, il se vantait d'être seul à connaître tous les détails. Presque sans exception, ces histoires se rapportaient à des prodiges opérés par Djampéyang ou à certaines de ses manifestations surnaturelles. J'entendis ainsi maints contes ridicules, naïfs ou même quelque peu scabreux, du point de vue de notre Occident. Le Djampéyang de Wou tai chan paraissait avoir été un singulier personnage et ne se montrait pas toujours comme un innocent chérubin. A titre d'échantillon, voici l'histoire saugrenue qui est attachée à la statue de « Djampéyang mort ».

Un roi chassant dans les montagnes, à Wou tai chan, aperçut un couple se livrant, avec ardeur, à des jeux érotiques sur le bord d'un lac sacré. — Une variante du conte dit qu'ils se trouvaient *sur* le lac même, dont l'eau les supportait comme aurait pu le faire la terre ferme. — Le roi n'en pouvait croire ses yeux ; une telle profanation d'un endroit saint lui paraissait impossible. Cependant la représentation continuait. — Je passe le détail des étranges acrobaties que le prince contempla. — Force lui fut de se rendre à l'évidence ; outré, il décocha une flèche à l'impudent sacrilège. Il existe différentes versions touchant l'endroit du corps où la flèche s'implanta et les commentaires, joints à celles-ci, ne manquent ni de saveur ni d'humour, mais je ne crois pas pouvoir me permettre de les rapporter. La tradition officielle, à l'usage des pèlerins, dit, pudiquement, que la flèche s'enfonça dans le flanc de l'impie.

A l'instant même où celui-ci fut frappé, le groupe — l'homme et la femme — disparut. De plus en plus étonné, le roi s'avança vers le lac et découvrit une traînée de gouttes de sang. Suivant ces traces, il arriva à Pou-sa ting devant l'un des temples où se trouvait une statue de Djampéyang et voici que la flèche qu'il avait tirée se trouvait fichée dans cette statue. Tous les efforts faits pour la retirer échouèrent. Le roi comprit, alors, que celui qu'il avait vu, près du lac, était Djampéyang lui-même et que, par son acte brutal, il avait encouru sa colère. Un savant lama fut mandé pour célébrer des rites expiatoires, le roi fit aussi de généreuses offrandes aux différents monastères de Wou tai chan et, finalement, le lama put retirer la flèche. Mais cette statue est tenue, maintenant, pour avoir perdu la vie qui l'animait et elle est dénommée « le Djampéyang mort ».

Ce Djampéyang défunt siège dans un tout petit temple, sorte d'antre enténébré et poussiéreux, situé dans la première cour de Pou-sa ting, celle que l'on rencontre immédiatement après avoir traversé le palier supérieur du grand escalier blanc ; ses dévots sont nombreux. La statue, comme il convient d'après les exploits qu'on lui attribue, est celle d'un homme et non d'un petit garçon, son rôle principal paraît être de présider aux consultations d'ordre divinatoire. Agenouillés sur les degrés de son autel, les croyants secouent un vase contenant des bâtonnets portant des inscriptions — c'est la méthode courante dans tous les temples chinois. — Le gardien du temple recueille celui ou ceux des petits bâtons qui sautent hors du vase, lit ce qui y est inscrit et interprète l'oracle.

Un après-midi, j'entrai, là, pour examiner la statue et le sacristain ne manqua pas de me narrer son histoire, y compris l'épisode de la blessure au flanc.

« — Mais », remarqua Yongden, pris de l'envie de taquiner le bonhomme, « certains ne prétendent-ils pas que... »

Il n'eut pas le loisir d'en dire plus long, le sacristain le voyait venir.

« — Offrez vos lampes », commanda-t-il impérativement en nous mettant en main de volumineuses lampes d'autel qu'il venait d'allumer.

Il ne nous restait qu'à saluer le Djampéyang mort et à déposer à ses pieds, en même temps que nos deux lampes, le prix de celles-ci : quatre dollars chinois [1].

Le serviteur clérical de cette statue « défunte » nous avait traités en personnages de marque se devant d'illuminer libéralement les autels des Déités, d'où la grosseur des lampes pleines de beurre... et le prix en rapport. Je gage que nous ne fûmes pas sitôt hors de vue qu'il les éteignit afin de les faire offrir, de nouveau, par d'autres visiteurs et d'en empocher, encore une fois, le prix. C'est là une pratique habituelle de ces messieurs.

Tandis que j'étais submergée par l'abondance des miracles que mes visiteurs me racontaient à l'envi, il advint, par un singulier hasard, qu'un « prodige » opéré par moi, bien des années auparavant, fut remis en lumière.

Des groupes nombreux de pèlerins tibétains venus d'Amdo et du Koukou nor, séjournaient en ce moment à Wou tai chan, logeant dans les monastères bâtis au fond de la vallée. Yongden les découvrit et lia conversation avec eux. Leur ayant dit qu'il avait séjourné, pendant plusieurs années dans le monastère de Koum Boum, avec la Révérende Dame étrangère [2], ils se souvinrent, immédiatement, avoir entendu parler de moi. Un de leurs compagnons, qu'ils appelèrent, m'avait vue et reconnut Yongden. Par la suite, ces gens vinrent fréquemment à Pou-sa ting, causer avec mon fils ou avec moi, en buvant du thé beurré.

Or, un jour que quelques-uns d'entre eux se trouvaient dans ma

1. Au cours du moment, environ 26 francs.
2. *Jétsunma,* le titre habituel que les Tibétains me donnent.

chambre, un autre visiteur arriva. Celui-ci, après avoir énuméré, pour l'édification de tous, divers miracles dus à Djampéyang et décrit plusieurs endroits remarquables des environs, mentionna que, dans un certain repli d'une haute vallée, s'ouvrait une crevasse donnant accès à un passage souterrain le long duquel *ceux qui avaient le cœur pur* pouvaient gagner Lhassa en peu de jours[1]. Un *chörten* (monument religieux) avait été construit devant cette crevasse, la masquant et en fermant complètement l'entrée. Pour quelle raison celle-ci avait été obstruée, le narrateur l'ignorait.

Il avait à peine terminé qu'un des naturels du Koukou nor s'écria : « — Quel dommage que l'ouverture ait été bouchée ! La Révérende Dame aurait pu prendre ce chemin pour aller à Lhassa, comme elle l'a fait, autrefois, dans mon pays. »

« — Comment ? »

« — Qu'a-t-elle fait ? » interrogèrent mes autres visiteurs, très intrigués.

Alors, l'ingénu pasteur des hauts alpages tibétains leur raconta, à sa façon, une histoire extraordinaire dont je préfère donner, simplement, ma propre version.

C'était pendant l'un de mes séjours dans les immenses solitudes herbeuses qui s'étendent des confins du Kansou et du Sinkiang, au Tibet central ; une région singulière tout enveloppée de mystère, objet d'innombrables légendes. A chacun des lacs aux eaux d'azur, dont le pays est parsemé, à de multiples rocs, aux cimes de maintes montagnes, se rattachent des histoires fantastiques auxquelles des phénomènes, naturels, sans aucun doute, mais inexpliqués, confèrent un semblant de réalité. Parmi les endroits réputés comme sites de prodiges se trouvait être une crevasse longitudinale occupant le fond d'un repli de montagne. Les pasteurs des environs s'y rendaient quelquefois pour offrir leurs hommages à un dieu local qui était dit y habiter. Toutefois, la célébrité dont jouissait cette ouverture venait de ce que les bonnes gens la tenaient pour constituer l'entrée d'un couloir souterrain qui se prolongeait jusqu'à Lhassa. Seuls, racontait-on, ceux dont le cœur et l'esprit étaient parfaitement purs, pouvaient parcourir cet étroit corridor et, alors, atteignaient, miraculeusement, Lhassa en cinq jours[2]. Quant aux pécheurs, ou bien ils ne parvenaient pas à se glisser entre ses parois resserrées, ou bien ils étaient attaqués et dévorés par les démons gardiens du passage.

Peu nombreux semblaient être les audacieux désireux d'effectuer ce merveilleux voyage en affrontant les risques qu'il comportait.

1. La même chose est dite de plusieurs endroits dans les régions du nord et de l'est du Tibet et, en général, la croyance à des passages souterrains conduisant à des lieux saints est assez répandue.

2. Un bon cavalier, pourvu d'une robuste monture mettrait environ deux mois pour aller, de cet endroit, à Lhassa.

Ceci témoignait d'une raisonnable modestie de la part des pasteurs du voisinage et de l'opinion modérée qu'ils avaient de leur vertu. Plus encore, sauf aux époques où ils allaient y déposer des offrandes, les Tibétains préféraient se tenir éloignés des abords de la crevasse et ne parlaient, du mystérieux chemin, qu'à mots couverts, se gardant bien d'en montrer l'entrée aux voyageurs passant dans le pays. En fait, je n'appris son existence qu'après plusieurs séjours dans ses parages.

Une après-midi, je partis pour explorer cet endroit. Connaissant la crainte superstitieuse qu'il inspirait à mes domestiques, je leur avais dit qu'aucun d'entre eux ne m'était nécessaire et qu'ils pouvaient demeurer près des tentes. J'emportai seulement, avec moi, quelques paquets de ces mèches enduites de cire, dénommées « rat de cave » pareilles à celles qui, enroulées autour d'un bâton, servent à allumer les cierges dans les églises catholiques [1], quand un de mes hommes me supplia de prendre, aussi, comme provision de voyage, un petit sac rempli de *tsampa* (farine d'orge grillée). Son idée me fit rire. Je ne comptais pas être absente plus de deux ou trois heures et n'avais nulle intention de goûter en cours de route. Cependant, il insista de façon si pressante que, pour ne pas le contrarier, je glissai le petit sac dans mon *amphag* [2].

Des « offrandes de pierres » *(dotcheud),* petites pyramides de cailloux ou de fragments de roc, construites par les dévots, encombraient les abords de l'ouverture et obstruaient partiellement celle-ci. J'en fis tomber quelques-unes me promettant de les réédifier à ma sortie et je pénétrai dans le couloir. Tout étroit qu'il fût, une personne pouvait y marcher à l'aise. Bientôt cette galerie tourna vers la droite et le peu de lumière qu'elle recevait de l'extérieur cessa de l'éclairer ; j'allumai l'extrémité d'une de mes cordes-bougies et continuai ma route. Le boyau dans lequel je me trouvais n'offrait aucun intérêt, l'air y était rare, sentait le moisi et, bientôt, des obstacles se présentèrent : le couloir se resserrait, rendant le passage difficile ou s'encombrait d'amas de terre et de pierres, ou bien encore, la voûte s'abaissait, m'obligeant à marcher à quatre pattes. Plusieurs fois, l'envie me vint de retourner sur mes pas, mais un reste de curiosité me retint. Cette galerie, beaucoup plus longue que je ne l'avais supposée, conduisait, peut-être, quelque part ; non pas, certes, à Lhassa, mais à une autre ouverture dans la montagne. Depuis plus d'une heure que je m'y traînais, lentement, montant et descendant, j'avais perdu toute notion du niveau d'où j'étais partie. Aucune autre galerie ne coupait celle que j'avais suivie, ce qui me garantissait

1. Je crois inutile de dire que l'on n'est pas pourvu de lampes électriques dans les voyages de longue durée quand il est impossible de renouveler ses provisions de piles.

2. La poche que forme, sur la poitrine, la large robe tibétaine serrée par une ceinture. Je portais toujours le costume indigène.

contre le risque de m'égarer à mon retour. Continuant encore, j'arrivai à un endroit que ses petites dimensions m'empêchent d'appeler une « salle », ce n'était qu'un élargissement subit du couloir dont la voûte s'élevait en même temps. En face de moi, je le voyais se rétrécir de nouveau. Allais-je poursuivre plus avant, ou m'en retourner ? — Le chemin que j'avais suivi m'avait procuré peu d'agrément et je remarquai que la galerie que j'apercevais paraissait monter ; continuait-elle dans cette direction ? — Je décidai de m'en assurer. Quel que pût être le niveau où je me trouvais, en montant j'avais des chances de déboucher à l'extérieur. L'espoir de trouver une sortie, sans avoir à refaire le long trajet sous terre que je venais d'effectuer, me poussa vers la montée.

Il ne se passa pas longtemps avant que j'eusse à le regretter. La galerie dans laquelle je m'étais engagée était d'un parcours beaucoup plus difficile que celle que j'avais quittée, présentant, ce que les alpinistes appellent des « cheminées », le long desquelles j'eus grand-peine à me hisser. J'étais exténuée, quand j'entrevis une faible clarté devant moi. J'approchais, donc, du terme de ma pénible et peu intéressante exploration.

Une sortie, en effet, était là, mais elle consistait en un trou étroit au sommet d'un éboulis malaisé à gravir. La patience supplée à bien des talents. Après bon nombre d'efforts, j'émergeai de sous la terre, très heureuse de respirer à l'air libre.

Ma joie fut de courte durée. Un regard jeté autour de moi me montra que j'avais abouti à une petite terrasse encastrée dans le flanc de la montagne entre deux murs de roc à pic.

Qu'allais-je faire ? — Je ne voyais aucune possibilité, ni de descendre de cette aire d'aigle, ni de monter au-dessus d'elle. Quant à recommencer ma promenade souterraine, je ne m'en sentais ni le courage ni la force. Je m'assis regardant machinalement le paysage.

Le crépuscule bleuissait déjà les crêtes ondulées des montagnes lointaines et des ombres s'allongeaient sur le plateau s'étendant au-dessous de moi. Le délassement que j'éprouvais à rester étendue me portait à dormir. Pourquoi ne pas demeurer là ? — C'était en été, la nuit ne pouvait pas être très froide et ma robe de grosse laine valait une couverture... Le lendemain, au jour, j'aviserais au moyen de me tirer de là. Oui... le lendemain... plus tard... La lassitude dominait, en moi, le raisonnement ; avant que j'aie pu examiner davantage ce qu'il convenait que je fisse, je m'étais endormie.

Il faisait grand jour quand je me réveillai. Complètement reposée par un long somme, je me sentais tout à fait alerte. La fatigue et la nuit tombante ne troublaient plus la netteté de ma vue, je me rendis mieux compte de l'endroit où je me trouvais. La descente vers le pied de la montagne était impossible, mais je pouvais tenter d'escalader le mur rocheux qui s'élevait derrière moi ; il n'était pas très haut et offrait suffisamment de creux et de saillies pouvant servir de marches. Plus haut existait, vraisemblablement, un sommet arrondi et herbeux, comme celui de toutes les montagnes de la région. Une fois là, je trouverais le moyen de gagner une vallée par une pente moins abrupte que celle que je dominais.

Mes prévisions se réalisèrent, l'escalade me conduisit sur un large plateau gazonné, d'où il me fut facile de descendre.

Les gnomes du passage souterrain avaient témoigné beaucoup d'indulgence pour mes humbles vertus. Je n'étais pas, il est vrai, arrivée à Lhassa, mais, je n'avais, non plus, été ni dévorée, ni molestée. Nul doute, cependant, que ces petits êtres malicieux ne se divertissaient à m'épier pour voir comment je prendrais la suite de mon aventure.

Après avoir heureusement quitté la petite terrasse où j'avais passé la nuit, j'avais dû faire un long bout de chemin sur le plateau qui la dominait, avant d'atteindre la tête de la vallée par où j'étais descendue. L'extrémité inférieure de celle-ci touchait à la plaine que j'avais contemplée, de haut, la veille au soir et à mon réveil. Je me rendais compte que pour regagner mon camp, il me faudrait contourner tout un côté de la montagne. Je n'avais pas envisagé une aussi longue excursion et cette issue inattendue de mon « exploration » me causa un accès d'hilarité qui dut mortifier les petits génies malicieux s'apprêtant à rire de ma mine déconfite.

Je riais, mais j'étais affamée ; depuis la veille, je n'avais rien mangé. Bien qu'il me fût impossible d'estimer, exactement, la distance que j'allais avoir à parcourir, j'étais, pourtant, certaine de ne pas m'égarer en ne m'écartant pas du pied de la montagne et, marcher en plaine n'offrait pas de difficulté. N'ayant, donc, aucun sujet d'inquiétude, rien ne m'empêchait de m'arrêter pour me restaurer. Les « provisions de route » dont mon domestique m'avait munie allaient me venir à point. Ouvrant le petit sac, j'eus le plaisir de constater que mon prévoyant Tibétain avait mis un gros morceau de beurre au milieu de la farine d'orge grillée. Je possédais, ainsi, les éléments d'un repas substantiel qu'arroserait l'eau claire de la rivière gazouillant à mes pieds, parmi les galets.

Rassasiée, je me remis en route sans hâte. Le temps était superbe et flâner, seule, dans la solitude, est un de mes plus grands plaisirs.

Il semblait que le couloir souterrain que j'avais suivi traversait la montagne à un endroit où sa largeur était peu considérable ; tout au contraire, elle s'étalait en de multiples festons du côté où je la côtoyais. L'après-midi toucha à sa fin sans que j'eusse atteint mon camp.

Toute reposée que je me fusse sentie, à mon réveil, la fatigue de la veille m'avait laissé une courbature que la marche faisait reparaître. Et puis, je songeais que le sommeil m'ayant terrassée à ma sortie du souterrain, je n'avais pas goûté le charme de la nuit précédente passée, seule, sous les étoiles, tandis que je pourrais jouir, à loisir, de la nuit qui venait... Les tentations de ce genre durent peu, chez moi ; j'y cède rapidement.

Mon petit sac contenait encore un peu de *tsampa,* de quoi souper, en réservant une ou deux bouchées pour mon déjeuner du lendemain. Je cherchai un repli bien abrité et y passai une nuit agréable.

Le lendemain, vers le milieu de la matinée, j'arrivai à mon camp. Des exclamations me saluèrent, mes domestiques se prosternèrent devant moi, avec une ferveur inaccoutumée, tout en échangeant, entre eux, des regards d'intelligence.

« — Faites du thé et préparez-moi un bon repas », commandai-je ; et j'entrai dans ma tente.

Cependant, sans que je m'en doutasse, les nigauds à mon service, la tête farcie de superstitions et de miracles, avaient rapproché mon absence de la croyance au chemin souterrain conduisant à Lhassa et, tout bonnement, en avaient conclu que j'avais effectué le voyage merveilleux, battant tous les records puisqu'au lieu de mettre cinq jours pour atteindre Lhassa, le trajet, aller et retour, ne m'avait pas même pris deux jours entiers.

Ils ne manquèrent pas de publier le prodige dans tous les campements de pasteurs où nous nous arrêtâmes au cours de l'été et ceux qui en entendirent le récit le rapportèrent à d'autres. C'est ainsi que, quinze ans plus tard, bien loin des lieux où elle était née, l'extraordinaire fable dont j'étais l'héroïne, se rappelait à mon souvenir.

Dix jours plus tard, je recevais une lettre d'une Américaine de mes amies que j'avais laissée à Pékin, où elle se proposait de faire un long séjour.

« Avec grand regret », écrivait-elle, « je quitte la Chine. La plupart des étrangères qui habitaient la pension de Mme X... se sont déjà embarquées, les autres se hâtent de faire leurs préparatifs de départ. J'espère que vous serez à l'abri où vous êtes, et tout à fait à l'écart des combats. »

Quels combats ?... Que se passait-il ?...

Sur ma montagne, tout occupée des prouesses bizarres de Djampéyang, je n'avais aucune idée des événements survenant dans le monde. Les moines de Pou-sa ting n'étaient pas mieux informés que moi. Yongden descendit au village ; les boutiquiers ne purent lui fournir aucun renseignement.

Le 19 juillet, des rumeurs commencèrent à circuler. Des avions japonais, disait-on, avaient bombardé Pékin. Le général, maire de la ville, rassemblait des troupes pour défendre la place. Les trains ne circulaient plus entre Pékin et Paoting fou, au sud, ni entre Pékin et Tatoung, au nord-ouest. Peut-être cela signifiait-il que tous les trains étaient réservés aux transports militaires ? Peut-être cela signifiait-il que l'on se battait de ces côtés...

Les jours passaient ; le service postal vers Pékin était interrompu, même entre Taiyüan et Wou tai chan, les courriers ne circulaient plus régulièrement : aucune nouvelle ne nous parvenait.

Ce n'était pas la première fois que les Japonais attaquaient la Chine et l'impression de tous, pendant mon séjour à Pékin, était qu'ils tâcheraient, encore, d'en arracher un morceau. Probablement allions-nous apprendre que la chose s'était faite, puis, comme précédemment, le calme reviendrait.

Je retournai aux chroniques et à Djampéyang.

L'été se montrait anormalement pluvieux ; les sentiers boueux ne se prêtaient pas aux excursions. Je demeurais la plupart du temps chez moi et continuais à recevoir des visiteurs. Il me fallait écouter, avec patience, beaucoup de bavardages futiles pour recueillir, à de longs intervalles, des informations intéressantes.

Les ermites qui avaient habité Wou tai chan, avant l'arrivée de l'enfant miraculeux, excitaient ma curiosité. Quelle doctrine professaient-ils ? — Quel but poursuivaient-ils ? — J'avais déjà posé beaucoup de questions à leur sujet sans obtenir de réponses satisfaisantes.

Un jour, un lama gyarongpa[1] de naissance, mais établi depuis longtemps à la frontière mongole, vint me voir. Un *trapa* (moine), à la fois disciple et serviteur, l'accompagnait. Tous deux parlaient couramment le tibétain. Le lama était instruit, je lui fis part de l'intérêt que ces anciens anachorètes m'inspiraient.

Il n'hésita pas : « Ces ermites cherchaient le moyen de se rendre immortels », me dit-il. « Depuis des milliers d'années, des solitaires ont poursuivi cette recherche : des Tao-sses[2], certains Böns, aussi, et d'autres avant eux. »

« — Avez-vous lu des livres sur ce sujet ? » demandai-je.

« — Non, mais j'en ai entendu parler par des gens initiés à ces connaissances. Comme lama, je ne lis que les livres bouddhistes. A quoi bon perdre son temps à lire les autres, ce qui y est écrit est faux. »

Je m'abstins de contredire mon visiteur pour ne pas le fâcher et interrompre la conversation.

« — Et que disaient les gens que vous avez entendus ? »

« — Ils disaient que les savants Tao-sses et les grands Böns

1. On appelle de ce nom des tribus tibétaines établies, de longue date, dans les vallées de l'extrême ouest de la Chine (gya = Chine — rong = vallée) actuellement comprises dans la province du Szetchouan.

2. Les recherches des Tao-sses chinois, à ce sujet, et la fabrication de breuvages d'immortalité, à laquelle ils se livraient sont des faits historiques bien connus. Leur parenté avec l'alchimie de notre moyen âge paraît probable. Les raisons ne manquent pas de soupçonner que la « pierre philosophale » était un terme imagé, à l'usage des initiés, se rapportant, non pas tant à la transmutation de substances communes en or, qu'à une transmutation d'ordre plus subtil, visant à rendre immortelle notre propre substance. Rechercher les théories ésotériques des anciens Tao-sses, concernant les moyens de se rendre immortel et les comparer avec celles des mystiques et des occultistes tibétains figurait au programme de mon nouveau séjour en Chine.

étaient, autrefois, capables de transformer la substance matérielle de leur personne en une substance impérissable. Cette transformation s'opérait lentement, par des moyens très particuliers, et entièrement spirituels, que leurs Maîtres avaient appris de Maîtres encore plus anciens.

« L'enfant miraculeux de Wou tai chan a pu être un de ces immortels qui se rajeunissent à volonté. Et, s'il était, vraiment, un avatar de Djampéyang, celui-ci ne possède-t-il pas la clef de toutes les sciences ?...

« Les Tao-sses et les Böns vulgaires fabriquent des médecines, des élixirs, des pilules qu'ils donnent comme étant propres à rendre immortels ceux qui les ingèrent, ou, tout au moins, à leur assurer une longévité très supérieure à celle que les hommes peuvent atteindre naturellement.

« La composition de ces boissons et de ces pilules est tenue très secrète. L'on dit qu'elles contiennent des poisons et, parfois, du sang humain soutiré à des individus jeunes et robustes. J'ai entendu raconter que certains Böns avaient imaginé de faire dissoudre des hommes vivants en les plongeant dans une cuve pleine de médecines. De temps en temps, ils remettaient de nouvelles victimes dans la cuve, avec les restes de leurs prédécesseurs. »

Je sursautai. Plusieurs années auparavant, une histoire de ce genre m'avait été racontée, avec d'amples détails, par un homme qui avait vu ce qu'il rapportait et l'horreur de ces descriptions était telle que, parfois, j'hésitais à croire à leur réalité. Était-il donc vraiment possible que de telles pratiques aient jamais existé, qu'elles existassent peut-être encore ?

« — Où cela se passait-il ? » demandai-je.

« — Je n'en sais rien. J'ai ouï dire qu'un *riteu* (groupe d'ermitages) de Böns noirs avait été brûlé par les villageois de la région, parce que les sorciers qui y vivaient, capturaient des hommes qui leur servaient à fabriquer un breuvage d'immortalité. Mais cela s'était passé loin de chez moi. Des pèlerins de passage le racontaient... »

« — C'est moi qui les avais introduits auprès de vous, *kouchog* (monsieur). Ils demandaient que vous leur fassiez l'aumône de provisions de voyage. Je me rappelle très bien ce qu'ils racontaient », dit le *trapa,* désireux de se donner de l'importance en paraissant bien renseigné.

Le lama fit un geste marquant l'indifférence, le sujet ne l'intéressait pas.

Il ne s'agissait, peut-être, que de racontars. Tous les pays ont leurs histoires de sorciers immolant de jeunes garçons. Il s'en faut que tous les Chinois aient renoncé à croire que les étrangers emploient des yeux d'enfants pour fabriquer leurs médicaments. Il y a quelques jours, la supérieure d'une communauté de l'ordre des Franciscaines

Missionnaires de Marie me racontait qu'en 1937, à Wanhsien [1], le bruit courut que les religieuses arrachaient les yeux aux fillettes de l'orphelinat. Un certain nombre de celles-ci étant mortes au cours d'une épidémie, on exhuma leurs corps afin de vérifier si les yeux s'y trouvaient encore. Pendant ce temps, les sœurs avaient été arrêtées et détenues, pendant vingt-quatre heures, par les autorités.

Quelles sont les propriétés de ces médicaments dans la composition desquels entrent des yeux d'enfants ? — Elles sont diverses, disent les indigènes, mais l'une d'elles consiste à rendre capable de voir sous la terre et, ainsi, de découvrir les trésors minéraux qu'elle cache.

Les pratiques macabres visant à l'obtention de pouvoirs extraordinaires ont, d'ailleurs, existé chez la plupart des peuples, sinon chez tous. Faut-il même parler, entièrement, au passé ?

Dans un tiroir du bureau sur lequel j'écris ceci, dans les Marches tibétaines, j'ai des pilules qui contiennent de la chair humaine empruntée au cadavre d'un de ces solitaires que les Tibétains considèrent comme des surhommes. Celui qui me les a données : Nam tso Tulkou, un lama dont la résidence se trouve dans les environs de Dao, a cru me faire un cadeau d'un prix inestimable. D'après lui, ces pilules peuvent m'immuniser contre toutes les maladies, m'assurer une longue vie et d'autres avantages précieux. Pour ne pas désobliger ce brave homme, j'ai dû en avaler une devant lui.

La foi en l'efficacité de la destruction, du sang répandu, pour produire de la vie, s'attarde encore en bien des points du monde barbare. Il n'y a pas si longtemps que, dans les montagnes de l'Inde, les indigènes des tribus Khound élevaient des jeunes filles qu'ils nommaient des *mériah* pour les sacrifier, rituellement, au-dessus d'une fosse. Leur sang coulant dans celle-ci et pénétrant dans la terre, devait, pensaient-ils, la fertiliser et assurer la croissance de récoltes abondantes.

Dans l'ancien Mexique, chez les Aztèques, c'étaient des hommes que l'on retenait, ainsi, pendant plusieurs années, dans une demi-captivité comme prélude au rite au cours duquel on leur ouvrirait la poitrine pour en arracher leur cœur.

De tels rites dont le but, plus ou moins ouvertement exprimé, était toujours de stimuler la fécondité de la terre, donc de produire de la vie, ont existé presque en tous pays.

Si l'agonie des hommes, plongés vivants dans les cuves macabres, dont le lama parlait, était plus dramatique, celle des victimes hindoues, ou mexicaines, se prolongeant pendant des années dans l'attente de l'immolation inéluctable, n'était pas moins terrible.

Quant à la manducation de la chair d'un être puissant ou vénérable, afin d'assimiler une partie de sa substance matérielle, avec les

1. Une ville importante, avec port sur le Yangtsé.

qualités physiques et psychiques qui y sont attachées, le fait n'est pas exceptionnel[1].

Manger le cœur du lion tué à la chasse, ou celui d'un vaillant ennemi, pour faire passer, en soi, la force et la bravoure du mort a été — et est toujours — pratiqué. Il y a une vingtaine d'années, lors d'une expédition chinoise, contre les Tibétains, ceux-ci racontaient que les soldats chinois mangeaient le cœur des combattants ennemis, tués dans les batailles.

Des effets particuliers ont, aussi, été attribués à l'ingestion de sperme considéré comme véhicule d'énergie vitale[2].

Je viens de mentionner les pilules contenant de la chair d'une personnalité exceptionnelle par sa sainteté, sa sagesse ou ses pouvoirs magiques ; évidemment, celles-ci ne se vendent pas chez les pharmaciens orientaux. Elles sont passées, de main en main, secrètement, ou, tout au moins, discrètement, mais elles ne constituent pas, absolument, une rareté et l'on en attend, précisément, des effets analogues à ceux que les Böns, dont on m'a narré les sinistres pratiques, attendaient de leur infernal élixir d'immortalité.

Certains, plus raffinés, ont éliminé la partie crûment réaliste des rites de manducation, en même temps qu'ils élevaient, en dignité, l'être dont le participant à la communion ingérait la substance. Chez les Aztèques, ce n'était pas un simple humain, mais un dieu qui était offert comme nourriture. Lors d'un certain festival, les prêtres de Vitzilipuztli façonnaient une idole en pâte qui représentait ce dieu. Au cours de cérémonies tenant de la magie, celui-ci était amené à s'incorporer dans l'idole. — C'est là, un genre de rite courant au Tibet, avec cette différence qu'on n'y construit pas l'idole dans ce dessein ; un simple gâteau de pâte *(torma)* en tenant lieu. — Le dernier acte du festival consistait à mettre en pièces la statue de Vitzilipuztli et à en distribuer les morceaux au peuple qui les mangeait dévotement, disant manger la chair et les os du dieu, considérés comme un aliment de vie.

Nos contemporains des sociétés civilisées n'ont nullement renoncé à ingérer la substance matérielle d'un être divin. Bien que l'horreur d'une manducation effective de chair sanglante soit épargnée à leurs nerfs plus délicats, c'est pourtant un article de foi, parmi les catholiques, que celui qui communie ingère la chair et le sang de Jésus, aussi bien que les principes subtils de sa personnalité : son âme et sa divinité.

Certains écrivains religieux insistent même fortement sur le caractère de *nourriture* du sacrement eucharistique. Évidemment, ceux à qui ils s'adressent, interprètent leurs discours dans un sens spirituel. La *nourriture* qu'ils absorbent doit sustenter leur âme et c'est à l'im-

---

1. Voir à ce sujet, *Mystiques et magiciens du Tibet :* Le cadavre miraculeux.
2. Voir *Initiations lamaïques.* (Éd. Adyar, Paris, réédité en 1958 par les éd. Pygmalion.)

mortalité de celle-ci qu'ils pensent, plutôt qu'à la longévité ou à l'immortalité de leur corps. Il n'en est pas moins certain que la réalité du repas sanglant — quoique déguisé par les espèces du pain et du vin — est affirmée et quiconque nie que de la chair et du sang véritables sont ingérés par le fidèle, est frappé d'anathème par les Églises romaine et grecque.

En me remémorant les formes diverses affectées par l'idée, si fortement ancrée dans l'esprit humain, d'emprunter des éléments de vie à un être vivant, j'en arrivai à conclure à la vraisemblance du fait horrible qui m'avait été narré et dont je venais d'obtenir la confirmation indirecte. Il devait se rapporter à une épouvantable opération d'alchimie primitive.

Ainsi cessèrent les hésitations que j'avais éprouvées jusqu'alors, à écrire l'histoire dramatique de l'ancien chef de brigands qui, au cours de ses aventures, avait vu pratiquer cette alchimie d'une manière qui laisse loin, derrière elle, toutes les imaginations de Dante, concernant l'Enfer[1].

Bien que très absorbée par mon travail, je sentais pourtant le changement qui se produisait dans l'atmosphère morale de Wou tai chan. A l'indifférence avec laquelle les premières nouvelles d'une attaque japonaise avaient été accueillies, succédait une vague inquiétude. Inquiétude irraisonnée, chez les boutiquiers des villages et les moines des monastères car aucun d'eux n'imaginait que le calme de Wou tai chan pût être troublé. Cette agglomération, en majorité monastique, leur paraissait être trop profondément enfoncée au cœur des montagnes pour avoir à craindre quelque chose de l'agitation du monde[2]. Pourtant, le malaise qui les oppressait croissait de jour en jour.

Il se confirmait que les Chinois se battaient contre les Japonais, mais où ? et quel était le résultat de ces combats ? — Nul n'en savait rien.

Un jour, l'on annonça que la grande gare de Pékin — celle d'où partent les trains allant vers le nord — avait été incendiée. Puis, le bruit se répandit que le général, maire de Pékin, avait ouvert les portes de la ville à l'ennemi. On ajoutait que les ambassadeurs des nations étrangères avaient *défendu* que l'on se battît dans Pékin. Les belligérants devaient vider leur querelle hors des murailles. Cela paraissait réglé comme un match de football et, en entendant ces propos, l'on concevait, naturellement, l'idée que les événements n'avaient rien de très sérieux. Les ambassadeurs étrangers « qui avaient *défendu* » aux mauvais garçons de se battre dans Pékin,

1. Voir *Magie d'Amour et Magie Noire*. (Plon, Paris.)
2. L'année suivante, la région de Wou tai chan devint le quartier général de l'armée communiste qui y tint longtemps les Japonais en échec avant de devoir battre en retraite.

allaient promptement mettre fin à leur turbulence... Nous sommes loin de ces imaginations aujourd'hui et, pour n'avoir pas été capables de « défendre » avec autorité quand il l'aurait fallu, nous avons ruiné notre prestige moral et nos intérêts matériels en Orient.

Un autre matin, le facteur nous rapporta que les rumeurs qui avaient couru étaient bien fondées. Pékin était véritablement isolé, les trains n'y arrivaient plus, les Chinois avaient détruit un grand pont. Quel pont ? — Tout le monde l'ignorait.

Cela n'empêcha pas mon cuisinier de prendre des airs de matamore et, entre la préparation de mes repas, de clamer à qui voulait l'entendre : « Nous allons reprendre la Mandchourie !... Tous les Chinois marcheront contre les Japonais !... »

« — Et toi », lui dis-je, une après-midi où ses rodomontades m'avaient particulièrement agacée, « tu vas, naturellement, t'engager dans l'armée ! »

« — Moi, je ne puis pas », me répondit-il, l'air étonné de ce que je pusse supposer une chose aussi absurde. « Je suis nécessaire à ma famille. »

On allait entendre pareille déclaration tout au long de la guerre. « Le premier devoir d'un homme est envers sa famille », répétaient des millions de Chinois et, ceci proclamé avec assurance, ils restaient chez eux : derrière le comptoir de leur boutique, assis à leur bureau ou vaquant, d'une autre manière, à leurs affaires privées. Se battre, c'était l'affaire de la plèbe, des coolies, des « sans famille ».

La primauté du devoir envers sa famille était une thèse défendable, surtout en un pays où la famille qui dépendait, pour sa subsistance, des gains de son chef, n'avait aucune compensation à espérer si celui-ci venait à être tué à la guerre ou estropié de façon à ne plus pouvoir exercer aucune profession.

De son côté, le misérable débardeur, portefaix ou « homme-cheval » traîneur de rickshaw pouvait arguer que peiner sous ses compatriotes ou peiner sous les Japonais, c'était tout un pour lui et qu'il n'avait pas besoin d'exposer sa misérable vie à de plus grands risques, alors qu'aucune espérance ne lui était permise d'améliorer son sort. Cette opinion, aussi, était défendable.

D'autres thèses encore, toutes parfaitement logiques, pouvaient être mises en avant. Néanmoins, ces raisonnements, quelque excellents qu'ils soient, sont susceptibles, étant mis en pratique, d'amener la mort d'une nation.

Est-il donc absolument inévitable qu'il y ait antagonisme entre l'intérêt de l'individu et celui de la collectivité ? — Probablement que non. Mais l'on peut, aussi, se demander, pourquoi notre terre, qui pourrait être un séjour passablement agréable, pour des êtres intelligents, est transformée en enfer, par la stupidité de ses habitants.

Par la suite, j'allais entendre des étudiants s'excuser de ne pas se joindre aux combattants en alléguant qu'ils devaient achever leurs études. D'autres disaient, d'un air sagace : « Je me réserve et me prépare pour la prochaine guerre. » Un jeune homme, très conscient de son importance, déclarait : « Je contribue à soutenir le moral des troupes en composant des poésies patriotiques. » Enfin, une partie de la jeunesse riche des grandes villes : Changhaï, Hankéou, ne prenait pas la peine de chercher des raisons à son abstention du devoir patriotique ; elle se contentait de s'amuser dans les dancings ou les tripots.

Mais je ne vis ces choses et n'entendis ces propos qu'après avoir quitté Wou tai chan. Là, les humbles boutiquiers des villages avouaient seulement à Yongden : « J'ai peur. » Quant aux lamas, aux trapas [1], aux bonzes, une guerre nationale, pensaient-ils, ne les concernait pas. Pourvu que leurs monastères respectifs, et les biens de ceux-ci, demeurassent saufs, que les fidèles continuassent à y apporter des offrandes, le régime politique en vigueur, ou la nationalité des gouvernants leur importait peu. Pour d'autres motifs, leur conclusion ressemblait à celle des misérables coolies. Ce n'était pas là une attitude à opposer à celle de patriotes fanatiques tels que les Japonais.

CHAPITRE V

Répercussion de la guerre à Wou tai chan. — La première ligne des combats s'en rapproche. — Premier vol des avions ennemis au-dessus de la montagne.

Le 15 août 1937 une certaine agitation se produisit à Wou tai chan. Le bruit courait que trente avions japonais, en reconnaissance, avaient survolé Taiyüan. Dans la crainte de prochains bombardements, les autorités conseillaient, à tous ceux que des affaires impérieuses ne retenaient pas, de quitter la ville. L'évacuation de Taiyüan pour les femmes et les enfants allait être rendue obligatoire.

Le lendemain arrivèrent des bandes de Mongols terrifiés. Les femmes portaient des bébés dans leurs bras, les hommes ployaient sous le poids de fardeaux de hardes, et d'ustensiles domestiques ; j'en vis deux transportant, chacun, une charrue. Quelques autres conduisaient des chevaux chargés de bagages sur lesquels des enfants étaient attachés. Ces malheureux me fournirent le premier échantil-

1. Membres du clergé lamaïste inférieur.

lon du lamentable spectacle que j'allais contempler pendant des mois.

Les nouvelles apportées par ces fugitifs étaient navrantes. Kalgan avait été plusieurs fois bombardé, ainsi que des villages environnants. Les victimes étaient nombreuses. Chinois et Japonais se battaient entre Pékin et le Chahar ; les voyageurs se dirigeant vers Pékin trouvaient les routes barrées et devaient rebrousser chemin.

S'agissait-il donc de quelque chose de plus sérieux que les précédents « incidents » ? — Je me le demandais, sans, toutefois, croire que les hostilités s'étendraient au-delà d'une zone relativement limitée, entre Pékin et le nord de la Chine.

Sur ce, une dame allemande, habitant Taiyüan, qui possédait un appareil de radio, m'envoya un résumé des nouvelles qu'elle avait entendues. De grands combats s'étaient livrés entre Pékin et Tientsin. Les pertes des Chinois avaient été si considérables que, pendant trois jours, ils avaient emporté leurs morts et leurs blessés par pleines charretées, puis, finalement, comme il en demeurait encore beaucoup plus sur le terrain, ils avaient renoncé à les transporter.

Plus tard, un médecin français résidant à Pékin me confirma ces détails. Un grand nombre de ceux qui avaient été grièvement blessés, m'écrivit-il, étaient morts sur place après être demeurés plusieurs jours sans secours.

Ma correspondante mentionnait, aussi, de vastes incendies : la partie indigène de la ville de Tientsin avait été réduite en cendres, rapportait-on.

Quelques jours après la réception de cette lettre, l'officier commandant le poste militaire de Wou tai hsien arriva à Wou tai chan. Il nous annonça que Pékin et Tientsin avaient été cédés aux Japonais. Le bruit courait aussi que les Japonais attaquaient Changhaï.

Une activité inaccoutumée commença à se manifester parmi les troupes stationnées dans plusieurs des monastères de la vallée.

Dans les provinces, les Chinois ne s'étaient pas mis en peine de construire des casernes ; presque partout, les troupes occupaient les temples bouddhistes ou taoïstes, ce qui achevait leur dégradation.

Immédiatement au-dessous de l'éperon de montagne sur lequel s'élevait Pou-sa ting, quelques centaines de soldats logeaient dans un vaste monastère. Ceux-ci commencèrent à exécuter, quotidiennement, des exercices gymnastiques à la barre fixe. L'entraînement des clairons dut, aussi, avoir été ordonné. Dès le lever du jour, on les entendait déjà, montant et descendant des gammes, ou essayant des sonneries. Par deux, par trois, isolés, de-ci de-là, parmi des bouquets d'arbres, ou bien entre les rochers, ces apprentis musiciens jetaient, interminablement, aux échos, des sons dolents dont la sempiternelle répétition éveillait, en moi, une envie canine de hurler.

Une plus violente démonstration d'activité nous fut donnée un matin. Les soldats montèrent plusieurs caisses de grenades à Pou-sa ting et, prenant position à l'une des portes de l'enceinte, ils précipitèrent leurs grenades, une à une, dans la vallée. Le fracas, causé par les explosions, dura pendant plusieurs heures, puis, remportant les caisses vides, les soldats redescendirent, gaiement, le grand escalier blanc aux cent huit marches, qui menait vers leurs cantonnements. Ils paraissaient s'être « bien amusés » ; ils avaient également conscience d'avoir touché à quelque chose d'important. Les Orientaux en sont encore à jouir des inventions de la « civilisation » et à s'enorgueillir de les manier. Les Japonais, non plus, dans la guerre actuelle, ne sont pas encore revenus de la surprise enchantée qu'ils éprouvent à piloter des avions, à lancer des bombes et à humilier les Blancs. L'exaltation que ce sentiment produit en eux est pour beaucoup dans la bravoure et la ténacité qu'ils manifestent.

Le vacarme des explosions jeta la panique parmi les moineaux familiers et les pigeons sauvages que j'avais apprivoisés au point de les faire manger dans ma main, perchés sur mes bras. Ils disparurent de Pou-sa ting. Je ne discernai aucun autre résultat de ce gaspillage de munitions. Au nord de Wou tai chan, les Japonais continuaient leurs massacres.

Une grande pitié me venait à regarder les fluets soldats chinois, très jeunes, pour la plupart, sans entraînement militaire. Qu'allaient-ils devenir en face de troupes bien armées et préparées, de longue date, à la besogne qu'on en attendait ?

Quelques jours plus tard, la rumeur se propagea que les soldats stationnés à Wou tai chan partiraient le surlendemain pour Suiyuan et, de fait, ils s'en allèrent nuitamment, en grand silence. Tout ce que je perçus fut le bruit lointain des sonnailles d'un convoi de mules passant dans la vallée.

Plusieurs milliers d'hommes vont, incessamment, suivre ceux-ci, disait-on dans le village. Je ne vis point ces « milliers », ils durent prendre un autre chemin. Tout ce que j'aperçus furent de petits groupes qui passaient sur la route, comme en flânant, tantôt trois ou quatre hommes ensemble, tantôt, davantage, mais au plus, une dizaine. Haute stratégie, déclaraient les boutiquiers. De crainte d'être vus par des avions ennemis, les soldats marchent pendant la nuit et se cachent lorsque le jour vient, ou bien, ils n'avancent que très peu nombreux à la fois. Euh ! je n'étais pas convaincue.

Pourtant, un soir, au crépuscule, revenant d'une promenade, je rencontrai un petit convoi serpentant dans la vallée étroite et boisée, bordée par de très vieux cimetières, qui s'étend au pied de Pou-sa ting. Les animaux : chevaux, mules, des ânes, même, avaient été réquisitionnés, des paysans les conduisaient ; une demi-douzaine de soldats servaient d'escorte. Je comptai les bêtes, au passage : il y en avait un peu plus d'une centaine. Elles portaient des caissettes qui paraissaient contenir des cartouches, des sacs de farine, de minables couvertures et l'ustensile que la Chine paraît juger le plus indispensable, des cuvettes en fer émaillé servant plus spécialement à contenir l'eau chaude des ablutions, mais faisant aussi bien office de plats ou de casseroles, quand les circonstances le demandent.

De ce convoi cheminant entre ces tombes vétustes, dans la clarté grisâtre du jour tombant, émanait une mélancolie poignante. Depuis le début de la guerre, tout paraissait, d'ailleurs s'envelopper de tristesse ; une indicible angoisse planait sur les êtres et sur les choses qui semblaient dans l'attente de quelque inéluctable horreur.

Avec la peur qui s'infiltrait dans les esprits, les sentiments ataviques de religiosité se réveillaient. Les dévots devenaient plus nombreux à Pou-sa ting. Des soldats, le képi à la main, ou même des officiers, visiblement gênés de se trouver, en posture de suppliants, au pied des autels, faisaient fumer des bâtons d'encens devant la statue de Djampéyang ou consultaient le sort en secouant les baguettes divinatoires.

Une après-midi, je vis s'agenouiller devant le « Djampéyang mort », un soldat qui plaça devant lui, sur les marches de l'autel, le képi galonné d'un officier. Celui-là agissait par procuration. Son chef ou l'un ou l'autre des proches de celui-ci : sa femme ou sa mère, l'avait envoyé avec cette coiffure représentant celui dont on voulait connaître le destin et les moyens de parer à ce qu'il pouvait comporter de menaces.

Je vis l'homme agiter le vase en bambou contenant les baguettes ; l'une d'elles en sauta, effleura le haut du képi et tomba à côté de lui. Le gardien du temple la ramassa, lut l'inscription gravée sur elle, consulta le livre d'oracles, puis, chuchota, pendant quelques instants, près du délégué. Celui-ci déposa alors une offrande sur l'autel, empaqueta soigneusement le couvre-chef galonné dans une serviette et s'en alla.

Que lui avait-on dit ? — Qu'allait-il rapporter à celui ou à celle qui l'avait envoyé ? — Un consolant message d'espoir, ou de sombres prophéties ?...

Un autre jour, la vallée s'emplit du bruit des pétards saluant l'arrivée d'un général [1]. Il allait partir pour le front et, sous prétexte d'inspecter on ne sait quoi, il faisait un pèlerinage, passant d'un temple à l'autre. Je vis un homme d'âge moyen, courtaud, pourvu d'un bedon important, monter les degrés du temple principal ; celui dans lequel Djampéyang chevauche un lion blanc. Il parut se recueillir un instant devant l'autel, chapeau bas, s'inclina profondément et continua le cours de ses visites.

Par la suite, ce général fut le triste héros d'une assez grotesque

1. Les salves de pétards sont en grand honneur en Chine. Elles servent à tout propos : comme salut à l'arrivée d'une personnalité de marque ou à son départ ; comme signe de réjouissance à l'occasion des fêtes civiques, familiales ou religieuses. Elles accompagnent les offrandes faites aux déités, etc.

aventure. Voici comment elle me fut rapportée. Étant sur le front avec ses troupes, il se concerta avec le maréchal Yen Sie-san, gouverneur du Chansi au sujet d'une attaque que tous deux devaient effectuer, contre les Japonais, à un moment déterminé. Tout étant convenu, au jour et à l'heure dits, le maréchal lança ses soldats sur l'ennemi, convaincu que le général faisait de même, de son côté, mais ce dernier n'arriva que deux heures plus tard sur le lieu du combat, alors que les troupes du maréchal, à demi anéanties, battaient en retraite.

« — Je veux votre tête ! » hurla le maréchal, furieux, lorsqu'il revit son subordonné.

Quelles excuses celui-ci lui fournit-il, je n'en sais rien, mais il paraît que le maréchal lui accorda trois jours de grâce. Au bout de ce temps, ou il aurait battu les Japonais, ou il serait exécuté.

« — Trois jours ne me suffisent pas pour préparer une attaque qui puisse être couronnée de succès ; accordez-m'en dix », plaida le coupable. Le maréchal céda encore.

Avant que les dix jours soient écoulés, le général passa à l'ennemi, emmenant avec lui sa concubine et, probablement, la plus forte partie de sa fortune liquide. A Taiyüan, demeuraient, abandonnés, son épouse légitime et ses enfants.

Des nouvelles confuses continuaient à être colportées sous le manteau. Certains disaient que les autorités avaient défendu de parler de la guerre, ce qui était, je crois, pure imagination dans les cervelles des boutiquiers poltrons. Ceux-ci montraient, alternativement, des physionomies exultantes et des faces désolées, mais toujours également empreintes de mystère.

Chaque fois qu'il revenait du marché, mon belliqueux cuisinier me faisait part d'un « secret » qu'il avait surpris. Les Russes, racontait-il, attaquaient les Japonais. Puis, tandis que ces derniers survolaient Nankin, les Chinois avaient abattu dix de leurs avions, sans, eux-mêmes, essuyer de pertes. Hélas ! la correction se faisait peu après. C'étaient dix avions chinois, sur trente ayant pris part au combat, qui avaient été descendus. Les Japonais n'en avaient perdu que cinq. Quant aux Russes, ils ne bougeaient pas.

L'on annonçait, aussi, que Chiang Kai-shek avait demandé aux étrangers d'évacuer Changhaï pour lui laisser les mains libres, les Japonais se servant de leur concession comme de base et de lieu de retraite pour leurs troupes. Ceux-ci, disait-on, essayaient en vain de prendre pied fermement à Changhaï. Les Chinois les rejetaient hors du rivage après chacune de leurs tentatives de débarquement et, chaque fois, ils remportaient, sur leurs vaisseaux, un nombre considérable de morts et de blessés.

Entre-temps, les nouvelles plus certaines des endroits voisins devenaient franchement mauvaises. Kalgan était aux mains de l'ennemi dont les avions survolaient fréquemment Taiyüan qu'une grande partie de ses habitants avaient évacué. Des négociants tibétains habitant Pékin, venus en pèlerinage à Wou tai chan, essayèrent de retourner chez eux. Ils ne purent franchir les lignes des combattants et revinrent à Wou tai chan.

Il semblait que je fusse bloquée et ceci m'inquiétait. J'avais laissé pas mal de bagages dans ma maison, à Pékin. Escomptant un très long séjour en Chine, j'avais emporté, de France, une véritable bibliothèque. Qu'est-ce que tout cela allait devenir ?... Peut-être, même, fallait-il dire : qu'est-ce que tout cela était devenu ?... Je me le demandais avec une anxiété croissante au fur et à mesure que la certitude de ne pouvoir regagner Pékin s'imposait à moi.

Le froid et la neige venaient tôt dans ces montagnes dont l'altitude dépassait 2 000 mètres et, d'après ce que me disaient les hôtes de Pou-sa ting, les hivers y étaient rudes. Ceci ne m'aurait pas empêché d'accepter l'invitation des lamas qui m'engageaient à rester dans mon logis, mais l'argent que j'avais emporté pour un bref séjour estival s'épuisait rapidement et je ne voyais aucun moyen d'en faire venir de Pékin où j'avais des fonds en banque. La Poste avait cessé son service dans cette direction et il m'était impossible de communiquer avec mes banquiers.

Alors, pour m'achever, un matin, en revenant du marché, le cuisinier m'annonça qu'on avait refusé un billet de la banque de Chahar qu'il présentait en paiement. Jusque-là, ceux-ci avaient toujours été acceptés. Dans l'après-midi, Yongden descendit prendre des informations, au village. Ce qu'il apprit équivalait, pour moi, à un désastre. A cause de l'occupation du Chahar, par les Japonais, les billets de cette banque avaient perdu toute valeur. Il m'en restait pour deux cent quarante-cinq dollars chinois. En d'autres temps, cette perte, bien que regrettable, ne m'aurait pas désolée, mais isolée sur cette montagne dont le front des batailles se rapprochait de semaine en semaine, j'avais besoin d'argent pour fuir, ou pour me terrer en quelque coin isolé, avec une provision de combustible et de vivres suffisant à mon hivernage. — Je ne doutais pas, à ce moment, que la guerre ne fût terminée au printemps.

Les bombardements continuant, dans les environs, la police locale fit afficher une proclamation, évidemment copiée sur celle de Taiyüan ou d'une autre ville, enjoignant aux habitants de « descendre dans leurs caves dès que des avions seraient signalés ». Seulement, à Wou tai chan, aucune habitation n'avait de cave. L'absurdité de la recommandation qui leur était faite ne frappa personne, nul ne songea à en rire : la frayeur croissait.

Cependant, aucun bruit, plus spécialement alarmant, n'était parvenu à Wou tai chan ; en vérité, nous y étions, soudain, devenus comme séparés du monde, sans la moindre nouvelle de ce qui s'y passait. Les vagues de sentiments contraires qui avaient agité les villages étaient tombées, un calme plat régnait, le silence enveloppait les monastères, coupé seulement par les *dong don* assourdis des tambours martelés en cadence. Dans tous les temples, les lamas avaient commencé à célébrer les rites spéciaux qui doivent écarter les démons et les « démons » qu'ils visaient à chasser étaient les Japonais.

Dans cette tranquillité insolite on sentait la démence envahir les esprits. Des cas d'hallucination collective se produisirent. Un soir, comme je revenais d'une promenade aux alentours, on m'annonça que plusieurs bombes avaient été jetées sur le village le plus proche de Pou-sa ting. Le fait m'étonna ; je ne m'étais pas beaucoup éloignée et, d'où je me trouvais, j'aurais dû entendre le bruit des explosions, or, je n'avais rien entendu. Cependant, l'on assurait que des trous produits, dans le sol, par les bombes, se voyaient en plusieurs endroits. Je me rendis sur les lieux, me livrai à une inspection minutieuse dans un rayon assez étendu et ne découvris aucune trace d'explosion. Nombre de Chinois continuaient, pourtant, à affirmer qu'ils avaient *entendu* les bombes éclater et *vu* les dégâts qu'elles avaient causé. La preuve palpable qu'aucun dégât n'était visible ne les convainquait pas ; bien au contraire, semblait-il. Le nombre, d'abord très restreint des témoins du bombardement augmentait à mesure que s'avérait l'inanité de leurs racontars. Ils se répandaient en explications et en arguments saugrenus et contradictoires, s'apostrophant, renchérissant de détails sur ce qui n'avait pas existé ; chacun d'eux en avait vu plus que son voisin. Ils finirent par se quereller et s'invectiver avec l'ample richesse d'expressions que fournit leur langage et je rentrai chez moi.

La pluie n'avait pas cessé de tomber, chaque jour, pendant tout l'été ; les sentiers étaient invraisemblablement boueux et les moindres ruisseaux coulant au fond des vallées roulaient d'énormes eaux torrentielles. Ce mauvais temps ajoutait encore à la tristesse des circonstances. Mon agenda se remplissait de notes mélancoliques, trop semblables pour que je les transcrive toutes.

Le 22 août, j'écrivais : « Toujours pas de nouvelles. L'on éprouve un singulier malaise à se sentir aussi isolé, sachant qu'il se passe, ailleurs, des événements tragiques et que, peut-être, la tourmente s'approche, sans que l'on puisse ni deviner d'où elle vient ni se prémunir contre elle.

« Ce matin, j'ai vu un groupe d'une dizaine de soldats sortir du temple « Djampéyang mort ». Ils ont allumé des lampes sur son autel, fait brûler des bâtons d'encens et salué... qui ?... Ils ne savent, probablement, rien du personnage que cette statue est censée représenter. Mais, que leur importe ; elle est une chose que l'on vénère et ils sont venus, le cœur en détresse, tenter d'obtenir protection, parce qu'ils partent pour la guerre.

« Ils appartiennent à un corps de troupe comprenant, dit-on, trois mille hommes, qui vient d'arriver, venant de quelque endroit du Chansi dont on n'a pu me répéter clairement le nom. Ils occupent plusieurs des monastères de la vallée et doivent repartir demain.

« Ils sont si frêles, ils paraissent si jeunets, ces soldats chinois ! Une grande pitié me vient en songeant qu'avant longtemps, beaucoup d'entre eux seront étendus, cadavres pourrissant dans la boue des champs. Tous sont des mercenaires, de pauvres hères qui se sont engagés pour être nourris, toucher, de temps en temps, un peu d'argent et avoir une vie un peu moins dure que celle des coolies et des mendiants. Ici, au Chansi, beaucoup s'étaient faits soldats, croyant que leur besogne consisterait à travailler aux routes que le gouverneur construit en employant de la main-d'œuvre militaire. L'idée qu'ils pourraient être appelés à se battre ne leur était pas venue et voici que, pris au piège, on les envoie à la tuerie.

« C'est, aujourd'hui, le lendemain du jour de la pleine lune. Il a encore plu jusqu'au soir. Maintenant, Pou-sa ting et les montagnes environnantes baignent dans un brouillard bleuâtre, éclairé par la lune invisible. Une poignante impression de désespérance émane de ce paysage fantastique.

« Dormiront-ils, ces garçons arrivés tout à l'heure et qui doivent repartir avant le lever du jour ? — A quoi pensent-ils ?... Cette nuit, des hommes s'entre-massacreront, peut-être, à Changhaï, ou ailleurs et, si ce n'est cette nuit, ce sera demain ou le jour suivant ; drame, sans cesse renouvelé, de la stupidité des foules, depuis l'aurore des âges... Ici, un grand silence enveloppe les choses immobiles, comme si rien n'osait respirer. Misère ! Douleur !... »

Le lendemain, avant mon réveil, les soldats quittèrent Wou tai chan.

La pluie ayant, par exception, cessé dans l'après-midi, je sortis pour me promener et faire diversion, en prenant de l'exercice, aux pensées sombres qui me hantaient.

Le massif montagneux de Wou tai chan n'a rien de particulièrement beau ni d'imposant. Comme en beaucoup d'autres endroits de la Chine, les forêts ont été coupées et les montagnes dénudées sont cultivées presque jusqu'à leurs sommets. Des pâturages naturels occupent les cimes que les champs d'avoine et de sarrasin n'ont pas encore envahis. La banalité de ce décor est relevée par quelques bouquets d'arbres épargnés, de-ci de-là, et par les ermitages s'abritant parmi eux, accrochés aux flancs des montagnes ou fièrement campés sur les sommets. Après des mois passés dans mon étroite maison pékinoise, je me sentais tout heureuse de me retrouver au milieu de larges espaces et je me serais parfaitement accoutumée à vivre à Wou tai chan ; mais il n'en était pas question.

Ce même soir, je venais de terminer mon souper, lorsqu'un

homme hagard se précipita dans mon appartement, tomba à genoux devant moi et, avec volubilité, se mit à me tenir un discours interrompu par des sanglots convulsifs. Incapable d'y rien comprendre, j'appelai, pour me servir d'interprète, le domestique auxiliaire qui savait un peu de tibétain.

« — Que veut cet homme ? » demandai-je.

Interrogé par mon serviteur, le Chinois recommença ses explications et ses gémissements.

« — Il dit qu'on va le fusiller », traduisit mon garçon. « Il vous prie de le sauver. C'est le marchand ambulant à qui j'achète des fruits. »

« — Le fusiller ! Et pourquoi, qu'a-t-il fait ? »

« — Il fume de l'opium. »

« — C'est permis ; tu en fumes, toi, et Hortche, aussi. C'est la poudre que fabriquent les Japonais (l'héroïne) qui est défendue. Ce sont ceux qui en usent que l'on fusille. Dis-le-lui. »

Nouveau colloque. Le marchand de fruits, toujours agenouillé, me saisit les pieds et se met à hurler, je ne sais quoi, avec désolation. Un vigoureux soufflet que mon domestique lui applique, le calme un peu et l'explication recommence.

Un homme de la police — ou qui dit être de la police, il faudrait vérifier — a informé le malheureux que de nouveaux ordres étant venus, tous les fumeurs d'opium devaient être fusillés et, lui, était désigné pour servir d'exemple.

Je soupçonnai une tentative de chantage. On avait, probablement, voulu effrayer ce nigaud et l'amener à débourser tout ce qu'il était capable de payer, pour être épargné. Je tentai de le lui faire comprendre, mais l'état de surexcitation dans lequel il se trouvait le rendait sourd à tous raisonnements. Il voulait être protégé, emmené par moi, en lieu sûr.

Des doutes me venaient ; était-il, simplement, un fumeur d'opium, ou bien faisait-il usage de la drogue prohibée, la colportait-il et l'un ou l'autre de ses amis l'avait-il prévenu qu'on se disposait à l'arrêter ? S'il en était ainsi, le danger qu'il redoutait était réel et, naturellement, je ne devais pas le laisser fusiller s'il dépendait de moi d'empêcher ce malheur. Mais pourquoi était-il venu me trouver au lieu de s'enfuir, puisqu'il était libre ? — Je le lui fis demander.

« — Il voudrait que vous parliez au juge, en sa faveur », dit mon interprète. « S'il quitte le pays, il ne pourra plus y revenir et son commerce prospère, ici. »

C'était absurde. Je n'avais aucun titre pour changer le cours de la justice ou de ce que le magistrat tiendrait pour tel.

« — Le juge », lui fis-je dire, « ne m'écouterait pas. Décide toi-même ce que tu dois faire. Si tu n'as que fumé de l'opium, tu n'as rien à craindre. On a, sans doute, voulu t'effrayer pour te soutirer de l'argent. S'il s'agit de la drogue ou d'autre chose de ce genre, sauve-toi. As-tu de l'argent pour tes dépenses, en route ? »

Il en avait ainsi qu'un baluchon de hardes et une couverture qu'il avait apportés pour vivre chez moi jusqu'à ce que j'aie apaisé le magistrat.

« — C'est de l'opium », affirma le Chinois, « mais si vous ne pouvez pas me protéger, je m'en irai. »

Je l'accompagnai jusqu'à la porte du monastère et commandai à un de mes hommes de faire route avec lui, par des chemins détournés, jusqu'à ce qu'il fût loin des villages et qu'il ait recouvré le calme nécessaire pour veiller à sa sécurité.

Cette affaire d'opium avait dû hanter la pauvre cervelle de mon Mongol, un fumeur invétéré. Voulut-il se bien prouver qu'il pouvait s'adonner à son vice sans crainte d'être mis à mort ? — Avait-il un autre motif ? — Une après-midi, le cuisinier vint me trouver, l'air alarmé.

« — Hortche est couché et ne bouge plus », me dit-il. « Il est pâle et froid. Venez le voir, je vous prie, peut-être est-il mort. »

Je n'aime pas les tragédies. Mes longs voyages, en des pays bizarres, m'ont fourni assez d'incidents dramatiques pour que j'en sois pleinement rassasiée. Je ne me sentais nullement d'humeur à en accueillir un nouveau.

Je me rendis dans la chambre des garçons. Bien que dénuée de connaissances médicales, le cas me parut clair. Il s'agissait d'un empoisonnement. Le Mongol avait trop fumé ou avalé des pilules d'opium. Qu'allais-je faire ? — Une sorte d'apothicaire vivait dans le village le plus éloigné de Pou-sa ting. Ce bonhomme se donnait des airs de s'entendre en médecine, mais il ne quitterait pas sa boutique et ses clients et s'il y consentait, plusieurs heures s'écouleraient avant que mon envoyé l'ait atteint et l'ait amené chez moi. Le cuisinier me dissuada fortement de le faire mander, disant que mes remèdes étrangers valaient mieux que les siens.

L'intoxiqué paraissait toujours insensible.

« — Mouille un torchon », dis-je au cuisinier, « et, avec ce torchon, fouette Hortche, de toutes tes forces, sur la figure, sur le corps, partout ; tape ferme ! »

Tandis que le cuisinier s'escrimait, je préparai un épouvantable vomitif, propre à vider un cheval de ses entrailles. En revenant auprès du malade, je vis, avec plaisir, qu'il s'était un peu ranimé, ce dont le cuisinier profita pour lui faire avaler mon breuvage.

« — Maintenant », lui commandai-je, « enroule-le dans ses couvertures, puis fais chauffer des pierres et mets-les, contre lui, à ses pieds et sur ses côtés. »

Il ne se passa pas très longtemps avant que ma médication produisît son effet. J'attendis jusqu'à ce que j'eusse quelques raisons de croire que cet effet avait été complet. Puis, au début de la nuit, j'administrai à Hortche, tout tremblant, un purgatif non moins violent que ne l'avait été le vomitif. Il me semblait avoir entendu dire que les purgations ne sont pas indiquées dans le cas qui m'occupait, mais je n'en étais pas certaine et j'inclinais à croire que « vider » mon malade de tout son contenu ne pouvait que lui être salutaire. Pour cette fois, j'eus raison. D'après le rapport du cuisinier, passablement bouleversé, l'action de ma seconde médication fut tout aussi énergique que celle de la première.

Le Mongol était sauvé mais n'en menait pas large lorsque j'allai le voir, le lendemain matin.

« — C'est ainsi que l'on soignait les malades du temps de ton illustre chef Gengis Khan », lui dis-je.

« — Ah ! » murmura-t-il piteusement, « la Révérende Dame a certainement eu des ancêtres mongols parmi les gens de sa famille. »

« — Il en est exactement comme tu le dis », répondis-je. « Pendant trois jours tu ne boiras que du lait, sans rien manger et le quatrième jour, tu reprendras ton travail. »

Sur ce fut clos l'incident Hortche.

Août touchait à sa fin, la pluie ne finissait pas et il commençait à faire froid. On allumait des bûches sous mon *kang* [1] et je m'y asseyais, sur des tapis, les jambes croisées, à la façon orientale, devant une table basse chargée de livres empruntés aux bibliothèques des monastères. Je m'efforçais de continuer les recherches pour lesquelles j'étais venue à Wou tai chan, mais il me devenait de plus en plus difficile de concentrer mes pensées sur mon travail. La guerre s'étendait et menaçait de durer encore longtemps. Afin d'épargner le peu d'argent qui me restait, je réduisais de plus en plus mes repas qui devenaient tout à fait insuffisants.

Les lamas renouvelèrent leurs offres bienveillantes. Il ne tenait qu'à moi de demeurer à Pou-sa ting, m'assuraient-ils, ils me fourniraient des vivres et du combustible, je les paierais plus tard, en m'en allant, quand la guerre serait finie. Mais quand finirait-elle ?... Dans l'incertitude, il me semblait imprudent d'accepter l'hospitalité qui m'était offerte et de m'emprisonner, à Wou tai chan, pour un laps de temps dont je ne pouvais pas prévoir la durée.

Tandis que nous demeurions sans nouvelles, l'espoir m'était venu que les combats avaient cessé et que les adversaires en étaient aux palabres précédant la paix, mais des rumeurs montant, de nouveau, vers nos montagnes me détrompèrent. On se battait, toujours, à Changhaï, aux environs de la ligne ferrée Pékin-Hankéou et, près de nous, au nord de Wou tai chan.

Les dernières troupes qui étaient passées par Wou tai chan et ne s'y étaient arrêtées que pendant une nuit, campaient, assurait-on, à une soixantaine de kilomètres de nous, pour barrer le passage aux

1. Estrade en maçonnerie, formant le dessus d'un four qui sert de siège et de lit, qui existe dans toutes les chambres des habitations du nord de la Chine et des régions voisines de la Mongolie.

Japonais. Quant aux soldats qui avaient été casernés au-dessous de Pou-sa ting, ceux que j'avais vus s'entraîner à la barre fixe, lancer, comme des gamins, des grenades dans la vallée et redescendre, en riant, le grand escalier blanc, cinq cents hommes, disait-on : ils étaient tous morts.

D'autres, au nombre d'environ trois cents, qui marchaient nuitamment et se cachaient pendant le jour, pour échapper aux regards des aviateurs ennemis, ayant, néanmoins, été découverts par eux, avaient été, en partie, écrasés sous les débris d'un temple bombardé tandis qu'ils y dormaient, exténués après leur marche nocturne. Ceux qui avaient pu s'échapper étaient tombés, au-dehors, sous les balles des mitrailleuses.

Partout où ils attaquaient, les Japonais se heurtaient, pourtant, à une résistance beaucoup plus grande qu'ils ne l'avaient imaginée. Ils avaient cru à une victoire facile, obtenue en trois semaines, mais les événements faisaient, au contraire, prévoir une guerre longue et affreusement sanglante, dont les récents combats ne constituaient qu'un insignifiant prélude.

Alors, circula une nouvelle telle que, jamais, l'imagination n'en avait pu concevoir de plus extravagante [1]. Les Chinois, racontait-on, avaient formé une armée de singes. Ceux-ci étaient divisés par groupes de dix bêtes, chaque groupe conduit par un soldat. Leur rôle consistait à piller les dépôts de bombes des Japonais ; ils étaient, aussi, dressés à lancer des grenades.

Cette fable réapparut au mois d'octobre suivant. — J'étais alors réfugiée à Hankéou. — Le *North China Herald,* en date du 5 octobre 1938 [2] reproduisait une dépêche parue dans un journal de Tôkyo qui prétendait tenir l'information de son correspondant de Kioukiang. L'article du journal de Tôkyo était transmis par l'agence Reuter.

« L'armée chinoise », disait le correspondant, « a depuis dix ans capturé des orangs-outangs dans ses provinces du sud-ouest et elle les a secrètement dressés à attaquer les soldats. A un commandement donné les orangs-outangs se précipiteront sur les lignes ennemies, s'emparant violemment des mitrailleuses, assaillant les commandants des compagnies et lançant des grenades. Trois mille de ces orangs-outangs sont tenus prêts à Hankéou pour terrifier les Japonais

---

1. Exception faite du poème sacré de l'Inde : le Râmayâna dans lequel les cohortes simiesques du singe divin : Hanouman, combattent pour Râma dans sa lutte contre Râvana, le roi-ogre de Lanka (Ceylan) qui a enlevé Sîta, l'épouse de Râma.

2. « *Hankow Recruiting Orangs-Outangs.* — Tôkyo, october 3. — According to a cabled dispatch appearing in a Tôkyo newspaper, from its Kiukiang correspondent, the Chinese army has been capturing orangs-outangs in the south western provinces for the past ten years and secretly training them to turn loose on attacking soldiers... At a command, he says, the orangs-outangs will dash into the ennemy lines, scramble for machine-guns, assault company commanders, and throw hand-grenades. Three thousand of these orangs-outangs are being held in readiness to terrorize the Japanese when they arrive and the remaining two thousand are at Wuchang across the Yangtze from Hankow (Reuter). »

lorsqu'ils s'avanceront et les deux mille autres se trouvent à Wouchang sur la rive opposée du Yangtsé, en face de Hankéou. »

Cette histoire de singes, lorsque nous en eûmes connaissance, à Wou tai chan, y produisit grand effet. Du coup, l'on vit les faces des boutiquiers s'éclairer de nouveau ; ils ne doutaient plus de la victoire. Moins crédules, ou plus lents d'esprit, les Tibétains et les Mongols des monastères continuaient leurs cérémonies magiques pour écarter les « démons ». La pluie persistante, tout à fait anormale en cette saison, était considérée par eux, comme une faveur de Djampéyang qui enveloppait Wou tai chan dans la brume et les nuages pour le dérober aux regards des aviateurs ennemis.

Cependant, un matin, ceux-ci apparurent.

On se fait à tout ; l'habitude émousse, peu à peu, les impressions jusqu'à ce qu'elle rende insensible. Plus tard, à Hankéou, je regardai, avec d'autres curieux, les oiseaux meurtriers circuler dans le ciel. Ils passaient au-dessus de nos têtes, portant leurs bombes de-ci, de-là... On était las de se cacher. Mais les premiers avions survolant Wou tai chan causèrent, à tous, un pénible serrement de cœur. Les moines de Pou-sa ting, rosaire en main, allèrent s'appuyer contre les murs du temple principal, celui dont le toit distille un nectar surnaturel [1].

Aucun endroit ne paraissait plus mal choisi comme abri. Les tuiles jaunes vernissées du toit et ses ornements dorés formaient un ensemble rutilant très propre à tenter les aviateurs s'ils cherchaient à atteindre un édifice important. J'entraînai Yongden vers une des portes de l'enceinte donnant accès à l'étroite vallée ombreuse occupée par de vieux cimetières.

« — S'ils viennent de ce côté, nous courrons nous coucher dans l'herbe, sous les arbres, entre les tombes », lui dis-je. « On ne pourra pas nous y apercevoir. »

Les avions longèrent les cimes, à une assez grande distance de Pou-sa ting. L'éloignement faisait paraître leur marche presque lente, leur donnant je ne sais quel air de nonchalance hautaine, consciente de son pouvoir et pleine de mépris pour nous. Ils disparurent vers le nord.

Le lendemain, des ouvriers commencèrent à enduire de chaux teintée en gris sale, tous les chatoyants toits jaunes ou bleu turquoise, et tous les emblèmes dorés qui étincelaient, sur leurs faîtes. Triste besogne ! Les pluies parviendront-elles jamais à débarrasser complètement les belles tuiles vernissées de cet ignoble badigeon. Parmi celles-ci il devait en rester qui dataient de la construction des temples, à l'époque de Kien-long et avaient été témoins de la pompe

1. Voir chap. IV, p. 626.

impériale, quand l'un ou l'autre des Fils du Ciel montait à Pou-sa ting pour vénérer Djampéyang. Tristesse ! Époque de méchanceté imbécile, productrice de laideur sur les choses et dans les esprits.

En septembre, le temps devint meilleur, nous eûmes de vraiment beaux jours ; j'en profitai pour faire des marches de cinq à six heures à travers les montagnes. Depuis qu'un bombardement était à prévoir, Yongden et moi emportions, dans ces excursions, le peu d'argent qui nous restait, celles de mes notes de travail auxquelles je tenais le plus et le manuscrit inachevé du livre que j'étais occupée à écrire [1]. Plus d'une fois, nous nous mîmes à rire en voyant nos robes gonflées par les papiers que nous portions. Nos « biens » disions-nous en plaisantant. Nous aurions moins ri si nous avions pu prévoir le sort réservé à tout ce que nous possédions au Chansi.

En cours de route, nous passions en vue de temples ou de monastères que j'aurais volontiers visités, mais il était impossible d'y entrer sans voir, aussitôt, surgir des sacristains empressés à montrer les trésors du lieu et à en narrer l'origine, presque invariablement, miraculeuse. Ceux-ci ne manqueraient pas de nous munir de lampes d'autel ou de bâtons d'encens à offrir aux héros historiques ou mythologiques vénérés dans leur temple. Naturellement, ils attendraient, de nous, une offrande proportionnée à la dimension de la lampe ou à la grosseur du faisceau de bâtonnets odoriférants qu'ils insinueraient entre nos doigts. Sans nul doute, l'un ou l'autre, en témoignage d'estime pour nous, seraient de forte taille et nous en étions réduits à économiser jusqu'à nos sous de cuivre, pour acheter quelques légumes. Sur ce que nous possédions, une somme devait être réservée pour nos frais de voyage, car sans savoir au juste où je me rendrais, la nécessité de quitter Wou tai chan, avant que les sentiers soient encombrés de neige, m'apparaissait de plus en plus nettement.

J'avais écrit à une banque de Taiyüan demandant que l'on m'y escompte un chèque sur mes banquiers de Pékin et n'avais pas reçu de réponse. Je m'étais, ensuite, adressée à la dame française chez qui j'avais laissé des bagages en dépôt à Taiyüan et j'attendais de ses nouvelles.

Dans l'entre-temps, il nous fallait passer hors de portée des sacristains rapaces. Pourtant, la curiosité nous poussant, il nous arrivait de nous glisser subrepticement, tels des voleurs dans l'un ou l'autre sanctuaire.

Faisant le tour du *chörten* [2] monumental, nous faillîmes devenir la proie de son gardien. Heureusement, il n'avait aperçu que

1. *Scènes du Tibet inconnu. Magie d'Amour et Magie Noire*. (Plon, Paris, Réédité en 1978.)

2. Un monument religieux composé d'un corps arrondi en coupole d'où s'élève une sorte de tour.

Yongden et, tandis que je m'éclipsais, celui-ci affecta de faire partie d'un groupe de pèlerins mongols avides d'acquérir des mérites en illuminant les autels. Pendant que le gardien s'occupait à les pourvoir de lampes, mon fils me rejoignit et nous dégringolâmes, en vitesse, les escaliers du temple.

Un fait amusant est à signaler à propos de ce temple. C'est l'un des plus anciens de ceux de Wou tai chan. Il fait partie d'un monastère de bonzes chinois et, régulièrement, ceux-ci ont la garde du *chörten* monumental. Cependant, ayant remarqué que les pèlerins qui visitent Wou tai chan se montrent plus portés à être généreux envers les moines lamaïstes qu'envers eux, ils ont engagé les services de quelques-uns de ces derniers qui remplissent les emplois de sacristains, gardiens, officiants, etc., et, d'une façon générale, se tiennent en vue de pèlerins, tandis que les bonzes chinois, propriétaires des lieux, demeurent paisiblement dans leur monastère. Les naïfs Tibétains ou Mongols prennent le temple pour une lamaserie, prodiguent leurs offrandes aux représentants de leur secte et ces « employés » font leurs comptes, ensuite, avec leurs patrons : les bonzes.

Un autre jour, nous nous étions faufilés dans la cour de Chou Ching sse qui passe pour avoir été le premier des monastères construits à Wou tai chan. Ne voyant personne, nous nous étions enhardis jusqu'à pousser la porte du temple dédié au Djampéyang « à la tête de farine » (Djampéyang Tsamgoma). Tandis que nous examinions la statue, des bruits de pas s'entendirent derrière le bâtiment où nous nous trouvions. Nous sortîmes en hâte ; un gros arbre se trouvait près de là, nous nous blottîmes derrière lui. Un homme parut qui passa un cadenas à la porte, par où nous avions pénétré dans le sanctuaire, puis se dirigea vers le porche donnant accès dans la cour et cadenassa aussi la grande porte d'entrée. Nous étions prisonniers.

Il nous était loisible d'appeler, de feindre d'arriver à l'instant et, notre attention ayant été occupée d'autre part, de n'avoir pas remarqué le gardien. Celui-ci ne se serait probablement pas étonné, lui-même ne nous ayant pas vus. Seulement, il aurait voulu nous montrer le Djampéyang à la tête de farine que nous venions de contempler, nous raconter son histoire que nous connaissions et, naturellement, nous induire, avec fermeté, à lui rendre hommage en allumant des lampes à beurre sur son autel. Or, brûler du beurre devant une statue, tandis que nous nous en passions à notre déjeuner, était d'un héroïsme qui dépassait notre mesure.

L'homme avait disparu ; je soufflai à Yongden :

« — Nous devons sauter le mur. »

« — Euh ! euh ! » répondit mon fils adoptif, « il n'est pas haut, mais... »

« — Essayons. »

Une pluie fine commençait à tomber, les habitants du monastère, peu nombreux, d'ailleurs, restaient enfermés chez eux. Nous longeâmes le mur en pisé, cherchant un endroit praticable. Il n'offrait pas de brèche, mais était fortement lézardé en plusieurs endroits. Nous servant des parties disjointes comme d'échelons, nous gagnâmes le sommet — ce mur n'avait guère plus de deux mètres de hauteur, je crois. De là, Yongden me dit :

« — Je saute le premier, pour vous aider d'en bas. »

Et il sauta. Mais, ce faisant, donna-t-il des talons dans le mur de terre que les pluies de plusieurs mois avaient amolli, ou l'ébranla-t-il d'une autre manière, il avait à peine touché le sol qu'un éboulement se produisit et, sans avoir eu besoin de son aide, je me trouvai assise par terre sur un monticule de glaise gluante. Djampéyang à la tête de farine était vindicatif et me punissait de ne pas lui avoir rendu l'hommage habituel.

Pourquoi avait-il une « tête de farine », ou plus exactement, de farine d'orge grillée *tsampa* ? — Voici.

Comme beaucoup de statues que l'on voit dans les temples chinois et tibétains, celle-ci est faite d'un mélange de terre argileuse, de paille et papier, malaxé jusqu'à former une pâte qui, en séchant, devient extrêmement dure. Cette pâte est appliquée et modelée sur une carcasse en bois, servant de support, qui est retirée lorsque la pâte est suffisamment durcie. Quand la statue doit être de grandes dimensions, ses différentes parties sont, souvent, modelées séparément et rapprochées ensuite.

Cela avait dû être le cas pour celle du Djampéyang de Chou Ching sse. Les ouvriers avaient terminé leur ouvrage, il ne restait que la tête à poser, mais l'artiste chargé de donner à Djampéyang les traits qui lui convenaient, n'y parvenait point. D'autres le tentèrent et échouèrent de même ; la physionomie prêtée au héros ne répondait jamais à ce qu'on l'imaginait être, en réalité. Alors, voyant leur embarras et le chagrin que leur insuccès leur causait, Djampéyang, chevauchant un lion blanc, se montra soudain à eux, dans le ciel. Sans perdre un instant, un des sculpteurs mouilla de la *tsampa* dont il avait un petit sac à sa portée, pour son repas, et avec cette pâte il modela une tête, copiant celle de son céleste modèle.

Cette tête, placée sur la statue, y serait encore, dit-on, d'où le nom de celle-ci : Djampéyang Tsamgoma (à la tête de *tsampa).*

Il est infiniment douteux que la tête actuelle de la statue soit faite de farine ; en dépit de la peinture qui la recouvre, les rats ne manqueraient pas de la manger. Mais il faut se garder d'examiner, de trop près, les légendes et les miracles ; ils appartiennent au monde de la fantaisie où le raisonnement et la logique n'ont rien à voir. Ce sont des contes de nourrice, charmants ou drolatiques, propres à nous amuser aux heures où, l'esprit fatigué, désireux d'une détente, nous nous plaisons à redevenir enfants.

La peur, surtout, jette les hommes vers la crédulité. Lorsque leur est démontrée l'impossibilité, ou l'extrême difficulté, d'échapper par des moyens naturels, aux dangers qui les menacent, ils se tournent vers les interventions surnaturelles. Rares sont, en tous pays, ceux qui voient venir le péril de pied ferme, ne comptant que sur leur ingéniosité pour le conjurer et se résignant, stoïquement, à subir ce qu'ils ne pourront pas empêcher.

Les bonnes gens de Wou tai chan : Chinois, Mongols, Tibétains, laïques ou membres du commun clergé n'étaient pas de cette dernière trempe. L'approche des Japonais leur remettait en mémoire quantité de légendes et de prodiges prouvant surabondamment la protection particulière accordée à leur vallée et y trouvaient des motifs de se croire en sécurité. Tous ces contes ne se rapportaient pas à des événements remontant à une haute antiquité. Certains avaient trait à des faits récents :

L'an 16 de la République chinoise — il y avait donc onze ans[1] — le maréchal Yen Sie-san, le même qui gouvernait encore la province, était en guerre. — Contre qui ?... Malgré le peu d'années écoulées, les gens semblaient l'avoir oublié. Il s'était, probablement, agi d'un de ces incidents de luttes civiles, fréquents en Chine. — Les habitants de Wou tai chan avertis de l'arrivée imminente de l'ennemi s'étaient tous enfuis. Les troupes attendues parurent sur la crête des montagnes. Regardant la vallée avec leurs jumelles, les officiers ennemis la virent fourmillant de soldats. Ne croyant pas leurs hommes en nombre suffisant pour les attaquer, ils se retirèrent. En fait, la vallée était complètement déserte, il ne restait personne à Wou tai chan.

Un miracle analogue s'était produit à une époque plus reculée, sous l'un des derniers empereurs. Des soldats chinois arrivant à Wou tai chan pour s'y établir, virent le grand escalier, menant à Pou-sa ting, percé de meurtrières d'où émergeaient les bouts de canon des fusils. Croyant que des soldats se trouvaient derrière ce rempart, eux aussi, battirent en retraite. Bien entendu, l'escalier n'était nullement pourvu de meurtrières et il n'y avait point de troupes à Wou tai chan.

D'une portée analogue, mais différent par les détails, était le prodige suivant :

Un général chinois — en temps de guerre — pénétra dans le monastère des bonzes, au centre duquel s'élève le *chörten* monumental que j'ai déjà mentionné. Peut-être avait-il l'intention de le faire piller par ses soldats. Toutefois, les *hochans* (bonzes chinois) n'avaient pas attendu son arrivée. Ils avaient pris la fuite et, depuis un certain temps, déjà, le monastère était inhabité. Pourtant, à son entrée dans la cour, le général se trouva en présence d'un homme d'une stature gigantesque très somptueusement vêtu et armé d'un

1. A l'époque où j'étais à Wou tai chan (1937).

énorme sabre [1]. Terrorisé, le général tomba évanoui sur le sol. Trouvé inanimé par ses hommes, les soins qu'on lui prodigua le ranimèrent ; il eut le temps de décrire l'apparition qu'il avait vue et mourut peu après.

Comme si ces récits de miracles avaient ouvert les écluses d'un torrent de fables, tous les jours de nouvelles merveilles m'étaient racontées. Les lions de pierre décorant le palier supérieur du grand escalier de Pou-sa ting trouvaient, eux-mêmes, place dans cette fantasmagorie, comme héros d'aventures anormales.

Les moines du monastère, situé immédiatement au-dessous de Pou-sa ting, au pied de l'escalier, constataient avec peine que leurs provisions diminuaient de façon singulière, sans qu'ils pussent découvrir aucun voleur. Cependant, une nuit, quelques-uns d'entre eux, s'étant mis en embuscade, virent l'un des lions de pierre descendre l'escalier, entrer dans leur monastère, pénétrer dans le magasin où l'on conservait la farine et en manger.

Ayant rapporté le fait à leurs frères bonzes, ceux-ci, dès le lendemain matin, allèrent briser la langue du lion maraudeur et, depuis ce jour, les provisions de la bonzerie restèrent intactes.

En fait, l'un des deux lions ornant l'escalier ne conserve qu'un tronçon de langue.

Différentes superstitions se rattachent au grand escalier de Pou-sa ting. Il est dit que se couper une mèche de cheveux tandis que l'on se tient sur une des marches de l'escalier et y laisser tomber les cheveux coupés, porte bonne chance. Il ne semblait pas que la foi en cette pratique fût très vivace, car la quantité de cheveux qui salissaient l'escalier était plutôt minime. Peut-être les pluies violentes les avaient-elles balayés.

Il est permis de rire de toutes ces inventions saugrenues, mais il est sage de ne pas mêler, à sa gaieté, une raillerie méprisante pour les indigènes des pays plus ou moins primitifs qui en sont les auteurs. Sans qu'il soit besoin de longues recherches, chacun de nous peut en découvrir l'équivalent chez ses propres compatriotes.

On commençait à signaler des cas de brigandage dans le voisinage de Wou tai chan. Des femmes revenant du village, vers le soir, avaient été dépouillées de leurs pauvres bijoux, sur le chemin conduisant à leurs demeures. Des quémandeurs armés s'étaient présentés, nuitamment, dans des fermes, exigeant qu'on leur fournisse des vivres, de l'argent, des vêtements. Des soldats débandés erraient, disait-on, par les routes, arrêtant les voyageurs. Quelques-uns de ces malandrins avaient été fusillés, mais connaissant, de longue date, les

---

1. Mandjouçri, *alias* Djampéyang est toujours représenté tenant un sabre en main. Une tradition, qui le donne comme un personnage historique, veut qu'il ait été un général d'origine chinoise qui guerroya victorieusement au Népal.

mœurs chinoises, je doutais que leur châtiment effrayât beaucoup ceux qui se sentaient d'humeur à battre l'estrade ou qui y étaient poussés par la misère.

Puisque je devais quitter Wou tai chan, il me fallait gagner une ville où je pourrais espérer que l'on m'escompterait des chèques ; il était utile, à cet effet, que j'y connusse des gens en état de répondre, pour moi, auprès d'une banque et, d'autre part, il m'était impossible d'aller loin, car je ne possédais pas de quoi subvenir aux frais d'un long voyage. Taiyüan remplissait les conditions requises, aussi me décidai-je à m'y rendre malgré la menace des bombardements.

Les démarches faites par Yongden et par les domestiques pour trouver des mules afin de redescendre vers la plaine, par les sentiers que j'avais suivis en venant à Wou tai chan, se heurtèrent à des refus catégoriques.

La plupart des animaux avaient été réquisitionnés pour les transports militaires. Les fermiers cachaient, en des lieux isolés, ceux qui leur restaient. Passer par Wou tai hsien, siège d'un poste militaire, était risquer de se les y voir saisir, aucun paysan ne voulait s'y exposer ; de plus, des brigands étaient signalés dans cette direction.

« — Cherchons un autre chemin », dis-je à Yongden lorsque tous nos efforts se furent montrés vains. « De Wou tai chan, l'on peut gagner la route allant de Tatung à Taiyüan. Tatung est occupé par les Japonais, mais nous rejoindrons la route plus près de Taiyüan. Un autobus la parcourait ; peut-être, continue-t-il encore son service sur une petite distance et pourrons-nous le prendre avec nos bagages. »

Le plan n'était pas mauvais. Il s'agissait, seulement, de trouver des chemins détournés, pas trop défoncés par les pluies, trop peu fréquentés pour que des brigands aient l'idée d'y chercher du butin et, surtout, libres de troupes capables de réclamer les bêtes pour leur service. Si nous pouvions convaincre les paysans que les chemins étaient praticables et sûrs, sans doute que, moyennant un bon prix, ils consentiraient à nous louer des mules.

Un matin, de très bonne heure, Yongden et moi nous partîmes à la découverte, emportant des vivres et nos manteaux imperméables. A part quelques ondées, le temps resta beau ; les chemins n'étaient pas trop mauvais. Nous passâmes la première nuit dans une misérable auberge et la seconde dans une ferme. Aux Chinois qui s'enquéraient du but de notre voyage, nous expliquions que nous cherchions un moyen de regagner Taiyüan, avec des bagages, sans passer par Wou tai chan où il y avait eu récemment des troubles et des tentatives de pillage. Ces braves gens comprenaient nos raisons et nous n'excitions aucun étonnement. Tous me prenaient pour une missionnaire protestante, comme il en était plusieurs à Taiyüan où les baptistes anglais possèdent un siège important comprenant des écoles et un hôpital.

Déjà, je songeais que notre reconnaissance avait été poussée assez loin et que nous pourrions nous porter garants du bon état des sentiers et de la tranquillité du pays, lorsque, dans le milieu de l'après-midi, nous entendîmes des détonations lointaines. Eh !... qu'était-ce que cela ? — Nous nous trouvions, à ce moment, dans un chemin encaissé. Yongden grimpa sur l'un des talus, regarda un instant et m'appela :

« — Venez voir ! »

Au loin, on distinguait des colonnes de fumée noire s'élevant par-dessus une rangée de collines basses. Derrière celles-ci devait se trouver un village ou un camp militaire qui venait d'être bombardé. Nous entendîmes encore un coup sourd, puis le silence se fit. La fumée continuait à monter vers le ciel.

« — Qu'en dis-tu ? » demandai-je au lama.

« — N'amenons pas de muletiers par ici », répondit-il. « S'ils voyaient un bombardement, même d'aussi loin, ils se sauveraient emmenant leurs bêtes et nous laisseraient, là, avec nos bagages. »

C'était ce qui arriverait probablement, et, dans cette région presque déserte, nous n'aurions aucune chance de trouver d'autres moyens de transport. Nous retournâmes, très ennuyés, à Pou-sa ting.

J'y trouvai une lettre de ma compatriote qui m'engageait à venir à Taiyüan sans tarder. Son mari chinois m'assurait que, grâce à la position officielle qu'il occupait, il pourrait faire escompter mon chèque par une banque dont il connaissait, personnellement, le directeur. C'était, là, une heureuse nouvelle. Tout irait bien à Taiyüan ; mais il fallait y arriver. Yongden recommença à chercher des bêtes à louer mais n'eut pas plus de succès que précédemment.

Mes fonds diminuaient de plus en plus. Pour éviter des dépenses, j'envoyais un des domestiques cueillir des pissenlits sauvages dont je faisais de la salade, utilisant l'huile et le vinaigre, apportés de Pékin, qui me restaient encore et je mangeais cette salade avec du riz ou du pain. En me promenant dans les champs, loin des habitations, je maraudais : ici, quelques épis de maïs, là quatre ou cinq poignées de fèves. Yongden et les domestiques faisaient de même, chacun de son côté. Nous avions supprimé la viande, le lait, le beurre ; mais nous devions, pourtant, manger. La difficulté de ma situation augmentait considérablement ma disposition naturelle à l'indulgence et je trouvais mille excuses valables aux rapines des soldats affamés... seulement je préférais ne pas en être, personnellement, victime.

Nous n'étions pas les seuls « pauvres » à Wou tai chan. Plusieurs groupes de pèlerins s'y trouvaient bloqués comme nous et, comme nous, ayant à peu près épuisé l'argent qu'ils avaient emporté pour leur séjour. De ce nombre étaient deux Tibétains appartenant à des familles nobles de la province de Tsang. L'un d'eux était le neveu d'un Grand Lama, nommé Nags Tchén, homme politique important, qui résidait en Chine [1]. Tous deux habitaient Pékin et étaient venus en pèlerinage à Wou tai chan, comptant n'y passer qu'un mois. Ils logeaient au monastère voisin de Pou-sa ting, qui, si mes souvenirs sont exacts, s'appelle Sam tén Ling. Ils allaient retourner chez eux lorsque la guerre éclata, interrompant, presque immédiatement les communications avec Pékin. Après avoir vécu confortablement et répandu de généreuses offrandes dans tous les temples de la vallée, eux, aussi, jeûnaient. Un jour, nous surprîmes le plus jeune des deux ramassant, dans une prairie, de la bouse de vache sèche ; elle devait leur servir de combustible pour faire leur cuisine et leur épargnerait l'achat de bois. Dans leur haut pays, dépourvu de forêts, il n'existe aucun autre combustible ; s'en servir n'avait rien d'étonnant pour nos voisins, mais le ramasser n'est pas, d'ordinaire, besogne des membres de la noblesse. Honteux d'être vu s'y livrant, notre ami, qui nous avait aperçus, s'éloigna en nous tournant le dos, feignant de ne pas nous avoir remarqués et espérant, sans doute, que nous ne le reconnaîtrions pas.

Enfin, un Chinois amené par le cuisinier, vint voir Yongden. Il se disait en état de nous procurer sept mules et deux litières pour nous mener à Wou tai hsien, mais pas au-delà. Nous devrions trouver, ensuite, d'autres muletiers. J'acceptai avec empressement. Être à Wou tai hsien me rapprochait sensiblement de mon but. Seulement, l'homme ne pouvait pas nous fixer de date. Il aurait rassemblé les bêtes dans quelques jours. Combien de jours ? — Il n'en savait rien. Il reviendrait nous en informer. Nous devions nous contenter de ce maigre espoir.

Ce même soir, j'étais dans ma chambre et bien qu'il fût encore de bonne heure — 8 h 30 environ — je me disposais à me coucher. Nous n'avions que des bougies pour nous éclairer ; leur faible lumière n'incitait pas aux veillées et nous les épargnions, aussi, par économie. — Il me sembla entendre, mais très assourdi, un bruit pareil à celui que fait un avion en marche. Je sortis, m'avançai dans la cour qui s'étendait devant mon logement et écoutai. La lune brillait [2] dans un ciel très clair, le bruit se rapprochait. J'hésitai pourtant encore sur sa nature ; peut-être était-ce celui des tambours battus par des lamas célébrant un office nocturne, dans un monastère éloigné. Mais d'une fenêtre donnant dans la cour voisine où Yongden s'attardait fumant une cigarette en cachette [3], quelqu'un cria : « Avion ! » Peu après, des moines parlèrent entre eux près des temples. Ils avaient vu les avions, il y en avait deux, disaient-ils. Depuis quelques instants, on les entendait distinctement ; ils se promenaient lon-

1. J'ai appris, depuis, qu'il est devenu *persona grata* auprès des Japonais.
2. C'était le 9 du mois lunaire du calendrier chinois.
3. Il est défendu de fumer dans les monastères lamaïques.

guement au-dessus de la vallée. Par cette nuit claire, les évolutions insolites de ces inquiétants visiteurs étaient énervantes.

Il était trop tard pour fuir dans la campagne, les portes des murs d'enceinte étaient closes et personne ne songeait à les ouvrir. Tous les hôtes de Pou-sa ting devaient être pressés contre les murs du grand temple, sous la protection de Djampéyang. Yongden était venu me rejoindre ; nous cherchions à apercevoir l'avion qui ronflait, volant bas au-dessus de nous, mais les arbres et les bâtiments voisins le masquaient. Il s'éloigna, un autre le suivit qui passa de même, puis ils revinrent, tournant, encerclant le monastère. Allaient-ils laisser tomber des bombes ? — Tous deux, nous restions là debout, silencieux, immobiles, attendant...

Les deux oiseaux s'en allèrent, enfin.

Que cherchaient ces avions en reconnaissance au clair de lune ? — Je me souvenais que, peu de temps auparavant, les Japonais avaient surpris, non loin de Wou tai chan, un détachement endormi dans un monastère et l'avaient anéanti. Ils savaient que les troupes occupaient fréquemment les lamaseries et les bonzeries et, pour cette raison, le séjour dans celles-ci ne laissait pas que d'être devenu dangereux.

Rien ne vaut une longue marche à la campagne pour raffermir les nerfs agacés. Le lendemain, je déjeunai de bonne heure et m'en allai, avec Yongden, à travers les montagnes. Dans l'après-midi, nous trouvant assez loin de Wou tai chan, derrière des sommets qui nous en cachaient les temples et les villages, nous vîmes arriver quelques paysans effarés. Plusieurs avions survolaient Wou tai chan, nous annoncèrent-ils. Ils les avaient aperçus de loin, tandis qu'ils transportaient du fumier dans leurs champs situés sur un plateau élevé. Peut-être les monastères et les villages allaient-ils être bombardés. Pris de peur, ils s'étaient enfuis avec leurs femmes et leurs enfants, tirés en hâte de leurs demeures, et passeraient la nuit chez des amis, à bonne distance du danger.

Ils nous racontèrent cela, parlant tous à la fois, hors d'haleine, en proie à une panique tout à fait injustifiée car, d'après la direction qu'ils indiquaient du doigt, leurs fermes se trouvaient très au-dessus de la vallée et assez loin d'elle. Ils nous invitèrent, pourtant, à les accompagner, nous conseillant, fortement, de ne pas retourner à Pou-sa ting ce jour-là.

Je les remerciai et déclinai leur offre. Ils repartirent, à grandes enjambées.

A quoi servait de s'essouffler en courant. Les Japonais ne gaspilleraient pas leurs bombes sur les montagnes désertes où nous étions. Il serait temps de nous coucher dans un repli de terrain, si nous les entendions venir et craignions une mauvaise plaisanterie de leurs mitrailleurs.

Quant à un bombardement de Wou tai chan, il n'avait rien d'improbable. Grâce au brillant clair de lune, les éclaireurs de la nuit précédente avaient peut-être découvert des troupes dans l'un des monastères. J'ignorais qu'il en fût arrivé, mais la vallée était longue et je n'étais pas toujours informée de ce qui se passait loin de Pou-sa ting.

Dans tous les cas, aucun bombardement ne devait avoir eu lieu. Bien que nous fussions déjà loin de Wou tai chan, nous aurions entendu le bruit des explosions. J'étais perplexe. Retourner immédiatement chez moi pouvait m'y faire arriver précisément au moment du danger. Je connaissais un petit temple blotti au creux d'une vallée, pas extrêmement loin de Pou-sa ting ; nous y rendre ne serait pas un long détour. Une fois là, suivant les circonstances, ou bien nous regagnerions notre logis, ou bien nous passerions la nuit dans le temple. J'avais hâte de me trouver à l'abri, le temps se gâtait, des nuages épais et bas couvraient le ciel : il allait pleuvoir.

Peu après avoir rencontré les paysans, nous entendîmes des ronflements de moteurs, mais les nuages enveloppaient les sommets des montagnes, la visibilité était pour ainsi dire nulle. Les avions volaient, probablement, très haut pour éviter de buter contre l'une des multiples crêtes dont la région est hérissée. Cette activité dans les airs me déplut, elle confirmait ce que les fermiers avaient annoncé. Décidément, il était prudent de nous réfugier dans le temple isolé. Tandis que nous continuions dans sa direction, un épais brouillard s'avança comme un mur en marche et nous enveloppa. Nous nous étions engagés sur des pentes herbeuses, sans suivre de sentier, et nos points de repère étant voilés par la brume, nous fûmes, bientôt, complètement désorientés. Yongden opinait pour descendre tout droit, ce qui nous conduirait à une vallée où nous aurions une chance de rencontrer une habitation. Nous pourrions, alors, soit y demander le chemin pour nous rendre au petit temple, soit rester dans cette maison, si nous nous étions égarés trop loin de celui-ci.

L'idée était raisonnable ; nous descendîmes pendant un long bout de temps, mais au lieu de s'étendre jusqu'à une vallée, la pente que nous avions suivie aboutissait à un creux encerclé par d'autres pentes. Nous remontâmes puis redescendîmes, au hasard, complètement perdus. La nuit vint tandis que nous errions et la faible clarté de la lune, masquée par les nuages et le brouillard, loin d'éclairer notre route y projetait des ombres trompeuses qui gênaient notre marche. Nous avancions lentement, trébuchant à tous moments sur les pointes de rocher cachées dans l'herbe, poursuivant une descente qui nous semblait interminable. Peu à peu, le vent se leva et devint violent ; il balaya le brouillard, mais une pluie mêlée de grêle se mit à tomber, nous cinglant le visage. Enfin, nous atteignîmes un endroit qui nous parut être la partie supérieure d'une vallée étroite ; un torrent y dégringolait parmi les pierres, baignant le pied de la montagne. La lune cachée par les cimes n'éclairait pas cette gorge, nous distinguions mal les endroits à peu près secs, où l'on pouvait poser le pied et glissions sur les pierres mouillées, nous enfonçant dans l'eau jusqu'à la cheville. La pluie ne cessait pas.

Je décidai de chercher un endroit où nous serions un peu abrités du vent et d'y rester jusqu'au lever du jour. Nous rencontrâmes une anfractuosité terreuse, boueuse et y demeurâmes, trempés, les oreilles bourdonnantes, passablement hébétés.

« — Je te permets d'allumer une cigarette, si tu peux y réussir et de m'en passer une », dis-je à Yongden après quelques instants.

« — Oh ! oh ! » répondit-il, en riant, « le cas est grave ! »

Je ne fume que très exceptionnellement. Mon fils prenait ma demande comme l'indice d'une situation comiquement sérieuse.

« — Nous sommes des idiots », répliquai-je. « Les avions n'ont fait que passer. S'il y avait eu bombardement, nous l'aurions entendu. Si nous étions rentrés directement chez nous, nous y serions chauds et secs entre nos couvertures, au lieu de grelotter ici. »

« — Ah ! Jétsunma[1] », répondit sentencieusement le lama, « vous manquez de foi. Que n'invoquez-vous Djampéyang ! Il nous ferait voir, à l'instant, une maison que nous n'apercevons pas ; et nous y serions accueillis par un bon vieillard qui nous inviterait à nous asseoir près d'un grand feu flambant et nous offrirait un thé chaud. »

« — Cela n'arrive que dans les contes ou dans les rêves, mon ami », rétorquai-je. « Mais si je pouvais m'endormir, maintenant, je crois que mes rêves me conduiraient, plutôt, dans les régions polaires. »

La légende à laquelle Yongden faisait allusion était l'une des anecdotes édifiantes du cycle de Djampéyang. La voici :

« Un homme s'étant égaré dans la montagne, la nuit, par un très mauvais temps, implora le secours de Djampéyang. Bientôt après, il aperçut, au loin, une petite lumière et, en se dirigeant vers elle, il arriva à une chaumière. Un vieillard se tenait près de la porte. Celuici le fit entrer, l'invita à s'asseoir près d'un grand feu et lui donna à boire de l'eau-de-vie. Par l'effet de la chaleur venant du foyer et de celle que l'alcool produisait intérieurement, en lui, le voyageur se sentit envahir par une agréable sensation de bien-être et s'endormit. Le lendemain matin, il s'éveilla devant la porte de Chou Ching sse, le monastère où se trouve la statue du Djampéyang « à la tête de farine ».

J'ai passé bien des nuits en plein air et par tous les temps, au cours de mes longues randonnées en Asie centrale et quand j'explorais le Tibet, à pied. La situation où je me trouvais, bien que dépourvue d'agrément, n'avait rien d'extraordinaire pour moi et je finis par

---

1. Voir la note 1, chap. II, p. 578.

somnoler, enroulée dans mon caban mouillé, la tête cachée sous son capuchon.

Le jour venu, je constatai que Djampéyang ne m'avait pas transportée à la porte de Pou-sa ting, mais il faisait beau temps et j'accueillis, avec gratitude, cette moindre faveur.

Je reconnus, immédiatement, que nous n'étions point dans la vallée où se trouvait le temple où j'avais voulu me rendre, mais il n'y avait plus aucune nécessité d'y aller, à ce moment. Le torrent descendant la gorge allait nous servir de guide, il devait se jeter dans la rivière coulant dans la vallée centrale, nous ne risquions plus de nous égarer. L'eau avait quelque peu baissé, laissant à découvert une partie du terrain inondé la veille. Sans autres incidents, mais après une longue course, nous regagnâmes Pou-sa ting, indescriptiblement sales et affamés.

Les habitants de Wou tai chan avaient compté sept avions passant, en deux groupes, le long de la vallée, à une assez grande distance l'un de l'autre. Les aviateurs ne s'étaient livrés à aucune démonstration belliqueuse.

La nuit suivante, une violente tempête de neige balaya Wou tai chan. En m'éveillant, je vis un épais tapis blanc étendu dans ma cour. Tout le paysage avait pris un aspect polaire. Il continua à neiger pendant toute la journée ; l'inquiétude me venait quant à l'état des chemins, les muletiers consentiraient-ils à partir ? — Le surlendemain, le soleil brilla de nouveau ; seuls les sommets restèrent blancs, la neige fondit rapidement dans la vallée.

Deux jours plus tard, le Chinois qui s'était chargé de me procurer des mules, se présenta chez moi. Les bêtes et les litières, m'annonçait-il, seraient rendues à ma porte, le lendemain à six heures du matin. Il me priait de tenir mes bagages prêts afin de ne pas retarder le départ.

Pendant cette même journée, une nouvelle circula à Wou tai chan. Les Japonais avaient, disait-on, mitraillé l'auto dans laquelle se trouvait l'ambassadeur d'Angleterre ; celui-ci avait été blessé ou, peut-être, tué. Quant à la date à laquelle la chose s'était passée, ceux qui colportaient cette information ne la connaissaient pas, mais le fait, assurait-on, était absolument certain.

« — Voici qui va mettre un terme à la guerre », dis-je à Yongden. « L'Angleterre n'est pas un de ces pays mesquins et pusillanimes que l'on peut offenser impunément. L'orgueil, bien connu, de ses nationaux va réagir et de terrible façon pour les téméraires qui ont osé l'affronter. Le gouvernement britannique va leur imposer des réparations sévères ; certainement, il exigera que les Japonais quittent la Chine. Nous retournerons bientôt chez nous, à Pékin et, en attendant, nous vivrons à Taiyüan. »

Je n'avais aucun motif d'animosité personnelle contre les Japonais — à part la nuit sans sommeil qu'ils m'avaient fait passer à

Mandchouria [1]. — Mais si mon voyage à travers le Chansi et en Mongolie devait être retardé, je tenais à rentrer à Pékin pour y travailler paisiblement.

Fidèle à sa promesse, le Chinois nous amena les muletiers à l'heure dite. Nous prîmes amicalement congé de nos hôtes, les lamas de Pou-sa ting, qui s'étaient montrés extrêmement aimables et obligeants pendant toute la durée de notre séjour, puis nous franchîmes, non sans quelques regrets, la porte du monastère ; nous venions de passer trois mois agités, mais en somme, heureux.

CHAPITRE VI

Fuite mouvementée. — Tableaux de guerre.

Nous avons quitté Pou-sa ting avant sept heures ; la matinée est fraîche, claire, virginale ; de tous côtés, les paysans besognent dans les champs. Une atmosphère de reposante sérénité enveloppe la vallée, rien n'y décèle le drame qui, en ce moment, ensanglante la Chine. Placidement, les campagnards achèvent de rentrer leur récolte ou préparent la terre pour les semailles prochaines. Il fait beau, le soleil brille, infusant la joie de vivre au cœur des êtres et des choses, tandis que, là-bas, hurlent et râlent les désespérés et les moribonds.

Une inconsciente volonté *d'être* anime les travailleurs, les incitant à accomplir les gestes nécessaires pour assurer leur nourriture. Malgré la tristesse des luttes et l'horreur des carnages, il faut manger : c'est l'acte essentiel sur lequel la vie repose. Ce soir, repus, certains de ceux que je croise sur ma route, donneront, à la matière, l'impulsion qui crée un nouvel homme ; ainsi, avant même d'avoir exhalé leur dernier souffle, quelques soldats agonisant, à Changhaï ou à Kalgan, seront remplacés sur le sol de la vaste Chine.

Telle est la loi cruellement ironique du monde. L'Asie a profondément compris ce mystère effroyable. Elle l'a exprimé, au Tibet, par les formes enlacées du Père et de la Mère faisant œuvre créatrice, parés de guirlandes de crânes desséchés, debout sur des vivants que leurs pieds écrasent. Et l'Inde symbolise par l'organe de la génération Çiva le Destructeur.

Nous suivions la route par laquelle nous étions venus. Pendant notre séjour à Pou-sa ting, elle avait été élargie et devait être continuée par une voie carrossable, un service d'autobus étant projeté

1. Voir chap. II, pp. 578 et suiv.

entre Taiyüan et Wou tai chan. Une très haute stèle, reposant sur une large tortue de pierre, avait été érigée à cette occasion. Sur celle-ci était gravé, dans le style fleuri habituel, l'éloge du travail accompli et de celui à qui l'initiative en était due : le gouverneur de la province. Malheureusement, la guerre avait interrompu la construction de cette route et quelques tronçons, seulement, en étaient praticables.

Vers l'extrémité de la vallée, nous passâmes, de nouveau, au pied du palais-forteresse du Grand Lama Tchankya Rolpa Dordji[1]. En face de son castel moyenâgeux, de l'autre côté de la rivière, pittoresquement blotti entre des rochers et des bouquets d'arbres, un petit monastère paraissait inviter le passant à la retraite, à l'étude, à la méditation et à toutes les joies graves et douces qu'elles dispensent. Hélas ! que la Chine était loin de ces choses pour le moment !

Un peu plus bas, le chemin avait été complètement emporté par les pluies diluviennes des semaines précédentes ; une nappe d'eau couvrait le fond de la vallée. Trois cavaliers, nous dépassant, y barbotèrent pendant quelques instants, puis remontèrent sur la nouvelle route qui, de là, s'élevait sur le flanc de la montagne, dans la direction d'un col. J'imaginais que nous allions les suivre, mais nos muletiers traversèrent la rivière très élargie et peu profonde, qui faisait un coude brusque et s'engagèrent dans son lit : un chaos de blocs roulés, parmi lesquels elle serpentait en plusieurs branches qui nous obligeaient à louvoyer continuellement, passant d'un bord à l'autre.

Pourquoi avions-nous abandonné la nouvelle route ? — Je n'obtins que des explications embrouillées : la partie que j'en avais vue se terminait à un village voisin. Des troupes pouvaient y être cantonnées ; dans ce cas, les soldats ne manqueraient pas de réquisitionner, au moins, une partie de nos mules et, pour nous prouver qu'elles suffiraient au transport de nos bagages, chargeraient, à les faire crever, celles qu'ils nous laisseraient... Il m'était impossible de discuter ou d'imposer ma volonté ; j'avais eu assez de peine à trouver le moyen de quitter la montagne et devais m'estimer heureuse de m'acheminer vers Taiyüan.

A la tombée de la nuit, nous fîmes halte dans une maison isolée, mi-ferme, mi-auberge. Les muletiers refusèrent d'aller jusqu'à un village, peu distant de là, parce que, disaient-ils, de nouveau, des soldats s'y trouvaient campés. Cela pouvait être vrai et, s'il en était ainsi, je préférais passer la nuit dans un endroit tranquille, plutôt que parmi une cohue de troupiers.

Le soleil, très brillant, pendant toute la matinée, s'était voilé dans l'après-midi et, le soir venant, des nuages épais et bas avaient couvert le ciel. Nous étions arrivés depuis environ une demi-heure, les muletiers étaient occupés à donner du grain et de la paille à leurs

1. Voir à son sujet, chap.III, p. 623.

bêtes, lorsque nous entendîmes le ronflement caractéristique d'un avion approchant. Tous s'immobilisèrent aux écoutes. Je sortis de ma chambre et regardai le ciel, mais le rideau opaque formé par les nuages empêchait de distinguer quoi que ce soit. Les hommes serrés les uns contre les autres, pareils à des moutons apeurés, gardaient le silence et, comme je parlais avec Yongden, ils me firent signe de me taire, croyant vraiment que le bruit de nos voix risquait de nous signaler à l'ennemi planant dans les nues. Par contre, un homme sortit de l'écurie, tenant en main une lanterne allumée et se joignit au groupe de ses camarades, gardant son fanal en main.

Yongden courut à lui et souffla la flamme. Les muletiers parurent très étonnés.

« — Il fait trop sombre pour que les aviateurs puissent nous voir », expliquai-je. « Surtout, ils ne peuvent pas nous entendre ; cependant, une lumière, même faible, s'aperçoit de très loin, dans la nuit ; la clarté de la lanterne risque d'être entrevue, par instants. »

Ils ne parurent pas convaincus ; ne pas faire de bruit leur semblait être la meilleure des précautions à prendre. Par la suite, j'ai rencontré la même aberration en divers endroits. A Hankéou, le jour mémorable où Yongden et moi, avec le médecin du consulat et d'autres amis français, nous fûmes arrêtés par des policiers chinois, pendant un raid d'avion, ceux-ci voulurent nous faire accroupir sous des buissons, jeter nos cigarettes — c'était en plein jour — et nous défendirent de *parler* afin, disaient-ils, de ne pas attirer l'attention des Japonais qui passaient haut dans le ciel. Comme nous n'avions pas tenu suffisamment compte de leur absurde défense, nous fûmes retenus au poste pendant plus d'une heure, étant soupçonnés d'espionnage[1].

L'avion passa presque au-dessus de nous et s'éloigna. Peut-être était-il chinois, nous n'en pouvions rien savoir, mais les muletiers, déjà peu rassurés au départ de Wou tai chan, perdirent l'atome de courage qui leur restait. Ils déclarèrent qu'ils n'iraient pas plus loin et s'en retourneraient, le lendemain, chez eux.

« — Laissons-les dormir », dis-je à Yongden. « Un bon somme calmera leurs nerfs ; nous verrons demain matin, ce que nous pourrons tirer d'eux. Mais sois debout avant le jour et surveille-les. Ils ont reçu des arrhes et pourraient essayer de partir sans que nous nous en apercevions. »

Le lama promit de faire bonne garde et nous allâmes nous coucher. Nous avions étendu, sur le *kang*[2] de nos chambres respectives, les couvertures sur lesquelles nous avions été assis dans nos litières et « nous coucher » signifiait, simplement, nous allonger sur cette estrade.

1. On trouvera le récit complet de cet incident dans *A l'ouest barbare de la vaste Chine*.

2. Voir la note chap. V. p. 661.

Comme je l'avais prévu, le lendemain, les muletiers étaient un peu calmés ; ils consentaient à poursuivre leur route, mais à condition de ne voyager que pendant la nuit afin de ne pas être vus par les aviateurs. Naturellement, ils demandaient, aussi, un supplément de salaire. Débourser plus qu'il n'avait été convenu me gênait fort, mais il fallut en passer par où ils voulaient. Je réussis seulement, le temps étant nuageux, à les décider à partir dans le courant de l'après-midi au lieu d'attendre jusqu'au soir.

Peu après notre départ, nous croisâmes un groupe de six officiers accompagnés par quelques soldats ; tous étaient à pied, sans armes, et zigzaguaient parmi les pierres dans les parties à sec du lit de la rivière. Ils passèrent assez loin de nous et ne nous accordèrent aucune attention. Un peu plus loin, nous rencontrâmes encore un officier ; il était à cheval, suivi d'une ordonnance, montée, aussi, qui guidait, par la bride, une mule chargée de bagages. Il passa près de nous, en saluant. Que, ou qui saluait-il ? — Le drapeau français attaché à ma litière, ou mon humble personne ? — A tout hasard, je rendis le salut.

Quittant la rivière, nous allions nous engager dans un étroit chemin creux lorsqu'en déboucha la tête d'un convoi transportant des munitions vers le front, dont nous étions peu éloignés. Je commandai, aussitôt, au muletier qui marchait près de ma litière d'arrêter celle-ci, afin de laisser le passage libre. La venue de ce convoi l'énerva, sans doute, comme propre à mettre sa sécurité en danger ; il voulut se frayer un passage pour s'éloigner au plus vite et, sans m'écouter, il tira la mule de tête par la bride, pour la faire avancer plus rapidement. Les mules portant les bagages et celles de la litière de Yongden suivirent le mouvement. Quelques instants plus tard, nous étions serrés entre de hauts talus, dans un étroit couloir que nous obstruions complètement.

Mes muletiers se mirent en colère et voulurent forcer les paysans conduisant les animaux réquisitionnés à leur faire escalader le talus afin de passer à travers les champs et de nous laisser le passage libre. Leur prétention me rappela une scène analogue qui s'était déroulée, autrefois, quand je voyageais au Kansou[1]. Toutefois, les temps étaient différents et les facéties, permises à cette époque, n'étaient plus de saison.

Quelques soldats accompagnaient le convoi, ils avaient plus de droit que mes hommes de se fâcher, cependant leur attitude était très polie. Je me hâtai de prévenir tout motif de querelle.

« — Combien avez-vous de bêtes ? » demandai-je à l'un des soldats.

« — Cinq cents », répondit-il.

« — Bien », dis-je. « Nous sommes en temps de guerre. Les ser-

1. Voir *Au Pays des brigands gentilshommes.*

vices de l'armée doivent avoir le pas sur tout le monde. Nous allons reculer. Je le commande et si ces muletiers n'obéissent pas de bonne volonté, usez de force pour les y contraindre. »

Retarder, en lui créant des difficultés, un convoi portant des munitions aux combattants, me paraissait inadmissible. De plus, un drapeau français flottait à ma litière — précaution contre les attaques des avions, croyait-on alors — et je ne voulais pas susciter de mauvais sentiments contre mes compatriotes.

Non sans peine, les conducteurs firent reculer les litières jusqu'à l'entrée du chemin creux et nous assistâmes au défilé interminable de cinq cents chevaux, mules et ânes, ce qui nous retint longtemps.

Tandis qu'ils attendaient, les muletiers avaient eu le temps de réfléchir, ce qui était fâcheux.

« — Il serait dangereux, pour nous, de continuer à suivre cette route », me dit leur porte-parole. « Si les Japonais ont eu connaissance que des transports de munitions prennent ce chemin, ils enverront des avions les attaquer et il ne fera pas bon se trouver à leur portée. Nous allons passer par une autre route, il y en a une qui bifurque un peu plus loin. »

Arguer que la nuit venait, que les avions ne nous verraient point et que les soldats nous avaient assuré qu'aucun autre convoi ne suivait le leur, ne servit à rien. A l'issue du chemin creux que nous dûmes parcourir, les Chinois s'engagèrent dans un sentier qu'ils prétendaient bien connaître et, peu après, bercée par le balancement de la litière, je m'endormis.

Je me réveillai dans la nuit. Je ne distinguai ni route ni sentier marqué ; deux des muletiers marchaient devant moi, bavardant à voix basse. Ils ne semblaient pas embarrassés, j'en conclus qu'ils savaient parfaitement où ils allaient et, après avoir regardé, pendant quelques instants, le ciel redevenu clair, je m'enroulai plus étroitement dans mes couvertures et je me rendormis.

Mon sommeil est aussi bon que mon appétit, ni l'un ni l'autre ne se laissent troubler par les circonstances ; je ne me réveillai, de nouveau, qu'au grand jour. Notre caravane venait de s'arrêter et les muletiers conféraient entre eux. Leurs mines niaises me firent immédiatement comprendre de quoi il s'agissait. Pendant la nuit, ils s'étaient égarés. Nous nous trouvions parmi des terrains incultes, profondément ravinés où ne se distinguait plus la moindre trace de sentier praticable pour des bêtes chargées et, encore moins, pour des litières.

Nos Chinois n'ignoraient pas la direction dans laquelle se trouvait Wou tai hsien. Ils s'y seraient facilement rendus à pied, mais, là n'était pas la question, c'était notre caravane qui devait passer.

Un des muletiers décida d'aller explorer les alentours et les autres prononcèrent que nous devions nous cacher jusqu'au crépuscule. L'immense espace de terrain nu sur lequel notre groupe faisait tache et pouvait être aperçu à une distance considérable, ne leur inspirait aucune confiance.

Après quelques recherches, ils découvrirent, non loin de l'endroit où nous étions arrêtés, un ravin, long et profond, sans autre issue que son entrée de notre côté. Ses bords étroits étaient très propres à nous dissimuler : nous allions nous y enfoncer tous et n'en pas bouger. Les bêtes se reposeraient. Elles avaient bu dans la nuit et mangé la veille, avant leur départ. Il semblait, à leurs maîtres, que cela leur suffirait jusqu'au moment où nous rencontrerions de l'eau et ferions halte... la nuit suivante.

Voilà ce que ces stupides bonshommes avaient décidé et dont il était impossible de les faire démordre. La peur que la guerre avait installée dans leurs cervelles les rendait plus têtus que leurs mules.

Je n'avais emporté que peu de provisions, comptant sur deux jours de trajet seulement et me réservant d'acheter, en cours de route, du pain et des œufs durs que l'on trouve dans tous les villages. Yongden et moi, nous allions donc, à peu près, jeûner et, comme nous n'avions rien à boire, avec nous, nous devrions, en plus, supporter notre soif... comme les mules. Voilà ! il n'y avait, encore une fois, qu'à nous résigner.

Nous repartîmes à la nuit tombée refaisant une partie du chemin parcouru la veille, jusqu'à l'endroit où nous nous étions trompés de sentier. Nous n'étions pas très loin de Wou tai hsien ; nous arrivâmes en vue de ses murailles crénelées, avant le lever du jour. A cette heure, les portes de la ville étaient closes ; les muletiers s'arrêtèrent au bord d'un champ, posèrent nos litières par terre et emmenèrent leurs bêtes se désaltérer à quelque ruisseau voisin, nous laissant seuls, le lama et moi, dans l'espèce de cage-cercueil qu'étaient nos véhicules rustiques. Nous n'avions pas bu depuis la veille vers midi, soit environ seize heures. Pour ma part, j'avais trompé la faim et la soif en dormant pendant une grande partie du temps.

Dès que les portes eurent été ouvertes, nous entrâmes dans la petite ville et gagnâmes l'auberge où nous avions logé en nous rendant à Pou-sa ting. Là, nos muletiers nous quittèrent refusant absolument d'aller plus loin.

Il s'agissait de les remplacer. La journée se passa en démarches que fit l'aubergiste accompagné par Yongden qui stimulait son zèle de différentes manières propres à l'Orient : promesses de gratification ou injures libéralement prodiguées. Autrefois, quelques bourrades s'y seraient ajoutées, mais, actuellement, les étrangers font mieux de s'abstenir de ce genre d'argument, bien que les Chinois, eux-mêmes, ne s'en privent pas dans leurs rapports avec leurs inférieurs.

Cette fois, personne ne vint s'enquérir de mon âge, ni noter la couleur de mes yeux. Les autorités de l'endroit savaient parfaitement à quoi s'en tenir au sujet de mon identité et leur simulacre d'enquête, quelques mois auparavant, n'avait eu pour but que de me prouver l'étendue de leur pouvoir.

Parmi les nouvelles que j'entendis rapporter, pendant mon bref séjour à Wou tai hsien, il en était une assez surprenante. Les avions japonais, disait-on, ne jetaient pas toujours des bombes ; ils laissaient aussi tomber de grosses pierres [1]. A quelques centaines de mètres des murs de la ville, les aviateurs avaient d'abord jeté une bombe, puis une grosse pierre : en d'autres endroits de la région des pierres étaient aussi tombées. Le fait paraissait bizarre, mais certains ayant ajouté que des papiers imprimés accompagnaient les pierres, je me demandai si celles-ci ne servaient pas de lest à des feuilles de propagande. Le lama émit l'idée que les Chinois, eux-mêmes, avaient pu jeter des bombes et des pierres dans des endroits où elles n'étaient susceptibles de causer que d'insignifiants dégâts matériels, et cela, pour secouer l'indifférence de la population, la rendre consciente du danger qu'elle courait et susciter un mouvement capable d'augmenter le nombre des engagements dans l'armée et celui des contributions volontaires au fonds de guerre. C'était possible.

J'entendis encore raconter qu'à ce moment, les Japonais ne se servaient que de « petites » bombes. Un de leurs grands généraux devait, incessamment, arriver à Changhaï, ils n'attendaient que lui pour commencer à faire usage des « grosses » bombes. Les gens qui colportaient ces rumeurs paraissaient croire qu'en retardant l'emploi des « grosses » bombes jusqu'à l'arrivée de ce personnage, les Japonais entendaient lui donner un témoignage tout spécial de leur estime et de leur respect. Un peu comme si, par une attention délicate, ils n'eussent pas voulu commencer la partie principale d'une représentation théâtrale, avant qu'il pût en être spectateur.

Du fait, nous n'en étions guère, à ce moment, qu'à un « lever de rideau » précédant le drame chinois.

L'aubergiste finit par trouver des muletiers qui consentaient à nous conduire jusqu'à Toung Yeh et, cette fois, en voyageant de jour ; mais ils n'iraient pas plus loin. J'acceptai ; c'était toujours me rapprocher de mon but de la distance d'une journée de marche.

Le lendemain matin, comme, sortis de la ville, nous nous arrêtions un instant sur une place au pied des remparts, attendant que les mules portant les bagages nous rejoignent pour faire route ensemble, un Chinois, voyant le drapeau français attaché à ma litière, le prit

1. Il est singulier de constater comment, au cours de cette guerre, les mêmes histoires sont répétées. Il y a eu celle des singes-soldats (voir chap. V). Celle du jet de grosses pierres, par les aviateurs japonais, vient de m'être redite, avant-hier, à Tatsienlou au Sikang, à l'extrémité de la Chine opposée à celle où se trouve le Chansi. La raison donnée, ici, est que les Japonais commencent à manquer de bombes !

pour un drapeau allemand. Se donnant un air important, il annonça aux quelques curieux qui nous regardaient :

« — Ce sont des Allemands qui vont rejoindre les Japonais à Tien tsin. »

Yongden l'avait entendu et passa la tête hors du toit de sa litière :

« — Nous ne sommes pas des Allemands », dit-il. « Le drapeau est un drapeau français. »

« — Vous n'êtes pas un Allemand ? » demanda le Chinois inspectant le visage parfaitement mongolique du lama et paraissant douter de sa dénégation. « Pas un allemand ?... Euh ! ce n'est pas certain. Et qui êtes-vous, alors ?... »

Sa stupidité amusa Yongden.

« — Je suis un musulman du Kansou », déclara-t-il

« — Et la dame ? »

« — C'est une musulmane du pays de France, près du Yunnan (l'Indochine). »

« — Et où allez-vous ? »

« — Nous allons à la Mecque adorer Allah et vénérer son Prophète. »

Le présomptueux qui s'était trompé quant à notre nationalité avait « perdu la face ». Ceux qui l'entouraient le regardaient avec dédain. « Quand on n'est pas sûr de ce qu'on dit, on ne doit pas faire le malin », signifiait leur attitude. Le groupe se dispersa tandis que nous passions.

Il y avait beaucoup de mouvement sur la route, nous dépassâmes un convoi de plus de deux cents ânes qui transportait du charbon à Taiyüan. Des camions automobiles, venant en sens inverse, montaient, vers Wou tai hsien, de nombreuses caisses de marchandises. Nous croisâmes, aussi, quatre autobus et une auto-plateau ; des soldats s'y entassaient en nombre triple de ce que les véhicules devaient normalement porter et les moteurs peinaient dans une rampe. Les chauffeurs crièrent aux hommes d'alléger les voitures en descendant. Ils n'y mirent aucun empressement, chacun s'efforçant de jeter son voisin dehors et de garder sa place : bousculades, rires, injures... La côte était dure et longue ; je doutais que les moteurs surchauffés puissent tenir le coup.

Dans les villages que nous traversions, l'état de guerre se rappelait aux habitants par des peintures murales et des affiches de propagande, les unes et les autres, de petites dimensions. Ici, l'on voyait décapiter un homme, plus loin on en emmenait un autre enchaîné. Ces scènes étaient censées représenter le sort des Mandchous depuis la conquête japonaise et constituaient un avertissement à la population. Voyez ce qui nous attend si les Japonais s'établissent chez nous, disaient les affiches. Défendez votre territoire ! Allez combattre ou contribuez de vos deniers aux frais de la guerre. Ailleurs, peints sur un mur, je vis deux soldats, l'un vêtu d'un uniforme vert pomme, était couché de tout son long par terre ; l'autre lui tirait un coup de fusil dans le dos. A « bout portant » était l'expression littéralement exacte à employer, dans ce cas, car l'extrémité du canon du fusil, reposait sur le dos de la victime. Celle-ci tournait légèrement la tête, comme cherchant à voir ce qui se passait et semblait se prêter de bonne grâce au jeu de son confrère. Une grande composition en noir et blanc montrait une ville dont les très hautes maisons tendaient, visiblement, à donner l'idée de « gratte-ciel » ; des avions survolaient cette anonyme métropole, des bombes éclataient, de-ci, de-là.

Par la suite, j'allais voir un bon nombre d'œuvres d'art de ce genre, quelques-unes peintes sur toile et de grande taille. Qui pouvaient en être les auteurs ? Des gosses de quatre ou cinq ans auraient pu les signer. Pourtant, la Chine est un pays où les Beaux-Arts florissent depuis des siècles, la patrie d'artistes merveilleux. Comment y laissait-on exposer ces caricatures grotesques ? Au lieu d'émouvoir, elles n'étaient propres qu'à provoquer le rire. De fait, j'ai vu des Chinois, arrêtés devant de tels tableaux, s'amuser franchement des mines et des attitudes que les peintres avaient prêtées aux guerriers qui y combattaient, tuaient et mouraient.

Nous arrivâmes à Toung Yeh sans encombre et, là, nos muletiers nous quittèrent ; il fallut recommencer à en chercher d'autres.

Yongden essaya, de nouveau, auprès de l'aubergiste, son manège de la veille, mais sans aucun résultat. Il n'y avait ni bête, ni litières, ni charrettes dans la localité, tout avait été ou réquisitionné ou caché au loin, par les propriétaires. Nos deux domestiques ne nous aidaient en aucune façon. Depuis notre départ de Pou-sa ting, ils demeuraient plus inertes encore que par le passé. L'un ne songeait qu'à boire et l'autre qu'à fumer son opium ; ce soir-là, je ne pus même pas obtenir d'eux qu'ils me fissent cuire mon souper.

Jusqu'à ce moment, la police ne nous avait point marqué d'intérêt ; cette période de tranquillité ne pouvait pas durer longtemps. Probablement avertis de notre arrivée, par l'aubergiste, deux quidams apparurent, vers la nuit, escortés, bien entendu, de soldats en armes pour rehausser leur dignité. Nous montrâmes nos passeports. Le mien ne souleva aucune objection, mais celui du lama parut singulier et les questions recommencèrent, comme en d'autres occasions. Pourquoi n'avait-il pas les cheveux jaunes et les yeux bleus, puisqu'il était Anglais ? — Quiconque possède la moindre connaissance des choses de ce monde, sait que *tous* les Anglais, ont les cheveux jaunes, les yeux ronds et bleus et sont de haute taille, affirmait le magistrat éclairé qui cherchait à nous confondre. Yongden ne répondait aucunement à ce signalement. Il tâcha d'expliquer que *tous* les porteurs de passeports britanniques ne sont pas, nécessairement, des Anglais d'Angleterre et que, même en Angleterre, *tous* les gens n'ont pas, uniformément, les cheveux jaunes. Ceci semblait douteux aux autorités de Toung Yeh. Mais après de très longues réflexions et beaucoup d'inutile bavardage, un éclair d'inspiration traversa le cerveau du plus important des deux compères. Il sourit d'un air finaud ; il avait trouvé l'épreuve décisive à faire subir au lama.

« — Écrivez votre nom en anglais ! »

Et il se retourna vers son compagnon avec une mine triomphante signifiant : Eh ! C'est trouvé, cela ! Vous n'y auriez pas pensé, vous. Voyons, s'il s'en tirera.

Naturellement, en une seconde, Yongden avait écrit son nom. Son examinateur savait-il lire l'écriture cursive ? Ce n'était pas certain. Dans beaucoup de bureaux de Postes et Télégraphes chinois, en dehors des grandes villes, le public étranger est prié de rédiger les dépêches en caractères d'imprimerie comme, aussi, les mentions : « Recommandée » ou autres, sur les enveloppes des lettres. Notre bonhomme était-il plus habile que les agents des Postes ?... Il considéra le papier sur lequel mon fils avait écrit. Visiblement, il hésitait.

« — Écrivez *English* », reprit-il.

Il devait avoir entendu ce mot et savoir ce qu'il signifiait.

Je suggérai à Yongden : « Écris en caractères d'imprimerie. »

Il écrivit : *English*

Ah ! le policier avait pu lire, il inclina la tête en signe d'approbation.

« — Écrivez London ! » commanda-t-il encore.

Yongden écrivit : *London.*

Les soldats étaient entrés dans la chambre et, par-dessus l'épaule du lama, regardaient les lettres qu'il traçait, paraissant très intéressés.

Parfait ! L'épreuve était concluante. Bien mieux que son passeport, elle démontrait que Yongden était indéniablement un Anglais authentique. Il n'y avait plus lieu de le tenir pour suspect, malgré ses cheveux et ses yeux bruns.

On parla d'autre chose et j'exposai l'embarras où je me trouvais, manquant de moyens de transport pour gagner Taiyüan.

Mon visiteur m'apprit alors que le service des autobus allant de Toung Yeh à Taiyüan fonctionnait toujours, mais des inondations ayant couvert les routes en plusieurs endroits et les ayant emportées en d'autres, la voiture n'accomplissait plus le parcours en entier, s'arrêtant à un peu plus de quarante *lis* de Toung Yeh. Les autobus roulaient de nuit et repartaient de leur point terminus à trois heures du matin.

J'étais toute disposée à voyager dans cet autobus, mais il fallait pouvoir le rejoindre.

Persuadé, à la fin, que nous étions d'honnêtes gens, le magistrat local se fit fort de nous procurer deux charrettes qui seraient rendues à l'auberge à minuit.

Les charrettes arrivèrent, mais avec plus d'une heure de retard. A nos reproches, les conducteurs répondirent que nous ne manquerions pas la voiture ; il ne s'agissait que de presser les bêtes.

Ils l'essayèrent, mais sans résultat appréciable. En de nombreux endroits, le chemin disparaissait sous l'eau bourbeuse, et rien ne nous guidant, nous risquions à tout moment de tomber dans les champs en contre-bas, qui le bordaient. Les muletiers marchaient en avant se servant du manche de leur fouet pour reconnaître le terrain. Lorsqu'elle n'était pas inondée, la route se trouvait transformée en fondrières gluantes. Il n'était certes pas question de faire trotter les mules ! Heureusement, la lune bien qu'à son déclin, éclairait, suffisamment la campagne, nous préservant des accidents que l'obscurité nous eût probablement causés.

Baignant dans sa clarté vaguement roussâtre, certains groupes de maisons encloses entre des murs blanchis, au-dessus desquels des arbres verts étendaient leurs branches, prenaient l'aspect de villages arabes et je songeais à ceux où j'avais passé tant de jours charmants, sur la côte tunisienne : Nabeul, Hammamet, Zarzis et Djerba, l'île des Lotophages, émergeant de la mer bleue... J'en étais loin !

Cahin-caha, nous avancions, la route devenait meilleure, mais je ne conservais plus aucun espoir d'atteindre l'autobus avant son départ. En effet, lorsque nous arrivâmes à l'endroit où nous aurions dû le trouver, il en était déjà parti. Quelques-uns des passagers qu'il avait amenés s'attardaient encore là, disposant leurs bagages en fardeaux que des gens, venus à leur rencontre, emporteraient sur leur dos. Bientôt, les uns et les autres disparurent dans la nuit, nous restâmes seuls.

Les charretiers nous invitèrent alors à mettre pied à terre et à décharger nos colis. Où cela ? — Sur la route déserte, il n'y avait aucun abri en vue. La chose était inadmissible. Il fallait, tout au moins, que nous gagnions le village le plus proche. Les Chinois firent la sourde oreille à nos offres de paie supplémentaire. Il leur avait été commandé, disaient-ils, de nous conduire jusqu'à cet endroit ; ils l'avaient fait et n'iraient pas plus loin.

« — Il vous a été ordonné », répliquai-je, « d'être à notre auberge à minuit et de nous amener, ici, en temps convenable pour prendre l'autobus. Vous êtes venus après une heure et, par votre faute, nous avons manqué le départ de la voiture. Quand je l'aurai fait savoir au « grand homme » [1] de Toung Yeh, vous serez sévèrement punis. Que vous veniez avec nous ou non, nous garderons les charrettes et les conduirons nous-mêmes, jusqu'au prochain village. »

Ce disant, Yongden et moi avions sauté à terre. Le lama empoigna la bride de la mule de tête de la première charrette et je saisis celle

1. *Ta jén,* généralement prononcé *ta rén,* l'expression polie courante pour désigner un homme de classe sociale supérieure ou un fonctionnaire de rang élevé.

de la mule attelée à la seconde charrette. Les bêtes sont attelées en flèche et habituées à marcher à la file, avec d'autres véhicules. Je savais que ma besogne serait facile, les mules de la seconde charrette suivraient tout naturellement celle qui les précédait.

Quant à nos deux domestiques, ils s'étaient assis sur le bord de la route, complètement atones. Ah ! si j'avais eu là deux Tibétains, au lieu de ce Pékinois et de ce Mongol abâtardi par le séjour dans les grandes cités chinoises, j'aurais été moins en peine.

Néanmoins, notre attitude résolue avait impressionné les charretiers. Ils comprenaient, d'ailleurs, qu'ils étaient fautifs et se résignèrent à continuer le voyage. L'un d'eux nous fournit même un renseignement intéressant. L'autobus que nous avions manqué s'arrêtait à Opien, disait-il, pour n'en repartir que plus tard, dans la matinée ou, à cause des avions ennemis qui survolaient le pays, peut-être dans la soirée seulement. Il nous serait donc possible de le rattraper. L'heure de départ de la voiture m'importait peu, pourvu qu'elle me menât à Taiyüan. Je repris ma place sur la première charrette parmi les bagages et nous nous remîmes en route.

Cette promenade nocturne n'avait rien de désagréable. La lumière rapidement décroissante de la lune répandait sur la campagne une paix et une douceur reposantes. Aisément, on eût oublié la guerre... J'allais en vérité l'oublier complètement, commençant à somnoler lorsque Yongden attira mon attention, me montrant, devant nous, dans le ciel, une lueur rougeâtre pareille à celle qui s'étend au-dessus des villes éclairées. Peu après, une brillante illumination nous apparut à travers les hautes tiges des kaoliangs.

« — Le domaine du maréchal Yen », nous dit notre charretier en indiquant l'endroit illuminé.

En approchant, nous distinguions de larges avenues, de nombreux bâtiments : une sorte de grand village luxueux, parsemé d'une multitude de lampes électriques qui narguaient la nuit.

Le maréchal était né à cet endroit, ou tout près de là, et, lorsque le pouvoir et la richesse lui étaient venus, il avait témoigné, de façon bien chinoise, son attachement à sa « petite patrie » en y édifiant cette demeure familiale de grand seigneur fastueux, dont on parlait dans toute la province.

N'y craignait-on donc pas les avions ennemis ? — Ceux-ci ne volaient que de jour, disait-on. Pourtant, il en était passé la nuit, sur Wou tai chan... Cette illumination téméraire me paraissait déconcertante.

Il était un peu plus de six heures du matin quand nous arrivâmes à Opien. Les charretiers nous conduisirent, directement, au dépôt des autobus, posèrent nos bagages par terre, se firent payer et se hâtèrent de disparaître.

Par la porte entrebâillée du garage, l'on apercevait deux voitures et, touchant au garage, était un petit bureau pourvu d'une fenêtre vitrée, vraisemblablement, celui où l'on délivrait les billets, mais personne ne s'y trouvait. Qu'allions-nous faire en attendant l'heure du départ et, d'abord, à quelle heure celui-ci aurait-il lieu ?

Une pluie fine commença à tomber ; il me sembla que le mieux serait de placer nos bagages dans l'un des omnibus et de nous y asseoir pour nous mettre à l'abri. Comme mes garçons se disposaient à transporter nos colis, un petit vieux, que nous n'avions pas aperçu jusque-là, sortit du garage, en ferma la porte et la cadenassa. Il nous refusa la permission de nous abriter soit dans une voiture, soit à l'entrée de la remise, déclara qu'il ne savait rien quant au départ de l'autobus, puis s'en alla.

Nous attendîmes encore, pendant environ une heure, sous la pluie, sans oser nous écarter pour acheter des vivres, de craintes que, pendant notre absence, l'autobus ne partît sans nous. Je me hasardai pourtant à aller à la découverte dans une rue droite d'où je ne perdais pas le dépôt de vue et pouvais, en courant, y retourner en quelques minutes. Dans une boutique minable, je trouvai des petits pains fourrés avec des dattes chinoises dont la saveur rappelle celle des pruneaux. J'en achetai une douzaine et revins les partager avec Yongden et les domestiques.

Une certain temps se passa encore. Ma montre allait marquer neuf heures lorsqu'un Chinois apparut, ouvrit la porte du bureau, y entra et commença à ranger des papiers. J'envoyais le cuisinier s'informer du moment du départ, l'employé lui répondit qu'il n'en savait rien. Il pleuvait toujours ; nos bagages et nous-mêmes étions trempés. Un peu plus tard, trois hommes rejoignirent le premier arrivé dans le bureau. Cette fois, Yongden alla lui-même aux renseignements et apprit que les deux omnibus étaient réquisitionnés, ce jour-là et les jours suivants et que nous devions abandonner tout espoir d'y prendre passage.

La nouvelle était affligeante, mais s'affliger est toujours vain. Il convenait de trouver un gîte, de nous sécher, de boire du thé chaud ; nous examinerions, ensuite, la situation.

Je repartis à l'aventure et découvris, aux confins de la ville, une auberge neuve, encore presque propre, située dans une vaste cour. Le patron envoya immédiatement deux de ses domestiques pour aider mes propre-à-rien à transporter nos colis et je me trouvai, enfin, dans une chambre, avec un brasero plein de braise rouge, au milieu de la pièce et une théière de thé brûlant sur la table.

« — Comment peut-on aller, d'ici, à Taiyüan ? » demandai-je à l'aubergiste, dès que je fus un peu réconfortée.

« — Il y a une gare de chemin de fer, mais les trains ne partent plus à heures fixes », répondit-il.

« — Où se trouve la gare ? »

Elle n'était pas très éloignée de l'auberge. Je m'y rendis avec Yongden.

L'animation y était grande ; des trains passaient, bondés de soldats s'en allant vers le front. Je vis un groupe de jeunes femmes soldats avec un drapeau, attendant le moment de s'embarquer à leur tour. Beaucoup de marchandises étaient empilées, de-ci de-là : sacs de riz et de farine, ballots d'effets d'équipement, caisses de munitions.

Il nous fut déclaré que les trains ne recevaient pas de passagers civils, tous étant réservés aux services de l'armée.

Rentrant à l'auberge après avoir reçu cette nouvelle contrariante, je commandai un repas et commençai à entretenir le patron de la question de mon voyage. Il me fallait regagner Taiyüan au plus tôt ; je m'accommoderais de charrettes, de litières, de bêtes de somme ou de porteurs. Au besoin, nous ferions tous route à pied, mais les bagages devaient être transportés.

« — Vous ne trouverez pas même un âne disponible à Opien », me répondit l'aubergiste.

Tout ce que je pus dire ne servit à rien. Le brave homme n'y mettait pas de mauvaise volonté ; il emmena Yongden, avec lui, chez plusieurs propriétaires de bêtes ou de véhicules, ils montrèrent leurs écuries et leurs hangars vides.

« — Voyez de nouveau, demain, à la gare », conseilla-t-il. Le lendemain, Yongden y retourna et reçut la même réponse que le jour précédent.

Nous en étions au sixième jour de notre voyage. A l'aller, nous n'en avions mis que trois pour effectuer le trajet entier, de Taiyüan à Wou tai chan. L'argent économisé, à force de privations, pour couvrir les frais de mon retour, allait être épuisé et la perspective de demeurer isolés et dénués de ressources, dans un village chinois, prenait une alarmante consistance dans mon esprit. Je songeais à me rendre, seule, à pied, à Taiyüan pour toucher l'argent que je devais y obtenir contre mon chèque sur Pékin. Yongden m'avait proposé d'y aller lui-même, mais je craignais que les banquiers ne demandassent à me voir en personne. Quant à partir ensemble, je n'avais pas assez de confiance dans mes domestiques pour leur confier, pendant aussi longtemps, la garde de mes bagages.

J'avais décidé de partir le lendemain matin lorsque, vers la fin de l'après-midi, l'aubergiste entra, triomphant, dans ma chambre. Il avait été informé, disait-il, que trois charrettes étaient arrivées, chargées de marchandises à destination d'Opien et s'était aussitôt abouché avec leurs conducteurs, demandant, à deux d'entre eux, de nous conduire jusqu'à Sinchow. Ceux-ci avaient consenti à condition de recevoir trente dollars chacun. C'était un prix exorbitant, mais ils tablaient sur notre embarras. L'aubergiste avait accepté en mon nom et, sans nul doute, allait toucher une commission substantielle pour avoir procuré cette aubaine aux charretiers.

Encore une fois, ces gens ne voulaient voyager que de nuit et, comme ils venaient d'arriver, ils demandaient à laisser reposer leurs bêtes et à ne repartir que le lendemain dans la soirée. Cela aurait fait encore un jour de perdu, un jour de dépenses à l'auberge et, pis que cela, qui pouvait être certain que, dans l'intervalle, les charretiers ne changeraient pas d'idée et ne refuseraient pas d'aller à Sinchow ?

J'insistai donc, fortement, pour partir sans délai. Les mules avaient déjà eu quelques heures de repos, je leur en accordai encore quatre autres. Nous partirions au début de la nuit. Ils finirent par accepter et par amener, comme je l'exigeai aussi, mules et charrettes dans mon auberge. J'y tenais fort, afin que leurs propriétaires ne pussent pas s'échapper à mon issu.

Nous partîmes enfin, faisant plusieurs détours, pour éviter des réquisitions possibles, si nous étions rencontrés par des troupiers trop zélés et le voyage se poursuivit, sans incident jusque vers la moitié de la nuit, quand les Chinois déclarèrent que leurs bêtes devaient manger et se reposer. Ils les dételèrent et je mis pied à terre pour me dégourdir les jambes.

La route sur laquelle nous nous trouvions était bonne, la nuit claire. Je marchai un peu, mais harcelée par des nuées de moustiques, je retournai bientôt vers ma charrette, désireuse de m'enfouir sous une couverture pour échapper aux piqûres cuisantes de ces détestables insectes.

Les mules mastiquant lentement et bruyamment leur ration de grain, les hommes bavardant à voix basse, assis par terre, me rappelaient mes camps nocturnes d'autrefois, en Asie centrale. Il arrivait, alors, que la crainte des brigands nous tînt aux aguets, nos armes à portée de la main, surveillant nos chevaux qui pouvaient exciter des convoitises. Les motifs de crainte avaient changé, mais, comme en ce temps-là, celle-ci rôdait autour de nous. La fatigue suscitait en moi, un intense désir de paix et de repos ; je m'étais laissée aller à somnoler lorsque, très assourdis, des bruits suspects se produisirent dans le ciel. Plusieurs détonations lointaines suivirent et, après quelques instants de grand silence, d'autres détonations encore.

Les Chinois s'étaient levés, écoutant. Je leur demandai d'atteler les mules qui avaient achevé leur grain et s'étaient reposées. Le jour viendrai bientôt, il fallait repartir.

« — Il y a du mauvais, là-bas », dit l'un des charretiers, « nous devons nous cacher. Nous sommes près de la ligne du chemin de fer, des avions venant guetter les trains pourraient nous voir. »

Se cacher !... Depuis huit jours, je ne cessais pas d'entendre ce refrain !

J'exposai aux charretiers que nous nous dirigions dans la direction opposée à celle de la voie ferrée et que nous aurions, avant le lever du jour, le temps d'arriver, sinon à Sinchow, du moins, à un village plus proche de nous. Ils ne voulurent rien entendre.

Un bosquet d'arbres, encore feuillus, que l'on apercevait, au milieu des champs, tout à fait hors de notre route, obtint leur préférence et, l'ayant atteint avec beaucoup de difficulté, en traversant les terres labourées, partiellement inondées, ils s'y installèrent sans vouloir en bouger. Je me sentais devenir enragée !

Il ne se passa rien, sinon que nous jeûnâmes et fûmes dévorés par les moustiques. Une pluie diluvienne commença à tomber vers midi et ne cessa point. Les champs que nous avions traversés avec peine, dans la nuit précédente, s'étant transformés en lacs, quand nous partîmes, à la fin de la soirée. Les charretiers voyant l'impossibilité de s'en retourner par où ils étaient venus, se mirent à louvoyer, cherchant à gagner un chemin de traverse qui pût les ramener sur la route. La pluie qui tombait à torrents ajoutait à l'obscurité ; on n'y voyait pas à dix pas devant soi. Ses deux hautes roues s'enfonçant dans la boue épaisse que l'eau couvrait, ma charrette roulait et tanguait comme une barque par grosse mer. Les bagages qu'elle portait s'entrechoquaient violemment, à me faire craindre que l'un ou l'autre des colis ne tombât dans la fange. Et puis, brusquement, elle bascula complètement en avant, les brancards touchant la terre ; je glissai, quelque chose de pesant me laboura le crâne et retomba lourdement sur mon front.

Je ne criai pas. L'ébranlement causé par le choc me paralysait. Bien que n'ayant pas complètement perdu connaissance, je demeurai pendant quelques instants sans me rendre compte de ce qui m'était arrivé. Toutefois, la douleur que je ressentais eut tôt fait de m'en informer. Une lourde caisse, contenant des livres, s'était détachée et m'écrasait la tête.

Yongden était assis à l'arrière de la charrette, du côté opposé de la pile de bagages. Sentant que celle-ci s'écroulait, il avait immédiatement sauté à terre et pataugeait, craignant, comme je l'avais fait quelques minutes auparavant, que l'une ou l'autre de nos caisses ou de nos valises n'ait été projetée hors du véhicule.

Il s'agissait bien de cela ! Qu'un nouveau mouvement se produisît et la caisse pouvait glisser plus avant encore et cette fois, m'écraser complètement la figure. La conscience que j'avais de ce danger est, je crois, ce qui m'empêchait de m'évanouir.

« — Viens ici », dis-je au lama, « appelle quelqu'un. Je ne puis pas bouger, ma tête est sous une caisse. »

Terrifié, Yongden poussa un cri d'appel qui fit accourir nos domestiques et le conducteur de la seconde charrette qui, tous les trois, étaient demeurés juchés sur celle-ci. Mon charretier qui, selon l'habitude chinoise, se tenait assis à l'extrémité du véhicule, les jambes pendant au-dehors, avait été projeté dans la boue lorsque la chute de la mule qui supportait les brancards avait fait basculer celui-ci.

Tous ces détails me furent racontés plus tard. Au moment même, je sentis seulement que le poids qui m'écrasait était soulevé et que Yongden me prenait la tête à deux mains.

« — Avez-vous très mal ? » me demanda-t-il.

En vérité, je n'en savais rien. Un bourdonnement confus m'emplissait le crâne, il me semblait que son contenu tourbillonnait en une sorte de ronde qui produisait ce bruit.

Le lama fit étendre ses couvertures sur la seconde charrette et le muletier, homme de haute taille, moins profondément enfoncé dans l'eau que mon fils, offrit de me porter.

Je devais m'avancer contre le rebord du véhicule pour qu'il pût me saisir, mais en l'essayant, j'éprouvai au genou et au côté, des douleurs si vives qu'elles m'arrachèrent des cris.

« — Oh ! » dis-je à Yongden, « je ne puis pas bouger ».

Jusqu'alors, je ne m'étais pas bien rendu compte de la position dans laquelle m'avaient jetée l'inclinaison subite de la charrette et la chute des bagages sur moi. Le véhicule consistait en un simple plateau, presque sans rebords, supporté par deux hautes roues ; une de mes jambes repliées avait glissé en dehors et mon genou se trouvait coincé entre deux rayons d'une de ces roues.

Mes infirmiers improvisés manquaient d'habileté à manier des blessés. Ils dégagèrent ma jambe avec une rudesse qui leur attira des injures au lieu de remerciements et, finalement, je fus couchée sur la seconde charrette.

Yongden fourrageait dans mes vêtements.

« — Qu'est-ce que tu veux ? lui demandai-je.

« — Votre mouchoir, pour vous essuyer la tête, l'eau vous a éclaboussée. Votre béret est tombé, vous avez les cheveux mouillés. »

« — Laisse-moi tranquille, ne me bouge plus », répondis-je. « Est-ce que nous allons bientôt partir ? »

« — On ne peut pas », gémit le lama. « Il faut attendre que la lune éclaire un peu. Un des brancards s'est brisé quand la mule est tombée. Le charretier croit qu'il y a, aussi, quelque chose de cassé à une roue. »

Les piles des lampes électriques que nous gardons généralement à notre portée étaient épuisées et les charretiers n'avaient pas de lanterne. Il fallait donc, comme Yongden le disait, attendre le lever de la lune à son dernier quartier.

Il pleuvait toujours. Mon fils me couvrit avec un drap huilé très vaguement imperméable. Allongée sous celui-ci, je devais ressembler à un cadavre, à l'un de ces nombreux cadavres que l'on emportait du front, pas très loin de l'endroit où nous étions.

Et puis, la lune se leva, on attacha le brancard cassé avec des cordes et l'on rétablit l'équilibre des bagages écroulés ; mais de tout cela je ne sus rien au moment même. Je sentais seulement une douleur cuisante au genou, un martèlement sourd dans le côté et, malgré le drap qui me couvrait, la pluie devait tomber sur ma tête, car je sentais mes cheveux se mouiller de plus en plus et un petit ruisseau humide coulait sur mon crâne, descendant vers mon cou, seulement, chose bizarre, la pluie était tiède.

Om-om-om chantaient des atomes tournoyant dans mon cerveau. Je les voyais, il y en avait de tout ronds et d'autres ovales. *Om-om-om*, ils s'entrechoquaient en tournant, c'était curieux, très intéressant à regarder. Un choc troubla, soudain, la ronde, comme un courant d'air jette la confusion dans les poussières minuscules qui dansent dans un rayon de soleil. *Om-om-om*, protestèrent, plus bruyamment, les corpuscules dérangés dans leurs évolutions. Nous nous mettions en marche ; je le compris vaguement, mais les choses de ce monde avaient cessé de retenir mon attention tout entière captivée par le chant des êtres minuscules qui emplissaient ma tête. Ceux-ci en venaient à prendre figure, à revêtir des semblants de personnalité et je notais sur leurs physionomies l'expression de leur déplaisir, chaque fois qu'un choc dérangeait le rythme de leur ronde, la cadence de leur monotone ballade *om-om-om*. Lucide, malgré tout, je pensais : « Comme il suffit de peu de chose pour changer le cours de nos perceptions habituelles ! »

De grand matin, nous arrivâmes à une ferme où l'on nous permit de passer la journée. Le charretier devait faire réparer la roue de son véhicule et se procurer un nouveau brancard. Pour cela, il lui fallait se rendre à un village voisin.

On poussa, sous le toit d'un hangar, la charrette sur laquelle j'étais étendue et je refusai d'en descendre, certaine de m'y trouver mieux que dans la cuisine enfumée de la ferme, pleine de gens bruyants.

Yongden m'apporta du thé. Je sortais du demi-coma dans lequel j'avais été plongée et souffrais davantage. Passant la main sur mes cheveux, je sentis ceux-ci raidis et poisseux. Ce que mon fils avait pris pour des éclaboussures et moi pour de la pluie, était du sang, l'angle ferré de la caisse m'avait déchiré la peau. Je regardai ensuite mon genou. Il était enflé et tuméfié, une plaie toute barbouillée de sang séché paraissait être superficielle seulement. Quant à mon côté, il me faisait l'effet d'être disloqué, le moindre mouvement me causait de vives douleurs. M'étais-je cassé une côte ? — Je manquais de compétence pour en juger d'après mes seules sensations et, dans ce hangar, étant exposée aux regards des passants, je ne pouvais pas me déshabiller pour m'examiner.

Afin de me laisser plus de place, Yongden fit enlever une partie des bagages qui se trouvaient sur la charrette ; il étendit davantage de couvertures sous moi et autour de moi pour amortir les chocs [1] lorsque nous repartirions. Il ne pouvait rien de plus pour mon confort.

Je lui dis de demander aux fermiers de préparer de quoi manger, pour lui et pour nos domestiques et de me laisser tranquille et seule.

1. Les charrettes chinoises n'ont point de ressorts.

Quant à l'eau jaunâtre que l'on m'apporta dans une cuvette malpropre, je la refusai, jugeant plus prudent d'attendre, pour laver mes plaies, que j'eusse de l'eau ayant été bouillie dans mes propres ustensiles.

Je ne sais trop comment se passa la journée. Je m'abandonnai à cet état spécial que les Yoguis hindous et tibétains dénomment « extériorisation », pendant lequel il semble que l'on soit « en dehors » de son corps, dont les sensations vous parviennent amorties, comme à travers une épaisse couche de ouate ; état dont peut donner une idée approximative, ce que l'on éprouve pendant une anesthésie partielle, alors que l'on *sent* la morsure du bistouri, mais sans en éprouver de douleur.

Yongden m'apporta encore plusieurs fois du thé, mais, volontairement, je cultivais la torpeur dans laquelle j'étais plongée, attentive aux sensations et aux visions qui rugissaient dans le « moi » dont j'étais devenue spectateur.

Nous repartîmes vers le soir. Yongden se hissa près de moi pour me maintenir dans les endroits mauvais où les cahots de notre véhicule, sans ressorts, se faisaient plus durs. J'avais la fièvre et un peu de délire, j'imagine, car je m'entendais murmurer, de temps en temps, des phrases incohérentes, le bruit de mes paroles m'éveillant et me rendant à peu près consciente de ce que j'avais dit.

Nous nous étions beaucoup écartés de notre route, la veille et eûmes un long chemin à faire pour la rejoindre. l'accident qui nous était survenu et les frais qu'il avait causés au propriétaire du véhicule endommagé, avaient guéri les Chinois de l'envie de passer à travers champs ou par d'étroits sentiers partiellement inondés. Ils firent donc un grand tour qui leur prit toute la nuit et nous atteignîmes Sinchow à l'aube.

Les rues étaient désertes, les maisons fermées. Nos charretiers ne paraissaient pas connaître la localité, qui est importante. Ils nous trimbalèrent longtemps, frappant, de-ci, de-là, aux portes qui leur semblaient être celles d'auberges et se voyant férocement répondre par des hommes qu'ils avaient réveillés, ou bien que la maison n'était pas une hôtellerie, ou bien que toutes les chambres étaient occupées.

A la fin, un paysan amenant des légumes au marché, nous indiqua une auberge située dans une rue étroite et nous y trouvâmes des chambres à peu près propres, selon le code de la propreté chinoise.

Dès que mes domestiques eurent fait bouillir de l'eau dans une de mes bouilloires, je me la fis apporter avec mes cuvettes ; mon fils sortit d'un des sacs mon nécessaire de toilette et des serviettes, étendit une de celles-ci, en guise de rideau, devant la fenêtre dont le papier était troué et je m'enfermai pour me déshabiller.

Malgré la souffrance que chaque mouvement me causait, enlever mes vêtements me fut une véritable volupté. J'en étais au neuvième jour de voyage depuis mon départ de Pou-sa ting et, pendant tout ce temps, il ne m'avait jamais été possible de me dévêtir complètement.

Les Orientaux, en général, n'éprouvent pas, au même degré que nous, le besoin de changer de vêtements pour dormir, mais quiconque y est accoutumé et, de plus, a pris l'habitude du grand lavage matinal quotidien : bain ou tub, en ressent péniblement la privation.

J'avais une forte contusion au côté, la chair était enflée et violacée. Très enflé, aussi, était mon genou ; sa plaie, une fois lavée, se présentait comme ayant peu d'importance, mais la blessure à la tête, autant que j'en pouvais juger au toucher, était plus étendue.

Ma pauvre caboche jouait, décidément de malheur. Trois ans auparavant, à Paris, en face de l'hôtel Lutétia, j'avais glissé sur une fleur effeuillée qui gisait sur le pavé humide et gras et étais tombée à la renverse me heurtant violemment le crâne. Le lendemain, l'endroit qui avait frappé le sol restait simplement un peu douloureux au toucher. Je quittai Paris, allant faire une tournée de conférences en Europe centrale. La première de celles-ci devait avoir lieu à mon passage à Strasbourg. Là, je fus prise de douleurs singulières qui parurent inquiéter le médecin que mes amis m'avaient envoyé. Il revint trois fois me voir dans la même journée. Très étonnée, je lui demandai : « Mais que craignez-vous donc, docteur, que pourrait-il m'arriver ? » — « Vous tenez à le savoir », me répondit-il. « Eh bien ! un officier qui avait eu un accident du même genre que le votre et n'en souffrait pas davantage, est tombé mort subitement, le troisième jour après sa chute, tandis qu'il dînait avec sa femme. »

En ce qui me concernait, le troisième jour s'écoula sans accident et le quatrième me trouva toujours vivante. J'allai à Prague, à Budapest, puis à Vienne, où les douleurs recommencèrent pour cesser de nouveau, tandis que je continuais mon voyage par l'Allemagne et la Suisse.

Cette fois, j'espérais m'en tirer de même, sans suites fâcheuses. Je souffrais beaucoup, mais les « atomes ronds et ovales » avaient cessé de tourbillonner dans mon cerveau et ils ne chantaient plus *om-om-om* qu'en sourdine. Pyramidon et aspirine que j'avais absorbés, domptaient leur turbulence.

Pourtant, bien que je m'efforçasse de me montrer stoïque : « *Douleur tu n'es qu'un mot* » afin de ne pas être trop indigne des Maîtres de ma jeunesse : Epictète et Marc-Aurèle, je ne me sentais guère vaillante.

Après une toilette sommaire effectuée en me tenant, pendant une grande partie du temps sur une jambe, à cause de mon genou blessé, je m'étendis de nouveau, mangeai un peu de riz et dormis jusqu'à midi.

Je me réveillai fiévreuse, la tête très douloureuse ; l'enflure de mon genou s'était accentuée, je ne pouvais plus étendre la jambe pour poser le pied à terre et, dès que je faisais un mouvement, j'éprouvais une sensation de pénible déchirement dans le côté. Toutefois, mon esprit était redevenu très lucide et la complication que mon état apportait à notre situation, déjà si difficile, me préoccupait grandement.

« — Il faudrait trouver une litière pour m'emmener à Taiyüan », dis-je à Yongden. « Il me serait trop pénible de supporter les chocs d'une charrette. »

« — Je me suis déjà informé à ce sujet », me répondit-il. « Il n'y a ni litières, ni charrettes, ni aucun véhicule disponible ; pas même des ânes pour transporter nos bagages. Et les nouvelles de la guerre sont mauvaises. Les Chinois, semble-t-il, ne peuvent pas résister près de la Grande Muraille et les Japonais vont avancer vers Taiyüan. »

Les Japonais se rapprochant de Taiyüan, cela signifiait que la route risquait d'être barrée, comme l'avait été celle de Pékin, quand j'étais à Pou-sa ting. Et si je ne pouvais pas atteindre Taiyüan et y toucher de l'argent, qu'allais-je devenir ?...

« — Je partirai, n'importe comment », criai-je au lama, oubliant que je ne pouvais pas me tenir debout. « Vois des gens, envoie l'aubergiste et nos domestiques dans tous les endroits où ils auront une chance de rencontrer des charretiers et des muletiers, nous devons arriver promptement à Taiyüan. »

Yongden hocha la tête et s'en alla. Vers le soir, il me confirma qu'aucun moyen de transport ne pouvait être obtenu.

Pendant son absence, j'avais appris qu'il existait deux Missions à Sinchow : l'une dirigée par des Protestants, l'autre par des Catholiques. Je décidai d'aller causer avec les missionnaires ; ils auraient, peut-être quelques bonnes idées à me communiquer ; peut-être même, possédaient-ils des véhicules qu'ils consentiraient à me louer.

Dès le lendemain matin, l'aubergiste m'ayant procuré un rikshaw délabré, je m'y hissai et me fis conduire à la Mission protestante. Je n'y trouvai qu'un portier indigène, abruti au-delà de toute expression, dont je ne pus tirer qu'une seule information, c'était que ses maîtres avaient quitté la ville. Pendant ce temps, l'aubergiste était allé, de ma part, à la Mission catholique. Il me rapporta que, seuls, des Chinois y résidaient. Ceux-ci ne disposaient ni de charrettes ni de bêtes qu'ils eussent pu me louer et ne connaissaient, non plus, personne qui pût le faire.

La journée s'écoula sans nous apporter aucun espoir. Vers la soirée, des gens de la police vinrent examiner nos passeports. Ils le firent rapidement, sans comédie ridicule et je ne manquai pas de leur faire part de mon embarras. Ils me confirmèrent que, véritablement, tous les véhicules avaient été réquisitionnés, m'assurant que, néanmoins, ils s'occuperaient de moi et feraient tout leur possible pour que je puisse partir.

Le lendemain, une pluie diluvienne tomba de nouveau sans interruption, depuis le lever du jour. Dans l'après-midi, un Chinois en uniforme arriva en courant. Son chef l'envoyait. « Vite, vite », nous dit-il, « allez à la gare. Ce soir, un train passera qui prendra des passagers civils pour Taiyüan. »

Il avait amené deux petites voitures légères, traînées chacune par une mule, pour nous mener jusqu'au chemin de fer. Je crus comprendre qu'elles avaient été empruntées à des particuliers. Dans tous les cas, elles n'auraient pas été utilisables pour un long trajet.

On empila, tant bien que mal, nos bagages dans ces voitures. Je m'assis dans l'une d'elles ; les conducteurs, Yongden et nos domestiques suivirent, à pied, par les rues transformées en torrents. La gare se trouvait à une forte distance de la ville, les routes non empierrées, qui y conduisaient étaient inondées ; les pauvres mules surchargées s'enfonçaient profondément dans la boue, les conducteurs poussaient aux roues tandis que nos colis s'entrechoquaient de façon à me causer de l'inquiétude. Allions-nous rééditer l'accident de l'avant-veille. Je commençais à le craindre. Heureusement tout se passa bien.

Les abords de la gare présentaient un aspect lamentable. De tous côtés, des groupes de gens, debout ou assis sur leurs bagages, attendaient, ruisselants, les pieds dans la boue, l'arrivée du train annoncé. Certains devaient être venus de loin, leurs attitudes affaissées dénotaient une extrême lassitude et leur détresse morale se lisait sur leurs visages. Ils fuyaient, sans trop savoir sans doute où ils allaient, emportant tout ce qu'ils pouvaient de leurs misérables hardes dont la pluie et la boue faisaient des chiffons innommables.

Entrer dans la gare était impossible. En plus des bureaux, elle ne comprenait qu'une seule pièce, pas très vaste, où se trouvaient les guichets de distribution de billets et cette pièce était archicomble. Nous dûmes empiler nos colis à l'extérieur près de la porte et nous tenir pressés contre le mur, le rebord du toit nous abritant un peu de l'averse. Il était six heures trente du soir.

L'humidité froide qui s'infiltrait en moi, me donnait des frissons précurseurs d'un nouvel accès de fièvre et je m'accrochais des deux mains à un clou soutenant un tableau-affiche, afin de diminuer le poids que mon genou blessé avait à supporter.

Partis en hâte, nous n'avions pas mangé depuis notre repas de midi ; aucune boutique vendant des provisions ne se trouvait à proximité de la gare bâtie dans un endroit écarté, parmi des champs.

Des employés du chemin de fer passant à travers la foule annoncèrent que le train était attendu vers huit heures. A cette nouvelle, plusieurs de ceux qui étaient assis à l'intérieur sortirent, jugeant, probablement, qu'ils avaient le temps de retourner se restaurer à la ville. Yongden profita du vide qui s'était fait pour porter un sac contenant mes couvertures dans la salle d'attente et le déposer dans un endroit libre. Je pus donc m'asseoir à couvert, un progrès sensible vers le confort.

Poliment, un jeune homme recula un grand panier-valise pour me donner un peu plus de place et tenta d'entamer une conversation. Mon vocabulaire chinois était trop restreint pour me permettre de le suivre ; je le lui dis et il se tut.

Malgré la cohue, la police remarqua la présence d'une étrangère — ou peut-être en avait-elle été prévenue par le bureau de Sinchow. — Un agent vint me demander ma carte de visite et mon passeport qu'il emporta et me restitua peu après, sans me poser aucune question.

Il était bien plus de huit heures et le train n'arrivait pas. Par contre, de nombreux trains militaires passaient, bondés de soldats s'en allant vers le front. De temps en temps, m'appuyant sur une canne, je sortais pour les examiner. Yongden gardait alors ma place, assis sur mon sac.

Il continuait à pleuvoir, mais à la grosse averse avait succédé une pluie fine, glacée. La nuit était noire et brumeuse ; la flamme entourée d'un halo jaunâtre et bleuâtre des phares des trains et des rares lanternes espacées le long des voies éclairait à peine.

Sur les terre-pleins boueux, des caisses de munitions, des sacs de riz et de farine, des ballots d'effets militaires : capotes et vestes en coton gris, ouatées, étaient amoncelées, de-ci, de-là, rarement recouvertes de draps imperméables, s'imprégnant d'eau, devenant inutilisables.

Les trains se succédaient à peu de distance l'un de l'autre, leurs mouvements, si près du front, s'effectuaient de nuit, par crainte des avions ennemis. La plupart des wagons étaient sans toiture ; les hommes, étroitement serrés les uns contre les autres, devaient s'y tenir debout, faute de place pour pouvoir s'accroupir sur le plancher de la voiture.

A mon grand étonnement, ces « soldats » près de toucher aux premières lignes n'étaient point armés. Il en défilait des milliers, mais je n'apercevais ni fusils, ni mitrailleuses, ni canons d'aucune sorte. Avec quoi cette multitude allait-elle se battre ? — L'on devait m'apprendre, plus tard, que la proportion ordinaire des armes dont l'armée disposait était un fusil pour trois hommes. Deux de ceux-ci attendaient, derrière le tireur que celui-ci fût tué pour prendre son arme. Naturellement, il arrivait parfois que ceux qui attendaient « leur tour » fussent tués ou blessés sérieusement avant d'avoir pu tirer un seul coup de feu. Cela me faisait l'effet d'une plaisanterie macabre, mais des gens bien placés pour être correctement informés m'assurèrent que le fait était exact.

Il allait être minuit. Le froid, la fatigue, les douleurs que je ressentais toujours dans la tête et que l'humidité paraissait augmenter, me firent rentrer dans la gare.

Pendant mon absence, la foule y était devenue encore plus compacte. Se frayer un passage dans l'enchevêtrement des bagages hétéroclites dispersés sur les dalles, et les dormeurs allongés partout, exigeait des manœuvres compliquées. La salle n'était pas éclairée ; une apparence de clarté y entrait, seulement, par une haute fenêtre donnant sur le quai. Les fortunés possesseurs de lampes électriques s'en servaient pour se guider lorsqu'ils avaient à se mouvoir et, dès qu'ils les éteignaient, les ténèbres retombaient sur notre misérable dortoir.

Je délogeai Yongden de mon sac et m'y assis de nouveau. Avant d'aller se recroqueviller à un autre endroit, il m'apprit qu'il avait été annoncé que le train passerait vers deux heures du matin.

Je mourais d'envie de dormir, de m'étendre, ou, tout au moins, de m'appuyer contre quelque chose, mais je me trouvais loin de la muraille et il n'y avait rien, près de moi, qui puisse servir de support à mon dos endolori. Quant à s'étendre, la place manquait. Je me repliai sur moi-même, la tête courbée vers mes genoux, incapable de garder le buste droit. Le jeune homme poli, qui m'avait fait place, quelques heures plus tôt, s'était endormi ; plus heureux que moi, il avait réussi à s'allonger et ses pieds s'appuyaient sur ma hanche meurtrie. Un dormeur corpulent étendu au-dessus de moi, sur la banquette courant le long de la muraille, se remuait constamment dans son sommeil, en poussant des grognements plaintifs, probablement se sentait-il à l'étroit. Finalement, comme il se retournait, son énorme postérieur, débordant la banquette, s'en vint reposer sur ma tête. J'aurais voulu me déplacer pour me libérer, mais je ne le pouvais pas. D'un côté j'étais bloquée par les pieds du jeune homme poli, de l'autre par une pile de sacs auxquels toute une famille s'adossait ; en face de moi des hommes étaient accroupis, mes genoux s'enfonçaient dans le dos de l'un d'eux. Derrière moi, sur la banquette, près du volumineux Chinois, un autre voyageur toussait et crachait sans répit. Lui aussi, s'efforçait de se montrer « poli ». Pour éviter de cracher sur moi — il n'est pas question en Chine de cracher dans un mouchoir, — il tournait la tête et envoyait ses crachats de côté, mais à cet endroit se trouvait un dormeur. Peut-être le catarrheux ne le distinguait-il pas, dans l'obscurité, peut-être, aussi, n'ayant que le choix entre lui et moi, pour récipient de ses expectorations, lui donnait-il la préférence, par égard pour moi ; quoi qu'il en fût, la robe du malchanceux que sa mauvaise étoile avait amené à cet endroit, s'imbibait, fâcheusement, de minute en minute.

La nuit s'avançait, notre train n'était toujours pas signalé. Par contre, les trains militaires continuaient à défiler. Une fois, quelques dizaines de soldats en descendirent ; à grand-peine, ils s'insinuèrent dans la salle d'attente, y cherchant, en vain, une place pour s'asseoir. Leur tenue et leur physionomie différaient fortement de celles que l'on rencontre, ordinairement, parmi les troupiers chinois et dénotaient l'éducation d'une classe sociale supérieure. L'un d'eux qui demeura, pendant un moment, près de Yongden, lui dit que ses compagnons, et lui, étaient des étudiants engagés volontaires.

Quelques-uns de ces jeunes gens allèrent réclamer de la lumière aux employés de la gare et un ouvrier apporta une lanterne à pétrole qu'il accrocha à un fil de fer pendant au milieu de la salle. Le réconfort que cette minime illumination procura à certains, dont j'étais, ne fut pas unanimement partagé. Des dormeurs, cessant de ronfler, protestèrent par des grognements, des enfants piaillèrent...

Les heures s'écoulaient et toujours se suivaient les trains aux wagons découverts où s'empilait le bétail humain charrié vers la tuerie.

Le jour se leva, grisâtre, pluvieux, maussade ; le train attendu n'était pas arrivé. Des voyageurs se levèrent de dessus leurs bagages, sur lesquels ils s'étaient couchés, ou, comme moi, seulement assis, s'étirèrent en bâillant et, tout de suite, commencèrent à cracher, deci, de-là, avec de bruyants raclements de gorge, selon l'habitude dégoûtante et invétérée des Chinois. Quelques-uns allèrent aux informations et revinrent en disant que le train ne passerait que le soir, vers cinq ou six heures.

C'était toute une journée à attendre ! Beaucoup de gens quittèrent la gare. Avec la clarté, la crainte des bombardements était revenue. Peu de jours auparavant, tout contre cette gare, racontait-on, deux avions japonais avaient été abattus. Dans l'un, au dire des Chinois, se trouvaient deux femmes ; l'une d'elles avait été tuée sur le coup, l'autre était morte peu après sa chute. Des deux aviateurs que portait l'autre avion, l'un avait, aussi, été tué sur le coup et l'autre avait été fait prisonnier.

Le danger était évident. Cette ligne de chemin de fer parcourue par des transports de troupes et cette gare pleine de fournitures militaires ne pouvaient manquer d'attirer l'attention de l'ennemi. De fait, ce même jour, un train fut mitraillé à peu de distance de là.

Notre cuisinier, probablement poussé par la faim, s'en était allé explorer les environs ; il revint nous annoncer qu'en contre-bas de la route, pas très loin de nous, se trouvait une buvette-restaurant à l'usage des coolies, nous y serions plus en sûreté qu'à la gare et pourrions y avoir du thé, du pain et des œufs durs. C'était là une bonne nouvelle. Je fis appeler quelques ouvriers du chemin de fer pour nous aider à voiturer nos colis. Ils amenèrent une brouette et, en quelques voyages, les transportèrent tous à la buvette.

C'était une de ces misérables paillotes, comme on en rencontre des milliers, le long de toutes les routes de la vaste Chine. Elle était divisée en deux compartiments par une natte. Un rideau-portière servait, probablement, d'après l'idée des maîtres du logis, à assurer leur intimité dans celui des compartiments qui constituait leur chambre conjugale. Toutefois, juste en face de leur couche, une ouverture, découpée dans la natte et laissée béante, donnait sur la cuisine-restaurant ; les besoins de la surveillance l'exigeaient peut-être. Les panneaux, en natte, faisant fonction de murs se relevaient au-dehors et, reposant sur des piquets, formaient un auvent qui doublait, devant la buvette, l'espace où les consommateurs pouvaient s'abriter.

Prévenue de mon arrivée, la patronne avait mis un peu d'ordre dans sa cabine et étendu une couverture ouatée recouverte de cotonnade à ramages sur les planches servant de couchette. Cette couchette était-elle habitée par quelques parasites ? — C'était bien possible. Les rouleaux, affreusement crasseux, servant d'oreillers, en disaient long sur la propreté des tignasses qui y reposaient chaque nuit. Cependant, tandis que les étrangers voyageant en Chine, abondent, généralement, en sinistres histoires d'invasions de leurs personnes par des hôtes indésirables, pour ma part, malgré de nombreuses années passées en Chine et au Tibet, je n'ai fait qu'une unique rencontre de cette espèce. [1]

J'étendis un drap imperméable sur la belle courtepointe et m'étant, ainsi, « isolée » je me couchai couverte de mon caban.

De son côté, Yongden sommeilla sur un banc ; mais avant de s'endormir, il eut soin de commander un repas. A mon réveil, je vis, par l'ouverture donnant sur la cuisine-restaurant, la patronne affairée près de son fourneau et appris, avec plaisir, qu'elle travaillait pour nous.

La majorité des Chinois du peuple ne possèdent qu'un seul ustensile pour faire cuire leurs aliments. C'est une sorte de chaudron, en fer, de forme évasée, dont le fond pénètre dans le trou du fourneau, généralement construit en pisé, et les bords, arrivant au ras de celui-ci, y sont maçonnés. Tous les plats y sont préparés successivement. Le riz est cuit en premier lieu, puis versé dans un baquet couvert où il se conserve tiède. Ensuite, les différents ragoûts sont, hâtivement, confectionnés et déposés dans des bols ou dans des plats tenus sur le fourneau. Le chaudron étant maçonné dans celui-ci ne peut naturellement pas en être enlevé pour être lavé. Mais les Chinois ne sont pas exigeants quant à sa propreté. On le racle et l'essuie avec un torchon ou bien on y laisse bouillir un peu d'eau que l'on écope ensuite. Tant pis si, par le fait de ces nettoyages trop sommaires, le hachis de bœuf sent le poisson ou si les nouilles s'agrémentent des saveurs combinées du sucre, de l'ail et du gingembre.

Mon hôtesse s'agitait donc auprès de son unique chaudron, tandis

1. J'en ai raconté les circonstances dans *Au Pays des brigands gentilshommes*.

que son époux alimentait le feu avec de menus fagots de broussailles, s'interrompant pour servir du thé, de l'alcool, des petits pains ou des œufs durs aux nombreux consommateurs. Parmi ceux-ci, je remarquai de nouveau, de jeunes soldats d'une tenue correcte, payant, sans marchander, ce qu'ils consommaient et parlant poliment au patron de la buvette. Ces manières m'étaient inconnues. Lors de mes précédents séjours en Chine, une quinzaine d'années auparavant, j'avais toujours vu les troupiers se servir à leur gré, injuriant les débitants et les boutiquiers et emportant leur butin, sans jamais avoir l'idée de le payer. Ces soldats nouveau jeu appartenaient, me dit-on, à des régiments de l'armée communiste du Sud qui se rendaient en première ligne.

Je mangeai, mis à jour mes notes de voyage et envisageai, avec Yongden, la direction que nous prendrions en quittant Taiyüan qui n'offrait aucune sécurité pour un séjour prolongé, allant, vraisemblablement, être bientôt attaqué par les Japonais.

Vers le milieu de l'après-midi, des avions furent signalés. Les gens attablés dans la paillote se dispersèrent en hâte. Un même mouvement se produisit à la gare que j'apercevais de loin. Des femmes emportaient leurs bébés, les hommes se chargeaient des enfants plus âgés et tous couraient à la recherche d'un abri qui les dissimulerait aux regards des ennemis. Mais les abords de la station consistaient en des terrains plats et dénudés et les malheureux, après avoir couru, de-ci, de-là, sans trouver de refuge, finissaient par s'arrêter hébétés. Quelques-uns s'aplatissaient dans la boue, les autres, restant debout, promenaient, sur le ciel, des regards apeurés.

Yongden et moi, nous ne bougeâmes point. Nous étions ni mieux ni plus mal placés dans notre hutte qu'ailleurs. Elle ne valait pas une bombe. Tout au plus pouvait-elle, comme les groupes qui s'agitaient au-dehors, tenter un mitrailleur facétieux.

Deux avions passèrent, volant bas, tournant, allant et venant, paraissant inspecter le pays. Après quelque temps de ce manège, ils disparurent et, peu après, nous entendîmes, au loin le *ra tac tac* des mitrailleuses. Les avions étaient-ils attaqués, ou bien attaquaient-ils ?...

Il fallait s'en retourner à la gare. Le train dont on avait annoncé le passage entre cinq et six heures pouvait être en avance et le manquer aurait été plus que fâcheux. Le repos m'avait fait du bien, mon genou était moins enflé, je marchais plus facilement.

La diversion créée par les avions ayant écarté beaucoup de voyageurs de la gare, celle-ci était moins encombrée que la veille ; par contre, deux hautes piles de vêtements militaires occupaient le centre de la salle d'attente. Je pus néanmoins, trouver place sur une banquette, dans un angle de la pièce, c'était, là, une place de choix.

L'attente commença ; les aspirants-passagers du train revenaient en nombre plus considérable que la veille. Je regardais les heures défiler à ma montre ; cinq heures, six heures, sept heures. Avec l'obscurité, le mouvement des trains chargés de soldats avait repris.

Il ne pleuvait pas, mais les nuages, rasant la terre, enveloppaient la gare et les voies. Les trains émergeant du brouillard et y disparaissant, de nouveau, après un bref arrêt, prenaient un aspect fantastique. Indistinctement aperçus, les hommes qu'ils emmenaient, visibles à mi-corps, seulement, dans les wagons découverts, simulaient les rangées de marionnettes de quelque sinistre guignol du Tartare.

Minuit vint. Ayant dormi dans la journée, je n'éprouvais plus la fatigue qui m'avait suppliciée pendant la nuit précédente. M'étant réchauffée pendant un moment dans la salle d'attente, la curiosité anxieuse de ce qui se passait au-dehors me ramena sur le quai.

Le spectacle qui se déroulait sur les voies était hallucinant ; le sentiment du réel m'échappait, je me sentais projetée en pleine rêve. Des hommes passaient, repassaient, tous mornes et silencieux, entassés dans les trains qui se suivaient sans interruption, se touchant presque, figurant un serpent gigantesque rampant dans le brouillard. Jamais je n'avais vu de soldats semblables. Dans la nuit, très calme, on n'entendait ni un cri ni un chant de route, aucun bruit de voix, seulement le sifflet bref des locomotives, leur respiration haletante quand elles demeuraient arrêtées et le heurt des tampons des voitures qui s'entrechoquaient dans les manœuvres. Ce silence, ces demi-ténèbres emplissaient le cœur d'une angoisse indiciblement cruelle. Involontairement, on en venait à souhaiter qu'il *arrivât quelque chose* : l'éclatement d'une bombe, la descente vertigineuse d'avions, leurs mitrailleuses crachant la mort. Tout, plutôt que ce silence planant sur cette brume molle dans laquelle semblaient se discerner des forces mauvaises étendant des tentacules de pieuvre pour saisir leurs victimes et les attirer dans le néant.

Derrière moi, j'entendis murmurer, en anglais :

« — Dites-moi quelques mots... »

Je me retournai, un jeune homme en uniforme était là ; grand, svelte, pâle, me regardant avec une timidité suppliante.

« — Dites-moi quelques paroles... comme une mère », reprit-il, « De bons souhaits. »

« — Qui êtes-vous ? »

« — Un étudiant de l'École modèle de Taiyüan. »

« — Vous allez à la guerre ? »

« — Oui. »

« — Vous vous êtes engagé ? »

« — Oui, avec plusieurs de mes camarades, venez les voir. »

Je trouvai ceux-ci, une demi-douzaine de jeunes gens, dans les bureaux de la gare. Deux d'entre eux, seulement, parlaient un peu l'anglais. Je leur souhaitai d'échapper à tout accident, de retourner sains et saufs chez eux, après la victoire et m'en allai.

Comme je continuais ma mélancolique promenade sur le quai, l'étudiant qui m'avait déjà abordée revint.

« — Donnez-moi votre carte de visite et formez un bon souhait, comme une mère, en me la donnant. »

C'était un talisman, qu'il voulait.

Je rentrai dans la salle d'attente, pris une de mes cartes, dans mon sac à main et écrivis, au crayon, comme adresse : « Ambassade de France à Pékin. » Puis, je retournai vers le jeune soldat, lui tendis la carte en lui disant qu'il pouvait me donner de ses nouvelles à Pékin et je lui serrai la main, en lui souhaitant, encore une fois, bonne chance et une longue et heureuse vie [1].

Un train entrait pesamment en gare : lourde machine en tête, lourde machine en queue et, chose singulière, une troisième locomotive vers le milieu du convoi. Celui-ci transportait du matériel. Pointant sous des bâches on discernait les formes de canons, les premiers que je voyais diriger sur le front.

A l'arrière du plus long de ceux-ci, trois hommes se tenaient à demi couchés. Avec un souffle rauque, la locomotive, touchant à leur wagon, dégorgeait, sur eux, des torrents de vapeur, les enveloppant de nuages que le projecteur attaché à sa cheminée illuminait violemment. Par l'effet de cette intense clarté blafarde, la forme voilée du canon et les plis de la bâche, autour des trois soldats, semblaient être sculptés dans une matière solide, d'un blanc grisâtre. Eux-mêmes, faces et vêtements, avaient revêtu la même teinte uniformément blanche, livide qui leur ôtait toute apparence de vie. L'impression produite était souverainement émouvante. Aucun artiste n'eût pu imaginer de groupe plus tragique, au pied d'un monument symbolisant la guerre.

Pétrifiée, je ne pouvais détacher mes regards de ces vivants, semblables à des cadavres, qui s'en allaient vers les charniers voisins et je demeurai immobile, sur le quai, jusqu'à ce que le train s'étant remis en marche s'enfonçât dans les ténèbres. Alors, frissonnante, l'humidité glaciale m'ayant pénétrée, je me retournai pour rentrer de nouveau, m'abriter dans la salle d'attente.

A quelques pas derrière moi, se tenait l'étudiant qui m'avait demandé de lui dire « quelques mots, comme une mère ». Avait-il regardé, comme moi, les trois hommes couchés sur le canon ; son impression ressemblait-elle à la mienne ?... Il me parut encore plus pâle qu'auparavant.

« — Allez dormir », lui dis-je, « si vous ne devez pas partir cette nuit et prenez bon courage. Dans mon pays, beaucoup sont partis pour une grande guerre, il y a vingt ans, et la plupart d'entre eux en sont revenus. »

---

1. Il ne m'a jamais donné signe de vie et la guerre ayant interrompu les communications postales, il m'a été impossible de m'informer de son sort à l'adresse qu'il m'avait donnée.

Je me gardai de mentionner les morts, parmi mes proches ou mes amis.

Le train qui devait nous emmener n'était toujours pas annoncé. Il était trois heures du matin !... Grelottante, je repris ma place sur la banquette. Une odeur asphyxiante emplissait la salle dont les portes étaient tenues fermées par les gens, assis près d'elles, que l'air froid incommodait. La lanterne fumait abominablement, couvrant de suie les dormeurs étendus sous elle. Nul ne parlait dans cette foule harassée ; des ronflements, le sifflet des trains qui défilaient et, de temps en temps, quelques bruyantes expectorations donnaient une ironique sérénade à notre veille déprimante.

Vers cinq heures l'on annonça : « Le train arrive ! »

La foule se forma en queue vers l'unique guichet. Plusieurs centaines de gens se pressaient dans la gare et hors de celle-ci, attendant placidement leur tour d'être servis, trop exténués pour avoir la force de réclamer l'ouverture du guichet qui restait fermé, ou pour bousculer leurs voisins afin de passer avant eux. Un long moment se passa ainsi, puis la distribution commença.

Yongden avait eu la chance d'être parmi les premiers à obtenir des billets ; aussitôt qu'il nous eut rejoints, nous nous empressâmes, aidés par un homme d'équipe que nos domestiques avaient racolé, de porter nos bagages près de la voie sur laquelle le train devait arriver. Quand celui-ci s'arrêta, nous constatâmes qu'il était déjà bondé. Le cuisinier réussit, néanmoins, à monter sur une plate-forme et nous commençâmes à lui passer les colis. Nous n'avions pas terminé que, sans aucun avertissement, la locomotive démarra et le convoi qu'elle traînait disparut. Yongden, le Mongol et moi restions avec une partie de nos bagages, dans l'entre-voie boueuse. Nous n'étions pas les seuls ; la majorité des porteurs de billets n'avaient pas eu le temps de monter dans le train et un bien plus grand nombre, encore, de Chinois continuaient à faire queue, sans se rendre compte que le guichet avait été refermé et que le train était parti.

Le lama et moi, demeurions ahuris de l'aventure ; quant au Mongol, il ne devait songer qu'à ses pipes d'opium dont la privation le torturait visiblement. Des employés de la gare et des soldats couraient entre les voies, chassant ceux qui s'y trouvaient. Des trains militaires étaient signalés, il fallait décamper et promptement. L'un des soldats, alléché par l'appât d'une gratification, nous aida à remporter nos colis et nous nous retrouvâmes dans cette même salle empuantie où nous avions déjà passé deux nuits pénibles.

Il faisait, alors, grand jour. Yongden et moi, nous allâmes aux informations. Pourquoi le train était-il parti si hâtivement ? — Il avait beaucoup de retard et devait se hâter pour atteindre un croisement, nous dit le chef de gare. Et quand attendait-on le prochain train ? — Ce fonctionnaire n'en savait rien. Il en serait averti... plus tard. Peut-être un train passerait-il le jour même, peut-être le lendemain, ou le surlendemain ; il ne pouvait rien affirmer à ce sujet, mais il nous engageait à ne pas nous éloigner de la station.

Il n'y avait, toutefois, pas d'apparence qu'un autre train suivît, à bref intervalle, celui que nous avions manqué. Laissant nos valises à la garde de Hortche, Yongden et moi, nous retournâmes à la paillote où nous avions passé la journée précédente, bûmes du thé et mangeâmes des œufs avec du pain, puis nous retournâmes à la gare.

Une nouvelle nous y attendait. Le chef de gare nous avait cherchés et, découvrant que Hortche était notre domestique, il lui avait recommandé de nous avertir qu'un train passerait le jour même, dans la matinée ou dans l'après-midi. Tout vague que fût le renseignement, nous l'accueillîmes avec plaisir et le Mongol fut envoyé se restaurer, avec injonction de ne pas s'attarder à fumer.

L'information qui nous avait été transmise s'était déjà répandue. Partagés entre des sentiments contraires, les Chinois n'osaient pas quitter la gare, puisque le train pouvait y arriver à n'importe quel moment, mais tous s'y sentaient en danger, craignant le passage d'avions ennemis.

Des gens qui s'étaient trouvés dans des villages bombardés racontaient des histoires terrifiantes. Les hommes sortaient fréquemment pour inspecter le ciel et les mères, dont plusieurs pleuraient, serraient leurs enfants contre elles. Au moindre bruit, mal défini, tout le monde faisait silence, écoutant... écoutant, le cœur serré.

Au-dehors, des soldats s'exerçaient à chanter des hymnes patriotiques. Ils étaient environ une centaine, formés en carré, dans un terrain situé au-delà des voies ferrées. Un chef, se tenant devant eux, dirigeait cette chorale qui me paraissait choisir, singulièrement, son lieu et son moment pour cette répétition.

« Debout ! debout ! marchons ! donnons notre chair et notre sang ! ne nous laissons pas abattre ! etc., etc. », proclamaient-ils en chœur [1]. Tous les chants patriotiques se ressemblent, tous visent à susciter des bouffées d'émotion... mais les Chinois sont peu émotionnables et j'avais quelques raisons de douter que les chanteurs, les pieds dans la boue et sans doute transis, se sentissent fort émus. Probablement eussent-ils mieux aimé bavarder ensemble, à couvert, en buvant du thé.

Un train arriva, des soldats en sautèrent lestement et se mirent à décharger des sacs de farine. Ils les empilèrent dans la salle d'attente près des tas d'uniformes militaires, chassant, avec indignation, des individus qui s'y étaient juchés et, avec une parfaite inconscience, les maculaient de leurs crachats. Les coupables s'en allèrent, visiblement dégoûtés d'avoir à subir des vexations absurdes que rien, dans leur conduite toute naturelle, pensaient-ils, ne justifiait.

1. On trouvera en appendice, des traductions de quelques-uns de ces chants.

Ces soldats étaient proprement vêtus ; ils accomplissaient leur travail avec zèle et bonne humeur sous la direction d'un officier dont l'attitude amicale envers ses hommes contrastait avec la morgue habituelle des gradés orientaux. Comme le déchargement du wagon paraissait devoir être rapidement effectué, l'officier y aida, portant des sacs sur son épaule tout en riant avec ses subordonnés. Tous étaient jeunes, alertes et d'apparence extrêmement sympathique.

Ils appartiennent à l'armée communiste, me dit-on de nouveau. En effet, c'étaient les troupes communistes qui étaient accourues soutenir le premier choc au Chansi, et j'entendis déclarer qu'elles étaient les seules qui fussent disciplinées et possédassent quelque armement. Peut-être en était-il ainsi. Je ne suis en état ni de l'affirmer ni de le nier. Ce qui est certain, c'est que nonobstant la guerre que Chiang Kai Shek leur a faite, après s'être séparé d'eux et les massacres auxquels celle-ci a donné lieu, les communistes se sont immédiatement mis au service du pays pour le défendre contre les envahisseurs.

Fatiguée d'errer, mon genou toujours douloureux, demandant du repos, je rentrai m'asseoir dans la gare. Un petit groupe de Chinois y tenait une discussion animée. L'un d'eux prononça un discours véhément dont je ne compris pas un mot, puis ce meeting prit fin et, en se séparant, les Chinois se saluèrent le poing levé. Étaient-ils aussi communistes [1], ceux-là ? Combien était changée la Chine que j'avais quittée quinze ans plus tôt, après y avoir vécu si longtemps !

Parmi la foule, on continuait à raconter de lamentables histoires de guerre : ruines, morts, fuites éperdues et la menace d'une soudaine explosion meurtrière planait sur nous. Par deux fois, des gens crurent entendre les vrombissements d'avions qui s'approchaient. La surexcitation nerveuse à laquelle ils étaient en proie devait avoir causé leur illusion ; ni Yongden, ni moi n'entendîmes aucun bruit et nul avion ne parut. Mais la panique avait saisi les malheureux hôtes de la salle d'attente. Celle-ci se vida subitement ; les Chinois courant, au-dehors, affolés comme ils l'avaient fait la veille. Comme la veille, aussi, le lama et moi restâmes où nous étions. L'attente rongeait notre énergie et nous plongeait dans un engourdissement mental confinant à l'apathie fataliste.

Il restait pourtant encore, en moi, des fibres capables d'être stimulées ; un de mes voisins s'en chargea, dans la soirée.

La gare s'était encore une fois remplie ; faute d'une autre place ou, peut-être parce qu'il trouvait celle-là à son gré, un individu hirsute s'était installé dans l'embrasure d'une fenêtre haute, située presque immédiatement au-dessus de moi. D'instant en instant, le bonhomme se grattait la tête avec fureur, puis secouait son opulente

1. Par la suite j'ai appris que le poing levé n'est pas, en Chine, un geste exclusivement adopté par les communistes. Les enfants fréquentant les écoles chinoises Kuo min tang, à Tatsienlou, où j'écris ceci, le font en chantant l'hymne national.

crinière et, ensuite, son chapeau. Cinq minutes après s'en être recoiffé, il l'enlevait de nouveau et recommençait son manège. Ses gestes nerveux et ses roulements d'yeux dénotaient clairement la peine cuisante qu'il éprouvait.

Allais-je, cette fois, faire plus ample connaissance avec l'insecte dont je n'avais jamais vu qu'un unique spécimen ? — Du coup, j'oubliai la guerre, les bombes et les mitrailleuses qui parcouraient le ciel ; le danger immédiat que je courais accaparait toute mon attention. Mais, comme d'ordinaire, les parasites dédaignèrent mon humble personne.

La nuit vint ; le train n'était pas même annoncé !

Tandis que j'arpentais le quai pour respirer un peu d'air frais et que Yongden, sans doute, somnolait, ma place sur la banquette fut prise par une femme tenant un bébé. Quand je revins, je n'osai pas la déranger, à cause de l'enfant qui tétait tandis qu'elle dormait.

Je m'assis sur une de mes valises posée sur les dalles. Si j'avais eu une longue ceinture ou une corde épaisse, je m'en serais servi pour m'entourer et me soutenir les reins, à la manière des ermites tibétains, pendant leurs longues périodes de méditations, mais j'en manquais. Alors, comme lors de la première nuit d'attente, la fatigue me ployant en deux, je reposai ma tête dans mes mains. les coudes appuyés sur mes genoux et m'abandonnai à un demi-sommeil.

Le jour se levait quand on cria : « Le train ! »

Tous se précipitèrent. Je réussis à trouver une place assise en faisant enlever les ballots qu'un couple chinois avait amoncelés sur la banquette. Yongden et le Mongol durent demeurer debout, sur la plate-forme.

Le convoi se mit en marche. J'avais passé soixante heures, dont trois nuits, à l'attendre et j'en étais à mon quinzième jour de voyage, depuis mon départ de Pou-sa ting. J'en avais mis trois pour m'y rendre, en partant de Taiyüan quatre mois auparavant.

La ligne sur laquelle nous roulions était à voie étroite et les voitures, non divisées en compartiments, ressemblaient à celles des tramways. Les fugitifs y avaient empilé tout ce qu'ils avaient été capables d'emporter de leurs biens. Il était impossible de poser le pied sur le plancher, de volumineux ballots occupant tout l'espace entre les banquettes. Beaucoup de celles-ci étaient également encombrées de bagages, les voyageurs s'étant juchés sur le tas, la tête touchant le plafond. Les fenêtres étaient obstruées, on y voyait à peine.

J'avais étendu mes jambes sur un sac noirâtre se trouvant entre moi et la banquette qui me faisait face. Voulant le remuer pour le poser d'une manière qui me serait plus confortable je le saisis par une de ses extrémités ; mais voici que celle-ci bouge sous mes mains, se relève et je vois un Chinois vêtu de noir que je venais de réveiller en le tirant par la tête.

Incident bien menu, mes voisins ne songèrent pas à en rire et le Céleste, que j'avais dérangé, baissant de nouveau la tête pour se rendormir reprit — cheveux noirs et robe noir — son aspect de sac. Je laissai mes jambes allongées sur son dos ; il m'aurait été impossible de les placer ailleurs.

Notre train avançait à l'allure d'une tortue, avec d'interminables arrêts, tantôt pour laisser passer un train que nous croisions, tantôt pour des raisons impossibles à deviner et, deux fois, parce que des avions étaient signalés.

La plupart des passagers quittaient alors les voitures et se dispersaient, allant se cacher parmi les hautes tiges des kaoliangs. La seconde alerte eut lieu devant une gare. Un abri souterrain existait près de celle-ci. Je vis courir, dans sa direction, une très corpulente ambulancière chinoise : ses formes massives serrées dans sa culotte grise d'uniforme, auraient fourni un amusant modèle de caricature. A l'entrée de la tranchée, un homme tenait un petit garçon dans ses bras, prêt à se glisser sous terre avec lui, si le danger approchait. Beaucoup d'autres, dont j'étais, avaient grimpé sur un monticule pour *voir*. Et nous *vîmes* six avions passant loin de nous. Lors de la première alerte, nous n'en avions point aperçus.

Au coup de sifflet du chef de gare, tout le monde regagna le train en riant. Heureux de vivre et d'être indemne.

Vers une heure de l'après-midi, nous arrivâmes à Taiyüan. Cette dernière étape, en chemin de fer — moins de deux cents kilomètres — avait duré sept heures.

CHAPITRE VII

Taiyüan sous les bombardements. — Vers Hankéou. — Tragiques incidents de voyage. — Arrivée à Hankéou ne possédant plus rien que les vêtements que je porte sur moi.

A Taiyüan, je fus cordialement accueillie par le Révérend Pr..., directeur de la Mission baptiste anglaise. Il nous invita, Yongden et moi, à partager un excellent lunch auquel je fis honneur avec l'appétit de quelqu'un qui, depuis quinze jours, n'a pas satisfait sa faim.

Une maison meublée, située au centre de la ville et appartenant à la Mission, se trouvait être inoccupée ; le Révérend directeur offrit de me la louer pour la durée de mon séjour à Taiyüan. J'acceptai avec empressement.

Après le lunch, je fis transporter mes bagages dans mon nouveau logis et m'y installai avec un réel plaisir, comptant m'y délasser de la fatigue causée par mon voyage mouvementé.

L'accident dont j'avais été victime continuait à se rappeler à ma mémoire ; mon genou demeurait raidi et douloureux, et de pénibles élancements traversaient souvent ma tête.

La Mission baptiste possédait un hôpital dont les services étaient dirigés par des médecins européens. Naturellement, l'idée me vint de consulter un de ceux-ci. Toutefois, au moment de le faire, une pensée me retint : l'introduction de médicaments, dans l'organisme, au moyen d'injections sous-cutanées jouit, actuellement, d'une grande vogue. A tort ou à raison, cette pratique m'est souverainement antipathique. Qu'arriverait-il donc, si l'esculape que je verrais, prétendait y avoir recours ? — Je refuserais de m'y soumettre et, qui sait s'il ne s'offenserait pas, attribuant mon refus à des doutes concernant sa compétence ? — Mieux valait garder le silence sur mon accident et le mal qui m'en restait. Avec le temps, celui-ci passerait, probablement.

Le lendemain de mon arrivée à Taiyüan, je fis appeler un rikshaw pour me voiturer jusqu'à la demeure de Mme X... J'avais hâte de reprendre les colis entreposés chez elle, lors de mon départ pour Wou tai chan [1] et, surtout, de m'informer du moment où il conviendrait à son mari chinois de m'accompagner chez son ami, le direc-

1. Voir chap. III.

teur de la banque où je devais négocier un chèque sur Pékin. Il ne me restait que quatre dollars chinois[1].

Comme j'allais sortir, les sirènes donnèrent l'alarme et le concierge m'avertit qu'après un second signal, il était interdit de circuler dans les rues. Il ajouta que je ferais bien de descendre dans un caveau s'ouvrant dans le jardin.

Quelle avait été la destination originelle de ce souterrain minuscule ? — Rien ne l'indiquait. On y accédait en descendant une quinzaine de marches, l'escalier plongeant ensuite dans l'eau profonde de la hauteur d'une canne, qui couvrait le fond de la cave. Celle-ci n'était qu'un étroit couloir, large d'un mètre à peine et long de deux. En immergeant quelques piles de briques et posant des planches sur elles, le concierge avait construit un pont branlant sur lequel il nous était possible de nous tenir debout, pendant les raids des avions, offrant notre sang en pâture aux nombreux moustiques, hôtes du souterrain.

Le signal indiquant que le danger était passé ayant été donné, je me hâtai d'aller chez Mme X... A ma grande stupéfaction, je n'y trouvai que deux domestiques. Ils m'apprirent que leurs maîtres étaient partis et refusèrent de me laisser reprendre mes bagages, prétendant, d'abord, qu'ils ne se trouvaient plus dans la maison et déclarant, ensuite, qu'ils ne pourraient me les délivrer que si je leur apportais une lettre de leur patron les y autorisant.

Où donc était le conseiller X... ? — Où pouvais-je lui écrire ? — Les Chinois refusèrent de me donner son adresse. Cela leur avait été défendu. Leur maître allait de ville en ville, sans se fixer nulle part disaient-ils.

Qu'allais-je faire ? — Pourquoi, sachant que je devais arriver incessamment à Taiyüan, ces gens n'avaient-ils pas averti les domestiques avant leur départ, leur indiquant les valises et les caisses qu'ils devaient me remettre ? — Et pourquoi s'étaient-ils portés garants de ce qu'il leur serait facile de me faire encaisser un chèque, dès mon arrivée ?... Le monde est plein d'écervelés malfaisants ; par quelle mauvaise chance avais-je rencontré ceux-ci sur ma route ?[2]

Se lamenter ne servait à rien. Le Révérend Pr... m'accompagna à la banque, mais, quoiqu'il y fût bien connu, on y refusa formellement d'accepter un chèque sur Pékin, les communications entre Taiyüan et Pékin se trouvant coupées. Si je n'avais pas eu d'argent ailleurs, en Chine, je ne sais ce que Yongden et moi serions devenus. Heureusement, j'en avais en dépôt à Changhaï, mais Changhaï, furieusement attaqué par les Japonais, était sur le point de tomber en leur pouvoir. Toutefois, je télégraphiai au consul général de

1. Au cours d'alors, environ 25 francs.

2. On verra, dans les pages suivantes, les conséquences, désastreuses pour moi, de l'étourderie des X...

France qui se trouvait être un de mes amis, le priant de voir mes banquiers et de me faire transférer de l'argent, télégraphiquement.

« — Vous ne pouviez pas mieux faire », me dit le Révérend Pr..., « seulement, en ce moment, les télégrammes mettent, souvent, de quinze jours à trois semaines pour parvenir à destination. »

C'était là une circonstance fâcheuse de plus. L'avance des Japonais continuait ; je ne voulais pas demeurer à Taiyüan après leur arrivée et m'y trouver, ensuite, prisonnière, dans l'impossibilité de me mouvoir au-delà de leurs lignes. Or, afin de quitter Taiyüan, il me fallait de l'argent pour payer les billets de chemin de fer. Et, en attendant notre départ, subordonné, lui aussi, au recouvrement de mes bagages détenus chez les X..., Yongden et moi devions manger et nourrir nos domestiques. Le Révérend Pr... me prêta vingt dollars. Le même soir, ayant remboursé les avances faites par le cuisinier et lui ayant remis, ainsi qu'à Hortche, quelque monnaie pour leur subsistance, je dépensai seize dollars : il m'en restait, de nouveau, quatre.

Le lendemain matin, nous eûmes une autre alerte, les mitrailleuses des avions tuèrent quelques personnes à l'autre bout de la ville.

Un propriétaire chinois dont j'avais rencontré la femme au dîner donné en mon honneur par M. Kia, lors de mon premier passage à Taiyüan, me prêta trente dollars. Je me sentis soudain devenue riche.

Des gens aimables, mais lents, comme tous les Orientaux, faisaient des démarches pour apprendre où se trouvait le conseiller X... De singulières histoires circulaient à son sujet. Homme de confiance du gouverneur Yen Sie-san, il avait été chargé, disait-on, d'emporter précipitamment et de mettre en sûreté, un trésor que celui-ci lui avait confié. Cela pouvait être vrai ; le trait ne détonnait pas avec les mœurs chinoises. Peut-être, au contraire, n'y avait-il là que des racontars sans fondements. La chose ne m'intéressait pas.

Je fis la connaissance d'un aimable ménage suisse appartenant à l'Armée du Salut : M. et Mme B... Un matin, M. B... nous emmena, Yongden et moi, visiter la ville. Elle n'offrait rien de remarquable. Comme souvenir historique, nous vîmes la place où, en 1900, soixante-dix étrangers, missionnaires protestants et catholiques, hommes et femmes, furent exécutés. Deux stèles de pierre — l'une d'elles à moitié enfouie dans le sol — portant les noms des victimes, avaient déjà pris un air de vétusté respirant l'oubli. A quelque distance de là, dans un jardin, se trouvait un pavillon dans lequel les condamnés avaient été enfermés pendant les jours précédant leur exécution. Une stèle dressée dans ce pavillon, rappelait, aussi, leurs noms.

Nous montâmes, ensuite, sur la tour du tambour d'où l'on découvre le pays environnant : d'immenses plaines s'étendant jusqu'au pied de chaînes de montagnes où les riches bourgeois de Taiyüan vont passer l'été. Le paysage était gracieux, mais sans rien de particulièrement caractéristique.

Nous allâmes, encore, voir, au marché, le trou qu'avait fait l'une des premières bombes tombées sur Taiyüan. Celui-ci ne ressemblait en rien, comme dimension, aux cratères creusés par certaines explosions et ce que l'on m'avait dit, à Wou tai chan, concernant les « petites bombes », me revint en mémoire. Évidemment, il s'était agi d'une de celles-ci. Les boutiques, construites en bois et en plâtre, situées dans le voisinage étaient vilainement déchiquetées, mais leurs charpentes demeuraient en grande partie debout. La bombe n'avait fait qu'un mort et quelques blessés.

Nous eûmes la chance de ne pas être troublés par les avions, durant cette promenade. Dans les rues centrales, des abris souterrains avaient été creusés de distance en distance. La plupart de ceux-ci, comme notre caveau, pouvaient, à la rigueur, protéger leurs occupants contre les éclats de bombes ou les balles des mitrailleuses. Mais qu'une bombe tombât directement sur eux, ou tout près d'eux, ils devaient, fatalement, s'effondrer, ensevelissant ceux qui s'y trouvaient.

Le lendemain matin, un raid nous retint longtemps dans notre souterrain infesté de moustiques. Dans l'après-midi, je cousis un drapeau français que l'on hissa sur le toit de ma demeure. De son côté, le Révérend Pr... avait fait confectionner un grand drapeau anglais qui fut déployé, étendu entre les cimes de deux grands arbres du jardin. Le bleu de cet « Union Jack » n'était pas tout à fait de la teinte orthodoxe, mais on n'avait pas trouvé d'autre couleur à Taiyüan.

Nos nuits, heureusement, étaient paisibles ; les raids n'avaient lieu que dans la journée. Aussi, les boutiques, fermées pendant le jour, s'ouvraient-elles dès l'obscurité venue. Les habitants faisaient, alors, leurs provisions et les rues étaient très animées. J'imitais les Chinois et sortais avec Yongden, achetant des vivres pour le lendemain. Nous les achetions nous-mêmes, par économie ; ce n'était pas le temps de permettre au cuisinier de majorer, à son profit, le prix de ses emplettes. Le peu que nous possédions devait durer jusqu'à l'arrivée des fonds demandés à Changhaï.

Un soir, je remarquai qu'il y avait des soldats dans toutes les boutiques et, le plus curieux était que ces soldats y servaient les clients.

L'explication vint. Un décret des autorités commandait aux boutiquiers de se faire confectionner des uniformes, afin d'être prêts dès qu'on aurait besoin d'eux. Prêts à quoi ? — Je me le demandais. L'être le plus dénué de bravoure guerrière qui soit au monde, est, certes, le marchand chinois. D'ailleurs, que pourrait-on faire, parmi des combattants, de ces gens sans aucun entraînement militaire ? Bien peu d'entre eux étaient capables de tirer un coup de fusil. Ils se sauveraient, certainement, à la première occasion, se rappelant, en temps opportun, que « le premier devoir d'un homme est envers sa famille ».

Les raids se multiplièrent, ils devinrent quotidiens et, parfois, plusieurs se succédèrent dans la même journée. Un samedi, j'en notai trois : le premier, un peu avant neuf heures me tira, hâtivement vêtue, de mon bain, le second interrompit notre repas un peu après midi et le troisième, vers la soirée, nous retint pendant quarante minutes dans le souterrain. Des avions passèrent directement au-dessus de nous, leurs mitrailleuses criblant de balles les toits qu'ils survolaient ; une maison prit feu, dans notre voisinage.

Le lendemain, il y eut deux raids dont l'un dura pendant près d'une heure ; les avions « travaillèrent » du côté des établissements militaires, en dehors, de la ville.

L'approche des Japonais désorganisait la vie, à Taiyüan. Les commerçants gardaient, en stock, leurs marchandises non périssables et refusaient de les vendre, craignant que la monnaie de papier de la province ne vînt à être fortement dévaluée, ou même à perdre toute valeur, comme il en avait été de celle du Chahar, dont je possédais encore pour plus de deux cents dollars de billets dont personne ne voulait. Pour cette raison, le boulanger qui, jusqu'alors, nous avait fourni du bon pain, cessa d'en cuire et les épiciers remisèrent leurs denrées en vue de jours meilleurs.

Les raids continuaient, on s'y habituait. Il arrivait qu'étant occupés, nous ne prenions pas la peine de descendre dans notre abri, mais j'avais toujours grand soin d'enlever, s'il y en avait, le linge nouvellement lavé qui séchait au-dehors, ou les couvertures de nos lits que l'on aérait sur la balustrade du balcon. Ceci était strictement ordonné par les autorités et le négliger pouvait nous faire soupçonner de correspondre avec l'ennemi en donnant des indications, à ses aviateurs, au moyen des lingeries étalées.

Dans l'intervalle des raids, le brave concierge de l'enclos s'occupait à camoufler notre refuge en l'entourant d'herbe sèche. M'amusant de sa naïveté, je lui remontrai qu'il ne devait pas manquer de placer les touffes d'herbes en mettant les racines en bas, car les aviateurs s'étonneraient en voyant de l'herbe poussant des racines tournées vers le ciel. Il comprit, tout de suite, l'importance de ma remarque et, Yongden et moi, prîmes souvent plaisir à voir le bonhomme vérifier soigneusement son camouflage afin de s'assurer que toutes les racines des mottes d'herbe pointaient bien vers la terre.

Il avait, aussi, entrepris de consolider notre souterrain et, si le « camouflage » me procurait quelques instants de gaieté, la « consolidation » que j'avais vainement tenté de limiter, me causait plus d'inquiétude que les raids. La vieille voûte du caveau pourrait-elle soutenir, sans fléchir, le poids, devenant chaque jour plus considérable, des grosses pierres que notre homme continuait à accumuler sur elle ? — Je n'en étais rien moins que certaine et, chaque fois que je descendais dans le souterrain, je me demandais si, à défaut d'une bombe, le toit destiné à nous protéger, ne nous écraserait pas en s'écroulant sur nous.

L'enclos, assez vaste, dans lequel se trouvait la maison où je logeais, était l'ancien emplacement de la Mission baptiste anglaise qu'elle avait quitté pour aller s'installer beaucoup plus grandement, aux confins de la ville. Un certain nombre d'habitations étaient disséminées dans les cours et dans les jardins, quelques-unes d'entre elles étant occupées par des employés de la Mission. C'est ainsi qu'un jour, au moment d'une alerte, un de mes voisins, que je n'avais pas encore vu, descendit dans le caveau et, pendant une longue attente, perchés sur les planches instables du pont improvisé, nous entrâmes en conversation.

Il me dit qu'il était chrétien et que sa religion différait complètement de celle du « Maître du Ciel ». Ce qui signifiait que, lui, *Fou yen tan* (protestant) professait une religion tout à fait distincte de celle des *Tien dou tan* (religion du « Maître du Ciel », nom que les Chinois donnent aux Catholiques). Yongden lui demanda si les Catholiques étaient chrétiens. Il déclara, catégoriquement, qu'ils ne l'étaient pas, et à la question posée par Yongden :

« Les *Fou yen tan* et les *Tien dou tan* adorent-ils le même Dieu », il répondit que non.

Son opinion correspondait tout à fait à ce que m'avait dit à Pékin, un lettré chinois, professeur de philosophie à l'Université.

« — Que pensent les Chinois », lui avais-je demandé, « en voyant prêcher chez eux, deux différentes religions chrétiennes ? »

« — A part une minorité de gens instruits, les Chinois ne croient pas qu'il s'agit de formes différentes d'une même religion », me répondit-il. « En Chine, Chrétien signifie Protestant, un adepte de la religion de Issou (Jésus). Les Catholiques sont les adorateurs du « Maître du Ciel ». Mes compatriotes des classes populaires, voient, là, des religions aussi — et peut-être plus — distinctes l'une de l'autre que ne le sont le Taoïsme et le Bouddhisme. »

Au sujet des progrès respectifs des « deux religions » le même lettré s'exprima comme suit : autrefois, les Missionnaires catholiques ont enseigné, en Chine, les sciences de l'Occident. Les Chinois les tenaient pour très savants et ils ont fait des adeptes parmi les classes sociales supérieures de notre population. Actuellement, les conditions sont changées. Les Protestants — les Américains, surtout — ont créé des universités et de grands hôpitaux. Leurs œuvres sont soutenues par de gros capitaux et ceux-ci leur permettent de s'assurer la collaboration d'un personnel enseignant et d'un personnel médical de valeur. Naturellement, les étudiants qui reçoivent leur instruction chez eux sont parfois portés à se laisser convertir, bien qu'à tout prendre, le nombre de ces conversions soit minime. Les motifs qui les déterminent sont, peu souvent, d'ordre religieux. Beaucoup d'adhérents chinois du protestantisme voient, là, un moyen d'acquérir une sorte de supériorité en s'assimilant aux Américains et aux Anglais. Quant aux convertis du monde politique, ils espèrent que la communauté de religion attirera, au parti auquel ils appartiennent, l'appui des pays étrangers et, plus spécialement, de l'Amérique.

En ce qui concerne les Catholiques, leurs convertis ne se recrutent plus que dans les basses classes de la population.

Des renseignements analogues me furent donnés par d'autres lettrés et j'incline, d'après mes propres observations, à les croire exacts. Pour la plupart des Chinois la conversion consiste en un choix, celui que mon domestique énonçait de façon comiquement naïve : « Considérer ce qui est le plus *profitable*. »

Quelques jours après la conversation que j'avais eue avec mon voisin, un autre raid nous remit en présence, dans le caveau. Dans l'intervalle, des doutes lui étaient venus quant à l'exactitude de ce qu'il avait affirmé ; il s'était probablement informé. Il revint sur ses déclarations précédentes et concéda que les Catholiques adoraient le même Dieu que les Protestants. Toutefois, comme correctif il ajouta qu'ils ne l'adoraient pas *seul*. Ils étaient idolâtres et rendaient, aussi, un culte à d'autres déités, à la manière des Taoïstes, ce qui était une funeste erreur.

Ce brave homme gagnait quinze dollars [1] par mois, comme prédicateur ambulant.

Nous ne comptions plus les raids. Les aviateurs japonais, qui s'étaient familiarisés avec leurs parcours, nous réveillaient au lever du jour ou apparaissaient dans la soirée, aussi bien qu'au milieu de la journée. Les nouvelles du front devenaient de plus en plus mauvaises ; les trains se dirigeant vers le Chensi [2], comme ceux allant rejoindre la ligne de Hankéou emmenaient, chaque soir, des milliers de fugitifs. J'aurais dû partir, puisque je ne voulais pas demeurer à Taiyüan après son occupation par les envahisseurs, mais l'argent nécessaire à mon voyage n'arrivait pas et les détenteurs de mes bagages ne donnaient toujours pas signe de vie.

Un soir, en allant aux provisions, Yongden et moi vîmes quatre jeunes soldats que l'on promenait par la ville. Pendant l'après-midi précédent, ils avaient fracturé la porte d'un boutiquier pour le voler.

Un Chinois, vêtu d'une simple robe de coton bleu, uniforme du mouvement officiel de la « Vie Nouvelle » [3], et qui paraissait être un haut fonctionnaire, les suivait dans une luxueuse automobile escortée par des officiers. De distance en distance, le cortège faisait halte.

1. Au cours de cette époque, environ 90 francs.
2. Ne pas confondre la province de *Chensi*, capitale *Sian*, avec la province de *Chansi*, capitale *Taiyüan*.
3. Un mouvement de réforme sociale et d'épuration des mœurs.

Le personnage assis dans l'automobile se levait, alors, et haranguait la foule en lui montrant les quatre coupables.

Ceux-ci étaient des adolescents fluets aux visages de filles. Probablement ne recevaient-ils pas de solde et la pitance qu'on leur distribuait était-elle médiocre et insuffisante ; alors, la tentation s'était insinuée en eux... Ils faisaient pitié !

Je compris que les autorités qui tenaient mal leurs troupes en main, voulaient faire un exemple. La vision de ces quatre garçons, presque encore des gamins, attendant le moment de leur exécution, fut devant moi, pendant toute la nuit. Le lendemain matin, on les décapita et, comme d'usage, leurs têtes furent accrochées, en grappe sanglante, contre un mur.

Les ferments de désordre devenaient, de jour en jour, plus actifs. Les passants étaient attaqués et dévalisés, dès la tombée du soir, dans les villages voisins et jusqu'aux portes de la ville. Des meurtres furent commis. La répression était pourtant prompte et barbare, lorsque les criminels étaient saisis.

Un individu s'étant introduit, pendant le jour, chez un commerçant dont la boutique, comme toutes celles de Taiyüan, ne s'ouvrait que le soir, fut surpris par le patron qui donna l'alarme. Le voleur sauta dans un rikshaw et, houspillant l'homme qui le traînait, le força à courir à toute vitesse, espérant faire perdre sa trace dans le dédale des ruelles de traverse, mais un agent de police, rapidement informé de ce qui s'était passé, arracha une bicyclette des mains d'un badaud qui en était descendu et donna la chasse au fugitif. Il le rejoignit, le jeta à bas de son véhicule et, avec son sabre, lui trancha la tête sur le rebord même du rikshaw. On se doute qu'il n'y réussit pas du premier coup. Le traîneur du pousse-pousse s'était sauvé à toutes jambes, craignant d'être impliqué dans l'affaire et de devenir victime d'un jugement aussi expéditif.

La population de la ville s'éclaircissait de plus en plus. La cohue qui rendait la circulation difficile, aux premiers soirs après mon arrivée, s'était fortement réduite et, dans la journée, l'on ne voyait guère que des soldats dans les rues : soldats habillés de gris, de bleu ou de kaki verdâtre. Les bleus appartenaient à l'armée communiste, les kakis à celle du gouvernement de Nankin et les gris à celle du maréchal Yen, disait-on. Était-ce exact ? — Je n'attachais pas grand intérêt à ces distinctions. J'étais à Taiyüan parce que les circonstances m'y obligeaient et non pour faire du reportage.

Ce qui retenait mon attention, c'était l'attitude singulière de la Chine, en face de l'invasion. Lorsqu'en Europe, ou en Amérique, on parle de la Chine, on se figure *un* pays comme la France ou l'Angleterre, mais quiconque a parcouru la Chine pendant un nombre suffisant d'années, se rend compte qu'une telle Chine n'existe pas. Ce que l'on trouve, sous la dénomination collective de Chine, ce sont des provinces constituant, chacune, un véritable État ayant ses intérêts particuliers — ceux-ci étant souvent opposés à ceux des provinces voisines — pratiquant, généralement, la plus complète indifférence quant aux heurs et malheurs des Chinois existant hors de ses frontières.

La guerre actuelle a véritablement amené une certaine unification de la Chine et éveillé un semblant de sentiment national ; mais l'un et l'autre sont encore très superficiels et loin d'avoir influencé les couches profondes de la population pour qui la « famille » reste toujours la seule véritable patrie, le seul réel sujet d'intérêt.

A Taiyüan, j'entendais formuler les mêmes interrogations que se posaient les villageois de Wou tai chan : « Les troupes du Yunnan et celles du Kansou se joindront-elles à l'armée de Nankin ? — Ce qui équivalait à un Français se demandant, en temps de guerre : les Bretons et les Provençaux se joindront-ils aux Parisiens pour combattre les envahisseurs ?

Les troupes, elles-mêmes, formaient, non pas les corps d'une armée unique, mais des armées véritablement distinctes, momentanément unies pour un but commun, mais sans constituer un tout homogène et indissoluble.

Nous n'en étions, encore, qu'aux premiers mois de la guerre. Bien peu se doutaient de l'ampleur qu'elle prendrait, toutefois, quels qu'aient été les changements politiques qu'elle a entraînés, elle n'a que très peu — ou même, pas du tout — modifié l'indifférence des masses chinoises en ce qui concerne l'intérêt général du pays. J'ai pu m'en rendre compte à loisir, à Hankéou, dans les ports du Haut Yangtzé, au Szetchouan et à l'extrême ouest de la Chine où je me trouve actuellement. Nulle part, les combats se livrant dans des régions éloignées de celles que je parcourais ne suscitaient d'émotion chez les populations qu'un danger immédiat ne menaçait pas.

Envisageant mon départ de Taiyüan, j'hésitais entre deux directions. Je pouvais me rendre à Sian, où j'avais résidé autrefois, en temps de guerre civile et d'où j'avais gagné l'extrémité occidentale du Kansou, point de départ de mes pérégrinations en Asie centrale ; ou bien je pouvais aller à Hankéou, le grand port sur le Yangtzé. Je m'étais promis, en m'en retournant en Chine, de ne pas manquer, cette fois, de parcourir les célèbres gorges du Yangtzé et, à Hankéou, je serais directement sur le passage des bateaux qui les traversent, en remontant le fleuve. Mais, tandis que je pesais le pour et le contre de ces deux projets, on annonça que les trains ne circulaient plus entre Taiyüan et Shih Kia Chwang, station de jonction de la ligne à voie étroite avec la grande ligne de Pékin-Hankéou. Il y avait moyen de rejoindre celle-ci, plus au sud, en empruntant la ligne Sian-Honan-Chengchow, mais c'était là un très long détour.

Les circonstances me laissaient, du reste, le temps de la réflexion.

Du côté de Changhaï, comme de celui de M. X..., le silence continuait. En dépit de l'économie la plus sordide et d'un régime ascétique, propre à terrifier le plus austère des chartreux ou des trappistes, ce qui me restait des dollars qu'on m'avait prêtés, ne pouvait plus durer longtemps. D'autres préoccupations m'assaillaient aussi ; elles concernaient les livres devenus rares, les manuscrits et autres choses restés dans ma maison à Pékin. Pékin n'avait pas été bombardé, mais pouvait-on être certain que les fluctuations de la guerre n'amèneraient pas des attaques aériennes ? — Et le danger du pillage pouvait-il être considéré comme absolument écarté ?...

J'ignorais, à ce moment, qu'un ami d'ancienne date que j'avais à Pékin : le docteur B... et des diplomates de l'Ambassade de France, avaient, sans attendre ma prière, fait remiser, en lieu sûr, tout ce qui était demeuré chez moi, ce pourquoi je leur garde une très vive gratitude.

Comme diversion à mes multiples soucis, je n'avais que les raids qui devenaient de plus en plus fréquents et de plus en plus meurtriers, bien qu'il semblât évident que les Japonais ménageaient la ville, ne voulant pas la détruire parce qu'ils se savaient certains de s'en emparer bientôt.

Une autre diversion me venait de mon travail. J'achevais, alors, mon livre *Magie d'amour et Magie noire* [1] qui a paru depuis. Tandis qu'à Wou tai chan j'emportais avec moi, dans mes promenades, la partie déjà terminée du manuscrit afin de la préserver en cas de bombardement incendiant mon logis en mon absence, à Taiyüan, dès le premier signal d'alarme, j'enfermais les feuillets dans une petite valise que je gardais sur mon bureau et ceux-ci, avec d'autres choses auxquelles je tenais, étaient descendus dans le caveau-abri. Il n'est pas beaucoup de livres, je crois, qui aient été écrits dans des conditions aussi singulières.

Le nombre des exécutions pour vol ou brigandage, sur les routes, croissait. La population s'y montrait indifférente et ne s'émut un peu que lorsqu'un général du nom de Li, disait-on, en fut la victime.

Ce général avait, paraît-il, donné ordre à ses troupes de reculer devant les Japonais, leur livrant ainsi du terrain et le maréchal Yen Sie-san l'avait condamné à mort.

S'était-il montré incapable, mauvais stratège, le soupçonnait-on de trahison, ou bien avait-il été réellement vaincu et contraint au recul qu'on lui reprochait ? — L'opinion publique était partagée à ce sujet. Un bruit, qui aurait paru extravagant partout ailleurs qu'en Chine, courait aussi. Le général n'était point mort disait-on. A sa place, un pauvre hère condamné à la peine capitale — ou, qui sait, un innocent quelconque, suffisamment drogué pour être hors d'état

1. Plon, Paris. Réédité en 1978.

de révéler la substitution — avait été fusillé au petit jour. Sauvant ainsi sa vie, au prix d'une forte rançon, le général était allé se terrer, incognito, dans un endroit écarté.

Dans l'ordre hiérarchique de l'armée du Chansi, ce Li était tenu pour occuper la troisième place. La première appartenait au maréchal Yen Sie-san et la seconde à ce général courtaud et bedonnant que j'avais vu à Wou tai chan et qui, en des circonstances de comédie, était passé à l'ennemi [1].

Je doute que l'on connaisse jamais, à l'étranger, le nombre exact des exécutions de généraux et de fonctionnaires qui ont eu lieu, en Chine, pendant la guerre et les circonstances, parfois burlesques, qui les ont amenées. Tandis que j'étais à Hankéou, les journaux annoncèrent qu'un général avait été fusillé parce qu'il s'était marié. — Le mariage est défendu, aux officiers, pour la durée de la guerre. — Or, contrevenant à cette défense, ledit général avait pris femme et, au lieu de le faire discrètement, il avait voulu célébrer ses noces en grande pompe. La nouvelle épousée s'acheminait avec un imposant cortège vers la résidence de son mari, lorsqu'elle se trouva être veuve avant de l'atteindre.

Un incident amusant vint, un jour, égayer la monotonie des bombardements. Un petit chien, appartenant à des voisins, hantait l'enclos de l'ancienne Mission. Il n'avait pas manqué de venir sonder mes dispositions à son égard et, les ayant trouvées amicales, il rôdait souvent autour de ma maison, en réclamant l'entrée à grand bruit. Cette petite bête présentait cette particularité bizarre que ses hurlements d'impatience ressemblaient, exactement, à ceux des sirènes signalant l'arrivée des avions ennemis. Or, un soir, comme je rentrais, après une promenade, le domestique m'avertit que M. et Mme Z... m'attendaient au salon. Je m'y rendis immédiatement et le trouvai vide. Interrogé, le domestique me répondit que les visiteurs étaient arrivés depuis pas mal de temps et j'en conclus que, las d'attendre, et la topographie de l'endroit leur étant familière, ils étaient sortis par la porte voisine du garage, ayant peut-être à faire dans le voisinage de la rue sur laquelle elle s'ouvrait.

Sur ce, l'heure de mon repas étant venue, je me mis à table avec Yongden. Nous mangions, lorsque M. et Mme Z... entrèrent dans la salle à manger.

« — Vous dînez », me dit Mme Z... « Il fait nuit ; ils doivent être partis. »

« — Qui, *ils* ? — Des avions ?... Il n'y a pas eu de raid. On m'a dit que vous m'aviez attendue. Vous êtes bien aimable d'avoir pris la peine de revenir. »

« — Revenir !... Nous ne sommes point partis. Nous sommes res-

1. Voir chap. IV.

tés dans le caveau... Pas de raid !... Nous avons bien entendu la sirène ; nous étions, alors, au salon. »

« — Vous avez rêvé. »

Tandis que nous parlions, le toutou sentant les plats posés sur la table et trouvant que je tardais trop à lui en donner sa part, se mit à moduler ses lamentations de sirène.

« — Oh ! » s'écrièrent mes amis. « C'était ce maudit animal ! Nous avons passé près d'une demi-heure dans ce caveau infect ! »

Leur aventure était amusante et ils finirent, comme nous, par en rire de bon cœur.

Pendant ce temps, les blessés ramassés, dans la matinée, au cours d'un véritable raid, râlaient dans les hôpitaux. Mais l'on s'habitue à tout, à la guerre comme à toute autre chose. Elle n'empêche pas la vie d'aller son train et les gens de trafiquer, de convoiter, d'aimer... et de rire.

A Taiyüan, elle ne semblait pas, non plus, avoir éteint, chez les dilettanti, l'amour de la musique.

Souvent, le soir, je restais contre la grille de la cour qui précédait ma demeure, regardant le va-et-vient des passants, dans la rue — une des principales artères de la ville. En face de moi, se trouvait le magasin d'un luthier. Or, jamais je ne manquais, étant à mon poste d'observation, d'y voir entrer des clients. Un soir, deux soldats descendirent de rikshaw devant la porte du magasin. Les bagages qui encombraient les petits véhicules et la direction dans laquelle ceux-ci se dirigeaient, indiquaient que leurs occupants se rendaient à la gare. Tous deux examinèrent longuement des flûtes, les essayèrent et finirent par exécuter un duetto qui ne manquait pas d'agrément. Après quoi, ils payèrent leurs emplettes, insérèrent les flûtes parmi leurs bagages et les coolies entraînant les pousse-pousse les emmenèrent grand train.

Où s'en allaient-ils ?... Qui sait ?... — Peut-être au front.

Enfin, un jour, à midi, on m'apporta une lettre du Révérend Pr...

« Votre argent est arrivé », écrivait-il « et M. X... a télégraphié à ses domestiques leur commandant de vous remettre vos bagages ».

Je ne fis qu'un bond jusqu'à la Mission, y touchai l'argent que le Révérend Pr... avait déjà reçu de la Poste — l'envoi ayant été fait à son nom — et expédiai le cuisinier et le Mongol chez les X... pour y prendre mes colis.

Il était grand temps que des fonds me parvinssent. Depuis quelques jours déjà, seuls des trains militaires circulaient sur la ligne, conduisant vers le fleuve Jaune, par où l'on pouvait gagner Sian. La distribution des billets aux voyageurs civils avait été suspendue et pouvait ne pas être reprise. Par contre, il était redevenu possible d'atteindre la grande ligne d'Hankéou *via* Shih Kia Chwang, mais les Japonais avançaient très rapidement ; il était probable que le nombre des jours pendant lesquels l'on pourrait encore accéder à Shih Kia Chwang serait très limité.

Tandis que le Révérend Pr... me communiquait ces informations, les sirènes donnèrent l'alarme. Nous nous séparâmes, lui, se rendant dans un abri situé, je crois, près de l'hôpital et Yongden et moi, en gagnant un autre, très profond, qui s'ouvrait dans le jardin.

Les fillettes de l'orphelinat s'y réfugiaient, pendant les raids, avec une dame anglaise, Miss Beulah Gladbys, qui avait charge d'elles. Les gamines, insouciantes, comme on l'est à leur âge, prenaient grand plaisir aux alertes qui les faisaient descendre dans ce souterrain et Miss Gladbys et moi, nous nous amusions à les entendre babiller. Qui se doutait, alors, que cette charmante femme était comme un de ses collègues de la Mission baptiste, le docteur Wyatt, destinée à périr tragiquement, quelques mois plus tard ?

A l'époque où ce drame eut lieu, Taiyüan était déjà occupé par les Japonais. Le docteur Wyatt, Miss Gladbys et une autre personne, avec un chauffeur chinois, se rendaient, en auto, je ne sais où [1], lorsqu'à une distance assez considérable de Taiyüan, des coups de feu furent tirés sur la voiture. Le docteur Wyatt fit immédiatement arrêter celle-ci et en sortit en déployant un drapeau anglais. Ceux qui mitraillaient les voyageurs le virent-ils ?... Le reconnurent-ils ?... Ils ne cessèrent pas de tirer. Le chauffeur eut le poignet brisé, Miss Gladbys fut mortellement atteinte dans l'auto, et le docteur Wyatt, qui n'avait pas cessé d'agiter son drapeau, tomba mort dans le fossé qui longeai la route.

Je me permettrai de continuer à anticiper sur les événements pour raconter comment Mrs Wyatt, par une sorte de sentiment prémonitoire, parut avoir deviné le sort funeste de son mari.

Elle avait quitté Taiyüan, avec ses enfants, pour se réfugier à Hankéou, comme j'allais le faire, et logeait chez des missionnaires de ses amis. Partie de Taiyüan après elle, j'emportai, pour les lui remettre, des lettres à son adresse, arrivées, après son départ, chez le Révérend Pr... M'étant donc rendue au siège de la China Inland Mission, où elle résidait, le chef de la maison me confia qu'il était fort inquiet à son sujet. Sa nervosité excessive, ses crises de larmes, les supplications qu'elle adressait aux directeurs de la Mission, pour qu'ils ne permettent pas à son mari de retourner à Taiyüan et lui assignent un autre poste, dépassaient de beaucoup, en intensité, toutes les manifestations auxquelles on peut s'attendre de la part d'une épouse

1. Au moment où je rédige cette relation, je suis au Tibet, bien loin de Taiyüan. Je n'ai pu apprendre que l'essentiel de ce triste événement, sans aucun détail.

affectionnée, en proie à la crainte. On eût vraiment dit que la certitude d'un accident fatal, dont son mari serait victime, s'était imposée à la pauvre femme.

Je vis le docteur Wyatt, à Hankéou, alors qu'après y avoir conduit sa femme et ses enfants, il se disposait à regagner l'hôpital des baptistes à Taiyüan. Je lui fis part de l'inquiétude que le pénible état nerveux de sa femme causait à tous ceux qui l'entouraient. Il se montrait visiblement affligé, mais il m'expliqua qu'il était nécessaire à Taiyüan, où j'ai cru comprendre qu'il restait le seul médecin. « Je dois m'en retourner », conclut-il, « c'est mon devoir. »

Tristes mais nobles fins que celles de cette femme qui n'avait pas voulu quitter les orphelines qui lui étaient confiées et du médecin retourné à son poste, sous la tempête, parce que c'était « son devoir ».

Sans soupçonner les tristes événements qui s'approchaient, Miss Gladbys et moi, dans le souterrain, écoutions le bruit, devenu familier, de l'explosion des bombes, les pétarades des mitrailleuses et les réponses inefficaces des canons de la défense aérienne, dont la portée, comme celle de presque tous leurs semblables, en Chine, n'était pas suffisante pour atteindre les avions ennemis. Ceux-ci ayant disparu, les sirènes nous en avertirent. Yongden et moi prîmes congé de nos aimables hôtes : nous devions quitter Taiyüan le lendemain.

En retournant chez moi, je croisai plusieurs civières sur lesquelles on emportait des blessés ensanglantés, tous civils. Une fois de plus les Japonais avaient fait de la *bonne besogne*.

Pendant mon absence, mes domestiques avaient amené mes bagages. Il s'agissait d'y remettre de l'ordre, de remplir avec les vêtements et les livres, rapportés de Wou tai chan, les caisses trop peu garnies pour pouvoir voyager sans que leur contenu soit bouleversé. J'avais aussi à emballer ce qui avait été sorti des valises et des paniers pendant mon séjour à Taiyüan. Je comptais faire ce travail dans la soirée et dans la matinée suivantes.

Un peu après trois heures, un reporter américain, Mr Steel, si ma mémoire est exacte [1], se présenta.

« — Nous partons, ce soir, à cinq heures, pour Hankéou », me dit-il, « le docteur Wyatt et Mrs Wyatt avec leurs enfants, Mr Nan et moi. » — Je crois me rappeler qu'il me parla, aussi, d'une autre famille qui devait voyager avec eux. — « Voulez-vous venir avec nous ? »

Cela m'était impossible. En une heure — car le train partant à cinq heures, il m'aurait fallu quitter la maison à quatre heures —

1. La carte de mon visiteur, portant son nom et, aussi, celui du journal auquel il appartenait a été perdue avec la valise dans laquelle je l'avais mise.

mal secondée par des domestiques sans énergie, je ne pouvais pas songer à empaqueter tout ce qui était déballé dans les diverses chambres de mon logis et à ordonner le contenu des bagages que je venais de recouvrer.

« — Impossible », répondis-je, à mon visiteur, « je dois m'en fier à ma bonne chance. Je partirai demain. »

A mon insu, je venais de tenter le Destin et me préparais une aventure pénible.

Après le départ du reporter, une dame française qui, comme Mme X..., avait épousé un Chinois, vint me demander si je voulais l'accompagner à la Mission catholique. Elle y allait visiter un appartement, dans un immeuble appartenant à cette Mission et situé en face de ses jardins.

Le mari de ma compatriote occupait un poste d'ingénieur lorsque, les Japonais ayant envahi l'endroit où il se trouvait, il avait dû le quitter. Étant sans domicile, il chercha un logis à Taiyüan, sa ville natale. Les fillettes du ménage faisaient leur éducation chez les religieuses et c'est ainsi que la Supérieure avait offert, à leurs parents, l'appartement qui allait devenir vacant.

J'eus la surprise de reconnaître, en cette Supérieure, une religieuse que j'avais connue, autrefois, à Tchéngtou, au Szetchouan, et à qui je gardais un très affectueux souvenir.

Conduite par elle, nous allâmes visiter l'appartement qu'elle proposait à ma compatriote. Il était habité, pour le moment, comme la plus grande partie de l'immeuble, par des Russes blancs émigrés.

L'on s'accorde pour considérer la population chinoise des basses classes sociales, comme l'une des plus malpropres du monde, mais que dire de la saleté de ces Russes ! La plus dégoûtante des auberges chinoises était d'une propreté hollandaise en comparaison du logis où j'entrais.

De grandes pièces claires, bien ventilées, qui eussent pu être agréables à habiter, ces misérables avaient fait une porcherie. Dans tous les coins se voyaient des monceaux de détritus et de chiffons et le plancher, qui n'avait jamais été balayé, en était, aussi, jonché ; de petits enfants aux vêtements maculés, aux faces barbouillées, se traînaient parmi ces ordures. Quatre grabats, leurs couvertures crasseuses déjetées, encombraient le passage au milieu des chambres. La maîtresse de ce taudis, sa tignasse non peignée tombant sur un visage que l'eau n'avait pas touché de longtemps, causa pendant quelques instants avec la Supérieure, puis nous nous retirâmes.

A quelle catégorie sociale ces Russes pouvaient-ils appartenir ? — Je me le demandais, en sortant. Il ne semblait pas que ce fût à l'une de celles qui pouvaient avoir à redouter les effets d'une révolution prolétarienne. Que n'étaient-ils restés dans leur pays. On leur y aurait probablement inculqué — ou, du moins, on l'aurait enseigné à leurs enfants — ce genre de respect de soi-même qui se manifeste par la propreté.

« — Seigneur ! » soupirait la dame française. « Il faudra huit jours et une équipe de nettoyeurs pour décrasser cet appartement ! »

« — Et il en est de même aux autres étages. Toute la maison, que ces Russes ont trouvé propre à leur arrivée, est maintenant dans cet état », gémissait la Mère Supérieure. « Ils ont pourtant l'eau à leur porte, dans le jardin et j'ai fait distribuer des balais et des torchons ! Il n'y a rien à faire. Nous devrions les expulser, mais en ce temps de guerre, où pourraient-ils aller ?... Alors nous n'osons pas les chasser... Ce sont des malheureux... »

La charité est patiente ; elle supporte toutes choses [1], a dit l'apôtre Paul. Cette phrase d'une de ses épîtres me revenait à la mémoire tandis que je rentrais chez moi.

Le lendemain, bien avant midi, mes valises étaient fermées, les ballots cordés et les caisses clouées. Yongden se rendit à la gare et y apprit qu'un train — le dernier, assurait-on — quitterait Taiyüan pour Shih Kia Chwang, vers cinq heures du soir. Quant à la correspondance avec le train d'Hankéou, nul ne pouvait rien affirmer à ce sujet. Ce n'était pas rassurant. Nous nous étions trop attardés à Taiyüan, mais nous n'aurions pas pu faire autrement.

Dans tous les cas, il fallait partir. A défaut de train, à Shih Kia Chwang, peut-être pourrions-nous faire voiturer nos bagages sur une charrette ou, même, sur des rikshaws, pendant trois ou quatre jours, jusqu'à une gare, plus éloignée du front, où les trains arriveraient encore. Quant à nous, une longue marche ne nous effrayait pas.

Dès le matin, la gare de Taiyüan avait déjà été envahie par une foule de gens désireux de partir. En tout pays, durant cette cohue, on eût ouvert les guichets et distribué les billets au fur et à mesure des demandes, afin d'éviter du désordre à la dernière heure. L'administration chinoise voyait les choses différemment. La distribution des billets et l'enregistrement des bagages ne commenceraient, tous deux, qu'à quatre heures.

« — Nous sommes quatre », dis-je à Yongden, quand il me rapporta ces nouvelles, « nous monterons dans le même compartiment et prendrons, avec nous, autant de bagages que nous le pourrons : au moins, toutes les valises. » Et j'expliquai minutieusement, aux domestiques, ce que je désirais, leur désignant les colis dont ils devraient se charger.

Tandis que nous mangions hâtivement, les sirènes donnèrent l'alarme, mais nous étions trop pressés de terminer notre repas pour l'interrompre en descendant dans l'abri.

Deux avions passèrent au-dessus de nous et nous entendîmes leurs

---

1. Première épître aux Corinthiens, XII, 4-6.

mitrailleuses cracher un peu plus loin. Yongden et moi continuions à manger autant que nous le pouvions : à manger « pour l'avenir ». De précédentes expériences nous avaient enseigné la prévoyance. Nous ne pouvions deviner combien de temps s'écoulerait avant que nous fassions un autre repas.

Lorsque nous entendîmes, enfin, le signal permettant de sortir, il nous fut difficile de trouver, rapidement, le nombre de rikshaws nécessaires pour transporter nos bagages à la gare. Les coolies traînant ces véhicules s'étaient abrités pendant le raid et dès qu'ils réapparaissaient ils étaient immédiatement pris par des gens qui, ayant été longtemps immobilisés, désiraient se rendre, promptement, où ils avaient affaire.

Yongden était retourné, seul, à la gare, dès la fin du raid pour se placer dans la queue des aspirants voyageurs qui allaient défiler devant le guichet et obtenir des billets aussi promptement que possible.

Nous achevions de charger nos colis dans les pousse-pousse que nous avions, enfin, réunis lorsque le lama revint, l'homme qui le voiturait courant à toute vitesse.

« — Venez, mais venez donc ! » hurla-t-il, hors de lui. « Le train va partir. On a avancé l'heure de son départ ! »

Notre cortège s'ébranla. Hélas ! les coolies lourdement chargés ne pouvaient point courir. Nos exhortations et leurs réels efforts n'accéléraient guère leur marche qui devint encore plus lente lorsqu'ils abordèrent les rues en pente, montant vers la gare.

Devant celle-ci, Yongden, qui nous avait devancés, gesticulait.

« — Vite ! vite ! Allez chercher une place dans le train et tâchez de m'en garder une », me dit-il. « Prenez ces sacs avec vous. Je vais vous aider à les porter jusqu'au quai. Les garçons apporteront le reste. »

Le train était déjà plein jusque dans les couloirs qu'encombraient des passagers assis sur leurs bagages. Néanmoins, je parvins à découvrir un compartiment où il me parut qu'en déplaçant deux bébés couchés sur de volumineux ballots posés sur les banquettes et en enlevant ces ballots, nous arriverions à nous caser. Je le fis comprendre aux occupants du compartiment qui se préparaient à passer la nuit, à peu près confortablement. Saisissant successivement les bébés, je les déposai sur les genoux des femmes qui se trouvaient à ma portée et qui se hâtèrent de s'en débarrasser en les rendant à leurs mères. J'esquissai, ensuite, un coup de pied dans la direction des ballots, ce qui décida l'un des Chinois à les ajouter au tas qui s'élevait déjà près de la fenêtre, entre les banquettes, puis je rangeai mes sacs près de moi, informant mes compagnons qu'un monsieur allait venir s'asseoir à cette place. Pour qu'on n'en puisse pas douter, Yongden m'avait donné son pardessus que j'étalai sur les sacs.

Pas mal de temps s'écoula. Le lama ne revenait pas ; le train allait-il partir sans lui ?... Enfin, je l'aperçus, sur le quai, suivi de Hortche, l'air plus niais que jamais, qui portait un petit paquet, enveloppé dans un linge : ses provisions pour le voyage, sans doute.

« — Où est le cuisinier ? » demandai-je à Yongden, dès qu'il fut à portée de voix. « Et où sont les valises que Hortche et lui devaient apporter ? »

« — Ils ont enregistré tous les bagages ensemble, tandis que je vous accompagnais », me répondit-il, « mais les employés qui sont au guichet m'ont assuré qu'on les embarquerait et on les a emmenés tout de suite sur des brouettes. Je les ai suivis des yeux jusqu'au fourgon et le cuisinier est allé s'assurer qu'on les y plaçait. »

Celui-ci arriva peu après, marchant le long du train, nous cherchant. Yongden le héla.

« — Tout est rangé dans le fourgon », nous dit-il.

Cette information aurait dû me rassurer, mais je restai inquiète. Le train démarrait ; Yongden sauta sur le marche-pied et, se frayant un chemin dans le couloir encombré, vint s'asseoir près de moi. Le cuisinier le suivit, allant à la recherche de son compagnon.

Nous roulions, lorsque quelqu'un se précipita sur le quai, criant mon nom. Je mis vivement la tête à la fenêtre et eus le temps de recevoir un paquet de lettres que le Révérend Pr... me confiait pour les remettre à plusieurs de ses amis à Hankéou. Dans le nombre était le courrier du docteur et de Mrs Wyatt, arrivé après leur départ. C'est ainsi que, comme je l'ai déjà raconté, j'eus l'occasion de faire la connaissance de Mrs Wyatt que je n'avais pas vue à Taiyüan.

Le train dont on avait annoncé le départ avant l'heure fixée, partait, en fait, avec plus d'une heure de retard et, bientôt, il fit nuit.

Dans les voitures emportant le double — probablement davantage — des voyageurs qu'elles étaient faites pour contenir, chacun s'était casé, en hâte, sans distinction de classes [1]. Un numéro, peint sur la boiserie, désignait le compartiment où je me trouvais, comme appartenant à la seconde classe ; toutefois, ses banquettes très étroites n'étaient pourvues d'aucun capitonnage ; nous étions assis sur le bois nu.

D'après l'horaire, nous devions arriver à Shih Kia Chwang dans la nuit. Me trouvant heureusement placée dans un coin, près du couloir, je m'installai, les jambes repliées, à l'orientale, désireuse de faire un somme avant le moment du changement de train.

Vaguement, je perçus, au cours de la nuit, que nous nous arrêtions fréquemment et pendant longtemps, mais je m'efforçai de ne pas

1. Les tarifs des chemins de fer chinois doublaient successivement le prix des billets, d'une classe à l'autre. Le parcours coûtant 10 dollars en troisième classe en coûtait 20 en deuxième et 40 en première. Peut-être ces tarifs ont-ils été modifiés depuis lors.

m'éveiller tout à fait, ce à quoi je n'eus pas beaucoup de peine, car mon sommeil est excellent. Je me réveillai à l'aube.

« — Comment pouvez-vous dormir si profondément ? » me dit Yongden. « Moi je n'ai pas fermé l'œil. »

Et comme je bougeais, pour changer de position, il ajouta rapidement :

« — Faites attention ! Ne mettez pas les pieds par terre ! »

Je regardai. Pendant mon sommeil, l'aménagement du compartiment avait été modifié. Les ballots que j'avais fait enlever pour m'asseoir, avaient été replacés à l'autre extrémité des banquettes et leurs propriétaires étaient juchés sur eux. Une mare s'étendait dans l'espace vide.

« — Qu'est-ce que cette inondation ? » demandai-je au lama. « Et... cette odeur », ajoutai-je, mes sens engourdis par le sommeil, recommençant à fonctionner.

« — Ça », répondit mon fils, « c'est du *pipi*. Ils ont laissé les enfants se satisfaire sur le plancher, chaque fois qu'ils en avaient besoin. » — Outre les deux bébés, il y avait, avec nous, trois garçons plus âgés. — « Et l'un d'eux », continua Yongden, « a fait plus que le "petit", dans le crachoir. Ils ont poussé l'ustensile sous la banquette. »

Contre la fenêtre, un panier, sur lequel d'autres colis étaient empilés, baignait fâcheusement. Ses propriétaires ne paraissaient pas s'en soucier. Les pauvres gens ne pouvaient guère être blâmés. Bloqués comme ils l'étaient, le cabinet leur était inaccessible. Lorsque après d'énergiques efforts, je réussis à l'atteindre, je le trouvai occupé par trois femmes qui y avaient passé la nuit, faute d'autre endroit où se mettre. L'une d'elles, qui était assise sur le couvercle du siège, se leva pour me laisser la place libre. La guerre supprimait toutes les conventions polies ou décentes établies par la civilisation : nous redevenions des animaux.

Nous nous arrêtâmes, encore une fois, pendant longtemps, près d'une petite gare. Deux trains nous y croisèrent, se suivant de près, tous deux archibondés de soldats. Il faisait, alors, grand jour ; dans les voitures l'on apercevait des blessés portant des bandages ensanglantés, d'autres étaient couchés sur des civières placées dans des wagons découverts.

Des voyageurs, qui avaient passé la nuit étendus dans le couloir, descendirent pour prendre l'air ; j'en profitai pour glisser un de mes sacs contre la vitre et m'en servir comme de siège.

Des troupes arrivaient, en longues files, par la route qui remontait la vallée, d'autres suivaient le bord de la voie. Des centaines de mules, de chevaux et d'ânes les accompagnaient, chargés de bagages. Certains soldats portaient, sur leur épaule, à la manière des coolies, un long bambou à chaque bout duquel pendait un plateau en osier tressé. Ils transportaient, ainsi, de menus objets et, souvent, parmi eux, l'indispensable cuvette en fer émaillé, aux multiples usages, dont j'ai déjà parlé [1].

Tous marchaient lentement, en silence. Leur allure pesante, leurs épaules courbées dénotaient une extrême lassitude. A l'aide de mes jumelles, je distinguai d'autres troupes, encore, sur la rive opposée de la rivière et il en arrivait toujours, du bas de la vallée.

« — Viens voir », dis-je à Yongden. « Voici une armée en retraite. Cela ne présage rien de bon pour nous. »

Arriverions-nous jusqu'à Shih Kia Chwang ? — Je me le demandais.

Le train se remit en marche et roula lentement pendant, peut-être, une heure, puis j'entendis des cris. Le mécanicien serra brusquement les freins, les voitures s'entrechoquèrent brutalement. Des gens criaient *fidji ! fidji !* (avion) et s'élançaient au-dehors. Le ronflement d'un moteur, que le bruit produit par le train nous avait empêché de percevoir, s'entendait fortement. L'avion était sur nous. Je l'entrevis, plongeant à grande vitesse, comme si ses ailes allaient labourer les toitures de nos voitures.

« — Couche-toi ! » criai-je à Yongden qui se trouvait à mon côté dans le couloir et, en même temps que je me jetai sur le plancher, je l'attirai près de moi.

La rafale passa : *rac tac tac*. L'avion n'insista pas et continua sa route. Il devait avoir affaire ailleurs et nous avait seulement arrosés en passant. Notre voiture était indemne, mais on entendait des cris vers la fin du train.

Des employés pressaient les voyageurs qui étaient descendus de regagner leurs places : le train allait repartir immédiatement. Les compartiments et les couloirs furent, de nouveau, encombrés et la foule, avide de nouvelles, s'entassa, à s'étouffer, du côté de la voiture qui avait été atteinte. Un peu plus tard, j'entendis dire qu'il y avait eu deux morts et trois blessés, dont l'un, sérieusement. Cette information était-elle exacte ? — Je n'ai pas pu la contrôler.

Près d'arriver à Shih Kia Chwang, je vis trois cadavres étendus, en plein soleil, sur le quai d'une gare. L'un d'eux était couché sur une civière, les deux autres gisaient sur le sol. On avait retroussé la veste kaki de l'un d'eux, de façon à lui couvrir le visage, mettant ainsi le ventre à nu. Un autre avait la tête barbouillée de sang ; le troisième, la bouche large ouverte, montrait toutes ses dents.

Un peu après midi, le train arriva à Shih Kia Chwang, mais s'arrêta bien avant la gare, dans une large allée le long de laquelle se trouvaient les villas que la compagnie française constructrice de la ligne ferrée, avait bâties pour ses agents.

Malgré l'incurie de l'administration chinoise qui, depuis le rachat

1. Chap. IV.

du chemin de fer, en négligeait l'entretien, l'aspect de celles-ci restait encore coquet, lorsque je les avais vues en me rendant à Taiyüan. A leur place, je trouvais des morceaux de bois déchiqueté et de pierres écroulées. Le pont sous lequel les trains passaient pour entrer en gare avait été démoli en partie, et tout le quartier avoisinant était en ruine.

Dès que les voyageurs furent descendus, une autre foule, qui attendait le train, se précipita pour prendre leurs places et s'en aller dans la direction d'où nous venions. Ainsi en était-il presque partout. Les populations affolées ne songeaient qu'à se sauver, sans être capables de raisonner leurs mouvements. Les paysans des villages du sud couraient vers le nord et ceux du nord, vers le sud. Fuir... fuir ! N'importe où, mais fuir !...

Pour moi, l'important était de m'assurer que mes bagages allaient être transportés à la gare de la grande ligne pour y être embarqués dans le train de Hankéou. J'allai donc vers le fourgon. Des hommes s'occupaient à le détacher du train, mais il était encore fermé. La locomotive était partie, prendre de l'eau, me semblait-il. Un employé qui passait en courant, jeta, sans s'arrêter, quelques mots à Yongden : les bagages seraient portés à la grande ligne, un peu plus tard.

Cette information ne me satisfit qu'à demi ; cependant, comme le fourgon demeurait fermé, je pensai que le mieux était de nous rendre à la gare. Nous nous y enquerrions de l'heure du départ de notre train et j'enverrais le cuisinier acheter des provisions, tandis que le Mongol garderait les petits colis que nous avions avec nous. Je pourrais, ensuite, retourner au fourgon pour m'assurer que mes bagages étaient bien dirigés comme il convenait.

Je trouvai la gare déserte ; seul, un soldat y demeurait en faction. Les bâtiments qui avaient souffert des bombardements, les voies jonchées de débris et les maisons des alentours, transformées en morceaux de décombres, présentaient un aspect lamentable.

J'aperçus un homme d'équipe errant du côté des aiguilles et le hélai. Répondant à ma question, il me dit qu'un train, venant du sud, était attendu dans la nuit et repartirait vers deux heures du matin.

Cela faisait environ douze heures à passer à Shih Kia Chwang. Malgré la longueur de l'attente, mieux valait demeurer à la gare comme je l'avais décidé. La ville se trouvait assez loin d'elle, on devait en fermer les portes pendant la nuit, ce qui nous forcerait à quitter, bien avant le départ du train, l'auberge où nous aurions pu nous abriter. D'ailleurs, je tenais à surveiller l'arrivée et l'embarquement de mes bagages.

Je commençais à expliquer aux domestiques ce que nous allions faire lorsque le soldat factionnaire intervint.

« — Allez-vous-en », dit-il. « Il n'est pas permis de rester ici. »

« — Nous devons partir par le train », lui expliqua Yongden.

« — Peu importe, vous reviendrez. Maintenant, allez-vous-en tout de suite. »

Nous en aller... où ?... L'homme d'équipe avec qui j'avais parlé nous proposa de nous conduire à une auberge voisine.

J'acceptai.

Au lieu de se diriger vers les murs de la ville, l'homme nous emmena dans la direction opposée, du côté du faubourg en ruine. Les rues étaient complètement désertes. De distance en distance, un factionnaire montait la garde. Pourquoi ? — Peut-être pour empêcher que des pillards ne fouillent les ruines.

Notre guide nous conduisit à une auberge délabrée à laquelle ne restait que la moitié de son toit.

Pouvait-on y obtenir quelque chose à manger ? — Non. Du thé à boire ? — Non.

Il fallait en revenir à l'idée d'envoyer le cuisinier acheter des provisions.

« — Avez-vous, ici, un abri où l'on puisse se mettre en cas de raid ? » demanda Yongden, au patron.

« — Non, mais vous pouvez être tranquille, ils ne reviendront pas de ce côté. Il ne reste plus rien qui vaille à détruire, dans le quartier. »

C'était vrai.

« — Où allez-vous ? » nous demanda, ensuite, l'aubergiste.

« — A Hankéou.

« — Comment ?

« — Par le train qui partira cette nuit.

« — Il n'y a pas de train ici.

« — Il en arrivera un cette nuit.

« — Oh ! arrivera-t-il ? — Ce n'est pas certain. Les Japonais ne sont pas loin. »

Pas loin, je n'en doutais pas ; mais ils n'étaient pas encore là. Il restait, peut-être, le temps d'aviser et, si le train ne venait pas, d'obtenir des moyens de transport pour avancer d'une trentaine de kilomètres vers le sud, le long du chemin de fer et ne pas être enfermé dans les lignes des envahisseurs.

« — Va acheter de quoi manger, au plus près possible », commandai-je au cuisinier. « Hortche restera ici, gardant nos sacs. Je vais m'occuper des bagages. »

Avec Yongden je m'en retournai vers l'allée où notre train s'était arrêté. Il était toujours là. J'apercevais sa locomotive évoluant comme pour effectuer une manœuvre et son fourgon, détaché, isolé à une petite distance de lui, sur une autre voie, me semblait-il. Évidemment, l'on procédait à son déchargement car sa porte était ouverte et plusieurs caisses étaient posées, à terre, devant elle. Nous arrivions juste à temps. Tout en continuant à marcher, je tâtai mon bulletin de bagages dans mon sac à main, prête à le montrer aux employés, à désigner mes colis et à donner une gratification généreuse pour les faire enlever devant moi et transporter au dépôt de la grande ligne.

Soudain, des cloches et des sirènes sonnèrent, précipitamment, le second signal — celui qui annonce l'arrivée imminente des avions ennemis. Le premier signal qui, généralement, le précède d'au moins un quart d'heure n'avait certainement pas été donné ; non seulement nous ne l'avions pas entendu, mais les gens de notre auberge et les quelques passants que nous avions rencontrés ne paraissaient pas, non plus, se douter de l'approche du danger.

Immédiatement, les voyageurs déjà installés dans le train se précipitèrent au-dehors. Quelques soldats, en faction près de là, accoururent et leur crièrent, à plusieurs reprises, des phrases que nous ne comprîmes pas.

Un certain nombre de Chinois s'enfoncèrent dans un abri souterrain qui s'ouvrait dans l'avenue, mais celui-ci dut être rapidement plein, car je vis des gens refluer au-dehors. Nous n'avions aucune chance d'y trouver place.

La majorité de ceux qui avaient évacué le train étaient, déjà, hors de l'avenue, courant en trébuchant ou se couchant parmi les ruines des habitations qui la bordaient.

Un des soldats nous aperçut, restés seuls dans l'espace vide et nous cria de nous cacher, à l'instant. C'était bel à dire ; nous nous trouvions au centre d'une large allée.

A quelque distance de nous, dans la direction d'où nous étions venus, une maison demeurait, encore, en partie debout.

« — Vite ! » criai-je à Yongden, qui m'avait devancée lorsque nous nous étions dirigés vers le fourgon et je lui fis signe, avec le bras, lui désignant la maison et me mettant à courir vers elle.

Le soldat hurla encore quelque chose, de toute la force de ses poumons. Je me retournai, faisant, de nouveau, signe au lama de me rejoindre : les avions arrivaient.

Pan !... Une détonation derrière moi. Elle ne venait pas du ciel. Le soldat avait tiré sur moi. Volontairement, ou non, il m'avait manquée.

Comme je l'ai déjà dit, il est défendu d'être dehors, après le second signal d'alarme et, encore plus, de courir et d'agiter les bras. En le faisant, on devient suspect de donner des indications aux aviateurs ennemis. Ma mimique, adressée au lama, avait été mal interprétée.

Le sentiment du devoir n'était, heureusement, pas assez impérieux chez ce guerrier, pour le porter à récidiver en s'exposant lui-même. Tournant la tête, je le vis courir vers un côté de l'avenue et se coucher dans un fossé.

Rac-tac-tac, nasillaient les mitrailleuses. *Boum !* tonnait, plus loin, une bombe. *Boum !* lui répondait une autre. *Rac-tac-tac*...

Assis sur des planches brisées, parmi les débris de ce qui avait été les murs et le mobilier d'une villa, nous attendions la fin de la tourmente.

Le silence se fit. Les sirènes n'avaient point donné le signal annonçant le départ de l'ennemi, mais quelques soldats parurent, une demi-douzaine, puis un autre groupe plus nombreux : ils remontaient l'avenue.

« — Peut-on sortir ? » leur demanda Yongden.

Deux ou trois d'entre eux lui firent signe que oui. Comme j'émergeais des ruines, les soldats me reconnurent pour une étrangère et l'un d'eux me dit :

« — Vos domestiques vous attendent sur le pont. »

Que faisaient-ils sur le pont ? — Qu'étaient-il encore arrivé ?... Je jetai un coup d'œil en arrière, vers le fourgon. De loin, je n'aperçus aucun employé près de lui. Je reviendrai, pensai-je, mais il faut d'abord savoir ce que mes garçons me veulent.

Je n'eus pas le temps d'arriver jusqu'au pont. Le cuisinier accourait au-devant de moi, effaré.

« — Venez ! venez ! » s'exclama-t-il en me voyant. Le train est arrivé ; il repart immédiatement. Hortche est sur le pont, avec les sacs. Courons ! C'est le dernier train. Dans une heure, les Japonais seront ici... »

Je regardai dans la direction du fourgon. — Il commençait à faire sombre sous les arbres et notre route avait fait un léger coude pour rejoindre la chaussée qui traversait le pont du chemin de fer. — Je ne le vis plus et entendis, seulement, le roulement d'un train qui s'éloignait : celui dans lequel nous étions venus et qui s'en retournait vers Taiyüan. Les soldats qui étaient passés près de nous s'y étaient, probablement, embarqués. Les sentinelles que j'avais remarquées près du pont, dans l'après-midi, ne s'y trouvaient plus.

« — C'est le dernier train !... Les Japonais sont là !... » hurla, encore une fois, le cuisinier terrifié.

Le fourgon... mes bagages... mes livres, mes notes, mes photographies, mon travail de trois mois à Wou tai chan !...

Je continuais à regarder du côté de l'avenue, ne pouvant pas me décider à m'éloigner. Vers le ciel assombri, montait une large lueur rouge. Les bombes devaient avoir allumé des incendies quelque part.

« — Le dernier train... » murmura Yongden.

Et, tous les quatre, nous nous mîmes à courir vers la gare.

Le train était là, indescriptiblement bondé : les toits des voitures couverts de passagers, des hommes accrochés aux flancs de la locomotive, assis sur le charbon du tender, quelques-uns à califourchon sur les tampons, dont les employés du chemin de fer s'évertuaient à les déloger. Je me hissai sur un marchepied, Yongden me poussant dans le dos pour me faire pénétrer dans la foule : les domestiques poussaient Yongden.

Il n'est de cohue si dense qu'elle ne puisse, encore, être comprimée davantage. J'arrivai jusqu'au second compartiment à partir de l'entrée, mais là, tout effort pour avancer échoua devant une barricade d'humains et de bagages impossible à entamer. Je regardai dans le compartiment. Entre les banquettes entièrement occupées, près de la porte, sur un gros ballot, je pouvais, à la rigueur, m'asseoir, à condition qu'un gamin de huit à neuf ans, qui y était allongé, ne se montrât pas trop turbulent ; mais je me promettais de réprimer ses velléités de gambiller.

Yongden resta debout et les domestiques retournant vers la plateforme disparurent je ne sais où.

Nous partîmes presque immédiatement, à l'allure d'un convoi de marchandises. Comme la veille, les voitures n'étaient pas éclairées et dès que nous eûmes dépassé les lumignons espacés sur le quais de la gare, nous fûmes dans une obscurité presque complète. De même que la veille, nous nous arrêtions longuement aux stations se trouvant sur notre passage. L'on entendait, alors, des bruits d'altercations et de bousculades. Des fugitifs cherchaient à s'introduire dans notre train et cette fois, sans doute, une plus forte « compression » était devenue impossible.

Puis ce furent les enfants — dont une demi-douzaine se trouvaient avec nous — qui s'agitèrent manifestant des besoins pressants. Il ne pouvait être question d'utiliser le plancher, comme l'avaient fait mes compagnons de la nuit précédente. D'un bout à l'autre des voitures il était occupé par des voyageurs. Aux arrêts, on passa les petits par les fenêtres, les soutenant dans le vide. Des femmes, à leur tour, n'y purent plus tenir et aidées par des hommes qui paraissaient être leurs maris, deux d'entre elles sortirent par la fenêtre et rentrèrent par la même voie. Un gros homme, beaucoup trop corpulent pour pouvoir les imiter, finit par s'agenouiller sur la banquette pour se satisfaire au-dehors. Bien dégoûtants devenons-nous dès que nous font défaut les moyens inventés par la civilisation pour dissimuler notre animalité.

A l'un des arrêts, un officier ventru entra, accompagné de deux ordonnances. Un bruit de lutte avait précédé son arrivée. Ses ordonnances devaient avoir témoigné leur zèle en malmenant les Chinois qui encombraient le couloir. Ils se préparaient à recommencer leur manœuvre avec les hôtes de mon compartiment afin d'y ménager une place pour leur chef. Ne me voyant que de dos, l'un des soldats voulut me déloger de mon sac en me poussant. Je me levai d'un bond et envoyai un énergique coup de poing au malotru. L'officier s'empressa d'intervenir pour calmer l'ardeur de son subordonné. Rapidement, les parents du gamin assis près de moi l'avaient transporté plus loin ; un autre enfant fut aussi déplacé. Yongden profita de ces mouvements pour se glisser sur la banquette, près de la porte, et les soldats poussèrent un gros sac à côté du mien, pour servir de siège à leur officier.

Nous roulions toujours lentement, de plus en plus lentement, semblait-il. Je finis par sommeiller, repliée sur moi-même. Tous, autour de moi, dormaient aussi. Une sensation insolite me réveilla. Quelque chose de chaud et de mou s'appuyait sur ma joue. J'y portai la main. Le gros officier chinois s'était endormi et, en dodelinant de la tête, pendant son sommeil, il m'avait prise pour oreiller. Le « quelque chose de chaud et de mou » était sa joue sur la mienne. Je me retirai autant que je le pus et interposai un coin de ma pèlerine de scout entre le bonhomme et moi, sans que mes mouvements le réveillassent. L'un des soldats ronflait, accoté à mon dos.

Du côté opposé à celui par lequel je voisinais, plus étroitement que je n'eusse jamais pu l'imaginer, avec un officier chinois, une femme, collée elle aussi contre moi, tenait un bébé dans ses bras. Un accident, tout naturel, mais bien mal venu, dans la situation où nous nous trouvions, se produisit. La pauvre maman coincée entre la paroi de la voiture et moi qui ne pouvais bouger, serrée comme je l'étais par les deux guerriers, cherchait à arracher des morceaux de la robe du bébé pour les utiliser comme serviettes et remédier quelque peu au désastre. Par-dessus mon épaule, avec le seul bras qu'il m'était possible de mouvoir, je lui passai du papier que j'avais dans ma poche... L'officier continuait à m'écraser les côtes de tout son poids ; Yongden, endormi, étendant inconsciemment les jambes, lui avait appliqué ses pieds sur le flanc et le maintenait, ainsi, pressé contre moi.

On étouffait dans la voiture ; des gens remuèrent le long du couloir et baissèrent une vitre presque en face de notre compartiment. Des bouffées d'air frais s'y précipitèrent, fouettant la face des dormeurs et les réveillant. L'officier se redressa, son ordonnance se leva et je profitai de la liberté que leur changement d'attitude me procurait, pour passer dans le corridor où je m'insérai entre un homme et une femme, devant la fenêtre ouverte. J'avais été pendant si longtemps repliée et comprimée, sur mon sac, que me tenir droite me délassait et j'éprouvais grand plaisir à dégorger l'air méphitique qui m'emplissait les poumons. Mes deux voisins sommeillaient à demi, tout debout : la femme soutenue par une pile de bagages qui obstruait le passage et l'homme étayé par d'autres voyageurs.

Mes pensées n'étaient rien moins qu'agréables. J'énumérais, dans mon esprit, toutes les choses précieuses pour moi, que je venais de perdre : livres tibétains, copies de manuscrits rares que j'avais fait faire à Wou tai chan, nombreuses notes, fruits de lectures assidues et d'enquêtes laborieuses. Mes pertes matérielles ne laissaient pas, non plus, que d'être importantes. La nuit sombre et la fatigue que j'éprouvais contribuaient à accentuer la mélancolie à laquelle j'étais en proie.

Le train s'arrêta, de nouveau. Nous devions être en face d'une gare se trouvant du côté opposé à celui vers lequel j'étais tournée. Je ne voyais qu'un terre-plein, formant quai, sur lequel des hommes s'agitaient à la lueur de quelques lanternes.

Des soldats blessés arrivaient, la tête ou les bras entourés de bandages, l'un d'eux s'appuyait sur une béquille ; deux civières suivaient et furent déposées devant ma voiture.

Tandis que les hommes capables de marcher étaient aidés à monter dans la voiture qui précédait la mienne, les porteurs de l'une des civières voulurent entrer celle-ci, avec le blessé couché sur elle, dans celle où je me trouvais.

La porte de la plate-forme devait être bloquée par les gens et par les colis massés devant elle : les infirmiers ne réussissaient pas à l'ouvrir.

Pour une raison quelconque, l'arrêt qui, en d'autres endroits, s'était prolongé, devait être écourté en celui-là. Des hommes en uniforme apparurent, parlant fort, avec un ton de commandement. Visiblement, ils ordonnaient aux brancardiers de se presser. Alors, la porte ne cédant toujours pas, ceux-ci, perdant la tête, se mirent à la marteler à grands coups avec l'extrémité des longs bâtons de la civière sur laquelle le pauvre soldat était allongé. Le malheureux était-il plongé dans le coma, insensible à la souffrance, ou incapable de la manifester : il ne poussa pas un cri.

Les porteurs de la seconde civière, voyant la difficulté que leurs camarades rencontraient, soulevèrent leur blessé que l'un d'eux emporta, sur son dos, vers le train, tandis que l'autre dénouait des cordes attachées aux brancards[1]. Pendant ce temps, les hommes en uniforme continuaient à leur crier des ordres et à les presser.

Un des brancards étant dégagé, le pauvre Chinois, harcelé par ses chefs, conçut l'idée baroque d'embarquer celui-ci en le glissant dans le train par la fenêtre qu'il voyait ouverte devant lui. Les lanternes éclairaient à peine ; je compris son intention trop tard pour avoir le temps de m'accroupir. Le bout du bâton, poussé fortement, me frappa la bouche. A ce moment, je devais l'avoir entr'ouverte ; mes dents, à leur grand dommage, reçurent le coup directement. Je n'ai pas souvenance d'avoir crié, je n'ai souvenance de rien, je m'évanouis immédiatement.

Mes deux voisins s'en aperçurent-ils, ou bien crurent-ils que j'es-

---

1. Il ne faut pas se représenter ces civières primitives comme ressemblant à celles des ambulances de la Croix-Rouge, en Europe.

sayais de m'asseoir ? — Ils ne m'accordèrent aucune attention. Je revins à moi affaissée sur leurs pieds, la tête ballottant et frappant contre la paroi du couloir.

Le train roulait, nous étions, de nouveau, dans l'obscurité ; je sentais, dans ma bouche, la saveur du sang. Je tirai mon mouchoir de ma poche, le pressai sur mes lèvres et, à tâtons, regagnai mon compartiment.

Le gros officier avait changé de position ; sa tête s'appuyait contre les genoux de Yongden. Quelques-uns de mes compagnons de voyage ronflaient, pressés les uns contre les autres sur les banquettes, ou entre celles-ci. Je m'assis sur mon sac, comme précédemment... Le train roulait toujours, lentement, dans la nuit. Il me semblait que j'allais continuer à rouler, ainsi, dans ces ténèbres, pendant l'éternité...

Au cours de la matinée, nous nous arrêtâmes dans une gare importante ; plusieurs trains placés entre nous et les bâtiments de la station, m'empêchaient d'y lire le nom de la ville où nous nous trouvions. Je crois que c'était Changteh, mais je n'eus pas le loisir de m'en informer. On annonçait que notre train ne dépasserait pas Chengchow (Tchéng-tou) mais qu'un autre, allant directement à Hankéou, était à côté de lui, prêt à partir.

En grande hâte, nous transbordâmes. Quel soulagement d'entrer dans une voiture propre, au couloir libre ! La plupart des compartiments étaient occupés par des officiers, nous en trouvâmes, pourtant, un encore vide : il était de seconde classe, à quatre couchettes. Je finissais de m'y installer, avec Yongden, lorsque parut le gros Chinois qui m'avait prise pour oreiller, pendant la nuit précédente. Lui aussi transbordait. Ses ordonnances apportèrent le sac volumineux sur lequel il avait été assis dans l'autre train et qui paraissait constituer tout son bagage.

Il s'étendit, immédiatement, sur une des couchettes et s'endormit. Quant à moi, j'aurais été heureuse de pouvoir me laver et de rincer ma bouche tuméfiée, mais aucun liquide : eau propre ou thé ne pouvait être obtenu.

Nous passâmes à Chengchow dans l'après-midi. Je me rappelai y être descendue en 1918, à deux heures du matin, venant de Pékin et y avoir pris contact, pour la première fois, avec une auberge chinoise. Je me souvins du dégoût éprouvé, le lendemain matin, lorsqu'une servante apporta dans ma chambre, pour faire ma toilette, une cuvette d'eau, presque bouillante, dans laquelle trempait une petite serviette aussi noire que si l'on s'en était servi pour fourbir des poêles.

Je me rendais, alors, au Kansou ; la Chine différait beaucoup de ce que je la voyais être actuellement. Mille fois plus agréable étaitelle, malgré les auberges minables et leurs serviettes crasseuses.

Celles-ci existent toutjours, du reste, mais nombre de choses plaisantes et pittoresques ont disparu en même temps que la liberté dont les voyageurs jouissaient à cette époque.

Un peu plus loin, à un autre arrêt, des agents de la police entrèrent dans mon compartiment et se mirent à questionner le gros officier. Me regardant, ils lui demandèrent si je voyageais avec lui ; il répondit négativement et, dès lors, ils ne s'occupèrent plus de moi. L'interrogatoire se poursuivit et, bien que je n'en comprisse que très peu de chose, il m'était facile de saisir que l'officier était traité sans aucun égard. Il finit par se mettre en colère. Les autres — ils étaient trois — insistaient pour qu'il descendît du train et allât s'expliquer avec leur chef. L'officier s'y refusait, mais les trois sbires, grimaçant des sourires ironiques, finirent par avoir le dessus ; l'officier se leva et s'en alla avec eux. Descendit-il du train, ou bien le chef de la police l'attendait-il, dans le couloir, au bout de la voiture ?... Il resta absent pendant un long moment et revint avec la mine bougonne de quelqu'un qui digère mal un affront. Il avait, pourtant, dû satisfaire les enquêteurs et sortir, justifié, de l'interrogatoire, car les trois agents et le quatrième individu qui paraissait être leur chef, rangés sur le quai, le saluèrent poliment quand le train se remit en marche.

Il me sembla qu'on lui avait demandé pourquoi il avait quitté le front, où il se rendait et, aussi, des détails sur la position des troupes. Il avait, tout d'abord, décliné de donner ceux-ci, disant qu'il serait passible de la peine capitale s'il divulguait ce qui était le « secret des généraux ». Il déclarait cela en esquissant le geste d'avoir la tête coupée. Pourtant, les autres insistant, il avait été contraint de les instruire, au moins en partie, de ce qu'ils tenaient à savoir.

Étendue sur ma couchette, je passai une nuit calme et reposante. A mon réveil, il pleuvait, nous traversions une région inondée. Yongden m'apprit que le gros officier était descendu, un peu avant l'aube, à une petite gare.

Dans la matinée, nous croisâmes plusieurs trains bondés de soldats szetchouanais ou cantonais. Ils étaient chaussés de sandales de paille, à même leurs pieds nus. Une mince couverture de coton gris leur servait de manteau couvrant leur uniforme de coton porté sur la chair, sans aucun vêtement de dessous. Ainsi, misérablement vêtus, ils allaient voyager pendant plusieurs jours et plusieurs nuits, en wagons découverts, exposés au vent et sous la pluie. Certains avaient étendu leur couverture sur des bambous pour former un abri. Tous ruisselaient. Les mieux garantis étaient ceux qui s'étaient munis de « l'imperméable » des campagnards de leur pays : une épaisse pèlerine en paille et un large chapeau-parapluie, en bambou tressé. En les regardant s'en aller à la guerre accoutrés de la sorte, l'on cherchait, instinctivement, leurs arcs et leurs flèches. Véritablement, on ne pouvait les imaginer combattant avec des armes modernes. D'ailleurs, ils n'en avaient point. Comme au Chansi, je vis, ce matin-là, défiler des milliers de pauvres hères emmenés à pleins wagons, mais je n'apercevais, toujours, ni fusils ni canons. Où ces primitives recrues devaient-elles en trouver ?... Et combien de temps leur faudrait-il pour apprendre à s'en servir ?...

La pluie ne cessait pas ; le vent s'était levé, agressif, la faisant tourbillonner et cingler, méchamment, la face des êtres et des choses. Il faisait froid. Le paysage baignait dans une grisaille morne : une atmosphère de tristesse déprimante enveloppait la douce terre chinoise.

Plus tard, nous traversâmes un massif de montagnes et passâmes le col de Ki Kun chan, près duquel des étrangers ont créé des stations estivales. Dans une petite gare, je remarquai un ouvrier cassant du charbon. Il était assis à même le tas, vêtu d'un imperméable brunâtre dont il avait relevé le capuchon pointu. Vu de dos, il ressemblait à un saint François d'Assise et je regrettai de ne pas avoir un appareil photographique sous la main pour en faire un amusant instantané.

Vers cinq heures du soir, nous passâmes devant un bourg nommé Wa hien, je crois. La localité, qui s'étend, en longueur, en face de la voie ferrée, paraissait être occupée militairement. Toutes les boutiques étaient closes et des sentinelles se voyaient tout le long de la route, absolument déserte. Un homme entrebâillant sa porte pour jeter un regard au-dehors fut brutalement repoussé à l'intérieur par un soldat.

Nous arrivâmes à Hankéou un peu après neuf heures du soir. Notre voyage, depuis le départ de Taiyüan, avait duré trois jours et trois nuits.

Le Révérend Pr... m'avait donné l'adresse d'un hôtel, à Hankéou, je m'y fis, immédiatement, conduire.

« — Pas la moindre place », me déclara le portier hindou [1].

Comme j'insistais pour voir la patronne, celle-ci parut, en peignoir, sur le palier de l'escalier et me confirma qu'il n'y avait pas un coin de libre chez elle. Elle me conseilla, ensuite, de m'adresser à un autre hôtel qu'elle m'indiqua.

On m'y fit la même réponse : toutes les chambres étaient occupées ; Hankéou regorgeait de réfugiés. Peut-être une dame, qui louait des appartements meublés, pourrait-elle nous recevoir, nous dit le patron, et il nous donna son adresse.

Là aussi, la maison était comble.

Tandis que nous déambulions, en rikshaw, le temps avait passé, il

1. A Hankéou, il est de beau style d'avoir un portier hindou.

allait être onze heures du soir, les rues étaient désertes, le vent piquant. Les nerfs de Yongden, surmenés depuis que nous avions quitté Wou tai chan, commençaient à fléchir : les larmes lui venaient aux yeux.

« — Qu'allons-nous devenir ? » gémissait-il.

Moi, je trouvais notre situation originale et je me sentais disposée à en rire, toutefois, je comprenais qu'elle ne devait pas se prolonger indéfiniment.

Un des Chinois traînant nos rikshaws nous proposa d'aller à la « Mission des Américains ». Une Mission n'est pas un hôtel, pensai-je, cependant, peut-être nous y laisserait-on entrer et passer la nuit n'importe où : dans le vestibule, si l'on voulait. Nous ne pouvions guère nous asseoir dans la rue.

La maison que le coolie dénommait « Mission des Américains » était en réalité le Foyer de la Mission luthérienne américaine (Lutheran Mission Home), un très grand bâtiment moderne contenant une centaine de chambres destinées, en principe, aux missionnaires protestants de passage à Hankéou, mais qui pouvaient aussi être louées à d'autres voyageurs.

Je m'y heurtai, de nouveau, à un portier hindou et à son : « Toutes les chambres sont occupées. » Comme preuve de ce qu'il affirmait, il me désignait le tableau, sur lequel, en face de chaque numéro de chambre, un ou plusieurs noms étaient inscrits.

N'importe, j'étais décidée à m'imposer ; je tenais à passer la nuit à couvert.

Je déclarai, fermement, que je ne m'en irais pas. Je voulais voir le directeur ou la directrice de la maison.

Le portier se décida à monter avec moi dans l'ascenseur et à me conduire au cinquième étage où il appela la sous-directrice qui y avait son appartement.

Celle-ci me répéta qu'il n'y avait aucune chambre disponible.

Mais je n'exigeais ni une chambre ni un lit ; je la priais, seulement, de me permettre d'entrer. Elle ne pouvait pas laisser une femme européenne passer la nuit dans la rue...

Cette extrémité lui paraissait, certainement, fâcheuse...

« — Je dois consulter le directeur », me dit-elle. « Descendons. »

L'ascenseur nous ramena au rez-de-chaussée et, après un instant d'attente, je vis un homme corpulent sortir de son bureau où il s'attardait à travailler. Il me regarda pendant un instant, puis s'écria :

« — Comment, c'est vous !... »

C'était « moi », mais je ne reconnaissais pas du tout celui qui paraissait me si bien connaître.

A vrai dire, je tremblais qu'il ne fît erreur et je crois bien que, mue par mon désir d'être sous un toit, même s'il s'était trompé quant à ma personnalité, j'aurais, sans vergogne, profité de sa méprise.

Mais le directeur ne se trompait pas ; sa mémoire valait mieux que la mienne.

« — Sian », me dit-il « Vous alliez au Kansou... »

Eh oui, c'était vrai, nous nous étions rencontrés pendant le séjour de plus d'un mois que j'avais fait dans Sian, assiégé, en temps de guerre civile. C'était, si je ne me trompe, en 1918.

Naturellement, il n'était pas question de me renvoyer.

Au premier étage, un salon, transformé en chambre supplémentaire, attendait un Chinois dont la femme et les enfants habitaient, déjà, la maison.

Peu importait, le monsieur partagerait l'appartement de sa famille. Les circonstances exigeaient que l'on sacrifiât ses aises.

Au même étage, on aménagea une chambrette pour Yongden, dont le directeur se souvenait bien, aussi. J'envoyai les domestiques se loger dans une auberge indigène.

Mon hôte parti, Yongden retiré chez lui, je regardai longuement autour de moi. Probablement avais-je la mine d'un nouvel Elu examinant le Paradis où il vient d'entrer.

Propreté, tranquillité, confort, paix, repos !...

Mais un nouveau coup d'œil me montra, posés l'un à côté de l'autre, un petit sac, un étui à parapluie et une boîte à chapeaux ; le lama avait emporté son nécessaire de toilette dans sa chambre.

C'était, là, avec les vêtements que nous portions sur nous, tout ce qui nous restait !...

Le lendemain, peu après le déjeuner, les sirènes donnèrent l'alarme et j'appris que, quelques semaines plus tôt, la ville d'Anyang, contiguë à Hankéou, avait été dévastée par un raid.

Décidément, Hankéou que j'avais atteint au prix de tant de fatigue, en y venant de si loin, n'avait rien d'un « refuge ».

Et, ensuite ?...

Ensuite, je suis devenue une « fugitive », comme il y en a, présentement, des millions, en Chine.

Tenant toujours à conserver des routes libres devant moi, désireuse aussi, de voir, de près, l'issue du drame dont j'ai contemplé le début, je n'ai pas voulu quitter le pays où il se joue.

Partie d'Hankéou sous un bombardement, j'ai gagné Itchang, puis remonté les rapides du Yangtzé au fond de ses gorges gigantesques, pour aborder à Tchoung King.

Une des premières visites des avions japonais y a fait, dans l'espace d'un quart d'heure, dix mille victimes, beaucoup de celles-ci brûlées vivantes dans leurs maisons en flammes.

Puis, j'ai revu Tchéng-tou, l'opulente capitale du Szetchouan où j'ai vécu paisiblement, il y a quinze ans.

Après quelques mois de calme, une bombe y a démoli le toit de la maison où le manuscrit de ce livre était dactylographié. Tout un quartier — plus de quinze cents habitations — flambait dans son voisinage immédiat.

Passant, ainsi, de ville en ville, j'ai atteint les confins de la Chine, son extrême ouest encore barbare, le pays des pasteurs vivant sous les tentes noires et des brigands-gentilshommes, dont j'ai parlé ailleurs [1].

ÉPILOGUE

A Dartsédo (Marches tibétaines). — Le danger s'en approche.

Sans l'avoir projeté, me voici revenue au Tibet.

Mais les « nuées d'orage » se font de plus en plus sombres. Elles ont gagné cette haute terre des dieux ; près de ma cabane [2], au seuil des solitudes, l'on commence à installer des sirènes et à creuser des abris souterrains... En prévision de *ce qui pourrait advenir* [3].

L'autre jour, cherchant un lieu de retraite pour l'heure d'un danger possible, je suis allée reconnaître un vieux cimetière dont les tombes s'accrochent au flanc de la montagne, parmi un chaos de rochers provenant d'un éboulement ancien... Après avoir erré de « refuge » en « refuge », peut-être en viendrai-je à devoir aller m'abriter parmi les morts.

Peut-être, aussi, pour se soustraire aux maux que leur démence crée, les hommes n'auront-ils, bientôt, plus d'autre refuge que la Mort.

Dartsédo (Dar-rtsé-mdo), Marches tibétaines, août 1939.

Une relation de voyage, faisant suite à celle-ci, paraîtra sous le titre : *l'Ouest barbare de la grande Chine.* A moins que...

---

1. *Au pays des brigands gentilshommes.* (Plon.)
2. A 2 600 mètres d'altitude.
3. Comme je finis de relire cette page, me disposant à envoyer, demain, mon manuscrit à Plon, le bruit court que Yachow, à une demi-heure de vol d'ici, a été bombardé au cours de l'après-midi.

APPENDICE

Chants patriotiques chinois [1]

Chant appelant le peuple combattre.

Venez vous qui ne voulez pas vivre en esclave.

Pour protéger notre pays, avec nos os et notre sang, bâtissons un rempart autour de lui.

L'épreuve présente est bonne et décisive pour la République chinoise.

Que chacun surmontant les liens qui l'attachent à son village natal pousse avec force le cri d'appel : Venez ! Venez ! Unissons-nous !

De nos esprits unis, faisons un seul esprit !

Chants des hommes résolus.

Quoi que vous deviez rencontrer : vie ou mort, levez-vous, allez de l'avant, ne reculez pas.

Nos frères ont été tués par milliers et l'on nous a volé notre terre.

Levez-vous, ne reculez pas, quoi que vous deviez rencontrer : vie ou mort.

Que ceux qui ont des sabres prennent leurs sabres ; que ceux qui n'en ont pas, s'arment de bâtons.

Nous ne pouvons rien endurer de plus.

Nous ne livrerons rien de la terre chinoise ; rien, pas même la longueur d'une coudée.

Que les hommes de races différentes habitant nos provinces se lèvent ensemble pour combattre.

Frères restez debout et fermes ; ne reculez pas déprimés.

Pour prendre la vie de l'ennemi offrez votre corps et votre vie.

Le moment est venu ; on ne peut l'éviter.

Le moment est venu.

1. La traduction que j'en donne est une traduction libre qui donne le sens des paroles, sans prétention à un mot à mot rigoureux.

CHANT NATIONAL CHINOIS

Triple Démisme [1]

Comme je l'entends chanter par les élèves d'une école de garçons, à Tatsienlou, pendant que, le matin, l'on hausse le drapeau national au mât placé dans la cour de l'école, ou qu'on l'en descend le soir.

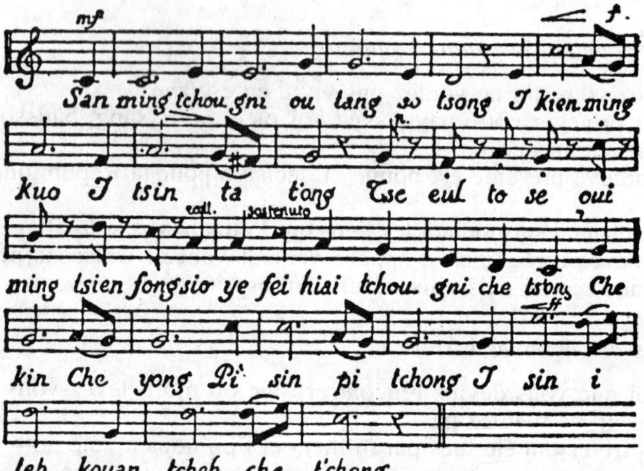

Trois Principes du Peuple
O mon Parti, auquel j'adhère !
C'est toi le fondement de la République
Toi, qui t'es répandu parmi tout le peuple
Tous tes fondateurs en qui nous avons confiance
Sont notre avant-garde !
Jour et nuit, sans lâcheté, nous suivons ces principes
Soyons vaillants et courageux,
Généreux et fidèles !

Ayons un seul cœur et une seule vertu
Et gardons imprimés dans le cœur
Tes Principes jusqu'à la Mort [2] !

1. On appelle « Triple démisme » les trois principes de la souveraineté du peuple énoncés par Sun Yat Sen.
1° Ming sên : Principe vital, l'Économique — Socialisme ;
2° Ming kuen : Principe égalitaire, la Politique — Démocratie ;
3° Ming tsou : Principe racial, l'Ethnique — Nationalisme.
2. Je suis redevable pour cette traduction au R.P. V...

Ruines d'un temple à Chang Haï pendant la guerre sino-japonaise (1937-1945).
(Cette photo et les suivantes ont été prises par Alexandra.)

Orphelins de guerre pris en charge par le Guomindang (lieu non précisé).

Fantassins de l'armée de Tchang Kaï-check prêts à partir au front.

Victimes de la famine au Setchouan
attendant une distribution de vivres.

Ravages de la guerre dans une ville chinoise (lieu non précisé).

Exécution de traîtres. Leur nom figure sur la pancarte
qu'ils portent au dos.

A L'OUEST BARBARE
DE LA VASTE CHINE

AVANT-PROPOS

Me voici au pays de Kham ! Me voici revenue en terre tibétaine !

Je me répétais cela mentalement en arrivant, passablement moulue, à Tatsienlou, à la suite d'une odyssée harassante qui avait débuté dans le voisinage de la Mongolie et s'était poursuivie pendant près de deux années à travers la Chine envahie et bombardée [1].

Aller au Tibet oriental n'entrait nullement dans les plans que j'avais formés en quittant la France pour retourner une fois de plus en Asie. J'aurais dû être étonnée de m'y retrouver, mais j'avais totalement perdu la faculté de l'étonnement. Depuis le début de la guerre sino-japonaise, les événements m'avaient poussée de-ci, de-là, sans qu'il me fût jamais permis de diriger mes mouvements ou d'en prévoir les résultats.

La comparaison familière du bouchon flottant sur l'océan et ballotté par les vagues paraissait tout à fait me convenir et il m'était arrivé d'en rire en des moments que certains auraient peut-être qualifiés de tragiques.

Cependant, les vagues s'étaient montrées propices au petit « bouchon pensant » que j'étais ; elles m'avaient généralement jetée en des endroits où les sujets d'intérêt ne manquaient pas.

Ils ne manquaient certes pas à cette turbulente zone frontière où la Chine cesse d'être purement chinoise, le Tibet d'être purement tibétain et où, ajoutant encore à l'attrait piquant de l'ambiance chaotique, Lolos et autres aborigènes apportent constamment leur contribution d'étrangeté.

En fait, comme d'ordinaire, au cours de mes voyages précédents, je n'avais rien à regretter et pouvais plutôt remercier le destin qui m'avait conduite où je me trouvais.

---

1. Voir le livre précédent : *Sous des nuées d'orage.*

CHAPITRE PREMIER

Notes historiques

Parmi les habitants des territoires confinant à la frontière occidentale de la Chine, en existe-t-il qui peuvent être regardés comme de véritables aborigènes ? Des recherches méthodiques effectuées au Tibet ou dans les immenses solitudes du Koukou-Nor (nouvelle province de Ching-Hai) amèneraient-elles la découverte des restes de leurs ancêtres ou de vestiges de leur industrie datant d'une époque où l'homme était encore à peine devenu un « homme » ? Des individus du genre de l'Homme de Pékin, des cousins asiatiques de celui de Néanderthal ont-ils erré dans ces régions ? Actuellement, nous n'en savons rien.

D'autre part, si les habitants de ces pays descendent tous d'immigrants, les lieux d'origine de ces derniers et les routes qu'ils ont suivies nous sont, en bien des cas, mal connus ou même complètement inconnus.

Un renseignement nous est pourtant fourni par les vieilles chroniques chinoises. Quels qu'aient pu être les lointains ancêtres des Chinois, qu'ils aient été des aborigènes du bassin du fleuve Jaune ou bien des immigrants venant de l'Asie Centrale ou de régions du Sud avoisinant la Birmanie actuelle, la Chine n'était point déserte à l'époque de leurs pérégrinations. Au cours de celles-ci, ces anciens Chinois rencontrèrent des hommes d'une autre race que la leur. Nous basant sur les chroniques chinoises, nous pouvons croire que ces « sauvages », comme les Chinois les dénomment, étaient établis en Chine 2 700 ans avant Jésus-Christ[1].

Ces prédécesseurs des Chinois s'appelaient Is. Se donnaient-ils eux-mêmes ce nom ? — Ce n'est point certain. Les anciennes chroniques chinoises les désignent ainsi et *I* signifie « sauvage ». Mais peut-être est-ce que c'est parce que ces indigènes moins civilisés qu'eux se dénommaient *Is* que les Chinois ont fait de ce nom le synonyme de « sauvage » ?

---

1. Dans tout ce qui suit, le lecteur devra se souvenir que les dates des périodes avant Jésus-Christ reposent généralement sur des conjectures. Elles servent simplement à situer approximativement dans le temps les événements auxquels elles se rapportent. Il est même prudent de ne pas considérer comme absolument exactes beaucoup de dates concernant la période avant l'an mille de notre ère. Un bon nombre de celles-ci font l'objet de discussions de la part des historiens chinois.

Ces *Is* sont décrits comme étant de haute stature, ayant le teint brun, de longs cheveux noirs, les pommettes saillantes et le nez droit. Leurs grands yeux non bridés leur donnaient une physionomie très différente de celle des individus d'origine mongole. En fait, ils ressemblaient aux Indiens Peaux-Rouges de l'Amérique.

Peut-être serait-il plus correct de dire que les Indiens d'Amérique leur ressemblent parce qu'ils sont leurs descendants. En effet, l'on croit que certaines tribus de *Is* sont passées d'Asie en Amérique alors que ces deux continents n'étaient pas encore séparés par le détroit de Behring, ou à une période quelconque de l'époque néolithique. On peut même penser qu'un pareil voyage a pu être effectué à une époque plus tardive ; le détroit de Behring ne constitue pas une barrière infranchissable pour des hommes possédant des embarcations. De nos jours, des Esquimaux de l'Alaska passent d'Amérique en Asie dans leurs canots.

Il ne semble pas que les *Is* aient été originaires des territoires où les Chinois les rencontrèrent. Les anciens historiens croyaient plutôt que, venues du Nord ou du Nord-Ouest, certaines de leurs tribus s'étaient peu à peu acheminées vers des régions plus centrales de la Chine. Quoi qu'il en soit, leurs descendants existent toujours dans la partie du Tibet oriental dénommée Kham, dont une portion a été incorporée dans la province chinoise du Sikang.

Malgré les métissages fréquents en cette région frontière où les mariages mixtes sont nombreux, les arrière-petits-fils des *Is* ont conservé tous les traits caractéristiques mentionnés par les anciens chroniqueurs chinois.

L'une des singularités de Tatsienlou [1], la capitale du Sikang, est la présence de ces grands gaillards, si parfaitement semblables aux Indiens Peaux-Rouges, qui déambulent par les rues étroites, vêtus de volumineuses houppelandes en peau de mouton, bousculant au passage les menus Chinois, tels de puissants hippopotames fonçant sur un troupeau d'antilopes.

Quant aux Tibétains, qui ont joué un rôle si important à la frontière occidentale de la Chine, ils se donnent une origine bizarre.

A une époque très éloignée — rapportent leurs livres d'histoire — les habitants du Tibet étaient des êtres non humains, des démons-ogres. Dans le dessein d'adoucir leur nature féroce, un Bodhisattva [2] assumant la forme d'un singe s'en alla résider dans leur pays. Il s'y installa dans une caverne, parmi les montagnes, à la manière des ermites. Une ogresse s'éprit de lui et le singe divin l'épousa afin

1. Tatsienlou est le nom inscrit sur les cartes. C'est pourquoi je l'ai conservé. Le véritable nom tibétain de la localité est Dartsédo. Les Chinois ont renommé Tatsienlou, Kangting.

2. En Bouddhisme, un Bodhisattva est un individu très parfait, supérieur aux dieux, qui est capable de devenir un Bouddha dans une prochaine existence.

que de leur union naquît une race meilleure. Les descendants de ce couple sont les Tibétains actuels.

Allusion est souvent faite à cette légende lorsque les Tibétains veulent désigner quelqu'un de foncièrement bon. « Celui-là est véritablement un être humain », disent-ils. Ils tiennent pour entendu que la majorité d'entre eux — et des hommes en général — sont encore animés d'instincts bestiaux et loin d'avoir atteint le degré d'évolution qui doit en faire des humains sans mélange.

Cette légende dérive, peut-être, de vagues traditions concernant une époque très ancienne où des aborigènes encore presque à demi simiesques peuplaient le Tibet. Et si l'on refuse aux Tibétains cette haute antiquité, il est du moins plausible de les imaginer établis au Tibet central alors que des *Is* l'étaient à l'est du pays.

D'après leurs légendes, les Tibétains ont commencé par se nourrir d'air. Respirer leur suffisait.

Nous pouvons remarquer, en passant, que se nourrir d'air est l'un des buts que les mystiques taoïstes se sont proposé depuis de nombreux siècles. D'après eux, c'est là un des moyens propres à rendre immortel.

L'entraînement classique consiste, premièrement, à s'abstenir de tout aliment grossier tel que la chair des animaux, puis à rejeter, progressivement, les légumes et les fruits, diminuant peu à peu la quantité de nourriture absorbée jusqu'à la réduire à presque rien. Ensuite, tous les aliments solides sont abandonnés ; l'on se contente de boire de l'eau pure. Enfin, la culmination de l'entraînement est atteinte et respirer suffit au solitaire qui s'est exercé sur les montagnes, pour absorber des éléments nutritifs contenus dans l'air et pour soutenir ainsi son existence indéfiniment, peut-être pour toujours.

Toutefois, « respirer » doit s'entendre, ici, d'une façon particulière, différente de celle que tous nous pratiquons inconsciemment tant que dure notre vie. Et à cette façon spéciale d'ingérer l'air et d'en assimiler les principes nutritifs, l'aspirant à l'immortalité ou, tout au moins, à une extraordinaire longévité s'exerce pendant un très grand nombre d'années.

Les récits des Tibétains nous les montrent comme ayant suivi une marche inverse. D'abord, l'air seul constituait leur nourriture. Leur corps était, alors, d'une légèreté extrême ; ils pouvaient se transporter, à volonté, à travers l'espace.

A noter encore que la même faculté est aussi attribuée aux ermites et aux magiciens taoïstes [1].

---

1. Les sectateurs de la religion qui existait au Tibet avant l'introduction du Bouddhisme dans le Tibet sont dénommés Böns. Les Chinois les considèrent comme identiques à leurs Taoïstes et l'on est fondé à croire qu'il en est foncièrement ainsi. Cependant, il faut comprendre que les écrivains chinois emploient alors le nom taoïste dans une large acception, qui inclut des individus vivant avant l'époque de Lao-Tse. Du moins à celle où l'on place ce presque légendaire personnage.

Quelques-uns ayant porté de la terre à leur bouche lui trouvèrent une saveur agréable. Ils en instruisirent les autres et tous commencèrent à manger de cette terre qui était une sorte de gelée et fondait aux rayons du soleil. D'autres versions disent qu'une espèce de grain, pareil à de la rosée, couvrait la terre chaque matin et s'évaporait sous l'action du soleil. Ayant commencé à s'alimenter, les Tibétains perdirent leur légèreté et la faculté de se promener dans l'espace. Ils eurent aussi besoin de continuer à manger. Plus tard, ils goûtèrent du riz qui croissait à l'état sauvage et comme son goût leur plut, ils s'en nourrirent. Dès ce jour, la gelée terrestre fut tarie. Le riz qu'ils coupaient repoussait de lui-même ; néanmoins, des idées de prévoyance germèrent dans le cerveau de certains. Ne pourrait-il pas advenir, se demandèrent-ils, que le riz, une fois coupé, cessât de repousser ? Ne serait-il pas prudent d'en faire des provisions ? Ils amassèrent des réserves de riz et, depuis ce moment, le grain coupé ne repoussa plus.

Ils se querellèrent entre eux pour la possession des réserves de riz et élirent des chefs afin que ceux-ci édictent des lois concernant le droit de propriété et les relations sociales et fassent observer ces lois.

Sous les descriptions fantaisistes de la légende, nous pouvons discerner les étapes d'hommes très primitifs ayant commencé par se nourrir de plantes sauvages et du produit de leur chasse et qui se trouvèrent progressivement amenés à cultiver le sol et à élever des troupeaux. De nos jours encore, un grand nombre de Tibétains se bornent à l'élevage du bétail. Les régions de haute altitude où ils vivent se prêtent mal à l'agriculture, mais, en dehors de ce fait, les pasteurs vivant sous la tente tiennent l'agriculture en médiocre estime. Récolter des fruits, des racines et des plantes sauvages comestibles est pratiqué par tous les Tibétains qui en ont l'occasion.

De plus, dans la dernière légende que j'ai mentionnée, nous trouvons la description, non plus d'une évolution vers le progrès, comme dans l'histoire du singe-dieu et de l'ogresse, mais, au contraire, d'une chute. Pour les auteurs de ces contes, la civilisation comportant le principe d'autorité représenté par des lois et par des chefs est un état social décidément inférieur à celui où les manifestations violentes de l'égoïsme n'ont pas lieu de se produire et où, par conséquent, la nécessité de les réprimer ne se fait pas sentir.

Revenant sur la faculté de se transporter à travers l'espace dont ils croient que leurs ancêtres étaient doués, il faut dire que les Tibétains ne doutent nullement que cette faculté est toujours le fait d'individus exceptionnels : magiciens ou saints ermites. Plusieurs voyages effectués à travers les airs sont attribués à Milarespa le célèbre anachorète-poète (Xe-XIe siècle) et quelques lamas contemporains passent pour avoir voyagé de la même manière. J'ai connu, personnellement, deux de ceux-ci. L'un d'eux, qui est spirituel à ses heures, me dit un jour, à ce propos : « Oui, beaucoup de gens m'ont vu planant dans les airs ; il n'y a que moi qui ne me suis jamais vu ainsi. »

Les thaumaturges tibétains, comme ceux des autres pays, cultivent volontiers — à part eux — un aimable scepticisme quant aux miracles qu'il opèrent.

Les *Is* que rencontrèrent les ancêtres des Chinois étaient de véritables « primitifs ». Ils chassaient avec des arcs et des flèches dont les pointes étaient des silex taillés [1] et se servaient d'outils en pierre. Ils ne se livraient ni à l'agriculture, ni à l'élevage.

Les vieux historiens chinois mentionnent, tout d'abord, la présence des *Is* vers le nord de la Chine. Au temps de l'empereur Yao (2357-2286 av. J.-C.), il en existait dans la région qui forme le Chantoung actuel. Sous le règne de Choun (2255-2224 av. J.-C.) ces barbares devinrent menaçants. Ils harcelèrent les Chinois, se livrant à de fréquentes incursions sur les territoires où ceux-ci étaient établis.

Nous voyons là le début de luttes qui allaient se poursuivre pendant de nombreux siècles et qui ne sont pas encore entièrement terminées aujourd'hui.

Les *Is* n'étaient d'ailleurs pas les seuls barbares qui se pressaient autour des Chinois. Les chroniques mentionnent des Mâns, des Joûns, des Tis et d'autres encore. Plus tard, quand ceux-ci eurent été repoussés, soumis, ou vaguement assimilés, ce furent les Tibétains, partagés en plusieurs tribus et diverses hordes, apparentés aux Huns et aux Mongols, qui manifestèrent leur activité dans les régions confinant à l'extrême-ouest de la Chine.

Un récit détaillé des luttes soutenues par les Chinois contre ces populations étrangères remplirait de nombreux volumes. Une brève esquisse suffira ici, mais elle est indispensable pour donner une idée de l'atmosphère politique dans laquelle baignent les nouvelles provinces occidentales de la Chine : le Sikang et le Ching-Hai.

Plus de vingt siècles avant notre ère, les Chinois avaient déjà réussi à imposer aux *Is* une sorte de demi-vasselage. Toutefois, ceux-ci ne tardèrent pas à secouer un joug qui leur pesait. Sous le règne de Châo K'ang (2079-2058 av. J.-C.), une expédition dut être envoyée contre eux pour les ramener à l'obéissance.

Un nouveau soulèvement eut lieu sous le règne de Koéi Kie (1818-1767 av. J.-C.). Les *Is* envahirent, alors, la vallée de la Wei.

La Wei est la rivière qui traverse la province du Chensi et passe devant Sian, sa capitale. En pénétrant dans cette vallée, les barbares s'avançaient donc vers le cœur de la Chine.

Sous le règne de Tchéou-Sinn (1154-1123 av. J.-C.) la région confinant au Chansi [2], au Kansou ou au Ching-Hai, qui est située à l'intérieur de la boucle du fleuve Jaune, était administrée par les

1. De nos jours, des indigènes des Himalayas chassent avec des flèches dont les pointes sont en bambou. Ils ne sont, d'ailleurs, pas du tout des « sauvages ».

2. Ne pas confondre la province du Chansi avec celle du Chensi.

Chinois. Un préfet y exerçait l'autorité. Autorité peu souvent effective, du reste.

Ce lointain prédécesseur des gouverneurs actuels du Ching-Hai et du Sikang devait, à part son costume, leur ressembler en bien des points. Les difficultés que ses turbulents administrés lui suscitaient ressemblaient, aussi, à celles qui surgissent aujourd'hui, mais sur une beaucoup plus grande échelle, car les Barbares de l'Ouest étaient, à cette époque, beaucoup plus nombreux et plus puissants qu'ils ne le sont de nos jours.

L'esquisse historique présentée ici devant être bornée aux principaux événements qui se produisirent à la frontière occidentale, les écarts de dates existant entre les faits qui y sont relatés ne doivent point porter le lecteur à croire que, dans l'intervalle, les Chinois furent laissés en paix. Il n'en est rien. Ils eurent, fréquemment aussi, à se défendre en d'autres parties de leur pays.

En 376 avant Jésus-Christ, les tribus des *Is* établies au Yunnan, à l'est des montagnes qui bordent la rive gauche du Yangtzé, se reconnurent vassales du royaume chinois de Ts'inn. L'on sait qu'à cette époque la Chine se composait de plusieurs États distincts, souvent en guerre les uns contre les autres.

Cette situation n'a *en fait* guère changé au cours des siècles. Bien que, nominalement, la Chine soit un seul État divisé en provinces, ces provinces ont toujours été plus ou moins indépendantes. Le 23 novembre 1945, on annonçait que la vaste et riche province de Szetchouan avait été choisie par le gouvernement pour faire l'expérience d'un gouvernement autonome. Véritablement, le Szetchouan entendait se rendre indépendant et la mesure prise par le gouvernement central est probablement l'acceptation d'un état de choses qu'il lui était impossible de modifier.

Vers l'an 130 avant Jésus-Christ, les *Is* occupaient les territoires s'étendant au sud de Tchengtou, la capitale actuelle du Szetchouan, jusqu'au Yunnan, le long de la rivière Min. Ils étaient divisés en plusieurs tribus que l'empereur Ou-Ti pacifia au moyen de cadeaux et soumit à sa suzeraineté. Une préfecture chinoise fut, alors, établie dans leur pays, non loin de la frontière actuelle de la province de Sikang.

Cependant, peu après, en 126 avant Jésus-Christ et durant les années suivantes, Ou-Ti ayant successivement envoyé quatre expéditions qui devaient se rendre dans l'Inde en passant par le Yunnan, les *Is* s'opposèrent à leur passage. Des combats eurent lieu dans lesquels les Chinois eurent le dessous. Finalement, les membres survivants de ces expéditions durent rebrousser chemin.

En 86 avant Jésus-Christ, les *Is* se révoltèrent, rejetant le vasselage qu'ils avaient accepté une vingtaine d'années auparavant. Matés par une armée chinoise, ils se soulevèrent de nouveau en 83 avant Jésus-Christ et furent encore battus. Leur défaite ne les empêcha point, en 12 avant Jésus-Christ, de massacrer le préfet chinois qui leur avait été imposé... Et la lutte continua.

A une époque relativement plus récente, vers 873 de notre ère, le roi du Yunnan battit l'armée impériale et étendit son autorité sur une vaste partie du pays. Impressionnés par le pouvoir qu'il avait acquis, les *Is* établis au sud-ouest du Szetchouan, au nord-est du Yunnan et dans une partie du pays inclus aujourd'hui dans le Sikang, se soumirent à lui. Les Lolos des montagnes du Sitchang les imitèrent. Mais comme précédemment, le vasselage accepté par ces Barbares fut de courte durée et de nombreux incidents troublèrent la paix des quatre siècles qui suivirent.

Il est rapporté que l'empereur Koubilaï Khan, petit-fils de Gengis Khan, venant du Yunnan, traversa le Szetchouan et, à l'ouest de ce pays, rencontra des Tibétains indépendants qui se soumirent à lui.

Les historiens chinois distinguent ces Tibétains des *Is*. Ces derniers s'étaient, une fois de plus, rendus indépendants lorsque Koubilaï chargea son lieutenant Ouleanghotaï de les ramener sous l'autorité de la Chine. Cela fut achevé en 1265.

Quittant les *Is* qui, peu à peu, se confondirent politiquement avec d'autres Barbares, ou se mêlèrent aux Tibétains, il nous faut porter notre attention sur ces derniers. Ceux-ci ont été, pour les Chinois, des voisins beaucoup plus gênants que les anciens *Is* et les explosions occasionnelles de leur turbulence n'ont point fini de les inquiéter.

Un siècle avant Jésus-Christ, des Tibétains étaient déjà établis le long des frontières occidentales de la Chine dans les mêmes endroits où nous les trouvons aujourd'hui. Leurs différentes tribus occupaient tout le pays s'étendant du Koukou-Nor (le grand Lac Bleu) jusque par-delà Tsaïdam et les lacs Oring et Noring. L'on rencontrait aussi leurs camps dans les régions avoisinant les cours du Haut Mékong et de la Haute Salouen. En somme, en dehors du Tibet proprement dit, les Tibétains étaient disséminés dans la plus grande partie des territoires maintenant inclus dans les deux nouvelles provinces de l'Extrême-Ouest chinois : Ching-Hai et Sikang.

Pour tenir en respect ces Tibétains du Tsaïdam et du Koukou-Nor, l'empereur Ou-Ti avait établi, en 118 avant Jésus-Christ, des préfectures, sièges de garnisons chinoises, le long des monts Nân (Nân chan) aux endroits où se trouvent, maintenant, les villes de Liangchow, Kanchow et Suchow [1]. Les Chinois tenaient, principalement, à empêcher les Tibétains habitant au sud des monts Nân de se joindre aux hordes de Huns qui parcouraient le pays situé au nord de ces montagnes.

1. Les noms de ces villes sont, respectivement, écrits en français : Liang-Tchéou, Kan-Tchéou et Su-Tchéou. J'ai conservé l'orthographe anglaise parce que c'est elle qui, généralement, est usitée pour les cartes. Les Chinois prononcent Liang-Dou, Kan-Dou, Su-Dou.

En 61 avant Jésus-Christ, le général chinois Nân-Kow qui, à tort ou à raison, soupçonnait les Tibétains de méditer une attaque, attira un de leurs chefs dans un poste de la frontière sous prétexte de pourparlers diplomatiques. Là, il le fit décapiter et ordonna le massacre d'un millier de Tibétains qui composaient son escorte. Dès qu'ils en eurent été informés, les Tibétains des environs envahirent le poste et tuèrent tous les Chinois qui s'y trouvaient.

Le général Tchâo-Tch'oung Kouo fut alors envoyé à la frontière avec ordre de soumettre les Tibétains. Son armée se composait d'environ 60 000 hommes.

On notera, ici, ce que j'aurai l'occasion de faire encore souvent remarquer par la suite, que, même en tenant compte d'une certaine exagération de la part des chroniqueurs chinois, l'importance numérique des troupes aux prises, dans l'Ouest, dépassait considérablement celle des combattants qui participèrent aux luttes qui ont eu lieu à notre époque.

L'astucieux Tchâo-Tch'oung Kouo prit son temps, intrigua, parvint à créer de l'animosité entre les tribus et à les détacher les unes des autres. Puis, lorsqu'il n'eut plus affaire qu'à la plus récalcitrante de celles-ci, il tomba sur elle avec toute son armée. Les Tibétains s'enfuirent en désordre, abandonnant leur bétail et leurs chariots.

Cette dernière mention est curieuse. Si elle est exacte, ces Tibétains devaient faire usage de chariots du genre de ceux des Huns. Toutefois, cela me paraît douteux dans la région accidentée qu'ils occupaient. De nos jours, il n'existe aucun véhicule à roues au Sikang et au Ching-Hai, à l'exception de ceux qui parcourent quelques routes construites depuis 1940.

Beaucoup de fuyards se noyèrent au passage des rivières. Quelques centaines furent pris et immédiatement décapités. Le butin s'éleva à plus de 100 000 têtes de bétail et 4 000 chariots. Ces chiffres paraissent être fortement exagérés.

Ceux des Tibétains qui s'échappèrent errèrent dans les solitudes, repoussés par leurs compatriotes qui s'étaient soumis aux Chinois et craignaient des représailles s'ils accueillaient des rebelles fugitifs. Beaucoup de ces malheureux moururent de faim ou de froid. Dans son rapport à l'empereur, Tchâo-Tch'oung Kouo déclara que, sur 50 000 hommes que comptait la tribu des vaincus, 4 000 à peine restaient vivants.

Un peu plus tard, ces derniers coupèrent la tête de leur chef et l'envoyèrent aux Chinois en témoignage de leur soumission. Le territoire conquis fut érigé en province chinoise. Des colonies agricoles y furent établies. Les Tibétains vaincus y étaient installés comme serfs-colons.

Encore un détail de nature à surprendre celui qui connaît le pays dont il s'agit. L'altitude des plateaux et des vallées y varie entre 3 000 et 4 500 mètres ; l'herbe seule y pousse. Nous verrons cependant, plus loin, qu'une tentative de culture fut faite dans cette région, il y a une vingtaine d'années, en vue du ravitaillement d'une expédition militaire chinoise. L'expédition terminée, les terres défrichées redevinrent incultes.

Quoi qu'il en pût être, vingt ans s'étaient à peine écoulés depuis leur défaite, lorsque les hordes tibétaines avides de pillage franchirent le fleuve Jaune et s'avancèrent vers la vallée de la Wei. Le général Fông rencontra les envahisseurs près des sources de la Wei et les battit. Il fit couper quelques milliers de têtes, repoussa les fuyards vers Tsaïdam puis s'en retourna, croyant, sans doute, avoir définitivement dompté les Tibétains.

En l'an 4 de notre ère, la province de Ching-Hai (qui ne portait pas ce nom, à cette époque), d'une étendue à peu près égale à celle qu'elle a aujourd'hui, était déjà constituée. Il faudrait le répéter à chaque page de ce résumé historique : le désir des Chinois d'étendre leur domination dans cette région a donné lieu à de perpétuels recommencements des mêmes tentatives.

Lorsque j'habitais la grande lamaserie de Koum Boum, à la limite des solitudes du Koukou-Nor, il était question d'établir des soldats chinois comme colons aux environs du grand Lac Bleu (Koukou-Nor). La fureur que ce projet suscitait chez les pasteurs tibétains était sans borne. « Qu'ils viennent ces Chinois ! » disaient-ils. « Qu'ils osent s'installer sur nos terres ! Nous nous chargeons de les recevoir. » Et chacun de ces Barbares tenait son fusil prêt pour l'occasion. Cet essai de colonisation sur une grande échelle ne fut d'ailleurs pas tenté.

En l'an 4, les choses se passèrent autrement. Le Ching-Hai devint un lieu de déportation pour les criminels. Des milliers de ceux-ci furent établis sur les terres dont les Tibétains avaient été dépossédés.

Ce moyen de « pacification » échoua comme les précédents. Entre les années 34 et 36, les Tibétains attaquèrent les Chinois habitant les préfectures voisines des monts Nân. Des troupes durent être envoyées pour les défendre. Les Tibétains furent battus, mais ne se découragèrent pas.

L'année 77 fut marquée par un soulèvement des tribus habitant le Koukou-Nor ; il fut réprimé l'année suivante.

En 86, les Tibétains envahirent, de nouveau, le territoire chinois et s'avancèrent jusqu'à l'intérieur de la boucle du fleuve Jaune. Ils furent repoussés.

En 88, un gouverneur chinois résidait au Tsaïdam. L'un de ces fonctionnaires parvint à s'attacher quelques tribus tibétaines et se servit d'elles pour réprimer leurs compatriotes de Tsaïdam qui s'étaient révoltés. Vaincus, ceux-ci s'enfuirent vers la région où se trouve aujourd'hui Jakyendo, un gros bourg à l'extrémité du Ching-Hai.

A cette époque, les forces chinoises stationnées à demeure dans les solitudes herbeuses du Ching-Hai étaient beaucoup plus nombreuses qu'elles ne le sont actuellement. Les historiens parlent de 2 000 gendarmes cantonnés dans plusieurs fortins d'où ils parcouraient le pays. Pendant différents séjours prolongés dans cette région, je n'ai noté que quelques postes de soldats musulmans chinois situés à Jakyendo, à Nangchen, à Charakouto et à deux ou trois autres places. Les plus importants de ces postes ne comprenaient guère qu'une douzaine d'hommes, une vingtaine au plus. Ils ont pu être renforcés depuis mon passage, mais certainement pas dans une large proportion. Au Sikang, il existe un détachement en résidence à Bathang et d'autres à Kanzé, au Dirgi, etc.

En 108, par un retour de fortune, les Tibétains, si souvent vaincus, battirent plusieurs fois les Chinois. Peu à peu, la guerre alla en s'aggravant.

En 111, les Tibétains, s'étant enhardis, descendaient à travers le Chensi le long de la rivière Wei, route habituelle des invasions. De là, ils se répandirent dans la direction du fleuve Jaune. Les Chinois les battirent sur la rive de celui-ci. Malgré cet échec, ils continuèrent leurs incursions et leurs razzias dans la vallée de la Wei. Un préfet chinois fut nommé en 115 avec mission de les soumettre et d'administrer la partie ouest de la vallée touchant aux sources de la rivière, c'est-à-dire une région située vers le nord-ouest de Tsinchow, au Kansou.

A peine arrivé à sa résidence, le préfet y fut bloqué par une dizaine de milliers de Tibétains. A ce sujet, les historiens chinois racontent ce qui suit : comme les Tibétains approchaient des remparts de la ville, le préfet commanda à ses soldats de ne lancer que de « petites flèches » ayant une faible portée. Voyant que celles-ci ne les atteignaient point, les assaillants s'avancèrent plus près ; alors ordre fut donné aux troupes de tirer avec des arbalètes décochant de fortes flèches. Les Tibétains reculèrent, mais ne levèrent pas le blocus.

Le général-préfet — il se nommait Ou-Hou — imagina alors un stratagème. Il fit défiler ses troupes autour des remparts. Les soldats sortaient par l'une des portes de la ville, circulaient à l'extérieur, rentraient par une autre porte, changeaient rapidement de costumes, prenaient d'autres étendards et apparaissaient de nouveau. Les naïfs Barbares ne comprenant rien à cette file ininterrompue de soldats qu'ils voyaient passer s'imaginèrent qu'une forte armée occupait la place et se retirèrent. Ou-Hou dressa une embuscade sur la route qu'ils suivaient, en tua beaucoup et fit un grand nombre de prisonniers. Il établit, ensuite, de petits postes fortifiés disséminés à travers le pays et, sous leur protection, les paysans chinois retournèrent cultiver leurs champs.

En 155, les tribus tibétaines, habitant la région où se trouve, aujourd'hui, Jakyendo, projetèrent de s'allier aux Huns pour entreprendre une expédition contre la Dzoungarie (Sinkiang moderne). Le général Tchang-Hoan, préfet de ce territoire, leur barra la route, les battit, empêcha leur jonction avec les Huns et les contraignit à se joindre à ses troupes pour attaquer ces derniers. Tchang-Hoan ayant été victorieux, les Tibétains qu'il avait enrôlés de force se soumirent à lui.

En 168, les Tibétains s'avancèrent, de nouveau, vers la boucle du fleuve Jaune. Le général Toan Koung leur infligea plusieurs défaites après lesquelles ils se retirèrent au Ching-Hai. L'année suivante, Toan Koung les poursuivit et les battit encore.

Il est dit que les fuyards s'étant engagés dans une vallée étroite, Toan Koung en fit barrer les issues et garder les crêtes par ses soldats, puis un corps de troupe entra dans la vallée et massacra tous ceux qui s'y trouvaient. Les historiens ajoutent que pendant la durée de cette campagne, Toan Koung fit décapiter plus de 8 000 Tibétains et s'empara de plus de 400 000 têtes de bétail.

Comme je l'ai déjà mentionné, les Tibétains n'étaient pas seuls à harceler les Chinois à leur frontière occidentale, des Huns et des Mongols étaient de la partie. Sous leur pression, le Tarim et même la région des Nân Chan s'affranchirent complètement de la domination chinoise.

En 297, des Tibétains venant du nord-ouest descendirent la vallée de la Wei et arrivèrent devant Tch'ang nang, alors la capitale de l'empire et située sur l'emplacement actuel de Sian, capitale provinciale du Chensi.

Un officier nommé Tchéou-Tchéou, à la tête de 5 000 hommes, fut chargé de les repousser. Tout d'abord, il en massacra un grand nombre, puis, manquant de munitions et ne recevant pas les renforts que son général lui avait promis, il ne put résister plus longtemps. Dans un dernier combat, Tchéou-Tchéou se fit bravement tuer à la tête de ses troupes. Tous ses soldats furent exterminés, tandis que le général qui l'avait trahi battait en retraite.

L'historien déclare que ce général, nommé Seuma Young, avait délibérément préparé la défaite de son subordonné pour se venger d'avoir été blâmé par lui à cause de ses mœurs dissolues.

En 298, les Chinois battirent les Tibétains en de nombreux engagements et, l'année suivante, ils capturèrent leur chef qui fut exécuté. La guerre cessa alors pendant quelque temps.

Malgré leurs défaites réitérées et les massacres qui, chaque fois, les avaient suivies, les Tibétains demeuraient indomptables. En 320, s'étant alliés à des tribus d'origine mongole, ils formèrent une armée de plus de 300 000 hommes et assiégèrent Tch'ang Nang. Ne se sentant pas assez fort pour leur résister, le roi de Han, Liou-Yao, amnistia les révoltés et enrôla 200 000 d'entre eux parmi ses propres troupes. Il les établit ensuite dans le voisinage de la ville avec mission de la défendre en cas d'attaque. Ce qu'ils firent... durant un certain temps.

De même que les autres villes qui, à une époque ou à une autre, ont eu le rang de capitale de l'empire, Sian (Tch'Iang nang) a été le théâtre de beaucoup de luttes et subit nombre de sièges, même dans les temps modernes.

En 1918, pendant la guerre civile entre les Nordistes et les Sudistes, me rendant de Pékin au Kansou, je me trouvai bloquée dans Sian assiégé.

J'ai décrit ailleurs une réunion de lettrés chez le gouverneur, pendant que la bataille faisait rage autour des remparts, et combien j'avais admiré le sang-froid des invités dégustant paisiblement leur tasse de thé en discourant de sujets philosophiques.

Ce gouverneur n'enrôla pas les assaillants parmi ses troupes comme l'avait fait son royal prédécesseur au IVe siècle. Il s'avisa d'un autre stratagème. Il réussit à s'emparer du père du chef des troupes ennemies. Ce dernier était qualifié de « brigand » mais, à cette époque, les adversaires se gratifiaient réciproquement de ce titre et l'opinion flatteuse qu'ils concevaient les uns des autres se trouvaient maintes fois justifiée [1].

Ce chef des assaillants s'appelait Godjé, du moins c'est ainsi que les étrangers prononçaient son nom. Tous, aussi, dénommaient le gouverneur : « Snow Tooth » (dent de neige) bien que, vraisemblablement, tel ne fût pas son nom en langue chinoise.

Or donc, « Dent-de-Neige » ayant saisi le père de Godjé fit savoir à celui-ci qu'il ferait décapiter le vieillard, à moins que lui, Godjé, ne se livrât.

Tout « brigand » qu'il fût, peut-être Godjé était chinois, et, en cette qualité, il connaissait les obligations que le devoir filial impose. Il se livra et fut fusillé.

En Chine, lorsqu'un chef de bande disparaît, généralement ses hommes se dispersent. Il y a pour cela maintes raisons. La principale est que la paie des soldats dépend des fonds que leur chef possède ou qu'il a l'habileté de se procurer.

Godjé étant mort, Dent-de-Neige put, sans doute, respirer. Que fit-il du père de son ennemi ?... Je l'ignore. J'étais loin de Sian, au Ching-Hai, lorsque ces faits me furent rapportés.

L'on peut noter, en passant, que si les préceptes de la morale chinoise ordonnent au fils de se sacrifier pour sauver la vie de son père, ils mettent au-dessus de ce devoir celui du dévouement au pays ou au souverain. Les historiens ont rapporté d'assez nombreux cas dans lesquels le père ou la mère d'un général étant détenus comme otages et menacés de mort si leur fils ne cédait pas à l'ennemi, celui-ci continua, néanmoins, la bataille. Parfois, les parents prisonniers,

---

1. Dans un de ses livres, Pearl Buck a très joliment et véridiquement décrit ces seigneurs guerriers (war lords) tels qu'ils régnaient en Chine.

amenés en vue de leur fils, exhortaient eux-mêmes celui-ci à faire son devoir, sans tenir compte d'eux.

Que l'histoire nous montre souvent les Chinois sous un jour peu édifiant, c'est un fait. Quel peuple peut se vanter de n'avoir jamais donné que de nobles exemples ? Mais un autre fait, tout aussi évident, c'est que nous pouvons glaner, à travers les chroniques chinoises, maints traits de stoïque héroïsme, de haute sagesse et de touchant dévouement.

De 383 à 385, les divers barbares de l'Ouest, qui avaient été successivement établis sur le territoire chinois, profitèrent d'une guerre civile pour se soulever et mettre le pays à feu et à sang.

Après maintes péripéties, un général tibétain au service du roi de Ts'inn se révolta contre lui, se proclama roi et fonda le royaume tibétain Héou Ts'inn situé au cœur même de la Chine avec Tch'ang nang (Sian) pour capitale.

Il convient de ne pas oublier que le pays que nous appelons la Chine est loin d'avoir toujours été un État soumis à un gouvernement unique. En 220, la Chine comprenait trois royaumes distincts ; par la suite, on en compta sept, puis neuf et, finalement, deux seulement. Ces divers morcellements étaient séparés par des périodes d'unité relative. Enfin, celle-ci devint apparemment stable en 1260 sous la dynastie mongole. Inutile de dire que tous ces changements s'accomplissaient à la suite de guerres civiles. L'étude de l'histoire de la Chine est très propre à modifier l'opinion très répandue concernant le caractère essentiellement pacifique des Chinois. Il faut toutefois noter que la masse de la population ne prenait point part à ces guerres continuelles. Elle en pâtissait seulement. L'ambition ou les rancunes personnelles des princes régnants les déclenchaient et les combattants étaient des soldats mercenaires au service de ceux-ci.

La nécessité d'être brève me fera passer sur deux siècles de luttes à l'ouest de la Chine. Le fait marquant auquel j'arrive regarde les Tibétains. En 634, le roi Srong bstan Gampo, qui régnait à Lhassa, envoya des ambassadeurs en Chine.

A cette époque, le Tibet était presque encore terre inconnue pour les Chinois. Même de nos jours[1] — à part Lhassa et les routes qui y conduisent — ils ne le connaissent guère. Les indigènes de beaucoup de régions tibétaines que j'ai traversées m'ont assurée que jamais des étrangers, soit blancs, soit chinois, n'ont été vus dans leur pays. L'on peut, tout au moins, inférer de cette déclaration que les voyageurs chinois doivent y avoir été très rares. De Blancs il ne pouvait pas être question.

Les ambassadeurs de Srong bstan Gampo durent être considérés par l'empereur Tai Tsoung comme de méprisables sauvages. Cependant, le souverain chinois n'ignorait point que le « Barbare » régnant

---

1. Ce texte a été écrit en 1946, avant l'invasion du Tibet par les Chinois en 1950.

à Lhassa commandait à une armée de plus de 100 000 hommes. Ce fait lui conférait un certain droit au respect. Quand les ambassadeurs s'en retournèrent, Tai Tsoung les fit accompagner par un dignitaire chinois chargé d'ouvrir des relations diplomatiques avec Srong bstan Gampo.

En 641, ce dernier, devenu assez fort pour en imposer aux Chinois, demanda pour femme une princesse du sang impérial. Afin d'éviter un conflit, Tai Tsoung dut consentir à cette alliance, qui, vraisemblablement, offensait sa fierté. Il fit conduire la princesse Wén Tchén à Lhassa.

A la suite de ce mariage, Srong bstan Gampo envoya des jeunes Tibétains de familles nobles à la Grande École de Sian pour y étudier la littérature et les lois chinoises.

Tels sont les faits narrés par les historiens chinois. La sobriété de ce récit ne pouvait satisfaire les Tibétains. Leur imagination fertile, brodant amplement sur les circonstances réelles du mariage de leur roi, en a fait le sujet d'un poème qui est devenu presque aussi célèbre, chez eux, que l'épopée de Guésar de Ling.

Dans ce poème, Wén Tchén est dénommée Poumo Gyatza (en orthographe tibétaine : *Bumo rgya bzah)*, c'est-à-dire : *Poumo*, jeune fille ; Gya, Chine ; *tza*, princesse. A l'ambassadeur de Srong bstan Gampo est attribué le titre de ministre : *Lhunpo*. Son nom complet, en orthographe tibétaine, était : *Mgar rtsen gnia Womba*, mais il est généralement connu comme *Gara* ou *Lhunpo Gara*. Gara signifie un artisan en métaux : forgeron, serrurier ou orfèvre. Il ne s'ensuit pas que ce dignitaire ait été un ouvrier, pas plus que ne l'est en France un M. Serrurier ou en Angleterre un Mr. Smith.

D'après le poème tibétain, l'empereur répugnait grandement à accorder une princesse chinoise au roi d'un pays barbare, mais il craignait les conséquences d'un refus brutal. Il s'avisa donc de soumettre l'ambassadeur à un grand nombre d'épreuves successives, lui promettant chaque fois que, s'il en sortait vainqueur, il pourrait emmener Wén-Tchén à Lhassa. Ce faisant, il espérait que Gara finirait par ne pas pouvoir accomplir ce qui lui était demandé et fournirait ainsi le prétexte d'un refus.

L'une de ces épreuves, qui reflète mieux les mœurs du Tibet que celles de la Chine, consistait à retrouver, sans aide, son logis à l'issue d'un banquet offert par l'empereur. Au Tibet, il va sans dire que les libations accompagnant un tel festin doivent laisser les jambes molles, l'esprit troublé, incapables de se diriger, ceux des convives qui ne gisent pas ivres morts dans la salle du banquet. C'était sur quoi l'empereur comptait.

Gara, dépeint comme un superbe gaillard, de très haute stature, avait vraisemblablement un estomac robuste et supportait l'alcool sans broncher. De plus, pour plus de sûreté, il avait attaché un fil à la porte de sa demeure et s'en était allé au palais en dévidant la bobine sur laquelle ce fil était enroulé. A la fin du repas, il n'eut qu'à reprendre sa bobine et à suivre le fil conducteur qui le ramena chez lui. Une autre version ne parle pas de fil et le remplace par des marques que Gara aurait faites sur les murs le long de son chemin.

Une autre épreuve consistait à faire passer un fil à travers une grosse turquoise percée en zigzags. Gara attacha le fil à une fourmi et enduisit de miel l'extrémité de la turquoise opposée à celle par où il introduisit la bestiole. Celle-ci, attirée par l'odeur du miel, parcourut le chemin tortueux et émergea au-dehors, entraînant le fil avec elle.

Les épreuves se multiplièrent, mais, bien que Gara s'en tirât toujours à son avantage, l'empereur, manquant à sa parole, remettait chaque fois à plus tard le départ de la princesse. Enfin, Tai Tsoung proposa à l'ambassadeur une épreuve définitive. Il s'agissait de reconnaître Poumo Gyatza (Wén Tchén) parmi quelques centaines de jeunes filles qui sortiraient par différentes portes de la ville et de l'arrêter au passage.

Cette fois, Gara se crut perdu. Comment « reconnaîtrait-il » une jeune fille qu'il n'avait jamais vue et comment devinerait-il par quelle porte elle sortirait ?

Comme il se désolait, une servante de la princesse, qui se trouvait dans l'hôtellerie où il logeait, lui offrit de l'aider, moyennant une substantielle récompense. Gara lui donna de l'or et lui en promit encore davantage s'il réussissait.

« Il vous sera facile de reconnaître Poumo Gyatza d'après les indications que je vous donnerai », lui dit cette fille. « Mais je crains nos devins qui sont les plus habiles du monde entier. Ils découvriront que je vous ai fourni les informations d'après lesquelles vous vous êtes guidé et je serai mise à mort. Il nous faut employer un stratagème. »

Obéissant aux instructions que la servante lui donna, Gara se rendit dans un endroit isolé et y creusa un trou profond, dans la terre. La servante s'accroupit au fond de ce trou, tenant une conque à la main. De là, elle commanda à Gara de lui couvrir la tête avec un panier puis de jeter des mottes d'herbe sur celui-ci et d'y planter des plumes. Alors, parlant du fond du trou, à travers la conque, elle décrivit à Gara la physionomie de Poumo Gyatza, la robe qu'elle porterait, les bijoux dont elle serait parée et elle lui désigna celle des portes de la ville par où elle sortirait.

Muni de ces renseignements, le jour fixé pour l'épreuve étant venu, Gara marcha droit à la porte qui lui avait été indiquée et dès que la princesse parut, il la prit par la main, la réclamant pour son roi : Srong bstan Gampo.

Force fut à l'empereur de céder. Cependant la curiosité le tenaillait. Comment Gara avait-il pu distinguer la princesse ? Quelqu'un du palais la lui avait-il indiquée ? Plein de confiance en ses devins, le souverain les convoqua et leur ordonna de découvrir la source d'où Gara tenait ses informations.

Les devins consultèrent leurs grimoires, se livrèrent à de nombreuses opérations magiques et finalement déclarèrent : « Gara tient ses informations d'un être qui vit sous la terre. Cet être a une tête en osier sur laquelle — en guise de chevelure — poussent de l'herbe et des plumes. Il n'a ni yeux, ni nez, ni bouche et, de sa tête d'osier, sort une voix pareille au mugissement des conques. »

Si crédule qu'il pût être, l'empereur ne crut pas les devins : « Il n'existe pas d'être de ce genre », dit-il. « Vous êtes des ignares et vos livres divinatoires sont des ramassis de sottises. » Sur ce, il fit bâtonner les devins et ordonna de jeter leurs livres au feu.

Cependant, tandis qu'il retenait l'envoyé de Srong bstan Gampo, mettant sa finesse à l'épreuve, Tai Tsoung en était venu à admirer son intelligence. Il n'admirait pas moins sa robuste constitution et son imposante stature. Ainsi, le désir lui était venu de conserver Gara dans ses États afin qu'il y devienne le père d'une race vigoureuse. Il en résulta que, tandis que la princesse et son escorte partaient pour le Tibet, Gara fut retenu en Chine.

Ici, le poème décrit une autre suite d'aventures qui survinrent au ministre tibétain.

L'empereur commença par lui donner une centaine de jolies filles pour former un harem et promit d'y ajouter toute fille ou femme que Gara pourrait remarquer et désirer. Ce dernier qui avait deviné les intentions du souverain se garda bien de fournir aux Chinois des auxiliaires vaillants et intelligents, capables de devenir des adversaires dangereux pour les Tibétains. Les belles filles de son harem ne devinrent pas mères.

Lhumpo Gara désirait vivement échapper à la captivité dorée dans laquelle on le retenait. D'autre part, il gardait rancune à l'empereur pour les épreuves qu'il lui avait imposées et les manques de parole répétés qui avaient suivi celles-ci. Il souhaitait s'en venger.

Il se dit malade. Très alarmé, l'empereur lui envoya les meilleurs des médecins attachés à sa Cour. Leurs remèdes parurent inefficaces. Des doutes vinrent au souverain. Il fit mander un médecin encore plus renommé que les précédents et lui commanda de s'assurer par lui-même si Gara était réellement malade.

Averti de sa visite, Gara plaça de la viande pourrie entre ses matelas. Quand le médecin s'approcha de lui, il fut à demi suffoqué par la puanteur que le faux malade paraissait exhaler et rapporta à l'empereur qu'un homme répandant une telle odeur de putréfaction devait être bien près de sa mort.

Ensuite, Gara s'enferma chez lui et un nouveau médecin ayant été envoyé pour lui tâter le pouls, il déclara qu'il ne le lui laisserait faire qu'à la mode tibétaine, c'est-à-dire en tenant l'extrémité d'un fil qu'il attacherait à son poignet [1]. Ce fil passerait à travers un trou pratiqué dans la muraille, le docteur restant au-dehors. Cette condition fut acceptée. Alors, au lieu d'attacher le fil à son poignet, Gara l'attacha à la patte d'un poussin. Le médecin tenant l'autre bout du fil perçut les faibles vibrations que lui imprimait le petit animal.

« Le malade est complètement épuisé », rapporta-t-il à l'empereur. « Sa force n'est pas plus grande que celle d'un poulet. »

De plus en plus navré, Tai-Tsoung fit demander à Gara s'il ne connaissait pas de remèdes capables de le guérir.

« J'en connais », répondit celui-ci, « mais je suis tibétain et les médicaments chinois ne conviennent pas à mon tempérament. Il me faut des remèdes pareils à ceux employés dans mon pays ».

Quels étaient ces remèdes ?

Le vindicatif Gara demanda alors que plusieurs grands coffres pareils à ceux dans lesquels on garde le grain fussent remplis avec de la cendre de soieries précieuses. L'on en brûla des milliers de pièces sans parvenir à remplir les coffres.

Ce furent ensuite d'autres objets de grand prix dont la destruction fut demandée. Puis, Gara déclara que si les charbonniers réduisaient un grand arbre en braise, de telle façon qu'il demeurât tout entier, d'une seule pièce, de l'eau ayant coulé le long de celui-ci serait un médicament efficace.

Les charbonniers dépeuplèrent des forêts entières ; les arbres brûlés au degré voulu tombaient en morceaux.

Enfin, Gara dit que puisque aucun des remèdes qu'il avait demandés ne pouvait être obtenu, il ne lui restait qu'à implorer le secours des dieux. Mais il devait s'adresser aux déités de son pays et les apaiser comme elles le sont au Tibet. L'empereur le lui permit.

Gara réclama alors les éléments d'une grande offrande : de la viande, de la farine, du sel, du beurre, des spiritueux et diverses autres denrées. Tout lui fut donné en ample quantité. Il partit accompagné de serviteurs et de bêtes de somme portant les fardeaux et gagna le sommet d'une montagne située à plusieurs jours de marche de la résidence impériale. Là, tandis qu'il plantait des drapeaux et semblait procéder aux préparatifs du rite, il jeta, à l'insu de ses compagnons, du sel dans l'eau-de-vie. Cela fait, il convia les Chinois à se régaler. Ceux-ci ne se firent point prier. Ils mangèrent copieusement et burent encore davantage. Le sel mêlé à l'alcool augmentait leur soif et, pour l'étancher, les rasades succédaient aux rasades. Il s'écoula peu de temps avant que tous fussent couchés sur le sol, ivres morts.

Gara en profita pour s'échapper, bien muni de vivres, et galoper

---

1. Une pratique de ce genre est usitée, au Tibet, dans certains rites d'initiations mystiques. Elle tend à découvrir les tendances psychiques du candidat. Elle est plus communément employée pour communiquer le fluide engendré par un lama à des individus ou à des objets qu'il veut bénir ou à quoi il veut communiquer un pouvoir.

sur la route du Tibet où il rejoignit la princesse dont différentes aventures avaient ralenti la progression.

Le poème est très long et les aventures du Poumo Gyatza sur la route de Lhassa sont nombreuses. Je me bornerai à narrer celle qui a trait aux moutons que la princesse amenait avec elle.

En ce temps-là, dit le poème, il n'y avait pas de moutons domestiques au Tibet. Poumo Gyatza voulut y introduire cet utile animal. Elle en amena donc trois en quittant la Chine. L'un était noir, l'autre blanc et le troisième rouge. Malheureusement, au passage d'une rivière, le mouton rouge se noya. Voilà pourquoi, aujourd'hui, les Tibétains peuvent tisser des étoffes noires ou blanches avec de la laine naturelle, mais pour en obtenir de rouges, ils sont obligés de les teindre, ce qui n'aurait pas été nécessaire si le mouton rouge était parvenu sain et sauf à destination.

Comment ces trois animaux, dont on ne nous dit pas le sexe, de couleurs différentes et n'étant point pourvus de compagnons ou de compagnes de même espèce, auraient pu se reproduire sans se métisser, les Tibétains — qui croient à ce conte — ne se le demandent pas. Le sens critique est peu développé chez la majorité d'entre eux. Ne soyons pas trop sévères à leur égard. Nombre de gens, plus civilisés, partagent ce défaut.

Un fait, très probablement historique, est que Wén Tchén apporta au Tibet la statue du Jowo (prince) qui est vénérée dans le grand temple de Lhassa. Cette statue est censée représenter Siddhartha Gautama comme un jeune prince avant qu'il eût embrassé la vie religieuse et fût devenu un Bouddha. Plus de mille lampes alimentées avec du beurre brûlent continuellement devant elle et, parmi cette illumination, les nombreux pèlerins venus de toutes les parties du Tibet défilent et multiplient les prosternations. Un jour, je fus parmi eux et je garde un amusant souvenir des incidents qui marquèrent ma visite [1].

Cependant, les Tibétains continuaient à accroître leurs armées. En 648, ils participèrent à une expédition chinoise dans l'Inde et envahirent le royaume de Magadha (Béhar actuel) où, dix siècles auparavant, le Bouddha avait longuement séjourné, prêchant sa doctrine.

En 663, les Tibétains battirent des tribus d'origine mongole qui étaient établies depuis plusieurs siècles autour du Koukou-Nor et s'y installèrent à leur place. Ils y sont restés depuis lors. Les Mongols, refoulés vers l'ouest, occupent toujours, en nombre restreint, la région de Tsaïdam.

Les Tibétains étaient sur le point d'atteindre l'apogée de leur grandeur militaire, dont les épisodes romancés en style mythologique constituent le cycle héroïque de Guésar de Ling.

En 670, ils s'emparèrent de tout l'ouest de la région comprise

1. Voir le récit de cette visite dans : *Voyage d'une Parisienne à Lhassa.*

dans la province moderne de Sinkiang (ancienne Dzoungarie). Les villes de Kotan, Yarkand, Kachgar et Koutcha tombèrent en leur pouvoir. L'empereur Kao-Tsoung voulut les leur reprendre et envoya une armée contre eux. Les Tibétains rencontrèrent celle-ci comme elle s'avançait à travers les plateaux herbeux du Koukou-Nor et la défirent complètement. Quelques années plus tard (678), une autre expédition chinoise partit pour venger la défaite précédente. Les historiens disent qu'elle comptait près de 200 000 hommes. Les Tibétains la battirent aussi.

L'année 680 vit l'extension surprenante des conquêtes tibétaines. Ce peuple, aujourd'hui infime, avait étendu sa domination de l'Himalaya à l'Altaï et du Pamir à ce qui forme maintenant la province du Chansi. Une nouvelle victoire des Tibétains sur les Chinois, en 689, fut suivie de leur défaite en 700. Celle-ci les amena à demander la paix en 702.

Un répit s'ensuivit. Il ne fut pas de longue durée. Les Tibétains se montraient irréductibles. Battus en 722, puis en 727, ils se portèrent dans une autre direction et envahirent la région des Nân Chan dont ils furent chassés peu après. En 729, les Chinois s'emparèrent d'une forteresse tibétaine située près de Sining, la capitale actuelle de la province de Ching-Hai. Une fois de plus, les Tibétains demandèrent la paix.

Pour sceller cette paix, l'empereur Huan Tsoung leur envoya une collection des livres classiques confucéistes. Un cadeau semblable avait déjà été offert au roi Srong bstan Gampo à l'occasion de son mariage avec la princesse Wén-Tchén en 641.

De même que précédemment, les Tibétains désiraient simplement une trêve leur permettant de reprendre des forces et n'avaient nulle intention de renoncer à combattre les Chinois. En 741, ils reprirent la forteresse que ceux-ci leur avaient enlevée. Quelques années plus tard, ils se firent de nouveau battre près du grand lac Bleu (Koukou-Nor) et en 749, la même forteresse qu'ils avaient reconquise leur fut enlevée.

Les obstinés Tibétains allaient pourtant revenir à la charge. En 763, s'étant alliés à d'autres tribus barbares, ils formèrent une horde de plus de 200 000 hommes et, descendants la vallée de la Wei, arrivèrent devant Tch'ang nang (Sian). L'empereur, dont Tch'ang nang était la capitale, s'enfuit. Ses troupes n'avaient pas attendu son départ pour se débander. Les Tibétains et leurs alliés mirent la ville à sac et, avant de se retirer, ils l'incendièrent. Peu après, les tribus à qui les Tibétains s'étaient unis pour cette expédition se tournèrent contre eux et leur enlevèrent le riche butin qu'ils avaient emporté de Sian.

L'histoire se répète ainsi, avec une monotonie lassante pour le lecteur qui ne peut partager l'excitation que ces luttes entretenaient chez les adversaires.

Dans ce qui précède, nous n'avons rapporté que les menées des Tibétains parce qu'ils sont, actuellement, avec quelques Lolos et un très petit nombre de Mongols, les seuls habitants non chinois des provinces de Ching-Hai et de Sikang auxquelles ce livre est consacré. Mais, comme il a déjà été dit, tandis qu'ils tenaient tête aux Tibétains, les Chinois ne laissaient pas d'être harcelés, sur ces mêmes territoires, par d'autres hordes émergeant de la Sibérie, des steppes mongoles et des confins de la Dzoungarie : Turcs, Huns, Khirghiz et autres.

Les Tibétains eux-mêmes n'ont jamais formé une nation complètement homogène. A l'époque où Srong bstan Gampo envoya une ambassade en Chine (634), il existait plus de cent tribus tibétaines différentes. Celles-ci étaient loin de vivre toujours en bonne harmonie et les Chinois surent, plus d'une fois, profiter de leurs désaccords pour les faire se battre à leur profit.

Tour à tour, les différents Barbares fondèrent des royaumes ou des principautés éphémères à l'ouest de la Chine propre. C'était, dans cette région, entre les frontières actuelles des provinces du Kansou et du Chansi, d'une part, un continuel mouvement de troupes qui se livraient des combats acharnés ou dont les généraux rivalisaient entre eux d'astuce et de ruses.

Des tribus tibétaines établies au Chansi, dans la boucle du fleuve Jaune, y fondèrent le royaume Hia. Les Tibétains demeurèrent en possession de ce territoire du VIIIe au XIIe siècle et se montrèrent, à maintes reprises, des voisins gênants.

La puissance guerrière des Tibétains déclina à partir de la fin du VIIIe siècle. Ils furent alors battus à plusieurs reprises par les Chinois. Les Arabes les attaquèrent dans le Pamir et, en 801, les Chinois les chassèrent du Szetchouan qu'ils avaient envahi. Cependant, vingt ans plus tard, ils dominaient encore au Tarim. En 847, s'étant de nouveau avancés en Chine, ils furent refoulés, mais trois ans après cette défaite, ils se répandirent dans le Kansou et ne laissèrent que des ruines partout où ils étaient passés.

Le XIe siècle vit aux prises les Tibétains des diverses tribus. En 1035, ceux du royaume de Hia et ceux du Tibet central, soumis au roi de Lhassa, se battirent dans les marais du Koukou-Nor (Tsaïdam : les boues herbeuses). Les gens de Lhassa furent vainqueurs mais les vaincus demeurèrent assez forts pour se tourner avec succès contre certaines tribus de Huns établies dans les environs du Lob-Nor et les en chasser. En 1040, ces mêmes Tibétains se signalèrent par des incursions en territoire chinois, opérant de profitables razzias. L'année suivante les vit encore une fois dans la vallée de la Wei, déjà tant de fois ravagée par eux. En 1043, menacés d'autre part, les Tibétains de Hia conclurent la paix avec les Chinois.

Vers 1065, les Chinois songèrent à former une armée à leur frontière du nord-ouest, pour se défendre contre ces Tibétains de Hia qui observaient mal la paix. Ils levèrent une milice forte de plus de 100 000 hommes. Les historiens rapportent que, pour empêcher les désertions, les soldats furent tatoués.

Durant la période de guerre civile entre les Nordistes et les Sudistes en 1918, les généraux adversaires auraient sans doute agi prudemment en imitant cet exemple. Leurs soldats cousaient simplement sur leur veste un morceau de coton blanc sur lequel était inscrit le nom de l'armée à laquelle ils appartenaient. Un coup de canif dans les fils qui attachaient cet insigne rendait le troupier anonyme. Il lui suffisait, lorsqu'il passait dans le camp ennemi, de recoudre un bout d'étoffe portant une autre inscription. La chose arrivait fréquemment. De nos jours, l'étiquette en coton blanc subsiste encore sur l'uniforme de beaucoup de guerriers chinois.

En 1082, les Tibétains de Hia attaquèrent un camp fortifié que le général chinois Su-Hi avait établi sur leur frontière. Ils coupèrent la conduite d'eau qui alimentait le camp et l'assiégèrent. Une grande partie de ses défenseurs moururent de soif, leur général fut tué pendant l'assaut qui rendit les Tibétains maîtres de la place. Il nous est dit que 200 000 Chinois périrent dans les combats qui se livrèrent, à cette occasion, dans la région avoisinante.

S'enhardissant de plus en plus, en 1084, les Tibétains de Hia attaquèrent Lantchéou, la capitale actuelle du Kansou, mais les troupes de l'empereur les empêchèrent de s'emparer de la ville.

Les deux siècles suivants virent le déclin graduel, puis la fin du royaume tibétain établi dans la boucle du fleuve Jaune. En 1209, il est vassal des Mongols.

A cette époque, le plus étonnant des conquérants que le monde ait connu : Gengis Khan (1162-1227), parut sur la scène de nombreux combats. Il conquit toutes les villes des Nân Chan : Suchow, Kanchow, Liangchow[1]. Puis, s'étant tourné vers les Tibétains Hia, il les extermina. Le pays fut jonché d'ossements humains, disent les historiens chinois.

L'ère des grandes guerres à la frontière occidentale était terminée, mais il s'en fallait que la paix y régnât. Les incursions des Tibétains du Tibet central dans la province de Szetchouan inquiétèrent les Chinois en 1377. Elles furent réprimées et la soumission des Tibétains habitant l'extrémité nord-ouest du Szetchouan s'ensuivit. Néanmoins, de nouvelles incursions sont signalées en 1591. L'on est fondé à croire que les chroniques ne mentionnent que celles qui

1. Voir la note p. 755.

eurent une réelle importance ; tout comme de nos jours, les minimes incidents de frontières devaient être nombreux.

Dans une autre direction, une invasion mongole eut lieu en 1590. Les envahisseurs venaient du Koukou-Nor où leurs tribus s'étaient de nouveau fortement établies à cette époque.

En 1700, les obstinés Chinois qui avaient reculé au pays des « Barbares » recommencèrent leurs essais de pénétration au sud-ouest et établirent leur autorité sur le pays de Nyarong. Celui-ci fait actuellement partie de la province de Sikang. On y exploite des sables aurifères et l'or qu'on en extrait est réputé comme étant de qualité supérieure. Dix-huit ans plus tard, les troupes chinoises, continuant leur marche, entrèrent plus avant dans le Tibet et s'y firent massacrer. Cependant, peu après, les Chinois prirent leur revanche. Leur armée conquit une large portion de la province tibétaine de Kham, traversa le pays des tribus Popas (habitants du pays de Po) et entra triomphalement à Lhassa. Aucun souvenir de cette invasion chinoise n'existe chez les Barbares Popas. J'ai pu le constater en suivant cette même route durant mon voyage pédestre du Yunnan à Lhassa.

Il en est de même de presque tous les événements historiques anciens : les Tibétains les ignorent complètement. Si, par exemple, on leur parle du séjour des missionnaires catholiques à Lhassa de 1715 à 1740, du passage, dans cette ville, de l'Anglais Thomas Manning en 1811 et de celui des Français Huc et Gabet, en 1846, ils répondent que ce sont là des « histoires » ne correspondant à aucun fait réel et qui ont été « inventées » par les étrangers.

Sauf au Tibet central, qui en a été témoin, l'expédition britannique de 1904 est à peine connue ou même tout à fait ignorée d'un grand nombre de Tibétains et, parmi ceux qui s'en souviennent ou qui ont été informés par leurs aînés, le caractère de cette expédition a été complètement dénaturé. La populace croit, maintenant, que les Anglais sont venus rendre hommage au Dalaï-lama, solliciter sa protection et prendre ses ordres. Voilà ce que me disaient les bonnes gens de Lhassa quand, sous mes habits de pèlerine mendiante, je les interrogeais à ce sujet. Néanmoins, depuis lors les événements qui se produisent dans l'Inde y aidant, l'opinion publique au Tibet s'est profondément modifiée.

Dans les forêts de Po, l'on affirmait énergiquement devant moi qu'aucun Chinois et, surtout, aucun Blanc n'avait jamais pénétré dans cette région. C'était vrai, tout au moins quant aux Blancs, pour l'endroit où je me trouvais, jusqu'à ce que je m'y fusse aventurée, et l'on peut imaginer le plaisir malicieux que je prenais à entendre ces déclarations faites devant moi.

L'entrée victorieuse des Chinois à Lhassa fut loin d'être suivie de la conquête du Tibet par ceux-ci. Tout au plus y établirent-ils une suzeraineté précaire et sans grands effets pratiques.

Vers 1729, les Mongols établis au Koukou-Nor attaquèrent les Chinois et furent battus par eux. Ceux-ci reprirent alors possession de ce territoire.

Il faut se rappeler que dès l'an 88 de notre ère les Chinois avaient étendu leur autorité à cette région et installé un préfet au Tsaïdam. Néanmoins, leur pouvoir dut y être vague et peu effectif comme il l'est encore de nos jours.

Bien que les luttes entre Chinois et Tibétains, qui eurent lieu ensuite, au Tibet central, fourmillent d'incidents intéressants, je dois en omettre le récit comme étant en dehors de mon présent sujet. Passant sur une longue période, j'en viendrai donc aux combats qui furent livrés dans les temps modernes, sur le territoire des deux nouvelles provinces : Ching-Hai et Sikang.

Suivant de près l'entrée de l'expédition britannique à Lhassa (août 1904), des troubles éclatèrent au Tibet oriental. Des raisons assez futiles semblaient les avoir provoqués, leur cause réelle étant la perte du prestige que la Chine avait subie du fait de la victoire des Anglais. Une forte animosité contre leurs anciens suzerains était née chez les Tibétains. Ils reprochaient aux Chinois de ne pas les avoir défendus contre les envahisseurs britanniques. Par tout le Tibet l'on racontait que les troupes chinoises avaient regardé, inactives, l'écrasement des Tibétains et que l'Amban (le représentant de la Chine à Lhassa) avait amicalement accueilli les officiers étrangers et banqueté avec eux.

Les Tibétains ont la rancune tenace. Vingt ans après ces événements, j'ai entendu exprimer les mêmes griefs avec un ressentiment aussi vif que si les faits avaient daté de la veille.

Quant aux « Barbares » de Kham, descendants des *Is*, ils ont toujours manifesté peu de sympathie pour leurs compatriotes officiels des provinces centrales de U et de Tsang[1], mais ils n'aiment guère, non plus, les Chinois. Leur attitude me rappelle ce qu'un Alsacien me dit, un jour, à Strasbourg : « Nous haïssons les Allemands et nous n'aimons pas les Français. » En fait, les Khampas n'aiment rien de ce qui ressemble à un vasselage.

Or, donc, vers la fin de 1904, les Chinois, pour affirmer leurs droits sur la région de Bathang (Sikang), décidèrent de la coloniser. Il est bon de ne pas oublier que de tels essais de colonisation ont débuté dix siècles avant Jésus-Christ et ont constamment échoué à cause de l'opposition des indigènes.

Les gens de Bathang ne se sentaient aucune inclination pour l'agriculture et ils n'entendaient pas que des étrangers vinssent s'y livrer sur leur territoire, empiétant sur les pâturages nécessaires à leurs troupeaux. Ils s'armèrent ; des escarmouches survinrent entre

1. Province de U, capitale Lhassa ; province de Tsang, capitale Jigatzé.

eux et les soldats chinois envoyés pour occuper le pays. Ceux-ci, n'étant pas en nombre suffisant, se retirèrent.

En 1905, de nouveaux troubles se produisirent dans la même région. Les Chinois furent défaits et massacrés tandis qu'ils battaient en retraite.

La même année, au cours d'un soulèvement des indigènes, dans la vallée du Haut Mékong (Yunnan), trois Français, missionnaires catholiques : MM. Soulié, Bourdonnec et Dubernard, furent tués. Ils avaient eu un prédécesseur en la personne de M. Durand, assassiné dans la même région en 1865, et leur plus récent successeur est M. Nussbaum, tué en 1940 près de Pamé, sur la route qui longe la rive gauche du Mékong.

La question religieuse tient peu de place dans l'histoire de ces meurtres. Ils doivent, plutôt, être attribués au ressentiment causé par les tentatives de colonisation et la possession de terres par ces étrangers. Le zèle indiscret de certains d'entre eux était aussi de nature à exciter la colère des rustiques et brutaux Khampas. M. Durand se vantait de briser les statues des temples lamaïstes et d'en fabriquer des planches pour sa cuisine.

Toutefois, ce fut surtout comme grands propriétaires terriens et innovateurs troublant les coutumes locales que les missionnaires s'attirèrent l'animosité de la population.

Les mœurs de celle-ci ne sont, d'ailleurs, rien moins que douces. D'autres assassinats commis dans cette région eurent pour motif, soit le désir d'empêcher des étrangers de s'avancer dans le pays, soit de les punir d'y avoir pénétré. D'autres, encore, furent simplement des actes de brigandage ayant le vol pour mobile. Chinois et Tibétains ne sont pas plus à l'abri de ceux-ci que les étrangers.

En 1911, deux voyageurs allemands, MM. Brunhuber et Smith, furent assassinés près de Changpa sur le bord de la Salouen. En février 1922, le docteur Shelton, directeur de la Mission médicale protestante américaine, à Bathang, fut tué tandis qu'il campait pendant la nuit. Le docteur Shelton avait eu l'imprudence de manifester l'intention de se rendre à Lhassa et la naïveté de croire, comme l'ont fait d'autres étrangers, qu'il pourrait y être autorisé par le gouvernement tibétain. On lui opposa un refus formel. Il s'y serait probablement résigné, mais les sauvageons du pays crurent plus sûr de le supprimer pour empêcher toute tentative de sa part d'atteindre son but. Qu'ils ajoutèrent le vol au meurtre va de soi.

En 1939, deux Norvégiens, MM. Alsen et Westborg, furent assaillis au nord de Bathang, alors qu'ils se dirigeaient vers Dergé. Ils essuyèrent des coups de feu qui, heureusement, ne les blessèrent pas et sortirent saufs de l'aventure en rebroussant chemin, mais ils furent complètement dévalisés.

Moins heureux qu'eux fut M. Liotard, un Français, qui fut tué en 1940 au cours d'un voyage du Sikang au Ching-Hai.

En 1905, tandis que les indigènes s'agitaient dans la vallée du Mékong et dans le voisinage de Bathang, un autre soulèvement se produisit non loin de Tatsienlou, à Garta, où l'on exploite des sables aurifères. Les Tibétains molestèrent les Chinois chercheurs d'or et voulurent les expulser des placers. Des bagarres s'ensuivirent ; les Chinois eurent le dessous et furent contraints de se retirer. Cela fournit au préfet de Tatsienlou un prétexte pour envoyer des troupes dans le pays. La « campagne », qui ne ressemblait en rien aux grandes expéditions de jadis, dura deux ou trois semaines et les soldats s'en retournèrent, pillant partout sur leur passage.

Pendant ce temps, une autre expédition chinoise se dirigeait sur Bathang et y entrait après quelques combats insignifiants en cours de route.

Le commissaire Tchao Eul Fong suivait les troupes de près. Cet homme devait devenir une sorte de héros de légende au Tibet oriental. Les turbulents Khampas avaient trouvé leur maître. Ne le connaissant pas encore, ils tentèrent d'empêcher son progrès vers Bathang. Sans s'attarder à des explications, Tchao fit décapiter deux chefs indigènes et emprisonner d'autres récalcitrants.

A Bathang, le général Ma, qui y avait précédé Tchao, ne s'était pas montré moins énergique. Là aussi, des têtes étaient tombées et le monastère lamaïque avait été incendié.

Deux individus de cette trempe n'étaient point faits pour s'accorder ; des dissentiments s'élevèrent entre eux. Ma partit, emmenant une partie de ses troupes, Tchao, demeuré seul, continua les exécutions. En administrateur pratique, il n'oublia pas de tirer avantage de la terreur éprouvée par les indigènes et établit des impôts dans toute la région.

L'écho de ce qui se passait à Bathang se propagea sur les bords du Haut Mékong (Yunnan). Les tribus qui s'étaient soulevées et formées en bandes se dispersèrent. De ce côté la révolte n'avait pas été directement dirigée contre les Chinois. Comme il vient d'être dit, l'hostilité des Tibétains visait principalement les étrangers qui avaient acquis des terres et installé sur celles-ci des groupes de convertis catholiques. Au contraire, à Bathang et dans le district de Tchag Teng, le mouvement était nettement antichinois.

Les lamas du monastère de Sampéling refusant de reconnaître l'autorité des fonctionnaires chinois, Tchao envoya quelques troupes pour les mater. N'étant pas en nombre suffisant pour vaincre leurs adversaires en terrain découvert, les lamas s'enfermèrent dans leur monastère. Depuis longtemps ils avaient prévu qu'ils pourraient être attaqués et s'étaient préparés à soutenir un long siège en accumulant des provisions pour plusieurs années.

Les soldats de Tchao étaient moins bien pourvus ; les vivres et les munitions leur manquèrent promptement. Tenaillés par la faim, bon nombre d'entre eux se révoltèrent, exigeant d'être renvoyés chez eux. L'impitoyable Tchao fit exécuter les chefs de la révolte.

Enfin, les Chinois découvrirent les conduites qui amenaient l'eau à Sampéling et les coupèrent. Voyant qu'ils ne pourraient plus tenir, les assiégés dépêchèrent des émissaires aux lamaseries des environs pour demander de l'aide. Ils avaient espéré que leurs envoyés pourraient passer sans être aperçus par les Chinois, mais ceux-ci les découvrirent et s'emparèrent d'eux.

Quelques jours plus tard, un groupe de Chinois déguisés, simulant les renforts attendus, se présenta. Les lamas qui ignoraient la capture de leurs messagers furent dupes du stratagème. Ils ouvrirent une porte de leur forteresse aux arrivants. Dès qu'ils s'y furent engagés, les soldats de Tchao se précipitèrent à leur suite. Le monastère fut fouillé, tous les lamas que l'on découvrit furent immédiatement massacrés. Leur abbé s'était suicidé. Avant de se retirer, les Chinois incendièrent Sampéling. Le siège avait duré six mois.

Tchao retourna ensuite au Szetchouan et une partie de ses troupes se débanda.

Tchao Eul Fong n'était pas seulement un général, il possédait de sérieuses qualités d'administrateur. C'est à lui qu'est dû l'établissement d'une ligne télégraphique entre Tatsienlou et Bathang. Il fit aussi construire de nouvelles routes et en améliora d'autres. Il ne manqua pas non plus de reprendre les plans séculaires de colonisation des territoires de l'Ouest ; des postes militaires, disséminés dans la région, devaient protéger les colons et les artisans que Tchao avait recrutés pour les établir au pays de Kham. Cette tentative échoua comme les précédentes.

Enfin, ce fut Tchao Eul Fong qui proposa la création de la province de Sikang qui n'a été officiellement constituée qu'une trentaine d'années plus tard, en 1939, pendant mon séjour à Tatsienlou. A l'époque de Tchao Eul Fong, le Sikang projeté comprenait la ville de Chiamdo et le territoire de Taya. Tchao avait aussi établi les Chinois au Nyarong. Cela avait déjà été fait en 1700, mais sans succès définitif et le Nyarong était redevenu à peu près indépendant sous la lointaine suzeraineté du gouvernement de Lhassa.

Une querelle, vieille de plusieurs années, entre le prince du territoire de Dergé et son frère concourut aussi à agrandir le Sikang. Malgré des interventions réitérées des autorités chinoises, le frère du chef régnant ne cessait pas de harceler ce dernier, cherchant à le supplanter. Ne réussissant pas à obtenir la possession paisible de son petit État, le roitelet de Dergé l'offrit à Tchao qui le fit passer sous l'administration chinoise. Cette réunion fut peu durable. Depuis une vingtaine d'années, j'ai vu le Dergé changer trois fois de maître, allant des Chinois aux gens de Lhassa et réciproquement. Actuellement, il fait partie de la province de Sikang. Mais ce Sikang moderne est loin d'avoir atteint les dimensions rêvées par l'ambitieux Tchao Eul Fong qui en traçait la frontière à Giamda, la capitale du Kongbou, relativement près de Lhassa.

Les rivalités entre les chefs militaires, indifférents ou même hostiles à leurs succès respectifs, empêchèrent la réalisation du projet de Tchao qui aurait eu des chances de réussir s'il avait été appuyé par une forte armée nationale.

En 1907, les puits salins de Yerkalo (appelé Yentchin par les Chinois) furent la cause de nouveaux combats dans la vallée du Haut Mékong [1]. Depuis longtemps, Chinois et Tibétains s'en disputaient la possession. Une vigoureuse attaque des troupes chinoises délogea les Tibétains de la région. Les indigènes des environs durent se soumettre, mais, quelques mois plus tard, ils revinrent en force et réoccupèrent le pays. L'histoire des puits, qui est aussi celle de la frontière sino-tibétaine à cet endroit, ne finit pas là. Ils furent successivement pris et perdus par les Chinois jusqu'à ce qu'en 1932 la ligne frontière fût encore une fois avancée au détriment de la Chine et les puits perdus pour elle. Au début de 1942, on prêtait au gouverneur du Sikang le projet de reconquérir Yerkalo. Le gouvernement de Lhassa, alarmé par ces rumeurs, concentra les troupes à la frontière pour s'opposer à une attaque, mais celle-ci n'eut pas lieu.

L'histoire des puits salins m'a conduite à négliger des événements plus importants, mais qui ne concernent pas directement les provinces de l'Ouest chinois.

En 1909, Tchao Eul Fong conduisit une expédition à Lhassa pour y établir le prestige de la Chine. Le résultat de celle-ci fut lamentable ; les Chinois furent complètement défaits et expulsés du Tibet.

Le renversement de la dynastie mandchoue et le désarroi qui accompagna la révolution favorisèrent de nouveaux troubles à la frontière occidentale.

Le roitelet indigène de Tatsienlou se déclara indépendant. Pendant qu'il battait les environs pour enrôler des partisans, son frère fut décapité.

De leur côté, les soldats chinois de la garnison assassinèrent leur chef qui négligeait de payer leur solde. Peu après, comme châtiment, un bon nombre d'entre eux furent exécutés.

Plus loin, à l'ouest, les troupes chinoises, appelées ailleurs, ayant partiellement évacué le pays, les Tibétains reprirent les armes. Des

1. J'emploie toujours ici le terme Haut Mékong, parce que les rares voyageurs étrangers qui ont visité la région désignent ainsi cette partie du cours du fleuve très éloignée de son embouchure, mais il s'en faut que le Mékong y soit près de ses sources. Celles-ci se trouvent à une grande distance de là, au sud du Ching-Hai.

massacres de Chinois : soldats et colons, s'ensuivirent, le préfet de Litang fut assassiné.

Ensuite, les Tibétains assiégèrent Bathang ; de nouvelles troupes envoyées contre eux les battirent. D'autre part, les Chinois incendièrent la ville de Gartok et les lamaseries de Taya et de Chiamdo. Les haines s'exaspéraient de plus en plus.

En 1912, une expédition chinoise fut envoyée dans les régions troublées pour rétablir l'ordre et réinstaller dans leurs postes les fonctionnaires chinois que les Tibétains en avaient chassés. Le succès de l'expédition fut médiocre. Comme presque toujours, dans les temps modernes, les forces envoyées contre les « barbares » étaient insuffisantes. Où il aurait fallu une véritable armée, opéraient des détachements de 2 à 3 000 hommes ou de quelques centaines de soldats seulement.

Ceux-ci pillaient, à qui mieux mieux, partout où ils passaient et souvent, lorsqu'ils avaient amassé assez de butin, ils ne songeaient qu'à l'emporter, sans se soucier de poursuivre leur victoire.

Le désordre s'accentua ; les généraux chinois originaires de provinces différentes se firent mutuellement la guerre au lieu de combattre les Tibétains. Les meurtres et les exécutions se succédaient, aggravant la situation.

En 1914, le général Ki destitua le commandant Tchén Pou-san, sous-préfet de Tinghiang, menaçant même de le faire fusiller, bien que Tchén eût une bonne réputation et fût aimé dans le pays. Le danger qu'il courait incita le sous-préfet à prendre le devant pour sauvegarder sa vie. Par ses ordres, Ki, avec sa famille et ceux qui le soutenaient, furent exécutés. Ensuite, rassemblant des partisans, Tchén marcha sur Tatsienlou et s'installa à quelques kilomètres de la ville, dans le palais d'été du roitelet de Giala.

Les soldats cantonnés à Tatsienlou offrirent peu de résistance. Après quelques heures de combat, les gens de Tchén entrèrent dans la ville et y pillèrent, comme d'usage.

Pendant ce temps, d'autres de ses partisans se pourvoyaient de butin en différentes localités. Finalement, Tchén Pou-San, ayant été vaincu, fut pris et conduit, enchaîné, à Kiating où il fut exécuté. Plusieurs centaines de ses soldats furent décapités ou fusillés.

Tandis que les Chinois se battaient entre eux, les Tibétains se massaient du côté du Mékong. Il ne s'agissait plus, cette fois, des sauvageons des tribus de Kham, mais des troupes de Lhassa pourvues d'armement d'origine européenne. En 1918, celles-ci reprirent Chiamdo.

Le consul anglais à Tatsienlou soutenait les Tibétains. Il allait — paraît-il — passer leurs troupes en revue à Chiamdo. C'était pourtant la Grande Guerre n° 1 ; les Chinois avaient pris le parti des Alliés et leur fournissaient des travailleurs. L'appui prêté à leurs adversaires était de nature à les étonner. Mais ce qui se passe dans les régions reculées de la vaste Chine est peu connu du grand nombre et, d'ailleurs, le grand nombre des Chinois n'entend rien aux intérêts du pays et, en fait, s'en soucie peu, même encore de nos jours, bien qu'un éveil du sentiment national se dessine.

L'intervention du consul, M. Teichman, eut pour effet de faire modifier la frontière du Tibet, l'avançant fortement du côté de la Chine. Bref, celle-ci perdit tout le territoire que Tchao Eul Fong avait conquis dix ans auparavant.

Les victoires tibétaines de 1918 amenèrent-elles la paix ? Non pas. Les tribus tibétaines et les Chinois continuèrent à se battre autour de Bathang et dans la vallée du Haut Mékong.

En 1932, un Tibétain nommé Kézang Tséring, originaire de Bathang, fut chargé par le gouvernement chinois de rétablir l'ordre dans la région. Certains prétendent qu'il manqua d'habileté dans l'accomplissement de sa mission et qu'il exagéra les manifestations de son autorité. Le chef d'une grande lamaserie : Kong Kar lama, qu'il avait bravé, fit appel aux troupes de Lhassa cantonnées sur la rive droite du Mékong. Celles-ci franchirent le fleuve et, attaqués par elles, les soldats de Kézang s'enfuirent.

Le lama qui avait appelé les gens de Lhassa ne tira guère de profit de leur intervention. Le gouvernement tibétain lui conféra un titre déguisant le vasselage auquel on le réduisait et s'adjugea les puits salins de Yerkalo situés dans la zone perdue par Kézang. De ce fait, la frontière se trouva encore une fois avancée au détriment de la Chine.

J'ai entendu Kézang Tséring raconter cette histoire de façon différente, mais le fait certain est qu'en 1945 les Tibétains étaient encore en possession des puits.

Après des séjours à Pékin et à Nankin, l'invasion japonaise étant venue, Kézang s'est retiré à Bathang où il est un gros propriétaire terrien.

Il y a quelques années, sa femme Lu Ma Djin fut chargée d'une mission diplomatique à Lhassa. Elle est probablement la seule femme de son pays qui ait rempli une fonction semblable, bien qu'à l'époque féodale des princesses tibétaines aient gouverné leurs petits États, conduit des intrigues politiques et même soutenu des guerres.

La même année où les Chinois furent chassés de Yerkalo, ils reconquirent le pays de Dergé qui, depuis, est demeuré en leur possession. Possession précaire, comme celle des régions avoisinantes. Proclamer l'annexion, établir quelques fonctionnaires chinois investis nominalement de l'autorité, n'a jamais eu pour effet d'amener les indigènes à accepter la subordination qu'on prétend leur imposer et les conflits restent fréquents. La plupart de ceux-ci naissent de causes banales et n'offrent guère d'intérêt. Celui que je vais relater mérite pourtant quelque attention à cause de l'élément romantique qui s'y trouve mêlé.

L'origine de la chaîne de circonstances qui amena l'incident dont je fus témoin en 1940 remonte à près de trente ans. A cette époque, l'armée que les Chinois avaient envoyée à Lhassa pour y affirmer leurs droits de suzerains fut complètement défaite et en 1912 le traditionnel représentant de la Chine au Tibet : l'Amban, dut quitter le pays.

Il s'en fallait toutefois que la rupture avec la Chine fût unanimement approuvée par la population du Tibet. Beaucoup voyaient avec regret l'influence britannique remplacer celle que, pour des siècles, la Chine y avait exercée sans importunité. Parmi les « pro-Chinois » se trouvait une personnalité éminente presque égale en rang et en dignité au Dalaï-lama, le souverain du Tibet : c'était le Panchen Lama, Grand-lama du monastère de Tashilumpo à Jigatzé et chef, au moins nominalement, de la province de Tsang. Rappelant que la doctrine bouddhiste qu'il professait défend de tuer, il avait refusé de lever des troupes pour combattre contre les Chinois, ce que le Dalaï-lama ne lui avait jamais pardonné[1].

Après la défaite des Chinois, le Dalaï-lama accentua graduellement les manifestations de son ressentiment en exigeant de lourds impôts du Panchen Lama et de la noblesse de Tsang. Quand, en 1916, je fus l'hôte du Panchen Lama et de sa mère, à Jigatzé, des intrigues politiques avaient déjà envenimé les relations entre les deux Grands-lamas.

Environ sept ans plus tard, le Panchen Lama fut invité de façon impérative à aller résider à Lhassa dans une maison spécialement bâtie pour lui. A tort ou à raison, il soupçonna qu'un attentat contre sa vie était projeté et il s'enfuit en Chine.

Pour couvrir sa fuite, il annonça que, désirant consacrer quelque temps à la méditation, il allait se renfermer dans ses appartements. C'est là une coutume très courante au Tibet ; personne ne s'étonna donc de ce que le lama demeurait invisible.

Le médecin particulier du Panchen Lama, qui devait devenir mon voisin à Tatsienlou, était propriétaire d'une maison de campagne parmi les pâturages sur la route que le fugitif comptait suivre. Il s'y rendit et le lendemain, à la tombée du soir, le Panchen Lama quitta secrètement son palais accompagné par six de ses amis. D'une traite ils gagnèrent l'habitation du médecin et, ne prenant que le temps de faire un repas sommaire et de changer de chevaux, le petite groupe,

1. Pour la clarté de ce qui suit, il me faut répéter ici quelques-unes des choses que j'ai déjà narrées dans *Voyage d'une Parisienne à Lhassa*.

auquel le docteur s'était joint, continua sa course à travers les solitudes herbeuses.

Quelques jours plus tard, un détachement d'une centaine de soldats de Tsang rejoignit les fugitifs pour les protéger en cas d'attaque ; il ne s'en produisit point.

Pas mal de temps s'était passé avant que la fuite du Panchen Lama fût découverte ; lorsque le gouvernement de Lhassa envoya des troupes à sa poursuite pour l'arrêter, le lama était déjà loin ; il avait presque atteint la frontière chinoise.

Tels sont les faits réels tels qu'ils m'ont été racontés par plusieurs de ceux qui ont participé à la fuite du lama.

Cependant, les Tibétains, qui sont passionnément amateurs de prodiges, imaginèrent que leur vénéré lama avait accompli un miracle.

Il avait, disaient-ils, créé un fantôme absolument semblable à lui. Ce fantôme était vu à Jigatzé, se comportant dans le palais exactement comme le lama avait coutume de le faire. Cette forme illusoire s'évanouit lorsque le Panchen Lama fut en sûreté en Chine.

Je me trouvais au Tibet[1], non loin du district de Kong-bou, me rendant à Lhassa, lorsque de vagues rumeurs m'apprirent que le Panchen lama avait quitté le Tibet. Néanmoins, des gens de Tsang que je rencontrai plus loin m'assurèrent que c'étaient là des racontars car les habitants de Jigatzé continuaient à y voir le lama.

Ils avaient vu le « fantôme » ou, plus vraisemblablement, un ami du Grand-lama qui en jouait le rôle.

Le gouvernement chinois fit grand accueil à l'éminent fugitif. En sa personne, que les Tibétains tiennent pour plus sacrée encore que celle du Dalaï-lama, il vit un instrument capable de lui servir à regagner son pouvoir sur le Tibet.

Cela aurait pu être, tout au moins jusqu'à un certain point, mais les Chinois manquèrent d'habileté. Ils ne surent pas coordonner leurs mouvements. Disons-le une fois encore : les Chinois ne « connaissent » ni le Tibet, ni la mentalité de ses habitants et, jusqu'à présent, ils n'ont guère fait d'efforts pour les connaître. C'est grandement regrettable pour eux, car cette ignorance leur est très désavantageuse.

L'exil du Panchen lama dura pendant environ quinze ans. Durant ce temps, le gouvernement chinois l'entretint somptueusement et, avec lui, une véritable armée de gens qui, peu à peu, étaient arrivés du Tibet pour se joindre à lui.

Comme résidence, on lui donna l'usage de l'immense Parc du Sud à Pékin. Celui-ci, qui faisait autrefois partie de la Cité impériale interdite, comprend de nombreux groupes d'habitations et de vastes lacs. Dans ce décor de contes de fées, le Grand-lama se promenait

1. En 1923.

en chaise à porteurs, ou bien il se rendait en ville dans une luxueuse automobile de couleur jaune d'or. Puis, à son retour, il écoutait le concert que lui donnait son orchestre privé dont tous les instruments à vent étaient en argent.

Cependant, cette vie de sybarite ne satisfaisait pas le Panchen Lama. L'homme, qui, à Jigatzé, m'avait paru être un paisible lettré, était devenu un politicien ambitieux. Il avait conçu l'idée — peut-être la lui avait-on suggérée — de reconquérir par la force la province de Tsang et d'en devenir non pas le chef nominal, comme par le passé, mais le véritable souverain, complètement indépendant du gouvernement de Lhassa.

A partir de ce moment, une sorte de « gouvernement du Panchen Lama à l'étranger » fut organisé. Il était représenté par des bureaux dans un bon nombre de localités chinoises ; les uns occupaient de vastes bâtiments, d'autres étaient modestement logés. Des fonds appartenant au Panchen Lama avaient servi à acquérir certains des locaux, mais la plupart d'entre eux avaient été offerts par de riches fidèles ou prêtés par les autorités chinoises. D'un caractère bien authentiquement oriental, les fonctions de ces bureaux étaient complexes et vagues ; beaucoup de ceux mis à leur tête appartenaient à l'ancienne cour du Grand-lama et s'étaient exilés avec lui. Largement pourvus de fonds, car la munificence des fidèles de la Mongolie et celle du gouvernement chinois en entretenaient le flot, ces chefs des bureaux trafiquaient — nul Tibétain ne peut s'en abstenir —, il était entendu que les profits réalisés par eux seraient versés au Trésor du lama. L'argent amassé devait servir à acheter des armes et des munitions qui seraient envoyées à différents points de la frontière tibétaine pour être distribuées aux troupes qui précéderaient le lama à son retour et aplaniraient les voies pour lui. Faut-il dire que, d'après les coutumes particulièrement chères à l'Asie, une bonne partie des fonds reçus passa, non point dans les coffres du Trésor, mais dans ceux des fonctionnaires qui les maniaient ?

Le 17 décembre 1933, le Dalaï-lama mourut. Il paraît qu'il était malade depuis un certain temps et que les gens de son entourage avaient caché son état de santé. D'après d'autres rumeurs, le grand devin officiel l'aurait empoisonné en lui donnant un médicament. Quoi qu'il en soit, de l'agitation se manifesta dans les sphères gouvernementales tibétaines. Certains furent emprisonnés, d'autres torturés ; on arracha les yeux à un favori du défunt lama. Ce dernier avait fait des études en Angleterre, il dut regretter de ne pas y être resté, mais on ne lui eût, sans doute, point permis.

Le moment paraissait favorable au succès du plan du Panchen Lama. La vénération que les Tibétains partagent entre leurs deux plus que divins lamas pouvait être reportée tout entière sur le seul

Panchen Lama. Le régent et ses ministres auraient probablement éprouvé de grandes difficultés à combattre l'enthousiasme fanatique des Tibétains accueillant le retour d'un « précieux protecteur » capable d'assurer la fertilité des champs, la multiplication des troupeaux et la prospérité générale de la population.

Pourquoi le Panchen Lama et ses partisans laissèrent-ils passer plusieurs années sans faire le pas décisif ?... Ce ne fut guère avant 1936 que le retour du lama commença à être sérieusement envisagé par son entourage. Tous croyaient à un succès certain et comptaient sur l'appui de troupes chinoises renforçant les quelques milliers de soldats du lama, pour triompher de toute opposition qui pourrait se manifester.

Malheureusement pour eux, tandis qu'ils tergiversaient, de graves événements s'étaient produits. L'agression des Japonais en juillet 1937 avait contraint les Chinois d'employer toutes leurs forces contre eux et de détourner leur attention du Tibet.

Une forte escorte — non pas une armée comme il l'avait espéré — fut donnée au Panchen Lama lorsqu'il se mit en route. Néanmoins, quoique leur nombre ne fût pas considérable, le gouvernement de Lhassa s'opposa à l'entrée des soldats chinois au Tibet. Le lama fut informé qu'il serait accueilli avec le plus profond respect et laissé complètement libre de retourner au Tsang, mais que les troupes chinoises ne devaient pas franchir la frontière.

Peu avant, un convoi d'armes et de munitions que les gens du Panchen Lama avaient sottement aventuré au-delà de la frontière à destination de Tsang avait été saisi par les Tibétains de Lhassa.

L'on m'a rapporté que le Panchen Lama inclinait à accepter de se séparer de son escorte chinoise mais que les Chinois ne le lui permirent point. Il s'arrêta donc à Jakyendo, siège d'un avant-poste chinois à l'extrémité sud de la province de Ching-Hai, et s'y installa dans le pittoresque monastère qui domine la bourgade.

Je puis me l'imaginer là attendant — qui sait quoi ? —, regardant de ses fenêtres la route qui mène au centre du Tibet comme je l'avais longuement contemplée durant mon séjour à Jakyendo, alors que je projetais mon voyage à Lhassa. Mais, moins fortuné que moi, le Panchen Lama ne devait plus revoir Lhassa, ni son palais de Jigatzé. Il mourut à Jakyendo en novembre 1937.

Privée de son chef, la bande des Tibétains exilés ne semblait plus propre à servir les desseins politiques de la Chine. Néanmoins, les hommes politiques chinois jugèrent peut-être sage de considérer l'avenir.

Pour tous, le Panchen Lama était mort, mais il ne l'était pas pour les Tibétains, car, comme le Dalaï-lama et les autres *tulkous* de moindre éminence, un Panchen *ne meurt pas*. Quittant un corps, il se réincarne dans un autre. Un enfant serait donc tenu pour être cette réincarnation et, comme tel, il jouirait de toutes les prérogatives de son prédécesseur et provoquerait le même enthousiasme parmi les Tibétains.

Si un tel enfant était adroitement dirigé, il pourrait devenir, entre les mains des Chinois, un instrument aussi utile que le défunt, peut-être même plus utile que lui car son jeune âge ne lui permettrait pas, de longtemps, d'intervenir dans les plans que l'on formerait autour de lui.

Que telle ait été leur pensée, ou qu'ils aient obéi à d'autres motifs, les Chinois continuèrent à verser les subsides à la smala du défunt lama.

Le corps de ce dernier fut emporté de Jakyendo à Kanzé, une ville du Sikang située plus avant en territoire chinois. Là, il fut préservé, assis les jambes croisées en posture de méditation, dans une caisse remplie de sel[1]. C'est un procédé amenant la dessiccation des chairs et propre à produire une momie ; les corps des hautes personnalités religieuses y sont souvent soumis. Le sel qui a absorbé les liquides provenant de la putréfaction des tissus est remplacé dès qu'il devient humide et est vendu aux fidèles qui le paient un grand prix et s'en servent comme médicament, particulièrement pour usage externe.

Parmi les Tibétains dispersés dans les divers bureaux, des disputes survinrent. Les gros bonnets d'entre eux furent accusés d'accaparer la presque totalité des subsides versés par le gouvernement chinois et de laisser dans la misère le menu fretin des secrétaires, rédacteurs, soldats, domestiques et le personnel de la radiotélégraphie, car le lama avait son poste privé, receveur et émetteur.

La majorité de cette foule turbulente avait été reléguée à Kanzé où le corps de son Seigneur assis dans son bain de sel était entouré d'une illumination perpétuelle de centaines de lampes au beurre et récréé, matin et soir, par son orchestre aux instruments d'argent.

De hautes personnalités de l'ancienne cour du Panchen Lama s'étaient établies à Tatsienlou ou y faisaient des séjours fréquents ; j'avais ainsi renoué connaissance avec certains de ceux que j'avais connus autrefois à Jigatzé et, en m'entretenant avec eux, je notais la désorganisation croissante de ce qui avait été pompeusement dénommé : « Le gouvernement du Panchen Lama ».

Une « réincarnation » du défunt aurait pu redonner de la vie et de l'importance à ce « gouvernement » moribond. Un dignitaire lamaïste jovial et sceptique, comme le sont la plupart des dignitaires de toutes les Églises, conseilla aux chefs des « bureaux » de se hâter de trouver un successeur au défunt. N'importe quel petit garçon pouvait remplir ce rôle, il suffisait que — comme d'usage — ses parents fussent pauvres et d'humble condition sociale afin que, satisfaits

1. Des faits ayant rapport à la « réincarnation » du Panchen Lama qui se produisirent à Kanzé sont racontés dans ce livre au chapitre VII.

avec une rente libérale, ils se tinssent à l'écart, et ne s'avisent point de se mêler des plans élaborés autour de leur fils.

Quant à pourvoir l'enfant des « signes » qui le désigneraient comme le Panchen Lama revenu dans ce monde, cela n'offrait pas de difficulté.

Pourquoi ce sage conseil ne fut-il pas immédiatement suivi ? Peut-être des rivalités en jeu y firent-elles obstacle : plusieurs des membres du « gouvernement » désiraient pouvoir se glorifier d'avoir découvert leur ancien maître réincarné.

Ce fut à ce moment mal choisi, alors que les disputes et le désordre régnaient, que quelques fonctionnaires du défunt lama lancèrent ses troupes tibétaines dans une folle aventure.

A Kanzé, vivait Détchén Wangmo, une descendante de Gengis Khan et l'héritière du *gyalpo* (prince régnant) du pays, à qui elle avait succédé. Bien qu'elle eût été dépossédée par les Chinois d'une grande partie de ses biens et de son pouvoir, la princesse conservait encore certains droits sur le district de Kanzé et occupait le palais fortifié situé dans la vallée, en face de la ville.

Elle avait commencé à régner sous la tutelle de son oncle, qui, alors qu'elle était encore très jeune, lui avait fait épouser un prince de Dergé.

Quelque temps après ce mariage, le mari de Détchén Wangmo dut se rendre à Lhassa pour affaires. Il y fut retenu pendant plus d'un an. Il paraît que sa femme supportait mal la solitude ; quand, en s'en retournant, le prince approcha de Dergé, il apprit que Détchén Wangmo lui avait donné un remplaçant en la personne d'un moine du clergé inférieur et qu'elle était enceinte. Les Tibétains sont peu portés à dramatiser les incidents de ce genre ; le mari de Détchén Wangmo se contenta de rentrer dans son petit État sans aller jusqu'à Kanzé et ne revit jamais son épouse infidèle.

L'ancien moine *(trapa)*, promu au rang de prince consort [1], se fit rapidement haïr du peuple à cause de ses façons despotiques et fut assassiné.

Le veuvage ne convenait pas à la princesse ; elle remarqua un Tibétain appartenant à une famille noble de Tsang et voulut l'épouser. Ce choix plaisait à ses sujets, mais pour des raisons politiques, il déplaisait au gouverneur chinois du Sikang dont elle dépendait. Il interdit le mariage.

A cette époque, les gens du défunt Panchen Lama étaient soupçonnés de vouloir établir un État semi-indépendant pour remplacer celui de Tsang abandonné par leur seigneur. Ce nouvel État devait être — à perpétuité — un fief appartenant aux futurs Panchen

1. Il appartenait à l'une des sectes non réformées (bonnets rouges) qui permet le mariage aux membres du clergé.

Lamas. Il comprendrait la partie du Sikang habitée par des Tibétains, les hautes terres du Ching-Hai et, probablement, une portion de territoire dans les environs de Dergé. La province de Tsang, que les fonctionnaires du « gouvernement en exil » ne doutaient pas de reconquérir, y serait jointe plus tard [1].

Les Panchen Lamas sont des personnalités trop hautes pour s'occuper effectivement de la direction matérielle d'un pays. La régence de leur État serait donc confiée à la princesse Détchén Wangmo et à son époux ; leurs descendants l'exerceraient après leur mort.

Le gouverneur du Sikang jugea que ce plan menaçait l'autorité chinoise, qu'il était de son devoir de fortifier parmi les Tibétains de la frontière occidentale. Aussi, malgré les requêtes réitérées qui lui furent adressées, il persista à interdire le mariage de la princesse avec un membre de la noblesse de Tsang.

Les pourparlers à cet effet traînèrent longtemps. Pour d'obscures raisons, Détchén Wangmo fut dépossédée des droits qu'elle gardait encore et expulsée de son palais à Kanzé. Peu après, les gens du défunt lama se décidèrent précipitamment à prendre les armes pour assurer par la force la réussite de leur projet.

Le gouverneur du Sikang releva le défi et envoya des troupes au-delà des cols qui dominent Tatsienlou.

Cela se passait au début de 1940. Les hauts cols de 4 000 mètres d'altitude étaient couverts d'une neige épaisse. Devant ma cabane, les soldats chinois défilaient, montant vers eux, pieds nus en des sandales de paille, trop légèrement vêtus. « Nous allons tuer des sauvages » me criaient, au passage, quelques fanfarons. Beaucoup n'en eurent pas l'occasion et périrent gelés pendant les nuits glaciales ; les Tibétains en tuèrent aussi un bon nombre et se firent tuer en plus grand nombre encore.

Des défections affaiblirent les gens du Panchen Lama. Plusieurs tribus qui avaient promis leur concours ne bougèrent point. Le chef d'un monastère de la région de Bathang livra aux Chinois les délégués qui lui avaient été envoyés pour lui demander de commander à ses vassaux de joindre le parti du Panchen Lama.

Les incidents se multiplièrent. Un groupe de belligérants assiégés dans le château de la princesse et manquant d'eau fut obligé de se rendre.

Les soldats, chinois ou tibétains, se livraient au pillage avec un zèle égal.

Des Chinois réfugiés avec leur butin à l'un des étages supérieurs

1. Si l'on regarde, sur une carte, les situations respectives de Jigatzé, au sud du Tibet, de Kanzé au Sikang et du Ching-Hai, l'idée de joindre des territoires si distants les uns des autres peut paraître fantastique. Mais le Tsang s'étend loin de Jigatzé, vers l'ouest, ayant de ce côté des frontières indéfinies, et l'on peut le considérer comme touchant, au nord-ouest, la frontière tout aussi mal définie du Ching-Hai. Le Ching-Hai et le Sikang sont limitrophes.

d'un temple dans une lamaserie y furent brûlés vivants et de toutes les choses précieuses dont ils s'étaient emparés, il ne resta que des cendres.

Ici, se place un « miracle », car les miracles ne manquèrent point au cours de cette malheureuse aventure. Pendant la nuit, le feu prit au rez-de-chaussée du bâtiment bien que personne ne s'y trouvât, que les portes en fussent cadenassées et des sentinelles placées tout autour des murs. Avec une rapidité anormale les flammes gagnèrent les étages supérieurs et surprirent les Chinois endormis alors qu'il leur était devenu impossible de s'échapper.

S'appuyant sur l'impossibilité apparente d'avoir pu pénétrer dans le temple pour allumer l'incendie, les Tibétains conclurent qu'il était l'œuvre du Génie protecteur des biens du Panchen Lama qui avait puni les voleurs sacrilèges.

Ne demandons pas pourquoi ce Génie n'avait pas empêché les pillards de commettre leur méfait, ce serait une réflexion de mécréant ; les dévots de toutes les religions montrent pareille ingénuité en ce qui concerne les miracles.

Alors, quelques hauts fonctionnaires spécialement envoyés par le gouvernement chinois se mirent en route pour Kanzé. Je les vis passer en chaises à porteurs couvertes de satin jaune sur le même chemin qu'avaient suivi les soldats s'en allant vers les neiges, les pieds nus en des sandales de paille.

Les Tibétains qui s'étaient emparés de Kanzé ont raconté que les envoyés leur avaient demandé d'évacuer la ville, leur promettant d'aplanir leur différend. Quel différend ?... Cela ne fut pas expliqué et les Tibétains prétendirent qu'ils avaient été victimes d'une ruse déloyale. Surpris par l'arrivée subite de troupes chinoises, abandonnés par ceux qui leur avaient promis leur aide, les gens du Panchen Lama prirent la fuite. Les Chinois entrant dans la ville saisirent le trésor du lama, la plus grande partie s'y trouvant entreposée. Ils s'emparèrent aussi des armes et des munitions accumulées par ses partisans et des biens de ceux-ci.

La plupart de ces derniers n'avaient songé qu'à réinstaller le Panchen Lama au Tsang et ignoraient le projet se rapportant à la création d'un État indépendant au profit des futurs Panchen Lamas. Ce plan n'avait été élaboré et discuté qu'entre les hauts fonctionnaires du « gouvernement en exil ».

Quant à la masse de la bande des Tsangpas, elle n'avait vu dans cette équipée qu'une occasion de se battre et de piller gaiement en rétablissant Détchén Wangmo dans sa position de chef de tribu et, ce faisant, de prouver aux Chinois que les Tibétains entendent rester maîtres chez eux.

Pour éviter d'être emmenée prisonnière à Tatsienlou, Détchén Wangmo avait fui au Ching-Hai. Dans l'état des rapports entre les provinces cela équivalait à passer à l'étranger. Néanmoins, elle se réfugia plus tard à Lhassa.

Pendant que l'on parlementait et que l'on s'entre-tuait à Kanzé, les quelques membres importants du « gouvernement en exil » qui étaient demeurés à Tatsienlou furent mis aux arrêts dans leurs demeures ; des sentinelles postées à leur porte s'opposant à l'entrée de visiteurs. La plus grande partie de leurs biens : immeubles, argent, armes, chevaux, bétail, etc., fut confisquée.

Quant au corps saturé de sel et desséché du Panchen Lama, il fut hâtivement emballé dans un sac de cuir, placé comme un vulgaire ballot sur une mule et de cette macabre et grotesque manière rapporté à Jakyendo où le lama avait expiré environ trois ans auparavant. Depuis lors, il a été transféré en grande pompe dans un superbe mausolée érigé comme celui de ses prédécesseurs, dans le grand monastère de Tashilumpo, près de Jigatzé.

La défaite et la ruine du « gouvernement en exil » furent complètes. D'après les Tibétains des signes néfastes les avaient présagées. Par exemple, des corbeaux s'étaient acharnés à mettre en pièces le drapeau du Panchen Lama qui flottait au-dessus de son « bureau » à Tatsienlou.

Du mouvement historique commencé en 1923 avec la fuite du Panchen Lama et continué en splendeur, en Chine, tout ce qui restait était quelques malheureux Tibétains qui s'accusaient mutuellement d'avoir conçu un projet insensé et causé la ruine et la mort de nombreux fidèles de leur Seigneur.

Quand les restes du lama furent transférés au Tibet, un grand nombre de ses gens saisirent cette occasion de retourner dans leur pays en accompagnant les funérailles.

Les plus compromis devant le gouvernement de Lhassa, pour avoir aidé la fuite du Panchen Lama, crurent sage de demeurer en Chine. Ils s'étaient tenus prudemment à l'écart de l'équipée de Kanzé et certains d'entre eux ont des emplois dans le ministère chinois des Affaires tibétaines et mongoles.

Mais l'histoire des rapports du Panchen Lama et du gouvernement chinois ne s'arrête pas nécessairement là. Comme il a été dit, les Panchen Lamas ne meurent pas. On verra plus loin [1] les incidents qui ont accompagné la recherche de la « réincarnation » du défunt.

Nous laisserons maintenant le Sikang où, après l'équipée des gens du Panchen Lama il ne s'est rien produit qui vaille vraiment la peine d'être noté et nous retournerons vers un autre point de la frontière sino-tibétaine.

Après avoir, comme nous l'avons vu, été jusqu'au XVIIIe siècle le théâtre de violents combats et avoir tenu une place importante dans les chroniques chinoises, la région du Koukou-Nor a moins fait parler d'elle. Les hordes puissantes qui s'y assemblaient pour se

1. Au chapitre VII.

jeter sur la Chine n'existent plus ou leurs descendants — en nombre restreint — ont été refoulés vers l'ouest. Le pays s'est singulièrement dépeuplé et, chez ses habitants, l'on ne rencontre pas l'activité belliqueuse dont les Khampas du Tibet oriental ont fait preuve pendant les trente dernières années.

Je n'aurai à signaler, comme postérieures à 1918, que plusieurs expéditions punitives, dont une très sérieuse, contre les tribus pillardes des Ngologs, et deux révoltes des Tibétains du district d'Amdo. Des insurrections de Musulmans eurent aussi lieu, mais elles se produisirent au Kansou et, pour cela, sortent un peu du cadre de ce livre.

Une querelle entre les moines de la lamaserie de Labrang fut l'origine de la première révolte des Tibétains d'Amdo. Je l'ai racontée en détail dans un autre livre [1], aussi me bornerai-je à en rappeler ici les faits principaux.

Le général musulman chinois Commissaire de Défense à la frontière [2] avait ordonné aux lamas de réintégrer dans ses fonctions, un intendant nommé Tsöndu qu'ils avaient expulsé et de lui restituer ses biens dont ils s'étaient emparés.

Les autorités du monastère lui opposèrent un refus conçu en termes injurieux.

Le général Ma, l'oncle du présent gouverneur du Ching-Hai, envoya un détachement de ses troupes à Labrang pour intimer aux rebelles d'avoir à obéir. Les paysans, vassaux du monastère, attirèrent les soldats dans une embuscade et les massacrèrent. L'on m'a raconté que les féroces indigènes avaient ouvert le ventre de certains des Chinois et placé des pierres rougies au feu parmi les intestins.

Le châtiment ne tarda pas. Des troupes musulmanes furent dépêchées à Labrang avec ordre de ne montrer aucune pitié. Les Tibétains résistèrent bravement mais furent écrasés. La veille du jour où les soldats occupèrent Labrang, les insurgés se sauvèrent dans les montagnes. C'était en plein hiver. Environ 2 000 des fugitifs périrent gelés ou moururent de faim en errant parmi les hautes montagnes désertes.

Les lamas de Labrang qui avaient encouragé la population laïque à prendre les armes pour leur cause s'étaient gardés de combattre eux-mêmes. Ce fait leur sauva la vie, mais le palais du lama le plus compromis fut incendié et le monastère dut payer de fortes amendes.

Malgré la défaite des gens de Labrang, la lutte continua dans les régions voisines.

Amcho devint le centre de la résistance. Lorsque la plupart des paysans eurent été tués, les moines d'Amcho qui s'étaient battus

1. *Au Pays des brigands gentilshommes.*

2. Depuis lors, la province de Ching-Hai a été établie et le Commissaire à la frontière est devenu gouverneur du Ching-Hai. Sining, la ville où il résidait et qui se trouvait être une préfecture du Kansou, est devenue la capitale du Ching-Hai.

avec eux se renfermèrent dans le temple principal de leur monastère d'où ils continuèrent à tirer sur les soldats qui les assiégeaient. Ceux-ci mirent le feu au bâtiment et quand il ne resta aux lamas aucune possibilité de se défendre ou de fuir, ils entonnèrent des chants religieux et se jetèrent dans les flammes du haut des étages supérieurs.

Il a été raconté qu'au début de l'incendie, les moines avaient hâtivement formé autour de leur abbé une barrière faite avec des volumes des Écritures sacrées et des tableaux représentant les dieux protecteurs du Bouddhisme. Cette barrière, disait-on, avait empêché les flammes d'atteindre le lama.

On peut croire ce que l'on veut de cette histoire bizarre, mais un fait est certain, c'est que, tandis que ses moines périrent dans l'incendie, l'abbé parvint à s'enfuir sain et sauf des ruines fumantes encore gardées par des soldats. Il alla se réfugier parmi les tribus des Ngologs où je l'ai rencontré plus tard.

Pendant quelques années, le pays parut être pacifié, puis une querelle locale s'envenima de nouveau et prit les proportions d'une révolte. Les troupes musulmanes furent encore une fois chargées de mater les insurgés. La répression fut beaucoup plus terrible qu'elle ne l'avait été lors du précédent soulèvement et rappelait la férocité des anciennes guerres. Je n'étais pas au Ching-Hai à cette époque. Les gens du pays disent que des centaines de têtes furent suspendues en macabres guirlandes dans le village de Labrang et que l'on y mangea de la chair humaine.

Lorsque la délimitation de la province de Ching-Hai a été effectuée, le monastère de Labrang et ses environs se sont trouvés inclus dans celle-ci. Auparavant, ce territoire, parce qu'il est habité par des Tibétains, relevait de la juridiction du Commissaire de Défense à la frontière qui faisait — en même temps — fonction d'Amban, c'est-à-dire de représentant de la Chine auprès des Tibétains.

La délimitation administrative différente du territoire ne changeait rien à la position des Tibétains ; le même général Ma, appelé dorénavant gouverneur du Ching-Hai au lieu d'Amban, restait leur chef. Cependant, à la suite des deux expéditions contre Labrang et de plusieurs autres incidents, la population d'Amdo et les Musulmans s'étaient mutuellement voué une haine si profonde que toute équité dans leurs rapports judiciaires paraissait impossible à espérer. Le gouvernement chinois décida donc que Labrang formerait une enclave directement administrée par le gouverneur du Kansou devant qui tous les litiges devraient être portés.

Entre les deux expéditions en Amdo, une campagne eut lieu contre les Ngologs du Koukou-Nor. Ceux-ci partagent avec les Popas du Tibet central une grande et très méritée réputation d'audacieux brigands.

Leurs campements sont disséminés de la proximité des lacs Oring et Noring[1] et des sources du fleuve Jaune jusqu'au mont Amné Matchén, demeure de leur dieu, et au voisinage de la frontière du Sikang.

Les pillards Ngologs s'étaient si enhardis que les marchands n'osaient plus traverser le Koukou-Nor avec leurs caravanes en se rendant de la Chine à Lhassa. Bien qu'ils soient très dévots à leur manière et se montrent charitables envers les lamas et les autres pèlerins qui visitent leurs campements quêtant leur nourriture, les Ngologs ne se gênaient pas pour s'approprier les bagages des riches dignitaires lamaïstes qui s'aventuraient dans leurs parages. Il leur arriva même de piller les convois transportant des marchandises appartenant au Dalaï-lama.

Le général musulman chef du pays se souciait probablement peu du manque de respect des Ngologs pour les biens du Dalaï-lama, mais il tenait à assurer, autant que possible, la sécurité des commerçants chinois et de leurs marchandises.

Il employa deux ans à préparer son expédition, construisant, à travers les solitudes, une route qui permettait les transports de vivres et de munitions par charrettes. De distance en distance, le long de cette route, il y eut des abris primitifs pour les soldats. Quelques fermes furent créées, on ensemença des terres et de l'orge poussa à 3500 mètres d'altitude — un fait qui n'est d'ailleurs pas unique au Tibet. Les fermes furent pourvues de bétail et même de volailles. Je les vis en y passant après la fin de l'expédition. Le ravitaillement des troupes était donc en grande partie assuré ; elles conquerraient le surplus.

Sur une moindre échelle, la campagne ressembla à celles de Gengis Khan. Je traversai le pays peu après l'écrasement des Ngologs ; les campements n'étaient plus que des monceaux de cendre. Un soldat qui avait pris part à l'expédition me dit : « Nous avons tué tout ce que nous avons vu vivant : jeunes, vieux, hommes et femmes, jusqu'aux chiens. Le bétail a été emmené comme butin. »

Il avait sauvé une petite fille trouvée seule parmi les cadavres des siens, devant une tente carbonisée ; il l'avait attachée devant lui, sur sa selle, comme un paquet et avait continué sa route. Lorsqu'il me raconta cela, l'enfant était chez lui avec sa femme. « J'ai un fils, me dit-il, il a sept ans ; quand il sera en âge de se marier, je lui donnerai la petite pour femme. »

Pendant longtemps, les Ngologs ont été gouvernés par une reine. Ses sujets la tenaient pour l'incarnation d'une déesse. La ligne de succession s'établissait de la façon suivante : la reine se mariait et,

---

1. Ce sont les noms mongols généralement inscrits sur les cartes — les Tibétains les nomment respectivement : Tso (lac) Kyara et Tso Nora.

invariablement, elle n'avait qu'un seul enfant : une fille. Celle-ci régnait après sa mère, se mariait, donnait naissance à un fille et ainsi de suite, de génération en génération.

Il a été rapporté qu'au cours de leur expédition les Musulmans chinois s'étaient emparés de la reine et l'avaient liée sur un radeau qu'ils avaient poussé dans le courant rapide du fleuve Jaune. Était-ce vrai ? La reine avait-elle péri ? Les renseignements que l'on obtenait étaient contradictoires.

Ce que je sais, c'est que le général anglais George Pereira, après avoir été à Lhassa, revint en Birmanie puis au Yunnan, disant qu'il allait se rendre chez les Ngologs pour s'entretenir avec leur reine. Ce pouvait être avec la fille de celle qui s'était noyée. Le général ne put pas réaliser son projet — ou accomplir sa mission — il tomba malade dans les environs de Kanzé (Sikang) et mourut dans cette ville. Son corps a été transporté à Tatsienlou et inhumé dans le misérable cimetière catholique qui se trouve à flanc de montagne sur la route des sources chaudes. Sa tombe y est fort délabrée.

Tout écrasés qu'ils eussent été, les Ngologs n'étaient point domptés, de nouveaux exploits de brigandage nécessitèrent d'autres expéditions punitives dans les années qui suivirent celle que je viens de mentionner.

Comme par le passé, les Tibétains ne sont pas les seuls éléments de trouble dans l'Ouest chinois.

Plus récemment, une sourde agitation s'est manifestée dans la lointaine province du Sinkiang, l'ancienne Dzoungarie, où le gouvernement chinois s'efforce de maintenir un semblant d'autorité.

Depuis longtemps, l'influence russe est forte dans cette province qui est directement reliée au Turkestan et à la Sibérie par des routes praticables aux automobiles.

Pendant la guerre sino-japonaise, des troupes chinoises furent envoyées à Ti-Wa-Fou (Ouroumtsi), la capitale provinciale, et à d'autres endroits. Il fut officiellement déclaré qu'elles avaient pour mission de repousser les Russes qui s'étaient avancés en territoire chinois, mais des rumeurs couraient d'après lesquelles les meilleurs régiments de l'armée avaient été écartés des champs de bataille et cantonnés dans cette région éloignée pour y être gardés intacts, prêts à attaquer les communistes de Yénan dès la fin de la guerre avec le Japon. Les événements ont confirmé ces prévisions.

Les Russes établis au Sinkiang ont été expulsés pendant quelque temps mais y sont retournés en grand nombre.

Les indigènes de différentes tribus ont aussi repris leur héréditaire attitude hostile. Les escarmouches sont fréquentes. Il est difficile de dépeindre la situation de ces territoires de l'Extrême Ouest chinois, le tableau change constamment, sous la moindre impulsion, comme en un kaléidoscope.

Pour concevoir une idée concernant l'avenir du vaste extrême-ouest de la Chine, le Tibet inclus, il nous faut attendre que les Grandes Puissances se soient mises d'accord — si elles y arrivent jamais — sur le rôle qu'elles entendent assigner à la Chine, en Asie.

Ce que nous pouvons prévoir c'est que, quelle que soit la place attribuée à la Chine parmi les nations, quelle que soit la place qu'elle pourra s'y faire par elle-même et quels que soient les changements politiques qui pourront s'opérer dans son immense territoire, ces choses n'affecteront que très lentement la masse de son énorme population.

Quant aux semi-barbares de l'Ouest, les indigènes de la frontière, les pasteurs des hautes terres, nous pouvons être certains que, d'ici longtemps, rien ne sera sensiblement modifié dans leur mentalité profonde.

CHAPITRE II

Ching-Hai

Immédiatement au-delà de la frontière de la Chine propre, à l'ouest du Szetchouan et au sud-ouest du Kansou, s'étend un immense territoire de haute altitude composé de larges vallées et de plateaux herbeux coupés par des chaînes de montagnes et parsemés d'une multitude de lacs. C'est le Ching-Hai.

L'aspect le plus caractéristique de cette fascinante région est son « vide ». En dehors de quelques pistes suivies par les commerçants trafiquant avec le Tibet central, un voyageur peut errer pendant des semaines, ou même pendant des mois, à travers ces hautes terres sans voir ni une maison ni un arbre, peut-être sans rencontrer un seul homme.

Les animaux eux-mêmes sont rares dans ces solitudes. Parfois, quelques antilopes, des chèvres sauvages, un troupeau de *kyangs* [1] ou un ours solitaire [2] sont entrevus. Plus rarement, de grands loups

1. Les *kyangs* sont des onagres (ânes sauvages) ; ils ont la taille d'une forte mule. Il en existe deux espèces : les uns de couleur beige uni avec le poil blanchâtre sous le ventre, les autres rayés comme les zèbres.

2. Il en existe de deux espèces : un ours brun appelé *tom* en tibétain et un autre de couleur jaune-crème appelé *démo*.

gris hurlent pendant la nuit ou bien des *yaks* [1] sauvages se montrent au lointain.

Quelques panthères ou un léopard aventureux émergent aussi, de temps en temps, des forêts vierges qui existent encore aux confins du Szetchouan et du Kansou et se hasardent au Ching-Hai, mais cette région dénuée d'arbres qui ne leur offre ni abris, ni suffisamment de proies, ne les attire guère.

Les seuls mammifères que l'on rencontre, nombreux, en certaines parties du pays sont des rongeurs dépourvus de queue, plus petits que les marmottes. Ces animaux ont la curieuse habitude de se tenir immobiles, presque tout droit, à l'entrée de leurs terriers, les pattes de devant croisées sur leur poitrine et la tête levée, regardant le soleil. A cause de cette singulière posture, les Tibétains leur ont donné le sobriquet de *gomchén*, c'est-à-dire « grand méditatif », qui est le nom par lequel ils désignent leurs ermites adonnés à la vie contemplative.

Quant au ciel, il est généralement aussi vide que la terre, à l'exception de certains endroits près des lacs où les oies sauvages et d'autres oiseaux migrateurs s'arrêtent pour peu de temps lors de leur passage. Tébgyai, à l'extrémité occidentale du Koukou-Nor, est un de ces endroits ; l'on peut parfois y voir assemblés dans les lagunes des milliers d'oiseaux d'espèces différentes, quelques-uns vêtus de brillants plumages.

Quant aux oiseaux sédentaires, ils sont peu nombreux. Les plus remarquables sont de gigantesques vautours ressemblant à ceux que l'on rencontre dans le Sahara. Lorsqu'ils se tiennent debout, leur taille est celle d'un homme et leur apparence humaine, quand on les aperçoit de loin, joue de mauvais tours aux voyageurs. La sécurité est précaire dans les solitudes de l'Extrême-Ouest chinois et la vue d'un individu immobile qui paraît faire le guet y est inquiétante. Aussi, plus d'une fois me suis-je écartée de ma route ou de mon camp pour m'assurer des intentions d'un personnage suspect et cela, pour voir le pseudo-brigand ouvrir de larges ailes et s'envoler à mon approche.

Si la terre et le ciel sont généralement « vides » au Ching-Hai, les cours d'eau et les lacs y sont, par contre, très peuplés, car on y pêche peu. A part ceux d'entre eux qui sont habituellement en contact avec des Chinois ou avec des Hindous, les Tibétains ne mangent pas de poisson. Ils expliquent cette abstention en disant que la chair des

---

1. Le *yak* est le bœuf grognant à poil épais et très long. Des milliers de ceux-ci sont domestiqués et servent de bêtes de somme. Leurs femelles pourvoient les pasteurs de leurs principaux aliments : lait et ses dérivés : beurre, fromage, etc. Le *dong* (yak mâle sauvage) est un animal énorme et féroce. Quand des voyageurs réussissent, en cours de route, à tuer un yak sauvage, ils en boivent le sang tandis qu'il est encore chaud et emportent, comme provisions, autant de viande qu'ils peuvent en charger sur leurs bêtes.

poissons leur répugne parce que ceux-ci se nourrissent des cadavres qu'ils trouvent dans les rivières. Cette raison n'est guère valable pour le Ching-Hai, car les pasteurs qui l'habitent ne jettent pas leurs morts dans les rivières mais les abandonnent sur les montagnes où ils sont dévorés par les vautours.

Des voyageurs qui ne partagent pas cette répugnance lapident les gros poissons dans les eaux peu profondes. Pendant les périodes de migration, ceux-ci circulent en troupes si denses qu'il est aisé de les atteindre.

Pendant l'hiver, des Chinois pêchent dans le Koukou-Nor en pratiquant des ouvertures dans la glace. La température très basse leur permet de colporter au loin les poissons qu'ils ont pris et qui, gelés, sont devenus aussi durs que du fer. Ils se conservent, ainsi raidis, jusqu'au printemps.

Le nom de Ching-Hai (verte mer) que porte la province est le nom chinois du grand lac Bleu. Toute la région qui l'environne jusqu'à une très grande distance est dénommée d'après lui Koukou-Nor (bleu lac) en langue mongole et Tso nionpo (lac bleu) en tibétain. Je conserverai toujours ici pour le lac le nom de Koukou-Nor comme étant celui qui figure sur la plupart de nos cartes.

Bien qu'à proprement parler le Ching-Hai soit uniquement la région des hautes terres désertes, la province chinoise du Ching-Hai comprend un district peu étendu, mais assez populeux du Kansou qui en a été administrativement séparé et rattaché aux solitudes voisines.

La ligne de démarcation entre les deux parties de la province est abrupte, tant en ce qui concerne leur aspect physique que leur population.

D'un côté, en plus de l'importante ville de Sining, capitale du Ching-Hai, nous rencontrons nombre de petites villes et de bourgades. Sous un vrai ciel d'Asie centrale, d'un azur lumineux, leurs maisons basses en pisé jaunâtre se détachent à peine sur la terre jaune des champs environnants.

« Le Ciel est bleu ; la Terre est jaune », enseignaient les anciens Chinois. Cette région, qui, déjà, annonce la proximité du Gobi, offre une parfaite confirmation de leur vue.

Rompant à peine la monotonie de ces paysages unicolores, de hauts et minces peupliers croissent ci et là autour des habitations.

L'eau est rare et la poussière abondante.

De l'autre côté est le verdoyant pays « vide » de l'herbe et des lacs.

Dans la partie habitée, nous rencontrons des Chinois, fermiers, artisans ou marchands, et des Mahométans de haute stature au maintien grave et digne. Les pâturages sont occupés par des camps clairsemés de Tibétains ou de Mongols vivant parmi leurs troupeaux.

Les relations entre les deux groupes sont limitées aux transactions commerciales. Les habitants des maisons : Chinois ou Mahométans, méprisent les Barbares vivant sous la tente et ces derniers détestent les premiers.

La plupart des lacs du Ching-Hai sont salins, mais ceux-là seuls sont exploités dont l'eau donne le plus haut rendement. Le plus important à cet égard est le lac Shakah au sud-ouest du Koukou-Nor. Sa circonférence dépasse 100 kilomètres. Le sel qu'on en extrait, de couleur verdâtre, est très apprécié. L'extraction et la vente du sel sont monopoles de l'État en Chine.

Le Koukou-Nor est une splendide nappe d'eau de teinte bleuâtre située sur un vaste plateau à une altitude de 3 250 mètres ; sa circonférence est d'environ 2 220 kilomètres. Son eau est relativement peu salée ; les bestiaux la boivent à certains endroits où des apports d'eau douce s'y mêlent, les indigènes s'en servent, là aussi, pour des usages culinaires. J'ai souvent fait de même sans éprouver aucun inconvénient.

Le Koukou-Nor est, dit-on, alimenté par soixante-dix cours d'eau. Pour ma part, je n'en ai pas compté un si grand nombre, mais beaucoup de ceux-ci sont de simples ruisseaux et, sauf pendant la saison des pluies, leur lit demeure à sec.

Le Koukou-Nor ne se déverse dans aucune rivière ; néanmoins, au lieu de s'élargir, il s'est considérablement rétréci, ainsi que le montrent les traces laissées par les rives qu'il a progressivement cessé de baigner. L'évaporation et une diminution de l'apport de ses tributaires peuvent avoir amené ce résultat. Certains prétendent que l'eau du lac fuit par une voie souterraine, mais cette assertion pourrait bien s'appuyer uniquement sur des légendes.

Cinq îles émergent de cette mer intérieure. La plus grande d'entre elles est un pic que l'on découvre, par temps clair, de la rive la plus proche, à une distance d'à peu près cinquante kilomètres. A cause de sa forme, cette île est dénommée : la « Montagne de la Mer ».

Quelques ermites ont élu cette pittoresque retraite pour y passer leur vie dans la méditation. En hiver, les pasteurs des tribus du voisinage traversent en traîneau le lac profondément gelé et portent aux ermites leur provision annuelle de beurre, de thé, de farine d'orge grillée *(tsampa)* et de viande séchée, plus des vêtements en serge grossière ou en peau de mouton : larges houppelandes qui peuvent servir, alternativement, de robes pendant le jour et de couvertures pendant la nuit.

Toutefois, certains des anachorètes sont strictement végétariens et ne font pas usage de fourrure.

Quelques-uns des ermites soignent un petit troupeau de chèvres. Ils en boivent le lait mais, plus habituellement, ils le laissent cailler et le mangent en forme de *yaourt*. Les Tibétains dénomment ce lait caillé *cho* ; avec le beurre, la *tsampa* et le thé, il constitue l'article le plus important de l'alimentation des pasteurs du Tibet.

En dehors des visites qu'ils reçoivent durant l'hiver, les reclus de la « Montagne de la Mer » n'ont aucune communication avec le monde qui les entoure. Personne n'aborde à leur île après que la glace a fondu, car la navigation est interdite sur les eaux sacrées du Koukou-Nor. Les indigènes disent que les génies qui vivent au fond du lac, dans des palais en or et en cristal, s'offenseraient si l'ombre de bateaux se projetait au-dessus de leurs demeures.

Il y a quelque vingt ans, les membres d'une expédition scientifique russe s'embarquèrent dans un canot pour aller visiter la « Montagne de la Mer ». Peu après leur départ, le vent s'éleva soudainement et les voyageurs furent assaillis par une de ces violentes tempêtes qui, parfois, balaient le lac, y soulevant les vagues furieuses. Ballottés par les rafales, ils demeurèrent pendant plusieurs heures en danger et eurent de grandes difficultés à regagner la rive... sans avoir mis le pied sur l'île des saints ermites.

Les pasteurs de la région ont conservé un vif souvenir de cette aventure et, le temps passant, elle a été pourvue de nombreux embellissements qui en ont fait une véritable légende.

Des pèlerins font, dévotement, le tour du Koukou-Nor, plantant des drapeaux et brûlant de l'encens à divers endroits sur ses rives. Ils jettent aussi dans le lac — en guise d'offrandes — de petites turquoises, des morceaux de corail ou de malachite, des pièces de monnaie et d'autres menus articles. A d'autres endroits, ils érigent des buissons de branches coupées auxquelles ils accrochent des touffes de laine ; cette pratique tend à attirer la bienveillance des génies locaux sur les troupeaux et à en assurer l'heureuse multiplication.

Le culte rendu au Koukou-Nor n'est pas exclusivement basé sur la croyance que des déités habitent dans ses profondeurs. Nous devons comprendre que le lac lui-même est considéré comme un être sacré.

Une telle idée étant peu familière aux Occidentaux, je profiterai de l'occasion que m'offre le Koukou-Nor pour me permettre une digression concernant le culte rendu à des objets naturels par les indigènes de l'extrême-ouest de la Chine, du Tibet et de bien d'autres parties de l'Asie.

Dans l'antiquité, ce culte a été à peu près général. Partout, des arbres, des lacs, des montagnes, des sources, des rochers, etc., ont été tenus pour sacrés et vénérés comme tels. Nous rencontrons encore cette coutume chez de nombreux indigènes de l'Afrique et de l'Asie. Dans une région fort distante de celle qui m'occupe dans le présent livre, parmi les tribus habitant à la frontière de l'Assam — les « sauvages du Sud », comme les appellent les Tibétains — les rocs animés tiennent une place importante dans les légendes et dans le culte. De là nous viennent des histoires de combats que des rocs se sont livrés et au cours desquels certains de ceux-ci ont été tués et d'autres blessés.

La question qui se pose est de déterminer à qui s'adressent les marques de respect que les dévots de ce culte donnent aux objets naturels. Croient-ils que ces rochers, arbres, lacs, montagnes, etc., sont les demeures de *déités* conçues de façon plus ou moins anthropomorphique et est-ce à ces êtres que des hommages sont rendus, à peu près comme si des gens du peuple s'inclinaient devant la porte d'un souverain enfermé, invisible, derrière les murs de son palais [1] ?

Ou bien, est-ce que ces arbres, ces rochers, ces montagnes, etc., sont considérés comme étant *eux-mêmes* des être animés ? Disons, immédiatement, que ces deux croyances coexistent chez les indigènes de l'extrême-ouest de la Chine et au Tibet.

La grande majorité des Chinois, des Tibétains, des Lolos et des aborigènes du Sud-Ouest : Lissous, Loutzés, etc., croient à l'existence de multitudes d'êtres de différentes natures : génies, fées ou démons qui habitent notre monde.

Les bonnes gens de ces pays n'ont point manqué d'attribuer à ces êtres des formes humaines ou animales et de les doter d'une tournure d'esprit analogue à la leur.

Partout et toujours, les dieux ont été traités de cette manière, et quand ils leur ont épargné une forme matérielle, leurs adorateurs n'ont pu s'empêcher de les gratifier d'une mentalité et de passions semblables aux leurs.

Parmi les indigènes des régions confinant à la frontière ouest de la Chine, comme au Tibet propre, l'aspect anthropomorphique ou animal de certains dieux ou démons s'est plus ou moins atténué et nous en trouvons d'autres chez qui cet aspect fait complètement défaut.

C'est ainsi que nous entendons parler d'êtres bizarres dénués de solidité et de contours définis qui ressemblent à de la vapeur ou à de la brume. D'autres, au contraire, sont décrits comme consistant en matière solide, principalement des rocs, et des gens affirment avoir rencontré de ces monstres ambulants dans des endroits déserts.

Paysans et pasteurs acceptent, d'ordinaire, sans les discuter, les histoires de ce genre. Pourtant, des gens à l'esprit plus délié — sans être beaucoup moins crédules — nous offrent quelques explications quant à la nature de ces êtres fantastiques.

Le nuage ou le rocher, disent-ils, peut être une apparition illusoire créée par un génie bon ou malveillant, mais expert en magie et capable de prendre n'importe quelle forme à son gré. Ou bien, elle peut être une créature engendrée par le magicien : un *tulpa*, qui reste sous le pouvoir de son créateur bien qu'étant, d'une certaine manière, distincte de lui. Ou bien encore, l'être singulier existe naturellement,

1. Les Japonais le faisaient à Tokyo, sur la place qui s'étend devant l'entrée du palais impérial.

en tant que personne réelle, et la forme qu'il montre est son véritable corps.

Avec les déités et les démons qui apparaissent sous la forme d'objets « inanimés » nous approchons des dieux-arbres, dieux-rochers, dieux-lacs, etc. Sans aucun doute, certains de ceux-ci sont l'objet d'un culte, non point en tant qu'abritant une personnalité différente d'eux, mais comme étant eux-mêmes des personnes vénérables. C'est le cas du Koukou-Nor.

La nature de ces « personnes-lacs », « personnes-rochers », etc., est conçue de différentes manières. Premièrement comme étant composée d'un esprit ou âme et d'un corps. L'objet matériel visible est leur corps qui est animé par un principe spirituel invisible. Mais cela ne signifie pas que l'objet matériel est « habité » par une entité différente de lui ; l'esprit et l'objet matériel sont deux parties essentielles et inséparables d'une même personne.

Cette dualité n'est pas attribuée à une autre classe d'êtres. Ceux-là sont de simples objets naturels, mais il ne s'ensuit pas qu'ils soient inanimés.

Le moindre des cailloux a un mode de vie qui lui est propre, disent les ermites tibétains. Chaque molécule *(doultén)* est un univers formé d'atomes *(doulta rab tcha méd)*[1] et chaque atome est capable de sensation et même conscient à sa manière.

Ceux qui professent cette opinion admettent donc que les facultés de sensation, sentiment et une certaine volonté sont des propriétés inhérentes à la matière dont le dieu-roc, dieu-lac, etc., est fait : matière qui est ce dieu, vaut-il mieux dire, et ils ne voient pas qu'il y ait une nécessité absolue de lui attribuer un esprit ou une âme pour expliquer les manifestations de son activité.

Les recherches dans ce domaine sont difficiles. Nous rencontrons en Asie centrale, à l'ouest de la frontière chinoise, plusieurs couches de folklore, de superstitions et de croyances dont la plupart ont leurs racines dans une magie primitive. Mais, de même que le géologue constate que des bouleversements d'ordre physique ont produit de la confusion dans l'ordre de succession des différentes couches de l'écorce terrestre, de même aussi, la migration des tribus, les relations avec des peuples étrangers et d'autres circonstances ont produit un mélange d'idées qu'il est presque impossible de classer exactement par ordre d'ancienneté et d'origine.

D'après les renseignements que nous obtenons des indigènes, ce qui incite l'objet naturel à l'action paraît être une sensation. Par exemple, il nous est dit de certaines montagnes et de certains lacs qu'ils ne peuvent pas souffrir le bruit. Siffler près de certains arbres ou de certains rochers leur est désagréable, ou bien c'est la fumée

1. En orthographe tibétaine, respectivement *rdul phran* et *rdul phra rab chha med*. Équivalent aux termes sanscrits *anou* et *paramanou*.

qui leur déplaît[1]. Alors, tout comme il advient chez les hommes et chez les animaux, la colère succède à la sensation pénible et le dieu ou le démon, rocher, lac ou arbre, se venge de celui qui l'a offensé ou qui lui a causé de la douleur.

Est-il vraiment capable de volonté consciente ? Les naïfs indigènes ne s'avisent généralement pas d'en douter, bien qu'il se rencontre des exceptions. « C'est parce que les gens croient que tels de leurs actes se rapportant au dieu roc ou lac amèneront tels effets précis que ces effets se produisent, ou qu'ils imaginent qu'ils se produisent », m'a déclaré un Khampa. Cet esprit fort était un charbonnier du Nyarong.

Ordinairement, le dieu-roc, lac, montagne, etc., réagit toujours de la même manière aux mêmes stimulations et n'est sensible qu'à un petit nombre de celles-ci, souvent même à une seule. Il semblerait que l'on puisse comparer ses réactions à des mouvements réflexes.

Un lac de montagne situé au Sikang s'irrite si l'on fait du bruit autour de lui. Sa réponse est, invariablement, une forte pluie. Un autre lac déclenche un ouragan de grêle si l'on y jette des pierres.

Ailleurs, des rochers ou des montagnes émettent un brouillard épais qui enveloppe ceux qui les ont offensés ou ont omis de leur témoigner leur respect. Les pécheurs aveuglés par le brouillard errent alors au hasard parmi les montagnes et, parfois, tombent dans un précipice.

Les indigènes des districts montagneux croient volontiers qu'après leur mort des hommes ayant été particulièrement méchants peuvent renaître sous la forme de buissons épineux croissant le long des sentiers qui bordent des précipices. De là, ces buissons animés étendent soudainement leurs branches sous les pieds des passants, s'y agrippent et entraînent les malheureux dans l'abîme[2].

Un sexe est parfois attribué aux objets naturels auxquels un culte est rendu. Certains sont dits masculins et d'autres féminins.

Dans un bois, près de la frontière sud-ouest du Tibet, j'ai vu deux rochers que les indigènes appelaient le « père » et la « mère » ou le « mari » et la « femme ». Accentuant certaines de leurs formes

---

1. Des observations d'un genre analogue ont été faites par le docteur J.-H. Hutton parmi les tribus Nagas habitant la région s'étendant entre l'Assam et le Tibet méridional.

2. Je me demande comment Feud, Jung et d'autres psychologues auraient expliqué le rêve suivant que faisait fréquemment un enfant européen. Naturellement, le garçon n'avait jamais entendu raconter d'histoires concernant de méchants buissons animés. Cependant, en dormant, il se voyait marchant sur un sentier étroit qui longeait un précipice. Devant lui se tendaient des branches tordues ou des crochets en fils de fer qui, doués de mouvement, s'efforçaient de lui saisir les chevilles et de le faire tomber dans le précipice. Même à l'état de veille, il lui venait des hallucinations analogues. Le jeune garçon était déjà d'âge à comprendre qu'il n'y avait rien de réel dans ces rêves et dans ces visions subjectives et il le comprenait parfaitement ; néanmoins, elles le terrorisaient et il ne pouvait s'en défendre. Un bon nombre d'années s'écoula avant qu'il fût délivré de cette fantasmagorie.

naturelles, un sculpteur primitif les avait, il y a très longtemps, pourvus d'organes sexuels grotesques et démesurés.

D'après les rumeurs qui circulaient, au cours de nuits spéciales, les deux rochers entretenaient des relations amoureuses.

Le couple était considéré comme malveillant. Parfois, on lui apportait des offrandes ou bien un sorcier avide de pouvoirs occultes passait quelques semaines à ses pieds, pratiquant des rites secrets, espérant une « initiation », mais la plupart du temps, les démoniaques père et mère demeuraient seuls, vivant leur vie mystérieuse dans la forêt déserte.

Cette longue digression qui paraît nous avoir écartée du Koukou-Nor nous y ramène pourtant, car, ainsi qu'il a été dit, le Koukou-Nor lui-même est une déité.

Ainsi que ses frères et sœurs de la grande famille mythologique des objets naturels ayant rang de « personne », le grand Lac Bleu a ses caprices et ses ressentiments.

Les pasteurs de la région racontent que son déplaisir est excité par les gens qui, soit à pied, soit à cheval, côtoient ses rives en état d'impureté mentale ou physique. Il faut entendre par cela des gens nourrissant de mauvaises pensées ou ayant contrevenu à certaines injonctions concernant les coutumes traditionnelles ou les rites religieux [1].

Dans ce cas, il arrive parfois que le Koukou-Nor manifeste sa colère par des vagues qui s'enflent soudainement, balaient la rive et entraînent les coupables sous les eaux.

J'ai remarqué qu'à certains endroits la pente du sol sous l'eau est très brusque et très raide. Quiconque, n'étant pas un bon nageur, glisserait de la rive dans le lac à ces endroits risquerait fortement de se noyer.

Le Koukou-Nor n'est pas le seul lac qui soit accusé de happer au passage les voyageurs qui lui déplaisent. Les mêmes contes sont répétés au sujet de beaucoup d'autres lacs situés dans différents endroits.

Un jour, tandis que je longeais le lac de Tangou, les porteurs qui me suivaient se mirent à crier : « Le lac court à notre poursuite... Il court... il va nous saisir ! » Une panique s'ensuivit. Pour moi, regardant en arrière, je ne vis que des vagues qu'un coup de vent subit enflait. Mais pour des gens croyant aux lacs qui « courent », ces vagues pouvaient en effet donner l'illusion de s'avancer dans notre direction et de s'enrouler en se retirant.

« De même qu'une couverture, ainsi la vague qui a saisi un

1. Comme exemples de souillures, particuliers au pays, je citerai le fait d'être entré dans la maison d'une femme qui a accouché depuis moins de trois jours, le fait de s'être mariés entre cousins, même à un degré éloigné. Il y en a beaucoup d'autres.

homme s'enroule autour de lui, et, dans ses replis, l'entraîne au fond du lac. »

C'est ce que disent les conteurs d'histoires à leurs auditeurs tremblants.

De nombreuses légendes se rapportent au Koukou-Nor. D'après l'une d'elles, une eau sainte venant de Lhassa par un canal souterrain a rempli une dépression qui existait dans le plateau où le lac se trouve aujourd'hui. Selon une autre version, l'eau miraculeuse s'avança de façon visible comme celle d'une inondation. Elle menaçait de submerger le plateau tout entier lorsqu'un lama l'arrêta et la confina dans la partie basse du terrain. Une autre version encore rapporte qu'un cavalier entendit un grand bruit derrière lui et, en se retournant, vit les eaux se précipiter dans sa direction, mais le fait qu'il avait regardé le flot l'arrêta.

J'ai même entendu raconter que les eaux du Koukou-Nor sont, originairement, venues du lac Manasoravar, au pied de Kailas.

Une tradition plus intéressante mentionne une vallée qui occupait l'espace actuellement couvert par le lac. Dans cette vallée s'élevaient quelques collines ; elles sont devenues les îles qui émergent du Koukou-Nor. Les présentes rives de celui-ci étaient les sommets des montagnes qui entouraient la vallée.

La vallée ensevelie n'a pas manqué de fournir un thème à nombre de contes. D'après l'un de ceux-ci, une source y existait. Lorsque les pasteurs des environs avaient puisé l'eau qui leur était nécessaire, ils plaçaient une pierre sur l'orifice d'où la source jaillissait et en arrêtaient le flot. Or, il advint qu'une jeune fille, par négligence ou par méchanceté, ne couvrit pas la bouche de la source après avoir rempli son baquet et l'eau continua à bouillonner, à monter, à déborder. Avec une rapidité miraculeuse, elle inonda bientôt toute la vallée. Trois mille hommes et un grand nombre de bestiaux furent noyés.

En ce temps-là, Padmasambhava, le grand magicien, résidait sur le sommet de la montagne sacrée, le Khang Tisé (le mont Kailas) au sud-ouest du Tibet. De là, il aperçut ce qui se passait et, afin d'éviter un plus grand désastre, il arracha une motte de terre du sommet du Kang Tisé et la jeta dans la direction de la source qui continuait à couler, à l'autre extrémité du Tibet. La motte tomba sur l'ouverture de la source qu'elle boucha et le flot s'arrêta immédiatement.

Mais nous devons comprendre que rien n'est de taille ordinaire dans les gestes d'un Padmasambhava. La motte de terre était géante, c'est elle qui est la « Montagne de la Mer » au milieu du Koukou-Nor.

Il est aussi raconté que les habitants de la vallée submergée étaient des êtres malfaisants, plus semblables à des démons qu'à des hommes. C'est afin de délivrer le pays de leur activité nuisible que les dieux les exterminèrent.

Périrent-ils tous ?... Ce n'est pas certain, disent les pasteurs. Quelques-uns de ces monstres s'échappèrent. Après leur mort, ils sont nés de nouveau, dans la région du lac, et leur descendance démoniaque hante ses rives.

J'ai fait remarquer dans les « notes historiques » que, s'il faut s'en rapporter aux chroniqueurs chinois, le Ching-Hai a été jadis plus peuplé qu'il ne l'est aujourd'hui et que ses habitants ne vivaient peut-être pas tous sous la tente, comme ils le font de nos jours.

Les indigènes montrent, ci et là, des monticules qu'ils disent être des restes de murs. Ils parlent aussi d'une sorte d'enceinte qui, d'après eux, existe dans la région de Tchang Nagtchouka. Elle est dite avoir été la muraille qui entourait le palais de Kourkar, le prince de Hor [1] que Guésar combattit et vainquit.

D'après sa légende, l'ambitieux Kourkar voulut se bâtir un palais qui fût indestructible. Suivant les conseils qu'un magicien lui donna, il fit tremper les matériaux servant à sa construction dans un mélange de sang humain et de sang de divers animaux. Cette sorcellerie fut inefficace. Guésar détruisit le toit du palais après avoir tué Kourkar, mais il en laissa les murs debout afin que, lorsque l'histoire de ses exploits serait écrite, ces murs témoignent de sa victoire [2].

Toujours d'après la légende, les sujets de Kourkar étaient si nombreux qu'il fut impossible de les tuer tous. Par son pouvoir magique, Guésar métamorphosa un certain nombre d'entre eux en insectes et les autres en différentes espèces d'herbes. Sous ces formes, ils continuèrent à vivre et à se multiplier.

Quand les descendants de ces ex-humains : insectes ou herbes, piquent ou frôlent la peau des voyageurs, ils causent des plaies ou de pénibles démangeaisons.

Le palais fantastique s'est écroulé depuis longtemps ; tout ce qui en resterait serait des vestiges de murs formant un enclos.

Les pasteurs racontent qu'une porte est attachée à cette muraille. Vers l'automne, celle-ci est ouverte par le vent. Alors les animaux sauvages : kyangs, antilopes et autres entrent dans l'enceinte et y demeurent à l'abri pendant l'hiver. Au printemps suivant, le vent ayant de nouveau ouvert la porte, les animaux sortent et s'en retournent à leurs différents pâturages.

---

1. Ce personnage, dont l'histoire véritable est complètement voilée par les légendes, peut avoir vécu vers le VIIe ou le VIIIe siècle dans la région de Hor Kanzé, au Sikang moderne.

2. Au sujet des guerres légendaires de Guésar de Ling, voir A. David-Néel, *la Vie surhumaine de Guésar de Ling* (Éditions Adyar), réédité par les Éditions du Rocher en 1978.

Des marchands et des pèlerins font halte à cet endroit et une sorte de porte — s'il en existe une — pourrait avoir été placée par eux contre d'anciennes ruines pour constituer un abri. La description que les indigènes font des murs donne l'idée d'une vaste enceinte : peut-être entourait-elle la demeure d'un chef entouré de vassaux.

Gourong Tsang, un riche lama des environs de Kweité, sur la rive sud du fleuve Jaune, m'a parlé d'autres ruines qu'il avait vues au Ching-Hai. D'après lui, il s'agissait d'une agglomération de plusieurs maisons à demi ensevelies.

En été, lorsque l'herbe est abondante et que les bêtes peuvent se nourrir en paissant en cours de route, des Tibétains traversent le Ching-Hai, conduisant à Lhassa des troupes de plusieurs centaines de chevaux et de mules. Les mules du Kansou, qui sont grandes et souvent fort belles, sont très demandées au Tibet et s'y vendent cher.

Les Tibétains prétendent qu'il est impossible d'obtenir, dans leur pays, le croisement qui produit ces mules. Les ânes sont rares et de toute petite taille ; les grands ânes du Kansou ne peuvent pas s'acclimater au Tibet, du moins les Tibétains l'affirment.

Jusque dans ces derniers temps, les chevaux et les mules amenés à Lhassa devaient être inspectés par un fonctionnaire des haras avant de pouvoir être offerts à la vente. Ce fonctionnaire avait le droit de choisir n'importe quelle bête qui lui semblait bonne pour les écuries du Dalaï-lama ou le service du gouvernement. Il en demandait le prix au propriétaire et marchandait avec lui, mais si ce dernier s'obstinait à maintenir le prix qu'il avait tout d'abord énoncé, il ne lui était plus permis, ensuite, de vendre l'animal à un prix inférieur.

On raconte à ce sujet que, un homme ayant amené de Chine une mule extrêmement belle, le Dalaï-lama la vit par hasard et désira l'acheter. Il envoya le chef de ses écuries s'aboucher avec le maquignon. Celui-ci, misant sur le caprice du Dalaï-lama qu'il croyait qu'on était disposé à satisfaire à tout prix, indiqua une somme extravagante. Le chef des écuries lui remontra vainement que jamais aucune mule n'avait été payée si cher, le vendeur resta intraitable. La chose ayant été rapportée au Dalaï-lama, il renonça à sa fantaisie. Dès lors, il était interdit au maquignon de vendre sa mule, sauf au prix exorbitant qu'il avait demandé. Il ne le put naturellement pas et dut la ramener en Chine.

Cette histoire vieille peut-être de plusieurs siècles fait toujours rire les Tibétains. Il leur faut peu pour s'amuser, mais on se tromperait en croyant que leur gaieté s'alimente exclusivement de contes innocents et enfantins. Ils en ont de passablement caustiques, de passablement salés aussi.

A part l'animation que le passage des caravanes met pour très peu de temps sur les pistes qui touchent au Koukou-Nor, les environs du lac sont déserts pendant tout l'été, les pasteurs qui y campent émigrent avec leurs troupeaux vers de plus hauts pâturages. Leur exode est motivé par la nécessité de mener les bêtes à des endroits où l'herbe n'a pas encore été broutée au cours de l'année et de la laisser repousser dans la région plus proche du lac qui constitue des pâturages d'hiver. Mais gens et bêtes fuient aussi les nuages de moustiques qui infestent les rives du Koukou-Nor. Ces moustiques sont de petite taille ; je ne crois pas — sans pouvoir l'affirmer expressément — qu'ils donnent la malaria, mais leur piqûre cause une irritation extrêmement pénible.

Néanmoins, au Tsaïdam (les boues herbeuses) à l'ouest du Koukou-Nor, où les moustiques sont encore plus féroces, il existe des camps de pasteurs mongols qui vivent toute l'année avec leur bétail dans la zone infestée.

Une particularité du Ching-Hai est que, tandis que le sol est souvent sec dans les vallées et sur les plateaux, les moins élevés des marécages occupant une grande étendue existent au-dessus d'eux. Ceux-ci consistent en une multitude de toutes petites mares séparées les unes des autres par une étroite bordure d'herbe rase. Dans ces flaques croissent différentes plantes et, entre autres, une espèce d'algue comestible qui, frite dans du beurre et mangée avec du riz, est une friandise dont j'étais très gourmande pendant mes séjours au Koukou-Nor.

Ce que je trouvais moins agréable, c'était de marcher à travers ces marécages, sautant, pendant des kilomètres, du bord d'une mare à celui de la mare suivante. Chevaucher sur ce terrain était tout aussi fatigant bien que les indigènes ne paraissent pas s'en apercevoir. Que leur cheval trébuche et les éclabousse jusqu'à la tête les laisse complètement indifférents. Toutefois, les chevaux à demi sauvages et jamais ferrés du Koukou-Nor ont une grande sûreté de pied et glissent rarement des bords gazonnés des petites mares parmi lesquelles ils trottent avec une agilité de chat.

On ne peut guère parler d'un véritable été dans les hautes terres du Ching-Hai entre 3 000 et 4 500 mètres d'altitude. A des jours ensoleillés succèdent brusquement des ouragans qui ensevelissent le pays sous une épaisse couche de neige.

Une nuit, alors que je campais sur les hauteurs, en juillet, je sortis d'un évanouissement, couchée dans ma tente, la face contre terre. Un poids très lourd sur mon dos m'empêchait de me relever. La tente s'était écroulée sur moi. Avec peine, je parvins à ramper sous la toile et à passer la tête au-dehors. Là, je me heurtai à une barrière de neige qui pouvait avoir 60 centimètres de hauteur.

Yongden dormait dans sa tente qui avait résisté au poids de la neige. Mes cris le réveillèrent et il vint m'arracher de l'enchevêtrement des piquets rompus et des bagages.

Il me dit plus tard qu'au premier coup d'œil qu'il avait jeté au-dehors il avait cru rêver. Le paysage, verdoyant la veille, était devenu polaire et ma tête sortant au ras du sol d'un monticule de neige, qui était ma tente effondrée, produisait un effet fantastique.

La majorité des indigènes du Ching-Hai vivent sous la tente, cependant certains d'entre eux ont adopté un genre de vie intermédiaire entre celui des pasteurs et celui des villageois. Ce sont les *Rong doks*, dénommés aussi *Dok yuls*.

Cette dénomination vient de deux mots tibétains : *rong* qui signifie vallée et *dok*[1] qui signifie solitude ; *yul* veut dire pays. Les *rongpas* sont des villageois sédentaires habitant les vallées et s'y livrant à l'agriculture, tandis que les *dokpas* sont les pasteurs vivant sous la tente dans les solitudes herbeuses, parmi les troupeaux.

Les *rongdoks* ont bâti des hameaux dans les vallées les moins élevées du pays et y résident pendant l'hiver. Ils cultivent des champs mais ils ont aussi du bétail et, en toutes saisons, quelques-uns d'entre eux campent dans les pâturages près des troupeaux.

Au printemps, lorsque les semailles sont terminées, toute la population du hameau émigre et reprend, dans les hautes terres, la vie de *dokpa*.

Quelques vieillards ou de jeunes enfants sont parfois laissés dans les petits villages pour garder les récoltes, mais, très souvent, ceux-ci sont entièrement désertés.

A l'époque de la moisson quelques-uns des *rongdoks* vont couper l'orge et la mettre à couvert ; cela fait, ils s'en retournent à leurs tentes jusqu'au début de l'hiver.

Quant aux véritables *dokpas*, ils ne paraissent pas avoir beaucoup progressé depuis le temps des *Is*[2] il y a quarante siècles. Si nous basons notre opinion sur les rapports des chroniques chinoises, il semble même que les habitants de la région du Koukou-Nor ont, autrefois, atteint un degré de civilisation supérieur à celui auquel nous les trouvons aujourd'hui. Ont-ils rétrogradé, ou bien est-ce que les tribus les plus civilisées ont quitté le pays ou ont été exterminées pendant les guerres ?... Les historiens et les ethnographes peuvent étudier la question.

Parmi les *dokpas*, un petit nombre sont mongols. En plus de ceux, déjà mentionnés, qui vivent au Tsaïdam, d'autres campent tout au nord du Ching-Hai. Leurs campements diffèrent beaucoup, comme aspect, de ceux des Tibétains.

Leurs tentes se rapprochent davantage d'une « maison » que celles des *dokpas* tibétains qui ne sont — au plus — que des abris.

La tente mongole se compose d'une carcasse de cadres démonta-

1. Orthographe tibétaine : *hbrog*.
2. Concernant les *Is,* voir les notes historiques, chapitre premier.

bles en bois relativement mince. Cette charpente est de forme ronde ; de petite taille pour le menu peuple, elle atteint de très grandes dimensions pour les habitations des dignitaires ecclésiastiques ou laïques et des riches commerçants. La carcasse ajourée est entièrement recouverte de tapis de feutre. Ici, encore, le nombre des tapis superposés, leur épaisseur et la qualité du feutre dépendent de la fortune du propriétaire de la tente. Généralement, le feutre n'est pas teint et sa couleur naturelle, blanc-gris — la graisse et la fumée aidant —, devient de plus en plus foncée avec le temps. Une ouverture est ménagée au sommet de la tente pour laisser échapper la fumée du foyer. Un morceau de feutre mobile attaché à l'ouverture permet de la clore à volonté. L'entrée, qui est unique, est fermée par une épaisse portière de feutre.

En Mongolie, les tentes des chefs et des Mongols opulents sont tapissées intérieurement avec des étoffes de soie couvertes de broderies ; des tableaux sur soie ou sur papier [1] comme ceux de la Chine et du Japon pendent aux murs et la tente est pourvue de beaux tapis, de nombreux coussins, de coffres et de tables basses. Les domestiques vivent dans une tente séparée qui sert aussi de cuisine. Il se peut aussi que plusieurs tentes entourent celle du maître s'il a une nombreuse famille et de nombreux serviteurs.

Les *dogpas* mongols du Ching-Hai ne vivent pas sur ce pied, mais leurs tentes bien closes, couvertes de feutre sont tout de même beaucoup plus confortables que celles des pasteurs tibétains.

Les tentes de ces derniers sont tout à fait primitives et ressemblent quelque peu à celles des nomades arabes du Sahara. Elles sont faites en une très grossière étoffe tissée avec des poils de yaks et comme les yaks sont noirs — en grande majorité — les tentes faites avec leur laine sont noires. Cette étoffe est tissée si lâchement que l'on voit à travers ; cependant elle garantit suffisamment de la pluie. Des piquets en nombre varié supportent la tente qui est mal tendue ; sa très large entrée est rarement close et ne peut l'être que très imparfaitement.

Les tentes sont généralement de grandes dimensions, chacune d'elles abrite toute une famille et les amis de celle-ci, qui, à l'occasion, lui rendent visite.

La disposition du « mobilier » est ordinairement la suivante :

Au milieu de la tente, un poêle de forme longue a été construit en terre. En des trous, sans couvercle, pratiqués dans le dessus du poêle, on enfonce légèrement les casseroles ou les marmites en nombre restreint : deux ou trois par ménage, et la grande théière. Le combustible consiste en bouse de vache qui a été séchée au soleil ; aucune autre espèce de combustible n'existe dans les pâturages du

1. Les étrangers leur donnent généralement leur nom japonais *kakémono* ; les Tibétains les appellent *thangka*. Ce sont ces tableaux qui peuvent être enroulés sur un bâton.

Ching-Hai. Il y a des mines de charbon au Kansou, peut-être en trouverait-on aussi au Ching-Hai si on en cherchait sérieusement.

Tout le Tibet, à l'exception des zones forestières : Tsawa Rong, Poyul, Kongbu et d'autres, dépend de la bouse des troupeaux pour le chauffage.

Des deux côtés du poêle sur les côtés de la tente, on voit des coffres en bois brut ou peinturlurés de couleurs vives en une grossière imitation du style chinois. Ces coffres et des sacs en cuir contiennent les effets de la famille, des articles de commerce et des provisions : laine, beurre, fromage, peaux, *tsampa*, thé, etc. Des monceaux de laine ou de peaux peuvent, aussi, se trouver non renfermés.

Parmi cet encombrement, dans le peu d'espace qu'il laisse, les maîtres du logis, leurs serviteurs et leurs hôtes étendent, pour la nuit, des peaux de mouton sur lesquelles ils se couchent pour dormir ; d'autres peaux peuvent leur servir de couvertures, mais, le plus souvent, leur houppelande de fourrure en fait fonction.

De plus riches ont de véritables couvertures en laine grossière, généralement de couleur brune ou noire quelquefois ornées de rayures en rouge vif, bleu ou vert cru. Ces gros bourgeois des pâturages ont aussi des coussins en guise de matelas ; ceux-ci sont fortement bourrés avec de la laine pour être rendus très durs et sont couverts d'une grosse serge sur laquelle des dessins, souvent une croix, sont imprimés en noir ou en rouge sur fond noir, bleu foncé, rouge ou blanc. Cette étoffe est appelée *tingma*. Des qualités supérieures de *tingma* existent en drap plus ou moins fin.

Il est à noter que la couche des Tibétains du petit peuple, qu'elle consiste en coussins, couvertures, peaux ou haillons étendus sur le sol ou sur le plancher, est toujours courte et ne permet pas au dormeur de s'allonger complètement sur elle. Dormir étendu dans toute sa longueur est le privilège des gens appartenant aux classes sociales supérieures ; les autres doivent dormir en chien de fusil, les genoux repliés touchant la poitrine ; faire autrement est considéré comme blâmable arrogance.

Un autel se trouve au fond de la tente. Des statuettes de différents Bouddhas symboliques ou du Bouddha historique, de saints lamas ou de déités y sont placées avec quelques livres religieux. Des *thangkas*[1] représentant des sujets religieux peuvent être suspendus derrière l'autel ou à côté de lui.

Des lampes brûlant du beurre sont allumées sur l'autel à la nuit tombante, leur nombre et leur grandeur dépendent du degré de piété et d'aisance du propriétaire de la tente. Près des lampes sont différentes offrandes contenues dans des bols : eau claire, grain, fruits chez les citadins mais rarement chez les *dokpas* sauf, et très rare-

1. Voir note précédente.

ment, quelques dattes importées de très loin et aussi dures que du fer, ou des raisins secs. La plupart du temps, lampes et bols sont en cuivre, mais l'on en voit aussi en argent. Dans les monastères, chez les lamas et les laïques opulents, tous les ustensiles de l'autel sont souvent en argent et parmi eux il s'en trouve en or, mais pareil luxe n'est pas déployé parmi les *dokpas*.

Les livres que l'on trouve sur l'autel des *dokpas* sont peu nombreux ; l'on sait que les livres tibétains se composent de feuillets détachés qui sont parfois de très grande dimension. Pour les maintenir ensemble, les feuilles sont d'abord enveloppées dans un morceau d'étoffe qui peut être en coton commun, en soie ou en très beau brocart ; ce « paquet » est ensuite placé entre deux planchettes et étroitement serré entre elles au moyen d'une lanière de cuir ou d'un galon épais. Les planchettes sont soit unies, soit sculptées ou peintes et dorées.

Parmi les Tibétains sans instruction, qu'ils soient pauvres ou riches, et, naturellement, parmi les pasteurs, les livres religieux servent surtout d'objets de culte. Il est rare qu'un pasteur sache lire et même s'il le savait il lui serait difficile de découvrir un sens dans les textes des Écritures sacrées.

La littérature religieuse des Tibétains comprend des traités philosophiques, des discours attribués au Bouddha ou à certains Bouddhistes éminents, des relations historiques, des collections de préceptes, des ouvrages concernant les rites magiques et les méthodes de méditation, les légendes des saints, des thaumaturges et des déités mystiques, etc. Le tout est écrit dans un langage qui diffère passablement de la langue courante, surtout de celle que parlent les gens sans instruction.

Chaque propriétaire d'une tente appelle, de temps en temps, un moine du bas clergé (un *trapa)* qui lira l'un des livres que le pasteur conserve sur son autel familial, ou bien un autre ouvrage dont un lama aura recommandé la récitation et que le *trapa* se procurera.

Le lecteur peut être engagé pour une seule journée ou pour quelques jours suivant la longueur du texte à lire.

La « lecture » consiste en une psalmodie accompagnée par une clochette et un petit tambour tenu à la main. L'officiant est assis dans la tente ou près de celle-ci, en plein air. Ses repas lui sont servis aux moments voulus, le reste du temps il est laissé à sa besogne, nul ne faisant attention à lui ou se souciant le moins du monde de ce qu'il chantonne.

Le pasteur ne tient pas à savoir ce qui est dit dans le livre posé sur une table basse devant le lecteur, près d'un bol de thé. Presque toujours il ignore que ce qui est écrit sur ces pages a un sens susceptible d'être compris. Il n'y voit qu'une succession de syllabes sonores, un chant propre à amener des effets qui n'ont rien de particulièrement religieux. La récitation de certains livres, croit-il, guérit les malades, celle d'autres livres rend fécondes les femelles des troupeaux ou assure une vente profitable de la laine et ainsi de suite.

D'ordinaire, le *trapa* lecteur n'est guère plus savant que ceux qui l'emploient. Au Tibet, savoir lire ne signifie pas exactement comprendre les mots que l'on lit, mais simplement connaître les lettres et pouvoir les assembler par syllabes.

Les pasteurs du Ching-Hai comme ceux de tout le Tibet sont vêtus d'une large houppelande en peau de mouton qu'ils portent avec le poil tourné à l'intérieur. Sous cette robe, les hommes ont un pantalon fait, aussi, en peau de mouton ou bien en une serge de laine grossière et non teinte. Cependant, pendant l'été, quelques-uns rejettent le pantalon. Une ceinture enroulée plusieurs fois autour de la taille serre la robe qui est ouverte dans toute sa longueur, mais est largement croisée, le pan gauche recouvrant le pan droit. Pour travailler, ou dès que le temps se réchauffe, l'homme retire son bras de la manche droite du vêtement qui reste maintenu par la ceinture, mais laisse alors à nu la moitié du dos et la plus grande partie de la poitrine.

Les femmes des pasteurs portent, comme les hommes, une robe en peau de mouton. Cette robe est moins large que celle des hommes, mais beaucoup plus longue, tombant jusqu'aux pieds. Les femmes, de même que les hommes, n'ont point de linge ni d'autre vêtement sous la houppelande de fourrure et elles n'ont point de pantalon. Ce détail est sans inconvénient avec des robes aussi longues, aussi épaisses et aussi lourdes que celles des femmes-pasteurs.

A ce propos, mes lectrices s'amuseront sans doute, en apprenant qu'au Tibet le port d'un pantalon sous la robe est interdit aux femmes. Il n'y a pas extrêmement longtemps que celles qui étaient surprises ayant ce vêtement sur elles étaient fouettées par l'autorité judiciaire. Peut-être une amende leur est-elle — maintenant — simplement infligée. Dans les parties du Tibet administrées par les Chinois, au Ching-Hai et au Sikang, chacun — les femmes incluses — est libre de s'habiller comme il le désire et nombre de Tibétaines dans les villes et dans les villages sont vêtues à la mode chinoise, avec pantalons, bien entendu, mais pantalons ne descendant pas au-dessous du genou et laissant voir la jambe par l'ouverture de la robe que la mode actuelle veut fendue très haut. De jolis bas sont, alors, un article de coquetterie.

Au Tibet propre, les dames de la bonne société ont, sous leur robe, un *méyog*, c'est-à-dire un large jupon cousu au milieu et formant une sorte de jupe culotte.

Les femmes des *dokpas* se débarrassent, comme les hommes, de la manche droite de leur houppelande fourrée lorsque celle-ci les gêne pour travailler ou qu'elles ont trop chaud. La sensation de « trop chaud » vient rapidement aux pasteurs, hommes et femmes ; on les voit circuler la poitrine au vent par des températures bien au-dessous de zéro centigrade.

L'interdiction de porter un pantalon s'applique à tout le clergé en costume ecclésiastique. Elle est évidemment levée lorsque le moine voyage en habit laïque. En plus du pantalon, les manches sont aussi prohibées, les bras doivent rester nus jusqu'à l'épaule, sous la toge. Ceux qui contreviennent à ces règles s'exposent à être bâtonnés.

Malgré l'abondance des cours d'eau et des lacs, dans leur pays, les *dokpas* du Ching-Hai ne se baignent jamais. Ce n'est pas qu'ils craignent le froid, mais se laver est considéré par eux comme une pratique pernicieuse nuisant à la santé. Pis encore, avec la crasse dont elle débarrasse le baigneur, l'eau peut entraîner sa « bonne chance ». Celle-ci est imaginée comme quelque chose de semi-matériel qui adhère à l'individu et qu'il faut bien se garder de détacher. Se laver peut appauvrir. De plus, se laver n'est pas viril ; il est honteux pour un mâle de le faire. Se passer un linge mouillé sur la figure, à l'occasion d'un jour de fête, n'est permis qu'aux femmes et encore celles qui le font sont-elles taxées de coquetterie.

En dehors des *dokpas*, les Tibétains des provinces chinoises de l'Ouest sont moins réfractaires aux soins de propreté. Ils ne vont pas très loin dans cette voie, mais les citadins se lavent tous les jours le visage et les mains, parfois aussi les pieds, à l'imitation des Chinois, et ils fréquentent volontiers les maisons de bains quand leurs moyens leur permettent cette dépense.

Il y a des sources chaudes au Ching-Hai et elles sont nombreuses au Sikang. Toutes sont très fréquentées par les Tibétains qui ne paraissent pas craindre d'y dissoudre leur « bonne chance ».

Les troupeaux du Ching-Hai ne peuvent certainement pas rivaliser comme importance numérique avec ceux qui existent en Amérique. Néanmoins, les pasteurs riches possèdent plusieurs milliers de moutons et de yaks et leurs chevaux se chiffrent par centaines.

Certains Tibétains, commerçants, fonctionnaires ou membres de la noblesse ou du clergé, sont aussi propriétaires de nombreux troupeaux. Leur bétail est confié aux soins de pasteurs dont la condition est approximativement celle des serfs à l'époque féodale.

Les bestiaux vivent toute l'année en plein air. A l'approche de l'hiver ils sont dirigés vers des endroits ensoleillés, des vallées abritées du vent et les pasteurs, leurs propriétaires, ou ceux qui sont commis à leur garde, plantent leurs tentes à proximité.

Les auteurs étrangers appellent généralement les *dokpas* des nomades. Le terme ne s'applique pas exactement à eux. En fait, chaque tribu ne se meut que dans un territoire strictement délimité qui lui appartient, se transportant d'un endroit à un autre suivant les saisons. Presque toujours, dans ces voyages, chaque famille plante sa tente à la même place qu'elle avait occupée lors de ses précédents séjours et y retrouve les enclos bâtis par elle pour parquer les vaches laitières ou protéger les tentes contre le vent. Malheur aux *dokpas* qui laisseraient leurs troupeaux paître sur le territoire d'une autre tribu, des batailles féroces s'ensuivraient.

La haute altitude de la majeure partie du Ching-Hai n'est évidemment pas favorable à l'agriculture et celle-ci n'est guère compatible, non plus, avec l'élevage d'un nombreux bétail qui demande de vastes pâturages. Toutefois, ainsi que je l'ai mentionné, le grain semé à l'occasion d'une expédition militaire au Ching-Hai a poussé et, sans diminuer de façon sensible la superficie des pâturages, les *dokpas* pourraient — par quelques cultures — se libérer partiellement de leur dépendance des trafiquants chinois pour leur provision d'orge. D'autre part, il ne serait pas impossible d'acclimater quelques légumes rustiques.

A Tatsienlou (2 600 mètres d'altitude) les tomates même mûrissent dans les endroits ensoleillés et la plupart de nos légumes et des légumes chinois sont abondants.

Il semble que des légumes constitueraient une agréable et saine diversion au régime monotone des pasteurs : lait caillé, thé beurré, farine d'orge grillée *(tsampa)*, viande, très rarement et seulement aux jours de fête.

Mais insinuer aux *dokpas* qu'ils pourraient manger des légumes est considéré par eux comme une injure.

« L'herbe est nourriture pour les bêtes, disent-ils, nous, nous sommes des hommes. »

Pour eux, tout aliment végétal, à part quelques racines sauvages, est de l'herbe.

Les idées singulières des indigènes du Ching-Hai concernant le régime alimentaire ont pour pendant leurs idées concernant les habitations. Évidemment, les tentes sont nécessaires aux pasteurs qui doivent se déplacer à la suite de leurs troupeaux, mais rien ne les empêcherait de bâtir des maisonnettes aux endroits où ils se rendent chaque année pour passer l'hiver.

Les *rongdoks* leur ont donné un exemple qu'ils pourraient suivre. La terre du pays se prête aux constructions en pisé. On en trouve — et on n'en trouve guère d'autres — dans tout l'ouest de la Chine et dans les quelques bourgades incluses dans le haut Ching-Hai à la lisière des pâturages : Jakyendo, Nangtchen Ga, etc. Le lama Kardan passait les hivers dans une grande habitation comprenant de nombreuses dépendances, située sur la rive même du Koukou-Nor. Tout était bâti en terre.

Mais le vrai *dopka* de pure race a horreur des maisons, un toit qui s'interpose entre le ciel et lui le terrifie. J'ai vu des groupes de ces sauvageons être soudainement saisis de panique et fuir affolés d'un bâtiment couvert dans lequel on les avait persuadés d'entrer. De moins nerveux se trouvent simplement mal à l'aise sous un toit. Jusqu'à ces dernières années, les *dokpas* se rendant pour affaires dans les villages chinois refusaient obstinément d'entrer dans les auberges et dormaient en dehors du village ou dans la cour des habitations.

Ils se sont fortement apprivoisés depuis lors et ne manifestent plus la même crainte, quoique, à beaucoup d'entre eux, un local couvert semble encore déplaisant.

Leur aversion à l'égard des toits ne provenait d'aucune superstition. Tout simplement, les *dokpas* n'avaient pas confiance dans la solidité de ceux-ci et craignaient qu'ils ne s'écroulassent sur eux. En fait, cet accident arrivait parfois.

Il se produisit au monastère de Kansar dans le Ching-Hai, tandis que le lama en chef se trouvait au bain. L'infortuné était-il puni pour s'être lavé ?... Il fut enseveli parmi l'enchevêtrement des poutres brisées et de la terre qui s'était éboulée avec elles, et mourut peu après d'une pneumonie contractée dans son bain refroidi dont on ne put le retirer qu'après plusieurs heures de travail.

Les animaux appartenant aux pasteurs partagent leur aversion pour les endroits clos et couverts. Je ne parle pas du gros bétail, mais des chevaux de selle et des chiens. Il est parfois impossible de les amener à entrer dans une écurie ou dans une maison.

Un chien, qui me connaissait fort bien et que j'avais induit à me suivre dans ma chambre à l'auberge, ne put plus y tenir au bout de quelque temps et, comme je dormais et que la porte était fermée, il essaya de sortir par une ouverture qui existait dans le mur ; il y passa la tête et une partie de son corps, puis l'ouverture se trouva trop étroite et ne pouvant plus avancer ni reculer, il se mit à hurler désespérément ; je le tirai en arrière mais ne pus pas le rassurer. Il aurait recommencé sa tentative de fuite par le trou trop étroit si je ne lui avais pas ouvert la porte donnant sur la cour.

S'ils sont restés des « primitifs » à bien des égards, les indigènes du Ching-Hai n'en sont plus à se servir — comme au temps des *Is* — d'arcs et de flèches aux pointes de silex taillé. Ils ont même presque entièrement abandonné les fusils au canon d'une longueur démesurée, que le tireur devait appuyer sur une fourche constituée par des cornes de gazelle. Ces armes pittoresques dont les crosses étaient souvent ornées d'incrustations en argent, en or et en nacre ont été reléguées dans les trésors de famille des riches Khampas. Actuellement, les voyageurs : commerçants et autres, et même les simples pasteurs, possèdent des fusils modernes et sont souvent aussi adroits tireurs qu'ils sont bons cavaliers.

Pour retrouver les arcs et les flèches il faut aller à l'extrême-sud du Tibet près de la frontière de l'Inde où les chasseurs des petits États tibétains, le Bhoutan et le Sikkim, et ceux des tribus Mön et Lopas en font encore usage. Une raison économique tend à la perpétuation de ce genre d'armes : la poudre coûte cher, il est quelquefois difficile à un paysan de s'en procurer. Les bambous dont on peut faire des flèches poussent partout et ne coûtent rien.

Bien que ces Tibétains du Sud connaissent la supériorité des armes à feu, ils n'ont pas perdu toute foi dans l'efficacité du tir à l'arc.

Un homme de cette région, qui savait que des troupes indiennes combattaient avec les Anglais pendant la guerre, me dit gravement :

« — Pourquoi ces Anglais n'appellent-ils pas des Bhoutanais à leur aide ? »

« — Que pourraient faire des Bhoutanais ? répondis-je, ce ne sont pas des soldats exercés, beaucoup d'entre eux ne savent peut-être pas tirer convenablement. »

« — Il est possible qu'ils ne sachent pas bien se servir d'un fusil, répliqua-t-il, mais avec un arc et des flèches ils sont terriblement adroits. »

« — Je le sais ; mais on ne fait plus la guerre avec des flèches, maintenant. »

Et je m'efforçai de lui décrire les merveilles de l'art militaire moderne. Il avait, d'ailleurs, vu des images de tanks, de gros canons et d'autres ; mais cela n'ébranlait pas sa confiance et il conclut d'un air entendu :

« — Ils ont des recettes secrètes pour empoisonner leurs flèches, et alors... » Et, ce disant, il hochait la tête de façon significative.

La majorité des indigènes du Ching-Hai et du Sikang sont plus éclairés en ce qui concerne les guerres modernes ; beaucoup ont vu des avions traversant le ciel. Ils savent parfaitement ce qu'est un bombardement, et certains ont vu dans Tchengtou, Tchoung King ou d'autres localités des provinces voisines du Sikang les ruines que les avions japonais y ont faites. Mais ils entretiennent de singulières illusions quant à leur valeur guerrière et ne se gênent pas pour dire que si les Japonais les avaient eus, eux Khampas, pour adversaires, au lieu des Chinois, ils auraient été annihilés en un tournemain.

Marchant vers le sud du Ching-Hai, après avoir quitté le voisinage du lac Bleu, l'on peut atteindre le Tossou-Nor. Celui-ci partage, avec quelques autres lacs, la réputation de receler un orchestre dans ses profondeurs. De ses eaux s'élèvent, à certains moments, de mystérieux sons musicaux, le « concert » peut durer assez longtemps et il cesse brusquement, sans cause apparente.

Un autre phénomène se produit dans les solitudes du Ching-Hai. Par temps calme, il arrive que l'on entende de la musique religieuse semblable à celle exécutée dans les monastères avec des *ragdong*, des *gyaling* [1] et des timbales. L'air qui est joué s'entend très distinctement quoique le son semble venir de loin. Cependant, il ne peut être question que les musiciens se trouvent dans un monastère car, souvent, il n'en existe aucun — pas même de ceux qui consistent en tentes — à une distance très considérable des endroits où la musique est entendue.

Quel jeu de l'eau ou de la glace des lacs ou du vent soufflant à travers de lointaines chaînes de montagnes cause cette singulière harmonie n'est pas expliqué. Les pasteurs croient qu'elle est l'écho de fêtes qui ont lieu parmi les génies, les fées et les autres habitants d'un monde très proche du nôtre mais qui, d'ordinaire, nous reste imperceptible.

J'admets que l'idée d'écouter des concerts donnés par des déités est agréable lorsque l'on campe au désert.

De semblables phénomènes sont allégués au sujet d'assez nombreux endroits. J'en ai connu un, dans les Himalayas, où un invisible joueur de flûte paraissait avoir élu domicile au pied d'un glacier.

Plus au sud encore, sont les lacs jumeaux Oring et Noring traversés par le fleuve Jaune. Celui-ci, encore près de ses sources, entre dans le lac Oring comme un ruisseau, en sort pour pénétrer, après un très court trajet, dans le lac Noring et quand il émerge de ce dernier à l'extrémité opposée il a déjà pris l'aspect d'une rivière de quelque importance. Son cours se dirige alors vers l'Amné Matchén, une véritable montagne de contes de fées qui s'élève solitaire parmi d'immenses plateaux. Autour de sa tête coiffée de glaciers, des cônes noirs se dressent pareils à des sentinelles montant une garde perpétuelle. De fait, les Ngologs les tiennent pour les gardiens de la demeure de leur dieu tutélaire qui siège au sommet de la montagne.

L'on pourra se rappeler, ici, ce qui a été dit au sujet des dieux-montagnes, dieux-lacs, etc. Amné Matchén est non seulement la résidence d'un dieu mais il est dieu lui-même ou, pour être plus correcte, Amné Matchén est une déesse, car Ma Tchén signifie la Grande Mère.

Il existe des sables aurifères au pied de l'Amné Matchén. Ils sont principalement exploités par des Chinois qui obtiennent une licence du gouverneur de Ching-Hai et lui paient une redevance.

1. Les *ragdong* sont d'énormes trompettes qui peuvent mesurer 3 ou 4 mètres de long. On en joue en laissant leur extrémité reposer par terre. Si les musiciens se déplacent, le tube du *ragdong* est supporté sur les épaules de plusieurs hommes marchant à la file. Le *gyaling* est une sorte de hautbois.

Aucun étranger n'a, je crois, erré librement aussi longtemps que je l'ai fait dans cette partie du Tibet septentrional qui se trouve, maintenant, inclus dans les deux dernières-nées des provinces occidentales de la Chine : le Ching-Hai et le Sikang.

Il m'est arrivé de passer la plus grande partie d'un été parmi les tribus Ngologs voisines de celles de Setas chez qui l'infortuné M. Liotard devait trouver la mort.

Ils m'accueillirent respectueusement comme une « Jétsunma Naldjorma », une dame-lama, et pourvurent généreusement à tous mes besoins et à ceux de mes gens. Cependant, l'un d'eux faillit me tuer mais à cause d'une méprise comique.

Je m'étais attardée à regarder le lac Oring à la nuit tombante. Un Ngolog qui était resté à mon camp s'inquiéta en ne me voyant pas revenir. Il y a des ours et des loups dans cette région. Il prit son fusil et se mit à ma recherche. Les indigènes ne font pas trois pas hors de leur tente sans être armés et ils ont de bonnes raisons pour cela.

Je vis, de loin, une grosse masse sombre s'avancer. Bon, pensai-je, voici un ours et comme il est rare d'en voir de très près, je voulus me cacher derrière un rocher pour laisser passer la bête et l'examiner sans être aperçue par elle. Tout doucement, presque en rampant, je me déplaçai.

Pan... une balle siffla contre moi.

Ce n'est pas un ours, c'est un chasseur. Je le compris dans la centième partie d'une seconde, je me redressai et criai dans la direction de l'homme les plus belles injures du répertoire tibétain... qui est copieux.

L'individu accourait. C'était mon Ngolog.

« — Je vous ai prise pour un ours », me dit-il.

« — Moi aussi, je vous ai pris pour un ours », lui répondis-je.

Nous avons ri tous les deux et sommes retournés au camp manger la soupe.

Si les indigènes du Ching-Hai se méfient de ceux qu'ils pourraient rencontrer sur leur chemin et, pour cette raison, ne se déplacent pas sans être armés, de leur côté, les voyageurs traversant leur pays se méfient également d'eux. Apercevoir au loin un groupe de cavaliers provoque le geste instinctif de glisser des cartouches dans son fusil, s'il n'est pas déjà chargé en vue de « ce qui pourrait advenir ».

Un individu cheminant solitaire est même susceptible de causer de l'inquiétude ; il peut être un éclaireur appartenant à une bande qui, à défaut du pillage d'une riche caravane, se contenterait de dévaliser de modestes voyageurs.

Si vous avez des raisons de craindre une attaque pendant la nuit et si vous êtes en nombre suffisant et bien armés, vous vous bornez à empiler les bagages au milieu du camp et à attacher les bêtes autour de ceux-ci ; puis, tandis que les uns dormiront, avec leur fusil à leur côté, les autres monteront la garde à tour de rôle.

Si vous n'êtes que quelques-uns, comme cela a toujours été mon cas, vous essaierez de vous tirer d'affaire par ruse.

Peut-être ferez-vous semblant de vous apprêter à camper comme si vous ne soupçonniez rien et puis, la nuit venue, vous vous en irez rapidement et sans bruit dans une direction différente de celle que les brigands vous ont vu suivre la veille. Cela sera possible sur un plateau, mais dans une vallée étroite, il faudra trouver un autre moyen. Dans tous les cas, le plus important est de s'éloigner sans retard et de mettre le plus d'espace possible entre soi et les brigands dans le cours de la nuit. Si les malfaiteurs trouvent désert l'endroit où ils vous ont vu dresser vos tentes, ils ne s'obstineront probablement pas à vous poursuivre, vos bagages sont de trop minime valeur pour qu'ils se donnent grand-peine pour les posséder. Ils visent de meilleures proies.

Pourtant, s'ils vous poursuivent et vous rejoignent... Eh bien ! quiconque voyage en Asie centrale doit être prêt à affronter des individus de cette espèce et à courir sa chance.

Je me suis souvent amusée, à part moi, en me rappelant les tours que j'ai joués à des chevaliers de grand chemin pendant mes pérégrinations.

J'étais surtout fière d'avoir, au Ching-Hai, dépisté une demi-douzaine de ces individus en retournant sur mes pas alors qu'ils me croyaient campant au loin dans la solitude et me suivaient pour voler mes bêtes pendant la nuit. Envoyant celles-ci un peu à l'écart avec deux de mes domestiques, je m'étais bornée à m'installer au bord de la piste sans tente et sans bagages, ma robe et celles des deux garçons restant avec moi étant retournées pour changer notre apparence. J'eus alors la joie de voir passer les voleurs dans la nuit très obscure et demander aux pauvres hères que nous paraissions être s'ils n'avaient pas vu passer des voyageurs dont les coquins donnaient une description qui était la nôtre. Naturellement, nous les avions vus, ils marchaient rapidement ; ils devaient être loin... Et les chenapans dupés de courir après nous.

Hélas ! la fierté que je conservai de ce stratagème devait être humiliée par des marchands que je rencontrai à Tatsienlou et dont l'un me raconta l'exploit suivant :

« Nous débouchions d'une vallée, me dit-il, lorsque nous vîmes deux hommes qui rassemblaient leurs ballots. Ceux-ci étaient tombés lorsque les mules qui les portaient s'étaient effrayées et mises à galoper. Nous pouvions les voir sur le *thang* (plateau) poursuivies par deux cavaliers qui s'efforçaient de les ramener. Un tel accident est fréquent et, généralement, leur aide est demandée pour reprendre les bêtes qui se sont dispersées. Au contraire, ces hommes étaient étrangement silencieux et semblaient anormalement pressés. »

Mes compagnons et moi nous nous regardâmes, nous avions compris de quoi il s'agissait. Nous avions rencontré des brigands qui venaient de piller des voyageurs. Ceux-ci devaient s'être enfuis, car on n'en apercevait aucune trace. Les bandits étaient quatre ; nous étions six et bien armés. Les vauriens nous avaient jugé trop forts pour oser nous attaquer et l'on pouvait aussi voir qu'ils avaient hâte d'emporter leur butin.

Tout en chevauchant, l'idée de jouer un bon tour à ces coquins me vint à l'esprit. Je la communiquai à mes amis et la plaisanterie parut amusante. Dès que nous fûmes hors de vue et qu'un ravin s'ouvrit sur le côté de la piste, nous y entrâmes et y cachâmes nos bêtes sans les décharger. L'un de nous devait rester avec elles pour les garder, les autres enlevèrent leurs robes longues et conservèrent seulement leur culotte et un gilet court [1]. Ainsi vêtus ils ressemblaient pas mal aux soldats chinois musulmans de la frontière.

Alors tous les cinq, avec nos fusils en main, nous galopâmes, en retournant sur nos pas, vers l'endroit où nous avions vu les brigands. Nous ne pouvions pas être certains de les y trouver encore, nous l'espérions seulement et c'est ce qui arriva.

Ils avaient rattrapé les mules qui s'étaient échappées, et achevaient de les charger.

Les paroles étaient inutiles ; nous fîmes feu immédiatement. C'était à la tombée de la nuit, notre apparence trompa les voleurs qui nous prirent pour une patrouille en tournée qui, peut-être, avait été informée de leur méfait par les voyageurs qu'ils avaient dépouillés ou, peut-être, par les autres voyageurs — nous-mêmes — qui étaient passés tandis qu'ils poursuivaient les mules débandées.

En un rien de temps ils sautèrent en selle et s'enfuirent à toute vitesse, abandonnant les trois mules qu'ils avaient attachées à des piquets pour les charger plus facilement.

Deux des nôtres calmèrent les bêtes que la fusillade effrayait de nouveau et les autres continuant à tirer firent mine de poursuivre les fugitifs de façon à les envoyer au loin.

La même nuit nous partîmes, emmenant les trois mules conquises avec leur charge. Mais au lieu de continuer dans la direction que nous suivions quand nous avions rencontré les brigands, nous retournâmes en arrière et ne rejoignîmes notre route que très loin de là, en passant par des chemins détournés.

« — Pourquoi cela ? » demandai-je.

« — C'est facile à comprendre. En venant, nous n'avions pas vu les gens qui avaient fui les brigands, donc ils étaient partis dans une autre direction et nous ne risquions pas de les rencontrer sur cette route-là. »

« — Vous ne vouliez pas les rencontrer ?... »

---

1. C'est un truc courant mais qui réussit souvent.

Mon interlocuteur me regarda comme si j'avais dit quelque chose de très drôle.

« — Eh ! répliqua-t-il en riant. Trois mules et les ballots de marchandises qu'elles portaient, c'était la meilleure part de la plaisanterie. »

L'on peut trouver étonnant que des commerçants très aisés se fassent voleurs et considèrent la chose comme une excellente plaisanterie.

Cela mérite explication.

Le code moral des laïques au Kham, au Ching-Hai, au Poyul, dans les jungles du Loyul et généralement partout, de l'extrême-ouest de la Chine à l'Himalaya et au Pamir, est l'inverse de celui qui est enseigné — mais peu obéi — dans nos pays occidentaux. Dans ces régions, la honte n'est pas pour le voleur s'il est adroit et réussit ; elle est pour celui qui n'est pas capable de défendre son bien. C'est un code de guerre. Le général qui a saisi une ville ou un morceau de territoire à un pays voisin du sien est dit s'être « couvert de gloire ». Les vaincus peuvent le maudire, ils peuvent l'appeler un abominable scélérat, cependant la majorité d'entre eux ne regrette-t-elle pas que le conquérant ne soit pas un des leurs et que ce ne soit pas leur pays qui ait bénéficié de conquêtes faites aux dépens d'une autre nation ?... Et dans la vie privée, ne voit-on pas acclamer ou tout au moins exempter de blâme trop sévère le succès obtenu même par des moyens injustes ?... Les indigènes encore barbares de l'Extrême-Ouest chinois manifestent seulement ces sentiments plus ouvertement et plus crûment ; c'est la seule différence.

Le désir du butin n'est certainement pas absent chez le brigand de Kham ou du Ching-Hai, mais l'attrait de la lutte et de la conquête est pour lui un puissant stimulant.

Le même objet, s'il l'avait gagné par son travail ou obtenu d'une autre façon honnête, ne lui procurerait pas une satisfaction égale à celle qu'il en tirera s'il s'en est emparé de haute lutte.

Dans une mesure atténuée, tous ses compatriotes qui ne pratiquent pas le sport pour hommes « au cœur puissant [1] » partagent ses sentiments.

Les manifestations de brigandage en grand style sont devenues rares dans les limites du Ching-Hai et du Sikang ou ne se produisent qu'aux extrémités de ces provinces. Des troupes chinoises sont cantonnées en trop d'endroits pour permettre les rassemblements de bandes nombreuses de cavaliers armés s'embusquant sur le passage des caravanes ou opérant des razzias dans les villages et les campements. Néanmoins, il ne manque pas d'hommes, dans la région, qui,

1. *Nying Tob tchénpo* (cœur puissant) synonyme de braves. Le brigandage est volontiers considéré, dans ces régions, comme exploit héroïque.

à une époque ou à une autre, ont pris part à des expéditions de ce genre.

Les monastères, qui sont les objets les plus caractéristiques des paysages tibétains, ne manquent pas au Ching-Hai. A la limite des pâturages existent deux des plus célèbres lamaseries du Tibet : Koum Boum et Labrang Tachikyil.

Koum Boum (les cent mille images) est situé non loin de Sining, il a été bâti sur le lieu où naquit Tsong Khapa (1355 ou 1358).

Tsong Khapa est le fondateur de la secte des Gelougs pas (ceux qui ont des habitudes vertueuses) communément appelée les « bonnets jaunes », à cause de la couleur de la coiffure de ses moines. Les Gelougs pas, qui ont supplanté les autres et plus anciennes sectes lamaïstes (bonnets rouges et bonnets noirs), constituent aujourd'hui le clergé officiel. Le Dalaï-lama et le Panchen Lama appartiennent à cette secte.

Koum Boum, son arbre miraculeux et tout ce qui se rapporte à ce monastère ont été décrits en détail dans un livre précédent [1]. Je n'y reviendrai donc pas ici.

Labrang Tachikyil a été mentionné dans les notes historiques à propos des insurrections dont il a été le théâtre. Tandis que Koum Boum est construit en style chinois, l'architecture du Labrang Tachikyil est purement tibétaine. Le monastère qui est très vaste est placé dans un site d'une beauté farouche avec un extraordinaire arrière-plan de gigantesques montagnes de roc noir.

Le fondateur de Labrang Tachikyil est Jame Yang Chéd pa (1648-1722). Il étudia au monastère de Drépung près de Lhassa et devint l'un des plus célèbres érudits philosophes. Des différences d'opinions qui se produisent entre lui et son ancien maître devenu âgé amènent Jame Yang Chéd pa à quitter Drépung pour retourner dans son pays natal, Amdo, où il fonda Labrang (le palais du lama) Tachikyil (centre de prospérité). Il est aussi dit qu'un prince mongol invita Jame Yang à s'établir en Amdo où il voulait le mettre à la tête d'un collège où la philosophie bouddhique serait enseignée. Les deux versions ne sont pas contradictoires. Après sa rupture avec son maître, Jame Yang peut avoir accepté l'invitation du prince mongol.

Labrang Tachikyil a une population d'environ trois mille moines. Ce nombre peut paraître élevé à des Occidentaux, mais il n'a rien de surprenant au Tibet où le monastère de Drépung est réputé comme abritant entre 10 et 11 000 moines.

Les autorités de Koum Boum donnent aussi comme variant entre 2 500 et 3 000 le nombre des religieux membres du monastère.

D'autres lamaseries importantes existent dans la partie du Kansou qui a été annexée au Ching-Hai. Parmi elles est celle de Ditza qui

1. *Mystiques et magiciens du Tibet*.

offre cette particularité qu'à peu près la moitié de ses moines vivent en ermites dans des huttes disséminées à travers les montagnes voisines. Ils ne se rendent au monastère qu'à certains jours de l'année quand une assemblée générale a lieu et les Écritures sacrées sont récitées d'une manière rituelle.

Ces ermites (en tibétain : *ri teu pa)* se distinguent par leur toge qui est jaune, tandis que celle de la majorité du clergé est grenat foncé, de la même couleur que le costume.

Une autre grande lamaserie est celle de Sakyong située sur une montagne qui domine le cours du fleuve Jaune. Les pèlerins s'y rendent pour contempler un miracle. Le corps d'un des anciens Grand-lamas du monastère, qui a été placé dans un superbe mausolée, émet une huile parfumée qui suinte à travers les murs du tombeau. Ce prodige se manifeste depuis un très grand nombre d'années. Son ancienneté et le fait que le corps du lama a été desséché dans le sel et momifié avant d'être enfermé dans le mausolée excluent l'idée que le liquide puisse être produit par la décomposition des chairs. Les moines de l'endroit peuvent naturellement être soupçonnés de fraude. Une inspection minutieuse du tombeau n'est point permise et le visiteur est laissé à ses conjectures.

L'on ne peut pas s'empêcher de remarquer combien la faculté d'imagination est limitée chez l'homme. De siècle en siècle, dans tous les pays, parmi toutes les races, nous rencontrons les mêmes rites, les mêmes dogmes, les mêmes histoires de saints et les mêmes miracles se répètent. Des corps de saints personnages, qui répandent une odeur agréable ou émettent un liquide parfumé, sont fréquemment mentionnés dans la littérature catholique.

Il est rapporté que saint Dominique avait déjà été enterré pendant quelque temps lorsque ses admirateurs voulurent lui élever un mausolée en or à un autre endroit. Le cercueil fut exhumé et ouvert et il s'en échappa une « odeur céleste ». Après que sainte Catherine eut été enterrée, une huile parfumée suintait continuellement de ses os. De l'huile dégouttait du tombeau de sainte Élisabeth. Le corps de saint Thomas d'Aquin émettait une forte odeur agréable qui se répandait au loin. Dans un temps plus récent, le R.P. Marcel Bouix S.J. a raconté qu'une odeur suave, très particulière, émane encore de toutes les parties qui ont été détachées du corps de sainte Thérèse d'Avila et qui sont conservées comme reliques dans divers couvents de Carmélites. Cela, bien que sainte Thérèse soit morte en 1582.

Il ressort de ces faits que les moines lamaïstes de Sakyong ne peuvent pas se targuer d'être des innovateurs.

Même dans les pâturages, les monastères ne font pas défaut, mais là ils sont logés dans des tentes et dénommés *banag gon* (tente noire monastère) ou *dok gon*, ce qui est un pléonasme, car *dok* et *gon* veulent dire tous deux un « endroit solitaire ».

Gompa, « demeure dans la solitude », prend véritablement son sens complet dans le grand désert d'herbe. Le monastère est un camp isolé formé par des tentes pareilles à celles des pasteurs.

Une tente de grandes dimensions sert de lieu de réunion et de temple où les rites lamaïstes sont célébrés. Près de celle-ci, quelques tentes plus petites abritent les moines peu nombreux : une douzaine, ou moins. Certains de ceux-ci vivent seuls, d'autres partagent leur tente avec des disciples ou des confrères.

Ces moines des pâturages sont propriétaires de bétail et commercent avec le produit de leurs troupeaux, de même que leurs voisins laïques.

De plus, les pasteurs ne manquent pas de pourvoir leur clergé de nourriture et d'autres articles utiles et, quant à ceux des moines qui célèbrent des rites ou qui lisent les Écritures à la demande des *dokpas*, ils touchent des honoraires en argent ou en nature.

Bien qu'ils soient nominalement bouddhistes, les indigènes du Ching-Hai ont conservé une grande part de croyances et de pratiques chamanistes. Magiciens et sorciers jouent un rôle important parmi eux.

Un recensement officiel, très approximatif, de la population du Ching-Hai, y compris celle des territoires soustraits au Kansou pour lui être annexés, indique les chiffres suivants : Chinois 390 279, Musulmans 118 822, Tibétains 181 475, Mongols 113 835, plus un nombre de Mandchous, de Kasaks et de ceux désignés comme aborigènes bien que ce nom ne leur convienne pas. Il n'y a pas de véritables aborigènes au Ching-Hai, ceux que les fonctionnaires chinois dénomment ainsi sont d'origine mongole. L'on croit qu'ils sont venus dans la région du Koukou-Nor sous la dynastie T'ang (618-905) conduits par un chef appelé Li. Ils sont divisés en treize clans. La plupart de ces Mongols vivent au nord du Ching-Hai, au Tsaïdam et à la frontière du Kansou. Leurs tentes différentes de celles des Tibétains ont été décrites plus haut.

Les chiffres indiqués quant au nombre des Mongols et des Tibétains du Ching-Hai sont loin d'être exacts. Aucun recensement correct des pasteurs n'est possible. Ils objectent fortement à être comptés « comme des bestiaux », disent-ils. Ils imaginent que quelque mauvais dessein — particulièrement celui de lever des impôts — est à la base de ce dénombrement et, par tous les moyens, ils s'efforcent d'y échapper ou de fausser les calculs des enquêteurs. L'ingéniosité que ces rustauds déploient à cet effet et les gorges chaudes qu'ils font aux dépens des fonctionnaires qu'ils dupent sont tout à fait amusantes.

Quelques Mandchous se rencontrent aussi au Ching-Hai. Ils descendent des soldats qui ont été cantonnés dans la région pendant le règne de la dernière dynastie impériale (1644-1911). Un grand nombre de ces Mandchous ont été massacrés par la populace pendant la révolution qui a accompagné la chute de l'empire. Ceux qui demeurent ne se distinguent pas des Chinois.

Quant aux Mahométans, ils constituent un élément influent dans les provinces de l'Ouest et je leur consacrerai un chapitre spécial.

Sining, qui est devenue la capitale provinciale du Ching-Hai, est une ville importante située à une altitude de 2 300 mètres. Avant qu'elle fût incorporée au Ching-Hai, elle appartenait au Kansou et était le siège d'un préfet civil chinois et d'un général qui portait le titre de commissaire de Défense à la frontière et avait sous sa juridiction tous les Tibétains de la frontière. Ces deux fonctionnaires dépendaient nominalement du gouverneur du Kansou résidant à Lantchou [1], la capitale de la province, une très grande et belle ville située sur le haut cours du fleuve Jaune. Depuis longtemps, le général commissaire s'était rendu, en fait, indépendant. Le prédécesseur du présent gouverneur du Ching-Hai, son oncle, avait coutume de dire : « J'entretiens des relations amicales avec le gouverneur de Lantchou ; mais je ne le reconnais pas comme mon chef. Il a ses troupes et j'ai les miennes... »

Le nombre de leurs soldats a toujours été l'argument final dans les querelles entre les gouverneurs chinois. On se tromperait en imaginant qu'il va, soudain, cesser d'en être ainsi. Quelques conférences et quelques traités ne peuvent transformer brusquement une mentalité et des usages millénaires. La Chine n'est pas *un* pays, elle est une *agglomération* de pays ; il ne s'ensuit pas que ceux-ci ne puissent pas vivre en paix et coopérer les uns avec les autres, mais nous ne devons pas mesurer les choses de l'immense Chine à l'échelle de la petite Europe.

Le commissaire de Défense à la frontière était un Mahométan et entretenait un corps de troupes composé exclusivement de Musulmans. Beaucoup de ces soldats, comme un grand nombre de Mahométans de la région, avaient de lointains ascendants non chinois : Turcomans, Arabes, etc. Robustes, de haute taille, braves, disciplinés et ne fumant pas l'opium, ils étaient, du point de vue militaire, très supérieurs aux troupes chinoises des provinces voisines.

La nouvelle division administrative du Ching-Hai a fait du « commissaire » le gouverneur de la province. Comme tel, il conserve, naturellement, ses troupes musulmanes.

Le général Ma, le titulaire actuel de ce poste, est un homme énergique et entreprenant ; par ses ordres — et par le travail de ses

1. Écrit Lanchow sur la plupart des cartes.

administrés — Sining a été modernisé. De larges avenues ont été ouvertes à travers la ville, des arbres ont été plantés par dizaines de milliers le long de celles-ci et dans les alentours et l'éclairage électrique a été installé.

Une route praticable aux automobiles relie maintenant Sining a Kangting la capitale du Sikang et à Jakyendo le poste avancé chinois à l'extrémité sud du Ching-Hai. Cette route traverse dans toute leur longueur les hauts pâturages du Ching-Hai.

D'autres routes permettant la circulation des automobiles ont été construites dans différentes directions : l'une d'elles rejoint la longue artère par laquelle on peut aller, en auto, de Pékin à Moscou en traversant toute la Chine, le Sinkiang et le Turkestan.

Quand je dis : « On peut aller » il faut entendre : « Il serait possible d'aller », mais s'il est permis de le faire est une autre question. L'une des nombreuses et pernicieuses absurdités dans lesquelles les hommes se complaisent aujourd'hui est que, tandis qu'ils s'emploient à multiplier les voies de communication, ils s'ingénient, d'autre part, à entraver de plus en plus le passage d'un pays à un autre.

Sining est le centre d'un commerce très actif avec le Tibet et avec la Mongolie ; de pittoresques caravanes y sont journellement rencontrées : yaks poilus chargés de marchandises tibétaines ou gigantesques chameaux venant de la Mongolie ou du Sinkiang à travers le Gobi.

Le gouvernement chinois fait de louables efforts pour répandre l'instruction au Ching-Hai.

On sait que ce n'est pas absolument une innovation. En 647, l'empereur, se conformant aux idées qui prévalaient alors, concernant l'éducation, avait fait don aux « Barbares de l'Ouest » d'un exemplaire des *Odes* et d'un exemplaire des *Annales* de Kong fou tze (Confucius). Le souverain espérait que l'étude de ces ouvrages amènerait les indigènes à se civiliser. Comme bien l'on pense, le résultat fut nul. En 730, un autre empereur offrit à ses turbulents voisins deux nouveaux exemplaires des mêmes ouvrages ; il n'eut pas davantage de succès.

La tentative qui se poursuit actuellement est conduite d'une façon plus réaliste et vise à répandre des connaissances pratiques.

Il existe au Ching-Hai une École normale et 25 écoles primaires pour les Mongols et les Tibétains. Le nombre des élèves est un peu supérieur à un millier.

Bien que les Mahométans soient moins nombreux dans la région que les Tibétains et les Mongols, le nombre de leurs enfants fréquentant les écoles est plus grand. Une école secondaire et 98 écoles primaires établies pour leur usage sont fréquentées par 5 976 élèves.

En dehors de ces écoles confessionnelles, le gouvernement provincial en maintient d'autres qui reçoivent des élèves sans distinction de race ou de religion. Leur nombre est donné comme suit : 655 écoles primaires, 2 écoles secondaires, 8 Écoles normales dont une spécialement réservée aux jeunes filles — les écoles sont généralement mixtes en Chine. Il existe aussi des écoles professionnelles. Le nombre total de leurs élèves serait d'environ 30 000.

Il existait aussi 2 écoles supérieures comptant 300 étudiants. Comme elles étaient maintenues par des fonds particuliers : ceux de l'indemnité payée pour l'insurrection des Boxers et d'autres, il n'est pas certain qu'elles puissent subsister.

L'Association islamique du Ching-Hai, établie en 1929 par le gouverneur Ma-Pou-Fang, soutient aussi différentes écoles. Dans cellesci, en plus des matières inscrites au programme officiel, obligatoire, des études, la langue arabe et le Coran sont enseignés.

De plus, encore, l'Association tibéto-mongole fondée en 1933 pour la diffusion de l'instruction a établi 13 écoles primaires à l'usage des enfants mongols ou tibétains. Une école supérieure spéciale reçoit, à Sining, les fils des chefs tibétains et mongols et des familles nobles de l'une et de l'autre nationalités. Le but des études est de former un corps de fonctionnaires choisis parmi les étudiants.

Il y a quelques années, l'on avait aussi établi au Ching-Hai des écoles pour adultes. C'était à l'époque où un fort mouvement s'était produit en Chine pour l'instruction du peuple. Les méthodes employées par les promoteurs du mouvement étaient originales. Aux coins des rues fréquentées dans les villes, au croisement des routes, dans les campagnes, des tableaux noirs étaient dressés. Sur ceux-ci, des instituteurs d'écoles publiques écrivaient chaque jour trois mots. Ces instituteurs demeuraient pendant quelque temps auprès des tableaux pour expliquer à ceux qui s'arrêtaient devant eux la signification et l'usage des caractères chinois qu'ils avaient tracés.

Après quelques semaines ou quelques mois, ceux qui avaient assisté quotidiennement aux leçons savaient lire un certain nombre de caractères. S'ils s'en croyaient capables, ils pouvaient, alors, se présenter à un examen et s'ils le passaient avec succès, un certificat leur était délivré.

Pour instruire les femmes des classes pauvres qui doivent travailler chez elles et n'ont guère de loisirs, les instituteurs s'efforçaient de convaincre leurs élèves qu'il était de leur devoir de répéter, chaque soir à leur mère et aux autres femmes de la famille, ce qu'ils avaient appris à l'école.

Cependant, bien que les progrès de l'instruction soient très marqués chez les Chinois, l'ignorance prévaut grandement parmi les indigènes de la frontière occidentale. Ce n'est pas qu'ils soient stupides et incapables d'apprendre, bien loin de là, mais la paresse, l'indifférence et la méfiance à l'égard des connaissances qui sont inculquées dans les écoles les retiennent croupissant dans l'ignorance et les superstitions.

CHAPITRE III

Sikang

Le Sikang, dont Tatsienlou est la capitale, est surnommé la « Province bébé » à cause de son peu d'étendue par comparaison avec les énormes provinces chinoises ses voisines : le Szetchouan ou le Yunnan et, aussi, parce qu'il est de naissance récente. En effet, bien que le territoire qu'il comprend ait été depuis longtemps, nominalement, territoire chinois, sa reconnaissance officielle comme province distincte n'a eu lieu qu'en 1939.

Le Sikang est une création administrative artificielle, tout comme le Ching-Hai. Pour le former, l'on a réuni des parties de pays dissemblables quant à leur aspect physique et aux races de leurs habitants.

Cette opération était nécessaire pour constituer un territoire dont l'étendue et la population fussent suffisantes pour mériter le titre de province. Elle était aussi nécessaire pour assurer la dignité d'un gouverneur et satisfaire son ambition. Elle était surtout indispensable pour que ce gouverneur puisse trouver dans le fief qui lui était octroyé des sources de revenus cadrant avec ses besoins et ses désirs ; or les désirs des gouverneurs chinois, quant à l'acquisition des biens matériels, sont généralement d'ample envergure. Cette tendance leur est, d'ailleurs, commune avec bien d'autres qui ne sont pas chinois et il faut reconnaître que certains gouverneurs font parfois un généreux usage de leur fortune.

Ainsi, à la partie du pays tibétain de Kham conquis par les Chinois, deux districts détachés du Szetchouan ont été annexés. L'ensemble forme trois préfectures qui sont respectivement dénommées Yatchou, Kangtchou et Ningtchou.

Le chef-lieu de la préfecture de Yatchou est la ville du même nom que les Chinois ont récemment renommée Yaan. Les Chinois se plaisent énormément à changer le nom des localités. Sur les cartes, on trouvera généralement Yatchou écrit avec l'orthographe anglaise Yatchow ; toutefois, la prononciation locale est Yadou.

Ce district, compris autrefois dans le Szetchouan, est en grande partie constitué par une plaine fertile située au pied des montagnes. La population est entièrement chinoise et, de toute façon, suit les coutumes chinoises.

Le Kangtchou, dont le chef-lieu est Tatsienlou (environ 2 600 mètres d'altitude), est un territoire tibétain conquis par les Chinois à différentes époques. Il consiste en de très hauts plateaux et de larges vallées dont l'altitude varie entre 3 000 et 4 500 mètres. De puissantes chaînes de montagnes entrecoupent le pays. L'un de leurs plus hauts sommets est Miniag Kongkar dont la hauteur dépasse 7 000 mètres [1].

Bien que la préfecture de Kangtchou comprenne de vastes espaces couverts de pâturages naturels et à demi déserts, elle est plus densément peuplée que les hautes terres du Ching-Hai auxquelles elle touche. Un bon nombre de petites villes, de bourgs et de villages existent dans le Kangtchou, particulièrement sur la route des caravanes allant de Tatsienlou à Lhassa et aux abords de celle-ci. Les plus notables de ces localités sont Tao, Kanzé et Dawo sur la route de Lhassa ; Bathang, à l'extrémité opposée du Sikang, confinant au Yunnan, Litang, etc. Une mention spéciale doit être faite de Dergé (le g dur) dont les imprimeries jouissent d'une grande réputation au Tibet. Dans une de celles-ci s'impriment les deux recueils classiques des Écritures sacrées bouddhistes : le *Kahgyur* et le *Tengyur* [2] et aussi de très nombreux livres traitent de philosophie, de rituel, de magie, etc.

Certains de ces livres sont des traductions d'ouvrages sanscrits, d'autres des commentaires sur ceux-ci et d'autres encore sont l'œuvre originale des lettrés tibétains.

L'impression est faite au moyen de planches en bois qui ont été gravées à la main. Un des bâtiments de la lamaserie contient des milliers de ces clichés soigneusement classés. A part certains ouvrages qui sont fréquemment demandés, aucun livre n'est imprimé d'avance. Les clients peuvent choisir dans des catalogues ceux des livres qu'ils désirent. Le prix de ceux-ci est indiqué en regard du titre de chaque livre. Leur choix fait, les clients versent la somme indiquée et attendent la livraison de leur commande. L'imprimerie ne fonctionne pas pendant l'hiver ; les locaux où les moines imprimeurs travaillent ne sont point chauffés et l'encre y gèle.

Les livres imprimés à Dergé sont particulièrement estimés à cause de la netteté de l'impression, supérieure à celle des autres imprimeries du Tibet.

---

1. 24 900 *feet.* D'après les alpinistes anglais qui, au cours de ces dernières années, en ont atteint le sommet.

2. En orthographe tibétaine, respectivement *bkah hgyur et bstan hgyur.* 1re traduction (du sanscrit) des « paroles de commandement », discours attribués au Bouddha, etc. ; 2e traduction (du sanscrit) des enseignements explicatifs, commentaires, ouvrages des philosophes bouddhistes, etc.

En plus du monastère où se trouve la grande imprimerie, il existe, dans son voisinage, plusieurs autres lamaseries appartenant à différentes sectes lamaïstes.

Les orfèvres de Dergé jouissent d'un grand renom au Tibet ; il en est de même des artisans qui fabriquent des objets en cuivre ou en bronze : théières, bols, vases de différentes sortes et statuettes de déités. Les armuriers de Dergé sont également renommés et les sabres faits par eux se vendent à des prix élevés.

La valeur de leurs lames est considérablement augmentée par celle du fourreau et de la poignée du sabre. Certaines de ces dernières sont de belles pièces d'orfèvrerie et les fourreaux sont ornés de dessins en argent ou en or parmi lesquels des turquoises ou des boutons de corail sont enchâssés.

L'union du fertile district de Yatchou avec celui de Kangtchou ne suffisait pas encore à donner au Sikang l'importance nécessaire pour l'élever au rang de province dans l'immense Chine où tout est vaste. Par conséquent, un autre morceau de territoire fut encore détaché du Szetchouan et adjoint au Sikang.

La région annexée s'appelait autrefois Kientchang et sa capitale Ningyüanfou. On trouvera ces noms sur les cartes, mais, bien que le nom officiel de la préfecture formée par ce pays soit Ningtchou, dérivé de Ningyüanfou, elle est maintenant généralement dénommée Sitchang et sa capitale, l'ex-Ningyüanfou, porte le même nom.

Le Kientchang-Sitchang est un intéressant pays qui pourrait aisément devenir prospère. Il comprend des vallées fertiles, si favorables à l'agriculture que, d'après un dicton local : « Il suffit de travailler pendant trois mois pour récolter de quoi se nourrir pendant trois ans. »

D'autre part, les prospecteurs rapportent qu'il existe au Sitchang des mines et spécialement des gisements de fer qui pourraient être exploités profitablement.

L'on distingue trois zones climatiques au Sitchang : chaude, dans les vallées basses, tempérée à mi-côte des montagnes et véritablement froide vers les sommets couverts de forêts des hautes chaînes de montagnes.

La population du Sitchang comprend diverses races : Chinois, Lolos et autres aborigènes et un petit nombre de Tibétains.

Les Chinois, cultivateurs ou marchands, habitent les vallées où se rencontrent des villes et de gros villages. Les Lolos vivent dans les montagnes.

Les Lolos se différencient nettement de leurs voisins chinois et tibétains par leur aspect physique. Ils sont grands et généralement maigres. D'ordinaire, les hommes portent sur leurs vêtements une sorte de large pèlerine, froncée autour du cou, qui se termine par une frange et tombe jusqu'à leurs pieds. Les femmes ont un jupon plissé et une espèce de casaquin.

Bien que le pays des Lolos soit territoire chinois, ceux-ci ont conservé une certaine indépendance sous des chefs locaux de leur race. Cette ombre d'indépendance n'est pas sans offusquer le gouvernement du Sikang et à plusieurs reprises, lorsqu'il a jugé les Lolos audacieux, il a envoyé contre eux de petites expéditions punitives.

Les Lolos se divisent en deux classes sociales respectivement dénommées : les *Os noirs* et les *Os blancs*. Les *Os noirs* sont la noblesse, l'équivalent de ce qui, chez nous, s'appelait « sang bleu ». Les *Os noirs* sont peu nombreux, 90 pour 100 de la population sont *Os blancs,* c'est-à-dire plébéiens, et nul d'entre ces vilains n'est entièrement un homme libre.

Les plébéiens Lolos sont divisés en quatre classes, celles-ci correspondent au degré de liberté dont jouissent ses membres. Les individus les plus élevés dans la hiérarchie des *Os blancs* sont serfs de chefs *Os noirs*. Ceux qui occupent la plus basse place dans cette hiérarchie sont de véritables esclaves, pareil au bétail, que leur maître peut vendre ou échanger à son gré.

Il est douteux que, de nos jours, les maîtres puissent encore se permettre de vendre des adultes, mais ils ne considèrent point mal de vendre des enfants. L'on doit remarquer ici que, bien que la chose soit défendue par le nouveau code chinois, des enfants, surtout des filles, sont encore couramment vendus. Nombre de mes voisins, au Szetchouan, au Sikang et ailleurs, avaient de petites esclaves comme servantes. Seulement, comme la loi ne sanctionne plus l'esclavage, il arrive parfois que la fillette, prenant de l'âge et trouvant à gagner sa subsistance ailleurs, se sauve de chez ses patrons. Ceux-ci n'ont nul moyen « légal » de l'obliger à rentrer chez eux, ce qui ne veut pas dire qu'ils n'emploient pas parfois des moyens illégaux pour l'y contraindre. Mais les petites esclaves ont rarement assez d'intelligence et d'initiative pour se rendre libres sans risquer de mourir de faim. Lorsqu'elles parviennent à l'âge d'être mariées, leur maître, agissant aux lieu et place du père, peut les donner en mariage — ou en concubinage — et percevoir un payement fait par l'époux.

Un fait curieux est que les Chinois qui, poussés par la misère, s'engagent comme domestiques chez des fermiers *Os noirs* tombent en esclavage. On peut penser que, comme aux fillettes dont je viens de parler, il leur reste la liberté de s'enfuir s'ils trouvent leur situation trop pénible. Mais cela n'est pas aisé parmi de farouches et hostiles montagnards qui ne manqueraient pas de saisir le fugitif s'il passait à leur portée et de le livrer à son maître pour être sévèrement châtié.

La plupart des Lolos sont chamanistes comme l'est le commun des Chinois. Ils révèrent différents dieux et des génies locaux. Ils craignent, aussi, les mauvais esprits, ainsi que le font un grand nombre de gens de tous pays. De plus, ils ont un culte secret, une sorte de vaudou dont le symbole est une pierre noire. Des marques de vénération sont données à cette pierre ; cependant, il faut comprendre qu'elle n'est pas — en elle-même — l'objet du culte qui lui est rendu, mais qu'elle tient la place d'un « pouvoir » ou d'un « être ». Il existe un enseignement ésotérique à ce sujet et il est formellement interdit aux initiés de le communiquer à autrui.

Il est à noter que chez les indigènes de la région de Lifan, à l'ouest du Szetchouan, une pierre blanche joue un rôle analogue.

Sans parler des rocs plus ou moins déifiés que j'ai décrits dans un autre chapitre de ce livre, l'on peut remarquer que des pierres — soit tenues pour vénérables en elles-mêmes, soit symbolisant quelque être mystérieux, ou encore douées de certains pouvoirs — se rencontrent dans tous les pays. Dès avant le temps du prophète Mahomet, une pierre noire était l'objet d'un culte à La Mecque et les Musulmans continuent à la considérer comme sacrée. Les saligrams, des coquillages pétrifiés, sont recherchés par les dévots de Vichnou. En Europe, comme en Amérique, beaucoup de gens attribuent des influences diverses à différentes pierres précieuses, etc.

Comme la plupart des indigènes de l'extrême-occident de la Chine, les Lolos s'adonnent volontiers au brigandage. Ma bonne étoile m'a heureusement préservée d'en souffrir et rien n'a troublé les bons rapports que j'ai eus avec des Lolos à différentes époques. Une seule mésaventure me survint, et la faute est entièrement mienne.

Je désirais aller de cette partie du Kienchang (Sitchang) qui est habitée par des tribus Lolos à une régions située au sud de Mili, en territoire tibétain. Mon aversion innée pour les chemins battus m'avait portée à suivre un itinéraire de mon invention à travers les montagnes. En plus de mon inséparable compagnon de voyage et fils adoptif, le lama Yongden, j'avais avec moi deux muletiers. La cavalerie se composait d'une grande mule que je montais, du cheval de Yongden et de trois mules portant les bagages.

Notre seconde étape nous amena à la demeure d'un chef Lolo. Sa vaste maison, bâtie en pierre, dénotait une solide opulence locale. Nous fûmes bien accueillis et une grande chambre nous fut assignée pour y passer la nuit. Une pierre noire placée sur une étagère dominait nos lits de camp.

Notre hôte parlait un peu tibétain et, ainsi, en un tibétain mêlé de chinois, Yongden et moi nous nous entretînmes avec lui. Naturellement, il voulut d'abord savoir où nous allions et quand il l'eut appris, il nous indiqua minutieusement la route que nous devrions suivre pour atteindre un point sur la rive du Yalung où se trouvait un passeur avec un petit bateau ; les bêtes traverseraient à la nage. La route qu'il nous indiquait, disait le Lolo, était la seule bonne pour nous ; en dehors d'elle, il n'existait que d'étroits sentiers de montagnes, abrupts et enchevêtrés, difficiles à découvrir parmi les broussailles : une sorte de labyrinthe dans lequel nous nous égarerions inévitablement.

L'extrême précision avec laquelle notre hôte nous décrivait la route à suivre, son insistance pour que nous ne nous en écartions pas, m'inspira des soupçons. Après tout ce que j'avais entendu au sujet des brigands Lolos, j'inclinais à croire que l'homme qui nous renseignait si bien méditait une embuscade et voulait nous envoyer à l'endroit précis où des gens apppostés par lui nous dépouilleraient. Pourquoi il ne le faisait pas tandis que nous étions chez lui ? Pour la même raison qui porte les pasteurs tibétains des hauts alpages à ne pas voler les voyageurs près de leurs campements, afin que, si le fait est rapporté à un chef local, les plaignants ne puissent pas exactement désigner les coupables.

Donc, je remerciai le Lolo de ses bons avis et, le lendemain, après avoir suivi pendant quelques kilomètres la route qu'il nous avait indiquée, je commandai aux muletiers de se détourner et de prendre à travers la forêt à la recherche d'un autre sentier. Nous en trouvâmes un, nous en trouvâmes plusieurs, ils nous conduisirent à des cols, nous firent descendre dans des vallées. La boussole ne pouvait être d'aucun secours sur ce terrain coupé par les montagnes, qui, à tous moments, obligeaient nos bêtes à se détourner de la direction vers laquelle nous désirions marcher. Ces forêts étaient entièrement désertes, nous ne rencontrions personne à qui nous aurions pu demander notre chemin. Les jours passaient. C'était la saison des pluies, nous étions transpercés par des averses diluviennes et pataugions dans une boue épaisse... nos vivres étaient presque épuisés...

Enfin, un soir, nous aperçûmes une hutte. Ses habitants paraissaient être des bûcherons. Je crus sage de ne pas leur poser de questions au sujet de leur profession. Ces gens nous permirent d'entrer chez eux. A l'intérieur de leur hutte, le sol de terre battue était presque aussi boueux que les sentiers à l'extérieur, à l'exception d'une large banquette surélevée qui entourait le foyer. Je voulus m'y coucher, mais un vieux grand-père en occupait déjà une partie et tout en demeurant étendu, il me poussa rudement du pied en grommelant avec colère.

Ces gens nous dirent que nous nous étions trompés de chemin. Nous devions retourner sur nos pas et suivre un autre sentier. Personne ne se proposa pour nous servir de guide. Ainsi, le lendemain matin, nous continuâmes à errer de sentier en sentier. Nous étions véritablement dans un labyrinthe comme notre hôte nous en avait prévenus. Le digne homme ! Il nous avait voulu du bien en nous indiquant le bon chemin ; j'étais punie pour avoir douté de ses bonnes intentions. Qui sait si sa pierre-noire-fétiche ne l'avait pas déjà informé de ma mésaventure et s'il ne se gaussait pas de moi ? Nous mîmes douze jours avant de nous retrouver sur la vraie piste.

En marchant de cet endroit vers le nord-ouest, l'on atteint Mili. Mili est un minuscule État tibétain gouverné de féodale manière sous un contrôle chinois très relâché. Le chef de cet État est un lama-guerrier du genre des princes-évêques du moyen âge. Ses pareils ont flori autrefois au Japon, mais sur une tout autre échelle. Cependant, le clérical roitelet de Mili possède des esclaves et il n'hésite pas à réclamer comme sa propriété ceux d'entre eux qui s'échappent. Le gouverneur du Sikang a mis une sourdine à l'arrogance de ce potentat d'opérette, mais il y a quelque vingt ans, les indigènes subissaient encore pleinement sa tyrannie. Vers cette époque, un de ses esclaves fugitifs gagna le Yunnan, s'y établit et se convertit au catholicisme. Des années s'écoulèrent, l'ancien esclave put croire que son maître l'avait oublié. Il n'en était rien. En voyageant, il eut l'imprudence de s'aventurer sur le territoire de Mili. Il y fut saisi et détenu pour redevenir esclave.

Le chef de la Mission dont il était membre — un prêtre français qui m'a raconté cette histoire — parvint à tirer son ouaille des griffes de l'homme de Mili, mais avec grande peine et après un considérable laps de temps.

Une forte opposition de la part des habitants du Kientchang accueillit la décision du gouvernement d'annexer leur district à la province de Sikang.

Les marchands et les fermiers cossus de la région ne voyaient aucun avantage à leur union avec une province pauvre, aride, à moitié déserte, habitée par de barbares Khampas. Contribuer, au moyen d'impôts, aux dépenses qui étaient envisagées pour la mise en valeur de terres lointaines et la construction de routes sur lesquelles ils ne voyageraient jamais ne les tentait aucunement. Un semblant de satisfaction leur a été donné. Le Sitchang forme un district semi-distinct dont, au moment où j'écris, un général est l'administrateur. Celui-ci n'est pas un « gouverneur » et sa position vis-à-vis du gouverneur du Sikang est mal définie. Comme toutes les situations de ce genre, en Chine, elle est susceptible de se modifier suivant les circonstances et très fréquemment.

Tatsienlou, capitale du Sikang, est un ancien bourg tibétain devenu ville chinoise. Son véritable nom tibétain est Dartsédo, ce qui signifie le point de jonction des rivières Da et Dzé [1]. Le Da est un fort torrent qui descend du col de Jeda ou Dzéda et bouillonne dans un lit rocheux en suivant la vallée étroite dans laquelle

1. Bien que certains soutiennent qu'il s'agit d'une pierre : en tibétain *do*.

Tatsienlou est bâti. Le Dzé sort d'une autre vallée à l'extrémité la plus basse de la ville, près de la porte du nord. De là, les deux cours d'eau réunis forment une rivière assez large, au cours très rapide, qui se jette dans le Tatung, une dizaine de kilomètres plus loin.

Tatsienlou est le nom qui paraît sur la plupart de nos cartes, c'est pourquoi, bien que les Chinois aient officiellement renommé la ville Kangting, j'emploie le nom Tatsienlou dans le présent livre.

L'origine de Tatsienlou est, naturellement, le sujet d'une légende. A cette époque, est-il dit, le pays de Miniag — un district situé à environ trois jours de marche de Tatsienlou — était divisé en trois cantons dont les chefs étaient les descendants de trois vassaux du roi Kourkar [1] de Hor. Or, un jour, ces trois chefs, étant à la chasse avec quelques compagnons, poursuivaient un cerf. La bête les mena au sommet d'une montagne comme la nuit venait. Ne pouvant continuer la chasse, les chefs décidèrent de dormir à l'endroit où ils se trouvaient.

Le lendemain en se réveillant à l'aurore, ils découvrirent les traces du cerf et continuèrent leur poursuite.

En progressant, ils atteignirent un point d'où ils aperçurent une étroite vallée profondément encaissée entre de hautes crêtes.

Dans la petite vallée, en dessous d'eux, les chasseurs distinguèrent un lama ermite. A ses pieds des chamois et des chèvres sauvages étaient couchés, semblant écouter ses paroles. Pleins d'admiration, les chasseurs s'approchèrent de l'ermite et sollicitèrent sa bénédiction.

Les roitelets de Miniag pensèrent alors qu'il serait bon pour eux de construire un palais à cet endroit sanctifié par la présence d'un saint anachorète. L'ermite approuva leur idée et une déesse qui habitait une montagne voisine apparut et joignit son approbation à celle du lama. Cette déesse était Lamo dzé (la belle déesse). De nos jours, il existe, près de Tatsienlou, une lamaserie qui porte le nom de Lamo dzé.

Le palais fut construit et, autour de lui, des maisons pour loger les ministres et les serviteurs des chefs. Des fermiers vinrent ensuite qui défrichèrent et cultivèrent les terrains environnants. Après ceux-ci vinrent des marchands et, ainsi, peu à peu, un village se forma.

---

1. (Au sujet de Kourkar voir aussi chap. II.) Kourkar, ou plutôt « Gourkar », signifie « Tente blanche ». Ce nom venait de ce que ce chef régnait sur des tribus mongoles qui habitaient des tentes blanches. D'après la tradition, il avait deux frères respectivement désignés comme Gournag = « Tente noire » et Goursér = « Tente jaune », leurs noms étant également empruntés à la couleur des tentes des tribus sur lesquelles ils régnaient. Ces chefs peuvent avoir vécu vers le VIIe siècle dans la région qui s'étend aux environs de Kanzé, au Sikang moderne. Les trois frères, mais principalement Kourkar, jouent un rôle important dans le poème épique national des Tibétains à cause des guerres prolongées que Guésar de Ling, le héros du poème, soutint contre Kourkar. (V. A. David-Néel : *La Vie surhumaine de Guésar de Ling* — Paris, éditions Adyar, réédité par les Editions du Rocher en 1978. — Londres, en anglais, Rider).

Les ancêtres des fondateurs de Tatsienlou étaient, comme il vient d'être dit, natifs de Miniag et les traditions du pays attribuent à Miniag un passé glorieux.

Une tradition rapporte qu'à l'époque de Kourkar de Hor, trois chefs nobles, ses vassaux, régnaient sur les trois districts de Miniag comme le firent, plus tard, leurs descendants fondateurs de Tatsienlou. Ces chefs étaient frères et se nommaient respectivement : Tchitsi Tampa, Yutsi Tampa et Yitsi Tampa. Ces hommes ingénieux avaient inventé des véhicules volants. Ceux-ci avaient la forme d'un oiseau dont les ailes se déployaient ou se repliaient à volonté. Un homme assis dans ce véhicule pouvait le diriger dans n'importe quelle direction, le faire voler presque au ras du sol ou l'enlever très haut parmi les nuages. Ces « avions » étaient mus par le vent et certains d'entre eux transportaient jusqu'à vingt personnes.

Les chefs de Miniag avaient aussi inventé des armes à feu.

Alors, il advint que Guésar de Ling, après avoir défait Kourkar de Hor, fit une tournée d'inspection à travers les territoires devenus siens de par sa victoire. Il vint donc à Miniag. Lui aussi possédait des bateaux volants [1] et il arriva à Miniag dans un de ceux-ci. Du moins, la légende le dit, mais l'on peut se demander pourquoi Guésar avait besoin d'un char volant puisque son divin coursier Kyang Gueu Karkar était doué de la faculté de voler et que, monté sur lui, Guésar se transporta souvent par air d'un endroit à un autre au cours de ses extraordinaires expéditions. Mais la vraisemblance ne doit pas être exigée des légendes, leur incohérence même ajoute à leur charme.

Donc, Guésar vit, à Miniag, les avions à forme d'oiseau et, après réflexion, cet homme sage déclara que cette invention ne tendait pas au bien de l'humanité, et qu'au contraire beaucoup de mal pouvait résulter de leur usage. Il dit de même au sujet des armes à feu. Par conséquent, les gens de Miniag, ayant pleine confiance en la sagesse et la prévoyance de Guésar, précipitèrent leurs avions et leurs armes à feu dans un abîme ouvert dans les plus hauts glaciers de la féerique montagne : Miniag Kongkar.

Dans les temps modernes, le pays de Miniag a produit un bon nombre d'hommes distingués par leur érudition scolastique. Ses lamaseries abritent des lamas très lettrés. L'un d'eux, particulièrement intelligent, est Kangs Kar lama, qui appartient à la secte des Kahyud pas. Il compte d'assez nombreux disciples parmi les Chinois des hautes classes sociales. Certains de ceux-ci vont, de temps en temps, passer quelques mois dans son monastère pour étudier les doctrines philosophiques bouddhistes ou pour être guidés dans la pratique des méditations mystiques.

1. Bateaux du ciel, *nam du,* le nom que les Tibétains donnent aux avions.

Tatsienlou était autrefois le siège des rois de Giala, une dynastie de princes féodaux tibétains comme il en existait autrefois un bon nombre de plus ou moins importants qui tous prenaient le titre de *gyalpo* (roi). Une imprudente révolte[1] amena la ruine de la famille des Giala que les Chinois dépossédèrent de ses biens et de tout pouvoir. Son dernier descendant devenu relativement pauvre habite une maison qui faisait autrefois partie du palais de ses ancêtres. Le palais et ses dépendances ont été récemment démolis et à leur place ont été construits des bâtiments de style occidental pour loger les bureaux du gouvernement provincial.

Le palais d'été des rois de Giala, situé sur un éperon de montagne à quelques kilomètres de la ville, a été brûlé pendant mon séjour à Tatsienlou. L'incendie fut, dit-on, causé par des bannières que le vent mit en contact avec des lampes allumées sur l'autel du temple et personne n'étant, à ce moment, dans le temple ni à proximité de celui-ci, le feu se propagea rapidement parmi les bâtiments dont la plupart étaient en bois. L'incendie dura vingt-quatre heures.

Malheureusement, quelques mois avant le désastre, le descendant des rois de Giala, craignant les bombardements japonais, avait transporté dans le palais d'été le trésor accumulé par de nombreuses générations de ses ancêtres. Broderies anciennes, livres écrits en lettres d'or, mobilier et vases précieux, etc. Tout fut détruit par le feu ou volé par des individus qui se trouvaient dans la foule des curieux. A Tatsienlou, les voleurs ne manquent jamais d'être à l'œuvre dès qu'un incendie se déclare. Tandis que les uns récoltent un bon butin en faisant mine d'aider à sauver des objets de valeur, d'autres se rendent dans les quartiers dont les habitants sont partis pour aller voir l'incendie et fracturent les portes des maisons désertes, se servant à loisir de tout ce qu'ils y trouvent à leur convenance.

Les incendies sont fréquents à Tatsienlou ; durant près de cinq années que j'y ai vécues, j'en ai vu cinq qui chaque fois ont détruit toute une partie de la ville. Les petits incendies dans lesquels une ou deux maisons seulement sont brûlées ne se comptent pas.

Il n'y a ni pompiers ni véritable pompe à Tatsienlou. Chaque fois que le feu prend quelque part, une comédie burlesque se joue autour d'une pompe-jouet actionnée à la main tandis que des seaux d'eau apportés de la rivière remplissent le premier rôle.

Des élèves des écoles ont été équipés avec des pantalons courts, des blouses noires et des chapeaux en bambou tressé doublés de ferblanc découpé dans de vieux bidons à pétrole. Ces juvéniles pompiers sont armés de gaffes pareilles à celles des bateliers. Des moniteurs pourvus de sifflets au son strident dirigent diverses évolutions à bonne distance des bâtiments en flammes. Ensuite, lorsqu'il ne

1. Voir chapitre premier.

reste plus que des cendres fumantes, des garçons s'attellent à la pompe-jouet et la traînent jusqu'à la remise où elle est logée. Gaffe en main, les autres écoliers suivent en procession.

La gravité des acteurs pendant cette représentation burlesque est indescriptible.

La guerre sino-japonaise a conduit à Tatsienlou une foule de réfugiés qui, peu à peu, ont, ensuite, regagné leurs demeures en d'autres régions, mais la promotion de la ville au rang de capitale provinciale l'a dotée d'un surplus de population plus stable en la personne de fonctionnaires amenant souvent avec eux une nombreuse parenté. Il est d'usage, en Chine, que toute la famille, jusqu'aux cousins les plus éloignés, ait part à toute bonne chance qui advient à l'un de ses membres : fortune, influence, pouvoir, etc. C'est là une forme de communisme familial que maudissent ceux qui en sont victimes, mais auquel d'archiséculaires coutumes ne leur permettent pas de se soustraire.

L'ancienne Tatsienlou datant de sa fondation n'existe plus. Un énorme glissement de terrain a modifié la configuration de la vallée et ouvert une large brèche dans la montagne à l'endroit où se trouvait la bourgade. Un chaos de rocs occupe maintenant son emplacement.

Les gens du pays sont peu précis quant à l'époque où cet éboulement géant s'est produit et quant à sa cause. Il s'agit, sans doute, d'une poche d'eau d'un volume considérable qui a crevé soudainement, entraînant une partie de la montagne avec le torrent qu'elle formait. Certains parlent d'un lac qui s'est tout à coup déversé dans la vallée ; il en existe, en effet, plusieurs sur les montagnes voisines et l'un d'eux, dit-on, se trouvait sur un plateau nommé Pomo san qui domine la ville et a été rétréci par suite de l'éboulement.

Délogée de son ancien site, Tatsienlou s'est tassée dans la partie étroite de la vallée sur les deux rives du torrent Da. L'agglomération n'a rien de remarquable. Les rues ne sont — pour la plupart — que d'étroites allées bordées par des boutiques chinoises peu importantes. Une population chinoise très dense grouille dans les ruelles et les maisons exiguës. A l'heure des repas on peut voir, comme partout ailleurs en Chine, les boutiquiers attablés dans leurs boutiques ouvertes sur le dehors, mangeant leur riz avec plusieurs ragoûts disposés dans des bols, chacun y puisant avec ses baguettes.

Peu après la promotion officielle de Tatsienlou au rang de capitale du Sikang, entre 1942-1943, le gouvernement Liou Wan Wei fit entreprendre des travaux tendant à moderniser la ville et à l'aérer. Quelques rues furent élargies, un boulevard longea la rive droite du torrent. Comme il a déjà été dit, des bâtiments modernes furent construits pour les bureaux provinciaux. L'on bâtit aussi une habitation de belle apparence pour le gouverneur, un assez vaste hôtel pour les voyageurs et un cinéma. L'hôtel manqua de clients et, bientôt, des bureaux dépendant du gouvernement central y furent installés. Le cinéma fut réduit en cendres au cours d'un de ces incendies dont j'ai parlé.

Mais avant sa destruction, ce cinéma avait connu des jours glorieux. L'amour séculaire des Chinois pour les représentations théâtrales n'a pas été amoindri par la guerre. A Tchéngtou, théâtres et cinémas ont continué à faire *plus* que salle pleine pendant toute la durée des hostilités. Il était fréquent que des femmes s'évanouissent ou fussent blessées alors qu'elles étaient pressées dans la foule qui luttait pour entrer dans le lieu du spectacle.

Tatsienlou, étant une petite ville, ne connaissait pas de pareilles cohues, les spectateurs étaient toutefois nombreux.

Les films de guerre truqués de façon naïve alternaient avec certains autres qui, à en juger par les affiches-réclames, devaient être hautement fantastiques.

Pendant près de deux mois une grande affiche demeura collée sur un panneau en bois placé sur le trottoir devant la porte du cinéma. Ce panneau, haut élevé sur des montants, était tourné de si astucieuse manière que l'affiche s'imposait aux regards de tous les passants.

Elle représentait une femme nue, debout, les pieds baignant dans un ruisseau au milieu d'une forêt. Un tigre couché près d'elle appuyait sa tête contre la cuisse de cette naïade et la regardait avec des yeux expressivement amoureux.

L'on me rapporta que certains R.P. missionnaires, que leurs affaires amenaient à passer devant le cinéma, condamnaient sévèrement la dame nue et son tigre. Peut-être avaient-ils discerné dans le groupe de troublantes émanations de « sex-appeal ». Les rustauds indigènes, moins sensibles, ne se sentaient point choqués, mais l'affiche faisait naître en eux des conceptions bizarres au sujet des femmes de l'Occident. J'entendis l'un deux disant calmement à un ami : « Ce sont là les coutumes des femmes étrangères. »

Complétant les embellissements de Tatsienlou, un nouveau quartier s'éleva, prolongeant la partie basse de la ville en aval du confluent des deux torrents. On aligna une longue rangée de maisons tout au bord de la rivière, sur sa rive droite, quelques-unes furent même imprudemment construites dans la partie de son lit qui est à sec pendant l'hiver. Ceux qui dressèrent les plans de ce quartier pensèrent qu'une petite digue suffirait pour en écarter les eaux pendant la crue estivale. Il n'en fut rien. Le premier été qui suivit l'érection des bâtiments, la rivière gonflée par les pluies torrentielles balaya comme fétus les constructions auxquelles elle se heurta et inonda toutes celles qui se trouvaient sur la rive.

Les soldats de la garnison se hâtèrent d'établir un autre barrage qui détourna une partie du flot, mais les eaux contrariées dans leur cours se rejetèrent sur la rive gauche, emportant avec elles les champs cultivés qui s'y trouvaient. Un maraîcher, propriétaire d'un vaste terrain en plein rapport à cette saison, vit plus de la moitié de celui-ci s'en aller à vau-l'eau avec les légumes qui y poussaient. C'était la ruine pour lui et il ne pouvait espérer aucune indemnité.

Les propriétaires expropriés pour l'élargissement de certaines rues de la ville ne furent pas, non plus, indemnisés. Ce n'est guère l'habitude en Chine de les dédommager. Cependant, des boutiquiers bien achalandés virent leur maison disparaître entièrement. A un autre, que je remarquai, il restait exactement l'espace nécessaire à placer une chaise adossée au mur de son voisin. Avec leurs boutiques disparaissaient, non seulement le petit capital que représentait une maison en bois, mais le gagne-pain des marchands qui vivaient de leur commerce. Pis encore, les propriétaires qui rebâtissaient les façades de leurs maisons diminuées furent fortement taxés pour couvrir les frais d'empierrement de la partie de la rue qui longeait leurs immeubles respectifs. On comprend que, dans ces conditions, l'embellissement de la ville devint, pour beaucoup, un sujet d'amertume plutôt que de réjouissance.

Les changements opérés à Tatsienlou n'en ont pas fait une belle ville et la capitale du Sikang ne ressemble guère à celle du Ching-Hai : l'importante Sining. C'est toujours une médiocre localité enserrée entre de très hautes montagnes, dans une étroite vallée, presque une gorge, qui jouit peu des rayons du soleil. Néanmoins, la ville est mieux ventilée qu'auparavant et le boulevard le long de la rivière permet aux citadins une agréable promenade.

Dans les transformations effectuées, le côté sanitaire a malheureusement été négligé. On y pense rarement en Chine, dans l'Inde et dans la plupart des pays de l'Orient. Ne soyons pas trop sévères, il n'y a pas très longtemps que l'on s'en préoccupe chez nous et tout est encore loin d'y être parfait sous ce rapport.

Le torrent Da qui traverse Tatsienlou sert d'égout pour tous les usages. Sur sa rive gauche, où les maisons le bordent directement, les cabinets surplombent son lit dans toute la longueur de la ville. A l'époque des hautes eaux, quand le torrent dévale rapidement, l'inconvénient est minime, mais, en hiver quand les eaux basses laissent la moitié du lit à sec, une odeur infecte s'en élève.

Les Chinois y sont peu sensibles ; les latrines publiques de la ville empuantissent encore bien plus leur voisinage. Mais cela est peu de chose en comparaison de l'odeur que dégage la plaine de Tchéngtou, la capitale du Szetchouan, où, à défaut de bétail pourvoyant du fumier, les champs sont fertilisés avec le contenu liquide des fosses d'aisance.

A Tatsienlou, les nombreuses caravanes de yaks, les chevaux et les mules fournissent une assez forte quantité de fumier qui pourrait être utilisé, mais les paysans en laissent perdre une grande quantité, préférant arroser les légumes avec le liquide malodorant qu'ils transportent aux champs dans des baquets suspendus aux bouts d'un bambou reposant sur une de leurs épaules.

Ce qui est plus étonnant, c'est que des étrangers adoptent cette coutume répugnante. Bien que des monceaux de bouse de yak existent à leur porte même, les missionnaires catholiques français s'en tiennent presque exclusivement à la façon chinoise. De grandes fosses maçonnées, sans écoulement et ouvertes, servent, chez eux, de latrines dont on puise le contenu pour le répandre dans les jardins. Celles-ci donnent parfois lieu à des accidents. A ma connaissance, plusieurs infortunées poules et quelques porcelets sont tombés dans ces mares et s'y sont noyés.

Les missionnaires protestants anglo-américains ne pratiquent pas ce genre d'arrosage, mais leurs installations sanitaires laissent, aussi, à désirer. En cela, comme en beaucoup d'autres choses, les étrangers ne donnent pas de bons exemples aux indigènes.

Bien que Tatsienlou fût originairement une bourgade toute tibétaine, les Tibétains y sont maintenant moins nombreux que les Chinois.

Beaucoup d'entre les premiers sont des commerçants à la tête de comptoirs d'exportation et d'importation. Tandis que les boutiquiers et les artisans chinois s'entassent dans de petites maisons au centre de la ville, les Tibétains en habitent plutôt les extrémités. Ils y demeurent dans de vastes bâtiments divisés en plusieurs logis. Cela est une dérogation aux usages du Tibet où la majorité des gens vivent chacun dans sa propre maison.

Ces grandes habitations comprennent une vaste cour centrale où les yaks et les mules peuvent être parqués pendant la nuit. Dans les plus confortables de ces habitations, une autre grande cour dallée sert au déchargement des marchandises qui sont ensuite entreposées dans des magasins entourant la cour. Les chambres des locataires ouvrent le plus souvent sur une galerie au premier étage bien qu'il y ait parfois d'autres logements au rez-de-chaussée.

Les Tibétains exportent en Chine, via Tatsienlou, de la laine provenant des troupeaux des hauts pâturages du Tibet. Le même commerce se fait, et sur une plus grande échelle, à Sining, la capitale de la province voisine : Ching-Hai. Pendant la guerre, lorsque l'occupation japonaise bloquait les routes de la Birmanie, des caravanes venant de l'Inde et, ayant traversé le Tibet, arrivèrent à Tatsienlou, y apportant des articles hindous et européens de toutes espèces : calicot, étoffes de laine, casseroles en aluminium, chapeaux d'homme, clous, aiguilles, etc. Une petite quantité seulement de ces articles restait à Tatsienlou, le reste continuait vers la Chine. Je dis la Chine, car bien que le Sikang soit officiellement une province chinoise, ses habitants continuent à s'y sentir au Tibet. A Tatsienlou, tout le monde dit couramment : la « route de Chine » pour désigner celle qui descend des montagnes vers le Szetchouan. L'on dit aussi « aller en Chine » quand on va vers les plaines szetchouanaises, mais, chose particulière, les gens disent « aller au Yunnan » et « la route du Yunnan », établissant ainsi une différence. L'on peut voir dans cette nuance un signe du caractère autonome des provinces chinoises.

La fin de la guerre en rétablissant des communications plus normales a, naturellement, diminué l'importance des arrivages d'articles venant de l'Inde à travers le Tibet. Elle n'y a pas mis fin car, de tout temps, des commerçants tibétains ont apporté à Tatsienlou des articles achetés à Lhassa et qui provenaient de l'Inde ou de l'Europe.

Néanmoins, le véritable, le grand commerce qui se pratique à Tatsienlou et y fournit un gagne-pain à un bon nombre de ses habitants tibétains est le commerce du thé.

Depuis des siècles, c'est de Tatsienlou que partent les caravanes qui transportent le thé à Lhassa d'où celui-ci est distribué dans tout le Tibet.

Quelques mots au sujet de ce thé peuvent être intéressants. Le thé fourni aux Tibétains ne ressemble pas à celui que nous consommons en Europe. Il se présente sous la forme de briques très dures. Généralement celles-ci mesurent vingt à trente centimètres de long sur une moindre largeur, pour la première qualité de thé ; elles sont de grandeur double pour la seconde qualité. Les briques de la troisième qualité, la plus inférieure, sont encore plus grandes.

Le thé est du thé vert non grillé. Les feuilles seules composent la première qualité, mais un bon nombre de larges feuilles y est mêlé aux jeunes pousses. Une partie de bois des branches entre dans la composition de la seconde qualité et la qualité inférieure en comporte une très forte quantité, les buissons de thé ayant été coupés très bas.

Le thé est séché à l'air ou dans des endroits couverts et il est ensuite compressé à la machine pour former des briques. C'est à Yatchou (alias Yaan) que cette opération est faite après que le thé y a été apporté des provinces voisines. A Yatchou, les briques de thé sont placées dans de longs paniers en bambou et transportées ainsi à Tatsienlou. Jusqu'à présent, le transport s'est effectué à dos d'homme, mais l'on peut prévoir que, bientôt, la route carrossable nouvellement construite s'étant suffisamment tassée pour être continuellement praticable, des camions automobiles remplaceront les porteurs. Ceux-ci devront trouver un autre gagne-pain ; cela ne se fera pas sans peine ni sans amener beaucoup de misère. Il n'y a pas d'industrie au Sikang et les coolies porteurs ne connaissent aucun métier.

A Tatsienlou, un triage est opéré. Le thé allant à Litang, à Bathang et à d'autres localités relativement peu éloignées de Tatsienlou y est transporté dans les paniers où il se trouve.

Quant au thé destiné au Tibet central, il est retiré des paniers et les briques, au nombre de quatre ou six, suivant leur taille, sont réempaquetées dans des peaux de yak fraîches. Les paquets sont cousus très serrés. En séchant, les peaux se rétrécissent et constituent un emballage aussi dur que du bois et parfaitement imperméable. Deux de ces volumineux colis contenant chacun six grandes briques forment la charge d'un yak, chaque colis étant assujetti sur un des flancs de l'animal. Et, ainsi, cheminant pendant plusieurs mois au pas lent des gros bœufs poilus, les caravaniers portent aux bonnes gens du « Pays des Neiges » l'élément principal de leur boisson nationale.

Je dis l'élément principal car, au thé lui-même, les Tibétains ajoutent d'autres ingrédients.

Voici la recette :

Le thé, c'est-à-dire celui qui est fourni en briques au Tibet et en Mongolie, est bouilli pendant un assez long temps. Le liquide est ensuite versé dans une baratte ; on y ajoute du sel, du beurre et un peu de soude, celle-ci donne au thé une couleur rosée agréable. Le tout est vigoureusement baratté, puis passé à travers une passoire en bambou afin qu'aucune feuille de thé ne demeure dans le liquide. Celui-ci est alors versé dans de grandes théières qui sont posées sur de la cendre chaude ou bien tenues près du feu afin que le thé qui s'est refroidi pendant le barattage se réchauffe doucement sans arriver au point d'ébullition. Les Tibétains préfèrent boire leur thé tiède, un goût que je ne partage pas.

Et parce que mon goût à ce sujet diffère du leur, j'ai dû, maintes fois, me faire violence pour ne pas enfreindre l'étiquette alors que je me trouvais chez des hôtes de marque. L'excellent thé au beurre — j'en suis très friande — était servi fumant et, parfois, après une chevauchée à l'air vif, j'avais grand désir de me réchauffer, mais les convenances exigeaient que j'imite mes hôtes. Ceux-ci laissaient le breuvage se refroidir dans leurs tasses jusqu'au moment où des serviteurs venaient, portant cérémonieusement les théières géantes haut levées au niveau de leur épaule pour remplir à nouveau nos tasses dont nous allions seulement alors boire la moitié. Le thé était souvent devenu presque froid et celui qu'on nous versait tout fumant allait avoir le même sort.

Certains étrangers croient que les Tibétains mettent de la farine d'orge préalablement grillée *(tsampa)* dans le thé. C'est là une erreur. Le thé, comme boisson, est préparé ainsi que je viens de le décrire, mais un aliment solide peut être obtenu avec du thé et de la *tsampa.* Pour cela, un petit peu de thé est versé dans un bol, puis de la farine y est ajoutée en quantité assez grande pour former un monceau qui dépasse fortement les bords du bol. Il s'agit, ensuite, d'introduire habilement l'index de la main droite au milieu du tas de farine et de tourner doucement celle-ci *sans rien répandre hors du bol.* L'index est alors rejoint par le majeur et les deux doigts ensemble tournent la *tsampa.* Au fur et à mesure que celle-ci devient plus humide et plus adhérente, les autres doigts entrent en jeu et finalement une pâte sèche est malaxée par la main tout entière (par une seule main) pour former une boulette allongée qui est mangée en guise de pain avec de la viande ou d'autres mets. Les plus pauvres la mangent seule, ce qui équivaut à manger du pain sec chez nous. Les gourmets ont des raffinements. Bien que le thé soit déjà beurré, ils ajoutent un morceau de beurre dans la *tsampa* avant de la pétrir. D'autres y joignent du fromage en poudre ou du sucre. Le lama Yongden, dont je dévoile la gourmandise, mêle *tsampa,* beurre, fromage et sucre. Quant à moi, j'exclus le fromage et souvent aussi le sucre, me contentant de beurre malaxé dans la farine, sans thé. Mais le régal, c'est la *tsampa* dans de la crème, la crème épaisse qui flotte sur le lait très riche des *dis,* les femelles des *yaks ;* ou bien encore la *tsampa* dans le lait caillé, le yaourt qui est un aliment favori des Tibétains.

L'empaquetage des briques de thé dans du cuir occupe un bon nombre d'hommes pendant la période d'exportation. Un plus grand nombre encore de femmes gagnent un salaire très rémunérateur en transportant les colis de thé à travers la ville, du lieu de leur arrivage ou de leur réempaquetage dans les différents entrepôts d'où ils partiront avec les caravanes.

Ces femmes appartiennent à une association exclusivement féminine dont les membres jouissent du monopole de ce transport. Si le travail est profitable, il est aussi très dur. Chaque femme porte un fardeau souvent égal à la charge d'un *yak.* Evidemment, les porteuses ne vont pas loin et elles se reposent fréquemment en chemin, mais comme elles effectuent une dizaine de voyages, ou davantage, dans le cours de la journée, il s'ensuit qu'elles ont tout de même couvert pas mal de terrain.

Beaucoup d'entre elles sont vraiment jolies et coquettement habillées. Elles se parent de nombreux bijoux : lourds bracelets en argent, reliquaires ornés de turquoises ou de corail, formant un pendant de collier, multiples bagues. Elles sont gaies, hardies et robustes, bavardent, plaisantent et rient continuellement entre elles. Leur vitalité exubérante contraste vivement avec les manières timides et effacées de la plupart des Chinoises provinciales.

Je crois bon de dire « provinciales », car les Chinoises modernes sont très délurées dans les grandes villes. Toutefois, il y a chez les

Tibétaines du peuple, au pays de Kham, une note de rustique, joviale brutalité tout à fait particulière et loin d'être déplaisante.

En retenant notre attention, les péripéties de la guerre en Extrême-Orient nous ont caché l'immense travail pacifique auquel les Chinois se sont livrés pour la transformation de leur pays. Des milliers de kilomètres de route ont été construits par eux au cours de la guerre avec le Japon. La main-d'œuvre militaire étrangère a été employée en certains cas, comme en celui de la route de Lédo allant de l'Assam (Inde) au Yunnan, mais la majeure partie des routes ont été construites avec de la main-d'œuvre exclusivement chinoise, travaillant selon des plans dressés par des ingénieurs chinois. La route de Birmanie, jumelle de celle de Lédo, en est un exemple et, avec elle, d'autres routes qui n'ont point fait parler d'elles mais traversent des régions montagneuses seulement parcourues, jusqu'à présent, par de rares explorateurs, des pèlerins ou d'aventureux marchands au prix de difficultés ou de souffrances considérables.

Lorsque Tatsienlou est devenu une capitale provinciale et que la mise en valeur des territoires frontières de l'Ouest a été projetée, une fois de plus, le gouvernement chinois a jugé, avec raison, que les anciennes routes conduisant du Szetchouan *via* Yatchou au Tibet oriental étaient insuffisantes.

Il en existait deux, même trois, allant de Yatchou à Tatsienlou. Deux d'entre elles étaient quotidiennement parcourues par des voyageurs et servaient au transport des marchandises. Le pays qu'elles traversaient est très accidenté et les montagnes très rapprochées les unes des autres n'y laissent, entre elles, que d'étroites vallées emplies, en partie, par des torrents. La route « longue » grimpait le long de pentes très raides et la route « courte » en escaladait de plus raides encore. La troisième route, peu fréquentée, était décidément du genre « casse-cou » en certaines saisons.

C'est par la route « courte » que je gagnai Tatsienlou. Il va sans dire qu'aucun véhicule à roues ne pouvait être employé sur ces routes. On y voyageait en chaise à porteurs ou à cheval et les marchandises étaient transportées à dos d'homme ou sur des mules.

Au lieu de charger les colis sur leur dos, les porteurs chinois préfèrent souvent les attacher aux deux bouts d'un bâton en bambou qui repose en équilibre sur leur épaule. Lorsqu'il s'agit d'un fardeau plus lourd, celui-ci est attaché au milieu d'un long bâton en bambou et chaque extrémité de celui-ci est appuyé sur l'épaule d'un homme, l'un des porteurs marchant derrière l'autre.

La construction d'une route pouvant être parcourue par des véhicules automobiles fut commencée en 1939. Elle fut presque achevée durant l'été de 1940 et inaugurée officiellement. Deux petites autos atteignirent Tatsienlou. Elles ne l'avaient point fait par leurs propres moyens, des coolies les avaient poussées et portées en plusieurs endroits. Néanmoins, elles étaient arrivées et la population conçut bon espoir. Hélas ! sa joie fut de courte durée. Les ponts en bois que l'on avait jetés sur les torrents se trouvèrent être trop peu solides pour supporter le poids de camions quelque peu lourdement chargés, ils s'effondrèrent ; même des véhicules vides tombèrent dans les rivières. Puis, des éboulements survinrent aux endroits où la route côtoyait le flanc à pic des montagnes, les pluies emportèrent d'autres parties de celle-ci. Des réparations et quelques améliorations furent tentées sans succès et, finalement, il fut décidé d'abandonner tout le travail fait et de procéder à l'étude d'un autre tracé.

Les persévérants Chinois se mirent encore à l'œuvre et la nouvelle route fut déclarée terminée en 1942. Deux petites autos apparurent encore une fois à Tatsienlou.

Elles arrivèrent après la tombée de la nuit, leurs phares allumés. La foule massée à l'entrée de la ville bloquait le chemin. Ceux qui s'efforçaient de persuader les badauds de s'écarter en leur disant qu'il était dangereux de rester sur le chemin des voitures se firent injurier et quelque peu rudoyer. De quoi se mêlaient-ils ? disaient les indigènes. Quel danger y avait-il ? Les autos pouvaient très bien *voir avec leurs propres yeux* où elles devaient aller. Beaucoup de ces nigauds croyaient que les phares brillants étaient de véritables yeux.

La route devint alors praticable pour des véhicules légers mais de plus lourds ne purent la parcourir qu'en 1943. Alors, même, des accidents se produisirent : le terrain céda sous certains camions qui tombèrent dans les rivières ; il y eut des blessés et même des morts parmi les voyageurs. La populace exagéra le nombre de ceux-ci et le bruit courut que voyager dans les véhicules qu'une compagnie avait mis en service était risquer sa vie. Les porteurs de chaises devaient aider à propager ces bavardages et continuaient à pratiquer leur profitable métier.

Il était intéressant de noter, en passant, la marche ascendante du coût des transports en Chine.

En 1939, je payai *huit* dollars chinois pour une chaise avec deux porteurs, depuis Yatchou au pied des montagnes, jusqu'à Tatsienlou. En 1943, pour le même voyage dans la direction opposée, c'est-à-dire en descendant vers la plaine et par une route n'offrant aucune difficulté — j'empruntai la route carrossable qui était alors construite — je dus payer *mille* dollars chinois.

En 1945, la chaise avec deux porteurs, de Yatchou à Tatsienlou, se payait *vingt mille* dollars chinois et les prix ont continué à s'élever.

Cette énorme différence dans les salaires ne paraît ni dans l'habillement ni dans le régime des coolies.

Ils sont guenilleux comme par le passé ; ils mangent peut-être un peu mieux en cours de route et fument plus d'opium dans les fumeries infestées de vermine des villages qu'ils traversent, c'est tout ce qu'ils ont gagné. Le chômage les laisse sans ressources. La cherté excessive du riz, des étoffes pour habillement et de toutes choses en général, est à peine compensée par le surplus de salaire qu'ils touchent. En somme, leur situation matérielle demeure ce qu'elle a toujours été.

Voyageant lentement, en chaise, j'ai pu examiner à loisir la route carrossable de Yatchou à Tatsienlou. Elle traverse plusieurs chaînes de montagnes et atteint une altitude de plus de 3 000 mètres au col de Ehr Tog Chan. La différence est minime avec Tatsienlou situé à 2 600 mètres, mais la route plonge dans des vallées basses et doit remonter de nouveau pour gagner le col. Celui-ci n'est d'ailleurs pas le seul qu'elle rencontre. Tenant compte des difficultés qui ont dû être surmontées, la route peut être estimée vraiment bonne.

Ce fait dément l'opinion souvent exprimée que les Chinois sont incapables de rien faire s'ils ne sont pas guidés par des étrangers, car, comme je l'ai déjà dit, la route est entièrement l'œuvre des Chinois.

De l'autre côté de Tatsienlou, des routes aussi ont été construites. Une d'elles suit l'ancienne piste des caravanes et franchit le col de Dza. Elle continue ensuite en terrain ouvert et atteint, loin de là, Jakyendo, à la frontière du Tibet « extérieur », c'est-à-dire du territoire gouverné par Lhassa qui échappe au contrôle chinois. Avant d'arriver à Jakyendo, cette route se divise en deux branches, et tandis qu'une de celles-ci se dirige vers Jakyendo, l'autre conduit à Sining [1], la capitale de la province de Ching-Hai. Elle traverse les vastes solitudes herbeuses du Tibet septentrional incluses dans la province de Ching-Hai et côtoie le grand « Lac Bleu », le Koukou-Nor.

De Jakyendo, la route devrait normalement conduire à Lhassa tandis que, de Lhassa, elle rejoindrait l'Inde après avoir traversé le massif de l'Himalaya dans le petit État du Sikkim.

D'autre part, vers le nord, la route partant de Sining devrait continuer vers Ourga et la Sibérie. Ainsi pourrait-on se rendre, en auto, de l'extrémité méridionale de l'Inde sur l'océan Indien, à l'océan glacial Arctique, soit des environs de l'Equateur jusqu'au cercle polaire. Mais il faut compter avec la stupidité des hommes et, en attendant qu'elle soit vaincue, elle semble actuellement s'affirmer plus puissante que jamais.

Les Tibétains ne manquent pas de s'opposer à la construction de la route au-delà de la frontière chinoise (frontière du Tibet intérieur administré par la Chine). Leurs conseillers étrangers encouragent

1. Voir chap. II.

probablement cette opposition. Elle finira par être écartée, la route se construira... mais quand ?

Si les ingénieurs chinois méritent des louanges pour la construction de routes à travers de vastes régions prodigieusement accidentées, nous ne devons pas oublier ce que ces routes ont coûté aux humbles travailleurs qui les ont taillées à travers monts et forêts. Les rapports officiels à ce sujet nous reportent aux temps anciens où la Grande Muraille de Chine fut bâtie.

L'histoire d'une autre grande route faisant communiquer le Szetchouan avec le Sitchang nous en fournit un exemple. Cette route est dénommée : la Grande route de Lo-Si, parce qu'elle part de Lochan (nouveau nom donné à la ville de Kiating) et conduit au Sitchang.

J'emprunte les détails suivants à un compte rendu officiel :

« Avant d'être officiellement ouverte à la circulation, la Grande Route, longue de 525 kilomètres, Kiating-Sitchang, avait déjà pris figure de légende. Les détails complets relatifs à sa construction demeurent encore le secret des solitudes montagneuses. Un jour, l'histoire de ce chef-d'œuvre de l'art de l'ingénieur constituera un record de multiples sacrifices et de luttes continuelles contre la Nature. Ainsi que quelqu'un revenant d'une tournée d'inspection l'a dit : « La terre est, là, trempée par la sueur et le sang de 100 000 travailleurs... qui, à l'aide d'outils primitifs ont ouvert un chemin dans une des plus inaccessibles régions montagneuses de la Chine. »

La différence entre le point le plus bas et le point le plus haut de la route de Lo-Si est de 2 400 mètres. C'est le plus grand écart de niveau qui existe sur les routes de toute la Chine. La plus haute altitude atteinte par la route est 2 835 mètres.

Il nous est facile de deviner que les paysans chinois ne manifestèrent guère d'enthousiasme pour affronter la fatigue et les risques que la construction de la route comportait pour eux. En fait, les travailleurs furent enrôlés de force — le labeur forcé existe encore en Chine. Le rapport officiel mentionne que 100 000 hommes et femmes furent recrutés dans des régions dont, jusque-là, les indigènes n'avaient jamais été embrigadés de cette manière.

Les rapports confessent que ces recrutements donnèrent lieu à de l'agitation parmi les gens du pays, mais que les fonctionnaires chargés de l'opération ne permirent pas à la révolte de se développer et la matèrent avant qu'elle pût se manifester par des actes de violence.

Par quels moyens l'agitation des montagnards réduits en esclavage a été arrêtée, cela ne nous est point dit, mais nous sommes informés que 2 000 travailleurs perdirent la vie au cours de la construction. Ce nombre doit se rapporter à ceux qui moururent sur la route elle-même, de mort violente par accident ou de maladie soudaine. Quant aux blessés, à ceux qui contractèrent des maladies et qui retournèrent dans leurs villages pour y mourir, nul n'en saura jamais le nombre.

Je ne m'aventurerai pas à dénier que la construction de routes à travers la Chine et l'Asie centrale est un progrès. Cependant, je suis heureuse de m'être promenée entre Ceylan et la Mongolie en un temps où n'existaient que de pittoresques, étroits sentiers, quand le voyageur devait aussi, parfois, chercher son chemin à travers des solitudes sans routes marquées. Parcourir les pays à cette époque avait une saveur, un charme ensorcelant qui ne se retrouvera sur aucune route pour automobiles.

En dehors de toute question de goût personnel à cet égard, je ne puis pas me lasser de signaler avec insistance le côté absurde de ce développement intensif des voies de communication alors que tous les pays s'emploient avec une égale énergie à entraver ou à prohiber la circulation des hommes de par la terre.

La malignité grotesque dont les divers gouvernements font preuve à cet égard éclairera-t-elle les nigauds qui croient à une « Union des Nations » ?... C'est infiniment peu probable.

Des efforts louables ont été faits par les autorités chinoises pour répandre l'instruction dans la province de Sikang. Voici, à ce sujet, quelques chiffres empruntés aux rapports officiels :

« Le gouvernement provincial a établi l'Académie Woumin à Kangting (Tatsienlou) afin de doter le Sikang d'une institution d'enseignement supérieur. De cette académie dépendent 16 écoles comprenant des écoles moyennes, des écoles normales et des écoles professionnelles comptant, en tout, 2 029 élèves. En plus, 61 écoles primaires comptant 68 917 élèves ; 411 écoles gratuites avec un programme d'études durant pendant une année qui enseignent à 17 917 élèves. Puis, encore 34 instituts pour l'éducation civique du peuple, 6 bibliothèques régionales et deux corps de personnel enseignant qui circulent dans la province.

« Le Sikang possède également plusieurs écoles spéciales pour les tribus non chinoises de la frontière.

« A Kangting (Tatsienlou), l'École normale prépare des professeurs pour les localités de la frontière. Il existe 6 écoles primaires provinciales dans ces localités.

« En plus de leur éducation, les élèves reçoivent gratuitement la nourriture, le logement et les livres classiques. Une prime mensuelle est allouée aux parents qui envoient leurs enfants à l'école. »

Ce programme dénote les plus louables intentions et je suis certaine que ceux qui l'ont rédigé en étaient animés. Mais il y a quelquefois loin d'un plan à sa réalisation. Les promoteurs de celui-ci n'ont pas reçu toute l'aide qu'ils auraient dû avoir. Les conditions matérielles, l'accroissement prodigieux du coût de la vie leur ont aussi créé des obstacles.

Néanmoins, quelque bon travail a été fait et l'on peut s'attendre à ce que du meilleur encore soit effectué dans l'avenir. Le plus important est d'éveiller parmi les populations des frontières le désir de faire instruire leurs enfants.

Les écoles primaires de Tatsienlou sont fréquentées par un nombre important d'enfants ; il en est de même de l'école du degré moyen. Les deux Écoles normales : l'École normale provinciale et celle qui dépendait du gouvernement central, comptaient aussi un bon nombre d'élèves. L'une d'elles fut fermée pendant mon séjour à Tatsienlou ; la raison en était, disait-on, que, le coût de la vie ayant considérablement augmenté, les dépenses à faire pour la nourriture des élèves ne pouvaient plus être supportées. Mais c'étaient là racontars populaires ; en fait, rien ne justifiait l'existence de deux Écoles normales à Tatsienlou. Toutes les écoles reçoivent des garçons et des filles.

Bien que déjà satisfaisant, le nombre d'élèves fréquentant les écoles des divers degrés ne paraît pas atteindre les chiffres indiqués ci-dessus, d'après les rapports officiels, mais tout fait prévoir qu'il l'atteindra et, très probablement, le dépassera dans un avenir prochain.

La grande majorité des garçons et des filles qui fréquentent les écoles sont chinois. Les Tibétains du peuple n'ont pas encore pris l'habitude de faire instruire leurs enfants. Ceux des gens riches reçoivent des leçons particulières d'un moine, dans un monastère ou d'un précepteur laïque qui se rend à leur domicile ou qui y est logé. Parfois, une classe est ainsi constituée qui réunit les enfants de plusieurs familles et souvent, aussi, ceux des serviteurs de ces familles. Sauf des cas spéciaux, l'enseignement donné par ce maître est tout à fait élémentaire et les élèves mettent très longtemps pour apprendre la moindre des choses. Ce n'est pas qu'ils soient dénués d'intelligence, la faute en est aux méthodes absurdes employées par ceux qui entreprennent leur instruction.

Longtemps avant mon arrivée à Tatsienlou, une mission protestante avait ouvert une petite école ; elle était fermée quand je m'établis dans sa localité. La raison de sa fermeture m'a été expliquée comme suit :

Un édit fut promulgué par le gouvernement chinois, il enjoignait aux directeurs des écoles d'assembler chaque matin leurs élèves pour leur faire saluer le drapeau chinois et le portrait de Sun Yat Sen, « Père de la République ».

Le missionnaire qui dirigeait l'école n'approuvait pas cette cérémonie et, plutôt que d'avoir à la faire célébrer, il ferma son école.

Les prêtres catholiques français montrèrent plus de bon sens et se soumirent à la loi.

Pendant quelque temps j'habitai une maison voisine de leur école. De ma fenêtre, je voyais, chaque matin, leurs élèves, réunis dans la cour, chanter l'hymne national chinois en tenant le poing droit levé, tandis que l'on haussait le drapeau chinois au haut d'un mât. Le soir, à leur départ de l'école, la même cérémonie avait lieu pour descendre le drapeau.

Je trouve noble et émouvant cette sorte de culte laïque rendu à la patrie symbolisée par les couleurs, très propre aussi à faire pénétrer dans l'esprit des jeunes gens le sentiment de la solidarité civique. Il me paraîtrait souhaitable qu'il fût adopté en France avec les modifications convenant à notre pays.

Le poing fermé et levé est une forme de salut d'origine communiste, je crois. Le geste n'est pas gracieux. Les Chinois l'ont adopté et il n'est point du tout, chez eux, exclusivement employé par les communistes.

Le salut à la romaine instauré par Mussolini avait, au contraire, une belle allure, il est dommage qu'il soit maintenant apparenté au fascisme. On pourrait peut-être le réhabiliter.

L'école de la mission française catholique était une école « enregistrée », c'est-à-dire qu'elle était agréée par les autorités chinoises et obligée de conformer son enseignement aux programmes d'études dressés par le gouvernement chinois. L'école pouvait présenter des candidats aux examens officiels ; les professeurs étaient des Chinois laïques et les élèves n'étaient pas absolument tenus d'être catholiques.

Les effet de la guerre sino-japonaise et de la guerre mondiale se firent sentir jusqu'à Tatsienlou. Le coût de toutes choses s'éleva considérablement et, en ce qui concerne la mission, bien qu'elle reçût quelques subsides d'Amérique, sa situation financière fut diminuée. D'autre part, le gouvernement provincial développait le côté accessoire de l'éducation. Un corps de « scouts » fut institué, des excursions collectives comprenant des repas en plein air furent organisées.

En tant qu'école « enregistrée », celle de la mission dut imiter ce qui se faisait dans les écoles officielles, donc, fournir un équipement de scout à ses élèves et les munir de vivres pour aller s'ébattre dans les montagnes. D'autres obligations incombèrent encore aux missionnaires et les professeurs, pressés par la cherté du coût de la vie, demandèrent de substantielles augmentations de salaire.

La mission ne put pas — me dit-on — supporter ces dépenses ; l'école fut fermée et ses locaux qui appartenaient aux missionnaires furent loués profitablement à une banque que la rumeur publique désignait, à tort ou à raison, comme se livrant au commerce de l'opium.

Dans l'enclos de la cathédrale, les missionnaires avaient une autre petite école, celle-ci dénommée « école de doctrine ». On appelle ainsi des écoles qui sont supposées n'enseigner que la doctrine religieuse particulière à la confession, quelle qu'elle soit, à laquelle la mission appartient. Toutefois, en ce qui concerne celle de la cathédrale, à Tatsienlou, les missionnaires disaient qu'on y enseignait aussi les mêmes sujets que dans les écoles provinciales. Il s'agissait probablement d'un enseignement primaire. Les élèves étaient peu nombreux et fils de parents catholiques.

Ces « écoles de doctrine » ne sont pas soumises à l'inspection des autorités chinoises et leurs élèves ne peuvent pas se présenter aux examens officiels. Il en résulte qu'ils ne peuvent pas non plus poser leur candidature pour des emplois dans le personnel du gouvernement, et, pour cette raison, les parents ne sont généralement pas enclins à y envoyer leurs fils.

En plus, la mission entretenait un séminaire. Les élèves y étaient pensionnaires et, en principe, étaient destinés à la prêtrise. Toutefois, une minorité seulement de ces garçons entraient dans le clergé. Souvent, les parents qui avaient saisi l'occasion de placer leurs fils dans un établissement où ils étaient nourris et vêtus gratuitement et recevaient une certaine éducation les en retiraient dès que ceux-ci pouvaient être pourvus d'un emploi rémunérateur, pour lequel des diplômes officiels n'étaient point exigés.

Malgré tout, les Chinois perdirent le goût d'envoyer leurs enfants au séminaire. Le nombre des élèves diminua jusqu'à ce qu'il ne restât plus que trois garçons solitaires dans le vaste local du séminaire. Celui-ci fut alors fermé avec l'espoir d'une brillante résurrection dans l'avenir.

Quant aux filles, j'ai dit que l'enseignement leur est donné tout comme aux garçons dans les écoles officielles.

En dehors de celles-ci, les missionnaires protestants inculquent des notions élémentaires de lecture, d'écriture et d'arithmétique à quelques fillettes. Ils leur apprennent, aussi, des ouvrages de main qui puissent leur être utiles dans leur vie de femmes mariées : tricot, couture, confection de vêtements chinois. Les leçons sont données en chinois, mais les enfants apprennent le tibétain avec un professeur indigène.

Les religieuses chinoises dépendant de la mission française ont une petite école primaire au centre de Tatsienlou.

Un pensionnat pour orphelines ou enfants « données » existe à l'autre bout de la ville, il est dirigé par des religieuses étrangères et contigu à leur couvent.

Un mot concernant les enfants « données » peut être intéressant. Cette « donation » ou « abandon » perpétue une antique coutume chinoise, celle qui permettait aux parents de vendre ou de donner leurs enfants gratuitement, selon leur bon plaisir. Les enfants vendus ou donnés devenaient, en fait, des esclaves.

Les orphelinats des missions ne contiennent, en général, qu'une minorité de véritables orphelines. Certaines des fillettes sont des enfants abandonnées à l'âge de quelques mois ou de quelques jours. Dans les grandes villes, il arrive que des femmes accouchant de filles illégitimes ou étant poussées par une extrême pauvreté, vont déposer leur bébé à la porte d'une mission où elles savent qu'il sera recueilli. Il est exceptionnel que des garçons soient abandonnés et les abandons sont, au total, beaucoup moins nombreux que les missionnaires se plaisent à le dire. Les Chinois ne sont pas irréprochables en toutes choses mais il ne faut pas les dépeindre comme des monstres ayant, habituellement, des mœurs abominables. Les histoires de bébés jetés à la voirie que l'on trouve sur des tas de fumier ou dans les égouts sont de purs contes. Des cas d'infanticide peuvent exister, on en constate dans tous les pays, mais il est faux de prétendre qu'ils sont normaux en Chine.

La plupart des fillettes vivant dans les orphelinats catholiques français sont des enfants « données », c'est-à-dire que leurs parents les y ont amenées et, pour obtenir leur admission, ont signé une formule par laquelle ils renoncent à leurs droits sur l'enfant et transmettent ceux-ci à la mission. La valeur de cet acte, qui pouvait être réelle sous l'ancien régime chinois, ne l'est plus guère ou est même tout à fait nulle aujourd'hui.

Les missionnaires comptent, pourtant, que cette « donation » peut empêcher des parents « païens » de reprendre leurs filles qui ont été baptisées et de les emmener dans un milieu non catholique. Ils essaient probablement, aussi, en s'assurant la propriété des fillettes de parer à la perte qu'ils éprouveraient si on les leur enlevait à l'âge où elles peuvent fournir un travail utile et repayer, de cette façon, les dépenses qui ont été faites pour leur entretien pendant leur enfance. C'est là un calcul humain qui n'a, en soi, rien de malhonnête s'il se borne à la récupération des débours faits pour le bien des pensionnaires. La somme des profits effectués par ce moyen ne dépasse-t-elle pas celle des débours ?... Il ne m'appartient pas d'examiner ce sujet.

Ce que l'on peut dire, sans crainte d'errer, c'est que le calcul ne s'inspire pas de la vraie charité chrétienne. Les comptes de doit et avoir sont étrangers à l'Évangile.

A Tatsienlou où l'orphelinat est situé à la campagne, dans un grand jardin, la plupart des enfants sont en parfaite santé. On ne peut pas toujours en dire autant des fillettes étroitement enfermées dans certains couvents des grandes villes où elles manquent d'air et d'exercice. A Tatsienlou, la majorité des pupilles de la mission, accoutumées dès leur petite enfance à une vie monotone et terne, ne se sentaient pas malheureuses.

Certaines d'entre elles filaient, d'autres tricotaient, quelques-unes tissaient ou cultivaient le jardin potager et toutes faisaient, à l'occasion, office de manœuvre maçon lorsque l'on construisait un nouveau bâtiment ou réparait l'un des anciens.

Les plus jolies et les plus robustes échappaient en grande partie à ces corvées. Celles-là constituaient le stock d'où l'on tirait des épouses pour les Chinois convertis qui désiraient se marier.

Autrefois, la mission, représentant les parents, recevait du marié le prix d'achat habituel. Cela ne se faisait plus à Tatsienlou ; les épouses y étaient « gratuites » et la mission leur donnait un petit trousseau. Ces particularités auraient dû attirer nombre de candidats pauvres qui reculaient devant les dépenses que nécessite un mariage, en Chine. Pourtant, peu de jeunes filles se mariaient, non point que l'envie leur en manquât, mais faute de prétendant.

En passant, on peut noter que les anciennes coutumes chinoises prévalent encore, dans les missions catholiques, en ce qui concerne le mariage de leurs pupilles. Celles-ci ne sont cependant pas données à un homme qu'elles n'ont *jamais* vu. Les choses se passent généralement de la façon suivante :

La jeune fille que les missionnaires estiment convenir au candidat époux est interrogée. Désire-t-elle se marier ?... L'alternative est de devenir religieuse. Le célibat, la sortie de l'orphelinat autrement que par le mariage ou la prise de voile ne paraît pas concevable aux missionnaires catholiques. De fait, les jeunes filles élevées par eux, strictement séparées du monde, ne sont pas préparées à se faire une place parmi leurs compatriotes en exerçant un métier qui assure leur subsistance. L'éducation qui leur est donnée fait d'elles des créatures passives, complètement dénuées d'initiative.

La fille à qui le couvent répugne répond à la religieuse qui l'interroge qu'elle veut se marier. Alors, à un jour donné, on la conduit au parloir où elle trouve le prétendant. Elle peut l'examiner pendant un bout de temps ; s'enhardira-t-elle assez pour oser lui parler ?... ce n'est pas certain.

A l'issue de cette entrevue, un missionnaire demande séparément à chacun des jeunes gens si le fiancé ou la fiancée qu'on leur destine leur plaît. Généralement, ils acceptent avec indifférence le choix fait pour eux.

Une date est alors fixée pour le mariage qui se fait sans cérémonie — il en était, du moins, ainsi au Sikang. Un de ces mariages célébré à six heures du matin dans la cathédrale vide m'a laissé une pénible impression.

Je sais fort bien que, dans la plupart des pays, les mœurs ont jadis patronné ce genre de mariage, la fille étant supposée disposée à se prêter passivement aux relations sexuelles avec n'importe quel homme à qui elle était donnée. Il est possible que nombre de jeunes Chinoises demeurent encore à ce degré d'indifférence sous-bestiale. Je dis sous-bestiale car des chiennes et des juments que j'ai eues savaient fort bien marquer leur préférence pour certains mâles et repousser les autres à coups de dents et à coups de pieds.

Des étrangers qui se posent en civilisateurs ne devraient point se conformer à des errements désuets qui offensent la morale.

Il advient plus d'une fois que les mariages arrangés par les missionnaires ne sont pas heureux. J'en ai vu des exemples lamentables.

Parmi les plus avenantes et les plus robustes pupilles des missions, certaines par goût spontané, par crainte d'un travail trop dur dans la maison familiale où un mari les emmènerait, ou encore, y étant incitées par les religieuses, se décident à demeurer au couvent. D'autres adoptent une carrière intermédiaire entre le mariage et la profession religieuse. Elles « se font vierges », suivant l'expression pittoresque des missionnaires. Les « vierges » sont des filles qui renouvellent, chaque année, un vœu de célibat ; leur emploi est celui d'institutrices dans les postes de mission existant dans les villages. Elles enseignent à des petites filles un rudiment de connaissances primaires et, surtout, le catéchisme et des prières.

Les « vierges » peuvent cesser de l'être à l'expiration de chacune de leurs périodes annuelles de célibat et même, m'a-t-on dit, si au cours d'une de ces périodes elles souhaitent se marier, elles peuvent être relevées de leur vœu.

Ces institutrices, dont quelques-unes ne sont plus jeunes, paraissent très satisfaites de la semi-indépendance et du petit confort dont elles jouissent dans les paroisses villageoises.

C'est avec regret qu'après avoir dépeint les mieux partagées d'entre les pupilles de l'orphelinat je dois en mentionner d'autres, maladives ou infirmes, qui n'étaient ni mariables, ni acceptables comme vierges-institutrices ou comme religieuses. La vie de ces infortunées était sombre et leur avenir paraissait devoir l'être encore plus.

J'ai spécialement observé deux d'entre elles pendant plusieurs années et, souvent, j'ai souhaité qu'une mort subite et douce les libérât de leur esclavage.

Chose bizarre, toutes deux étaient paralysées de la même manière, leur bras droit était inerte ; de surcroît, la plus jeune boitait. L'aînée, qui à part son infirmité était véritablement jolie, demeurait presque toujours taciturne, le regard fixe, semblant absorbée dans ses pensées. Les religieuses la disaient faible d'esprit, peut-être s'affligeait-elle, simplement, de son état misérable.

L'emploi de portefaix avait été assigné à ces filles. Une hotte sur le dos et munies d'une pioche ou d'une pelle, elles grimpaient les pentes des montagnes qui entourent le couvent pour charger du sable ou des pierres. Parvenir, avec une seule main, à jeter les matériaux dans leur hotte par-dessus leur épaule constituait un tour d'acrobatie. Lorsque celui-ci devenait impossible quand il s'agissait de lourdes pierres, d'autres fillettes emplissaient la hotte, chargeant leurs compagnes infirmes comme l'on charge les bêtes de somme. Toutes les fillettes, je l'ai dit, faisaient, à l'occasion, ce métier de manœuvre, mais les deux paralysées y étaient quotidiennement astreintes.

Lorsque du fumier animal était requis pour le mélanger au contenu des latrines que l'on répandait dans les jardins, les deux compagnes d'infortune, racloir en main, hotte au dos allaient nettoyer des étables et rapportaient leur lourde charge du produit visqueux et malodorant, effectuant de multiples voyages des étables au couvent.

D'autres fois elles transportaient des pommes de terre ou des navets ou d'autres choses et cela, sans trêve ; du matin au soir on les voyait cheminer ahanant, courbées sous le poids de leur fardeau.

Évidemment, de bons vêtements se seraient abîmés, tandis que les fillettes se livraient à ce genre de travail. Poussant ce raisonnement à l'extrême, leurs tutrices les laissaient circuler en haillons, pis encore, il leur arrivait d'être pieds nus en hiver (température de 10 degrés centigrades sous zéro). Cela n'était pas fréquent, généralement elles s'enveloppaient les pieds avec des chiffons comme le font les mendiants chinois. Mais il est de trop que le fait ait pu se produire.

Que penser de femmes qui infligent pareil traitement à des malheureuses enfants incapables de se défendre ou de s'échapper ? Devons-nous voir dans leur conduite la manifestation d'une perversité invétérée ?... Point du tout. Ces femmes ont simplement cultivé inconsciemment une dureté de cœur particulière qui les empêche de s'émouvoir à la vue de la souffrance.

Des gens qui nourrissent l'opinion pernicieuse que la souffrance est utile et bienfaisante, qu'elle est « notre meilleure amie », comme me le disait une des religieuses, sont des membres dangereux dans n'importe quel groupement social. Prêts à endurer la souffrance, trouvant même de la jouissance à se l'infliger, ces déments sont également toujours prêts à l'infliger à autrui.

Hâtons-nous de nous tourner vers un sujet plus agréable.

Celui-ci nous est fourni par les corps de scouts, garçons et filles. Les enfants se sont mis à ce jeu avec le plus grand sérieux. Les tout-petits de cinq à neuf ans montrent par leur attitude qu'ils croient accomplir une tâche d'une importance extrême. Je les regardais défiler pendant la guerre sino-japonaise. En marchant, ils chantaient à pleine voix des chants patriotiques et guerriers. Sans aucun doute, ils pensaient que si des envahisseurs étrangers paraissaient sur la route, devant eux, ils les mettraient en pièces jusqu'au dernier. Ils étaient charmants à voir, vêtus d'uniformes militaires kaki, coiffés de képis la plupart du temps trop grands pour leurs petites têtes.

La vivacité des fillettes était surtout remarquable par son contraste avec la démarche gauche et timide des jeunes filles de l'ancienne Chine et encore de celles de beaucoup de villages.

Tout cela peut être puéril et il ne faut pas exagérer l'importance des résultats que les initiatives de ce genre peuvent produire. Néanmoins, on peut discerner en elles la promesse d'un rajeunissement de la très ancienne Chine.

Quelques faibles qu'aient pu être jusqu'à présent les effets de l'activité déployée par le gouvernement chinois pour répandre l'instruction parmi les indigènes de la frontière occidentale, elle ne peut manquer de porter des fruits. Que les promoteurs de ce mouvement aient patience ; accordons-leur du temps. La patience est la plus nécessaire des vertus en Asie.

En dehors de celles qui regardent l'instruction publique, l'administration provinciale du Sikang poursuit d'autres entreprises. Des prospecteurs parcourent le pays à la recherche de minéraux ; de nouveaux procédés doivent être appliqués au lavage des sables aurifères que l'on rencontre dans presque toutes les régions de la frontière occidentale, mais dont le rendement en or est faible.

Un bureau forestier a été établi, il doit entreprendre le reboisement des montagnes qui ont été entièrement dénudées par les charbonniers.

La tâche n'est pas facile. En dépit des nouveaux règlements, charbonniers et bûcherons continuent à détruire les forêts qui existent encore, montant de plus en plus haut vers les cimes, à mesure qu'ils abattent les arbres. Une femme du pays me dit qu'il y a quarante ans la vallée voisine de Tatsienlou et les montagnes environnantes étaient entièrement boisées ; aujourd'hui, il est difficile d'y trouver un arbre.

Il faut dire qu'un grand nombre de Tibétains de la région — en majorité des femmes — gagnent leur vie comme bûcherons, rapportant chaque soir sur leur dos un lourd faix de bois qui sera vendu très profitablement le lendemain, au marché. Les charbonniers aussi sont tibétains, ils arrivent parfois de loin, du Nyarong ou d'autres endroits reculés, à quatre ou cinq jours de marche de Tatsienlou. Le charbon contenu dans des paniers est chargé sur des yaks qui voyagent en caravane. Il n'existe point de mines de houille dans la région de Tatsienlou et l'hiver y est dur, aussi, le charbon de bois, comme le bois, y est-il très demandé. A des gens qui vivent de leur métier de bûcheron ou de charbonnier et qui n'en connaissent aucun autre, il est difficile de faire observer les nouvelles lois prohibant l'abattage des arbres.

Un essai de plantation le long des routes se poursuivait pendant mon séjour au Sikang. La besogne devait être faite par des soldats. Ces garçons manquant d'expérience et ne prenant aucun intérêt à leur tâche ne désiraient que d'en terminer avec elle le plus promptement possible. Ils enfonçaient au hasard dans la terre, parmi des tas de cailloux ou dans le lit des ruisseaux, de jeunes plants plus ou moins desséchés, certains tout à fait morts ou dépourvus de racines. Un bon nombre de ceux-ci furent volés par les paysans ou par des voyageurs campant à proximité et ayant besoin de feu pour faire bouillir leur thé. Les mêmes soldats qui les avaient plantés dans la journée les arrachaient aussi, quelquefois, à la nuit tombée. Le bois constituait un butin de valeur.

Les autorités du Sikang ont aussi élaboré un programme économique. Un département particulier doit étudier les moyens de développer l'agriculture et l'élevage. Diverses questions telles que l'irrigation de certains districts, les transports et la vente des produits agricoles, l'établissement d'industries sur des bases coopératives sont également de son ressort.

Des crédits ont été accordés à de petites fabriques de papier et d'ustensiles en fer ; l'industrie du cuir, la fabrication d'étoffes, de couvertures et de tapis sont, aussi, encouragées.

Jusqu'à présent, les Chinois sont à peu près seuls à réclamer les avantages offerts par l'administration. De même qu'en ce qui concerne la fréquentation des écoles, les indigènes restent en grande partie indifférents, parfois même hostiles à ces innovations. Mais leurs promoteurs sont hommes à les réitérer.

Les tentatives concernant l'élevage et la laiterie rencontrèrent un plus sérieux échec. Une ferme fut établie à Taining, sur les hauts plateaux. Le directeur nommé par les autorités était un homme capable, ayant fait des études techniques en France ; malheureusement, il ne connaissait ni le pays où on l'envoyait, ni les races d'animaux qui y prospèrent. De plus, il ne savait pas le tibétain et les Chinois qu'on lui adjoignit comme personnel ne le savaient pas non plus. Ces derniers qui auraient pu être d'utiles employés de bureau dans une ville chinoise n'étaient nullement préparés à jouer le rôle de cow-boys à plus de 3 000 mètres d'altitude. Ils souffraient terriblement du froid et les longues cornes pointues des vaches indigènes — les *zomos* et les *dis* [1] — les effrayaient.

Les robustes géants pasteurs Khampas, qu'ils avaient engagés comme domestiques, riaient de ces frêles Chinois, perdus dans ce climat âpre, qui demeuraient inactifs, serrés les uns contre les autres autour d'un brasero dans les cabanes qui leur servaient d'habitations. Ayant constaté leur impuissance, ils les trompèrent et les volèrent.

Les vaches, mal soignées ou qui désapprouvaient les expériences de régime et d'autres natures faites sur elles par leurs nouveaux propriétaires, cessèrent de donner du lait ; quelques-unes moururent. Le beurre que la ferme modèle devait expédier en quantité en diver-

1. Les *zomos* sont originairement des métis de taureau à poil ras et de *dis,* yak femelle. Les *zos* (mâles) et les *zomos* (femelles) se reproduisent aussi entre eux.

ses localités n'y apparut que comme quelques petites mottes et à longs intervalles.

Dans ces tristes circonstances, le directeur de la ferme conçut une idée et s'en vint me la communiquer.

Le lait manquait chez lui, et, sans lait, on n'y pouvait point faire de beurre. Cependant, les autorités qui avaient établi la laiterie exigeaient la production de beurre.

Lait et beurre étaient abondants chez les pasteurs des hauts plateaux. Il ne pouvait être question de transporter du lait à la ferme pour l'y baratter, il se serait gâté en cours de route, mais lui, le directeur, avait lu quelque part qu'en fondant du beurre et en barattant le liquide on pouvait obtenir de nouveau du beurre « frais ». Je doutai fort de la réussite du procédé ; néanmoins, on en fit l'expérience non pas à Taining, mais ailleurs, dans la vallée. Le beurre obtenu de cette manière est fortement salé, fort gentiment emballé dans du papier ciré et vendu sous le nom de « beurre pasteurisé ». Les Tibétains qui en ont goûté le déclarent nauséabond ; mon jugement sera moins sévère : il a le goût du beurre fondu et nullement celui du beurre frais ; c'est tout.

Les essais d'élevage n'eurent pas plus de succès que celui de la laiterie.

Quelques animaux de races étrangères : taureaux, béliers, étalons et même verrats furent importés pour améliorer les troupeaux indigènes.

Un jour, sur la route, je rencontrai un de ces taureaux ; il était déjà d'une belle taille, mais jeune, car les importateurs estimaient que des bêtes jeunes s'acclimateraient plus aisément. Celui-ci effectuait le long voyage des plaines aux hauts plateaux dans une charrette traînée par des hommes attelés avec des cordes. Il ne paraissait nullement effrayé ; debout, il regardait d'un air digne et vaguement condescendant les humains qui se fatiguaient à son profit. Le groupe me fit penser aux temps anciens où les hommes révéraient des animaux-dieux. Dans un autre décor, celui-ci eût pu être un Bœuf Apis.

Les taureaux importés supportèrent mal la haute altitude des pâturages tibétains et le vent glacé qui les balaie ; la nature ne les avait pas vêtus en vue d'un tel climat.

Les massives épouses, couvertes d'une épaisse fourrure et coiffées de cornes énormes, qu'on leur destinait, leur firent peur. De leur côté, les *dis* et les *zomos* considéraient avec un étonnement dénué de sympathie ces étrangers misérablement habillés.

Les pauvres taureaux, tremblant de froid, beuglaient désespérément. Encore une chose qui surprenait les dames bovines. Quelle langue parlaient ces nouveaux venus ?...

Nos bestiaux beuglent, mais les *yaks* et les *zos* grognent. Toute conversation était impossible. On dut ramener les taureaux importés vers des régions plus chaudes.

Les pasteurs des hauts plateaux triomphèrent. D'un air entendu, ils disaient à tout venant : « Les Chinois croient-ils que nous ignorons l'existence de bœufs tels que ceux qu'ils nous ont amenés ? Nous savons qu'il en existe dans les plaines basses et nous savons, aussi, qu'ils ne peuvent pas vivre chez nous. »

Les étalons n'eurent guère plus de succès.

Le programme qui avait été dressé prévoyait, dans une période de cinq années, l'élevage de 3 400 chevaux destinés aux haras, de 950 poneys pour l'armée et de 850 mules. La précision de ces nombres est merveilleuse. Hélas ! une station d'élevage si fortement peuplée est restée le rêve de quelques bureaucrates.

Comme je viens de le dire, les indigènes ne goûtent guère toutes les innovations dont on veut doter leur pays.

La plupart d'entre eux sont parfaitement satisfaits de leur condition et redoutent tout ce qui est de nature à déranger leurs coutumes ancestrales. Les pasteurs sont d'obstinés adversaires de l'extension des cultures qui réduirait l'étendue des pâturages. L'exploitation de mines, croient-ils, dessécherait la sève nourricière contenue dans la terre ; il s'ensuivrait que l'herbe ne croîtrait plus et, par conséquent, que le bétail, ne trouvant plus de quoi se nourrir, périrait.

Ils regardent avec méfiance les animaux de race étrangère que l'on importe, craignant que le mélange de sang étranger ne contamine leur bétail ou, même, que la seule proximité de ceux-ci ne mette en danger la santé de leurs troupeaux et, finalement, n'amène leur destruction.

Jusqu'à présent, disent-ils, personne ne s'est mêlé des accouplements de leurs vaches ou de leurs juments, le faire est antinaturel et les Chinois qui patronnent ces interventions doivent nourrir des desseins diaboliques.

« Qui peut savoir », me dit — avec le plus grand sérieux — un de ces primitifs enfants des grandes solitudes, « si après avoir forcé nos vaches et nos juments d'accepter ces mâles venus des plaines, ces maudits Chinois ne nous enverront pas des hommes étrangers pour que nous leur livrions nos femmes ? »

Devons-nous être étonnés si, se heurtant à des individus d'une tournure d'esprit aussi baroque, les tentatives faites par les Chinois pour éduquer les indigènes de leur frontière occidentale ont, jusqu'ici, remporté peu de succès ?

Ils n'en ont que plus de mérite à poursuivre leurs efforts et les gouverneurs du Sikang et du Ching-Hai sont à féliciter pour avoir le courage de reprendre encore une fois cette tâche ingrate.

CHAPITRE IV

Quand j'arrivai à Tatsienlou, je trouvai la ville envahie par une foule de réfugiés, je passai quelques jours comme hôte des missionnaires écossais de la « China Inland Mission », puis un ermitage me fut offert sur un petit plateau porté sur un éperon de montagne qui dominait la ville. Je devais cette offre à un éminent bonze chinois. Taï Hsou Fa sse (Taï Hsou, docteur de la loi) avec qui j'avais été précédemment en relation.

Taï Hsou est une personnalité éminente dans le monde politico-religieux chinois. Il est natif du Chékiang comme Chiang Kai shek dont il est l'ami. Il a fait le tour du monde et séjourné dans la plupart des capitales, notamment à Paris, où il a, pendant quelque temps, été en pourparlers avec des orientalistes, en vue de fonder un institut d'études de la philosophie bouddhiste chinoise [1].

Un de ses disciples, un Chinois entré dans le clergé tibétain, habitait sur le plateau qui se nommait Pomo San et était maître de disposer des logis qui y avaient été construits.

J'ai eu l'occasion, en des livres précédents, de mentionner la coutume des religieux tibétains de se retirer dans des maisonnettes appelées *tsam khangs* pour s'y livrer à la méditation pendant un temps plus ou moins long. Quelques-unes de celles-ci existaient à Pomo San, disséminées dans les environs d'un petit monastères lamaïste.

Celle que l'on m'offrait répondait exactement aux règles établies pour ce genre d'habitations : elle était exclusivement une demeure à l'usage d'un unique occupant : un reclus. Bâtie en pierre avec des murs épais, elle comprenait deux chambres de la dimension des cabines de bateaux. Dans la moins exiguë des deux, une banquette en bois, encasée entre le mur et une cloison de planches, servait de lit pendant la nuit, de siège pendant la journée et accentuait l'aspect « cabine » de la cellule. Une table étroite était placée devant cette banquette. Quelques étagères pour placer des livres et un petit autel dont le bas formait une armoire complétaient l'ameublement. Sur l'autel trônait une statuette de Tsong Khapa, le fondateur de la secte Gelougspas. Quand je dis « autel », cela signifie simplement une étagère élevée propre à y asseoir respectueusement l'érudit réformateur ; il ne s'ensuit pas qu'il fût vénéré à la façon des saints de l'Église catholique à qui l'on adresse des prières. Nul lamaïste n'at-

1. Depuis que ceci a été écrit Taï Hsou est mort en avril 1947.

tend que des faveurs lui soient conférées par les défunts lamas, si éminents qu'ils aient pu être par leur savoir, leur sagesse ou leur sainteté.

La chambrette, chichement éclairée par une petite fenêtre carrée, communiquait avec la pièce voisine servant de cuisine. L'habitant de l'ermitage était supposé s'y enfermer et pourvoir lui-même à ses besoins, ou peut-être, un disciple-serviteur viendrait une fois chaque jour préparer son repas. A ce moment, le reclus fermerait la porte existant entre les deux chambres et le serviteur s'en irait, son travail fait, laissant, de nouveau, son maître seul.

Devant l'unique entrée de ce logis s'étendait une cour dont les dimensions minuscules s'apparentaient aux siennes. Elle était entièrement clôturée par un mur suffisamment élevé pour que le reclus qui y viendrait prendre l'air ne pût pas être vu du dehors et que lui-même ne pût voir que le ciel et les crêtes de quelques hautes chaînes de montagnes lointaines.

Cette habitation me plut au premier coup d'œil. Certes elle n'avait par l'allure « héroïque » de la caverne où j'avais passé près de trois années à 3 900 mètres d'altitude sur les dernières pentes septentrionales de l'Himalaya, à la lisière des grands plateaux tibétains. L'altitude était inférieure de 1 000 mètres environ, et le décor ne s'ornait pas de glaciers ; la population d'une ville grouillant au pied de Pomo San remplaçait l'immensité des solitudes ; néanmoins, en faisant violence à mon tempérament d'anachorète ultra-radical, je pouvais m'en contenter.

A quelque distance de là, Yongden fut logé dans un autre ermitage. Un ermitage de style moins sévère, car une très large fenêtre en éclairait la pièce principale plus grande que ma chambre et permettait la vue au-dehors, non seulement sur le paysage de montagnes mais sur une pelouse qui s'étendait au-delà du portique donnant accès au plateau. Ce portique occupait le sommet du sentier pierreux et très raide qui descendait en zigzaguant jusqu'à la vallée. Cinq ou six hommes au plus le grimpaient chaque jour pour apporter des provisions aux lamas et des bûcherons revenant des montagnes voisines traversaient parfois la pelouse, mais généralement ils empruntaient d'autres sentiers. Si Yongden n'était pas aussi strictement claustré que moi, sa large fenêtre ne lui procurait pourtant pas l'occasion de distractions nombreuses. Mais il ne vivait pas seul ; notre domestique habitait avec lui et couchait dans une soupente sous le toit, au-dessus de la seconde pièce du logis qui, comme chez moi, servait de cuisine. Le domestique y préparait nos repas qu'il m'apportait ou que, de temps en temps, j'allais prendre avec Yongden.

De ma cuisine j'avais fait une « salle de bains » en y plaçant un baquet en bois. Certainement, jamais depuis que l'ermitage avait été construit, sa cuisine n'avait servi à cet usage, car les anachorètes tibétains pas plus que les *dokpas* ne tiennent les bains en estime. Ce n'est pas qu'ils partagent la superstition de ces rustauds et s'imaginent que l'eau emportera leur « bonne chance » avec leur crasse, mais ils jugent que le temps passé à se dévêtir, se laver et se revêtir est du temps perdu.

Nous lisons à ce sujet dans la biographie de l'ermite poète Milarespa que, ayant donné des instructions religieuses à une jeune fille, il y ajouta ce conseil : « Maintenant, il ne faudra plus vous laver. » Cela s'explique si on se souvient de ce que j'ai dit en parlant des *dokpas* : se laver, pour une femme, est signe de coquetterie.

Tant que l'été dura je portai souvent mon baquet dans ma cour bien close pour y prendre mon bain, suivi d'un bain de soleil.

C'est à un de ces moments qu'une tragédie se déclencha.

Je me rôtissais au soleil, aussi peu vêtue que possible, lorsque l'on frappa à la porte massive qui fermait ma cour. Ce n'était pas l'heure où l'on m'apportait mon repas, je crus que quelqu'un se trompait, devant se rendre ailleurs et s'en irait si on ne lui répondait pas, mais l'on continua à frapper avec insistance et quelqu'un cria : « Ouvrez, ouvrez. » Je ne répondis pas encore. Un dialogue suivit en chinois, entre deux hommes, puis celui qui avait crié « ouvrez » en tibétain répéta de nouveau sa demande. Cette fois, je répondis en colère.

« — C'est ici un *tshams khang* : on n'y doit pas entrer... Je me lave... je n'ouvrirai pas. »

L'homme cria encore une fois « ouvrez » et, n'obtenant pas de réponse, s'en alla en grommelant avec son compagnon.

Le lendemain, j'eus l'explication de cette tentative d'intrusion.

La guerre sino-japonaise avait déterminé, en Chine, une épidémie de ce qu'un médecin de mes amis appelait « l'espionnite ». Au lieu de chercher les espions parmi eux, où ils ne manquaient pas, les Chinois soupçonnaient tous les étrangers et les plus innocentes actions de ceux-ci étaient tenues pour comporter des significations importantes et dangereuses.

Pourquoi m'avisais-je de choisir pour demeure un endroit écarté, au lieu de vivre parmi la foule ?... Les enquêteurs ne se demandaient pas s'il y avait des logements disponibles dans la ville et ne remarquaient pas, non plus, qu'il n'y avait absolument rien à espionner sur mon plateau désert tandis que — bien que j'en doute — on aurait peut-être pu le faire dans la ville.

Mon voisin le plus proche, qui paraissait avoir été stylé par la police, vint me dire, d'un air méchant, que je devais m'abstenir de regarder le paysage dans mes jumelles comme je le faisais quelquefois pour voir des animaux sauvages courant sur les montagnes ou des files de bûcheronnes descendant les pentes leur faix sur le dos.

J'écrivais aussi pendant une grande partie de la journée. Les porteurs d'eau et d'autres entrant chez moi avaient vu ma table couverte de papiers. Bien suspect cela aussi...

Le bonhomme ajouta qu'il aurait à répondre de *tout le mal* que je ferais et il paraissait craindre fortement que mes méfaits ne soient nombreux et terribles.

Des policiers montèrent aussi de Tatsienlou pour interroger Yongden.

Pour en finir, j'écrivis au consul de France à Chengtu.

Je saisis l'occasion qui m'est offerte par mon récit pour payer le témoignage de respect qu'elle mérite à la mémoire du docteur Georges Béchamp qui remplissait, à ce moment, les fonctions de consul de France. C'était un homme d'une grande droiture et d'une haute intégrité morale. Après la conclusion du honteux armistice et l'avènement du gouvernement Pétain, il fut de ceux qui ne désespérèrent pas de la France malgré son effondrement.

A cette époque, le général de Gaulle personnifiait la Résistance, le docteur Béchamp se rallia à lui et abandonnant tout ce qu'il possédait à Chengtu, et dont la valeur était importante, il alla représenter la France combattante à Hong Kong.

Les Japonais vinrent, le docteur Béchamp ne se sentit plus en sûreté. Mal conseillé, certains m'ont dit qu'il avait été délibérément trahi. Il s'embarqua pour Fort Bayard (Kwanchowwan), une petite enclave qui, alors, était concession française. Il croyait pouvoir passer facilement de là en Chine. La police *française*, à qui il avait été dénoncé, ne lui laissa pas le temps d'atterrir et l'arrêta sur le bateau. Conduit à Hanoi, il y fut condamné à quinze ans de prison.

Le docteur Béchamp était peu robuste, il ne résista pas au régime qui lui était imposé. Je tiens d'un officier qui fut son compagnon de cellule qu'on lui refusa tous soins, tous médicaments bien que ses compagnons eussent fait la grève de la faim pour tenter de fléchir ses persécuteurs. Rien n'y fit. Le docteur Béchamp mourut sur ce qui avait été pour lui le champ d'honneur.

Combien d'histoires analogues pourraient être racontées ! Mon livre n'a aucune visée politique et je suis loin de la France au moment où je l'écris ; cependant, je ne puis m'empêcher de demander : « Justice a-t-elle été suffisamment faite chez nous ? Le peuple de France a-t-il su exiger qu'elle soit intégralement faite, non en paroles seulement, mais en actes tangibles ?... »

Le docteur était doué du genre d'habileté politique prisée en Chine, il s'était depuis longtemps fait des amis de plusieurs hautes personnalités chinoises et, entre autres, du gouverneur de la province du Sikang. Il informa ce dernier qui donna des ordres très stricts à mon sujet. Des excuses me furent faites et un banquet offert en mon honneur.

Je ne gardai rancune à personne. Les Chinois savent être agaçants à souhait, mais qui ne l'est pas à l'occasion ? et, au demeurant, ils sont charmants.

Je restai donc dans mon ermitage et aux visites déplaisantes que j'avais subies en succédèrent d'autres, les unes simplement agréables et d'autres liées à des événements divers, souvent intéressants.

Je ne menais pas strictement la vie d'un reclus. Je n'étais point venue à Pomo San dans cette intention et mes journées de retraite étaient coupées par des courses à travers les montagnes ou par des conversations avec mon domestique qui me rapportait ce qui se disait et se passait dans la ville, en dessous de nous.

Un jour, il arriva avec une histoire singulière.

Les Chinois racontaient que deux hommes sauvages avaient été amenés à Tatsienlou par un officier ; ces hommes sauvages ne savaient point parler et étaient tout à fait farouches. J'aurais beaucoup désiré les voir, malheureusement, quand mon domestique m'informa de la chose, on les avait déjà emmenés depuis plusieurs jours.

Je me demandai d'abord si ces hommes étaient de grands singes, mais certaines informations que j'obtins par la suite me portèrent à croire qu'il s'agissait d'aborigènes incivilisés, comme il en existe encore un petit nombre dans les montagnes du Yunnan. Ils savaient certainement parler, mais ni les Chinois, ni les Tibétains ne comprenaient leur langage.

Leur passage au Sikang fit revivre quantité de contes concernant les *Migueuds*[1]. Certains de ces contes ont une base réelle et peuvent se rapporter, non seulement aux aborigènes du Yunnan, mais aussi à d'autres indigènes habitant les montagnes couvertes de forêts de la frontière du Tibet, de l'Assam et de l'Himalaya.

D'autres contes sont de pure fantaisie, ou bien, comme le dirait un occultiste taoïste chinois ou un de ses collègues tibétains ou Lolos, ils peuvent relater des rencontres fortuites avec des êtres appartenant à un autre monde que le nôtre.

Les montagnards de l'Himalaya parlent beaucoup des Migueuds qui, disent-ils, habitent les forêts vierges et ne se hasardent que très rarement dans les endroits découverts.

Voici une histoire qui m'a été racontée :

Une femme gardait le bétail sur la montagne et comme elle devait y passer tout l'été, elle s'était établie dans une caverne. Là, un soir, tandis qu'elle faisait bouillir son thé, elle aperçut deux énormes pieds poilus qui se balançaient au-dessus d'elle. Un géant devait être assis sur le rocher qui surplombait la caverne et laissait ses pieds pendre dans le vide. La femme était terrifiée mais n'osait pas fuir, car les pieds de l'individu s'agitaient au-dessus de l'entrée de la caverne ; au bout d'un moment, l'un des pieds désigna une grosse épine qui était plantée dans l'autre. Comme ce geste se répétait, la

1. Orthographe tibétaine : *mi rgod*.

femme comprit que le Migueud désirait qu'elle extirpe l'épine. En tremblant, elle le fit. Les pieds alors se retirèrent et elle entendit le bruit de pas très lourds qui s'éloignaient à travers la forêt.

Quelques jours plus tard, la carcasse d'un sanglier fut jetée du haut du rocher, devant l'entrée de la caverne et plusieurs fois par la suite le Migueud prouva sa gratitude par des cadeaux analogues. Ce qui semble prouver — si le fait est vrai — que le Migueud était bel et bien un homme primitif connaissant l'existence d'humains plus adroits que lui puisqu'il attendait de la gardienne de bétail qu'elle extirpe, peut-être avec la pointe de son couteau, l'épine profondément plantée dans la chair que, lui-même, ne parvenait pas à enlever. Les témoignages de sa reconnaissance dénotent aussi une mentalité humaine.

Les Lolos du Sikang racontent également des histoires concernant des « hommes sauvages » qu'ils entrevoient par hasard dans les forêts. Certains m'ont dit que ces « hommes sauvages » fabriquent, pour leur usage, des instruments en pierre, notamment des haches avec lesquelles ils coupent des branches d'arbres. Mais ce sont peut-être là de simples contes, bien qu'il existe certainement dans toutes les régions que j'ai nommées de petites tribus d'indigènes demeurées à un degré très bas d'évolution.

Quelque temps après le passage des « hommes sauvages », un autre événement « extraordinaire » se produisit à Tatsienlou.

Un haut fonctionnaire chinois, en voyage, s'était arrêté dans une auberge locale. Plusieurs serviteurs et une très belle femme l'accompagnaient. Mon domestique avait vu celle-ci faisant des achats dans les magasins, escortée par des soldats.

Ici se place le prodige. Cette belle femme n'était telle que depuis très peu de temps, avant cela elle était une renarde.

L'animal, racontait-on, avait été offert au fonctionnaire par un Grand-lama qui lui avait dit : « Je vous donne un Renard Bouddha. »

La renarde s'était dépouillée de sa peau ou, selon une autre version, on la lui avait enlevée par un procédé magique et, merveille ! l'animal s'était soudainement transformé en une jeune beauté. Quant à la peau abandonnée par lui, le fonctionnaire la gardait soigneusement hors de portée de la femme car, si elle parvenait à s'en saisir, elle redeviendrait immédiatement une renarde.

Cette curieuse histoire circulait par toute la ville et la foule s'amassait sur le passage de la femme-renarde pour la regarder.

Or il advint que le fonctionnaire en question, ayant appris que je séjournais à Pomo San, y monta pour me rendre visite, accompagné d'un magistrat de la ville.

Après que nous eûmes bavardé pendant quelque temps, je m'aventurai à dire :

« — Il paraît qu'un Grand-lama vous a fait cadeau d'un renard ? »

« — Ce n'est pas un lama, c'est un colonel qui me l'a donné », rectifia mon visiteur. « C'est une charmante petite bête et tellement rusée... je l'emporte chez moi. »

Il me paraissait difficile de lui raconter l'histoire de la métamorphose qui faisait tant de bruit, mais je pensai qu'après tout elle l'amuserait sans doute.

« — Savez-vous, continuai-je, que les gens racontent que votre renard s'est transformé en une jolie femme ? »

Mon interlocuteur sourit avec quelque embarras.

« — Le renard est toujours un renard, répondit-il. Il n'est pas devenu une femme. »

Lorsque mes visiteurs prirent congé, le magistrat laissa le propriétaire du renard marcher à quelques pas devant nous et murmura à mon oreille :

« — Il emmène un renard et une jolie et rusée concubine, c'est elle la renarde. »

Un autre conte fut colporté dans mon voisinage à la suite de la prétendue métamorphose du renard. Les faits étaient de date récente, prétendaient les bonnes gens, mais l'histoire paraissait être le remaniement d'un ancien conte ou d'un fragment de conte qui avait été dénaturé pour y introduire les chasseurs étrangers.

Voici ce qui était rapporté :

Deux étrangers blancs chassaient dans les environs de Lutingkiao (une petite ville au sud de Tatsienlou). Ils poursuivaient un renard et quand ils atteignirent son terrier, au lieu d'un renard, ils virent une très vieille femme couchée parmi les buissons. Celle-ci leur dit :

« Ma peau est infiniment précieuse, mais il vous est impossible de me tuer. Vos vies sont en mon pouvoir. »

Les chasseurs se prosternèrent alors devant elle et s'en allèrent.

Les histoires concernant les renards sont innombrables en Chine et au Japon où ces animaux sont tenus pour être d'adroits et puissant sorciers.

Le thème de leur métamorphose en un être humain est très courant. Quant à la peau qu'ils quittent avec faculté de la reprendre pour redevenir des renards, elle a son pendant en maintes histoires hindoues où des déesses deviennent les épouses de rois ou de simples artisans qui doivent alors cacher soigneusement un diadème, une écharpe, ou tout autre vêtement appartenant à leur céleste compagne, parce que, dès qu'elle en reprendrait possession, il lui serait possible de redevenir déesse et de s'échapper.

L'hiver vint amenant de fortes chutes de neige. Il ne me déplaisait pas de demeurer dans mon ermitage enfoui parmi toute cette blancheur, mais les sentiments de mon domestique ne correspondaient pas aux miens. Descendre par les raidillons successifs qui conduisaient dans la vallée pour aller chercher des provisions lui paraissait une corvée désagréable et il se gelait dans la soupente où il couchait. D'autre part, bien que nul ne parût plus me soupçonner d'intentions malveillantes, ceux qui ne connaissaient pas mon amour excessif de la solitude pouvaient pourtant s'étonner de mon obstination à demeurer dans un endroit si peu confortable.

Bref, à regret, je me décidai à quitter Pomo San.

Il se trouva qu'une vieille baraque en bois fut libre en dehors de la porte du sud de Tatsienlou sur le bord de la route qui, abandonnant les vallées du Sikang, se dirige vers le col de Jéda, c'est-à-dire la route de Lhassa. Ainsi, sans l'avoir le moins du monde projeté, j'étais revenue près de mes anciennes traces. Vingt ans auparavant, au soir d'une journée brumeuse, émergeant de forêts vierges au sommet du col de Dungrung (4 613 mètres), j'avais pour la première fois jeté les yeux sur cette route, plus loin vers l'ouest, près de Tao.

C'était au cours d'une période de détresse. Je savais que j'avais été reconnue comme étrangère, que mes mouvements étaient épiés et que je ne pourrais pas atteindre Lhassa qui avait été mon but depuis que j'avais quitté, très loin de là, le Gobi et le Kansou et traversé une grande partie de la Chine.

Ma volonté d'entrer dans la sainte Cité interdite demeurait inflexible ; j'y arriverais, mais quand et comment ?... Je ne pouvais point prévoir que, trois ans plus tard, mes vœux les plus ambitieux seraient accomplis et dépassés lorsque j'entrerais à Lhassa, y étant allée à travers des régions qu'aucun étranger n'avait jamais parcourues.

Maintenant, ces jours de défaite et ces jours de triomphe étaient choses du passé et je pouvais regarder calmement la route qui s'allongeait devant moi. La fascinante Cité à laquelle elle menait n'avait plus de mystère pour moi.

La cabane que j'occupais était voisine d'un vaste cimetière qui s'étendait sur plusieurs kilomètres à flanc de montagne ; cette circonstance et d'autres, qui vont être mentionnées, me faisaient ironiquement qualifier mon voisinage de « réjouissant ».

Nous aurons lieu de réviser en plus d'un point les notions que nous avons dérivées de la littérature ancienne concernant les mœurs chinoises. Il s'en faut qu'elles s'appliquent à la Chine moderne et, très probablement, elles ne se sont jamais entièrement appliquées à toutes les parties de la vaste Chine. Ainsi, le culte des morts si éloquemment et fortement enjoint par les vieux moralistes est peu accentué au Sikang. L'on n'y voit point, dispersés parmi les champs, ces cimetières familiaux consistant en monticules hauts ou bas, de forme arrondie, entourés d'arbres qui sont l'un des traits caractéristiques des paysages chinois.

Les Chinois de Tatsienlou n'enterrent pas leurs morts, ou ne le font que très exceptionnellement.

Généralement, ils se contentent de déposer le cercueil dans un creux de 20 à 40 centimètres de profondeur qu'ils ont taillé dans le sol, ou bien ils le placent sous un rocher ou dans une dépression naturelle du terrain. Des pierres sont empilées autour de lui, quelques-unes sont mises sur son couvercle et parfois, une très légère couche de terre est jetée sur le tout.

Un peu plus tôt ou un peu plus tard, la pluie délaie la terre et le vent éparpille les pierres, le cercueil est alors à nu ; en peu de temps ses planches se disjoignent, pourrissent et le corps en putréfaction ou le squelette apparaît.

Heureusement, d'énormes vautours sont toujours aux aguets dans les replis des montagnes et les chiens les aident à nettoyer le terrain. Grâce à ces animaux utiles, les épidémies sont évitées. Cependant, les vautours n'avalent pas les os et les chiens ne peuvent pas les briser tous, il s'ensuit qu'entre les rochers et les buissons, à deux pas de ma cabane, des étudiants en médecine ou en anthropologie auraient pu recueillir une ample collection d'échantillons anatomiques.

Mais on allait voir mieux encore. Des éboulements se produisirent le long des pentes raides sur lesquelles les sépultures primitives se trouvaient étagées. Alors, mêlés avec la terre et les pierres, crânes, tibias, omoplates, squelettes entiers ou en fragments, parties de cadavres à tous les degrés de dessiccation et de décomposition dégringolèrent en avalanche macabre. Pendant des semaines, les sentiers au pied de la montagne furent encombrés de ces débris. Les passants ne paraissaient pas s'en émouvoir ; néanmoins, les autorités locales finirent par penser qu'un nettoyage s'imposait.

Des femmes furent engagées pour y procéder. Elles ramassèrent les plus notables des tristes restes et les entassèrent dans des hottes. Ainsi chargées, par groupes de trois ou de quatre, elles traversèrent la ville dans toute sa longueur, en suivant la rue principale, sans ébranler le moins du monde l'imperturbable indifférence des boutiquiers et de la foule qui les voyaient passer.

A une distance d'environ trois kilomètres de l'extrémité de Tatsienlou, vers l'est, existe sur une hauteur un puits naturel très profond dans lequel sont précipités les corps des vagabonds qui meurent dans la localité et ceux des misérables dont les familles n'ont pas les moyens d'acheter un cercueil et de payer les frais de funérailles convenables. C'est dans ce puits que les femmes allèrent déverser leurs hottes.

Il m'est arrivé de rencontrer dans les montagnes du Szetchouan des cercueils posés dans les champs ou sur le bord des chemins, mais ces rencontres étaient exceptionnelles. Au Sikang elles étaient, au contraire, communes. Toutefois, ce mode rudimentaire de sépulture n'y a pas toujours été pratiqué car l'on y voit, de-ci, de-là, de très anciennes tombes isolées, ou des groupes de tombes consistant en de petites tours solidement construites ou en des tertres ceinturés de murs épais et bas que le temps a couverts de tapis de gazon et de fleurettes sauvages.

Il est d'ailleurs probable qu'avant la pénétration chinoise au Kham les indigènes incinéraient les morts comme le font les Tibétains et n'élevaient que très rarement un monument pour conserver leurs cendres.

Quelques tombes modernes affectent la forme d'un dôme et ressemblent à de gros champignons émergeant du sol. Mais elles sont peu nombreuses et les gens de Tatsienlou et des environs, même s'ils sont riches, se contentent d'abandonner les cercueils de la façon que j'ai décrite.

Ce fait est d'autant plus étonnant que les familles dépensent des sommes considérables en cortèges, rites religieux, aumônes et banquets qui sont supposés assurer le bien-être du défunt dans un autre monde et, comme résultat plus certain, flattant la vanité de leur parenté.

Les objets les plus en vue dans les funérailles sont les bannières. Celles-ci consistent en de longues bandes d'étoffe ou de papier attachées à des gaules et varient quant à leur qualité ; il en existe en beau satin couvert de broderies, en satin uni, en calicot, en mousseline et, comme il vient d'être dit : en papier. Sur la plupart d'entre elles sont peintes des inscriptions rappelant les titres honorifiques qui ont été conférés au défunt ou louant en termes hyperboliques ses vertus et ses bonnes œuvres.

Les amis du mort envoient ces bannières à la maison mortuaire ; elles jouent le rôle des fleurs que nous y faisons porter, mais après avoir figuré dans le convoi funèbre, elles sont retournées chez les parents du défunt.

Faute d'amis en fournissant un nombre suffisant, la famille en deuil en fait confectionner à ses frais pour contribuer au bel aspect du cortège. Et si elle ne peut décidément pas effectuer pareille dépense et, pourtant, ne veut point « perdre la face », elle s'adresse à un entrepreneur de pompes funèbres qui lui en louera et les reprendra à l'issue de la cérémonie. Il tient toujours en stock, peintes sur soie ou sur papier, une collection d'inscriptions louangeuses assez vagues pour s'appliquer à tous.

En dépit de ce déploiement de « faste » et à cause même de lui, les funérailles des richards de Tatsienlou n'étaient rien moins qu'imprécises et suggéraient plutôt l'idée d'un piteux carnaval.

La coutume était de faire appel aux mendiants errant dans les rues [1] pour porter le cercueil, le petit autel sur lequel reposait la tablette habitée par l'esprit du mort, ou, dans une note plus moderne,

1. A Tatsienlou, ils sont syndiqués.

son portrait, et, enfin, les bannières. Guenilleux, pouilleux, sales à défier toute description, estropiés, aveugles conduits par d'autres misérables, ils défilaient pêle-mêle. Pour marcher plus aisément et éviter qu'elles ne flottent, les porteurs de bannières en retenaient l'étoffe contre la gaule, froissant dans leurs doigts crasseux les beaux satins et les mousselines claires tandis que les gaules, rarement tenues verticalement, s'enchevêtraient, s'entrechoquaient, raclant les murailles dans les ruelles, simulant une sorte de combat au-dessus de la troupe des gueux en marche.

Venaient ensuite les musiciens : un double orchestre dans les grandes funérailles. Les Chinois taoïstes avec des cymbales et les Lamaïstes avec des *gyalings*, des *ragdongs* de petite taille [1] ; tous deux avec des tambours.

Un nombre plus ou moins grand de moines du bas clergé lamaïstes et des moinillons novices de neuf à quinze ans, portant des étendards, figuraient aussi dans le cortège. Ils n'étaient guère mieux vêtus que les mendiants qui les précédaient et, quant à la crasse, ils n'avaient rien à leur envier. Les musiciens taoïstes, des laïques, étaient généralement proprement vêtus.

Le cercueil, toujours très massif, en Chine, sauf pour les derniers des pauvres, était couvert d'un drap. En satin rouge richement brodé dans les funérailles somptueuses, il devenait, en descendant l'échelle de l'opulence, une courtepointe de genre européen, une couverture de laine rouge, un simple morceau de calicot.

Souvent un coq était attaché sur le cercueil, il était supposé écarter les mauvais esprits du chemin que le mort suivait. L'animal n'était point sacrifié ; son rôle terminé, on le rendait à son propriétaire.

Presque toujours, deux cordes entourées d'une étoffe blanche étaient attachées au cercueil comme si elles étaient destinées à le tirer. Entre elles, en tenant une dans chaque main, marchaient les plus proches parents mâles du défunt ou de la défunte. Derrière le cercueil venaient les parents plus éloignés, les amis et la foule de ceux qui, en se joignant au convoi, remplissaient un simple devoir de politesse.

Si l'enterrement était celui d'un homme, les hommes suivaient d'abord le cercueil. S'il s'agissait d'une femme, les femmes venaient en tête et les hommes après elles.

Avant le départ du cortège, ceux qui allaient en faire partie recevaient généralement, soit une fleur en papier blanc pour épingler sur leur vêtement, soit un morceau de coton blanc pour enrouler autour de leur coiffure. Cela comme signe de deuil. Les proches parents s'habillaient entièrement en blanc et l'étiquette prescrivait que leurs vêtements ne devaient pas avoir d'ourlet. Bien entendu, seuls les

1. *Ragdong*, une sorte de trompette thébaine. Les plus petites mesurent encore 2 mètres de long. *Gyaling*, une espèce de hautbois.

gens aisés se conformaient à ces lois vestimentaires du grand deuil, mais la perspective d'acquérir gratis un ou deux mètres de coton blanc incitait pas mal de gens à se joindre aux convois funèbres. Le prix des étoffes était devenu très élevé.

Arrivé à l'extrémité de la ville, le cortège s'arrêtait. Leur corvée terminée, les musiciens faisaient tous ensemble un grand tapage avec leurs instruments. Le fracas durait pendant quelques minutes, puis les musiciens et la foule s'en retournaient pêle-mêle avec les porteurs de bannières qui allaient rapporter celles-ci à la maison mortuaire où ils recevaient à manger et une aumône.

Pendant ce temps, l'on dépouillait le cercueil du drap qui le couvrait et les symboliques cordes d'attelage. Les femmes pleuraient et se lamentaient bruyamment, les unes sincèrement, les autres parce que la coutume l'exige. Elles avaient déjà accompagné le convoi de leurs gémissements et de leurs cris, mais gardaient le paroxysme pour la démonstration finale.

Ces cris, ces hurlements mêlés au tintamarre discordant des hautbois et des trompettes thébaines des Lamaïstes rivalisant avec les cymbales des Taoïstes privaient ces funérailles de la dignité grave inhérente à la mort. Par contraste, elles me remettaient en mémoire un convoi funèbre que j'ai vu défiler à Kyoto. C'était celui d'un haut fonctionnaire, ses quatre fils marchaient dans le cortège, vêtus de robes de chanvre, chaussés de souliers de paille. Ils avançaient lentement, pareils à des automates droits, la physionomie impassible, les yeux secs, fixes, n'arrêtant le regard sur rien. L'attitude du plus jeune, qui pouvait avoir neuf ou dix ans, était aussi rigide que celle de ses aînés. Ces jeunes gens avaient probablement aimé leur père et leur douleur pouvait être profonde, mais le code de bienséance à l'observation duquel ils avaient été dressés prohibe toute manifestation extérieure des sentiments intimes. Combien impressionnant était ce convoi cheminant en complet silence et le maintien stoïque des fils du défunt !

Le tumulte ayant brusquement cessé, le mort, accompagné seulement par un ou deux parents mâles et parfois seul avec les porteurs, continuait sa route parmi les montagnes solitaires jusqu'au lieu de son ultime repos. Ultime... pas toujours, un accident du genre de celui que j'ai décrit ou d'une autre nature pouvait l'en tirer et vautours et chiens errants demeuraient toujours aux aguets.

Tous les convois funèbres ne s'accompagnaient évidemment pas du déploiement de « faste » que je viens de rapporter. Il en était de très humbles, sans bannières et sans musiciens, sans clergé, faute d'avoir pu le payer, car en Chine et au Tibet, comme chez nous, les rites ne sont pas célébrés gratuitement. Ces pauvres enterrements étaient, à mon avis, plus dignes et plus touchants que les autres.

Les funérailles des Tibétains qui n'avaient pas adopté les coutumes chinoises étaient généralement simples et avaient lieu de grand matin.

Au lieu d'être couché dans un cercueil, le mort assis, les jambes croisées, les mains jointes et solidement ligoté dans cette position puis recouvert de robes et d'écharpes, était placé dans une chaise à porteurs et transporté dans un endroit solitaire sur les montagnes où un bûcher avait été préparé. Là, tandis que des lamas récitaient des textes sacrés, le corps était incinéré.

Les Musulmans aussi avaient des enterrements très simples, la plupart du temps sans cercueil comme le veut leur religion, le corps simplement enveloppé d'une natte.

Les Chinois ne se pressent pas d'enterrer leurs morts. Une fois ceux-ci enfermés dans leur épais cercueil, ils peuvent y demeurer pendant des semaines, voire même des mois. Seuls les pauvres, les gens du bas peuple procèdent à des inhumations rapides. Plus la famille est riche, plus élevée est la classe sociale à laquelle elle appartient et plus l'enterrement est retardé.

Cet ancien usage tend à se modifier à Tatsienlou, terre tibétaine, où les Chinois sont des nouveaux venus, il n'existe pas, pour le suivre encore, de ces anciennes familles qui vont de pair avec la noblesse. Les nobles du pays sont des Tibétains, en général très appauvris et retombés, pour cette raison, parmi le peuple ou la petite bourgeoisie. Pourtant, il arrive qu'une famille de riches marchands se donne le luxe de funérailles très retardées, invitant des moines lamaïstes ou des prêtres taoïstes, souvent tous les deux, à psalmodier des textes religieux autour du cercueil pendant un certain nombre de jours.

Une de celles-ci, dont je connaissais particulièrement plusieurs membres, provoqua l'admiration générale par la façon dont furent conduites les funérailles de son chef.

Un cortège du genre de ceux que j'ai décrits fit le tour de la ville puis le cercueil encore escorté par des bannières et des musiciens fut amené sur la montagne en vue de Tatsienlou. Le défunt marchand possédait là un terrain entouré de murs sur lequel une maisonnette avait jadis existé. Dans cet enclos, un abri avait été érigé et en face de celui-ci deux tentes étaient dressées.

Le cercueil fut déposé sous l'abri et des moines d'une lamaserie des environs s'installèrent dans les tentes. Ils devaient y demeurer pendant un mois, abondamment pourvus de vivres qui leur étaient apportés chaque jour. Leur besogne consistait à célébrer trois offices quotidiens : l'un à l'aube, l'autre au milieu de la journée et le troisième au crépuscule. Ils étaient libres de passer le reste du temps à leur gré, à condition qu'un d'entre eux reste toujours de garde auprès du cercueil. Pour cette garde, les moines s'étaient adjoint un chien de forte taille, car le but de celle-ci n'était pas précisément d'empêcher le mort ou son fantôme de s'échapper, mais de prévenir le vol de l'or et des objets précieux renfermés dans le cercueil avec le corps.

Le respect des morts ou la terreur qu'ils inspiraient avaient été décidément surmontés chez nombre de vauriens du Sikang. Ces esprits forts de mauvais aloi ne se faisaient point scrupule d'ouvrir les cercueils et d'en enlever ce qui y avait été déposé, allant même jusqu'à dévêtir les cadavres s'ils portaient de bons effets.

L'on peut, évidemment, soutenir qu'il est absurde et même répréhensible d'ensevelir de l'or ou des objets de valeur avec des cadavres et de vêtir ceux-ci d'habits coûteux dont ils n'ont que faire, tandis qu'il existe nombre de miséreux affamés et demi-nus ; mais c'est là un point de vue qui n'avait guère cours dans la Chine antique.

Quant aux « offices » que les moines lamaïstes célébraient auprès du cercueil, un mot d'explication à leur sujet peut venir à propos.

La masse des Tibétains, clergé et laïques, n'est rien moins que fidèle à l'authentique doctrine bouddhiste. Les uns et les autres ont repris — ou ne s'en sont jamais débarrassés — l'idée hindoue d'un « esprit » qui transmigre de vie en vie. Le rôle des moines prêtant leurs bons offices à un défunt est celui de *guides*. Pendant une période qui est généralement dite être de quarante-neuf jours, l'esprit erre dans un monde intermédiaire entre celui qu'il vient de quitter et celui vers lequel l'entraîne la force des actions physiques ou mentales qu'il a commises. Évidemment, cette force est le facteur dominant qui déterminera les conditions de sa renaissance, mais elle n'a rien d'absolument fatal et des modifications peuvent y être introduites par *celui qui sait,* c'est-à-dire l'initié à qui est connue la topographie de ce monde intermédiaire (le Bardo).

A celui-là, il est possible de s'écarter un peu de la route dans laquelle il est « poussé ». Des chemins de traverse se présentent, des embranchements conduisant à d'autres lieux que celui auquel il aboutirait s'il continuait son progrès sur la route où il se trouve. Il y a des efforts à faire pour changer de direction, il y a de la clairvoyance à déployer pour éviter d'être dupe de diverses fantasmagories.

Ce que le défunt ordinaire n'est pas capable de faire, le texte lu par l'officiant le lui suggère, il lui décrit le monde où il vient de pénétrer et lui dicte la conduite à y tenir pour contrebalancer, autant qu'il est possible, les mauvais effets qu'il a préparés par des actes mauvais pendant le cours de ses existences précédentes et particulièrement au cours de celle qui vient de finir.

Si, faute d'inhumation convenable, les dépouilles des défunts, même opulents, sont exposées à de macabres aventures, il en advient souvent encore plus promptement à celle des pauvres hères.

Un jour, je remarquai un cercueil que deux hommes transportaient hors de l'hôpital catholique. Je m'arrêtai à une petite distance pour voir où on irait le déposer. A quelques pas de la porte par où les porteurs étaient sortis, le fond du cercueil se disjoignit en partie et le corps tomba sur le sol. C'était celui d'une vieille femme très maigre ; la robe de coton en guenilles qui la couvrait témoignait de son indigence.

Cet accident qui peut paraître étrange à des Occidentaux s'explique facilement. Les clous en fer sont toujours coûteux et les menuisiers s'en dispensent en se servant de chevilles en bois. Même celles-ci sont employées en nombre insuffisant lorsque l'artisan fabrique un article à bon marché. Le cercueil des pauvres entre dans cette catégorie.

Les porteurs exclamèrent ce qui pouvait être des jurons ; puis je les vis saisir une grosse pierre pour servir de marteau et s'efforcer d'enfoncer de nouveau les chevilles dans les trous pratiqués pour les recevoir.

Pendant ce temps, le corps de la vieille pauvresse resta étendu où il était tombé. Alors, leur travail fini, un des porteurs saisit la morte par un bras et la traîna dans la poussière, l'espace de quelques pas, jusqu'à l'endroit où le cercueil avait été porté pour le raccommoder. Là, tous deux soulevèrent le corps et le renfoncèrent dans le cercueil dont le couvercle n'était pas cloué.

Ils n'iront pas pendant dix minutes avant que le fond tombe de nouveau, pensai-je. Les hommes durent avoir la même idée, car ils se contentèrent de placer leur fardeau sur le sol contre le mur du jardin de l'hôpital.

Et alors... Je devrais peut-être m'abstenir de relater ce détail choquant et répugnant, mais il confirme fortement ce que j'ai dit de la disparition du respect des morts en Chine, je ne l'omettrai donc pas. Un des deux hommes s'attarda le dos tourné au sentier, en face du cercueil, demeurant immobile, il paraissait considérer celui-ci. Ces gens venant de l'hôpital catholique sont chrétiens, me dis-je ; cet homme prie. Mais une seconde plus tard, je m'aperçus de mon erreur : l'homme avait uriné.

Des femmes transportant des hottes pleines d'ossements humains à travers une ville, des cercueils dégringolant avec leur contenu le long des pentes des montagnes sont des spectacles bien capables de nous étonner, mais les bonnes gens de l'Ouest chinois, comme ceux de bien d'autres régions de la vaste Chine, sont accoutumés à contempler la mort et elle ne les émeut guère.

Il n'était pas rare, à Tatsienlou, de rencontrer un cadavre gisant contre un mur dans une rue fréquentée par de nombreux passants. Il était plus commun encore d'en voir le long des routes à la campagne. L'un d'eux me parut particulièrement pitoyable. Le mort était couché dans un maigre buisson tout à fait au bord du chemin. Peut-être se rendait-il quelque part, avait-il voulu s'abriter un peu pour dormir et la mort l'avait-elle pris pendant son sommeil ? Ou bien s'étant senti las d'une lassitude singulièrement pesante, avait-il compris qu'il serait incapable d'aller plus loin sur la route... d'aller plus loin dans la vie. Alors, avec une indifférence bien chinoise, il avait étendu son corps affaibli hors du chemin des passants et était resté tranquille jusqu'à ce que l'inconscience ait mis un terme à sa misère.

Au temps où l'on effectuait de longs voyages à pied, dans nos pays, il devait arriver et même assez souvent que des voyageurs meurent sur les grandes routes.

La chose est assez fréquente en Orient et les morts ne sont pas tous de pauvres hères. Le Bouddha est mort ainsi au cours d'un voyage qu'il effectuait avec quelques-uns de ses disciples et, en me rendant du Szetchouan au Sikang, j'ai été témoin d'une mort presque subite qui ne paraissait pas être due à la misère.

Je traversais le Ta shan lin ; sur le chemin très raide qui montait vers un col, un Chinois s'en allait tout seul portant une boîte qui, s'étant entrouverte, laissait apercevoir des outils de menuisier. Le temps était mauvais, froid, avec de soudaines rafales de pluie et de grêle. Les porteurs de ma chaise éprouvaient de la difficulté à garder leur équilibre ; pour les soulager, je continuai ma route à pied derrière le menuisier. Il ne montrait aucun signe de fatigue et avançait lentement mais d'un pas ferme.

L'ouragan s'abattit sur nous comme nous atteignions le sommet du col, le toit de ma chaise à porteurs fut arraché et jeté au loin. Je descendis le sentier en courant jusqu'à ce que j'aie rencontré deux huttes de paille. Celles-ci ne procuraient pas grand abri, car leurs toits ruisselaient, mais il me fallait attendre mes porteurs restés en arrière.

J'étais là depuis environ une demi-heure lorsqu'une commotion se produisit. Des gens sortaient de la hutte voisine de celle où je me trouvais et venaient parler au maître de cette dernière. Celui-ci, avec des gestes énergiques et criant très fort, refusait ce qu'on lui demandait. Je compris que « quelque chose » devait être mis « quelque part » et que les propriétaires des cabanes ne voulaient ni l'un ni l'autre garder la « chose ».

Finalement, j'appris que la « chose » était le corps du menuisier que j'avais vu sur la route et qui venait de mourir subitement. Il devait être arrivé un peu après moi, je ne l'avais pas vu venir. Peut-être le vent glacial avait-il causé une congestion qui l'avait tué.

Cela se passait au cœur des montagnes et il s'agissait vraisemblablement d'un accident. Je sus plus tard qu'ayant fini un travail à l'extrémité de la province l'artisan rentrait chez lui.

En dépit du cimetière qui touchait à ma demeure, des exhibitions macabres qu'il présentait, des funérailles défilant devant ma porte et des exécutions capitales qui avaient lieu à deux pas de là, le qualificatif de « réjouissant » que j'appliquais, en plaisantant, à mon voisinage se justifiait parfois sans ironie.

Cela survint, surtout lorsque les avions japonais rôdant autour des frontières du Sikang y causèrent des alarmes. Une sirène avait été installée au milieu de la ville, mais sa voix trop faible n'en atteignait pas les extrémités. Pour remédier à cet inconvénient, un système de signaux avait été établi. De petits drapeaux étaient haussés en divers endroits et des agents de la police parcouraient la ville en tenant des drapeaux à la main. Un drapeau jaune signifiait : les avions avancent vers le Sikang ; un rouge : ils sont entrés dans la province ; un noir : ils arrivent sur nous.

Bientôt les habitants de Tatsienlou cessèrent de quitter leurs logis à la vue du drapeau jaune ou aux premiers meuglements de la sirène. On les voyait et on les entendait trop souvent et les avions ne se montraient point. Les drapeaux rouges amenaient le commencement de l'exode vers la campagne, et les noirs avec les halètement de la sirène déterminaient la fuite rapide — relativement rapide, ce n'était pas la panique : Chinois et Khampas ne sont guère émotionnables.

C'est dans ces moments que mon cimetière prenait un aspect nouveau, inattendu et rien moins que mélancolique. Aucun abri souterrain n'avait été préparé pour les citadins. En terrain découvert, ils s'offraient comme des cibles faciles aux mitrailleuses des avions qui les auraient fauchés par centaines en un tournemain ; ils ne paraissaient ni s'en douter, ni s'en soucier. Ce qu'ils cherchaient à éviter, c'était de se trouver dans la conflagration de leur petite ville aux maisons de bois étroitement enserrées dans une gorge. Deux ou trois bombes incendiaires eussent suffi à en faire un brasier.

Chacun portant ce qu'il avait de plus précieux se dirigeait donc vers la campagne la plus proche de sa demeure. Pour les habitants des quartiers du Sud, la « campagne » était le vaste cimetière.

Ils s'y installaient par groupes entre les tombes ou s'asseyaient sur les tertres gazonnés des plus anciennes de celles-ci, bavardant, riant et paraissant jouir agréablement de ces moments de récréation en plein air.

Les alertes se multipliant et retenant les gens longtemps hors de la ville dont on fermait, alors, les portes, les fuyards commencèrent à se munir de provisions et à faire dînette sur les tombes, ce que voyant les ingénieux marchands chinois apparurent, qui apportant des fruits, qui des biscuits et des caramels, qui des cigarettes. Et ce fut, ensuite, un restaurateur transportant sa cuisine ambulante qui servit des soupes aux nouilles et des saucisses fumantes. Un autre encore débita de l'eau-de-vie indigène, celle, terriblement forte, qui répand une odeur pareille à celle de notre alcool à brûler. Les bonnes gens qui n'avaient jamais eu l'air très effrayé devinrent, de ce fait, tout à fait gais.

Une après-midi, l'évêque emporta sur lui des hosties consacrées qu'il avait enlevées de la chapelle de la Mission. Son pardessus insuffisamment boutonné laissait voir une écharpe blanc et or qui étonna ceux qui l'aperçurent. Curieux et désœuvrés, ils cherchèrent, dans la foule, des Chinois chrétiens et les interrogèrent. L'une ou l'autre de ces bonnes simples gens dut leur répondre quelque chose dans le genre de : « il a emporté notre Dieu », car un gros marchand du pays émit cette réflexion : « Au lieu d'être protégé par son Dieu, c'est donc lui qui doit le protéger. » Mais cela était dit sans raillerie maligne, bonnement. On devinait que le brave Chinois pensait tout simplement : ces dieux des étrangers sont bizarres et qu'il ne songeait nullement à critiquer leur caractère et leurs coutumes. C'étaient des « étrangers » ; la logique chinoise ne pouvait pas s'appliquer à eux.

Les avions japonais ne vinrent d'ailleurs jamais au Sikang, bien que Lantchéou, au Kansou et Sining la capitale du Ching-Hai reçurent leur visite et, des « alertes » passées au cimetière de la Porte du Sud, je garde un amusant souvenir.

Je devais, un peu plus tard, en connaître de nouveau [1] d'autres, nocturnes et sinistres celles-là. Les Japonais revenaient sur Tchéngtou où j'étais retournée. Les hôtes de la Résidence française et des amis de ceux-ci qui les rejoignaient se dispersaient par groupes dans le vaste jardin, le silence était absolu, l'obscurité complète, les malfaisants oiseaux de nuit passaient au-dessus de nos têtes, puis on entendait, venant de plus ou moins loin, le bruit des explosions, parfois l'on percevait le rougeoiement des incendies... Mais si nous n'étions point gais comme les gens de Tatsienlou, une indifférence pareille à la leur ne tarda pas à nous envelopper. Les « alarmes » ne me faisaient plus sortir de ma chambre et je m'y rendormais profondément si les sirènes, à voix puissantes, celles-là, m'avaient réveillée.

1. Voir le livre précédent : *Sous des nuées d'orage*.

CHAPITRE V

Je voudrais me hâter de passer à des sujets moins sombres ; ceux-ci ne manqueront point et viendront à leur place, mais ce livre n'est pas une œuvre de fantaisie, c'est un tableau de faits vécus que je m'efforce de peindre exactement.

Si la sécurité est précaire au Ching-Hai, elle n'est pas davantage assurée au Sikang. Les assassinats sont fréquents sur les routes. Dans Tatsienlou même, il n'est pas prudent de sortir tard dans la soirée, car l'on court le risque d'être dévalisé.

Des bandes opèrent pendant la nuit. Il arrive que des hommes armés s'introduisent dans une maison et, revolver en main, somment les maîtres du logis de leur livrer leur argent, leurs bijoux ou des marchandises. Sans attendre la nuit, un ou deux individus entrent parfois dans une boutique et exigent péremptoirement l'argent de la caisse. Des gens endormis ont la désagréable surprise de voir un voleur descendre dans leur chambre par un trou qu'il a pratiqué dans le toit, et ramasser ce qui lui convient. Rarement celui qui se voit voler ose se jeter sur le voleur ou appeler à l'aide. Le malfaiteur est presque toujours armé et, dans tous les cas, il a des amis qui, s'il était capturé, le feraient payer cher à ceux qui en seraient la cause. La crainte d'être tué induit donc le malheureux qu'on vole à feindre le sommeil même si — le fait s'est produit — le voleur pousse l'impudence jusqu'à allumer une lampe ou à presser le bouton de l'éclairage électrique pour choisir ce qui lui plaît en pleine lumière.

Les citadins accusent les soldats de la garnison de ces méfaits. Ils ont peut-être raison en partie, pas entièrement, car il ne manque pas de larrons chinois ou tibétains dans la région. Toutefois, les soldats sont des mercenaires, certains d'entre eux ont été enrôlés de force ; ils sont peu payés et nourris assez pauvrement, ainsi, sans être foncièrement de mauvais gars, ils peuvent céder à la tentation de se procurer de « l'argent de poche ». Puis encore, jusqu'à présent, la ligne de démarcation a toujours été mince, en Chine, entre soldat et bandit ; le même individu peut la franchir de temps en temps et se trouver, temporairement, tantôt en deçà tantôt au-delà d'elle.

Le fait suivant servira d'exemple :

Je chevauchais lentement par un sentier de montagne lorsque des hommes émergeant des buissons se plantèrent devant moi, barrant le passage. Toutes questions étaient inutiles, la situation était claire.

« — Combien vous semblerait-il raisonnable d'accepter comme cadeau ? » dis-je, employant, bien qu'elle soit passablement démodée, l'ancienne phraséologie polie en usage dans ces occasions. J'étais disposée à marchander avec les voleurs, s'ils voulaient bien s'y prêter. Mais, avant qu'on m'ait répondu, un autre homme sortit d'un ravin, me regarda et, d'un geste, commanda à ses compagnons de s'écarter.

Il me sourit ; je lui souris.

« — Vous ne me reconnaissez pas ? » me dit-il.

« — Je ne vous ai jamais vu. »

« — Voyons, voyons, je vous ai escortée ; j'étais soldat, alors. »

Et, joyeusement, il me donna un tas de détails regardant des localités et des circonstances particulières, si bien que je ne pus douter de sa véracité.

« — Vous avez été très généreuse... » conclut-il, avec un nouveau sourire engageant.

« — Et je devine que vous attendez que je me montre encore généreuse », répliquai-je.

Le drôle m'amusait.

« — Eh ! eh ! Je suis heureux de vous avoir revue. »

« — Moi de même. Est-ce que ceci ferait l'affaire ? »

Je montrai de l'argent que je sortis de ma sacoche. La somme était médiocre, mais le chenapan daigna s'en contenter.

« — C'est bien. Merci. »

« — Au revoir », dis-je, après qu'il eut pris l'argent.

« — Au revoir et bon voyage. Nous nous reverrons peut-être encore. »

« — Vous m'escorterez peut-être de nouveau, un jour ou l'autre. »

« — C'est possible », répondit-il tout à fait sérieusement. « Je puis redevenir soldat. »

Tout humour n'a pas entièrement disparu du banditisme sino-tibétain quoique les chevaliers de grand chemin de l'Ouest chinois tendent à se montrer de moins en moins « joviaux ».

Les vrais brigands khampas ne descendent guère au-dessous de Tatsienlou ; plus bas, le champ est laissé à l'activité des Chinois.

La région entre Mowkong et Tatsienlou et celle du Kientchang (aujourd'hui nommé Sichang) qui offraient peu de sécurité lors de mes voyages précédents [1] présentent encore plus de risques actuellement. Sur n'importe quelle route ou sentier, entre le Szetchouan et le Sikang, le voyageur peut inopinément se trouver en présence d'une bande d'individus armés possédant même des fusils automatiques, qui arrêteront les porteurs de ses bagages et choisiront dans ceux-ci ce qui leur paraîtra convenable. Ils pourront même déshabil-

1. Voir : *Au pays des brigands gentilshommes...*

ler le voyageur pour s'approprier ses vêtements, sa montre, ses bijoux et, naturellement, son argent. Cela fait, ils s'en iront paisiblement, sans aucune hâte.

Pendant qu'ils étaient occupés, des passants ont pu survenir, ceci ne les a aucunement inquiétés. Ils savent que personne n'interviendra. Chacun détournera la tête et accélérera le pas pour s'éloigner. Seuls, des soldats, s'ils sont en nombre suffisant, pourront attaquer les voleurs, en supposant qu'ils n'aient pas d'« intérêts commerciaux » liés avec les leurs.

Ces brigands ont leur « intelligence service ». Ils sont généralement bien informés concernant les mouvements des voyageurs. Ils connaissent ceux qui emportent de l'opium ou de la poudre d'or venant des placers et savent ce que contiennent les caisses et les ballots que les coolies transportent.

Comme on vient de le voir, une rencontre avec des individus de ce genre n'est pas nécessairement tragique, il en est où l'élément comique domine. Comique, dis-je, pas tout à fait pour les victimes.

Une bande de ces voleurs embusqués près de la route laissa passer un médecin missionnaire américain qui se rendait dans une localité du Sikang. Celui-ci précédait ses bagages — transportés à dos d'homme — qui progressaient lentement à quelques kilomètres derrière lui, il ne se douta pas du danger qu'ils couraient. Dès que les coolies qui en étaient chargés arrivèrent, les voleurs sortirent de leur cachette et leur intimèrent l'ordre de poser leurs fardeaux à terre. Tout avait été bien prévu, des hommes se trouvaient prêts qui s'emparèrent des colis et les emportèrent hors de vue en un rien de temps. Deux infirmières chinoises, voyageant en chaises à porteurs, accompagnaient le convoi. Les voleurs les arrêtèrent et dépouillèrent l'une des deux femmes de son manteau, de sa robe et de quelques vêtements de dessous. Quant à l'autre, nul ne sait comment il leur vint l'idée qu'elle était la concubine du médecin américain et, à ce titre, ils l'épargnèrent. La pauvre fille terrifiée se donna garde de protester, elle était prête à confesser n'importe quel genre de péché pour sauver ses habits et la montre-bracelet cachée sous sa manche.

Une autre aventure arriva à un prêtre français. Il fut complètement dévalisé et abandonné nu sur une piste dans une région à demi déserte. En s'en allant, les malfaiteurs laissèrent choir une bottine du paquet qu'ils emportaient. Ce fut tout ce qui resta au voyageur qui dut continuer sa route dans le simple appareil d'Adam avant sa faute.

Il arrive, également, qu'une bande de brigands encercle un village à l'improviste, choisissant souvent un jour de marché où les fermiers des alentours sont assemblés, et les paysans sans défense n'ont qu'à se laisser piller de bonne grâce, par crainte du pire.

Lorsque aucune « besogne » n'est en vue, les brigands descendent volontiers de leurs postes de garde et vont s'installer pendant quelques heures dans les villages, mangeant et buvant aux dépens de la population qui les connaît et n'ose pas les dénoncer.

Une pauvre femme passant sur la route dans le voisinage du Ta Shan lin vit un groupe de ces messieurs bien habillés debout à quelque distance de là tandis que d'autres qui descendaient la pente de la montagne et se rendaient à une auberge leur criaient : « Venez donc ! Allons manger, il en est temps... Nous avons faim. »

La femme ne portait rien qui pût tenter les voleurs, elle continua son chemin plutôt amusée par cette rencontre.

Depuis des siècles, les « sociétés » ont abondé en Chine. Il est peu de Chinois qui ne soient membres d'une société ou d'une autre et les buts de ces associations sont des plus variés. Il va sans dire que les voleurs ont aussi leurs sociétés et très puissantes celles-là. Tandis que certaines d'entre elles unissent des individus des plus basses classes sociales, d'autres recrutent leurs associés parmi des citoyens « respectables » et aisés de la haute bourgeoisie. Le vol, la contrebande, les trafics illicites peuvent être pour ces derniers un moyen d'amasser des fonds pour des fins d'ordre politique, mais les motifs moins nobles ne manquent pas toujours.

Il m'est arrivé de voir à l'œuvre une de ces sociétés du genre vulgaire.

Pendant la nuit, des malfaiteurs s'introduisirent dans l'Institut français de bactériologie à Tchéngtou au Szetchouan. Les chiens de garde aboyèrent furieusement et les domestiques se réveillèrent. Une poursuite mouvementée eut lieu ; les voleurs, armés de longues gaules qui leur avaient servi à escalader les murs, couraient çà et là dans l'enclos qui était vaste. Enfin, les domestiques réussirent à en capturer deux, les lièrent à des arbres et les fustigèrent d'importance, puis ils les laissèrent attachés et sous bonne garde jusqu'au matin.

Alors un quidam au maintien assuré se présenta :

« — Pourquoi vos domestiques se sont-ils permis de battre ces hommes ? » demanda-t-il d'un ton arrogant au directeur de l'Institut, « vous n'aviez qu'à me faire appeler. Je sais comment régler de telles affaires. Qu'on délie ces gens : je vais les emmener avec moi ».

« — Quelque chose a-t-il été volé chez vous ?... Non ?.. Oh ! un pardessus... Je m'en occuperai. Je m'en tiens responsable. Il n'y a pas besoin de s'agiter davantage pour pareille bagatelle. »

Le directeur était un vieux résident très familiarisé avec les coutumes locales. Il savait que les voleurs appartenaient à une société organisée qui levait des taxes parmi les habitants comme assurance contre le vol. Il était fort improbable que la police voulût intervenir, peut-être ses agents appartenaient-ils à l'association, peut-être redoutaient-ils des représailles s'ils s'attaquaient à elle. Les deux raisons pouvaient se combiner pour produire leur passivité.

L'élément comique dans cette farce fut la découverte que le hautain représentant des Hauts Pouvoirs de la société était le beau-frère du vidangeur de l'Institut.

Même du point de vue « légal », rosser un voleur pris en flagrant délit, armé, et tentant de blesser ceux qui le saisissent peut être considéré comme coupable.

Un prêtre français habitant Lensi, au Sikang, s'apercevait de la disparition continuelle de sacs de riz. Il soupçonnait ses domestiques et le leur dit. Ceux-ci, forts de leur innocence, voulurent en donner la preuve ; ils firent le guet pendant la nuit et surprirent un voleur au moment où il allait passer un sac à un complice. Ils sautèrent sur lui et commencèrent à le battre. Attiré par le vacarme qu'ils faisaient, le missionnaire accourut ; alors, le vaurien tirant un couteau de dessous sa robe essaya de le frapper. Il ne réussit, heureusement, qu'à déchirer sa robe mais un domestique qui s'était interposé fut légèrement blessé.

Le voleur fut remis entre les mains de la police.

Conclusion : les domestiques du missionnaire furent condamnés à 500 dollars chinois d'amende pour voies de fait. C'était le missionnaire qui paierait — bien entendu. On n'avait pas osé le mettre en cause directement, mais c'était bien lui qu'on visait.

Les « sociétés » florissent naturellement dans l'extrême-ouest de la Chine comme dans les autres parties du pays.

A Tatsienlou, les mendiants guenilleux, hommes et femmes, qui errent dans les rues sont syndiqués et leur activité est régie par des règles très strictes. Il en est de même des contributions qu'ils ont à payer à leurs chefs. La très légère protection que ceux-ci leur accordent n'est pas un don gratuit.

Une sorte de mystérieuse Mafia, une « mano negra » opère aussi au Sikang où elle est populairement dénommée *Fidji*.

Des bruits circulent concernant ses chefs, des messieurs et des dames vivant confortablement et avec décorum, sans qu'ils paraissent engagés dans le commerce ou remplir aucun emploi. Le trafic, en grand, de l'opium occupe peut-être les plus importants d'entre eux, mais les rangs inférieurs comprennent des voleurs de grands chemins ou de plus humbles voleurs tout court.

Un jour, une dame élégante et de bonnes manières, que j'avais remarquée à cause de sa mise originale, me fut désignée comme étant la femme d'un important chef des Fidjis. Elle causa un instant avec moi et me donna l'impression d'avoir reçu une éducation distinguée. Quant aux relations de son mari avec les Fidjis, évidemment, je ne sais que ce qu'il était — peut-être à tort — raconté dans la ville.

D'autres gens sans occupations apparentes, des marchands, des fonctionnaires, tous plus ou moins riches, étaient aussi désignés par la rumeur publique comme appartenant à l'association. Y avait-il exagération dans ces dires ? Je n'oserais pas me prononcer.

Un matin, le corps d'un homme fut trouvé étendu en travers du chemin presque devant ma porte. L'homme avait été tué à coups de bâton et dépouillé de sa robe fourrée, de ses bottes, de son chapeau et d'une partie de ses vêtements de dessous. Il n'avait plus aucun argent sur lui.

Peu à peu, les bavardages des voisins révélèrent que le malheureux avait été abandonné par les assassins alors qu'il vivait encore et qu'on l'avait entendu gémir pendant la nuit, répétant : « J'ai froid, j'ai froid. »

Nul n'avait osé intervenir tandis qu'il appelait à l'aide quand il avait été assailli et ses agresseurs partis, nul n'avait non plus osé ouvrir sa porte et recueillir le moribond. Les gens disaient que les coupables étaient des soldats et ils craignaient des représailles s'ils s'intéressaient à leur victime. Celle-ci était un Tibétain aisé qui s'était imprudemment attardé en route après la nuit tombée, alors qu'il portait une forte somme d'argent. Des misérables, bien informés de ce détail, s'étaient embusqués sur son chemin, ne lui laissant pas le temps d'entrer dans la ville.

Le corps demeura gisant sur la route pendant deux jours, soi-disant pour faciliter des « investigations ». Aucun des assassins ne fut découvert ou, du moins, ne fut arrêté.

Une autre fois, ce fut le propriétaire d'une briqueterie peu éloignée de chez moi qui fut assassiné sur le pont qui traversait un torrent en face des fours de son établissement. Le crime devait avoir été commis tard dans la soirée, quand le briquetier rentrait chez lui. Des passants découvrirent le corps le matin.

Un jour encore, ma servante se précipita dans ma chambre, criant que le cadavre d'une femme gisait près du Dza. C'était tout à côté de chez moi, j'allai voir.

En effet, le corps d'une femme encore jeune était étendu entre les rochers et les buissons sur le talus qui, de la route, descendait jusqu'au bord du torrent. Les corbeaux lui avaient déjà dévoré les yeux et un côté de sa figure était tuméfié et rouge comme si elle avait été martelée.

Je ne lis pas de romans policiers et ne me reconnais aucune aptitude à jouer le rôle de détective amateur, pourtant, j'inclinai à croire que le crime ne devait pas avoir été commis à l'endroit où le corps se trouvait. Ni les buissons, ni l'herbe n'avaient été foulés, comme cela serait arrivé pendant une lutte même de très courte durée. Les vêtements de la victime n'étaient ni déchirés ni froissés, et elle reposait étendue comme si elle s'était couchée pour dormir. Les nombreux morts que l'on rencontrait en ville et dans les environs pouvaient donner à penser que la mort de cette femme pouvait, aussi, avoir été naturelle, ou qu'ayant absorbé de l'opium, comme les désespérés chinois sont portés à le faire, elle s'était cachée là pour mourir. Mais la face tuméfiée racontait une autre histoire.

La femme avait peut-être été déposée à cette place après sa mort, mais pourquoi les assassins ne l'avaient-ils pas jetée dans le torrent ? Les eaux étaient hautes et le courant très rapide en cette saison. En moins d'une demi-heure le cadavre aurait été emporté dans une large rivière où se jette le Dza et, de là, entraîné au loin.

Il aurait, dès lors, été difficile de tracer les criminels. Au fait, ils ne le furent pas non plus, ayant laissé leur victime où je la vis.

Dans la soirée, on transféra le corps sur la route où on l'abandonna pendant la nuit et une partie de la journée suivante. Ensuite, on le mit en bière et celle-ci fut placée contre le mur d'un petit temple, presque en face de ma porte. Au bout de quelques jours, l'on se décida à l'inhumer : à la mode du pays, bien entendu, comme je l'ai décrite ci-dessus. Toutefois, ceux qui s'étaient permis de le faire n'en avaient probablement pas le droit. La police leur enjoignit de rapporter le cercueil où ils l'avaient pris.

Les autorités estimaient que l'exposition de ce cercueil provoquerait la curiosité des passants et qu'ainsi des informations pourraient être recueillies concernant l'identité de la femme assassinée. C'était là une singulière illusion. Personne ne s'étonna ; on voyait trop de cercueils à nu dans le voisinage pour remarquer spécialement celui-là. Il fallut se décider à l'enlever définitivement et celle qu'il contenait demeura inconnue.

Quelques mois plus tard, une autre femme inconnue fut tuée à l'autre bout de la ville. Les assassins laissèrent son corps dans une ruelle qui descendait vers le torrent. Ils ne furent pas découverts.

Une nomenclature plus complète des nombreux crimes qui ont été commis dans l'espace de quelques années dans mon voisinage plus ou moins proche serait fastidieuse, je l'omettrai.

Je désire seulement en relater encore un, non point pour les circonstances qui l'ont accompagné, mais pour l'extraordinaire manifestation de piété filiale qu'il détermina.

Tandis que je séjournais à Tchéngtou, un soir, un domestique vint me dire qu'on avait arrêté deux assassins qui transportaient, dans des paniers, les restes de leur victime qu'ils avaient dépecée.

La chose était bizarre. Les deux paniers contenant les macabres débris étaient déposés dans mon voisinage, j'allai les voir. Il s'agissait véritablement de fragments d'un corps humain, mais ils étaient desséchés, durcis et de la couleur rouge foncé de nos jambons fumés. La tête, surtout, ressemblait à une tête en bois peint.

Il y avait là quatre petits paniers de ceux dans lesquels les coolies chinois transportent de menues marchandises ; un panier étant suspendu à chaque bout d'un long bambou flexible que l'homme supporte sur son épaule.

Les deux inculpés se trouvaient en ce moment entre les mains de la police et y exhibaient les preuves de leur indéniable innocence.

Les deux hommes étaient l'un le fils et l'autre le neveu du défunt. Ce dernier avait été assassiné sur une route au Sikang et sa famille qui résidait très loin de là, au Chensi, en avait été prévenue.

C'étaient de pauvres paysans très attachés aux anciennes coutumes qui veulent que les morts reposent dans leur village natal. Mus par la piété filiale, le fils et le neveu de la victime avaient donc effectué un long voyage pour aller chercher ses restes et les ramener dans son pays pour y être enterrés auprès des siens.

Payer des porteurs pour transporter un cercueil pendant deux mois ou plus que le trajet à parcourir demandait était hors de question pour de si pauvres gens ; faire les frais d'un cercueil était même impossible.

Alors, comment emporter le cadavre et comment empêcher, au moins partiellement, sa décomposition ?... Les deux campagnards avaient résolu la difficulté en coupant le corps en morceaux et en laissant ceux-ci macérer dans le sel. Puis ils avaient sollicité du gouverneur de la province un sauf-conduit attestant que, loin d'être des criminels, ils accomplissaient un devoir filial qui les rendait dignes d'éloges. Ayant exhibé celui-ci, ils furent laissés libres et, le lendemain, ils se remirent en route, chacun d'eux portant deux paniers qui se balançaient aux bouts d'un bambou.

Ce singulier événement m'en remit un autre en mémoire qui datait de quelques mois.

Un affreux gredin avait imaginé d'introduire de l'opium en contrebande en plaçant celui-ci dans le ventre d'un tout jeune enfant qu'il avait tué et « vidé ». Il portait l'enfant dans ses bras et prétendait qu'il était malade. Cependant, des gens furent intrigués par l'immobilité du pauvre petit et l'odieux criminel fut arrêté puis exécuté.

Les crimes passionnels n'existent pas au Tibet. Les gens attachent peu d'importance aux rapports sexuels. La polygamie et la polyandrie, qui toutes deux sont pratiquées et légales, émoussent certainement aussi le sentiment de propriété, source de ces crimes dans nos pays.

Dans l'espace de plusieurs années, un seul drame de ce genre eut lieu à Tatsienlou et ses héros étaient chinois.

L'histoire était banale.

Un fonctionnaire chinois s'absenta pendant assez longtemps. Quand il revint il trouva sa femme cohabitant avec un amant. Quelle fut la première réaction du mari, je ne l'ai pas appris, mais ce qui est certain, c'est qu'un peu plus tard il dit à l'épouse infidèle qu'il allait la conduire dans sa famille et, en cours de route, il la jeta dans la rivière.

Une autre femme fut jetée dans la même rivière : celle que forment les torrents Dzé et Dza en se joignant à l'extrémité de Tatsienlou.

Ce crime ne mériterait pas d'être relaté n'était la façon curieuse dont l'assassin se dénonça lui-même.

Celui-ci était un ami de la victime et de son mari. Un soir où la femme était au cinéma parée de ses bijoux, il alla l'y trouver et lui dit que son mari revenant avec des marchandises était tombé malade dans une auberge non loin de Tatsienlou. Il lui était impossible de bouger et avec lui se trouvait le représentant d'un commerçant à qui il devait solder le prix de divers achats importants. Il avait été convenu qu'il le ferait à son arrivée chez lui, mais la maladie l'empêchait de rentrer tout de suite et le représentant du marchand ne voulait pas s'attarder. Il demandait donc à sa femme de prendre une forte somme avec elle et de venir le retrouver en toute hâte. La femme connaissait si bien celui qui lui parlait qu'elle ne se méfia de rien, d'autant plus qu'elle attendait, en effet, le retour de son mari amenant des marchandises.

Elle rentra chez elle, prit de l'argent et se mit en route dans la nuit avec le criminel qui l'assassina, la dépouilla et jeta son corps dans la rivière.

Puis le misérable continua sa route, se dirigeant vers le Szetchouan. Amplement muni d'argent, il fit bonne chère dans les auberges de tous les villages qu'il traversait et, surtout, il but copieusement.

Après quelques jours de marche, il rencontra dans l'auberge où il s'était arrêté le mari de sa victime. Les deux amis fêtèrent leur rencontre en buvant et, comme le marchand parlait de sa femme qu'il allait revoir, l'autre lui dit : « Tu ne la retrouveras plus à Tatsienlou, je l'ai tuée. » Le marchand crut à une plaisanterie grossière, mais l'assassin complètement ivre insista tant que le mari conçut quelques doutes et dans tous les cas résolut de les éclaircir. « Tu vas revenir avec moi à Tatsienlou, dit-il à l'ivrogne, nous verrons là si ma femme est vivante ou non. »

Les récits qui couraient la ville étaient, comme toujours, confus. Comment le marchand réussit-il à emmener l'assassin à Tatsienlou, l'y aida-t-on ou ce dernier, l'esprit dérangé, le suivit-il de bon gré ? Je n'en sais rien, mais il arriva à Tatsienlou, fut convaincu du crime et exécuté. Son exécution fut, aussi, bizarre. Le criminel avait eu de nombreux amis et ceux-ci voulurent lui épargner les affres du supplice. Ils le gorgèrent de spiritueux tant qu'il fut conduit absolument ivre au lieu de l'exécution et qu'on lui coupa la tête sans qu'il se fût douté de ce qui lui arrivait.

L'aperçu succinct que je viens de donner concernant la criminalité dans les régions de l'Extrême-Occident chinois ne doit pas porter le lecteur à imaginer que la population y vit dans la terreur. Que non pas ; elle accepte l'insécurité ambiante avec une insouciance égale à celle des habitants de Paris, de Londres ou de New York, autant et plus menacés qu'eux. Toutefois, le petit tableau que j'ai esquissé vient confirmer les preuves nombreuses fournies par des époques et des pays divers du peu d'effet des châtiments comme moyen de prévenir les crimes.

Un bon nombre de criminels échappent à la justice au Sikang et au Ching-Hai, mais tous ne lui échappent point et malheur à ceux qui sont pris.

Bien que la torture ait été officiellement abolie en Chine, elle est toujours pratiquée dans les provinces reculées et, naturellement, dans celles de la frontière occidentale.

Ainsi, un homme ou une femme, les deux mains et les deux pieds liés ensemble, peut être suspendu à une barre. Soulevé par ses extrémités, le milieu du corps ploie et s'affaisse : des pierres sont alors placées sur la poitrine et sur le ventre du supplicié et, quelquefois, pour augmenter le poids, une grosse pierre ou plusieurs pierres sont attachées à son dos. Ce traitement distend les poignets et les chevilles et, souvent, les brise.

Une aggravation de cette torture consiste à placer, sous le malheureux, une boîte à pétrole dans laquelle on en a laissé une certaine quantité auquel on met le feu. Les flammes lèchent le dos de la victime suspendue au-dessus d'elles et le rôtissent peu à peu.

Infliger des brûlures avec du pétrole enflammé paraît être un sport favori des bourreaux chinois. Souvent, c'est sur la poitrine que le feu est appliqué.

Une chose horrible advint à Tatsienlou. Une femme enceinte fut suspendue à la barre et chargée de pierres, tandis qu'elle était dans cette position, elle accoucha. L'enfant était mort et, selon la loi chinoise, sa mort libérait sa mère de la peine capitale qu'elle avait encourue car, dit cette loi, deux morts ne peuvent être exigées pour punir un seul meurtre.

La femme qui avait été torturée se trouvait donc acquittée et libre, mais ce qui suivit vaut la peine d'être relaté comme trait de mœurs singulier.

Cette femme avait tué sa mère. A l'unanimité, les gens de la ville déclaraient que, cédant à une avarice sordide, la vieille mère avait, pendant des années, maltraité sa fille au-delà de tout ce que l'on peut imaginer. Finalement, cette dernière, affolée, l'avait tuée. Elle en avait été punie comme il vient d'être dit.

Mais, alors qu'elle n'avait plus de châtiment à craindre, son père s'éleva contre elle. Il supplia le magistrat de la faire mettre à mort. Celui-ci l'éconduisit, la loi avait absous la coupable, mais le vieillard insista. Il alla, jour après jour, s'agenouiller à la porte du juge, pleurant, vociférant, demandant à être mis à mort si sa fille était épargnée, car, disait-il, il ne pouvait pas souffrir de la savoir vivante.

Ces scènes dramatiques se prolongèrent pendant longtemps. A la fin, le magistrat, obsédé ou cédant à des raisons qu'il était seul à connaître, ordonna de décapiter la criminelle.

Pourquoi elle n'avait pas fui quand son père avait commencé à demander sa mort paraît singulier, mais il nous est difficile à nous, gens d'une autre race, de comprendre les idées que nourrissent de pauvres cerveaux tels que celui de cette malheureuse.

Une légende s'est déjà formée autour d'elle. Les lamaïstes ont conservé la croyance hindoue en la pluralité des existences. Après notre mort, pensent-ils, nous renaissons de nouveau en de bonnes ou de mauvaises conditions, selon la nature des actions physiques et mentales que nous avons accomplies. Cependant, en certains cas, la renaissance peut être retardée et l'esprit (littéralement, en tibétain : le sentiment conscient) du défunt, ou peut-être son « double [1] », erre sans être capable de se dissoudre et de se réincarner comme un nouvel individu.

Ainsi, le fantôme de cette femme est dit hanter le lieu où elle a été décapitée. Nombre de gens affirment l'y avoir vu marchant deci, de-là, sans but, au crépuscule. Un soir, ma plus jeune servante se précipita hors d'haleine dans ma cour et s'y affaissa presque évanouie.

Le soleil était déjà couché ; revenant de faire des achats, elle avait vu la morte assise sur un roc près de la route à la lisière de l'endroit où l'on abat les animaux pour la boucherie et où les exécutions ont lieu. Elle-même y avait été décapitée. La jeune fille avait bien connu cette femme ; elle affirmait qu'elle l'avait pratiquement reconnue et avait remarqué qu'elle pleurait.

Naturellement, toutes les voisines prirent son récit pour une nouvelle preuve de l'existence de l'infortuné « esprit ».

La torture n'est pas seulement infligée comme châtiment mais aussi pour amener la confession des crimes et la dénonciation des complices.

L'on m'a dit, à ce sujet, que le public n'est pas admis dans l'endroit où la torture est appliquée dans ce dernier dessein et cela pour éviter que le supplicié, succombant à la souffrance, ne désigne, au hasard, l'un ou l'autre des assistants dans l'espoir de faire cesser ses tourments. Je ne sais pas si cette règle est toujours suivie.

La bastonnade est donnée avec de très longues et lourdes gaules de la dimension d'une poutrelle. Les premiers coups enlèvent la peau, elle est réduite en pulpe si la bastonnade est prolongée.

Au monastère de Koum-Boum, au Ching-Hai, où les méthodes

1. Un double éthéré qui survit à la dissolution du corps matériel, comme le croyaient les Égyptiens, mais qui n'est pas immortel. Des idées analogues ont cours parmi les Chinois.

judiciaires de l'ancienne Chine sont courantes, j'ai soigné un moine qui avait été bâtonné pour vol.

Ses amis ne m'appelèrent que plusieurs jours après qu'il avait été torturé ; dans l'intervalle, ils s'étaient contentés d'appliquer de la boue sur ses plaies. Quand j'arrivai, celles-ci étaient horribles ; les os se voyaient à nu derrière les deux cuisses, l'endroit où les coups sont appliqués, l'homme étant étendu la face contre terre. Dans la boue des « pansements » diluée par une forte suppuration, une colonie de vers grouillait. J'ai rarement vu un spectacle plus répugnant. Néanmoins, de simples lavages antiseptiques eurent raison de l'infection et le malheureux moine se rétablit assez promptement. Quand il fut capable de marcher, il me rendit visite ; comme voleur il était expulsé du monastère et voulait, avant son départ, me remercier des soins que je lui avais donnés.

A cette occasion, un de ses amis commentant le châtiment qu'il avait subi, me dit avec une sorte de fierté : « La justice est rigoureuse dans notre monastère. »

En vérité, elle l'était !

Un rapprochement s'impose à moi entre le cas de ce vaurien dont les moines lamaïstes avaient si cruellement déchiré la peau, et celui d'un autre moine en un autre pays. Celui-là n'était certes pas un vaurien ; c'était un grand mystique doublé d'un grand poète. Son crime était de rappeler à l'autorité de la règle originelle de leur ordre ses frères tombés dans le relâchement. Cet homme, qui visait haut, selon ses lumières, les irritait par un détail puéril : il voulait qu'ils marchent pieds nus et eux tenaient à leurs chaussures.

Enfermé dans une étroite et sombre cellule, étouffante pendant l'été torride de l'Espagne, l'infortuné saint homme était cruellement fustigé chaque jour ; et ses vêtements de laine rude se collaient à ses plaies saignantes. Le pays et l'époque (XVIe siècle) ne connaissaient pas les soins antiseptiques et, d'ailleurs, nul ne s'offrait à alléger ses souffrances.

Celles-ci ne prirent fin que le jour où il parvint à s'échapper et à fuir.

Il s'appelait Jean de la Croix, l'Église de Rome l'a canonisé ; a-t-elle honni ses bourreaux ?...

Un chenapan que j'employais parfois à des travaux de jardinage dans mon enclos eut moins de chance que le moine voleur de Koum-Boum.

C'était un joli gars à la taille élancée, la physionomie avenante, les manières polies et agréables, mais un voleur incorrigible.

Il suivait volontiers les convois de marchandises avec l'air innocent de quelqu'un qui se rend dans la même direction. Alors, tandis que les muletiers ou les conducteurs de yaks bavardaient ensemble sans faire attention à lui, il s'appropriait n'importe quoi sur lequel il pouvait mettre la main. Tout lui était bon, un bout de courroie pendant d'une selle ou d'un sac, une couverture jetée sur des ballots et mal attachée, ou même seulement un morceau de celle-ci coupé adroitement avec un couteau bien tranchant. A la tombée du soir, il s'aventurait parfois à percer un trou dans un sac et récoltait, ainsi, une livre ou deux de farine ou de grain.

Ni la santé, ni la force ne lui manquaient, il aurait pu travailler et gagner largement sa vie, mais il préférait l'existence oisive et libre d'un médiocre maraudeur. Il en fut cruellement puni.

Convaincu de vol, il fut conduit devant les soldats qui souvent font office de juges pour les délits de peu d'importance. Le malheureux fut férocement battu. D'après les témoins, un de ses yeux sortit de son orbite : attaché ensuite à la barre, il en tomba et se fractura le crâne. Ainsi, il mourut bien que sa mauvaise action ne fût point passible de la peine capitale et qu'il n'y eût pas été condamné par un jugement légal.

Une femme — une véritable beauté — subit un sort analogue. Elle appartenait à une famille respectable de la noblesse tibétaine. Son mari l'avait abandonnée, elle avait perdu sa fortune et demandait à l'opium l'oubli de sa misère. La drogue est devenue très coûteuse en Chine ; faute d'argent, pour s'en procurer, la femme se mit à voler. Souvent elle était surprise et battue par les maîtres des maisons où elle s'introduisait. Un jour, ma servante l'attrapa comme elle sortait de ma cuisine emportant une casserole en aluminium ; je dus m'interposer pour empêcher qu'elle ne fût corrigée trop rudement. La dernière fois que je la vis, la malheureuse était en haillons et sa beauté qui subsistait avait un caractère tragique. J'appris, ensuite, qu'ayant une fois de plus été prise en flagrant délit les soldats l'avaient jetée dans la rivière, sans aucune forme de jugement.

Une autre jolie femme que j'ai connue eut, aussi, une fin dramatique terminant un pathétique roman d'amour.

Pendant la « Longue Marche », la retraite historique de l'armée communiste chinoise à travers la Chine, alors que les troupes traversaient le Sikang et le Ching-Hai en 1935, cette femme leur avait prêté assistance. Pour cette raison elle avait été plusieurs fois emprisonnée à Kanzé, mais avait toujours réussi à s'évader.

Le pouvoir judiciaire est si peu coordonné, dans cette région frontière, que bien que Tatsienlou ne soit pas très distant de Kanzé, la femme y vivait libre et sans être inquiétée. Elle aurait dû y rester, mais elle était passionnément amoureuse d'un commerçant qui habitait Kanzé et l'amour domina en elle la prudence. Elle retourna de nouveau à Kanzé pour voir son amant et y fut encore arrêtée. Cette fois, elle ne put pas s'échapper. Les hommes qui, sans en avoir aucun droit, s'étaient constitués ses juges décidèrent qu'on lui amputerait une jambe. La pauvre femme, encore jeune et jolie, ne put supporter l'idée d'être mutilée et déclara qu'elle préférait mourir. Ses persécuteurs la prirent immédiatement au mot et lui enfoncèrent un couteau dans le cœur.

Les petits délits, tels que ne pas balayer la rue devant sa porte ou d'autres d'aussi minime importance, sont punis par des coups appliqués avec une latte sur la paume de la main. Les soldats de Tatsienlou sont prompts à infliger ce châtiment selon leur caprice et sans aucun jugement régulier.

Frapper avec une latte dans la paume de la main est aussi une punition en usage dans toutes les écoles du Tibet.

Quant aux pasteurs campant au Sikang ou au Ching-Hai, ils ont des façons à eux de faire observer des lois non écrites. Cependant, il leur arrive fréquemment de prendre pour arbitres de leurs querelles des soldats en tournée qui, d'aventure, passent près de leurs tentes. La sentence consiste invariablement en une amende dont les soldats promus juges s'approprient la plus grosse part. Ce fait, sans cesse répété, devrait induire les pasteurs à s'abstenir de faire appel à ces juges d'occasion, mais il n'en est rien et ils continuent à se laisser duper.

Les Tibétains ont la passion des procès ; on les trouve toujours en train de procéder contre quelqu'un ou d'être poursuivis eux-mêmes devant la justice, quelle que soit cette justice et quels que soient les pseudo-juges qui la rendent.

Une exécution à Tatsienlou est un spectacle grossièrement théâtral qui a lieu en dehors de la ville mais juste contre ses dernières maisons. Par exception, pendant mon séjour, quelques soldats furent fusillés sur une petite place au centre de la ville ; ils avaient commis des vols dans des boutiques.

Ceux qui doivent être décapités sont généralement amenés sur la route de Chine. Près de ma cabine, les condamnés étaient tués avec une arme à feu. On va comprendre pourquoi je ne dis pas « fusillés » ; ce terme évoque, pour nous, l'idée d'un peloton armé de fusils ; or, rien de semblable n'existait.

Les condamnés à mort étaient conduits à travers la ville pour une dernière promenade, les mains liées derrière le dos, un policeman les soutenant de chaque côté, sous le bras. Parfois, une pancarte était attachée sur le dos du malheureux ; elle était montée sur un bambou, comme un petit drapeau, et le motif de la condamnation y était inscrit. Des soldats en armes accompagnaient le cortège derrière lequel venait un officier à cheval.

J'ai souvent remarqué l'absence, en tête du cortège, de ces lattes rouges qui, autrefois, étaient toujours portées devant les condamnés à mort, ou figuraient en d'autres occasions, comme symboles de la loi et de l'autorité.

Les Chinois paraissaient prendre grand intérêt à voir tuer des hommes ; cette curiosité malsaine se rencontre, d'ailleurs, dans bien d'autres pays. Chaque fois qu'une exécution était annoncée la foule se précipitait précédant le lugubre cortège, chacun désireux de s'assurer une place d'où la scène pouvait être bien vue.

Foule, soldats et condamnés défilaient devant ma porte.

Trois de ces derniers qu'il m'arriva de voir passer avaient assassiné toute une famille de paysans : douze personnes, hommes, femmes et enfants.

On peut penser que de tels criminels ne méritent aucune pitié. Cependant, sauf peut-être en temps de guerre où elle peut devenir nécessaire, je suis absolument adversaire de la peine de mort. Si un misérable commet le crime de tuer, nous ne devons pas l'imiter.

Il y a, dans la peine de mort, telle que nous l'appliquons, un élément de sadisme propre à encourager les mauvais instincts. Le but visé n'est pas tant d'éliminer un individu dangereux pour ses semblables que d'assouvir une vengeance en la décorant du titre de châtiment.

Plus d'une fois l'on peut lire dans les journaux des informations du genre de celle-ci : « Il a fallu surseoir à l'exécution de X... à cause de son état de santé. » En d'autres termes, X... est trop malade pour être tué. Le comble est que cet X... qui allait peut-être mourir et débarrasser, ainsi, la société de son indésirable personne, on le soignera, on lui rendra la santé, ou tout au moins, assez de santé pour qu'il puisse bien se sentir mourir.

Il y a dans ces façons de faire quelque chose de diabolique, la joie que prend un tortionnaire à savourer les affres de sa victime. Quoi d'étonnant que lorsque de pareils sentiments demeurent ancrés dans le cœur des hommes, ils fassent irruption en des temps de guerre ou en des occasions analogues et donnent lieu aux horreurs qui ont été commises en Allemagne et ailleurs.

Dans mon livre *le Bouddhisme, ses doctrines et ses méthodes* il existe un passage où j'exprime mon aversion pour la peine de mort dans des termes à peu près semblables à ceux que je viens d'employer. Ce livre, comme la plupart de ceux que j'ai écrits, a été traduit en plusieurs langues. Or, lorsqu'il s'est agi de la traduction allemande, l'éditeur m'a demandé la permission d'omettre le passage relatif à la peine de mort parce que, disait-il, « il choquerait trop les sentiments du public ».

Je crains fort que les Allemands ne soient pas les seuls à défendre la peine de mort.

Est-ce à dire qu'il faille conserver au sein de la société des individus décidément et irrémédiablement dangereux ? Non, certes ; l'internement à vie est suffisant pour les tenir écartés. Il reste encore, sur la terre, assez d'endroits déserts et peu agréables pour les y parquer et leur laisser le soin d'y faire pousser leur maigre subsistance.

J'éprouvais toujours un choc pénible en voyant les visages contractés et la marche chancelante des victimes que l'on entraînait rapidement à l'endroit même où les bêtes étaient abattues pour la boucherie. Là, les condamnés étaient tués d'un coup de pistolet tiré à bout portant parfois dans la nuque, parfois au cœur. Leurs corps étaient ensuite laissés gisant parmi les cornes, les sabots et les monceaux d'excréments des animaux sacrifiés et dépecés les jours précédents ou quelques heures plus tôt.

Parfois, la mort du criminel n'était pas instantanée, le soldat, qui, moyennant une prime, faisait l'office de bourreau, avait mal visé.

Un jour, des gens remarquèrent qu'un des hommes étendus sur le sol remuait. Le spectacle de cette agonie n'émut nullement la foule, quelques badauds coururent rejoindre le peloton qui s'éloignait, criant aux soldats : « L'un d'eux n'est pas mort ! » L'officier tourna bride accompagné par un de ses hommes qui acheva l'agonisant.

Cela se passait au commencement de l'après-midi. Les corps demeurèrent où ils étaient tombés et sans être couverts, pendant la nuit suivante, toute la journée et la nuit du lendemain. Alors seulement, ils furent mis dans des cercueils et emportés.

Un autre jour, trois hommes encore furent exécutés à cette même place. Cette fois, des cercueils avaient été apportés avant l'arrivée des condamnés ; dès que ceux-ci furent morts, l'on plaça ces cercueils retournés, le fond en l'air, sur les corps gisant à la place où ils étaient tombés. Les choses demeurèrent dans cet état pendant deux jours.

La raison pour laquelle les Chinois laissent ainsi en vue les cadavres de suppliciés est qu'ils pensent inspirer à ceux qui les voient une crainte capable de les détourner de commettre de mauvaises actions. Un bien vain espoir ; qu'est-ce que deux ou trois morts étendus sur le sol ?... N'en voit-on pas des centaines, voire même des milliers sur les champs de bataille ? Ce spectacle a-t-il jamais amené les peuples à renoncer à la guerre ?...

Je ne sais quel crime ces trois avaient commis. J'entendis seulement l'un d'eux dire, comme il passait devant moi : « Je l'attends dans l'autre monde ; je me vengerai ! » Ces paroles se référaient à celui qui l'avait dénoncé amenant son arrestation et la condamnation qui l'avait suivie. Les bonnes gens qui les avaient entendues auguraient mal de leur suite pour le dénonciateur. Une telle menace de la part d'un homme qui va mourir ne manque jamais de s'accomplir, disaient-ils. Le dénonciateur mourra certainement.

En fait, on me raconta, un peu plus tard, que ce dernier avait trouvé la mort dans un accident. Celui-ci s'était produit trop loin de chez moi pour que je puisse éclaircir si la victime, ayant l'esprit troublé par le lugubre rendez-vous qui lui avait été donné, avait elle-même provoqué « l'accident » ou si des amis du mort y avaient contribué.

Une troisième exécution eut lieu non pas à l'emplacement habituel, mais à quelques pas de là, sur la route même. Deux hommes furent tués. L'un d'eux mourut instantanément. Le soldat qui devait tuer le second eut la fantaisie de tirer dans la bouche de sa victime. Il ne réussit qu'à lui faire une plaie et à lui casser des dents. Le malheureux, qui demeurait parfaitement conscient, demanda de l'eau.

Que pouvait-il penser ?... Obéissait-il au désir de prolonger sa vie, ne fût-ce que de quelques minutes ?... Il savait parfaitement qu'il n'avait aucune chance de la sauver.

On lui apporta de l'eau. Il eut assez de force pour boire. Alors, son bourreau lui tira un autre coup de pistolet dans la bouche et il mourut.

Ces deux hommes faisaient partie d'une bande qui dépouillait les paysans de la façon suivante :

L'un des bandits entrait dans une ferme et, prétendant être un déserteur, il demandait soit un asile, soit à changer son uniforme contre des habits civils afin de pouvoir fuir. Tandis qu'il demeurait seul pendant un moment, ou qu'il n'était pas observé, il cachait vivement dans un coin de la chambre ou sous un meuble un paquet d'opium ou des cartouches. Les paysans chinois ne balaient que rarement, surtout dans les coins, de sorte que le temps passait sans qu'ils découvrent les articles illicites déposés chez eux. Alors, un beau jour, des soldats en uniforme apparaissaient ; c'étaient d'autres membres de la bande. Ils annonçaient d'un ton sévère qu'ils étaient chargés de perquisitionner afin de découvrir l'opium ou les cartouches que les paysans cachaient. Le fermier, fort de son innocence, jurait qu'il n'en existait pas chez lui, mais il était bientôt confondu par la découverte de ce que son visiteur y avait apporté.

Les bandits déclaraient alors qu'ils allaient conduire le fermier et toute sa famille dans la prison de la ville où ils attendraient le moment de comparaître devant le magistrat.

Les malheureux paysans devenaient fous de terreur ; des preuves irrécusables témoignaient contre eux, ils étaient passibles du plus dur châtiment, peut-être de la peine de mort. A genoux devant les brigands, ils les suppliaient de ne pas les emmener devant les juges. Après une longue discussion, les soldats paraissaient s'adoucir et proposaient un arrangement. Ils garderaient le secret concernant leur découverte et, en retour, le fermier signerait un papier par lequel il reconnaîtrait devoir à un compère qu'on nommait une somme indiquée. Des témoins se porteraient garants de sa signature ou de sa déclaration orale si le pauvre homme n'avait pas de cachet [1].

Dès lors, le martyre du fermier commençait. La plupart du temps il ne possédait pas la somme due lorsque l'échéance venait et un supplément de paiement était exigé pour le retard qu'il mettait à s'acquitter. D'autres prétextes étaient aussi mis en avant pour augmenter la crainte du débiteur et lui soutirer plus d'argent. Ainsi, de mois en mois, il lui fallait vendre du bétail ou du terrain pour satisfaire les impitoyables gredins qui le tenaient entre leurs griffes.

Un autre truc pratiqué par ces vauriens était de déposer, dans une ferme, des marchandises dont la vente était prohibée, surtout de l'opium. Cela se faisait avec le consentement du fermier à qui l'on promettait une part dans le profit qui adviendrait de la vente.

Lorsqu'un certain temps s'était écoulé, le fermier était informé, en grand secret, par un soi-disant ami, que des perquisitions allaient avoir lieu dans la région.

Le dépositaire des articles illicites se hâtait donc, soit de les détruire, soit de les cacher quelque part dans les champs. A son insu, ses mouvements étaient épiés et s'il décidait de cacher le dépôt, d'autres affiliés l'enlevaient.

Alors, arrivait le « propriétaire » des marchandises qui venait les réclamer. Celles-ci ne pouvaient pas lui être restituées et le chantage commençait d'une façon analogue à celle décrite ci-dessus. Pour éviter d'être amené devant un magistrat, le pauvre benêt signait toutes les promesses qu'on lui demandait.

Plusieurs fermiers du Sikang avaient été entièrement ruinés de cette façon.

Cependant, bien que quelques-uns de ces bandits aient été exécutés, il en restait un nombre suffisant en liberté pour continuer leurs manœuvres.

Tandis qu'on laisse en vue les corps des condamnés qui ont été fusillés, l'on suspend les têtes de ceux qui ont été décapités. Le but est le même : inspirer de la crainte à de potentiels criminels.

Il y a environ vingt ans, voyageant dans la province de Honan, je vis pour la première fois des grappes de têtes pendues par les cheveux, aux branches des arbres, le long des routes. A cette époque de guerre civile les brigands se montraient hardis et les exécutions étaient fréquentes.

A Tatsienlou, les têtes sont attachées contre un mur, à l'entrée de la ville. Maintenant que les Chinois portent les cheveux courts, il n'est plus possible de suspendre leurs têtes par leur natte, une corde

1. La signature donnée en inscrivant son nom est peu en usage en Chine. Elle n'est pas acceptée dans les banques chinoises, et généralement pas à la poste non plus. Chaque Chinois possède un sceau particulier qu'il applique sur les reçus et autres papiers et qui constitue sa signature.

est donc passée, à cet effet, sous le menton. L'aspect de la lugubre exhibition est beaucoup plus répugnant. Elle n'émeut, d'ailleurs, point les placides Chinois et je dois dire que l'émotion que son idée peut provoquer ne surgit nullement quand on la contemple en réalité.

Autrefois, les autorités chinoises fournissaient une escorte aux voyageurs qui traversaient les régions hantées par des brigands. Je déclinais toujours ce privilège si le voyage devait être long, car le montant des gratifications que j'aurais dû donner à mes gardes du corps aurait fortement dépassé la valeur des modestes bagages dont j'aurais pu être dépouillée.

Du reste, si les bandits étaient nombreux, l'escorte ne manquait jamais de fuir à toute vitesse.

Les soldats chinois jouissaient alors de beaucoup de liberté, particulièrement en dehors des grandes routes et dans les districts de la frontière. Le nombre des hommes qui devaient escorter un voyageur et la distance jusqu'où ils devaient l'accompagner n'étaient jamais strictement fixés.

Un jour, mes muletiers insistèrent pour avoir une escorte pendant la traversée d'une partie montagneuse d'un pays qui est maintenant inclus dans le Sikang. Je cédai à leur requête et prévins un chef militaire résidant dans un village que je désirais être escortée.

Il m'envoya six soldats et nous partîmes. Nous étions en route depuis deux heures à peine lorsque mon escorte m'abandonna ; je vis les garçons escalader rapidement le flanc de la montagne et disparaître parmi les buissons.

Bon, pensais-je, ces coquins se sentent fatigués et ne se soucient pas de me suivre plus loin. Ou, pire, ils sont allés prévenir des voleurs de leurs amis qu'une voyageuse va passer. Aucune de ces suppositions n'était exacte.

Un peu plus tard, à un tournant du sentier, je vis les individus qui m'avaient quittée redescendre de la montagne en courant accompagnés par une autre demi-douzaine de soldats qui renforcèrent mon escorte.

La même comédie se répéta à chaque poste que nous rencontrâmes sur notre route durant la journée. Lorsque j'arrivai à l'endroit où je devais passer la nuit, environ trente guerriers s'alignèrent dans la cour, me regardant d'un air interrogatif. Combien allais-je leur donner ? se demandaient-ils... Je ne pouvais pas les décevoir.

Mais aussitôt qu'ils furent partis pour leur caserne qui, heureusement, était située assez loin de la bourgade, je commandai aux muletiers de se tenir prêts à repartir le lendemain, longtemps avant le lever du jour, de façon à éviter une nouvelle escorte ; la rapidité avec laquelle celle-ci s'accroissait me faisait craindre d'être bientôt entourée d'une petite armée à ma solde. Nous partîmes donc dans la nuit, un dernier quartier de lune éclairant notre fuite.

Néanmoins, à cette époque, une escorte n'était pas toujours désagréable. A l'occasion, elle se montrait vraiment utile, non point comme protection contre les brigands, mais en des circonstances plus journalières.

Quelques-uns des soldats devançaient le voyageur et voyaient à ce que la meilleure chambre, dans la meilleure auberge du lieu, fût balayée et tenue prête pour son arrivée. Quand il n'existait pas d'auberge dans la localité ou quand celle-ci était trop misérable, les soldats persuadaient le propriétaire de la plus belle maison en vue de céder sa chambre la plus confortable à l'étranger de passage et quand le propriétaire rechignait, ils le contraignaient par la force à se montrer hospitalier.

Des vivres étaient aussi obtenus facilement par l'intermédiaire de l'escorte. En somme, de très nombreux menus avantages résultaient de l'activité de celle-ci.

Inutile de dire qu'escorter était aussi pour les soldats une occasion bienvenue de festoyer aux frais des villageois tout le long de la route et même d'amasser quelque butin.

Ce temps « joyeux » n'est plus. Les soldats qui m'escortaient au Sikang devaient se contenter des repas copieux que je leur faisais servir trois fois par jour et d'une généreuse gratification quand ils me quittaient.

Ce peu les contentait ; c'étaient de jeunes gars joviaux qui ne m'étaient d'aucune utilité, je ne les voyais que dans les auberges où je m'arrêtais. Pendant la journée, ils marchaient au gré de leur caprice loin devant moi ou loin en arrière. Jamais en vue de ma chaise à porteurs.

Excepté dans quelques territoires écartés, habités par des indigènes non chinois, les soldats ont presque entièrement perdu leur ancien prestige et leur pouvoir. Aubergistes, paysans et petits boutiquiers se sont débarrassés de leur timidité séculaire et ne se gênent plus pour réclamer un paiement ou pour tenir leurs portes closes s'il ne leur convient pas de les ouvrir. Du point de vue de l'équité, qui est le point de vue juste, il y a là un progrès indéniable. Les anciennes coutumes étaient blâmables. Toutefois, je n'ai pas remarqué que le bien-être matériel des basses classes chinoises ait été sensiblement amélioré par cette élévation de la moralité.

CHAPITRE VI

Quelles sont les idées qui prévalent, dans les provinces frontières de l'Ouest, concernant la moralité ? Il y a peu à dire à ce sujet. Au Sikang, au Ching-Hai et dans les régions voisines, la masse de la population est trop encline à l'apathie et a l'esprit trop lourd pour être capable de vertus sublimes ou de vices puissants.

Les tragédies minimes qui se produisent ont généralement pour base l'intérêt, la rapacité ou des conflits familiaux, souvent ces divers motifs enchevêtrés.

Voyons-en quelques exemples.

La fille d'un marchand riche avait été mariée au fils unique d'une veuve également fort aisée. Dès que les réjouissances nuptiales — banquets répétés pendant plusieurs jours — furent terminées, la belle-mère intima à sa bru l'ordre de vaquer à tous les travaux domestiques de la maison qui était spacieuse. La jeune femme protesta, disant que, chez ses parents, des servantes étaient employées à ces besognes ; la belle-mère ne voulut rien entendre. Elle ne se souciait pas, disait-elle, de payer des gages à une servante quand elle avait, chez elle, une femme qui pouvait travailler gratuitement.

Le mari était un vaurien, un joueur, un noceur qui ne rentrait jamais chez lui que vers deux ou trois heures du matin. Sa mère qui l'idolâtrait se levait pour lui ouvrir la porte et lui servir, selon ses désirs, à boire ou à manger. Elle déclara que, dorénavant, ce devoir incombait à la jeune mariée et que celle-ci devait tenir un souper prêt et chaud pour le servir à son mari à son retour pendant la nuit. La nouvelle épousée refusa nettement. Le temps n'est plus où les belles-mères chinoises pouvaient compter sur l'absolue soumission des brus qu'elles martyrisaient. La vieille avare ne s'en rendait pas compte.

Alors, un jour, des cris et des gémissements partant de sa maison ameutèrent les voisins. Avec l'aide de quelques parentes, la vieille femme avait attaché sa belle-fille à l'un des piliers d'une galerie entourant la cour afin que son fils puisse plus aisément la fustiger. Ce qu'il avait fait avec vigueur.

Le lendemain, un grand gaillard robuste, le père de la victime, accompagné par une troupe d'amis hommes et femmes, assiégeait la maison où la mariée était séquestrée. La belle-mère craignant de voir enfoncer sa porte sortit pour parlementer. Cela porta la querelle dans la rue et des flots d'injures remplirent l'air d'un bruit infernal.

Voisins et même simples passants, hâtivement mis au courant de ce dont il s'agissait, ou sans en rien connaître, prirent parti les uns pour la belle-mère, les autres pour le père vengeur et joignirent leurs vociférations au chœur des principaux acteurs. Quand ils furent suffisamment excités, les hommes échangèrent des coups de poing et les femmes s'entre-égratignèrent.

Le mari avait prudemment fui par une porte donnant sur les champs.

Finalement, l'épouse maltraitée fut emmenée par son père.

La restitution de l'argent payé par le marié aux parents de sa femme [1] et, d'autre part, celle des objets mobiliers et autres apportés par la jeune épouse donna encore lieu à de longues et bruyantes discussions, puis le calme revint. J'appris plus tard que l'infortunée mariée avait tenté sa chance avec un autre partenaire.

Le temps est aussi passé, en Chine, du mariage indissoluble et du veuvage perpétuel. Les divorces ne sont point rares, même dans les hautes classes sociales, et un grand nombre de veuves, jeunes ou d'âge moyen se remarient.

Cependant, pour quelques-unes, les tribulations résultant d'unions mal assorties finissent encore tragiquement comme dans l'ancien temps.

Une autre jeune fille appartenant à une famille riche fut mariée à un jeune homme de situation sociale équivalente. Sa belle-mère ne la maltraitait pas physiquement, mais elle ne cessait de la gronder et de lui faire des reproches à tort et à travers.

La jeune femme avait vainement supplié ses parents de la reprendre chez eux et d'obtenir un divorce. Ceux-ci étaient attachés aux vieilles idées concernant l'indissolubilité du mariage. « Elle avait été donnée à la famille de son mari », lui répondaient-ils, « elle lui appartenait et ne pouvait pas s'en séparer ».

La mariée, qui n'avait pas encore vingt ans, s'empoisonna en prenant une forte dose d'opium.

Alors, des sentiments rapaces s'éveillèrent chez ses parents. Ils avaient refusé d'écouter les supplications de leur pauvre fille, mais dès qu'elle fut morte, ils se mirent à clamer que la famille de son mari avait causé sa mort, c'est-à-dire que, par leur conduite envers elle, la belle-mère et d'autres l'avaient amenée à se suicider. Cela, suivant l'ancienne législation chinoise, équivaut à commettre le meurtre soi-même.

Ils exigeaient que les beaux-parents de la défunte supportassent les frais des funérailles les plus coûteux auxquelles participerait le clergé de toutes les lamaseries de la ville et des environs. Pour eux-

1. La coutume est qu'une somme soit payée par le mari aux parents de la fille qu'il épouse. Cela à titre de compensation pour les dépenses que les parents ont faites pour élever celle-ci.

mêmes, ils réclamaient une très forte indemnité comme compensation pour la perte de leur fille.

La famille du mari porta la cause devant le tribunal local ; celui-ci se prononça contre elle et la condamna à payer tout ce qui lui était demandé.

Comme exemple de moralité particulière, je citerai un couple dont la conduite contribuait passablement à l'amusement de ses voisins.

Le mari était un domestique employé à des travaux divers en dehors de la maison de son maître. La femme... eh bien ! la femme, qui était jolie, pratiquait une sorte de commerce dont les bénéfices lui permettaient de nourrir, de vêtir et de subvenir en général, aux besoins de son époux dont le salaire était minime.

Dans la hutte où elle vivait, elle accueillait des marchands riches qui séjournaient pendant quelque temps dans la ville pour leurs affaires. Quand un visiteur se présentait si, par hasard, le mari se trouvait là, il était vite envoyé acheter de l'eau-de-vie. Il savait ce que l'on attendait de lui et ne manquait pas de flâner en cours de route. A son retour, tous trois buvaient joyeusement ensemble.

Il advenait même que certains commerçants tibétains appréciaient tant l'hospitalité de la dame qu'ils prenaient logement comme pensionnaires dans l'unique chambre de la hutte, et y demeuraient pendant plusieurs semaines, quelquefois pendant plusieurs mois.

Une fois, à l'époque du nouvel an sino-tibétain, le domestique parada dans une belle robe de drap fin, les doigts ornés de plusieurs bagues en or. Cette mise somptueuse cadrait mal avec la pauvreté bien connue de l'individu. Une enquête faite par les curieux révéla que robe et bagues lui avaient été prêtées par l'actuel amant en chef de son épouse. Il devrait les restituer à leur propriétaire lorsque ce dernier n'aurait plus besoin de la dame.

Ce couple amusant était chrétien, c'est-à-dire qu'il fréquentait la Mission, ce qui ne répond pas à ses sentiments intimes. Les missionnaires ne peuvent guère éplucher trop minutieusement la conduite de leurs ouailles, la mentalité de celles-ci ne correspond pas à la leur et sa lecture leur est impossible.

La conduite de ces époux qui nous paraît scandaleuse — bien qu'on puisse en trouver l'équivalent dans nos pays — n'est pas jugée aussi sévèrement par les rustiques indigènes de la frontière. Ceux-ci se contentaient de se moquer du mari complaisant. Quant à la femme, elle ne cherchait pas à dissimuler son trafic, elle se montrait plutôt fière de son rôle de pourvoyeur et support de famille.

La moralité des Tibétains, en ce qui concerne les questions sexuelles, diffère de la nôtre en plus d'un point. La pratique de la polyandrie légale — une femme mariée à plusieurs frères — incline les Tibétains à considérer avec indulgence la polyandrie illégale, quand les comaris ne sont point frères.

Et l'indulgence s'étendant plus loin encore, la simple prostitution, bien qu'elle soit blâmée, ne l'est pas avec autant de dureté que dans nos pays.

Il en est de même dans une grande partie de l'Asie. La plupart des Asiatiques pensent que les rapports sexuels sont un acte normal qui n'a rien de répréhensible en soi et que les femmes qui n'ont pas promis fidélité à un époux légitime [1] ne sont point coupables en ayant des amants.

Les crimes passionnels sont extrêmement rares parmi les indigènes des provinces frontières de l'Ouest, autant dire qu'il ne s'en commet point. Les sentiments d'orgueil offensé ou de frustration que suscite l'infidélité d'une épouse ou d'une maîtresse que l'on considère comme sa propriété sont très atténués chez les Tibétains. Généralement, si le mari s'offusque de la conduite de sa femme, il s'en sépare paisiblement.

La liberté sexuelle dont jouissent, plus ou moins, bon nombre de Tibétaines des basses classes sociales a pour effet qu'il n'existe pas de prostituées professionnelles parmi elles. Par contre, il ne manque pas de prostituées chinoises dans les villes des provinces de la frontière à Sining et à Tatsienlou.

Dans cette dernière localité, l'une d'elles avait acquis une sorte de prééminence parmi ses pareilles. Elle était fille d'un fonctionnaire respectable ; sa mère, devenue veuve et manquant de ressources suffisantes, avait commencé à faire commerce de ses charmes, sa fille l'avait imitée. Son appartement était très achalandé ; en plus de sa mère, encore demandée, elle patronnait quelques femmes de moindre importance qui l'escortaient quand elle sortait.

Elle s'habillait avec élégance, suivant le code local de la mode, et se donnait de grands airs, ce qui lui faisait décerner en riant, par un Chinois parlant l'anglais, le titre archaïque de « courtisane ».

Ses nombreux clients se pressaient, disait-on, dans son salon d'attente et y passaient le temps en jouant gros jeu au Mah jong [2]. L'on racontait aussi que la « courtisane » recevait successivement jusqu'à dix visiteurs et même un plus grand nombre dans le cours d'une soirée. Les femmes de son entourage lui remontraient fréquemment qu'elle mettait ainsi sa santé en danger, mais elle les rabrouait avec colère.

Enfin, après une orgie, elle fut emmenée d'urgence à l'hôpital et y mourut deux jours plus tard.

Quelques prêtresses de Vénus, du genre de cette femme, existent

1. Légitime, au Tibet, ne signifie pas toujours que le mariage a été officiellement célébré, qu'un contrat a été dressé. Les unions libres sont tout autant respectées. Elles sont souvent préférées par les veuves qui convolent en secondes noces et par les membres du clergé, dans les sectes où le mariage leur est permis.

2. Le jeu favori des Chinois où beaucoup se ruinent.

dans la région frontière, mais leur fortune et leur luxe demeurent mesquins et elles ne peuvent pas rivaliser avec leurs collègues des grandes cités chinoises. Il n'y a point place pour l'élégance et le raffinement dans les régions de l'Ouest, encore si proches de la barbarie.

Bien que les femmes de mœurs légères ne manquassent point à Tatsienlou, quelqu'un parmi les édiles s'avisa que, puisque la ville était promue au rang de capitale, il convenait qu'elle égalât en tout les autres capitales provinciales et fût dotée, comme elles, d'un lupanar.

Ainsi, l'on annonça donc un jour qu'une vingtaine de femmes étaient arrivées chaperonnées par une « mère ». Mère est le titre euphémique donné aux tenancières de maisons publiques.

Il fut décidé que ces femmes demeureraient cloîtrées dans une habitation située à l'extrémité de la ville, au bout du nouveau quartier. Très probablement, elles n'avaient pas été informées d'avance de cette clause particulière. Elles protestèrent qu'elles n'entendaient pas être emprisonnées, administrèrent de formidables raclées à leur « mère » et, finalement, elles apparurent dans la ville allant faire des emplettes dans les boutiques, ici et là.

De singulières histoires circulaient au sujet d'incidents comiques dont l'hôtellerie du quartier neuf était le théâtre. Les gros marchands tibétains et même certains pasteurs des hautes terres qui séjournaient temporairement à Tatsienlou furent piqués de curiosité et s'aventurèrent dans l'antre du péché ; des rixes s'ensuivirent. Il arrivait aussi que ces vigoureux géants, après avoir regardé toutes les femmes d'un œil critique, déclaraient abruptement qu'elles ne leur plaisaient point et tranquillement marchaient hors de la maison.

Il m'arriva d'entendre, de la bouche même d'un de ces barbares, le récit de sa visite au mauvais lieu officiel. Tout ingénument il raconta :

« La patronne de la maison me fit, d'abord, payer vingt dollars (dollars chinois). Puis elle m'examina de la tête aux pieds pendant un instant et me poussa dans une chambre. Au bout de quelques minutes, une femme entra dans la chambre, elle n'était ni jolie, ni très jeune. Je la regardai comme la « mère » m'avait regardé et je lui dis : « Je ne te veux pas. Que pensent-ils donc, ici, de m'envoyer une vieille sorcière comme toi ! » Là-dessus, la femme se mit à crier et à m'injurier. Je la poussai de côté et m'en allai directement trouver la « mère ». « Rendez-moi mon argent immédiatement, lui dis-je, je ne veux rien avoir à faire avec cette laide femelle, ma femme est bien plus jolie qu'elle. »

« Et comme je criais fort et que je lui montrais mes poings, la mère me rendit mon argent », conclut triomphalement l'homme des pâturages, fier de son habileté et de sa vigueur.

Les femmes qui avaient été importées disparurent aussi soudainement qu'elles étaient arrivées, du moins elles cessèrent de circuler par groupes à travers la ville. Avaient-elles été renvoyées ou étaient-elles parties de leur plein gré ? Je ne sais. Quelques-unes s'étaient établies comme concubines de citadins aisés.

La tentative d'établir la prostitution réglementée avait échoué, mais il s'en fallait que la prostitution libre n'existât pas. Au contraire, le nombre augmentait des femmes qui, sans en faire métier, y avaient recours lorsque le besoin les y poussait.

L'ouvrage ne manquait pas dans la région mais consistait principalement en des travaux durs de bûcheron, de manœuvre terrassier sur les routes en construction et d'autres analogues. Les Tibétaines, qui sont généralement aussi fortes que les hommes, gagnaient de bons salaires comme coolies et l'on en trouvait bien rarement une parmi les prostituées de bas étage. Ces dernières étaient des Chinoises souvent débilitées par l'usage de l'opium et qui, même en bonne santé, ne pouvaient rivaliser avec les robustes Tibétaines pour les travaux exigeant de la force.

On se tromperait en imaginant ces Tibétaines du peuple sous l'aspect de déplaisantes viragos. J'ai déjà dit, en parlant des porteuses de thé, que la plupart d'entre elles sont véritablement jolies. Elles sont coquettes aussi et pratiquent de rustiques traitements de beauté. L'un d'eux consiste à enlever le duvet superflu qui pousse sur la figure. L'opération se fait avec une ficelle et de la façon suivante :

L'opératrice tient un bout de la ficelle entre ses dents et en enroule plusieurs fois le milieu autour de quatre doigts de la main gauche, laissant le pouce libre. La corde est tournée de façon à former une boucle et cette boucle est étroitement appliquée sur la figure de la patiente de façon à pincer la peau. Alors, imprimant un mouvement de va-et-vient à la ficelle en tirant son autre bout tenu dans la main droite de l'opératrice, le duvet est saisi entre la boucle et arraché. Il est nécessaire que la ficelle soit très sèche et à cet effet, elle est souvent frottée dans de la chaux ou dans du sable.

Les crèmes, les rouges, le noir pour ombrer les yeux se vendent dans les boutiques de Tatsienlou, on en trouve même dans celles des villages. Le « noir » n'est employé que par les Chinoises, mais le « rouge » trouve nombre d'acheteuses parmi les Tibétaines. Des joues rosées ont depuis bien longtemps été admirées au Tibet. Alors que le contact du pays avec la « civilisation » était moins étroit, les filles gardaient soigneusement la feuille de papier rouge[1] qui se trouve toujours dans les paquets de thé. Il suffit de mouiller légèrement ce papier pour qu'il déteigne ; c'était là un article de maquillage primitif. La coquette humectait avec sa salive un bout de papier

1. Le rouge est, en Chine, la couleur de la joie, de la bonne chance. Un petit morceau de papier rouge est toujours placé sur les cadeaux de friandises que l'on offre et, par extension, on le trouve sur les briques de thé, les paquets de biscuits, etc.

et le passait sur ses joues. Les filles pauvres ont toujours recours à ce procédé, les autres achètent les produits manufacturés par les parfumeurs et je dois dire qu'elles s'en servent adroitement.

Un côté intéressant de la moralité au Sikang est la façon dont le devoir filial y est compris, ou plutôt, la façon dont il est transgressé.

Depuis très longtemps, il nous a été dit que la Chine est, par excellence, le pays de la piété filiale et de nombreux exemples d'extraordinaire dévouement et de témoignages de respect exagérés nous ont été rapportés. Ces descriptions étaient-elles purement fantaisistes ? Je n'en sais rien. La piété filiale poussée à l'exagération a, certainement, existé en Chine et elle y existe toujours, bien que l'amour et le respect des parents n'aient peut-être pas été aussi habituels que nous étions portés à le croire ou bien qu'ils aient consisté plutôt en manifestations extérieures qu'en sentiments profonds.

Quoi qu'il en ait pu être dans le passé et qu'il puisse en être actuellement en d'autres parties de la Chine, le manque de piété filiale est évident parmi la populace de la frontière occidentale.

Nous pouvons y voir nombre de vieilles femmes employées comme servantes par leurs filles mariées. La grand-mère prend soin des enfants, fait la cuisine et la lessive, balaie, va puiser l'eau au puits public ou à une rivière, dans un baquet en forme de hotte qu'elle porte sur son dos. Quand sa fille invite des amis pour un repas, la mère sert à table et n'est pas admise à s'asseoir avec les invités. Certaines filles battent même leur vieille mère.

Les fils se conduisent généralement mieux, bien qu'il n'en manque point qui exploitent l'amour maternel pour vivre oisifs, réclamant de l'argent pour boire avec des amis et jouer au Mah jong ou aux dés. Il arrive aussi qu'étant mariés ils cèdent à leur femme qui exige l'expulsion de la vieille mère bien que, parfois, celle-ci soit la propriétaire légale de la maison.

Je ne dis pas que ces mœurs soient générales. Heureusement non, mais les cas du genre de ceux que j'ai cités ne sont pas extrêmement rares.

Soit parce qu'ils sont animés par des sentiments plus humains que ceux des véritables indigènes, soit à cause de leur nature plus indifférente et plus indolente, les Chinois d'une classe sociale analogue manifestent rarement une pareille dureté.

Les indigènes de Tatsienlou et des districts voisins ont, aussi, de curieuses coutumes concernant les héritages.

Par exemple, on voit toute la fortune de gens riches devenir, à leur mort, la propriété de leur fille aînée qui est mariée et, cela, bien qu'elle ait des frères.

La plupart du temps, ceux-ci ont été placés tout jeunes dans un monastère pour devenir moines. Alors, il advient assez souvent que quand les garçons ont atteint l'âge d'homme, ils ne se sentent aucun désir de mener la vie d'un membre pauvre du bas clergé. Ils veulent faire du commerce ou obtenir un emploi dans un bureau quelconque. Mais ils ne possèdent absolument rien ; comment pourraient-ils subsister en attendant d'avoir trouvé de l'occupation ou d'avoir appris un métier ? Certains risquent l'aventure et l'on peut en voir qui errent en haillons tandis que leur sœur vit confortablement dans la maison qui fut celle de leur père.

Plus bizarre encore, si l'héritière meurt sans laisser d'enfants, toute la fortune devient la propriété de son mari. Si celui-ci se remarie et que des enfants naissent de sa seconde union, ce seront eux, qui n'ont aucun lien de parenté avec les propriétaire originaux des biens, qui en hériteront à leur tour, laissant les héritiers légitimes dépossédés.

C'est là une coutume locale, rien de pareil n'existe au Tibet. Ce que l'on y voit, c'est l'adoption d'un gendre par des parents qui n'ont qu'une fille unique. Dans ce cas, les enfants de ce couple hériteront des biens suivant la loi tibétaine, c'est-à-dire que les filles hériteront des biens appartenant à leur mère et les fils de ceux de leur père, mais non pas divisés en parts égales. Il n'existe pas de loi fixe à ce sujet et une grande latitude est laissée à la volonté des parents.

CHAPITRE VII

Des coutumes barbares et des bandits pittoresques ne sont pas les seuls côtés curieux de l'Extrême-Occident chinois. Depuis des siècles, le pays de Kham qui y touche a été le foyer de la magie, de la sorcellerie en même temps que celui des plus remarquables intellectuels tibétains. Une partie seulement du Kham a été annexée à la Chine, mais du territoire resté purement tibétain et, par-delà celui-ci, du Tibet propre, l'écume de la mer profonde de l'occultisme déborde dans le Sikang et le Ching-Hai. Les Lolos et certains aborigènes du Yunnan y apportent aussi leur contribution.

De temps en temps, différant de ces charlatans guenilleux, quelques intéressants *ngagspas* (initiés aux formules magiques), quelques *bonpos* sectateurs de la religion prébouddhiste du Tibet[1] ou d'érudits lamas appartenant à l'une ou à l'autre des sectes des bonnets rouges traversent le Sikang au cours d'un voyage. Il est rare

1. Étroitement apparentée au Taoïsme ou peut-être identique à lui.

qu'ils s'arrêtent longtemps à Tatsienlou. Le clergé local qui professe la doctrine des bonnets jaunes[1] — religion d'État au Tibet — ne regarde pas ces dissidents d'un œil favorable.

Pendant des années j'ai recherché à travers le Tibet ces indépendants existant en marge du lamaïsme officiel afin de recueillir, par leur intermédiaire, des fragments d'anciennes pratiques et de connaissances oubliées. Par conséquent ceux qui passèrent dans mon voisinage ne manquèrent pas d'attirer mon attention. Je réussis à m'entretenir avec quelques vrais penseurs mais la masse des autres n'étaient guère remarquables que par leurs excentricités.

L'un d'eux était surnommé le *Doubtob*, c'est-à-dire le « thaumaturge », littéralement « celui qui a réussi », sous-entendu : a réussi à posséder des pouvoirs magiques. C'était un homme à l'allure campagnarde qui paraissait jouir de la faculté d'ubiquité, car on le rencontrait à tous moments, de tous côtés.

Les boutiquiers chinois le tenaient pour un fou, néanmoins des sentiments superstitieux demeurant au fond de leur esprit les portaient à satisfaire beaucoup de fantaisies du *Doubtob*, comme lorsqu'il choisissait dans leur étalage quelques articles qui n'étaient pas d'un prix trop élevé et les emportait, sans, bien entendu, les payer. Cependant, le *Doubtob* se contentait généralement de commander à manger dans les restaurants ou dans les maisons privées où il faisait soudainement irruption.

« Apportez-moi de la soupe ! Apportez-moi du riz ! Donnez-moi de la viande ! Versez-moi du thé ! Versez-moi de l'eau-de-vie ! », criait-il d'un ton impératif, et les bonnes gens s'empressaient de le satisfaire.

En attendant d'être servi, le *Doubtob* s'amusait à inspecter les objets qui se trouvaient dans la chambre et son examen se terminait souvent par leur destruction. Je l'ai vu saisir des tasses de porcelaine fine rangées sur une étagère et les jeter par la fenêtre dans la cour. D'autres fois, il écrasait sous ses pieds les soucoupes d'argent ou de vermeil, des tasses tibétaines ou leurs jolis couvercles en forme de pagode. Ou bien il arrachait les pages de livres rares et les déchirait en menus morceaux. Tandis qu'il se livrait à ces fantaisies, il remuait continuellement, allant d'un côté ou de l'autre et gesticulant.

Quand les aliments qu'il avait demandés lui étaient apportés, souvent il ne faisait qu'y goûter, jetait le reste par terre ou le donnait à l'un de ceux qui se trouvait près de lui. Celui à qui cette « faveur » échéait n'osait pas refuser le riz ou les nouilles que le *Doubtob* avait malaxés avec ses mains jamais lavées. Beaucoup s'imaginaient que les manger leur porterait bonne chance.

1. De leur vrai nom les *Gelougspas* (ceux qui ont des coutumes vertueuses) ; le terme familier de *chasér* (bonnet jaune) vient de la couleur de leur coiffure. Les porteurs de bonnets rouges appartiennent à différentes sectes.

La plupart des Tibétains croient qu'une influence salutaire est attachée aux restes d'aliments laissés par de saintes personnes ou par de Grands-lamas. Le riz qui demeure sur le plat [1] du Dalaï-lama ou du Panchen Lama après leur repas est mêlé avec une grande quantité d'autre riz bouilli, des portions minuscules de ce mélange sont distribuées aux pèlerins. Il est possible que pas un des grains qui constituent la part d'un des pèlerins ne se soit trouvé sur le plat du Grand-lama mais les bonnes gens imaginent que le contact avec les grains « authentiques » a suffi pour conférer aux autres une vertu spéciale. Beaucoup de pèlerins mangent seulement deux ou trois grains de leur portion quand ils la reçoivent et emportent précieusement le reste. De retour chez eux, ils mélangent de nouveau cette petite quantité avec une chaudronnée d'autre riz et le produit de ce second mélange est attribué à leurs amis et à leurs voisins. Ceux-ci gardent soigneusement leur part, la considérant comme un médicament très efficace pour guérir des maladies graves.

Ainsi s'expliquait que certains mangeaient les restes du *Doubtob*, mais cet individu ne paraissait pas digne d'être tenu en si haute estime.

Quand un vêtement lui était donné, il ne le portait que pendant quelques heures, puis le donnait à n'importe qui il rencontrait par hasard. La plupart du temps, même en plein hiver, il n'avait sur lui qu'une seule robe en coton gris, fendue des deux côtés, selon la mode chinoise, aussi haut que les genoux. Mais, tandis que les Chinois portent des pantalons, le *Doubtob* n'en avait point, de sorte que lorsque le vent soufflait et retroussait sa robe, le bonhomme apparaissait nu jusqu'à la ceinture. Qu'il ne souffrît pas du froid par le gel n'avait rien qui pût étonner les Tibétains. Tous savent que des ermites de leur pays vivent nus parmi les neiges sur les hautes montagnes.

J'en ai connu quelques-uns. Ils pratiquent un entraînement destiné à produire la chaleur interne nécessaire pour lutter victorieusement avec la basse température environnante. J'ai expérimenté le procédé et l'ai décrit succinctement dans mes livres précédents [2].

Le *Doubtob* n'avait point de domicile fixe. Il couchait dans les maisons dont les maîtres l'accueillaient amicalement ou bien il passait des semaines dans une caverne, sur une pente de montagne. Parfois, ce logis était trop exigu pour l'abriter tout entier et une partie de son corps demeurait au-dehors exposé à la pluie et à la neige. Il pouvait rester ainsi, jour et nuit pendant longtemps, sans manger, sans bouger.

Il devait avoir environ quarante-cinq ans, ses cheveux grison-

1. Je dis plat et non assiette parce que le riz est placé devant ces personnages dans un grand plat en argent, parfois en or. C'est une mode empruntée à l'Inde. Lorsque les Tibétains mangent en style chinois, le riz est servi dans des bols.
2. *Mystiques et Magiciens du Tibet* (Plon) et *Initiations lamaïques* (Adyar).

naient mais il paraissait bien portant et robuste. Quelques prédictions faites par lui le mirent en conflit avec d'autres prophètes locaux. Leurs contestations dans lesquelles les gens de la ville prirent parti furent extrêmement amusantes.

J'observai cet individu étrange pendant près de deux ans. Il avait certainement l'esprit dérangé mais il était fort loin d'être complètement fou. Une grande partie de feinte et de ruse entrait dans sa conduite excentrique, elle était pour lui un moyen de vivre libre sans travailler. Quelque dure que puisse nous paraître cette façon de vivre, un robuste montagnard tibétain de la classe pauvre pouvait y trouver du charme. Il disparut soudain de la région de Tatsienlou, peut-être la bienveillance de ses protecteurs se lassait-elle et était-il allé chercher ailleurs un nouveau champ d'activité.

Le dérangement mental n'est pas tenu par les Tibétains pour une marque de sainteté. Au contraire, les déments, vrais ou simulateurs, qui sont vénérés comme des saints, sont nombreux dans l'Inde. Leur esprit, est-il dit, est en continuelle communion avec Dieu et, pour cette raison, tout ce qui se rapporte à notre monde, comme les règles de conduite ordinaires, cesse d'être perçu par eux.

On peut entendre certains de ces « saints hommes » marmotter des mots incompréhensibles entrecoupés de gémissements comme le font les idiots, tandis que la salive coule de leur bouche. D'autres tombent dans des crises épileptiques puis se mettent soudainement à chanter à tue-tête, à gesticuler et à danser. Les Vaichnavas s'entraînent à ces états de surexcitation ; certaines sectes musulmanes et les Nègres de l'Afrique le font aussi. Les Chrétiens eux-mêmes ne sont pas entièrement à l'abri de ces aberrations. Certains d'entre eux le démontrèrent à Tatsienlou dans le même temps où le *Doubtob* en amusait les habitants par ses excentricités.

La guerre sino-japonaise avait amené une foule de réfugiés à Tatsienlou, les logements y étaient introuvables. Faute de mieux, quelques étrangers s'établirent dans une masure située assez loin de la ville. Tous les jours, du matin jusqu'à midi, on les entendait vociférer, hurler et pleurer à grand bruit. Les planches disjointes de leur baraque permettaient de voir dans l'intérieur de celle-ci et les indigènes attirés par le tapage ne manquèrent pas d'aller épier ce qui s'y passait. Ils virent les étrangers (des Blancs) se jeter violemment par terre et se rouler sur le plancher tandis que les pleurs et les cris allaient leur train.

C'était là leur façon de prier.

Un autre spécimen bizarre de la race des Khampas se promenait aussi dans la région : un homme âgé, devin *(Mopa)* de profession. Il portait toujours avec lui une longue canne de la dimension d'un alpenstock, surmonté d'un trident d'où pendait un flot de rubans de différentes couleurs. Il ne mendiait jamais, ses vêtements étaient propres et il paraissait, sinon riche, du moins fort loin d'être dans la misère. La clientèle qui avait recours à ses lumières divinatoires devait le rémunérer suffisamment pour qu'il puisse subvenir à ses modestes besoins. Néanmoins, il dut, comme le *Doubtob*, éprouver une diminution de son prestige et les désagréables effets matériels qui en découlèrent. Je le retrouvai, un jour, installé comme gardien dans une petite ferme isolée. Il était demeuré courtois et d'un commerce agréable comme je l'avais toujours connu et semblait ne manquer de rien.

Il n'existe guère de moine lamaïste, qu'il appartienne au bas clergé ou soit un dignitaire ecclésiastique, qui ne fasse, à l'occasion, office de devin pour obliger ceux qui sollicitent une prédiction ou un avis concernant la conduite à tenir pour amener un résultat favorable dans telle ou telle occasion.

Pendant notre voyage pédestre, vers Lhassa, le lama Yongden était très demandé comme « oracle ». La chose s'est répétée pendant mon nouveau séjour au pays de Kham où certains de ceux qui me connaissaient comme dame-lama me priaient, aussi, de leur dévoiler le secret de leur avenir. Mais le service attendu d'un *Mopa* ne se borne pas à cette information ; il lui faut, en plus, éclairer son client sur les moyens propres à prévenir les événements qui lui seraient néfastes, à s'en garder ou à en amoindrir les conséquences. Les Tibétains sont déterministes, mais croient que les mélanges des causes déterminantes sont en nombre presque infini, en sorte que l'adjonction de nouveaux éléments à une combinaison de causes déjà formées peut en modifier les effets.

Quoi qu'il en puisse être, j'ai la vanité de croire que mes prédictions et mes avis valaient autant que ceux des professionnels de l'art divinatoire.

De tels « professionnels » existent et certains d'entre eux qui jouissent de la réputation de ne jamais errer dans leurs prédictions ont acquis une fortune considérable.

L'un de ceux-ci qui habitait le Sikang était Soong lama, un homme d'âge moyen qui occupe une situation quelque peu analogue à celle d'oracle officiel et est consulté par les hautes autorités chinoises de la province.

Un bon nombre de ses prédictions s'étant accomplies, son prestige était grand mais il déclina rapidement à la suite d'une prédiction sensationnelle qui ne se réalisa point.

Le lama avait annoncé que dans le délai d'un mois les Japonais bombarderaient Tatsienlou. La chose était plausible. Sining, la capitale du Ching-Hai, avait reçu la visite des avions ennemis et Tchéngtou avait été laissé en grande partie en ruine après plusieurs bombardements.

Cependant le mois s'écoula, d'autres le suivirent, il y eut de nombreuses alertes, mais pas un avion n'apparut réellement au-dessus de la ville. La guerre s'est terminée sans qu'il en soit jamais venu.

Le lama dénia avoir prédit un bombardement et protesta que seules de fausses rumeurs s'étaient répandues à ce sujet, mais un grand nombre de gens continuèrent à affirmer que la prédiction avait été faite devant témoins. Cela souleva de violentes discussions entre les partisans du lama et les railleurs.

Alors, advint un de ces grands incendies fréquents à Tatsienlou, dont il a déjà été parlé.

Cette fois, le feu gagna la maison de Soong lama. Celui-ci, imitant un geste qui est souvent relaté dans les histoires des saints et des magiciens tibétains, déploya sa toge monastique devant les flammes qui s'avançaient et la jeta toute large étendue sur celles-ci en prononçant des paroles magiques. Mais, hélas ! tandis que, dans les histoires, les flammes sont immédiatement éteintes par l'insigne sacré de l'Ordre religieux, elles s'élevèrent au contraire plus hautes, consumant la toge de drap fin de l'opulent devin.

La fuite seule lui restait après cette humiliante défaite. Sa demeure touchait au flanc de la montagne, et vers la montagne fut hâtivement transporté tout ce qui put être enlevé de la maison en feu.

Malheureusement, une saute de vent poussa les flammes de ce côté ; c'était l'hiver, les pentes de la montagne étaient couvertes de buissons desséchés qui prirent feu et tout ce qui avait été sauvé et déposé parmi eux fut brûlé.

Dans cet événement très ordinaire, la populace vit un miracle. Le feu, racontaient les gens de la ville, s'était comporté comme un être intelligent, suivant les coffres et les ballots que les domestiques emportaient. Le lama, s'en étant rendu compte, avait commandé que tout fût empilé dans un abri qu'il avait fait creuser pour servir de refuge en cas de bombardement. Alors, prodige ! les flammes s'étaient ramassées ensemble formant une boule de feu et cette boule, traversant l'air, était tombée juste dans l'ouverture de l'abri souterrain, réduisant en cendres tout ce qui s'y trouvait.

Et pourquoi ?... Tous les peuples ont un désir foncier de justice bien qu'ils laissent facilement l'injustice triompher. La destruction des biens du lama était la punition de son avarice car, quoiqu'il fût riche, il ne cessait pas d'accumuler encore plus de biens et ne secourait pas les nécessiteux.

La maison fut entièrement brûlée ; trois hommes qui ne purent s'en échapper moururent dans les flammes ainsi que plusieurs chevaux attachés dans l'écurie.

Les railleurs trouvèrent là une nouvelle occasion de se gausser de l'infortuné devin. Comment n'avait-il pas prévu l'incendie et pris des mesures en conséquence ? disaient-ils.

Quelquefois, des profondeurs des forêts du Kham ou des replis des montagnes désertes émerge un *yoguin* [1], un ermite ou un autre membre de la tribu nombreuse des mystiques asiatiques qui s'établit temporairement au Sikang.

Ces hommes ne se montrent pas dans la capitale ni même dans les villages. Ils élisent comme domicile une caverne ou une hutte située très au-dessus des vallées habitées. Certains d'entre eux vivent solitaires, d'autres sont accompagnés de disciples qui les servent.

Des bûcherons ou des enfants allant cueillir des fruits ou des légumes sauvages les découvrent et le bruit se répand qu'un « saint homme » réside à tel ou tel endroit. Alors, des visiteurs escaladent les pentes raides portant des cadeaux de provisions et d'argent, sollicitant, en retour, la bénédiction du *yoguin*, ses conseils, des prédictions.

Un de ces *yoguins* ambulants refusait obstinément de recevoir de l'argent, ce qui est rare dans le pays. Quand des pièces de monnaie ou des billets de banque étaient placés devant lui comme offrande, il les lançait au loin. Cela ayant été su, des mendiants sans vergogne se cachèrent dans le voisinage de la caverne où il habitait et passèrent leur temps à chercher l'argent tombé dans l'herbe ou entre les buissons.

Un autre « saint homme » s'établit sur un petit plateau faisant face, par-delà la vallée, à celui sur lequel j'avais habité dans un ermitage.

Mon confrère anachorète devait jouir de quelque célébrité car il recevait de nombreux dons et se trouvait ainsi dans l'aisance, propriétaire d'une trentaine de chevaux et de mules. Lui aussi, à l'occasion, lisait dans l'avenir, mais sa clairvoyance devait parfois s'obscurcir car, sans qu'il l'ait prévu, des voleurs s'emparèrent de ses bêtes pendant la nuit et les emmenèrent. Ce *yoguin* n'avait point atteint l'admirable état d'inébranlable sereine indifférence auquel certains ermites tibétains sont parvenus. Sa rage fut sans borne, il expédia des gens dans différentes directions à la recherche des voleurs, il requit le concours de la police. Ce fut peine perdue, les mules et les chevaux ne furent point retrouvés.

Dégoûté du pays après cette aventure, le « saint homme » s'en alla.

Un jour j'eus la visite d'un Bön qui occupait une situation distinguée parmi le clergé de sa religion. Les Böns, je l'ai déjà dit, sont les adeptes de l'ancienne religion du Tibet, une sorte de chama-

1. *Yoguin* est le nom hindou très connu, c'est pourquoi je le conserve. Les Tibétains emploient le terme *maldjorpa (nrnal byor pas)* qui signifie : celui qui a atteint la sérénité.

nisme. Les Chinois les assimilent aux Taoïstes et leur opinion est en partie fondée. Plus vraisemblablement encore, les Böns et les Taoïstes sont deux branches issues d'une source commune. Toutes deux comprennent deux degrés : culte des génies et sorcellerie au degré populaire, mysticisme et philosophie au degré supérieur.

De nos jours l'on rencontre deux sectes de Böns au Tibet et dans les provinces chinoises de l'Extrême-Ouest, ce sont les Böns blancs et les Böns noirs.

Les Böns blancs ont adopté une grande part de doctrines, de rituels et de règles monastiques appartenant au Lamaïsme tandis que, de leur côté, les Lamaïstes ont emprunté aux Böns de nombreuses croyances et pratiques d'un caractère nettement étranger au Bouddhisme.

Les Böns noirs sont demeurés plus fidèles au chamanisme primitif de leurs ancêtres. Toutefois, l'on trouve parmi eux des penseurs intéressants dont les théories se rapprochent de celles des très anciens mystiques chinois.

Mon visiteur était un Bön blanc ; il était habillé comme un lama mais portait une coiffure particulière de laquelle pendait une frange qui tombait devant les yeux.

Les *yoguins* tibétains, qui pratiquent la « contemplation du soleil » regardant celui-ci fixement pendant des heures, s'abritent avec une sorte de visière faite de poils d'ours. La frange du chapeau de ce Bön paraissait devoir servir au même but. Mais pourquoi se voilait-il ainsi les yeux en dehors du temps qu'il consacrait à ses pratiques mystiques ?...

Malicieusement, je pensai que le chapeau à frange avait pour objet de désigner le bonhomme comme un *yoguin* contemplateur du soleil, c'est-à-dire un individu supérieur au commun du clergé et de lui procurer, de ce fait, certains profits en argent ou en nature. Je me trompais peut-être ; il ne manque pas de gens qui aiment porter un costume excentrique, simplement pour le plaisir d'être différents des autres.

Selon mon habitude, je posai des questions à mon visiteur. Entre autres choses, il me dit :

« — Tous les êtres — les hommes compris — qui existent actuellement sont nés de la terre. Ils n'ont pas émergé de la terre avec les formes que nous leur voyons aujourd'hui. Les choses se sont passées comme ceci : d'infiniment petites particules se sont dégagées de la terre ; elles étaient animées d'un mouvement excessivement rapide, graduellement, elles s'agglomérèrent de différentes manières et formèrent toutes les plantes et tous les animaux. Mais le temps qui s'écoula pendant que cette formation s'opérait est si long qu'il est au-dessus de tout chiffre que notre esprit puisse concevoir. »

« — Et la terre elle-même, demandai-je, quelle est son origine ? »

Le Bön répondit : « La terre a aussi été formée par l'agglomération d'infiniment petites particules qui tournoyaient avec rapidité, mais cela arriva longtemps, très longtemps avant la formation des êtres vivants et la période de formation de la terre fut aussi beaucoup plus longue. »

Je sais que les lettrés tibétains n'admettent point qu'il existe des choses dénuées de vie, j'aventurai donc une autre question.

« — Vous dites : « la formation des êtres vivants ». Croyez-vous donc que les particules génératrices n'étaient pas « vivantes » ?

« — Naturellement, elles étaient vivantes, déclara le Bön. Tout ce qui existe est vivant. La mort et des choses mortes ou qui n'ont jamais été vivantes n'existent point, mais vous autres étrangers, vous n'êtes pas capables de comprendre cela. »

Les Orientaux ont, en général, une très médiocre idée de notre intelligence.

Ce que le Bön me relatait était une esquisse sommaire et déformée d'une théorie atomique qui a eu cours dans l'Inde vers le ve siècle avant notre ère et, de là, est passée au Tibet où, semble-t-il, elle a rencontré une autre théorie atomique née dans le centre ou le nord de l'Asie, peut-être en Chine. Mon visiteur y mêlait d'anciennes croyances des Böns.

Un autre jour, j'entendis un grand bruit sur la route. Un homme sonnait du *kangling*, la trompette faite d'un fémur, et tambourinait avec le petit tambour tenu à la main dont se servent spécialement ceux des ascètes des sectes tantriques qui hantent les cimetières. Le rythme du tambourinage et de la sonnerie indiquait clairement que celui qui nous régalait de ce concert était un *pseudo-naldjorpa* [1]. Je dis *pseudo*, car les *naldjorpas* authentiques ne jouent pas de leurs instruments sur les grandes routes mais seulement dans des endroits très solitaires et pendant la nuit.

Je sortis pour voir l'individu et pour causer avec lui.

Sans attendre longtemps, il me déclara qu'il était un envoyé du Laka-lama, un important lama, chef d'un monastère situé près de Bathang, à l'extrémité nord-ouest du Sikang. Il prétendait que ce lama lui avait confié la mission de transmettre ses ordres, ses réprimandes, ses prédictions, etc., à la population du Kham. Conséquemment, lui, l'envoyé du lama, voyageait à travers le pays, tantôt sous une forme, tantôt sous une autre, suivant celle qui lui paraissait convenir à sa tâche du moment.

« — Vous voyez », me dit-il, « je suis un intrépide ascète capable d'appeler les démons les plus terribles et de les contraindre d'obéir à mes ordres. Mais quand je vins ici, il y a deux ans, je me suis présenté comme un chef vêtu de riches habits laïques et accompagné par plusieurs serviteurs, nous tous montés sur de beaux chevaux.

1. Voir note précédente.

« Toutes ces formes sont, néanmoins, illusoires. Elles sont produites par le pouvoir magique du lama et par le mien qui s'unit au sien. Je pourrais disparaître en ce moment même et, à ma place, vous verriez un autre homme : un général chinois ou un mendiant en guenilles, n'importe qui je voudrais. Les formes ne sont qu'une fantasmagorie. »

J'ai véritablement connu quelques anachorètes qui pouvaient créer des formes illusoires — ou vous donner l'impression de les voir et même de les toucher. J'ai vu de tels hommes disparaître tandis que je parlais avec eux et un autre personnage occuper soudainement la place où ils étaient. Et l'on rapporte que certains de ces magiciens peuvent, à volonté, montrer plusieurs exemplaires d'eux-mêmes, absolument identiques, qui existent simultanément et accomplissent des actions différentes. Mais, encore une fois, ceux qui sont capables de ces exploits ne tambourinent pas sur les routes et ne se vantent pas de leur pouvoir. Je ne croyais nullement aux capacités supranormales du *pseudo-yoguin*.

« — Oh ! » lui dis-je, « je serais ravie de vous voir, juste en ce moment, prendre la forme d'un chef richement vêtu montant un beau cheval et accompagné par des serviteurs, tel que vous vous êtes montré ici, il y a deux ans ».

« — Je le pourrais », répliqua froidement l'effronté vagabond, « mais cela dérangerait le programme de ma présente mission. Je dois donc m'abstenir ».

Naturellement, j'attendais une réponse de ce genre ; cependant, j'invitai le charlatan à entrer dans ma cour pour y prendre un repas. Il le fit avec empressement, les Tibétains sont toujours disposés à manger.

En plus d'un fémur-trompette, un petit tambour et un long bâton d'où pendaient des morceaux de soie de diverses couleurs, des perles de verre, des coquillages et de petits miroirs, le soi-disant ascète portait aussi un crâne humain, ce qui est un autre signe distinctif des *naldjorpas* des sectes tantriques. Seulement, tandis que pour les *yoguins* authentiques de ces sectes le crâne, généralement doublé d'argent, sert de coupe au cours de certains rites et n'est pas employé autrement, les charlatans qui singent ces ascètes se vantent de ne faire usage que de ce macabre récipient (toujours non doublé dans le cas de ces pauvres hères) pour contenir leur boisson et leur nourriture.

Bien au courant de cette particularité, je me gardai donc de faire donner une assiette à mon hôte. Je me permis seulement de remarquer qu'une sorte d'indescriptible et malodorant cambouis demeurait attaché au crâne-bol et j'offris de le faire laver avant qu'on y versât des aliments.

Sur ce, le vagabond s'emporta et avec un air indigné il déclara que tout ce qui touchait ce crâne était instantanément purifié par son contact. Je n'insistai pas et ma servante versa sur le résidu puant un mélange de tout ce qui restait de notre dernier repas.

Avec une rapidité surprenante, l'homme avala le contenu graisseux du crâne qui fut rempli de nouveau puis vidé encore plusieurs fois. Rien ne demeurait dans nos casseroles mais la servante ne s'en embarrassa pas. Elle n'avait pas encore lavé la vaisselle. En hâte, elle échauda casseroles, plats et assiettes et dans cette eau trouble elle jeta une poignée de *tsampa*. Ce « bouillon » fut encore avalé par l'insatiable *yoguin*. Ensuite, du thé beurré à la mode tibétaine lui fut servi.

Tandis qu'il jouissait de mon hospitalité, le bonhomme bavardait. Ce Diogène de Kham se montrait un critique âpre et sarcastique du clergé du pays, des lamas faisait leur cour aux hauts fonctionnaires chinois pour en obtenir des titres et des subsides. Il raillait leurs façons de tirer de l'argent des dévots pour la célébration de cérémonies religieuses. Si celles-ci, disait-il, peuvent être réellement utiles aux vivants ou aux morts, ils doivent les célébrer mus par des sentiments de bienveillance envers autrui ; si de l'argent est nécessaire pour les amener à le faire il s'ensuit que les pauvres sont privés de leur bénéfice et qu'un pécheur riche — ou, s'il est mort, un pécheur assisté par sa famille opulente — pourra se trouver mieux dans un autre monde qu'un homme moins coupable que lui, qui n'aura pas pu payer l'aide d'un lama. Honte ! honte ! clamait-il, à ces moines trafiqueurs !

Mon hôte vorace était amusant, toutefois je ne jugeai pas utile de l'informer que le Tibet n'est pas le seul pays du monde où le commerce qu'il critiquait est pratiqué et que celui-ci est universel et aussi vieux que l'humanité.

Ma servante fut très impressionnée par les déclamations du personnage, bien qu'elle n'en comprît pas le sens et une idée singulière germa dans sa cervelle.

Elle était boudeuse et sujette à des crises de mauvaise humeur qui la prenaient sans raison apparente. Elle se rendait compte de son état et l'attribuait à l'influence de démons qui, de temps en temps, la dominaient. Pareille croyance est commune parmi les Tibétains et les Chinois. En conséquence, elle désirait que les mauvais esprits soient expulsés et empêchés de venir encore l'habiter dans l'avenir. Et voici que, soudainement, elle s'était imaginée que le gueux loquace qu'elle avait régalé de lavure pourrait opérer efficacement comme exorciste.

Le pouvait-il vraiment ?... Elle lui posa la question et il répondit avec assurance qu'il en était capable.

Il commanda à la fille de s'agenouiller dans la cour, devant la porte de la cuisine et pendant longtemps il gesticula au-dessus de sa tête en marmottant à voix basse. Puis tout à coup, vociférant de toute la force de ses poumons, il saisit son bâton décoré de rubans et d'articles divers et administra à sa victime agenouillée une raclée formidable et prolongée. Les larmes coulaient sur le visage de la malheureuse et elle avait grand-peine à retenir ses cris de douleur. Quand il eut terminé son exercice, l'exorciste paraissait exténué et la fille pouvait difficilement se tenir debout.

« — Maintenant, déclara le tortionnaire, les démons ont été sévèrement châtiés, ils n'oseront plus revenir vous tourmenter. »

Ma servante le remercia et sachant bien qu'un exorcisme n'est pas effectué gratuitement, elle mit quelque argent dans la main de celui qui condamnait si énergiquement le trafic des moines ses collègues. A sa décharge, je puis dire qu'il n'avait pas sollicité ce don et pouvait l'accepter comme un témoignage volontaire de reconnaissance.

Le lendemain la stupide fille ne pouvait pas bouger. « Il me semble que tous mes os sont rompus », me dit-elle. Cet exorciste était véritablement puissant.

Néanmoins, il n'avait pas été suffisamment puissant pour guérir ma servante de ses accès de bouderie et de mauvaise humeur qui continuèrent comme par le passé.

Ensuite, apparut un Taoïste chinois. Son titre à l'attention publique était qu'il se nourrissait exclusivement de la pierre calcaire qui sert à faire la chaux. Les gens lui en apportaient ou bien il allait lui-même en chercher aux carrières. Il écrasait les pierres et en mangeait la poudre ; je le lui ai vu faire devant moi.

Il faut entendre qu'avec les pierres servant à ses repas les admirateurs de l'homme « minéralivore » lui apportaient aussi de l'argent.

J'appris plus tard que cet individu était allé s'établir dans une autre partie de la province et avait changé son régime alimentaire. Il se nourrissait alors de bougies de fabrication étrangère.

Le prix de ces dernières était devenu extraordinairement élevé après la rupture des communications avec la Birmanie, aucune autre voie n'existant pour acheminer les produits étrangers vers la Chine. Je soupçonnai que le rusé coquin amassait une quantité de bougies offertes, comme les pierres l'avaient été, par de crédules bonnes gens, et qu'il irait un jour les vendre ailleurs, encaissant un joli bénéfice. Mais dans ce cas, encore, peut-être m'abandonnai-je à des jugements téméraires.

Quand je préparai à Jakyendo — au sud du Ching-Hai — ma traduction du poème épique national des Tibétains concernant les prouesses de Guésar de Ling [1], un barde chanta le poème chez moi.

C'était un barde de grand renom, un mystique à sa manière qui

1. Publié sous le titre : *La Vie surhumaine de Guésar de Ling*. Paris : Editions Adyar, Editions du Rocher, 1978.

se vantait d'entretenir des relations spirituelles et politiques avec le héros Guésar et avec plusieurs dieux qu'il rencontrait dans les solitudes du Koukou-Nor. Il est probable qu'une certaine part d'imposture entrait dans ces prétentions, mais l'homme tombait véritablement dans des sortes d'extases durant lesquelles il se mettait à marcher d'un pas élastique et rapide, sortait du village et disparaissait dans les alpages déserts. C'était, vraisemblablement, dans cet état qu'il s'imaginait rencontrer Guésar et les divins héros de l'épopée. Il s'identifiait aussi avec un des ministres de Guésar nommé Diktchén Chémpa et disait en être la réincarnation. Commençant par être un imposteur, il s'était peut-être pris à son rôle et s'était créé une double personnalité. Ou bien le contraire avait pu se produire et de simple barde en était-il venu à inventer ses mystérieuses rencontres et la fable de sa réincarnation pour se donner de l'importance.

A l'autre extrémité du Kham l'épopée de Guésar est tout aussi populaire. Le chef de la tribu autour de qui les légendes du cycle ont été tissées était un Khampa et ses compatriotes tirent vanité et leur parenté avec lui.

Il s'ensuit que les bardes ambulants récitant des fragments de l'épopée n'étaient point rares dans mon voisinage. Tous affirmaient que, tandis qu'ils chantaient, l'esprit de Guésar entrait en eux et que c'était lui qui, par leur bouche, racontait son histoire. Mais ils n'étaient, généralement, que de vulgaires mendiants qui avaient appris par cœur certains épisodes du poème. Ils portaient un masque, comme le font les bouffons qui amusent les gens dans la rue ou dans les maisons de thé en racontant, avec force gesticulations, des histoires comiques, souvent grivoises ; toutefois, les « Guésars », comme on les dénommait, se distinguaient des bouffons par un chapeau pointu d'où pendaient des rubans et des écharpes.

En plus de l'épopée de Guésar, ils récitaient des histoires relatives à des dieux ou à des héros. Celles-ci ont toutes une base religieuse et présentent une forte ressemblance avec les contes édifiants du moyen âge, comme ceux de la célèbre « Légende Dorée » par l'évêque Voragine (1230-1298).

Des toqués et des charlatans ne sont pas les seuls échantillons du monde clérical lamaïste que l'on rencontre dans les provinces de l'Ouest.

Des lamas respectables, quelques-uns d'entre eux vraiment érudits, y sont établis, et parmi les classes supérieures de la société chinoise, surtout parmi les fonctionnaires, un bon nombre prend intérêt à leurs enseignements. C'est ainsi qu'un Guéshé (docteur en philosophie) de l'université monastique de Séra à Lhassa est devenu le directeur spirituel du gouverneur du Sikang et de plusieurs autres Chinois distingués.

De temps en temps, ce lama : Nga Wang Khémpo (Khémpo est

le titre des professeurs de haut rang) donne une série de conférences dans le principal monastère de Tatsienlou. Ces conférences ne sont point publiques ; y sont invités un petit nombre de Chinois laïques et quelques dames appartenant à l'élite des résidents.

J'ai suivi une série de ces conférences. Elles étaient données dans une salle longue à l'extrémité de laquelle le lama était assis les jambes croisées, à la façon tibétaine, sur une estrade basse.

Je trouvai l'atmosphère sympathique et impressionnante. Une légère odeur d'encens flottait dans la pièce, une rangée de petites lampes au beurre éclairait une statuette de Tsong Khapa, le fondateur de la secte des Gelougspas à laquelle le lama appartient. Je me sentais revenue en plein centre du Tibet et aux nombreuses années que j'y ai passées en des milieux purement lamaïstes.

L'immobilité et l'attention soutenue des auditeurs étaient remarquables.

Le lama parlait en tibétain et un de ses disciples, assis au pied de l'estrade, traduisait ses paroles en chinois. Le lama écoutait attentivement le traducteur et savait suffisamment le chinois pour corriger de temps en temps des inexactitudes.

Nga Wang lama est un lettré. S'il l'avait voulu, ses conférences auraient pu être d'un vif intérêt, mais selon la coutume presque générale de ses collègues, il abaissait ses discours à ce qu'il croyait être le niveau intellectuel de ses auditeurs laïques.

Cette fois, du moins, il avait tort. Un bon nombre des Chinois présents étaient plus versés que lui en philosophie bouddhiste. Au lieu d'avoir appris par cœur des centaines de traités, comme il l'avait fait, ils avaient réfléchi sur le sens des théories exposées dans les livres qu'ils lisaient et les avaient discutées de façon critique.

Le lama le savait-il ?... Il le savait peut-être, mais comme la majorité de ses collègues, il estimait peu les connaissances philosophiques qui n'ont pas été acquises par le moyen des Écritures tibétaines et selon les méthodes tibétaines. Quoi qu'il pût penser des capacités intellectuelles de ses auditeurs. Nga Wang ne faisait aucun effort pour leur inculquer de hautes conceptions.

Une fois, pourtant, il dit : être bienfaisant pour autrui ne consiste pas à faire des actions que l'on s'imagine devoir lui procurer du bien-être. Ce qu'il faut, c'est devenir soi-même une source de bien-être. Voyez le soleil : son activité ne se manifeste pas d'après un plan qu'il a arrêté. Il ne se propose ni de faire mûrir l'orge dans le champ du fermier Tséring, ni de réchauffer le vieux Wangdu assis devant sa porte, ni d'éclairer le monde de sorte que gens et bêtes puissent voir. Il *est* le soleil, lumineux et émettant de la chaleur ; il ne peut pas s'empêcher de répandre de la chaleur et de la lumière et, par là, de procurer du bien-être à tous les êtres. De la même manière, le Sage qui est devenu un centre vivant d'intelligence et de bonté émet, naturellement, des ondes d'énergie qui répandent des influences bienfaisantes dans le monde. Ces influences peuvent être comparées à l'air pur qui maintient en bonne santé ceux qui le respirent, elles favorisent la naissance et la croissance de l'illumination spirituelle et de la bienveillance éclairée et universelle.

Cette théorie est courante au Tibet et dans l'Inde ; je l'y ai souvent entendue exposer.

La conférence terminée, les auditeurs saluaient le lama à la mode tibétaine par une triple prosternation [1] et se retiraient en silence.

A la porte du monastère, des ordonnances et des domestiques portant des lanternes attendaient leurs maîtres.

Les rues de Tatsienlou avaient été pourvues de l'éclairage électrique et, pendant quelque temps, celui-ci avait fonctionné puis, graduellement, certains quartiers avaient été privés de lumière jusqu'à ce que la ville tout entière soit replongée dans l'obscurité.

La population de la ville avait plus que triplé du fait des nombreux réfugiés venus des provinces occupées par les Japonais ou de celles dont on craignait l'envahissement et aussi à cause du nombre considérable d'employés que l'élévation de Tatsienlou au rang de capitale provinciale y avait amenés pour remplir les bureaux. La petite usine électrique ne disposait pas d'un courant assez puissant pour alimenter le nombre, toujours croissant, des lampes installées par les habitants. Celles-ci en étaient venues à n'être pas plus brillantes que des vers luisants. Même dans cette condition le courant n'était plus donné qu'alternativement dans les divers quartiers et les rues en étaient complètement privées.

Les lanternes à pétrole avaient donc réapparu, mais leur usage, jadis général, était limité aux personnages capables d'obtenir du pétrole, soit en qualité de hauts fonctionnaires, soit parce que assez riches pour le payer plusieurs milliers de dollars le bidon.

Parcourir, dans les ténèbres, les rues dont le dallage en partie démoli formait des trous remplis de débris tranchants n'était pas sans danger, se casser une jambe en tombant arrivait à quelques-uns. Mais en dehors de leur utilité pratique, les lanternes portées devant une personne la distinguent du commun de la populace. C'est là un reste, très amoindri, d'une coutume de l'ancienne Chine que j'ai connue et où, je le confesse, j'ai trouvé grand plaisir.

A cette époque pittoresque, lorsque vous sortiez après la nuit tombée, vous étiez précédé par des serviteurs portant des lanternes en papier sur lesquelles votre nom et vos titres étaient inscrits. Votre spacieuse chaise à porteurs suivait, capitonnée de satin de couleur

1. C'était la grande prosternation, le *Kyang cha* que l'on ne fait que devant son maître spirituel. Elle diffère complètement du *Kotou* chinois. Les deux mains jointes, les paumes appuyées l'une contre l'autre, sont élevées au-dessus de la tête, abaissées à la hauteur de la bouche, puis à celle du cœur. Ensuite, l'on s'agenouille et l'on s'étend de tout son long les bras en avant de la tête.

claire, son toit orné de franges de fils de soie mêlés de boules de verre qui tintaient au vent et accrochaient la lumière des lanternes.

Une rue, à Tchéngtou, était tout entière occupée par les marchands de ces véhicules de contes de fées. Lorsque j'y retournai en 1939, la ville était transformée. Plus tard, les bombardements qui en détruisirent une grande partie donnèrent lieu à de nouvelles transformations ; en 1944, j'y trouvai de larges avenues parcourues par les autos des Chinois riches. La rue pittoresque bordée par les boutiques des marchands de chaises a disparu ; les chaises scintillantes n'ont plus de raison d'être dans la Chine occidentalisée.

Les distingués auditeurs du lama Nga Wang s'en allaient à pied précédés par les lanternes à pétrole portées par leurs gens ou, plus simplement encore, s'éclairant eux-mêmes avec une torche électrique. J'en vis dont l'escorte élevait à bout de bras, en guise de flambeau, un morceau de bois résineux enflammé. Le pétrole était rare et cher, je l'ai dit, le prix des piles électriques pour garnir les torches atteignait des chiffres fantastiques... Ainsi, cheminant derrière une branche flambante, ces super-civilisés Chinois en étaient revenus aux coutumes primitives des sauvages : la guerre les avait conduits à cette rétrogradation comme à bien d'autres d'une nature plus sérieuse.

Parmi d'autres lamas importants de la région, je mentionnerai Kiou sang, chef d'un monastère situé près de Dango, non loin de la grande route de Tatsienlou à Jakyendo *via* Kanzé. C'est un homme jeune ; il a pris son degré de docteur en philosophie à l'université monastique de Séra. Il est fort intelligent et aurait pu se distinguer dans le domaine des lettres, mais, comme beaucoup de ses collègues, son esprit est tourné vers la politique. Le gouverneur du Sikang l'a nommé représentant d'un district tibétain à l'assemblée provinciale.

Un Chinois qui a adhéré à la forme lamaïste du Bouddhisme pratique un anachorétisme mitigé dans un chalet situé sur un éperon de montagne. Il est dénommé Da Kang Fa sse. Fa sse est un titre chinois donné aux moines bouddhistes érudits, il signifie docteur ou maître de la Loi. Da Kang a, sur les lamas, l'avantage d'être un lettré chinois en même temps qu'un lettré tibétain et de pouvoir, par conséquent, lire les ouvrages philosophiques bouddhistes d'un plus grand nombre d'auteurs. C'est un homme d'âge moyen. Il vit très retiré mais, à l'occasion, il enseigne deux ou trois disciplines.

Le Grand-lama de Litang : Tchog doug Kyapgueune (Tchog doug le protecteur) vient quelquefois à Tatsienlou avec force déploiement de pompe locale, c'est-à-dire accompagné par de nombreux serviteurs, tous montés sur de bons chevaux, et une quantité considérable de bagages. Il est riche : grand propriétaire de terres et de bétails et jouit de certains droits, d'ordre administratif et judiciaire, sur ses fermiers et ses pasteurs. La condition de ceux-ci est, de fait, sinon tout à fait légalement, celle de serfs.

Durant ces dernières années, il s'est lié d'amitié avec un lettré tibétain de l'université monastique de Tashilumpo (le monastère du Panchen Lama) où il a le rang de professeur. Ce dernier s'appelle Trinekyé et est un *tulkou* ; il faisait partie de la Cour du défunt Panchen Lama et il est désigné pour être le précepteur de l'enfant qui lui succédera.

Vers 1943, Trinekyé appuyé par Tchog doug annonça qu'il avait découvert près de Litang un jeune garçon qui lui semblait être la réincarnation du Panchen Lama.

Le lecteur fera bien de se rappeler ici ce qui a été dit dans les « Notes historiques » au sujet du Panchen Lama, car les incidents rapportés ci-dessous ont trait à sa succession.

De même que les Dalaï-lamas et nombre d'autres lamas moins importants, les Panchen Lamas *ne meurent pas*. Ils appartiennent à cette singulière aristocratie ecclésiastique particulière au lamaïsme : les *tulkous*, dont chaque membre est tenu pour être un chaînon d'une lignée de réincarnations d'une même personnalité.

D'après les Tibétains, nous avons tous existé en des vies qui ont précédé celle que nous vivons actuellement et, après notre mort, nous renaîtrons — exception faite pour ceux qui ont atteint l'illumination spirituelle complète et dont nous ne pouvons pas imaginer les conditions psychiques tant elles diffèrent des nôtres.

La différence entre le commun des hommes et les *tulkous*, en ce qui concerne les renaissances, et que l'ancêtre (le Kou Kongma) d'une lignée de *tulkous* a, par la force de sa volonté, uni ses énergies en une masse cohérente et les a aiguillées dans une direction dont elles ne se départiront plus. Cela en vue d'accomplir une œuvre particulière, de remplir une mission, etc., exigeant un temps plus long que celui d'une seule vie humaine.

Telle est, du moins, la théorie. Elle est plausible pour qui croit à la persistance et à l'homogénéité d'un esprit ou d'une âme qui transmigre, mais en l'adoptant, les Tibétains se sont complètement écartés de la doctrine originelle bouddhique, qui proclame l'instantanéité de tous les phénomènes et dénie l'existence d'un principe stable au sein des agrégats qui constituent les êtres.

Il ne manque pas de lamas érudits qui tentent de réconcilier l'idée des lignées de *tulkous* avec la doctrine de l'instantanéité de l'être ; leurs explications sont ingénieuses, mais il ne peut être question d'en aborder l'examen ici. L'histoire que j'ai à relater ne concerne que la croyance populaire dans les réincarnations successives du Panchen Lama.

Désigner le jeune garçon qui réincarnait le feu Panchen Lama n'était pas une mince affaire car, en plus de la personnalité du Panchen Lama habitant en lui, l'enfant passerait aussi pour être imprégné — comme tous les Panchen Lamas — par l'Esprit du Seigneur de la Lumière infinie et de la vie infinie : Eupagméd-Tsépagmé, ce qui le rendait supérieur aux déités.

Lorsque le gouvernement chinois eut autorisé la translation du corps du Panchen Lama de Kanzé à Jigatzé où un superbe mausolée l'attendait, la plupart de ceux qui l'avaient entouré en Chine rentrèrent au Tibet à la suite du convoi funèbre.

Quelques isolés qui s'étaient établis dans les provinces occidentales y demeurèrent et, parmi eux, se trouvaient ceux à qui était dévolu le soin de rechercher leur défunt maître dans sa nouvelle réincarnation. Ils formaient deux groupes distincts.

A la tête du premier groupe se trouvait un de mes anciens amis nommé Lobzang, connu en Chine comme Lo Yuén (le chef Lo). Quand j'étais à Jigatzé, Lobzang remplissait les fonctions de second chambellan à la Cour du Panchen Lama. D'après les rumeurs qui couraient parmi les Tibétains des provinces de l'Ouest, il gardait en sa possession la plus grande partie du trésor considérable que le Panchen Lama avait amassé durant ses pérégrinations en Chine et en Mongolie. Lobzang avait établi son quartier général au monastère de Koum Boum au Ching-Hai.

Le second groupe se composait du lama Trinekyé et du Grand-lama de Litang.

Un troisième groupe formé par des personnalités de la noblesse du pays existait au Tsang, mais l'activité de ce dernier ne s'exerçant pas dans les provinces occidentales, elle ne concerne pas le présent livre.

Lo Yuén et ses gens découvrirent plusieurs jeunes garçons qui donnaient des marques d'une supériorité supranormale. Ils avaient prononcé des phrases dénotant une sagesse profonde, ou bien leur naissance avait été accompagnée de prodiges. Deux d'entre eux furent retenus comme étant particulièrement intéressants, mais l'un des deux mourut. Lo Yuén n'en devint que plus désireux de connaître à quels signes spéciaux le Panchen Lama réincarné pouvait être reconnu. Il est probable qu'il désirait s'assurer que le seul candidat qui lui restait possédait ces signes et peut-être projetait-il de l'en munir s'il en était dépourvu. Dans cette intention, il envoya quelques-uns des gens de sa suite consulter un lama « voyant » de haut rang et de grand renom qui habitait le monastère de Labrang Tachikyil.

Assis immobile sur un trône, drapé dans sa toge monastique grenat sombre, le « voyant » de Labrang demeura longtemps plongé dans une méditation profonde tandis que les envoyés de Lo Yuén attendaient en silence qu'il se prononçât.

Puis, paraissant redevenir conscient de ce qui l'entourait, comme si son esprit revenait d'un long voyage, le lama déclara :

« — Il proviendra du tonnerre. »

Il ne dit rien de plus et les envoyés après une autre longue attente, n'ayant reçu aucune explication, durent prendre congé en se prosternant au pied du trône et quitter la chambre.

Lo Yuén est un homme de bon sens. Je ne sais pas quelles opinions il entretient, à part lui, quant aux réincarnations du Panchen Lama, mais il ne s'attend certainement pas à voir un enfant tomber du ciel pendant un orage et, d'ailleurs, ce genre de naissance n'avait pas été attribué à son candidat.

Cependant, le mot tibétain *doug,* qui veut dire tonnerre, est aussi le nom de l'animal fantastique : le dragon, mais quelque crédules qu'ils soient, les Tibétains ne croient pas que leurs Grands-lamas sont fils de dragons.

Alors... quoi ?... Le voyant n'avait rien dit de plus.

Tandis que Lo Yuén était occupé au Ching-Hai, Trinekyé continuait son enquête au Sikang. Le garçon qu'il observait produisit, spontanément et devant témoins, différents phénomènes.

Parfois, la lettre A[1] (en écriture tibétaine) apparaissait sur son front ; d'autres fois, sa figure prenait une teinte violette[2]. Un autre jour, l'enfant s'empara d'un petit reliquaire en bois qui se trouvait dans la chambre de Trinekyé et déclara : « Il est à moi. » Or, le reliquaire avait véritablement appartenu au défunt Panchen Lama qui l'avait donné à Trinekyé. Il était assez singulier que l'attention du jeune garçon ait été attirée par ce reliquaire commun alors que celui-ci se trouvait parmi plusieurs autres en argent ou en vermeil, dont l'éclat semblait plus propre à retenir les regards d'un enfant. D'autres faits furent encore remarqués et, un peu plus tard, de nouvelles preuves de « l'identité » du garçon de Litang vinrent au jour. Le destin semblait être à l'œuvre.

Alors que le corps du Panchen Lama était gardé à Kanzé, un grand nombre de dévots s'y rendaient pour le vénérer. Un jour, parmi ceux-ci, vint, des environs de Litang, un couple de paysans nouvellement mariés.

Or, il se trouvait que, ce jour même, quelques dignitaires de l'ancienne Cour du Panchen Lama pratiquaient un rite divinatoire à l'ef-

1. La lettre A, soit écrite, soit prononcée, a une signification mystique et joue aussi un rôle en magie.

2. La teinte violette du visage est, aussi, l'un des signes qui font reconnaître, parmi les femmes, celles qui sont des fées incarnées.

fet d'obtenir des indications concernant la région où leur seigneur était re-né.

La chose avait lieu en face du corps du Panchen Lama et se faisait de la façon suivante.

Différentes réponses à la question « Où êtes-vous actuellement ? » avaient été inscrites sur des morceaux de papier. On y lisait : « Vers le nord ; vers le sud ; vers l'est ; vers l'ouest ; au Kham ; en Chine ; au Tibet ; en Mongolie, etc. » Ces papiers étaient roulés séparément de façon à former de petites boules, puis déposés dans un vase. Un lama tenant le vase entre ses deux mains, à la façon chinoise, devait l'agiter doucement. La première boulette qui sauterait au-dehors donnerait la réponse [1].

Après avoir brûlé de l'encens et célébré différents rites, le lama désigné à cet effet s'agenouilla devant le corps du Panchen Lama et secoua le vase. Une petite boule s'en échappa, le papier fut déplié et, à la stupéfaction générale, on lut sur celui-ci une phrase que personne n'avait inscrite sur aucun des papiers : « Je suis ici, tout près. »

Miracle !... le Panchen Lama lui-même devait avoir écrit ces mots.

Très souvent, au cours des livres dans lesquels je rapporte des épisodes de la vie tibétaine, je dois m'arrêter pour prier mes lecteurs de ne pas se hâter de tourner en ridicule la crédulité des Tibétains. Ne trouve-t-on point, parmi nous, nombre de spirites qui affirment avoir été témoins, dans leurs séances, de phénomènes analogues à celui qui stupéfiait les lamas de Kanzé ?

D'autres faits bizarres avaient déjà été remarqués par ceux à qui incombait le soin de renouveler, lorsqu'il devenait humide, le sel dans lequel était plongé le corps du Panchen Lama en voie d'être desséché et de le redresser quand il s'affaissait. Bien que ceux-ci s'efforçassent, jour après jour, de tourner la tête du Panchen Lama dans la direction du Tibet, droit devant lui, toujours la tête se retournait du côté de la Chine.

Les lamas en avaient conclu que leur Seigneur désirait que son corps soit gardé en Chine.

Si je ne m'étais pas fait une règle d'éviter toutes discussions politiques dans ce livre, je dirais que les Chinois ont eu tort de ne pas l'y garder en lui bâtissant un splendide tombeau capable d'attirer de nombreux pèlerins, mais cela ne me concerne pas.

1. C'est la façon chinoise de consulter le sort dans les temples taoïstes, mais là, au lieu de boulettes de papier, ce sont de minces bâtonnets qui sont dans le vase. Chaque bâton porte une inscription et un numéro qui permet de consulter un livre d'oracles.

Néanmoins, après le « miracle » de la phrase écrite mystérieusement, l'interprétation du mouvement de la tête de la momie varia.

Tandis que leur rite divinatoire retenait l'attention des lamas, le couple venu en pèlerinage multipliait les prosternations dévotes devant le corps du Panchen Lama.

Or, la femme était enceinte.

La réponse énigmatique : « Je suis ici, tout près » pouvait être d'à propos. Mais à ce moment, personne ne s'en avisa ; personne ne prêtait attention à ce ménage campagnard confondu parmi beaucoup d'autres pèlerins.

Quant aux deux bonnes gens, ils ignoraient, naturellement, la réponse donnée par le papier tombé du vase et ignoraient, aussi, qu'une consultation divinatoire avait eu lieu car les laïques du peuple ne comprennent pas la signification des rites.

Cependant, dès le début de la grossesse de sa femme, le paysan de Litang avait conçu l'idée que l'enfant qu'elle portait pouvait être le Panchen Lama réincarné.

Des centaines de Tibétains attendant un enfant, se bercent ainsi de l'espoir que celui-ci pourra être le *tulkou* de tel ou tel lama, plus ou moins éminent, récemment décédé. C'est qu'en plus de l'honneur attaché à la parenté avec un *tulkou* les bénéfices matériels que celle-ci procure à ses proches ne laissent pas que d'être désirables.

La plupart du temps, les rêves ambitieux des parents se muent en désappointement ; leur fils devient un vulgaire paysan, un marchand, ou, s'il appartient aux classes sociales supérieures, un honorable fonctionnaire.

Quand sa femme approcha de son terme, le bonhomme qui croyait qu'elle allait donner naissance au Panchen Lama jugea que sa chaumière n'était pas digne d'abriter le retour dans ce monde d'une personnalité aussi haute. Une caverne sur la montagne lui parut un lieu plus convenable et à une caverne, préalablement purifiée avec de l'encens, il amena son épouse.

Le ménage retourna ensuite dans son village avec le nouveau-né et environ quatre ans plus tard, Trinekyé et Tchog doug Kyabgeune remarquèrent l'enfant.

La déclaration du « voyant » de Labrang paraissait ne pas s'adapter à ce garçon.

La nouvelle incarnation du Panchen Lama « proviendrait du tonnerre », avait-il dit. Où était le « tonnerre » dans ce cas ?... Il y était.

Le père du garçon habitait Litang, mais il était originaire d'un petit État de l'Himalaya qui figure sur les cartes sous le nom de

Bhoutan. Toutefois, Bouthan n'est pas son véritable nom ; les indigènes l'appellent Doug yul, c'est-à-dire « Pays du Tonnerre ». Eux-mêmes se nomment Doug pas, Gens du Tonnerre.

L'enfant provenait donc du tonnerre.

Je ne sais si, à l'autre extrémité des provinces de l'Ouest, à Koum Boum, Lo Yuén a trouvé quelque rapport entre son candidat et l'oracle prononcé à Labrang, mais il a réussi à le faire reconnaître officieusement par des autorités chinoises et une cérémonie d'intronisation a eu lieu à Koum Boum.

Un troisième candidat était, comme je viens de le mentionner, le fils d'un noble de Tsang. L'on peut croire qu'avec cette candidature locale les politiciens de Tsang poursuivaient leur idée de faire de leur vaste province un royaume indépendant gouverné par les Panchen Lamas successifs.

Un tirage au sort, effectué à Lhassa, devait désigner celui des candidats qui monterait sur le trône ecclésiastique de Tashilumpo. Restait à savoir si ceux qui supportaient les candidats respectifs se soumettraient au jugement de ce tirage au sort qu'ils pouvaient soupçonner d'avoir été truqué.

Les garçons que la chance n'aura pas favorisés s'en retourneront chez eux et qui sait si la mauvaise humeur de leurs parents, en butte aux quolibets de leurs voisins, ne leur fera pas la vie dure !

Tout n'est pourtant pas perdu pour ces pauvrets. L'enthousiasme extraordinaire des Tibétains et des Mongols pour les *tulkous* ne s'est pas contenté de créer des milliers d'incarnations de héros et de saints, ils ont imaginé de les multiplier encore davantage en déclarant qu'une même personne peut se réincarner simultanément en plusieurs autres. Cette idée procède d'une théorie trop abstruse pour être discutée ici. Il est suffisant de dire que les Tibétains croient que les trois parties constitutives d'une personne : l'esprit, le verbe et la forme physique peuvent se réincarner séparément.

Ainsi, l'on entend parler du *tulkou* de l'esprit du lama X... et en même temps de ses frères spirituels, les réincarnations respectives du verbe et du corps du même lama X... Dans le cas de *tulkous* de médiocre importance, très peu d'égards est accordé aux réincarnations du « verbe » et du « corps » ; c'est la réincarnation de l'esprit qui occupe le siège du défunt lama. La plupart du temps un seul *tulkou* apparaît.

Dans le cas des Dalaï et des Panchen Lamas, les candidats qui ont subi avec succès toutes les épreuves, sauf la dernière, reçoivent certaines marques de considération. Il semble que, malgré leur défaite, « quelque chose » des hautes personnalités qui « habitent » les Grands-lamas demeure en eux. Ces lamas, bien que non élus en dernier ressort, peuvent même devenir l'origine d'une nouvelle lignée d'incarnations qui jouira d'un prestige atténué.

L'authenticité de l'élu peut aussi être mise en doute, mais il est fort improbable que celui-ci soit déposé. La chose est arrivée récemment au sujet de l'enfant qui occupe, maintenant, la place du Dalaï-lama. Ceux qui contestaient son identité furent défaits, leur chef, un moine, fut dépouillé de ses robes monastiques, vêtu de blanc comme un laïque et exilé.

La vénération en laquelle les *tulkous* sont tenus prend maintes formes dont quelques-unes sont singulières.

Naturellement, les fidèles les saluent avec une triple prosternation, mais en l'absence du lama ils se prosternent aussi en se tournant vers la direction de sa résidence, persuadés que le lama est conscient du respect qu'ils lui témoignent et les bénit en retour.

Mais les choses ne s'arrêtent pas à des prosternations et à des offrandes. La masse des Tibétains croit que, non seulement la personne du *tulkou* est sacrée, mais que tout ce qui lui appartient, tout ce qui l'a touché l'est également. Les vieux vêtements de ces personnages sont coupés en menus morceaux et distribués comme porte-bonheur. Même lorsqu'un de ceux-ci donne un vêtement neuf en cadeau, il est poli, de sa part, de le porter auparavant pendant un instant ou, tout au moins, d'en faire le simulacre.

Pendant mon séjour à Jigatzé, le défunt Panchen Lama voulut me donner une marque de son estime après une discussion philosophique que j'avais soutenue avec un professeur de l'université de Tashilumpo. Il choisit de me faire cadeau d'un vêtement monastique en drap d'or comme en portent les lettrés et les lamas de haut rang. Sa mère, qui était mon hôtesse, insista pour qu'il revêtît le vêtement pendant quelques minutes avant qu'il me fût remis. Elle croyait qu'il s'imprégnerait ainsi d'un principe bienfaisant qui contribuerait à mon progrès spirituel et à ma prospérité matérielle.

Comme dame-lama et *naldjorma* (Yoguini), des morceaux de ma robe ou même seulement quelques fils de l'étoffe arrachés aux coutures me sont souvent demandés. Tandis que d'autres me prient de frotter un morceau d'étoffe ou de papier sur ma figure et de les leur donner comme talisman.

La populace superstitieuse va beaucoup plus loin lorsque la personne en question est un *tulkou* de très haut rang. Alors, non seulement les restes de ses repas sont gardés précieusement, mais son urine est demandée comme médecine, généralement pour usage externe, mais est parfois bue par certains ultra-dévots.

Pendant notre séjour à Tatsienlou, mon fils adoptif Yongden fut fortement importuné par les gens qui, le sachant en relations d'amitié avec le lama Trinekyé, le suppliaient de leur procurer de son urine.

Naturellement, Yongden rejetait leur demande et s'efforçait de les rendre honteux de leur superstition répugnante. Mais tout ce qu'il pouvait dire ne servait à rien, les gens se mettaient en colère et le traitaient d'égoïste qui refusait d'obliger autrui.

La superstition conduit souvent à des pratiques dégoûtantes. On raconte que l'eau dans laquelle le prophète Mahomet s'était baigné était bue par ses disciples. Certains Hindous boivent l'eau dans laquelle les statues des dieux ont été lavées ou celle où leur directeur spirituel (gourou) a trempé ses pieds.

Dans une biographie de saint Jean de la Croix écrite par un Carme érudit, il est rapporté qu'après la mort du saint son corps fut divisé en plusieurs morceaux de façon à pourvoir de reliques différents monastères. La même chose a été faite avec le corps de sainte Thérèse d'Avila, la célèbre réformatrice du Carmel, et de nombreux autres saints et saintes. Il advint qu'un frère de saint Jean fut chargé de porter un bras du saint dans un monastère. En cours de route, le messager fut assailli par un terrible ouragan et se crut en danger de mort. Dans son angoisse il invoqua son saint frère et mangea un morceau du bras relique qu'il portait.

Tournons-nous maintenant vers des croyances superstitieuses courantes parmi la population laïque de l'Extrême-Occident chinois.

La déesse Dolma est très populaire parmi les Lamaïstes. Elle est une forme tibétaine de la déesse Tara des Hindous, l'un des dix avatars de Çakti qui personnifie l'Énergie. Bien entendu, le commun des dévots ignore son origine et ceux-ci vénèrent spécialement Dolma comme la protectrice des voyageurs.

Il existe une longue formule d'invocation à la déesse dont l'effet est de rendre invisible aux brigands le voyageur qui la récite avec foi, en ayant le cœur pur.

On raconte que des marchands à la tête d'un nombreux convoi ont, ainsi, passé au milieu de bandes de brigands sans avoir été vus par eux. Ou bien un prodige plus grand encore a eu lieu. A la place de marchands ou de pèlerins, les malfaiteurs ont vu défiler une procession de déesses.

Une autre superstition répandue parmi les indigènes et parmi les Chinois établis dans le pays est la croyance aux objets autogènes *(rang djoung).* Les statues de déités que l'on prétend n'avoir pas été faites de mains d'homme abondent au Tibet et dans tout l'Ouest chinois. Certaines de ces statues sont de grandes dimensions, d'autres minuscules. Il en est en pierre, en cristal de roche, en corail, en malachite, en argent, en or. On en voit de très finement sculptées, d'autres montrent à peine les contours d'une figure.

En plus des statues, toutes sortes d'objets « autogènes » sont aussi exhibés aux fidèles. Les plus nombreux sont des monuments religieux appelés chortens ou des dalles sur lesquelles des inscriptions ou des images sont gravées.

Il en est qui sont dits avoir apparu soudainement à l'endroit où on les voit, d'autres proviennent de fouilles. Dans ce dernier cas, des prodiges ont amené à entreprendre les fouilles. La même superstition existe dans l'Inde.

D'après la légende, le *lingam* [1] sacré représentant Çiva qui est vénéré dans le temple de Pouchpati Nath au Népal était caché sous la terre. Des vaches paissaient à cet endroit et le bouvier s'étonnait de voir qu'elles ne donnaient pas de lait. Soupçonnant que des paysans voleurs les trayaient à leur profit, il s'embusqua pour les surprendre et vit que d'elles-mêmes les vaches répandaient leur lait sur une certaine place. On creusa la terre à cet endroit et le *lingam* fut découvert. De nos jours encore, il est considéré par les fidèles comme s'étant formé de lui-même sous la terre.

La même histoire est répétée dans des douzaines de légendes concernant d'autres découvertes, entre autres celle de la statue d'une déité qui fut offerte au roi tibétain Srong bstan Gampo (VIIe siècle) et qui est conservée à Lhassa.

Des pierres présentant la forme plus ou moins vague d'un corps humain, d'une tête, d'un animal, d'un *chorten* sont très estimées par les indigènes dans les provinces frontières de l'Ouest où beaucoup les considèrent comme des talismans. Retoucher une pierre pour accentuer sa ressemblance avec une figure humaine ou avec un autre objet est couramment pratiqué par des charlatans sans scrupules qui offrent leurs marchandises en vente comme étant *rang djoung* (autogène).

Un fait amusant est que des minéralogistes étrangers de passage, ayant été vus examinant des pierres, les indigènes s'imaginèrent qu'eux aussi cherchaient des statuettes ou des *chortens* autogènes et leur en présentèrent de tous les genres. D'autres pensèrent que les stupides étrangers s'intéressaient à tout ce qu'on déterrait et se vantèrent de pouvoir leur extorquer de l'argent en leur vendant des « trouvailles ». A cet effet, ils constituèrent, en différents endroits, des cachettes d'objets divers et essayèrent d'y mener les étrangers qui, naturellement, se gaussèrent d'eux.

Une histoire comique me fut racontée au sujet d'un homme de Drapa, nommé Kalzang, qui s'était persuadé qu'un morceau de pierre trouvé par lui dans un éboulement était une statuette, miraculeusement formée, de la déesse Dolma.

Drapa est un district du Sikang dont les naturels ont la réputation d'être fortement enclins au vol et au brigandage. Kalzang partageait

1. *Lingam* est le nom hindou du phallus.

le goût de ses compatriotes pour les acquisitions illicites, mais était un sot.

Il exhiba sa trouvaille à ses amis, déclarant que, la portant sur lui en invoquant Dolma, il pourrait se rendre invisible. On se moqua de lui.

Cela n'ébranla pas sa conviction, il enveloppa l'idole dans un morceau de vieille soie et la garda sous sa robe. En ayant eu connaissance, quelques lurons Khampas firent semblant de ne pas le voir quand il passait, d'autres, simulant l'effroi et la vénération, se prosternèrent sur la route. Ces démonstrations confirmèrent le nigaud dans sa croyance. En vérité ! le talisman opérait, il le rendait invisible ou bien, à sa place, les gens voyaient la déesse.

Kalzang n'était pas homme à se contenter d'un miracle matériellement improductif, son atavisme de batteur d'estrade lui suggéra qu'il possédait un moyen unique de faire fortune sans courir de risques et qu'il devait en profiter.

Animé d'un beau zèle, le vaurien se rendit à Tatsienlou, il y examina les boutiques, leurs entrées et leurs sorties, et en épia les patrons pour connaître leurs habitudes. Quand il se crut suffisamment renseigné, il se rendit à la boutique qu'il avait élue pour ses débuts.

Il faisait déjà nuit. Kalzang à califourchon sur un mur pressait étroitement son talisman contre lui tout en marmottant les louanges de Dolma.

Du haut de son perchoir, le coquin vit le boutiquier traverser la cour, entrer dans une chambre, en sortir en portant des bâtons d'encens allumés qu'il alla planter dans un coin où se trouvait sans doute un autel que l'obscurité empêchait de discerner.

Ayant ainsi vaqué à ses dévotions quotidiennes, le digne marchand retourna dans l'appartement d'où il était venu d'abord, ferma la porte et alla se coucher.

Kalzang, toujours sur le mur, restait seul ; les effluves suaves de l'encens montaient vers lui, le silence était complet. En vérité ! le talisman est efficace, pensa le sot ; sans aucun doute, le Chinois a perçu d'une manière mystérieuse la présence de la déesse et l'a honorée en brûlant de l'encens et quant à moi, il ne m'a pas découvert.

Le miracle continua ; le voleur sauta du mur, fractura la porte de la boutique, s'appropria l'argent de la caisse et autant de marchandises qu'il fut capable d'en emporter et rentra chez lui sans avoir été aperçu.

Ce succès confirma si profondément Kalzang dans sa foi qu'il voulut le répéter sans tarder et crut que, dorénavant, il pouvait se dispenser de toutes précautions. Il entra donc, en plein jour, dans une boutique et, fort de son invisibilité, il commença à s'emparer de tout ce qui lui plaisait. Le marchand, d'abord ébaubi, ne tarda pas à reprendre ses esprits et, aidé par son commis, il administra une raclée magistrale au trop visible Kalzang. Les deux Chinois le remirent ensuite à la Police et, le lendemain, il fut encore plus sévèrement bâtonné par ordre du magistrat.

Un ami de Kalzang, de qui je tiens cette histoire, commentait d'un air entendu : « Dolma ne protège que ceux dont le cœur est pur. Elle n'aiderait jamais à commettre une mauvaise action. Kalzang a été puni pour l'avoir offensée. »

Mais quant au pouvoir magique de statuettes autogènes authentiques de la déesse, le Khampa n'en doutait pas.

La croyance aux talismans qui produisent l'invisibilité a existé dans tous les pays du monde. Nous les voyons mentionnés dans les contes arabes des *Mille et Une Nuits* et par des auteurs européens du moyen âge. Un charmant conte de Boccace (1313-1375) intitulé « la Pierre d'Invisibilité » rapporte l'aventure d'un nigaud partant avec des amis à la recherche de cette pierre merveilleuse et comment ceux-ci lui jouent de mauvais tours. L'histoire finit comme celle de Kalzang par une correction infligée au héros, mais c'est sa femme, pour qui il demeure très visible, qui la lui administre.

Les Tibétains ont, aussi, le *dipching,* le « bois qui ombrage » que j'ai décrit en détail dans un de mes livres précédents [1].

Le culte de certains arbres et de certaines plantes a, aussi, existé partout.

« O peuple fortuné dont les dieux croissent dans les jardins ! » disait Juvénal [2] raillant les Egyptiens qui tenaient les poireaux et les oignons pour sacrés.

Il aurait trouvé les Chinois du Sikang plus délicats dans leur choix d'une déité poussant dans les jardins. Celle-ci est une fleur : la pivoine.

Les pivoines ne sont pas véritablement déifiées, elles sont plutôt considérées comme portant bonheur à ceux dans le jardin de qui elles croissent, mais des facultés prophétiques leur sont attribuées. Tant que les plantes de pivoines de votre jardin restent vigoureuses, vous pouvez vous attendre à demeurer en bonne santé, ainsi que les vôtres et à voir prospérer vos affaires. Au contraire, si les boutons sèchent sans s'ouvrir, si les feuilles se dessèchent, le pronostic est mauvais et signifie pertes matérielles, maladie, ou mort.

Il est jugé propre de traiter avec respect les pivoines qui croissent près de la maison. Le sol, autour des plantes, doit être tenu scrupuleusement propre ; il faut brûler de l'encens près d'elles et les déco-

---

1. *Au pays des brigands gentilshommes.*
2. Juvénal, *Satire XV.*

rer avec des écharpes — celles que l'on présente en hommage aux déités ou aux personnalités importantes.

De plus, les plantes de pivoines doivent être considérées comme des êtres intelligents. Il faut leur parler, les louer avec des mots aimables et chercher à leur plaire de différentes manières.

A mon arrivée à Tatsienlou, il y avait beaucoup de pivoines dans le jardin de la Mission catholique française. Il y en avait également une plante près de ma cabane. Les fleurs étaient roses et de grande taille. Une à une les pivoines se desséchèrent et moururent.

Les indigènes expliquaient le fait de cette manière : les étrangers ne traitent pas les pivoines comme elles doivent l'être, ils ne leur témoignent pas d'égards. Une nouvelle religieuse, ayant pris en main la direction du couvent, a arraché des plantes de pivoines pour les vendre, a souillé le sol dans le voisinage des autres en y répandant, comme engrais, le contenu des fosses d'aisance.

La mort des pivoines prédisait aussi la défaite de la France. Quant à la plante qui se trouvait dans mon jardinet, sa mort présageait celle de mon mari.

Dans nombre de pays, si ce n'est partout, les prêtres des différentes religions se vantent de pouvoir agir sur le temps par la célébration de certains rites ou l'invocation des dieux.

La Chine et le Tibet ne font certainement pas exception. Des moines lamaïstes et des prêtres taoïstes adeptes de cet art spécial recueillent des honoraires appréciables en provoquant la chute de la pluie quand elle est nécessaire ou en empêchant la grêle de tomber.

Bien qu'ils ne laissent pas d'avoir recours à ces sorciers, les Chinois et les nombreux métis de la vallée de Tatsienlou entretiennent des idées particulières quant au moyen d'obtenir de la pluie lorsque la sécheresse menace de compromettre la croissance de leurs récoltes.

Dans le chapitre II, en parlant des objets naturels déifiés, j'ai mentionné un lac que le bruit irrite et qui se venge de la sensation déplaisante qu'il ressent en faisant tomber de la pluie.

Les croyants en cette susceptibilité bizarre du lac doivent avoir, d'autre part, une médiocre opinion de son intelligence, car ils n'hésitent pas à le duper à leur profit.

Je doute que les autorités chinoises de la ville partagent la crédulité de la populace, mais elles estiment, sans doute, qu'il faut lui complaire et par conséquent, elles coopèrent à l'observation de la coutume locale.

Lorsque la pluie est désirée par les paysans, les édiles dépêchent une douzaine d'hommes au bord du lac. Ceux-ci sont payés et pourvus de provisions. Leur besogne consiste à pousser des cris et à jeter des pierres dans le lac jusqu'à ce qu'il se mette en colère et fasse tomber de la pluie. Il paraît que cette comédie ne manque jamais de produire de l'effet.

Je ne puis pas me porter garante que son succès est immanquable, mais je puis témoigner qu'il dépasse, parfois, l'attente des campagnards.

Un des hivers que je passai dans la région de Tatsienlou fut anormalement sec ; les chutes de neige habituelles et les pluies printanières firent défaut ; des hommes furent envoyés au lac et la pluie tomba.

Alors, vint le huitième jour du quatrième mois selon le calendrier lunaire sino-tibétain. C'est un grand jour de fête ; la foule — les Chinois aussi bien que les Tibétains — visite les lamaseries, allumant des lampes au beurre et brûlant des bâtons d'encens sur les autels des temples. Une partie de la fête consiste en pique-niques, les familles s'amusant en plein air. Naturellement, la pluie n'aurait pas été bienvenue alors que chacun avait revêtu ses plus beaux atours. Les gens envoyés près du lac reçurent donc ordre de demeurer silencieux et de se retirer à quelque distance de la rive.

La journée fut ensoleillée.

Cependant, la quantité d'eau tombée durant les jours précédents n'était pas considérée suffisante. Le lendemain de la fête, les cris et le jet de pierres dans le lac recommencèrent. La pluie tomba. Mais le 12 du même mois était la date d'une autre fête. Est-ce que les hommes chargés de taquiner le lac comprirent mal les ordres qui leur furent donnés, ou bien est-ce que le lac fatigué d'être dupé se fâcha sérieusement ? Un violent ouragan balaya la vallée où des centaines de gens s'étaient rassemblés pour se divertir. Le vent mit les tentes en pièces, une pluie torrentielle gâta les belles robes des femmes qui se sauvaient en criant. Le déluge continua pendant plusieurs semaines, les plus petits ruisseaux se muèrent en torrents rugissants, les terrains bas restèrent inondés. L'été tout entier fut pluvieux et presque toute la moisson fut perdue.

Les indigènes ont aussi l'idée curieuse qu'afin d'obtenir un temps favorable pour les récoltes il faut organiser des courses de chevaux au printemps. Ces courses, croient-ils, recréent les déités tutélaires et celles-ci témoignent leur satisfaction en procurant aux cultivateurs le genre de temps qui convient à leurs champs.

Cependant, ces courses n'ont pas lieu chaque année parce qu'elles entraînent beaucoup de dépenses : des prix à distribuer aux vainqueurs, des banquets, etc.

Il n'existe pas de véritables champs de course dans la région frontière de l'Ouest. Les chevaux courent sur n'importe quel terrain à peu près plat.

Les Tibétains ne sont pas aussi bons cavaliers que les Mongols, cependant beaucoup d'entre eux sont remarquables. Leurs courses ont un caractère barbare et donnent lieu à un déploiement brutal d'énergie virile. Aucune comparaison n'est possible entre ces courses violentes et celles de nos pays occidentaux et si l'on tentait la comparaison, ces dernières paraîtraient bien fades.

Des Chinois, surtout des officiers, prenaient part aux courses de Tatsienlou, ils y apportaient de l'aisance et un certain style qui contrastaient de façon amusante avec la ruée sauvage des compétiteurs Khampas.

Il y a quelques années, une longue étendue de terrain au fond de la vallée a été préparée pour y établir un aérodrome. Un petit nombre d'avions s'y posèrent, puis l'emplacement fut jugé trop étroitement enserré entre les montagnes et un autre champ d'aviation fut construit plus avant en territoire tibétain inclus dans le Sikang.

C'est sur l'aérodrome abandonné que les courses ont lieu pendant plusieurs jours. Chinois et Tibétains plantent alors des tentes tout le long de la piste et sur les hauteurs environnantes et campent joyeusement, mangeant et, surtout, buvant copieusement, chantant et jouant à différents jeux. Les Tibétains sont très amateurs de ces récréations en plein air. En été, on peut voir dans les environs de Lhassa, de Jigatzé et des grandes lamaseries, de nombreuses tentes blanches ornées d'arabesques et de volants bleus et rouges. Ce sont celles des lamas, des fonctionnaires et des marchands riches prenant des vacances et se donnant le plaisir — rare dans leur pays froid — de se baigner dans les rivières.

L'on pourrait remplir plusieurs gros volumes avec la description des superstitions qui ont cours dans l'Extrême-Occident chinois ; j'en noterai encore une ici, dont j'ai vu de près les conséquences comiques.

Une Chinoise de la bourgeoisie engagea une nourrice pour son fils nouveau-né. La nourrice et le bébé furent logés dans la maison de la grand'mère de l'enfant. Tout alla bien ; en temps voulu, l'enfant fut sevré. Alors, une autre mère, incapable d'allaiter elle-même l'enfant qu'elle venait de mettre au monde, apprit que la femme dont le nourrisson avait été sevré avait encore du lait et lui confia le nouveau-né. Il fut permis à la nourrice de conserver la chambre qu'elle occupait chez la grand'mère de son premier nourrisson et elle y amena celui qui lui succédait. Cependant, la vieille dame n'avait pas été informée de l'âge de l'enfant qu'on avait introduit chez elle et voici qu'elle apprit qu'il n'avait pas encore un mois.

Or, si un enfant âgé de moins d'un mois entre dans une maison, sauf s'il est le parent des gens qui l'habitent, il la souille de toutes sortes de malheurs, maladie et mort s'ensuivront pour les maîtres du logis et leur parenté. Telle est la superstition locale.

Que pouvait-on faire ?... L'enfant était entré dans la maison, à cela il n'y avait point de remède. La grand'mère injuria la nourrice, l'expulsa avec l'innocent bébé cause du trouble et porta plainte devant le tribunal.

Le juge partageait la croyance superstitieuse de la plaignante. Véritablement, la maison avait été souillée et devait être purifiée, le faire incombait à la coupable : la nourrice.

Cette dernière était très pauvre, elle dut vendre les quelques hardes qu'elle possédait et s'endetter pour acheter quantité de bâtons d'encens à brûler dans les chambres, de papier rouge (de bon augure) pour le coller sur les portes et de pétards pour effrayer les mauvais esprits et les chasser de la maison.

En plus, il lui fallut se prosterner devant la vieille maîtresse du logis, lui demander pardon, puis se prosterner, aussi, un grand nombre de fois, devant l'image du dieu tutélaire de la famille, le suppliant de s'apaiser et de ne faire aucun mal à l'hôtesse et à sa parenté.

Afin de ne pas être mêlée à la querelle, la mère du second nourrisson reprit son enfant, de sorte que l'infortunée nourrice, en plus des dépenses qu'elle avait faites, perdit aussi son emploi.

Il n'est pas difficile d'imaginer ses sentiments, mais je n'eus pas même à prendre cette peine, car la femme en fit confidence à ma servante qui m'en instruisit.

Tandis qu'elle accomplissait les multiples prosternations devant l'autel du dieu tutélaire, au lieu de l'implorer en faveur de la grand'mère et de sa famille, l'ex-nourrice proférait des imprécations silencieuses :

« Puisse l'impitoyable riche maîtresse de maison perdre sa fortune ! Puisse la vérole marquer le visage de ses petites-filles de façon qu'elles ne trouvent pas de mari ! Puisse la mort habiter ce logis et tous ceux qui y demeurent avoir des vies courtes ! » etc.

Si l'on rencontre dans l'Ouest chinois nombre de superstitions d'un caractère simplement absurde et prêtant à rire, l'on peut y découvrir un stock important de croyances ténébreuses et de pratiques de sorcellerie maligne.

L'idée, très répandue au Tibet, que l'on peut soustraire une partie du principe vital d'un individu est familière aux indigènes de la frontière.

Cette croyance repose sur la théorie suivante : l'homme comprend plusieurs principes spirituels ou semi-spirituels en partie indépendants. L'un de ces principes peut être soustrait de l'assemblage sans produire la rupture complète de ce dernier, c'est-à-dire sans provoquer la mort de l'individu.

Il en résulte qu'un homme privé de l'un de ces éléments peut continuer à vivre d'une vie diminuée pendant un temps plus ou moins long, même pendant des années. La séparation de ce principe peut s'effectuer par l'action de causes internes, mais le plus souvent il est arraché à l'ensemble par un démon ou par un sorcier. Ceux-ci le réduisent en esclavage, le font « travailler » à leur profit et parfois le dévorent.

Une autre superstition a trait au rite fameux du *ro lang,* c'est-à-dire du cadavre ressuscité.

Le but du rite est de s'enrichir ou d'obtenir des pouvoirs magiques. Voici la description qui en est donnée.

Le sorcier doit s'assurer l'aide d'un compagnon vigoureux et intrépide. Cela est nécessaire parce que le célébrant risque sa vie et s'il arrive que son courage faiblisse il faut que son compagnon puisse continuer la récitation des formules magiques protectrices. Cependant, quelques audacieux célèbrent seuls.

Le sorcier doit se coucher sur le cadavre qui est étendu, posant ses mains sur les mains du mort, ses pieds sur ses pieds et sa bouche sur sa bouche. Tandis qu'il est dans cette position, des paroles magiques sont prononcées par son acolyte ou par lui-même, s'il est seul.

Parfois, ce n'est pas le sorcier qui se couche sur le cadavre, mais un comparse qu'il a induit à jouer ce rôle dangereux en lui promettant un bénéfice considérable.

Après quelque temps, l'effet des paroles magiques se fait sentir, le cadavre commence à bouger. Le moment terrible est arrivé. Le cadavre se met debout, saute et s'agite frénétiquement ; le célébrant s'est levé avec lui, le tenant étroitement embrassé et sautant avec lui. Au milieu de cette danse effroyable, la langue du cadavre sort de sa bouche, immédiatement, le célébrant doit la saisir entre ses dents et l'arracher. S'il y réussit, le cadavre retombe inerte sur le sol, mais s'il n'y réussit pas et desserre son étreinte, le cadavre animé s'échappe et courant au hasard, tue tout homme ou tout animal qu'il trouve sur son passage.

La langue qui a été arrachée devient une arme magique et le cadavre se change en un monceau d'or.

Incités par l'ambition et la convoitise, certains entreprennent véritablement la célébration du rite et leur foi est si vive et la terreur qu'elle engendre si grande que quelques-uns tombent morts à côté du cadavre.

J'ai fait allusion à ce rite dans un de mes livres précédents, néanmoins, j'ai cru pouvoir le mentionner de nouveau pour ceux des lecteurs qui n'auront pas déjà lu ce qui le concerne.

Il n'est pas inutile d'être informé d'une croyance de ce genre pour comprendre la question qui me fut posée pendant la guerre :

« — Que fait-on des soldats morts, en Europe ?... »

« — Autant que possible, on les enterre et l'on marque la place de leur sépulture. »

Cette réponse parut banale et insuffisante à mon interlocuteur.

« — N'y a-t-il pas en Europe des gens capables d'en refaire des combattants ? Ils ne pourraient plus être tués puisqu'ils sont morts. Ils grossiraient beaucoup vos armées. »

Il ne s'agissait pas de ressusciter les soldats morts mais de les animer d'une sorte de vie mécanique et d'envoyer ces robots sur le front.

Seuls des gens nourris avec des histoires telles que celle du *ro lang* ou des « esprits » soutirés d'un individu, asservis par un sorcier et travaillant pour lui, peuvent imaginer un prodige aussi bizarre que celui de régiments de cadavres animés.

Nombre de Chinois croient aux « morts » qui manifestent de l'activité sous la direction d'un sorcier ou mus par d'autres causes.

Des histoires macabres circulent au sujet d'une espèce de vaudouisme qui existerait au Yunnan.

Il est bien connu que beaucoup de Chinois tiennent à être inhumés dans leur pays natal où ils ont souvent un cimetière de famille. Quand il leur arrive de mourir loin de là, leur corps doit y être transporté et le coût du portage est toujours onéreux. Certains, qui résident loin du siège de leur famille, passent donc un contrat avec un entrepreneur de funérailles et lui versent une somme donnée contre l'engagement pris par ce dernier de ramener leur dépouille au lieu où elle doit avoir sa sépulture.

La rumeur publique accuse ces entrepreneurs d'être souvent malhonnêtes et désireux de garder l'argent reçu tout en s'épargnant les frais du transport d'un cercueil. Pour ce faire, ils s'adressent à des sorciers capables d'infuser un semblant de vie dans les individus récemment décédés. Le robot est même doué d'une lueur de conscience qui lui permet de jouer à peu près le rôle d'un vivant et il se rend par lui-même, ou dirigé par un acolyte du sorcier, au lieu où il doit être enterré. Là il tombe inerte.

Beaucoup de gens croient à cette fable et, croisant sur la route un voyageur au pas mal assuré, le chapeau baissé sur ses yeux, un paysan dit parfois : « Celui-là est mort. »

Des voyageurs ont raconté qu'aux Antilles des sorciers emploient un procédé analogue pour pourvoir les fermiers en ouvriers agricoles. Ces demi-vivants, appelés *zombies,* agissent comme des automates, mais conservent assez de lucidité pour savoir qu'ils sont morts et souffrent de l'activité qu'on leur impose, désirant pouvoir être *réellement* morts et en paix.

Beaucoup d'entre eux ont été déterrés peu après leur inhumation et s'il leur arrive de passer près de leur tombe, ils s'y jettent et demeurent alors définitivement inanimés.

Si des histoires de ce genre ont cours aux Antilles, si loin du Yunnan, on peut y voir une preuve à ajouter à beaucoup d'autres qu'en fait de superstitions et de fables l'imagination des hommes se meut dans un cercle bien restreint.

Après avoir passé en revue quelques-unes des superstitions qui ont cours parmi les « païens » dans les provinces de l'Extrême-Occident chinois, jetons, maintenant, un coup d'œil sur l'attitude superstitieuse des indigènes « convertis » : catholiques ou protestants, à l'égard des missionnaires.

Pour apprendre quelque chose à ce sujet, il faut, naturellement, avoir gagné la confiance des pseudo-convertis, ce qui implique que l'on doit être un Asiatique, et surtout pas un chrétien.

Je suis grandement redevable à certains lettrés chinois, à quelques-uns de mes amis tibétains et au lama Yongden pour m'avoir fourni nombre de renseignements. D'autre part, il m'a également été possible de noter moi-même des faits curieux.

La plupart des convertis appartiennent aux classes indigentes de la population. L'espoir d'obtenir des avantages matériels les a induits à se joindre aux ouailles de telle ou telle Mission. Leur « conversion » n'a nullement déraciné, en eux, leurs croyances ancestrales. Celles-ci dominent leurs nouvelles croyances si, toutefois, ces benêts en ont dérivé de nouvelles des enseignements qu'ils ont reçus des missionnaires, ce qui n'est pas toujours le cas.

Il s'ensuit que le « converti » se trouve dans un état mental troublé comparable à celui de ces héros de certaines histoires du moyen âge qui avaient vendu leur âme au diable en échange de richesses, de pouvoir ou d'autres choses. Le renégat du Lamaïsme ou du Taoïsme a reçu ce que sa médiocre ambition convoitait : un petit champ, un emploi, quelque argent, mais la crainte de l'échéance est sur lui. Il s'est fait l'esclave de « démons étrangers » ; comment ceux-ci en useront-ils avec lui ?... De plus, il appréhende la vengeance des déités et des démons de son ancienne religion que son apostasie a irrités.

Un autre élément moins facilement compréhensible aux étrangers se mêle à la peur qui le tenaille. Il ne redoute pas seulement le mal que les dieux ou les démons peuvent *vouloir* lui faire, mais, aussi, d'autres maux procédant *automatiquement* de la souillure qu'il a contractée. Nul, parmi les gens de ces basses classes sociales, ne doute que les étrangers et, principalement les missionnaires, sont impurs d'une sorte d'impureté semblable à celle qui est attribuée, dans l'Inde, à certaines castes et qui n'a aucun rapport avec la moralité bonne ou mauvaise des individus. Ils pensent que cette impureté est en quelque sorte contagieuse et affecte ceux qui fréquentent habituellement les missionnaires et, surtout, ceux qui assistent à leurs rites religieux ou qui y participent.

Certains paysans des Himalayas, à l'imitation des Hindous, refusent souvent de prendre leurs repas avec ceux de leurs compatriotes qui ont mangé avec des Chrétiens. Je ne crois pas que les indigènes de l'Extrême-Ouest chinois sont aussi stricts, néanmoins, l'idée de contamination est forte parmi eux.

Pour cette raison, il est fréquent de rencontrer, dans les lamaseries ou dans les temples chinois, des indigènes convertis empressés à recevoir la bénédiction d'un lama ou quelques gouttes d'eau consacrée par lui ou bien qui brûlent de l'encens et allument des bougies devant les autels des dieux. Ils s'efforcent, par là, de laver l'impureté que leur conversion a, croient-ils, attachée à leur personne et d'en éviter les conséquences néfastes. Ils souhaitent, tout spécialement, que leurs enfants soient « purifiés » après avoir été baptisés.

Des amulettes protectrices portées sous les vêtements ou même cousues, ouvertement, sur les bonnets des enfants sont en vogue parmi les « convertis », mais ce qui est souverainement amusant, c'est d'entendre certains de ces derniers raconter, comme preuve de leur adroite vigilance, que durant le sermon, la messe ou le chant des hymnes — suivant qu'ils assistent au culte catholique ou au culte protestant — ils répètent intérieurement quelque formule sacrée : *Aum mani padmé hum !,* s'ils sont tibétains, *Namo Omito Fou* s'ils sont chinois ou d'autres encore. Ils se montrent véritablement fiers d'avoir trouvé ce truc protecteur contre l'influence maligne des diables invisibles qui hantent les chapelles des étrangers.

Serait-il possible que les missionnaires aient eu connaissance de cette ruse et serait-ce pour cette raison que les catholiques font réciter des prières ou chanter des cantiques à tue-tête par leurs ouailles pendant toute la durée des offices ? La chose serait plaisante, mais certainement sans résultat. Les indigènes artificieux sont capables de trouver d'autres moyens de pourvoir à leur « sécurité ». Il existe, à cet effet, des gestes mystérieux faits avec les doigts et parents des cornes dessinées par les Napolitains, avec l'index et l'auriculaire pour se préserver du mauvais œil. Il est douteux que les dignes étrangers puissent jamais vaincre leurs « convertis » dans cette lutte d'ingéniosité.

Naturellement, s'ils tombent malades, les indigènes, soi-disant chrétiens, quelle que soit leur confession, font appel à un exorciste taoïste ou bön et si l'un de leurs proches meurt, lamas, bonzes ou tao-sses sont mandés pour célébrer les rites utiles au défunt. J'ai entendu résonner les clochettes, les tambours et les cymbales accompagnant ces cérémonies, dans l'enclos même de certaines missions et si son intérêt privé porte le « converti » à éviter d'offenser les missionnaires, les rites « païens » seront accomplis dans une autre maison, mais ne seront certes pas omis.

Un de mes domestiques, qui avait appartenu à une mission catholique et y avait servi la messe comme enfant de chœur, me raconta comment la piété filiale l'avait conduit à abandonner le catholicisme.

Son père était mort et le missionnaire lui avait défendu de procéder aux cérémonies chinoises habituelles : offrandes d'aliments, incinérations de papier représentant des pièces de monnaie, des lingots d'or et d'argent, etc. L'affection que le jeune homme portait à son père s'était révoltée à l'idée de priver celui-ci du bénéfice que ces offrandes lui procureraient dans l'autre monde. Aucune messe dite par le prêtre étranger ne pouvait rivaliser, comme efficacité, avec les rites chinois, me déclara-t-il, et il ajouta pour supporter sa déclaration : les dieux chinois connaissent les Chinois et savent comment les recevoir et ce qui leur convient ; les dieux du *chinefou* (prêtre missionnaire) ne connaissent pas mon père, mon père ne les connaissait pas davantage et il ne voulait pas s'en aller demeurer avec des étrangers. Conséquemment, le garçon avait procédé aux rites indigènes et était retourné à la religion de ses ancêtres.

On est tenté de rire de ces benêts oscillant entre des superstitions différentes, ils sont plutôt à plaindre.

La sobriété du culte protestant n'offre pas à la populace beaucoup d'occasions d'exercer son imagination, mais certaines idées que les cérémonies catholiques suggèrent aux assistants sont hautement fantastiques.

Un prêtre étranger m'a dit que des « païens » communient quelquefois parce qu'ils croient que le prêtre dépose une pièce de monnaie en argent dans la bouche du communiant agenouillé.

Cela me parut difficile à croire et je pensai qu'on avait mystifié le brave missionnaire en lui racontant un conte.

Cependant, un peu plus tard, il m'arriva d'être renseignée directement : le fait était exact.

Un homme s'était agenouillé au banc de communion et avait fait part de son désappointement à un de ses amis quand, au lieu d'une pièce de monnaie, il avait senti — suivant ses termes — un « biscuit mince » dans sa bouche.

Néanmoins, cette expérience n'avait pas ébranlé sa foi en la légende de la pièce d'argent.

« Peut-être mon échec vient-il de quelque chose qui est en moi », disait-il. « Peut-être le biscuit se transforme-t-il, parfois en une pièce de monnaie, ou peut-être est-ce la pièce qui, quelquefois, se transforme en biscuit. Ces prêtres étrangers sont d'habiles sorciers. N'importe, j'essaierai encore. »

L'ami à qui la confidence avait été faite et qui me la rapportait raillait la simplicité du faux communiant. « Les biscuits ne deviennent pas de l'argent, ni l'argent des biscuits », commentait-il. « Le prêtre met une pièce de monnaie dans la bouche de ceux qui lui plaisent et un petit biscuit dans celle des autres. Mon camarade dit qu'il va essayer de nouveau et ainsi font ceux qui ont été dupés comme lui et qui continuent à aller ouvrir leur bouche toute large dans l'église. Tous espèrent qu'un jour ou l'autre ils recevront une pièce d'argent et, ainsi, ils remplissent l'église. Et parce qu'il y vient beaucoup de gens, le prêtre étranger paraît être un homme important et les grands fonctionnaires l'invitent à dîner. C'est tout ce qu'il veut. » Tout cela était déclaré avec un air de profonde sagacité et une conviction absolue de supériorité sur la foule ignorante qui étaient les plus divertissants du monde.

J'ajouterai à cette énumération de sottises l'histoire d'un homme qui, lui aussi, nourrissait des idées saugrenues, mais donnait un exemple touchant de gratitude.

Ce bonhomme avait été le domestique et le « converti » d'un missionnaire. Ce dernier était mort depuis très longtemps, mais son ancien serviteur, devenu un vieillard, gardait pieusement son souvenir. Il ne se lassait pas de dépeindre la bonté du Père, comme il l'avait instruit dans sa jeunesse et l'avait aidé, plus tard, en diverses circonstances. C'était à cause de cette reconnaissance persistante que l'ex-domestique s'inquiétait au sujet du sort de son maître dans un autre monde.

« Il était le meilleur, le plus bienfaisant des hommes, disait-il, mais il était chrétien et, comme tel, associé avec de mauvais, impurs esprits. Il les adorait. Il en gardait un enfermé dans une petite armoire [1] comme les lamas le font. Mais les lamas sont experts en magie et capables de dompter les démons. Ceux qu'ils emprisonnent dans leurs armoires sont leurs esclaves qui obéissent à leurs ordres. Les lamas les nourrissent comme on nourrit un serviteur, mais ils ne les vénèrent pas.

Quant au pauvre cher ignorant étranger, il se prosternait devant le démon logé dans la petite armoire. Le résultat de cette conduite ne pouvait qu'avoir été effroyable pour son esprit, après sa mort. S'il ne lui était rien arrivé de pire, il devait être re-né comme un *Yidag.* »

Les *Yidags* mentionnés par le vieillard sont des êtres misérables qui, en punition de mauvaises actions, sont continuellement tourmentés par la faim et par la soif. Dès qu'ils approchent de leur bouche des aliments ou de l'eau, ceux-ci se changent en flammes. Seules la nourriture et l'eau qui leur sont offertes selon les rites lamaïstes peuvent être absorbées par eux.

De nombreuses années de cohabitation avec un missionnaire n'avaient pas déraciné, chez le « converti » la croyance en cette fable. C'est pourquoi, chaque matin, ce brave homme, demeuré nominalement chrétien, entre-choquait les cymbales minuscules avec lesquelles on appelle les *Yidags* et, récitant sur un bol d'eau et sur différentes portions d'aliments les formules prescrites de bénédiction, nourrissait l'esprit affamé de son ancien maître le Révérend Père étranger.

---

1. L'homme désignait ainsi le tabernacle placé sur les autels dans les églises catholiques.

Les membres des clergés étrangers, et plus particulièrement les religieuses, n'ont pas échappé à l'influence des superstitions et des cultes indigènes. La majorité d'entre eux croient à l'existence de cohortes de déités inférieures et de démons qui hantent l'Asie. Beaucoup racontent des histoires de « possessions » ou d'interventions diaboliques en diverses circonstances. La Sœur Jaurias des Filles de Charité de Saint Vincent de Paul, qui se conduisit si bravement pendant l'insurrection des Boxers, affirmait que la Chine était le pays d'élection du démon. Un missionnaire de sa connaissance avait, disait-elle, entendu cette déclaration faite par Satan lui-même parlant par la bouche d'une femme possédée. J'ai, moi-même, entendu des religieuses affirmer que tous les dieux chinois sont des démons. Elles ne doutaient nullement de leur existence.

Je pourrais fournir de nombreux exemples pour illustrer ce point, mais je m'en tiendrai à un seul fait qui me paraît caractéristique et dont j'ai une connaissance personnelle.

Pendant la guerre sino-japonaise, les événements me conduisirent à traverser pour la quatrième fois la Chine, du nord au sud, et j'arrivai à Tchéngtou, la capitale du Szetchouan. Je m'y installai dans la même demeure où, environ quinze ans auparavant, j'avais résidé en me rendant à Lhassa. Cette fois, je fus accueillie par le docteur Béchamp dont j'ai parlé dans le chapitre IV. Mon hôte habitait au milieu d'un vaste jardin comprenant de grands arbres, des pelouses, des massifs de fleurs, un tennis et une piscine.

Au bord de cette dernière, le docteur Béchamp avait construit un petit pavillon où les baigneurs pouvaient changer de vêtements. Ce pavillon était en style chinois. Des dragons l'encerclaient et, sur ses murs en porcelaine, se pressaient une multitude gracieuse de fées et de génies lilliputiens chevauchant des montures fantastiques. Sur la façade de ce petit édifice, une niche abritait une statuette grotesque à la face noire.

Un jour, je photographiai ce temple de fantaisie et, pour en augmenter le caractère pittoresque, mon hôte y fit agenouiller un de ses domestiques dans l'attitude d'un adorateur.

Je quittai le Szetchouan et retournai au Tibet oriental où je séjournai pendant plusieurs années. A mon retour à Tchéngtou, je n'y trouvai plus le docteur Béchamp, mort en prison comme je l'ai raconté ; sa résidence était déserte ; la statuette à figure de babouin logée dans la niche du pavillon au bord de la piscine avait disparu.

La présence de cette statuette troublait grandement le chapelain et les religieuses d'un couvent voisin. De sujet d'amusement qu'elle était pour le docteur diplomate, elle avait été promue, par eux, au rang de dieu chinois, c'est-à-dire de démon.

Ces pauvres gens croyaient réellement à l'existence d'un Mauvais Esprit dont le babouin à face noire était une représentation et ils le redoutaient.

Prêtres et nonnes enlevèrent donc la statuette de sa niche et la mirent en pièces ou, suivant une autre version, l'enterrèrent dans le jardin du couvent. Le témoin oculaire qui vit l'enlèvement de la statuette ne suivit pas ceux qui l'emportaient et ne put pas m'instruire exactement du sort qui lui échut.

Ensuite, les stupides iconoclastes brisèrent tous les ornements du pavillon, les fées mignonnes et les génies malicieux qui cavalcadaient dans les nuages. Seul, un grand dragon en faïence jaune demeura, la bouche large ouverte, ses gros yeux verts saillant hors de leurs orbites, contemplant, stupéfait, cette scène de vandalisme.

L'élément comique vint quand, dans la niche restée vide, une statuette de Jeanne d'Arc y remplaça le « diable chinois ». C'est elle que je vis à mon retour. La bouche béante du dragon tournée vers elle semblait la menacer et l'infortunée Pucelle d'Orléans rappela Andromède offerte en sacrifice à un monstre marin.

L'histoire ne finit point là. Le babouin en faïence qui vivait une existence obscure au bord d'une piscine devint célèbre après son exécution. L'attention que lui avaient prêtée les représentants d'une religion étrangère éveilla l'intérêt de la populace du voisinage. On vint à savoir qu'un dieu indigène avait été outragé dans la résidence des Français et, comme, en général, les dieux sont vindicatifs, l'avenir s'annonçait sombre.

Ceux des occultistes ou des adeptes des sciences psychiques qui croient que la concentration des pensées de nombreux individus sur un même sujet peut engendrer des énergies actives et que l'anticipation d'événements néfastes est capable de les faire naître verront dans ce qui suit une confirmation de leurs théories.

Plusieurs religieuses tombèrent malades, deux d'entre elles moururent. Trois jeunes enfants moururent, aussi, dans la Résidence française. C'en était plus qu'il ne fallait pour mettre en mouvement les langues des Chinois : le dieu se vengeait.

Des rumeurs coururent, alors, concernant des apparitions. Le dieu avait été vu planant au-dessus de son ancienne demeure. Pauvre dieu désincarné ! Son esprit tout nu se trouvait peut-être mal à l'aise et cherchait son corps en faïence dont des méchants l'avaient privé.

Plus tard, un autre Français vint occuper le logis laissé vide par le docteur Béchamp. Il était d'âge moyen, célibataire et comme tel, n'était point tenu à l'austérité. Un jour qu'il recevait des amies, les femmes s'amusèrent dans le jardin et quelques-unes de celles-ci s'assirent sur la balustrade qui entourait le « temple » profané. Elles n'auraient pas pu rivaliser comme beauté avec les stars d'Hollywood, mais telles qu'elles étaient, bras nus et jambes nues découvertes très haut par leurs robes chinoises de soie chatoyante, elles formaient un agréable tableau. Je ne sais ce qu'en pensait la vierge Jeanne à qui ces gaies luronnes tournaient le dos, mais je remarquai le dragon au-dessus de leurs têtes.

Sa bouche paraissait être plus largement distendue par un sourire sardonique, une lueur inquiétante s'allumait dans ses yeux proéminents. Le péché rôdait autour de l'innocent pavillon dont la superstition avait fait un « temple païen » et l'esprit malicieux de l'idole riait peut-être silencieusement de la stupidité des animaux humains.

CHAPITRE VIII

Une étude des régions occidentales de la Chine serait incomplète si l'on omettait d'y donner une place à la population musulmane.

Il n'existe pas, en Chine, un « problème musulman » comme celui qui se pose dans l'Inde, mais les Mahométans sont loin d'être un élément négligeable dans le Nord-Ouest et il est impossible de prévoir l'effet que produirait sur eux la constitution de l'État musulman : le Pakistan réclamé par les Mahométans de l'Inde.

Certains estiment à 50 000 000 le nombre des Musulmans vivant en Chine ; d'autres croient pouvoir élever ce chiffre à 70 000 000. Dans un essai sur ce sujet, M. Man Ying-Keng affirme que les Mahométans constituent 1 pour 100 de la population totale de la Chine. La proportion serait minime si les Musulmans étaient disséminés d'une façon à peu près égale dans toute l'étendue du pays, mais il n'en est pas ainsi. Bien que l'on rencontre presque partout, en Chine, des Musulmans isolés, la majorité de ceux-ci sont rassemblés dans quelques régions spéciales qui forment autant d'îlots musulmans dans le pays.

Le plus important est la vaste province du Sinkiang [1], le Turkestan chinois, autrefois dénommé Dzoungarie. Elle s'étend de l'extrémité occidentale du Kansou jusqu'au Turkestan russe, confine à la Mongolie au nord-est et à la Sibérie au nord-ouest.

Il existe aussi un large groupe de Mahométans au Yunnan.

Quant au Ching-Hai, nous avons vu qu'une initiative administrative a joint aux solitudes du Koukou-Nor un district emprunté au Kansou. De ce fait, quelque 120 000 Musulmans se sont trouvés annexés à la population indigène des grandes solitudes herbeuses.

Ce mouvement administratif n'a guère modifié leur situation. Aucun d'eux n'habite le Ching-Hai proprement dit, ils sont demeu-

1. Ne pas confondre avec le Sikang.

rés dans les villes et les villages qu'ils occupaient précédemment, la seule différence est qu'au lieu d'être, comme auparavant, sous la juridiction du gouverneur du Kansou qui est un Chinois, ils se trouvent, à présent, sous celle du gouverneur du Ching-Hai qui est un général musulman commandant à un corps de troupes musulmanes. Ce fait est propre à unir encore plus étroitement les Mahométans de cette région et à accroître leur importance.

Bien des exemples, entre autres celui de l'Inde, nous montrent que les différences de religion entre habitants d'un même pays sont susceptibles de conséquences sérieuses. Il s'en est produit même dans les pays où les adeptes des différentes religions étaient de même race ; ce qui n'est pas tout à fait le cas dans l'Ouest chinois où un grand nombre de Musulmans ne sont pas d'origine chinoise.

Certains de ceux-ci descendent des Arabes ; leurs ancêtres arrivèrent au Ching-Hai sous le règne de la dynastie Thang (618-905). D'autres sont d'origine turque, ils sont dénommés Salars ; leurs ancêtres émigrèrent beaucoup plus tard sous la dynastie Ming (1368-1644). En dehors de ces deux groupes, des Musulmans mongols, kasaks et autres se sont établis dans l'ouest de la Chine à différentes époques.

Le commun des Chinois ne les distingue pas les uns des autres et dénomme tout adepte de l'Islam Hoei-Hoei. Il n'en va pas de même avec les lettrés. Voici ce que dit l'un d'eux sur ce sujet.

« Nombre d'auteurs chinois confondent les Mahométans Hoei-Kia avec les tribus des Hoei et considèrent ces dernières comme appartenant à une race différente de celle des Chinois (Han-Tsu). C'est là une erreur qui a été propagée par les empereurs mandchous pour servir leurs desseins. »

Ce but était d'empêcher l'union des Chinois professant différentes croyances, cette union pouvant menacer leur domination.

Notre auteur continue :

« Quand l'islamisme débuta en Arabie au VIIe siècle, la tribu des Hoei existait déjà en Chine depuis plusieurs siècles avant Jésus-Christ. Selon les Annales de la période des T'ang, ces Hoei appartenaient à la tribu des Ouigours descendant des Hioung nou. Les Hoei furent les premiers d'entre les tribus établies en Chine qui se convertirent à l'islamisme. De nos jours, ces Hoei forment la tribu des Ou-ou-euhl, qui habite le Sinkiang. »

Ces explications érudites ne nous démontrent point que les Chinois et les Mahométans du Nord-Ouest ont une origine commune. Bien au contraire. Que des Hoei, très anciennement établis en Chine, doivent être distingués des Hoei-Kiao qui ont immigré beaucoup plus tard importe peu puisqu'il nous est dit que les ancêtres de ces anciens colons n'étaient point des Chinois, mais des Hioung-nou, c'est-à-dire des membres d'une tribu féroce des Huns qui faisaient des incursions en Chine vers le IIIe siècle avant Jésus-Christ.

Quoi qu'il en soit, ces discussions savantes n'ont aucune application pratique dans les relations quotidiennes de la population. Le fait tout simple est que les Mahométans de l'Ouest n'ont jamais été complètement assimilés par les Chinois comme l'ont été les descendants des soldats Mandchous qui furent cantonnés dans la région sous la dynastie des T'sing — la dernière dynastie impériale (1644-1911).

Au premier coup d'œil les Musulmans du Nord-Ouest peuvent être reconnus parmi les Chinois. Ils sont de haute taille et d'apparence robuste, leur physionomie est virile et même dure. Ils conservent toute la barbe ou la taillent légèrement et se coiffent d'une sorte de bonnet hexagonal noir ou blanc. Au Sinkiang, ils mettent souvent de hautes bottes en cuir à la mode russe. Quant à leurs coutumes, ils suivent les règles édictées dans le Koran et les lois musulmanes diffèrent en cela de celles des Chinois. En somme, ils forment un groupe de gens honnêtes et sympathiques ayant des traditions et des tendances guerrières.

Les mariages de Musulmans avec des femmes tibétaines, chinoises ou mongoles sont fréquents et l'on pourrait penser que les métissages doivent forcément modifier la physionomie des Musulmans descendant de races étrangères. Chose curieuse, il n'en est rien ou la modification est rare et légère. Les enfants de ces mariages mixtes ressemblent presque invariablement à leur père ; c'est pourquoi les Musulmans du Nord-Ouest ont conservé leur type ancestral.

Il serait difficile de dire si le résultat serait le même pour les enfants nés de pères chinois et de mères musulmanes car le cas ne se présente guère.

Tandis que les Musulmans épousent volontiers des Chinoises, des Mongoles ou des Tibétaines et ne leur demandent pas, nécessairement, d'abjurer leur religion pour embrasser l'Islamisme, d'autre part ils refusent de donner leurs filles en mariage à des non-Mahométans. J'ai plus d'une fois entendu dire par des Musulmans : « Nous préférerions jeter nos filles à la rivière que de les voir mariées à d'autres qu'à des Musulmans. » Certains pères éprouveraient même de la répugnance à accepter comme gendre un Chinois nouvellement converti.

Il en résulte que l'Islamisme que nous rencontrons dans le nord-ouest de la Chine n'est pas seulement une religion mais aussi un élément ethnique étranger. Les Musulmans y sont parfaitement conscients de leur condition d'« étranger ». Un jour, l'un d'entre eux me dit : « Vous êtes étrangère en Chine et nous aussi, nous sommes des étrangers, tout à fait comme vous. » Une déclaration de ce genre jette une lumière intéressante sur les sentiments intimes des Musulmans établis dans les provinces chinoises de l'Ouest.

Comment l'Islamisme pénétra-t-il en Chine ? Nous manquons de renseignements très précis à ce sujet. Cependant, nous savons que moins de dix ans après la mort du Prophète (622) sa doctrine fut apportée en Chine par voie de la Perse.

En 637 les Persans furent complètement vaincus par les Arabes à la bataille de Kadesiya et les vainqueurs dominèrent en Perse. Le roi Yezdegerd s'enfuit et implora, mais en vain, le secours des Chinois et des Turcs. Finalement, il fut assassiné.

Son fils Firouz tenta de résister près de la frontière actuelle de l'Afghanistan mais il dut, à son tour, quitter le pays et se réfugier en Chine. En 674, il arriva à Tch'ang nang (moderne Sian) qui était, alors, la capitale de l'Empire.

Ce que les émigrants persans racontèrent en Chine concernant les Arabes qu'ils avaient vus de près et concernant leur religion, nous l'ignorons. Comme il arrive souvent, au lieu d'information sérieuse, il ne nous est offert que des légendes. L'une d'elles relate ce qui suit.

En 628, l'empereur T'ai Tsoung [1] rêva d'un homme dont les traits dénotaient une origine occidentale. Cet homme ne s'agenouilla pas devant lui comme l'étiquette chinoise l'exigeait. Le lendemain matin, T'ai Tsoung fit mander le devin qui expliquait les rêves et lui demanda la signification du sien. Le devin répondit que l'homme étranger qu'il avait vu pouvait être un ennemi projetant de nuire à l'empire et il conseilla à T'ai Tsoung de s'assurer des alliances avec des souverains voisins capables de venir à son aide en cas de danger.

Suivant cet avis, T'ai Tsoung demanda au roi de Khami (une ville située dans le Sinkiang moderne) de lui envoyer des interprètes dont il pourrait se servir pour communiquer avec les pays situés à l'ouest de la Chine. Le roi répondit favorablement à sa demande et lui envoya trois hommes ; deux d'entre eux moururent en cours de route.

T'ai Tsoung, ayant été informé que le troisième, nommé Kassém, était arrivé à Tch'ang-nang, voulut causer avec lui avant que celui-ci sût qu'il était l'empereur et, pour cela, il se déguisa en homme du peuple. Mais voilà que, se trouvant en face de Kassém, il le reconnut pour l'homme qu'il avait vu en rêve.

Il le salua respectueusement en s'agenouillant à la mode chinoise et son étonnement s'accrut lorsque Kassém lui dit : « Je ne suis pas digne d'être salué de cette manière par le Céleste Empereur. »

Son déguisement ayant été inutile il ne restait à T'ai Tsoung qu'à retourner au palais, emmenant Kassém avec lui ; ce qu'il fit.

L'histoire continue racontant que Kassém expliqua la doctrine du Prophète à l'empereur. Quand vint l'heure de la prière Kassém s'arrêta au milieu de son discours et sans plus prêter attention au souve-

1. T'ai Tsoung (627-649), de la dynastie T'ang. Ne doit pas être confondu avec T'ai-Tsou, de la dynastie Song (960-1279). D'autres empereurs ont porté des noms à peu près semblables comme Tai Tsou ou Tai Tsoung. Naturellement les caractères chinois formant leurs noms sont différents.

Les années indiquées sont les années de règne.

rain il fit sa prière avec les gestes rituels. Lorsqu'il eut fini, T'ai Tsoung lui ayant demandé la signification des différents gestes, Kassém les lui expliqua.

Naturellement, j'abrège ; l'histoire s'étend longuement sur tous ces détails.

Je dois pourtant ajouter que les Musulmans de l'Ouest chinois observent, en général, très strictement les devoirs de leur religion. J'en ai vu souvent coupant court à une conversation ou se retirant à l'écart lors d'une réception, pour faire leur prière au temps prescrit. La chose arriva chez moi. Un colonel musulman qui était parmi mes invités se leva pendant le dîner, s'en alla dans un coin de la chambre et procéda imperturbablement à ses dévotions. J'admire beaucoup cette indifférence hardie à l'opinion des spectateurs. La grande majorité des hommes sont timides — dois-je dire poltrons — lorsqu'il s'agit de manifester extérieurement leurs croyances religieuses... Il est également possible que leur foi ne soit pas très forte.

Quelle que puisse être la part de vérité dans l'histoire de Kassém et dans d'autres analogues, il nous est difficile de la dégager des inventions qui l'entourent.

Des informations plus véridiques nous sont fournies par les Annales chinoises. Il y est rapporté qu'en 713 une ambassade arabe vint en Chine. Ses membres offrirent de riches présents à l'empereur, mais refusèrent de s'agenouiller devant lui, disant que leur religion leur défendait de rendre cet hommage à aucun homme, fût-il un souverain : ils ne le devaient qu'à Dieu seul.

Un autre ambassadeur arabe arriva à Tch'ang nang en 726. Ces politesses diplomatiques n'empêchèrent pas des conflits de se produire et en 751 les Chinois furent battus au Turkestan par les Arabes. Il semble pourtant que des relations cordiales reprirent peu après, car en 756 des troupes arabes furent envoyées au secours de l'empereur Sou Tsang qui avait été défait au cours d'une insurrection, les rebelles s'étant emparé de ses deux capitales : T'chang nang et Loyang.

Leur contact avec ces Mahométans arabes avait déjà permis aux Chinois d'être bien renseignés concernant l'Islamisme ; de plus, des marchands arabes venus par mer s'étaient établis à Canton.

C'est dans cette ville qu'eut lieu la première révolte des Musulmans en Chine, en 758. Sa cause, mal définie, doit avoir eu trait à des intérêts commerciaux. Les Mahométans pillèrent la ville, y mirent le feu et se sauvèrent dans des bateaux chinois qu'ils avaient saisi dans le port.

L'Islamisme se répandit rapidement en Chine et au IXe siècle les convertis étaient déjà nombreux.

Il est difficile de deviner pourquoi cette doctrine sévère attira les Chinois. Toutefois, il y a une indéniable grandeur dans son austère et strict monothéisme et la nudité des grandes mosquées qu'aucune idole ne dépare est véritablement impressionnante.

En Chine, un grand nombre de mosquées sont bâties en style chinois. Elles contrastent avec les temples taoïstes par leur absolue propreté et, naturellement, par l'absence de statuts, mais l'architecture chinoise ne convient pas à l'Islamisme, elle est totalement étrangère à son esprit et ne peut pas lui offrir un asile adéquat.

Néanmoins, toutes les mosquées de la Chine ne sont point bâties en style chinois. J'en ai vu d'autres d'un caractère arabe authentique : construites en pierres, soigneusement badigeonnées à la chaux, d'une blancheur éclatante et pourvues du minaret orthodoxe. Elles me rappelaient les mosquées tunisiennes, loin de là, au bord de la Méditerranée bleue...

Tous les peuples aiment les histoires fantastiques. Ils les goûtent d'autant mieux si le héros des exploits extraordinaires qui y sont narrés est un personnage historique. Les Chinois ne font pas exception.

Un roman célèbre est celui qui décrit les voyages et les aventures d'un Musulman du Yunnan.

Il s'appelait Tchéng Ho et appartenait à une honorable famille de lettrés mahométans.

Admis à la Cour de Ming T'ai-Tchou (1368-1398), il y rencontra le prince Ti qui se lia d'amitié avec lui et quand ce dernier fut nommé roi de Yén, il emmena Tchéng-Ho avec lui à Pékin.

Après la mort de Ming T'ai-Tchou, son petit-fils lui succéda sous le nom de Hoei-Ti ; son règne fut court (1399-1402). Le roi de Yén se révolta contre lui et, aidé par Tchéng-Ho, il attaqua Nankin où l'empereur résidait. Se voyant complètement défait et ne voulant pas tomber vivant dans les mains de ses ennemis, Hoei-Ti commanda à ses hommes de mettre le feu au palais et de le jeter dans les flammes. Un corps carbonisé fut trouvé dans les cendres, on le tint pour être celui de l'empereur et on l'enterra comme tel. Cependant les chroniqueurs chinois émettent des doutes sur l'identité de la personne morte dans les flammes. Ils pensent que le corps carbonisé peut avoir été celui de l'impératrice. Quant à l'empereur, il aurait échappé de la façon romantique suivante.

Lorsqu'il fut certain que la bataille était perdue, un fonctionnaire de la Cour apporta une boîte à Hoei-Ti et lui dit : « Cette boîte m'a été confiée par votre grand-père avec l'ordre de vous la remettre en cas de désastre. »

Dans la boîte, Hoei-Ti trouva un habit de moine bouddhiste ; un certificat témoignant que le porteur avait été dûment reçu dans l'Ordre religieux et une paire de ciseaux.

La signification de ces objets était claire. Le fidèle fonctionnaire coupa les cheveux de l'empereur avec les ciseaux, l'aida à se revêtir du costume monastique, et Hoei-Ti, muni de son certificat, s'échappa.

Il vécut ensuite dans différents monastères jusqu'en 1440. Cette année un moine bouddhiste qui tomba malade déclara : « Je suis l'empereur Hoei-Ti. Je désire retourner au lieu de ma naissance pour y mourir. » Le souverain régnant Ying-Tsoung (1436-1449) fut informé de ce fait ; il fit transporter le moine dans son palais et, celui-ci y étant mort, il fut enterré secrètement de façon que nul ne connaisse l'emplacement de sa tombe.

Tout cela peut être vrai ou n'être que du roman, mais il existe, en plus, une légende concernant Hoei-Ti que les lettrés chinois tiennent pour complètement fantaisiste. Néanmoins c'est elle que les conteurs musulmans récitent devant leurs auditeurs ravis, dans les provinces occidentales.

D'après cette légende, trois ans après l'incendie du palais impérial, l'ancien roi de Yén, devenu l'empereur Tch'eng-Tsou (1403-1424), apprit que Hoei-Ti, s'étant échappé avec quelques-uns de ses ministres, avait trouvé un refuge dans un pays du Sud. Tch'eng-Tsou confia alors à son fidèle ami Tchéng-Ho la tâche de rechercher Hoei-Ti. C'est ainsi qu'est expliquée la raison d'être des sept grands voyages de Tchéng-Ho.

On voit que, bien que l'histoire de Hoei-Ti semble, tout d'abord, hors de place, ici, elle doit être connue si l'on veut comprendre l'origine de la légende.

Mais si le but que la légende assigne aux voyages de notre héros est fantaisiste, la réalité des voyages eux-mêmes n'a jamais été mise en doute. Le navigateur musulman du Yunnan est l'un des grands explorateurs de son époque.

Il visita successivement la Cochinchine, Java, Ceylan, l'Inde, l'Arabie et la côte orientale de l'Afrique. Il est dit que sa flotte comprenait 62 voiliers, les équipages formant un total de 27 800 marins.

Véritablement, Tchéng-Ho fut chargé d'établir des relations politiques et commerciales avec les pays étrangers, ceux que les Chinois appelaient les pays du Sud (Nan Yang), ou de renforcer celles-ci là où elles existaient déjà. Il existe des relations complètes et authentiques de ses divers voyages. Elles intéressent peu la masse des coreligionnaires du héros qui leur préfèrent un cycle de ses aventures qui offre pas mal de ressemblances avec celles de Simbad dans les *Mille et Une Nuits*.

A titre d'exemple, je donnerai la suivante, qui est dite avoir eu lieu à Ceylan dont le nom indigène est Singhala : le pays des « lions ».

A cette époque le roi de Ceylan s'appelait Alagakkonara (on l'identifie comme Vyaya Bahou VI). Il haïssait les Chinois et les Bouddhistes. Tout Chinois qui mettait le pied dans l'île était soumis à de mauvais traitements et parfois mis à mort.

En tant qu'envoyé de l'empereur, Tchéng-Ho était chargé d'engager le roi de Ceylan à cesser de molester les Chinois et à le menacer de représailles s'il s'obstinait.

Alagakkonara savait que Tchéng-Ho avait l'appui d'une flotte portant de nombreux soldats, il le reçut donc avec déférence. Tandis qu'il lui faisait les honneurs de son palais il l'invita à visiter un jardin où l'on entretenait différents animaux : lions, tigres, léopards, éléphants, etc. En passant avec son hôte devant les lions, le roi tenta de l'effrayer en lui disant que son plus grand plaisir était de les voir dévorer un homme vivant. Et il ajouta, comme s'il s'excusait : « Je regrette vivement que nous n'ayons pas, en ce moment, un condamné à mort que nous puissions leur donner ; j'aurais aimé vous faire assister à un spectacle tout à fait excitant. »

En brave Musulman qu'il était, Tchéng-Ho se contenta de sourire. Il remercia le roi de son aimable réception et retourna à bord de son navire.

Le lendemain matin, Alagakkonara envoya ses ministres à Tchéng-Ho pour l'inviter à venir voir un combat de lions. Le marin-ambassadeur éprouva quelque méfiance, néanmoins il accepta l'invitation, mais comme il se rendait au palais, l'interprète, qui était bouddhiste, l'avertit qu'Alagakkonara projetait de le saisir et de le jeter aux lions. Cette information confirmant ses soupçons, Tchéng-Ho rebroussa chemin et rejoignit sa flotte.

Rendu furieux par l'échec de son stratagème, Alagakkonara attaqua Tchéng-Ho avec toute son armée à laquelle il avait joint ses bêtes sauvages.

Nous pouvons nous demander comment lions, tigres, éléphants, etc., pouvaient attaquer des navires ancrés dans une rade, mais la partie amusante de ces contes est justement leur invraisemblance.

Celui-ci continue imperturbablement : une bataille terrible eut lieu, les gros canons tiraient continuellement et le bruit du roulement des tambours égalait celui du tonnerre ; l'île de Ceylan tout entière était secouée comme pendant un tremblement de terre. Les Cinghalais tombèrent morts par milliers ainsi que des mouches ; les lions et les autres bêtes sauvages s'enfuirent à toute vitesse et se cachèrent dans les halliers les plus épais des forêts les plus éloignées. Le roi et sa famille furent faits prisonniers et emmenés en Chine.

Cette digression n'est pas tout à fait hors de propos. Il est bon de savoir que la rigidité des Musulmans chinois est tempérée par leur amour des contes fantastiques. C'est là leur côté enfantin et bien oriental. D'autre part, des tendances mystiques atténuent, aussi, chez quelques-uns d'entre eux ce que l'on pourrait trouver de trop dur dans l'Islamisme orthodoxe. La secte des Soufis a un bon nombre d'adeptes dans l'ouest de la Chine. Elle a passablement dérogé à la conception primitive d'un Dieu d'une majesté sévère ne donnant aucun encouragement aux effusions sentimentales de ses adorateurs. Pour les Soufis, Dieu est devenu un objet d'amour, le Bien-Aimé par excellence qu'il s'agit d'atteindre pour apaiser la soif mystique que l'on a de lui.

Le conte symbolique des oiseaux partis à la recherche de ce Dieu illustre l'état d'esprit des mystiques soufis. A travers mille tribulations les oiseaux poursuivent leur pèlerinage, les uns s'arrêtent ici, les autres un peu plus loin, trompés par des illusions ou manquant de courage ou de force. Un seul persévère, il passe à travers tous les obstacles, à travers une barrière de feu et arrive devant la Sublime Présence ses plumes arrachées, sa chair en lambeaux.

Le conte est, je crois, d'origine persane ou, peut-être, condense-t-il des éléments empruntés à diverses histoires. Il est émouvant sur son plan et malsain (au sens médical du terme) comme toutes les indications à la surexcitation passionnelle.

Pour en revenir au récit véridique des voyages de Tchéng-Ho, un lettré mahométan, Ma hoan, nous apprend que lorsque Tchéng-Ho arriva à Java, entre 1416 et 1419, il y trouva établies environ mille familles chinoises. Dans les annales de la dynastie Ming, il est rapporté qu'à partir de l'expédition de Tchéng-Ho les souverains de Java payèrent un tribut à l'empereur de Chine.

On peut remarquer en passant qu'au cours des siècles la puissance et l'influence de la Chine ont été en décroissant.

Dans un essai publié en 1941 par un historien javanais, M. Probonegore, cet auteur affirme que la ville de Samarang a été fondée par Tchéng-Ho.

Nous laisserons maintenant ce héros et les détails accessoires concernant les Musulmans de l'Ouest chinois.

Tchéng-Ho n'a, du reste, pas été le seul d'entre eux qui se soit distingué. Un bon nombre de ses coreligionnaires ont occupé des situations importantes dans l'empire chinois.

Leur intérêt pour les études ne s'est point affaibli dans les temps modernes. L'activité de l'association islamique du Ching-Hai a été décrite dans le chapitre II. Elle tend à accroître le nombre des écoles pour les enfants musulmans ; la langue arabe et le Koran y sont enseignés en plus des matières figurant au programme dressé par le gouvernement et qui sont obligatoires.

Les parents particulièrement pieux apprécient cet avantage, car la connaissance de l'arabe est indispensable à quiconque désire être parfaitement conversant avec la doctrine du Prophète. Pendant longtemps aucune traduction du Koran n'a été permise, de nos jours, il a été traduit en divers langages, mais les Mahométans vraiment orthodoxes ne le lisent que dans le texte original.

Une exception à cette règle se remarque dans les provinces orientales de la Chine. Le Koran et les prières y sont parfois récités en persan.

La majorité des Musulmans du Nord-Ouest sont très croyants et même ceux dont la foi est mitigée d'indifférence demeurent fermement attachés à la famille islamique ; ce fait constitue un lien très fort entre tous les Musulmans de cette vaste région. Cette particularité ne doit pas être perdue de vue. J'ai dit qu'un « problème musulman » du genre de celui qui se pose dans l'Inde n'existe pas en Chine ; néanmoins, dans le Nord-Ouest, les Musulmans sont avant tout, et par-dessus tout, fils de l'Islam. Les preuves de leur dévouement à la Chine n'ont point manqué pendant la guerre, cependant leur patriotisme comme Chinois ne vient certainement qu'au second rang après leur fidélité au Prophète et leur solidarité avec leurs frères en l'Islam.

Comme chacun le sait, en dépit des liens que leur foi commune forme entre eux, les Musulmans ne professent pas tous les mêmes opinions religieuses et ils sont partagés en différentes sectes.

Cela est un résultat de la liberté de pensée dont ils jouissent et dénote un degré de vitalité intellectuelle supérieur à celui des croyants qui acceptent les dogmes qu'on leur présente sans examiner s'ils concordent avec des faits réels, bien expérimentés et reposant sur des bases solides. Malheureusement, le fanatisme entrant en jeu, des luttes regrettables ont parfois eu lieu entre les adeptes des différentes sectes. Il ne s'en produit plus, de nos jours, dans les provinces occidentales. La variété des opinions n'y engendre plus que des discussions académiques.

Trois sectes principales existent chez les Mahométans du Nord-Ouest :

La secte de la Doctrine ancienne et originelle.

La secte de la Nouvelle Doctrine.

La secte de la Nouvelle Doctrine Réformée, appelée aussi Doctrine du Temps présent.

La secte de la Nouvelle Doctrine a plus d'un siècle d'existence. Son but est de remettre en lumière l'enseignement primitif et authentique du Prophète.

La secte du Temps présent a été fondée il y a environ soixante-dix ans. Certains disent que son fondateur prétendait être Mahomet le Prophète revenu sur la terre pour y prêcher de nouveau sa doctrine qui a été corrompue et pour sauver le monde ; mais d'autres dénient qu'il se soit jamais vanté d'être le Prophète. Nous les laisserons vider leur querelle ensemble.

Une place importante parmi les Mahométans des provinces de l'Ouest est occupée par les *ahungs* que certains appellent *akongs*. Les *ahungs* sont les chefs des mosquées. Ils y lisent le Koran devant les fidèles, tantôt en arabe, tantôt en persan. Ils expliquent dans le dialecte local les textes qu'ils ont lus et ils prêchent. Leur influence en tant que conseillers est grande et ils font souvent fonction de juge dans les litiges entre Musulmans. Ils inspectent les écoles musulmanes et donnent l'instruction aux enfants dans les villages où il n'existe pas d'écoles.

A Jakyendo, un poste militaire avancé au sud du Ching-Hai, où j'ai résidé, l'*ahung* se chargeait de tuer, d'après les règles du Koran, les moutons destinés aux repas des quelques soldats musulmans cantonnés dans la bourgade.

Sous les *ahungs* sont les *imans* : un seul ou plusieurs suivant l'importance de la mosquée. Cinq fois par jour, l'*iman* appelle les fidèles à la prière du haut du minaret ou d'un endroit surélevé si la mosquée est construite en style chinois et n'a pas de minaret. Il récite aussi les prières devant la congrégation.

Enfin, viennent les *mans-las* (étudiants) qui apprennent la doctrine et les prières enseignées par les *ahungs*.

Au-dessus des *ahungs* sont les docteurs de la Loi ou maîtres de la doctrine ; ils sont dénommés en chinois *kiao tchou* (ce même titre : docteur de la Loi, quand il s'agit d'un bonze bouddhiste, est dit : *fa-sseu).*

Chaque *kiao tchou* a plusieurs districts sous sa juridiction spirituelle. Les *ahungs, imans* et *mans-las* doivent se présenter devant lui au moins une fois chaque année.

Les émoluments des *ahungs* varient suivant l'importance de la mosquée dont ils ont le soin. La nourriture leur est fournie par les membres de leur congrégation qui s'en chargent à tour de rôle ou bien confient à un intendant la somme nécessaire pour y pourvoir. De plus, les *mans-las* témoignent leur gratitude à *l'ahung* qui les instruit en lui offrant de l'argent et des présents en nature.

Au Sikang, les Musulmans sont peu nombreux. Beaucoup d'entre eux sont des convertis chinois ou des descendants de convertis. Il s'ensuit qu'ils n'offrent pas, en général, cette différence frappante de physionomie que l'on remarque chez leurs coreligionnaires du Ching-Hai et surtout du Sinkiang. Les Musulmanes ne portent jamais de voile au Sikang et circulent librement au-dehors.

La mosquée de Tatsienlou est une humble construction en style chinois. En dehors de son plancher si merveilleusement poli qu'il ressemble à un miroir de métal sombre, il n'y a rien de remarquable dans le petit hall où les fidèles se réunissent.

Contrairement à ce qui existe dans la province voisine, il n'y a pas, au Sikang, d'école spécialement réservée aux enfants musulmans ; leurs parents les envoient dans les écoles publiques. Cependant, s'ils désirent que ceux-ci apprennent la doctrine religieuse et les prières, l'*ahung* de la mosquée les leur enseigne.

Pendant mon séjour à Tatsienlou, il y vint un lettré musulman qui faisait une tournée de prédication dans le dessein de raviver le zèle de ses coreligionnaires. Il leur parla énergiquement et même durement, leur reprochant leur négligence dans l'accomplissement de leurs devoirs religieux et la propagation de la « Foi qui sauve » : Islam.

Est-ce un effet de leur tiédeur spirituelle, il est certain que les Musulmans du Sikang n'ont pas cet air de froide réserve et de sûreté de soi qui est si frappant chez ceux du Sinkiang et provient d'une forte conviction en l'excellence de leur religion.

Au cours de la guerre sino-japonaise, le gouvernement chinois a témoigné pas mal d'intérêt pour les Mahométans du Nord-Ouest. Des bourses d'études ont été accordées à des jeunes gens et le développement de l'industrie et de l'agriculture a été encouragé de diverses manières. L'on peut croire que ces mesures ne sont pas dictées par un amour particulier pour les Musulmans et sont plutôt l'effet d'adroites manœuvres politiques.

Le nombre et la force des Mahométans des provinces occidentales n'ont pas manqué de retenir l'attention des Japonais. Ils ont facilité le séjour au Japon des étudiants musulmans. Quelques-uns de ceux-ci sortant des universités japonaises publièrent un livre intitulé : *Debout, Mahométans !* qui exhortait les Musulmans à faire de l'opposition au gouvernement chinois.

Après qu'ils eurent occupé la Mandchourie, les Japonais offrirent aussi aux Chinois nouvellement convertis des subsides leur permettant d'effectuer le voyage de La Mecque. Ils comptaient sur la reconnaissance des pèlerins pour vanter, à leur retour, la générosité du gouvernement japonais. Quelques-uns d'entre eux furent envoyés au Ching-Hai et au Sinkiang comme agents de propagande. D'autres s'établirent à Pékin quand la ville tomba au pouvoir des Japonais (1939) ; l'un d'eux était à la tête de la « Fédération des Musulmans chinois » qui avait été fondée au Japon et cela donna lieu à des rumeurs concernant l'établissement d'un Hoéi-hoéi kio, c'est-à-dire d'un empire musulman.

Lors de la conférence annuelle mondiale des pèlerins (Hadji) à La Mecque (en 1939), deux délégations chinoises se rencontrèrent. L'une représentait la « Fédération musulmane chinoise » patronnée par les Japonais ; l'autre était envoyée par la « Fédération islamique chinoise du salut national » en accord avec le gouvernement chinois.

Depuis lors, l'étoile brillante du Japon s'est éteinte. L'influence que ce pays aurait pu exercer dans le nord-ouest de la Chine est hors de question, sinon pour toujours, du moins pour longtemps. Le terrain est libre pour les Russes.

Il a été annoncé qu'en dehors des provinces occidentales des chaires de culture islamique seraient aussi établies dans les principaux instituts de hautes études. Plusieurs Mahométans chinois qui ont obtenu des diplômes à la célèbre université d'El Azhar, au Caire, ont été désignés comme titulaires de ces chaires. Mais, en Orient, beaucoup de temps s'écoule, généralement, entre l'énonciation d'un projet et sa réalisation pratique. Les intellectuels musulmans du Nord-Ouest ne pourront qu'être heureux de cette perspective d'une diffusion de leur culture propre, mais on peut craindre que la masse de leurs coreligionnaires n'accueille avec méfiance les initiatives du gouvernement concernant l'éducation. Leurs *ahungs*, dont la plupart comprennent peu ou pas du tout le sens des textes qu'ils récitent, continueront sans doute à leur paraître de fermes piliers supportant l'Islamisme contre toutes les tentatives capables d'en ébranler le caractère routinier. Ils ressemblent, en cela, à leurs voisins tibétains, mongols et chinois enlisés dans leurs superstitions et livrés à la merci d'un bas clergé ignorant.

Bien du temps se passera sans doute encore avant que les populations des belles régions de l'Extrême-Ouest chinois puissent être tirées de leur semi-barbarie.

CHAPITRE IX

Les réactions des masses populaires aux événements politiques sont toujours curieuses à observer. Je ne manque jamais de le faire quand j'en ai l'occasion, surtout lorsqu'il s'agit de populations dont les idées diffèrent, en général, considérablement des nôtres.

Je me suis trouvée favorablement placée à cet égard pendant mon dernier séjour à la frontière sino-tibétaine. J'y résidais au moment où les dernières nations qui jouissaient du droit d'extraterritorialité l'ont abandonné. C'était, l'on peut penser, un pas hasardeux de leur part, mais pour qui voyait les choses de près, leur renonciation n'était guère que l'acceptation d'une situation qui existait déjà. En pratique, les Chinois avaient cessé de reconnaître la position privilégiée des étrangers et ceux-ci, occupés par la guerre et empêchés, aussi, par d'autres raisons, ne pouvaient pas recommencer les expéditions d'autrefois pour ramener la Chine à la soumission. Ce sont, là, des choses d'un autre âge.

Or donc, à l'extrémité occidentale de la Chine la nouvelle s'était répandue jusque dans les villages et la population tout entière exultait. L'éducation, la politesse innée, qui leur est particulière, imposaient une certaine retenue aux Chinois appartenant aux classes supérieures de la société, mais il n'existe pas de mots capables de dépeindre la surabondance de joie qui éclatait chez des milliers de boutiquiers, d'artisans, d'employés subalternes et autres gens du menu peuple.

Une phrase laconique, répétée par tous, exprimait le sentiment intime général : « Maintenant, nous pourrons mettre les étrangers en prison. »

Le plaisir que cette perspective promettait transformait les physionomies habituellement placides, faisait danser des lueurs dans les yeux d'ordinaire inexpressifs et les bonnes gens de répéter : « Nous sommes leurs égaux ; nous pouvons les mettre en prison. »

« Les mettre en prison » cela était d'ailleurs arrivé plusieurs fois avant la déclaration officielle de l'abandon des droits d'extraterritorialité et il ne paraît pas que les Chinois fussent à blâmer dans ces circonstances.

A regarder ceux qui se réjouissaient si naïvement, l'on devinait que beaucoup d'entre eux suivaient du regard les quelques étrangers résidant dans le pays, nourrissant le secret désir de voir l'un ou l'autre d'entre eux conduit à la prison locale entre deux agents de police.

L'on se tromperait en croyant que ces Chinois, qui prenaient tant de plaisir à l'idée de pouvoir emprisonner des étrangers, étaient foncièrement méchants. Non pas. C'étaient des hommes paisibles, aimables et sans malice. Ils ne haïssaient pas véritablement les étrangers, bien qu'ils ne les aimassent pas sans réserve ; ce qui les animait était un sentiment d'orgueil blessé et une soif de revanche.

La supériorité que le droit d'extraterritorialité conférait aux étrangers blessait cruellement les Chinois lettrés des grandes villes et son abolition était inscrite en tête du programme de Sun Yat Sen. Quant aux habitants des régions frontières confinant à la Mongolie, au Tibet et à l'Asie centrale, en général, cette question les laissait assez indifférents. Ils savaient qu'ils devaient s'abstenir de visiter les bagages des voyageurs étrangers et, parfois, leur fournir gratuitement des hommes ou des animaux pour transporter ces bagages. Cette dernière obligation perpétuait une corvée obligatoire millénaire dont profitaient amplement les fonctionnaires civils et militaires et les Chinois distingués. Les étrangers leur étaient assimilés, c'était tout, et contrairement aux Chinois qui usaient de ce privilège, les étrangers rémunéraient, généralement, les gens qui les avaient servis. Les territoires où ce droit de transport pouvait être exercé avaient d'ailleurs été réduits, depuis nombre d'années, à ceux occupés par des indigènes non chinois : Tibétains, Lolos, etc., et, au moment où les droits d'extraterritorialité furent complètement abrogés, aucune gratuité de transport n'était plus accordée aux étrangers, en aucun endroit.

Les occasions de « juger » des étrangers dans l'intérieur ou dans les extrémités de la Chine étaient rares ou tout à fait inexistantes. Houspiller un domestique ou un muletier fautifs ne comporte guère de sanction et est assez conforme aux mœurs chinoises, bien que celles-ci se soient fortement modifiées à ce sujet, depuis dix ans.

Ainsi, le droit d'extraterritorialité reconnu aux étrangers ne gênait aucunement les masses chinoises. L'hostilité latente qui entoure les étrangers, en Chine, provient d'autres causes. Or, la publicité donnée à l'abrogation du droit d'extraterritorialité remit ces causes en lumière, en raviva la mémoire chez ceux qui les avaient à peu près oubliées et les apprit à ceux qui les ignoraient.

D'un passé lointain surgirent des histoires de dures répressions, d'expéditions militaires écrasant ceux qui tentaient de tenir la Chine fermée aux Occidentaux, tout comme d'autres nations interdisent, aujourd'hui, l'accès de leur territoire. Il était dit et redit que l'opium a été introduit en Chine par les étrangers et, bien que la majorité des Chinois soient adonnés à la drogue ou en trafiquent profitablement, ils ne laissent pas que de reprocher aux étrangers d'avoir fait usage de leur force pour les empoisonner.

Des traits d'arrogance, certaines manières hautaines des étrangers, leur façon, même inconsciente, de s'affirmer « supérieurs » étaient aussi rappelés.

Trente ans ne se sont pas encore écoulés depuis que les étrangers, même ceux qui remplissaient des emplois très subalternes, traversaient les villes en de luxueuses chaises à porteurs précédés par un ou deux serviteurs, quelquefois pourvus de bâtons, qui écartaient la populace. Les étrangers n'avaient point innové cette coutume, ni d'autres du même genre ; ils copiaient simplement les mandarins. Mais les mandarins étaient chinois et ce fait constituait une énorme différence.

Ces pittoresques parades ne se voient d'ailleurs plus. Dans les villes situées en terrain accidenté comme Chungking, la capitale de guerre, où les chaises à porteurs circulent encore, un règlement municipal interdit, même aux diplomates étrangers, de se faire porter par plus de deux hommes dans une sorte de hamac ressemblant aux filanzanes de Madagascar et sans aucun rapport avec les « boîtes » spacieuses, capitonnées de damas, dont le toit s'ornait de franges de soie et de perles de verre cliquetant au vent et rutilant au soleil.

De nos jours, les étrangers riches possèdent une auto, comme les riches Chinois ; de moins opulents se font voiturer en rikshaws et de plus pauvres encore vont à pied ce qui leur fait perdre toute considération aux yeux des prolétaires chinois qui les coudoient dans les rues.

Toutefois, un fait demeurait : ces humbles et méprisés piétons ne ressortissaient point de la justice chinoise, les magistrats chinois n'avaient pas le droit de les emprisonner. Voici qui est fini. Étrangers et Chinois sont devenus égaux devant la loi, pour tant que loi existe ; ce qui est rarement le cas, principalement dans les provinces frontières de l'Ouest où la volonté du magistrat est souveraine.

L'activité de leur mémoire ayant reçu une nouvelle impulsion, des Chinois, prolétaires ou petits-bourgeois, qui, pendant longtemps, ont passé avec indifférence devant les soldats postés autour des légations, à Pékin, et ont regardé avec une égale indifférence les canonnières ancrées sur le Yangtzé, se sont offensés rétrospectivement de cette présence qui proclamait leur servitude.

En principe, ils ont raison. S'installer de force chez autrui est un acte de brigandage. *En fait*, la question prête à la discussion. Toutefois, elle peut être posée en quelques mots : la terre est-elle la propriété commune de l'humanité selon la parole du Psalmiste : « Les Cieux appartiennent au Seigneur, mais il a donné la terre aux enfants des hommes [1] » ? Ou bien chaque possesseur d'un territoire — peu importe la façon dont il l'a acquis — est-il, du fait de cette possession, maître absolu de ce territoire et justifié à en interdire l'accès à qui bon lui semble ?...

Ceux qui, encore une fois, prétendent vouloir unir les nations en vue de l'établissement d'une paix durable auront à décider entre ces deux façons de voir. Il est, d'ores et déjà, facile de découvrir vers laquelle tendent leurs préférences et tout aussi facile de deviner ce qui s'ensuivra.

Le droit d'extraterritorialité dont les étrangers jouissaient n'était pas sans avoir sa contrepartie. Si les étrangers échappaient à la juridiction des tribunaux chinois, d'autre part, il leur était interdit de devenir propriétaires d'immeubles ou de terrains en dehors des zones des « concessions étrangères ». Seules, les Missions chrétiennes possédaient le droit d'acquérir des propriétés foncières dans toute l'étendue de la Chine. Les puissances étrangères avaient contraint à cette concession la Chine incapable de leur résister. Les Missions ont usé de leur droit ; les Chinois disent qu'elles en ont abusé.

D'après l'opinion courante, en Chine — reproduit-elle exactement le texte des traités ?... — l'autorisation accordée aux Missions ne comportait que la propriété d'écoles, d'hôpitaux, de lieux de culte et de logis pour le personnel des diverses Missions. Il n'était point question que celles-ci devinssent de grands propriétaires terriens affermant leurs champs et, encore moins, que sur des terrains leur appartenant, elles établissent des villages exclusivement habités par des indigènes convertis.

Pas mal de rancœur existe, en Chine, à ce sujet, et, en différents endroits, des reprises ont été effectuées par les Chinois sur les terres détenues par des Missions. Généralement, des indemnités ont été payées à celles-ci, mais la plupart du temps elles déclarent que ces indemnités sont insuffisantes. Au Sikang, par exemple, les autorités avaient édicté que les anciens propriétaires des terrains pouvaient reprendre possession de ceux-ci en remboursant la somme versée au moment de leur achat. De leur côté, les missionnaires soutenaient

1. Psaume 115.

que si on les expropriait, ce à quoi ils objectaient fortement, il fallait, au moins, les payer selon la valeur actuelle des terrains, devenue très supérieure à ce qu'elle était il y a cinquante ans ou plus anciennement encore, à l'époque où leur achat avait été effectué.

A cela, certains Chinois répondaient que durant un long laps de temps les étrangers missionnaires avaient profité du revenu des champs et cela, en bien des cas, sans payer d'impôts. D'autres, plus abruptement, déclaraient que les acquisitions, ou du moins, quelques-unes d'entre elles avaient été soldées avec de l'argent chinois versé comme indemnité pour le meurtre de certains missionnaires. Les mots inquiétants, « prix du sang », étaient fréquemment répétés.

Il semble qu'une accalmie prévaut aujourd'hui, mais il faut s'attendre à ce que la question soit reprise.

Il serait logique qu'en perdant leur droit d'extraterritorialité les étrangers — tous les étrangers — aient acquis celui de posséder des terres et des immeubles dans toute l'étendue de la Chine. Le texte des traités n'est pas affirmatif à ce sujet. C'est regrettable. La Chine est un pays extrêmement agréable offrant une merveilleuse diversité de sites et de climats. Des étrangers pourraient être tentés de s'y établir définitivement.

Je n'ose pas ajouter que le droit de circuler librement en Chine devrait aussi être acquis aux étrangers. Il serait difficile d'exiger de la Chine qu'elle se montre plus libérale à ce sujet que ne le sont les nations européennes ou américaines.

Toutes ces questions de traitement équitable peuvent intéresser quelques politiciens chinois, la foule ne s'en préoccupe aucunement ; chez elle, le sentiment dominant que la renonciation des Grandes Puissances a éveillé est un sentiment de revanche. Nous avons été humiliés, brutalisés, foulés aux pieds par les étrangers, pense l'homme de la rue, à notre tour de les humilier, de les brutaliser, de leur faire sentir notre pouvoir, dans notre pays.

La conduite passée des étrangers en Chine et dans toute l'Asie explique cet état d'esprit. Ils se sont conduits stupidement, les Chinois brûlent du désir d'imiter leur stupidité et, cela, chacun d'eux au niveau de sa mentalité particulière.

Comme ces niveaux s'étagent sur une longue échelle, il n'est pas seulement question d'« emprisonner » des étrangers ; la réaction anti-étrangère prend maintes autres formes, quelques-unes d'entre elles tout à fait inattendues et délicieusement comiques.

Un médecin indigène m'en fournit un exemple dans la province de Sikang.

La Chine, déclarait-il, va maintenant se libérer de toute influence étrangère. Dans l'avenir, aucun médecin étranger ne sera autorisé à pratiquer la médecine en Chine. Quant à ces jeunes égarés, qui ont fait des études médicales en Europe ou en Amérique, ils seront obligés d'apprendre la médecine chinoise. Nous rejetterons toutes sortes d'éducations étrangères et retournerons au pur savoir chinois.

Un client de ce digne homme qui se trouvait présent se hâta d'appuyer les opinions qui étaient exprimées.

« Que vaut la science de ces docteurs étrangers ? dit-il, d'un ton méprisant. Quand vous allez les consulter ils vous demandent de leur décrire le genre de douleur que vous éprouvez. Vous devez leur dire si c'est la tête, la jambe ou une autre partie du corps qui vous fait souffrir. Ils sont incapables de le savoir !

« Nos médecins chinois n'ont pas besoin de poser d'aussi absurdes questions. Ils vous regardent pendant un instant et tout de suite ils déclarent : vous avez des douleurs dans la jambe droite, dans la poitrine, dans l'oreille ou dans n'importe quelle autre place qu'ils ont découverte. Vous avez telle ou telle maladie. Voilà bien de la vraie science ! »

Ne nous hâtons pas de rire de ces Esculapes chinois. S'ils manquent de connaissances chirurgicales, certains d'entre eux ont un savoir très étendu concernant de nombreux médicaments végétaux ou minéraux et les administrent avec succès en beaucoup de cas. D'autres sont terriblement rusés et malicieux. Ils connaissent la tournure d'esprit de leurs clients et les traitent en conséquence, souvent, aussi, avec succès.

Ma servante avait pris froid et se plaignait de mal à la gorge. Elle insistait pour être soignée par un docteur indigène. Le médecin de la localité lui donna quelques médicaments qu'elle absorba. Cependant, trois jours plus tard, comme le mal persistait, elle retourna voir le docteur et, cette fois, elle lui dit qu'elle souffrait aussi de constipation. Le Chinois la regarda fixement dans les yeux, de très près, leva l'index et déclara : « Demain, vous irez à la garde-robe. » Puis, négligemment, il ajouta : « Je vais vous donner un autre médicament pour votre gorge. »

Le lendemain, la prédiction du sorcier se vérifia, la fille surmonta sa constipation.

Pleine d'admiration elle vint me trouver. « Ce médecin n'est-il pas merveilleux ! me dit-elle. Rien qu'en me regardant et en levant le doigt, il a desserré mes intestins. »

« — Stupide créature, lui répondis-je, ne peux-tu pas comprendre que le docteur a mêlé une poudre purgative à celle qui devait guérir ta gorge ? »

Elle ne fut pas convaincue ; l'élément extraordinaire, le quasi-miracle, la fascinait. Après tout, elle était guérie, c'est surtout cela qui importait.

A la frontière occidentale de la Chine, certains Tibétains, suivant leurs voisins chinois, s'étaient mis à répéter : « Dorénavant nous sommes leurs égaux. » Égaux de qui ?... Ils ne s'en rendaient pas exactement compte, mais cela ne les empêchait pas de partager l'allégresse générale.

Un jour, chez un marchand chinois, je rencontrai un riche négociant tibétain. Tous deux buvaient de l'eau-de-vie indigène et causaient ensemble. Le sujet de leur conversation était le nouveau statut des étrangers et le Tibétain répétait avec une satisfaction marquée les mots que son collègue venait de prononcer : « Nous sommes leurs égaux ! »

Un malicieux désir me vint de taquiner ce brave homme.

« — Égaux », dis-je, « vraiment ? Les Tibétains du Kham sont-ils devenus les égaux des Chinois ?... Un Khampa peut-il devenir ministre ou président de la République en Chine ? »

Cette réplique laissa le Tibétain muet, son rêve d'égalité s'était évanoui. J'en éprouvai de la tristesse pour lui. Le marchand chinois souriait avec un air entendu et sarcastique. Il se jugeait l'égal des Européens ou des Américains, mais qu'un individu de souche tibétaine pût se croire égal à lui lui paraissait le comble de l'absurdité.

Ainsi en est-il avec les citoyens de toutes les nations qui possèdent des colonies. L'idée d'être soumis à des gens d'un autre pays que le leur les révolte, mais ils se croient parfaitement justifiés à s'arroger des droits sur les indigènes des territoires dont ils se sont emparés, considérant les anciens occupants du sol comme des êtres inférieurs à eux.

Les manifestations enfantines de la mentalité populaire chinoise peuvent paraître indignes de notre attention. L'on aurait, pourtant, tort de les écarter, car elles nous éclairent sur les sentiments intimes des foules et cette connaissance est loin d'être dénuée d'intérêt pratique.

Les Grandes Puissances ont renoncé à leur droit d'extraterritorialité. Auraient-elles pu le conserver ?... Certainement non. Il n'y a eu, de leur part, aucun acte gracieux de générosité ; leur décision marque seulement l'acceptation d'une situation qui existait virtuellement depuis assez longtemps et commençait à s'affirmer ouvertement de maintes manières et en maintes occasions. Les Chinois savent cela et, pour cette raison, ne se croient tenus à aucune gratitude envers nous. Il n'y a pas à les blâmer, leur attitude est logique.

Si, nous, Européens ou Américains, voulons éviter de graves mécomptes dans les relations que nous devrons inévitablement entretenir avec les Chinois, il est indispensable que nous révisions totalement les notions que la plupart d'entre nous ont conçues à leur sujet.

Qu'on ne s'y méprenne pas, les Chinois, même les plus obscurs boutiquiers et les paysans des campagnes, sont loin d'être les individus inertes qu'on s'est plu à nous décrire. Il y a, en eux, une forte dose d'énergie latente, de bon sens réaliste et de perspicacité. Leur attitude s'est considérablement modifiée pendant ces vingt dernières années.

Le Japon, qui avait projeté d'établir sa suprématie morale et matérielle sur une « Grande Asie », a manqué d'adresse et perdu la partie, mais ses premières victoires ont donné aux Asiatiques une leçon inoubliable : les Blancs, jusque-là toujours facilement triomphants, ne sont pas absolument invincibles. Un pays infiniment plus vaste et plus peuplé que le petit Japon peut reprendre, avec chances de succès, un rêve analogue et se hausser au rôle de chef de cette « Grande Asie ».

La Chine est là. Est-elle prête à assumer ce rôle aujourd'hui ? Certains souriront à cette idée. Il est possible qu'elle ne le soit pas, mais elle peut l'être demain. Quoi qu'il en puisse être, il est ridicule et maladroit d'approcher les Chinois comme s'ils étaient des enfants et de se poser, devant eux, en guides condescendants.

Les sentiments de revanche que l'abrogation complète des droits d'extraterritorialité a ranimés parmi les Chinois s'expriment parfois de façon baroque, mais, après tout, le sentiment lui-même est naturel. Nous devons être prêts à le comprendre et même à sympathiser avec ceux qui l'expriment.

« — Égaux » sommes-nous devenus ; l'important est de ne pas devenir « inférieurs ».

Nous avons beaucoup de choses à apprendre aux Chinois ; ils en ont tout autant à nous apprendre. Nous pouvons leur être utiles ; ils peuvent nous l'être également. C'est en nous pénétrant de ce fait qu'il nous sera possible d'établir avec eux des relations culturelles, diplomatiques et commerciales « pour notre mutuel avantage », comme le prêcha, il y a quelque vingt-cinq siècles, le philosophe chinois Mo-tsé.

UN DERNIER MOT

Est-ce là tout ? penseront peut-être certains lecteurs. La voyageuse n'a-t-elle, cette fois, rien rencontré de la spiritualité particulière ou des pouvoirs mystérieux avec lesquels elle a pris contact lors de ses précédents séjours en Asie et dont elle nous a entretenus dans ses livres précédents ? Non, ce n'est pas tout. Il y aurait d'autres choses à ajouter à celles que j'ai dites. Bien que mon voyage et mon séjour au Tibet Oriental et dans les provinces de l'extrême-ouest de la Chine m'aient été imposés par les événements et qu'il m'ait été difficile de diriger mes recherches librement comme je l'ai fait autrefois, j'ai réussi à récolter une nouvelle et suffisamment riche moisson d'informations concernant les doctrines philosophiques et les pratiques mystiques des maîtres orientaux. Celles-ci auraient été hors de place dans le présent livre. Le sujet demande à être traité à part. Peut-être le ferai-je un de ces jours.

1941 : Fuyant les bombardements, Alexandra se réfugie à la mission catholique de Kang Ting.

1942 : Alexandra, en route pour les marches tibétaines, est escortée par des soldats de Tchang Kaï-check mis à sa disposition pour assurer sa protection.

Alexandra en pleine guerre sino-japonaise, avec ce qu'il lui reste de bagages, après avoir tout perdu sous les bombardements.

LE VIEUX TIBET
FACE A LA CHINE NOUVELLE

Alexandra à Tot Sien Lou, à la frontière sino-tibétaine, vers 1944.

CHAPITRE PREMIER

Coup d'œil d'ensemble sur la situation

Le vieux Tibet regarde la plus vieille Chine, celle que nous qualifions de « nouvelle » parce que nous discernons mal le passé profond dans lequel plongent les racines des événements dont elle est actuellement le théâtre. Le Tibet regarde, observe, il réfléchit peut-être, mais son attitude diffère passablement de celle que les Occidentaux lui prêtent.

A l'inverse des objets naturels que l'éloignement fait paraître petits et que nous découvrons plus grands en nous en approchant, les événements politiques survenant dans des pays lointains affectent volontiers des proportions importantes lorsque nous les contemplons à distance alors qu'en réalité ces proportions sont minimes.

L'on est souvent fondé à répéter à leur sujet : « De loin c'est quelque chose et de près ce n'est rien. » Il convient, toutefois, de se souvenir que cela qui n'est rien, ou à peu près rien, aujourd'hui, est parfois susceptible, sous l'action de circonstances imprévues, de prendre, demain, l'ampleur d'une catastrophe.

Le drame minime de Sarajevo, le 28 juin 1914, nous en a fourni un exemple. Un archiduc autrichien fut tué par un patriote, des événements analogues se sont produits maintes fois sans entraîner de suites sérieuses, cependant en 1914 celui-ci déclencha la Grande Guerre I (1914-1918).

Cette Grande Guerre I amena l'avènement de Hitler et ce qui s'ensuivit : la Grande Guerre II.

A son tour, cette dernière a semé des germes bien propres à provoquer une Plus Grande Guerre III.

Nous ne pouvons pas prévoir les résultats possibles d'un conflit, même infime, surgissant dans cette région reculée et presque déserte qu'est le « Toit du Monde ». Plus d'une fois, des gens intéressés à produire une conflagration se sont plu à souffler malignement sur ce qui n'était que la danse de quelques rares étincelles sur de menus brins de paille.

Il serait oiseux de nous livrer à des conjectures à ce sujet. Jetons simplement un coup d'œil sur la carte placée au début de ce livre et considérons la position que le Tibet y occupe et les nouvelles frontières que son incorporation effective dans la Chine procure à celle-ci, puis, par son intermédiaire, aux Républiques soviétiques avec lesquelles elle est actuellement en communion d'idées [1]. Le bloc de territoire est d'importance et les millions d'individus qui y vivent ne le sont pas moins.

Il y a là des éléments bien propres à peser sur le destin de l'Asie... sur celui du monde, peut-être... Cependant, tenons-nous-en aujourd'hui à examiner l'aspect que présente le Tibet actuel : le Tibet tel que la Nouvelle Chine l'aborde.

Certains nous ont décrit le Tibet comme étant bouleversé. Il a été question d'invasion ou même d'agression chinoise, des termes qui dépeignent très inexactement la situation.

Qu'est-il arrivé au Tibet ? — Rien qui ne s'y soit déjà passé maintes fois au cours de son histoire.

Ne disons pas *occupation* du Tibet ; l'expression convenable est : *réoccupation.*

Depuis des siècles, l'histoire du Tibet est intimement liée à celle de la Chine. Depuis des siècles, Tibétains et Chinois se sont mesurés sur des champs de bataille et sur le terrain d'une diplomatie rustique, mais non dénuée d'astuce, sans jamais réussir à se séparer complètement les uns des autres.

Les relations entre Tibétains et Chinois remontent à une époque antérieure au début de notre ère. Les chroniques chinoises les mentionnent dès le Ier siècle avant Jésus-Christ, et, d'après ce qui nous en est rapporté, nous comprenons qu'elles n'en étaient pas, alors, à leur début. Ces relations furent, pendant longtemps, du genre brutal [2]. On s'attaquait, on se massacrait réciproquement, les têtes tombaient par milliers. La frontière sino-tibétaine avançait et reculait suivant le sort des incursions souvent repoussées et continuellement renouvelées. Il en a été de même dans les temps modernes. J'ai vu Chiamdo, Dergé, Bathang, Litang, les régions en bordure du haut Mékong et d'autres territoires tour à tour occupés par les Chinois, repris par les Tibétains et *vice versa* pendant les années que j'ai passées dans ce pays.

Les Tibétains — ils paraissent l'avoir complètement oublié — eurent leur heure de gloire militaire du VIIe au VIIIe siècle. En 763, leurs hordes s'emparèrent de Tch'angnan (moderne Sian, chef-lieu de la province de Shensi) alors capitale impériale, au cœur même de la Chine. Vers cette époque, les Tibétains firent même figure de grands conquérants. On les vit au Pamir et aux frontières de la Perse ; ils rôdèrent à travers toute l'Asie centrale, s'établissant ci et là pour des périodes de plus ou moins longue durée.

---

1. Alexandra David-Néel écrivait ce livre en 1951-1952.
2. On pourra consulter au sujet des luttes entre Tibétains et Chinois l'introduction de mon livre *A l'Ouest barbare de la vaste Chine*. (Plon, éd.)

Puis vint le déclin. Les tribus tibétaines s'éparpillèrent, leur furie guerrière s'apaisa sans pourtant s'éteindre complètement. Au cours des siècles nous la voyons s'exercer contre des envahisseurs mongols ou en des querelles intestines, mais toujours les Chinois figurent dans le tableau, soit en première ligne, soit dans un discret arrière-plan [1].

En 1792, des troupes de Gourkas venant du Népal s'emparèrent d'une large partie du Tibet méridional y compris la ville de Jigatzé ; les Chinois vinrent à l'aide des Tibétains et chassèrent les envahisseurs. Le paiement d'un tribut fut imposé à ces derniers et ce tribut continua à être payé par le Népal à la Chine jusqu'au renversement de l'Empire chinois [2].

Ainsi la collaboration intermittente des perpétuels adversaires recommençait. Les liens que, tour à tour, l'amitié ou l'inimité créaient entre Tibétains et Chinois se resserraient ; la Chine en vint à s'attribuer une suzeraineté assez peu rigoureuse, mais réelle, sur le gouvernement de Lhassa. Un *Amban*, haut fonctionnaire chinois appartenant, parfois, à la famille impériale, résida à Lhassa où il exerça — du moins nominalement — un contrôle sur la politique du Tibet.

En ce qui concerne le clergé, le Dalaï-lama devait obligatoirement, pour être intronisé, avoir été reconnu par le gouvernement chinois. Le jour de son accession il faisait acte de vassal en se prosternant devant un portrait de l'empereur. Il en était de même du Panchen lama siégeant à Jigatzé.

Quant aux *tulkous*, membres de l'aristocratie ecclésiastique lamaïste, il en existait de deux sortes. Le droit de porter le titre du *tulkou* — généralement énoncé dans les actes officiels sous la forme mongole : *houtouktou* — pouvait être reconnu à un lama par le gouvernement chinois [3]. C'était le cas pour les plus importants d'entre eux. Ceux qui n'avaient pas obtenu cette reconnaissance — c'était la majorité — occupaient un rang inférieur dans cette noblesse, et se divisaient en plusieurs catégories : ceux qui, à défaut de leur reconnaissance par la Chine, avaient obtenu celle du Dalaï-lama et ceux qui devaient leur investiture à d'autres lamas plus ou moins importants.

---

1. Il n'est point question de retracer ici l'histoire du Tibet en ses diverses périodes : période antéhistorique, période des rois, féodalité, règne des chefs religieux, mais jamais véritable théocratie au sens que nous donnons à ce terme.

2. En 1841 les Népalais envahirent de nouveau la région ouest du Tibet. Les Tibétains aidés par les Chinois les repoussèrent encore. En 1884, les Népalais tentèrent une autre invasion qu'ils abandonnèrent sans s'être avancés loin. Néanmoins, pour obtenir leur retrait, les Tibétains consentirent à leur payer un tribut annuel équivalent à celui que les Népalais versaient à la Chine. De plus, le droit d'extraterritorialité fut accordé aux Népalais et, en plus, celui de maintenir, à Lhassa, un consul-agent commercial avec un petit groupe de soldats népalais pour sa protection.

3. Un acte officiel, à cet effet, a été établi en faveur du lama Yongden, mon fils adoptif et collaborateur.

D'après les renseignements qui me sont parvenus, les nouveaux dirigeants de Pékin envisagent de maintenir cette reconnaissance officielle des lamas-tulkous, au moins des plus influents d'entre eux. Ils ont déjà suivi la coutume traditionnelle en accordant leur investiture au Dalaï-lama et au Panchen lama, un geste de haute politique.

Par la suite, la Russie et l'Angleterre parurent sur la scène tibétaine : la Russie assez mollement, l'Angleterre avec beaucoup d'activité et bien décidée à substituer son influence à celle de la Chine [1].

Nouveaux combats : expédition britannique (1904) qui força l'entrée de Lhassa, la cité interdite. Les Chinois ne tentèrent rien pour repousser les agresseurs. Il est douteux qu'ils auraient pu leur résister, mais ils n'esquissèrent pas un geste dans ce sens, tandis que les infortunés et stupides Tibétains, confiants dans les amulettes protectrices que les lamas leur avaient distribuées, combattaient bravement et se faisaient massacrer par les troupes britanniques. Pendant ce temps, les fonctionnaires chinois offraient des dîners aux officiers anglais.

Les Tibétains leur en ont gardé une rancune tenace. Vingt ans plus tard, pendant mon séjour à Lhassa, ils me l'exprimaient encore.

Dans les années qui suivirent, les troupes chinoises demeurées isolées au Tibet furent vaincues par les Tibétains et contraintes d'évacuer le pays. Je me souviens de leur passage par petits groupes à travers les Himâlayas pour gagner l'Inde et, de là, être rapatriés par mer.

C'en était fait de l'influence chinoise ; les Anglais avaient gagné la partie, au moins en ce qui concernait le Tibet méridional avec Lhassa. Ils en gardèrent l'entrée fermée avec plus d'acharnement et, surtout, avec plus d'adresse que les Tibétains ne l'avaient jamais fait, puis ils interdirent progressivement l'accès des territoires limitrophes : Sikkim, Bouthan, etc. [2].

Quant au Tibet oriental, les luttes séculaires entre Tibétains et Chinois continuaient.

L'influence chinoise était devenue nulle à Lhassa. Les représentants du gouvernement tibétain préposés à la garde des frontières se vantaient — comme le fit devant moi un officier stationné à Zacco [3] — de mépriser (littéralement il disait « cracher dessus ») tout ce qui émanait des fonctionnaires britanniques.

Pourtant, la Chine s'obstinait à revendiquer sa suzeraineté sur le

1. Et à empêcher la Russie — alors celle des tzars — à s'établir plus ou moins directement, à la frontière de l'Inde.

2. On verra plus loin que le gouvernement de la République indienne poursuit la même politique. Depuis, la situation a évolué et les États himalayens sont en totalité ou en grande partie ouverts au tourisme.

3. Sur la route de Kanzé à Dergé au Tibet oriental. A ce moment, les Tibétains avaient repris Dergé et le territoire environnant.

Tibet et se complaisait à se donner l'air de continuer à l'exercer. Un ministère des Affaires mongoles et tibétaines existait à Pékin. Hélas ! ce qui demeurait de la Mongolie et du Tibet sous l'administration chinoise était alors réduit à de bien insignifiantes étendues de territoire. Seuls les Tibétains et les Mongols établis en Chine ressortissaient de ce ministère.

Un des derniers actes du Kuomintang expirant fut d'affirmer encore cette suzeraineté illusoire en envoyant à Lhassa une mission ayant précisément à sa tête le président de ce ministère des Affaires mongoles et tibétaines : le Dr Kwan Chi-yui.

Qu'était-il chargé de faire et de dire à Lhassa ? — On manque de renseignements précis à cet égard. Il n'eut d'ailleurs pas le temps d'exercer une grande activité diplomatique.

C'était en 1949, des troubles éclatèrent à Lhassa, un parti tibétain s'y élevait contre cette revendication de suzeraineté, un autre s'en prenait au gouvernement de Lhassa qu'il voulait renverser. Des bruits coururent, alors, qui attribuaient aux communistes indigènes le mouvement dirigé, était-il dit, non pas précisément contre la Chine, mais contre celle de la nuance Kuomintang. Toutefois, interrogé à ce sujet, le Dr Kwan Chi-yui déclara qu'il ne voyait pas qu'une influence d'origine communiste ait été à l'œuvre. Comme il en est le plus souvent dans les affaires asiatiques, la confusion régnait.

Quoi qu'il en ait pu être, la délégation chinoise et sa suite furent expulsées. Elles gagnèrent Kalimpong à la frontière du Sikkim, en territoire indien et, de là, furent escortées à Calcutta d'où elles devaient retourner en Chine.

Un arrêté analogue fut pris contre tous les Chinois, commerçants et autres, établis au Tibet.

Tandis que se poursuivait cet exode des Chinois quittant le Tibet par le sud et que les Tibétains se rengorgeaient absurdement, se félicitant de les avoir balayés hors de chez eux, d'autres Chinois, plus nombreux, entraient par le nord : les troupes de Mao Tsé-tung.

Pour un observateur désintéressé, cette sorte d'effet de théâtre ne manquait pas de comique, mais les membres du gouvernement de Lhassa n'étaient point d'humeur à en goûter le caractère drolatique. Épouvantés et d'une naïveté déconcertante, ignorant tout, semblait-il, des événements qui s'étaient produits au-delà de leurs frontières, ils conçurent l'idée d'envoyer une délégation à Londres pour y solliciter la protection de l'Angleterre contre l'armée chinoise qui s'avançait.

Dès leur arrivée dans l'Inde on fit comprendre aux envoyés qu'ils n'avaient rien à attendre de l'Angleterre. Elle avait quitté l'Inde ; le Tibet ne l'intéressait plus puisqu'il avait cessé de lui être utile et, d'ailleurs, elle n'était plus en mesure de leur prêter secours.

Quant à l'Inde, on leur donna aussi à entendre qu'elle entretenait de bonnes relations avec la Chine et ne pouvait songer à s'opposer à l'avance des Chinois qui s'acheminaient tranquillement vers Lhassa comme des gens rentrant chez eux après une absence.

L'inconscience des dirigeants tibétains dépasse-t-elle toute mesure ou bien se sert-on d'eux, à leur insu, pour atteindre des buts politiques ?... Embarrasser les Chinois en suscitant un soulèvement contre eux au Tibet, les forcer ainsi à y immobiliser des troupes dont ils pourraient avoir besoin ailleurs plairait peut-être à certains. Cette idée a été émise. Je manque de compétence pour la discuter. Il suffira de savoir qu'un des frères du Dalaï-lama a séjourné pendant quelque temps à Formose auprès de Tchang Kaï-chek.

L'y avait-on envoyé pour solliciter son aide ?... Il y aurait eu beaucoup de naïveté à le faire. Le Tibet n'aurait rien à gagner à un retour au pouvoir du Kuomintang. Les desseins de celui-ci sur le Tibet étaient exactement les mêmes que ceux du gouvernement communiste : réincorporer fermement le Tibet dans la Chine.

Deux autres frères du XIVe Dalaï-lama — dont l'un, un *tulkou*, résidait au monastère de Kum Bum, en Amdo — sont aux États-Unis ; l'un d'eux était dernièrement à l'Université de Yale.

Tous deux doivent jouir de ressources suffisamment abondantes pour leur permettre de vivre confortablement. Ils se montreront sages s'ils demeurent à l'écart des troubles qui pourront agiter leur beau « Pays des Neiges » [1].

Mais rien ne prouve que des troubles doivent s'y produire, ou que ces troubles puissent revêtir un caractère de réelle gravité. Pas un coup de feu n'a été tiré contre les troupes chinoises au cours de leur avance à travers le Tibet, elles ont plutôt été accueillies avec enthousiasme par la majeure partie de la population. Le régime de brutalité et d'exaction qui prévalait dans le pays n'avait pas laissé que d'engendrer du mécontentement parmi ceux qui en étaient les victimes. J'ai entendu exprimer bien des plaintes à ce sujet.

Beaucoup de ceux qui, notamment dans la province de Kham, avaient fait l'expérience des deux régimes : celui de l'administration chinoise et celui de l'administration tibétaine, préféraient grandement la première à la seconde. Les magistrats chinois, disaient-ils, s'ils ne sont pas tous absolument intègres, sont pourtant beaucoup moins portés à vendre leurs arrêts au plus offrant. Une opinion analogue avait déjà été exprimée à Sarat Chandra Dass, le voyageur indien, par des gens de Jigatzé. Il la rapporte dans sa relation de voyage [2].

Les impôts prélevés par les Chinois étaient aussi moins lourds que ceux exigés par les fonctionnaires du gouvernement de Lhassa.

1. *Kham Kyi yul* le nom poétique que les Tibétains donnent à leur pays. Son nom ordinaire est *Bod yul* prononcé *Peu yul*. Le nom Tibet est inconnu des Tibétains.

2. *Journey to Lhassa and Central Tibet by Sarat Chandra Dass* (1902). Le voyage fut effectué en 1881-1882.

Au sujet des impôts, il est amusant de noter que dans la partie sud du Tibet où les Anglais étaient connus, les gouverneurs locaux et autres fonctionnaires chargés de la levée des taxes répondaient aux doléances des contribuables surchargés en leur expliquant que ce n'était pas le très bon Dalaï-lama, le Précieux Protecteur incarnation du tout compatissant Chénrézigs, qui réclamait d'eux ces sacrifices. C'étaient les Anglais, les méchants étrangers qui l'y forçaient. A qui allaient l'argent et le grain amassés de cette manière, on ne le leur disait pas ; ils pouvaient imaginer à ce propos tout ce qui leur venait en tête, mais la semence de xénophobie était semée et elle renforçait, en lui adjoignant des raisons d'être plausibles, la tendance innée à la xénophobie qui habite la cervelle des braves Tibétains. — Qui habite, faut-il dire, sous des formes diverses et plus ou moins accentuées les cervelles de la majorité des hommes.

Autre sujet de grief : quand les Chinois en voyage faisaient usage de la corvée obligatoire de portage de leurs bagages (les oulas) bien que les porteurs n'aient droit à aucune rétribution pour eux ou pour les bêtes de somme qu'ils prêtent, généralement les Chinois bénéficiaires de ce privilège distribuaient de menues gratifications aux villageois qui les avaient servis. Quant aux « messieurs » tibétains, ils ne leur donnaient jamais rien.

Ce faisant, ils se conformaient au code barbare traditionnel, non écrit, qui veut que le « petit » honore le « grand » par des offrandes et des actes de service et qu'il se trouve lui-même honoré si le « grand » daigne accepter de lui cadeaux et travail. Tandis que, d'autre part, le « grand » ne doit rien au « petit » ; bien plus, qu'il se rend coupable d'un manque fâcheux de dignité, s'il s'abaisse à reconnaître les égards qu'on lui témoigne en donnant au « petit » l'équivalent ou quelque chose d'une valeur supérieure à ce que celui-ci a offert.

Il est curieux de constater, comme on le fait à chaque instant au Tibet, que cette façon de voir est partagée par les « petits ». Celui qui paie n'est pas digne de respect, entend-on dire fréquemment par des paysans. Il faut voir là une expression du culte de la force et du pouvoir qui prédomine au Tibet.

Cependant, j'ai aussi pu constater que ce culte commence à perdre des dévots ou, du moins, que toujours prêts à y adhérer quand la force est de leur côté, nombre de Tibétains en arrivent à douter de la valeur de cette foi lorsqu'elle agit à leur détriment.

Nombreux sont les Tibétains qui, dans ces dernières années, ont été touchés par la propagande communiste. En ceux qui gardaient un bon souvenir des dirigeants chinois elle a ravivé et intensifié ceux-ci et chez les autres elle a engendré l'espoir d'un nouveau régime sous lequel leurs conditions de vie se trouveront grandement améliorées. Ces Chinois qui reviennent au Tibet sont très différents même des meilleurs de ceux que vous avez connus, leur a-t-on dit ; ils feront régner la justice, le menu peuple ne sera plus opprimé, tous pourront marcher la tête haute, sans crainte... une perspective attrayante, certes. Souhaitons qu'elle se réalise pour les Tibétains... et pour beaucoup d'autres qu'eux.

Quelques mesures déjà mises en vigueur sont de nature à nourrir l'espoir des Tibétains. La fustigation en public comme châtiment légal a été abolie ; le pillage en groupe par les troupes ou, simplement, le vol commis isolément par des soldats chinois, au détriment des Tibétains, est puni par des peines sévères comprenant la peine de mort. Des soldats coupables de vol ont déjà été fusillés.

Voilà de quoi rassurer, mais aussi étonner les Tibétains, car leur conception de la conduite d'un vainqueur est demeurée au degré le plus barbare.

Quelle que puisse être leur conduite, les troupes chinoises, si elles parvenaient à susciter l'horreur et la révolte des Tibétains, n'arriveraient jamais à les étonner.

Les faits véridiques terrifiants ne manquent point dans l'histoire du Tibet, mais les Tibétains connaissent peu ou même point du tout leur histoire nationale. Ce qui leur en tient lieu ce sont des légendes ou des poèmes épiques du genre de l'*Iliade* grecque, mais mille fois plus effarants qu'elle, telle la geste de Guésar de Ling [1], héros national des Tibétains.

Les bonnes gens du Tibet et même leurs compatriotes plus instruits ne doutent pas que les exploits extraordinaires attribués à ce farouche guerrier ne soient absolument authentiques.

Or, Guésar, incarnation d'un dieu, vise à établir le règne de la justice parmi les hommes, à l'établir par la terreur. A travers le tissu des fables nous entrevoyons, dans la geste, des tableaux rappelant les guerres de Gengis Khan et l'on ne peut guère douter que, part faite d'une grande exagération et en ramenant les récits aux proportions de luttes entre des tribus peu nombreuses, la geste ne relate pas les mœurs guerrières du vieux Tibet.

Donnons pour un instant la parole au récit :

Voici un épisode de la guerre des gens de Djang [2] contre Chingti, le roi du Sud :

« ... Yula Tongyur avec ceux de Djang passèrent la rivière à la nage, couchés sur le dos de leurs chevaux et rejoignant les « bra-

---

1. *La Vie surhumaine de Guésar de Ling*, traduction de A. David-Néel. (Éd. Adyar, Paris.) Rééditée par les Éditions du Rocher.

2. Les lieux où se déroule l'épopée de Guésar ne sont pas situés dans un pays imaginaire ; ils peuvent être aisément repérés sur une carte. *Djang* est l'ancien nom de la ville moderne appelée Likiang, au Yunnan. *Markham* avec qui Djang guerroie est Garthok, et ainsi de suite. J'ai séjourné, dans la province de Kham, au château de Ling, situé, dit-on, sur l'emplacement du château de Guésar et où résidait le chef local tenu pour être un descendant du fils adoptif de Guésar.

ves »[1] de Ling, ils firent un carnage effroyable des soldats du Sud. Ceux qui purent échapper s'enfuirent dans la citadelle.

« En apprenant ce désastre, Ching-ti devint fou de rage. Il ordonna à d'autres troupes commandées par les généraux Koula et Tongtchoung d'attaquer immédiatement les envahisseurs.

« La mêlée fut affreuse. Chaque chef clamait très haut ses titres et ses exploits. On combattait avec des flèches, des sabres, des piques et les pasteurs des tentes noires, habiles à lancer le lasso, saisissaient de loin leurs adversaires, les jetant à bas de leurs montures et les traînaient sur le sol où les chevaux les piétinaient.

« Ainsi furent capturés les deux généraux Koula et Tongtchoung que leurs vainqueurs voulaient montrer vivants à Guésar. Koula fut étendu par terre et l'on enfonça des piques dans ses quatre membres, le clouant au sol. Tongtchoung fut enchaîné.

« Lorsque Guésar les vit, il dit aux siens en désignant Koula :

« — Celui-ci est un véritable fils de démon ; sa peau possède des propriétés magiques. Un jour elle me sera utile. Je la veux. »

Sur ce, on écorcha Koula vivant ; on mit le feu aux quatre coins de la citadelle et tous ceux qui s'y trouvaient périrent dans les flammes.

Et voici comment la peau de l'infortuné Koula devint « utile » à Guésar.

Le récit est un peu long, mais je me risquerai à l'insérer ici à cause de son pittoresque et parce que nous ne devons pas oublier que les Tibétains tiennent de semblables descriptions pour celles de faits réels. Cela nous permettra de nous faire une idée de la mentalité du Vieux Tibet, celle que la Chine Nouvelle aborde et souhaite assimiler.

« Guésar s'était, depuis un certain temps, enfermé dans ses appartements, où il s'adonnait à la méditation de « l'Unité Absolue »[2]. Seule sa femme était admise à le voir lorsqu'elle lui apportait ses repas.

« Or celle-ci informa son époux qu'un de ses sujets, nommé Todong, avait été attaqué et pillé par des gens du roi Tazig[3], et qu'il priait Guésar d'envoyer des troupes contre Tazig pour reprendre les biens qu'on lui avait volés. Todong avait seulement omis d'avouer que lui-même s'était précédemment emparé de chevaux bleus[4] de grande race appartenant à Tazig.

« Guésar, étant omniscient, ne pouvait ignorer ce détail, cependant, lorsque les membres de son Conseil furent assemblés dans une pièce voisine, il ouvrit le guichet qui faisait communiquer celle-ci avec son appartement et commanda :

1. Les « braves », titre donné aussi couramment, en Chine, aux soldats.
2. Une méditation d'inspiration moniste.
3. Tazig le roi de Perse ou d'une région voisine de la Perse.
4. Ce qui en tibétain désigne des chevaux gris pommelé.

« — Mobilisez cent mille guerriers. Demain je sortirai de ma retraite pour entrer en campagne contre Tazig.

« Puis il referma le volet qui claqua avec un bruit sec, et les Conseillers demeurèrent stupéfaits, s'entre-regardant, doutant d'avoir bien entendu.

« Si déférents qu'ils fussent envers le héros dont ils connaissaient la sagesse et le pouvoir, les ministres décidèrent d'attendre, avant d'appeler les hommes, que Guésar leur ait fait connaître les motifs de la guerre qu'il projetait.

« Convoqués le lendemain par lui, ils s'enquirent de sa santé, puis ils le prièrent de leur expliquer les raisons qui le portaient à attaquer Tazig car, eux, n'en voyaient aucune.

« Guésar par sa clairvoyance connaissait les agissements de Todong et le vol des chevaux bleus. Il en instruisit les chefs et conclut :

« — Todong est un malhonnête homme, un esprit brouillon, néanmoins il nous fournit le prétexte d'une guerre profitable [1]... C'est avec raison que Tazig est dénommé : « Tazig possesseur de trésors [2] », notre victoire nous procurera un riche butin.

« Le Maître des écuries répondit :

« — En vérité, Todong est un être malfaisant, il ne cesse de commettre des méfaits. Voici qu'il a volé les chevaux d'un roi avec qui nous vivions en paix. Je ne vois pas pourquoi nous nous ferions défenseurs d'une cause injuste. Des chefs et des guerriers seraient tués par la faute d'un misérable voleur. N'en serions-nous pas désolés ?... Non, roi, nous ne voulons point nous battre.

« Tous les membres du Conseil approuvèrent hautement les paroles du Maître des écuries. Guésar à qui nul ne résistait d'ordinaire fut décontenancé, mais il ne pouvait contester la justesse des arguments énoncés par l'orateur.

« — Il est vrai, répondit-il, qu'il s'agit là d'une affaire personnelle entre Tazig et Todong et que ce dernier est coupable. Vous n'êtes point tenus de le soutenir et, jusqu'à présent, nous n'avons reçu aucun ordre des dieux à ce sujet. Attendons donc, passez la nuit au palais, un bon avis peut nous venir.

« Or pendant cette nuit, tandis que tous étaient profondément endormis, Manéné [3], chevauchant un lion blanc, se montra sur le balcon de la chambre où Guésar reposait, et l'éveilla.

« — O joyau des généraux qui soumet des ennemis, écoute-moi, dit-elle.

« En l'entendant le roi fut rempli de joie. Voici le bon conseil que j'attendais, pensa-t-il.

« — Ne te préoccupe pas, reprit la déesse, des actes de Todong.

---

1. On croirait entendre certains hommes d'État contemporains.
2. *Tazig nor gyi dakpo.*
3. Manéné est la fée protectrice de Guésar.

Tazig [1] a envahi ton territoire, il y a pillé un de tes sujets [2] et l'a fait enlever par ses soldats. L'offense est suffisante pour permettre à ceux de Ling et à leurs alliés de prendre les armes. Tazig possède de rares trésors et d'immenses troupeaux. Ling est un pays pauvre, peuple ses pâturages avec les vaches de Tazig, voici ce qui est important, fais-le comprendre à tes guerriers. Moi-même et les dieux, nos amis, t'accompagnerons et t'aiderons [3].

« Manéné disparut.

« Dès le matin, Guésar communiqua aux chefs les paroles de sa divine conseillère.

« Ceux-ci, dorénavant certains de l'approbation et de l'appui effectif des dieux, envisagèrent avec complaisance l'idée de s'approprier les trésors et les troupeaux du riche Tazig. La guerre fut décidée. »

De son côté, Tazig avait sa cinquième colonne et ses espions ; ceux-ci l'informèrent de l'arrivée des troupes de Guésar. Il assembla 700 000 hommes pour le combattre. Mais plus que sur la force de son armée, Tazig comptait sur un prodige et, ici, le poème qui s'était maintenu dans un ton qui s'apparente singulièrement aux sentiments de nos contemporains — aux sentiments inhérents aux hommes de tous les âges, faut-il dire — entre dans le merveilleux.

« Non loin de la forteresse de Tazig existait un endroit redouté dont, seuls, quelques magiciens osaient s'approcher. Rien de particulier n'y était visible, sauf un énorme roc bouchant l'ouverture d'une caverne dominant de haut la vallée.

« En des temps très anciens un disciple du Maître Togyal Yékien [4] y avait assidûment pratiqué la « méditation du feu ». Après bien des années, son corps s'était transformé en une masse ardente. Alors, par le pouvoir d'un dieu, ou par celui de l'ermite lui-même, un rocher s'était détaché du sommet de la montagne et roulant le long de son versant, s'était arrêté devant la caverne, la murant et dérobant désormais, aux regards humains, le mystère de ce qui s'y élaborait.

« La nuit, un rougeoiement sombre encerclait le rocher et l'on chuchotait que, maintenu par lui, existait un inépuisable réservoir de feu d'où celui-ci pouvait descendre vers la vallée comme l'eau d'un torrent.

---

1. C'est-à-dire des sujets de Tazig qui se sont avancés sur le territoire de Ling en poursuivant Todong le voleur.

2. Ce sujet était Todong que les gens de Tazig avaient surpris sur la route emmenant les chevaux bleus volés. Ils avaient repris ceux-ci et, de plus, ils s'étaient emparés des bagages personnels du voleur et avaient jeté ce dernier en prison d'où il s'était fait relâcher par ruse.

3. Les dieux de toutes les mythologies y compris celui des Hébreux s'embarrassent peu d'une stricte honnêteté.

4. Un maître religieux, aujourd'hui divinisé par les sectateurs de la religion Bön.

« Par l'intermédiaire de doctes Bönpos [1], un lointain ancêtre du présent roi avait noué d'occultes relations avec le mystérieux habitant de la caverne embrasée et ce dernier lui avait promis qu'en cas de danger il descendrait de son ermitage sous sa forme ignée, pour lui faire un rempart infranchissable.

« Une cérémonie d'adoption célébrée dès la naissance de chacun des sujets de Tazig les immunisait contre les effets de ce feu.

« Tout comme ses pères, Tazig rendait un culte à l'invisible ermite et comptait sur sa protection, mais il ignorait les circonstances de ses propres vies antérieures qui devaient s'opposer aux effets de cette protection.

« A une époque dont l'antiquité est au-delà de toute évaluation possible, deux démons avaient émis des vœux auxquels deux déités avaient répondu par d'autres vœux qui neutralisaient les premiers.

« L'un des démons désirait détruire la race humaine et l'autre renaître comme le possesseur d'immenses richesses protégées par une barrière de flammes. Tazig était une réincarnation de ce dernier et Koula celle du premier.

« L'un des dieux avait souhaité : « Puissé-je supprimer le malfaisant qui rêve de détruire les hommes », et, comme les deux démons étaient liés d'amitié, l'autre déité avait ajouté : « Puissé-je éteindre le rempart flambant du riche égoïste avec la peau de son ami. »

« C'est parce qu'il connaissait ces choses que Guésar avait fait écorcher Koula. »

Guésar reçut un nouvel avis miraculeux à la suite duquel, précédant ses soldats et « tenant en main, la peau de Koula ainsi qu'un étendard, il fendit l'air sur son cheval volant et se posa au sommet d'un col, comme un grand vautour ».

« De là, Guésar regarda : il vit, au-dessous de lui, l'immense armée de Tazig évoluant dans la plaine et sa haute forteresse décorée de drapeaux multicolores. Sur les terrasses de la citadelle, la fumée odorante des feuilles de cyprès montait en offrande vers les dieux et les ragdongs [2] mugissaient puissamment.

« Au sommet de l'édifice hérissé de tridents et de *gyaltséns* d'or [3], Tazig parut sombre et fier. Il se tourna vers la montagne où l'ermite s'était emmuré jadis. Il fit un geste, il dit un mot et, soudain, le roc qui bouchait la caverne roula au fond de la vallée. Le feu jaillit, descendit en cascade, entoura la forteresse d'un lac de flammes et barra la route du palais de la montagne où le roi gardait ses trésors.

---

1. Les adeptes de l'ancienne religion du Tibet, avant la propagation du bouddhisme. Les Chinois les assimilent aux Taoïstes.
2. Énormes trompettes longues de plusieurs mètres.
3. *Gyaltséns*, ornements emblèmes de victoire, qui décorent les toits des palais habités par de hauts personnages.

« Parmi l'inondation de flammes, insensibles à leur morsure, les soldats de Tazig se mouvaient. Sur le haut toit de sa forteresse Tazig rêvait. Et perché au sommet du col, comme un grand vautour, Guésar regardait.

« Pendant ce temps, les troupes de Guésar terminaient leurs préparatifs. Au crépuscule elles se mirent en marche en faisant un grand bruit. Chaque chef s'avançait précédé et suivi de nombreuses bannières de différentes couleurs, les casques des hommes étaient ornés de petits drapeaux [1] et leurs chevaux portaient des selles incrustées d'or et d'argent [2].

« De loin, Guésar entendit ses soldats qui, dans l'obscurité, montaient vers lui.

« Se fiant au rempart ardent qui protégeait sa citadelle, Tazig y avait fait retirer ses hommes et lui-même reposait paisiblement. Tout était silence et l'immense mer aux vagues de feu illuminait sinistrement la nuit.

« Guésar sortit de sa contemplation. Il descendit du col sur son cheval volant. Planant au-dessus du brasier, invoquant ses dieux protecteurs, le héros étendit largement la peau de Koula dans le vide et l'abandonna à elle-même. Mais elle ne tomba point comme aurait dû le faire une chose inerte. Une volonté l'animait qui la douait de résistance. Elle tremblait, se tordait, s'efforçait de fuir le feu qu'elle devait éteindre.

« L'amitié qui, dans le lointain des âges, avait uni le démon devenu Koula et le démon devenu Tazig demeurait une force agissante. La peau desséchée de Koula ne voulait point détruire la barrière qui protégeait Tazig contre son ennemi. Mais ses pitoyables efforts demeuraient vains ; graduellement elle descendait, se rapprochait du brasier et elle finit par s'y abattre. Les flammes jaillirent jusqu'au ciel, la consumant en un instant. Le tonnerre roula dans la nuit et une trombe d'eau noya le prestigieux lac ardent.

« A ce moment l'armée de Guésar descendait du col ; profitant des ténèbres elle cerna la forteresse.

« Au matin, les soldats de Guésar attaquèrent dans les quatre directions. Ceux de Tazig leur résistèrent vaillamment mais sans succès.

« Diktchén, à la porte de l'Ést, trancha d'un coup de sabre la tête de Kunkyén ; Yula perça d'une flèche la tête de Djé Tobden à la porte de l'Ouest. Le chef Tamdu fut fendu en deux à la porte du Sud et le chef Chisarabno eut le cœur transpercé à la porte du Nord. Puis les troupes de Guésar étant entrées dans la citadelle y firent un

1. Comme en portent les acteurs dans les drames militaires chinois.
2. Comme il y en a toujours au Tibet.

carnage effroyable de tous ses occupants, Tazig et son fils étant parmi les victimes. »

D'après les idées que les Tibétains se font de la guerre, la suite va de soi : les vainqueurs amassent les armes des vaincus, dépouillent les morts de leurs habits et en forment des ballots pour les transporter dans leurs pays. Puis, ils s'emparent des trésors et du bétail de Tazig et regagnent Ling avec leur butin.

L'on comprend sans peine que des gens tenant pour authentiques des récits de ce genre ne sont guère prêts à s'émouvoir à cause de la marche de quelques régiments chinois à travers les immensités de leur Pays des Neiges. L'on peut aussi penser que les troupes de Mao Tse-tung ne fourniront pas aux Tibétains l'occasion de contempler des tableaux aussi spectaculaires que ceux qui émaillent la geste de Guésar. Toutefois, en proportions réduites, l'on a vu, de nos jours, renouveler, en période d'hostilités, la tragédie de l'incendie de la citadelle de Ching-ti. A Amcho, en Amdo et à Kanzé au Kham des monastères furent incendiés et tous leurs hôtes périrent dans les flammes [1].

Il y a plus. Au Tibet comme dans presque tous les pays de l'Asie règne une vague croyance en la venue d'un chef super-humain dont le rôle sera de rétablir l'ordre et la justice dans notre monde prêt à sombrer dans le chaos.

Quelle que soit la physionomie que les différents peuples prêtent à ce Messie, il ne nous est jamais présenté comme un bénin sauveur, et sa façon d'instaurer le règne de l'équité est rude, parfois féroce.

Quand j'habitais au grand monastère de Koum-Boum, des rumeurs couraient concernant un chef mongol ou russe qui s'avançait à la tête d'une armée de caractère mythologique. Ses soldats étaient dépeints comme des géants capables de traverser les plus profondes rivières en n'ayant de l'eau que jusqu'aux genoux. Le merveilleux ne s'arrêtait pas là : ces guerriers pouvaient braver les tirs les plus meurtriers, les balles ricochaient sur leur peau. Mieux encore, ils ne connaissaient point la fatigue ; manger, boire, dormir ne leur était pas nécessaire.

Les Tibétains d'Amdo s'attendaient véritablement à voir surgir ces cohortes fantastiques.

D'autres conservent une pieuse foi en la réapparition de Gengis Khan qui, d'après la tradition, n'est pas mort, mais a disparu d'une manière mystérieuse et, depuis l'époque de sa disparition, est demeuré dans une région imprécise à la frontière de notre monde.

Où qu'il ait pu passer les siècles qui se sont écoulés depuis qu'il

1. Voir *Au Pays des brigands gentilshommes* et *A l'Ouest barbare de la vaste Chine*. A Kanzé ce furent des soldats chinois réfugiés dans un monastère qui furent les victimes. Je vivais dans la région quand ce drame eut lieu.

a « manifesté les apparences de la mort » comme il est dit dans les légendes, il ne semble pas que le caractère du terrible exterminateur s'y soit modifié. S'il faut en croire ceux qui l'attendent, les mêmes carnages qui ont signalé sa carrière passée pourraient encore marquer sa future carrière de purificateur de la terre.

« Quand la justice languit, quand l'injustice se relève, alors je m'incarne et me manifeste d'âge en âge.

« Pour la défense des bons, pour la destruction des méchants, pour le rétablissement de la justice[1]. »

Qui parle ainsi ? — Vishnou par la bouche de Krishna son avatar et son nouvel avatar, le justicier, doit être Kalki, un guerrier chevauchant un fougueux coursier blanc et brandissant un sabre.

D'après les Tibétains, c'est Guésar de Ling, leur héros national dont je viens de citer quelques exploits, qui réapparaîtra. Lui aussi a quitté ce monde par un prodige, sans mourir, et, comme ses collègues Messies, il reviendra en tant que guerrier destructeur.

« ... tenant un sabre dans chaque main pour trancher les têtes des maîtres qui veulent dominer et celles des esclaves qui s'entêtent à demeurer esclaves... » ainsi que je l'ai entendu chanter dans les solitudes tibétaines par une barde spécialiste de la geste de Guésar.

L'idée de profiter des singuliers rêves messianiques qui hantent les cerveaux tibétains ne viendra-t-elle pas aux dirigeants de la Chine Nouvelle maintenant réinstallés parmi eux ? — Peut-être leur est-elle déjà venue. Ne se considèrent-ils pas comme les pionniers de cette ère rigide, d'impitoyable justice que les Guésar et autres héros-dieux sont dits devoir instaurer ? Une « purification » barbare préludant à celle-ci serait sans doute douloureusement ressentie au Tibet, mais elle ne pourrait bouleverser des esprits que les récits de leurs épopées nationales ont préparés à la contemplation des pires horreurs.

Il est d'ailleurs fort peu probable que les Chinois rentrés au Tibet s'y livreront à de sinistres extravagances. Pour le moment, leur conduite demeure banalement classique. Des réquisitions sont opérées : les palais des Grands dignitaires lamaïques et des Tibétains opulents sont affectés — en tout ou en partie — au logement des troupes et des fonctionnaires chinois, ou servent de locaux aux services administratifs. Les grains amassés et gardés jalousement dans les greniers des monastères et des chefs locaux sont rendus à la circulation ou saisis à titre d'impôt pour la nourriture des troupes.

La petite armée tibétaine est incorporée dans l'armée chinoise. D'autres mesures concernent le commerce et le clergé. Rien de tout cela n'est sensationnel ; nous en avons connu l'équivalent dans nos pays pendant les deux Grandes Guerres.

1. *Bhagavad Gîta*, IV, 7-8.

La vague d'excitation que le retour en force des Chinois a soulevée dans l'atmosphère tranquille du Tibet s'est étendue sur les États himâlayens : Népal, Sikkim, etc. Ce dernier petit pays enfoui parmi un dédale de forêts vierges et de hautes montagnes m'est particulièrement familier pour y avoir passé nombre d'années. Un mouvement à tendances progressistes s'y est produit ; son leader : Tashi Tséring visait à remplacer le mode suranné de gouvernement du maharajah local. A ce dernier qui n'avait jamais été qu'un insignifiant fantoche sous la domination anglaise, il voulait substituer, ou adjoindre un Congrès élu d'après le modèle de celui de l'Inde.

Les promoteurs du mouvement énonçaient aussi un certain nombre de mesures qu'ils se proposaient de prendre pour moderniser le pays et élever le niveau intellectuel de ses habitants dont la plupart sont illettrés.

Ce programme déplut au gouvernement de l'Inde qui refusa d'admettre le Sikkim parmi les États membres de la République élisant des délégués aux chambres parlementaires siégeant à Delhi. Le Sikkim, assimilé aux « tribus arriérées » — telles celles habitant à la frontière nord de l'Assam — fut relégué en dehors de l'Inde.

Le maharajah local Tashi Namgyal [1] demeure à son poste sous la tutelle d'un résident indien remplaçant l'ancien résident britannique.

Son minuscule État a été officiellement déclaré indépendant, une étiquette qui permet au gouvernement de Delhi d'y exercer, en fait, une autorité aussi absolue que l'était celle des Anglais.

L'un des premiers résultats de cette « indépendance » a été d'interdire l'accès du Sikkim [2] aux étrangers aussi strictement que celui du Tibet lui-même.

Notons à ce sujet qu'avant la Grande Guerre I, l'entrée au Sikkim était tout à fait libre. Les étrangers séjournant à Darjeeling y faisaient de fréquentes excursions ; des bungalows avaient même été construits en de nombreux endroits du pays pour permettre aux touristes d'y loger en cours de route. Des missionnaires suédois résidaient dans les villages de Lachén et de Latchung, à l'extrême nord du Sikkim, près de la frontière tibétaine. Quant à moi, j'ai habité le Sikkim pendant plusieurs années et l'ai parcouru en tous sens.

Pourtant, même les approches de ce territoire sont devenues interdites et des étrangers ont été expulsés de Kalimpong un gros bourg touchant à la frontière sud du Tibet, mais situé en territoire indien [3].

---

1. Renversé en 1973 et remplacé par un Premier ministre sous la tutelle du Gouvernement indien.

2. Depuis quelques années, avec un visa obtenu en Inde, les touristes sont autorisés à pénétrer jusqu'à Gangtok, la capitale.

3. Ajoutons ici que cinq jeunes savants appartenant à l'Université d'Oxford conduits par Mrs. S.B. Tyson, un géographe, qui avait projeté une exploration de la chaîne du Panch Chull, dans l'Himâlaya se sont vu refuser la permission de s'y rendre, la raison donnée à ce refus étant que ces montagnes se trouvaient « trop près de la frontière tibétaine ».

L'avance des troupes chinoises vers les provinces centrales du Tibet causa passablement d'inquiétude parmi les hobereaux de ces régions, ils ne manquèrent point d'imaginer la conduite que tiendraient les Chinois d'après celle décrite dans les histoires concernant les guerres soutenues par le Tibet ou par ses proches voisins ; celle qu'il leur aurait semblé logique de tenir eux-mêmes en pareille circonstance, cela signifiait : pillage.

Cette peu agréable perspective engagea un certain nombre d'entre eux à fuir. Fuir ne consistait pas à s'expatrier au loin, mais simplement à franchir la frontière et à s'installer en territoire indien. C'est surtout à Kalimpong qu'ils s'établirent. Ils n'y étaient pas dépaysés, la population locale est de langue et de race tibétaines. Et puis, le Précieux Protecteur (le Dalaï-lama) s'étant lui-même arrêté non loin de là pour attendre les événements, sa conduite dicterait la leur.

Quelques mois s'écoulèrent, les richards tibétains dépensaient gros, car la vie était coûteuse dans cette localité devenue surpeuplée et ils n'y touchaient point leurs revenus habituels. Puis, on ne les traitait pas avec les égards qu'ils avaient espérés. Bientôt, on les considéra comme des étrangers et ils durent se soumettre à nombre de ces formalités par lesquelles on s'évertue aujourd'hui à tourmenter l'homme assez imprudent pour mettre le pied hors du territoire sur lequel il est né et où il est catalogué en des registres *ad hoc*. Les naïfs Tibétains qui, comme la grande majorité des Asiatiques, se sont jusqu'à ces jours passés d'actes d'état civil, de passeports, de cartes d'identité, etc., s'effarèrent en se voyant tenus pour indésirables, obligés de se faire inscrire, de solliciter des autorisations de séjour, la durée de ces séjours, comme la liberté de leurs mouvements, étant strictement limitées.

Le gouvernement demeuré à Lhassa leur enjoignit de ne pas se prêter à ces vexations, mais comment auraient-ils pu se défendre ?... Nous défendons-nous, nous Européens ou Américains à qui pareil asservissement est imposé en dépit d'une proclamation dérisoire de « Droits de l'Homme ? »

Ils s'en retournèrent donc au Tibet devenu province chinoise autonome en ce qui concerne ses affaires intérieures d'une manière analogue à celle des autres provinces de la République chinoise.

Le jeune Dalaï-lama, un garçon de dix-huit ans, peut-être à moitié Chinois [1], a également émigré. Plus exactement, les gens de son entourage l'ont emmené hors de Lhassa avant l'arrivée des troupes chinoises à Lhassa.

Avec lui, s'en allaient nombre de fonctionnaires, de serviteurs de

1. Il est natif d'Amdo, un territoire administré par la Chine. La population y est constituée par un mélange très complexe de races : mongoles, chinoises, tibétaines et restes d'anciennes tribus des Sétsuanpas auxquelles appartenait le célèbre Tsong Khapa fondateur de la secte de Gélugspas — aujourd'hui le clergé officiel. La langue courante de la région est le chinois.

rangs divers et une caravane de plus d'un millier de mules, plus de très nombreux porteurs évacuant des caisses pleines d'or et d'objets précieux provenant du trésor du Potala[1].

Où ces fuyards comptaient-ils se rendre ? — Sans doute la même ignorance des conditions politiques actuelles de l'Asie qui leur avait fait envisager une intervention anglaise en leur faveur leur avait-elle suggéré d'autres rêves absurdes. Ils se méprenaient sur l'importance que l'on attribuait dans le monde à leur pays de civilisation arriérée, dénué de culture moderne et d'armée effective.

Le temps n'était plus où les Dalaï-lamas étaient en Chine et en Mongolie l'objet d'une vénération confinant au culte.

Le prédécesseur immédiat du jeune homme, le treizième Dalaï-lama fuyant en Chine pendant l'invasion britannique (1904) ne s'était-il pas prévalu de la règle qui veut que, par respect, on ne doive jamais faire passer un Dalaï-lama sous une voûte, pour exiger que les portes des murailles des villes qu'il lui fallait traverser sur sa route soient démolies.

Les autorités chinoises avaient, alors, accédé à son extravagante prétention. Toutefois, ayant pris conscience de leur absurdité, elles s'étaient abstenues au retour du Dalaï-lama dans son pays de lui témoigner la moindre marque de déférence, ce dont, me disaient ses familiers, il avait été furieux.

Lorsque, plus tard, il abandonna de nouveau le Tibet que les Chinois envahissaient, pour se réfugier dans l'Inde, les Anglais qui y régnaient crurent de bonne politique de lui témoigner une certaine politesse[2].

Histoire ancienne que tout cela. Le gouvernement de l'Inde signifia au Dalaï-lama que s'il désirait prendre refuge en territoire indien, il serait reçu honorablement et qu'une localité lui serait désignée où il devrait résider paisiblement, s'abstenant de toute activité politique. Le séjour de Delhi lui serait interdit. Il en serait de même des États himâlayens ou des régions de l'Inde du Nord proches de la frontière du Tibet. Kalimpong où son prédécesseur avait fait un long séjour pendant son exil (1912-1913) lui fut aussi interdit.

Le Dalaï-lama, ses gens et sa caravane s'arrêtèrent donc à Yatung, le dernier village tibétain situé à l'extrême pointe sud du pays, à la frontière du Sikkim et y attendirent les événements.

Mais aucun événement ne se produisit. Les délégués tibétains envoyés à Lhassa y signèrent le traité que l'on mit sur une table devant eux. L'on prêta aux gens de l'entourage direct du Dalaï-lama

1. Le palais du Dalaï-lama à Lhassa.

2. Celle-ci, de même que les relations qui s'établirent ensuite entre le Gouvernement britannique et celui de Lhassa furent travesties de façon amusante à l'usage des masses tibétaines. Il leur était dit, par leurs chefs, que les envoyés britanniques qui se rendaient à Lhassa y venaient pour présenter les humbles hommages du roi d'Angleterre au Dalaï-lama et solliciter sa protection.

une velléité de résistance et le désaveu des conditions acceptées par les signataires du traité. Pur enfantillage.

Les Chinois étaient à Lhassa, le Dalaï-lama et sa Cour pouvaient y retourner avec le trésor du Potala ou bien s'exiler et n'être plus rien qu'une troupe de gens riches quelconques, comme l'ont été pendant longtemps ceux de la Cour du Panchen lama exilé en Chine.

Les paysans de Yatung et des environs commençaient à trouver encombrants le Précieux Protecteur, sa horde et son troupeau de mules qu'ils avaient à nourrir, gratis bien entendu, et des murmures s'élevaient parfois au lieu des formules habituelles de vénération.

La sagesse conseillait le retour à Lhassa où la vie demeurera somnolente et douce pour la Cour lamaïque si elle s'abstient d'initiatives inconsidérées.

Le Panchen lama compatriote du Dalaï-lama, son cadet de quelques années et à demi-Chinois, a été amené en grande pompe à son siège de Jigatzé. D'après le traité signé à Pékin il jouira dans sa province (celle de Tsang) d'une certaine autonomie à l'égard de Lhassa, ce qui réjouira les Tsangpas dont les tendances séparatistes remontent à loin dans le passé.

Ce traité doit aussi mettre fin à l'animosité qui existait entre la Cour de Lhassa d'inclination probritannique et la Cour de Jigatzé d'inclination prochinoise et avait amené la fuite du Panchen lama et son long exil en Chine.

Les deux protagonistes de ce drame politique sont morts ; leurs très jeunes successeurs se soucient évidemment peu de cette vieille querelle que l'inclusion du Tibet dans la Chine a rendue sans objet.

Pékin enjoint aux deux Grands lamas de vivre, désormais, en bonne intelligence et pour manifester celle-ci, les autorités chinoises ont donné, à Lhassa, un grand banquet auquel les deux Grands lamas ont assisté assis l'un près de l'autre sur des trônes d'égale hauteur.

L'on verra, dans les pages suivantes, combien sont minutieuses, au Tibet, les questions de préséance et que la hauteur des piles de coussins formant sièges y joue un rôle important.

A ce sujet une discussion très significative s'est élevée entre les dignitaires de la Cour du Dalaï-lama et le Représentant du gouvernement chinois.

Les premiers voulaient qu'en toute occasion le Dalaï-lama fût assis sur un siège plus élevé que celui occupé par le Représentant de la Chine. Les Chinois ne l'entendaient pas ainsi. D'après eux, les deux personnages devaient démontrer publiquement leur égalité en dignité en étant assis au même niveau.

La prétention des Chinois n'avait rien d'exagéré ; elle pouvait même paraître modeste et constituer une véritable concession à la fierté des Tibétains si l'on se souvenait que, sous le règne des empereurs chinois, le Dalaï-lama devait se prosterner devant leur portrait. Toutefois, dans l'entre-temps, des envoyés ou des résidents — chargés d'affaires britanniques — avaient remplacé, à Lhassa, les Ambans impériaux et ces adroits diplomates avaient camouflé l'autorité, en fait absolue, qu'ils exerçaient sous une affectation de déférence envers le Grand lama.

Les entrevues, au Potala ou ailleurs, s'effectuaient en style européen. Le Dalaï-lama s'asseyait dans un fauteuil, son interlocuteur britannique se contentait modestement d'une chaise.

Les Tibétains eussent voulu que cette nuance subsistât. On pensait différemment à Pékin et, fort des ordres reçus de là, le Résident s'obstina. Fauteuils à la mode européenne, qui est aussi la mode chinoise, ou coussins suivant celle du Tibet, peu importait, mais le Représentant de la Chine Nouvelle victorieuse devait regarder le chef temporel du Tibet sans avoir à élever les yeux vers lui.

On discuta longuement, ridiculement ; les Tibétains ne pouvaient que céder, ce qu'ils firent.

Les incidents amusants n'ont pas manqué au début du nouveau régime.

Quoi que des étrangers mal informés puissent croire, la révolution chinoise n'a pas été conçue comme devant amener un renversement total des conceptions basiques concernant la structure sociale. En bien des points on pourrait, au contraire, voir dans les mesures récemment édictées un retour aux lois établies par les semi-mythiques empereurs divinisés : Yao, Tchung et Yu. Sous le premier de ceux-ci, environ 2 500 ans avant Jésus-Christ, le cadastre existait déjà en Chine et les terres y étaient divisées par groupes de huit familles, une égale superficie de terrain étant attribuée à chacune d'elles.

Les Confucéistes traditionalistes peuvent donc se trouver satisfaits par les nouvelles lois agraires autant que les paysans redevenus, comme l'avaient voulu les « Saints Empereurs », la véritable base de l'édifice social.

Les dirigeants actuels du Tibet ont probablement voulu donner à leurs administrés un tableau animé du nouveau régime qu'ils comptent instaurer d'après d'antiques principes.

A certain jour, ordre fut donné aux nobles et aux notables de la capitale et de ses environs de s'assembler porteurs d'instruments aratoires : charrues et autres, et de se former en procession pour se rendre aux champs.

L'on peut rappeler, à ce propos, que, jadis, il était prescrit à l'Empereur d'ouvrir la saison des travaux agricoles en labourant lui-même un champ. Pour accomplir ce rite, l'Empereur s'habillait en paysan.

Les Tibétains ignoraient probablement ce fait, mais on les en aura instruits. Et voici que devant la foule des Lhassapas ébahis ont défilé en tenue de cultivateur les aristocrates oisifs et généralement hautains qu'ils avaient coutume de saluer très bas.

Pas trop bêtes les organisateurs de cette exhibition.

Dois-je dire que la procession a été dûment filmée et qu'on en diffusera la projection non seulement au Tibet mais en d'autres régions pour l'instruction et l'édification de la gent paysanne ?

Des mesures moins spectaculaires, mais d'une portée plus sérieuse, concernent la prospection.

Il y a de l'or au Tibet. Jusqu'à présent on se bornait à un très mesquin lavage des sables de certaines rivières, mais voici que l'on prétend que de véritables gisements existent en certaines régions du nord-ouest. Des gisements d'autres minéraux, de houille, et même d'uranium auraient également été décelés. Des prospecteurs, les uns Chinois, les autres Russes sont à l'œuvre et, cette fois, les Tibétains ne pourront plus s'opposer à leur activité comme ils le firent il y a environ trente ans, lorsqu'un jeune Tibétain, ayant fait des études en Angleterre, tenta quelques recherches dans le sous-sol du pays. De violentes protestations s'élevèrent alors contre pareille innovation. D'après les superstitieux Tibétains, fouiller la terre en tarirait les sucs et la rendrait stérile.

Un sujet d'émerveillement pour les Tibétains doit être la vue de soldats employés à des besognes pacifiques. Or, ce spectacle leur est offert en maints endroits de leur pays.

Les Chinois ont décidé de mettre en valeur de larges étendues de territoire [1] afin de pouvoir se passer des importations de grain et d'autres articles qui arrivent au Tibet par voie de l'Inde ayant à franchir la barrière colossale des Himâlayas. Or, un système d'irrigation intelligemment construit est susceptible de rendre fertiles des milliers d'hectares du sol tibétain actuellement improductifs. C'est à la construction de ces canaux que travaillent des équipes de soldats chinois.

D'autres sont occupés à établir un réseau de routes qui modifiera considérablement les conditions de vie des Tibétains en les tirant de leur isolement.

La route reliant le Szetchouan au Tibet à travers le Sikang (pays tibétain de Kham) que l'opposition du gouvernement de Lhassa avait fait arrêter à l'extrémité du Chingai (les grands alpages septentrionaux) est en progrès pour atteindre Lhassa. Une branche de celle-ci courant droit vers le nord atteindra le Kansou où elle fera sa jonction avec les routes menant au Sinkiang, en Mongolie et à Pékin, à travers le centre de la Chine.

Les ingénieurs chinois se sont aussi attaqués à une autre route partant du sud du Sinkiang et allant à Garthok d'où elle doit conti-

1. Des espèces de blé convenant à cette région ont été semées au Tibet septentrional : le Chinghai, immense territoire où n'existent que des alpages.

nuer vers Jigatzé et Lhassa. Un tronçon de cette route se dirigera vers le Ladakh (pays tibétain au nord du Cachemire).

L'on travaille activement à une route traversant le Sikkim qui rendra possible le passage des camions montant de l'Inde vers Lhassa.

A l'est, les véhicules automobiles venant de la Chine entrent déjà à Chiamdo et cette même route doit se prolonger vers Lhassa.

Enfin, au sud-est, les routes qui desservent des parties encore récemment tout à fait isolées du Yunnan s'étirent à travers des territoires tibétains limitrophes : le long du haut cours du Mékong et dans le district de Tsawaron d'où elles iront effleurer la frontière de l'Assam.

Il n'est pas jusqu'à la Sainte Lhassa qui ne se modifie rapidement. Imitant ce qui a été fait à Dehli, les Chinois bâtissent à côté de la vieille cité une nouvelle Lhassa de physionomie moderne destinée à être le siège du gouvernement et complétée par un aéroport.

Des avions à Lhassa, la ville interdite presque légendaire ! Quelle révolution ! Pourtant, malgré son changement de face, Lhassa demeure plus « interdite » que jamais. Qui s'en étonnerait en voyant tous les pays hérisser leurs frontières de barrières administratives bien plus hostiles aux libres voyageurs que ne l'étaient, jadis, les remparts de glaciers dont la nature s'était plu à pourvoir le Tibet.

Après que se sera apaisée la curiosité suscitée par le retour des Chinois au Tibet, le rideau retombera, sans doute, sur la pièce qui se joue dans le décor immense du Toit du Monde et le silence se refera sur ses solitudes enchanteresses qui n'intéressent que très incidemment les Grandes Puissances de notre époque.

Il n'y a pas eu de tragédie [1], rien qu'une comédie à laquelle il faut souhaiter de se continuer légère et bon enfant, conforme au caractère de l'aimable peuple tibétain.

C'est sur ce caractère et sur les mœurs, souvent originales, qui en résultent dans les divers groupes sociaux que nous allons maintenant jeter un coup d'œil. Nous deviendrons, ainsi, plus capables de bien saisir les réactions dont sont susceptibles, au contact de l'idéologie professée par la Chine Nouvelle, les individus que nous verrons penser et agir.

Cependant, à côté et intimement mêlé au Tibet décrit dans ce livre, il en est un autre.

De même que lorsque s'écartent les nuées qui voilent les hautes cimes l'on peut contempler la splendeur des pics neigeux, l'observateur recueilli et clairvoyant peut aussi, par-delà les activités banales du Tibet des foules, discerner les profondeurs intellectuelles et le rayonnement spirituel de cet autre Tibet.

---

1. Se rappeler qu'Alexandra David-Néel écrivait ce livre en 1951-1952. C'est en 1959 que S.S. le Dalaï-lama et sa suite ont quitté Lhassa pour l'Inde.

CHAPITRE II

L'existence morne des hobereaux

La vie politique et ses intrigues n'affectent au Tibet qu'un nombre très minime d'individus et ne s'étendent guère au-delà des provinces centrales. Les zones sévères et froides du Ngari comme celles privilégiées de la nature des pays de Po, de Lho et du Kongbou, y sont toujours restées à peu près étrangères.

Là règnent sur des populations plus ou moins primitives et clairsemées, des chefs locaux dont les plus importants s'attribuent fièrement le titre de gyalpo[1]. En tête de leurs « sujets » viennent des richards du terroir : des *tchougpos*[2] propriétaires de terres généralement acquises sans droit précis par un de leurs ascendants. Le produit de ces terres cultivées par des métayers dont la condition est, souvent, analogue à celle des serfs, et celui d'un bétail assez important constituent le fond des revenus d'un *tchougpo.* Il en est de même pour le chef qui y ajoute le fruit de certains impôts qu'il lève à son gré sur ses administrés et celui des amendes qu'il inflige lorsqu'il agit en qualité de juge arbitrant des querelles ou punissant des méfaits.

Une sorte d'esclavage assez bénin subsiste encore en maintes parties du Tibet. Attachés à une famille particulière, les esclaves (queu)[3] y fournissent une grande partie de la domesticité. Cet esclavage n'est toutefois pas légal. Il repose sur la coutume mais, au Tibet, coutume vaut pratiquement loi.

Cependant, la plus forte partie du revenu des chefs et des *tchougpos* provient du commerce. Tout le monde trafique au Tibet : riches et moins riches, les pauvres eux-mêmes, hommes, femmes et enfants. Nul Tibétain qui n'ait quelque chose à vendre ou à troquer : drap précieux ou commun, laine, chevaux et mules, chaudrons, beurre, fromage, bouse des troupeaux servant de combustible, du haut en bas de l'échelle sociale l'on vend, l'on échange avec âpreté et l'on peut voir des miséreux tirant de sous leurs guenilles de vieux os ramassés dans la poussière et les proposant à d'autres pauvres hères qui les pileront et se serviront de leur poudre pour assaisonner leur maigre pitance.

1. Ryalpo = roi.
2. Phyug po.
3. Khol po.

Chefs, nobles et riches propriétaires, de même que les dirigeants temporels des monastères commercent par l'intermédiaire de marchands attitrés. L'État et le Dalaï-lama commanditent également des marchands qui se rendent en Chine et dans l'Inde à la tête d'importantes caravanes.

En dehors de la collecte de leurs revenus et du soin de leurs intérêts commerciaux, chefs et hobereaux des régions écartées ne se sont, jusqu'à présent, embarrassés d'aucun autre souci. Leur attitude envers le gouvernement de Lhassa et ce qui s'agite autour de lui consiste en une pesante indifférence nuancée d'un rien d'hostilité, celle que peut éprouver l'animal sauvage tapi dans son repaire, songeant à l'intrusion possible de bêtes d'une autre espèce, probablement dangereuses.

Rien de mieux pour nous pénétrer de l'atmosphère dans laquelle s'est mue jusqu'à présent la population laïque du Tibet que de nous introduire successivement dans quelques demeures familiales : maisons opulentes et humbles chaumières campagnardes. Elles nous offriront un tableau animé de ce Tibet qui, après des siècles de relations tour à tour cordiales ou agressives avec la vieille Chine, se trouve subitement en présence d'une Chine nouvelle bien propre à le déconcerter.

Commençons par nous faufiler dans le logis de Koushog [1] Pal Zang.

Koushog Pal Zang est un *koudag,* [2] c'est-à-dire un noble ; présentement il n'occupe pas de fonction publique, mais il est de ceux qui pourraient y être appelés. En fait, il ne s'en soucie guère. C'est une sorte de rustique épicurien, grand propriétaire terrien, trafiquant comme tous ses compatriotes et qui passe la majeure partie de ses jours plongé dans un demi-engourdissement béat.

Dans sa jeunesse, Koushog Pal Zang a dévotieusement visité Jigatzé et Lhassa, mais il n'a point répété ces voyages, n'en sentant pas le désir. Son mariage s'est effectué par l'entremise de parents et d'amis comme il est d'usage au Tibet. En grande cérémonie on a conduit vers lui une fille de bonne famille, suffisamment jolie et suffisamment placide pour qu'il en puisse être satisfait. Elle s'est installée paisiblement dans la demeure cossue de son mari où nul ne contrarie son règne de maîtresse de maison, le père et la mère de Koushog Pal Zang étant morts. Pal Zang lui-même sans être d'une beauté exceptionnelle est doué d'un physique agréable, et ne se montre pas d'humeur contrariante.

1. Sku shogs = monsieur, avec une nuance de respect. Analogue à Sir en anglais.
2. Sku drag, soit « corps de la meilleure espèce ».

La tcham koushog[1] est une unique épouse. Entourée de ses servantes, elle mène dans son vaste et luxueux appartement particulier une vie d'indolente euphorie semblable à celle de son bénin seigneur et peu exigeant maître. Le ménage coule des jours sans heurts, les époux sont heureux d'un bonheur neutre très doux. Deux enfants bien portants et dociles sont nés de leur union.

Il fait à peine jour, deux femmes portant sur leur dos des baquets en forme de hotte sortent de l'enclos muré où se dressent l'habitation de Pal Zang et ses dépendances. Toutes deux se dirigent vers le torrent qui bondit sur des rochers à quelques centaines de mètres du porche qu'elles ont franchi. Tout en marchant elles marmottent de pieuses litanies : louanges à la déesse Dolma ou toute autre récitation liturgique, pour elles, simple succession de syllabes dont elles ne comprennent pas le sens, mais qu'elles tiennent, avec une foi profonde, pour préserver le récitant des attaques malicieuses des démons.

Avant qu'elles soient rentrées avec leur charge, les *mayogs*[2] qui couchent dans la cuisine ont rejeté les couvertures entre lesquelles ils ont dormi à même le sol de terre battue et se mettent à leur besogne.

Le *mayog* est le serviteur du cuisinier : le *matchén*[3]. Selon l'importance de la domesticité, celle-ci comprend un ou plusieurs *mayogs.* Le cuisinier peut aussi être unique ou être pourvu de seconds. Chez Pal Zang il y a deux *mayogs,* valets de cuisine et un cuisinier en second, ce qui dénote un train de maison confortable sans toutefois approcher, même de loin, de celui des *gyalpos,* des gouverneurs de province ou des hauts dignitaires ecclésiastiques.

Tout d'abord, les *mayogs* allument du feu. Il n'y a pas de houille au Tibet, du moins on n'en exploite point, sauf dans quelques régions limitrophes de la Chine. A l'exception des zones forestières dont les habitants font usage de bois ou de charbon de bois, les Tibétains n'ont pas d'autre combustible que la bouse séchée[4] des troupeaux. Transportée en sac, à dos de *yak,* des pâturages dans les villes, elle fait l'objet d'un commerce important.

Ce combustible très sec se présente sous un aspect qui n'a rien de répugnant et ne répand aucune odeur, sauf quand il brûle et même, alors, son odeur quoique forte n'a rien de particulièrement désagréable ; celle de certains charbons l'est bien davantage. Je dirai même que l'on s'y accoutume et qu'on finit par l'aimer.

1. Lcham sku chogs.
2. Ma gyog.
3. Ma tchén, ou en langue honorifique s'appliquant à un « chef » de très grande maison : *Seupeune* (gsol dpon).
4. Dénommée *diou* ou *djouwa,* bouse de vache — *rima* crotte de chèvre — *taibang* crottin de cheval.

A ce sujet, il est à noter que, comme nous allons le voir, les cuisines tibétaines ne sont point pourvues de cheminées. Il en résulte que la fumée y tourbillonne longuement imprégnant de son odeur spéciale les vêtements épais de ceux qui y passent la plus grande partie de leur temps.

Ainsi, les habits en fourrure ou en gros drap de ceux dont les foyers sont alimentés avec la bouse des troupeaux sentent l'odeur de la bouse qui brûle, ceux des gens qui font usage de bois sentent l'odeur tout aussi particulière de la fumée de bois. Ce fait donne lieu entre les habitants des zones forestières et ceux des régions dénuées d'arbres à des échanges de quolibets exprimant un dégoût réciproque.

Pouah ! disent ceux des régions au sol nu, pouah ! Ces gens brûleurs de bois empestent !

Pouah ! disent les indigènes des forêts, pouah ! La puanteur de ces gens qui sentent la bouse est insupportable !

Chez Koushog Pal Zang on brûle de la bouse séchée. Celle-ci est difficile à enflammer et pour entretenir un feu flambant il est nécessaire de manœuvrer un puissant soufflet. C'est à cette besogne que s'occupent, à tour de rôle, les deux *mayogs*.

Le soufflet ressemble vaguement à un biniou, mais à un biniou géant. De plus, il ne comporte qu'un seul tuyau, celui par lequel l'air s'échappe. La poche est faite d'une peau de chèvre formant un sac ouvert à son extrémité supérieure tandis que l'autre est étroitement serrée autour d'un long tuyau de fer. Celui qui manœuvre cet ustensile est assis ; le soufflet repose près de lui par terre sur le bord de l'âtre. D'une main, l'opérateur maintient le tuyau dirigé vers le combustible, ou tout à fait contre celui-ci, et avec l'autre main il fait jouer la fente du sac de peau, alternativement l'entrouvrant pour y laisser pénétrer l'air et la refermant en pressant sur la poche gonflée pour chasser, par le tuyau, l'air qui y a été emprisonné.

Manœuvrer habilement ce soufflet demande un certain apprentissage et est quelque peu fatigant. Comme de bien d'autres besognes inhérentes à la vie nomade au Tibet je suis arrivée à m'acquitter avec une virtuosité suffisante du rôle de souffleur.

L'un des *mayogs* active donc vigoureusement la peau de bique de son ustensile et la cuisine s'emplit d'une épaisse fumée car, comme je viens de le dire, elle n'a pas de cheminée. Pour en tenir lieu, deux ouvertures se faisant face ont été pratiquées dans les murs, près du plafond. Celles-ci servent en même temps de *karkoung* [1] qui laissent pénétrer un peu de jour. Comme la plupart des cuisines tibétaines celle de Koushog Pal Zang est obscure.

1. Dkar khung, littéralement « trou à lumière ».

Il est curieux de constater que la grande majorité des Asiatiques ne construisent pas de cheminées.

Japonais et Chinois du Centre et du Sud se servent de braseros et paraissent être immunisés contre les émanations asphyxiantes du charbon brûlant dans ces récipients en des chambres closes. Ce n'est point que des accidents ne surviennent jamais — j'ai vu mourir plusieurs Chinois dans mon voisinage et par deux fois j'ai moi-même failli périr asphyxiée — mais, à tout prendre, les accidents mortels sont assez rares.

Dans la Chine du Nord, au Kansou, le système du *kang* prévaut. Le *kang* est une plate-forme construite en briques et en terre battue sous laquelle on allume du feu. Un trou s'ouvrant au-dehors sert à introduire le combustible et à laisser échapper la fumée... rarement toute celle-ci, car, à moins d'être neuve et d'avoir été soigneusement bâtie, la plate-forme présente toujours des interstices à travers lesquels passent la fumée et les gaz provenant de la combustion. Le *kang* sert de lit.

Les Tibétains ont adopté les braseros, sauf à la cuisine qui, dans les maisons aisées, est pourvue d'un fourneau. Celui-ci est en terre et en brique ou, simplement, en pisé, il est de forme rectangulaire ou carrée et occupe généralement le milieu de la pièce. Sa grandeur varie suivant l'importance de la maison et celle des repas que l'on doit préparer.

La partie supérieure du bloc de maçonnerie forme une table percée de trous de dimensions variées, propres à recevoir des chaudrons, des marmites et des pots grands et petits. Ces trous n'ont pas de couvercles.

Le combustible est introduit par un large orifice situé dans un des côtés du fourneau. Assis en face de cet orifice le domestique préposé au soufflet s'évertue à tenir le feu flambant tant que dure la préparation des mets.

Ces cuisines obscures où cuisiniers, marmitons et autres serviteurs se meuvent parmi de grisâtres volutes tournoyantes, évoquent volontiers l'idée de fantômes s'agitant dans les demi-ténèbres d'une sorte de limbes.

Dans les régions forestières où les toits sont en chaume, en planches ou en écorce, la fumée se fraie des issues à travers la toiture.

Au Tibet central où les toits consistent en des terrasses en terre battue, le problème de l'échappement de la fumée a été résolu en perçant des trous dans la terrasse. Quand il pleut ou qu'il neige, on recouvre ces ouvertures avec des pots ou des marmites hors d'usage. D'ailleurs, le climat du pays est sec. Le nom poétique de Pays des Neiges [1] que ses habitants lui ont donné est une allusion aux gigan-

1. Gangs yul.

tesques remparts de crêtes et de pics couverts de glaciers qui l'entourent.

La tournure d'esprit de la grande masse de la population tibétaine n'est pas sans présenter des analogies avec celle de nos ancêtres du Moyen Âge. Comme eux, les Tibétains se complaisent volontiers en des plaisanteries grossières. Les toits-terrasses avec leurs trous à fumée donnent occasion à une de ces plaisanteries vieilles, certainement, de plusieurs siècles, mais qui ne cessent pas d'être répétées et de provoquer de gros rires.

Oserai-je la répéter... Pour la comprendre il faut savoir que les Tibétains du Tibet central ont un système particulier de latrines. Celles-ci consistent en un trou percé, au niveau du toit-terrasse, au sommet d'un conduit en maçonnerie qui descend jusqu'au bas du bâtiment le long du mur extérieur.

Les cendres du foyer, les épluchures, des ordures diverses sont aussi jetées dans ces latrines.

A certaines époques on enlève les pierres qui bouchent l'ouverture inférieure de ce conduit, au ras du sol, et tout son contenu, devenu sec, s'écroule. Il est alors recueilli et transporté dans les champs comme engrais.

Parfois une petite cabane est bâtie sur un coin du toit et forme un cabinet clos, mais très souvent aussi, rien ne distingue l'orifice spécial des trous à fumée.

Trôner bien en vue au troisième ou au quatrième étage d'une maison ne gêne pas le moins du monde les Tibétains qui envisagent avec simplicité tous les actes de la vie.

La plaisanterie que j'ai mentionnée consiste, en bref, à rappeler l'aventure d'un individu à qui les maîtres de la maison où il se trouvait n'étaient pas familiers et qui prit un trou à fumée pour l'orifice qu'il aurait dû choisir. Le conte est, naturellement, agrémenté de détails sur les conséquences de l'erreur. Il me paraît préférable de les omettre ici.

Dans la cuisine de Koushog Pal Zang le feu flambe, les servantes sont revenues de la rivière et ont déversé le contenu de leurs hottes-baquets dans un grand récipient. Une louche est accrochée près de celui-ci pour puiser l'eau nécessaire au service.

De l'eau est mise à bouillir dans un chaudron. Sauf chez les très pauvres gens, il y a toujours de l'eau en ébullition dans une cuisine tibétaine car le cuisinier doit pouvoir, à leur première requête, présenter du thé aux maîtres de la maison ou à des visiteurs.

Quand l'eau bout, le cuisinier daigne arriver, il n'est pas le *matchén,* le chef, puisque Koushog Pal Zang entretient un cuisinier en second. C'est ce « sous-chef » qui confectionne le thé matinal. Tandis que les valets de chambre serviront le déjeuner des maîtres, un *mayog* ira porter le sien au *matchén* qui est un personnage et, probablement, déjeune dans sa chambre. Un autre domestique se rendra chez l'intendant, personnage encore beaucoup plus considérable, qui a son valet particulier et mange aussi chez lui.

Un peu plus tard, le *matchén* se rendra chez l'intendant (le *nyérpa*[1]) qui lui délivrera les provisions nécessaires pour les repas des maîtres et des serviteurs au cours de la prochaine journée.

L'intendant a la charge non seulement des provisions de bouche, mais de toutes les réserves emmagasinées dans la maison : vêtements, étoffes en pièces, objets mobiliers, etc.

Il tient les comptes des revenus, présente, à leur sujet, de vagues rapports à son maître tout disposé à se fier à lui. Les choses vont ainsi jour après jour ; les affaires de Pal Zang prospèrent doucement... celles du bon intendant ne prospèrent pas moins bien dans cette demeure de la quiétude.

Le réveil de Pal Zang déclenche une série de gestes stéréotypés qui, avec une surprenante unanimité, s'accomplissent vers la même heure dans toute l'étendue du Tibet avec les seules variantes dues à la différence des échelons sociaux.

Pal Zang a dormi sur une couche formée de coussins épais et très durs placés bout à bout. Peut-être a-t-il enlevé sa robe ne gardant qu'un pantalon et un gilet, peut-être est-il demeuré le torse nu sous ses couvertures.

Les couvertures tibétaines sont, habituellement, en laine épaisse, non teinte, ou bien elles imitent les boucles d'une toison de mouton. Les unes et les autres peuvent être striées de rayures de couleur. Toutefois, les marchands commandités par Pal Zang lui ont apporté de Chine un superbe couvre-lit capitonné couvert de brocart rouge.

La literie ne comporte pas de draps de lit. On n'en fait pas usage au Tibet.

Redressé, assis sur son séant, Pal Zang frappe dans ses mains par un geste coutumier, mais sur la petite table étroite à deux étages placée près de sa couche, un timbre est placé et, après avoir frappé dans ses mains, Pal Zang sonne.

Ainsi en est-il chaque jour, les deux bruits se succèdent, le claquement sonore des larges paumes du maître de la maison et le tintement grêle — voix de la civilisation s'avançant timidement — du petit timbre probablement fabriqué au Japon, puis importé en Chine, et qui doit bien s'étonner de l'endroit où le destin l'a jeté.

Pal Zang ne m'a jamais invitée à assister à son « petit lever », mais je puis le décrire avec exactitude, car ses détails sont certainement semblables à ceux dont s'accompagne le réveil de tous les hommes de son rang et que j'ai, soit entendu narrer, soit observé moi-même. La chose se peut en toute décence : les Tibétains ne sont pas coutumiers de déshabillages... et ils se lavent peu.

---

1. Gnier pa.

A l'appel de leur maître deux serviteurs se sont précipités dans sa chambre. Le premier en titre de ceux-ci est le zimpön [1], l'autre un simple domestique. *Zimpön* signifie littéralement : le « chef de la chambre », un titre qui rappelle celui des gentilshommes jadis attachés — au moins nominalement — au service particulier des rois. Au Tibet, seuls les gens de haute qualité ont des *zimpöns,* les autres se contentent de dénommer leur valet de chambre *yagpo* [2] ou plus poliment *shabshi* [3]. Toutefois, Pal Zang, bien que simple noble provincial, se donne des airs, il affirme que sa généalogie le fait descendre des anciens rois du pays. La chose est possible ; j'ai connu deux autres Tibétains qui se targuaient et avec preuves valables, semblait-il, de cette flatteuse origine.

Le *zimpön* s'avance, incliné, vers la couche de son maître, comme pour prendre ses ordres. Celui-ci n'en a pas à lui donner. Aucun gentleman tibétain n'a quelque chose de particulier à dire de si bonne heure. Le *zimpön* le sait mais il se conforme à un rite.

Pendant ce temps, le second valet apporte un brasero plein de cendres chaudes et, par la porte entrebâillée, on lui tend une énorme théière en argent qu'il pose sur le brasero.

Une théière en argent dénote l'opulence du maître de la maison. Ailleurs, la théière peut être en bronze et plus ou moins ornementée ; chez les pauvres gens elle est en terre [4].

Le *zimpön* enlève maintenant le couvercle d'une tasse placée sur la table accotée à la couche sur laquelle Pal Zang est assis.

Comme tous les Tibétains riches, celui-ci y demeure pendant la majeure partie de son temps, assis les jambes croisées, bavardant avec ses commensaux ou avec des visiteurs, lisant, écrivant ou dormant. La jolie tasse en porcelaine de Chine dont le *zimpön* a ôté le couvercle doit demeurer constamment à la portée du maître et est presque toujours pleine de thé, car selon un dicton tibétain, un des signes dénotant le confort est de toujours « avoir les lèvres humides de thé ou d'eau-de-vie ». La tasse repose sur une soucoupe en argent pourvue d'un pied et elle est surmontée d'un couvercle en argent orfévré, en forme de toit de pagode, terminé par une boule de corail.

Ces tasses tiennent dans une maison tibétaine la place que nous donnons à l'argenterie : couverts de table, etc. Pal Zang en possède un bon nombre dont certaines sont en jade avec des soucoupes et des couvercles agrémentés d'ornements en or et dans lesquels sont sertis des perles et des turquoises [5].

1. Gzim-dpon.
2. Gyog po.
3. Shabs-phyi.
4. Le Dalaï-lama et certains grands lamas possèdent de grandes théières en or.
5. Comme services de table, les Tibétains riches ont aussi de grands plats et des bols en argent.

Après avoir enlevé le couvercle de la tasse et posé celui-ci sur la table, le *zimpön* s'en va prendre la théière et l'apporte en le tenant haut levée, comme le veut l'étiquette, et en marchant lentement.

Arrivé près de la couche, il s'incline profondément pour verser le thé, replace le couvercle sur la tasse qu'il a emplie et se retire à reculons rapportant la théière sur le brasero. Tous ces gestes s'effectuent généralement en silence et sont tous les jours identiques.

Koushog ne boit pas immédiatement le thé qui lui a été servi presque bouillant. Les Tibétains préfèrent boire leur thé tiède ; un goût que je ne partage pas. Bien entendu, il s'agit de thé beurré.

Au bout de quelques instants, le *zimpön*, jugeant le thé suffisamment refroidi, enlève le couvercle de la tasse et, demeurant cérémonieusement incliné, il offre celle-ci à son maître en la tenant par la soucoupe.

En passant, j'indiquerai que les « tasses » dont les Tibétains se servent sont, en réalité, de petits bols sans anse. La soucoupe n'est point plate comme les nôtres. Elle comporte, en son centre, un creux plus ou moins profond dans lequel le pied du bol s'enfonce. Celui-ci est donc maintenu en place et le buveur peut tenir la soucoupe inclinée et ne pas toucher le bol lui-même.

Soucoupes et couvercles des bols à thé jouent un grand rôle dans le protocole de la politesse tibétaine. Offrir à un invité un bol muni d'un couvercle et d'une soucoupe est lui témoigner du respect. Un degré moindre d'estime se marque en lui présentant un bol sans couvercle mais pourvu d'une soucoupe. Aux domestiques et gens du commun on ne donne qu'un bol nu.

Pal Zang a bu, mais sans vider complètement la tasse, ce qui ne serait pas de bon ton, sauf si l'on est hors de chez soi et que l'on veuille indiquer à son hôte que l'on ne désire plus de thé. Dès que son maître a reposé la tasse sur la table, le *zimpön* la remplit de nouveau et la recouvre.

Les serviteurs apportent ensuite une cuvette, un pot contenant de l'eau chaude et une petite serviette éponge : un article importé de l'Inde ou de la Chine en grande vogue au Tibet.

Pal Zang étend ses deux mains au-dessus de la cuvette et les frotte l'une contre l'autre tandis qu'un domestique verse de l'eau sur elles. Comme la plupart des Tibétains modernisés, Pal Zang se sert d'une savonnette très parfumée, elle aussi d'importation étrangère. Les Tibétains, surtout ceux qui vivent près de la frontière chinoise, ont des brosses à dents et des brosses à ongles. Pal Zang possède quelques exemplaires de ces instruments, mais il les garde plutôt à titre de curiosité.

Son maître s'étant lavé les mains, le *zimpön* lui présente un bol d'eau chaude. Pal Zang en prend une gorgée, mais il ne l'avale pas.

Conservant l'eau dans sa bouche, il serre les lèvres, ne laissant qu'une petite ouverture entre elles et, soufflant, il pulvérise le liquide sur les paumes de ses mains qu'il tient étendues devant lui. Les mains étant humectées, notre Tibétain se les passe sur la figure, répétant plusieurs fois l'opération. Il s'essuie, alors, le visage avec la petite serviette : c'est à peine nécessaire, il n'a guère été mouillé.

Tout riche et tout noble qu'il soit, Pal Zang est un retardataire. Sa façon de faire sa toilette est démodée et seuls les paysans et les pauvres y demeurent encore fidèles. L'usage moderne, copié sur la coutume chinoise, est que le domestique trempe une petite serviette dans de l'eau presque bouillante, la torde fortement et la présente ouverte et toute fumante à son maître qui se la passe sur la figure.

Ceux qui n'ont pas de valet opèrent de même pour leur propre compte.

Disons incidemment que le vaporisateur buccal est très employé en Orient, sinon toujours pour la toilette, du moins pour d'autres usages.

Blanchisseurs et tailleurs chinois et indiens aspergent de cette façon les vêtements qu'ils repassent. Le balayeur arrose de même le sol ou le plancher pour éviter la poussière, les femmes humectent par ce procédé les feuilles de tabac qu'elles roulent pour faire des cigares, etc.

Mais revenons à Koushog Pal Zang ; on l'a aidé à remettre sa robe. Se peigner ?... ce n'en est pas le jour. Cette opération n'est pas quotidienne chez ceux, de plus en plus rares parmi les hommes des classes supérieures, qui ont conservé la natte à la mongole. Quant à ceux qui portent les cheveux courts, ils n'en sentent pas beaucoup le besoin, sauf s'ils habitent une grande ville et sont enclins à la coquetterie.

Mais voici venu le moment de déjeuner.

Des acolytes du *zimpön* font leur entrée dans la chambre.

J'ai dit que Pal Zang se donnait des airs de grandeur. A la vérité, le cérémonial qu'il exige n'est usité que chez les très hauts personnages laïques ou ecclésiastiques.

Les domestiques qui apportent les mets ont l'aspect de chirurgiens ou d'assistants chirurgiens se disposant à pratiquer une opération : un linge leur couvre la bouche et le nez, mais là se bornent les détails hygiéniques : la blouse blanche manque et les robes des serviteurs sont généralement quelque peu crasseuses.

Pourquoi ce masque sur la figure ? Il s'agit d'une manifestation de respect plutôt que d'une précaution hygiénique : l'haleine des inférieurs, cuisiniers et autres gens de la domesticité préposée à la manutention des aliments ne doit point toucher ceux destinés à leur maître.

Le souffle[1] des « inférieurs » ne doit pas non plus effleurer la personne de leurs « supérieurs ». C'est pourquoi les gens du commun peuple tiennent une main devant leur bouche en s'adressant à quelqu'un à qui ils doivent témoigner du respect.

Le rite du lever était anologue chez la maîtresse de la maison, sauf qu'en place de domestiques mâles des servantes l'accomplissaient.

Les époux Pal Zang ne partageaient pas la même chambre et durant mon séjour chez eux, rien ne me révéla la modalité des visites qu'ils se rendaient. Monsieur allait-il chez Madame ou Madame allait-elle chez Monsieur ?...

Si je puis me permettre une incursion sur ce terrain délicat, je confesserai que les circonstances accessoires qui entourent les relations conjugales entre Tibétains me sont toujours demeurées un mystère. J'ai réussi à connaître les conditions dans lesquelles s'accomplissent maints rites magiques secrets, mais ma curiosté — sans doute indiscrète — concernant celles qui permettent les jeux amoureux des laïques du Pays des Neiges est demeurée insatisfaite. Peut-être doit-on en conclure que ces braves gens aux âmes sans complications ne « jouent » pas.

La vie des Tibétains, à part celle des religieux s'adonnant à la méditation, ne comporte aucune intimité. A aucun moment de la journée ou de la nuit ils ne peuvent être certains que quelqu'un ne fera pas soudainement irruption dans l'endroit où ils se trouvent.

Ils dorment dans des chambres qui ne sont pas uniquement réservées à cet usage et qui, à part de rares exceptions, se transforment pendant la nuit en dortoirs.

On trouve dans le roman *le Lama aux Cinq Sagesses*[2] un tableau exact de cette promiscuité telle qu'elle peut exister dans la demeure d'un *gyalpo.* La description est faite par un témoin oculaire.

Circonstance aggravante, si l'on peut dire, en général la chambre est éclairée par une ou par plusieurs lampes brûlant devant les images des Bouddhas et des saints Lamas défunts.

Chez les gens aisés dont le logis est vaste, ordinairement, seuls les membres de la famille occupent une même pièce, mais partout ailleurs père, mère, enfants, grands-parents s'il y en a, serviteurs, hôtes de passage quand il en survient, s'étendent ensemble sur le sol de terre battue ou sur le plancher raboteux de la cuisine. Une couverture de grosse laine, des peaux de moutons cousues ensemble, par-

---

1. Sans qu'ils s'en rendent compte, les Tibétains subissent en ce qui concerne le souffle l'influence de théories indiennes qui représentent le souffle comme le principe vital essentiel. De cette croyance découlent toutes les règles se rapportant aux effets que le souffle est susceptible de produire.

2. *Le Lama aux Cinq Sagesses,* par Alexandra David-Néel et le lama Yongden. (Plon, édit.).

fois un lambeau de tapis constituent toute leur literie. Il va de soi que dormir en compagnie est aussi de règle chez les pasteurs vivant sous la tente.

Quant mon fils adoptif, Yongden, eut atteint l'âge où une telle question pouvait lui être posée, je m'y hasardai :

— Comment font-ils des enfants ? lui demandai-je. Ils ne sont jamais seuls.

Yongden ne sourit même pas.

— Ils en ont, répondit-il.

Il ne voyait pas qu'il pût y avoir là matière à enquête.

Désappointé, je m'enhardis à reprendre ma question avec un Tibétain d'âge mûr, père de famille et médecin de profession.

Sans que je m'en rendisse exactement compte, mon éducation occidentale m'avait suggéré ce choix. Certains sujets, pensons-nous, peuvent, sans manquer à la décence, être abordés avec les membres du corps médical. Toutefois, les Tibétains ne s'embarrassent pas des mêmes préjugés que nous et n'ont point les mêmes curiosités que nous.

L'Esculape du Toit du Monde se méprit sur le sens de ma question. Il dit, simplement :

— Il est naturel d'avoir des enfants.

De cela je ne doutais point.

Mes velléités d'investigation en restèrent là.

Le déjeuner était copieux chez les Pal Zang. Tous les Tibétains sont grands mangeurs et encore plus grands buveurs, tous de taille à se mesurer avec notre Gargantua et de triompher de lui. La quantité de viande qu'un Tibétain peut ingérer en un seul repas est stupéfiante. J'ai fait, à ce sujet, plus d'une expérience amusante.

Pendant mon séjour au monastère de Koum-Boum, j'hébergeai pendant quelque temps un grammairien en renom dont je souhaitais un complément d'instruction. Il avait amené deux domestiques avec lui, l'un pour son service personnel, l'autre pour soigner leurs trois montures et deux mules de charge.

La trinité de ces dignes gens consommait quotidiennement un gros mouton, une ample quantité de viande séchée, plusieurs kilos de nouilles, de la farine, en abondance pour confectionner des pâtés dénommés *momos* et des biscuits (kabzés). En plus, ils mangeaient du riz au beurre et au sucre (dési) agrémenté de raisins de Corinthe. Ils engouffraient des potées de yaourt (sho) et, bien entendu, une énorme théière contenant du thé beurré demeurait en permanence sur un brasero, dans la chambre de mon distingué visiteur.

Cependant, il me fut rapporté après le départ de ce dernier qu'il avait exprimé du mécontentement concernant mon hospitalité : il ne s'était pas trouvé suffisamment nourri.

Un gigot entier ou une pièce de bœuf de grandeur analogue ne fait qu'une bouchée pour un Tibétain.

J'ai vu un de mes jeunes domestiques — il avait environ quatorze ans — partir un gigot à la main, pour suivre des mules portant mes bagages. Une demi-heure ne s'était pas écoulée que le garçon ne tenait plus qu'un os parfaitement nettoyé qu'il réservait pour mettre bouillir dans une soupe. Le gigot ne l'empêcha pas de faire un fort repas à la première halte que nous fîmes et un autre encore le soir avant de s'endormir ; il avait simplement servi de hors-d'œuvre.

Lorsque je résidais à Jakyendo, au Tibet septentrional, j'ai pu contempler une scène que je regrette beaucoup de n'avoir pas pu photographier, mais il ne fallait pas y songer, les « gargantuas » à l'œuvre se seraient fâchés.

Mon proche voisin était le représentant d'un gros commerçant de Lhassa qui avait un comptoir dans la localité. Il était assisté par trois commis qu'il invitait de temps en temps à prendre un repas avec lui. C'est ce qui était arrivé ce jour-là.

Un temps superbe s'y prêtant, les quatre Tibétains assis sur de petits tapis posés sur le sol dînaient en plein air dans une grande cour commune à plusieurs habitations dont la mienne.

Les bols contenant des sauces et des condiments se trouvaient, comme d'ordinaire, placés devant chaque convive, ceux du patron, alignés sur une table étroite et très basse, ceux des employés, simplement rangés par terre.

La pièce de résistance du menu consistait en un quartier de bœuf appuyé debout contre la muraille, à portée des convives. Avec leurs couteaux les hommes y taillaient à volonté de larges tranches de viande crue. Ils besognaient vigoureusement et rapidement, le quartier de bœuf disparaissait à vue d'œil. A la fin du repas, il n'en restait guère que les os.

Des bolées de forte eau-de-vie chinoise avaient copieusement arrosé ce dîner à la suite duquel patron et commis se levèrent tout guillerets pour aller vaquer à leurs affaires.

Cette consommation démesurée de viande étonnera peut-être certains qui ont appris que les Tibétains professent le Bouddhisme et en concluent, très logiquement, qu'ils devraient être végétariens.

D'abord, le Bouddhisme populaire, au Tibet, est loin d'être pur et conforme aux principes fondamentaux de cette doctrine. Il garde une part considérable des croyances et des pratiques de l'ancienne religion du pays : le Bön. Quant à être logique, il n'est point au monde de doctrine religieuse, philosophique, sociale ou politique dont les adhérents nominaux font preuve, dans la pratique, d'une entière fidélité au *credo* qu'ils proclament.

En fait, les végétariens sont rares au Tibet. Seul un petit nombre de religieux et de religieuses, généralement des anachorètes, se conforment strictement à la loi bouddhiste qui défend de tuer. Quelques laïques, encore moins nombreux, vivent aussi de *kar tcheu* [1], mais beaucoup observent ce régime à des dates déterminées : le 8, le 15 et le 30 du mois lunaire et, aussi, pendant la durée du premier mois de l'année. C'est là une façon de rendre hommage à un précepte dont ils reconnaissent l'excellence, mais auquel ils n'ont pas le courage de s'astreindre.

Le régime blanc comprend le lait, le beurre, le fromage, le riz, toutes les céréales en grain ou en farine et les différents aliments végétaux : légumes, racines et fruits.

Les Tibétains ne cherchent pas à excuser l'usage de la viande par des arguments casuistiques comme le font les Bouddhistes du sud de l'Asie.

Nous ne tuons pas *nous-mêmes* les animaux, disent ces derniers. Il suffit que nous n'ayons pas commandé d'abattre la bête, qu'elle ne l'ait pas été expressément pour nous, que nous ne l'ayons pas vu tuer, que nous ignorions qu'elle l'a été ; ces conditions étant remplies, il est légitime et innocent d'acheter un morceau de viande et de la manger.

Cette justification vaut celle qu'offrirait un chef de bande qui ne volerait pas *lui-même*, qui n'assassinerait pas *lui-même,* mais qui s'approprierait les fruits de l'activité criminelle de ses hommes.

S'il n'existait pas d'acheteurs pour la viande, il n'y aurait pas de bouchers, déclarent les Tibétains qui se gaussent des excuses absurdes présentées par leurs coreligonnaires du Sud.

Une autre excuse que l'on entend chez ces derniers : les pêcheurs protestent qu'ils ne tuent pas les poissons, « nous les sortons seulement de l'eau », affirment-ils.

Bien qu'elle nous entraîne quelque peu hors de notre sujet, je crois permis de prolonger cette digression pour signaler, concernant l'alimentation comprenant de la viande, une opinion supportée par ceux des Tibétains qui ont subi l'influence des doctrines tantriques.

En bref, les partisans de cette théorie déclarent :

La viande que nous ingérons s'incorpore à notre individu. Elle y devient chair, sang, os, etc. Elle y devient « esprit » car le mental procède du physique soit directement par l'activité des éléments physiques qui nous constituent, soit par les éléments étrangers que

1. *Dkar bshés,* littéralement aliment blanc, c'est-à-dire pur.

notre activité physique saisit et incorpore à notre individu — tandis que, par réaction, le mental influence également le physique.
Je ne puis aborder ici l'examen détaillé de ces théories. Je me bornerai donc à en présenter une analyse succincte.

L'animal — de même que le végétal — que nous mangeons étant assimilé par nous, en totalité ou en partie, il en résulte que les éléments dont il était composé résident en nous. Ils s'y mélangent avec d'autres éléments, néanmoins l'animal ou le végétal est là.
Dès lors, cette sorte de « réincarnation » ne peut-elle pas être un progrès pour l'animal qui se trouve associé à un être supérieur à lui et qui, ainsi, après avoir été sa victime, est entraîné par lui vers un destin plus haut ?
Mais, ajoutent les adeptes de ces théories, il convient également de considérer l'effet inverse. L'aliment qui se mêle à la substance de l'homme qui l'a ingéré ne demeure point passif. Lui, aussi, contient une énergie qui lutte et se mesure avec celle des éléments auxquels il a été uni.
En un mot : l'homme élèvera-t-il à son niveau les éléments animaux qu'il a assimilés ; se servira-t-il pour son propre perfectionnement de l'accroissement de force qu'il en reçoit, ou bien sera-t-il poussé, par leur influence, à reproduire quelques traits du comportement ou du caractère des êtres inférieurs réincarnés en lui ? — Autrement dit : chez ceux qui mangent de la viande sera-ce l'animal qui deviendra humain, ou l'homme qui deviendra animal ?
Evidemment, énoncée de cette manière simpliste, la proposition est grotesque et risible, mais elle reproduit assez exactement la pensée des Tibétains dont je tiens ces informations.
Leur conclusion est : Seuls peuvent manger légitimement de la viande les hommes capables de triompher des incitations bestiales qu'elle peut produire et de transmuer la force qu'ils acquièrent en l'employant au développement de leur intelligence et à un accroissement de leur activité bienfaisante.

Toutefois, si des dissertations sur ce sujet ont cours dans les milieux lettrés, la masse des bonnes gens du Tibet ne s'embarrassent pas de théories aussi compliquées. Ils déclarent franchement : Manger de la viande est mal, c'est causer de la souffrance à des êtres qui, comme nous, cherchent à être heureux, c'est les priver de la vie alors que, comme nous, ils veulent vivre. Mais nous aimons la viande, elle a bon goût, elle nous tient chaud, nous fortifie, nous voulons en manger. Nous tuerons donc des yaks et des moutons. Pour l'avoir fait, nous pâtirons dans cette vie et dans les vies à venir. Telle est la justice : la suite inévitable des causes et des effets.
Ainsi, yaks et moutons continuent-ils à être sacrifiés pour la délectation des gloutons « bouddhistes » tibétains.

Comment sont-ils abattus ?

Certains Tibétains ont conçu l'idée que trancher la gorge à un animal est un acte cruel et qu'il y a moins de méchanceté à l'étouffer. Pour le faire, ils lient le museau et le nez de la bête avec une forte lanière, l'empêchant ainsi de respirer.

Beaucoup d'autres qui ne s'embarrassent pas de sentiments de pitié plongent un long couteau dans le cœur de la victime. Maintes fois le boucher ne réussit pas à transpercer le cœur du premier coup et il doit frapper la pauvre créature à plusieurs reprises.

Cette manière de tuer les animaux, tout comme la suffocation, empêche le sang de s'écouler au-dehors, et, contrairement à nous, les Tibétains tiennent à ce que la viande reste imprégnée de sang. Celui qui coule lorsque l'on dépouille la bête et qu'on la coupe en morceaux est soigneusement recueilli et immédiatement bouilli pour confectionner des boudins.

Jusqu'à ces temps derniers, les indigènes de race tibétaine répandus dans les Himâlayas tuaient les bestiaux en leur décochant une flèche dans le cœur. Eux aussi, si habiles archers qu'ils pussent être n'amenaient pas toujours la mort de l'animal avec la première flèche [1].

Cependant de même que les « civilisés » témoignent de la sollicitude pour l'âme de ceux dont ils ont condamné le corps à mort, les Tibétains qui croient à la réincarnation s'inquiètent du sort *post mortem* des animaux qu'ils tuent.

Il est d'usage qu'un lama lise auprès d'un mourant — soit un laïque, soit un membre du bas clergé non initié aux doctrines supérieures — une sorte de guide de l'au-delà qui lui enseigne la manière de s'y comporter, afin d'éviter les accidents fâcheux et de tirer avantage des conditions nouvelles dans lesquelles son « esprit » [2] se trouvera.

La même idée est appliquée aux animaux. Auprès de la bête abattue, un lama récite un texte liturgique propre, croit-on, à communiquer à son « esprit » les informations capables de l'aiguiller vers une renaissance heureuse dans une condition supérieure à celle qu'il vient de quitter.

Les Tibétains mangent volontiers de la viande fraîche, mais celle qui est faisandée (sha yip) ne leur répugne nullement, bien au

1. Si par hasard ces procédés barbares soulevaient l'indignation de certains de mes lecteurs, je me permettrai de leur rappeler que les « civilisés » qui tolèrent les courses de taureaux n'ont aucun droit de blâmer les rustiques Tibétains. Eux, du moins, tuent pour satisfaire un besoin : celui de manger, tandis que le supplice du taureau dans la corrida ne sert que de divertissement à la foule aux instincts sanguinaires.

2. Le terme tibétain n'est pas « esprit » mais *rnam shés* qui signifie le principe conscient et ne doit pas être tenu pour signifier ce que nous appelons « âme ».

contraire. Ils partagent en cela le goût de certains amateurs de gibier dans nos pays — principalement dans les pays du Nord.

Ce qui est plus curieux est le fait suivant :

Une épidémie se déclare parmi les troupeaux, les yaks meurent. Les indigènes ne peuvent pas se résigner à perdre tant de viande. Cependant, manger la chair des animaux morts d'une maladie notoirement infectieuse leur répugne un peu. Je dis *un peu* car, consommer la viande des bêtes mortes naturellement est chose courante au Tibet.

S'ils conçoivent, comme dans le cas d'une épidémie, l'idée que la chair des animaux qui ont péri peut être nocive et que, d'autre part, ils ne peuvent se résoudre à s'en priver, ils emploient l'étonnant procédé suivant : la bête morte est enterrée puis, environ un mois plus tard, elle est déterrée. Elle est alors jugée propre à la consommation et est dépecée.

Je m'abstiendrai de décrire l'état dans lequel la viande se trouve à ce moment, bien que la haute altitude du pays et la sécheresse du climat retardent considérablement les progrès de la décomposition. Quand je voyageais à travers des régions inhabitées où il nous fallait emporter des provisions de vivres pour plusieurs mois, j'ai vu mes domestiques attacher sur les bagages la viande qui leur était destinée. Celle-ci n'était pas couverte, elle restait exposée à l'air, se desséchait sans se corrompre et demeurait parfaitement saine. L'enfouissement produit, parfois, des effets analogues mais c'est assez rare.

Puisque j'en suis au sujet des bêtes crevées consommées par les Tibétains, je dois inclure celles qui sont mortes par accident. Celles qui, par exemple, ont chu dans un précipice.

Les Tibétains qui croient pécher en ôtant la vie à un animal jugent licite de consommer la chair d'un animal qui n'a pas été tué par eux, comme c'est le cas dans un accident. Mais l'homme est, en tous pays, un être désespérément malin. Ce n'est pas seulement chez les bouddhistes du Sud qu'il existe des casuistes retors disposés à justifier les infractions au code religieux et nos braves Tibétains sont capables en bien des points d'en remontrer à Escobar lui-même. Provoquer un accident semble à nombre d'entre eux un geste excusable. On peut le commettre apparemment par inadvertance. Dans un sentier étroit bordant un profond ravin, l'on peut pousser un mouton, une chèvre, effrayer un yak. L'animal se tue en tombant : *on ne l'a pas tué.* On lui a laissé la chance de résister à la poussée qu'on lui a donnée, de ne pas s'effrayer au point de perdre l'équilibre... On n'a peut-être pas *délibérément* projeté la mort de l'animal ; on s'est dit seulement : *il pourrait tomber,* et, s'il tombait, cela serait de la viande bienvenue... Beaucoup de pensées ingénieuses s'élaborent dans les cervelles tibétaines.

Tandis qu'il prenait plaisir à ses copieux repas, Koushog Pal Zang ne songeait point à discuter avec sa conscience le problème de la consommation de la viande et toutes les questions qui s'y rapportent et que je viens d'esquisser. Peut-être en avait-il appris quelque chose par son chapelain, mais plus probablement ce dernier ne leur accordait lui-même aucune attention, se bornant, comme son patron, à savourer les bons morceaux de mouton ou de yak qui lui étaient servis.

Toutefois, les manières grossières des marchands, mes voisins, festoyant dans une cour, un quartier de bœuf accoté au mur près d'eux, n'étaient pas de mise chez un gentleman tel que Pal Zang ; on y mangeait élégamment à la mode chinoise en se servant de baguettes ainsi que le font les Tibétains de la bonne société.

Pal Zang et les siens ne manquaient pas, non plus, après leur repas, de laisser dans leur plat et dans leurs bols une partie des mets qui leur avaient été servis. Finir complètement ceux-ci est le fait de vulgaires pauvres hères. La quantité d'aliments laissés par les gens bien élevés est dénommée *seulag* [1], elle est donnée aux domestiques et, parfois, à des visiteurs.

Il faut se garder de voir là une marque de mépris. Bien au contraire, le *seulag* reçu d'un supérieur à soi en rang social équivaut à un témoignage de faveur ou même d'estime.

Lorsqu'il s'agit de très hautes personnalités telles que le Dalaï-lama ou le Panchen lama, leur *seulag* prend le caractère d'un aliment sacré auquel toutes sortes de vertus sont attachées [2].

Nous lisons dans l'histoire des premiers rapports des étrangers avec le Japon que des Européens envoyés en mission auprès d'un empereur du Japon s'étaient vu distribuer les restes du souverain et, pleins d'indignation, devant une telle insulte avaient immédiatement quitté le palais.

Par la suite, ayant eu connaissance des coutumes tibétaines, je me suis demandé si, loin de vouloir insulter ses visiteurs, l'empereur japonais n'avait pas eu l'intention de leur témoigner de la courtoisie.

Les étrangers s'étant peut-être mépris à ce sujet, des événements politiques s'ensuivirent. Que de bouffonnes comédies se jouent mêlées aux drames de l'histoire humaine !

« Comme des images vues en rêve, ainsi faut-il regarder toutes choses », a dit Nâgârjuna.

O sagesse !...

Chez Pal Zang, les époux déjeunaient séparément ainsi que leurs

1. Gsol Ihag.
2. Comme le *prasad* (faveur) les aliments qui ont été offerts aux Déités hindoues et ont séjourné sur leurs autels.

enfants, mais le dîner vers le milieu du jour réunissait toute la famille et leurs hôtes quand ils en avaient, dans la vaste pièce où dormait le maître de la maison. Ils mangeaient dans la même chambre, mais non pas à la même table.

S'asseoir autour d'une table commune ne se fait pas au Tibet. Chez les gens de la bonne société, une petite table est placée devant chaque convive. Les plus pauvres se passent de table et comme les commis que nous venons de voir festoyer, ils placent leurs bols devant eux, par terre. Il faut se souvenir que les Tibétains s'assoient, les jambes croisées, sans les étendre.

J'approuve complètement cette façon de prendre ses repas ; elle est hygiénique et agréable. Le vis-à-vis d'un individu mastiquant des aliments n'a rien de plaisant.

L'influence chinoise s'exercera-t-elle en ce domaine ? — On peut le craindre. Dans les régions frontières du Tibet oriental, les Tibétains qui, sans vouloir l'avouer, tiennent les Chinois pour supérieurs à eux, se sont mis à les imiter de diverses façons : vêtements, mobilier, nourriture, y compris la mode de manger à la même table en puisant dans un plat commun. Quelques-uns m'ont avoué avoir eu peine à surmonter le dégoût que leur inspirait cette coutume répugnante, mais le désir de paraître « civilisés » avait pris le dessus.

Une autre particularité des repas pris en commun — j'entends dans une même chambre — est que les convives sont aussi à différentes hauteurs. Les Tibétains, sauf ceux qui imitent les Chinois, n'ont point de chaises, ils s'assoient sur des coussins que l'on peut empiler à volonté pour constituer des sièges plus ou moins élevés. Chacun, même dans l'intimité familiale, se place suivant son rang. Par exemple, si le père de famille siège sur trois coussins superposés, la mère en aura deux, les enfants un, ou devront se contenter d'un carré de tapis posé sur le plancher ou sur le carrelage. Carrelage est un terme inexact que j'emploie faute d'en trouver un autre [1]. Il s'agit de pierres de différentes couleurs concassées en menus morceaux enfoncés, parfois en formant des dessins, dans un lit de terre boueuse. Quand celle-ci s'est séchée en emprisonnant les fragments de pierres, elle forme une surface très dure qui est longuement polie avec de l'herbe et des chiffons. Par la suite, dans les maisons riches, cette opération est répétée quotidiennement, si bien que la mosaïque devient aussi lustrée qu'un de nos parquets cirés. De plus, des morceaux de drap sont souvent disposés près de la porte de l'appartement. Les domestiques qui y entrent posent les pieds sur ces pièces d'étoffe et avancent en patinant sur elles, de sorte que les semelles

1. Le terme anglais *stone floor* serait plus adéquat.

de leurs bottes ne peuvent pas rayer la mosaïque et que leurs mouvements contribuent, au contraire, à son entretien.

Ce détail et maints autres que l'on pourrait ajouter prouvent que les Tibétains, du moins ceux appartenant aux classes sociales supérieures, ne se complaisent pas dans la malpropreté sordide que les auteurs étrangers se sont généralement plu à décrire.

La différence de hauteur des sièges s'applique, naturellement, aux hôtes et, de même que l'attribution des couvercles et des soucoupes des bols à thé, celle du nombre de coussins empilés constitue un point extrêmement important d'étiquette tibétaine [1].

Le fait d'être juché, jambes croisées, en tailleur à des niveaux différents ne gêne en aucune façon les visiteurs ou les convives pendant un repas. Ils bavardent ensemble, qui levant la tête pour s'adresser à un interlocuteur placé plus haut que lui, qui baissant le nez pour répondre à un plus humble sire assis sur un simple morceau de tapis. La variété des altitudes auxquelles siègent les membres d'une réunion évoque vaguement l'idée d'une carte en relief représentant les hauteurs respectives d'un groupe de montagnes.

Les Pal Zang, qui ont déjeuné très copieusement, dînent plus copieusement encore et font un troisième repas substantiel vers la fin de la journée.

Pendant le temps qui s'écoule entre ces repas, Koushog Pal Zang s'entretient parfois avec son intendant des questions touchant les récoltes, la rentrée des fermages payés en nature, où tous deux supputent le profit que donneront les transactions commerciales effectuées par les marchands commandités qui voyagent en Chine ou dans l'Inde.

Souvent, Pal Zang ne parle de rien de tout cela. Il joue aux dés ou au mah jong avec ses commensaux : secrétaire, chapelain, intendant, ou même avec son *zimpön.* Des visiteurs peuvent venir — ils sont rares. A défaut d'eux, Pal Zang emmène parfois tous les hommes de sa maison dans le jardin pour s'y exercer avec eux au tir à la cible où il se montre d'une certaine adresse.

Pal Zang a de beaux chevaux dans ses écuries, mais il ne les monte que pour aller en voyage. Se promener pour le seul plaisir de prendre de l'exercice paraît absurde aux Tibétains. A pied ou à cheval, ils ne se déplacent que pour se rendre à un endroit précis, dans un dessein déterminé.

Et si Pal Zang ne voit rien d'autre à faire, il bavarde de mille

1. N'avions-nous pas à la Cour de nos rois des fauteuils, des chaises et des tabourets marquant les degrés de préséance de ceux qui s'y asseyaient ? Sans remonter si loin, les parents de la génération des miens ne permettaient pas à leurs enfants, même adultes, de s'asseoir dans un fauteuil en leur présence. Ces formes de politesse se perdent, semble-t-il.

riens, écoute raconter des histoires ou en raconte lui-même. Vieilles histoires maintes fois redites, narrant de grasses farces naïves tournant facilement à la grivoiserie. Pendant ce temps, thé et alcool demeurent toujours servis devant ceux présents. Ce dernier aide à trouver du sel aux histoires et à provoquer des rires bruyants... sans doute, aussi, à donner l'illusion de s'amuser.

Il existe au Tibet un nombre, d'ailleurs restreint, d'histoires plus particulièrement à l'usage des laïques, tandis qu'une autre série comprend les contes édifiants.

Les plus célèbres des premières appartiennent à une sorte de geste tissue autour d'un personnage bouffon appelé Han Gyalpo, le roi des fourbes, *alias* Akou Teunpa. Le nombre des exploits attribués à ce héros, et par conséquent, des histoires qui les décrivent, n'est pas fixé. Celles-ci se racontent isolément sans former un enchaînement régulier, selon qu'elles se présentent à la mémoire du conteur.

Voici quelques-uns des épisodes les plus populaires :

Il y avait une fois deux coquins. L'un était Tibétain et l'autre Indien. Le Tibétain pensa : je veux jouer un bon tour à cet idiot de Râm Das qui habite de l'autre côté de la frontière. Il ramassa de la bouse fraîche, l'enveloppa dans des feuilles vertes et ficela les paquets, leur donnant la dimension habituelle des mottes de beurre. Cela fait, il plaça les paquets dans un panier. Pour mieux camoufler sa marchandise, il frotta un peu de beurre sur le panier, sur sa figure, et sur ses vêtements, comme s'il s'était sali en manipulant du beurre. Ensuite, il chargea le panier sur son dos et se mit en route, se dirigeant vers le Sud.

Au coquin de l'Inde, l'idée vint de tenter, sous couleur de commerce, de duper les rustauds Tibétains vivant au nord de la frontière.

Il confectionna des sabres en bois, les glissa dans de beaux fourreaux, laissant la poignée apparente [1], puis les rangea dans un panier. Ensuite, portant le panier sur son dos, il partit marchant vers le Nord.

Le hasard voulut que les deux fripons se rencontrassent au sommet d'un col, l'un venant du Nord et l'autre du Sud. La montée avait été raide, fatigués, ils s'assirent, posant leurs fardeaux à côté d'eux sur le sol et chacun d'eux lorgnant furtivement le panier de l'autre.

« De beaux sabres, en vérité ! » pensa le porteur des paquets de bouse. Une appréciable quantité de beurre, se dit le coquin, porteur des sabres de bois. Et en tous deux surgit l'idée d'un échange profitable à effectuer.

1. Les Tibétains ont l'habitude de porter un sabre passé dans leur ceinture. Ces sabres, pourvus de fourreaux parfois très richement ornementés, sont un article courant de commerce.

« Même si les lames ne sont pas de première qualité, peu importe ; je ne donnerai que de la bouse en échange. Même si le beurre est un peu rance, il aura plus de valeur que des lattes de bois. »

Ainsi les deux sacripants pensèrent-ils ensemble, et ils engagèrent la conversation.

— J'allais vers le Sud pour vendre ce beurre, dit le Tibétain.

— Je me dirigeais vers le Nord pour vendre ces sabres, déclara l'Indien.

— Peut-être pourrions-nous éviter les fatigues d'un long voyage en échangeant ici nos marchandises, proposèrent-ils [1].

Toutefois, ni l'un ni l'autre ne demanda à examiner les articles qu'on lui offrait, de crainte d'être confondu si la même chose était requise de lui.

Le marché conclu, les voyageurs échangèrent leurs paniers et chacun d'eux persuadé qu'il avait dupé l'autre retourna sur ses pas, se hâtant aussi vite que ses jambes le lui permettaient, afin de mettre le plus d'espace possible entre lui et sa victime.

Arrivés loin du lieu de leur rencontre, le Tibétain et l'Indien s'arrêtèrent pour inventorier leur gain.

— Malheur ! exclama le Tibétain, je n'ai là qu'une hotte pleine de lattes en bois.

De son côté, l'Indien, qui s'était retiré sous bois hors du chemin, pensant étendre sur une galette [2] du bon beurre venant directement des pâturages, proférait un horrible juron en enfonçant ses doigts dans la bouse molle.

Le plaisir qu'ils avaient éprouvé en croyant leur ruse couronnée de succès s'était changé en fureur. Tous deux firent volte-face, chacun désireux de rattraper son voleur, afin de se venger de lui.

Courant à la rencontre l'un de l'autre, ils se rejoignirent encore une fois.

Toute explication était superflue. Ils tombèrent immédiatement l'un sur l'autre, échangeant force horions.

A bout de souffle, meurtris, n'en pouvant plus, une idée jaillit spontanément en tous deux : « Nous nous valons en gredinerie... »

Et ils demeurèrent immobiles, silencieux en face l'un de l'autre, bouche bée.

L'homme du Nord, qui était le plus intelligent [3], s'avisa le premier du parti qu'il y avait à tirer de la situation.

— Ecoute, dit-il à l'Indien, nous sommes tous les deux extrêmement malins. Vraiment, les plus malins des hommes.

---

1. Ce fait qui peut nous paraître tout à fait invraisemblable ne l'est pas pour les Tibétains, très enclins à effectuer des échanges.
2. Une *shopati,* aliment courant dans l'Inde.
3. L'homme du Nord, c'est le Tibétain, et comme le conte est un conte tibétain, il ne manque pas de donner la supériorité au coquin tibétain.

— C'est vrai, approuva l'homme du Sud. Tu n'as pas réussi à tirer du profit de moi et je n'en ai pas, non plus, tiré de toi.

— Frère, continua le Tibétain, il faut nous associer. A nous deux, nous ferons fortune. J'ai un plan.

« A peu de distance d'ici habite une famille riche. Le père est mort récemment. Il avait un fils unique qui demeure maintenant dans la maison paternelle avec sa mère et sa femme. Nous allons tenter de nous faire donner la moitié des biens de cette famille. C'est chose difficile mais possible si nous nous y prenons adroitement. Tu n'auras qu'à obéir strictement à mes instructions.

L'Indien promit de le faire.

Son compagnon le conduisit alors dans un cimetière [1] près du village où résidaient les dupes qu'il avait élues et lui commanda de creuser un trou suffisamment profond pour qu'il puisse s'y cacher.

« Tu demeureras immobile dans ce trou, commanda le Tibétain à son complice, je viendrai ici avec le fils du défunt propriétaire et je ferai semblant d'interroger l'esprit de ce dernier.

« Quand je demanderai : Combien avez-vous eu de fils ? tu répondras : deux. Puis tu déclareras que ta volonté expresse est que la maison, les fermes, le bétail et les terres restent la possession du cadet tandis que, pour sa part, l'aîné doit recevoir l'or, l'argent et les objets précieux qui sont conservés dans le *dzeu* [2]. Ceux-ci doivent lui être remis immédiatement.

« J'emporterai le tout et reviendrai te chercher. Ensuite, lorsque nous serons loin, nous partagerons le butin. »

L'Indien acquiesça, creusa le trou et y descendit. Le Tibétain prit alors une grosse pierre et la posa sur le trou. Cela fait, il ramassa de la poussière et de la cendre provenant des crémations et les répandit sur la pierre et tout autour d'elle, afin qu'on ne puisse pas remarquer que la terre venait d'être fraîchement remuée.

Confiant dans le résultat de sa ruse, il se rendit alors chez les riches fermiers.

Immédiatement, il demanda à voir Akou Passang, c'était le nom du défunt. On lui répondit que ce dernier avait quitté notre monde. Alors le chenapan parut être atterré et se répandit en lamentations.

— Oh ! mon père, hurlait-il. Mon pauvre père ! J'arrive de si loin pour vous voir et voici que je ne vous trouve pas !... Quel malheur !... Quelle tristesse !...

---

1. Par cimetière il faut entendre un terrain où l'on incinère habituellement les morts. Les ossements restant sont reçus par la famille du défunt et jetés dans une rivière ou bien pilés et mélangés à de la glaise pour former des *tsa tsa* imitant en miniature les monuments religieux appelés *chörten*. Les *tsa tsa* sont déposés dans un endroit pur : une caverne, le sommet d'une montagne ou un monument *ad hoc*. De la cendre, seule, reste sur le sol.

2. *Mrdzod*. L'endroit où l'on emmagasine et tient renfermés les provisions et les objets de prix.

Les gens de la maison n'y comprenaient rien. Le jeune propriétaire lui remontra :

— Vous vous trompez, il ne peut pas s'agir de mon père ; il n'avait qu'un seul fils qui est moi.

— Non, répliqua le fourbe, il en avait un autre : moi, qui suis votre aîné [1]. Si vous en doutez, interrogez son esprit, il vous répondra sûrement.

« Il n'y a nul besoin d'appeler un *pao* [2]. Nous pouvons évoquer directement l'esprit à l'endroit où le corps de notre père a été incinéré. Où est-ce ?... »

Le sacripant faisait semblant de ne pas connaître le pays, alors qu'il avait dûment repéré le cimetière et y avait dressé son piège.

Le jeune homme consentit et conduisit le Tibétain à l'endroit voulu.

Là, celui-ci se prosterna le front contre terre en se lamentant de nouveau.

— Ah ! mon père que ne puis-je te revoir ! gémissait-il. Réponds au moins à ma question. Combien avais-tu de fils ?

« Deux ! » déclara une voix sépulcrale venant de dessous terre.

Et la même voix ajouta :

« Ma volonté est que mon fils cadet reste en possession des bâtiments, des fermes, des champs et des animaux. Il doit donner immédiatement à son aîmé l'argent, l'or et tous les objets de prix qui sont enfermés dans la réserve. »

Le jeune homme, persuadé que l'esprit de son père avait manifesté sa volonté, n'osa pas y contrevenir. Il retourna chez lui accompagné par le Tibétain, vida la réserve de son précieux contenu et le remit à son pseudo-frère qui s'empressa de déguerpir avec son butin.

Suivant leur convention, le coquin devait alors délivrer son complice toujours prisonnier dans son trou au cimetière. Il s'y rendit en effet, mais au lieu d'enlever la pierre qui couvrait la fosse où l'Indien attendait qu'on l'aidât à se hisser hors d'elle, le vilain personnage plaça une autre lourde pierre sur la première, comptant que leur poids empêcherait l'Indien de se libérer.

Puis tout fier de son exploit, il s'éloigna.

Cependant, son complice parvient à se délivrer. Aussitôt, il se mit à la poursuite du traître et le rejoignit dans un bois où celui-ci, fatigué, s'était arrêté.

---

1. Il n'y a pas de registres d'état civil au Tibet, les naissances ne donnent pas lieu à une déclaration légale et la polygamie de même qu'un concubinage à la mode chinoise sont admis. L'aîné pouvait être fils d'une femme résidant dans une autre région du Tibet.

2. *Dpao* littéralement signifie un héros, mais s'applique généralement à un individu qui est, à certains moments, possédé par des déités ou par l'esprit des défunts qui parlent par sa bouche.

Aux reproches de l'Indien, le Tibétain répondit qu'il n'avait pas eu de mauvaise intention. Il tenait seulement à mettre le bien conquis à l'abri, loin de la maison de leur dupe. Il se proposait précisément d'aller chercher son ami. Puisqu'il était arrivé tout était bien.

Cependant, l'Indien insistait pour que l'on procédât au partage. Le Tibétain s'y montrait disposé, mais à son avis, les parts ne devaient pas être égale. C'était lui qui avait conçu l'idée de la ruse qui avait si pleinement réussi et il était juste que son intelligente initiative fût récompensée par l'attribution d'une part de butin plus grande que celle revenant à son ami.

— Si l'idée vient de vous, n'est-ce pas moi qui vous ai aidé à la rendre fructueuse ? rétorquait l'Indien. N'est-ce pas moi qui ai pris la peine de creuser la fosse et qui y ai souffert pendant des heures ?

La discussion s'envenimait de reproches, s'accompagnait d'injures, et les deux vilains, s'échauffant, recommencèrent encore une fois à se bourrer de coups.

Dans la série des contes, ces deux individus n'apparaissent que comme des personnages de second plan, mais ici entre le grand héros lui-même : Han Gyalpo, *alias* Akou Teunpa.

Il vient à passer, conduisant une mule, tandis que les deux voleurs se battent.

Il s'arrête et intervient.

— Oh ! oh ! mes compères ! que faites-vous là ? Quelle est la cause de votre querelle ? — Dites-la-moi ; je pourrai peut-être vous mettre d'accord.

Sans confesser l'origine du bien en litige, le Tibétain et l'Indien lui répondent qu'il s'agit d'un partage et du montant des parts.

Han Gyalpo estime qu'entre amis il convient de faire les parts égales et s'offre à effectuer lui-même la division.

Sa proposition est acceptée.

— Des cordes seront nécessaires pour construire une balance à l'aide d'une grosse branche et pour y suspendre les ballots, remarque alors Han Gyalpo.

Heureusement, tout à proximité est un champ de chanvre qui vient d'être fauché, on y trouvera de quoi confectionner des cordes.

— Mettez-vous tout de suite à l'ouvrage, conseille le maître fourbe aux deux hommes.

Tandis qu'ils travaillent, chacun de leur côté, Han Gyalpo a échafaudé un plan.

Il a jugé le Tibétain trop vigoureux pour qu'il puisse espérer en venir à bout. Quant à l'Indien, beaucoup moins robuste, il ne le craint pas. Il s'approche donc de lui et avec des paroles mielleuses feint de s'apitoyer sur lui que son méchant compagnon aurait dépouillé si, par bonheur, il n'était point passé à temps sur la route pour intervenir en sa faveur. Mais, au fait, pourquoi ne repaierait-il pas de la même monnaie la traîtrise du Tibétain ? — A eux deux, ils pourraient le ligoter et quand il serait immobilisé, l'Indien, au lieu d'être désavantagé, emporterait le butin.

Lui-même offrait son aide par pure amitié. Il haïssait l'injustice et ne pouvait souffrir de voir dépouiller un honnête homme.

L'Indien acquiesça joyeusement à ce projet, et ainsi fut fait. Les deux hommes se jetèrent à l'improviste sur le Tibétain et avec les cordes qu'il avait tordues, ils l'attachèrent à un arbre.

Puis, tandis que l'Indien narguait le captif, Han Gyalpo le ligota à son tour et l'attacha à un autre arbre, en face du premier larron.

Alors Han Gyalpo rassembla l'or, l'argent et les objets précieux dérobés au naïf fermier et chargeant le tout sur sa mule, il partit au grand galop, laissant ses dupes attachées se faisant vis-à-vis contre leurs arbres respectifs.

Naturellement, après maints efforts, les deux gredins parviennent à se libérer et se mettent à la poursuite de Han Gyalpo, d'où une nouvelle série d'aventures auxquelles nombre d'autres individus sont mêlés et dans lesquelles Han Gyalpo triomphe toujours des nigauds à qui il s'adresse.

Une autre série de contes comprend la rencontre, au bord d'une rivière, de Han Gyalpo avec un cavalier qui le reconnaît, se vante de ce que, lui, du moins, ne sera jamais du nombre de ses dupes et défie le roi des fourbes de le tromper.

Han Gyalpo regarde attentivement son interlocuteur.

— Oui, déclare-t-il, il serait sans doute très difficile de vous abuser ; vous paraissez bien loin d'être un imbécile.

L'autre se rengorge.

— Essayez tout de même, nargue-t-il. Parions.

— Que voulez-vous parier ?

— Un mouton, dit le voyageur.

— Fi ! s'exclame le fripon. Voulez-vous m'injurier ? Disons un cheval.

— Soit, un cheval, consent le benêt.

— Bien, reprend Han Gyalpo, mais c'est là une affaire sérieuse. Vous savez que quand nos lamas doivent empêcher de tomber la grêle qui menace les récoltes ou chasser les démons qui s'attaquent à la santé du bétail et à celle des pasteurs, il leur faut pour réussir se servir de certains instruments.

Tout le monde sait cela, le villageois en convint.

— Il en est de même de moi, continue le roi de fourbes. Pour réussir à tromper un homme tel que vous, j'ai besoin de mes meilleurs instruments, mais, voilà, je ne les ai pas avec moi. Je les ai déposés chez des amis, près d'ici. Afin que je puisse les apporter sans retard, prêtez-moi votre cheval, je vous prie.

— Conclu, dit le parieur.

Aussitôt, Han Gyalpo enfourche la bête, la pousse dans la rivière et ayant atterri sur l'autre rive, il crie à l'idiot qui le regarde :

— Le tour est joué, vous êtes dupé. D'ailleurs, ce cheval, je l'ai gagné. Il était l'enjeu du pari.

La victime de ce méchant tour ne manque pas de rejoindre le vaurien et de lui réclamer sa bête. Celui-ci, sous prétexte d'aller la quérir pour la restituer, jette son infortuné propriétaire dans une série d'aventures qui se terminent invariablement, pour ce dernier, par une impitoyable rossée que lui attirent des actions saugrenues effectuées d'après les avis de l'insaisissable roi des fourbes.

Chacune de ces aventures constitue le sujet d'un conte.

Han Gyalpo n'est pas seulement fripon, il est aussi libertin.

Un des contes nous le montre convoitant les faveurs d'une jolie fermière. Il y a un gêneur : le mari, décrit comme un robuste benêt doué d'une intelligence minime, mais de poings solides. Il sera aisé de le duper tout en évitant ses réactions brutales.

Après quelques visites préliminaires effectuées sous différents prétextes, Han Gyalpo réussit à persuader au nigaud qu'un trésor est caché dans son champ. Le fourbe qui prétend connaître les rites propres à faire découvrir l'endroit exact où le trésor est profondément enfoui exécute diverses contorsions puis décrète, avec un ton d'oracle, que le fermier devra creuser à l'endroit qu'il indique et qu'une fois l'ouvrage commencé il ne devra l'interrompre sous aucun prétexte, de crainte que des génies jaloux profitent de ce manque d'attention pour subtiliser le trésor.

On devine ce qui suit ; c'est une histoire à la Boccaccio. Le mari pioche, pioche, il s'enfonce par-dessus les yeux dans le trou qu'il creuse, tandis que sa femme s'ébat avec son galant tout en criant, de temps en temps, des encouragements au travailleur :

— Besogne ! mon homme. Besogne !...

Et le conteur ne manque jamais d'ajouter cette plaisanterie qu'il croit être fine :

— On ne sait pas auquel des deux hommes cette exhortation s'adressait.

La dame du logis était encore plus désœuvrée que son époux. Elle ne recevait guère de visites, les femmes d'un rang analogue au sien habitaient des *dzong* [1] ou des manoirs dispersés dans le pays et à grande distance les uns des autres et, tandis que Pal Zang s'entrete-

1. Rdzong, un fort, mais par extension le château d'un gouverneur de province.

nait familièrement avec son intendant, son chapelain, son secrétaire et même ses valets de chambre, Madame tenait ses servantes à distance.

Elle lisait un peu, et seulement des histoires de saints faiseurs de miracles, des contes pieux relatifs à des événements imaginaires en la réalité desquels elle avait une foi entière. Elle examinait aussi — et avec plus de minutie que Pal Zang — les comptes des dépenses de la maison et ceux concernant ses dépenses personnelles — au Tibet, il n'y a pas communauté de biens entre les époux. Puis, elle aussi trafiquait, commanditait des marchands. Si bien que tout en ne faisant rien, la châtelaine désœuvrée ne laissait pas que d'avoir l'esprit occupé de mille soins.

Certaines préoccupations animaient quelque peu la vie confortable et morne du ménage Pal Zang ; la Tcham Koushog surtout leur accordait une bonne partie de son temps. Il s'agissait de l'avenir des enfants : un fils de dix-sept ans et une fille de quinze ans.

Le père avait décidé de la carrière que le jeune homme suivrait. Les parents tibétains ne se soucient guère à ce propos des goûts ou des aptitudes de leurs enfants. Certes, ils veulent leur bien, mais ils songent aussi au leur : au profit matériel ou social que peut apporter un fils occupant un poste important conférant de l'autorité, ou une alliance avec une famille influente dans laquelle leur fille entrerait par mariage.

Le fils aîné du *gyalpo* du pays étudiait à Lhassa au collège des nobles en vue d'exercer une fonction officielle : *tsipön* [1], gouverneur de province ou une charge analogue possible à cumuler avec la sinécure de *gyalpo* d'un minime territoire.

Le cadet était entré dans l'Ordre religieux et son père comptait qu'il y ferait brillamment et profitablement son chemin soit dans l'administration ecclésiastique, soit comme professeur éminent d'un des Collèges universitaires du monastère de Drépung dont il était membre.

Cet héritier du *gyalpo,* son fils aîné, promis à de hautes destinées dans la hiérarchie gouvernementale, la Tcham Koushog le convoitait pour sa fille. Si le *gyalpo* avait sur Pal Zang l'avantage d'être le chef d'un territoire, Pal Zang, se disait-elle, était de plus ancienne et plus illustre noblesse que lui. Il était aussi plus riche, ce qui lui permettait de ne pas être exigeant quant au prix demandé pour sa fille [2] et même, celle-ci, en quittant la maison paternelle, serait pour-

---

1. *Rtsi dpon* = trésorier.

2. Au Tibet, le prétendant à la main d'une jeune fille doit payer à ses parents une somme qui est considérée comme une juste compensation pour les dépenses qu'ils ont faites pour l'élever. Plus les parents de la fille sont riches ou de condition sociale élevée, plus la somme à leur verser est importante. Il s'agit, dans ce cas, non seulement d'un remboursement de dépense, mais de reconnaître l'honneur de devenir leur gendre. Les fiancées tirent justement gloire du haut prix auquel elles ont été estimées.

vue d'un bien très appréciable en bijoux, bétail, argent et objets mobiliers.

Quant à son frère, il devait, à Lhassa, rivaliser avec le fils du *gyalpo,* même l'emporter sur lui. Pal Zang était prêt à offrir à qui convenait les présents nécessaires pour que les mérites de son fils fussent reconnus et récompensés par un succès y correspondant [1]. Le jeune homme devrait, aussi, s'allier par mariage à une famille influente de Lhassa, celle d'un *shapé* [2] capable de l'épauler pour poursuivre une carrière distinguée et lucrative.

Combien, parmi cette noblesse des districts écartés, s'abandonnaient à des rêveries de ce genre ! Elles meublaient l'existence monotone et vide des *gyalpos* et des *koudaks* locaux dans ce Tibet où, hors de la proximité de Lhassa, de Jigatzé et des régions limitrophes de la Chine, la vie était figée depuis des temps dont les indigènes, ignorant l'histoire, ne pouvaient estimer la durée.

Plus d'une fois, ces rêves s'achevaient par des déceptions.

Ce fut le cas pour les Pal Zang.

Leur fils n'a pas épousé la fille d'un *shapé ;* il n'a pas terminé ses études assez tôt pour être pourvu d'un poste avant les changements politiques résultant de la nouvelle position du Tibet devenu, en fait, province chinoise.

Quelle place les autorités suzeraines feront-elles, dans leurs cadres administratifs, à ces jeunes gens dépourvus de toute culture moderne et engoncés dans une morgue de caste totalement périmée ?

Quant à la fille de Pal Zang, elle n'a pas eu à s'acclimater aux changements qui affecteront les jeunes filles de sa condition. Elle a terminé tragiquement sa courte vie d'enfant docile et effacée.

Le fils aîné du *gyalpo* a épousé la fille d'un dignitaire de Lhassa. Tchan Koushog déçue, mais n'abdiquant rien de son orgueil, s'est refusée à donner à sa fille un mari de rang social inférieur au sien. Finalement, elle a accepté les propositions faites au nom d'un minime *gyalpo* habitant la zone frontière qui s'étend au sud-ouest de Sungpan entre le Ching-Hai (la région du Koukou-Nor) et le Szetchouan septentrional.

Notre système d'une dot remise entre les mains du mari leur semble humiliant. Plus d'une fois des Tibétains m'ont demandé narquoisement : « Les femmes de votre pays sont-elles donc si laides qu'il faille donner de l'argent à ceux qui les épousent, comme s'il s'agissait pour eux de devoir accomplir une besogne désagréable ? » — D'autre part, les parents donnent des cadeaux à leur fille lorsqu'elle quitte la maison paternelle. Chez les gens riches, ces cadeaux peuvent avoir une valeur considérable. De même que ceux offerts par le jeune homme à ses futurs beaux-parents ; les présents offerts sont en grande partie en nature : chevaux ou autre bétail, pièces de soieries, rouleaux de drap, ustensiles divers, etc.

1. Les juges qui président aux examens et décernent les grades universitaires ne sont rien moins qu'insensibles aux cadeaux qui leur sont offerts au nom des candidats.

2. *Shabs-péd,* littéralement « dont les pieds sont des lotus » = un membre du Conseil d'État.

Au cours de mes voyages, il m'arriva de rencontrer un *gyalpo* de ce territoire vraiment barbare ; ce roitelet n'était guère qu'un chef de brigands qui, de son minable fortin, détachait de petites expéditions qui attaquaient les voyageurs s'aventurant dans le pays, ou tombaient à l'improviste sur les bourgades chinoises, les pillaient hâtivement et s'enfuyaient avec leur butin dans les solitudes aux frontières imprécises.

Temps révolus. Déjà lors de mes derniers séjours dans les marches chinoises, des patrouilles commençaient à circuler dans cette région ; certains prétendaient qu'elles ne faisaient qu'ajouter de nouvelles bandes de brigands à celles qui tenaient le pays depuis, sans doute, des siècles...

Le comportement, des troupes de la Chine Nouvelle paraît être différent, mais quant aux Tibétains des tribus des frontières — les gens des extrémités : les *takhopas* comme les dénomment avec mépris les « civilisés » du Tibet central — combien de temps faudra-t-il pour les amener à abandonner des errements séculaires dont ils se font gloire ?

C'est chez ces barbares que la Tcham Koushog envoya sa fille de quinze ans pour y porter le titre de *gyalmo,* toute déchéance était évitée, l'épouse de Pal Zang n'en demandait pas davantage.

De substantiels présents : chevaux, bétail, rouleaux de soieries chinoises et de drap fin, plus de lourds lingots d'argent avaient été offerts par le futur mari pour prix de la fiancée, ce qui témoignait du cas que celui-ci et les siens faisaient d'une alliance avec Pal Zang et ce dernier, se trouvant honoré, ne songea point à élever d'objection.

Ni lui ni sa femme n'avaient vu leur gendre de la frontière — cela n'est point un fait exceptionnel au Tibet. Les gens par l'entremise de qui le mariage s'était conclu avaient assuré aux parents que leur fille serait confortablement établie et ceux-ci les avaient crus sur parole.

Montée sur un beau cheval blanc, cadeau de ses parents, emportant de nombreuses robes et des bijoux et accompagnée par deux servantes qui resteraient à son service personnel, la fillette en pleurs était partie avec le groupe de cavaliers, conduits par l'oncle du *gyalpo,* qui avaient été envoyés pour la prendre.

Le petit dzong du *gyalpo* des extrémités offrait suffisamment de confort. Sur ce point, il répondait pleinement à la description qu'en avaient faite les envoyés chargés de la demander en mariage. Une femme d'une trentaine d'années eût pu s'en accommoder et, peut-être, s'y trouver heureuse. Mais la fille des Pal Zang avait quinze ans et le mari qui la reçut était un rustique barbare, veuf et approchant de la soixantaine...

En retournant chez les Pal Zang, après la mort de la petite, les servantes racontèrent qu'elle s'était empoisonnée.

Peut-être l'y avaient-elles aidé... par charité.

CHAPITRE III

Les paysans

Les émigrés n'ont évidemment constitué qu'une fraction minime de la population tibétaine. La grande masse de celle-ci n'a pas quitté ses foyers.

En premier lieu, les paysans ne pouvaient pas songer à s'expatrier ; leurs champs sont leurs seuls biens. Comment auraient-ils pu, loin d'eux, subvenir à leur subsistance ? — Une telle perspective était inimaginable et les paysans ne l'imaginèrent point. L'idée de fuir un danger ne leur vint, sans doute, pas davantage. Rapines, razzias opérées par des brigands, exploitations souffertes par le fait des autorités de divers degrés, la paysannerie tibétaine en a fait l'expérience depuis des siècles sans que se laisse entamer l'esprit d'optimiste insouciance qui l'anime. Qu'elle ait à pâtir des mêmes ennuis dans l'avenir, elle y verra le train inéluctable des choses.

Cependant, quelque chose de particulier s'est produit. Des prédicateurs d'une foi nouvelle ont annoncé aux masses paysannes l'avènement d'une ère merveilleuse sous la forme d'un partage équitable des terres.

A vrai dire, il ne s'agit pas là d'une véritable innovation. Au IXe siècle, le roi socialiste Muni Tsémpo avait déjà tenté une réforme agraire en distribuant la terre aux paysans. Ceux-ci ne parurent pas aider les bonnes intentions de leur souverain. Le clergé, surtout, y fit opposition. S'appuyant sur la croyance populaire, les lamas objectèrent que les conditions dans lesquelles un homme naît sont déterminées par les actes que celui-ci a accomplis au cours de son existence précédente [1].

Le partage des terres opéré par Muni Tsémpo n'eut pas de succès ; bientôt, les paysans ancrés dans leurs anciennes coutumes aliénèrent

1. Cette conception repose sur un désir de justice. Les Orientaux (les musulmans exceptés) se refusent à admettre que seul le bon plaisir d'un Dieu créateur et tout-puissant fait naître certains hommes aveugles ou difformes, beaux ou laids, intelligents ou stupides ; place les uns dans une famille honorable et riche, ou donne à d'autres de pauvres hères ou des gens vicieux pour parents.

les propriétés qui leur étaient échues ou s'en laissèrent stupidement déposséder par des voisins avides et sans scrupules. Par trois fois, le roi s'efforça de rétablir l'égalité du partage, se heurtant toujours à l'incompréhension et à la malignité de ses sujets. Finalement, sa mère et ses ministres, que ses tentatives de socialisme pratique irritaient, l'empoisonnèrent pour y mettre définitivement un terme.

Aujourd'hui, les paysans tibétains quoique très peu instruits de ce qui se passe en dehors de leurs pays n'ignorent pourtant pas complètement les résultats obtenus en Chine par les nouvelles lois agraires. Sans bien se rendre compte de ceux-ci et de la manière dont ils sont susceptibles de les affecter eux-mêmes, ils attendent avec une sympathie anticipée *cela* qui peut venir à la suite des troupes chinoises.

Il importera de ne pas les décevoir. Il importera, surtout, pour les dirigeants chinois, de savoir manier cette paysannerie tibétaine, semblable en plus d'un point à la paysannerie chinoise, en fait à toutes les paysanneries du monde, mais présentant, pourtant, des caractéristiques très particulières qu'il conviendra de bien connaître et de ménager si l'on veut l'amener à assimiler graduellement et de façon durable l'esprit de la nouvelle Chine.

D'un bout à l'autre du Tibet, les paysans offrent une remarquable uniformité de tempérament ; partout on trouve en eux le même mélange de jovialité, de terreur superstitieuse et de servilité avec une brutalité sous-jacente innée.

Le paysan se meut dans une atmosphère pesante de croyances sinistres. Les démons, pense-t-il, sont présents partout, partout actifs. Aucun geste ne peut être fait sans risquer d'irriter l'un ou l'autre d'entre eux ou de déclencher des forces malignes entrant mécaniquement en action sans obéir à aucun commandement émanant d'un être pensant discernable, animé d'une volonté raisonnée. Plus fortement que le citadin, le campagnard se sent entouré par ces puissances anonymes, mais terriblement efficientes, enveloppé par elles comme l'on peut être enveloppé par le brouillard. Pour cette raison, matin et soir, de tous les villages du Tibet, s'élève un sourd bourdonnement fait du marmottement de formules destinées à protéger ceux qui vont vaquer à leurs occupations ou ceux qui vont s'abandonner à l'état passif qu'est le sommeil.

L'expérience a prouvé aux Tibétains, comme à nous tous, qu'approcher la main d'une flamme a pour conséquence une brûlure et que saisir maladroitement une branche épineuse cause la sensation douloureuse d'une piqûre, mais les Tibétains n'acceptent pas facilement l'automatisme de ces faits. L'idée de forces inamicales impersonnelles pénètre mal dans leur cerveau. Ils peuvent admettre un ennemi inconnu mais ne se résolvent guère à l'impossibilité de le découvrir, de l'anthropomorphiser en lui prêtant une volonté et des sentiments analogues aux leurs.

Ayant amené « l'invisible » sur ce terrain, ils se sentent plus à l'aise.

Il est possible de discuter avec les déités, les génies, les fées, les démons, de les solliciter, de se concilier leurs faveurs, de les apaiser en cas d'offense. Il est même possible de les décevoir, de contrecarrer leurs desseins, de les duper et les Tibétains sont pourvus de multiples rites propres à les servir efficacement en ces diverses occasions.

Ce n'est pas à l'extérieur seulement que d'hostiles « invisibles » sont à redouter le long des routes, embusqués dans les buissons ou logés sous les mottes de terre que le laboureur dérange. Rentré chez lui, sa porte close, le paysan ne se sent pas entièrement en sûreté.

N'existe-t-il pas sous le sol de terre battue de la cuisine — à la fois salle commune et dortoir pour la famille — quelque membre de cette tribu innombrable des « invisibles » dont un geste involontaire pourrait susciter la colère et les malheurs qui la suivraient ? — Et voici que, précisément, un bambin, en courant, a heurté la mère qui retirait du feu le chaudron de lait bouillant. Un peu du liquide brûlant est tombé dans les flammes. Ne fallait-il pas que la déité de l'âtre se trouvât à ce moment exact somnolant sous le foyer à l'endroit précis où le lait est tombé... La ménagère ne pouvait pas le savoir ; néanmoins, comme il se doit, elle s'est hâtée de jeter du beurre dans le feu. Le beurre est un bon calmant à appliquer sur les brûlures.

Hélas ! le remède n'a point produit l'effet escompté. Le petit dieu [1] a été brûlé ; il souffre, se fâche et se venge.

Parmi les membres de la famille, l'un a mal aux yeux, des furoncles apparaissent chez un autre et un troisième devient fiévreux. Le *pao* [2] consulté a nettement déclaré que le dieu est malade et punit ceux qui ont causé sa maladie.

Il se peut très bien que la femme auteur involontaire, mais certainement seul auteur réel, de la brûlure qui tourmente le dieu, n'éprouve point elle-même les effets de sa colère. Chez les Tibétains, comme chez la plupart des peuples anciens, la notion de responsabilité personnelle est passablement obscure ; celle de responsabilité collective prévaut. Le fils paie pour la faute du père [3], le père pour celle du fils, etc.

---

1. Le *thab lha*.
2. *Pao*, un sorcier-devin, généralement adepte de l'ancienne religion du Tibet : le Bön.
3. Cette idée se retrouve souvent dans le Bible. Le Dieu des Hébreux déclare qu'il punit « l'iniquité des pères sur les enfants jusqu'à la troisième et la quatrième génération » (*Exode,* XX, 5). Cette conception des Hébreux apparaît en maints endroits des livres formant la Bible. David, criminel qui a fait tuer Urie après avoir

Le seul moyen de guérir les malades est de guérir le dieu. Celui-ci, bien entendu, restera invisible, mais l'on pourra voir la « marque » de sa blessure. Où cela ?... Il faut d'abord chercher autour du foyer, sous celui-ci ; parfois le démolir entièrement. Si l'on ne trouve rien, c'est que l'infortuné dieu s'est, en proie à la souffrance, déplacé et gît en un autre endroit. Le *pao* en état de transe, qui dirige les recherches, se démène tout autour de la maison. A la fin il s'arrête, plante brusquement en terre le long bâton ferré qu'il tient à la main. On creuse le sol à cet endroit et l'on y trouve généralement quelque chose. Un caillou d'une couleur ou d'une forme spéciale, un aggloméré de gravier ou de glaise ou n'importe quoi. Il y a toujours quelque chose à trouver. Le *pao* déclare que c'est là la « marque » de la blessure — l'on pourrait dire l'ampoule ou la plaie causée par la brûlure. Il suffira d'enlever la « marque », caillou ou autre chose, et le dieu sera guéri... et apaisé. Les malades aussi seront guéris... assez souvent, mais pas toujours et, dans ce dernier cas, il faudra recourir à d'autres rites.

Cependant, il est aussi possible que l'offense causant les maladies soit de date ancienne et que nul ne se rappelle ni la nature ni l'époque.

Mille causes diverses peuvent inciter les « invisibles » : *nâgas, tsëns* et autres à passer leur ire sur les pauvres humains.

Le *pao*, en transe, a révélé que la « marque » de la blessure reçue par un *nâga* ou par un *tsén* est à rechercher. Le rayon des recherches peut être passablement étendu, comprendre un ou plusieurs villages et les terrains environnants. Une sorte de sport s'organise alors qui, pour le témoin sceptique que j'étais, ne manquait pas d'une amusante originalité.

Le *pao* était en état de transe, feinte ou réelle, il était difficile de le savoir. Par l'effet de sa gesticulation et de sa déclamation, ce qui avait commencé par être une mimique simulée pouvait bien se muer chez lui en une frénésie qu'il ne contrôlait plus. Telles étaient, du moins, mes réflexions ; quant aux paysans qui suivaient le *pao*, nul d'entre eux ne doutait qu'il ne fût possédé par un dieu.

Le bonhomme armé de son long bâton ferré courait de-ci de-là, s'élançant soudainement en avant à la vitesse d'un cheval de course, revenant sur ses pas, s'arrêtant brusquement, esquissant des pas de

---

eu des relations adultères avec la femme de ce digne et dévoué officier, n'est pas puni, pas plus que l'épouse coupable. C'est leur jeune fils qui meurt et, en guise de châtiment, le prophète Nathan annonce aussi à David que ses concubines lui seront enlevées et données à un de ses proches qui « couchera avec elles à la face du soleil, c'est-à-dire, publiquement (II, *Samuel*, X). Voir aussi la curieuse histoire d'un recensement ordonné par ce même roi David, recensement qui avait déplu à Dieu. Comme châtiment de sa faute, David, qui est épargné, peut choisir entre trois calamités qui frapperont, *non pas lui*, mais *ses sujets* : trois années de famine, trois mois de défaites devant les troupes ennemies ou la peste sur tout le territoire. David choisit la peste et soixante-dix mille Israélites en meurent. (I, *Chroniques*, XX.)

danse, tournoyant sur lui-même, puis repartait en courant, toujours gesticulant, chantant, hurlant, exténué, haletant, tremblant de tous ses membres. La foule courait derrière lui, anxieuse, suivant tous ses mouvements. Cette burlesque comédie avait pour elle un sens sérieux, il s'agissait de trouver et de supprimer la cause à laquelle était due la maladie de Tséring ou les diverses calamités qui frappaient sa famille et ses biens. La gravité, l'angoisse de tous ces pauvres imbéciles étaient si poignantes que, courant avec eux, je ne me sentais aucune envie de rire.

Enfin, le *pao* à bout de forces s'arrêtait, plantait brusquement son bâton dans le sol en poussant un cri strident. C'était là ! Il avait trouvé l'endroit.

Des hommes s'empressaient de creuser un trou sous la surveillance attentive du *pao*. Voilà ! Celui-ci se baissait, ramassait l'objet : pierre ou conglomérat constituant la « marque » de la blessure qui faisait souffrir le génie et l'irritait.

Une fois, le *pao* retira du sol une petite motte d'argile présentant la forme d'un pot minuscule. Il la divisa et il en suinta un liquide rougeâtre qu'il déclara immédiatement être du sang. Son visage s'empreignit d'une expression consternée.

— Ceci est grave, annonça-t-il aux villageois atterrés. Le malade est en danger de mort presque certaine.

Il fallait aviser et sans tarder. La famille du malade fit mander des lamas et des *böns* [1] pour leur faire célébrer différents rites... tout cela coûterait cher... Mais je reviendrai sur ce dernier sujet.

En dépit de la crainte qu'ils leur inspirent, les Tibétains ne laissent pas que d'attribuer à leurs invisibles ennemis un incroyable degré de stupidité. Ils croient pouvoir les berner avec des stratagèmes enfantins.

Par exemple, craignent-ils en partant en voyage d'être suivis par d'indésirables malfaisants compagnons d'un autre monde, ou bien leur voyage doit-il de toute nécessité être effectué en un jour néfaste [2], ils simulent ce départ la veille du jour où il aura réellement lieu.

---

1. *Böns* ou *Bönpos* : Sectateurs de l'ancienne religion du Tibet.

2. Certains jours de la semaine sont considérés comme étant néfastes à tous les points de vue. D'autres ne sont funestes que pour l'accomplissement de certaines actions. Il ne faut pas donner de l'argent ni des objets quelconques le samedi *(penpa*, écrit *spénpa)* parce que cela entraînerait des pertes, de l'appauvrissement. D'autres jours ne sont point propices à un départ pour un voyage, etc. Il y a des mois néfastes. Ce ne sont pas les mêmes chaque année. Les astrologues les désignent d'après leurs calculs. Il arrive alors que le calendrier de cette année-là est modifié. De façon à éviter le mois néfaste, on le supprime, c'est-à-dire qu'on lui donne le nom de son voisin. Il peut ainsi y avoir des années où le sixième mois est omis. Le calendrier saute du cinquième mois au septième, par contre, deux mois successifs sont alors dénommés : septième mois, etc.

Le lama d'un monastère dans l'enceinte duquel j'habitais une maisonnette était coutumier de ces procédés.

Je le voyais partir avec autant de solennité que son petit monastère pouvait en offrir. Les grandes trompettes (ragdong) de bronze mugissaient sur le toit-terrasse du bâtiment principal. Des *trapas* (moines) portant des bannières, des oriflammes, jouant du *gyaling*, battant des tambours, entrechoquant des cymbales escortaient le lama qui montait à cheval vêtu de ses plus beaux atours de voyage.

La procession parcourait, ainsi, environ un kilomètre puis le lama mettait pied à terre, se déshabillait, revêtait une robe ordinaire. Les *trapas* ployaient bannières et oriflammes, enveloppaient leurs instruments de musique, se débandaient et retournaient isolément au monastère par des chemins détournés. Le lama faisait de même.

Le lendemain de grand matin, il repartait en silence suivi des seuls serviteurs qui devaient l'accompagner dans son voyage. Tous montaient à cheval à une petite distance du monastère. Le tour était joué. Les démons partis la veille sur une fausse piste erraient, maintenant, désorientés, à travers le pays.

Pour en terminer avec le caractère stupide dont les Tibétains gratifient certains démons, tout en vivant dans une mortelle frayeur d'eux, j'ajouterai l'exemple suivant.

Lorsque quelqu'un meurt dans une maison de paysans, les membres de la famille du défunt qui, comme tous les Tibétains, n'admettent pas que la mort puisse être due à des causes naturelles, redoutent que le démon qui a tué leur parent ne revienne commettre un autre meurtre dont l'un d'eux sera la victime. Ce démon est dit résider sous terre ; peut-être se cache-t-il dans les fondations de la maison... peut-être y a-t-il là plusieurs démons. Il faut les chasser.

Comment ?

L'on fait rougir une grosse pierre dans un brasier. Ensuite, la tenant avec des pincettes l'on se rend à un coin de l'habitation et l'on appelle le démon, l'invitant à un bon repas. « Voici, lui dit-on, un gros morceau de viande saignante, fermez les yeux et ouvrez la bouche toute large. »

Le démon, sur la stupidité de qui ces bonnes gens comptent, accourt, ferme les yeux, ouvre une large bouche et la pierre rougie est lancée dans un trou creusé à cet effet, la bouche du démon étant tenue pour se trouver au fond de celui-ci.

La douleur qu'éprouve l'infortuné diable le fait fuir du lieu où ceux de son espèce sont si durement traités.

La même comédie est renouvelée aux quatre coins du bâtiment.

Les « invisibles » malfaisants ne sont pas les seuls à entretenir la terreur des paysans tibétains. A un degré moindre, tout individu inconnu venant à passer par le village ou étant vu à proximité de celui-ci est suspect.

Il est vrai que les nombreux voyageurs : pèlerins ou autres qui errent à travers le Tibet sont facilement susceptibles de se muer en maraudeurs. Les Tibétains aiment courir le pays et partent d'un cœur léger, pour des pérégrinations durant plusieurs années, sans se soucier de « frais de route ». Ils mangeront pourtant, sinon toujours autant qu'ils le voudraient, du moins toujours assez pour ne pas périr de faim. Personne ne meurt de faim au Tibet, sauf si l'on s'égare dans les solitudes ou dans les neiges. On mendie, on chaparde. N'est-il pas juste que ceux qui *n'ont pas* se fournissent chez ceux qui *ont* ? Nul Tibétain n'élève d'objection contre cette conception de haute morale. Seulement, seulement, en général, ils préfèrent qu'elle ne leur soit pas directement et, surtout, pas trop libéralement appliquée.

On est généreux au Tibet, mais on aime l'être avec mesure, et pèlerins ou autres vagabonds sont souvent enclins à dépasser la mesure. Dès lors, leur présence inquiète.

Toutefois, cette inquiétude-là est légère ; les bonnes gens des campagnes en connaissent une autre très proche de celle qu'inspirent les démons. Il s'agit d'individus, pour la plupart étrangers au Tibet : Indiens, Népalais ou natifs des régions frontières des Himâlayas, des *zoguis* [1].

L'opinion populaire attribue à ces *zoguis* des mœurs abominables. Non seulement ils sont de malfaisants sorciers, mais ils pratiquent des rites religieux sinistres. Aussi, dès que la présence d'un *zogui* est signalée, les paysannes rappellent-elles leurs enfants et les enferment dans leur maison avec la même hâte qu'une mère poule rassemble ses poussins en apercevant un épervier.

Qu'il y ait exagération ne fait pas de doute. Cependant, du Népal et des confins de l'Inde émergent de singuliers personnages adeptes de sectes adhérant à un bas tantrisme qui ne laisse pas que d'avoir poussé des racines au Tibet même et d'y compter des fidèles. Que la terreur qu'inspirent les *zoguis* errant — tout innocents que la majorité d'entre eux puissent être — soit parfois justifiée, je n'oserais le nier absolument. En fait, j'ai failli être mangée par trois d'entre eux.

L'aventure débuta de la façon la plus banale du monde.

Le lama Yongden [2] et moi, nous voyagions à pied, traversant des forêts. Nous avions fait halte vers le milieu de la journée pour manger. Tandis que nous prenions notre frugal repas, trois voyageurs survinrent et s'arrêtèrent pour nous regarder. C'étaient des guenilleux ; la couleur orange rougeâtre des haillons qui les vêtaient indi-

1. Prononciation tibétaine du mot *yogui*.
2. Les lecteurs de mes livres précédents savent que le lama Yongden est mon fils adoptif et mon compagnon de voyage.

quait qu'ils étaient apparentés à quelque ordre religieux ou tentaient de le paraître. Leur physionomie n'était pas vraiment tibétaine, ils ressemblaient plutôt aux indigènes de la frontière indienne ou des confins du Népal : des Sherpas ou des métis de ces races.

En pareille circonstance, il est d'usage, au Tibet, d'offrir aux passants de partager votre repas.

Nous le fîmes. Les pauvres hères mangèrent copieusement et, comme c'est l'habitude, nous nous interrogeâmes mutuellement sur les buts de nos voyages.

La mine de ces vagabonds ne revenait pas à Yongden. Il vint à penser qu'ils pourraient bien essayer de nous voler et, afin de leur inspirer une crainte capable de les en empêcher, il imagina de déclarer que j'étais une *Khadoma*[1].

Les Khadomas sont des fées qui s'incarnent parfois et vivent alors comme des femmes humaines tout en conservant des pouvoirs supranormaux. Il est beaucoup parlé d'elles au Tibet.

L'un des voyageurs se mit, alors, à me regarder fixement. Son insistance me déplaisait. Qu'avait-il en tête ? me demandais-je.

Enfin, les trois individus bien repus s'en allèrent. Nous partîmes un peu après eux et, volontairement, avançâmes lentement, voulant donner à nos indésirables convives le temps de nous distancer et espérant, ainsi, ne plus les rencontrer.

Cependant, nous les retrouvâmes dans la soirée ; ils avaient fait halte pour nous attendre.

« L'espoir de manger encore à nos dépens les a portés à s'arrêter », pensai-je.

L'homme qui m'avait si attentivement dévisagée quelques heures auparavant recommença de nouveau son manège et cette fois ses compagnons firent de même.

J'abrège. Le lendemain matin, nous les laissâmes encore partir en avant et les retrouvâmes le soir, nous guettant au bout du sentier.

Le jour suivant, la même comédie se renouvela. Mon fils et moi nous commencions à être ennuyés. Ces vagabonds étaient tous trois de grands et forts gaillards. S'ils avaient de mauvaises intentions, ils n'auraient pas de peine à avoir raison de nous. La forêt était absolument déserte.

Mettant tout au mieux s'il ne s'agissait que de mendiants désireux de se faire nourrir, le peu de provisions que nous transportions sur

1. Les Khadomas (mkah groma), littéralement celles « qui se promènent dans le ciel » sont aussi appelées les « mères » bien que, parfois, elles jouent le rôle d'amantes. Elles sont considérées comme possédant la connaissance de doctrines secrètes qu'elles communiquent à certains élus de leur choix, généralement des anachorètes.

notre dos n'était pas suffisant pour nous permettre de faire des largesses.

Tandis que je ruminais ces pensées désagréables, nous arrivâmes à une ferme isolée parmi les bois. Les trois voyageurs s'y trouvaient déjà, assis dans la cour près d'une pile de bûches.

Sans leur accorder d'attention, Yongden marcha directement vers la porte de la ferme, la poussa sans en demander la permission et s'annonça comme un lama *guéshés*[1] qui allait en pèlerinage avec sa mère.

— Nous ne demandons pas de nourriture, ajouta-t-il, nous sommes munis de vivres. Nous ne désirons que l'abri.

Cette déclaration fit bon effet. Nous fûmes immédiatement priés de demeurer pour la nuit et naturellement, on nous questionna au sujet des trois hommes qui venaient d'arriver. Voyageaient-ils avec nous ?

Nullement. Nous ne les connaissions point, nous leur avions fait l'aumône et ils s'attachaient à nous depuis plusieurs jours pour continuer à se faire nourrir.

— Ce sont des *zoguis*, dit alors la fermière, hochant la tête avec une expression de déplaisir.

Les voyageurs s'étaient déjà donné cette qualité en parlant avec nous lorsque j'avais remarqué qu'ils n'étaient pas Tibétains.

Les fermiers n'invitèrent pas les *zoguis* à entrer chez eux ; ils versèrent du thé dans leurs bols et ne s'occupèrent plus d'eux.

— C'est étonnant, me dit la maîtresse du logis, vous êtes les troisièmes voyageurs qui passez par ce chemin depuis quelques jours. D'ordinaire nous ne voyons personne pendant plusieurs mois.

« Il y a un peu plus d'une semaine, il est venu une pèlerine, une pauvresse, elle était en haillons et n'avait pas de provisions. Nous l'avons abritée et nourrie pendant quelques jours, puis elle a dit qu'elle voulait aller méditer dans la forêt avant de continuer sa route. Elle paraissait avoir l'esprit un peu dérangé. Nous lui avons donné un sac de tsampa, un peu de thé et de beurre et elle est partie.

« Plusieurs soirs après son départ, nous avons vu, de loin, qu'un feu était allumé dans les bois, puis nous n'avons plus rien vu, la femme aura dû s'en aller.

« Cette mendiante prétendait être une *Khadoma*. Nous ne l'avons pas crue ; elle disait cela pour attirer les aumônes. Les *Khadomas* n'ont pas besoin de mendier ; tout ce qu'elles veulent leur vient par leur pouvoir surnaturel. »

La misérable pèlerine ne m'intéressait pas, ses pareilles sont nombreuses au Tibet. Ce que je souhaitais, c'était me débarrasser de la compagnie des trois drôles qui s'attachaient à nous.

---

1. *Guéshés* (dgéshés), un haut diplômé en philosophie d'une des universités de Lhassa.

Je déclarai donc à la fermière que j'étais fatiguée et désirais me reposer pendant quelques jours. Voulait-elle nous garder chez elle, mon fils et moi.

Certainement, elle le voulait avec plaisir. Mon fils était un honorable lama : un *guéshés* ; nous avions nos vivres et nous payions ce que nous demandions en plus. Loin d'être à charge, nous procurions quelque profit. Tout était bien.

Je m'attardai donc à la ferme comptant que les voyageurs suspects dont je voulais me défaire se lasseraient d'attendre à un endroit où on ne leur faisait pas l'aumône et s'en iraient. Ils partirent, en effet, tandis que je demeurais à la ferme pour me laisser distancer.

Pendant que j'étais là, un homme arriva, venant de la direction que les *zoguis* avaient prise ; celle que je devais suivre moi-même.

L'homme était épouvanté. Il avait fait une horrible découverte. Alors qu'il errait sous bois, non loin du sentier, cherchant des branches mortes pour allumer du feu, afin de préparer du thé, il avait soudain, aperçu le cadavre affreusement mutilé d'une femme encore couverte de quelques vêtements en loques. A la description qu'il donna, la fermière reconnut la mendiante qu'elle avait hébergée.

Je pensai que la malheureuse, seule dans la forêt, avait été attaquée par une panthère qui l'avait à moitié dévorée et j'exprimai mon idée.

Mais l'homme qui avait vu le cadavre me contredit immédiatement.

— Non pas, déclara-t-il, elle a été dépecée par des hommes, avec des sabres. Ils ont enlevé les deux cuisses, le dessus du crâne et ils ont taillé des morceaux de chair dans le corps.

Les fermiers n'eurent point de doute quant aux auteurs.

— Ce sont les *zoguis* étrangers qui l'ont tuée, dirent-ils.

Le Tibétain qui avait découvert la victime n'avait pas rencontré les assassins.

Qu'il y ait eu crime était certain. Celui-ci était dû à une horrible superstition qui a cours parmi les adeptes de certaines sectes tantriques [1].

La femme avait dû rencontrer les *zoguis* et s'être vantée d'être une *Khadoma* pour leur inspirer du respect et de la crainte, exactement comme mon fils l'avait fait à mon sujet. — A moins qu'elle n'ait vraiment entretenu la croyance en sa pseudo-divinité ; de telles aberrations ne sont pas rares au Tibet. — Quoi qu'il en soit, par cette imprudente vantardise, la malheureuse s'était elle-même désignée comme victime aux sinistres voyageurs.

D'après la croyance de certains adeptes des sectes Aghora, Kapalika, Shaktika et autres, manger un morceau de la chair d'une fée incarnée — une *Khadoma* — ou de celle d'un saint personnage

1. J'ai déjà signalé celle-ci dans mon livre : *Mystiques et magiciens du Tibet.*

ayant atteint un haut développement spirituel confère la connaissance de sciences secrètes et redoutables avec les pouvoirs magiques qui s'y rattachent.

Généralement, les sectateurs de ces doctrines attendent la mort de la *Khadoma* ou de l'individu exceptionnel pour consommer des morceaux de sa chair, enlever ses fémurs pour en faire des trompettes rituelles et son crâne pour s'en servir en guise de coupe [1].

Pourtant, quelques fanatiques trop pressés recourent parfois à l'assassinat.

Je comprenais pourquoi après avoir entendu dire par Yongden que j'étais une *Khadoma*, les voyageurs avaient fixé leur attention sur moi et pourquoi ils s'attachaient à nous. La pensée de m'assassiner leur était probablement venue. Et tandis qu'ils hésitaient, supputant les chances qu'ils avaient de venir à bout de nous deux et, ensuite, de s'assurer l'impunité, la rencontre qu'ils avaient faite d'une femme seule, se vantant d'être une *Khadoma* leur avait fourni la proie désirée.

La certitude en cette matière n'était pas absolue, mais les présomptions étaient fortes : j'avais failli être mangée.

Démons, *zoguis* et mystérieuses influences malignes ne sont pas les seuls objets d'angoisse pour les campagnards du Tibet. Il y a les dettes.

On aurait peine à trouver un paysan tibétain qui ne soit pas endetté à perpétuité. Il y aurait là de quoi plonger dans le désespoir tout autre que lui, mais la forte dose d'insouciance et de fatalisme qui existe dans son caractère s'y oppose et, bien que se tourmentant à la pensée des échéances à venir, il n'en poursuit pas moins son train de vie coutumier, celui que l'usage lui impose. D'ailleurs, pourrait-il faire autrement ?...

D'où proviennent les dettes ? — Comme partout ailleurs, de l'imprévoyance et des mauvaises récoltes, mais, en plus, d'une sotte vanité alliée à la superstition.

Le paysan qui croit aux mauvais esprits, aux sorts jetés par des sorciers et à maintes sornettes analogues a recours, pour guérir ses malades, se préserver des épidémies, s'assurer contre la perte de ses biens, etc., aux Böns shamanistes, aux Mopas, des « voyants », des devins et au clergé lamaïste local.

Séances de divination, exorcismes, lecture à domicile des Écritures sacrées par les lamas, rites religieux d'offrande, de propitiation, etc., tout cela coûte cher, non seulement en honoraires à payer aux

1. J'ai un nombre de ces ustensiles macabres dans les collections que j'ai rapportées du Tibet. Tous m'ont été *donnés*. Ils sont rarement vendus car, d'après l'opinion courante, le vendeur s'attire du malheur et l'acheteur court le risque d'accidents affectant sa personne et ses biens.

célébrants, mais en nourriture pour les repas copieux qu'il faut leur servir.

Le Bön shamaniste exige des animaux à sacrifier aux « invisibles » hostiles qu'il doit apaiser ou propitier.

Les lamas ne pratiquent pas de sacrifices sanglants, la loi bouddhique le défend, mais la déférence qu'entraînent leurs bons offices n'en est pas moins forte, car il convient de les traiter avec plus de déférence que le Bön ; or, au Tibet, le respect se témoigne par la qualité et la quantité des aliments offerts aux hôtes que l'on héberge.

Le paysan ordinaire n'a que peu de bétail, cependant bœufs, moutons — porcs et poulets dans les zones frontières — seront immolés pour rassasier les « invisibles » et les très visibles convives qui festoieront chez lui. Il tirera même gloire d'inviter un plus grand nombre de lamas que ses voisins, de leur faire psalmodier un plus grand nombre de volumes des Écritures canoniques et, surtout, de les repaître plus abondamment.

Que la famille doive jeûner après avoir tué les bêtes qui auraient pu la nourrir, qu'après avoir abattu l'unique bœuf de labour, les champs mal cultivés rapportent moins, rien de cela n'est considéré. On obéit à la coutume qui veut que l'on se dépouille en pareilles occasions.

Il y a pire. Souvent le paysan n'a pas de bête à tuer. D'autre part, il a besoin d'orge ou de millet pour confectionner la bière et l'eau-de-vie qui doivent arroser le repas ; il lui arrive d'en manquer. Il ne lui reste qu'à emprunter ce dont il a besoin : bêtes destinées au sacrifice ou au repas, grain pour la boisson ou pour la farine nécessaire à la préparation des nouilles, des *momos* ou des *kabzés* [1].

Tout Tibétain porte naturellement en lui des instincts d'usurier ; que l'emprunteur s'adresse au richard local — le *tchougpo* — à l'intendant d'un *gyalpo* ou à celui d'un monastère voisin, les intérêts à payer sont excessifs. Il lui faudra rendre au moins le double de ce qu'il aura reçu, et s'il s'agit d'argent, l'intérêt peut s'élever à 10 pour 100 par mois.

Le produit de la récolte qui suivra les emprunts suffira-t-il à rembourser les créanciers ? — C'est tout à fait improbable. En règle générale, le paysan doit solliciter le renouvellement du prêt ou d'une partie de celui-ci, les intérêts dus étant majorés à cause du délai apporté au remboursement.

Même s'il obtient un délai, la quantité de grain ou d'autres provisions que le fermier aura conservées ne lui suffira presque jamais pour nourrir sa famille jusqu'à l'époque de la récolte suivante. De nouveau, il faudra emprunter : emprunter pour manger, emprunter le grain destiné aux semailles... Et cela, d'année en année, sans fin. Le paysan arrivera à son dernier jour, sans s'être libéré de ses dettes et

1. *Momos*, pâtés fourrés avec un hachis de viande. *Kabzés*, une sorte de pâtisserie.

son fils, sur qui elles retomberont, se verra, dès le début de sa carrière de cultivateur, écrasé sous le poids de ces dettes ancestrales dont l'origine se perd dans un passé qui lui est inconnu.

Aux dettes directement contractées, il faut ajouter le fardeau des impôts dont je parlerai plus loin.

L'expérience acquise par ses aînés et les exemples que ses contemporains lui fournissent ne guérissent pas le Tibétain de la crédulité et de la vaine gloriole qui le mènent chez l'usurier.

En ce qui concerne les rites répétés à grands frais pour la guérison des malades, un Tibétain instruit, qui avait acquis quelque connaissance du monde existant au-delà des montagnes du Tibet, m'objecta que nous agissions de façon analogue, faisant successivement appel à nombre de médecins, essayant de multiples médicaments. C'était vrai. Nous croyons au pouvoir de la science médicale, les Tibétains croient à celui de leurs sorciers... Le sentiment d'amour pour les leurs qui les guide est pareil au nôtre et, souvent, le résultat obtenu est le même, pour nous comme pour eux : c'est-à-dire négatif.

Cependant, comme je viens de le dire, parmi les causes qui jettent le paysan à la merci de créanciers exigeants, il faut compter la vaine gloriole, le désir de surpasser, en faste villageois, ses amis, ses voisins : de les éclipser.

Cette rivalité stupide se manifeste à l'occasion des fêtes données à domicile en l'honneur des dieux des lignées paternelle et maternelle du chef de la famille, des funérailles, mais surtout à propos des mariages.

Rappelons-nous que les Tibétains sont de grands mangeurs et, en plus, de grands buveurs. Un mariage doit être, d'après eux, l'occasion de bombances gargantuesques prolongées pendant plusieurs jours, voire pendant plusieurs semaines.

L'assistance n'est pas réduite à un cercle d'invités ; la maison où la noce a lieu est ouverte à tout venant et ceux-ci arrivent en foule.

D'abord, la population entière du village se joint aux parents des mariés. Cette parenté est, par elle-même, toujours nombreuse et le nombre des parents par alliance grossit vite dans un pays où existent à la fois la polygamie et la polyandrie.

Quant aux cousins que, selon l'usage oriental, on appelle « frères », il est peu de Tibétains qui connaissent le nombre exact et le visage de tous les leurs, mais un mariage les fait tous accourir.

Le miracle commun à tous les peuples primitifs, de la propagation des nouvelles par des voies mystérieuses se produit à cette occasion. A cent kilomètres à la ronde, des gens enfourchent chevaux ou mules pour se rendre au lieu des réjouissances dont ils ont « flairé » l'imminence ; des cohortes hilares de piétons impatients de festoyer dévalent ou grimpent le long des sentiers des montagnes.

Les parents des mariés s'attendent à cette ruée. Ils ont eux-mêmes participé à plus d'une d'entre elles. Il convient de faire grande figure, de repaître et d'abreuver largement tout le monde ; il faut que l'on parle de leur hospitalité : « Tséring a bien fait les choses, bien mieux que Dordji, le mois dernier ou que Passang, il y a deux ans », doivent dire les convives s'en retournant chez eux. Il y va de l'honneur de la famille Tséring.

Et pour soutenir les dépenses de ces jours de liesse, Tséring empruntera. Pendant combien d'années ses créanciers le harcèleront-ils ensuite ?... Tséring ne le sait pas, il ne tente pas de le calculer. Il obéit à la coutume ancestrale ; il fait ce qu'ont fait son père et son grand-père et les pères et les grands-pères de tous les Tibétains ; ce que leurs fils feront à leur tour... à moins qu'une sérieuse évolution dans la mentalité de la paysannerie tibétaine n'amène un changement dans ses mœurs. Ce n'est pas impossible.

Les hôtes ne laissent pas que de contribuer à la bombance par l'apport de provisions variées et plus ou moins abondantes suivant leurs moyens ou leur générosité : viande crue ou séchée, beurre, tsampa, farine, thé, fromage, pâtisseries indigènes, grain pour confectionner de la bière et de l'eau-de-vie s'empilent chez les Tséring. Mais chaque convive consomme généralement plus qu'il n'a apporté. Toujours, le paysan qui les reçoit supporte la majeure partie des dépenses.

Rien de tout cela ne compte, le Tibétain est naturellement jovial et ne demande qu'à laisser sa jovialité s'épancher à grands et très bruyants flots.

Que j'en ai vu de ces noces villageoises ! Il était rare qu'elles ne donnassent pas lieu à quelque incident burlesque, l'imagination d'un Tibétain ivre est d'une fertilité inconcevable.

Une de celles-ci avait lieu chez de pauvres fermiers ; leur logis bâti au-dessus de l'étable ne comprenait que deux pièces : la cuisine et le *lhakhang* contenant l'autel poussiéreux sur lequel trônaient trois statuettes de déités encadrées par quelques petits volumes des Écritures sacrées.

Les repas étaient pris au-dehors. La nuit venue, les invités s'entassaient, pour dormir, dans les deux pièces de l'humble demeure de leur hôte. On s'y étendait sur le plancher, évitant soigneusement que les pieds de l'un puissent toucher la tête de l'autre ou, simplement qu'ils soient tournés vers elle — c'est là un point très strict du code de la politesse tibétaine [1].

Certains avaient une couverture dans laquelle ils s'enroulaient, mais personne ne se déshabillait.

1. Lorsque des dormeurs occupent des chambres séparées, la même règle prévaut ; les pieds de ceux-ci ne doivent point être tournés dans la direction de la tête d'une autre personne étendue dans une pièce voisine ou dans la direction des statues de saints personnages ou de livres religieux.

Les hôtes avaient été répartis en deux catégories. Les plus importants, d'après l'échelle sociale du terroir, couchaient dans le *lhakhang*, les autres dans la cuisine.

Le fermier était polygame. Sa première femme ne lui ayant pas donné d'enfant, il en avait, sur le tard, épousé une seconde. Que celle-ci, toute jeune encore, s'accommodât d'un époux ayant dépassé la quarantaine, les voisins en doutaient et jasaient au sujet de rencontres de la seconde épouse avec des galants de son âge.

La politesse chinoise qui enjoint à l'hôte d'occuper la place la plus humble ne fleurit pas chez les Tibétains, le nôtre, avec sa première femme, s'était installé dans le *lhakhang*. Quant à la jeune épouse, elle couchait dans la cuisine.

Invitée à m'étendre dans le *lhakhang* sur un morceau de tapis étendu pour moi contre l'autel, je somnolais, quelque peu suffoquée par la raréfaction de l'air respirable dans cette petite pièce pleine de gens malodorants, lorsqu'un mouvement qui se produisit parmi eux m'éveilla tout à fait. Le fermier s'était levé. Il alluma à la lampe qui brûlait sur l'autel une mince baguette de bois résineux [1], fit signe à deux hommes qui s'étaient levés comme lui et tous trois se dirigèrent vers la cuisine voisine, accompagnés par les sourds grognements des dormeurs dont ils écrasaient les pieds au passage.

La chose n'avait rien d'intéressant, les hommes pouvaient éprouver le besoin de sortir. J'allais me rencogner près de l'autel et fermer les yeux, lorsque des vociférations et le bruit d'un piétinement précipité s'élevèrent de la cuisine.

Mes compagnons de dortoir brusquement réveillés se bousculèrent dans l'embrasure étroite donnant accès à la cuisine, avides de voir ce qui s'y passait. Je fis comme eux.

Le fermier était là, sa baguette enflammée en main, s'adressant avec force invectives à sa jeune femme qu'il avait surprise dormant sous une même couverture avec son galant.

Le bonhomme, qui se doutait de son infortune, avait méchamment préparé un piège en faisant coucher son épouse cadette dans la cuisine et il s'était assuré l'appui de deux témoins pour constater le délit.

La publicité en matière d'accidents d'ordre conjugal ne gêne pas les Tibétains [2]. Ils n'ont pas la sottise de transformer en drame un fait, en somme, bien trivial. Si notre fermier menait grand bruit en

---

1. Les paysans tibétains n'ont point d'allumettes. L'usage du briquet est général au Tibet. Dans les campagnes, le feu de l'âtre ou une lampe alimentée au beurre et placée en offrande sur l'autel domestique constituent l'éclairage. Au besoin un morceau de bois résineux est enflammé aux cendres rougeoyantes du foyer et est tenu à la main pour s'éclairer en se déplaçant.

2. La lecture des journaux anglais prouve que nos voisins d'outre-Manche partagent sur ce point les opinions raisonnables des Tibétains. Chez eux, les lazzi que notre Molière décoche aux maris trompés rateraient leur effet. L'offense se solde par des dommages et intérêts alloués en Justice.

face des coupables, c'était, simplement, parce qu'il escomptait l'amende que les Anciens du village infligeraient au délinquant.

Toutefois, la femme et celui qu'on lui attribuait comme complice niaient véhémentement avoir quelque chose à se reprocher. Ils avaient dormi très innocemment l'un près de l'autre, rien de plus.

Le fermier ne se contentait pas de leurs dires. Il interrogeait — et dans quels termes réalistes — les voisins du couple. Il ne pouvait leur demander ce qu'ils avaient vu, l'obscurité ayant été complète ; il voulait savoir ce qu'ils avaient pu percevoir des mouvements des accusés.

Dans l'état d'ébriété prononcée où tous se trouvaient, ils avaient dû dormir comme des souches ; encore à ce moment étaient-ils imparfaitement réveillés et peu d'aplomb sur leurs jambes.

Cependant, certains ayant déniché près de l'âtre les baguettes résineuses qui servent de luminaire en avaient enflammé quelques-unes qui, de leurs flammes dansantes, éclairaient de façon bizarre les faces ahuries et grotesques des victimes soumises à ce singulier interrogatoire.

Le comique de cette scène dépassait mon impassibilité, je me sauvai vers l'autel et, irrévérencieusement, j'enfouis mon visage dans les Saintes Écritures poussiéreuses pour étouffer mes rires.

Le lendemain matin, on se mit sérieusement à la besogne. Le chef du village, entouré des Anciens, s'érigea en cour de Justice. Le mari plaignant, les accusés et les témoins dont aucun n'avait quoi que ce soit à dire, mais qui n'en parlaient que plus fort, comparurent devant ce tribunal.

Les accusés continuaient à nier le délit et le mari à affirmer si énergiquement qu'il était ce que Molière dénomme d'un petit mot sonore en quatre lettres, qu'en eût-on douté, il vous en eût convaincu.

En fin de compte, le don Juan local fut condamné à payer 30 *trankas* (monnaie tibétaine) au plaignant. En plus, il devait s'engager par écrit à cesser tout commerce avec la jeune épouse du fermier.

S'engager *par écrit*, la coutume le prescrivait, mais dans le cas actuel, il était malaisé de s'y conformer : aucun de ceux présents ne savait écrire.

Pourtant on s'avisa qu'un cousin du marié, novice dans un monastère du voisinage et venu à la fête, pouvait vraisemblablement tracer les lettres de l'alphabet. A ce moment, le gamin — il devait avoir une douzaine d'années — jouait près de la ferme avec des camarades, indifférent aux querelles de ses aînés. On alla le quérir.

Fier de l'importance soudain acquise, le juvénile membre de l'Ordre religieux tailla un morceau de bois, délaya un vieux fragment d'un bâton d'encre de Chine remisé sur l'autel domestique du chef du village, chez qui des « Autorités » de passage venaient, parfois, contrôler les comptes des impôts, puis il se mit à l'œuvre sous la dictée des Anciens, produisant un impressionnant dessin d'arabesques où se retrouvaient difficilement les formes des caractères tibétains.

Au bas de celui-ci, le coupable protestant toujours de son innocence, mais estimé coupable par ses juges, dut apposer l'empreinte de son pouce, les Anciens et les témoins firent de même, enjolivant le document d'une série de taches noirâtres et graisseuses.

Justice était faite.

Mais les Tibétains ont une façon particulière d'en comprendre l'exécution. Nul parmi ceux présents, et les juges en tête, n'admettaient que le mari, réellement lésé ou non, pût empocher 30 *trankas* dont il jouirait seul.

Juges et témoins et même les simples hôtes du dortoir, théâtre du crime, avaient été contaminés [1] par la conduite des coupables, tous devaient avoir leur part de la réparation. L'usage courant appuyait cette thèse ; le fermier dut céder. Ce fut un jour supplémentaire de bombance.

Les 30 *trankas* n'y suffirent pas, l'hôte y mit du sien ; il s'endetta un peu plus, mais tous se régalèrent, le fermier et les pseudo-coupables aussi ; tous rirent et s'amusèrent... le fermier comme les coupables.

Les paysans sont de joyeux lurons : j'ai commencé par le dire.

Le fait de punir un délinquant en festoyant à ses frais n'est pas exceptionnel au Tibet, au contraire ; c'est là un article indiscuté du code non écrit du Droit populaire. D'autre part, la coutume et l'opinion publique encouragent également l'individu lésé d'une façon quelconque, matérielle ou morale, à se faire juge de sa propre cause et à s'approprier, aux dépens de l'offenseur, ce qu'il estime bon à constituer une équitable réparation.

Ces conceptions particulières de la justice, avec bien d'autres opinions analogues, donnent aux mœurs villageoises tibétaines une charmante saveur de naïveté et d'imprévu.

L'anecdote suivante en sera un exemple. Un auteur de chez nous le prendrait volontiers pour thème d'un conte drolatique, mais les braves Tibétains, s'ils se gaussèrent des héros de l'aventure, le firent en toute simplicité, sans y entendre malice.

Il s'agit encore d'un mariage. Plus que toutes autres occasions, ceux-ci sont fertiles en incidents cocasses.

---

1. Il s'agit d'une souillure de nature religieuse, pareille à celle qui atteint l'individu entrant dans la maison où une femme vient d'accoucher ou bien où quelqu'un est mort récemment. Dans un petit État himâlayen où j'ai habité, si une fille donnait naissance à un enfant illégitime tout le pays était considéré comme souillé. Réparation devait être faite de la façon suivante : la mère portant son enfant et accompagnée du père illégitime, tous deux tenant en main des bâtons d'encens et récitant à voix haute des formules rituelles devaient circuler plusieurs fois autour du palais du *gyalpo*. Les jeunes gens aisés devenus pères de cette façon se soustrayaient à cette circumduction expiatoire qu'ils faisaient effectuer par un remplaçant payé à cet effet.

Les paysans chez qui la noce allait avoir lieu étaient cossus — presque des *tchougpos* — de nombreuses invitations avaient été envoyées par eux. L'une d'elles s'adressait à un de leurs cousins qui habitait avec sa femme et la jeune sœur de celle-ci, un village isolé dans les montagnes. La cousine brûlait du désir d'aller s'amuser à la noce, malheureusement, elle se trouvait en état de grossesse avancée et n'osait pas s'aventurer à effectuer à cheval un voyage demandant environ trois journées.

Son mari, un jeune et beau gars très alerte, ne voyait, quant à lui, aucune raison de se priver des réjouissances auxquelles il était convié et la future maman en avait du souci.

Parmi les invitées, il ne manquerait pas, pensait-elle, de pimpantes jouvencelles et d'accortes commères, peut-être pas trop farouches. Tout le monde boirait abondamment. Alors... Que ne pouvait-elle pas craindre ?...

Prise comme confidente par son aînée, la jeune sœur qui devait, elle aussi, assister à la noce, lui promit d'y être vigilante. Se sentant surveillé et craignant les rapports qu'elle pourrait faire, son fringant beau-frère demeurerait certainement sage.

Ayant rassuré sa sœur, la cadette partit avec le mari commis à sa garde.

La noce fut ce qu'il convenait dans un milieu de paysannerie aisée ; pendant trois jours, les hôtes n'épargnèrent ni le manger ni le boire, afin que leurs invités emportassent un souvenir durable de leur libéralité.

Tout en prenant sa part des divertissements, la cadette de l'épouse soucieuse n'oubliait pas sa promesse et, demeurant lucide, épiait son beau-frère. Ce dernier, qui n'avait rien promis, laissait agir l'atmosphère de grosse gaieté qui l'entourait et la forte eau-de-vie qui lui réchauffait le cœur. Parmi les femmes présentes, il avait distingué une proche voisine des fermiers, ses hôtes. Il la serrait de près et l'aimable élue ne paraissait pas s'en fâcher. Son mari, absorbé par une vive compétition dont le vainqueur serait celui qui aurait bu le plus grand nombre de bols d'eau-de-vie, ne s'occupait pas d'elle.

Le manège du galant n'avait pas échappé à sa petite belle-sœur.

Le soir venait... bientôt l'obscurité serait complète et la surveillance deviendrait impossible... une anxiété croissante tourmentait la cadette qui ne renonçait pas à remplir sa tâche.

Ce fut la nuit : comme d'ordinaire les chambres se transformèrent en dortoir, les corps des dormeurs étendus sur le plancher. Tandis que les tisons de l'âtre jetaient leurs dernières lueurs, la vigilante déléguée de l'épouse inquiète avait soigneusement noté l'endroit où son beau-frère avait déployé sa couverture.

Projetant, sans doute, de si bien l'occuper qu'il n'aurait pas le loisir de vaquer à d'autres soins — dirent plus tard ses amies à la langue prompte — dès qu'elle put croire ses voisins endormis, elle se glissa vers la place qu'elle avait repérée... Surprise !... Ses mains, étendues à tâtons, ne rencontrèrent qu'une couverture abandonnée.

Notre héroïne n'hésita pas. Sortant sans bruit elle courut chez la belle voisine dont le mari, proclamé vainqueur de la compétition des buveurs, gisait insensible sur le théâtre de ses exploits.

Naturellement, le galant beau-frère était là.

Ce fut un beau vacarme ! Quand j'arrivai avec ceux que le tapage avait réveillés, la cadette avait déjà arraché les colliers que portait la rivale de son aînée et s'était saisie d'un tapis comme objets propres à constituer l'indemnité de « réparation ».

On sépara les deux femmes qui s'égratignaient et nous réintégrâmes la demeure de notre hôte.

Celui-ci ranima le feu. Ceux qui n'étaient pas ivres ou qui s'étaient dégrisés n'avaient plus envie de dormir. Les servantes barattèrent le thé au beurre ; tout le monde bavardait et riait. Le don Juan avait pris un air mi-piteux, mi-triomphant. Il savait ce qui l'attendait le lendemain et redoutait ce qui adviendrait à son retour chez lui.

Le lendemain, les Anciens procédèrent au jugement habituel. Je ne me rappelle pas le montant de l'amende à laquelle le mari infidèle fut condamné pour nous purifier de la « souillure » qui nous avait atteints par sa faute, mais ce dont je me rappelle, c'est qu'elle défraya deux jours de ripaille dont profitèrent tous les invités... moi comprise.

La question de la réparation due à l'épouse offensée fit l'objet de vives discussions, mais la cadette se démena si bien qu'elle put garder, pour les offrir à sa sœur, le tapis dont elle s'était emparée et la moitié des boules d'ambre du collier qu'elle avait arraché à la coupable.

Justice était faite, déclaraient nos bons paysans : la frasque du mari rapportait du profit à sa femme et quant à l'outil qui sert à perpétrer le délit qu'on lui reprochait, ils répétaient en riant le dicton tibétain assurant « qu'il ne s'use pas ».

Les Tibétains sont également portés à se rembourser sur autrui de ce qu'on prélève sur eux-mêmes. C'est là un péché mignon commun à tout l'Orient... et pas entièrement inconnu ailleurs.

La façon dont les contributions se perçoivent dans les campagnes du Tibet met cette tendance en lumière.

L'ordre de percevoir les impôts est délivré à un chef de district ou à un chef de village sachant lire. La plupart des administrés de ceux-ci sont illettrés.

Combien doit-il recueillir sur le territoire qui lui est assigné. Mettons que ce soit 3 000 *trankas*. Il commence par établir dans son esprit le plan d'une répartition possible des contributions individuelles capable de donner un total de 3 500 *trankas*, voire même de 4 000 *trankas*. Les 500 ou 1 000 *trankas* supplémentaires seront son bénéfice et compenseront les sommes qui lui ont été soutirées sous différents prétextes par des supérieurs hiérarchiques ou par les prêteurs à qui il a eu recours.

Alors, il commence ses visites en conformité avec son plan. A Dordji, taxé par le fisc pour 30 *trankas*, il en demande 50. L'illettré n'a pas la possibilité de démasquer le fourbe, il ne peut que représenter l'impossibilité où il est de verser cette somme et solliciter la faveur d'une réduction de son montant. Le collecteur prend un air sévère : l'ordre qui a été donné doit être exécuté, déclare-t-il, il doit exiger 50 *trankas*. La discussion peut se prolonger pendant plusieurs jours durant lesquels le contribuable apporte des cadeaux en nature : beurre, fromage, etc., au fripon qui finalement paraît s'apitoyer. Il tâchera, déclare-t-il, à grands risques pour lui, d'arranger l'affaire si on lui verse 40 *trankas*. Le paysan doit se montrer reconnaissant. Il a bénéficié, croit-il, de 10 *trankas*, il faut en déduire la valeur des cadeaux qu'il a offerts, néanmoins, la pauvre dupe s'estime heureuse d'avoir obtenu un rabais. Le percepteur a plus de raisons que lui de se féliciter de l'issue du marchandage ; lui, a réellement empoché 10 *trankas*.

Une comédie analogue se joue dans toutes les maisons du village. Elle ne s'arrête pas là. Le chef du village se contente rarement des profits illicites qu'il tire de ses naïfs administrés. Il tente de prélever une autre somme sur l'ensemble de la collecte dont il doit remettre le montant au Gouverneur de la province ou à l'un de ses sous-ordres.

Abordant celui-ci avec les cadeaux indispensables et force humbles salutations, le chef lui représente la pauvreté des villageois : les mauvaises récoltes, une épidémie qui a frappé le bétail, etc. Le drôle n'est jamais en peine de raisons à faire valoir pour expliquer qu'il n'a pu recueillir toute la somme qui lui avait été fixée.

Cette somme, le Gouverneur ou son lieutenant l'a probablement gonflée comme elle l'a été par le chef du village au détriment de ses paysans. A un échelon plus élevé, la comédie qui vient d'être décrite se renouvelle, à quelques détails près, avec le haut fonctionnaire et son humble subalterne pour acteurs. Son aboutissement est identique : bénéfice pour chacun des deux fripons et diminution sensible de la somme à transmettre à Lhassa.

Il arrive que celle-ci soit si minime que le grand trésorier se fâche et ordonne l'envoi d'un supplément, ce qui donne lieu à une nouvelle perception d'impôts dans les conditions dépeintes ci-dessus. Le paysan obligé de payer de nouveau s'endette pour se procurer l'argent requis, tandis que d'autres s'enrichissent...

Dans les petites fermes, on se lamente — les femmes surtout —

pendant quelques jours, puis l'oubli vient et avec lui l'insouciance habituelle.

Cependant, il est des foyers où la tristesse persiste. Mes notes de voyage me fournissent le tableau d'un de ces villages dont les habitants poursuivaient mélancoliquement le cours de vies misérables, et dénuées d'espoir.

Ce village s'appelait Tashi Tsé, il est situé dans la province de Daishin.

Tashi Tsé signifie soit, « sommet prospère », soit, « sommet de la prospérité ». L'une comme l'autre de ces traductions peut trouver sa justification devant la grammaire.

Toutefois, comme le village est situé au milieu d'une plaine et ne répond en rien à l'idée d'un sommet, force est de s'en tenir à sa seconde signification qui, hélas ! au moment où je m'y arrêtai, correspondait aussi peu que la première à la réalité.

Se méprenant sur mon identité [1], les paysans parlèrent librement devant moi, ne me cachant rien de leur détresse. Impôts et corvées pesaient sur eux d'un poids qui les écrasait.

Les corvées qui les arrachaient souvent aux travaux des champs aux époques où ceux-ci étaient les plus urgents ne différaient d'ailleurs en rien de celles auxquelles étaient soumis tous les paysans du Tibet. Partout, les travaux à effectuer pour le gouvernement : routes ou bâtiments à construire ou à réparer, incombaient aux villageois qui ne recevaient de ce fait ni salaire ni nourriture. En dehors du travail forcé requis pour le gouvernement, les paysans devaient aussi transporter gratuitement les bagages et les marchandises des voyageurs munis de titres de réquisition à cet effet et leur fournir, outre des bêtes de somme, du fourrage et du grain pour leurs montures et celles de leurs serviteurs.

Quant aux impôts à payer en nature, les gens de Tashi Tsé affirmaient que la terre peu fertile de leur pays ne produisait pas chaque année assez de grain pour qu'ils puissent s'acquitter de ce qui leur était réclamé. Cependant, il fallait aussi manger... D'où emprunts et dettes.

Ils énuméraient encore d'autres manières de les dépouiller, qui contribuaient à remplir la caisse du Gouverneur résidant dans un petit dzong perché sur un monticule au bord de la rivière. — L'on peut dire, à la décharge de ce dernier, que lui-même avait dû payer cher sa nomination au poste qu'il occupait. Du haut en bas de l'échelle hiérarchique, la même corruption s'étalait.

Quitter le pays pour chercher de meilleurs terres ou des chefs

1. Je voyageais habillée en Tibétaine et, comme je parlais leur langue, les indigènes me prenaient pour une des leurs.

moins exigeants n'était point permis à ces paysans qui, comme tous leurs pareils, n'étaient que des serfs. Quelques-uns avaient tenté de fuir, de s'établir dans les provinces voisines. Découverts, ils avaient été arrachés à leur nouveau foyer et ramenés à Tashi Tsé pour y être bâtonnés et condamnés à une forte amende.

Ceux qui avaient songé à les imiter ne l'osaient pas, trop effrayés par le châtiment infligé aux familles des fugitifs. Celles-ci ayant été tenues pour responsables, car elles auraient dû, leur reprochait-on, empêcher leurs parents de s'échapper, frères, oncles, cousins avaient été fustigés et contraints de payer des amendes [1].

Ainsi, ces malheureux demeuraient dans leurs pauvres demeures, toute énergie détruite en eux, s'appauvrissant chaque année davantage, n'espérant aucune délivrance dans cette vie.

Certains regardaient du côté de la Chine. « Nous n'étions pas si mal traités quand les Chinois étaient les maîtres », me disaient-ils. « Reviendront-ils ?... Peut-être... Mais quand ? Nous pouvons être morts avant ce temps... »

Ils sont revenus bien plus puissants qu'ils ne l'étaient auparavant. Pas un coup de feu n'a été tiré contre eux pendant leur marche à travers les campagnes et les bourgades tibétaines et, souvent, ils ont été accueillis avec joie. Les étrangers qui s'apitoyaient sur le sort des populations victimes d'une odieuse agression étaient bien mal informés.

De quelle façon la Chine répondra-t-elle à l'espoir que le prolétariat et les métayers-serfs du Tibet ont placé en elle... Il reste à le voir.

Le ciel bleu, la glorieuse lumière, le soleil étincelant du Tibet sont générateurs d'optimisme ; la paysannerie tibétaine n'est pas encline à nourrir longuement des soucis ; elle attend avec tranquillité les changements que pourra lui apporter le renouvellement de ses très anciens liens avec la Chine ; une Chine différente de celle que ses pères ont connue et plus d'une fois combattue, mais qui, pour le moment, ne paraît pas lui déplaire.

1. J'étonnerai sans doute mes lecteurs en rappelant que les autorités étrangères ayant, à cette époque, la haute main sur l'Inde et les États himâlayens, avaient adopté ce genre de coutume. Étant allée à Jigatzé pour y rendre visite au Panchen lama, les habitants du village près duquel j'habitais, alors, au Sikkim, furent punis d'une amende, parce que, leur était-il dit, ils auraient dû s'opposer à mon départ. Or, je n'étais point partie du village, mais d'un endroit situé dans les montagnes à une quarantaine de kilomètres de celui-ci. Nul des villageois ne m'avait vue partir.

CHAPITRE IV

Les roitelets tibétains
Les Gyalpos

Le terme roi vient de *regere* qui signifie « gouverner ». Il n'existe plus beaucoup de rois dans le monde et ceux qui demeurent se verraient tôt rappelés par leurs sujets au sens de la réalité moderne s'ils manifestaient la moindre velléité de vouloir gouverner.

En tibétain, le mot *gyalpo* [1] que nous traduisons par « roi » signifie « vainqueur ». Il vient des temps héroïques où seul, le Vainqueur pouvait être chef. Véritablement, les Tibétains ont eu quelques *gyalpos* conquérants qui, bien que dans une infiniment moindre mesure, étaient de la trempe dont fut Gengis Khan quatre siècles plus tard.

La mort tragique de Langdharma, assassiné par un lama [2], mit fin à leur dynastie ; les chefs locaux que, pour un temps, les rois avaient groupés autour d'eux reprirent leur indépendance et, avec elle, les luttes entre eux recommencèrent. Une nouvelle période de féodalité s'ouvrit et dura jusqu'à l'établissement d'un gouvernement *à peu près* central sous le règne parfois effectif, mais plus souvent nominal, des Dalaï-lamas.

Les chefs qui s'étaient retrouvés indépendants après la fin de la dynastie royale s'empressèrent de prendre pour eux-mêmes le titre de *gyalpo* qu'avaient continué à porter ceux qui, en d'autres parties du Tibet, ne s'étaient jamais ralliés aux souverains de la lignée de Nya ti tchénpo [3]. Et, en dépit d'un gouvernement central, il existe toujours au Tibet nombre de *gyalpos* trônant en diverses régions du Tibet.

De même que nos rois ne règnent pas, ces « vainqueurs » (gyalpos) contemporains n'ont jamais rien vaincu. Ce sont des personnages à la fois falots et pompeux d'un pittoresque enfantin et divertissant pour l'étranger, témoin du spectacle qu'ils offrent, mais que leurs sujets considèrent avec un respect démesuré confinant, parfois, à un culte.

Il est peu de ces *gyalpos* — s'il en est — qui ne se vantent d'une ascendance plus ou moins mythologique. Son arrière-arrière-grand-

---

1. En orthographe tibétaine : *Rgyalpo.*
2. En l'an 900.
3. Gñiah khuri tchénpo (gñiah prononcé *nia*), « celui qu'on porte dans une chaise supportée sur les épaules des porteurs ». Le premier roi du Tibet.

mère, dans une lointaine antiquité, a pu avaler par mégarde un grêlon pendant un orage et, dans ce grêlon, un dieu avait incorporé un principe fécondateur d'essence subtile, ou bien un rayon de soleil s'est posé sur l'élue ou tout autre phénomène a causé la naissance du premier ancêtre de la lignée.

D'autres *gyalpos* sont tenus pour être les avatars de déités du panthéon lamaïste à l'instar du Dalaï-lama avatar de Chenrézig, du Panchen lama avatar d'Odpagméd, des anciens empereurs de Chine avatars de Jampéyang. J'ai connu des *gyalpos* que leur entourage proclamait être des avatars des Kuntouzangpo, de Mahâkâla, etc. [1].

A vrai dire, ce sont moins les *gyalpos* eux-mêmes que les gens de leur Maison ou les paysans, leurs sujets, qui proclament ainsi l'auguste caractère de leur seigneur et qui y ajoutent foi. Le *gyalpo* lui-même est souvent sceptique ou simplement indifférent ; il se contente de laisser dire et de recueillir les avantages du culte qu'on lui voue.

La vie quotidienne des *gyalpos* est, en général, assez mesquine ; elle n'offre guère de différence avec celle des hobereaux, les *tchougpos,* souvent plus riches qu'eux, décrits dans le chapitre II.

Toutefois, le *gyalpo* a une Cour et des ministres.

Il a le droit, quand il voyage, de se faire précéder par des timbales. Celles-ci sont attachées des deux côtés d'une mule, près de son cou. Le cavalier-musicien qui monte la bête exécute des roulements rythmés de façon particulière lorsque le cortège approche des villages ou qu'il les traverse.

Le *gyalpo* a droit aussi à un parasol d'honneur. L'ombrelle est un emblème de royauté en Orient. Dans l'Inde, il était interdit de tenir un parapluie ou un parasol ouvert en présence des rajahs et, au Japon, les étrangers eux-mêmes étaient requis de fermer les leurs s'ils rencontraient une voiture dans laquelle l'empereur se trouvait... Temps révolu presque partout, mais qui s'attarde encore au Tibet.

Le parasol d'honneur est porté par un serviteur de rang supérieur qui doit chevaucher immédiatement derrière le *gyalpo* pour abriter sa tête. Mais, par les rudes sentiers de montagne et avec le tempérament volontaire des chevaux tibétains, il est difficile aux cavaliers de garder les distances protocolaires. Souvent le porteur du parasol se trouve loin de son seigneur et c'est au-dessus de son indigne tête de manant que chatoie l'ombrelle symbolique en soieries multicolores.

Le *gyalpo* jouit également du privilège de pouvoir ériger des gyaltséns [2], emblèmes de victoire, sur le toit de sa demeure. Les gyaltséns représentent, en principe, des ombrelles mais, en fait, ce

---

1. Kuntouzangpo : « Le complètement bon » sanscrit Samantabhadra, un bodhisatva du panthéon lamaïste.
Mahâkâla, « le grand noir », une forme de Shiva en tant que destructeur.
2. Rgyal mtsan.

sont des sortes de cylindres ornementés ct dorés, d'assez grandes dimensions. Ils ornent également les toits des monastères et des Grands lamas et la loi interdit aux simples particuliers d'en placer sur leurs maisons.

Enfin, le *gyalpo* a droit de haute et de basse justice sur ses sujets ; c'est là un des avantages les plus appréciables de sa situation.

Faire office de juge, beaucoup y sont appelés, au moins occasionnellement, au Tibet. J'ai déjà indiqué les tendances procédurières des Tibétains, toujours prêts à confier au premier venu le soin d'arbitrer leurs incessantes querelles. Supérieurs à ces juges amateurs, j'ai aussi signalé les chefs de village dont la « magistrature » revêt déjà un caractère officiel mais, placé très au-dessus de ces derniers, est le tribunal présidé par le *gyalpo*.

Amener une cause jusqu'à lui n'est point aisé, il y faut de la patience, beaucoup de patience et il en coûte cher.

Le *gyalpo* ne siège pas à des jours fixés. Rien ne se fait au Tibet selon des programmes rigides, une plaisante fantaisie y préside à tous les mouvements de ses insouciants habitants.

Le *gyalpo* appelle quand bon lui semble les causes dont il daigne connaître. Les plaignants peuvent aussi bien être tenus dans l'attente pendant un an que pendant trois mois et, comme nul ne peut prévoir ni le jour ni l'heure où le *gyalpo* désœuvré pourra éprouver le désir de les entendre, ils sont obligés de demeurer à proximité du palais de leur seigneur. Cela signifie que ces gens qui habitent souvent très loin de là et qui sont généralement pauvres doivent pendant un temps indéfini supporter les frais de leur nourriture et de leur logement hors de chez eux.

Si, dans nos pays, la procédure comporte de nombreux rouages et de multiples interventions, les Tibétains ne sont guère moins « civilisés » que nous en cette matière.

Avant d'être entendu par le *gyalpo,* il faut avoir propitié un bon nombre de ses satellites, depuis d'humbles portiers gardant ses appartements jusqu'aux ministres qui examinent les causes avant de les soumettre au *gyalpo.* La valeur des présents que le plaidant doit offrir à chacune de ses entrevues avec ses divers personnages s'accroît à mesure qu'il s'élève dans leurs degrés hiérarchiques et quand il nourrit l'ambition d'être jugé par le *gyalpo* lui-même, l'importance du présent à lui offrir avant toute audience est considérable.

Plus d'un villageois à bout de ressources ne peut gravir cette échelle jusqu'à son sommet et s'arrête en cours de route, acceptant la sentence rendue par l'un ou l'autre des dignitaires de la Cour. Certains, prévoyant qu'atteindre le *gyalpo* serait trop onéreux et qu'en cas de décision défavorable pour eux l'amende infligée serait trop lourde pour leurs moyens, présentent leur cause à l'un ou à l'autre des ministres qui, espèrent-ils, jugera au rabais.

Le système des « dommages et intérêts » ressemble en la Haute Cour à ce qu'il est chez le chef du village.

Si Tséring se plaint du tort que Dordji lui a causé d'une façon ou d'une autre et que sa plainte soit reconnue fondée, Dordji devra payer une amende, amende que, soit le *gyalpo,* soit le ministre agissant à sa place, empochera. Un dédommagement sera-t-il versé à Tséring ? — C'est possible, mais pas certain. La punition du coupable est l'essentiel et l'amende profitant au juge y pourvoit.

Dans le cas contraire, si Tséring est débouté de Dordji déclaré innocent, Tséring paiera une amende pour avoir introduit une plainte non justifiée ; le bon juge l'encaissera et, ainsi, quoi qu'il advienne, ce sera toujours lui le gagnant.

De plus, tous deux : Tséring et Dordji qui, avant le prononcé du jugement, ont déjà été une source appréciable de bénéfices pour toute la filière de ceux qu'ils ont approchés, doivent encore, le procès terminé, manifester de façon valable leur reconnaissance à leurs juges. Cette obligation s'applique naturellement à celui qui a obtenu une compensation. Quant au perdant, il lui en cuirait, probablement, s'il omettait de témoigner au juge, par un cadeau approprié, sa gratitude pour ne l'avoir pas condamné plus sévèrement.

Eu égard à ces coutumes, le *gyalpo* fait sans trop de peine violence à sa nonchalance naturelle lorsque lui sont soumis des litiges importants mettant en cause des plaignants opulents dont il a beaucoup à espérer.

Il est naturellement, parmi les roitelets, des hommes de caractères très divers ; certains ne s'occupent vraiment que des procès propres à leur procurer un profit suffisamment substantiel, tandis que d'autres, sordidement avides, extorquent des sommes même infimes aux gens de leur propre entourage : fonctionnaires ou simples serviteurs.

Les *gyalmos* (reines) rivalisent, parfois, avec leurs époux dans cette poursuite du profit. L'étendue dans laquelle elles peuvent l'exercer est beaucoup moins grande que celle du *gyalpo,* mais il en est qui ne laissent pas que de rapiner parmi leur entourage féminin : villageoises et domesticité.

Ce tableau, qui peut sembler poussé au noir, reproduit pourtant avec exactitude la situation la plus générale. Il y a des exceptions : on rencontre des roitelets humains et généreux et de charitables *gyalmos* : ils sont rares.

Quant aux autres, peut-être doit-on les considérer avec indulgence. La façon absurde dont ils ont été élevés ne pouvait en faire que des êtres ignorants, stupidement vaniteux et cupides et leurs enfants victimes d'une éducation semblable leur ressembleraient si un vent de bouleversement ne soufflait sur l'Asie, pour son heur ou son malheur, mais en tout cas, pour y effectuer de multiples transformations.

Les modifications qui pourront s'opérer dans la condition des *gyalpos* auront, naturellement, leur répercussion sur tous ceux qui gravitent autour d'eux, des ministres au dernier des valets, tous gonflés de vanité se donnant le titre « d'homme du Gouvernement » (Jong kyi mi [1]) et d'une invraisemblable arrogance envers les paysans. Cependant, juste retour des choses, la peur qu'ils inspirent aux gens du menu peuple, ils l'éprouvent eux-mêmes, décuplée, lorsqu'ils doivent aborder de plus puissants qu'eux.

Une aventure grotesque advenue à un ministre que j'ai connu illustre le sujet.

Envoyé à Lhassa avec deux de ses collègues pour y traiter, de la part de son *gyalpo,* une certaine question avec les *shapés* [2], ledit ministre attendait dans une antichambre le moment d'être introduit dans la salle où le Conseil siégeait. Or, comme le serviteur commis à cet office commençait à ouvrir la porte donnant dans cette salle, le ministre entrevit les *shapés* majestueusement assis sur de hautes piles de coussins. Le violent effroi qui le saisit détermina chez lui une réaction physique soudaine qui le força à s'abandonner aux soins d'un domestique qui lui enleva rapidement son pantalon maculé et le poussa, tout tremblant, devant les *shapés,* les jambes nues sous sa belle robe de cérémonie. Heureusement, celles-ci sont longues et amples.

Les jours monotones des multiples petites Cours du roi Pétaud qui émaillent l'austérité des solitudes tibétaines d'îlots pittoresques sont égayés par des fêtes s'échelonnant le long de l'année.

D'abord, vient le Nouvel An comportant une succession de ripailles qui durent pendant un mois. Les autres fêtes ne sont qu'une copie de celle du Nouvel An : on mange, on boit, les Tibétains ne connaissent pas de meilleure façon de se réjouir. Ils ne sont cependant pas insensibles aux plaisirs d'ordre artistique. Il existe au Tibet des compagnies de comédiens ambulants appelés *adgi lhamo* [3]. Ceux-ci donnent des représentations chez les gens riches qui les demandent et les rémunèrent, ou tentent leur chance en s'installant à leurs frais dans une auberge et faisant informer le public, par des crieurs, des pièces qu'ils joueront, et des jours où elles seront données.

Généralement, les spectateurs sont nombreux. Ils ne paient pas de droit d'entrée ; un des membres de la troupe fait la quête pendant la représentation et les assistants se montrent, d'ordinaire, assez généreux.

Les représentations ont lieu en plein air dans la cour de l'auberge ou dans celle de l'habitation privée où les comédiens ont été appelés. Dans ce dernier cas, les maîtres du logis et leurs invités s'installent

1. *Gshung gi mi.*

2. *Shabs pad,* littéralement « dont les pieds sont des lotus ». Les ministres, membres du Conseil d'Etat.

3. *Attché lhamo.*

sur les galeries-balcons qui entourent et dominent les cours des maisons tibétaines. Chacun est dûment placé suivant son rang social. Au rez-de-chaussée, sous les balcons, s'entassent les domestiques, des amis de ceux-ci, des voisins et quiconque souhaite assister à la représentation. L'entrée de la maison n'est interdite à personne en de telles occasions.

Le milieu de la cour sert de scène aux acteurs.

Le répertoire de ceux-ci n'est pas varié. Il comporte deux pièces principales : l'histoire de Timéd kundén [1] qui n'est autre que le Bouddha dans une de ses incarnations précédentes.

Timéd kundén a fait vœu de ne jamais rien refuser de ce qu'on lui demanderait et sa charité le conduit à accomplir une série d'actions extravagantes qui révoltent notre bon sens mais font verser des larmes d'attendrissement admiratif à des millions d'Asiatiques.

Il donne le joyau magique qui assurait la victoire et la prospérité au royaume de son père, et le prince ennemi qui, grâce à Timéd kundén, possède le joyau magique, dévaste le pays du charitable donateur et massacre ses compatriotes.

L'incorrigible Timéd kundén donne ses deux enfants à un vieillard qui en fait ses esclaves et les maltraite. Il donne sa femme à un brahmane qui la demande, etc.

Il m'est arrivé un jour de chercher à raisonner une assemblée en proie à une dévotieuse émotion, tandis qu'on déclamait cette histoire, et d'objecter que leur héros était un fou malfaisant et un égoïste. Ses actes insensés n'ont pour but que lui-même, il cherche à devenir un Bouddha. Bien entendu, il se dit qu'étant un Bouddha il fera du bien à beaucoup d'êtres, mais, en attendant, il cause de la douleur à ceux qui l'entourent et sa « charité » s'exerce en donnant ce qui ne lui appartient pas, comme le joyau magique protecteur de son pays.

Mais allez faire entendre raison à une foule irrationnelle et sentimentale ! Il me fut répondu, non sans mépris : « Vous autres Occidentaux, vous êtes incapables de comprendre ces choses... » Ce serait à souhaiter, mais il n'est pas certain que des aberrations analogues ne hantent pas le cerveau de certains des nôtres.

Une autre pièce *Nang Sal* [2] est l'histoire édifiante d'une jeune fille pieuse qui cherche à faire son salut. Elle finit par monter miraculeusement dans le monde des dieux, mais cette dernière partie de ses aventures n'est pas toujours déclamée par les acteurs.

Il y a aussi quelques autres pièces.

La monotonie des épisodes religieux est coupée par des intermè-

1. Celle-ci est tirée du recueil indien des Jatakas, histoires des vies antérieures de celui qui est devenu le Bouddha.

2. De son nom complet en orthographe tibétaine : *Snang gsal hod hbum.* « Celle qui brille de cent mille lumières. »

des de clowns dont les dialogues sont tout autre chose qu'édifiants : grivois, parfois franchement obscènes.

Les spectateurs dégustent avec un égal plaisir les tirades mystiques et leur contrepartie.

Enfin, les acteurs dansent pendant les entractes.

Il va sans dire que les *gyalpos* mandent de temps en temps l'une ou l'autre de ces troupes de comédiens ou accueillent avec plaisir celles qui, au cours de leurs pérégrinations, frappent à leur porte.

La fête la plus solennelle célébrée au palais du *gyalo* est celle qui a lieu en l'honneur du Dieu protecteur de la lignée paternelle à laquelle il appartient : le *Polha* et, accessoirement, au Dieu de son ascendance maternelle : le *Mo lha*.

Tous les Tibétains honorent ces Déités protectrices de leurs ancêtres mais, comme il convient, leur culte revêt un éclat particulier chez les rois.

Le *Polha* n'est pas une nébuleuse entité existant en un monde imprécis. Il est une sorte de *super-gyalpo* dont le domicile est connu. C'est généralement le sommet d'une montagne où le Dieu entouré de sa Cour coule des jours heureux. De sa demeure cachée parmi les glaciers scintillants et les nues, il ne dédaigne pas de jeter un regard sur les jeux, que ses fidèles organisent pour le distraire.

Aussi, chez le *gyalpo,* on dansera pour lui plaire. Bien entendu, il ne s'agit pas d'un bal, celui-ci viendra à son heure, mais il est un divertissement profane. Les danses en l'honneur du Dieu — Dieu de Miniag Kongkar, de la Tchoumo Kongkar, du Khang Tisé, du Kintchingdjinga, de la Tchoumo Ihari ou de tout autre — ont un caractère sacré. Moins sacré toutefois que les danses rituelles qui ont lieu dans les monastères et où les danseurs appartiennent tous au clergé [1]. Les danses en l'honneur du Dieu sont exécutées par des laïques choisis parmi les gens de la Maison du *gyalpo*.

Les danseurs ne sont pas masqués, ils ne portent pas non plus de costumes spéciaux.

Les *gyalpos* ont l'habitude de conserver en réserve de très nombreux vêtements entassés dans des coffres. Les robes que le *gyalpo* a portées et qui ont cessé de lui plaire sont très rarement — autant dire jamais — données. Ses valets de chambre les plient et elles

1. Ces danses improprement dénommées par les étrangers « danses de diables » sont comparables à nos Mystères du Moyen Âge. Elles représentent principalement les péripéties du voyage *post mortem* accompli par la faculté consciente d'un défunt et les visions fantasmagoriques qu'elle est susceptible de contempler. Les masques terrifiants des danseurs visent à préparer les spectateurs à ces visions, afin qu'elles ne les effraient pas lorsqu'elles surgiront devant eux et qu'ils en comprennent le sens. Il va sans dire que la foule des assistants n'entend rien à ce symbolisme et s'amuse simplement de la représentation.

vont rejoindre, dans les coffres, d'autres robes datant de son père, de son grand-père et de plus lointains ascendants encore. De temps en temps aussi, le *gyalpo* fait confectionner des robes avec des pièces de soie qui lui sont offertes. Certaines de ces robes sont pour lui, d'autres vont dans les coffres rangés dans le dzeud [1] où en compagnie de leurs aînées elles moisiront et deviendront la proie des insectes. Au fond des coffres les plus anciens, il peut n'y avoir plus qu'une litière de chiffons qui tomberaient en lambeaux si on les touchait, mais cela n'arrive pas, car jamais les vêtements empilés dans ces tombeaux n'en sont sortis pour être aérés et nettoyés. Pourtant, ceux qui y sont entrés le plus récemment peuvent garder l'espoir de revoir le jour à l'occasion de quelque fête. Les danses en l'honneur du *Polha* sont une de celles-ci.

Les coffres sont alors ouverts et les robes qui se trouvent les plus voisines de leurs couvercles sont extirpées et examinées par les intendants qui les distribuent aux danseurs. Cette distribution donne lieu à des disputes sans fin, des récriminations et des rancunes inapaisables. Chacun des gens de la maisonnée princière tient à se montrer dans les danses élégamment vêtu ; il y aura foule de spectateurs et parmi ceux-ci, des amis et des parents des danseurs, leurs femmes aussi ; ils tiennent à briller. Or les robes que l'on distribue sont de valeur inégale du point de vue esthétique. Il y en a de toutes les couleurs : des rouges, des grises, des bleues — jamais de jaunes, couleur réservée aux membres du clergé. Il y en a de neuves dont le satin chatoie, il y en de vieilles, de fanées, il y en a de tachées... Mais les décisions des intendants sont sans appel. Tséndu, Dordji et leurs camarades devront revêtir, qu'il leur plaise ou non, le vêtement qui leur a été attribué.

Les danses terminées, ils le rendront aux intendants qui le feront réintégrer les coffres.

Devant le palais du *gyalpo,* des tentes sont dressées autour d'un espace vide où les danseurs évolueront. Pour les voir de plus près, le *gyalpo* et sa famille s'installent parfois dans une tente luxueuse plantée à distance des autres, mais le plus souvent ils restent assis sur le balcon de leur demeure.

Des tentes abritent aussi les ministres, les dignitaires de marque, chacun placé suivant son rang protocolaire.

De la bière, de l'eau-de-vie de grain, du thé sont offerts aux hôtes ; dans une tente séparée, des musiciens entrechoquent des cymbales rythmant les lentes évolutions des danseurs qui tournoient sur place ou se suivent en procession en agitant des écharpes.

A l'écart, la foule pressée des manants contemple le spectacle.

1. Mzod.

Tous s'amusent... ou croient s'amuser, ce qui revient sans doute au même.

Sur un dernier claquement sonore des cymbales, les danseurs se sont retirés. La fête est terminée, pour le commun des spectateurs qui s'en retournent chez eux en discutant le talent des danseurs de leur connaissance, la richesse des parures portées par la *gyalmo* et les dames qui l'entouraient, mais une autre fête attend les gens de qualité qui suivent le *gyalpo* et sa famille à l'intérieur du palais.

Que serait une fête si l'on ne mangeait pas ! Les Tibétains ne peuvent concevoir pareille absurdité. Un banquet sera donc servi dans la grande salle de la demeure du *gyalpo*.

C'est un hall assez sombre. Les architectes tibétains ne prodiguent guère les fenêtres dans les bâtiments qu'ils construisent. C'est là une sage précaution dans un pays où le vent est violent, le froid hivernal sévère et où maçons et menuisiers s'entendent mal à ajuster leurs travaux de façon à obtenir des joints hermétiques.

Les murs, peints en une teinte foncée, vert-bleu ou grenat, sont décorés par des fresques ; entre celles-ci, des *thankas*[1] ou des panneaux en satin couverts de broderies chinoises sont accrochés. Les meubles sont absents ou peu nombreux ; au plus, quelques bahuts laqués rouges ou ornés de peintures et de dorures à l'ancienne mode chinoise.

Rappelons ce qui a été dit précédemment : les Tibétains ne mangent pas à une table commune. Ne cherchons donc pas celle-ci avec le déploiement de vaisselle, de verrerie et d'argenterie qu'elle comporte chez nous.

Pas de grande table, pas de chaises non plus. Les Tibétains, on le sait, s'assoient les jambes croisées sur des coussins.

Les coussins constituent un article important du mobilier tibétain ; il en existe un nombre considérable de variétés. Les plus beaux sont larges, très épais et recouverts de belle moquette. On les bourre avec de la laine très comprimée, de façon à rendre le coussin aussi dur qu'un bloc de bois. En descendant l'échelle du confort, l'on trouve des coussins de tous les degrés d'épaisseur et de qualité de l'étoffe qui les recouvre jusqu'à ce que les plus communs soient tout à fait plats et enveloppés dans une serge grossière.

Le propriétaire campagnard que nous avons vu chez lui prenant son repas en famille observait un minimum d'étiquette en ce qui concernait les hauteurs respectives de son siège et de ceux de sa femme et de leurs enfants ; dans un banquet donné chez un *gyalpo,* le protocole est beaucoup plus strict, aussi la hauteur des nombreuses piles de coussins rangés autour de la salle diffère-t-elle considérablement.

1. Thanka, peinture sur soie.

Si le principal invité est un grand personnage ecclésiastique ou un haut fonctionnaire, le nombre de coussins superposés pour lui servir de siège pourra être de six ou de huit et ils atteindront une hauteur de plus d'un mètre. Pour s'y jucher, l'invité s'aidera d'une série de coussins disposés en escalier sur un côté de la pile.

Chacun des hôtes s'installera ainsi à la hauteur à laquelle son rang social lui donne droit ; les plus humbles de ceux admis à la fête, s'asseyant sur un simple carré de tapis ou, tout bonnement, sur le plancher nu.

Les dames présentes sont placées à côté de leurs maris respectifs et, ordinairement, plus bas qu'eux.

Il va sans dire que le *gyalpo* domine toute l'assistance du haut d'une montagne de coussins. A côté de lui, à une altitude moins élevée siège son épouse : la *gyalmo*.

La distance à laquelle les invités sont placés les uns des autres ne gêne nullement la conversation qui est souvent très animée, les uns levant le nez vers leurs supérieurs lorsqu'ils s'adressent à eux, les autres abaissant les yeux sur les moindres qu'eux en dignité.

Chaque convive a devant lui une petite table étroite, dont la hauteur atteint le niveau de ses genoux. Sur cette table il est servi individuellement.

La question de préséance intervient parfois dans le nombre de mets et l'abondance des portions servies respectivement aux invités. Des plats coûteux composés de produits étrangers — généralement chinois — peuvent être offerts seulement aux plus éminents des convives.

Des différences de ce genre se manifestent souvent dans les repas de famille, surtout chez les pauvres où les bonnes bouchées sont rares et où le père se les approprie généralement.

J'ai vu — mais c'est là un cas extrême qui donnait à rire à ceux qui le connaissaient — un Tibétain riche, petit chef local, se faire servir, devant ses visiteurs, du thé de qualité supérieure tenu à part, tandis que l'on versait à ces derniers du thé commun.

Des cousines très éloignées des *geishas* japonaises et dénommées *tchangmas* figurent quelquefois dans les grands banquets tibétains. Ce sont de jolies filles du peuple dont on loue les services et à qui l'on prête, pour la circonstance, de belles robes et des bijoux.

Leur rôle est peu compliqué, et contrairement à celui des *geishas*, il ne demande aucun talent spécial. Il consiste simplement à inciter les convives à boire. Ceux-ci n'ont guère besoin d'y être encouragés, leur penchant naturel pour l'alcool suffit, mais l'hospitalité du maître de la maison doit se manifester par une contrainte jovialement exercée par les *tchangmas* de la façon suivante :

De petits morceaux de beurre collés avec le pouce sur le bord d'un bol d'eau-de-vie de grain indiquent le nombre de bols que doit vider, coup sur coup, l'invité à qui le bol est présenté.

L'habileté des *tchangmas* consiste à discerner ceux des convives à qui elles doivent offrir les bols, pour le plus grand amusement de la compagnie qui est réunie.

A un bonhomme qui, visiblement, est déjà très éméché, une *tchangma* présentera en riant un bol orné de cinq petits morceaux de beurre. A côté de celle qui tend le bol, une autre fille tient d'un air engageant le pot contenant l'alcool. Tous les convives regardent leur ami, il ne peut pas se récuser, il y va de son honneur, il faut qu'il avale sans broncher cinq bolées d'eau-de-vie. Et les bols employés par les Tibétains n'ont rien de commun avec les minuscules bols de service de poupée en usage chez les Chinois. Leur capacité vaut celle d'une de nos grandes tasses à thé. Peut-être, quelques instants plus tard, une autre *tchangma* renouvellera-t-elle la plaisanterie, s'acharnant joyeusement sur la même victime. Ce jeu se pratique de tous les côtés dans la salle du festin, parmi l'hilarité générale.

Assez souvent, un bal succède au festin. L'on danse partout au Tibet, sans façon parmi les paysans et en grand style chez les Tibétains des classes supérieures. Chez les uns comme chez les autres, hommes et femmes participent à la danse, mais les danseurs ne se touchent point.

Ils marchent en file indienne, les uns derrière les autres, tout autour de la salle. Leurs pas sont rythmés, ils frappent du pied en cadence et agitent des écharpes. Il n'y a pas d'orchestre, les danseurs chantent et s'entre-répondent en improvisant et en témoignant de leur finesse d'esprit par l'à-propos de leurs reparties.

Les *tchangmas* ne manquent pas d'arrêter au passage certains des danseurs pour leur offrir un bol d'eau-de-vie marqué d'un plus ou moins grand nombre de petits morceaux de beurre. Ces filles malicieuses s'adressent de préférence à ceux des danseurs dont les jambes commencent à devenir molles. Et la compagnie de s'esclaffer, pendant que la victime, à qui ce genre de torture ne déplaît pas trop, avale coup sur coup le nombre de bolées indiqué par les marques de beurre, titube et, parfois, s'affale sur le plancher.

A l'issue de la fête, plus d'un convive sera rapporté chez lui inerte, complètement inconscient et ses proches se sentiront flattés de ce qu'il ait été si bien traité chez son seigneur.

Que ce tableau des mœurs gargantuesques et des beuveries du Tibet ne conduise pas mes lecteurs à croire que tous les Tibétains sont goinfres et ivrognes. Ce serait une erreur. Il existe au Tibet des gens strictement sobres et, particulièrement, une intelligentzia où l'abstinence est la règle générale, mais ces abstinents sont en minorité et, bien que les Tibétains les louent grandement, en paroles, et leur témoignent un profond respect, en leur for intérieur, ils trouvent leur existence morose et peu enviable.

CHAPITRE V

Les marchands

Parmi ceux que l'avance des troupes chinoises n'a pas induits à émigrer, il faut ranger les marchands. J'entends les trafiquants professionnels car, ainsi que je l'ai dit, tous les Tibétains commercent peu ou prou.

Les marchands tibétains n'ont pas songé à s'expatrier parce qu'en général, ils sont instinctivement cosmopolites. Le terme s'expatrier n'a pas grande signification pour eux. Quitter le Tibet, séjourner à l'étranger est chose habituelle à ceux de leur clan.

La plupart des grands négociants n'ont pas d'attaches terriennes — seuls, leurs commis subalternes peuvent avoir une origine campagnarde. Le patron est un citadin, fils, petit-fils et arrière-petit-fils de marchands et appartenant, aussi, par ses alliances au monde du commerce et des villes.

S'il a, la plupart du temps, un établissement à Lhassa, il a également des comptoirs en Chine, dans l'Inde ou au Népal et ceux-ci lui sont autant de foyers où il trouve une épouse, parfois des enfants. Il peut s'y sentir « en famille » tout autant qu'à Lhassa où réside l'épouse en titre qui n'ignore rien de l'existence de ses coépouses lointaines qu'elle ne verra probablement jamais.

La polygamie est légale au Tibet, comme dans l'Inde, rien n'y empêche un homme d'avoir plusieurs femmes légitimes, mais l'union libre est presque la règle parmi la gent marchande. La femme est, chez eux, une associée compétente gérant les affaires (surtout la vente au détail) qui se traitent au siège central et aux divers comptoirs. Elle-même est commerçante de son chef ; en marge du négoce dont elle assume les soins pour son mari, elle en entretient un autre dans lequel sont investis des capitaux qui lui appartiennent en propre.

Les séjours que les marchands font à Lhassa entre leurs durs voyages à travers les solitudes du Nord constituent pour eux des périodes de vacances dont ils profitent pour prendre du bon temps. On les voit allant de-ci de-là par la ville, toujours élégamment vêtus, se rendant aux invitations qu'en ces jours de quiétude l'on s'adresse entre collègues. Festoyer est à l'ordre du jour, manger et boire abondamment, faisant « le plein » entre les jours passés de régime austère de *tsampa* et de viande séchée et les jours à venir où il faudra sy remettre.

Tout en banquetant, on échange des impressions de voyage, l'on relate des aventures survenues en pays lointains et, naturellement, l'on raconte des histoires, de grosses histoires qui font rire.

L'on a trouvé dans un chapitre précédent des échantillons, des contes burlesques qui divertissent avec un égal succès, les hôtes des manoirs et ceux des maisonnettes villageoises. Les marchands en répètent volontiers d'analogues, mais chez eux, le diapason des anecdotes s'élève souvent d'un ton vers la grivoiserie.

Comme tous les Tibétains, les marchands sont dévots, ce qui ne signifie pas qu'ils sont animés de sentiments authentiquement religieux.

Partant en voyage, ils accrochent à leur vêtement une ou deux boîtes-chapelles ou boîtes-reliquaires. Celles-ci contiennent soit une petite image d'un dieu protecteur, soit des charmes [1] réputés pour protéger contre les mauvais esprits et les accidents, ce peuvent être également quelques fils de la robe d'un Grand lama ou d'un anachorète ou des reliques de n'importe quel genre. Le marchand qui se met en route ou qui revient bien portant d'une tournée qui a été profitable donne volontiers, aussi, quelque argent aux sacristains des temples pour faire allumer des lampes au beurre sur les autels, mais tous ces gestes sont accomplis machinalement, parce que l'usage induit à les faire et que d'utiles effet sont dits en résulter. Alors... à tout hasard... Le marchand, qui n'a pas lu Pascal, adopte inconsciemment l'attitude du « pari ».

Par habitude encore, le marchand tibétain s'incline respectueusement devant les dignitaires lamaïques, mais il témoigne une déférence analogue aux hauts fonctionnaires laïques. Quant aux sentiments qu'il entretient à l'égard de la masse du clergé, ils ressemblent fortement à ceux que nourrissaient les bonnes gens de notre Moyen Âge, et les moines ribauds et paillards sont les héros de nombreux contes dont se divertissent, sur le Toit du Monde, ces « esprits forts » que sont les marchands tibétains.

Je rapporterai l'un de ceux-ci. Peut-être convient-il préalablement d'annoncer, comme on le fait pour certains films, qu'il est « pour adultes seulement ».

En ce temps-là, l'Ordre des Religieuses avait acquis une considérable importance au détriment de celui des Religieux. Les laïques reprochaient à ces derniers de s'adonner au négoce et de prendre plus de plaisir aux parties fines, aux paresseuses flâneries des kiki

1. Généralement des dessins réputés pour avoir des effets magiques.

tata[1], voire à d'inorthodoxes visites vespérales à certaines maisons des villages qu'à la récitation des offices.

Certains jours, dans telle *gompa*[2] comptant trois mille trapas[3], on en voyait à peine cinquante réunis pour l'assemblée matinale, et quant à la réunion du soir, souvent, seul le *keugner*[4] paraissait à cette heure pour allumer les lampes sur les autels des déités ou des saints lamas défunts. Pas une voix ne s'élevait alors dans le hall enténébré pour rappeler, dans les termes poétiques des antiques liturgies, l'impermanence foncière et l'irréalité du monde qui nous entoure et de notre propre « moi ».

« Comme le scintillement intermittent des étoiles, comme un éclair traversant le ciel, un nuage aux contours changeants, bientôt dispersés dans l'espace ; tel qu'un mirage, des images vues en rêve, ainsi faut-il considérer toutes choses. »

Par un reste d'habitude, le vieux sacristain marmottait parfois ces mots, mais ils n'étaient pour lui que syllabes dénuées de sens et tout en trottinant autour des autels, il s'affligeait, songeant à ses profits qui diminuaient de jour en jour[5].

En effet, les fidèles laïques se détournaient des *gompas*. Eux dont les pères avaient vécu dans une crainte respectueuse des lamas ne se gênaient plus, maintenant, pour critiquer les personnages ventrus siégeant dans le chœur sur leur trône à baldaquin de brocart jaune. Les sentiers grimpant vers les cimes où perchaient les monastères animés jadis par le continuel va-et-vient des dévots porteurs d'offrandes n'étaient plus parcourus que par les jeunes novices allant puiser de l'eau à la rivière.

Oh ! les gras jours d'antan où le grain, le beurre, le fromage et la viande séchée emplissaient, jusqu'à les faire déborder, les magasins des intendants, où de lourds lingots d'argent et d'or s'amoncelaient dans leurs coffres !...

Les vieux hochaient mélancoliquement la tête au souvenir de ce Paradis perdu et les novices écoutaient les récits décrivant ces années d'abondance avec plus d'attention qu'ils n'en accordaient à

---

1. Kiki (de ski pa : être agréablement en repos). Aller camper en dehors des villes ou des bourgades, pour un temps plus ou moins long pendant lequel on pique-nique, on joue à différents jeux, l'on se délasse et l'on se divertit à son gré. Ce genre de récréation est très pratiqué par les Tibétains, membres du clergé comme laïques.

2. *Gompa* (dgon pa), littéralement une demeure dans la solitude, nom donné aux monastères tibétains.

3. *Trapas* (graw pa) = littéralement « élève ». Cette appellation désigne tous les moines qui n'ont pas droit au titre honorifique de *lama*, c'est-à-dire qu'elle englobe tout le bas clergé.

4. Keugner (sku ggnér).

5. Parce que les sacristains ont l'habitude de prélever un bénéfice sur le beurre apporté par les fidèles pour alimenter les lampes allumées sur les autels ou sur l'argent qu'on leur remet pour pourvoir à l'entretien de ces lampes.

ceux qui dépeignaient les délices des bienheureux dans *Gahlden Yul* ou dans *Noub déwatchén* [1].

Dans la plupart des gömpas, les faces jadis rondes et réjouies se faisaient longues et jaunes, les robes monastiques devenues trop larges tombaient disgracieusement des épaules amaigries des gelongs [2]. Maintes communautés présentaient l'aspect d'une troupe d'ascètes exténués par les jeûnes et les macérations, mais ce n'était là qu'apparences trompeuses, l'austérité forcée à laquelle le sort les condamnait, pesait lourdement aux moines et leur cœur soupirait uniquement pour les bonnes choses du monde.

Tandis que les *trapas* s'affligeaient, il y avait grand sujet de réjouissance parmi les nonnes.

Leur sexe, en les contraignant à une réserve plus grande, les avait préservées des tentations auxquelles leurs frères avaient succombé. Elles ne commerçaient pas, se bornant à l'échange des produits de leurs champs et de leurs troupeaux pour assurer leur subsistance.

Les assemblées du matin et du soir à l'issue desquelles un aimable bavardage était permis leur semblaient être une récréation agréable qu'elles n'avaient garde de manquer. Elles psalmodiaient les offices d'une voix harmonieuse qui touchait le cœur de ceux qui les entendaient.

On ne les rencontrait pas, flânant désœuvrées dans les villages. La coutume d'y donner le pas sur elles aux moines qui se présentaient et de ne leur laisser que le restant du thé dédaigné par les premiers, après en avoir absorbé tout le beurre [3], leur avait inspiré le dégoût de ces promenades vaines.

Ainsi leur réputation de sagesse et de vertu s'était-elle accrue et, maintenant, c'était vers leurs *gompas* agrandies et prospères que montait la procession des dévots et c'était dans leurs grands coffres de laque rouge que s'accumulaient les offrandes.

Pareille situation ne pouvait durer. L'honneur masculin était engagé et se révoltait à la pensée d'une honteuse abdication, mais les moines se torturaient inutilement l'esprit pour découvrir un

1. *Dgah idan yul* : le pays de la joie, un paradis, et *Nub bdé wa tchén*, le paradis occidental de la grande béatitude.

2. *Dgé slong*, prononcer le g dur, littéralement : vertueux mendiant, un religieux.

3. Le thé tibétain est beurré et, lorsqu'on le laisse reposer, le beurre flotte à sa surface. Les moines gourmands boivent le dessus de leur bol et jettent le thé qui demeure au fond de celui-ci. Les moines pauvres se munissent d'un second bol, ils soufflent dans celui-ci le beurre qui surnage dans le bol où on leur a servi à boire. S'ils peuvent se faire servir plusieurs bols ils n'y manquent point, recommencent leur manège et recueillent ainsi une quantité de beurre qu'ils utilisent chez eux. De même, dans les chaudrons ou les théières où repose le thé, bien qu'on agite celui-ci pour y conserver le mélange de beurre, ceux qui sont les premiers servis reçoivent, néanmoins, un breuvage plus abondamment beurré que les derniers qui n'obtiennent souvent qu'une décoction maigre. C'est ce qui arrivait aux nonnes lorsque les moines avaient eu le privilège d'effectuer leur ronde de quête avant elles.

moyen de changer l'opinion des laïques concernant les religieuses et de regagner la prééminence.

Dougpa Kunlégs[1] le sage dont les voies sont incompréhensibles aux mortels ordinaires s'intéressa à leurs ennuis et pensa que si l'on pouvait convaincre d'infraction à leur vœu de célibat les religieuses d'un monastère seulement, le scandale qui en résulterait suffirait pour ruiner la réputation de leurs sœurs dans le pays tout entier.

Que se passait-il dans leurs communautés ? — Leur renommée de vertu était-elle vraiment méritée ?

Dougpa Kunlégs ne pouvait rien en savoir, nul homme n'étant admis à demeurer dans l'enceinte où habitaient les religieuses. Mais une difficulté aussi minime comptait pour peu dans un esprit aussi ingénieux que le sien.

Il se déguisa en religieuse-pèlerine et s'en alla solliciter auprès des « aînées » chargées de l'administration d'un couvent voisin la permission de se joindre temporairement aux sœurs qui y résidaient.

Cette permission lui fut accordée et le maître-coquin put, à loisir, observer les pieuses femmes. S'il avait conçu le moindre doute au sujet de leurs mœurs angéliques, il dut bientôt reconnaître son erreur. Le cœur de ses compagnes était pur comme un clair lac des montagnes et leur innocence parfaite sur le point où il souhaitait les trouver en faute.

De longs bavardages, une gourmandise que nulle d'entre elles ne tentait de réprimer, un rien de médisance et le plaisir un peu trop vif pris en des amusements enfantins cadrant mal avec la dignité du costume qu'elles portaient étaient, en somme, tout ce que l'on pouvait leur reprocher.

Les jours passaient. Dougpa Kunlégs s'ennuyait dans sa chambrette, dépité à la pensée d'être défait dans son entreprise.

Il advint alors qu'à l'occasion d'une fête les religieuses convinrent de se réunir dans les jardins de la *gompa* pour boire du thé, manger des friandises et se divertir de différentes manières.

Ce programme fut suivi comme il avait été arrêté. Après divers autres jeux, les bonnes filles décidèrent qu'elles allaient sauter pardessus une corde tendue[2]. Bientôt, comme elles s'empêtraient dans leurs longues jupes, elles s'accordèrent pour que toutes les relevassent jusqu'à la ceinture, afin d'avoir les jambes libres.

Cette décision ne laissa pas que d'embarrasser le traître invité à prendre part aux ébats des saintes nonnes, car il ne doutait pas qu'un châtiment exemplaire punirait sa supercherie si elle venait à être découverte.

1. *Hbrug pa kun légs :* « Le tout bon du pays du tonnerre » (nom du pays que nous dénommons Bhoutan). Dougpa Kunlégs était un sage à la façon de Diogène, un thaumaturge à la conduite bizarre. Il est le héros d'une geste qui comprend nombre d'aventures dont la plupart sont de caractère licencieux.

2. Un jeu très aimé par les Tibétains.

Se retirant à l'écart, il s'ingénia à dissimuler, à l'aide d'une ficelle, l'objet embarrassant dont la vue aurait causé sa perte. Puis, croyant y avoir réussi, il revint en hâte vers le cercle des religieuses qui l'appelaient pour prendre rang et montrer son adresse.

Contraint et forcé, le sacripant prit son élan et vint adroitement retomber au-delà de la corde, mais dans cet exercice, la ficelle hâtivement attachée se rompit.

Un silence fait de stupéfaction, bientôt suivi de cris furibonds accueillit la révélation imprévue s'offrant à tous les regards.

Le fourbe, prenant ses jambes à son cou, chercha son salut dans la fuite. Il détalait comme un lièvre, mais la poursuite était vigoureusement menée par les braves filles qui avaient sur lui l'avantage de connaître le terrain, tandis qu'il s'attardait en détours inutiles.

Il venait de gagner l'orée d'un petit bois, les clameurs des poursuivantes, se faisant plus proches, tintaient à ses oreilles. Dougpa Kunlégs se sentit perdu. Dans cette extrémité, il aperçut un petit fossé rempli de feuilles sèches ; il s'y enfonça rapidement, ramenant sur lui la terre et les feuilles tombées. Il avait à peine disparu sous ce monticule improvisé, lorsque les religieuses arrivèrent. Celles qui venaient en tête traversèrent rapidement le bosquet, croyant que le fugitif l'avait dépassé, mais ne l'apercevant point dans la vaste plaine nue qui s'étendait par-delà, elles revinrent sur leurs pas, criant à celles qui les suivaient de fouiller les buissons entre lesquels le coupable devait s'être caché. Toutes s'y mirent avec ardeur, inspectant les moindres fourrés, mais Dougpa Kunlégs restait introuvable.

Fatiguées par la course qu'elles avaient fournie, ne comprenant rien à la disparition soudaine de celui qu'elles avaient presque atteint et pas très éloignées de penser que cet être singulier était un démon, les nonnes s'assirent au pied des arbres, quelques-unes d'entre elles continuant à errer de-ci de-là à la recherche de plantes comestibles.

Flânant ainsi, une des *gelongmas* [1] aperçut, pointant au-dessus d'un tas de feuilles, un champignon de belle taille. — Oh ! pensa-t-elle, voilà mon affaire, je le mangerai avec de la tsampa [2] et, saisissant le cryptogame, elle veut l'arracher, mais celui-ci résiste étrangement.

« Que faites-vous là ? lui crie de loin une de ses compagnes.

— Oh ! venez voir, répond-elle, voici un champignon d'une espèce qui m'est inconnue et que je ne puis réussir à détacher.

— Quoi, un champignon ; ce n'est pas une merveille », réplique l'autre. Et, sans se presser, elle rejoint la première.

A son tour, elle saisit la plante d'une main énergique, essayant de la déraciner, mais en pure perte.

Ces deux appellent leurs sœurs, leur montrent le phénomène, et

1. Dgé slong ma — religieuse.
2. Les Tibétains enduisent les champignons de beurre, les saupoudrent de farine d'orge grillée (tsampa) et les font griller.

chacune d'elles s'efforce, avec aussi peu de succès que ses devancières, de l'extirper du sol.

A la fin, n'y comprenant rien, mais prises de colère, elles invectivent l'objet qui leur résiste.

« Païe ! un champignon ! Il y en a des centaines dans la plaine... et qui sont blancs, dodus et savoureux. Nous nous moquons de vous, vilain champignon, peut-être vénéneux ! Païe ! Païe ! [1] »

Accompagnant ces exclamations de mépris d'un geste insultant, chacune des bonnes filles, s'approchant du misérable végétal, relève sa jupe et lui montre une face différente de celle qu'encadre son bonnet monastique [2].

Quelques mois plus tard, chacune des innocentes nonnes de cette communauté exemplaire criait au miracle en contemplant un nouveau-né, se demandant s'il était l'œuvre des dieux ou des démons. Mais les rustiques habitants du pays ne s'attardèrent pas à de telles rêveries ; la réputation de toutes les religieuses sombra du même coup et le respect des fidèles laïques, ainsi que leurs dons généreux retournèrent vers les *gompas* des moines.

Les jours de loisirs et d'amusement sont terminés. Le marchand se remet au travail et organise ses caravanes.

Les balles de laine vont être descendues vers l'Inde. Le grand négociant confie généralement à des commis le soin de ramasser la laine achetée aux pasteurs et de l'amener dans ses entrepôts au Tibet central. De là, le transport se fait le plus souvent à dos de mule. Gagner l'Inde en partant de Lhassa, de Gyantzé ou de n'importe quel endroit de cette région constitue un voyage et non une expédition. Les pistes à travers les montagnes sont bonnes et, sauf le passage du col de Zelap qui commande l'entrée du Sikkim et peut être balayé par de terribles ouragans [3], le trajet ne présente aucune difficulté.

Les marchands qui descendent vers le Sud pendant les mois d'hiver se laissent volontiers tenter par l'attrait d'un séjour dans l'Inde. Beaucoup d'entre eux ont des correspondants commerciaux, des agents ou simplement des compatriotes amis à Calcutta et logent chez eux, mais d'autres — les plus riches qui n'aiment rien tant que de « prendre des airs » — s'installent avec leur « suite » dans les grands hôtels. Cette « suite » comprend aisément une vingtaine d'individus occupant des degrés divers dans la hiérarchie des serviteurs du patron.

---

1. Exclamation courante de mépris et de dégoût.
2. Geste usité comme insulte.
3. Traversant ce col, j'y vis, un jour, plus d'une vingtaine de mules gisant dans les précipices au-dessous de l'étroit sentier qui franchit le col, elles y avaient été précipitées par la tempête. Deux des muletiers qui les conduisaient avaient péri de la même manière.

Ce dernier loue tout un appartement dont il habite la plus belle chambre ; ses gens s'entassent, avec les bagages, dans les autres pièces. Peu importe qu'il n'y ait pas un lit pour chacun d'eux, les Tibétains n'y tiennent pas et préfèrent étendre leurs couvertures sur les tapis du luxueux appartement.

Pendant son séjour à l'hôtel, le patron paraît de temps en temps dans la salle à manger. Vêtu d'une superbe robe de brocart ou de drap fin grenat sombre ou bleu narine, il s'assoit à une table, tantôt seul, tantôt avec des invités dont Yongden et moi étions encore, il n'y a pas très longtemps. Derrière sa chaise, inutile mais décoratif et ajoutant à la dignité de son maître, du moins celui-ci le croit, un domestique se tient debout.

Il est loisible à ce dernier de humer l'odeur des mets servis à son chef, mais que l'on ne croie pas que celle-ci éveille en lui un désir de gourmandise. Ces mets exotiques n'ont aucun attrait pour lui. Ils n'en ont pas davantage pour l'opulent marchand qui les consomme uniquement pour affirmer son importance et son haut degré de civilisation.

Parmi ses serviteurs, il ne manque jamais d'emmener un cuisinier de son pays, habile à confectionner *momos, toupas, daisi*[1] et autres plats tibétains dont il se régale dans son appartement, où Yongden et moi y rejoignions parfois l'un ou l'autre de ces seigneurs trafiquants du haut commerce de Lhassa lorsque, nous trouvant dans l'Inde, la nostalgie nous venait de la cuisine tibétaine.

L'on se tromperait grandement en imaginant que le grand marchand se sent gêné parmi les dîneurs occidentaux ou indiens ou qu'il se comporte maladroitement. Il n'en est rien. Depuis une bonne dizaine d'années, les Tibétains de son rang social et d'une fortune égale à la sienne se sont initiés aux usages de la bienséance occidentale. Ce n'est pas qu'ils lui reconnaissent une supériorité quelconque sur leurs propres coutumes, bien au contraire. Tibétains, Indiens, Chinois, Japonais, tous les Asiatiques estiment ces dernières très préférables pour des raisons qu'ils sont prêts à avancer et qui leur paraissent éminemment valables, bien qu'elles ne nous convainquent guère. Cependant, les uns et les autres, s'ils appartiennent aux classes supérieures de la population, tiennent à prouver qu'ils sont, autant que quiconque, capables de faire les gestes approuvés parmi les Blancs.

Les vacances en terre étrangère étant finies, le marchand reprend le chemin des montagnes.

---

1. *Momos*, petits pâtés fourrés avec de la viande hachée. *Toupa* (thoug pa), soupe aux nouilles. *Daisi* (hlras sil), un plat sucré composé de riz beurré et de raisins de Corinthe.

Ce terme, vacances, ne signifie toutefois pas pour un marchand tibétain, une période de complète inactivité, il lui serait impossible de demeurer oisif. Il n'a donc pas manqué de traiter quelques affaires.

Les marchandises qu'il va emporter n'exigent pas l'organisation d'une caravane ; leur poids est minime, mais leur valeur est souvent importante. Le *tsong pa* (marchand) a acheté des turquoises, du corail, de petites perles, dites « semence » et quelques perles plus grosses. Il a également acquis plusieurs pièces de ces étoffes tissées en fil d'or ou d'argent et de soie que les Tibétaines dénomment kyéngap [1] et dont ils se servent pour enjoliver les vêtements des dignitaires ecclésiastiques, des religieux diplômés des Collèges monastiques et des laïques aisés : hommes et femmes. Toutefois, cette *kyéngap* indienne est beaucoup moins prisée que celle provenant de la Chine. Il en est d'elle comme des soieries fabriquées dans l'Inde dont le prix est, d'ailleurs, très inférieur à celui des beaux brocarts chinois.

Cependant, le commerçant tibétain doit, comme ses confrères en tous pays, s'efforcer d'atteindre une large clientèle comprenant des acheteurs riches et d'autres dont les moyens sont plus modestes, mais la coquetterie tout aussi impérieuse. Ces derniers achèteront les articles indiens.

C'est à Delhi que, depuis longtemps, les Tibétains s'approvisionnent de turquoises et de corail et ce commerce s'y continue toujours bien qu'il tende à se disperser.

La manière dont ces ventes s'opéraient autrefois était des plus originales. La voici contée par un vieux commerçant qui en avait l'habitude.

Les turquoises étaient présentées dans de petites boîtes où elles étaient disposées en rangées superposées. Elles ne se vendaient pas séparément, mais seulement par boîte entière. L'acheteur ne pouvait pas les sortir de la boîte pour les examiner ; il lui était donc impossible de connaître la qualité des pierres qui se trouvaient dans les rangs inférieurs, puisqu'il ne les voyait pas.

Je demandai comment il se trouvait des gens pour accepter un si extravagant marché. On me répondit : « C'est la coutume. »

En Orient, la « coutume » fait accomplir les actes les plus inexplicables. — Peut-être, après tout, ne sommes-nous pas complètement indemnes de ce travers.

J'imagine que les marchands, que nous aurions tort de croire stupides, estimaient la valeur des turquoises en vue et en calculaient mentalement le prix — laissant un bénéfice convenable — qu'ils pourraient en obtenir. Quant au reste, les turquoises cachées, ils ne les faisaient pas entrer en compte et, à leur sujet, s'en remettaient à

1. *Skyeng khab,* mot tiré de *kinkab*, le nom hindi de cette étoffe.

la chance. Selon que celle-ci leur sourirait ou non, ces pierres de qualité certainement inférieure constitueraient, pour eux, un profit supplémentaire plus ou moins intéressant.

J'ai eu l'occasion, à Ceylan, de voir une loterie analogue se pratiquer au moment de la pêche des perles. Les huîtres étaient disposées en petit tas, vous achetiez au hasard un de ces tas, un indigène ouvrait les huîtres devant vous, si l'une d'elles contenait une perle, elle vous appartenait. L'on racontait que certains avaient eu cette heureuse chance, mais je n'en ai jamais vu et je soupçonne que le marché devait être truqué. Les huîtres offertes en vente n'étaient probablement pas des huîtres perlières, ou bien elles avaient déjà été inspectées et, ensuite, adroitement arrangées pour paraître intactes.

Mais revenons à nos Tibétains.

Le corail pouvait être examiné, mais il se vendait par « assortiment » indivisible de boules de différentes tailles.

Les perles de corail joliment taillées dont nous faisons des colliers ne plaisent pas aux Tibétaines, d'ailleurs c'est, surtout, pour orner leurs coiffures qu'elles utilisent le corail et il le leur faut sous la forme de boules dont les plus grosses, de la dimension d'un gros bouchon à champagne, atteignent un prix élevé — parfois celui de leur poids en or — à condition d'être d'un rouge très foncé. Les Tibétains n'apprécient pas le corail rose et encore moins le corail blanc.

La pierre qui a le plus de valeur à leurs yeux est une variété d'agate noire ou brunâtre striée de rayures et marquée d'yeux de couleur plus claire.

On en façonne des perles de forme allongée que les hommes, comme les femmes portent en collier mêlées à du corail et à des turquoises.

Ces agates, dénommées *zi*[1] en tibétain, passent pour avoir la propriété de préserver des brûlures de la foudre et de diverses maladies. Il va sans dire que des imitations de ces agates comme des imitations de corail et de turquoises sont très répandues au Tibet. La malachite d'un beau bleu turquoise figure notamment pour une grande part dans l'orfèvrerie et dans la bijouterie tibétaines.

Beaucoup de tableaux de la vie tibétaine que j'ai pu contempler reculent rapidement dans le temps et une bonne part d'entre eux ont déjà pris rang dans la galerie des images du passé.

Au cours des années, j'ai vu les modes évoluer rapidement et les boules de corail à peine dégrossi de la dimension d'un bouchon de champagne cessent à peu près d'avoir leur emploi, car les coiffures

1. *Gzi.*

qu'elles ornaient ont déjà presque disparu dans les classes supérieures de la population. L'extravagant échafaudage en forme de cornes qui était la coiffure nationale des femmes de Tsang ne se voit guère plus que dans le bas peuple. La plus simple *patou* en forme de couronne, à la mode de Lhassa, perd à son tour la faveur des Tibétaines. Celles-ci demeurent volontiers nu-tête ou mettent un chapeau ; le petit toquet masculin des Chinois et des Mongols, pourvu d'oreillettes que l'on abaisse en hiver pour se garantir du froid, ou même elles portent, comme la majorité des hommes, un feutre mou de modèle occidental, fabriqué en Chine [1].

Les robes féminines ont perdu leurs larges manches d'où émergeaient les autres larges manches d'une chemisette de couleur vive. Les tissus préférés ne sont plus ces épais brocarts, aux grands ramages représentant des dragons ou des fleurs fantastiques et les garnitures de *kyéngap* se font rares. On s'habille à la chinoise : manches étroites, très resserrées au poignet et tissus plus souples à dessin minuscule.

Le changement est encore plus marqué parmi les hommes. En dehors de la paysannerie, c'est la robe mongole moderne qui domine, elle est pareille à celle des Chinois à cette différence près qu'elle n'est pas fendue sur les côtés.

Ce sont là des vétilles, mais elles peuvent valoir d'être notées. Ce n'est ni vers l'Inde ni vers l'Occident que le Tibet s'est tourné pour changer les formes séculaires de ses vêtements : c'est vers la Chine.

Ces menues transformations et bien d'autres plus importantes se sont produites sans volonté délibérée, par la seule action d'un rapprochement qui se poursuivait en dépit des querelles et des luttes, un rapprochement capable d'amener graduellement une unification si la Chine elle-même n'y met pas d'obstacle par une politique maladroite.

Muni de ses légers, mais précieux bagages, le marchand regagne le Tibet. Il est allègre et fait joyeusement claquer son petit fouet mongol au manche court, en descendant des derniers cols himâlayens vers les immenses plateaux secs au-delà desquels Lhassa s'étale entre une lointaine ceinture de montagnes. Il respire à pleins poumons l'air vivifiant qui lui manquait dans l'atmosphère lourde du Bengale et des plaines gangétiques. Des projets, des combinaisons occupent sa pensée qui s'évade vers de plus lointains paysages que son « home » tibétain. Des images de boutiques chinoises bordant les rues de Sining ou la vision de vastes entrepôts près desquels attendent des files de chameaux en partance pour la Mongolie se

1. Le genre des coiffures a toujours été très varié au Tibet, chaque région ayant la sienne propre. Les « cornes » à la mode de Tsang et la *patou* à celle de Lhassa n'ont jamais été portées en dehors de ces provinces.

dressent devant lui. Commerce ! Cœur et âme, le marchand tibétain est tout au commerce. Partout où l'on trafique, il se sent chez lui et sa patrie s'étend ainsi, indéfiniment, sans qu'aucune frontière naturelle ou politique y mette de limite. Aucune fidélité idéologique ne restreint non plus sa liberté de trafiquant.

Je me souviens de l'un d'eux qui, pendant l'expédition britannique de 1905, avait suivi les envahisseurs comme fournisseur des troupes. C'était un homme dévot, mais totalement dénué d'intransigeance patriotique ou religieuse. Comme je m'étonnais qu'il eût prêté ses services à des étrangers qui tuaient les défenseurs de son pays parmi lesquels se trouvaient de nombreux moines, il me répondit simplement : « Cela, c'est du commerce. »

Dans son idée, le « commerce » était une chose distincte sans lien avec la vie civique ou religieuse : quelque chose existant par soi-même et intangible.

Il ne se sentait nullement coupable et plusieurs de ses collègues m'exprimèrent des opinions analogues.

D'une telle attitude d'esprit, il est aisé de déduire la façon dont le monde des affaires tibétain sera enclin à se comporter lorsque la Nouvelle Chine installera des comptoirs et des succursales de ses banques dans les centres du Tibet.

Le marchand qui, de l'Inde, est remonté légèrement chargé vers Lhassa va y organiser de véritables caravanes pour traverser les semi-déserts du nord [1] et se rendre en Chine.

Qu'emporteront celles-ci ?

Les marchandises dirigées vers le nord ne sont pas uniquement destinées à des clients chinois ; une grande partie en est achetée par les Tibétains des régions frontières : Khampas ; gens d'Amdo ou appartenant à la population mélangée qui habite l'ouest du Kansou.

Les caravanes leur apportent du drap : diverses qualités inférieures dénommées *nambou* et des qualités supérieures appelées *pourouc*.

Nambou et *pourouc* servent spécialement à confectionner des vêtements. Ces étoffes sont à peu près inusables. La robe de *nambou* que j'ai portée pendant mon long voyage pédestre de la Chine à Lhassa, en 1924, puis au Tibet oriental jusqu'en 1944 me sert encore — après avoir été teinte — de peignoir d'hiver en 1952.

Un autre genre d'étoffe est la *tingma*. Elle consiste, suivant sa qualité, en *nambou* ou en *pourouc* sur lequel sont imprimés des dessins en forme de croix grecque ou, plus rarement, de trèfle. Ces dessins sont noirs sur des fonds bleu marine, rouges, grenat, jaunes ou sur le tissu en laine naturelle, non teinte.

1. Les *tchang thang* (byang thang), littéralement : plaines septentrionales ; par extension cette appellation est donnée à tout vaste espace inhabité.

De cette *tingma* l'on couvre des coussins servant de siège ou de matelas et des selles. Les selles tibétaines sont en bois et pourvues d'un coussin rembourré, sur celui-ci l'on place encore un petit tapis. Les selles en bois peuvent être richement ornementées, être recouvertes, sur le devant, avec de la peau de serpent et des incrustations en argent, voire en or. Les belles selles de luxe tendent pourtant à être remplacées par les Tibétains riches par des selles de cuir de fabrication indienne ou chinoise : les premières excellentes, les secondes étant généralement confectionnées avec des cuirs très mal tannés.

Certains pasteurs et des paysans emploient aussi la *tingma* comme garniture de vêtements. Enfin, dans les monastères on en drape, parfois, les piliers dans les halls où les moines se réunissent pour les offices.

Il semble qu'apporter des bâtons d'encens en Chine ou à proximité de la Chine soit « apporter de l'eau à la rivière » car les Chinois en fabriquent d'excellents aux parfums les plus variés ; toutefois, les indigènes de race tibétaine établis en territoire chinois préfèrent grandement les bâtons provenant du Tibet. Ils leur attribuent des vertus purificatrices et même magiques qu'ils dénient à l'encens d'origine chinoise et en font une très grande consommation.

Le marchand tibétain vend aussi, aux boutiquiers des villes de la frontière, des bottes à hautes semelles et aux tiges en drap brodé, à la mode du Tibet central et d'autres bottes en drap d'argent comme en portent les lamas riches. Cependant, les plus belles de ces dernières sont importées de la Mongolie.

En matière de chaussures, la mode est aussi intervenue dans ces dernières années et les bottines en cuir de forme occidentale se substituent rapidement aux chaussures indigènes. Les moines eux-mêmes commencent à les préférer avec cette seule réserve qu'ils les veulent en cuir jaune, le jaune étant la couleur monastique.

Tous les changements que la mode apporte dans le genre de vie et les usages vestimentaires tendent à avoir leur répercussion sur le commerce tibétain, les articles étrangers sont de plus en plus en demande au détriment de ceux fabriqués au Tibet.

L'on peut croire que les marchands tibétains seront assez habiles pour s'accommoder de ces changements et modifieront en conséquence la nature de leurs exportations et de leurs importations. Ils sont assez coutumiers de volte-face concordant avec leurs intérêts.

Parmi les marchandises exportées du Tibet en direction du nord, un article important est à noter : les tapis.

Beaucoup de ceux-ci ont, en plus ou moins long, la forme de nos descentes de lit, d'autres consistent en des carrés que l'on pose par terre pour servir de siège à ceux que l'on ne juge pas dignes de se voir attribuer un coussin rembourré. D'autres petits tapis, encore, de forme particulière, sont destinés à être placés sur les selles. Enfin, dans la catégorie des tapis, se trouvent de très longues bandes mesurant environ 70 à 80 centimètres de large que l'on étend soit dans les appartements, soit principalement dans les halls des monastères. Sur ces bandes de tapis, les *trapas* qui n'ont pas droit à un siège individuel s'assoient en rang, les jambes croisées, pendant les offices.

Moins nombreux, mais généralement très beaux et de coloris harmonieux sont les grands tapis de haute laine que le marchand exporte, leur prix est élevé. Ils font concurrence aux tapis chinois d'un tissage beaucoup plus fin, mais dont la minceur déplaît à ceux des clients pour qui un tapis n'est pas seulement un objet décoratif, mais un article qui tient chaud.

L'on peut remarquer ici que, à part les tapis servant de sièges, les Tibétains n'étendent pas de tapis dans leurs demeures. En général, ils *s'assoient* sur des tapis, ils ne *marchent* pas sur eux.

Parmi les articles d'exportation, il faut, de plus, mentionner les couvertures. Les plus originales sont celles dénommées *tsougtouk*, dont une face présente des boucles de laine imitant une toison de mouton. Ces couvertures sont très épaisses et protègent, aussi bien que la fourrure, contre les grands froids. La plupart se font en laine unie non teinte, d'autres sont ornées de rayures rouges, vertes ou bleues.

Plus communes sont les couvertures en serge très épaisse de laine non teinte et encore plus inférieures en qualité, des couvertures de laine très grossière et rude, de couleur noirâtre ou brunâtre parfois enjolivées de rayures ou d'une bordure de couleur.

Pour terminer avec les articles de laine, notons de larges feuilles de feutre appelé *tchinpa* qui servent à maints usages tels que tapis à poser sur le sol pour s'y étendre et dormir sous la tente, ou pièces placées sous les selles pour éviter qu'elles ne blessent le dos des animaux, etc. La *tchinpa* sert même à confectionner les chapeaux pointus portés par les *dokpas* des deux sexes.

A ses clients de la frontière, le marchand tibétain offre des théières et des marmites, les unes en excellente poterie, parfois joliment décorée, les autres en alliage de bronze. Toutefois, quant aux articles en métal, il ne peut pas entrer en concurrence avec ceux fabriqués à Dergé (Kham) qui sont de qualité supérieure.

A l'usage des gourmets, la caravane transporte de la *tsampa* de choix. Ce n'est pas que l'orge manque pour en fabriquer, à la frontière chinoise, mais de même que nous distinguons, parmi les vignobles, ceux qui produisent les grands crus, les amateurs de *tsampa* trouvent un goût particulièrement savoureux à celle provenant de l'orge qui croît au Tibet central. Il en est de même en ce qui concerne la viande séchée. Les moutons du Tibet central sont réputés comme le sont en France les « prés salés ».

Là ne s'arrête pas la nomenclature de ce que contiennent les ballots transportés vers le nord. On y trouve un tas d'articles hétéroclites d'origine indienne ou européenne. L'étoffe — une serge de coton à envers pelucheux — que les Tibétains appellent *boudoungkouli*, très recherché pour des vêtements — aussi bien par les Chinois de l'Ouest que par les Tibétains, vient de Hollande *via* l'Inde.

Parmi d'autres « curiosités » l'on trouve des dattes. Elles ont probablement poussé en Arabie et voyagent, qui sait depuis combien de temps, peut-être depuis des années et sont réduites à l'état de cailloux, propres à casser les dents du téméraire qui ose les attaquer. Mais ce cas est rare. Ces dattes sont surtout employées pour figurer parmi d'autres denrées dans les plats déposés comme offrande sur les autels de différentes personnalités religieuses, notamment de Padmasambhava (VIIIe siècle), particulièrement honoré par les adeptes des anciennes sectes bouddhistes non réformées (les bonnets rouges).

L'on trouve encore dans la pacotille du marchand, des bougies venant de la Birmanie, des savonnettes parfumées venant de l'Inde, des objets japonais qui ont effectué un extraordinaire détour pour venir jusque-là. Le mystère des itinéraires que suivent les articles de commerce en Asie est impénétrable.

Très en demande parmi le clergé, sont les bols en bois dont le marchand est abondamment muni. Seuls des bols en bois peuvent être employés par les moines pour boire le thé qui leur est servi au cours des offices dans le hall où ils se réunissent. Cette règle tend à perpétuer le souvenir du bol à aumônes avec lequel les premiers religieux bouddhistes : les bhikkhous, quêtaient leur nourriture quotidienne. Ce rappel à la pauvreté enjointe à leurs lointains prédécesseurs n'est guère respecté que par les moines pauvres, les autres font doubler leur bol d'une feuille d'argent ou bien se servent de bols faits de bois de choix ou taillés dans les excroissances qui se produisent sur certains troncs d'arbres. Ces bols présentent des veines et des dessins qui les enjolivent et ils n'ont besoin d'aucune doublure d'argent pour se vendre à de très hauts prix. Les connaisseurs tibétains leur trouvent une grande beauté ; d'autre part, ils passent pour déceler la présence de poison, s'il en existe dans le liquide qu'on y verse. On peut se rappeler ici ce que j'ai dit ailleurs sur la crainte presque générale au Tibet qu'ont les voyageurs de se voir administrer du poison par des individus en proie à une espèce particulière de possession qui les oblige à devenir empoisonneurs [1].

Le transport des marchandises vers le nord s'effectue à dos de yak [2] et par étapes. Ce sont les pasteurs du Koukou nor (les dokpas) [3] qui s'en chargent.

---

1. Voir *Mystiques et magiciens du Tibet*, Plon, éd.
2. *Gyag*, le bœuf grognant à longs poils.
3. *Hbrogpa*, littéralement « gens des solitudes ».

Chaque marchand est en relation avec des chefs de tribus à qui il confie, d'année en année, le soin d'organiser ses caravanes.

Ces chefs comptent les ballots, estiment leur poids, puis, ayant décidé le nombre de bêtes nécessaires pour les transporter et convenu avec le marchand du prix à payer pour leurs services, ils prennent les marchandises en charge et les remettent à un endroit déterminé sur le territoire d'une autre tribu, à d'autres chefs qui, ayant été avertis, ont amené leurs yaks au relais.

Il est rare que le grand marchand accompagne sa caravane ; il confie cette corvée à un ou à deux de ses commis.

Suivre la caravane n'a, en effet, rien d'agréable. Les yaks cheminent avec une lenteur désespérante et le souci de leur nourriture règle l'itinéraire et le progrès des caravaniers. En cours de route, les yaks dépendent entièrement, pour leur subsistance, de l'herbe qu'ils paissent ; il faut donc les conduire vers les endroits où celle-ci est abondante et les y laisser demeurer assez de temps pour pâturer suffisamment.

Non seulement cela amène les caravaniers à faire de longs détours hors de la route directe, mais les endroits agréables aux yaks, où ils séjournent, sont souvent désagréables et malsains pour les hommes, qui prennent la fièvre dans les marécages herbeux infestés de moustiques.

Les bêtes s'étant rassasiées au cours de la nuit, les *dokpas* les chargent et se mettent en route longtemps avant le lever du jour. Quant à leurs conducteurs, ils partent à jeun ne sentant pas, il semble, le besoin de se réconforter, ne fût-ce qu'en buvant un bol de thé chaud pour combattre le froid toujours vif à cette heure à une altitude dépassant 3 000 mètres dans les plus bas points des vallées.

Ils font halte entre 8 et 9 heures du matin pour prendre un repas de *tsampa* et de thé au beurre et repartent une heure ou deux plus tard, se dirigeant à l'allure des tortues vers l'endroit où ils comptent camper. Ils l'atteindront un peu après le milieu de la journée et n'iront pas plus loin.

L'étape quotidienne a été fournie, les bêtes sont déchargées et laissées libres. Les hommes boivent d'abord du thé beurré, puis plantent les tentes et mangent. Parfois, ils font un repas avec une soupe aux nouilles ou à la *tsampa* dans laquelle un morceau de viande a bouilli — la viande est mangée avant la soupe, suivant la mode chinoise. Mais ces jours de bombance sont assez espacés, le plus souvent le repas ne comprend que de la *tsampa* avec de la viande séchée ou du fromage, le tout arrosé de nombreux bols de thé ou, par chance, d'eau-de-vie.

Ce programme monotone et éminemment inconfortable peut se renouveler, jour après jour, pendant deux mois, voire plus longtemps, car des journées de repos complet coupent l'itinéraire.

Quand, ses affaires terminées, le marchand retourne à Lhassa, il ne part pas sans emmener une nouvelle caravane portant au Tibet des articles chinois et mongols : pièces de soieries, étoffes de coton, bottes et chapeaux de forme occidentale, sucre, vinaigre de dattes chinoises, sauce au soya, algues, poisson et crevettes séchés, toutes sortes de condiments chinois à l'usage des Tibétains riches, des médicaments chinois, etc.

Il peut aussi ramener un troupeau de chevaux et de grandes mules du Kansou qui se vendent à un haut prix sur le marché de Lhassa.

Chevaux et mules trottant bon train accompliraient le trajet en moins de la moitié du temps que mettent les yaks. Mais le marchand n'entend ni les fatiguer ni les amaigrir. Il faut qu'ils arrivent à Lhassa frais, dodus, dans la meilleure des formes possible afin de plaire aux acheteurs.

Comme il ne peut être question de transporter du grain pour nourrir ce troupeau, les bêtes doivent subsister en paissant l'herbe des *tchang thangs* très abondante à l'époque où s'effectue le voyage. Par conséquent, l'itinéraire suivi dépend encore une fois de la situation des meilleurs pâturages, il comporte également des jours de repos. Il en résulte que le voyage qui a lieu pendant la saison pluvieuse devient presque aussi long et aussi ennuyeux que celui effectué à la suite des yaks et le patron marchand ne tient pas davantage à en faire partie.

Après avoir réglé tous les détails concernant la conduite de la caravane ou du troupeau selon le cas, le patron part de son côté accompagné par quelques domestiques. Il monte un bon cheval ou une grande mule du Kansou et emmène une monture de rechange, afin de pouvoir trotter plus rapidement et parcourir de plus longues étapes en ayant toujours une bête fraîche à sa disposition. Ses domestiques : environ une demi-douzaine d'hommes, ont aussi, sinon chacun une monture de rechange, généralement trois ou quatre bêtes qu'ils se partagent à cet effet. Des mules de somme transportent la vaste tente blanche ornée d'arabesques bleues, les provisions de route pour les gens et le grain pour les bêtes.

Maître et serviteurs sont tous bien armés de fusils de fabrication moderne, anglaise ou russe. Un pistolet automatique pend à la ceinture du patron, il se peut qu'il en ait aussi muni un ou plusieurs de ses compagnons.

Ces précautions sont utiles à prendre et, de plus, tous les Tibétains sont amateurs d'armes à feu. En posséder, surtout si elles sont belles, est pour eux un luxe dont ils tirent beaucoup de fierté.

Le plus souvent, ils ne brûlent pas une seule cartouche au cours du voyage. Les Tibétains, sauf ceux de la frontière chinoise, ne chassent point. Jusqu'à ces tout derniers temps, la chasse était prohibée sur toute l'étendue du territoire tibétain. Cette défense sera vraisemblablement rapportée car les Chinois stationnés maintenant au Tibet ne se priveront pas d'ajouter du gibier aux menus assez monotones que peuvent composer les vivres qu'offrent les marchés tibétains.

Les Tibétains eux-mêmes, bien que nominalement bouddhistes, ne manifestent pas tous une grande aversion pour la chasse. Dans les États himâlayens non soumis à la juridiction de Lhassa et habités par des populations de race tibétaine, les chasseurs sont nombreux qui poursuivent, dans les montagnes, les chevreuils, les cerfs, les ours et les sangliers.

Il est donc probable que lorsqu'ils pourront le faire sans crainte de châtiment, les voyageurs tibétains dans les *tchang thangs* ne se priveront plus de viande fraîche.

Quant à la nécessité des armes du point de vue de la sécurité, elle n'est pas à écarter entièrement, cependant on a beaucoup exagéré les dangers que les voyageurs courent le long des pistes du Tibet et plus particulièrement dans les régions du Koukou nor[1].

Les tribus de pasteurs *(dokpas)* dont les tentes noires, en groupes très distants, se dressent dans le grand vide des paysages tout en herbe et en eau, ont mauvaise réputation, principalement celles des Gologs et des Mongols de *tsaidam* (les boues herbeuses). Qu'ils aient mérité leur réputation de pillards ne peut être mis en doute, les attaques de grande envergure auxquelles ils se sont souvent livrés sur les caravaniers l'attestent[2].

Pourtant, il convient de ne rien exagérer. Un bon nombre d'avions tombent, un plus grand nombre ne tombent point. Des voyageurs sont attaqués et dévalisés dans les *tchang thangs*, un plus grand nombre les traversent sans qu'il leur advienne rien de fâcheux. A tout prendre, on peut croire qu'il est moins hasardeux de se promener parmi les alpages tibétains que de le faire en avion dans le ciel.

Pour ma part, j'incline vers cette dernière opinion fondée sur des années de pérégrinations joyeuses dans cette région ensorcelante aux grands lacs solitaires d'un bleu de turquoise encerclés par des rives de cailloux mauves et gris perle pailletés d'argent.

J'aurais eu horreur de m'incorporer à l'une ou à l'autre de ces lentes et grouillantes caravanes que je rencontrais parfois sur ma route et d'être obligée de me conformer à ses itinéraires, à ses règles de marche.

Dans cette région du vide et du silence, il me fallait errer libre, à mon gré suivant les impulsions du moment, les incitations dispensées par le vent, les nuages, le soleil, par un cours d'eau gazouillant

1. Cette vaste région, constituée par un désert herbeux, est désignée d'après le nom de l'immense lac Bleu : le Koukou-Nor en mongol ; Tso nyeunpo en tibétain ; Ching Haï (la mer verte) en chinois.

2. Ils ont maintes fois pillé des caravanes transportant des marchandises appartenant au Dalaï-lama.

que j'atteignais et dont il me venait la curiosité d'aller chercher la source.

Il me fallait flâner... Flâner, je crois bien que c'est ce que j'ai fait tout au long de mes randonnées asiatiques et ces flâneries prolongées pendant tant d'années m'ont permis de communiquer avec l'âme du Tibet, de l'Inde et de la Chine, bien mieux que n'auraient pu le faire des enquêtes menées de façon systématique, restreintes à des buts précis fixés d'avance qui m'auraient rendue sourde et aveugle à tout ce qui existait d'autre autour de moi.

En plus de mon compagnon habituel : Yongden, je n'ai jamais emmené avec moi au pays des *dokpas* plus de trois hommes et je n'avais guère de bagages. Pour nous nourrir nous comptions, comme le font les lamas, sur l'hospitalité des pasteurs. Arrivés à proximité d'un campement, je faisais planter nos tentes. Très peu de temps après, des gens du campement venaient s'informer de la qualité des voyageurs qui s'étaient arrêtés. S'informer pour diverses raisons, dont l'une pouvait bien être de savoir si un coup profitable était à tenter ?... Combien sont les voyageurs, sont-ils armés, quelle est la valeur de leurs bêtes et de leurs bagages ? — Ce sont là questions qui intéressent les pasteurs du désert d'herbe et pas mal d'autres Tibétains aussi. Mes gens déclaraient qu'ils accompagnaient une « jetsunma koushog [1] » et les enquêteurs pouvaient m'entrevoir assise dans ma tente. Après avoir reçu quelques brefs détails sur les endroits d'où je venais et le but de mon voyage les hommes s'en allaient. Souvent un bon nombre d'entre eux avaient entendu parler de moi. Je jouissais en tant qu'« érudite » et anachorète d'une réputation assez étendue.

Les renseignements donnés concernant mon itinéraire et mon but étaient le plus souvent fantaisistes. D'une part, je n'avais généralement aucun plan strictement arrêté, de l'autre je jugeais plus prudent, à divers points de vue, que mes mouvements ne pussent pas être aisément repérés.

Une demi-heure ou une heure plus tard, des gens revenaient apportant en cadeau, du beurre, du yaourt, de la *tsampa* ou diverses autres choses parmi lesquelles du combustible sous forme de bouse de yak sèche. Une femme était commise au soin d'aller chercher de l'eau et d'allumer le feu.

Quelquefois, trouvant l'endroit agréable et propice à certaines de mes recherches, je m'attardais. C'est ainsi que je passai tout un été dans la région des sources du fleuve Jaune parmi les redoutés pillards Gologs qui pourvurent à ma subsistance et à celle de mes compagnons.

Évidemment, c'est la chose exceptionnelle qui n'est pas à la portée de tous les voyageurs et qui, je le crains, ne pourrait plus se

1. Une dame-lama.

renouveler. Je dois bénir ma bonne chance et probablement remercier aussi les génies et les fées de ces solitudes enchanteresses qui m'ont témoigné de l'amitié en me protégeant, mais le fait certain est que les marchands tibétains, dont nous nous occupons ici, traversent très souvent les *tchang thangs* sans qu'il leur arrive aucun mal. Ils sont connus des pasteurs, traitent des affaires avec eux et si leurs marchandises sont parfois en péril, leur vie l'est bien rarement.

La belle tente du patron-marchand n'est dressée que lorsque celui-ci doit faire halte en des régions inhabitées et il ne s'y attarde pas. Après un frugal souper, maître et serviteurs s'étendent dans la tente ; les bêtes entravées ou attachées à peu de distance de celle-ci sont surveillées à tour de rôle par un des hommes si des maraudeurs sont à craindre.

Le souper comprend rarement une soupe, trop longue à préparer ; un mets jugé très nourrissant la remplace. Il consiste en poudre de viande desséchée. Suivant l'expression des Tibétains, la quantité de viande constituant un yak tout entier, traitée de cette façon peut être tassée dans un sac de la longueur de l'avant-bras. Un peu de cette poudre est mise dans un bol, on y verse de l'eau froide et l'on remue pour produire une légère bouillie sanguinolente dont les Tibétains sont friands. Je ne partage pas leur goût, mais il est évident que cet aliment concentré est très propre à soutenir les forces de gens qui n'ont pas la possibilité de faire de la cuisine. *Tsampa*, fromage, peut-être des fruits secs et, naturellement, du thé beurré et de l'eau-de-vie s'ajoutent au menu.

Le marchand, dont le tempérament n'inclut pas de dispositions pour la « flânerie » dans la solitude, traverse rapidement les alpages déserts et, comme il se meut bien plus rapidement que sa caravane de yaks, il s'attarde ensuite dans les endroits où sa route rencontre des villages.

Il y loge presque toujours dans la même maison, chez des propriétaires aisés qui lui font bon accueil à chacun de ses passages. Ce bon accueil n'est pas absolument désintéressé. Le marchand apporte des cadeaux et tire de ses provisions les éléments de plantureux repas que ses hôtes sont invités à partager avec lui. Dès lors, rien d'étonnant à ce que ces derniers le pressent de prolonger ses visites.

Des relations amicales se nouent ainsi entre les voyageurs et les maîtres de maison où il s'arrête et l'intimité qui en résulte favorise certaines liaisons passagères. Les mœurs tibétaines sont passablement libres et le grand marchand ne se croit nullement obligé à la chasteté, les choses se passent plus ou moins discrètement, toujours sans drames comme il est d'habitude parmi les raisonnables Tibétains.

Se rapportant à ces passades, j'ai noté un fait qui me paraît digne d'être rapporté comme contribution à l'histoire humoristique de la famille tibétaine.

Les héros de cette histoire sont probablement encore vivants. Ils ne liront certainement pas ce livre, mais d'autres, susceptibles de le lire, pourraient les reconnaître, c'est pourquoi je m'abstiendrai prudemment de préciser l'endroit où cette sorte de comédie burlesque a été jouée.

Depuis des générations, la polyandrie était de règle dans la famille des fermiers cossus chez qui je séjournais. Pour le moment, cette famille se composait de trois frères époux de la même femme et de leurs enfants : deux garçons et une fille. Le cadet des garçons était un « personnage ». Il avait été reconnu comme étant la réincarnation d'un défunt lama de vénérée mémoire, chef d'un monastère de moyenne importance. A ce titre, il vivait dans son monastère et ne faisait que d'assez rares visites à ses parents. La qualité de *tulkou* que possédait leur fils flattait énormément la vanité de ceux-ci, non seulement de la mère du jeune homme, mais tout autant celle de ses trois maris.

Le *tulkou* avait dix-huit ans et se montrait véritablement remarquable : intelligent, avide de s'instruire, actif, décidé, physiquement robuste et assez joli garçon. Je l'avais rencontré plusieurs fois, le trouvais sympathique et avais fait son éloge devant ses parents ravis de m'entendre le louer.

Dans les familles polygames, il est de règle que les enfants appellent « père » l'aîné des époux, les autres étant appelés « oncles ».

Depuis déjà longtemps, le père en titre du *tulkou* m'avait déclaré avec assurance qu'il avait toutes raisons d'être certain que le brillant jeune lama était véritablement son fils. Je l'en avais félicité comme il convenait.

Cependant, lors d'un de ses séjours [1] dans le *home* familial, l'un des « oncles », m'ayant trouvée seule, me confia :

« Je ne veux pas contrister mon aîné ; il est convaincu que le lama est bien son fils, mais, entre nous, je puis vous dire que j'ai des preuves que je suis son vrai père. »

A lui aussi, j'adressai mes félicitations.

A quelque temps de là, ce fut le second « oncle », qui me fit une confidence analogue. Il se rengorgeait même tout particulièrement, se vantant d'avoir transmis à son fils la brillante intelligence dont il était lui-même doué. Je répétai mes félicitations.

Sur ce, comme je mentionnais devant le *tulkou* venu en visite un sujet que j'étudiais à ce moment, il me conseilla d'aller consulter un docte lama qui vivait très retiré dans une maison située parmi les montagnes. Lui-même était demeuré pendant assez longtemps

1. Dans les familles polyandres, il est rare que tous les époux se trouvent ensemble au foyer. Chacun d'eux vaque à ses affaires particulières ou à celles du bien familial : négoce, surveillance de propriétés situées loin de la demeure principale, etc.

auprès de cet érudit et lui gardait une vive reconnaissance pour le soin qu'il avait mis à l'instruire.

J'allai voir le lama et ne manquai pas de lui rapporter combien était grande la gratitude de son élève et j'ajoutai que celui-ci lui faisait grand honneur.

Mon interlocuteur sourit en m'entendant.

« Oui », me dit-il, « il est intelligent et assidu à l'étude. J'ai à cœur de lui communiquer tout le savoir que je possède. C'est bien naturel. Entre nous, je suis son père. »

Je ne me rappelle plus si je lui offris, ou non, des félicitations. J'étais abasourdie. Comment pouvait-il avoir conçu cette idée ?

Les Tibétains sont beaucoup moins réservés que nous quant aux sujets de cette nature, le lama ne s'offensa point de la curiosité que je manifestai.

« Depuis longtemps », me répondit-il « la mère du jeune homme a l'habitude de m'apporter des provisions. »

Apporter des provisions à un anachorète ou à n'importe quel savant ou saint lama qui vit dans la solitude est considéré, au Tibet, comme une œuvre extrêmement méritoire.

Bien que, à l'inverse de ce qu'il en est dans notre pays, les relations amoureuses extra-conjugales ne prêtent guère à la plaisanterie chez les Tibétains, je ne pus m'empêcher de plaisanter mon hôtesse sur ses visites pieuses à l'érudit reclus.

« C'est un si saint homme », me répondit-elle, d'un ton pénétré.

Du temps s'écoula, puis il advint que me retrouvant un jour chez mes amis campagnards, un important négociant effectuant son voyage annuel de Lhassa à la Chine s'arrêta, selon son habitude, dans la maison des trois frères avec qui il entretenait des relations cordiales.

Sachant que je connaissais le fils aîné de la famille, il me demanda de ses nouvelles et je lui fis de l'intelligence et du savoir déjà considérable du jeune *tulkou* un éloge mérité.

En m'écoutant, mon interlocuteur montra un plaisir sensible et, comme nous étions seuls, il se pencha brusquement vers moi et murmura à mon oreille :

« C'est mon fils. »

A ce moment, l'épouse polyandre rentrait dans la chambre. Le marchand n'en dit pas plus long, mais il lui lança un regard de complicité amicale passablement expressif.

La dame souriait du sourire de la Joconde.

Laissons le dernier mot à l'un des leurs pour terminer cette présentation des marchands du Tibet. Cet épisode vécu de la vie tibétaine me paraît surpasser en couleur tous les contes drolatiques dont les dignes Tibétains s'amusent après boire.

CHAPITRE VI

Le clergé

La plus forte opposition aux desseins de la Chine nouvelle sur le Tibet pourrait émaner du clergé. D'après ce qui a été publié à ce sujet par des écrivains d'Europe et d'Amérique, leurs lecteurs ont pu concevoir l'idée que cette opposition proviendrait de causes d'ordre religieux. Il n'en est rien ; l'opposition si elle se manifeste, et l'on peut s'y attendre, tiendra à des motifs purement matériels.

En dehors des spécialistes : orientalistes, géographes, ethnographes, hommes politiques, beaucoup de ceux des Occidentaux qui s'intéressent au Tibet ont « découvert » ce pays dans les descriptions fantastiques d'auteurs imaginatifs et dénués de tous renseignements valables, il s'ensuit qu'ils se sont forgé du Tibet et de ses lamas des images qui ne correspondent aucunement à la réalité.

On trouve, au Tibet, d'érudits philosophes, de profonds penseurs contemplatifs, des hommes qui s'essaient au maniement d'énergies occultes et qui, parfois, y réussissent ; on rencontre des anachorètes d'une stature mentale supraordinaire, mais les uns et les autres sont de rares, très rares exceptions parmi la foule considérable des membres du clergé.

Cette grande masse du clergé ne se soucie guère d'érudition, de philosophie ou même, tout bonnement, de religion.

La récitation machinale de formules dont on ne cherche pas à comprendre le sens, la pratique, tout aussi machinale, de certains gestes rituels ne comportent pas nécessairement des sentiments religieux. On peut même dire — et ceci s'applique à tous les cultes — que la routine des récitations et des gestes rituels émousse et finit par supprimer, par l'automatisme qu'elle crée, les sentiments que le fidèle a pu y attacher à l'origine.

Toutefois, chez le moine tibétain, cette « origine » n'a pas existé. Il appartient au clergé de la même façon que, dans nos pays, les gens appartiennent nominalement à une religion sans l'avoir délibérément choisie. Ils sont Catholiques, Protestants, Grecs Orthodoxes ou Mahométans, parce que leurs parents se déclaraient tels et qu'ils leur ont attaché cette étiquette distinctive dès leur naissance [1].

1. Une de mes amies m'a raconté qu'en un certain pays — l'Italie, je crois — on demande à ceux qui présentent un nouveau-né pour le faire inscrire sur les registres

La majorité des hôtes des monastères se trouvent dans un cas analogue. Leurs parents ont décidé pour eux qu'ils seraient moines. Vers l'âge de huit ou de dix ans, ils ont été conduits dans un monastère, confiés à un maître et le cours de leur vie s'est poursuivi suivant une règle immuable.

Si des pratiques routinières engourdissent l'esprit, elles n'en suppriment pourtant pas complètement l'activité en tous les domaines.

Les membres des monastères tibétains ne sont point des reclus, ils ont toute liberté de sortir quand il leur plaît. Pourvu qu'ils soient présents à l'assemblée matinale et à d'autres offices pour lesquels ils peuvent être convoqués, et qu'ils soient rentrés dans l'enceinte du monastère au coucher du soleil, nul ne leur demande compte de l'emploi de leur temps [1]. Il s'ensuit que le moinillon de douze ou de quatorze ans rencontre des gamins laïques de son âge et que, devenu adulte, il a toute latitude de prendre contact avec les différents genres d'activités auxquelles les laïques s'adonnent.

Les tendances qu'il porte en lui ne peuvent manquer de se manifester et de l'induire à diriger sa vie conformément à ses inclinations intimes.

C'est alors que chez les individus d'élite mentionnés ci-dessus se dessinent des vocations d'érudits, de philosophes, de solitaires contemplatifs, etc. Ceux-ci trouveront soit dans une demeure enclose dans l'enceinte d'un monastère, soit dans une maisonnette isolée dans la campagne ou encore dans une caverne située sur une montagne, un lieu propre à la poursuite des études ou des recherches qui les attirent.

S'ils appartiennent à cette aristocratie particulière au lamaïsme : les *tulkous* [2], tout leur devient facile : les longs voyages au Tibet ou en pays étrangers aussi bien qu'une confortable vie sédentaire, car le *tulkou* tenu pour réincarner son prédécesseur entre, de droit, en possession des biens meubles et immeubles de ce dernier. La valeur de ces biens est souvent considérable et même dans le cas du moindre des lamas, ils suffisent pour assurer au *tulkou* un agréable bien-être, d'autant plus qu'un *tulkou* est toujours le bénéficiaire de dons

---

de l'état civil : « De quelle religion est l'enfant ? » Un père ayant très judicieusement répondu que le poupon n'avait pas encore fait son choix, pas plus qu'il ne s'était décidé pour une opinion politique, sa réponse fut déclarée inadmissible. L'appartenance religieuse du bébé devait être consignée sur le registre.

1. J'ai décrit en détail, en d'autres livres, la physionomie des monastères tibétains — les gömpas. Je me bornerai à rappeler qu'ils sont de véritables villes comportant des habitations grandes ou petites bordant des rues et des avenues. Les moines habitent chacun chez soi, certains dans des palais, d'autres dans de modestes demeures, ou dans une seule chambre, suivant leurs moyens respectifs. Il n'y a pas non plus de réfectoire, le moine mange chez lui.

2. Les *tulkous* (sprul sku = corps magiques) sont des lamas que les étrangers dénomment très improprement des « Bouddhas vivants ». Ils appartiennent, de naissance, au clergé et sont considérés comme réincarnant de plus ou moins éminentes personnalités défuntes.

offerts par des laïques vassaux ou « clients » de son monastère [1] — et par des visiteurs occasionnels.

Du point de vue économique, la condition des membres du clergé qui appartiennent à des familles riches est à peu près analogue à celle des *tulkous*. D'autre part, leur liberté d'action est plus grande car, si peu que ce soit, les *tulkous* sont toujours entravés comme les souverains le sont en Occident, par des traditions, des règles protocolaires et autres facteurs de gêne.

Cependant, la grande majorité des membres du clergé ne sont ni *tulkous*, ni fils de familles riches prêtes à assurer leur subsistance, mais d'humbles *trapas*.

Le plus grand nombre de ceux-ci ne possèdent pas non plus un savoir suffisant pour leur permettre l'accès d'une carrière professorale dans un collège monastique ou un emploi dans l'administration temporelle d'un monastère. Alors ?... Alors, ils doivent comme n'importe quel individu laïque travailler pour subvenir à leur existence.

Les grands monastères possèdent des biens considérables en terres et en réserves de diverses natures dont des matières précieuses. Jusqu'à une époque récente, les intendants de ces monastères faisaient battre de l'or pour en former de larges disques : le poids de ceux-ci en rendait le déplacement très difficile et empêchait les voleurs de les transporter au-dehors, c'est à quoi visaient leurs propriétaires.

Chaque membre d'un monastère a droit à une part des revenus de celui-ci. Cette part lui est payée en nature : *tsampa*, farine, thé, beurre, viande séchée, etc. Toutefois, les parts ne sont point égales. Le régime de la répartition dans les *gömpas* ressemble à celui usité à la Comédie-Française. Certains dignitaires reçoivent 10 ou 12 parts, tandis que d'autres moines, en gradation descendante, ne touchent que 5, 4 ou 3 parts pour en arriver aux plus humbles *trapas* du bas clergé qui doivent se contenter d'une seule part.

La quantité de vivres qui constitue cette part n'est jamais suffisante pour nourrir un homme. De plus, le *trapa* a besoin de vêtements, de combustible et, s'il n'est pas propriétaire d'un logis dans l'enceinte de la *gömpa*, il doit payer un loyer pour la maison ou la chambre qu'il occupe. Ce loyer se paie en nature, en argent ou en travail effectué pour le propriétaire du logement.

Voici donc le *trapa*, en dépit de son costume monastique, placé dans une situation identique à celle de n'importe quel laïque pauvre.

1. Ces vassaux sont des paysans établis sur les terres appartenant au monastère et qui les cultivent. Leur condition ne diffère guère de celle de serfs. Les « clients » sont l'équivalent des « clients » dans l'ancienne Rome, des gens qui se sont mis sous la protection d'un grand lama ou d'un laïque influent, membre de la noblesse ou haut fonctionnaire. En général ils ne ressortissent et ne sont justiciables que de leurs protecteurs, ce qui les met à l'abri des pouvoirs publics. Ces dispositions ont tendance à disparaître et disparaîtront certainement sous les nouvelles lois édictées par la Chine.

Sans quitter son monastère, il lui est loisible, s'il a quelques minimes ressources ou s'il peut obtenir un emprunt, de faire du commerce. A défaut de moyens, il peut s'établir tailleur, bottier, menuisier, peintre en bâtiment pour une clientèle cléricale ; il lui est encore possible d'entrer parmi le personnel d'un collègue riche chez qui il sera cuisinier, valet de chambre, marmiton, palefrenier, etc.

Il en est qui, soit qu'ils pensent y trouver du profit, soit qu'ils désirent jouir de leur pleine liberté, quittent l'habit religieux et s'en vont exercer un métier dans un village ; nombre de ces déserteurs se font embaucher comme employés ou comme domestiques de marchands. Il n'est pourtant pas toujours nécessaire que le *trapa* rompe complètement avec son monastère pour s'en éloigner ; la permission de voyager pendant un temps indéfini est aisément accordée au menu fretin de la population des *gömpas*.

En fait, mes domestiques tibétains ont toujours été des *trapas*.

Quelle que soit la voie qu'il suive, même s'il demeure dans un monastère et y participe à certains offices religieux, le *trapa* ordinaire travaillant pour gagner sa vie ne diffère pas essentiellement d'un commerçant, d'un artisan ou d'un domestique laïques.

Que dira la Nouvelle Chine à ces éléments cléricaux en apparence, mais laïques en fait, de la population tibétaine ?...

Que dira-t-elle ?... C'est là une question que nous devons répéter continuellement et à propos de tout, lorsqu'il s'agit du Tibet, car tout y dépendra de la politique que la Chine suivra.

Depuis le renversement de l'empire et jusqu'à ces derniers temps, les Chinois se sont montrés très maladroits envers le bas clergé lamaïste et celui-ci, stagnant dans l'ignorance et la superstition depuis des siècles, s'est souvent attaqué à eux avec une stupide brutalité. L'avenir, qui nous réserve bien des surprises en Asie, nous montrera combien il faudra le temps pour qu'une notable partie de cette masse inculte se fonde parmi la population laïque. La somme de profit qu'elle y trouvera sera la mesure de son empressement. Il est certain qu'aucun scrupule d'ordre religieux ne la retiendra. Les *trapas*, en grande majorité, sont totalement ignorants des doctrines bouddhistes et, par conséquent, ne peuvent avoir aucune foi réelle en elles. Les quelques pratiques dévotes dont ils ont contracté l'habitude peuvent être accomplies — et le sont généralement — par tous les laïques tibétains, il n'y aura pas apostasie de leur part, donc aucune raison de craindre le châtiment qu'elle attirerait dans cette vie ou dans l'une de celles qui la suivent. Alors ? Le chemin est libre devant le *trapa*.

La question se présente autrement en ce qui concerne le haut clergé, les dignitaires ecclésiastiques : *tulkous*, chefs de monastères et tous ceux qui, d'une manière quelconque, tirent leur bien-être de la richesse des monastères.

Ce bien-être, c'est-à-dire, la paisible certitude de pouvoir satisfaire ses désirs de confort matériel et moral se présente de multiples manières suivant les tempéraments respectifs des Grands lamas.

Il ne faut pas s'imaginer que tous les dignitaires lamaïstes sont des oisifs ne se souciant que de vulgaires jouissances matérielles. Le confort de leur demeure, un train de vie important : domesticité nombreuse, écurie abritant de beaux chevaux, etc. peuvent être les préoccupations majeures d'un grand nombre d'entre eux, mais il en est d'autres qui apprécient l'indépendance économique et les loisirs qu'ils doivent à leur situation parce qu'ils leur permettent de se livrer avec quiétude à l'étude ou à la méditation. Enfin, il est des lamas particulièrement dynamiques en qui l'amour de la domination règne suprêmement. Exercer une autorité, en fait absolue, sur les nombreux vassaux paysans dépendant d'un grand monastère et la troupe des *trapas* qui peuple celui-ci leur tient profondément à cœur.

Que ce soit pour une raison ou pour une autre, ces divers hauts personnages se résigneront difficilement à voir encourager les désertions de leurs moines, à admettre un certain partage de leurs terres au profit de leurs paysans-serfs et le complet affranchissement de ceux-ci et, enfin, à se soumettre aux impôts ou aux expropriations diminuant les richesses séculaires qui étayent leur pouvoir.

L'on peut penser qu'entre eux et les dirigeants de la Chine nouvelle, la friction sera rude. Il est probable qu'en nombre de cas, si un choc se produit, les Grands lamas pourront compter, pour les soutenir, sur une bonne partie de leur troupeau de moines et même de paysans ; on peut pourtant prévoir aussi, étant donné le caractère des Tibétains, que si, à cause d'expropriations, de confiscations, de détournements de leurs revenus vers d'autres voies, les monastères s'appauvrissent, ce soutien ira s'affaiblissant. Les Tibétains ont le culte de la richesse et du pouvoir et, il faut le dire tristement, le mépris de l'indigence et de la faiblesse.

Les Chinois ne sont pas novices dans cette lutte entre le Pouvoir civil et les congrégations religieuses. Au cours des siècles, ils ont tour à tour sévi, chez eux, contre les congrégations bouddhistes et contre les congrégations taoïstes. Récemment, ils se sont tournés contre les Missions catholiques comprenant des couvents qui admettent des novices indigènes. Jamais il ne s'est agi, à ce propos, d'idéologies. Les Chinois laïques et, en majorité, areligieux d'instinct se soucient médiocrement de ce que les individus pensent en matière religieuse, mais ils considèrent comme des parasites nuisibles les hommes et les femmes qui s'organisent en société pour se soustraire à la vie civile, surtout si ces sociétés accumulent des biens.

A titre de documentation et pour éclairer les événement qui pourront se produire au Tibet et s'y annoncent déjà, il sera sans doute amusant et intéressant de jeter un coup d'œil sur la longue histoire des démêlés de l'État laïque et des groupements monastiques en Chine.

L'idée de monachisme est étrangère à la pensée chinoise. Aucun des systèmes philosophiques nés en Chine n'a préconisé le groupement sous une même règle et dans une vie commune de ses adeptes.

La rupture des liens familiaux et, surtout, le célibat volontaire ont toujours paru abominables à l'élite intellectuelle chinoise : les Lettrés. Les dirigeants de la Chine nouvelle n'ont rien à leur apprendre à ce sujet.

Dès avant Lao Tze, c'est-à-dire à une époque antérieure au ve siècle avant Jésus-Christ, il existait, en Chine, des penseurs contemplatifs qui se retiraient sur les montagnes pour s'y livrer à des méditations philosophiques ; parfois, un petit nombre de disciples se réunissaient autour d'eux, mais l'idée de former de véritables communautés monastiques ne leur vint jamais.

C'est au Bouddhisme que sont dues les premières congrégations religieuses chinoises et elles ne s'organisèrent que plus d'un siècle après l'introduction de la doctrine du Bouddha, vers 64 ou 65 de notre ère.

Voici, d'après la tradition, les circonstances qui conduisirent à cette introduction :

L'empereur Ming-Ti vit, en songe, un homme d'une stature gigantesque dont le visage avait la couleur et l'éclat de l'or. A son réveil, il consulta ses ministres sur la signification que ce rêve pouvait avoir. Or, parmi les membres de son Conseil se trouvait un homme qui avait voyagé ou qui avait été en relation avec des marchands venus de l'Inde, il dit à l'empereur que, dans l'Inde, on honorait un génie nommé Fo [1] dont une statue colossale avait un visage couleur d'or.

Frappé de l'analogie existant entre cette statue et l'être surnaturel qui lui était apparu, Ming-Ti ne douta pas que ce fût le génie lui-même qui était venu vers lui dans un dessein mystérieux. Il envoya dans l'Inde, une mission composée de 13 savants ayant à leur tête un officier du palais [2] ; leur tâche consistait à recueillir des renseignements concernant ce génie Fo.

A leur retour, les voyageurs amenèrent avec eux un religieux bouddhiste indien nommé Kacya Matanga, des livres bouddhistes et une statue du Bouddha Gautama.

La doctrine bouddhique fut loin d'exciter parmi les Chinois l'enthousiasme qu'elle avait soulevé dans l'Inde. Ses apôtres se heurtè-

1. C'est le nom que les Chinois donnent au Bouddha.
2. Son nom est donné comme ayant été Thsaï-in.

rent à une indifférence, même à une répugnance qui ne cédèrent que très difficilement.

Grâce à l'activité des propagateurs de la nouvelle doctrine, ses adeptes commencèrent pourtant à se multiplier, mais ceux-ci demeuraient laïques. Ils « prenaient refuge » [1] dans le Bouddha et dans sa Loi, mais restaient indifférents, voire hostiles, à l'idée du *Sangha* en tant que communautés de moines.

Il fallut attendre jusque vers 335 pour voir s'édifier les premiers grands monastères bouddhistes chinois. Avec eux débuta l'histoire mouvementée des rapports entre les congrégations religieuses et le Pouvoir civil.

Ainsi qu'il vient d'être dit, le Bouddhisme avait eu du mal à s'établir en Chine. Il s'y était heurté à une double opposition : celle des Taoïstes, qui craignaient d'être supplantés par les nouveaux venus en tant que devins, magiciens et ministres du culte, et celle des Lettrés, disciples de Confucius, foncièrement matérialistes et utilitaires, qui supportaient déjà impatiemment les Taoïstes et voyaient avec colère une nouvelle secte semer parmi les masses des idées propres à entraîner leurs imaginations au-delà de la vie terrestre et des questions d'utilité pratique qui la concernent.

Cependant, les Taoïstes voyant qu'ils ne parvenaient pas à supprimer les novateurs bouddhistes se décidèrent à pactiser, au moins temporairement, avec eux. Les anciens adversaires devenus en quelque sorte alliés se liguèrent, contre les Lettrés et, par cette coalition, ils rendirent impuissante l'opposition de ces derniers.

L'établissement des monastères marque, pour le bouddhisme, le commencement d'une ère nouvelle. Quatre siècles de prédications continues avaient porté leurs fruits. Dans les premières années du règne de Wou Ti des Liang (en 516), la Chine comptait 5 000 monastères.

Devant l'engouement qui commençait à se manifester pour la vie religieuse et pour parer à la concurrence de leurs rivaux, les Taoïstes se mirent à leur tour à bâtir des couvents.

En 547, le nombre de monastères s'élevait à 13 000. Ainsi depuis le recensement opéré en 516, 8 000 nouvelles communautés s'étaient

1. « Prendre refuge » dans le Bouddha, sa Doctrine, et la communion fraternelle de ses disciples : le *sangha* signifie, en phraséologie bouddhique, « devenir un bouddhiste ». Le texte de la formule qui se dit en pâli, en chinois, en tibétain ou dans n'importe quelle langue, est : « Je vais au Bouddha pour refuge ; je vais à sa Doctrine pour refuge ; je vais à l'Assemblée de ses disciples pour refuge. » — Il y a discussion quant à la signification du terme *sangha*. Les sectes théravandins des pays du Sud : Ceylan, Birmanie, Siam, etc., entendent *sangha* comme désignant l'Ordre des Moines ordonnées. Mais les Mahâyânistes des pays du Nord : Tibet, Chine, Japon, etc. comprennent le *sangha* comme étant ceux des disciples anciens, présents et à venir qui sont ou seront parvenus à la compréhension parfaite de la Doctrine, à l'illumination spirituelle complète et définitive pareille à celle du Bouddha.

fondées en trente et un ans, ce qui donne la moyenne, à peine croyable, de 22 nouvelles fondations par mois.

Ce fut vers cette époque (552) que par une conception simpliste marquant de sa part une profonde ignorance du cœur des dévots, l'empereur Hiao-youen-ti entreprit d'unir en une grande association fraternelle tous les moines de l'empire. A cet effet, il convoqua pour une amicale entente les plus célèbres métaphysiciens des Taoïstes et des Bouddhistes. Les réunions débutèrent par d'aigres controverses qui ne tardèrent pas à faire place aux injures personnelles et à dégénérer en disputes et en violences.

Le naïf souverain sévit durement contre les docteurs des deux sectes. Les uns furent exilés, d'autres emprisonnés ; le bambou cher à la Justice chinoise caressa la plante des pieds de quelques saints personnages et Hiao-youén-ti renonça à son projet.

La prospérité extraordinaire des moines, l'audace qu'elle leur donnait et les empiétements qu'ils ne tardèrent pas à se permettre provoquèrent une réaction du Pouvoir civil.

Le premier qui exerça une répression à leur égard fut un roi de Tchéou[1]. En 574, sous l'influence des Lettrés, il condamna sans distinction les communautés taoïstes et les communautés bouddhistes, ordonna la destruction par le feu de tous leurs livres sacrés, la dispersion des religieux et des religieuses et leur rentrée parmi les laïques.

Plutôt que de se soumettre au décret du souverain, un grand nombre de moines préfèrent fuir les villes et les endroits directement placés sous le contrôle des autorités et se réfugier au loin dans les lieux déserts. Revêtus d'un nouveau prestige, grâce à l'auréole du martyre dont leur front se nimbait, leur succès redoubla et l'édit prononcé ne servit qu'à augmenter le nombre de leurs adeptes.

Leur disgrâce fut d'ailleurs de courte durée. En 579, les ordonnances furent rapportées et la fortune des congrégations s'accrut encore. Plusieurs moines jouirent alors d'une influence extraordinaire. On cite, parmi eux, le favori de l'impératrice Wou Héou, le bonze Hoaï-y qui absorba dans ses entreprises toutes les réserves du trésor impérial. Occupant journellement 10 000 travailleurs, il fit élever le Temple du Ciel et le Temple de la Grande Lumière. Ce dernier comprenant cinq étages d'une hauteur considérable[2].

Toujours suivi par un millier de jeunes gens qui se déclaraient

---

1. D'après la relation du *Li-tai-ti wang-nien-piao* : Tchéou était un royaume de la Chine du Nord. La Chine était alors divisée en plusieurs États.

Les bonzes avaient déjà été persécutés vers 450 par l'empereur Tai-wou-ti qui en fit périr un grand nombre ; mais ils étaient alors poursuivis pour avoir prêché une religion en désaccord avec les mœurs de l'Empire et non point comme congréganistes.

2. Les noms de ces temples ont une résonance taoïste, pourtant Hoaï-y fait figure de bonze bouddhiste et sa protectrice l'institua chef du monastère de Loyang le berceau du Bouddhisme en Chine.

ses disciples, Hoaï-y fut en butte aux accusations de moralistes ou d'envieux qui lui prêtaient des mœurs spéciales.

Il s'en fallait que les moines donnassent l'exemple de l'austérité. Un grand nombre d'individus ne portaient l'habit religieux que pour jouir de divers privilèges : exemption d'impôts, de corvée, etc. [1] que la loi accordait aux congréganistes. Beaucoup de bonzes s'occupaient ouvertement de négoce, se mariaient légitimement ou se livraient au libertinage.

Une réaction s'ensuivit. En 626, l'empereur Kao-tsou imposa sous des peines sévères la stricte observance des règles monastiques à ceux qui les avaient acceptées en entrant dans les Ordres. Plein de défiance envers des gens qui prétendaient s'affranchir des lois de la nature, il voulut, au moins, leur épargner les tentations et, par décret, il défendit aux moines la fréquentation des femmes, quel qu'en fût le prétexte : zèle pieux, instruction religieuse ou charité.

Néanmoins, sous le règne de Wou-Héou et sous celui de l'impératrice Weï [2], temples et couvents ne cessèrent d'être construits partout dans le pays.

Un nouveau revirement se produisit avec l'avènement de Hiouan-tsoung. Aussitôt au pouvoir il chercha à réduire les effets de l'engouement du peuple et des précédents souverains pour les congrégations. Par son ordre, 12 000 moines furent renvoyés dans leurs familles et on leur enjoignit de rentrer dans la vie civile en adoptant une profession utile. Un grand nombre de temples furent démolis et les statues de métal qui y étaient vénérées furent fondues au profit du trésor public.

Encore une fois, l'orage passa sur les communautés sans les abattre. Plus d'un siècle après l'édit de Hiouan-tsoung, l'empereur Wou-tsoung s'inquiéta, à son tour, des progrès des moines dans la société chinoise. Zélé taoïste, il écouta avec d'autant plus d'empressement les représentations des Lettrés, au sujet de l'accroissement continuel des congrégations, qu'elles lui permettaient de frapper les Bouddhistes. En 845, l'année qui précéda sa mort, il ordonna un recensement général de tous les temples consacrés au culte du Bouddha. Les rapports officiels mentionnaient l'existence de 44 600 temples à la plupart desquels étaient annexés d'importants monastères. En dehors de ceux-ci, il existait un nombre considérable de couvents de moindre importance. Le nombre des moines et des nonnes groupés dans ces diverses communautés s'élevait à 260 000 et celles-ci possédaient outre d'immenses propriété en terre et en immeubles, 150 000 esclaves, hommes et femmes.

L'empereur voulut aussi que l'on dénombrât les prêtres des sectes étrangères : les Taï-thsins et les Mou-hou-fous. Tathsin étant, alors,

1. Comme il en est encore au Tibet en 1950.

2. C'est-à-dire le règne de l'empereur Tchoung-tsoun, qui abandonna à sa femme Weï l'exercice réel du pouvoir.

le nom chinois de l'Empire romain, ce nom désignait probablement les Chrétiens nestoriens établis en Chine. Les Mou-hou-fous étaient des Parsis. On ne trouva guère parmi eux que 3 000 ministres du culte.

L'année suivante (846) l'empereur, sans vouloir interdire la pratique du Bouddhisme, sévit contre les congrégations. Les 44 600 monastères compris dans le recensement furent détruits, les biens des communautés confisqués et affectés à la construction de bâtiments d'utilité publique ; les esclaves furent libérés et incorporés dans la classe des gens du peuple. On fondit les cloches pour en transformer le métal en monnaie. Quant aux nouvelles statues de métal qui avaient été construites en remplacement de celles détruites par ordre de Hiouen-Hsoung, elles eurent le même sort.

Les moines et les religieuses bouddhistes, Taï-thsins et Mou-hou-fous durent reprendre la vie laïque, satisfaire aux corvées et payer les impôts acquittés par le reste du peuple. Tous ceux d'entre eux qui étaient de nationalité étrangère furent conduits aux frontières et renvoyés dans leurs pays respectifs.

Les congrégations ne se résignèrent pas à accepter en silence le coup qui les frappait ; le peuple inféodé aux moines prit leur parti : des troubles éclatèrent dans le pays.

L'année même de la promulgation de ces décrets, Wou-tsoung mourut et son successeur, Siouén-tsoung se vit contraint, avant même de monter sur le trône, de révoquer les mesures prises contre les communautés.

A la suite de cet éclatant triomphe, les congrégations accrurent encore leur richesse et le nombre de leurs membres.

Cependant, l'empereur, qui n'avait cédé que sous la pression populaire et pour ne pas être écarté du pouvoir, prêta une oreille complaisante aux doléances que lui exprima un personnage influent de l'empire.

Dans le placet présenté par ce seigneur, il était dit :

« Le peuple est dans la misère, tandis que les religieux vivent dans l'abondance et l'oisiveté. Il serait préférable pour l'État que les moines cultivassent les champs et que les nonnes s'occupassent de l'élevage des vers à soie. »

Approuvant son conseiller, Siouén-tsoung publia l'édit suivant :

« 1° Aucun individu de l'un ou de l'autre sexe ne pourra s'engager dans un ordre religieux sans en avoir obtenu l'autorisation du chef du district.

« 2° Aucun individu ne pourra élever un temple ni fonder un couvent sans en avoir obtenu l'autorisation du chef de la province. »

Ce décret fut renouvelé sous une forme différente par l'empereur I-tsoung, en 861, bien que ce monarque ait été un fervent bouddhiste très versé dans les Écritures Sacrées sur lesquelles il publia des commentaires en sanscrit.

Lui aussi n'entendait que viser les congrégations qui devenaient un danger pour l'État, sans attaquer la Doctrine qui avait fourni le prétexte de leur fondation.

Le décret d'I-tsoung figure toujours dans le code moderne, en voici la teneur en ses points essentiels :

« — Quiconque, sans avoir obtenu une licence du gouvernement, entrera comme novice dans une communauté religieuse, s'y fera clandestinement raser la tête à la manière des Bouddhistes ou coiffer à la manière des Taoïstes, recevra 80 coups de bambou.

« Si le délit a été commis à l'instigation d'un chef de famille, celui-ci subira la peine édictée par cette loi.

« Il en sera de même des religieux et du supérieur du monastère qui auront illégalement procédé à la réception du néophyte.

« La licence est délivrée par le gouverneur du district.

« Le novice doit avoir vingt ans révolus. Tout individu qui entrera dans une communauté religieuse avant d'avoir atteint l'âge de vingt ans sera condamné à porter la cangue pendant un mois et redeviendra laïque [1]. »

En 955, l'empereur Chi-tsoung, de la dynastie des Tchéous postérieurs, modifia quelque peu cette législation.

Le postulant dut, pour obtenir la licence des autorités civiles, justifier que ses parents — père, mère, aïeuls paternels, oncles et tantes paternels — connaissaient sa résolution et y donnaient leur consentement. Il suffisait qu'un seul des parents précités refusât son autorisation pour empêcher la délivrance de la licence officielle.

Cet édit n'obtint aucun succès. De même qu'elles l'avaient fait pour ceux qui l'avaient précédé, les congrégations surent comme toujours éluder les dispositions, gênantes pour elles, des mesures prises à leur égard.

Trois siècles s'écoulèrent encore pendant lesquels les mêmes luttes se poursuivirent. Alors, de nouveaux moines entrèrent en jeu : les lamas.

En 1261, le petit-fils du célèbre Gengis Khan : Koubilaï Khan devenu empereur chinois, appela à sa Cour un éminent érudit et métaphysicien, chef de la secte de Sakyapas nommé Pagpa lodeu gyaltsén *(phags pa blo gros rgyal mtsan)*. Celui-ci instruisit Koublaï dans les doctrines du bouddhisme lamaïste et trouva en lui un disciple fervent et un protecteur.

Les lamas lamaïstes n'étaient encore qu'une poignée dans l'entourage de l'empereur, cependant leur influence sur lui fut assez forte pour lui faire renouveler l'édit de 574 contre les congrégations. On peut penser que les lamas tenaient à débarrasser la place de concurrents avant de s'y installer eux-mêmes. Les Taoïstes furent particu-

1. D'après le *Thaï-Thsing liu li,* 77e section.

lièrement frappés ; la destruction de tous leurs livres sacrés fut ordonnée.

Quelque rigueur qu'on eût déployée à plusieurs reprises à leur égard, les congrégations avaient jusque-là réussi à échapper au payement des impôts. Cette situation privilégiée prit fin en 1309, quand l'empereur Wou-tsoung décréta que désormais les terres et les autres propriétés des monastères bouddhistes et taoïstes seraient soumises au même régime fiscal que celles des particuliers [1].

Ces dispositions rencontrèrent, naturellement, une grande résistance de la part des moines.

D'autre part, les efforts des Lettrés se heurtèrent aux nouvelles congrégations : celles des Lamaïstes dont la puissance ne cessait de croître. Leurs moines avaient désormais, entre autres privilèges, licence de se servir de chevaux de poste de l'État et, selon les chroniques de l'époque, ils parcouraient le pays avec le faste des princes. Obligation était aussi faite au peuple de fournir des provisions pour eux, leur suite et leurs chevaux pendant leurs déplacements.

Nous noterons en passant que ce régime de réquisition a été appliqué au Tibet jusqu'à nos jours. Quant aux monastères tibétains, ils ne paient aucun impôt. D'ailleurs, seuls les Tibétains du peuple s'en voient réclamer, tous ceux qui occupent un rang distingué dans la société en sont exonérés, si bien que l'on peut avoir honte de payer des impôts, car ce fait vous désigne comme appartenant à une basse classe de la population.

Les moines lamaïstes avaient refoulé dans l'ombre non seulement les religieux taoïstes, mais aussi leurs coreligionnaires, les bonzes bouddhistes chinois. Ils publiaient leurs Livres Sacrés en caractères d'or [2] et, d'après les chroniques de l'époque, se livrèrent à de fastueuses fantaisies.

En 1373, un homme d'humble origine, ancien bonze qui avait jeté le froc aux orties pour le métier des armes, s'empara du trône : et devint Taï-tsou, fondateur de la dynastie des Ming.

Comme beaucoup d'autres qui ont approché de trop près les religions et leurs ministres, il ne semble pas que cet empereur ait conservé de son séjour dans les Ordres une grande vénération pour ses confrères. Il marqua son règne par des mesures très sévères

1. Ce qui paraît se préparer actuellement au Tibet.

2. Trois mille neuf cents onces d'or furent, est-il dit, employées à ces éditions sous le règne de Jin-tsoung. On trouve encore de ces anciens livres dans les trésors de certains monastères tibétains et de nos jours des ouvrages en caractères dorés sur papier noir sont encore produits par des calligraphes tibétains.

contre les congrégations et ne laissa subsister qu'un seul temple dans les villes des trois premiers ordres administratifs : tous les temples et toutes les maisons conventuelles se trouvant en surplus dans ces villes, ainsi que tous les monastères établis dans les localités de moindre importance furent impitoyablement supprimés par ses ordres. Il interdit également aux communautés d'admettre des femmes comme novices avant que celles-ci aient atteint quarante ans révolus.

Un édit réitérant cette défense et l'étendant aux novices du sexe masculin fut publié en 1398 par Kien-wen-ti. La seconde partie de l'édit de ce souverain tendait à restreindre le nombre des moines en limitant le nombre des admissions dans les communautés.

Voici le passage qui se rapporte à ce sujet :

« Défense est faite aux religieux de la secte des Bouddhistes et à ceux de la secte des Taoïstes d'admettre au noviciat un trop grand nombre de sujet. »

Le commentaire qui accompagne cet article vaut la peine qu'on en cite quelques mots :

« Les religieux à quelque Ordre qu'ils appartiennent sont des sujets inutiles. Enfermés dans leurs couvents et inactifs, ils bravent perpétuellement la société... »

Le règne de Kien-wen-ti fut court (moins de quatre ans) et agité par la révolte qui renversa son trône ; ses décrets contre les congrégations restèrent lettre morte. Les moines crièrent à l'intolérance et passèrent outre.

L'oncle de Kien-wen-ti, après avoir vaincu son neveu et pris possession du pouvoir, poursuivit ceux qui avaient contrevenu aux lois promulguées par ses prédécesseurs : 1 800 jeunes gens ayant adopté la profession religieuse avant l'âge légalement fixé durent rentrer dans la vie civile.

Peine perdue, les monastères, tant bouddhistes que taoïstes, continuèrent à prospérer, les communautés lamaïstes s'ajoutant maintenant à eux.

Aux souverains qui s'efforçaient de s'opposer à leur développement en succédaient d'autres qui les favorisaient. En vain les Lettrés tentèrent-ils encore une fois, sous Chi-tsoung (en 1538), d'obtenir la suppression des communautés, cet empereur leur répondit en les frappant en la personne de leur Maître : Confucius dont, poussé par les moines, il ordonna de détruire toutes les statues.

Vers 1600, les documents officiels mentionnaient l'existence de 530 000 religieux autorisés, reconnus par l'État ; un plus grand nombre encore de bonzes non reconnus s'y ajoutaient. Le nombre des monastères était incalculable et ils possédaient d'immenses richesses.

On le voit, par le fait de la superstition des masses populaires et surtout de l'inébranlable ténacité des congrégations, la lutte que, dès le VIe siècle, le pouvoir civil avait engagée contre elles était loin, après mille ans de péripéties diverses, d'avoir donné la victoire à ce dernier. Tout au contraire, en plus des communautés bouddhistes et taoïstes, il allait trouver maintenant devant lui de nouvelles venues : les congrégations de l'Occident soutenues par les Puissances étrangères, mais cela est une autre phase de cette histoire et elle est hors de place dans mon présent sujet.

Peut-être me suis-je attardée trop longtemps à cette relation des luttes entre le Pouvoir civil et les congrégations religieuses en Chine, je la crois pourtant utile pour permettre de bien comprendre l'attitude que les dirigeants de la Nouvelle Chine seront susceptibles de prendre envers le clergé tibétain.

D'après certains renseignements, il semble que ceux-ci ayant réalisé, au bout d'une longue expérience, le défaut d'efficacité des décrets pour réduire l'importance des divers clergés et en amener l'extinction graduelle, se soient tournés vers une autre tactique.

Dès à présent, il a été interdit aux monastères tibétains de recevoir des garçons de huit à dix ans amenés par leurs parents en vue de leur entrée dans l'Ordre religieux. L'établissement d'écoles sur toute l'étendue du Tibet est projetée et l'instruction doit être rendue obligatoire ; elle doit aussi être étendue aux femmes et une loi récente confère à celles-ci tous les droits civiques qui seront attribués aux hommes.

Évidemment, ces mesures et d'autres analogues n'ont guère de signification au Tibet pour le moment, mais elles permettent de discerner le plan conçu par les adversaires jamais lassés des divers clergés. Ils comptent sur le développement de l'instruction parmi les Tibétains pour saper les superstitions qui soutiennent la puissance des lamas.

Il ne manquera pas de gens, parmi les Occidentaux, qui attribueront cette attitude des Chinois à l'influence des doctrines marxistes ou aux incitations des Communistes étrangers. Ces causes ne sont pas à écarter entièrement, mais on se tromperait en exagérant leur importance. Comme on vient de le voir, depuis des siècles une forte opposition a existé en Chine, contre les individus qui, s'appuyant sur des idéologies religieuses, font « bande à part » dans la société laïque et s'y créent des intérêts différents de ceux de l'État ou même antagonistes à ceux-ci. Sur le terrain de l'anticléricalisme, les Chinois n'ont pas besoin de maîtres étrangers, ils en ont eu chez eux tout au long de leur histoire.

Chapitre VII

Les indigènes des frontières

Les populations dispersées sur la vaste étendue de territoire qui constitue le Tibet sont loin d'être uniformes. A défaut d'informations historiques précises sur lesquelles nous puissions nous fonder, les variétés de types physiques que nous rencontrons chez les Tibétains suffisent à démontrer la multiplicité de leurs origines.

Les Tibétains n'ont jamais formé non plus une véritable nation. L'idée de nation est de date récente parmi eux et le sentiment de solidarité qu'elle comporte y demeure très vague, souvent complètement inexistant.

Au VIIe et au VIIIe siècle, à l'époque de leur gloire militaire, les Tibétains étaient divisés en une centaine de tribus sans liens permanents et maintes fois en guerre les unes contre les autres.

Cet état de choses n'a pas complètement disparu. Même au cœur du Tibet, Upas — gens de la province de U [1] avec Lhassa pour capitale — et Tsangpas — gens de Tsang avec Jigatzé pour capitale — sont loin de vivre toujours en bonne intelligence. Des tendances séparatistes couvent perpétuellement au pays de Tsang dont la noblesse entretient des prétentions à une descendance des anciens rois du Tibet et se résigne difficilement à reconnaître Lhassa comme siège du gouvernement de tout le Tibet.

Avant la mort de Langdharma [2], le dernier des rois tibétains, les souverains donnaient fréquemment des fiefs au Tsang et au Ngari aux cadets de leur famille. Pour cette raison, cette région est gratifiée, dans les ouvrages des anciens auteurs, de l'épithète de « Pays des Nobles ». Les prétentions de ceux des Tsangpas qui se donnent comme ancêtres les uns ou les autres des membres des antiques familles royales ne sont donc pas dénuées de tout fondement.

Les tendances séparatistes des Tsangpas se sont fortement affirmées au cours de la querelle que fit le Dalaï-lama, pro-anglais, au Panchén lama, prochinois, et qui a tenu ce dernier en exil pendant plus de vingt ans.

Les deux adversaires sont morts ; le Dalaï-lama, en décembre

1. *Dbu.*
2. Assassiné par un lama en 900.

1933, le Panchén lama en novembre 1937, à la frontière du Tibet, alors qu'il était en route pour retourner à Jigatzé.

Mais ni l'un ni l'autre de ces personnages ne meurt au sens ordinaire de ce terme. Tous deux sont censés se réincarner et reprendre la place qu'ils occupent depuis des siècles. Ce qui se « réincarne » plus, évidemment, ce sont les tendances politiques de l'entourage des défunts. Elles survivent autour du lama réincarné et, presque à son insu, l'enrégimentent dans le parti que son prédécesseur soutenait.

Il ne peut plus être question, maintenant, de parti pro-anglais au Tibet, mais ceux qui le composaient peuvent se muer en nationalistes antichinois. Quant aux prochinois de Tsang, le retour en force de la Chine au Tibet et les attentions dont le défunt Panchén durant son exil et ensuite son jeune successeur ont été l'objet de la part du gouvernement chinois ne peuvent que renforcer leur attachement à la Chine.

Actuellement, les deux lamas sont de jeunes garçons (le Dalaï-lama a dix-huit ans, le Panchén lama quatorze ans), le traité signé à Pékin par les envoyés tibétains spécifie que le Dalaï-lama doit entretenir des relations amicales avec le Panchén qui vient de rentrer au Tibet dans sa nouvelle incarnation. On peut penser que les deux jeunes garçons n'auraient pas eu besoin de cette dernière injonction et qu'ils ne demanderaient pas mieux que de s'amuser ensemble à des jeux de leur âge, mais de cela il n'est point question : l'un et l'autre ne sont que des marionnettes aux mains de leur entourage, du moins jusqu'à ce qu'ils aient acquis une personnalité assez forte pour manifester une volonté propre. Ce cas est rare chez les grands lamas ; il s'est pourtant produit avec le défunt XIIIe Dalaï-lama prédécesseur immédiat du possesseur actuel du trône de Lhassa qui régna effectivement et, d'ailleurs, passablement cruellement.

En attendant, le successeur de l'exilé Panchén et la petite troupe des gens de sa Cour qui ont partagé son exil ont été escortés en grande pompe de la Chine à Jigatzé par des troupes chinoises et reçus avec de vives démonstrations de joie par le peuple de Tsang.

Un certain degré d'autonomie a été accordé aux dirigeants administratifs de la province de Tsang qui ne seront plus aussi étroitement dépendants de Lhassa que par le passé.

Quelle sera pratiquement l'étendue exacte de cette autonomie, on n'a encore que de vagues notions à ce sujet. Entre les clauses inscrites en des traités et la manière dont elles se traduisent matériellement, la distance est souvent grande.

L'autonomie du Tsang est comprise comme devant s'exercer « dans le cadre » de l'État tibétain. Ce « dans le cadre », une expression favorite de nos politiciens modernes, donne l'idée de « en liberté dans l'enceinte d'une prison ». Les Tsangpas s'en contenteront-ils ? Et l'ensemble des Tibétains se contenteront-ils de l'autonomie que le traité leur assure « dans le cadre de la Chine » ? — Cette liberté restreinte ne satisfera probablement pas les ultra-nationalistes, tandis que d'autres pencheront vers une union complète avec la Chine qui ferait d'eux de réels citoyens chinois. Le débat risque de se poursuivre, du moins en discours.

Mais tout cela ne concerne que le centre du Tibet, le foyer peut-on dire de son intermittente et falote vie politique. Or ce « centre » n'est qu'une partie minime de l'immense région que nous désignons par le nom de Tibet. Aux extrémités de celui-ci résident des groupes de populations ayant leurs intérêts propres, ne se sentant aucunement solidaires de leurs « compatriotes » du Tibet central ou même qui leur sont franchement hostiles. Nous trouvons là des Khampas, des Amdopas, des Gyarongpas, des Popas, des Lhopas et les Dokpas, Ngologs et autres, pasteurs vivant sous la tente.

Les Tibétains du Centre englobent tous ces gens des frontières dans la désignation de Thakhopas, « hommes des extrémités » à laquelle ils donnent le sens méprisant de « non civilisés », de « sauvage ».

Ces mêmes Tibétains du Centre désignent encore parfois les monastères existant dans les provinces reculées par le titre de « monastères en pays non civilisés ». A peu près l'équivalent de nos Missions étrangères et avec la même nuance de commisération dédaigneuse que celles-ci montrent pour les « païens ».

D'après la relation de voyage d'un des agents indiens de l'Intelligence Service britannique nommé Sarat Chandra Dass qui parcourut le sud et le centre du Tibet en mission secrète en 1879 et en 1882, les Tibétains de Jigatzé avec qui il s'entretenait inclinaient à tenir tous les Khampas pour des brigands complètement dénués de culture. Idée absurde car, à cette époque, cette province avait déjà fourni au Tibet nombre de personnalités remarquables.

Aujourd'hui, les gens de Lhassa, de Jigatzé et des localités voisines sont mieux renseignés concernant les Khampas et des relations commerciales suivies existent entre les villes du pays de Kham et le Tibet central ; néanmoins, les natifs de cette dernière région hésitent encore à considérer les Khampas comme leurs véritables compatriotes. L'on peut ajouter qu'il y a réciprocité de sentiments.

Depuis très longtemps, sinon toujours, le pays de Kham (Tibet oriental) a été inclus dans la sphère d'activité de la Chine tandis que les liens avec le gouvernement de Lhassa y demeuraient ténus ou nuls.

Des luttes perpétuelles y changeaient constamment les zones dépendant de la Chine de celles soumises à la juridiction peu effective du lointain gouvernement siégeant au centre du Tibet. J'ai assisté à plusieurs de ces mutations pendant mes séjours au Kham, notamment en 1922, puis de 1939 à 1944.

Les Khampas, de race très différente de celle des Tibétains du

Sud [1], ne sont pas systématiquement hostiles aux Chinois, ils inclinent plutôt à les estimer.

Ils donnent volontiers leurs filles en mariage à des Chinois et celles-ci, que leur mari soit un haut fonctionnaire ou un petit boutiquier, témoignent beaucoup de fierté de leur situation conjugale. Quant aux enfants nés de ces unions, ils proclament avec insistance leur nationalité chinoise et se montrent vexés si l'on fait allusion à leur sang tibétain. Bien que tous sachent la langue tibétaine, ils affectent de l'ignorer et ne parlent que le chinois.

De tels sentiments ne sont pas absolument particuliers aux Khampas, on les rencontre aussi au Tibet central où je les ai entendu exprimer plus d'une fois. Un jour, remarquant un insigne attaché à la robe d'un noble de Tsang, je m'enquis de sa signification à celui qui s'en était décoré.

« — J'ai le grade de capitaine », répondit mon interlocuteur et, comme j'hésitais, ne comprenant pas bien comment, lui, qui n'était pas militaire, pouvait être capitaine, il précisa : « Capitaine chinois. »

Vraisemblablement, ce grade lui avait été décerné à titre honorifique et lui donnait un rang protocolaire égal à celui de capitaine.

« — Qui est le plus grand », lui demandai-je encore, « un capitaine chinois ou un capitaine tibétain ? »

« — Oh ! s'exclama-t-il, c'est un capitaine chinois. Un capitaine tibétain est sans importance, il n'est rien en comparaison d'un capitaine chinois. »

Et ce disant, l'homme se rengorgeait en pensant qu'il était l'égal d'un tel haut personnage.

En somme, si les Khampas ne sont pas animés de sentiments très cordiaux envers les Chinois, ils ne les détestent pas absolument non plus, tandis qu'en général, ils haïssent les gouvernants de Lhassa.

Cependant les Chinois auront à surmonter, au Kham et dans des régions voisines, les mauvais souvenirs que les troupes de l'Armée Rouge ont laissés à une partie des indigènes, lorsque au cours de la « Longue Marche » elles ont traversé les territoires tibétains du nord-est [2].

Il s'agira de leur faire comprendre que des troupes exténuées par

1. Les Khampas ressemblent étonnamment aux Indiens d'Amérique et d'après des données qui paraissent bien fondées, des groupes de leurs ancêtres seraient passés en Amérique à l'époque où ce continent restait encore attaché à l'Asie, avant la rupture qui constitue aujourd'hui le détroit de Behring.

2. La « Longue Marche » est une aventure épique sans égale dans les temps modernes. Après plusieurs années de luttes contre les troupes de Tchang Kaï-chek pendant lesquelles les victoires et les revers alternèrent, l'Armée Rouge étant attaquée de tous côtés, ses chefs décidèrent une retraite en masse. Le nom d'exode convient mieux, ici, que celui de retraite, car une partie de la population civile s'expatriait à la suite de l'armée.

La « Longue Marche » dura un an pendant lequel l'Armée Rouge, partie du Kiangsi le 16 octobre 1934, atteignit le Shensi en octobre 1935 après avoir suivi, tout en une année de marche à travers les régions où elles devaient combattre presque continuellement pour s'ouvrir un passage, dont la moitié des hommes avaient péri de fatigue et de misère en cours de route et qui manquaient de ravitaillement, ne pouvaient guère éviter de vivre sur les pays où elles passaient.

Que les soldats aient pris de force ce dont ils avaient besoin et, probablement, quelque chose de plus, était normal en la circonstance.

Les Tibétains sont habitués à être pillés, ils comprennent la violence et la rapine. Quand elles excitent leur colère c'est parce qu'elles se sont exercées à leur détriment ; un sentiment moral de justice impersonnelle n'entre guère en jeu à ce propos. Pillards, la majorité d'entre eux sont toujours plus ou moins prêts à le devenir joyeusement.

Le passage de l'armée Rouge en retraite date de bientôt vingt ans, son souvenir s'efface et les rancunes qu'elle a pu engendrer s'apaisent comme d'autres, suscitées par des causes analogues, se sont maintes fois assoupies.

Il y aura pourtant lieu, pour les Chinois, de démontrer aux Khampas, comme aux autres Tibétains, que la conduite de leur armée, devenue armée nationale, disciplinée et régulièrement ravitaillée n'a rien de commun avec la horde fugitive héroïque qu'ils ont connue.

Du reste, ils semblent ne point perdre ce but de vue. La stricte discipline imposée aux troupes cantonnées au Tibet et les sanctions sévères signalées au chapitre premier le prouvent.

Les fonctionnaires représentant le gouvernement chinois feront bien, aussi, de se montrer intègres. On l'a déjà vu, leur réputation est suffisamment bonne à cet égard parmi les Tibétains. Mais, détail amusant, ils devront aussi se garder de l'exagération : trop d'intégrité risquerait d'être tenue pour sottise et faiblesse par leurs administrés qui ne sont point accoutumés à rencontrer des vertus intransigeantes et ne les admettent guère que chez les saints anachorètes, les surhommes de leur pays, qui planent au-dessus des intérêts de ce monde. Un fonctionnaire ne doit être ni vexant ni brutal, mais pour être respecté et même pour être aimé, il doit se montrer fort ; or, le degré de force se mesure, au Tibet, à la somme des profits tangibles qu'elle procure.

La nécessité, pour ceux qui ont à les gouverner, de se montrer forts est particulièrement impérieuse vis-à-vis des Thakhopas habitant les régions frontières.

On se tromperait en imaginant les populations des « extrémités »,

combattant, un itinéraire tournant de 5 000 kilomètres qui la mena au Yunnan et en territoire tibétain à travers le pays de Kham et le Ching-Hai. Partie, forte d'environ 90 000 hommes, l'armée communiste était réduite à 45 000 hommes quand elle s'arrêta au Shensi.

les Thakhopas, comme des sauvages vivant nus, n'ayant aucune industrie et se nourrissant uniquement de fruits sauvages et de racines comme les singes dans les forêts. De tels individus n'existent pas au Tibet.

Ceux que les Tibétains de Lhassa ou de Jigatzé qualifient volontiers de « non civilisés » sont en grande partie des gens dont les conceptions morales et sociales diffèrent de celles admises en théorie, sinon en fait, dans les provinces centrales.

Notons en passant que nous inclinons même encore actuellement vers une opinion médiocre du degré de civilisation des Chinois et des Japonais, tandis que, de leur côté, ceux-ci nous tiennent toujours pour des « barbares » ; les Tibétains pensant de même.

Quant à convaincre un Ngolog, un Popa ou un autre Thakhopa que ses façons de voir sont fausses et ses mœurs répréhensibles, c'est chose impossible. Je m'y suis, parfois, essayée, traitant mes propos comme un badinage, car si je m'étais montrée trop sérieuse et dogmatique, mes interlocuteurs auraient pu le trouver mauvais et me faire subir désagréablement les conséquences de mon intervention dans une matière qui ne me regardait pas.

Au pays de Po dont les habitants sont à peu près considérés comme étant en dehors du Tibet propre, nous rencontrons des villages, des bourgades, des monastères importants, des champs cultivés. La population comprend, outre les agriculteurs, des marchands et des artisans. Chacun exerce son métier paisiblement, tout au moins d'une façon intermittente. Mais il n'est guère de ces bonnes gens qui ne considèrent comme un geste infiniment plus beau celui de l'homme allant avec un groupe de camarades effectuer une profitable razzia dans une tribu voisine ou plus ou moins lointaine.

On se battra, on tuera ou on sera tué... la victoire sera aux plus forts ou aux plus adroits. Certains retourneront triomphants à leur village, d'autres ne reviendront pas et les grands vautours déchiquèteront leurs corps gisant sur un plateau désert ou parmi les taillis d'une forêt. Leurs familles s'affligeront comme s'affligent celles des soldats tombés sur les champs de bataille, une nuance de fierté teintant leur douleur... et les fils des « héros » recommenceront l'histoire de leurs pères.

Cela, pour un Thakhopa du pays de Po ou d'ailleurs, c'est la vraie vie, la vie noble. Comme ils se moquent, ces barbares des « extrémités », de ceux qui leur disent que leurs mœurs sont antisociales, abominables et qu'ils sont des malfaiteurs, combien ils méprisent ces naïfs, ces poltrons, ces « civilisés » sans grandeur.

A un degré moindre d'audace, les Popas rencontrant des voyageurs sont inévitablement poussés par un « impératif » instinctif à les arrêter pour s'approprier leurs bagages ou leurs vêtements. Ne pas tirer profit de la chance d'une telle rencontre serait humiliant, honteux et absolument contraire au code de la conduite correcte en honneur dans le pays [1].

Plus au sud, nous trouvons des Lhopas (littéralement « gens du sud ») en grande partie des aborigènes et de véritables « en dehors », car, bien que les territoires qu'ils occupent et qui s'étendent jusqu'à la frontière de l'Assam figurent sur les cartes du Tibet, ils n'ont guère de rapports effectifs : administratifs ou autres avec les Tibétains du centre.

L'agriculture est peu développée dans leur pays couvert de forêts, les indigènes y chassent avec des flèches dont ils empoisonnent la pointe avec une préparation à base d'aconit. Beaucoup sont encore, en partie, au stade dit de la « cueillette » où l'homme se nourrit des plantes sauvages qu'il cherche dans les bois et parmi les herbages.

Au nord de leur pays, à Tsari (la montagne herbeuse) est un lieu de pèlerinage célèbre au Tibet. Le pèlerinage a lieu tous les douze ans et attire un grand nombre de Tibétains. Cependant, l'accès du territoire des Lhopas étant interdit aux étrangers — et les Tibétains sont considérés par eux comme des étrangers — les pèlerins doivent obtenir, moyennant paiement, l'autorisation de se rendre à Tsari et sont pourvus de guides qui veillent à ce qu'ils ne s'écartent pas de l'itinéraire direct.

Passeports et visas délivrés moyennant finance ne sont point, on le voit, des inventions dont les « civilisés » de l'Occident ont le droit de s'enorgueillir. Des sauvages en ont imaginé l'équivalent avant eux.

Hors des zones des cultures et des forêts dans les hautes régions du Tibet septentrional et occidental, entre 3 000 et 5 500 mètres d'altitude, couvertes d'alpages, aux véritables « extrémités » du Tibet vivent les Thakhopas pasteurs : les Dokpas (gens des solitudes).

Avec eux nous avons atteint les moins civilisés des Tibétains : des barbares, mais certes point des sauvages et certainement pas non plus des individus dénués d'intelligence, il s'en faut.

Les Dokpas vivent du produit de leurs nombreux troupeaux et habitent de vastes tentes noires faciles à déplacer. Les Dokpas ne sont pas des nomades. Il serait difficile d'être véritablement nomade à notre époque, la terre est trop densément occupée. Les Dokpas transhument suivant les saisons en demeurant toujours sur le territoire appartenant à leur tribu.

Ce territoire est la propriété collective de la tribu ; il n'en est pas de même des troupeaux. Les propriétaires des yaks, des chevaux, des moutons qui constituent ces troupeaux ne sont pas toujours eux-mêmes des Dokpas. Certains sont des lamas ou des laïques riches qui confient la garde de leurs bêtes à des pasteurs. Une sorte de

1. Au sujet des Popas, voir *Voyage d'une Parisienne à Lhassa*.

contrat rappelant celui du métayage est conclu verbalement à ce sujet, il est réglé par la coutume ; le dokpa-gardien a l'usage des bêtes contre certaines redevances en nature : beurre, fromage, laine.

Tandis que les habitants des régions de Lho et de Po, les Gyarongpas, les Tsarongpas et d'autres, bien que cultivant le sol, demeurent en même temps fidèles à la pratique primitive de la « cueillette », consommant des plantes et des racines sauvages, les Dokpas ne s'y montrent nullement enclins.

Évidemment, les terres de haute altitude où ils vivent n'offrent guère de légumes sauvages ; il en existe pourtant quelques-uns, notamment d'excellentes algues comestibles qui poussent dans les marais et dont je me régalais, mais les Dokpas les dédaignent, tout au plus recherchent-ils une racine qu'ils appellent *touma*, dont le goût rappelle celui de la châtaigne.

Les Dokpas passant leur vie parmi d'immenses alpages semblent être hantés par ces paysages tout en herbe, si bien que toute plante verte leur paraît être de l'herbe et ils déclarent que, comme l'herbe, elle est bonne à nourrir les bêtes, mais non les hommes. Cette opinion ressemble à celle qu'entretenaient les anciens Mongols nomades : « L'herbe nourrit les bêtes, disaient-ils, les bêtes nourrissent les hommes. » Mais les Mongols se nourrissaient presque exclusivement de viande, tandis que les Dokpas tibétains en mangent très peu. Ce n'est que rarement, comme à l'occasion d'une fête, que les Dokpas abattent des bêtes de leurs troupeaux. Leur nourriture quotidienne, très monotone, consiste en lait caillé, yoghourt qu'ils dénomment *cho*, en fromage qui n'est que du lait séché, en thé beurré et en farine d'orge grillée — *tsampa* — qu'ils achètent aux caravanes de marchands qui visitent leurs campements pour y acheter de la laine ou du beurre.

Le même code de l'honneur que j'ai signalé à propos des Popas prévaut chez tous les Dokpas, ceux du Ngari, des environs du lac Mophan aux sources du Gange près du mont Kailas à l'Ouest ou dans la province septentrionale de Chinghai dans la région du Koukou nor et plus fortement encore chez les Ngologs des sources du Fleuve Jaune et du pied de l'Amné Matchén. Pour tous, le héros est le victorieux brigand de Grands Chemins.

Depuis très longtemps, ces Dokpas du Chinghai et des districts environnants sont en rapport avec les Chinois ; leur mentalité particulière n'en a pas été altérée.

Ils n'ignorent point les modes de vie résultant de la civilisation : le confort que procure une maison pour s'abriter du gel et de la pluie, la culture qui assure une nourriture variée. Dans les villes chinoises où quelques-uns des leurs se rendent parfois, ils ont vu les divers objets exposés aux étalages des boutiques. Parfois, ils se laissent tenter, achètent l'un ou l'autre article — généralement les plus inutiles — mais rien de tout cela n'entame le fond de leurs mœurs ancestrales qu'ils tiennent pour excellentes et préférables à celles de leurs voisins : les citadins de la frontière chinoise ou des villages du Tibet. D'ailleurs, le Dokpa ne raisonne pas sa conduite, il n'en cherche pas les motifs, il obéit à un instinct, l'instinct qui incite l'animal à se comporter suivant les lois propres à l'espèce à laquelle il appartient et, en vivant longtemps dans leur intimité, on en arrive presque à les considérer comme appartenant à un genre spécial des êtres animés.

Certains Dokpas ont pourtant tenté de timides essais de vie semi-sédentaire, construisant des hameaux d'un genre primitif dans les parties les plus basses d'altitude et les plus abritées de leur territoire. Quelques-uns d'entre eux, délégués à cet effet, y habitent pendant le temps nécessaire pour cultiver de l'orge, des fèves, ou même un peu de blé puis, la récolte faite et mise à l'abri, les cultivateurs rejoignent le reste de la tribu dans les campements des alpages.

Ces demi-transfuges de la vie purement pastorale sont dénommés *Rongdoks*, de deux mots : *rong* = vallée et *dok* = solitude, qui désignent leur double résidence.

Il est douteux qu'en faisant ce pas vers la civilisation les Dokpas aient agi par inclination. Ils y ont plutôt été poussés par des circonstances d'ordre économique. *Tsampa* et farine leur sont vendues de plus en plus cher par les marchands itinérants qui visitent leurs tentes noires. Cultiver eux-mêmes le grain qui les produit est profitable.

Quoi qu'il en soit, des séjours même courts et espacés dans un village ne peuvent manquer d'exercer une influence sur le caractère des Rongdoks. Peut-être serviront-ils à atténuer leur sauvagerie native, leur xénophobie instinctive et farouche qui s'applique à tous, gens et choses qui ne sont pas des leurs.

Les rapports administratifs des Chinois avec les Dokpas du Tibet septentrional et du Tibet oriental ont, jusqu'à présent, été nuls ou franchement mauvais.

A part les marchands, les Dokpas ne connaissent des Chinois que des troupes patrouillant le pays ou des expéditions punitives succédant aux pillages à main armée dont ils se rendent coupables.

Les Dokpas du Chinghai : Ngologs et autres qui partagent les vues des Popas concernant la noble carrière du brigandage ne sont nullement enclins à considérer la répression exercée par des chefs militaires comme une juste punition de leurs méfaits. Ils ont été, plusieurs fois matés avec férocité ; la crainte de représailles analogues s'ils s'opposent aux desseins de la Nouvelle Chine sur eux peut les induire à une soumission temporaire, mais de nouvelles irruptions de folle sauvagerie peuvent se produire si les dirigeants chinois heurtent même légèrement les préjugés de ces « non-civilisés ». Des mesures tendant à l'amélioration des races de bétail, la construction de routes donnant passage à des véhicules automobiles, la prospection en vue de découvrir les gîtes de minéraux utiles [1] et surtout le recensement de la population sont capables de déclencher la révolte et de nécessiter de nouvelles répressions inévitablement suivies d'un surcroît de haine. Cependant, la construction de la grande route Sining-Lhassa à travers le Koukou nor et celle de Cheng-tou à Lhassa par le pays de Kham, commencées en 1940, se poursuivent et des prospecteurs annoncent la découverte de charbon, d'or et d'uranium.

Si les anciennes armées chinoises, mal équipées, formées de mercenaires toujours prêts à se débander et à déserter, parvenaient à tenir en bride les Thakhopas des frontières du Tibet, on ne peut pas douter que l'armée nationale de la République chinoise populaire saura encore mieux qu'elle avoir raison d'eux s'ils manifestent une turbulence dangereuse. Toutefois, dompter, écraser n'est pas unir, assimiler.

Les Chinois ont aussi leurs « Thakhopas » : Lolos, Mossos, Lissous, etc. dans les régions du sud-est et de l'est, ou populations de descendance mongole et turcoman au nord-ouest ; tous demeurent foncièrement des « en dehors », des étrangers à la communauté chinoise dont celle-ci doit se défier.

Les Thakhopas du Tibet s'ajouteront à eux et cette masse, bien que sans cohésion, d'inapprivoisables individus pourra encore être une source d'ennuis pour la Nouvelle Chine, comme elle l'a été pour l'ancienne pendant de nombreux siècles.

Il y a lieu de noter en terminant ce chapitre que l'un des premiers soins des Chinois reprenant en main le gouvernement effectif du Tibet a été de réprimer le brigandage. A l'heure actuelle, les indigènes des Tchang thangs et des autres extrémités du pays ont dû se résoudre à renoncer à la noble carrière de chevaliers de grands chemins et la sécurité des voyageurs est presque entièrement assurée. Un élément pittoresque disparaît ainsi des solitudes tibétaines. Les Thakhopas pourront se lamenter en songeant aux jours héroïques d'antan, mais la majorité de la population se réjouit grandement de la tranquillité qu'elle pourra goûter.

Une autre mesure civilisatrice déjà indiquée au chapitre premier et propre à affecter la vie des Dokpas consiste en l'établissement de six grandes fermes dans la région du Chinghai. On y enseignera aux indigènes la conduite des tracteurs et d'autres méthodes de culture moderne. La moyenne de la superficie ensemencée en blé dépendant

---

1. Tous les Tibétains s'opposent avec la plus farouche vigueur à l'extraction des minéraux qui causerait, disent-ils, le dessèchement du sol, d'où s'ensuivraient la destruction des pâturages, la mort du bétail qu'ils nourrissent et celle des hommes qui se nourrissent de la viande et du lait des bestiaux et qui se vêtent avec leur laine.

de chaque ferme est de 2 000 hectares. Il restera à voir la réaction des Dokpas à une telle innovation. De petits essais analogues tentés précédemment n'ont guère eu de succès.

APPENDICE I

Une attitude des jeunesses bouddhistes chinoises

L'attitude prise par certains de leurs coreligionnaires, des Bouddhistes chinois, est-elle susceptible d'exercer une influence sur les idées et la conduite des Tibétains, spécialement sur celles des membres du clergé lamaïste ?... Il sera intéressant d'observer les mouvements qui pourront se produire dans ce milieu qui, selon l'orientation vers laquelle il inclinera, est capable de faciliter ou d'entraver considérablement les desseins de la Chine nouvelle sur le vieux Tibet.

Il y a peu de temps, le journal : *The Voice of Young Bouddhist Association* [1] de Shanghaï a publié une série d'articles par M. Ting Hung-t'u dans lesquels celui-ci définit l'attitude des jeunes Bouddhistes en face de la Chine démocratique et tente d'établir une similitude entre la doctrine bouddhiste et les théories sur lesquelles s'appuie le nouveau régime chinois.

L'auteur paraît se méprendre en plusieurs points quant au caractère fondamental du Bouddhisme. Je relèverai ces divergences, bien qu'à la vérité nous n'ayons guère à nous en occuper ici. Ce qui peut nous intéresser, c'est de voir de quelle manière la propagande déjà amorcée par les Chinois parmi les moines tibétains pourra être étayée par des arguments à base religieuse.

Dans l'article intitulé : *Perspectives d'avenir du Bouddhisme*, M. Ting Hung-t'u déclare :

« Au début, notre maître, le Bouddha Çakya Mouni, rejeta la gloire et les prérogatives du titre d'héritier royal, laissa là les grandeurs de la Cour et marcha résolument vers le peuple. »

Voilà un tableau touchant, mais il ne peut guère s'insérer dans le cadre des données que nous fournissent les textes bouddhistes les plus dignes de notre confiance.

Le Bouddha n'a jamais songé à « marcher vers le peuple ». Nos problèmes de classes sociales n'existaient pas de son temps. Ils ne se posent pas non plus au Tibet sous la forme que nous leur connaissons et qui comporte l'existence d'un prolétariat ouvrier. Il n'y avait,

1. *La Voix de l'Association de la Jeunesse bouddhiste.*

au pays du Bouddha, ni usines ni fabriques, mais seulement des paysans et de petits artisans travaillant chez eux en famille, les uns et les autres aussi incapables d'imaginer des revendications sociales, des droits politiques, un gouvernement démocratique, etc., que l'était le bétail de leur village.

La situation au Tibet n'est guère différente.

Notre auteur appuie sur le caractère qu'il prête au Bouddha :

« Usant de sa subtile sagesse et de son talent pour la discussion, il (le Bouddha) établit les doctrines de la compassion et de l'égalité et déracina complètement le cruel système des castes qui servait, alors, à opprimer la masse des travailleurs ; très vite il gagna les foules. »

Tout cela travestit pas mal les faits.

Siddhartha Gautama, le Bouddha, appelé aussi, Çakya Mouni (l'ascète de la tribu des Çakyas), appartenait à la caste des *Kshatriyas*, la noblesse, il n'était point fils de roi, à moins qu'on ne décore du titre de roi, comme on le fait au Tibet, un chef de clan. Les récits du Bouddhisme tardif se sont complu à entourer le Bouddha d'un décor propre à susciter l'admiration du vulgaire et, de Ceylan à la Mongolie, les foules bouddhistes se délectent de ces descriptions colorées où les splendeurs du monde des Dieux s'unissent à celles des opulents souverains de la terre pour composer le milieu dans lequel le Bouddha se meut.

Toutes les religions gâchent ainsi les figures grandes et simples des fondateurs dont elles se réclament tout en les trahissant.

Le Bouddha faisait partie de cette antique aristocratie intellectuelle de l'Inde qui se tenait hors des préoccupations de toutes les masses : celles des pauvres et celles des riches et des puissants, qui planait « au-dessus de la mêlée », comme disait Romain Rolland, détachée et sereine.

S'il quitta son palais, ce fut pour se retirer dans la solitude et y méditer sur le problème du Mal, celui de la Douleur, envisagé à l'échelle universelle et non point rétréci à la mesure de la souffrance engendrée par un ordre social néfaste. Résoudre le problème sur le plan général ne devait-il pas en résoudre tous les aspects particuliers ?

Ceux qui écoutèrent ensuite sa prédication n'appartenaient pas à la plèbe des ignorants miséreux. Ceux-là étaient inaptes à comprendre l'enseignement d'un philosophe. Les textes sont précis sur ce point ; toujours ils désignent les auditeurs et les disciples du Bouddha comme « fils et filles de bonnes familles » marquant ainsi qu'ils appartenaient aux classes élevées et cultivées de la société de son époque, les seules parmi lesquelles pouvaient se rencontrer des individus enclins à s'intéresser à l'enseignement du Bouddha et capables de le comprendre.

« Égalité », « système des castes », le Bouddha n'a jamais revendiqué la première ou combattu les secondes sur le terrain politique. Ce terrain n'existant pas de son temps.

Il se contentait *d'ignorer* la division des castes et de la faire *ignorer*, en pratique, par ses disciples.

« Ce ne sont ni les richesses ni la naissance qui font d'un homme un Brahmane ; celui en qui se rencontrent la vérité et la justice, celui-là est un Brahmane [1]. »

Il découlait de sa doctrine que les hommes étaient pairs et égaux à équivalence de valeur intellectuelle et morale. Envers les inférieurs : ceux dont l'esprit est « obtus » disent les textes, la bonté est un devoir impératif. Les auteurs tibétains dénomment gentiment ces « inférieurs » des « enfants ». On ne méprise pas les enfants qui manquent de savoir et qui, à cause de leur ignorance, tiennent une conduite déraisonnable. Ils s'instruiront en y mettant le temps, dans cette vie ou dans une autre.

Quant à la « compassion », les Bouddhistes de l'École mahâyâniste, celle qui prévaut en Chine et au Tibet, la placent en tête de leur système d'éthique.

Leur littérature se répand, à son sujet, en déclamations sentimentales grandiloquentes et même absurdes qui n'ont aucun effet sur la vie courante des individus et le train des événements dans le monde.

La bonté enjointe par le Bouddhisme originel découlait de la pitié qu'inspirait le spectacle des êtres en proie à la souffrance, pris dans le grand drame de l'universelle douleur.

Le disciple ne devait point être agité par une vaine émotion. Alors qu'il secourait autrui, même en se sacrifiant lui-même, il ne se départait pas de son calme clairvoyant.

« Lorsque grâce à une vigilante attention, le sage a acquis une vue claire et pénétrante, il s'élève jusqu'au séjour de la Connaissance et, de là, du même œil que celui qui est sur une montagne regarde ceux qui sont dans la plaine, il regarde la foule affligée et sotte. » *[Dhammapada]*.

Ce n'est évidemment pas à ce Bouddhisme des élites que le collaborateur de *la Voix de la Jeunesse bouddhiste* chinoise se rapporte. Continuons à l'écouter :

« Dès son arrivée en Chine, le Bouddhisme se fit de nombreux adhérents [2] parmi les paysans et les petits artisans. Certains des patriarches [3] exerçaient un métier, ainsi, Huei Neng gagnait sa vie à piler du riz [4], et un certain Huang ta-t'ie partageait son temps entre son travail de forgeron et l'étude de la Loi (la Doctrine bouddhiste).

1. Dhammapada.
2. Au contraire, ses progrès furent assez lents.
3. Dénomination appliquée aux chefs spirituels de la secte Ts'an (Zen au Japon).
4. Cela n'est pas tout à fait exact. Huei Neng est le nom du sixième patriarche dont le nom chinois est Wei Lang. Le titre patriarche se rapporte ici à la succession des chefs spirituels de la Secte de Méditation nommée Ts'an en Chine et Zen au

« Malheureusement, le Bouddhisme chinois, perdant au cours des siècles le souvenir de ses origines, chercha l'appui des riches et se sépara des classes laborieuses. Voici que le peuple des travailleurs relève la tête. Le Bouddhisme doit profiter de l'occasion pour se retrouver lui-même. D'après les enseignements du Mahâyâna et les réalités de l'histoire, le Bouddhisme authentique doit s'harmoniser avec le progrès d'une société qui devient populaire et industrielle.

« Tous ceux qui sont de sincères disciples du Bouddha doivent se hâter de faire sortir le Bouddhisme de sa tour d'ivoire, l'entraîner aux carrefours, lui arracher ce déguisement dont l'ont autrefois affublé les classes dirigeantes, lui rendre son visage primitif et en refaire l'un des éléments de la vie des masses laborieuses. Ainsi pourra-t-on faire taire des préjugés comme ceux-ci : le Bouddhisme est une superstition ; le Bouddhisme fait obstacle à la production ; le Bouddhisme est une attitude de la pensée bourgeoise. »

En d'autres articles, le même auteur examine l'attitude du nouveau gouvernement chinois envers les Bouddhistes. La même attitude sera vraisemblablement adoptée par lui au Tibet. Toutefois, en fait de religion, il n'aura qu'à s'y préoccuper des Bouddhistes lamaïstes, d'un petit nombre de Böns adeptes de l'ancienne religion du Tibet analogue au Taoïsme chinois et d'un nombre infime d'Hindous et de Musulmans étrangers établis au Tibet. Il n'y a ni Catholiques ni Protestants au Tibet même. Ceux qui habitent la province de Kham ne sont que quelques poignées.

Voici ce qui nous est dit :

« En accord avec le principe de la liberté de croyance, toute religion peut subsister dans les territoires libérés, que ce soit Protestantisme, Catholicisme, Islamisme, Bouddhisme ou toute autre religion. Si leurs membres observent fidèlement les prescriptions du gouvernement, ils recevront toute protection [1]. Croyants et non-croyants

---

Japon. Voici les faits ainsi qu'ils sont narrés par Wei Lang lui-même dans sa biographie :

« Mon père, natif de Fan Yang, fut révoqué de son poste de fonctionnaire et exilé au Kwangtoung. Il mourut alors que j'étais encore très jeune, laissant ma mère dans la misère. Nous allâmes ensuite habiter à Canton. Je gagnais ma vie en vendant du bois au marché. » (Il est dit ailleurs que Wei Lang travaillait aussi comme cultivateur.)

C'est lorsqu'il fut entré au monastère de Wong Mui, dont le cinquième patriarche était le chef, qu'il lui fut assigné comme fonction de servir à la cuisine, d'y fendre du bois et d'y piler du riz. (En Orient on décortique le riz en le pilant dans un mortier.) Wei Lang devint le plus célèbre des « patriarches » de la Secte de Méditation, il en fut aussi le dernier. Cette secte dont l'enseignement a assimilé beaucoup de doctrines du Taoïsme philosophique est la secte des intellectuels au Japon et en Chine.

1. C'est exactement ce qu'ont déclaré des missionnaires baptistes canadiens passant à Hong Kong. Pourvu que les missionnaires se contentent de prêcher leur religion, qu'ils ne s'occupent point de politique et s'abstiennent de critiquer le Gouvernement dans leur enseignement, s'ils ont des écoles, on les laisse parfaitement en paix.

Les gouvernants chinois ont d'ailleurs à ce sujet une idée de « derrière la tête ». Lorsque les missionnaires étrangers seront partis, pensent-ils, et que les Missions ne seront plus soutenues par l'apport de contributions venant de l'étranger, les convertis jouiront de la liberté ; il ne sera pas permis d'user de contrainte et tous seront traités de la même manière.

« Ainsi, ce qui, dans les territoires libérés, appartient aux Bouddhistes, bâtiments, peintures, livres de doctrine et objets de culte, réunions et cérémonies recevront la même protection que ceux des autres religions si les lois du gouvernement du peuple sont observées.

« La nouvelle démocratie nous accorde ces droits et privilèges, nous ne devons pas, par mésestime de nous-mêmes ou par timidité, en rejeter l'usage. Mais si l'on attente à nos droits et privilèges pour nous en dépouiller, nous devons protester énergiquement et sans ambages. Ainsi nous n'aurons pas honte d'agir en vrais disciples courageux de Çakya Mouni et nous saurons en même temps ne pas nous montrer ingrats à l'égard de Mao Tse-tung qui se donne tant de peine pour diriger la Nouvelle Démocratie. »

Les jeunes Bouddhistes chinois disent encore :

« Le Bouddhisme mahâyâniste ne prêche pas l'abandon du monde ; la doctrine des *paramitas* [1] nous pousse à l'action et au dévouement. Le Hua-yen-Ching [2] ne dit-il pas de « ne pas rechercher sa propre tranquillité », mais de « vouloir arracher tout être vivant à la douleur » ? C'est là toute la vocation compatissante des Bodhisatwas. Il faut donc à leur suite et dans l'esprit de la Loi bouddhiste entreprendre une lutte courageuse contre les trois puissances mauvaises de l'heure présente : esprit féodal, impérialisme et superstitions que Mao Tse-tung stigmatise comme des entreprises de meurtre, de vol et de duperie. Voilà l'esprit révolutionnaire du Bouddhisme actuel. »

Et M. Ting Hung-t'u exhorte les jeunes Bouddhistes à s'inspirer de l'exemple des deux grands disciples du Bouddha : Wenshu et P'u-hsien [3] personnifiant, le premier, la Sagesse et, le second, l'Action et la Bonté.

« C'est en unissant ces deux tendances, l'une orientée vers la pensée et l'autre vers l'action que les jeunes Bouddhistes pourront mener à bien la lutte contre la superstition d'une part et contre l'impérialisme et le féodalisme de l'autre pour réaliser un jour l'idéal de vie et de sagesse de l'humanité. »

Comment les Bouddhistes lamaïstes accueilleront-ils ces déclarations ? — Elles leur seront transmises, cela ne fait aucun doute et, pour ma part, je connais des Chinois qui doivent, très probablement,

---

chinois étant privés des avantages matériels que les Missions leur procurent, abandonneront peu à peu, d'eux-mêmes, des croyances et des pratiques qui ne s'accompagnent d'aucun profit.

1. *Paramitas :* les vertus excellentes parmi lesquelles : le don, l'effort persévérant.
2. Un livre bouddhiste.
3. Ce sont les Bodhisatwas mystiques dénommés respectivement Manjoushri et Samantabhadra en sanscrit et Jampéyang et Kuntou Zangpo en tibétain.

en ce moment même, profiter de leur séjour au Tibet pour y répandre des idées analogues.

Toucheront-elles leur but ? Quelle réaction peut-on attendre des Tibétains ? — Je suis presque disposée à répondre : *aucune*.

Les deux personnages du panthéon mahâyâniste dont l'autorité est invoquée par les jeunes Bouddhistes chinois et présentés par eux comme des disciples du Bouddha : Wen shu et P'u-hsien sont bien connus des Tibétains qui les dénomment respectivement Jampéyang et Kuntuzangpo et les tiennent eux aussi — surtout le premier — comme ayant fait partie du cercle des auditeurs du Bouddha. Mais ce n'est pas à ce titre qu'ils sont vénérés sur les autels ; leur condition est celle des Déités dont on implore des faveurs [1] ; nul ne songe à réclamer d'eux des directives concernant des sujets d'ordre social.

Le Bouddha lui-même a presque entièrement cessé, dans les sectes mahâyânistes et tantriques, d'être ce qu'il a été en réalité : un philosophe indien, pour devenir une personnalité mythique entourée de légendes fantastiques.

Le Bouddha socialiste militant qui « marche vers le peuple » et était entouré de disciples appartenant aux basses classes sociales qu'évoquent — contrairement, d'ailleurs, aux faits historiques — les articles parus dans l'organe de la *Jeunesse bouddhiste chinoise* ne peut guère exercer d'attraction sur des Tibétains qu'ils soient clercs ou laïques. On peut même croire qu'ils n'estimeraient pas un tel Bouddha. A leurs yeux, il manquerait de dignité.

Les Maîtres religieux tibétains ne se mêlent point aux foules, ils vivent retirés et ne dispensent leur enseignement que parcimonieusement à quelques individus élus par eux après maintes épreuves. A part de rares ascètes du genre du célèbre Milarespa, sorte de Diogène tibétain, ceux des anachorètes qui habitent des cavernes dans la solitude ne s'y trouvent point dépourvus de tout confort. Leurs admirateurs ont pourvu à l'aménagement de leurs demeures préhistoriques d'une manière bien mieux ordonnée que je ne l'avais fait pour ma propre caverne, lorsque je vivais en ermite, et la condition de ces solitaires ne peut aucunement éveiller des sentiments de pitié ou d'attendrissement. Les Tibétains imaginent leurs Maîtres religieux comme distants, et même altiers, ce qui n'exclut pas de leur part une bonté profonde et, surtout, agissante.

Le Mahâyâna pourra offrir de nombreux points d'accord aux propagandistes de la Nouvelle Chine, mais ceux-ci devront avancer avec tact, prudence et, surtout, en s'étant parfaitement renseignés sur les conceptions très spéciales des Tibétains concernant le Bouddhisme.

1. Concernant Wen shu-Manjoushri, voir dans *Sous des nuées d'orage* le récit de mon séjour à Wu tai shan, le principal lieu de pèlerinage dédié à ce Bodhisatwa.

Le choc entre les Bouddhistes tibétains et les représentants de la Chine Nouvelle n'aura certainement point pour cause des idéologies de nature religieuse. Les Chinois rouges sont parfaitement sincères lorsqu'ils promettent à tous une complète liberté de croyances et une pareille liberté pour leurs pratiques culturelles. D'autre part, je crois que les Jeunes Bouddhistes chinois se bercent d'un espoir un peu téméraire en imaginant que les bâtiments appartenant à des groupements bouddhistes : monastères ou temples ne seront jamais réquisitionnés ou saisis pour être affectés à une autre destination. Il n'y aurait là rien de nouveau. J'ai vu en Chine, avant l'époque du Kuomintang et pendant le règne de celui-ci, de nombreux temples et des monastères transformés en casernes ou en bureaux administratifs. L'on a vu au chapitre précédent, dans le récit des luttes entre le Pouvoir civil et le Clergé, que ces prises de possession des biens du clergé ont été depuis longtemps de pratique courante en Chine et, jamais, dans leur pays, les Chinois ne se sont trouvés en face de « monastères-villes » ou de « monastères-forteresses » abritant des milliers de moines : 8 000 à 10 000 ou davantage comprenant des moines-soldats. Il est très improbable que ceux-ci et les vastes terres qui s'y rattachent échappent à la vigilance des administrateurs chargés de la mise en vigueur des nouvelles lois agraires.

Ce sont sur celles-ci qu'il convient que nous jetions un coup d'œil. Jusqu'à présent, elles ne sont pas encore applicables au Tibet, mais l'on peut croire qu'il n'y échappera pas longtemps.

APPENDICE II

La nouvelle loi agraire chinoise

Rien de ce qui se fait en Chine n'est à proprement parler une innovation. Presque toujours la « nouveauté » est un décalque plus ou moins fidèle ou plus ou moins divergent de formes ayant existé dans le passé. La Réforme agraire promulguée en 1950 par le gouvernement de la République populaire de Chine n'échappe pas à cette règle.

Nous n'avons pas ici à examiner cette réforme du point de vue de ses effets sur les Chinois, mais seulement à envisager l'étendue possible de sa portée au Tibet et les réactions qu'elle est susceptible d'y provoquer selon qu'elle sera partiellement ou intégralement appliquée.

Pour ce faire, il est nécessaire de considérer le terrain moral sur lequel les récentes lois agraires doivent être implantées et ce terrain diffère dans le cas des Chinois et dans celui des Tibétains.

Les premiers sont essentiellement agriculteurs, les seconds sont, par tempérament, pasteurs.

C'est accessoirement et cédant à la nécessité qu'ils ont fondé des villages et sont devenus paysans et ceci à une époque qui n'est pas de beaucoup antérieure au ve siècle de notre ère, alors qu'une dynastie de rois avait groupé de façon précaire, autour d'elle, un certain nombre des multiples tribus gouvernées par de petits chefs, les prédécesseurs des roitelets (gyalpos) qui existent encore de nos jours.

A l'histoire de ces rois établis au pays de Yarlung, au sud du Tibet, se bornent à peu près toutes les données historiques que nous possédons concernant le Tibet. Cependant, en dehors de la fertile et relativement chaude région de Yarlung traversée par le Yésrou tsangpo (le haut cours du Brahmapoutre) s'étendent d'immenses territoires. Les ancêtres de tous ceux que nous groupons aujourd'hui sous la dénomination de Tibétains ne se trouvaient point parmi les agriculteurs du Yarlung. Certains erraient en nomades en d'autres régions ou y vivaient en pasteurs comme le font les *dokpas* contemporains. Des lois agraires analogues à celles promulguées en Chine ne peuvent ni s'appliquer indifféremment à toutes les catégories de Tibétains, ni provoquer des réactions identiques chez des gens de tendances ataviques si dissemblables.

Quant à la Chine, dix siècles avant Jésus-Christ, il y existait des groupements de paysans ; on y connaissait la culture effectuée en collectivité et des codes concernant la propriété foncière. Une longue accoutumance y a préparé les populations à accueillir la récente Réforme agraire et le partage du sol qu'elle comporte, comme elle en a accueilli d'autres dans le passé et pourra en accueillir d'autres encore dans l'avenir. Il n'en va pas de même en ce qui concerne le Tibet. Le terrain est, là, plus vierge et ses habitants sont susceptibles de se montrer rétifs.

Mais ici, une question surgit : A qui donc le sol appartient-il ?... Qui a le droit d'en disposer ?... A vrai dire, cette question ne s'élève que dans l'esprit d'individus appartenant à des groupes sociaux déjà très civilisés, composés de sédentaires occupant un espace restreint de territoire.

La notion instinctive est que le sol appartient à tous les hommes [1] et que ce qui constitue la propriété, c'est le fait de l'occupation et de l'usage d'une partie déterminée de celui-ci.

Il ne faut pas croire que cette notion a totalement disparu. Personnellement, j'en ai trouvé l'application en des endroits reculés du Tibet. La terre qui n'y était pas propriété reconnue d'un village ou

---

1. Telle était aussi la conception de l'auteur des psaumes : « Les Cieux sont à l'Éternel, mais il a donné la terre aux enfants des hommes. » Ps. CXV, 16.

d'une tribu de pasteurs, qui n'était utilisée par personne, demeurait à la disposition de quiconque souhaitait s'y installer. C'est ainsi que j'ai pu m'établir dans un ermitage construit par mes soins dans un endroit de mon choix. Je ne faisais en cela qu'imiter les lamas et les laïques qui construisent des riteus [1] à l'usage d'anachorètes contemplatifs ou d'intellectuels studieux amoureux de la solitude. D'importants monastères ont même été édifiés sans que ceux qui les bâtissaient aient jamais eu à se soucier d'un propriétaire du terrain qu'ils occupaient.

Les traditions tibétaines racontent les débuts de la propriété comme ayant consisté en la délimitation d'un champ par un individu ou par un groupe d'individus qui l'avaient cultivé.

D'autre part, elle relate également des faits de prise de possession du sol par la conquête. Un chef de bande s'établissait avec ses compagnons dans un endroit qu'il avait trouvé sans occupants ou dont il avait chassé ou tué les occupants. Ensuite, usant de l'autorité que ses hommes lui avaient conférée, il répartissait entre eux des parcelles du territoire conquis.

C'est un stade succédant à la conquête initiale qui nous est décrit comme ayant existé en Chine, il y a trente siècles.

Le roi disposait à son gré du sol et de ses habitants dont la condition était celle de serfs attachés à la glèbe [2]. Il en distribuait à son gré des étendues plus ou moins grandes à qui bon lui semblait. Ce pouvait être comme récompense de services rendus ou comme émoluments à des fonctionnaires, ou pour n'importe quel autre motif. Certaines parcelles de terre étaient concédées, plutôt que données en pleine propriété, à des paysans qui n'avaient pas le droit de les vendre et pas toujours, non plus, le droit de les léguer à leurs descendants.

D'ailleurs, les terres quelles qu'elles fussent qui avaient été distribuées pouvaient toujours être reprises au bénéficiaire de la donation ou à ses héritiers en punition de fautes commises par eux ou, simplement, s'ils tombaient en disgrâce.

Un article d'un code promulgué beaucoup plus tard par le roi tibétain Srong bstan gampo (VIIe siècle après J.-C.) nous donne à comprendre qu'il s'était formé au Tibet une classe d'individus riches et puissants qui ne pouvaient être que de grands propriétaires car, à cette époque, il n'y avait pas d'autre forme de richesse que la propriété foncière. Ceux-ci, vraisemblablement, oppressaient le menu peuple composé de cultivateurs et le code tend à leur répression en déclarant :

---

1. Hutte, cabane, ou caverne aménagée pour servir de logis situées dans des endroits solitaires sur les montagnes.

2. Une condition à peu près analogue se rencontre encore au Tibet. Voir le chapitre concernant les paysans et celui concernant les hobereaux.

« La Loi doit abaisser les grands. Les pauvres doivent être gouvernés selon des méthodes raisonnables. »

Nous manquons d'informations exactes quant à la nature de ces méthodes raisonnables. Comment s'appliquaient-elles au problème de la propriété du sol et de son usage ?... Nous l'ignorons. Toutefois, nous avons vu précédemment que le roi tibétain Mouti[1] ayant tenté un partage de terres, celui-ci n'eut pas l'heur de plaire à ses sujets et que le souverain démocrate paya de sa vie son initiative réformatrice en matière agraire.

Les Chinois ayant devancé de nombreux siècles les Tibétains dans la voie de la civilisation, nous ne nous étonnerons pas de rencontrer chez eux une Réforme agraire ayant précédé de longtemps celle de l'infortuné Mouti.

Cette réforme date du début de notre ère. Son but était de remédier à la misère des paysans qui se trouvaient entièrement livrés à la merci des grands propriétaires terriens.

La loi fixait, alors, à environ 150 hectares la superficie de terrain que l'on avait le droit de posséder.

Quelques siècles plus tard, une législation encore plus stricte fut amorcée et la superficie de la propriété légale réduite à environ 75 hectares.

Lois, décrets et les partages successifs des terres, suivant différents modes, se répétèrent au cours des siècles sans amener de résultats vraiment effectifs et durables.

Enfin, au VIIIe siècle de notre ère, ces partages avec l'attribution de terres aux paysans furent abandonnés.

Nous y revenons.

C'est cette vieille législation agraire comportant des partages, que la Loi agraire de 1950 a reprise avec les modifications que comporte la différence des mœurs modernes.

L'article 36 de la section VI de la Loi relative à la Réforme agraire stipule que cette loi ne sera pas appliquée aux régions de nationalités minoritaires. Le Tibet, s'il est considéré comme une région politiquement annexée à la Chine, mais où les individus de la race des Hans (les Chinois) sont en minorité, ne sera donc pas soumis à la nouvelle loi agraire ; d'autre part, le traité signé à Pékin entre le gouvernement chinois et les représentants des Tibétains assure au Tibet une complète autonomie en ce qui concerne ses affaires intérieures.

Est-ce à dire que le Tibet ne se verra pas appliquer la loi agraire — en tout ou en partie — dans un avenir prochain ?... J'ai déjà posé cette question et le fait que certaines mesures dans le sens des

1. Mouti tsémpo (VIIIe siècle) petit-fils du roi conquérant Ti srong dé tsén.

dispositions de la loi ont déjà été prises par les Chinois au Tibet en donne la réponse.

Quelles sont donc, dans la nouvelle loi agraire, les dispositions susceptibles d'intéresser les Tibétains, de provoquer des réactions hostiles de leur part ou d'être accueillies avec plaisir ? Nous ne devons pas perdre de vue cette dernière alternative : certaines fractions de la population tibétaine trouveront leur compte au nouveau régime et si elles sont lentes à saisir les bénéfices qu'il est censé leur apporter, il est très probable que leur premier mouvement sera enthousiaste.

Voici une première déclaration d'ordre général :

« Le système de propriété et d'exploitation féodale par la classe des propriétaires fonciers doit être aboli et le système de la propriété paysanne doit être réalisé, afin de libérer la puissance de production rurale, de développer la production agricole. »

Un tel but est certainement étranger à la pensée d'un paysan tibétain, on peut même dire qu'il lui sera incompréhensible. Cette puissance, ce développement de la production agricole s'entendent comme l'accroissement de produits qui doivent fournir plus abondamment les marchés de tous les pays. C'est une conception à l'échelle des besoins de toute la nation.

L'horizon d'un paysan tibétain ne s'étend pas aussi loin. « Production » signifie simplement pour lui l'ampleur de sa récolte individuelle. Si elle suffit à satisfaire les besoins de sa famille et comporte un léger surplus dont la valeur lui permettra d'acheter les articles nécessaires, autres que la nourriture : vêtements, etc., il n'en demande pas davantage. Il n'a pas le « goût » du travail et ne prend de la peine que par nécessité. Lorsque des sacs d'orge et de millet, une provision de viande séchée, de beurre et de thé remplissent son *dzöd*[1], il se considère comme riche et s'abandonne à ce *farniente* délicieux qu'il dénomme *kyi kyi*[2] une agréable tranquillité.

Que les impôts ne soient point trop lourds et voilà son bonheur parfait.

Le reste du pays, l'ensemble des hommes et des êtres, c'est là, pour lui, de la « métaphysique », il la laisse aux savants lamas, aux anachorètes absorbés dans la méditation et ne se soucie pas de franchir le seuil de ce domaine intellectuel dans lequel il ne pourrait, pense-t-il, être qu'un balourd intrus.

Mais voici un article susceptible de causer de l'inquiétude à ces hobereaux, à ces *gyalpos* que j'ai décrits en des chapitres précédents.

1. L'endroit où il garde ses réserves de toutes natures.
2. Skyi-skyi.

Peut-être leur semblera-t-il obscur, ce qui ne pourra qu'en accroître le caractère inquiétant :

« La terre, les animaux de trait et le matériel agricole, ainsi que le surplus des récoltes des propriétaires et le surplus des maisons qu'ils possèdent à la campagne [1] seront confisqués, mais leurs autres biens ne seront pas confisqués. »

Quels sont ceux qui sont dénommés « propriétaires » fonciers ? — On nous le dit :

« Les propriétaires fonciers sont ceux qui possèdent des terres et qui, sans les cultiver eux-mêmes ou en ne fournissant qu'un travail secondaire, vivent de l'exploitation des paysans. La principale forme de cette exploitation consiste à faire payer des taux de fermage excessifs aux cultivateurs.

« Les personnes qui, après avoir vendu leurs terres, refusent de travailler, bien qu'elles en soient capables et mènent un train de vie dépassant celui des paysans ordinaires sont considérées comme des propriétaires fonciers.

« Sont traités de la même manière que les propriétaires fonciers ceux qui les aident à percevoir les fermages, à gérer les terres, qui font de l'exploitation des paysans leur principal moyen d'existence et dont les conditions de vie sont supérieures à celles des paysans moyens ordinaires pris dans leur ensemble. »

Se doutent-ils de la menace suspendue au-dessus de leur tête ces gras intendants des Grands lamas, des roitelets, des hobereaux ou des opulents monastères ? — Passeront-ils pour « exploiter les paysans » ? — Je ne doute pas qu'ils ne le fassent peu ou prou, mais leur majeur terrain d'exploitation est certainement leurs maîtres qu'ils rançonnent sans scrupules.

La nouvelle réforme tend visiblement, comme ses devancières, à constituer à chaque paysan un fonds qui lui permette de subvenir à ses besoins et à ceux de sa famille avec le produit de son travail sur ce fonds.

Son but évident est, aussi, d'empêcher qu'après leur partage, les terres allouées aux cultivateurs ne soient aliénées par eux et qu'ainsi se reforme une classe de propriétaires fonciers non cultivateurs bénéficiant, sans travailler, du produit de terres cultivées à leur profit par des salariés plus ou moins nécessiteux.

Pourtant, l'article 30 de la section V de la loi déclare :

« Après la Réforme agraire, le gouvernement populaire établira des titres de propriété et reconnaîtra à tous les propriétaires le droit d'administrer, acheter, vendre ou louer des terres librement. »

Dès lors, comment empêcher un paysan de se déposséder ?...

---

1. Cela paraît être l'équivalent du « domicile secondaire » que l'on nous demande de mentionner dans nos déclarations concernant l'impôt direct.

Il semble que ce risque subsiste. Mais, d'autre part, l'autre risque, celui de la reconstruction d'une classe de grands propriétaires fonciers est atténué par les dispositions de la loi qui limite l'étendue du sol qu'un propriétaire peut légalement posséder :

« La moyenne des terres que peut posséder chaque famille de propriétaire foncier sera fixée proportionnellement à la superficie totale des terres cultivables de la sous-préfecture ou de plusieurs sous-préfectures voisines (article 4 de la loi concernant le Reclassement de la Population rurale). »

D'après le texte d'un autre article de la même section qui définit comme « propriétaire foncier » celui qui possède environ 20 hectares de terre, il n'y a guère de danger que des acheteurs puissent se présenter pour acquérir de nombreuses parcelles offertes par des paysans.

Tout cela est d'ailleurs assez confus et se rapporte plutôt à un pays densément peuplé qu'au Tibet où de vastes territoires cultivables restent déserts.

Un texte présentant de l'intérêt pour les Tibétains est le suivant :

« Les lieux historiques ou renommés seront soigneusement respectés. »

Cela peut s'appliquer plus ou moins aux nombreux sites de pèlerinages qui existent au Tibet.

« Les sanctuaires ancestraux, les temples, les monastères, les églises et autres bâtiments publics et propriétés ne seront pas touchés. »

Toutefois, il ne faut pas croire que les « dépendances » de ceux-ci sont également épargnées. La mention « temple », « monastère », etc. ne désigne qu'*un* édifice ou un nombre de bâtiments groupés ensemble et formant un tout. Ce qui est en dehors d'eux, comme des succursales en d'autres lieux et, évidemment, des fermes et de vastes superficies de terres « tombera sous l'administration du gouvernement populaire local et sera utilisé à des fins publiques, à moins qu'il ne convienne à l'usage des paysans ». (Article 21 — section IV.)

Il y a lieu de remarquer ici que le gouvernement de la République populaire n'a pas absolument innové en ceci. Avant lui, le Kuomintang avait déjà réquisitionné nombre de temples bouddhistes ou taoïstes pour y loger des soldats ou pour y installer des bureaux administratifs.

Des locaux appartenant à des Missions gérées par des étrangers avaient été réquisitionnés de même et des terres leur avaient été reprises.

J'ai été témoin oculaire de ces faits.

Enfin, à l'usage du clergé lamaïste, voici les prévisions le concernant, valables pour le jour plus ou moins proche ou lointain, où la loi chinoise de Réforme sera appliquée au Tibet.

Il s'agit de ceux que cette loi comprend sous la désignation de :

Religieux professionnels.

« Sont appelés religieux professionnels ou travailleurs superstitieux ceux qui avant la Libération [1] ont vécu pendant trois ans ou plus de l'exercice de professions religieuses et superstitieuses tels, par exemple, les pasteurs, prêtres, bonzes, taoïstes, géomanciens, diseurs de bonne aventure, etc. » (Article II du Reclassement de la Population rurale.)

Quel sera leur sort ?

« Les moines, religieux, prêtres et autres personnels religieux recevront du Parti des terres et autres moyens de production égaux à ceux des paysans, s'ils n'ont pas d'autres moyens d'existence [2] et s'ils sont aptes et décidés à entreprendre un travail agricole. » (Article 13 — section XIII.)

Peut-être beaucoup de ceux à qui ce décret s'applique seront-ils *aptes* à entreprendre un travail agricole, mais quant aux lamaïstes, il est douteux que beaucoup y soient *décidés.*

Je me rappelle ce que me dit un jour, tout effaré, un lama bouriate de la Transbaïkalie :

« Les Rouges disent que si l'on ne travaille point, on ne doit pas manger ! »

Cela semblait à ce digne homme une proposition abominable et terrible. Il ignorait qu'un autre, qu'un Russe rouge : saint Paul, avait énoncé le même « abominable » principe [3].

Gengis Khan souhaitait faire du monde une immense steppe pour un peuple de cavaliers. On serait tenté de penser que, réserve faite pour les cités industrielles, le gouvernement de la Nouvelle Chine, reprenant les conceptions des Sages mythologiques de l'antiquité chinoise, rêve de faire de la Chine un immense champ pour un peuple de cultivateurs.

Programme auquel les Tibétains préféreraient sans nul doute la perspective du peuple de cavaliers à condition qu'il fût permis à ceux-ci de trafiquer au cours de leurs chevauchées.

---

1. C'est-à-dire avant la proclamation de la République populaire.
2. Doit se comprendre comme : s'ils ne peuvent pas gagner leur subsistance par un travail autre que celui d'exercer les professions de religieux, pasteur, prêtre, etc., celles-ci ne devant pas être rémunérées et constituer un « moyen d'existence ». A remarquer que beaucoup de bonzes japonais exercent une profession : professeur, etc.
3. « Si quelqu'un ne veut pas travailler, il ne doit pas non plus manger. » Seconde épître aux Thessaloniciens, III, 10.

APPENDICE III

Traité signé à Pékin le 23 mai 1951 entre les représentants de la Chine et ceux du Tibet

Le traité proprement dit est précédé d'une longue préface dans laquelle on peut surtout relever le rappel des liens séculaires qui attachent le Tibet à la Chine.

PRÉFACE

« Le peuple tibétain a une longue histoire dans le cadre des frontières de la Chine et il a eu une part glorieuse au cours de la création et du développement de notre grande patrie.

« Cependant, depuis plus d'un siècle, les forces impérialistes ont pénétré en Chine et par conséquent aussi au Tibet et y ont pratiqué toutes sortes de duperies et d'exactions.

« Ensuite, le gouvernement réactionnaire du Kuomintang a suivi les mêmes errements opprimant les différentes nationalités [1], semant la discorde parmi elles et la désunion parmi les Tibétains. Le gouvernement du Tibet a cédé aux manœuvres des impérialistes et a adopté une attitude anti-patriotique envers notre grande patrie. Ainsi, les Tibétains ont-ils été conduits à l'esclavage et à la souffrance.

« En 1949, une grande victoire a été remportée dans la guerre que le peuple chinois poursuivait contre les ennemis de toutes les nationalités. Le gouvernement réactionnaire du Kuomintang a été renversé et notre ennemi commun, l'ennemi des diverses nationalités : les forces impérialistes agressives, a été chassé. »

La préface poursuit encore longuement dans un sens analogue, puis conclut :

« Afin que l'influence des forces agressives impérialistes soit complètement éliminée, que l'unification du territoire et la souveraineté de la République populaire chinoise soient établies et la défense nationale assurée ; pour que le peuple tibétain soit libéré, qu'il retourne à la grande famille de la République populaire chinoise,

1. Ce que le manifeste désigne par le terme « nationalités » sont les populations de races non chinoises établies sur le territoire de la Chine. Cette désignation est appliquée aux Tibétains, aux Mongols, aux Mandchous, aux Turcomans du Sinkiang et à nombre de petits groupes d'indigènes tels que les Lolos, les Lissos, etc.

qu'il y jouisse des mêmes droits d'égalité nationale que les autres nationalités et qu'il développe son œuvre politique, économique, culturelle et scolaire, le gouvernement central du peuple a requis le gouvernement local du Tibet d'envoyer des délégués aux autorités centrales pour discuter avec elles la conclusion d'un traité concernant les mesures à prendre pour assurer la libération pacifique du Tibet. »

TRAITÉ

1° Le peuple tibétain doit s'unir et expulser du Tibet les forces impérialistes agressives. Le peuple tibétain rejoindra la grande famille de la patrie : la République populaire de Chine ;

2° Le gouvernement local du Tibet prêtera un concours actif à l'armée populaire de Libération pour lui faciliter l'entrée du Tibet et l'affermissement de la défense nationale ;

3° En conformité avec les règles énoncées dans le programme de la Conférence consultative de la République populaire de Chine, le peuple tibétain jouira de l'autonomie régionale sous la direction du gouvernement central du peuple ;

4° Les autorités centrales ne modifieront point le régime politique du Tibet. Elles ne changeront rien à la situation, aux fonctions et aux pouvoirs du Dalaï-lama. Les fonctionnaires de tous les rangs seront maintenus dans leurs fonctions ;

5° La situation, les fonctions et les pouvoirs du Panchen lama seront maintenus ;

6° Ces situations, fonctions et pouvoirs s'entendent de ceux dont jouissaient et qu'exerçaient le Dalaï-lama et le Panchen lama, alors que des relations amicales existaient entre eux.

7° La liberté religieuse telle qu'elle est garantie dans la charte promulguée par la Conférence consultative du Peuple chinois sera appliquée au Tibet. Les croyances religieuses et les coutumes du peuple tibétain seront respectées ; les monastères lamaïstes seront protégés. Les autorités centrales ne changeront rien quant aux revenus des monastères ;

8° Les troupes tibétaines seront réorganisées et seront graduellement incorporées dans les forces de la défense nationale de la République populaire chinoise ;

9° L'étude de la langue tibétaine — parlée et écrite — l'éducation scolaire au Tibet seront graduellement développées ;

10° L'agriculture, l'élevage, l'industrie et le commerce seront graduellement développés et le niveau de vie de la population sera peu à peu élevé ;

11° En toutes matières concernant les réformes à appliquer au Tibet, les autorités centrales n'useront point de contrainte. Le gouvernement local du Tibet procédera lui-même à ces réformes et lorsque le peuple réclamera des réformes, celles-ci seront effectuées après consultation avec les autorités tibétaines ;

12° Les anciens fonctionnaires pro-impérialistes ou pro-Kuomintang disposés à rompre leurs relations avec les éléments impérialistes ou Kuomintang et qui ne se livreront à aucune pratique de sabotage ou d'opposition pourront, malgré leur passé, continuer à remplir leurs fonctions ;

13° L'armée de Libération entrant au Tibet se conformera aux règles énoncées ci-dessus. Elle se conduira avec une parfaite probité en tout ce qui concernera les transactions de vente et d'achat et ne prendra arbitrairement ni une seule aiguille ni un seul brin de fil appartenant au peuple ;

14° Le gouvernement central du peuple aura la conduite des affaires extérieures concernant le territoire du Tibet, sa coexistence pacifique avec les pays voisins et le développement avec eux de relations commerciales équitables sur une base d'égalité, d'avantage mutuel et de mutuel respect des territoires et de la souveraineté ;

15° Afin d'assurer la mise en vigueur du présent traité, le gouvernement central du peuple établira, au Tibet, un Comité administratif et militaire et un quartier général militaire. En plus du personnel envoyé, à cet effet, par le gouvernement central, ces organismes admettront, comme auxiliaires, un aussi grand nombre que possible de Tibétains locaux ;

16° Le personnel tibétain enrôlé dans les comités administratifs ou militaires pourra comprendre les éléments patriotiques appartenant au gouvernement local du Tibet de divers districts et aux principaux monastères. Une liste sera établie à cet effet, après consultation entre les représentants désignés par le gouvernement central du peuple et les divers organismes intéressés. Cette liste sera ensuite remise pour approbation, au gouvernement central du peuple ;

17° Les fonds nécessaires au maintien des comités administratifs et au quartier général de l'armée de Libération seront fournis par le gouvernement central du peuple.

Le gouvernement local tibétain assistera l'armée de Libération en tout ce qui concernera les achats et les transports du ravitaillement pour les hommes et pour les bêtes et pour toutes les autres nécessités quotidiennes.

Le présent traité entrera en vigueur dès que les signatures et les sceaux y auront été apposés.

ANNEXES

Articles d'Alexandra David-Néel sur les relations sino-tibétaines

L'histoire du Tibet est jalonnée de heurts plus ou moins violents avec la Chine. Au XXe siècle, à deux reprises, en 1911, avec les troubles qu'entraîne l'instauration de la république chinoise et pendant la Seconde Guerre mondiale, les Tibétains croient chasser pour de bon les Chinois de Lhassa.

Mais en 1951, la Chine populaire envahit à nouveau le Tibet et y instaure une occupation politique et militaire qui, malgré des promesses d'autonomie et une résistance farouche, fait du Tibet un territoire chinois.

L'amour qu'Alexandra portait au Tibet était certes très particulier, mais elle aimait profondément la Chine.

A la fin de sa longue vie, Alexandra David-Néel répondait de plus en plus difficilement aux interviews des journalistes qui venaient la rencontrer dans sa demeure de Digne-les-Bains.

De nombreuses questions lui étaient posées... Et tous les entretiens se terminaient par : « Que pensez-vous, Madame, de l'invasion du Tibet par la Chine ? » Dans le nombre de journalistes ou diverses personnalités qui la questionnaient sur ce point ô combien précis ! y en a-t-il un seul qui peut se prévaloir d'avoir obtenu une réponse ? Je ne le crois pas. Jamais elle n'a voulu prendre parti – ou peut-être ne le pouvait-elle pas... Elle aimait trop ces deux pays. Dans mon souvenir, je la revois blottie dans son fauteuil, un regard d'acier sous son chignon blanc. Après un long silence, calmement, elle répondait :

— Des réformes au Tibet ? Oui.

Faire évoluer les mentalités ? Oui.

Par la force ? Non.

Ce problème sino-tibétain qui se pose avec de plus en plus d'acuité trouvera-t-il une solution ? Tous nous le souhaitons.

Alexandra, quant à elle, n'est pas là pour être interviewée. Cependant, un article écrit en 1920 de Kum-Bum, envoyé au *Mercure de France,* et une allocution radiodiffusée faite devant des intellectuels chinois en 1938 à Tchengtu nous donnent, il me semble, une réponse. Réponse qui mérite d'être lue avec une certaine attention lorsque l'on sait que cette « Dame de l'aventure » a vécu plus de vingt-cinq années en Inde, au Tibet et en Chine. Qu'elle se débrouillait quelque peu dans le langage des Célestes mais parlait parfaitement le tibétain.

Bien peu de ceux – journalistes et hommes politiques – qui discutent de ce problème en ce jour peuvent se prévaloir d'un tel cheminement !

Marie-Madeleine PEYRONNET

Annexe 1

EN ASIE LA QUESTION DU TIBET

paru dans le *Mercure de France* le 1er juin 1920

Les pourparlers engagés entre le gouvernement britannique et le gouvernement chinois, au sujet du Tibet, qui furent interrompus sans résultat, il y a quelques années, après une conférence tenue à Simla (Inde), ont été repris. C'est là un fait qui passera inaperçu en Occident, parmi les préoccupations politiques et sociales, d'un intérêt plus immédiat, de l'heure présente. Le nom du Tibet est, en effet, inconnu du grand nombre et ne représente pour le public lui-même que la vague notion géographique d'une terre située quelque part, en Asie centrale, dont il ignore tout ou qu'il se représente sous un aspect très peu conforme à la réalité. Nous aurions tort, cependant, de nous détourner indifférents du sort de cette contrée, car, à maints points de vue, tranchant fortement sur l'uniformité banale qui envahit notre globe, elle est la plus captivante, la plus merveilleuse qui soit.

Le Tibet conservera une place spéciale dans l'histoire, du fait qu'il aura été le dernier pays ayant interdit l'accès de son territoire aux étrangers. Cette interdiction maintenue jalousement, farouchement, pendant longtemps, n'est cependant plus guère, aujourd'hui, qu'une fiction, et, en examinant les récits des voyageurs qui ont visité le Tibet dans les siècles passés et ce qui se passe actuellement, on est en droit de se demander si les gouvernements sous l'autorité ou l'influence desquels les Tibétains se sont trouvés placés ne sont pas, pour une beaucoup plus grande part que les indigènes eux-mêmes, responsables de cette politique d'exclusion.

Quoi qu'il en soit, l'Angleterre, mue par le désir de se prémunir contre une avance possible des Russes vers la frontière septentrionale de l'Inde, n'a jamais respecté le vœu des Tibétains de garder leur sol vierge d'intrus.

Nombreux ont été les Hindous espions envoyés par elle pour relever la carte des régions avoisinant l'Himalaya ou pour recueillir d'autres renseignements utiles à sa pénétration, jusqu'à ce qu'enfin, en 1904, ses troupes violent la cité sainte du lamaïsme et paradent, triomphantes, devant le palais même du dalaï-lama. Depuis lors, la suzeraineté de l'Empire du Milieu et de la république qui lui a succédé est devenue sans effet réel sur le Tibet, les vrais maîtres des destinées de ce pays étant à Londres et non plus à Pékin. La Chine, cependant, tenta un effort pour reconquérir sa situation d'antan. Des troupes furent envoyées au Tibet en 1910 ; on se battit férocement des deux côtés, et les Tibétains, profitant de fautes lourdes commises par les envoyés et les chefs militaires chinois, s'assurèrent la victoire. L'année dernière, ayant repris les armes dans la province orientale de Kham, ils ont, encore une fois, battu les soldats chinois et se sont établis dans plusieurs villes que la Chine avait réussi à incorporer dans la province de Szechouan.

Les patriotes de la jeune République s'alarment, à juste titre, à la nouvelle de la reprise des pourparlers avec le gouvernement britannique, car ce dernier demande, impérativement, une rectification des frontières du Tibet, du côté des provinces chinoises de l'Ouest : Kansou et Szechouan (c'est-à-dire en Amdo et Kham) et, en même temps, exige « l'indépendance » du Tibet, euphémisme diplomatique signifiant que ce pays deviendra une prolongation de l'Inde, sous le contrôle de l'Angleterre.

C'est donc une nouvelle amputation que subirait la Chine, déjà entamée de tant de côtés, et l'on peut compatir, en toute sincérité, à la profonde tristesse des Chinois éclairés, soucieux de la grandeur et de l'avenir de leur patrie. Malheureusement, la situation est telle que leurs regrets et leurs efforts, même les plus nobles, ne peuvent avoir que peu d'effet. La Chine, divisée par des luttes intestines que rien ne parvient à calmer, en proie aux intrigues égoïstes de gens dénués de la plus minime parcelle de patriotisme et ne connaissant que leur petite ambition et leur petit intérêt personnels, ne peut guère songer à réduire les Tibétains par la force. Ses soldats sont trop occupés à s'entre-tuer et à se livrer au brigandage dans plus de la moitié de ses provinces, pour qu'une expédition sérieuse puisse être organisée. Quant à regagner la confiance et l'amitié des Tibétains, comme le gouvernement chinois paraît s'y essayer, c'est là utopie. Sans parler des griefs qui ont pu exister dans le passé, les fonctionnaires chinois, civils ou militaires, qui ont, durant ces dix dernières années, été en contact avec les Tibétains, ont paru s'ingénier à plaisir à cultiver chez ceux-ci la haine de la Chine : exactions sans nombre, cruautés, maladresses, manque de tact et de finesse diplomatique, pire, peut-être, au point de vue des résultats, que les agressions sanglantes, tout a été accumulé par eux ; et, à l'heure même ou des pacificateurs officieux, chargés de transmettre des promesses de réparation sont envoyés à Lhassa, pillage et meurtre perpétrés sur les Tibétains continuent aux frontières.

Ceux qui ont la charge du gouvernement du Tibet, le dalaï-lama et ses conseillers, ne sont point d'ignorants sauvages ; on aurait grand tort de le penser. Ils jugent, sans nul doute, la situation très sainement et, quels que puissent être leurs rêves patriotiques et religieux, en ce qui concerne l'avenir de leur pays, ils savent parfaitement, ce que la proclamation d'indépendance du Tibet signifie pour eux aujourd'hui. Mais on ne lutte pas contre l'inévitable ! Le Tibet paie le prix de sa vie d'ermite, sans communication avec le monde et les choses qui se passent dans le monde. Il n'est pas organisé pour marcher de pair, au degré actuel de la civilisation matérielle, avec les plus petites nations de l'Occident. Il ne peut être que vassal et, dans les conditions présentes, quelque grande sympathie que l'on puisse éprouver pour la Chine et la petite élite des Chinois qui ne sont pas responsables du mal causé à leur pays par les égoïstes sans scrupules qui y perpétuent le désordre et la guerre civile, l'on ne peut s'empêcher de penser que la suzeraineté de l'Angleterre sera moins dure aux Tibétains que celle de la Chine, et que, si cette puissance restreint, dans une certaine mesure, leur indépendance, du moins elle leur offrira certaines compensations très appréciables, en l'état actuel de leur pays.

Les Tibétains forment une population de quelques millions de rudes et énergiques montagnards, intelligents, aptes à apprendre rapidement tout ce qu'ils jugent d'un intérêt pratique pour eux. L'amour du gain prédomine chez eux et y entraîne les trafiquants en des voyages qui, étant donné l'état des régions qu'ils traversent et leur insécurité, transforment ceux-ci en expéditions aventureuses. La vie sociale de ce vaste et aride pays s'étendant, sans frontières bien démarquées, de l'Himalaya à la Mongolie et du Turkestan à la Chine, ressemble à celle de notre Moyen Age. La souveraineté du clergé y est fortement établie. Le monarque absolu du pays en est le grand chef religieux, un pontife tenu pour supra-humain. Les voyageurs, peu nombreux, qui ont pénétré au Tibet se sont volontiers étendus, dans leurs récits, sur les mauvais côtés de ce clergé innombrable, et il n'y a pas à nier que ceux-ci existent ; mais ils n'existent pas sans atténuations. Des années de patiente observation de ce monde spécial m'en ont montré, en même temps que les défauts évidents, les qualités réelles, et, en ce moment même, je serais ingrate et injuste envers mes hôtes, les lamas du grand monastère [1] où je demeure, si je passais celles-ci sous silence. Nos moines du Moyen Age étaient paresseux et gourmands, adonnés au négoce et épris d'avantages pécuniaires plus que de perfection spirituelle.

---

1. Les monastères lamaïstes ne ressemblent point, comme aspect, à ceux des moines des pays occidentaux. Un monastère tibétain est une sorte de ville possédant des rues, des places, des temples, des salles d'assemblées et un nombre plus ou moins considérable d'habitations privées, les lamas ne vivant pas en communauté, mais chacun dans une maison ou, tout au moins, un appartement séparé. Certains de ces grands monastères comptent jusqu'à plus de dix mille lamas. La population de celui de Kum-Bum, où j'ai ma maisonnette, est évaluée à trois mille huit cents habitants. Le chemin de ronde encerclant l'agglomération doit avoir une longueur approximative de six à sept kilomètres.

C'est chose connue et irréfutable. Faut-il, cependant, oublier complètement les quelques savants, artistes ou philosophes qu'abritèrent les cloîtres, et le grand nombre de bonnes gens simplement charitables qui portèrent la bure religieuse ? C'est là un état social appartenant au passé ; nous nous en sommes délivrés, et nul ne peut même imaginer son retour, car il correspond à une mentalité qui n'est plus la nôtre. De même, le jour viendra, sans doute, pour le Tibet, où nombre de grandes lamaseries, aujourd'hui si pittoresquement et altièrement situées sur les crêtes des montagnes, tomberont en ruine, où l'élément civil s'accroîtra aux dépens du nombre des lamas. Cela paraît devoir être un inévitable effet de la civilisation étrangère et des conditions de vie différentes avec lesquelles, bon gré, mal gré, le Tibet va se trouver en contact ; mais ceci ne saurait excuser le mépris *a priori* dans lequel certains confucéistes chinois ou occidentaux chrétiens englobent, indistinctement, tous les lamas et leurs sectateurs et encore moins le fanatisme des soldats musulmans déchirant les Écritures sacrées dans les bibliothèques des temples, pour en faire des semelles de chaussures.

Il existe, parmi les religieux tibétains, un nombre plus grand que les observateurs superficiels ne le supposent d'individualités, de valeur et, de-ci, de-là, quelques philosophes et penseurs à qui il serait peut-être difficile de trouver des égaux en aucun autre pays, si ce n'est dans l'Inde. Quant aux simples braves gens, ils sont légion. En fait, c'est là, je crois, le trait le plus saillant de leur caractère : les Tibétains, tant lamas que laïques, sont de braves gens. Ils sont superstitieux, peut-être trop grands buveurs, l'amour du profit se manifeste, parfois, d'une façon un peu exagérée dans leurs transactions ; mais, au fond, la masse de la population est suffisamment énergique, intelligente et saine moralement et physiquement, pour être capable de se développer et de tenir, un jour, une place honorable parmi les peuples de l'Asie.

Pour le moment, le Tibet en est à devoir choisir ses tuteurs ou, plutôt, à devoir subir ceux qu'on lui imposera. Si la Chine n'était pas plongée dans les conditions chaotiques où elle se trouve, si ses fonctionnaires pouvaient traiter les Tibétains en concitoyens, au lieu de ne voir en eux que des serfs bons seulement à exploiter ; si, de leur côté, les Tibétains étaient capables d'entrer dans l'esprit moderne de la jeune république, il est certain que les deux parties trouveraient bénéfice à demeurer associées. En ce qui le concerne, le Tibet conserverait certainement mieux sa personnalité propre dans une union avec un pays auquel le lient des traditions d'ancienne date. Mais il n'y a guère à songer à une telle solution. Le fait brutal est que la haine des Chinois s'est implantée au Tibet, et le régime républicain, mal compris par eux, n'est pas en faveur auprès des lamas qui se consolent difficilement de la perte des subsides et des prérogatives dont ils jouissaient sous les derniers empereurs.

Il est probable que, si la question se trouve être posée devant la Société des nations, aucune puissance ne s'opposera au désir du gouvernement britannique d'étendre son influence sur le Tibet. Sans doute, toutes les entreprises de ce genre violent, en principe, le respect des nationalités, promulgué par le président Wilson ; mais qu'y faire ? – Il y a loin de l'idéal aux choses réalisables et, si l'on se contente de ce qui est humainement faisable, c'est-à-dire de solutions boiteuses où la justice n'est lésée que le moins possible, un protectorat britannique, avoué ou déguisé, sur le Tibet serait, à tout considérer, bienfaisant en plus d'une manière pour ce pays.

L'établissement de celui-ci, surtout si une rectification de frontière du côté de la Chine doit le précéder ou l'accompagner, exige une mesure essentielle. Tout d'abord, la nation tutrice devra, sans ambiguïté, ouvrir les frontières du Tibet. Il semble impossible que les habitants de Kham ou d'Amdo, qui trafiquent largement avec les Chinois et sont libres de le faire avec n'importe quel étranger, se voient privés de ce droit et séparés du monde par une mesure rétrograde qui leur ferait promptement regretter l'administration chinoise qu'ils maudissent aujourd'hui. D'autre part, si le régime de la porte ouverte est maintenu pour ces territoires, il paraît difficile d'en conserver un autre à l'usage des provinces centrales du Tibet, scindant ainsi en deux zones la contrée que l'on prétend unifier. Il serait surprenant de voir interdire aux Chinois, même s'ils doivent renoncer à leur suzeraineté de longue date sur le Tibet, le droit de continuer, du moins avec celui-ci, leurs relations commerciales séculaires. La question définitivement réglée, rien ne pourrait plus expliquer la défense faite aux Chinois de franchir la frontière indo-tibétaine et de transporter, eux-mêmes, leurs marchandises dans un pays en paix avec le leur. Il semblera aussi que, puisque le vœu d'isolement des Tibétains n'a pas été respecté et qu'une puissance occidentale s'est établie chez eux y introduisant, à son gré, ceux des nationaux qu'elle désire, il n'est pas possible à celle-ci d'exclure du pays les citoyens des autres nations amies qui, dans un but scientifique, commercial ou un autre dessein honnête quelconque, souhaiteront parcourir le pays et s'y établir. Avons-nous songé à fermer, à qui que ce soit, les portes de l'Indochine ou du Maroc ? Et ce que la République chinoise a décidé en principe : l'ouverture à la circulation de tout son territoire – qui, à cette époque, comprenait le Tibet et le comprend encore en droit, sinon en fait, à l'heure actuelle – pourrait-il être annulé par un pays qui, à juste titre, se croit parmi les pionniers du progrès, le jour où il succéderait officiellement à la Chine, dans la tutelle du Tibet ? Personne, évidemment, n'y songe.

L'Angleterre allant au Tibet n'a point, d'ailleurs, à se cacher des autres nations et à rechercher le secret comme si elle s'y livrait à quelque ténébreuse besogne. Espérons-le, la guerre qui vient de finir nous a montré le danger pour tous et inspiré l'horreur des manœuvres sournoises. Les Anglais, s'ils doivent s'y établir complètement, feront œuvre utile au Tibet. Ils assureront la sécurité des routes, bien précaire aujourd'hui, débarrasseront le pays des bandes de brigands qui l'infestent ; établiront plus d'équité dans les relations entre fonctionnaires et administrés, ouvriront des écoles et des hôpitaux et veilleront à la conservation des bibliothèques où dorment, sous la poussière, maints ouvrages précieux pour les orientalistes, appartenant à l'une des plus brillantes époques philosophiques de l'Inde, et introuvables, de nos jours, dans leur pays d'origine. A côté de cela, ils feront profitablement leurs affaires, c'est certain. Si l'on doit les en blâmer, il faut aussi que se condamnent, eux-mêmes, tous ceux, à quelque pays qu'ils appartiennent, qui parlent « d'expansion coloniale » sans songer que ces mots sonores, réduits à leur stricte signification, doivent s'énoncer : larcin.

L'on peut regretter que le Tibet perde sa sérénité de terre vierge et s'ouvre aux entreprises financières prosaïques. Une humanité plus artiste ou plus mystique que la nôtre eût, peut-être, voulu conserver intacte cette terre silencieuse et étrange, érigeant au plus haut point de notre globe ses pics neigeux, ses steppes immenses et ses lacs aux froides eaux bleues. De même que les Américains ont sagement réservé au milieu de leur pays, qu'envahissaient les usines et les cultures utilitaires, le Parc national où l'homme peut se délasser de la civilisation artificielle en reprenant quelque peu contact avec la nature laissée libre d'être elle-même, ainsi eût-il été beau et salutaire de garder sur la terre dénaturée par l'ouvrage de l'homme quelques milliers de kilomètres de solitudes impolluées, sorte de temple à la quiétude d'asile, à l'usage de ceux que n'a point enivré le rêve fiévreux de l'activité ou qui s'en sont réveillés.

Vains songes !... Le Tibet ne peut échapper au sort commun... Les Russes l'ont convoité, jadis, et les Japonais, si singulier que cela puisse sembler en raison de la distance existant entre les deux pays, y mènent de mystérieuses intrigues. Si bonne garde que fassent les Anglais à la frontière indo-tibétaine, des agents japonais, peu soucieux d'effectuer le long voyage à travers les steppes du Nord, ont pénétré de ce côté, dans le Tibet, y ont séjourné et y vivent encore actuellement. L'état de santé précaire du résident britannique préposé aux affaires tibétaines, et bien connu d'eux, leur a fourni maintes occasions favorables, dont ont aussi profité, pendant la guerre, les agents à la solde de l'Allemagne et des nationalistes hindous, pour mener une propagande active jusque dans les recoins les plus perdus de la forêt de l'Himalaya et du Tibet méridional, s'efforçant ainsi de créer des difficultés au gouvernement britannique. Nombre de Tibétains, à cette époque, attendaient de bonne foi l'arrivée des troupes allemandes dans leur pays, tandis que d'autres voyaient, dans un avenir très proche, les Japonais maîtres de l'Inde. Personne ne croyait à notre victoire ; et il n'est pas certain que tous y croient, aujourd'hui qu'elle est un fait accompli. Un de ces trafiquants hardis qui a voyagé de l'Inde en Mongolie, une individualité intelligente de sa caste, me répondit tranquillement le jour où je lui annonçai notre triomphe : « C'est impossible, nul ne peut vaincre les Allemands ! »

Les travaux d'approche des émissaires japonais, qui semblaient incompréhensibles, s'expliquent aujourd'hui que l'Empire du Soleil levant affiche ouvertement ses prétentions sur la Mongolie. La route est ouverte d'Ourga vers le sud, et certains commencent à parler de la formation d'un vaste État réunissant toutes les populations de foi lamaïste sous un protectorat japonais.

L'Angleterre est certainement, aujourd'hui, en meilleure place qu'aucune autre puissance pour s'assurer la prédominance au Tibet. Le serait-elle encore dans quelques années ? Qui peut le prévoir à l'époque de bouleversements que nous traversons, quand le sort de la Mongolie, de la Sibérie et de toute l'Asie centrale est si incertain ? Il n'y a donc pas à s'étonner que ses diplomates se montrent désireux de régler au plus tôt la situation du Tibet. Et, puisque celui-ci paraît devoir subir son destin de vasselage, les meilleurs maîtres qu'on puisse lui souhaiter, parmi les compétiteurs actuels, sont certainement les Anglais. Si peu que les intéressés eux-mêmes s'en doutent, il y a des points de contact entre les deux races, et, s'inspirant de sentiments équitables des deux côtés, il est possible que chacune des deux parties de ce marché y trouve finalement des avantages. C'est le mieux que l'on puisse espérer dans un monde où, en dépit de toutes les Ligues des Nations, l'égoïsme demeure la racine et le mobile de tous les actes des individus comme des nations.

Quelques-uns nous annoncent à brève échéance le retour du Messie qui doit établir le règne de la Justice intégrale. Mais, en attendant, contentons-nous du moins de mal possible, et puissent les petits, les faibles – hommes et peuples – s'assurer, entre les grands et les forts, ceux des « protecteurs » qui pourront les défendre contre des avidités plus dangereuses pour eux, ne pas rompre complètement leurs traditions ancestrales et leur laisser l'espoir de pouvoir marcher vers l'avenir, non point *sous* eux, mais *avec* eux !

Bonne chance au pays des lamas avec le gouvernement britannique !

Alexandra David
Kum-Bum, 1920

Annexe 2
Inédit

PAROLES PRONONCÉES A LA RADIO DE TCHENGTU
Le 1er juin 1938

Chers auditeurs, c'est une Française, une Parisienne qui s'adresse à vous.

On m'a demandé de vous parler du Tibet. Au premier abord cette demande paraît bizarre. Ne devriez-vous pas connaître, mieux qu'une étrangère, un pays qui touche le vôtre et qui, officiellement, n'a pas cessé de lui être uni ? Toutefois, je dois reconnaître que le Tibet m'est, véritablement, beaucoup plus familier qu'à la plupart d'entre vous, parce que j'ai vécu pendant des années avec des Tibétains et que j'ai parcouru le Tibet dans tous les sens.

Comment se fait-il donc qu'une Française soit arrivée à être en si étroite relation avec le Tibet ? – Je vais vous le dire brièvement.

C'est à Paris que j'ai commencé à m'intéresser à la langue tibétaine, parce que le professeur de sanskrit au Collège de France, dont je suivais le cours, était, aussi, un érudit tibétanisant qui avait traduit, en français, des livres bouddhistes tibétains.

Mon premier contact avec la terre tibétaine date de plus de vingt ans. A cette époque je me trouvais dans l'Himalaya. Le dalaï-lama, Ngawang Lobzang Thubten Gyatso, qui mourut en décembre 1933, y séjournait dans une bourgade appelée Kalimpong faisant partie du Bhoutan britannique. Il s'y était réfugié, ayant fui devant les troupes chinoises qui occupaient Lhassa.

Jusqu'alors, le dalaï-lama avait toujours refusé de donner audience à des femmes étrangères. Cependant, des personnalités importantes du monde religieux bouddhiste de Ceylan et de Birmanie lui avaient fortement conseillé de me recevoir, l'assurant que je professais le bouddhisme et étais très instruite touchant ses diverses doctrines. Comme suite aux requêtes qui lui étaient, ainsi, adressées, le dalaï-lama éprouva le désir de me connaître.

Au cours des conversations que j'eus avec lui, il m'engagea à continuer l'étude de la langue tibétaine et des doctrines religieuses et philosophiques du Tibet.

Je m'établis donc dans un petit État tibétain situé au cœur de l'Himalaya et touchant à la province tibétaine appelée Tsang, dont la capitale est Jigatzé où est située la résidence officielle des Paentchen lamas. Cet État est inscrit, sur les cartes, comme s'appelant Sikkim, mais son nom indigène est Dén Djong, abréviation de Dé Ma Djong.

Pendant les dernières années de mon séjour dans cette région, je vécus en ermite, dans une caverne quelque peu aménagée pour me servir d'abri. Cette caverne était pittoresquement située sur le flanc d'une montagne à 3 900 mètres d'altitude.

Durant ce temps, je pratiquai diverses méthodes de méditations bouddhiques enseignées au Tibet. J'étudiai, aussi, certaines doctrines qui, au Tibet, sont transmises, oralement, depuis des siècles, de maître à disciple. Mon maître était un lama ermite qui vivait plus haut, dans les montagnes, à environ trois kilomètres de mon ermitage. J'allai le voir quand le temps le permettait et quand il n'était pas enfermé, en retraite, pour méditer. En hiver, toutes communications cessaient. La neige, très haute, m'empêchait de parcourir la montagne, comme elle empêchait aussi d'atteindre, en venant des vallées, le versant sur lequel je résidais. Quant à la nourriture, on me ravitaillait deux fois par an : au printemps et à l'automne.

C'est de cette façon que je me suis préparée à mes grands voyages à travers le Tibet. Quand je les ai entrepris, je savais la langue du pays, je connaissais sa littérature religieuse et philosophique et j'étais initiée aux doctrines secrètes enseignées, seulement, par les lamas les plus érudits. De cette façon, j'ai pu voir et comprendre le Tibet mieux que ceux qui y sont allés simplement en mission politique et, surtout, que ceux qui y sont allés à la tête d'expéditions militaires.

Je regrette infiniment que l'amitié ne règne pas entre le Tibet et la Chine. Les deux pays perdent beaucoup à se considérer en ennemis. Les Tibétains ont, pendant longtemps, considéré les Chinois comme un peuple supérieur et ils les tenaient en haute estime. Cette opinion a reçu un choc violent, lorsqu'en 1905, lors de l'expédition anglaise à Lhassa, les troupes chinoises n'ont pas porté secours aux Tibétains qui défendaient leur pays contre les envahisseurs. Je n'ai pas à prendre parti dans les questions politiques. Je répète simplement, ici, ce que j'ai entendu dire au Tibet ; c'est que les Tibétains des provinces centrales considèrent, maintenant, que la Chine n'a pas voulu, ou n'a pas pu, les protéger.

La partie du Tibet qui doit vous intéresser le plus est, naturellement, celle qui touche vos frontières. C'est, aussi, la partie la plus intéressante du Tibet.

Les Tibétains appellent Kham cette très vaste région de l'est du Tibet ; elle touche à la nouvelle province que vous nommez Si-k'ang, qui faisait, autrefois, partie du Szechuan et du Yunnan. Cette partie du Tibet est fertile, elle comprend des vallées chaudes où l'on peut faire trois récoltes par an. Il y existe de magnifiques forêts et de nombreuses rivières à cours rapides qui permettraient d'y produire de l'électricité facilement et à peu de frais. Plus au nord, les territoires tibétains voisins du Szetchouan et du Kansou sont constitués par d'immenses pâturages parsemés de nombreux lacs salés. Des troupeaux beaucoup plus nombreux que ceux que l'on y rencontre y trouveraient facilement leur nourriture. Les pasteurs, propriétaires des troupeaux, vivent continuellement sous la tente, groupés par tribus et se déplacent, suivant les saisons, sur les terrains appartenant à leurs tribus respectives. Ces pasteurs font le commerce de la laine. En accroissant le nombre du bétail, d'énormes quantités de laine pourraient être tirées de ce pays.

Puisque je parle à des Chinois et que, peut-être, parmi ceux qui m'écoutent, il y en a qui ont de l'influence dans les affaires politiques de leur pays, je tiens à dire franchement que les Chinois se sont montrés, et se montrent encore souvent, injustes envers les Tibétains. Ils les considèrent comme des sauvages et se conduisent envers eux comme des conquérants. C'est là un tort. Les Tibétains n'ont pas le même genre de civilisation que les Chinois, disons, si vous voulez, qu'ils sont moins civilisés que les Chinois, mais si vous comparez des Tibétains avec des Chinois de la même classe sociale et de la même profession qu'eux, vous verrez que leur intelligence est sensiblement égale. Il ne s'agit évidemment pas de comparer un gardien de troupeaux du Tibet avec un lettré chinois, cela n'aurait aucun sens ; mais il ne manque pas de lettrés tibétains qui sont des érudits ou des philosophes remarquables.

Les Chinois n'ont rien à gagner à faire la guerre à leurs voisins tibétains. Au contraire, ils pourraient s'en faire des amis et des alliés utiles, s'ils essayaient de comprendre leurs besoins et leurs désirs et s'ils ne cherchaient pas à les dominer avec malveillance.

Passant à un autre sujet, je vous dirai que les caractéristiques principales du caractère tibétain sont d'une part l'amour du commerce et, de l'autre, une grande inclination vers les choses religieuses et les recherches philosophiques.

Il n'y a pas un pays au monde où, à population égale, il y ait un aussi grand nombre de moines qu'au Tibet. On compte de huit à dix mille moines dans le grand monastère de Drépung, près de Lhassa, et les monastères abritant trois mille moines sont nombreux.

On ne peut pas espérer, étant donné un si grand nombre d'hommes portant l'habit monastique, que tous puissent être des saints ou des intellectuels. La plupart des moines tibétains sont des gens ordinaires, mais, en général, ce sont de braves gens. Les règles de vie, dans les monastères tibétains diffèrent passablement de ce qu'elles me paraissent être dans les monastères chinois.

Dans les monastères tibétains, il n'y a pas de vie commune entre les moines. En fait, un monastère tibétain est une ville, généralement entourée de murailles, qui comprend des rues, des places, des jardins, etc. Dans cette ville, l'on voit des maisons – les unes vastes et très confortables, les autres plus humbles – des palais, des temples, des salles de réunion, des collèges.

Chaque moine conserve l'administration et la jouissance de ce qu'il possède. Généralement, sa famille lui fournit sa nourriture et ses vêtements. Certains moines dénués de fortune gagnent leur vie en exerçant une profession ; il en est qui sont médecins ou professeurs ou bien artistes peignant des tableaux religieux, beaucoup font, plus ou moins directement, du commerce. Dans le monastère même, les moines peuvent remplir des fonctions rétribuées : par exemple être le secrétaire, bibliothécaire, chapelain ou intendant d'un grand lama, ou bien encore, ils peuvent être employés dans les bureaux chargés de l'administration des propriétés du monastère. Enfin, ceux qui sont, à la fois, pauvres et ignorants deviennent tailleurs, cuisiniers, palefreniers, etc. au service de leurs collègues plus riches. Il est interdit aux moines d'employer des serviteurs laïques et, d'ailleurs, aucun laïque ne peut habiter dans un monastère sauf une permission toute spéciale.

Suivant leur fortune, les moines sont propriétaires, dans l'enceinte du monastère, d'une demeure plus ou moins spacieuse. Ceux qui n'en possèdent point louent un appartement ou une seule chambre chez un autre moine. Les lamas-incarnation, les houtoukoutous, suivant le nom mongol dont vous les appelez en Chine, habitent des palais qui servent de résidence à tous les houtoukoutous de leur lignée spirituelle qui se succèdent dans le cours des ans. Le jeune garçon considéré comme étant le défunt houtoukoutou réincarné prend possession de son palais ainsi que de toutes ses autres propriétés : meubles et immeubles.

Dans les grands monastères, les moines qui désirent s'instruire peuvent fréquenter l'un ou l'autre des quatre collèges qui y existent, à savoir : 1) le collège de philosophie ; 2) le collège de rituel ; 3) le collège des Écritures sacrées ; 4) le collège de médecine.

Les Tibétains, je viens de vous le dire, ont la passion du commerce. Tout le monde trafique au Tibet. L'État a ses marchands officiels qui font du commerce pour le compte du gouvernement ou sont commandités par lui ; les grands monastères, les gouverneurs de province et autres fonctionnaires de rang supérieur ont aussi leurs marchands qui trafiquent avec l'argent ou avec les marchandises qui leur sont confiées. Il y a naturellement, les marchands établis à leur propre compte.

Les femmes tibétaines ont autant de goût pour le commerce que les hommes. Souvent, elles débutent très jeunes dans les affaires et voici comment.

Au Tibet, les filles n'héritent généralement pas de leur père, par contre l'héritage de leur mère leur appartient exclusivement.

Les parents qui savent que, selon la coutume, les fils entreront en possession des biens du père de famille et que les filles n'y auront point part, s'arrangent pour compenser un peu cette différence en faisant des cadeaux à leurs filles. Suivant la condition sociale des parents, les cadeaux peuvent être du grain, du bétail, de la laine ou de l'argent. L'on voit, alors, que des filles d'une douzaine d'années commencent à faire fructifier ce qu'elles possèdent. Elles prêtent des semences ou de l'argent avec intérêt, vendent le beurre produit par leur bétail, ou bien elles font filer et tisser leur laine et vendent les étoffes qu'elles en ont tiré.

Ayant augmenté leur capital, elles achèteront peut-être davantage de vaches ou de moutons, ou bien elles mettront de l'argent en réserve afin de s'en servir pour le prêter, de nouveau avec intérêt. Bref, à l'âge où elles se marieront – entre dix-huit et vingt-quatre ans d'ordinaire – elles auront amassé une fortune plus ou moins grande, suivant la condition de leur famille. Elles emporteront ce qu'elles possèdent dans leur nouveau foyer, y joignant les cadeaux qu'elles recevront au moment de leur mariage, et ces biens leur resteront tout à fait personnels, leur mari n'ayant aucun droit sur eux.

En théorie, les femmes, au Tibet, sont considérées comme étant inférieures aux hommes et une prière qu'elles répètent souvent est : « Puissé-je renaître comme homme, dans ma prochaine vie ! » Mais d'après ce que j'ai pu longuement observer, cette infériorité n'existe qu'en paroles. En fait, les Tibétaines tiennent une grande place dans la société de leur pays. Dans tous les dîners, toutes les fêtes, elles sont invitées comme leurs maris. Beaucoup voyagent par groupes ou même toute seule à travers les régions les plus désertes du Tibet, allant en pèlerinage et restant, parfois, plusieurs années en route. Dans leurs maisons, leurs avis sont très écoutés. Il est rare qu'un mari tibétain entreprennne une affaire importante ou prenne une décision importante sans consulter sa femme. Les fonctionnaires, eux-mêmes, consultent souvent leur femme au sujet du gouvernement de leur province ou de leur district.

Si le Tibet avait des côtes sur l'océan, rien ne manquerait à la perfection de son territoire. A défaut de celles-ci, il offre au voyageur les rives de ses immenses et merveilleux lacs aussi bleus que le plus beau des ciels bleus. Le Tibet possède les plus belles montagnes du monde et la plus haute de toutes les montagnes de notre globe s'élève de son territoire.

Il n'y a guère de pays qui présente autant d'aspects différents que le Tibet : forêts immenses, hauts plateaux totalement stériles, rivières et torrents aux eaux cristallines, neiges éternelles, vallées chaudes où fleurissent les orchidées et mûrissent les grenades et les oranges. J'ai beaucoup voyagé, les points de comparaison ne me manquent pas, et je puis affirmer que les grandioses et fééeriques paysages tibétains surpassent en beauté tout ce que l'on peut admirer ailleurs. Peut-être cela tient-il, en partie, à ce que l'homme n'a pas encore défiguré, par ses ouvrages, cette haute région de la terre et que l'on peut y contempler l'activité de la Nature se déployant sans obstacle.

Les Tibétains et, particulièrement, vos voisins les habitants du pays de Kham sont des montagnards robustes et très braves. Ils méritent votre estime. Il leur serait profitable de vous avoir non plus comme adversaires ou comme maîtres hautains, mais comme conseillers et comme amis et il vous serait tout aussi profitable, à vous, Chinois, de les avoir pour amis et pour associés.

Qu'une franche et sympathique entente se fasse donc entre deux peuples que j'aime : les Chinois et les Tibétains ! C'est par ce souhait que je terminerai.

Alexandra David-Néel

Pour copie certifiée conforme.
Le Gérant du Consulat de France.
Tchengtu

NOTICE BIOGRAPHIQUE

Alexandra David-Néel
Écrivain – Orientaliste – Exploratrice

Née à Paris, Saint-Mandé, le 24 octobre 1868, Alexandra David-Néel est morte à Digne-les-Bains le 8 septembre 1969 dans sa centième année.

Cette longue vie, Alexandra David-Néel l'a tout entière consacrée à l'exploration et l'étude, ses deux grandes passions qui, dans sa petite enfance, ont fait d'elle une enfant terrible, dans son adolescence, une contestataire, dans sa jeunesse une anarchiste, et dans sa vieillesse, un des plus sages « penseurs libres » de notre siècle tout au moins.

Alexandra David, fille unique de père français de souche huguenote, et d'une mère catholique d'origine scandinave, va très vite montrer les côtés les plus caractéristiques de sa personnalité. Elle est très autoritaire, farouchement individualiste, et d'une curiosité déconcertante... C'est ainsi que, pour voir jusqu'où allait la route qui passait devant le jardin de ses grands-parents, elle s'enfuit à l'âge de deux ans par la porte restée entrouverte... C'est, bien entendu, un bébé navré que ses parents affolés ont ramené à la maison.

A l'âge de cinq ans, elle récidive. Cette fois c'est le bois de Vincennes qu'elle veut découvrir. Hélas ! à la nuit tombante, un garde du bois traîne jusqu'au poste de police, où sa disparition avait été signalée, la petite Alexandra, horriblement vexée de voir où se termine sa première grande exploration...

Était-elle définitivement découragée ?... Certes pas, en griffant de tous ses petits ongles la main du policier qui la reconduisait chez ses parents, elle jure de se venger un jour des ignobles grandes personnes qui empêchent les pauvres petits enfants de faire ce qu'ils veulent... Elle partira et rien ni personne ne la retiendra.

Il est impossible de rapporter les nombreuses fugues de l'incorrigible Alexandra qui n'a pas attendu de devenir grande pour tenir sa promesse. Absolument tous les chapitres de sa longue vie peuvent commencer par : « Elle est partie ! » et se terminer par : « Elle va repartir... ».

Cependant, les voyages pour Alexandra, si c'est partir à la poursuite de l'horizon, contempler la nature que, si possible, rien ne dépare, ni construction, ni culture, ni homme !... c'est surtout et avant tout, l'étude : ethnique, philosophique et religieuse.

A six ans déjà, elle ne s'endormait pas sans avoir lu et médité un verset de la Bible.

A douze ans, son jeune cerveau se torturait pour s'expliquer le mystère de la Trinité.

A quinze ans, Épictète et les philosophes stoïciens nourrissaient ses pensées et déterminaient ses actes. C'est donc presque une adulte qui se rend seule, et à cet âge, en Angleterre d'où elle ne reviendra qu'après avoir dépensé le contenu de sa bourse. C'était en 1883.

A dix-sept ans, elle accomplit ce qu'elle appelle un vrai voyage. Par un matin brumeux, elle quitte Bruxelles, en robe à frou-frou et bottines délicates en direction de la Suisse. Quelques jours plus tard, Mme David, sa mère, se rendra sur les bords du lac Majeur récupérer sa fille arrivée là, sans un sou, après avoir traversé le Saint-Gothard à pied et visité les lacs italiens avec, pour tout bagage : un imperméable et le « Manuel d'Épictète »...

En 1886, Alexandra a dix-huit ans. Sur une lourde bicyclette à pignons fixes, baluchon accroché au guidon, sans rien dire à ses parents, elle quitte Bruxelles où ils s'étaient installés, pour visiter l'Espagne.

A l'aller, elle fait un détour par la Côte d'Azur ! Au retour, un crochet par le Mont-Saint-Michel ! Il semble qu'Alexandra ait fait le premier tour de France cycliste féminin...

Pour aller d'un point à un autre, elle a toujours choisi l'itinéraire le plus long et le moyen de locomotion le moins rapide.

Revenue de ses petites escapades, un premier prix de chant en poche, elle s'installe à Paris à la Société Théosophique et entreprend de sérieuses études en Sorbonne, aux Langues orientales et au Collège de France. Elle a vingt ans. Nous sommes en 1888. Alexandra visite sa ville natale dans tous les moindres recoins et, surtout, le musée Guimet où, le plus souvent possible, elle s'« attarde dans la bibliothèque d'où des appels muets s'échappent des pages que l'on feuillette. Des vocations naissent et, ajoute-t-elle, la mienne y est née... »

Parallèlement, elle fréquente diverses sociétés secrètes – elle atteindra le trentième degré dans le rite écossais mixte de la franc-maçonnerie.

Les milieux féministes, anarchistes, la reçoivent avec enthousiasme. Elle écrira aussi un traité anarchiste préfacé par le géographe-anarchiste Élisée Reclus et poursuit, également, des études musicales et lyriques.

Son livre est traduit en cinq langues dont le russe et, sur la scène de nombreux théâtres, elle obtient un succès certain en interprétant divers rôles, entre autres, celui de Marguerite, de Faust, Manon, de Massenet et Carmen, de Bizet.

Cependant, après avoir rempli son contrat à l'opéra d'Athènes, Alexandra abandonne cette carrière qu'elle n'aime pas. Pourtant celle-ci la faisait voyager ! Mais de ville en ville, alors qu'elle aimait les déserts et dans le bruit des bravos alors qu'elle préférait l'écho lointain de l'Angélus ! Et plus encore, celui des gongs qui, là-bas, dans les monastères tibétains, appellent à la méditation.

Alexandra ne peut oublier, en effet, cette « prenante musique tibétaine » entendue pour la première fois au pied de Kanchenjunga. C'est grâce à un héritage légué par sa marraine qu'à l'âge de vingt et un ans, en 1891, elle a pu, pendant plus d'une année, parcourir l'Inde du sud au nord et d'est en ouest.

Elle est fascinée par la magie de l'Inde, envoûtée par la musique tibétaine, émerveillée par les sommets de l'Himalaya... elle y retournera.

Mais avant de repartir pour cet Extrême-Orient qui, chaque jour, l'attire davantage, elle fait un crochet par l'Afrique du Nord... Elle veut entendre le muezzin appeler du haut du minaret les fidèles à la prière ; surtout le soir, au soleil couchant, disait-elle. Bien entendu, Alexandra a, aussi, étudié le Coran...

Arrivée à Tunis, avant le grand départ, la halte sera plus longue. Elle y rencontre un distingué et séduisant ingénieur des Chemins de Fer : Philippe Néel, qui la persuade de mettre fin à son célibat.

C'est en 1904. Alexandra a trente-six ans. Féministe convaincue, elle accepte pourtant cette union qui, au bout de quelques mois à peine, la conduira au bord de la dépression. Alexandra n'était pas faite non plus, pour tenir le rôle de la femme au foyer.

Philippe Néel comprend que le démon des voyages torture toujours sa singulière épouse. Les petites croisières à bord de son voilier baptisé *L'Hirondelle* ne lui suffisent pas. Il lui propose alors un lointain voyage. Enthousiaste ! elle accepte la proposition. Mais avant de regagner l'Inde, elle fait un petit détour par l'Angleterre, car elle veut se perfectionner dans une langue qui lui est indispensable pour ses études orientales.

Elle y restera de nombreux mois ; retourne en Belgique dire au revoir à sa mère ; visite la tombe de son père – ami de Victor Hugo et révolutionnaire de 1848 – revient à Tunis pour quelque temps auprès de son mari et c'est, enfin ! le grand départ.

Nous sommes en 1911, sur le quai d'embarquement, Alexandra promet à ce « compréhensif mari » de regagner le domicile conjugal dix-huit mois plus tard...

Mais ce n'est que treize ans après, en 1924, que ces époux liés par un contrat de mariage et aussi par une profonde et indéfectible amitié, se retrouvent... pour quelques jours, et c'est malgré cela la séparation dont la seule cause est l'adoption du jeune lama Yongden, qui est une des preuves principales de son voyage à Lhassa (exploit qui la fit connaître au monde entier en 1924).

Il ne faut pas oublier, non plus, qu'Alexandra vient de parcourir des milliers de kilomètres à travers l'Extrême-Orient et une grande partie de l'Asie centrale. Elle a contemplé des paysages grandioses, rencontré les plus grands penseurs. Elle a perfectionné son anglais et, surtout le sanscrit, ce qui lui a permis d'accéder auprès des plus grands gurus. Elle a étudié, écouté, écrit, elle est allée partout où il lui a été possible de pénétrer.

Arrivée au Sikkim, où des liens de très étroite amitié l'ont liée à Sidkéong Tulku, souverain de ce petit État himalayen, elle a visité tous les grands monastères, augmentant ainsi ses connaissances sur le bouddhisme et, plus précisément sur le bouddhisme tantrique.

C'est dans l'un de ces monastères qu'elle a rencontré le jeune Aphur Yongden dont elle fera par la suite son fils adoptif.

Tous deux décident alors de se retirer dans une caverne ermitage à 3 900 mètres d'altitude, au nord du Sikkim. Là, elle est auprès d'un des plus grands gomchen (ermite) dont elle a le privilège de recevoir l'enseignement et, surtout, elle est tout près de la frontière tibétaine, qu'envers et contre tous, elle franchira à deux reprises. Elle pénétrera même jusqu'à Jigatzé et Gyantzé, mais pas à Lhassa car, précisément à cause de ses incartades, Alexandra sera expulsée du Sikkim. Nous possédons cet ordre d'expulsion signé par le surintendant britannique du Sikkim : Sir Charles Bell ; c'était en 1916.

Après avoir supporté les rigueurs de trois hivers himalayens, vexée, mais pas pour autant désarmée, Alexandra suivie de Yongden, quitte son ermitage et poursuit l'aventure.

Revenir en Europe était impossible, nous étions en pleine guerre 14/18. Ils resteront donc quelques mois en Inde et s'embarqueront pour le Japon.

Du paquebot *Taroba* au paquebot *Cordillère,* Alexandra transbordera ses nombreux bagages et... sa nostalgie...

Elle débarque au Japon qu'elle trouve joli, certes, mais qui la déçoit. Dans un train qui s'éloigne de Tokyo, le 12 mars 1917, elle écrit à son mari :

« Le Japon m'a déçue, mais sans doute tout m'aurait déçue dans mon état d'esprit. Je ne nie pas les sites charmants d'Atami ; durant mon retour en chemin de fer, j'ai traversé des régions montagneuses ravissantes. Mais on peut en voir d'à peu près semblables dans les Cévennes, les Pyrénées, ou les Alpes ! tandis que les Himalayas sont uniques.

« A vrai dire, j'ai le "mal du pays" pour un pays qui n'est pas le mien. Les steppes, les solitudes, les neiges éternelles et le grand ciel clair de "là-haut" me hantent ! Les heures difficiles, la faim, le froid, le vent qui me tailladait la figure, me laissait les lèvres tuméfiées, énormes, sanglantes, les camps dans la neige, dormant dans la boue glacée [...] tout cela importait peu, ces misères passaient vite et l'on restait perpétuellement immergé dans le silence où seul le vent chantait, dans les solitudes presque vides même de vie végétale, les chaos de roches fantastiques, les pics vertigineux et les horizons de lumière aveuglante. Pays qui semble appartenir à un autre monde, pays de titans ou de dieux. Je reste ensorcelée.

« J'ai été voir là-haut, près des glaciers himalayens, des paysages que peu d'yeux humains ont contemplés, c'était dangereux peut-être et, comme dans les fables antiques, les déités se vengent. De quoi se vengent-elles ?... de mon audace d'avoir troublé leurs demeures ou de mon abandon après avoir conquis une place auprès d'eux ?... Je n'en sais rien, pour le moment je ne sais que ma nostalgie... ».

Alexandra va donc se réfugier dans l'étude et rencontrer dans ce but des orientalistes, des érudits, des mystiques. L'un d'eux, le moine philosophe Ekaï Kawaguchi, va lui apporter une lueur d'espoir.

Quelques années auparavant, sous le déguisement d'un moine chinois, il a réussi à demeurer quelque dix-huit mois à Lhassa. Un de ses amis l'a prévenu des soupçons qu'il éveillait et lui a conseillé de prendre la fuite.

Cette histoire passionne Alexandra et lui donne des idées...

Elle quitte le Japon, trop pluvieux et trop peuplé pour elle. Ils refont les bagages et s'embarquent pour la Corée. Les montagnes rassure-t-elle Yongden, vont lui rappeler le Tibet... Ils ne parlent pas le coréen, mais vont sûrement le baragouiner dans quelques mois, écrit-elle à son mari.

Les rencontres dans ce pays sont très intéressantes. Cependant, la nostalgie demeure !... Alexandra, Yongden et les bagages prennent le train pour Pékin... Là, au temple des lamas se trouvent des érudits ; ils sont tibétains ! Alexandra parle leur langue, tout va s'arranger. Hélas, pas tout à fait comme Alexandra l'avait prévu. Au bout de quelques mois, ils refont les bagages.

Tous deux, en compagnie d'un Lama très excentrique, vont traverser dans de grandes difficultés toute la Chine d'est en ouest. Visitent le Gobi, la Mongolie et, après trois années d'études passées au monastère de Kum-Bum, abandonnant mules, yaks, domestiques et « les bagages »... vêtue d'une robe de mendiante et empruntant, le plus souvent, des chemins inexplorés, ils franchiront, cette fois avec succès, la frontière de ce si mystérieux Tibet.

Après bien des péripéties – les plus dures probablement endurées au cours de leurs nombreuses pérégrinations – ils arriveront épuisés à Lhassa où ils séjourneront deux mois, durant lesquels ils visiteront la ville sainte et les grands monastères environnants : Drépung, Séra, Samyé, Ganden... Alexandra jouant toujours le rôle de la vieille mère effacée récitant « Mani » et laissant à Yongden les tâches de marchander, de débattre toutes les questions matérielles.

Le scénario était parfaitement au point ! Cependant, Alexandra commet à Lhassa même une imprudence qui faillit lui coûter cher... celle de se rendre chaque matin à la rivière pour faire un brin de toilette... Ce fait intrigue une de ses voisines à un point tel qu'elle le signale au Tsarong Shapé (le gouverneur de Lhassa). Celui-ci, absorbé par des préoccupations plus importantes, allait, quelques jours plus tard, envoyer un de ses hommes pour procéder à une enquête lorsque la rumeur lui apprend qu'Alexandra et Yongden viennent d'arriver à Gyantsé. Le gouverneur en a aussitôt déduit que la dame qui se lavait tous les matins ne pouvait être qu'Alexandra.

Cette histoire, Alexandra ne la connue que quelques mois après, par des lettres de MM. Ludlow et David Macdonald, agent commercial britannique, celui-là même qui, à Gyantsé, a stoppé son avance et qui, avec son gendre le capitaine Perry, s'est occupé de leur procurer les papiers nécessaires afin qu'ils puissent regagner l'Inde par le Sikkim. Les Anglais lui refusaient tout passeport, persuadés qu'Alexandra faisait de l'espionnage.

Si vous vous rendez à Kalimpong, allez donc à l'Himalaya Hôtel, vous pourrez rencontrer une des filles de Mr. Macdonald, qui vous racontera l'histoire de l'arrivée d'Alexandra dans la chambre à coucher de son père... celui-ci croyait qu'une de ses filles lui faisait une plaisanterie...

Après avoir vécu ces années inoubliables, après avoir porté si longtemps la robe aurore, couleur du détachement en Inde et la robe grenat au Tibet, contemplé les plus hauts sommets du monde et les immenses solitudes, comment aurait-elle pu rentrer en France et se réadapter à une vie que, délibérément, il y a treize ans de cela, elle avait fui ?...

Alexandra se sépare donc de Philippe, parcourt la Provence, et c'est Digne-les-Bains qu'elle choisit pour y bâtir Samten Dzong, sa Forteresse de la Méditation. Certes, la Bléone n'est pas le Brahmapoutre ! Le Couar n'est pas l'Everest ! Mais, le ciel est bleu, le soleil brille, Alexandra est séduite par la beauté de ces pré-Alpes, ces Himalayas pour Lilliputiens, comme elle se plaisait à le dire aux journalistes.

Elle qui a parcouru une grande partie de notre globe, traversé des régions paradisiaques, respiré le violent parfum des forêts d'orchidées en fleur, n'a à aucun moment regretté de s'être fixée dans cette cité parfumée de lavande.

C'était en 1928. Alexandra a cinquante-neuf ans et demi. Elle publie plusieurs livres qui relatent ses voyages et commente, avec succès, les théories des mystiques et magiciens qu'elle a approchés.

Entre ces diverses publications – toujours accompagnée de Yongden, le fidèle compagnon d'aventures, devenu légalement son fils adoptif – elle fera de grandes tournées de conférences en France et en Europe.

Dix ans passent ainsi. Nous sommes en 1937. Alexandra n'a que soixante-neuf ans et conserve une persistante nostalgie de ces pays lointains où elle décide de retourner pour y poursuivre ses études...

Elle obtient de nouveau des aides de divers ministères, elle touche des droits d'auteur, et Philippe Néel, avec qui elle est parfaitement réconciliée, qui, durant son premier voyage l'a aidée financièrement pendant la guerre de 14/18, alors qu'elle n'avait pas obtenu la reconduction de sa subvention, va, de nouveau, lui apporter son aide, Car Alexandra se retrouve dans les mêmes pénibles conditions créées, cette fois, par la guerre 39/45 en Occident et, en Asie, par la guerre sino-japonaise et la guerre civile en Chine.

Alexandra restera donc une des principales préoccupations de Philippe Néel jusqu'en 1941, date de sa mort.

Alexandra dira : « J'ai perdu le meilleur des maris... » Ce qu'il était effectivement devenu pour elle, après les années très difficiles du début de leur union.

Mais nous ne sommes qu'en 1937. Alexandra repart donc et pense que, vu son grand âge, le voyage sera court...

Alors il faut en profiter... Elle remonte à Bruxelles par les petits chemins vicinaux si possible ; prend le Nord Express qui la conduit à travers toutes les capitales d'Europe, jusqu'à Moscou. Puis c'est le long parcours en Transsibérien.

Arrivés en Chine, ils reprennent la vie errante, studieuse et quelque peu mondaine d'autrefois. Ils dînent chez le président Tchang Kaï-chek et sa femme. Rencontrent le père Teilhard de Chardin, Mao Tsé-Toung et Chou En-Lai qu'ils ont bien connu.

Tout cela se passe donc sous les violents bombardements de la guerre sino-japonaise. Alexandra connaît les pires difficultés ; l'argent n'arrive plus d'Europe ; le froid est rigoureux ; la famine et les épidémies sont dramatiques ; sous ses yeux se déroule un spectacle d'horreur et, elle apprend la mort de son meilleur ami, son mari. Fuyant alors les atrocités en charrette ou à pied, mais continuant à écrire et à étudier, Alexandra et Yongden, faméliques et vêtus de hardes, arrivent en Inde en 1946... Près de dix années se sont écoulées, elle a soixante dix-huit ans...

A regret, elle rentre en France pour régler la succession de son mari et, de nouveau, s'installe à Digne où elle reprend la plume pour raconter ses nouvelles aventures. Elle publie de nombreux livres, traduits en treize langues (sans compter les éditions pirates), elle fait des conférences en France et en Europe. A son retour, pour se reposer de ses fatigues, elle a quatre-vingt-deux ans, elle va camper une partie de l'hiver au lac d'Allos... 2 240 mètres d'altitude...

Mais c'est là la dernière fugue d'Alexandra, car les rhumatismes dont elle souffre s'aggravent et, bien plus grave encore, en 1955, elle perd son compagnon de voyage. Celui qui, pendant quarante années, l'avait suivie fidèlement et qui, logiquement, devait lui survivre – il avait trente ans de moins qu'elle – avait commis l'impudence, disait-elle, de partir avant elle. Elle avait quatre-vingt-sept ans et, pour oublier sa solitude et, toujours sa nostalgie ! Alexandra s'est remise au travail.

Obstinément, jusqu'au 18e jour avant le départ pour son dernier grand voyage – elle allait avoir cent un ans ! – elle a étudié, écrit, et exprimait encore son désir de retourner là-bas... probablement pour y poursuivre ses études...

Et c'est ainsi qu'Alexandra David-Néel, à cent ans et demi, à l'étonnement de monsieur le préfet des Alpes-de-Haute-Provence, a fait renouveler son passeport...

Marie-Madeleine PEYRONNET
et Franck TRÉGUIER

LA FONDATION ALEXANDRA DAVID-NÉEL

La maison où Alexandra David-Néel s'était retirée et où elle s'est éteinte en 1969 est située à Digne-les-Bains dans les Alpes de Haute-Provence. SAMTEN DZONG (forteresse de la méditation), c'est son nom, est devenue en 1977 une fondation qui, grâce à Marie-Madeleine Peyronnet et à Franck Séguier, permet tout au long de l'année à de très nombreux visiteurs de renouer par le souvenir avec le monde et l'œuvre de la grande exploratrice.

OUVRAGES D'ALEXANDRA DAVID-NÉEL

A la Librairie PLON

VOYAGE D'UNE PARISIENNE A LHASSA (1927).
LE LAMA AUX CINQ SAGESSES (1929).
MYSTIQUES ET MAGICIENS DU TIBET (1929).
AU PAYS DES BRIGANDS GENTILSHOMMES (1933).
MAGIE D'AMOUR ET MAGIE NOIRE (1938).
SOUS DES NUÉES D'ORAGE (1940).
A L'OUEST BARBARE DE LA VASTE CHINE (1947).
L'INDE OU J'AI VÉCU (1951).
LA PUISSANCE DU NÉANT (1954).
40 SIÈCLES D'EXPANSION CHINOISE (1964).
DEUX MAITRES CHINOIS (1970).
LE SORTILÈGE DU MYSTÈRE (1972).

Aux éditions du ROCHER

LE BOUDDHISME DU BOUDDHA (1977).
IMMORTALITÉ ET RÉINCARNATION (1978).
LA VIE SURHUMAINE DE GUESAR DE LING (1978).
ASTRAVAKRA GITA – AVADHUTA GITA (1979).
LA LAMPE DE SAGESSE (1986).

Aux éditions PYGMALION

TEXTES TIBÉTAINS INÉDITS (1977).
AU CŒUR DES HIMALAYAS, LE NÉPAL (1978).

Aux éditions ADYAR

LES ENSEIGNEMENTS SECRETS DES BOUDDHISTES TIBÉTAINS (1951).
INITIATIONS LAMAIQUES (1957).
LA CONNAISSANCE TRANSCENDANTE (1958).

Aux éditions DHARMA, 84800 Saumane

GARGANTUA AU PAYS DES NEIGES :
CUISINE, TRADITION ET IMAGES

Ouvrages consacrés à l'auteur

LE TIBET D'ALEXANDRA DAVID-NÉEL – Album-photos, Plon.
DIX ANS AVEC ALEXANDRA DAVID-NÉEL, Marie-Madeleine Peyronnet, Plon.
LE LUMINEUX DESTIN D'ALEXANDRA DAVID-NÉEL, Jean Chalon, Perrin.
ALEXANDRA DAVID-NÉEL, Jacques Brosse, Albin Michel.

En préparation

LE LIVRE DES VOYAGES D'ALEXANDRA DAVID-NÉEL, Joëlle Désiré-Marchand.

DANS LA MÊME COLLECTION

Yvan Audouard

Ma Provence

La Pastorale des santons de Provence
Les Contes de ma Provence
Les Nouveaux Contes de ma Provence
Les Cigales d'avant la nuit
Lettres de mon pigeonnier

L'Heure d'été
Les Lions d'Arles   Cocagne
Le Dernier des Camarguais
Sarah des sables
La Clémence d'Auguste

Georges Bernanos

Romans

Préface de Michel del Castillo

Sous le soleil de Satan
L'Imposture
La Joie
Un crime
Un mauvais rêve
Journal d'un curé de campagne
Monsieur Ouine
Nouvelle Histoire de Mouchette

suivi de

Les Grands Cimetières sous la lune

Maurice Druon

de l'Académie française

Les rois maudits

Roman historique

I

Le roi de fer

II

La reine étranglée

III

Les poisons de la couronne

IV

La loi des mâles

V

La louve de France

VI

Le lis et le lion

VII

Quand un roi perd la France

Maurice Druon

de l'Académie française

LA FIN DES HOMMES

Les Grandes Familles
La Chute des corps
Rendez-vous aux enfers

La Volupté d'être

Maurice Druon

de l'Académie française

Les Mémoires de Zeus
Alexandre le Grand
Les Rivages et les Sources

Charles De Gaulle

Mémoires de guerre

L'Appel (1940-1942)
L'Unité (1942-1944)
Le Salut (1944-1946)

Charles De Gaulle

Mémoires d'espoir

Le Renouveau (1958-1962)
L'Effort (1962...)
Allocutions et messages (1946-1969)

Maurice Genevoix

de l'Académie française

Romans, récits et contes

Rémi des Rauches
Raboliot
Rroû
La Dernière Harde
Le Jardin dans l'île
Images pour un jardin sans murs
La Boîte à pêche
Derrière les collines
Beau-François
La Forêt perdue

Bernard Pierre

Le roman des fleuves

Le Roman du Nil
Le Roman du Gange
Le Roman du Danube
Le Roman du Mississippi

Edition exclusivement réservée aux adhérents du Club
Le Grand Livre du Mois
15, rue des Sablons
75116 Paris

Achevé d'imprimer en juin 1998
dans les ateliers de Normandie Roto Impression s.a.
61250 Lonrai
N° d'éditeur : 12387
N° d'imprimeur : 981340
Dépôt légal : juin 1998

Imprimé en France

